大兴区地图

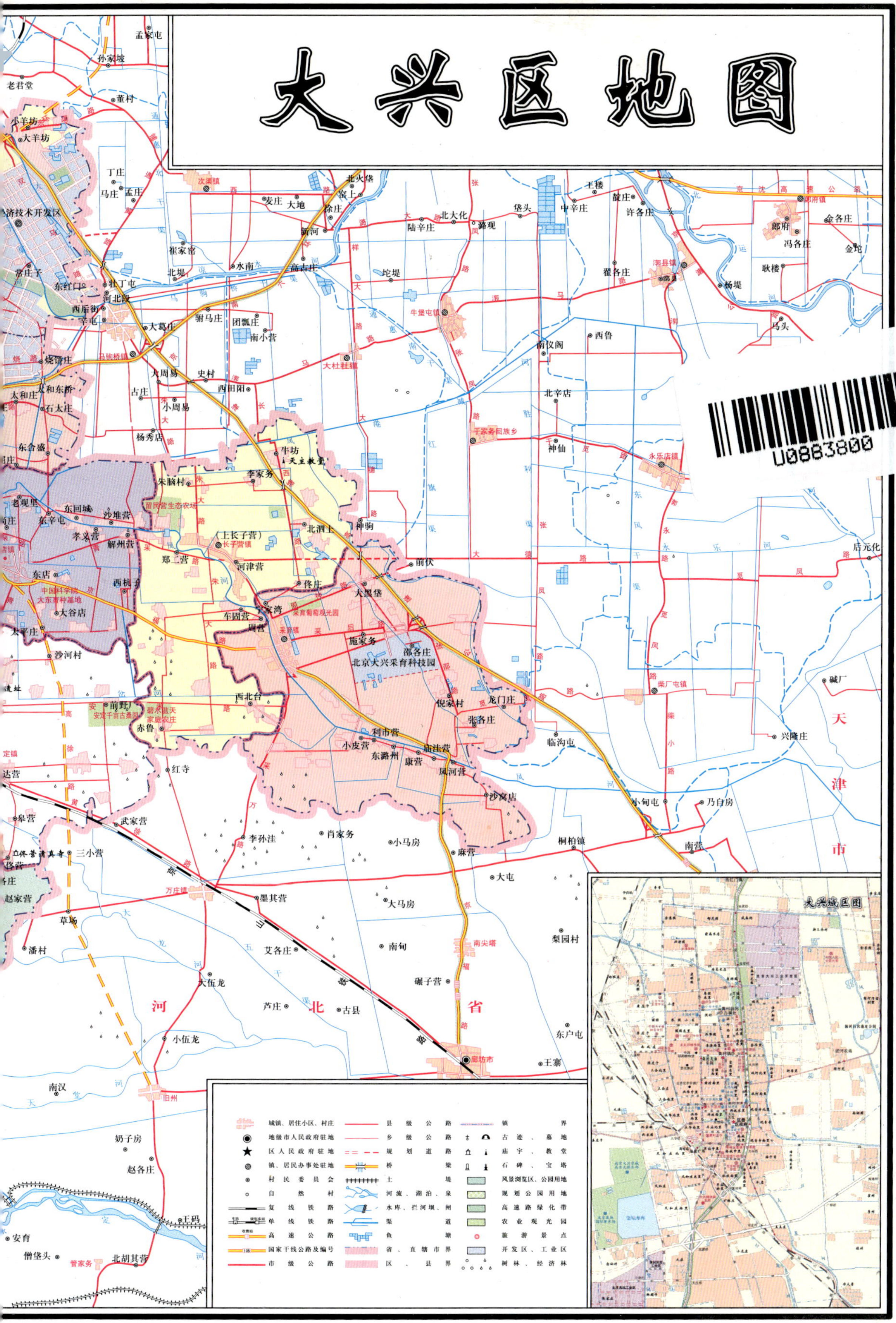
孟家屯
孙家坡
老君堂
董村
小羊坊
大羊坊
丁庄
马庄
孟庄
济技术开发区
次渠镇
发庄
大地
徐庄
北火堡
富上
北大化
陆辛庄
路观
垡头
中辛庄
王楼
靛庄
许各庄
郎府镇
郎府
金各庄
冯各庄
崔家窑
新河
水南
高古庄
北堤
坨堤
翟各庄
漷县镇
杨堤
耿楼
常庄子
东红门
北丁屯
河北段
西后街
辛屯
大葛庄
驸马庄
团瓢庄
南小营
牛堡屯镇
马驹桥镇
西鲁
南仪阁
马头
烧饼庄
大周易
史村
西田阳
大杜社镇
太和庄
太和东桥
古庄
小周易
北辛店
石太庄
杨秀店
于家务回族乡
神仙
东合盛
永乐店镇
牛坊
天主教堂
李家务
朱脑村
老观里
东回城
沙堆营
留民营生态农场
东辛屯
孝义营
解州营
上长子营
长子营镇
北泗上
神驹
后元化
郑二营
河津营
前伏
东店
中国科学院大东南种基地
西杭子
佟庄
大谷店
车固营
于家湾
采育葡萄观光园
大黑垡
太平庄
周营
采育镇
施家务
沙河村
部各庄
北京大兴采育科技园
碱厂
龙门庄
倪家村
西北台
采广屯镇
天
前野
安定千亩古桑园
碧水蓝天家庭农庄
张各庄
赤鲁
利市营
兴隆庄
小皮营
庙洼营
临沟屯
东潞州
康营
凤河营
红寺
达营
津
沙窝店
小甸屯
乃自房
皋营
武家营
李孙洼
肖家务
小马房
桐柏镇
南营
市
三小营
麻营
大屯
万庄镇
墨其营
赵家营
大马房
草场
梨园村
南尖塔
潘村
艾各庄
南甸
大伍龙
碾子营
河
芦庄
北
古县
省
小伍龙
东户屯
廊坊市
王寨
南汉
旧州
奶子房
赵各庄
王码
安育
僧堡头
管家务
北胡其营
城镇、居住小区、村庄
地级市人民政府驻地
区人民政府驻地
镇、居民办事处驻地
村民委员会
自然村
复线铁路
单线铁路
高速公路
国家干线公路及编号
市级公路
县级公路
乡级公路
规划道路
桥梁
土堤
河流、湖泊、泉
水库、拦河坝、闸
渠道
鱼塘
省、直辖市界
区、县界
镇界
古迹、墓地
庙宇、教堂
石碑、宝塔
风景游览区、公园用地
规划公园用地
高速路绿化带
农业观光园
旅游景点
开发区、工业区
树林、经济林
大兴城区图

北京大兴年鉴

BEIJING DAXING NIANJIAN

2010

北京市大兴区史志办公室 编

中央文献出版社

图书在版编目(CIP)数据

北京大兴年鉴2010/北京市大兴区地方志编纂委员会编.
——北京：中央文献出版社，2010.11
ISBN 978－7－5073－3112－7
Ⅰ.①北… Ⅱ.①北… Ⅲ.①大兴区－2010－年鉴
Ⅳ.①Z521.3
中国版本图书馆CIP数据核字(2010)第193524号

北京大兴年鉴 2010

编　　者/《2010北京大兴年鉴》编辑部
责任编辑/ 孙 翊
封面设计/《2010北京大兴年鉴》编辑部

出版发行/ 中央文献出版社
地　　址/ 北京西四北大街前毛家湾1号
邮　　编/ 100017
经　　销/ 新华书店
排　　版/ 中国人民解放军第4210工厂
印　　刷/ 中国人民解放军第4210工厂

787×1092 mm　16开　52.75印张　132插页　1111千字
2010年10月第1版　2010年10月第1次印刷　印数1－1500册

ISBN 978－7－5073－3112－7　　定价:215.00元

大兴区地方志编纂委员会

《2010北京大兴年鉴》编辑部

中央政治局委员、北京市委书记刘淇到本区调研

中央政治局委员、北京市委书记刘淇到本区调研新农村建设

中国北京星光电视节目制作基地揭牌仪式在星光影视园举行

春华秋实系列活动启动仪式

市、区领导共同启动象征第21届北京大兴西瓜节开幕式的舵轮

大兴区第二次妇女代表大会

北京兴宏小额贷款有限公司揭牌暨战略合作协议签约仪式

中关村管委会与大兴区政府共建留学人员创业园

大兴区第三届委员会第八次全体会议

中国共产党北京市大兴区第三届委员会第九次全体会议

大兴区第一批深入学习实践科学发展观活动总结评测大会

中国人民政治协商会议北京市大兴区第三届委员会第四次会议

高树旺

北京市大兴区第三届人民代表大会第五次会议

张书领

大兴区相关领导赴唐山市参观学习

参加北京香港经济合作研讨洽谈会

大兴区农村反腐倡廉警示教育展览

大兴区人民法院清理执行积案集发放案款仪式

大兴区2009年劳动保障工作表彰会颁奖仪式现场

地铁2号盾构机运行使用

大兴新民居

新建成的西旺公园

国庆60周年大兴区烟火晚会

庞各庄镇村官种植蘑菇

POS机进社区居民缴费不再难

送春联进农村

大兴区2009年新春团拜会

第21届北京大兴西瓜节全国西甜瓜擂台赛

承办2009年
全球职业极限运动巡回赛

大兴区花会调演

编辑说明

一、《北京大兴年鉴》是一部综合性、资料性工具书和史料文献。在中共北京市大兴区委和区人民政府的领导下，由区地方志编纂委员会主持编纂，区史志办公室负责实施编辑工作。

二、本年鉴以马列主义、毛泽东思想、邓小平理论和“三个代表”重要思想为指导，认真贯彻科学发展观，坚持党的基本路线，遵循实事求是的原则，与时俱进，开拓创新，科学地反映客观情况。

三、本年鉴从2008年开始，按年度逐年编纂出版。本年度出版的年鉴是记述2009年大兴区政治经济和社会发展各方面的基本情况和重大事件，记述时限为2009年1月1日到2009年12月31日。凡在本书中直书月、日的，均指2009年的日期，文中“本年”、“年内”、“全年”一律指2009年。

四、本年鉴采用分类编辑体例，用文章和条目两种形式，以条目为主。用规范的语体文、记述体直书其事，文字力求言简意赅。全书设类目、栏目、分目、条目4个层次。条目标题统一用黑体字并加【】标明。类目、栏目、分目的标题分别用不同型号的字体加以区别。

五、本年鉴的文字内容，设有概述、特载、大事记、党派、政权政治协商、群众团体、政法军事、经济管理、财政税务审计、农业、工业、商业旅游、交通邮电、城乡建设、科教文卫体、社会生活、街道镇、人物、统计资料、附录等类目。全书除文字部分外，还配以地图、彩色照片、表格、力求具体、形象、生动地反映大兴区的发展全貌。

六、本年鉴收录大兴区党、政、军、群众团体、镇(街道办事处)和部分企业负责人名录,以2009年内任职为限,其中有任免情况的分别予以注明。收录2009年内获得市级以上(含市级)各类先进人物、先进单位名单,所收录内容均以各单位提供的材料为准。

七、选入本年鉴的文章和条目,除部分资料由年鉴编辑部人员直接收集外,其他均由各部门、各单位确定的专人撰写或提供,并经部门、单位主要领导审阅,区委、区政府有关部、委、办领导审查。组织机构负责人名单由区委组织部提供,照片由各有关单位和大兴报社提供。

八、本书中引用的统计数字,原则上是以大兴区统计局2009年度《统计年鉴》为准,也有的数字由于统计口径、时间有出入、仍从原出处,未按《统计年鉴》更改。正文之前收录的大兴区行政区划图》由北京市测绘设计研究院制图中心提供。

九、本年鉴的编辑工作得到各撰稿单位及各方面的热情关怀和大力支持,深表谢意。由于编者水平有限,书中难免存在疏漏之处,恳请各界批评指正,以利于今后改进。

目　　录

概　　述

特　　载

大 事 记

党　　派

政权·政治协商

群众团体

政法 军事

经济管理

·发展改革·

· 统计工作 ·

· 工商管理工作 ·

财税 金融 审计

·财政工作·

农　　业

工　业

商业·旅游

交通·邮电

城乡建设

科·教·文·卫·体

社会生活

街道 镇

人 物

统计资料

附　　录

概　　述

区情综述

大兴区位于北京市南部，全区总面积1030平方公里，耕地面积63.3万亩，下辖黄村、西红门、旧宫、亦庄、瀛海、青云店、长子营、采育、礼贤、安定、榆垡、魏善庄、庞各庄、北臧村14个镇和清源、兴丰、林校、观音寺、天宫院5个街道办事处，区政府所在地大兴新城距市区南三环仅13公里。

2009年国民经济和社会发展

2009年是新中国成立60周年，一年来，全区上下在区委、区政府的领导下，坚持以科学发展观统领全局，面对严峻的经济形势，按照“坚持科学发展，走城乡一体化道路，建设宜居宜业和谐新大兴”的总体思路，攻坚克难，全区经济企稳回升向好的势头不断增加，全区经济总体实现平稳较快发展。地区生产总值比上年增长10%以上。人口总量继续保持增长。年内，全区户籍人口58.6万人，同比增加4761人。截至年底，居住在大兴的常住人口115.9万人，同比增加6.2万人，其中居住半年以上的外来人口51.3万人，同比增加5.8万人。全年，全区出生人口5393人，人口出生率为9.2‰。

农业

农业生产基本稳定，都市型现代农业进一步发展。年内，随着各项惠农政策的落实和实施，全区农业得到稳步发展。全年，全区实现农林牧渔业总产值47.9亿元，同比增长0.9%，其中农业（种植业）总产值26.8亿元，同比增长5.7%；牧业总产值20.1亿元，同比下降4.7%。主要农副产品中，生猪、家禽出栏及牛奶产量分别以不同程度增长。农业产业结构调整成效显现，优势主导产业呈现规模化、标准化发展态势。年内，新建、改造设施农业面积1万亩，全区设施农业总面积达10万亩。完成庞安路都市型现代农业带提升工程，以御瓜园、老宋瓜园等一批观光园区带动了全区的农业观光游、休闲功能进一步拓宽，农业科技水平、产出效益稳步提高。全区编制完成200个村的村庄规划，全面实施223个村的“五项基础设施”建设，硬化村庄街坊路450万平方米，实施“一路一品、一街一景”工程，完成绿化面积210万平方米，植树28万株。改造厕所1.6万座，完成2万余户“一户一表”安装工程，并完成450户农村家庭户沼气安装工程，农村新型能源利用水平不断提高。“村收集、镇运输、区处理”的农村垃圾处理机制不断完善和加强,垃圾无害化处理率达到90%,六环以南地区垃圾密闭化处理率达到100%,农村人居环境得到有效改善。

工业

工业企稳回升。年初,受金融危机影响企业效益下滑,第一季度工业生产总值有所下降,而后全区工业企业企稳回升,总体向好态势逐季增强,主导产业发展良好。全年,实现工业总产值424.9亿元,同比增长11%。规模以上工业实现总产值370.9亿元,同比增长7.3%。在规模以上企业中,都市工业、现代制造业和高新技术企业发展态势良好。都市工业实现总产值152.7亿元,占规模以上工业产值的41.2%,同比增长8%;现代制造业实现总产值73亿元,同比增长12.5%;高新技术企业总产值18.2亿元,同比增长12.6%。年主营业务收入200万元以上法人单位中,石油加工业、炼焦及核燃料加工业总产值40.8亿元,同比增长10.6%;电器机械及器材制造业总产值35.8亿元,同比增长30.4%;交通运输设备制造业总产值31.7亿元,同比增长27%,其中汽车制造业总产值31.1亿元,同比增长27.7%。固定资产投资高位运行。年内,借助北京市重大项目绿色审批通道平台,着力推进项目建设,全年共有136个重大项目列入绿色通道,111个项目实现开工,全年完成全社会固定资产投资354.2亿元,同比增加185.3亿元,增长109.7%,其中基础设施投资106.5亿元,同比增长4倍;民间投资140.4亿元,同比增长36%。城镇投资118.5亿元,增长2倍;农村投资94.3亿元,增长2倍。第一产业投资1.5亿元,同比下降7.7%;第二产业投资18.7亿元,同比增长20.2%;第三产业投资(不含房地产开发投资)192.5亿元,同比增长2.7倍。开发区发展加快,高端产业聚集。年内,中关村科技园区大兴生物医药产业基地着力吸引高端项目,民海生物、以岭药业等一批项目相继建成投产,紧抓国际汽车资源整合和新能源利用有利时机,成功引进新能源汽车等项目,生物医药和汽车制造产业集聚优势突出。全年,中关村科技园区大兴生物医药产业基地实现总收入44.1亿元,同比增长35.7%;全年工业销售产值34.5亿元,同比增长17.3%;实现工业利润2.9亿元,同比增长23.4%。年内,北京大兴经济开发区实现总收入88.3亿元,同比增长53.5%;全年工业销售产值24.1亿元,同比增长7.2%;实现工业利润6890万元,同比增长41.9%。

商业

居民家庭耐用消费品拥有量进一步增加。年末,平均百户城镇居民家庭拥有汽车38辆,移动电话192部,电脑89台。平均百户农村居民家庭拥有汽车18辆,移动电话202部,电脑55台。消费品市场需求加大。年内,在汽车、家电下乡、以旧换新等一系列扩内需、保增长政策引导下,全年,全区社会消费品零售总额实现115.3亿元,同比增长15.1%。全区规模以上社会消费品零售总额77.1亿元,同比增长20.6%。在限额以上批发和零售额中,汽车类实现零售额12亿,同比增长141%;中西药品类实现零售额3.3亿元,同比增长7倍,其中西药类实现零售额2.8亿元,同比增长10倍。

外经　外贸

年内,国际金融危机的影响逐步凸显,外需减弱,全区出口贸易结构略有调整。全年,全区出口总额29.1亿元,同比减少7.8%,其中农副产品出口3亿元,同比增长25.5%。

全年,全区新批三资企业24家。实际利用外资10205万美元,同比增加4386万元,增长74.8%。

邮电　旅游

邮政业务不断扩大。年内,邮政业务总量10970万元,同比增长23.4%;累计订销报刊1566万份,同比增加3万份;订销报刊流转额1180万元,同比增长20.8%。

旅游业逐步发展。年内,全区继续提升“绿海甜园、都市庭院”的特色旅游品牌,加大媒体宣传力度,切实提高本区旅游产品的开发和市场占有率,成功举办第21届北京大兴西瓜节,高质量完成以春华秋实系列品牌活动为龙头的系列特色节庆旅游活动,以建设“T”型休闲旅游产业带为龙头,市旅游局投入150万元资金支持采育红酒庄园旅游聚集区、北京时尚体育休闲公园等重点项目建设。全年,全区共有旅游单位730个,同比增加27个,其中民俗旅游单位613个;接待总人数432.6万人,同比增长29.1%,其中民俗旅游接待262.6万人,同比增长28.5%;营业收入8亿元,同比增长5.9%,其中民俗旅游收入1.7亿元;旅游从业人员15216人,同比增长0.9%。

城乡建设与管理

公共事业稳步发展。年内,新建康庄、观音寺两座大型集中供热厂和天堂河、榆垡、庞各庄、青云店四座污水处理厂,建成李营等3座110千伏变电站,城市综合承载能力不断加强。年内,全社会总用水量37965万立方米,同比增长9.2%,其中生活用水4193万立方米,工业用水1827万立方米,农业用水28111万立方米,公共服务用水3501万立方米。全年,全社会用电量31.6亿千瓦时,同比增长11%,其中城乡居民生活用电6.4亿千瓦时,同比增长10.2%;工业用电14.5亿千瓦时,同比增长11.2%。道路交通网络建设进一步完成。年内,地铁大兴线隧道实现贯通,11座车站主体完工。新城与市中心连接线建设进展顺利,完成京开辅路拓宽工程,郭公庄路主体完工,蒲黄榆路南延工程全面开工。重点市政道路建设进展顺利,兴旺路、芦求路建成通车,四通八达的城市道路交通体系逐步形成。截至年底公路里程达到2596.4公里,其中,国道38公里,省道131.2公里,县道393.1公里,乡道1040.8公里。按公路等级分,一级公路131.3公里,二级公路334.1公里,三级公路332.9公里,四级公路1798公里。年内,全区充分发挥林业生态承载功能,全面提升城乡绿化建设水平,实施了重点绿色通道绿化、残次林改造、治沙示范区、沙坑治理、公路河道绿化、播草盖沙等市、区级重点工程。大兴新城地区完成6条道路绿化,实施了兴旺带状公园、21号地公园和体育休闲公园的绿化建设。全年,全区完成造林2.25万亩,植树314.6万株,城市绿化覆盖率达到40%以上,林木绿化率达到30.2%。全年空气质量达到二级和好于二级的天数累计达到244天,占全年总天数的66.8%。建筑业持续较快发展。年内,全区建筑业实现总产值123.5亿元,同比增长16.9%。签订合同额197.9亿元,同比增长11.9%。建筑业房屋施工面积476.9万平方米,同比增长13.5%,其中新开工面积161.6万平方米。竣工面积196.4万平方米,同比增长84.9%。竣工产值111.5亿元,同比增长39.4%。房地产业快速发展。年内,受全球金融危机后期影响,房地产业呈现先降后升的态势,从而拉动全区经济发展。全年,累计完成投资141.5亿元,同比增长42.7%。全年,全区房屋施工面积426.8万平方米,同比增长26.4%。商品房屋销售面积94.5万平方米,同比增长186.4%;商品房屋销售额977346万元,同比增长267.8%。

财税 金融 税收

财政收入保持增长,支出结构明显优化。年内,全区完成地方财政收入(一般预算收入)23.1亿元,同比增长13.8%,其中增值税完成2.2亿元,同比增长7.5%;完成营业税收8.1亿元,同比增长10.5%;受国际金融危机的影响,区内企业效益下滑,截至年底,企业所得税完成2.1亿元,同比降低27.2%。财政支出向公共服务、民生领域倾斜。全年,全区完成地方财政支出73.5亿元,同比增长77.5%,其中,城乡社区事务支出24.8亿元,同比增长4.4倍;社会保障和就业支出7亿元,同比增长36.9%;教育支出10.5亿元,同比增长29.1%。

金融运行平稳,存、贷款额均创新高。截至年底,全区金融机构人民币存款余额806亿元,同比增加267.5亿元,增长49.7%,其中居民储蓄存款余额417.2亿元,同比增加103.4亿元,增长32.9%。全区金融机构人民币贷款余额295.4亿元,同比增长67.6%。

税收小幅增长。年内,随着经济的回暖和税收征管力度的加强,全区税收收入小幅增长。全年,全区实现税收60.6亿元,同比增长7.7%,其中区域增值税完成17.6亿元,同比增长15.5%;区域营业税完成16.2亿元,同比增长10.5%;区域个人所得税完成4.6亿元,同比增长13.5%;区域企业所得税完成10.1亿元,同比下降29.5%。

科技　教育　文化　卫生　体育

科技创新环境不断优化,企业自主创新能力进一步加强。年内,进一步扩大企业技术创新试点范围,建立10家区级企业研发中心,建立市级科技研发机构1家,开发新产品110项;申报市级专利试点示范企业36家,培育区级专利试点示范企业26家;全年专利申请2195项,其中发明专利870项,实用新型985项,外观设计专利340项;专利授权1004项,其中发明专利125项,实用新型567项,外观设计专利312项;输出技术成果1104项,成交额29.9亿元;吸纳技术成果615项,成交金额6亿元。

教育事业稳步发展。年内,全区教育教学坚持以扩大优质教育资源、促进城乡教育均衡、加强干部队伍建设,创造大兴教育特色,狠抓学生素质提升,提高全区教育质量为重点,推动全区教育事业稳步发展。全区共有各类学校195所,在校学生80264人。其中,中等职业学校2所,在校生7101人;普通中学36所,在校生29188人;小学101所,在校生40403人;幼儿园55所,在园人数13079人;特殊教育1所,在校生44人。

文化事业繁荣发展。喜迎建国60周年,本区作为全国8亿农民的代表由2167人组成国庆联欢农民联欢区,在长安街进行表演,高质量完成群众游行、阅兵、游园、晚会等多项国庆联欢活动,展现了大兴良好形象。成功举办"北京大兴第二十一届西瓜节"、"正月十五元宵节音乐会"等系列文化活动,其中,正月十五元宵节的"赏千盏花灯,品满族席宴,摘绿色蔬菜"获得北京市"最佳社区庙会灯会"奖。全年,共举办大型演出活动100多场,参与观众达80万人次。年内,加大放映力度,流动放映2434场,观众15.4万人次;固定放映52699场,观众147.3万人次。截至年底,区图书馆总藏书达到62.6万册(件),接待读者19.3万人次。

医疗卫生服务能力持续增强。年内,全区公共卫生服务体系不断完善,医疗服务能力得到加强,积极应对甲型H1N1流感疫情,国庆公共卫生及医疗保障工作顺利开展,突发公共卫生事件处置能力明显提高。截至年底,全区共有卫生机构725家,其中医院27家,卫生院17家。卫生机构共有床位3981张,其中医院3373张。每千人口(常住人口)拥有医院床位6.8张。全区卫生技术人员达到6440人,同比增长3.8%,其中执业(助理)医师2551人,注册护士2000人。

体育事业蓬勃发展。年内,大力推进体育健身工程,建设集组织、活动和场地设施于一体的多功能的城市社区体育俱乐部。提高社区体育活动的组织程度,全区人均体育设施面积已达到1.5平方米以上。全区体育运动场馆面积307.9万平方米,教练员40人,裁判员150人,全民健身工程583个,全民健身工程面积达到24.76万平方米。以奥运和建国60周年为契机,着力实施"社会体育项目发展计划”形成了参与人数多、群众积极性强的武吵子、太极拳、秧歌舞、八卦掌、五禽戏等具有大兴区特色的群众体育活动，全年组织群众体育活动就达到了600余次，16多万人参与。

人民生活和社会保障

人民生活水平持续提高。全区城镇居民人均可支配收入为22548元，同比增长8.9%。农村居民人均纯收入11132元，同比增长10.2%。城镇居民人均生活消费支出14097元，同比增长9.5%。农村居民人均生活消费支出8671元，同比增长32.6%。

城乡社会保障水平稳步提高。年内，全区认真贯彻北京市社会保障降压减负“六个一”政策，拓宽城乡居民养老、医疗保险参保覆盖面，努力改善和保障民生。全年，全区城镇登记失业率1.02%，登记人员就业率达到69.6%，同比提高14.7个百分点。“零就业家庭”保持动态消零。城镇居民五险收缴率均在95%以上；城乡居民养老保险累计参保16.9万人，参保覆盖率达到90%，新型农村合作医疗参合率达96%。

特　　载

中共北京市大兴区委工作报告

——在中共北京市大兴区第三次代表大会第五次会议上

(2009 年 12 月 28 日)

中共北京市大兴区区委书记　林克庆

各位代表、同志们:

这次大会的主要任务是,以中国特色社会主义理论为指导,全面落实科学发展观,深入学习贯彻党的十七大以来中央大政方针和市委十届七次全会精神,总结全区 2009 年工作,部署 2010 年主要任务。下面,我受区委全会委托,向大会报告工作。

一、2009 年工作回顾

2009 年是非同寻常的一年,困难多、任务重、要求高、压力大。区委紧紧围绕"坚持科学发展,走城乡一体化道路,建宜居宜业和谐新大兴"的目标,全力落实"调结构、上水平,保增长、保民生、保稳定"各项任务,全区上下心齐、劲足、气顺、风清,区四套班子团结和谐、运转协调,广大党员干部始终保持奋发有为的精神状态,抢抓机遇、迎难而上、锐意创新、扎实工作,经济建设、政治建设、文化建设、社会建设、生态建设和党的建设取得新进展。

以"促投资、增后劲、抓融资、优环境"为主线,全力确保增长,全区经济实现平稳较快发展。积极应对国际金融危机不利影响,牢牢扭住保增长、促发展不松劲,紧抓市委、市政府加快城市南部地区发展、率先构建城乡经济社会发展一体化新格局的战略机遇,主动超前,统筹谋划,突出重点,狠抓落实,全区经济呈现持续向好趋势,圆满完成"五个10%"的增长目标。发挥"绿色审批通道"作用,狠抓土地一级开发,着力扩大社会投资,全社会固定资产投资获得突破,引进英特宜家和金晶两个投资分别达到 30 亿元的大型企业。加快推进中关村科技园大兴生物医药产业基地等重点园区建设,启动生物医药东配套区、地铁沿线生产性服务业大厦等重点工程建设,引进新能源汽车、中国北京星光电视节目制作基地等一批重大项目。促进企业自主创新,科技创新服务体系进一步完善。发挥国有企业作用,有力推动新城和镇区开发建设。搭建投融资平台,大力争取信贷资金、政策资金,着力优化发展环境,为经济发展提供了强有力支撑。

以城乡结合部地区为突破口，推进统筹发展，城乡一体化步伐加快。统筹加强“三农”工作，着力破解“三农”发展瓶颈。围绕“钱从哪来、人往哪去”，以政府主导的土地一级开发为抓手，加大拆迁改造力度，着力破解城乡结合部地区发展难题。黄村、旧宫、西红门、瀛海、亦庄等城乡结合部地区拆迁改造取得突破性进展，在建立失地农民长远利益保障机制，实现农民“有岗位、有资产、有保障、有组织”，发挥基层党组织的战斗堡垒作用，促进人口资源环境调整、产业优化升级、发展空间拓展等方面做了大量有益的探索，取得了宝贵经验，旧宫镇被列为全市城乡结合部地区改造试点。着力推进城镇发展，榆垡、庞各庄、采育、安定、魏善庄5个重点小城镇和其他镇，结合实际、扎实工作，发展能力、发展水平进一步提高。以促进农民增收为根本，加强农村基础设施建设，大力发展设施农业、观光农业，提高农业科技服务水平，扶持农民专业合作组织发展，加快推进农村金融综合改革，积极构建惠农便民流通体系，引导农村劳动力向二三产业转移近万人。

坚持规划先导、基础先行，城镇建设和管理水平逐步提高。坚持高起点、高标准、高水平推进大兴新城规划建设，完成地铁沿线城市设计及重要站点一体化设计，地铁大兴线轨道铺设和站点建设顺利推进，建成兴旺路带状公园，启动万亩滨河森林公园建设，观音寺、康庄集中供热厂投入使用。实施一批城乡道路建设，初步形成“八横八纵”道路交通网络。借助北京经济技术开发区和地铁亦庄线、三海子郊野公园建设，积极研究探索亦庄周边地区加快发展问题，着力构建“共同开发、协调运转、利益共享、同步发展”的新机制。完善城市管理体制机制，成立社会工作管理机构，增设观音寺和天宫院街道办事处，顺利完成社区居委会换届选举工作，强化政府职能部门的主体责任和街道办事处属地管理职责。严厉打击违法建设和非法用地，开展了市场经营秩序、交通秩序和城乡环境专项治理。

以促进就业和解决突出问题为重点，大力改善民生，和谐社会建设扎实推进。围绕市委、市政府提出的“五无”目标，认真落实“保民生”有关要求。制定落实促进就业系列措施，开发就业岗位，稳定就业形势，促进劳动力就业。着力推进社会事业发展，教育、医疗卫生、社会保障、科学技术、文化体育、人口计生等方面工作取得新成效。切实抓好甲型H1N1流感防控工作，增强突发公共卫生事件处置能力。发挥媒体作用，加强正确舆论导向，推进精神文明创建。开展专题研究，加强沟通协商，亦庄历史遗留主要问题逐步解决。坚持为民办实事，落实折子工程，开展慰问帮扶困难群体活动，解决了一批关系群众切身利益的问题。

以新中国成立60周年庆祝活动服务保障任务为重点，强化安全稳定第一责任，全区安全稳定的态势进一步巩固。切实加强组织领导，有效整合各种资源，圆满完成“与时俱进”标语方阵游行和组织参加联欢晚会、游园、焰火燃放等任务。加强民主法制建设，注重发挥公、检、法、司等政法部门作用，落实属地责任，专群结合、打防结合，依法严厉打击各类违法犯罪活动，“平安大兴”建设进一步推进。加强信访工作，认真排查调处人民内部矛盾。注重安全生产，深入开展隐患排查和安全监管。针对流动人口激增的形势，结合城乡结合部村庄拆迁改造，在建立健全流动人口管理服务长效机制方面进行了积极探索。

以开展深入学习实践科学发展观活动为契机，坚持改革创新，党的建设进一步加强。坚持民主集中制原则，加强区委常委会和全委会自身建设，着力提高区委领导集体科学决策、民主决策、依法决策水平。推进党代会常任制，实施党代表任期制和重大项目全委会票决制,党内民主不断扩大。完善领导体制和运行机制,发挥区委总揽全局、协调各方职能,支持区人大、区政府和区政协围绕党的中心工作充分履行职能,巩固发展决策、执行、监督、评价有机统一的良好格局。区人大依法加强对全区重要事项的审议,积极组织代表开展活动,就加快城市南部地区发展等重大问题开展调研、提出议案;区政府着力加强自身建设,突出重点,狠抓落实;区政协注重发挥自身优势,围绕中心,积极组织委员调查研究、建言献策,在推动西南五区合作等方面做了大量有效工作。工会、共青团、妇联、人民武装、统战、工商联、民主党派、民族宗教等工作持续加强,发挥了不可替代的作用。扎实开展深入学习实践科学发展观活动,实现了"党员干部受教育、人民群众得实惠、科学发展上水平"的目标,积累了试点经验,得到市委和群众充分肯定。明确提出要为建设宜居宜业和谐新大兴选准人用好人,树立"坚持德才兼备、以德为先;从事业出发选人用人;从可持续发展出发选人用人;坚持注重从基层选人用人;从强化人才支撑出发聚才用才"等五个选人用人正确导向,努力营造"想干事、能干事、干成事"的良好氛围。开展处级领导班子、领导干部集中考察和作风建设检查,实施一把手素质提升、领导干部专业技能提高、"2、3、5 百名后备人才"培养等工程,完善促进科学发展绩效考核体系,领导班子和干部队伍建设得到加强。实施"三四五"强基工程,统筹推进农村、社会、机关、国企四个层面党建工作,开展"百家单位联百村"结对帮扶等活动,促进大学生"村官"就业创业,"三级联创"活动连续 8 年在全市创建评比中排名一类。加大投入,改善条件,老干部工作进一步加强。扎实开展"作风建设年"活动,广大党员干部弘扬奥运精神,积极攻坚克难,发挥表率作用,工作作风切实转变。实施区领导联系重点项目制度,努力为企业排忧解难。全面推行廉政风险防范管理工作,组织开展警示教育等多种形式的反腐倡廉教育,抓好法规制度落实,对区重点工程、土地储备开发项目等实行"667"督查机制,加大违法违纪案件查处力度,党风廉政建设取得明显成效。

各位代表、同志们,一年来的艰辛实践,我们深切感悟到:全区上下在发展定位、发展思路、发展目标等方面形成了高度共识,思想高度统一,为全区发展奠定了坚实的思想基础;全区上下团结紧密,步调一致,巩固了团结和谐、万众一心的大好局面,营造了干事创业、风清气正的良好氛围,为全区发展奠定了坚实的政治基础;全区上下坚定信心,迎难而上,始终保持昂扬的斗志、攻坚的勇气,为全区发展提供了坚强的作风保障;在加快城乡一体化步伐、确保经济平稳较快发展、强化社会建设、加强党的建设等各方面工作中,坚持创新制度机制,为全区发展注入了强大动力;始终坚持超前研究谋划,主动开展工作,在重大基础设施建设、城乡结合部地区拆迁改造、土地储备开发、生态建设等诸多方面,想在前、干在前,抓住了难得机遇,创造了新的机遇,积蓄了发展后劲。

一年来的成果和进步,得益于市委、市政府的正确领导和市直各部门、驻区中央市属单位和部队的大力支持配合,离不开人大代表、政协委员和社会各界的共同努力,凝聚着全区广大党员干部和人民群众的心血和汗水,我代表区委表示衷心的感谢!

各位代表、同志们,在成绩面前,我们清醒地认识到存在的差距和不足:一是经济发展方式需要进一步转变,产业发展还没有实现更大的突破。二是人口资源环境的矛盾还比较突出,一些领域的管理比较薄弱,流动人口、安全稳定、市容环境等方面管控工作还需要在新形势下有针对性地进一步加强。三是关系群众切身利益方面的问题还需要大力解决,农民长远利益保障工作还需进一步抓紧抓实。四是基层党组织建设和城乡结合部地区社会建设需进一步加大探索力度。五是一些党员干部还不能适应快速发展的形势需要,素质能力需要进一步提高,作风需要进一步转变。对此,我们一定高度重视,在今后的工作中着力加以解决。

二、形势和要求

2010 年是落实城南行动计划的第一年,也是实施"十一五"规划的最后一年,做好全年工作至关重要。当前,首都已经进入推动新一轮科学发展、全面建设"人文北京、科技北京、绿色北京"的新阶段,大兴正处于由传统农业大区向现代化城市发展新区加快转变、城乡一体化加速推进的重要时期。我国经济回升向好趋势不断巩固,全市统筹城乡发展尤其是促进城市南部地区加快发展力度不断加大,北京经济技术开发区带动周边地区发展效应逐步显现,地铁大兴线和三海子郊野公园等重大项目相继实施,全区在推进科学发展、促进社会和谐方面的经验不断丰富,各级领导班子和广大党员干部群众在攻坚克难、加快发展的丰富实践中得到锤炼,为推动全区高水平科学发展提供了重要保障和强大动力。总的来看,2010 年是我们集中精力促发展、心无旁骛干事业、乘势而上求突破的关键一年。我们要主动适应更加复杂的发展环境、更加激烈的区域竞争、更加繁重的工作任务、要求更高的工作标准,抓住新的发展机遇,树立新的发展目标,谋划新的发展举措,努力实现又好又快发展。

2010 年全区工作的总体要求是:全面贯彻落实党的十七大、十七届四中全会、中央经济工作会议和市委十届七次全会精神,深入贯彻落实科学发展观,大力实施"人文北京、科技北京、绿色北京"发展战略,围绕"坚持科学发展,走城乡一体化道路,建宜居宜业和谐新大兴"目标,以强化产业支撑为重点,以重大基础设施带动为抓手,以保障农民长远利益为根本,更加注重解放思想,更加注重统筹兼顾,更加注重改善民生,更加注重团结协作,在更高起点上实现全区科学发展的新突破。

更加注重解放思想,就是在实施城南行动计划等一系列有利的发展形势面前,要坚决克服"等、靠、要"的被动发展意识,坚持以我为主,发挥主人翁作用,打好主动仗;就是坚持一流的标准、一流的工作、一流的业绩,创新体制机制,激发活力动力,推动全区发展实现新跨越。

更加注重统筹兼顾,就是适应全区发展进入加速期、转型期的新形势,在任务重、头绪多、战线长的情况下,进一步改进工作方式方法,学会"弹钢琴",妥善处理重点与一般、当前和长远等多方面关系,统筹推进城与乡、城与业、经济与社会、经济发展与生态环境、经济社会与党建协调发展。

更加注重改善民生,就是在全区大发展、大建设过程中,要在建立健全失地农民长远利益保障机制上下更大功夫,把促进农民持续增收作为新农村建设的根本任务,同时着力解决群众在就业、就学、就医、社会保障等方面的实际问题,使广大群众更多享受改革发展成果。

更加注重团结协作,就是针对建设项目多、拆迁规模大、工作任务重等现实,全区上下要进一步增强大局意识、协作意识、奉献意识,主动做到通力配合、无缝衔接、及时补位,为攻坚克难、大干快上提供强大合力。

三、2010 年经济社会发展主要任务

坚持把实现经济平稳较快发展作为首要任务,以推动城乡一体化进程为主线,主动对接城南行动计划,统筹推进经济建设、城乡一体化建设、文化建设、社会建设、生态建设,全面提高全区发展的质量和水平。

(一)坚持加快转变经济发展方式,突出项目带动,实现产业发展的新突破

努力打造全市新的经济增长极,走高端、高效、高标准的发展道路。把产业园区作为产业高端化、集约化发展的主要载体,高标准

规划建设,大力度整合资源,强化产业服务、集聚功能,完善项目准入机制,着力招大引强,推动中关村科技园大兴生物医药产业基地等重点园区发展取得突破性进展。把引进和建设重大项目作为产业优化升级的重要手段,抓住国家和北京市出台产业振兴规划、大力发展战略性新兴产业的机遇,积极对接央企和国家产业项目,大力引进跨国企业地区总部、研发中心和民营企业总部,推动一批具有重大影响力的项目落户。把促进企业发展壮大作为加快产业发展的重要支撑点,优化企业发展环境,提高企业服务水平。继续扶持国有企业做大做强,进一步加大对企业自主创新、中小企业发展、民营企业发展的扶持力度。积极争取上级部门支持,落实与金融机构合作协议,加大基础设施、产业设施、公共服务设施等方面投资力度,着力引导扩大社会投资。落实和完善扩大内需的政策措施,努力提高居民特别是低收入群众消费能力,增强消费对经济增长的拉动作用。促进外贸出口持续稳定发展。结合城南行动计划,高标准做好"十二五"规划编制工作。

(二)坚持统筹发展,加强攻坚探索,实现城乡一体化建设的新突破

按照"东部地区借势发展、西部地区乘势发展、南部地区严格管控、北部地区先行示范"的思路,着力推动城乡一体化建设。围绕大兴新城出特色、出形象,重点抓好"两线一区"建设,确保地铁大兴线按时通车,积极推进重要地铁站点一体化,实现交通便捷与产业发展、新城功能形象提升同步融合。加强大兴新城老旧小区改造,基本拆除"城中村"。着力改善大兴新城与市中心区和亦庄、通州等新城的交通条件。牢牢抓住市委、市政府推动大兴区与北京经济技术开发区行政资源整合,理顺管理体制,打造新的发展空间的重大决策机遇,全力促进东部地区借势加快发展。总结推广黄村、旧宫等镇经验,大力推进城乡结合部地区改造。以政府主导的土地一级开发为抓手,以失地农民长远利益保障为根本,加强组织领导,强化部门联动,加大探索力度,重点抓好南五环沿线村庄拆迁改造,使失地农民"安置就业有岗位、增收经营有资产、稳定生活有保障、服务管理有组织",努力把城乡结合部地区建设成为城乡一体化发展的示范区。因地制宜推进城镇化,加强镇区开发建设,完善镇区基础设施,培育发展特色产业,发挥城镇聚集产业、吸纳人口的重要节点作用。围绕国家重大项目选址,对南部地区实行严格的项目准入制度,加大非法占地、违法建设整治力度,加强土地储备,留足发展空间。

继续把解决"三农"问题作为全区工作的重中之重,以促进农民持续增收为主线,加快都市型现代农业发展步伐,全面完成新农村"五项基础设施"建设任务,继续实施"三起来"工程,深化农村集体产权制度改革、农村金融综合改革和农村集体林权制度改革,支持农民专业合作组织发展壮大,加快农村劳动力向二三产业转移步伐,加强对经济发展落后村和低收入农户的帮扶,推动新农村建设取得更大进展。

(三)坚持围绕中心,加强宣传思想政治工作,实现文化建设的新突破

以学习贯彻科学发展观为主要内容,深入开展理论学习宣传和形势政策教育,增强广大干部群众落实中央大政方针和市委、市政府决策部署的积极性、主动性、创造性。发挥区内外媒体资源作用,及时宣传报道全区发展新兴产业、推进新城建设、推动城乡一体化发展等方面的新动态、新成果,激发广大干部群众参与全区发展建设的热情和干劲,提升大兴的影响力。进一步加强基层公共文化服务设施建设,完善四级文化网络,丰富群众文化生活。组建理论宣讲团,开展理论宣传进机关、进企业、进校园、进社区、进农村活动。加强精神文明创建工作,深入开展"城乡手拉手,共建新农村"、"弘扬传统美德、构

建和谐大兴”、评选“十百千”先进典型等活动,扩大精神文明建设覆盖面,引领社会文明风尚,提升城乡社会文明程度。

(四)坚持保障和改善民生,突出建管并重,实现社会建设的新突破

继续抓好促进就业政策落实,加强就业培训和就业岗位开发,千方百计扩大就业。继续抓好新型农村合作医疗和城乡居民养老保险等社会保障工作。推进城乡教育均衡发展,深化医疗卫生体制改革。加大政策性住房保障力度,继续抓紧办理一批与群众生产生活息息相关的实事和折子工程。主动适应社会转型期特点,加大社会管理服务体制机制探索创新力度,加强地区办事处、街道办事处和居委会建设,强化城市管理职能,着力解决城市交通秩序、物业管理服务纠纷和农转居群众社会角色转变等重点、难点问题。紧紧围绕建设“平安大兴”的目标,深入开展普法教育,加强社会防控体系建设,加大社会治安综合治理力度,依法严厉打击各种刑事犯罪活动。集中开展中央、市、区挂账督办的涉法涉诉信访案件的化解攻坚。加强对流动人口管理服务有效机制探索,增强管控工作的主动性。进一步加强安全生产监督管理。

(五)坚持树立发展新理念,着力打造良好的生态环境,实现生态建设的新突破

牢固树立生态环境是生产力的理念,建立与现代化城市发展新区相适应的生态建设体系。加快推进三海子郊野公园一期、万亩滨河森林公园等一批重点项目建设,着力搞好永定河水岸经济带和南中轴森林公园研究规划,实现全区生态建设质的飞跃,增强对发展要素的吸附力。加强绿化美化工作,创建一批高水平的生态型街区、社区、道路和镇村。适应发展绿色经济、循环经济、建设低碳城市的新要求,促进生态建设和产业发展、城镇建设的有机融合,深入推进节能减排,推广清洁能源利用,搞好污水治理和大气污染防治,增强全区可持续发展能力。

四、以改革创新精神全面加强党的建设

抢抓发展机遇,在更高起点上推动全区经济社会又好又快发展,关键在党。要以贯彻落实党的十七届四中全会精神为主线,适应市委、市政府对大兴工作的高标准和全区经济社会发展的新需要,坚持改革创新,着力提升党的建设科学化水平,为推动科学发展提供坚强保障。

(一)突出主动有为,当好主人翁,打好主动仗

紧密结合全市发展的新要求,教育全区党员干部深刻认识全区发展面临的重大机遇,引导全区党员干部切实增强主动有为意识,自我加压,主动工作,积极思考为加快大兴发展做什么、怎么做的问题,努力做到主动服务奉献,创造一流的工作业绩。各部门、各单位要在组织党员干部认真讨论的基础上,研究制定本部门、本单位落实城南行动计划的具体举措,明确目标、责任、标准、时限,层层抓好落实。基层党组织要把教育引导干部群众作为重点,切实增强干部群众服从大局、当好主人翁意识,及时变机遇为优势,化压力为动力,变被动为主动,抢抓机遇、扎实工作,确保区委、区政府决策部署顺利落实。

(二)进一步完善领导体制和工作机制,形成推动发展的强大合力

坚持总揽全局、协调各方,大力支持区人大、区政府、区政协积极开展工作,发挥区人大依法监督、区政府依法行政、区政协民主监督职能,坚持和完善区级领导班子协调运转机制。坚持和健全民主集中制,健全集体领导与个人分工负责相结合制度,重点完善常委会重大事项事前沟通协调机制。继续探索党内民主新路子,深入推进党代会常任制,继续抓好党代会年会、全委会票决重大事项、全委会票决任用党政正职领导干部等制度。深入贯彻区党代表任期制,制定党代表提案提议、视察调研、联系群众等多项制度,促进科

学、民主决策。坚持党管武装,加强统战工作,大力支持工会、共青团、妇联等组织发挥职能作用。

(三)大力加强干部队伍建设,进一步提高领导科学发展的能力

深化思想作风建设年活动,推进领导班子和干部队伍思想作风建设。把加强党性教育作为首要任务,推进学习型领导班子建设,健全和完善区处两级理论学习中心组学习制度,组织到先进地区学习考察、交流研讨,强化实践锻炼,加强党性修养,引导党员干部进一步增强机遇意识、竞争意识、发展意识,增强拼劲、闯劲、韧劲、钻劲。把完善制度机制作为主要内容,研究制定《关于加强处级领导班子和领导干部思想政治建设的意见》,健全完善民主集中制各项制度,组织开展处级班子讲评活动,完善领导包项目制度,建立作风建设通报制度,对重要决策、重大项目、重点工作进行定期督促检查,落实党政领导干部问责制度,加大不胜任、不称职干部调整力度。把加强培训作为提高干部素质能力的重要途径,按照"缺什么、补什么,需要什么、学什么"的原则,有针对性地推进干部全员培训,组织实施产权制度改革、城市建设管理、保稳定促发展等专题培训班,继续选派干部到高等院校进修,与驻区院校联合开办专题研讨、短期轮训、知识讲座,举办"周末专业知识大讲堂",加强对处级单位干部教育培训的督促指导,组织广大党员干部深化对新兴产业、土地开发、城市规划、财政金融、科技创新等方面知识学习,整体提升干部业务能力。

深化干部人事制度改革,为建设宜居宜业和谐新大兴选干部、配班子、建队伍。坚持德才兼备、以德为先的原则,从事业出发选人用人,从可持续发展出发选人用人,注重基层的选人用人导向,从强化人才支撑出发聚才用才,树立正确的选人用人导向,营造干事创业、风清气正的良好氛围。研究制定《2010~2013年大兴区处级党政领导班子建设规划纲要》,明确处级领导班子和干部队伍建设的基本目标和主要措施。适应全区经济社会发展需要,加大对优秀年轻干部、女干部和党外干部培养选拔力度,不断优化处级领导班子年龄、专业和知识结构,充分调动和发挥好各年龄段干部的积极性,激发干部队伍活力,发挥班子整体功能。完善科学发展绩效考核办法,强化考察考核结果运用,注重从基层和一线选拔干部,加大干部交流力度。扎实推进"2.3.5百名后备人才"培养工程,采取专题培训、信访部门挂职、跟踪培养、定期考察等措施,加强后备干部教育培养。

坚持党管人才,切实做好人才强区工作。用好用足区内区外人才,为大兴科学发展提供人才支持。研究制定全区"十二五"人才规划和进一步加强人才工作的意见,构建与大兴发展相适应的人才政策体系。建立人才需求目录,开辟人才绿色通道,重点引进一批产业发展、重大项目建设和新城建设管理方面的紧缺人才、高端人才。继续实施领导干部联系百家重点企业、百名高端人才的"双百"工程。借助首都人才智力优势,切实做好院区合作、人才京郊行、博士挂职等多种方式引进人才工作。进一步发挥大学生"村官"作用,拓宽合同期满大学生"村官"就业创业渠道。充分发挥组织部门牵头抓总作用,统筹抓好各支人才队伍建设。

(四)全面落实"三四五"强基工程,夯实基层党建基础

选好配强基层班子。以农村"两委"换届为契机,抓住关键环节,按照"一好双强"、"两提高、两降低"要求,力争明年村党组织书记和村委会主任"一人兼"比例达到60%,村党组织书记直选村数量不低于15%。坚持村级后备干部"三荐三考"公选制度,调整充实千名村级后备人才库,及时将优秀大学生"村官"、复转军人、企业经营管理人员等

人才充实到后备干部队伍。

建立健全基层组织工作机制。抓好“农村党员信贷快车”、支部加合作组织、党员助富示范基地等工作，完善围绕经济抓党建的工作机制。坚持村级重大事项民主决策流程、账款章三托管、干部监管、经费保障等制度，完善以村党组织为核心的村级组织运行机制。按照党建工作先规划、基层组织先完善、党员作用先发挥、活动场所先建设的原则，探索城乡结合部地区党建工作机制，树立一批城乡结合部地区抓好党建促发展的先进典型。强化社区和社会领域党建，深入推进街道、非公经济组织、商务楼宇等党建试点工作，探索扩大党建工作覆盖面的新途径。以“五型机关”、“三个体系”建设为着力点，不断完善机关、事业单位和国有企业党建工作机制。

提升基层组织服务科学发展能力。及时举办农村新任职干部系列培训，适时启动机关、社区、国企和“两新组织”基层党组织负责人培训工作，重点提升基层班子成员民主决策、协作配合、遵守纪律、推动发展、化解矛盾等方面的能力。强化党员教育管理，建立党员轮训制度，实施新党员培训、大学生“村官”党员培训等系列工程，坚持“百家单位联百村”、党员活动日、发展党员“四制”、党员服务承诺等工作，全面提升基层党员干部服务科学发展水平。

（五）坚持从严治党，扎实推进反腐倡廉建设

坚持标本兼治、综合治理、惩防并举、注重预防的方针，完善惩治和预防腐败体系，严格落实党风廉政建设责任制，突出抓好廉政风险防范管理工作，狠抓各项法规落实，着力解决党员干部在党性党风党纪方面存在的突出问题。大力开展反腐倡廉教育和廉政文化建设，采取多种方式有针对性地加强党风廉政教育，促进领导干部廉洁自律。紧紧围绕全区中心工作和群众关注的热点、难点问题，加强对重点工程的效能监察。围绕村级换届选举工作，严明换届选举相关纪律规定，开展对村“两委”新任人员的预防警示教育。加强行政监察、信访举报和行政投诉工作，严肃查处违法违纪行为。

各位代表、同志们，全区发展正面临着十分难得的重大机遇。让我们紧密团结在以胡锦涛同志为总书记的党中央周围，在市委、市政府的领导下，深入贯彻落实科学发展观，振奋精神，抢抓机遇，真抓实干，为实现建设宜居宜业和谐新大兴的目标而努力奋斗！

北京市大兴区政府工作报告

——在北京市大兴区第三届人民代表大会第五次会议上

（2010 年 1 月 6 日）

北京市大兴区区长　李长友

各位代表：

现在，我代表北京市大兴区人民政府，向大会报告政府工作，请予审议，并请区政协各位委员提出意见。

2009年工作回顾

2009年是新中国成立60周年。一年来,区人民政府在市委、市政府和区委领导下,在区人大依法监督、区政协民主监督支持下,以科学发展观为统领,全面贯彻中央大政方针和市委、市政府工作部署,按照区委"坚持科学发展,走城乡一体化道路,建宜居宜业和谐新大兴"的总体思路,认真落实区三届四次人代会各项任务,团结和带领全区人民,迎难而上,锐意进取,努力拼搏,扎实工作,圆满完成国庆服务保障各项任务,在经济、政治、文化、社会和生态文明建设中实现了新的突破。

一、着力落实保增长措施,全区经济实现平稳较快发展

一年来,面对严峻的经济形势,政府部门围绕市委、市政府"扩内需、保增长、促发展"的总体部署,按照区委"促投资、增后劲、抓融资、优环境"的工作要求,着力促进投资,加快项目落地,推动产业集聚,优化经济结构,全区经济总体实现平稳较快发展。预计地区生产总值比上年增长10%;财政收入完成22.3亿元,比上年增长13.9%;预计社会消费品零售额完成113亿元,比上年增长13%;预计城镇居民人均可支配收入达到22700元,比上年增长10%;预计农民人均纯收入达到11120元,比上年增长10.1%,经济发展总体形势好于预期。

固定资产投资成效显著。借助北京市重大项目绿色审批通道平台,着力推进项目建设,全年共有136个重大项目列入绿色通道,111个项目实现开工。紧抓市级1000亿元土地一级开发投资机遇,圆满完成我区142亿元的投资任务。全年累计完成固定资产投资320亿元,比上年增长109%,为实现"保增长"各项目标奠定了坚实基础。

主导产业发展步伐加快。现代制造业、生产性服务业、文化创意产业进一步发展壮大。生物医药基地着力吸引高端项目,民海生物、以岭药业等一批项目建成投产。紧抓国际汽车资源整合和新能源利用有利时机,成功引进新能源汽车等项目。充分发挥星光影视园龙头带动作用,卫视使馆区项目基本建成,高端媒体集聚效应不断增强。世界500强企业宜家落户西红门商业综合区,生产性服务业大厦、火神庙商业中心建设进展顺利。引进外资成效显著,预计全年实际利用外资1亿美元,比上年增长76%。成功举办第21届北京大兴西瓜节和春华秋实系列活动,全年旅游业预计实现收入7.6亿元。建筑业、房地产业保持健康发展,完成建筑业总产值120亿元。一年来,全区共引进5000万元以上项目37个,主导产业对全区经济发展的支撑作用进一步增强。

二、着力推进新农村建设,农村人居环境持续改善

农业产业设施不断完善。完成庞安路产业带提升工程,年内新增、改建设施农业1万亩,建成御瓜园等一批精品观光园区,农业的观光、休闲功能进一步拓展。新建、提升农业标准化生产基地30个,"院区合作"向纵深延伸,农业科技水平进一步提升。努力提高农民组织化程度,带动5.4万户农民增收致富。加强农村便民商业设施建设,农村连锁店网络基本做到全覆盖。继续实施政策性农业保险,覆盖范围不断扩大。

农村基础设施全面推进。加强规划指导,编制完成200个村的村庄规划。投入7亿元,全面实施223个村的"五项基础设施"建设,硬化村庄街坊路450万平方米,改造户厕1.6万座。加快实施"三起来"工程,农村新型能源利用水平不断提升。推进农村垃圾分类处理,全区垃圾密闭化和无害化处理率进一步提高,农村人居环境得到有效改善。

生态设施建设进展顺利。三海子郊野公

园建设取得实质性进展，总体规划和实施方案编制完成，一期工程顺利开工。加快落实大兴新城水系规划，启动建设新城滨河森林公园。加大绿化美化力度，完成京山铁路和六环路绿化工程，高标准建成兴旺公园，为居民提供良好的休闲活动场所。高度重视节能减排，天堂河污水处理厂投入使用，东南郊水网建设基本完成。依法扩大污水处理费征缴范围，有序关停15家高耗能、高耗水、高污染企业。认真落实第15阶段大气污染防治措施，全年空气质量二级和好于二级天数超额完成市政府下达指标。万元GDP能耗、水耗均有所下降。

三、着力完善基础设施，城市综合承载能力有效提升

基础设施建设取得新成就。地铁大兴线实现隧道贯通，轨道铺设全面展开，11个站点主体工程基本完成。道路建设快速推进，完成京开辅路拓宽工程，郭公庄路即将建成通车。兴旺路、芦求路、磁大路改造基本完成，全年新建改建道路95公里，道路通行能力进一步增强。加快市政设施建设，完成观音寺、康庄集中供热厂工程和新城供热管线改造，建成李营等3座110千伏变电站，城市综合承载能力不断提升。

城乡结合部改造实现新突破。坚持政府主导、农民主体、部门联动、社会参与的原则，着力加快城乡结合部改造，以拆促建、以拆促管，圆满完成生物医药基地东配套区、义和庄、三合庄及旧宫镇区、亦庄鹿圈、西红门地区33个村、1.2万户民宅、340万平方米的拆迁任务，做到百姓不少得、政府不多花，最大限度保障群众合法权益，实现了和谐无震荡拆迁。

重点镇区建设取得新进展。编制完成采育等5个重点镇区建设方案，庞各庄镇区拆迁顺利推进。着力培育镇区主导产业，引入三元食品等一批重大项目。努力促进亦庄地区借势发展，成功探索与北京经济技术开发区共同开发、利益共享的新模式。

城乡管理初步建立新机制。强化街道办事处、地区办事处属地管理职能，圆满完成社区居委会换届选举工作。固化流动人口服务和管理有关措施，流动人口无序增长的势头初步得到控制。针对突击建房、恶意装修、抢栽抢种、盗采砂石等违法行为，集中精力开展非法用地和违法建设等各类专项整治行动，清理腾退土地近3000亩。加大城乡环境综合整治力度，市容环境秩序、市场经营秩序和治安秩序得到改善。

四、着力解决民生问题，和谐社会建设稳步推进

教育质量不断提升。投资1.1亿元，建成大兴三中教学楼、社区学院综合楼，完成39所学校和20所镇级中心幼儿园改造工程，全年新建、改建校舍14万平方米，办学条件持续改善。积极推进教育资源优化重组，完成大兴二职、五职合并。着力引进优质资源，与北京师范大学、首都师范大学合作不断深化，稳步推进高中课程改革，教育质量进一步提升。

医疗服务能力持续增强。积极应对甲型H1N1流感疫情，高质量完成各项防控任务，突发公共卫生事件处置能力进一步增强。加强基础设施建设，120急救中心投入使用，疾控中心和监督所工程顺利推进，旧宫镇等8个农村社区卫生服务中心建设基本完成，区、镇、村三级公共卫生服务体系进一步完善。加大药品监管力度，加强医疗卫生人才队伍建设，服务水平不断提高。

文化体育事业繁荣发展。高度重视文化建设，大力开展多种喜闻乐见的文艺活动，群众文化生活日益丰富。更新体育健身器材120套，全民健身得到加强。完成人口和计划生育各项指标，保持低生育水平，人口素质不断提高。广播电视、档案、老龄、红十字会等各项事业取得较好成绩。

就业服务工作成效显著。出台促进就业

指导意见,设立5000万元专项资金,建立企业用工补贴制度,重奖吸纳本区劳动力就业突出贡献企业。加大就业指导和培训力度,全年开展农村劳动力技能培训4700人次。准确掌握劳动力资源状况、入区企业建设情况和用工需求,积极开发就业岗位,实现农村富余劳动力向二、三产业转移1万余人,城镇登记失业率控制在1.3%以内,登记失业人员就业率达到60%,就业总体形势保持稳定。

社会保障水平稳步提高。农村低保标准提高到人均2400元,困难群众的基本生活得到有效保障。新型农村合作医疗筹资标准进一步提高,全年累计报销医药费近1亿元,参合率超过96%。认真落实城乡居民养老保险政策,参保率达到90%,消除了群众的后顾之忧。1300套保障性住房即将配售给困难群众。高度重视残疾人就业、养老和社会保障等工作,圆满完成长子营镇等9个温馨家园建设。区政府承诺为群众办理的38件实事全部提前完成,广大群众得到更多实惠。

五、着力增强发展活力,体制机制创新不断深入

融资渠道进一步拓宽。加大融资力度,与工商银行、交通银行等12家金融机构广泛开展合作,获得金融部门信贷资金140亿元。科学研判形势,紧抓发展机遇,适时安排土地上市,引入社会投资,全区经济社会发展后劲不断增强。年内累计争取各类政策性资金30亿元,为产业发展、基础设施建设和重大项目推进提供了有力的资金保障。

机构改革有序推进。立足转变职能,提高效率,强化服务,组建经信委、人力社保局,成立金融办、社会办,政府职能进一步理顺。增设天宫院街道办事处、观音寺街道办事处,科学合理划分管辖范围,城市管理职能得到强化。

农村改革持续深化。加快推进农村金融综合改革试验区建设,成立3家小额贷款公司,村镇银行即将营业,为农村发展提供了资金支持。亦庄镇、黄村镇、西红门镇集体经济产权制度改革进展顺利,土地流转、集体林权改革有序实施,农村综合改革稳步推进。

国有企业不断发展壮大。创新监管机制,坚持"三重一大"制度,国有企业经营体制改革深入推进。支持国有企业参与重大项目建设和镇区改造,企业发展规模不断壮大,市场竞争力持续增强。

人才机制进一步完善。坚持"不求所有、但求所用",积极借助"外脑",聘请首都各类专家,引进185名高级人才,为全区经济社会发展提供了智力支持。加大科技创新力度,注重科普教育,群众科学素养进一步提高。

六、着力优化发展环境,民主法制和政府自身建设不断加强

区政府圆满完成区三届四次人代会及区人大常委会各项决议。主动接受区人大依法监督,全年向区人大及其常委会报告工作13次,接受人大代表视察检查17次。充分利用便民电话、区长信箱、座谈会等多种形式,主动听取人大代表、广大群众对政府工作的意见和建议,及时进行整改落实,有效促进了各项工作。坚持重大事项主动向区政协协商、通报制度。自觉接受政协民主监督,积极听取并采纳政协委员和社会各界的意见。高度重视人大代表建议和政协提案,圆满完成284件建议、提案办理工作,代表、委员的满意率超过97%。

高质量完成群众游行、阅兵、游园、晚会等多项国庆庆典活动的服务保障工作,展现了大兴良好形象,受到党中央、国务院和市委、市政府的表彰。加大"五小"企业、"六小"场所监管力度,初步建立退出机制。"平安国庆"成效显著,基层基础工作进一步强化。坚持打防并重,始终保持高压态势,加大对重大刑事犯罪、经济犯罪特别是黑恶势力的打击力度,不断完善全区社会治安防控体系建设，有效维护了社会稳定。加大社会矛盾调处力度，信访工作进一步加强。深入开展“五五”普法活动，民族、宗教工作取得新进展，国防教育、双拥工作和国防后备力量建设得到加强。

坚持依法行政，强化行政首长出庭应诉制，行政执法行为进一步规范。深入推进政府信息公开，信息化在全区经济社会发展中的作用得到加强。完善全程办事代理制和“一站式”服务，采取并联审批、减半审结等措施，最大限度压缩项目手续办理时限，政府办事效率进一步提高。针对国际金融危机对企业发展造成的严重困难，坚持与企业共克时艰，实行区领导联系重点企业、区级财政安排专项资金等措施，积极帮助企业解决资金、手续、销售等各类实际问题，政府部门的服务水平不断提高。

坚决贯彻执行党风廉政建设有关规定，推进廉政风险防范体系建设，强化对重点工程项目、大额支出事项的审计和全过程监管，加大源头治理和经济责任审计力度，政府部门廉洁自律意识进一步增强。

各位代表，回顾过去一年，我区经济和社会各项事业取得了新的成绩，积累了许多宝贵经验，集中体现为四种精神：

一是团结协作的精神。面对繁重的发展任务，政府部门坚持一盘棋、一条心、一股劲，在城乡结合部改造、生态环境建设等方面，充分发扬部门联动、团结协作的精神，形成了配合默契、无缝衔接的工作机制，树立了良好的政府形象。

二是开拓创新的精神。当前，我区正处在加快发展的关键时期，新情况、新问题不断出现，针对资金筹措、企业帮扶、征地拆迁等难题，政府部门坚持创新思维方式和工作方法，确保了各项工作的有效推进。

三是顽强拼搏的精神。面对困难的经济形势和艰巨的发展任务，政府部门埋头苦干，攻坚克难，在国庆服务保障、重点地区拆迁、城乡环境整治等工作中，充分发扬顽强拼搏、连续作战的精神，政府的公信力进一步提高。

四是务求实效的精神。政府部门按照明确工作重点、明确工作主体、明确工作标准、明确工作时限的要求，在绿色通道项目投资落地、三海子公园建设、重大项目引进等工作中，坚持务求实效，确保各项工作快速推进，为全区经济社会可持续发展奠定了坚实基础。

各位代表，成绩和经验的取得，是市委、市政府和区委正确领导及全区人民辛勤努力、共同拼搏的结果，是区人大依法监督、区政协民主监督和各民主党派、人民团体、无党派人士支持合作的结果，是驻区中央、市属单位、驻区部队以及关心大兴建设的各界人士大力帮助的结果。在此，我代表区人民政府表示崇高的敬意和衷心的感谢！

在看到成绩的同时，必须清醒地认识到，政府工作与市委、市政府和区委的要求、与全区人民的期待还有一定差距，前进中还面临不少困难和问题，主要是：产业园区的承载能力还需提升，现代制造业等主导产业对全区经济发展的贡献有待进一步增强，生产性服务业等新型高端产业的集聚效应还不明显；违法建设、城乡环境、新城交通等问题比较突出，流动人口过快增长的势头还未得到根本遏制，政府综合管理处置水平还需提升；城乡结合部改造建设任务十分艰巨，农民持续增收压力很大，改善民生还需进一步加大力度；干部队伍在思想认识、知识积累和工作方法等方面与新形势的要求还有一些不适应。对于这些问题，我们将高度重视，通过加快发展的办法，切实加以解决。

2010 年工作重点

2010 年是“十一五”规划的最后一年，是实施城市南部行动计划的第一年，也是我区集中精力促发展、心无旁骛干事业的关键之年。中央经济工作会议和市委十届七次全会对当前经济形势做了深刻分析,虽然金融危机的影响短期内难以彻底消除,但就我区情况看,总体经济形势在向好的方向发展,促进全区经济社会加快发展的有利因素逐渐增多。特别是市委、市政府出台促进城市南部地区加快发展行动计划,在产业、基础设施、生态环境、民生等方面制定了一系列配套政策,资金集聚、政策集成、项目倾斜前所未有,对提速我区城乡一体化进程将起到巨大的推动作用。为此,今年政府工作的总体思路是:全面贯彻落实中央大政方针和市委、市政府决策部署,坚持以科学发展观为统领,按照区委总体要求,围绕"坚持科学发展,走城乡一体化道路,建宜居宜业和谐新大兴"目标,紧抓"城南行动计划"重大机遇,以强化产业支撑为重点,以重大基础设施带动为抓手,以保障农民长远利益为根本,更加注重解放思想,更加注重统筹兼顾,更加注重改善民生,更加注重团结协作,在更高起点上实现全区科学发展的新突破。

2010年全区经济发展主要预期目标是:地区生产总值比上年增长10%;财政收入比上年增长10%;社会消费品零售额比上年增长12%;城镇居民人均可支配收入比上年增长8%;农民人均纯收入比上年增长8%;万元GDP能耗、水耗进一步降低。

为圆满完成各项任务,今年政府部门将按照"产业求突破、新城出形象、农村新变化、生态见成效、民生更改善、管理提层次、服务上水平"的目标,重点做好以下工作:

一、坚持项目带动,促进产业发展实现较大突破

地区可持续发展要靠强有力的产业支撑。必须坚持项目带动,按照高端、高效、高标准的要求,加快产业园区建设,壮大主导产业,努力推进全区产业发展实现新的突破。

高标准编制"十二五"规划。把握科学发展规律,体现首都发展新要求,统筹考虑产业、人口、资源、环境等各方面因素,着力转变发展方式,调整经济结构,提升发展水平,高标准编制完成"十二五"规划,增强发展的计划性、指导性,促进全区经济社会实现又好又快发展。

实施产业发展振兴计划。紧抓国家振兴十大产业和北京市加快城南地区发展的重大机遇,制定我区产业发展振兴计划,做好产业对接,支持汽车制造、生物医药、现代物流等重点产业发展壮大。建立产业和产业园区财政补贴机制,年内安排2亿元专项资金,促进产业园区基础设施不断完善。按照"一事一议"、"一企一策"的原则,通过财政补贴制度,着力吸引重大项目落地。加快临空经济等新兴产业研究,科学规划周边产业链。落实"科技北京"行动计划,加强科技创新服务体系建设,促进企业自主创新。高度重视企业上市工作,按照"近期扶持一批、中期培育一批、远期规划一批"的思路,力争年内企业上市有所突破。

促进现代制造业发展壮大。按照中关村国家自主创新示范区建设要求,加快生物医药基地基础设施建设,完成规划范围内土地储备工作。坚持招大引强,严格项目准入机制,积极引进知名医药企业落户。加快中检所建设,发挥兽监所和动物疫病防控中心作用,努力建成国内药品和生物制品检测评审中心。支持疫苗研发项目,打造北方疫苗研发生产核心基地。积极推进采育经济开发区扩区,进一步拓宽产业发展空间。紧抓汽车产业整合的有利时机,制定采育汽车零部件基地发展配套政策,加快新能源汽车项目建设,打造服务北京、辐射全国的汽车零部件产业基地。推进金晶等重点项目建设,整合镇级产业基地资源,增强对镇域经济发展的带动作用。

推进生产性服务业集聚发展。围绕地铁大兴线沿线生产性服务业发展规划,加快建设“生产性服务业聚集区”，重点吸引生产性服务业总部、研发、服务外包、结算交易、物流中心落户。年内启动宜家等商业项目，完成生产性服务业大厦建设。借助京南物流基地优势，辐射带动周边相关产业发展。

充分发挥新媒体产业带动效应。新媒体产业是全区文化创意产业的核心，借助星光电视节目制作基地平台，大力吸引全国各省市电视台入驻，促进高端媒体集聚发展。完成星光卫视使馆区、新媒体大厦建设，为文化创意产业发展搭建服务平台。围绕一批在谈重点项目，加快新媒体基地核心区道路建设，完善相关服务设施，促进项目尽快落地。

规划建设永定河水岸经济带。认真落实市委、市政府关于加快建设永定河水岸经济带有关精神，制定发展规划，加快基础设施建设，促进休闲、度假、会展等现代服务业发展，实现生态建设与产业发展的相互促进、有机融合。

着力促进国有企业做大做强。制定支持政策，扶持国有企业与央企、市属重点企业对接，壮大企业实力。促进国有企业参与区内基本建设，扩大参与范围。鼓励国有企业“走出去”，提高市场竞争力。

加快提高企业国际化水平。引导企业树立国际先进理念，着力吸引外资、技术、管理等生产要素，提高企业国际化水平。扶持民营科技企业、高新技术企业加快发展，鼓励引导金融机构服务中小企业，逐步形成多种经济形式相互促进、共同发展的良性竞争机制。

推动建筑业、房地产业健康发展。继续发挥建筑业、房地产业在全区经济发展中的重要作用，鼓励企业打造建筑品牌，年内完成建筑业开复工面积600万平方米。着力引进知名房地产企业，建设精品住宅小区，年内完成房地产业开复工面积550万平方米。

二、坚持完善功能，促进大兴新城形象全面提升

2010年是大兴新城出形象的一年，重点围绕“两线一区”，加快城乡结合部地区改造，推进镇区建设，实施一批重大基础设施项目，着力增强城市综合承载能力，不断提高大兴新城对全区经济社会发展的带动作用。

全面实施“两线一区”建设。充分发挥建筑艺术委员会作用，结合地铁大兴线建设时序，实施兴华大街沿线道路、绿化、广场和公交场站工程，确保兴华大街改造与地铁建设同步完成。编制京开高速城市景观设计方案，加快沿线旧村改造。推进新城核心区开发建设，统筹景观规划和建筑布局，突出主体功能特色，着力提升大兴新城整体形象和城市品位。

加快推进城乡结合部改造。充分利用市委、市政府加快城乡结合部地区发展有关政策，着力推进五环沿线城乡结合部地区改造，加快村庄拆迁进程，完善基础设施，拓宽产业发展空间，科学规划、重点发展高端服务业，使城乡结合部地区成为我区经济发展新的增长点。

促进亦庄新城周边地区快速发展。牢牢抓住市委、市政府推动大兴区与北京经济技术开发区行政资源整合、理顺管理体制、打造新的发展空间的重大决策机遇，着力加强与北京经济技术开发区合作，妥善解决历史遗留问题，积极主动做好开发区扩区相关配合工作，形成发展合力，推进亦庄新城周边地区借势发展，惠及广大群众。

有序启动重点镇区建设。坚持“因地制宜”，进一步规范、完善涉及群众安置、拆迁补偿、就业和社会保障等政策。全面启动采育等重点镇区建设，积极争取市级政策资金支持，提升镇区基础设施和公共服务水平，加快镇区产业发展，促进农民向二、三产业转移。

努力提升基础设施承载能力。加快道路建设，着力增强大兴新城与中心城区道路通行能力，积极推进万寿路、马西路南延工程，加快蒲黄榆快速路建设。强化新城交通联络,完成清源路东延,实施魏永路中段工程。着力完善市政基础设施,完成九龙、义和庄等变电站建设,进一步增强城市综合承载能力。

三、坚持城乡统筹,促进农村面貌发生新的变化

坚持把解决好农业、农村、农民问题放在政府工作的突出位置,从改善农村生产生活条件入手,进一步加快农村基础设施和公共服务设施建设,继续深化农村改革,着力促进农业产业发展、农村繁荣稳定、农民增收致富,加快推进城乡一体化进程。

提升农村产业水平。加快农业结构调整,积极发展优势主导产业、籽种农业和农产品加工业,年内新建、改造设施农业5000亩。着力拓展农业观光休闲功能,加大基础设施投入,重点打造十大农业观光园区,实现生产者向经营者、农业园区向观光景区、农产品向旅游商品的转变。促进"农超对接",搞活农产品流通。继续实施"院区合作"和"科技助农"工程,推进基层农业技术推广体系改革,全年新建、提升农业标准化基地30个。扩大政策性农业保险覆盖范围,增强农业抵御自然灾害的能力。

努力改善农村环境。投入13亿元,完成"五项基础设施"建设,积极推进农村街坊路硬化,加快公厕、户厕建设,实施自来水老旧管网改造和"一户一表"工程。提高农村新能源利用水平,继续实施"三起来"工程,强化设施管护,不断改善农民生产生活条件。

深入推进农村改革。加快农村集体经济产权制度改革,推进整建制转居村集体资产处置,确保农民长期收益。研究农村集体土地流转的有效方式,强化流转合同规范管理,稳步推进农村土地承包经营权流转。深化农村金融综合改革试验区建设,筹建新型金融机构,促进农村金融要素集聚。全面实施集体林权制度改革,促进现代林业发展。

四、坚持科学发展,促进生态建设取得明显成效

良好的生态是可持续发展的基础。必须进一步加大生态建设,做足"水"的文章,提升绿化水平,努力促进全区生态建设与产业发展相互融合。

加快新城水系建设。按照大兴新城水系规划,推进新城滨河森林公园建设,进一步提升新城整体品质。完成三海子郊野公园一期建设,科学规划周边产业发展,实现地区环境改善、产业升级。加快南水北调黄村水厂筹建工作,不断改善全区水环境。

提升绿化美化水平。加大绿化委员会统筹协调力度,科学规划、有序安排绿化美化工作。坚持"一路一品、一街一景",高标准实施104国道、磁大路、芦求路道路绿化工程,着力打造景观路、特色路。加快中轴路森林公园前期规划研究,完成地铁公园和镇区生态休闲公园建设。

高度重视节能减排。积极发展循环经济、低碳经济,培育壮大节能环保产业,有序安排"三高"企业退出,促进全区经济可持续发展。健全污水处理厂排放监测制度,加强企业排放监管执法,确保达标排放。加大大气质量监测力度,认真做好大气污染防治工作,确保空气质量二级和好于二级天数进一步提高。推进节水型社会建设,实施黄村再生水厂改扩建和瀛海污水处理厂建设工程。研究制定相关补贴政策,理顺管理体制,逐步建立污水处理厂运行长效机制。

五、坚持以人为本,促进民生问题得到更大改善

必须高度重视教育、医疗、就业、社会保障等事关群众切身利益的民生问题,着力提高公共服务水平,促进社会公平,推进宜居宜业和谐新大兴建设。

促进文化教育加快发展。认真落实教师各项待遇政策,稳定教师队伍。启动新城北区九年一贯制学校建设,加快镇级中心小学和幼儿园改造，稳步推进中小学校舍抗震加固工程，不断改善办学条件。充分利用首都优质教育资源，加强与名校合作，提升教育水平。优化职业教育专业结构和课程设置，为全区经济社会发展提供技能型专门人才。加强文化体育设施建设，积极开展丰富多彩的群众文化活动。

完善医疗卫生服务体系。着力改善群众就医条件，完成疾控中心和监督所建设。稳步推进医疗卫生体制改革，优化资源配置，推进区域医疗中心和镇级卫生资源整合。完善镇、村级医护人员培养机制，提高基层医疗卫生服务水平。建立医疗纠纷调解机制，创造和谐就医环境。健全公共卫生服务体系，全力做好甲型 H1N1 流感等疫病防控工作，提高突发公共卫生事件应急处置能力。坚持计划生育基本国策，确保完成人口和计划生育各项指标。

切实抓好就业服务工作。强化政府促进就业职能，加强政策引导，着力完善服务体系，努力实现充分就业。高度重视拆迁农民实际需求，制定有针对性的政策，加大培训力度，转变就业观念，提高就业技能。完善帮扶机制，做好残疾人等困难群体就业工作。建立信息沟通机制，及时准确掌握企业用工需求，积极开发就业岗位，完成农民向二、三产业转移 8000 人以上，城镇登记失业率控制在 2.3% 以内。

努力提高社会保障水平。认真落实城乡居民养老保险、新型农村合作医疗、城乡低保和“一老一小”大病医疗保险等制度，提高保障标准，扩大覆盖范围，努力实现应保尽保。加大住房保障力度，着力改善困难群众住房条件。加快养老服务设施和残疾人康复设施建设，不断提高保障水平。

全面加强精神文明建设。深入开展“爱首都、讲文明、树新风”和群众性精神文明创建活动，切实加强未成年人思想道德建设。引导群众科学理财、合理消费，弘扬健康向上的良好风气，着力提高市民文明素质。

六、坚持建管并重，促进社会管理水平有效提升

管理体现差异，管理影响品质。社会管理是政府的重要职能，必须坚持建管并重，全面加强社会建设，强化综合管理，建立和完善长效机制，为全区经济社会发展创造良好环境。

着力加强社会建设。扎实做好村委会换届选举工作，充分发挥村民自治章程作用，提高村民自治管理能力。围绕撤村转居群众相关工作，进一步明确镇政府、街道办事处管理权限，强化居住地管理职能，创新服务方式，逐步建立有岗位、有资产、有保障、有组织的服务管理机制。加快新型社区建设，强化政府公共服务平台作用，积极推进社区工作队伍专业化、职业化建设，提高社区服务管理水平。

切实强化城市管理。进一步理顺城市管理体制机制，强化街道办事处、地区办事处主体作用，重点解决老旧小区物业纠纷、私搭乱建、环境脏乱等问题。加强大兴新城交通组织管理，统筹考虑道路建设、设施配置、交通疏导等因素，进一步优化交通秩序。积极探索城市信息化管理模式，加快“数字城市”建设，固化奥运、国庆期间城市运行管理有效做法，加大综合执法力度，切实加强城乡结合部等重点区域管理，维护良好的城市秩序。

突出抓好城乡环境。环境是品牌，环境是形象，环境更是一个地区核心竞争力的重要内容。必须强化“环境的产权属于每一个大兴人”的理念，形成“人人抓环境、个个树形象”的良好氛围。坚持集中治理整顿与建立长效机制并举，进一步明确行业、属地责任，研究建立城管部门与街道办事处、各镇与驻区单位协调互补的管理机制，突出抓好公共场所、道路、铁路、河道沿线环境卫生，打造整洁靓丽的城乡环境。

严厉查处非法用地、违法建设。非法用

地和违法建设破坏城乡环境,制约经济发展,直接影响社会公平。必须实行最严格的基本农田和耕地保护制度,建立非法用地、违法建设查处工作奖惩机制和部门联动机制,健全预防、举报、监督和处理办法,加大执法检查和处罚力度,长期保持高压态势,为全区经济社会发展营造良好环境。

完善流动人口服务管理机制。进一步优化人口结构,着力提高流动人口服务与管理水平。完善绩效考核制度,控制流动人口无序增长,实现人口与资源、环境的协调发展。

高度重视安全稳定。加大生产、食品、交通、防火等安全监管力度,强化地下空间管理,创新监管机制,有效防止重特大事故发生。完善突发公共事件应急机制,形成规范有序、保障有力的应急管理体系。严厉打击刑事犯罪和黑恶势力,加强社会治安综合治理,切实维护长期稳定的社会局面。进一步拓宽社情民意反映渠道,完善信访工作机制,加强基层调解,及时有效解决群众反映的各类问题,促进社会和谐。

七、坚持转变职能,促进政府服务水平整体提高

坚决执行区人大及其常委会决定、决议,自觉接受人大依法监督和政协民主监督。坚持重大事项向人大常委会报告制度和政协委员协商、通报制度。认真办理人大代表议案、建议和政协提案。遵守法律法规,提高政府依法行政水平。严格执行党风廉政建设各项规定,加大廉政风险防范措施落实力度,做到用制度管权、管事、管人。抓好工程建设领域专项治理,强化政府资金使用决策和流向管理。做好增收节支工作,减少行政性开支,进一步健全支出约束机制,提高资金使用效率,促进经济发展和民生改善。

面对全年艰巨的发展任务,政府部门将切实加强自身建设,转变职能,增强服务能力,进一步提高政府的公信力和执行力。

一是提高学以致用的学习能力。认真学习党的十七大、十七届四中全会精神,深入开展学习实践科学发展观活动,坚持学以致用,着力提高政府部门破解难题的能力、科学决策的能力,努力建设学习型政府。

二是深化以人为本的服务理念。强化综合行政服务中心统筹协调作用,固化重点项目联审机制等有效做法,加强窗口单位建设,努力为企业、基层和群众提供优质服务。积极创新方式,突出特色、个性化服务,实现以服务树形象,努力营造尊商、亲商、爱商的良好氛围。

三是增强攻坚克难的拼搏意识。政府部门必须勇于面对各种困难和挑战,以更加昂扬向上的精神状态,不畏难、不抱怨,迎难而上,攻坚克难,切实解决制约全区发展的关键问题,扎扎实实推进政府各项工作,争创一流的工作业绩。

四是强化求真务实的工作作风。政府部门必须进一步转变作风,聚精会神搞建设,一心一意谋发展,坚定不移、集中精力抓好各项工作落实,以脚踏实地、求真务实的工作作风,努力开创全区经济社会发展新局面。

各位代表!党的十七届四中全会和中央经济工作会议为我们指明了前进的方向,北京城南行动使我们的发展前景更加美好。回顾过去,我们满怀豪情,展望未来,我们信心百倍。让我们紧密团结在以胡锦涛同志为总书记的党中央周围,高举中国特色社会主义伟大旗帜,以邓小平理论和"三个代表"重要思想为指导,深入贯彻落实科学发展观,在市委、市政府和区委正确领导下,在区人大依法监督和区政协民主监督支持下,继续发扬团结协作、开拓创新、顽强拼搏、务求实效的精神,为圆满完成全年各项任务而努力奋斗!

北京市大兴区人大常委会工作报告

——在北京市大兴区第三届人民代表大会第五次会议上

(2010 年 1 月 7 日)

北京市大兴区人大常委会主任 张书领

各位代表:

我受大兴区第三届人民代表大会常务委员会委托,向大会报告工作,请予审议。

2009 年的主要工作

2009 年,区人大常委会在区委的正确领导下,坚持以邓小平理论和“三个代表”重要思想为指导,深入贯彻落实科学发展观,按照“同心、同向、同步”的工作原则,围绕中心,服务大局,依法履职,全面落实区三届四次人代会决议,圆满完成了各项工作任务,为坚持和完善人民代表大会制度,推进全区经济社会科学发展发挥了重要作用,做出了积极贡献。

一、突出重点,改进方式,扎实推进法律监督

围绕为全区经济社会科学发展提供法制保障这一根本任务,常委会不断改进和完善监督形式,加大监督力度,法律监督工作取得新成效。

(一)深入开展执法检查,确保法律法规在全区的贯彻实施

围绕经济社会发展中的重大问题,常委会重点对《水污染防治法》《安全生产法》《农产品质量安全法》《科学技术促进法》《老年人权益保障法》等 7 部法律法规进行了执法检查。为增强检查实效,努力创新检查方式,建立了区镇人大联动机制,采取随机抽查、明察暗访、征集群众意见等方法深入检查。针对检查出的各类问题,提出了 50 余条整改意见,并认真抓好督办落实,确保了法律法规的有效实施。

良好的水环境是全区经济社会全面、协调、可持续发展的重要保障,关系广大人民群众的生命健康。常委会以水环境责任制落实、水源地保护、污水处理为重点,开展了《水污染防治法》执法检查。针对水污染防治管理体制不完善;水源保护区环境脏乱;污水处理能力相对滞后等问题,提出检查意见和整改要求。区政府高度重视,成立了以区长为组长的涉水事务领导小组,建立了水环境保护协调工作机制,制定了大兴新城水源地保护规定,加快了优质水源建设,全面拆除各类违章建筑,水源保护区环境明显改善,饮用水质量得到了保障。加快污水处理基础设施建设,天堂河、庞各庄等污水处理厂投入运行,新增污水日处理能力 5.6 万吨,全区水污染防治工作取得较大进展。

为保障人民生命财产安全,确保国庆期间全区安全生产形势的稳定,检查组深入到安全生产重点单位和人员密集场所,开展了《安全生产法》执法检查,就完善监管机制、强化责任主体、加强隐患排查提出了整改要求。此外,常委会还对《农产品质量安全法》《科学技术促进法》《老年人权益保障法》进行了执法检查,共征求群众意见50余条,检查出各类问题20余个,提出检查意见28项,有效推动了农产品质量安全检测体系建设,促进了企业自主创新能力的提高和政府各项惠老政策的落实。

(二)加强司法工作监督,努力促进公正司法

为保证、支持、促进司法机关公正司法,切实维护公民、法人合法权益,常委会不断加大对司法工作的监督力度。一是听取和审议了区人民法院关于民事审判工作情况的报告,提出完善各项便民诉讼措施,加大诉讼调解力度,维护社会和谐稳定。二是加强对区人民检察院贯彻落实《市人大关于诉讼活动法律监督工作决议》情况的检查,要求区人民检察院要进一步改进监督方法,建立科学的监督机制,不断提高诉讼监督工作实效。三是加强对《行政首长出庭应诉办法》贯彻落实情况的监督,行政首长出庭应诉问题得到初步解决,取得了良好的社会效果。

(三)加强普法工作监督,不断提高全民法律素质

常委会听取和审议了区政府"五五"普法实施情况工作报告,组织代表对法制宣传教育情况和民主法制示范村建设情况进行了检查、视察。区政府研究制定了《法制宣传教育工作评估指导体系》,严格普法考核评价制度,开展了"聚焦新农村,普法四季行"等大型法制宣传系列活动,组织了农民法律法规知识竞赛,有力推进了普法工作的深入开展。

二、围绕大局,突出重点,着力强化工作监督

常委会按照围绕中心,服务大局,注重实效的原则,扎实有效推进对"一府两院"的工作监督。

(一)围绕发展大局,认真开展审议监督

以关系全区改革发展稳定的重大问题和关系民生的突出问题为着力点,精选审议议题,加强会前调研,审议质量和实效不断提高。全年共召开常委会会议6次、主任会议18次,听取和审议专项工作报告16项,提出审议意见60余条,依法作出决定3项,有力推动了"一府两院"各项工作。

面对国际金融危机给全区经济社会发展带来的影响,围绕区委战略部署,常委会听取和审议了区政府上半年经济工作情况的报告。针对经济发展面临的复杂严峻形势,建议区政府要加强对策研究,全面落实"保增长、保民生、保稳定"的各项措施;进一步优化政府投资结构,处理好保增长与调结构的关系,加快发展现代制造业、现代服务业和文化创意产业,努力提升自主创新能力。区政府加大工作力度,科学调整产业结构,主导产业更加突出,全年实现固定资产投资320亿元,有力促进了全区经济平稳较快发展。

(二)认真执行人代会决议,强化重大事项监督

加强计划和预算监督。听取审议了财政决算、预算执行和审计工作报告,审查批准了2008年财政决算。针对财政收入结构不合理、预算执行刚性约束力不强、财政资金使用效益评估机制不健全等问题,要求政府相关部门要加快经济结构调整,建立财政预算执行的刚性约束机制,制定财政资金绩效考核办法,提高财政资金使用效益。加强对计划执行情况的动态监督,听取政府有关经济社会发展情况的报告,对于加快城乡统筹发展,促进保增长、调结构、上水平发挥了重要作用。

加强重大项目监督。重大项目建设关系国民经济和社会发展全局,是落实好区三届四次人代会决议的关键。常委会以政府投资计划安排为重点,听取审议了区政府2009年区级政府投资计划安排情况的报告,对政府

投资的87个重点项目进行了认真审议，提出了以保增长、保民生、保稳定为重点，优化投资结构，加快产业结构调整，提高政府投资的辐射带动作用等审议意见，同时要求审计部门加强对政府投资项目的全程跟踪审计，确保政府投资项目依法顺利实施。

依法行使人事任免权。一年来，任免国家机关工作人员37人次，其中人大常委会工作机构负责人6人次，区政府工作人员10人次，"两院"工作人员21人次，为地方国家机关工作的正常运转提供了组织保障。

（三）坚持监督与支持相结合，努力推动重点难点工作

围绕难点工作，搞好专题研讨，破解发展难题。针对保障性住房建设、职教资源整合、区人民法院执行积案清理、农民合作社建设等群众关心、代表关注的热点难点工作，组织了五次专题座谈研讨会。以主任会议和代表专题会议的形式与"一府两院"及相关部门共同研究，理清思路，找准突破口，采取措施，明确责任，推动了相关问题的解决。

围绕重点工作，认真组织代表视察。组织代表先后对新农村建设、学前教育、重点项目建设、科学技术应用等情况进行了视察，对规范政府依法行政，推动和改进工作起到了积极作用。在新农村建设视察中，常委会就加强农村基础设施、公共服务设施建设提出了视察意见，政府投入7亿元，实施了农村基础设施建设工程，并取得显著成效。

三、创新机制，强化服务，不断改进代表工作

加强代表工作、充分发挥代表作用是坚持和完善人民代表大会制度的重要内容。常委会不断创新工作机制，丰富代表活动方式，努力为代表履职提供服务和保障，代表工作取得新进展。

（一）完善代表工作机制，提高为代表服务保障能力

一是保障代表知情权。采取多种形式，及时向代表通报区情、政情、社情，努力拓宽代表知情知政渠道。二是加强代表培训。提高了素质，开扩了视野，提高了代表履职能力。三是积极扩大代表有序参与常委会工作。建立征询意见、参加活动、列席会议等各项制度，有效促进了常委会工作。四是创新完善代表活动方式，建立了区镇代表联动检查视察的工作机制。

（二）充分发挥我区市代表作用，促进经济社会发展

加强为市代表服务保障工作，坚持邀请市代表列席区人代会，参加常委会组织的检查、视察等活动。建立了市代表与各镇、街道及区代表的联系网络。围绕促进我区经济社会发展，市代表做了大量调研，直接听取和反映区代表和群众意见，在市十三届人大二次会议上，大兴团提出的加快城南建设、垃圾治理、北运河水系综合治理等三项议案，被大会主席团确定为正式议案，加快三海子郊野公园规划建设的建议被确定为重点建议。在市委的正确领导和市人大的监督下，市政府制定了城南地区发展行动计划并开始实施，确定了三海子郊野公园开工建设，这给我区带来了重大的发展机遇，将全面提升我区战略地位，为近期和长远发展奠定了坚实基础。

（三）加强代表联系选民网络建设，调动代表履职积极性

代表联系选民网络的建立，密切了区委、人大、政府同人民群众的联系，有力维护了人民群众的根本利益。一是民意反映和利益诉求渠道进一步畅通。各网络工作站不断创新工作机制，改进工作方法，倾听群众诉求，反映群众意愿。二是促进了具体问题的解决。一年来，共开展接待选民活动254次，代表走访和接待选民6291人次，收到选民提出的意见建议386件，已全部转交相关部门办理，对于维护群众利益，改进"一府两院"工作，促进和谐社会建设发挥了重要作用。三是代表履职责任感进一步增强。全体代表通过网络

这一平台,认真履行职责,主体作用得到了更好发挥。

(四)加大督办力度,代表建议办理实效不断增强

在区三届人大四次会议上,代表共提出116件意见建议,已按法定时限全部办理完毕并答复了代表,其中问题得到解决、基本解决或列入计划逐步解决的占77.4%。

常委会注重增强办理实效,着力完善督办机制。建立了主任、副主任牵头督办、委室对口督办、代表联络室统筹督办的工作机制。加强办中督查和办后复查,组织代表对办理情况进行检查、视察,提高了办理实效。区政府高度重视建议办理工作,加大工作力度,农村生活环境、群众出行困难、城市老旧小区改造等一批热点难点问题得到了较好解决。

四、提高素质,转变作风,切实抓好自身建设

常委会适应形势任务要求,努力改进工作方式,规范各项制度,不断强化思想作风建设,履职能力和水平进一步提高。

(一)深入学习实践科学发展观,加强思想理论建设

深化学习实践科学发展观活动。着力解决影响科学发展的突出问题,学习实践活动达到了既定目标,取得了良好效果;加强组成人员的学习培训。邀请专家进行专题讲座,结合工作实际进行座谈、研讨,提高认识,进一步增强了做好人大工作的责任感和使命感;注重学习型机关建设。创新学习形式,丰富学习内容,组织机关工作人员开展对25部法律法规集中学习和知识答卷活动,举办了人大系统法律法规知识竞赛,提高了常委会机关的整体素质。

(二)完善监督方式,不断强化制度建设

围绕提高会议质量和实效,注重会前进行深入调研论证,全面掌握情况;会中充分审议,切实提高审议质量;会后抓好审议意见的落实。在充分调研论证的基础上,制定并实施了《区人大常委会审议意见落实督办试行办法》,增强了监督工作实效。

(三)加强宣传和信访工作

重视加强人大信息宣传工作。办好人大信息刊物、网站,把宣传人大工作、人大代表和人民代表大会制度结合起来,增强宣传效果,扩大了社会影响。认真做好信访工作。密切联系群众,倾听群众诉求,较好解决了群众反映的各类问题,为维护社会和谐稳定发挥了积极作用。

(四)加强对基层人大的联系和指导

坚持常委会主任、副主任联系基层人大工作制度,深入基层,走访调研,加强工作指导。认真组织基层人大干部学习培训、工作交流等活动,进一步提高了工作水平。

各位代表,过去的一年,常委会各项工作稳步推进,成效显著。这是在区委正确领导下,全体区人大代表、常委会组成人员辛勤工作的结果,也是“一府两院”、各镇人大密切配合、共同努力的结果,更是社会各方面和广大人民群众关心、支持、帮助的结果。在此,我代表区人大常委会,向各位代表和所有关心、支持人大工作的同志们、朋友们,表示崇高的敬意和衷心的感谢!

在肯定成绩的同时,我们也清醒地认识到,常委会的工作同区委的要求,同代表和人民群众的期望还有一定的差距。监督工作方式方法有待进一步探索创新;监督力度,监督实效有待进一步增强;为代表履职服务水平和保障能力有待进一步提高。对这些问题和不足,我们一定要以对人民、对代表高度负责的精神,在今后的工作中努力加以改进。

2010年的工作安排

2010年是落实城南行动计划第一年,也是实施“十一五”规划的最后一年,区人大常委会要在区委的领导下,以科学发展观为统

领，坚持同心、同向、同步的工作原则，按照坚持方向，围绕大局，突出重点，完善方式，提高水平的工作思路，认真履行宪法和法律赋予的职责，充分发挥地方国家权力机关作用，进一步开创人大工作新局面。

一、以创造良好法制环境为目标，努力促进依法行政和公正司法

牢牢把握全区发展稳定大局，加强对法律法规在我区贯彻实施情况的监督，积极推进民主法制建设。一是围绕促进依法行政，重点对《北京市市容环境卫生条例》《北京市社区管理办法》《中小企业促进法》等相关法律法规进行执法检查，确保法律法规在全区的贯彻落实。二是围绕促进公正司法，听取审议区人民法院《关于刑事审判工作情况的报告》、区人民检察院《关于加强和改进渎职侵权检察工作情况的报告》，切实维护社会公平正义，保障公民法人的合法权益。三是围绕提高全民法律素质，深入推进法制宣传教育工作，加强对"五五"普法规划实施情况的监督，保证普法规划的全面落实。

二、以创新机制，改进方式为着力点，增强监督工作实效

立足人大监督的特点和优势，按照"该做、能做、有用、有效"的工作要求，努力在监督实效上实现新突破。一是围绕涉及改革发展稳定大局、关系民生的重点问题，听取审议促进农民增收；促进高端制造业发展；促进落实城南发展行动计划；促进全民健身等专项工作报告，着力提高审议质量和监督实效。二是围绕落实本次人代会决议，强化重大事项监督。审议批准 2010 年区级政府投资计划安排；加强对预算执行、转移支付资金和部门预算的监督，坚持把对预算编制、调整、执行的监督与预算资金使用绩效的监督结合起来，努力提高财政资金的使用效益。三是围绕热点难点工作，与区政府携手共同研究，就推进城市化进程；加强外来人口管理等问题进行专题研讨，共谋良策，有效推动相关工作。四是严格执行区人大常委会审议意见落实督办试行办法，抓好水污染防治、垃圾治理、科技进步、学前教育、食品卫生和农产品质量安全等审议意见的跟踪落实。

三、以发挥代表作用为核心，不断加强和改进代表工作

一是加强对代表履职的服务和保障。搞好代表培训，拓宽代表知情知政渠道。加强对市代表的服务保障工作，为市代表依法履职搭建平台。二是完善代表工作机制。扩大代表对常委会工作的有序参与，切实增强代表活动实效。三是认真总结代表联系选民网络成功经验，进一步规范完善工作机制，充分发挥网络的桥梁纽带作用。四是组织代表搞好会前调研，提出高质量议案和建议，创新督办方式，增强办理实效。

四、以加强学习，强化素质为基础，努力提高常委会自身建设水平

一是认真贯彻落实市委三次人大工作会议精神，深化对人大制度的认识，始终坚持正确的政治方向，不断增强坚持和完善人民代表大会制度的责任感和使命感。二是加强学习培训。围绕人大及其常委会的职能和任务，重点对党的路线方针政策和法律法规的学习和培训，加强对全区经济、政治、文化、社会发展等重要问题的研究，不断提高履职能力。三是完善和创新工作机制。建立与人民代表大会制度本质特点相符合，与人大及其常委会职能相适应的工作方式，使人大工作更富活力，更有实效。四是加强对镇人大工作的联系和指导，深化对镇人大工作研究，加强工作交流，发挥基层人大作用，增强工作实效与活力。

各位代表，当前，我区的现代化建设已进入一个新的发展时期。全区的发展目标和人大工作任务已经确定，做好今年的工作，使命光荣、责任重大，让我们在区委的领导下，振奋精神，抢抓机遇，扎实工作，为推进全区社会主义民主法治建设，加快城乡一体化进程，建设宜居宜业和谐新大兴做出新的更大贡献！

中国人民政治协商会议 北京市大兴区第三届委员会 常务委员会工作报告

——在政协北京市大兴区第三届委员会第四次会议上

(2010 年 1 月 5 日)

北京市大兴区政协主席　高树旺

各位委员:

我受政协北京市大兴区第三届委员会常务委员会委托,向大会报告工作,请予审议。

2009 年工作回顾

2009 年,是新中国成立 60 周年、人民政协成立 60 周年,也是应对国际金融危机冲击,全面落实党和国家一系列重大方针政策,推动大兴经济社会发展重要一年。大兴区政协全面贯彻中共十七大和十七届三中、四中全会精神,以邓小平理论和"三个代表"重要思想为指导,深入贯彻落实科学发展观,把促进大兴经济平稳较快发展作为首要任务,把维护社会和谐稳定作为重要责任,紧紧围绕大兴区第四次党代会确定的工作任务和目标,富有成效地履行政治协商、民主监督、参政议政职能,全面推动政协各项工作开展,为建设人文北京、科技北京、绿色北京做出积极贡献。

一、深入学习贯彻中共十七大精神,巩固团结合作的思想政治基础

(一)深入学习实践科学发展观,运用多种形式组织委员学习中共十七大、十七届三中、四中全会、中央经济工作会议精神和胡锦涛同志在纪念改革开放 30 周年大会上讲话精神;认真学习贯彻胡锦涛同志在庆祝中国人民政治协商会议成立 60 周年大会上讲话精神;全面领会中共十七大提出的一系列新的战略思想和决策部署,高举中国特色社会主义伟大旗帜,坚定走中国特色社会主义道路的信心和决心。结合形势需要,组织《当前经济形势与政策选择》专题报告会,重点讲解改革开放 30 年取得的成就、当前经济运行中产生的突出矛盾、2009 年经济发展展望、宏观经济政策、党和国家应对金融危机的政策措施,帮助委员了解国际、国内形势和经济社会发展动态,开阔视野,增长才干,为提高履职能力奠定基础。

(二)巩固学习实践科学发展观成果,进一步加强对人民政协理论的学习和研究。以纪念人民政协成立 60 周年为契机,组织委员深入学习统一战线和人民政协理论,开展政治协商专题理论研究活动,就政治协商的目的、意义、内容、定位、作用及程序等方面进行深入研究探讨,召开政治协商研讨会。委员们在研讨会上各抒己见、踊跃发言,交流研究成果,互相学习促进,为政治协商工作提质量、上水平、强效果积极建言献策。同时号召全体政协委员充分认识学习和研究的重要性,注重对人民政协理论的学习,努力提高学习能力和自身修养,营造良好的学习氛围。加大宣传力度,扩大政治协商的社会影响,加强政治协商工作制度化、规范化、程序化建设。积极转化研究成果,使政协工作更好地围绕中心,服务大局,为大兴各项事业发展做出新贡献。

(三)倡导学习中华优秀传统文化,促进和谐社会建设。充分体现政协"大学校、大舞台、大家庭"的特点,区政协机关带头学习中华优秀传统文化。组织委员重点视察了我区教育系统德育工作开展情况,听取了区教委关于国学教育情况汇报,观摩了大兴一职、大兴二小传统文化特色教育课,委员们认为区教育部门把弘扬祖国优秀传统文化有机纳入德育教育之中,为培养学生道德文化修养进而弘扬民族精神,发挥了很好作用,并在社会上形成积极影响。建议教育部门对已取得的成绩加以总结、完善、提高、推广。要求政协委员要以满腔热情,推动这项工作,使中华优秀传统文化得以发扬光大,促进社会和谐发展。区政协还举办了"承炎黄精魂,续华夏文脉"《古韵今颂》雅集活动,展示了经典传统文化,丰富了学习国学内容,创新了委员活动形式。

二、紧紧围绕全区中心工作,全力促进大兴经济平稳较快发展

区政协将2009年确定为发展年,就是以科学发展观为指导,以实现"走城乡一体化道路,建宜居宜业和谐新大兴"为目标,充分发挥政协组织的人才智力优势,在委员中广泛开展"扩内需、保增长"献计献策活动。号召全体委员密切关注国际金融危机对我区经济发展影响,深入企业调研,为促进大兴经济社会平稳发展积极建言献策。围绕事关大兴新城实验区建设、区政府重点工程、新农村建设涉及的农村土地承包流转等问题进行调研,为实现城乡一体化新格局建言。围绕党和政府重视、社会各界普遍关注的非公经济发展、流动人口管理、区镇建设等问题献策,促进社会协调发展。

(一)保持经济平稳较快发展是全年经济工作的首要任务,也是人民政协履行职能、服务大局的主攻方向。认真学习贯彻中共中央经济工作会议精神,坚决贯彻落实市委、区委工作部署,坚定信心,迎难而上,形成共度难关、共促发展的强大合力。区政协召开招商引资动员会,发布《关于积极开展招商引资活动倡议书》,倡议区政协各参加单位、全体区政协委员、荣誉委员、各专门委员会、各民主党派和统一战线成员、工商联等社会团体充分发挥资源优势,积极参加大兴区招商引资活动,营造发展氛围,增强战胜危机信心。2009年,区政协等系统委员、成员,共引进项目11个,投资总额4.5亿元,技改项目5个,投资3700万元,企业自身新建项目5个,投资5800万元,在谈项目9个,意向投资3.5亿元。

(二)围绕扩内需、保增长深入调研。为应对国际金融危机冲击和影响,围绕扩大内需、促进经济增长开展活动。区政协主席、副主席、秘书长主动联系企业,深入企业开展调研,了解企业生产经营现状、受金融危机影响程度及迫切需要解决的问题,帮助企业出主意、想办法,为企业与政府部门搭建对接平台,及时交流信息,共谋发展之路。区政协主席会集体视察北京宝兴高尔夫培训中心有限公司、北京李记乐宝有限公司、京南物流基地等6家企业,组织委员进行座谈,提出意见建议,支持企业发展,鼓励企业科技创新,提高自我研发能力,确保增长目标实现。

(三)重点围绕促进我区中小企业发展、发挥区内企业优势、加快区域经济发展、改善医疗环境、提高医疗服务水平、依法行政等开展调研,形成调研报告6篇。面对金融危机,委员先后提出《关于帮助实体经济企业渡过金融危机的建议》、《关于抵御金融危机、扶持区内企业发展的建议》等,区委、区政府高度重视,制定了一系列措施和对策,鼓励企业自主创新,促进企业结构调整,产业升级,企业做大做强,有效提升了区内中小企业抵御金融危机的能力。

(四)充分发挥政协平台作用,在广大区政协委员呼吁和建议下,驻区市政协委员经过深入调研,并广泛听取意见的基础上,向市政协十一届二次全会提出《关于加快城市南部地区发展的建议》、《关于建设北京三海子郊野公园的建议》等提案。市委、市政府高度重视,形成了一系列加快北京市南部地区发展的政策和措施。积极参加第三届首都西南区域经济发展论坛。组织拍摄了首都西南区域经济发展论坛大兴区宣传片,反映大兴文化,体现北京市总体发展规划对大兴城市发展新区的定位,体现地铁大兴线建设及沿线生产性服务业发展设想。积极协调大兴区有关部门,配合《首都西南区域旅游休闲产业发展研究》课题组调研,提出大兴区旅游产业发展建议等并取得积极成果。

三、加大民主监督力度,促进委员提案办理

(一)进一步完善委员知情通报制度,扩大委员知情权。召开上半年大兴区经济和社会发展情况通报会,利用《参政简讯》专刊等形式将全区经济和社会发展情况进行通报,有关专委会组织政府对口部门通报工作,为委员履行民主监督职责创造有利条件。

(二)充分发挥提案和反映社情民意在履行职能中重要作用。政协北京市大兴区委员会三届三次会议期间,全体区政协委员认真贯彻落实中共大兴区委第四次党代会精神,围绕群众关心的热点、难点问题,积极提出提案213件,立案193件。其中,关于经济建设方面提案42件,城镇建设与管理、道路交通方面提案78件,教育、文化、卫生方面提案30件,民族、宗教方面提案2件,政协、统战、党建方面提案4件,群众生活方面提案29件,其他方面提案28件。委员提案关注经济,关注民生,心系城乡统筹发展。首次在全会期间启用网上办公系统,使所有委员提案在第一时间通过网上办公系统交于相关部门办理,减少了中间环节,缩短了交办时间,提高了工作效率和水平。区政协常委会、主席会高度重视提案工作,专题听取提案情况汇报。继续落实《大兴区政协主席、副主席、秘书长检查监督提案办理工作暂行办法》,对重点提案进行督办。区政协第20次主席会议就应对国际金融危机影响、加快我区经济增长、促进劳动就业等方面提案进行重点督办。区政协主席、副主席和秘书长,分别就加强流动人口管理、新农村建设、社会保障、城镇建设与管理、教育卫生等方面41件提案进行督办。同时,注重发挥专委会作用,将提案督办与专委会视察活动紧密结合,促进了提案的办理和落实。进一步创新和完善提案运作机制,提高提案工作整体水平和实效性。在提案办理过程中,进一步拓宽思路,转变工作方式,通过电话沟通、走访联系、邀请座谈、现场办公、当面答复等多种形式,听取委员意见,共同商讨解决问题办法,对办理过程中遇到的困难和问题,不回避,不隐瞒,不推诿,努力达到提办双方目标一致。对部分受条件限制,目前无法解决的提案,实事求是地向委员做好解释工作,积极争取委员理解和支持。认真做好社情民意信息收集报送工作,围绕全区中心工作和有关热点、难点问题,共收集社情民意43条,编发《社情民意》13期,区委、区政府领导高度重视,及时做出批示,责成有关部门落实解决。

(三)召开财政预算监督小组会议,听取区财政局、区国税局、区地税局、区审计局通报年度工作情况,同时结合我区实际就进一步加强财政预算民主监督工作进行座谈。进一步加强特约监督员工作,召开特约监督员和聘任单位负责人工作座谈会，特约监督员和聘任部门领导参加会议，就特约监督员工作的内容、职责、权利、义务、工作程序及开展工作有效形式等沟通情况，交流经验，有力地促进了特约监督员工作规范化，不断提高政协民主监督影响和效果。

四、发挥政协统一战线组织优势和作用，促进民生改善与社会和谐

（一）长期将改善民生作为履行职能的重要内容。组织城建环保委员会委员召开新建道路两侧建设管理研讨会，委员们在讨论中提出，要有效引导群众发展经济积极性，充分借鉴我区与相邻地区经验，提高区域整体建设水平，努力打造城市发展新区新形象。教文卫体委员会组织委员视察清源街道金华寺社区流动人口管理工作及流动人口学校。委员在肯定我区流动人口计划生育工作同时，就进一步加大流动人口计划生育工作宣传力度，整合资源，强化流动人口管理，与流动人口流出地加强联系与沟通方面提出意见和建议。

围绕推进医疗体制改革、加强社会保障、促进和扩大就业等开展视察、调研、座谈等活动，为区委、区政府进行相关决策提供重要参考。区政协第22次主席会议集体视察区妇幼保健院、疾病预防控制中心、卫生监督所卫生“三合一”工程建设情况及安定镇中心卫生院，听取相关工作通报，并进行座谈，委员们对医疗卫生战线取得显著成绩予以充分肯定，并对今后医疗卫生事业发展提出积极意见和建议。

（二）加强同各民主党派和人民团体联系与合作，认真听取各民主党派和人民团体对大兴发展和政协工作意见和建议。政协提案委员会同农工党大兴区工委联合就《改善医疗环境、提高医疗服务水平》进行调研。

为大力弘扬以爱国主义为核心的民族精神和以改革创新为核心的时代精神，唱响共产党好、社会主义好、改革开放好、伟大祖国好的主旋律，区政协、区委统战部联合举办“诗歌嘹亮颂祖国”——纪念新中国成立60周年诗歌演唱会。演唱会祥和热烈，在全区政协、统战系统中营造了大团结、大发展、大繁荣的浓厚氛围，参加演出的同志们以饱满热情，用诗歌、舞蹈、演唱等形式讴歌伟大祖国60年所取得的伟大成就。

（三）认真做好民族宗教工作，注重党和国家民族宗教政策落实，组织民族宗教界部分委员到西红门镇调研，听取西红门镇经济发展情况和正在筹建的西红门清真寺规划方案通报。视察北京祥益斋清真糕点厂、榆垡镇崔指挥营奶牛养殖小区和大兴区基督教福音堂，听取相关情况汇报。并为少数民族村经济发展献计献策，促进了民族团结与宗教和睦。

五、加大新闻宣传工作力度，做好文史资料和对外交流工作

（一）召开政协宣传工作会议，认真回顾总结2008年政协宣传工作，评选2008年政协十大新闻，精心策划和组织2009年宣传工作。编发《参政简讯》16期，全面及时报道政协工作动态，发挥政协网站作用，及时准确发布各类信息205条，市政协转发143条。注重对政协工作、专委会活动、委员履职事迹和风采报道，《人民政协报》、北京人民广播电台等媒体对区政协副主席郭耕进行履职专访。在大兴报刊登“建言与献策”专版，在大兴电视台“政协之窗”栏目播发了《政协提案促大兴新城发展》专题片，提升了社会各界对人民政协的认知度，扩大人民政协的社会影响。

（二）继续做好文史资料的征集整理工作。完成报送市政协2008年《大兴政协年鉴》8000字组稿、报送区史志办《政协年鉴》15000字及《大兴新城变迁》政协部分编写工作任务。积极为市政协报送区县文史资料工作发展历程、主要成果、经验体会征稿，发挥文史资料“存史、资政、团结、育人”功能。

(三)积极开展对外交流工作。先后接待了美国韦恩郡考察团、东亚银行北京分行项目考察团、国家环境保护产业协会,国家室内环境与室内环保产品质量监督检验中心,天津等五省市政协研究室,河南省郑州市政协,市政协港澳台侨、民族宗教等委员会以及本市崇文、西城、通州、平谷区政协来我区调研、考察等。积极组织委员赴安徽、江苏、本市门头沟、怀柔等地参观、学习。

六、强化自身建设,增强做好新时期政协工作责任感使命感

举办2009年常委暑期读书班,接受革命传统教育,围绕学习“百色起义”精神这一主题,回顾历史,缅怀先烈,继承和发扬革命传统。在回顾历史中,理性看待和思索我国改革开放的历程,探索推动科学发展之路。通过学习,使各位常委提高思想认识,开阔眼界,增长见识,加强交流,增进友谊。加强政协委员和机关干部两支队伍建设。继续落实联系委员制度。主席、副主席、秘书长多次深入委员所在单位,帮助委员解决实际问题。在政协全会和专委会活动期间,组织委员开展丰富多彩活动。策划拍摄《聚是一团火、散是满天星》大兴政协委员联谊会动漫片。突出“祝福、团圆、和谐、荣誉”八字理念,展现政协大家庭的精神风貌,同时,又通过政协平台宣传我区文化创意产业。动漫片播出后,受到区领导和社会各界广泛好评。积极响应区委号召,在机关全体党员干部中开展“京什手拉手重建家园”捐赠活动,表达对四川灾区人民的关爱之情。踊跃参加“2009年大兴区直机关春季运动会”,展示了良好的团队精神。坚持组织机关干部学习全国“两会”精神、人民政协理论、国学系列讲座,不断提高机关工作人员综合素质、个人修养和为委员履职服务意识,提高新形势下做好政协工作能力和水平。

各位委员,过去的一年,我们各项工作开展顺利,成效显著,呈现出良好发展态势,这些成绩取得,是中共大兴区委坚强领导,是区人大、区政府和社会各界大力支持的结果,是政协各参加单位和广大政协委员共同努力的结果,在此,我代表三届区政协常委会表示衷心感谢!

在总结成绩同时,我们也应该看到,与新形势、新任务要求和政协委员期望相比,我们工作还存在一些问题和不足,还有许多方面工作需继续拓展和深化。如,在专题调研工作中,如何密切与有关部门配合,选准调研课题,提高调研质量,使我们提出建议能更好地为党委政府决策服务;在积极探索政协界别活动新途径和新形式、提高活动质量和水平上,需要我们在今后的工作中研究改进。真诚希望广大委员对常委会工作提出意见和建议,以利于在今后工作中做得更好。

2010年工作思路

2010年是全面落实大兴区国民经济和社会发展“十一五”规划纲要、编制大兴区“十二五”规划纲要关键一年,是实施促进城市南部地区加快发展行动计划第一年,是继承和发扬人民政协60年优良传统和宝贵经验、踏上新里程开端之年,区政协要在中共大兴区委领导下,高举中国特色社会主义伟大旗帜,以邓小平理论、“三个代表”重要思想为指导,以科学发展观为统领,深入贯彻落实中共十七届四中全会和胡锦涛同志在庆祝中国人民政治协商会议成立60周年大会上讲话精神,牢牢把握团结和民主两大主题,紧紧围绕“坚持科学发展,走城乡一体化道路,建宜居宜业和谐新大兴”奋斗目标,集中精力求发展,心无旁骛干事业。切实发挥政协组织的特点和优势,扎实有效地履行政治协商、民主监督、参政议政职能,为推进大兴区各项事业发展做出新贡献。

区政协将2010年确定为建设年，紧紧围绕建设宜居宜业和谐新大兴这一奋斗目标，就保增长、保民生、保稳定、加快推进城乡一体化进程等重大问题开展综合性、前瞻性调研，特别是围绕大兴区“十二五”规划编制、经济建设、社会建设、新城建设等方面建睿智之言、献务实之策，推进大兴区经济社会更好更快发展。注重加强委员队伍建设，强化学习培训，组织委员深入学习中国特色社会主义理论体系和社会主义核心价值体系，坚定理想信念，增强责任意识。大力加强机关干部队伍建设，以提高机关工作人员全局观念、服务意识为基础，全面提升政治业务素质和统筹协调能力。

一、加强学习，提高认识，夯实思想基础建设

通过学习报告会、座谈、研讨等形式，精心组织委员认真学习中共十七届四中全会精神，进一步深化学习实践科学发展观成果，努力提高保持经济平稳较快发展、构建和谐社会能力。深刻领会胡锦涛同志在庆祝中国人民政治协商会议成立60周年大会上讲话精神，牢记人民政协60年优良传统和宝贵经验，明确新形势下开展人民政协工作的方针原则和工作要求。引导政协委员和政协机关干部以正确的思想武装头脑，以科学的理论指导实践，把学习贯彻中共十七届四中全会精神同学习贯彻胡锦涛同志在庆祝中国人民政治协商会议成立60周年大会上讲话精神结合起来，与人民政协履行职能的实践结合起来，切实把思想和行动统一到中共中央关于推进党的建设新的伟大工程和推进人民政协事业发展的新部署新要求上来。

进一步推进中华优秀传统文化学习。区政协要以提高学习自觉性为目标，通过丰富学习内容、拓宽学习途径，继续在广大委员和全体机关干部中倡导学国学，将中华优秀传统文化的精髓熔炼到团结和民主两大主题中，将礼仪之邦丰厚精神遗产传承于履行政协职能之中，汲取智慧，提高修养，提升领导水平和工作能力，为构建和谐大兴做贡献。

二、围绕中心，服务大局，助力全区发展建设

市委、市政府提出城市南部地区加快发展计划，大兴发展面临前所未有的机遇和挑战，推进全区经济社会协调发展是区政协履行职能、服务大局的主攻方向。充分发挥人民政协人才智力优势，充分调动广大政协委员主动性和创造性，助力全区发展建设。围绕全区中心工作，提出年度政治协商工作建议，围绕“十二五”规划编制开展常委会专题协商和各专委会对口协商，为保证决策科学性献计献策。

围绕推进区重点工程、重大项目建设、民生改善、地铁大兴线建设及沿线区域开发、创意农业发展、特色园区建设、发展软环境建设等开展调研和视察。发挥政协组织特点和优势，继续开展招商引资工作，争取更大成效。积极利用首都西南区域发展论坛平台，为大兴经济社会发展服务。

三、发扬民主，增进团结，促进和谐社会建设

加强提案工作，细致做好提案的动员、引导、服务、审查、落实、反馈、追踪等各个环节工作，鼓励和保护委员提案积极性，提高提案工作质量和实效，加强政协民主监督。重视社情民意工作，增强委员社会责任感，为委员积极反映社情民意建立快捷绿色通道，对社情民意反映的问题及时上报区委、区政府，便于掌握社会舆情。认真反馈社情民意办理情况，密切与人民群众的关系，增进社会和谐氛围。

充分发挥政协组织联系广泛、包容性强的特点，为促进政党关系、民族关系、宗教关系、阶层关系、海内外同胞关系的和谐献计出力。组织委员围绕医药卫生体制改革、扩大就业、城乡社会保障等人民群众普遍关心的问题开展调研视察。

四、优化队伍,挖掘潜质,加强政协自身建设

不断加强政协自身建设,扎实推进理论创新、制度创新、工作创新,在提高履行职能的科学化水平上下功夫见成效,努力把政协工作提高到一个新水平。加强和改进党的作风建设,坚持解放思想和实事求是的思想路线和思想作风,进一步密切党同人民群众的联系。充分发挥政协组织中中共党员先锋模范作用,加强中国共产党同各民主党派和无党派人士的合作共事。优化政协两支队伍建设,通过学习和培训,着重培养政协委员责任意识和履职能力,着重培养政协机关工作人员服务意识和统筹协调能力。注重发挥先进典型的引导示范作用,坚持高标准评选优秀委员、优秀提案。通过提升政协委员和政协机关工作人员个人修养和工作能力,走内涵式发展道路。强化政协工作的组织性和配合性,有计划、有目的、有特色地开展界别活动和专委会活动,并将界别活动与专委会活动有机结合,探索工作新思路新方式,切实增强工作活力和成效。以理论学习为先导,创新政协文化建设,发挥文化培育情感、凝聚人心、引导观念、约束行为的价值功能。完善文史工作,收集整理《清乾隆御制皇家苑囿南海子诗文辑录》,完成区政协第一届委员会以来的优秀提案汇编,让我们的工作成果留史鉴后。深化宣传工作,充分利用大兴电视台"政协之窗"栏目、《大兴报》"建言与献策"专版以及委员活动中心宣传橱窗、政协网站等宣传阵地,全面、深度报道宣传政协工作,展示委员风采,树立政协形象。

各位委员,新世纪第二个十年的画卷在我们面前展开,北京市《促进城市南部地区加快发展行动计划》为大兴注入加速发展的活力,大兴区"紧抓机遇、乘势而上"的冲锋号角已经吹响,大兴发展我行动,大兴辉煌我荣耀,我们要在中共大兴区委坚强领导下,共同描绘大兴区更加光辉灿烂的明天,为建设宜居宜业和谐新大兴而努力奋斗!

关于北京市大兴区2009年国民经济和社会发展计划执行情况与2010年国民经济和社会发展计划草案的报告

——在北京市大兴区第三届人民代表大会第五次会议上

(2010年1月)

北京市大兴区发展和改革委员会主任　绳立成

各位代表:

受区人民政府委托,向大会提交大兴区2009年国民经济和社会发展计划执行情况与2010年国民经济和社会发展计划草案的报告,请予审议。

2009年经济和社会发展计划执行情况

2009年是“十一五”规划顺利实施的关键之年。在区委的正确领导下，全区紧紧围绕市委、市政府“扩内需、保增长、促发展”的总体部署，坚持以科学发展观统领经济社会发展全局，积极应对国际金融危机的不利影响，攻坚克难，开拓进取，经济回升向好的势头不断增强，社会发展水平明显提升，年初确定的各项任务目标基本完成。

一、经济总体平稳，运行质量不断提升

2009年，全区经济企稳回升，总体向好态势逐季增强。预计全年地区生产总值比上年增长10%；实现农林牧渔业总产值45亿元，同比增长2.1%；完成工业总产值422亿元，同比增长10.3%；实现社会消费品零售额113亿元，同比增长13%；实现外贸出口总额30亿元，同比下降5%；实际利用外资突破1亿美元，同比增长76%；实现财政收入22.3亿元，同比增长13.9%；城镇居民人均可支配收入达到22700元，同比增长10%；农民人均纯收入达到11120元，同比增长10.1%。

现代制造业发展态势良好。规模以上现代制造业预计全年完成产值66.7亿元，实现利润总额6.3亿元，同比增长26%。生物医药和汽车制造产业集聚优势突出，生物医药产业基地注册企业达252家，以岭药业、民海生物竣工投产。北京新能源汽车“一园两公司”落户采育汽车零部件基地，模塑基地、李尔电子、IAC等6个项目建成投产。投资30亿元的金晶集团入驻我区，将在青云店镇建设新能源功能材料工业园。

生产性服务业进展顺利。金融、商务服务等生产性服务业税收贡献增大，占全区第三产业税收的20%。京南物流基地加快发展，预计全年实现收入13亿元，上缴税金3800万元，天河东路、丰顺街北段市政工程完工，百利威二期、普洛斯项目开工建设。西红门商务区全面启动，生产性服务业大厦顺利开工，世界500强企业宜家落户，计划投资30亿元，一期6亿元投资已到位。

文化创意产业初见成效。新媒体产业发展势头良好，新媒体产业基地预计全年完成技工贸总收入82.6亿元，同比增长43.5%。基地核心区新增注册企业22家，荣宝斋项目正式落户。星光影视园经国家广电总局批准，设立“中国北京星光电视节目制作基地”，卫视使馆区一期15栋独立节目制作中心主体封顶，高端媒体集聚效应进一步增强。

都市型现代农业进一步发展。农业产业结构调整成效显现，优势主导产业呈规模化、标准化发展态势，全年新建、改造设施农业面积1万亩，全区设施农业总面积达10万亩。努力提高农民组织化程度，带动5.4万户农户增收致富。完成庞安路都市型现代农业产业带提升工程，建成御瓜园、老宋瓜园等一批观光园区，农业科技水平、农业产出效益稳步提高。

二、新城建设加快，管理水平逐步提高

新城建设步伐不断加快。重点推进土地一级开发，促进城镇开发投资增长，推动城市化进程。全年累计完成固定资产投资320亿元，同比增长近1.1倍，其中土地一级开发完成投资142亿元。整建制拆迁33个村，拆迁总面积340万平方米，实现和谐无震荡拆迁。

道路交通网络建设进一步完善。地铁大兴线隧道实现贯通，11座车站主体完工。新城与市中心连接线建设进展顺利，完成京开辅路拓宽工程，郭公庄路主体完工，蒲黄榆路南延工程全面开工。重点市政道路建设进展顺利，兴旺路、芦求路建成通车，四通八达的城市道路交通体系逐步形成。

城市管理取得新成效。加大城市管理力度，新城24条主要街道广告及牌匾标识得到

规范管理,集中开展非法用地和违法建设专项整治行动,清理腾退土地近3000亩。加强了对各类高危人群的排查、出租房屋安全隐患的清查,流动人口服务与管理三级网络不断完善,确保了"平安国庆"。

生态环境建设有效推进。实施了新城、城市绿隔地区和公路河道等重点绿化工程,城市绿化覆盖率达到40%以上。高标准建成兴旺公园,完成京山铁路和六环路绿色通道建设。天堂河污水处理厂、黄村垃圾转运站、康庄和观音寺集中供热厂投入使用。全年空气质量二级和好于二级天数与市级同步,万元GDP能耗、水耗有所下降。

三、投入持续增加,农村环境不断改善

新农村基础设施建设不断加强。投入7亿元,全面实施223个村"五项基础设施"建设,硬化村庄街坊路450万平方米,完成1.6万座户厕改造,完成2万余户"一户一表"安装工程。加快实施"三起来"工程,农村新型能源利用水平不断提升,农村基础设施条件得到明显改善。

环境综合治理取得成效。"村收集、镇运输、区处理"的农村垃圾处理机制不断加强,全区50%的农村实现生活垃圾资源化、减量化处理,垃圾无害化处理率达到90%,六环以南地区垃圾密闭化处理率达到100%。饮用水水源地污染隐患排查得到重点加强,农民饮水安全得到进一步保障。

农村政策得到进一步落实。政策性农业保险覆盖范围明显扩大,全区种植业投保面积达16万亩,养殖业投保近20万头,同比分别增长41%和61%。粮食直补政策得到有效落实,全年共为9.7万农户发放粮食补贴资金5500万元。认真落实家电下乡政策,全区46家销售网点累计销售下乡家电1万余台,销售金额超过2700万元。

四、着力改善民生,社会保障体系不断完善

统筹城乡就业取得成效。制定出台了促进就业指导意见,对吸纳本区劳动力就业做出特殊贡献的企业进行奖励,17家企业享受到稳定就业岗位补贴资金1400余万元。加大就业培训力度,全年开展农村劳动力技能培训4700人次,实现农村富余劳动力向二、三产业转移1万人。全区城镇登记失业率控制在1.3%以内,登记人员就业率达到60%,"零就业家庭"保持动态消零。

城乡社会保障体系不断完善。认真贯彻全市社会保障降压减负"六个一"政策,着力拓宽城乡居民养老、医疗保险参保覆盖面,提高新型农村合作医疗补偿水平,努力改善和保障民生。城镇居民五险收缴率均在95%以上;城乡居民养老保险累计参保人数16.9万人,参保覆盖率达到90%;新型农村合作医疗参合率达96%。保障性住房建设力度进一步加大,西红门、康庄(一期)和永华南里保障性住房项目建设进展顺利,1300套限价房和经济适用房按时分配给低收入家庭。

教育事业稳步发展。教育事业财政支出力度进一步加大,预计全年财政支出11.7亿元,同比增加47%。教育重点工程建设加快推进,大兴三中教学楼、社区学院综合楼顺利封顶。20所幼儿园扩班,大兴八幼等4所幼儿园开园,新城地区教育资源进一步扩大。义务教育阶段绩效工资改革稳步推进,12所学校岗位设置试点工作完成。

医疗卫生服务能力持续增强。公共卫生服务体系不断完善,采育、旧宫等8个农村社区卫生服务中心建设完成,全区共设社区卫生服务中心21家,村卫生室240家。医疗卫生设施建设得到加强,120急救中心投入使用,大兴区妇幼保健院、疾病预防控制中心和卫生监督所项目顺利推进。积极应对甲型H1N1流感疫情,国庆公共卫生及医疗保障工作顺利开展,突发公共卫生事件处置能力明显提高。

五、改革持续深入,发展活力不断增强

农村金融综合改革取得积极进展。农村

金融综合改革试验区建设加快推进,新型农村金融机构建设顺利开展。全市首家小额贷款公司兴宏小额贷款公司运营顺利,全年发放贷款1.5亿元,率先在全市为大学生“村官”创业提供优惠贷款。兴融、兴瑞等第二批小额贷款公司和村镇银行实现开业,农业投资公司、农业担保公司完成注册。全区首家证券营业部——渤海证券黄村营业部开业运营,农业企业多元融资和上市培育工作正式启动。

投融资体制改革不断深化。积极争取金融资金支持,与国家开发银行、交通银行等12家金融机构加强战略合作,获得金融部门信贷资金140亿元,确保了重大项目建设资金充裕。搭建“大兴区中小企业投融资服务平台”,拓宽中小企业直接融资渠道,全年为22家企业进行融资,实现新增贷款2亿元。积极争取上级部门政策性资金支持,全年争取各类资金30亿元。

重大项目审批机制有效推进。依据“简化、加快、高效”的原则,充分发挥绿色审批通道作用,压缩办理时限,确保纳入绿色审批通道项目顺利推进,各部门审批时限均压缩50%以上,政府行政效率明显提高。全年共有136个项目纳入市区两级绿色审批通道,111个项目实现开工建设。

自主创新能力不断增强。科技创新环境不断优化,科技合作进一步加强,全年共开发新产品120项,申请专利1755项,输出技术成果905项。“院区合作”向更广阔领域推进,农业生物技术等10项关键技术得到重点研究与应用,54家高新技术企业通过认定,企业自主创新能力进一步增强。

六、创新能源利用,节能减排取得进展

新能源利用工程有序推进。重点加大农村沼气、秸秆气化、生物质燃料等清洁能源的推广利用,完成450户农村家庭户用沼气安装工程,农村太阳能公共浴室、沼气集中供气、秸秆气化扩建、地源热泵技术利用等项目得到有效推进。投资850万元,对大兴经济开发区金星路、东环路等地区进行了LED路灯改造,公共能源使用率明显提高。

能源监测系统一期建成投入使用。将6个重点用能单位和12个污染源纳入监测范围,对用能单位能耗以及污染源排放情况实现即时监测。目前能源监测系统二期工程正在有序推进。

节能环保特色产业基地获科技部批复。该基地是北京市唯一一家国家级节能环保特色产业基地,为我区大力培育发展节能环保特色产业集群、引导节能型产业发展奠定了基础。

2009年我区经济总体运行平稳,重点工程和重点项目稳步推进,各项工作取得较好成效,但当前经济运行和社会发展中存在的一些问题和矛盾也较为突出:一是产业园区的承载能力还需提升,现代制造业等主导产业对全区经济发展的贡献有待进一步增强。二是城乡结合部地区改造建设任务十分艰巨,农民持续增收压力大,改善民生还需进一步加大力度;三是流动人口过快增长的势头还未得到根本遏制,城乡环境、新城交通问题较为突出。面对存在的问题,我们要积极采取有效措施,认真加以解决。

2010年经济和社会发展计划安排

2010年是“十一五”规划的最后一年,是实施城南行动计划的第一年,也是我区集中精力促发展、心无旁骛干事业的关键之年。全区经济社会发展面临着前所未有的机遇,中央经济工作会议提出明年将保持宏观经济政策的连续性和稳定性,继续实施积极的财政政策和适度宽松的货币政策,成为我区经济平稳较快发展的有力保障。尤其是北京市委、市政府加快城南发展三年行动计划的实施,将对我区经济社会发展产生巨大的推动作用。但同时,经济运行中不稳定、不平衡和不巩固的因素仍然存在,全区保增长、保民生、保稳定的任务依然艰巨。

2010 年全区经济和社会发展的总体思路是:按照"人文北京、科技北京、绿色北京"的总体建设要求,全区继续以科学发展观统领经济社会发展全局,紧紧围绕"坚持科学发展,走城乡一体化道路,建宜居宜业和谐新大兴"的奋斗目标,积极落实北京市城南行动计划,把握形势,开拓创新,攻坚克难,以重大基础设施建设为重点优化发展环境,以新兴产业集聚为动力带动区域经济增长,以公共服务提升为核心促进民生改善,全面完成"十一五"规划各项任务目标,推动全区经济社会迈向崭新的发展阶段。

主要预期指标:

——地区生产总值增长 10%

——财政收入增长 10%

——工业总产值增长 12%

——农林牧渔业总产值增长 2%

——社会消费品零售额增长 12%

——外贸出口交货额增长 2%

——实际利用外资增长 10%

——城镇居民人均可支配收入增长 8%

——农民人均纯收入增长 8%

主要调控目标:

——万元地区生产总值能耗降低 3%

——万元地区生产总值水耗降低 3%

——农村劳动力向二、三产业转移 8000 人以上

——城镇登记失业率控制在 2.3% 以内

——城镇登记失业人员就业率达到 65% 以上

——人口自然增长率控制在 4.5‰以内

——全区林木覆盖率保持 30% 以上

——空气质量二级和好于二级天数与市级同步

主要措施:

一、加强调控引导,保持经济稳步增长

为保持经济稳步增长,充分发挥政府调控引导作用,制定《关于落实促进城市南部地区加快发展行动计划的实施意见》,落实责任主体,努力促进产业结构调整,加速重点产业功能区建设,保持固定资产投资稳步增长,加大发展空间储备力度。

完善体制机制,促进产业结构调整。按照"集约、集聚、循环发展"的产业发展方式,完善项目准入机制、项目审核机制和"三高"企业退出机制,促进产业结构调整。

建立完善项目准入机制,完善招商管理办法,严格执行项目准入条件,着力引进符合区域功能定位和产业发展方向的高端产业,实现土地资源效益最大化。建立重大项目审核机制,完善审核和操作程序,确保重大项目落地和实施。建立健全"三高"企业退出机制,淘汰落后产能,拓展产业发展新空间,着力引进规模大、效益高企业入驻,进一步优化产业结构。

加速园区建设,引导主导产业集聚。按照"三大一高"的产业发展重点,力争引进投资 30 亿元以上项目 1~2 个。建立产业和产业园区建设财政补贴机制,年内安排 2 亿元园区专项资金支持园区建设,进一步完善落实《大兴区促进经济发展若干意见》,支持培育主导产业,促进地铁沿线生产性服务业聚集区、中关村科技园区大兴生物医药产业基地、国家新媒体产业基地和北京采育汽车零部件产业基地等产业园区加快发展。

地铁沿线生产性服务业聚集区着力加快站点周边商业项目建设,积极推进宜家、绿地、枣园商业等项目顺利实施,年内完成生产性服务业大厦建设,实现地上建筑与轨道站点无缝链接。充分发挥京南物流基地优势,辐射带动周边产业发展。

按照中关村国家创新示范区建设要求,加快大兴生物医药产业基地基础设施建设,启动疫苗与生物制品园、国家蛋白药物园、医疗器械园、国际保健园"四园"建设,推进中

国医学科学院等项目尽快入驻，推进同仁堂制药、长生生物等重点项目建设，增强园区对高端生物医药项目吸附力。

新媒体产业基地借助“中国北京星光电视节目制作基地”平台优势，继续提升星光影视园产业集聚效应，建设国内最大最强的综艺节目制作中心。完成星光卫视使馆区、新媒体大厦建设，完善文化创意产业项目发展平台。

采育汽车零部件产业基地以北京新能源汽车“一园两公司”正式落户为契机，建设北京一流的新能源汽车生产研发基地，打造服务北京、辐射全国的汽车零部件产业集群。重点确保亚太汽车底盘、新能源汽车等项目顺利实施。

推进项目进度，保持投资稳定增长。积极促进投资增长，增强经济发展持续动力。继续利用好项目绿色审批通道，加快项目手续办理，力争2009年新城北区摘牌项目全部开工建设，尽快形成投资。

2010年全区计划5000万元以上重大投资项目120个，加快推进地铁沿线商业项目、房地产开发项目和产业基地重点项目建设，促进社会投资快速增长，培育新的经济增长点。

增加土地储备，拓展区域发展空间。全力推进土地储备项目一级开发进程。年内重点推进新城核心区、亦庄X1地块等续建项目建设；推进大兴新城海户新村、三合庄土地一级开发进度，拓展城市建设空间；推进庞各庄、瀛海、采育等镇土地一级开发，加快镇区建设步伐；推进大兴经济开发区、新媒体产业基地核心区、长子营专用车基地等园区土地一级开发，为产业发展储备空间。

推进节能减排，促进经济持续发展。实施能源监测系统二期、三期建设，将50家企业纳入在线监测范围。加大新能源、可再生能源和绿色照明工程推广力度。积极落实市、区“三高”企业退出计划，促进“三高”企业退出，淘汰落后产能，完成全区节能减排目标。加强水环境和大气环境监测，年内基本完成黄村再生水厂改扩建工程，实施瀛海污水处理厂建设，逐步建立污水处理厂运行长效机制。

二、加快新城建设，提升区域整体形象

为推进城市化进程，着力提升城市形象，改善城市整体环境，完善道路交通体系，促进生态文明建设。

突出建筑特色，着力提升城市形象。发挥城市建筑艺术委员会作用，合理确定各功能区建筑设计风格，建立健全工作机制，对项目建筑风格重点把关，努力形成独具特色的城市功能分区和城市文化，快速提升新城形象。重点推进新城北区17号地、20号地、22号地等房地产项目建设，借助华润置地、上海绿地等知名企业开发优势，打造高品质生活社区，提升居住环境和生活质量。

加强综合治理，改善城市整体环境。着力推进城乡结合部、新城地区和重点镇区的拆迁改造力度，新城范围内基本消除“城中村”，改善城市整体环境。重点推进大兴新城核心区建设，统筹规划景观和建筑布局；完成旧宫、京开路沿线、孙村组团等地区村庄拆迁。

强化城市管理，积极探索长效机制。探索信息化管理模式，细化基层管理，进一步理顺城市管理体制机制。进一步加大流动人口管控力度，将流动人口增长与干部考核机制相结合。对市容市貌、街区秩序、物业管理和小区违法建设进行重点整治，不断提高管理质量和水平。加强市场秩序、交通秩序和治安秩序整治，实行常态化管理，建设文明有序的城市环境。加强非法占地、违法建设管理，坚决遏制违法建设蔓延势头。

加大实施力度，完善道路交通体系。按照促进城南发展行动计划要求，全力推进芦西路五环立交和万寿路南延、郭公庄路、马西路南延、蒲黄榆路南延4条市区连接线建设，确保郭公庄路上半年投入使用,完成蒲黄榆路南延工程建设。重点完成兴华大街改造和绿化工程,加快推进清源路东延、魏永路中段2条横向连接线建设,力争清源路东延工程年底完工。统筹安排好地铁沿线建设工程,确保地铁大兴线顺利通车。

改善生态环境,促进生态文明建设。着力推进大兴新城滨河森林公园建设进度,力争完成公园主体工程建设;完成三海子郊野公园一期建设,促进地区环境改善。对大小龙河等16条区管河道开展环境卫生综合治理,保持河道及周边地区环境整洁。实施老凤河改造工程,对老凤河下游西红门排沟、南苑灌渠进行截污改造。

三、统筹城乡发展,促进农民持续增收

为实现农业增效、农民增收和农村和谐稳定,大力发展特色高效农业,加快新农村建设,完善农村服务支撑体系,推进全区城乡一体化进程。

注重科技创新,发展特色高效农业。进一步强化农业科技支撑作用,加快产业结构调整,大力发展设施农业、观光农业、籽种农业,促进农业提质增效。重点加强设施农业建设,年内新建、改造设施农业5000亩,新建、提升30个农业标准化基地。加大基础设施投入力度,重点打造十大农业观光园区。开展区域科技合作,推进农业科技示范基地建设,延伸庞安路都市型现代农业观光产业带,高标准规划建设农业园区。

加大基础投入,改善农村环境面貌。继续实施新农村“5+3”建设工程。投资13亿元,全面完成新农村“五项基础设施”建设,推进农村街坊道路硬化和村庄绿化美化工程,实施老化管网和“一户一表”改造,加快农村公厕和户厕建设,开展农村垃圾资源化、减量化处理。继续实施“三起来”工程,推进农村节能灯改造、太阳能公共浴室、沼气集中供气等工程建设,不断改善农民生产生活条件。

围绕农民需求,完善农村服务体系。发挥政府引导、市场主导、农民主体作用,完善三农服务体系,构建农民增收长效机制。完善农业组织体系,支持农民专业合作组织发展壮大,提高农民组织化程度和农业规模化、标准化生产水平。完善政策保障体系,积极推进农业保险,扩大保险规模和范围,推广农业自然灾害防护措施。完善农村金融体系,加快筹建新型农村金融机构,发挥三家小额贷款公司和村镇银行作用,形成直接服务农民的金融体系。完善农民培训体系,加强农民实用技术和职业技能培训,提高农村劳动力就业技能,促进农民增收。

四、着力关注民生,完善社会服务功能

为逐步解决人民群众最关心、最直接、最现实的利益问题,突出抓好就业,完善社会保障,提高公共服务水平,加强生产安全监管,继续加大住房保障力度。

努力开发岗位,突出抓好就业服务。实施积极的就业政策,深化与北京经济技术开发区就业合作,提高本区劳动力在开发区的就业率。重点研究解决拆迁上楼农民的就业问题,完善“3+1”补偿模式,建立促进劳动力就业社会协调机制,努力实现“减少农民、富裕农民”的目标。加强劳动技能培训和就业岗位开发,确保地铁等重大项目本地用工比例。加大农民向二、三产业转移力度,年内转移农村劳动力8000人以上,增加农民工资性收入。

加强城乡统筹,完善社会保障体系。继续做好农村低保、“一老一小”大病医疗保险和城乡居民养老保障各项工作,不断完善社会保障体系。建立“零就业家庭”和就业困难群体长效帮扶机制,完善弱势群体、低收入人群的保障制度。继续加大住房保障力度,做好政策性住房的资格审核工作,解决好困难群众住房问题。

加强设施建设,提升公共服务水平。积极加快全区教育卫生事业发展。加快镇级中心小学和幼儿园改造，稳步推进中小学校舍抗震加固工作，推进新城北区九年一贯制学校工程建设，不断改善办学条件。提升医疗卫生整体水平，加快公共卫生体系和社区卫生服务体系建设，完成妇幼保健院、疾病预防控制中心和卫生监督所项目建设，全力做好甲型H1N1流感等疫病防控工作。完善新型农村合作医疗制度，提高保障水平，确保参合率不降低。加强城乡文化体育设施建设，满足群众文化生活需要。

明确责任主体，加强安全生产监管。进一步落实属地监管和行业监管，加大生产、消防等安全监管力度，认真排查和消除安全隐患；加强专项整治，深入开展食品药品安全大检查，严厉打击各种违法生产、制假售假行为；加强人员密集场所、建筑施工、危化等重点行业的安全生产监管。

各位代表，2010年我们要在市委、市政府和区委的领导下，在区人大依法监督、区政协民主监督支持下，深入落实科学发展观，以构建和谐社会为目标，不断增强责任感和使命感，坚定信心，抓住机遇，迎接挑战，努力完成全年经济和社会发展的各项任务目标，实现全区经济社会全面、协调、可持续发展。

北京市大兴区2009年财政预算执行情况和2010年财政预算草案的报告

——在北京市大兴区第三届人民代表大会第五次会议上

（2010年1月6日）

北京市大兴区财政局局长　郑怀志

各位代表：

受大兴区人民政府委托，向大会提交2009年全区和区本级预算执行情况及2010年全区和区本级预算草案的报告，请予审议。

2009年预算执行情况

2009年，在市委、市政府和区委的领导下，我区以科学发展观为统领，贯彻落实“保增长，扩内需，调结构，惠民生”工作部署，认真执行区委确定的各项经济政策和区人民代表大会通过的各项决议，努力构建社会主义和谐社会首善之区，全面实施积极的财政政策，充分发挥公共财政职能，实现了大兴区域经济和社会各项事业的平稳较快发展。

一、区级预算执行情况

2009年，区级收入预计完成535967万元，其中地方财政收入（一般预算收入）预计完成223130万元，基金预算收入预计完成312837万元。

区级财力预计为1066556万元，其中一般预算财力741376万元（包括一般预算收入223130万元、体制返还收入89913万元、体制定额补助35472万元、转移支付125143万元、市追加专项232375万元、上年结余

35343 万元),基金预算财力 325180 万元(包括基金预算收入 312837 万元、市追加专项 3122 万元、基金上年结余 9221 万元)。

区级财政支出预计完成 1027916 万元,其中一般预算支出预计完成 698128 万元,比上年增长 68.6%;一般性转移支出预计完成 3608 万元,比上年增长 240.4%;安排预算稳定调节基金 1000 万元。基金预算支出预计完成 325180 万元,比上年增长 48%。

在一般预算支出中,教育支出预计完成 117475 万元,比上年增长 44.7%;技术研究与开发支出(原科技三项费)预计完成 454 万元,剔除市级追加专项资金影响,比上年增长 20%;文化体育与传媒支出预计完成 8962 万元,比上年增长 37.9%;医疗卫生支出预计完成 36709 万元,剔除市区体制划转事项及市级追加专项资金影响,比上年增长 2%;农林水事务支出预计完成 88537 万元,比上年增长 2.4%。

以上收支相抵,预计结余 38640 万元(其中教育费附加收入结转 4000 万元、耕地开垦费结转 34640 万元)。

二、区本级预算执行情况

2009 年,区本级收入预计完成 446715 万元,其中地方财政收入(一般预算收入)预计完成 133878 万元,基金预算收入预计完成 312837 万元。

区本级财力预计为 989767 万元,其中一般预算财力 664587 万元(包括一般预算收入 133878 万元、体制返还收入 89913 万元、体制定额补助 35472 万元、转移支付 125143 万元、市追加专项 232375 万元、上年结余 34345 万元、镇级体制上解 13461 万元),基金预算财力 325180 万元(包括基金预算收入 312837 万元、市追加专项 3122 万元、基金上年结余 9221 万元)。

区本级财政支出预计完成 951127 万元,其中一般预算支出预计完成 604375 万元,比上年增长 85.7%;一般性转移支出 3608 万元,比上年增长 240.4%;体制核定补助镇级支出 16964 万元,比上年增长 77.3%;安排预算稳定调节基金 1000 万元。基金预算支出预计完成 325180 万元,比上年增长 48%。

在一般预算支出中,教育支出预计完成 117475 万元,比上年增长 47.4%;技术研究与开发支出(原科技三项费)预计完成 454 万元,剔除市级追加专项资金影响,比上年增长 20%;文化体育与传媒支出预计完成 7567 万元,比上年增长 27.5%;医疗卫生支出预计完成 36579 万元,比上年增长 2.8%;农林水事务支出预计完成 59841 万元,剔除部分市区体制划转事项及市级追加专项资金影响,比上年增长 20.1%。

以上收支相抵,预计结余 38640 万元(其中教育费附加收入结转 4000 万元、耕地开垦费结转 34640 万元)。

需要说明的是,上述数字是根据当前预算执行情况初步汇总的,在地方财政决算编审后,还会有些变化。

三、2009 年主要工作

(一)坚定信心,迎难而上,确保增长,推动大兴经济平稳较快发展

2009 年以来随着国际金融危机的影响逐步显现,经济增长趋缓,区内税源企业效益下滑,加之受结构性减税政策影响,财政收入一度出现负增长,增收节支压力突显,面对严峻形势,我区充分结合首都经济结构和产业布局的调整,进一步加快新城整体规划,快速推进新城基础设施建设,努力拉动区内经济增长,对重点项目、重点工程、重点企业盯紧、抓稳,将 136 个相关项目纳入审批绿色通道,节约审批时间 50%。为一批中小企业、农村信用社发放小额贷款 5000 万元以解其资金短缺、运转困难的燃眉之急。密切配合实施中央及北京市出台的一系列保增长、保民生、保稳定政策。在建国六十周年之际,进一步加大公共安全投入,维护社会稳定,确保国庆庆祝活动筹备任务和服务保障工作圆满完

成。2009年,预计实现地方财政收入223130万元,比上年增长13.9%,实现年初制定的收入目标。

(二)扩大内需,关注民生,加大重点领域投入力度。

一是及时兑现各项补贴政策,促进区内消费。截至11月底,发放黄标车提前淘汰补贴资金6469万元;为使汽车、家电下乡等促内需政策更为行之有效,制定了一系列实施流程并尽可能简化手续以带动农民的购买热情,截至11月底,已为农民购买的1.4万余件家电拨付补贴资金864万元。二是实施积极就业政策,保持就业形势基本稳定。进一步完善人力资源市场,拨付资金1273万元用于开发社区公益性组织岗位1227个;为190名失业人员实行了免费职业技能培训,提升了失业人员的就业能力。三是坚持以人为本,进一步落实各项社会保障制度。安排资金3928万元用于发放基础养老金;投入资金1.51亿元对全区5.6万名无保障人员及5379名低保人员的基本生活进行补助。四是加强公共卫生体系建设。继续调整新型农村合作医疗补助政策,提高财政筹资标准和住院补偿率,减轻农民负担;及时启动公共卫生应急预案,安排防控甲型H1N1流感资金3810万元用于疫情监测、处理、防护等工作,为5.5万人免费接种疫苗,切实保障群众健康。五是继续推行义务教育减免政策。投入专项资金1.06亿元用于"中小学办学条件达标"实事工程、幼儿园早期教育开展等工作,安排资金1903万元落实义务教育春、秋季"两免一补"政策。

(三)加快新城建设,提升城市综合承载能力,建宜居宜业和谐新大兴

以提升城市综合承载能力为目标,将城乡结合部地区作为推进城乡一体化建设重点,筹集资金27.33亿元,用于保障以政府为主导的土地一级开发,拓展城市发展空间。加快城乡结合部拆迁改造工作,推动城市化进程,已完成33个村340万平方米的拆迁工作。加快新城基础设施建设,投入资金7.28亿元支持7条新城主要道路及观音寺、康庄集中供热厂建设,提高城市公共服务水平。

切实加强城市管理,改善居民居住环境。投入资金3957万元用于完善垃圾处理经济补偿机制,生活垃圾基本实现密闭化收集和运输。安排资金1.42亿元启动新城万亩滨河森林公园及三海子郊野公园前期建设,改善城市生态环境,提升居民生活质量。

(四)优化结构,协调发展,扎实推进社会主义新农村建设

2009年,我区按照"生产发展、生活宽裕、乡风文明、村容整洁、管理民主"的新农村建设要求,不断强化支农惠农政策,落实各项生态作物补贴和农机补贴政策,努力改善农村生产生活条件,提高农民生活质量。投入资金2.79亿元,用于加快新农村"五项基础设施"建设,提升农村道路、安全饮水、污水处理、厕所改造、垃圾处理水平。继续推进新农村"三起来"工程,全面提升农村生态环境质量。

农业综合开发工作卓见成效。2009年农业综合开发项目治理耕地面积达6万亩,中央立项产业化经营项目总投资5907万元,为改善农业基本生产条件、提高农业综合生产能力发挥了重要作用;加大农业保险投入,拨付农业保险资金894万元切实保障农民权益,降低农民投资风险;进一步扩大粮食综合直补范围,全年累计为粮农发放各项综合补贴5417万元;积极发展设施保护地建设规模,2009年已拨付设施保护地建设政策补贴7279万元,9087亩设施保护地的建成将对农民增收起到显著效果。

(五)深化改革,完善机制,健全公共财政体制

继续深化预算管理制度改革,完善预算编制方式和执行程序,合理配置公共资源,提高财政资金管理效率和使用效益。不断扩大

国库集中支付试点单位范围,2009 年累计统发工资 2.98 亿元,发放人数达 7.89 万人次。进一步完善非税收入收缴管理方式,目前全区 12 家试点单位已通过直接缴库和集中汇缴方式将 1973 万元非税收入上缴财政。

提高预算执行透明度,完善政府采购网上操作流程,规范政府采购非招标方式管理办法,不断强化政府采购的功能性和政策性,2009 年共完成政府采购预算 3.86 亿元,实际采购金额 3.22 亿元。积极推行公务卡制度试点,完善公务支出制度和程序。

各位代表,2009 年预算执行情况总体上是好的,但也存在一些问题:一是部门预算执行的规范性有待完善,监管机制需要进一步加强;二是在日益复杂的经济环境下,财政资金分配机制需要进一步完善,统筹兼顾、确保重点的意识仍需加强。

针对上述问题,我们将高度重视,进一步深化财政改革,加强预算管理,严格预算执行,继续扎实做好各项基础工作,认真加以解决工作中存在的问题。

2010 年预算草案

2010 年我们将按照区委的部署,深入学习实践科学发展观,以科学发展观统领财政改革与发展,继续紧密联系实际,努力解放思想,做到统筹兼顾,以促进我区经济平稳较快发展。2010 年预算草案编制的指导思想是:深入落实科学发展观,以市委市政府加快城南发展行动计划为契机,紧紧围绕区委确定的工作重点和决策部署,推进城乡一体化进程。不断完善公共财政体系建设,创新预算编制执行决策机制,调整优化财政支出结构,推进财政科学化精细化管理,促进全区经济平稳较快发展。

基于上述指导思想,2010 年区级和区本级预算编制草案如下:

一、区级预算草案

2010 年区级收入预算安排 568618 万元,其中区级地方财政收入(一般预算收入)安排 245443 万元,比上年(均指 2010 年预算数和 2009 年调整预算数相比,以下相同)增长 10%;基金预算收入安排 323175 万元,比上年增长 3.3%。

2010 年区级财力预计为 866777 万元,其中地方财政收入 245443 万元,体制补助 98904 万元,体制定额补助 35472 万元,转移支付 125143 万元,上年结余 38640 万元,基金预算收入 323175 万元。

2010 年区级财政支出安排 831813 万元,其中一般预算支出安排 503638 万元,比上年增长 8.1%;转移性支出安排 4000 万元,比上年增长 10.9%;安排预算稳定调节基金 1000 万元;基金预算支出安排 323175 万元,比上年增长 0.3%。

在一般预算支出中,教育支出安排 117998 万元,比上年增长 9%;技术研究与开发支出(原科技三项费)安排 545 万元,比上年增长 20%;文化体育与传媒支出安排 6175 万元,比上年增长 1.7%;医疗卫生支出安排 42188 万元,比上年增长 16.4%;农林水事务支出安排 74336 万元,比上年增长 16.3%。

以上收支相抵,预计结余 34964 万元(其中教育费附加收入结转 4324 万元、耕地开垦费结转 30640 万元),预算收支基本保持平衡。

二、区本级预算草案

2010 年区本级收入预算安排 470441 万元,其中区本级地方财政收入(一般预算收入)安排 147266 万元,比上年增长 10%;基金预算收入安排 323175 万元,比上年增长 3.3%。

2010 年区本级财力预计为 782061 万元,其中地方财政收入 147266 万元,体制补助 98904 万元,体制定额补助 35472 万元,转移支付 125143 万元,上年结余 38640 万元,镇级体制上解 13461 万元，基金预算收入 323175 万元。

2010 年区本级财政支出安排 747097 万元，其中一般预算支出安排 401958 万元，比上年增长 8.1%；转移性支出安排 4000 万元，比上年增长 10.9%；体制核定补助镇级支出 16964 万元；安排预算稳定调节基金 1000 万元；基金预算支出安排 323175 万元，比上年增长 0.3%。

在一般预算支出中，教育支出安排 117998 万元，比上年增长 9%；技术研究与开发支出（原科技三项费）安排 545 万元，比上年增长 20%；文化体育与传媒支出安排 4822 万元，比上年增长 3.1%；医疗卫生支出安排 42188 万元，比上年增长 16.8%；农林水事务支出安排 40580 万元，比上年增长 15.1%。

以上收支相抵，预计结余 34964 万元（其中教育费附加收入结转 4324 万元、耕地开垦费结转 30640 万元），预算收支基本保持平衡。

三、2010 年工作重点

根据我区经济和社会发展对财政工作的要求，2010 年预算安排和财政工作的重点是：

（一）密切关注经济发展态势，保持区域经济平稳较快发展

对于 2009 年下半年开始的经济起稳态势，应持审慎乐观的态度，国际金融危机的影响仍将继续存在，2010 年财政收支矛盾依旧突出，面对如此复杂的国际经济环境，我区将以市委市政府“促进城市南部地区加快发展行动计划”为契机，继续开拓创新，深化改革。一是优化扩充产业规模，推动经济跨越发展。按照“产业集群”的产业发展思路，着力推进物流业、生产性服务业、生物医药业及汽车零部件业的发展，加快生物医药基地和新媒体产业基地两个功能区的建设，以此促进区域经济主导产业的形成和创新升级。整合和优化配置各种资源，盘活闲置资源，激活并合理开发有效资源，提升经济实力。二是加速基础设施建设，提升城市承载能力和公共服务能力。围绕大兴地铁线着力打造南北纵贯、东西覆盖的生产性服务业集聚区，加快水、电、气、热、信息传输基础网络等设施建设，完善城市功能和配套。三是继续拉动内需，拓展消费领域，改善居民消费预期。推进“家电下乡”“汽车下乡”等扩内需政策实施，多渠道增加居民收入，充分发挥财政资金的导向作用，优化消费环境。

（二）加大新农村建设投入，统筹城乡协调发展

继续加强农村基础设施、公共设施、生活环境建设，稳步推动城镇化进程。加速农村产业、产品结构调整，提高农业科技和生产力水平，推动产业向规模经营集中，提高农业综合生产能力。在基础设施建设方面，加大对农村基础设施建设投入，改造乡村道路，继续实施农村改厕工程，加快实施农村安全饮水工程，进一步完善农村电网改造工程，建设农村信息网络，改善农村生活环境和农业生产条件。在提升农村产业竞争力方面，大力发展设施农业、生态农业和休闲农业，构筑都市型现代农业体系，运用财政贴息、补助等方式，引导社会资金投入新农村建设。在健全农村社会保障体系方面，逐步完善农村社区卫生服务体系建设，进一步改善农民就医条件；以解决失地农民的养老保险问题为重点，努力扩大农村养老保险覆盖面；加大对农村地区教育的支持力度，稳定农村教师队伍，推动城镇优质教育资源向农村地区辐射，促进农村地区教育事业均衡发展；促进农村劳动力转移，结合产业发展和产业基地建设，加大对农村劳动力的就业培训力度，健全农村劳动力就业指导服务体系，实施农村劳动力素质提升工程，促使农民转变就业观念，提高农民的就业、发展能力，促进农民增加收入。

（三）深化财政管理改革，全面推进财政科学化、精细化管理

以推进财政科学化、精细化管理为主线，

创新手段,细化措施,带动全区经济社会的平稳较快发展。进一步完善区、镇(街道)及生物医药产业基地财政体制,加大转移支付力度,增强基层政府提供公共服务的保障能力。继续深化部门预算改革,提高预算编制的准确性及适用性,稳步推进国库集中收付制度和非税收入收缴制度管理改革。进一步加强政府采购管理,完善网上采购流程,提高政府采购效率,不断强化行政事业单位国有资产使用和处置的动态监控,最大限度节约财政资金。注重对政府债务的监管,保持政府债务的合理规模和结构,防范和化解债务风险。引入绩效考核机制,对财政资金的使用进行追踪问效,加强财政资金支付的规范性和效益性。

各位代表,2010 年预算任务艰巨而繁重,我们将在区委的领导下,在区人大的监督下,结合本地区的发展实际,认真贯彻落实科学发展观,振奋精神,坚定信心,开拓创新,扎实工作,努力开创我区财政工作的新局面,为促进我区经济的平稳较快发展做出贡献。

谢谢各位代表!

北京市大兴区人民法院工作报告

——在北京市大兴区第三届人民代表大会第五次会议上

(2010 年 1 月 7 日)

北京市大兴区人民法院代院长　马来客

各位代表:

现在,我代表区法院向大会报告工作,请予审议。

2009 年主要工作

2009 年,是喜事之年和经受严峻考验的一年。我院在区委领导、区人大依法监督和市高级法院的指导下,在区政府支持、区政协民主监督和社会各界的帮助下,深入贯彻落实科学发展观,认真落实区三届人大四次会议决议精神,坚持“三个至上”工作指导思想,坚持为大局服务、为人民司法,适应形势发展的需要,充分发挥审判职能,切实完善司法管理,大力加强队伍建设,不断满足人民群众维护合法权益的新要求。全年共受理各类案件 19536 件,审(执)结 19406 件,同比分别增长 19.55% 和 19.43%,解决诉讼标的额 21.01 亿元,同比增长 163.28%。

一、履行服务大局使命,为经济发展与社会和谐稳定提供司法保障

(一)宽严相济惩治犯罪,维护社会安全稳定

始终把维护社会稳定作为首要职责,审结刑事案件 1146 件,判处罪犯 1563 人。

一是依法严惩严重刑事犯罪。审结杀人、放火、抢劫、强奸、绑架等恶性犯罪案件 171 件,判处罪犯 258 人;审结毒品、聚众斗殴、寻衅滋事等严重妨害社会管理秩序犯罪案件 220 件,判处罪犯 345 人;审结盗窃、诈骗、敲诈勒索等严重影响和干扰群众生产生

活的多发性侵财犯罪案件280件，判处罪犯397人；审结票据诈骗、信用卡诈骗、合同诈骗、非法经营等严重破坏市场经济秩序犯罪案件68件，判处罪犯85人；审结贪污、贿赂、职务侵占等职务犯罪案件37件，判处罪犯58人。共对275名罪犯判处5年以上有期徒刑，增强了人民群众的安全感。

二是坚持依法分化瓦解犯罪。对初犯、从犯、偶犯、过失犯等犯罪情节轻微、主观恶性不深的罪犯依法从宽处理；对未成年罪犯落实教育、感化、挽救方针，依法给予从轻或减轻处罚。共免于刑事处罚1人，判处缓刑355人，努力化消极因素为积极因素，减少了社会对抗。

（二）及时化解民商事纠纷，保障民生，促进发展

积极应对国际金融危机对经济发展的影响，妥善处理各类民商事纠纷，共审结民商事案件11434件，解决诉讼标的额12.02亿元。

一是妥善审理涉民生案件。依法保护妇女、儿童、老人合法权益，审结婚姻、析产、继承、赡养、抚育等纠纷案件1610件，促进了家庭和睦；及时解决与群众生活密切相关的难点问题，审结人身损害赔偿、财产权属、医疗等纠纷案件2682件，保护了公民的人身和财产利益；认真执行劳动合同法，审结劳动争议案件1119件，促进了劳动关系的和谐。

二是有力维护公平有序的市场经济秩序。依法保障市场交易的安全和稳定，审结买卖、加工承揽等合同纠纷案件2024件；依法维护金融市场秩序，审结借款、财产保险、票据等纠纷案件799件；依法规范公司内部治理结构，审结股份转让、公司解散、公司清算等案件52件；依法保障和促进农村改革发展，审结农村土地承包、征地补偿等涉农案件330件。

（三）依法审理行政争议案件，促进行政管理关系的和谐

严格司法审查，审结土地、规划、房屋登记、劳动和社会保障、治安等各类行政诉讼案件155件，办结非诉行政执行案件146件，维护相对人合法权益，促进行政机关依法行政。对争议较大的纠纷和涉群体性纠纷，加大协调解决力度，共协调解决纠纷18件。充分利用与区政府建立的联席会议平台，行使服务保障职责，审理和协助相关部门解决涉重大项目、重点工程建设、非法占地违法建设专项整治活动的案件，保证全区重点工作的顺利进行。

（四）加大执行工作力度，努力实现债权人的合法权益

进一步完善执行工作机制，积极破解执行难。优化执行案件流程与分类管理，实行实施权、裁决权的分离。落实执行公开，加强评估、拍卖、变卖工作管理，确保各项工作规范有序进行。依法运用强制措施，以责令申报财产、限制出境、追究刑事责任的方式，对有偿付能力但拒不履行义务的被执行人进行执行威慑。执行工作呈现出双增长的良好态势，在收案增长24.38%的情况下，结案增长25.77%，共执结执行案件6656件，执结标的额8.99亿元。

根据中央政法委和最高法院关于开展集中清理执行积案活动的部署，在区委领导、区政府支持、有关部门联动、社会各界参与下，对2007年12月31日前受理的未结执行案件进行清理，完成578件有财产可供执行案件的清理任务，执结了一批长期积压的难案，得到了全国集中清理执行积案活动领导小组的充分肯定，区委书记林克庆在全国集中清理执行积案第二次电视电话会议上，就我区执行工作做了典型发言。

二、健全司法为民机制，顺应人民群众的新期待

不断改进便民利民方式，彰显司法文明。

（一）完善便民措施，保障当事人诉讼权利

开通“12368”司法信息公益服务系统，

为社会公众提供诉讼咨询和案件信息。成立审判事务管理办公室,为当事人提供诉讼引导和答疑。对孤寡老人和残疾人实行上门立案,对经济上确有困难的当事人缓、减、免诉讼费。开辟绿色通道,快速处理涉及农民工、老弱妇残及经济困难当事人的案件。不断加大就地巡回审判力度,减轻当事人诉累。

(二)进一步落实审判公开,强化阳光司法

认真执行庭审公开制度,保证群众旁听公开审理案件。通过互联网站,向群众提供法院的受案范围要求和案件动态信息。加大庭审网络直播力度,对42件典型案件在国际互联网进行庭审直播。刑事和商事裁判文书实现网上发布。加大法制宣传力度,扩大案件审判的社会效果,增强群众法律意识,预防与减少犯罪和纠纷。积极发挥人民陪审员作用,适用普通程序案件陪审员参审率达到84.76%,弘扬了司法民主。

(三)大力推进调解工作,努力实现案结事了

贯彻调解优先、调判结合原则,最大限度调解解决纠纷。建立人民陪审员、街道社区基层组织等参与矛盾化解机制,将纠纷解决在初始状态。调解民商事案件5781件,刑事附带民事案件153件,调解率分别达到50.67%和67.11%。继续推进人民调解与司法调解的衔接工作,各人民法庭联合所辖镇、街道有关部门,共同加强对人民调解组织和调解员的指导培训,基层合力化解纠纷的格局进一步完善。

三、完善司法管理,确保公正高效

结合审判规律和特点,加强司法管理,规范法官裁量权,切实维护司法权威。

(一)加强审判监督,确保案件质量

随机进行各类案件的检查,发现问题,分析原因,落实整改措施。定期进行案件评查,确定差错等级,追究相关部门和人员责任。对重大、疑难、复杂案件,实行庭长、主管院长、审判委员会逐级把关。成立裁判文书校核室,由专业人员对法律文书进行校核,保证了文书质量。

(二)规范审判管理,提高办案效率

规范延审案件报批条件和程序,防止案件久拖不结。加强案件审限的动态监督管理,严格案件审限警示。科学核定审判部门每月结案率和审判人员每月办案数量指标,确保均衡结案,缩短了办案周期,实现了审限内结案。

(三)严格责任制,全力解决涉诉信访问题

继续完善涉诉信访工作机制,认真落实日常接访制度和院、庭长联合接访制度,努力在源头上化解矛盾。针对当事人信访反映的问题,对涉诉信访逐案挂账督办,明确责任,限期解决。对确有问题的案件,依法提起再审,予以改判;对没有问题的案件,耐心做好当事人的息诉服判工作;对确有困难的信访者,及时发放司法救助资金予以帮扶。

四、固本强源,全面建设一支高素质队伍

认真开展主题教育活动,完善干部人事管理,努力提高法院队伍的司法水平。

(一)加强思想政治建设,坚定正确政治方向

通过组织专题培训、开展党课教育、举办形势报告会、论坛交流等行之有效的形式,加强社会主义法治理念教育,开展“人民法官为人民”主题实践活动,全院干警加深了对“党的事业至上、人民利益至上、宪法法律至上”工作指导思想的理解,强化了为大局服务的责任感、使命感,增强了高效、廉洁、文明司法的自觉性。

(二)完善队伍管理,增强队伍司法能力

一是加强业绩考核工作。坚持从严治院,不断完善干警业绩考评制度,将德、能、勤、绩、廉进行科学分解,形成总体评价,作为评优评先、晋级晋职的主要依据。

二是严格干部选任工作。按照民主、公

开、择优的标准，对部分中层干部进行了级别晋升。完成15名研究生的招录工作，保障了审判事业的可持续发展。

三是抓好培训工作。按照部门、岗位和专业的要求，系统进行与书记员、法警、审判员、领导干部岗位职责相适应的业务培训。加大青年干警培养力度，实行新招录大学生优秀法官带教制。开展评选优秀裁判文书、办案能手活动，举办书记员、法警技能比赛，有效提高干警司法能力和水平。

（三）狠抓反腐倡廉建设，保证司法廉洁

一是扎实开展党风廉政建设。领导干部签订党风廉政建设责任书，干警签订廉政建设承诺书。在审判执行部门聘任26名副庭长或政治骨干担任廉政监察员，充分发挥其日常监督作用。开展廉政风险防范管理，认真查找风险点，制定落实整改措施，加强动态化监督管理。贯彻最高人民法院“五个严禁”的规定，公开举报录音电话，接受群众对干警违反“五个严禁”行为的举报。以司法系统反面典型教育警示干警，加大对违法违纪行为查处力度。

二是自觉接受区人大及其常委会和社会各界的监督。主动向区人大常委会报告民事审判工作和执行工作的开展情况，根据区人大常委会提出的审议意见认真整改。落实市人大常委会《关于加强人民检察院对诉讼活动的法律监督工作的决议》，及时办理检察机关提出的检察建议案件。加强人大代表联络工作，征求人大代表的意见和建议，并认真落实。积极接受政协民主监督、媒体舆论监督以及特邀监督员和群众的社会监督，及时进行改进的反馈。

各位代表，一年来，我院之所以能够完成繁重的审判任务，解决大量矛盾纠纷，得益于区委、区人大、区政府、区政协及有关部门的领导、支持。在此，我代表全院干警向关心和帮助法院工作的各位代表、各级领导和社会各界人士表示衷心的感谢！

同时，我们也清醒地认识到在工作中还存在需要克服和解决的主要困难和问题：一是法院改革需进一步深化，以解决人民群众不断增长的司法需求与审判力量不足的突出矛盾；二是审判人员政治意识、大局意识、法律意识需进一步提高，以确保案件处理的法律效果、政治效果和社会效果的统一；三是教育培训工作力度需进一步加强，以确保办案质量和效率。

2010年工作思路

2010年，是实施“十一五”规划的最后一年，是实施“城南行动计划”的开端之年。我院要深入落实党的十七大和十七届四中全会精神，按照建设“人文北京、科技北京、绿色北京”的要求，紧紧围绕全区的中心工作，履行好宪法和法律赋予的审判职责，为城乡经济社会一体化和谐发展营造良好的法治环境。

第一，抓好执法办案第一要务，服务首都和全区科学发展。刑事审判要深入贯彻落实宽严相济刑事政策，积极参与打黑除恶专项斗争，有力威慑犯罪，同时落实好宽大政策，做好轻微犯罪的刑事和解工作，维护安定有序的社会环境。民商事审判要适应我区城市化进程加快推进的要求，妥善审理相关案件，切实改善民生，维护市场经济秩序。行政审判要坚持能动司法，提前参与重点工程的纠纷预防和法律保障工作，服务好我区重大工程项目建设。执行工作要进一步完善长效机制，推进国家执行联动威慑机制建设，努力提高案件执行率，维护债权人权益。

第二，切实解决群众反映的突出问题，努力落实司法为民。进一步畅通诉讼渠道，优化一站式服务、上门立案、巡回审判等便民措施，提高审判事务集中管理成效。进一步落实审判公开制度，增加庭审直播案件数量，扩大裁判文书上网发布范围,拓宽民意沟通渠道,最大限度地方便人民群众行使权利、表达意见、监督司法。

第三,强化司法管理,稳步推进法院改革。加强审判质量与效率管理,全面提高审判人员办案的法律意识、大局意识、政治意识、责任意识,进一步规范司法行为,确保司法公正高效。贯彻调解优先、调判结合原则,积极推进多元纠纷解决机制建设,充分发挥人民调解委员会在解决纠纷中的作用。深化法院工作改革,形成内部司法职权间的相互监督制约,建立各环节间配置科学、运行顺畅、公开透明的司法工作机制,完善审判质量效率评估体系。

第四,加强队伍建设,确保司法公正廉洁。切实增强干警对"三个至上"指导思想的政治认同、理论认同、感情认同,不断提高贯彻指导思想的自觉性和坚定性。加强新形势下人民法院党建工作,以党建带队建,以党建促审判,推进法院工作科学发展。加强干部队伍管理,进一步完善考核机制,促进各项工作深入开展。加大教育培训力度,提高队伍司法能力。狠抓工作作风和反腐倡廉建设,主动接受人大及社会各界监督,严格执行"五个严禁"的规定,确保司法廉洁。

各位代表,在新的一年里,我们要以奋发有为的精神状态,求真务实的工作态度,改革创新的有力举措,不断开创法院工作新局面,为大兴区经济社会和谐发展作出新的更大贡献!

北京市大兴区人民检察院工作报告

——在北京市大兴区第三届人民代表大会第五次会议上

(2010 年 1 月 7 日)

北京市大兴区人民检察院检察长　赵成

各位代表:

现在,我代表大兴区人民检察院向大会报告工作,请予审议。

2009 年主要工作

2009 年,我院在区委和市检察院的正确领导下,在区人大及其常委会的依法监督下,在区政府大力支持和区政协民主监督下,紧紧围绕"保增长、保民生、保稳定"的工作大局,全面贯彻落实科学发展观,忠实履行法律监督职责,为全区经济平稳较快发展和平安大兴建设做出了新的贡献。

一、加大维护稳定工作力度,积极推进平安大兴建设

(一)严厉打击严重刑事犯罪活动,努力营造安全稳定的治安环境。依法充分履行审查批准逮捕、起诉等职责,从快从严打击黑恶势力犯罪、严重暴力犯罪、多发性侵财犯罪,始终保持高压态势,确保社会治安大局稳定和国庆六十周年安全举行。共受理提请审查逮捕案件 1095 件 1568 人,同比分别上升 23.59% 和 27.27%,批准和决定逮捕 996 件

1412人；受理移送审查起诉1256件1735人，同比分别上升13.46%和15.82%，向法院提起公诉1153件1546人。积极参加整顿和规范市场经济秩序专项行动，严厉打击合同诈骗、非法吸收公众存款、非法经营等严重破坏经济秩序的犯罪活动，共批准逮捕该类犯罪嫌疑人118人，提起公诉126人，为全区经济社会发展营造了良好的法治环境。

（二）深入贯彻落实宽严相济的刑事政策，妥善做好矛盾纠纷调处化解工作。树立"理性、平和、文明、规范"的执法理念，对重大、涉众等敏感案件建立专业化办案模式和侦捕诉访联动办案机制，抓好源头治理。健全刑事和解机制，对罪行轻微的人员，慎重批捕和起诉，先后对73名涉嫌犯罪但无逮捕必要的犯罪嫌疑人不批准逮捕，对14名犯罪情节轻微的犯罪嫌疑人依法相对不起诉。设立未成年人办案组，切实落实《办理未成年人刑事案件实施细则》等工作制度，注重做好教育、感化和挽救工作，对符合条件的22名未成年犯罪嫌疑人作出不批准逮捕、不起诉决定。对不立案、不批捕、不起诉等环节认真开展释法说理工作，阳光操作化解矛盾。深入开展涉检信访排查化解工作，出台《涉检信访工作细则》、《重大案件风险评估预警机制》等规范性文件，综合运用领导包案、联合接访、带案下访、教育疏导等手段，共办理信访案件308件，全部成功化解，努力实现案结事了、息诉罢访。国庆六十周年前夕成功化解了72人的集体访，有效排除安全隐患。

二、加大查办和预防职务犯罪工作力度，深入推进反腐倡廉建设

（一）突出查办职务犯罪大案要案。严格按照区委和市检察院工作部署，进一步加大惩治职务犯罪工作力度，促进反腐败斗争深入开展。全年立案侦查贪污贿赂案件14件14人，其中大要案9件9人，占立案数的64.29%；立案侦查税务机关徇私舞弊不征、少征税款等渎职侵权犯罪案件2件2人。围绕人民群众反映强烈、关系民生的突出问题，深入开展查办城镇建设领域商业贿赂和涉农职务犯罪等专项工作，查办涉农职务犯罪案件3件3人，查办工程建设、城管、教育等重点领域案件9件9人，有效维护市场经济秩序和人民群众切身利益。落实侦查一体化办案机制，进一步规范办案流程，实行逮捕职务犯罪嫌疑人报上一级人民检察院审查批准制度，不断提高办案质量，现已侦查终结的12件12人，全部提起公诉。

（二）扎实推进预防职务犯罪工作。认真贯彻《大兴区关于进一步加强职务犯罪预防工作的意见》，在大兴党风廉政建设网开通预防职务犯罪专栏。依托区委党校教育基地平台，对全区新任处级领导干部进行廉政教育；与区纪委联合举办农村反腐倡廉警示教育展，对全区六千余名农村党员干部及财经专管员等关键岗位人员进行警示教育；以我院查办的职务犯罪案件为切入点，在区农口、教育、地税、市政等系统，开展预防教育19次，切实提高党员干部的拒腐防变能力。制定了《侦防一体化工作机制规定》，结合办案深入研究腐败成因和职务犯罪规律，及时向党委、政府、行业主管部门有针对性地提出预防措施和检察建议8份，其中《水务系统贪污贿赂犯罪暴露出的问题应引起重视》得到市级领导的批示肯定。

三、加大诉讼监督工作力度，切实维护司法公正

（一）认真抓好《决议》的贯彻落实。转变观念，提高认识，认真贯彻落实市人大常委会《关于加强人民检察院对诉讼活动的法律监督工作的决议》精神。多次向区委、区人大汇报诉讼监督工作，主动配合区人大常委会组织的专项检查和调研活动。与区公安、法院等执法司法机关加强沟通，切实解决落实《决议》中存在的问题，得到其他执法司法机关的大力支持和配合，以合作促进监督效果，共同提高案件质量。在区人大的支持下，联合区工商分局等十二家行政执法单位及区法制办召开座谈会,与区烟草专卖局等六家单位会签《关于在行政执法中移送涉嫌犯罪案件的规定》,不断促进和规范行政执法与刑事司法的衔接。成立诉讼监督专门办案组,完善考评机制,加大诉讼监督在绩效考核中的权重,建立诉讼监督案件跟踪反馈机制,增强监督的实效性。

(二)立案监督、侦查监督工作进一步提高。办理立案监督案件15件22人,依法监督立案3件3人。对应当逮捕、起诉而未提请批捕和移送起诉的,追捕9人,追诉11人,追诉漏罪11件,追加犯罪事实22起,其中追捕人数同比上升80%;对不符合逮捕、起诉条件的决定不批准逮捕162人,不起诉24人,监督侦查机关撤回移送起诉24人,保护诉讼参与人的合法权益。进一步规范侦查行为,共发出《纠正违法通知书》13份,发出《检察建议书》9份,《检察意见书》2份,当面纠正违法25件。

(三)刑事和民事、行政审判监督工作进一步深化。深入开展刑事审判法律监督专项检查活动,切实解决突出问题和薄弱环节,得到最高人民检察院检查验收组的充分肯定。进一步深化量刑建议制度,完善对判决、裁定的审查工作机制和案件质量评价体系。加大对事实认定、法律适用及诉讼程序为主要内容的刑事审判监督力度,对认定事实错误、量刑明显失当的案件,及时提出抗诉或纠正意见。加大对土地承包经营权、征地拆迁、人身损害赔偿纠纷等关系民生案件的监督力度,对认为有错误的民事和行政判决、裁定,提出再审检察建议,法院均予采纳;对不服人民法院正确裁判的申诉案件,妥善做好当事人的服判息诉工作,努力维护司法权威。

(四)监所检察工作进一步加强。扎实开展在押人员羁押期限、罪犯交付执行、监外执行情况、刑罚变更执行、预防打击牢头狱霸及看守所监管执法等专项检查活动,累计进行各项监督检查1425次,发现不当情形并提出当面监督24次,发出《检察建议书》3份,确保监管场所安全稳定。对羁押一年以上仍未审结的案件进行集中清理,切实保障被监管人员的合法权利。积极探索检察机关社区矫正的监督机制,与行政司法机关密切配合,深入村镇、社区进行监外执行检查50次,对496名缓刑、假释等"五类人员"做好分级管控工作。

四、充分发挥检察职能,为经济平稳较快发展提供法律服务

(一)扎实开展"听呼声,走百家,送服务"为民实践活动。为应对国际金融危机给经济社会发展带来的严峻挑战,制定《关于充分发挥检察职能保增长保民生保稳定的工作意见》,深入开展"乡镇调研行"和"听呼声、走百家、送服务"为民实践活动,认真听取并积极落实群众意见。在各个镇、街道办事处设立"检察官联络员",组建了"青年检察官宣讲团"和"检察官送法服务队",围绕基层干部法律意识提升等需求,送法下村镇、街道、社区、学校,进行法律咨询、法制教育、接待来访和纠纷调处工作五十余次。

(二)以服务大型企业、工程项目为重点开展综合治理工作。在大型骨干企业和案件频发企业建立服务联系点,聘请企业负责人担任检企联络员,及时有效地提供法律支持和司法服务十余次。围绕大兴区投资163亿元的土地一级开发项目,制定《依法保障全区拆迁工作顺利开展的意见》,积极做好职务犯罪预防工作,确保拆迁工作依法有序进行;认真剖析拆迁案件的特点、规律和发案原因,提出切实可行的预防对策;整合办案资源,快速优先办理拆迁类案件,共批捕、起诉拆迁类案件11件24人。积极参与社会治安综合治理,针对办案中发现的问题,及时发出检察建议70份,督促有关部门健全制度,完善机制,堵塞漏洞,注重预防工作的有效开展。

五、加大检察队伍建设力度，筑牢检察工作科学发展根基

（一）大力加强队伍思想政治建设。认真学习贯彻十七届四中全会精神，继续深化学习实践科学发展观活动，有效落实整改方案。围绕新中国成立60周年，开展检察长讲党课、诗歌朗诵会、学习先进典型、加强检察职业道德教育等系列活动，组建检察文化社团，增强思想政治工作的针对性和实效性，提高队伍的凝聚力、战斗力。

（二）大力加强队伍专业化建设。出台《2009～2012年大规模推进教育培训工作规划》，成立国家检察官学院大兴教学示范基地，积极开展形式多样的岗位练兵，切实提高干警履职能力和工作水平。对12名中层干部轮岗交流，8名青年干警被选任处长助理，通过赴外省、上级院学习锻炼等方式，抓好青年后备干部的培养选拔工作。完善案件管理机制和绩效考核评价体系，充分激发队伍争先创优的积极性。

（三）大力加强对自身执法活动的监督制约。牢固树立监督者更要接受监督的意识，深入开展"弘扬北京奥运精神，加强领导干部作风建设年"活动，稳步推进廉政风险防范管理工作，认真开展直接立案侦查案件扣押冻结款物等专项检查，加大检务督察力度，及时发现和纠正自身执法工作中存在的问题。进一步完善检务公开制度，邀请人大代表、政协委员、特约监督员和社会各界视察检察工作、座谈调研35次，主动听取对检察工作的意见建议，对反映出的问题进行深入调研，督促整改，并及时反馈情况。改进检察宣传工作，通过在新闻媒体介绍检察工作成效和优秀检察官先进事迹，通过举报宣传周、检察开放日、法制共建等形式，让人民群众更多了解检察机关，监督支持检察工作。

各位代表，2009年检察工作取得的成绩，既是全院干警团结一心、共同奋斗的结果，更是区委加强领导、人大有力监督、政府、政协和人民群众大力支持的结果。在此，我代表区检察院表示衷心的感谢和崇高的敬意！

在总结成绩的同时，我们也清醒地认识到，检察工作与党和人民的要求相比，还存在不少差距，主要表现在：一是执法观念与科学发展观的要求还不相适应，检察职能发挥还不够充分，主动监督意识需要进一步强化。二是法律监督能力与构建社会主义和谐社会的要求还不适应，队伍整体的专业素质能力需要进一步提高，高层次、领军型、骨干型人才数量不足。三是创新发展的机制还不完善，内部执法监督制约机制还不够健全，现有制度的落实有待进一步加强。对这些问题，我们将进一步采取有力措施，认真加以解决。

2010年工作重点

2010年，我院将以党的十七大、十七届四中全会精神为指导，紧紧围绕"强化法律监督、维护公平正义"的检察工作主题，深入推进社会矛盾化解、社会管理创新、公正廉洁执法三项重点工作，为大兴区经济社会又好又快发展提供更加有力的司法保障。

第一，充分发挥服务保障作用，促进经济平稳较快发展。按照中央"五个更加注重"的要求，紧紧围绕促进城市南部地区加快发展行动计划，充分发挥检察机关打击、监督、预防、保护职能作用，积极服务大兴区新农村建设和城乡一体化建设。严肃查办和预防民生工程、基础设施等领域的职务犯罪案件，严肃查办群体性事件和重大安全生产事故背后的职务犯罪案件。积极参与整顿和规范市场秩序专项治理，严厉打击破坏社会主义市场经济秩序的犯罪活动，为经济平稳较快发展提供有力的司法保障和法律服务。

第二，认真履行检察职责，积极维护社会和谐稳定。全面把握社会稳定大局，严厉打击危害国家公共安全和社会稳定的各类刑事犯罪,坚决遏制严重刑事犯罪高发的势头。继续深入贯彻落实宽严相济的刑事政策,把化解矛盾贯穿执法办案活动的始终,认真开展释法说理工作,真正实现定分止争、案结事了,努力营造和谐稳定的社会环境。进一步加强和改进监所检察工作,探索适应社区矫正特点的检察方式,积极参与对特殊人群的帮教管理;深入开展对社会治安重点地区的排查整治,有针对性地提出消除隐患、强化管理、预防犯罪的建议,积极参与社会管理创新,促进提高社会管理水平。

第三,加大诉讼监督力度,努力营造高效权威的司法环境。继续深入学习贯彻《决议》精神,增强责任意识和主动监督意识,继续加大监督力度,深化检察改革,创新监督工作途径和机制,加强程序性、全局性监督,注重监督实效,不断推进诉讼监督工作的深入开展,切实维护司法公正。

第四,大力加强公正廉洁执法,全面推进检察队伍建设。深入学习贯彻十七届四中全会精神,继续开展社会主义法治理念和检察职业道德教育,进一步加强机关党的建设,以党的建设带动队伍建设。以国家检察官学院教学示范基地为依托,广泛开展技能培训,大力提升法律监督能力。完善执法办案内部监督配套机制,深入推进执法规范化建设。

各位代表,在新的一年里,我们将在区委和市检察院的正确领导下,在区人大及其常委会的监督下,全面履行法律监督职责,解放思想,振奋精神,为构建宜居、宜业、和谐新大兴提供有力的司法保障。

大　事　记

大事记

1 月

5 日 ~7 日，区政协召开三届三次会议。会议表决通过了三届区政协常委会工作报告决议和政协三届三次会议政治决议。

6 日 ~8 日，区人大召开三届四次会议。会议通过了关于区政府工作报告和各项决议草案。李长友全票当选大兴区区长。

2 月

4 日，本区召开 2008 年度经济工作总结表彰大会。会上对 2008 年度经济工作先进单位和个人进行了表彰，部署 2009 年的各项任务。

5 日，市政府秘书长黎晓宏就农村金融综合改革试验区建设到本区调研。

9 日，市水务局党组书记聂玉藻到本区检查农田抗旱和农民饮水工作。

16 日，市委书记刘淇、市长郭金龙就“扩内需、保增长、保发展”到本区进行专题调研。

18 日，本区召开 2009 年政治工作会议。会议对组织工作、宣传思想工作、政法工作、统战工作和调查研究工作进行了部署。

24 日，副市长苟仲文出席在国宾馆举行的北京三元基因工程有限公司与美国塞法龙公司达成合作意向庆祝仪式。

26 日，市委常委、组织部长吕锡文就深入学习实践科学发展观活动到本区调研。

28 日，大兴区人民政府与中国农科院及北京农林科学院科技合作总结表彰暨签字仪式在中国农科院举行。

3 月

2 日，本区召开第一批深入学习实践科学发展观活动总结测评大会。会上观看了《科学发展在大兴》宣传片，区发改委、劳动和社会保障局进行了经验介绍，举行了兴宏小额贷款公司揭牌仪式并向农民代表发放贷款。

7 日，市国土局局长魏成林、副局长曾赞荣就扩内需保增长、支持地方经济发展到本区调研。

10 日，市农业局与中国石化北京石油分公司农机用油合作签约仪式在采育镇举行。

17 日，市人大常委会副主任越凤山到本区三海子郊野公园进行调研。

18 日，北京市农业担保有限责任公司举行揭牌仪式。

19 日，市委组织部常务副部长史绍洁就“人才京郊行”专家工作情况到本区调研。

25 日，本区召开纪检监察查办案件源头治理工作会。传达了市纪检监察机关查办案件工作会精神,对2008年查办案件、专项活动、源头治理先进集体和个人进行表彰,先进集体代表介绍了工作经验。

26日,市直机关工委到本区开展义务植树活动。市直机关工委干部200余人在六合庄林场开展植树活动,共植树1000余棵,并为“北京市直机关林”纪念林揭碑。

4月

7日,市委书记刘淇就搭建大学生“村官”创业平台、探索长效管理机制到本区进行专题调研。

15日,本区与首都师范大学区域教育合作项目协议正式签署。

17日,本区召开社会建设工作会议。区长李长友主持会议。市编办副主任左铭飞宣读了《关于成立中共大兴区委社会工委、大兴区社会建设办公室的批复》。区委常委、组织部长王新宣读了人事任命书。

22日,副市长夏占义到本区就三海子郊野公园和采育小城镇建设情况进行调研。

5月

6日,北京市小城镇建设现场观摩会在采育镇举行。

9日~10日,由中国极限运动协会、国家新媒体产业基地主办的2009全球职业极限运动巡回赛(中国站)在北京工业大学奥林匹克体育馆举行。大兴区新媒体基地星光影视园组织了北京电视台体育频道和七省卫视联播平台进行全程录播,将在10多个省市播出。美国全国广播公司(NBC)通过国际电视媒体平台以23种语言向世界100多个国家播放比赛内容。

12日,国家土地副督察甘藏春就北京市贯彻落实国土资源部“保增长保红线行动工作方案”到本区调研。

19日,本区举办农村反腐倡廉警示教育展览。

22日,北京景山学校与青云店中学建立友好学校暨青云店中学加入数字景山网络联盟仪式启动。

27日,第二十一届北京大兴西瓜节开幕式在庞各庄镇举行。

6月

19日,市人大副主任李昭玲就农村养老和医疗保障工作到本区调研。

21日,国家马术队训练基地揭牌暨中国青年马术队、国家金融马术队成立仪式在采育镇举行。

25日,区妇联在瀛海镇举行姐妹驿站暨禁毒宣传教育工作站授牌仪式。

26日,市人大副主任赵凤山就都市型现代农业发展和农村金融综合改革情况到本区调研。

7月

9日,市质量技术监督局局长赵长山到本区调研。

是日,市水务局局长程静到本区调研。

16日,副市长刘敬民就流动人口服务管理工作到本区调研。

23日,区委召开三届八次全会。区长李长友通报了上半年经济发展情况,部署了下半年经济工作任务。区委书记林克庆传达了全市上半年经济形势分析会精神。

30日,全国人大常委会副委员长桑国卫出席中关村大兴生物医药产业发展专家研讨会。

8月

6日,副市长黄卫到本区调研。

14 日,副市长苟仲文到魏善庄镇检查危化企业。

16 日,市委常委、教育工委书记赵凤桐到本区视察校舍安全抗震加固改选工作。

9 月

11 日,本区与中国农业银行签署战略合作协议。

22 日,区三届人大常委会举行第十九次会议。会议听取和审议关于执法检查情况的报告;表决通过了《北京市大兴区人大常委会关于接受曲凤宏辞去大兴区人民政府副区长职务请求的决定》。

是日,区三届政协常务委员会举行第十二次会议。会议通过了关于增补委员的决定和有关专门委员会人事任免事项。听取了关于大兴新水系等 5 项重点工程建设进展情况的通报。

是日,市委检查组对本区第二批学习实践活动整改落实和回头看工作进行检查。

是日,市人口计生委主任邓行舟带领计划生育药械市场专项整治联合督查组到本区检查、指导工作。

10 月

6 日,市领导牛有成、夏占义到本区检查三秋工作情况。

13 日,平谷区委书记秦刚、区长邱水平带队就城乡结合部土地一级开发工作到本区参观考察。

是日,市审计局局长李颖津到本区调研。

16 日,市人大常委会主任杜德印带领部分市人大代表就少数民族村经济发展工作到本区调研。

22 日,市政协主席阳安江到本区调研。

29 日,市人口计生委主任邓行舟及相关领导到本区西红门镇验收创“国优”工作。

30 日,国家能源局副局长刘琦到本区就新能源、可再生能源的开发利用情况进行调研。

11 月

2 日,北京市动物疫病预防与控制中心在生物医药基地举行奠基仪式。

3 日,市农村党风廉政建设工作组到本区检查农村党风廉政工作。

5 日,市委副书记、政法委书记王安顺到本区调研。

7 日,本区召开 2010 年工作务虚会。区四套班子领导对各自 2009 年分管工作进行了总结,并明确了 2010 年的工作思路和重点。

10 日,市纪委常委刘经宇到本区调研。

11 日,中央非公经济组织学习科学发展观巡回指导一组组长甘国屏带队就非公企业党建工作到本区调研。

12 日,副市长陈刚就地铁亦庄线建设情况到旧宫调研。

14 日,中央政治局委员、市委书记刘淇就“保增长、促发展”到本区进行专题调研。

19 日,市委书记刘淇就城乡结合部拆迁和拆迁镇村基层党建工作到本区进行专题调研。

25 日,国家级唯一电视节目制作基地“中国北京星光电视节目制作基地”揭牌仪式在星光影视园举行。

12 月

3 日,市长郭金龙就“保增长、促发展”到本区进行专题调研。

15 日,中关村管委会与大兴区政府共建中关村大兴生物医药产业基地留学人员创业园协议签字揭牌仪式在生物医药产业基地举行。

16 日,全市首家大型沼气多村联供工程

开通仪式在长子营镇留民营村举行。

22日,区委召开三届九次全会。听取了2008年、2009年区委全委会票决项目进展情况汇报,对2010年重点项目进行票决,表决通过了《中共北京市大兴区委2009年工作报告》(讨论稿)和《中共北京市大兴区第三届委员会第九次全体会议关于召开中共北京市大兴区第三次代表大会第五次会议的决议(草案)》。

23日,市财政局局长杨晓超到本区调研。

是日,民盟大兴区工委召开成立大会。

29日,区委召开第三次党代会第五次会议。会议由区委副书记王新主持。表决通过了《区委2009年工作报告》、《区纪委2009年工作报告》,表决通过了《中国共产党北京市大兴区第三次代表大会第五次会议决议(草案)》。

党　派

中国共产党大兴区委员会

【概况】　2009年是非同寻常的一年，困难多、任务重、要求高、压力大。区委紧紧围绕“坚持科学发展，走城乡一体化道路，建宜居宜业和谐新大兴”的目标，全力落实“调结构、上水平、保增长、保民生、保稳定”各项任务，全区上下心齐、劲足、气顺、风清，区四套班子团结和谐、运转协调，广大党员干部始终保持奋发有为的精神状态，抢抓机遇、迎难而上，锐意创新，扎实工作，经济建设、政治建设、文化建设、社会建设、生态建设和党的建设取得新进展。主要体现在：以“保投资、增后劲、抓融资、优环境”为主线，全力确保增长，全区经济实现平稳较快发展。积极应对国际金融危机不利影响，牢牢扭住保增长、保发展不松动，紧抓市委、市政府加快城市南部地区发展、率先构建城乡经济社会发展一体化新格局的战略机遇，主动超前，统筹谋划，突出重点，狠抓落实，全区经济呈现持续向好趋势，圆满完成“五个10%”的增长目标。发挥“绿色审批通道”作用，狠抓土地一级开发，着力扩大社会投资，全社会固定资产投资获得突破，引进英特宜家和金晶两个投资分别达到30亿元的大型企业。加快推进中关村科技园大兴生物医药产业基地等重点园区建设，启动生物医药东配套区、地铁沿线生产性服务业大厦等重点工程建设，引进新能源汽车、中国北京星光电视节目制作基地等一批重大项目。促进企业自主创新，科技创新服务体系进一步完善。发挥国有企业作用，有力推动新城和镇区开发建设。搭建融资平台，大力争取信贷资金、政策资金，着力优化发展环境，为经济发展提供了强有力支撑。以城乡结合部地区为突破口，推进统筹发展，城乡一体化步伐加快。统筹加强“三农”工作，着力破解“三农”发展瓶颈。围绕“钱从哪来，人往哪去”，以政府主导的土地一级开发为抓手，加大拆迁改造力度，着力破解城乡结合部地区发展难题。城乡结合部地区拆迁改造取得突破性进展，在建立失地农民长远利益保障机制，实现农民“有岗位、有资产、有保障、有组织”，发挥基层党组织的战斗堡垒作用，促进人口资源环境调整、产业优化升级、发展空间拓展等方面做了大量有益的探索，取得了宝贵经验，旧宫镇被列为全市城乡结合部地区改造试点。着力推进城镇发展，榆垡、庞各庄、采育、安定、魏善庄5个重点小城镇和其他镇，结合实际、扎实工作，发展能力、发展水平进一步提高。以促进农民增收入为根本，加强农村基础设施建设，大力发展设施农业、观光农业，提高农业科技服务水平，扶持农民专业合作组织发展，加快推进农村金融综合改革，积极构建惠农便民流通体系，引导农村劳动力向二三产业转移近万人。坚持规划先导、基础先行，城镇建设和管理水平逐步提高。坚持高起点、高标准、高水平推进大兴新城规划建设,完成地铁沿线城市设计及重要站点一体化设计,地铁大兴线轨道铺设和站点建设顺利推进,建成兴旺路带状公园,启动万亩滨河森林公园建设,观音寺、康庄集中供热厂投入使用。实施一批城乡道路建设,初步形成"八横八纵"道路交通网络。借助北京经济技术开发区和地铁亦庄线、三海子郊野公园建设,积极研究探索亦庄周边地区加快发展问题,着力构建"共同发展、协调运转、利益共享、同步发展"的新机制。完善城市管理体制,成立社会工作管理机构,增设观音寺和天宫院街道办事处,顺利完成社区居委会换届选举工作,强化政府职能部门的主体责任和街道办事处属地管理职责。严厉打击违法建设和非法用地,开展了市场经营秩序、交通秩序和城乡环境专项治理。以促进就业和解决突出问题为重点,大力改善民生,和谐社会建设扎实推进。围绕市委、市政府提出的"五无"目标,认真落实"保民生"有关要求。制定落实促进就业系列措施,开发就业岗位,稳定就业形势,促进劳动力就业。着力推进社会事业发展,教育、医疗卫生、社会保障、科学技术、文化体育、人口计生等方面工作取得新成效。切实抓好甲型 H1N1 流感防控工作,增强突出公共事件处置能力。开展专题研究,加强沟通协商,亦庄历史遗留主要问题逐步解决。坚持为民办实事,落实折子工程,开展慰问帮扶困难群体活动,解决了一批关系群众切身利益的问题。以新中国成立 60 周年庆祝活动服务保障任务为重点,强化安全稳定第一责任,全区安全稳定态势进一步巩固。切实加强组织领导,有效整合各种资源,圆满完成"与时俱进"标语方阵游行和组织参加联欢晚会、游园、焰火燃放等任务。加强民主法制建设,注重发挥公、检、法、司等部门作用,"平安大兴"建设进一步推进。加强信访工作,认真排查调处人民内部矛盾。注重安全生产,深入开展隐患排查和安全监管。针对流动人口激增的形势,结合城乡结合部村庄拆迁改造,在建立健全流动人口管理服务长效机制方面进行了积极探索。以开展深入学习实践科学发展观活动为契机,坚持改革创新,党的建设进一步加强。坚持民主集中制原则,加强区委常委会和全委会自身建设,着力提高区委领导集体科学决策、民主决策、依法决策水平。推进党代会常任制,实施党代表任期制和重大项目全委会票决制,党内民主不断扩大。完善领导体制和运行机制,发挥区委总揽全局、协调各方职能,支持区人大、区政府、区政协围绕党的中心工作充分履行职能,巩固发展决策、执行、监督、评价有机统一的良好格局。扎实开展深入学习实践科学发展观活动,实现了"党员干部受教育、人民群众得实惠、科学发展上水平"的目标,积累了试点经验,得到市委和群众充分肯定。明确提出要为建设宜居宜业和谐新大兴选准人用好人,树立"坚持德才兼备、以德为先;从事业出发选人用人;从可持续发展出发选人用人;坚持注重从基层选人用人;从强化人才支撑出发聚才用才"等五个选人用人正确导向,努力营造"想干事、能干事、干成事"的良好氛围。开展处级领导班子、领导干部集中考察和作风建设检查,实施一把手素质提升、领导干部专业技能提高、"2、3、5 百名后备人才"培养等工程,完善促进科学发展绩效考核体系,领导班子和干部队伍建设得到加强。实施"三四五"强基工程,统筹推进农村、社会、机关、国企四个层面党建工作,开展"百家单位联百村"结对帮扶活动,促进大学生"村官"就业创业,"三级联创"活动连续 8 年在全市创建评比中排名一类。加大投入,改善条件,老干部工作进一步加强。扎实开展"作风建设年"活动,广大党员干部弘扬奥运精神,积极攻坚克难,发挥表率作用,工作作风切实转变。实施区领导联系重点项目制度,努力为企业排忧解难。全面推进廉政风险防范管理工作,组织开展警示教育等多种形式的反腐倡廉教育,抓好法规制度落实,对区重点工作、土地储备开发项目等实行“667”督查机制,加大违法违纪案件查处力度。

单位名称:中国共产党北京市大兴区委员会
单位地址:北京市大兴区兴政街15号
联系电话:69242412
邮政编码:102600

主要工作和重大活动

【市政府秘书长黎晓宏到本区调研】 2月5日,市政府秘书长黎晓宏就农村金融综合改革试验区建设工作到本区调研。先后察看了北京兴宏小额贷款公司、庞各庄镇老宋瓜园设施农业情况,听取了本区农村金融综合改革进展情况汇报,对本区农村金融综合改革试验区建设给予充分肯定。区领导林克庆、李长友、张晓林、李春亭及市金融办、农委等部门领导陪同调研。

(孙荣华)

【市委书记刘淇、市长郭金龙到本区调研】 2月16日,市委书记刘淇、市长郭金龙就“扩内需,保增长、促发展”到本区进行专题调研。先后察看并询问了九州通医药有限公司、地铁大兴线义和庄站、市兽医生物药品厂、以岭药业有限公司和中环汽车零部件有限公司生产经营和建设情况。并提出了指导性意见。市领导杜德印、李士祥、赵凤桐、丁向阳和区领导林克庆、李长友、张书领等陪同调研。

(孙荣华)

【市委常委吕锡文到本区调研】 2月26日,市委常委、组织部长吕锡文就深入学习实践科学发展观活动到本区调研。听取了区委书记林克庆关于本区深入学习实践科学发展观活动和经济社会发展情况汇报。先后到本区黄村镇狼垡二村和兴宏小额贷款公司进行实地调研。并提出指导性意见。市委组织部副部长吕和顺、市委研究室副主任江涛、市指导检查组组长彭兴业和区领导孟令华、王新陪同调研。

(孙荣华)

【市国土局领导到本区调研】 3月7日,市国土局局长魏成林、副局长曾赞荣就扩内需保增长,支持地方经济发展到本区调研,听取了本区重大项目和2009年土地一级开发、土地储备等有关情况汇报,对本区许多重大项目前期工作做得好,土地一级开展、土地储备等基础工作抓的扎实给予充分肯定。区领导林克庆、李长友、张晓林、邵恒和市国土局有关处室负责同志参加了调研。

(孙荣华)

【市人大副主任赵凤山到本区调研】 3月17日,市人大常委会副主任赵凤山到本区三海子郊野公园进行调研,察看了公园规划建设情况,参观了南海子麋鹿园,并提出了指导性意见。市人大农村工委主任雷德才、副主任张凤福,区领导林克庆、李长友、张书领、李春亭、李永贵陪同调研。

(孙荣华)

【市委组织部常务副部长史绍洁到本区调研】 3月19日,市委组织部常务副部长史绍洁就“人才京郊行”专家工作情况到本区调研。先后到区林业局、种植中心看望挂职的专家,听取了本区有关工作情况汇报,并进行了座谈,对本区此项工作给予充分肯定。区领导孟令华、王新陪同调研。

(孙荣华)

【市委书记刘淇到本区调研】 4月7日,市委书记刘淇就搭建大学生“村官”创业平台、探索长效管理机制到本区进行专题调研。察看了庞各庄镇王场村北京爱农星食用菌合作社大棚种植、育种设施建设和魏善庄李家场村档案室、信息发布室工作情况,详细询问了村官探索带动农民致富途径和参与村集体发展建设情况,并到李家场村生物质气站和村民家中了解生产、生活情况。市领导王安顺、吕锡文、李士祥、牛有成、赵凤桐和区领导林克庆、李长友、孟令华、王新、李春亭及市区有关部门负责同志陪同调研。

(孙荣华)

【副市长夏占义到本区调研】 4月22日,副市长夏占义到本区三海子郊野公园和采育小城镇建设情况进行调研。先后实地察看了三海子郊野公园、采育工业开发区、北京汽车零部件基地等建设情况,并提出了指导性意见。市政府副秘书长安钢及区领导林克庆、李长友、李春亭、牛占山陪同调研。

(孙荣华)

【国家土地副总督察甘藏春到本区调研】 5月12日,国家土地副总督察甘藏春就北京市贯彻落实国土资源部“保增长保红线行动工作方案”到本区调研。察看了康庄项目回迁安置房、京沪高铁、西旺路和西旺带状公园、庞各庄镇基本农田保护区等建设情况,听取了市国土资源局和本区落实“双保”工作汇报,并提出了指导性意见。副市长陈刚、国家土地督察北京局局长李永杰、市国土资源局局长魏成林和区领导林克庆、李长友、邵恒及市区相关部门负责同志陪同调研。

(孙荣华)

【市人大副主任李昭玲到本区调研】 6月19日,市人大常委会副主任李昭玲就农村养老和医疗保障工作到本区调研。听取了本区农村社会养老保险和医疗卫生工作开展情况的汇报,到青云店镇社保服务大厅、青云店卫生院、大谷店村卫生服务站进行视察。对本区新型农村社会养老保险制度的落实情况、卫生基础设施、医疗服务水平等方面取得的成绩给予充分肯定。区领导张书领、李永贵、周静溪、曲凤宏陪同调研。

(孙荣华)

【市人大副主任赵凤山到本区调研】 6月26日,市人大常委会副主任赵凤山就都市型现代农业发展和农村金融综合改革情况到本区调研。听取了本区有关情况汇报,察看了北京兴宏小额贷款公司、安定镇圣泽林梨专业合作社、庞各庄路都市型农业产业观光带、庞各庄镇世同瓜园。区领导林克庆、张书领、李长友、李春亭、周树慧陪同调研。

(孙荣华)

【市质监局局长赵长山到本区调研】 7月9日,市质量技术监督局局长赵长山到本区调研。察看了该局办事窗口工作情况,听取了有关工作汇报。市质量技术监督局副局长喻红、总工程师朱佩芬和区领导李长友、张晓林参加调研。

(孙荣华)

【市水务局局长程静到本区调研】 7月9日,市水务局局长程静到本区调研,听取了本区水务重点工程建设情况的汇报,察看了天堂河污水处理厂、北野厂灌渠、青云店水厂建设情况。副区长李春亭陪同调研。

(孙荣华)

【副市长刘敬民到本区调研】 7月16日,副市长刘敬民就流动人口服务管理工作到本区调研。听取了本区有关工作汇报,察看了西红门镇金星庄村和旧宫镇旧宫四村流动人口状况,对本区流动人口工作给予充分肯定并提出了指导性意见。市政法委副书记、流管办主任李万钧和区领导林克庆、马武英、常红岩及市区有关部门负责同志陪同调研。

（孙荣华）

【副市长黄卫到本区调研】 8月6日，副市长黄卫到本区调研。先后视察了郭公庄路规划建设情况，康庄集中供热设施，兴旺路及带状公园和地铁大兴线建设情况，听取了相关工作汇报。市有关部门负责同志对本区工作给予了充分肯定，将全力以赴积极予以支持。市政府副秘书长周正宇和区领导林克庆、李长友、常红岩、邵恒，以及市、区有关部门负责同志参加了调研。

（孙荣华）

【市审计局局长李颖津到本区调研】 10月13日，市审计局局长李颖津到本区调研，对本区土地一级开发项目审计工作和采用“工程付费审计核准法”给予了充分肯定，并对目前审计机关组织方式的科学性提出了指导性意见。区长李长友陪同调研。

（孙荣华）

【市人大主任杜德印到本区调研】 10月16日，市人大常委会主任杜德印带领部分市人大代表就少数民族村经济发展工作到本区调研。参观了榆垡镇催指挥营村养牛场，听取了本区少数民族村经济发展情况汇报，提出了建设性意见。市人大常委会副主任刘晓晨、李昭玲、秘书长唐龙和区领导林克庆、李长友、张书领、李永贵、常红岩等陪同调研。

（孙荣华）

【市政协主席阳安江到本区调研】 10月22日，市政协主席阳安江到本区调研，察看了大兴新城北区19号、20号地块项目、义和庄村拆迁、生物医药产业基地和北京以岭药业有限公司建设情况。听取了本区有关情况汇报。对本区各项工作所取得的成绩给予了充分肯定。市政协副主席沈宝昌、秘书长阎仲秋和区领导林克庆、李长友、高树旺、谢冠超、邵恒、路志权及市区有关部门负责同志陪同调研。

（孙荣华）

【国家能源局副局长刘琦到本区调研】 10月30日，国家能源局副局长刘琦到本区就新能源、可再生能源的开发利用情况进行调研。先后考察了北京金风科创电设备有限公司的风力发电机组总装车间、长子营镇留民营村七村沼气联供工程运行情况、北京北仪创新真空技术有限责任公司的非晶硅薄膜太阳电池生产线，听取了相关工作汇报，对本区此项工作给予了充分肯定。市发改委副主任卢映川、市能源与经济运行调节工作领导小组办公室副主任王英建和区领导李长友、张晓林、潘新胜参加调研。

（孙荣华）

【市委副书记王安顺到本区调研】 11月5日，市委副书记、政法委书记王安顺到本区调研，察看了旧宫镇流动人口聚集区违法建设拆除整治情况，西红门镇综治中心工作情况。听取了本区经济、社会、民生、党建及综治工作情况汇报，对本区各项工作所取得的成绩给予充分肯定并提出了建设性意见。市委副秘书长、政法委常务副书记李伟，市委政法委副书记李万钧、闫满城和区领导林克庆、张书领、李长友、高树旺、孟令华、马武英、常红岩及市区有关部门负责同志陪同调研。

（孙荣华）

【市纪委常委刘经宇到本区调研】 11月10日，市纪委常委刘经宇就贯彻落实十七届四中全会精神，开展党风廉政建设和反腐败工作情况及进一步加强和改进纪检监察工作等内容进行了探讨、座谈。区委常委、纪委书记李艳萍陪同调研。

（孙荣华）

【中央科学发展观指导组到本区调研】 11月11日,中央非公经济组织学习科学发展观巡回指导一组组长甘国屏带队就非公企业党建工作到本区进行调研。察看了天普太阳能工业有限公司、北京人民电器厂等非公企业党建工作,听取了本区非公经济组织学习实践科学发展观和环洋经典建筑公司等非公企业党建工作开展情况的汇报,对本区此项工作给予肯定。市委副秘书长王翔、市社会办副主任陈建领和区委常委郭宝东等陪同调研。

(孙荣华)

【副市长陈刚到本区调研】 11月12日,副市长陈刚就地铁亦庄线建设情况到本区旧宫镇调研。察看了旧宫镇东站拆除现场,听取了相关工作汇报,并提出了指导性意见。市政府副秘书长徐波、市住房城乡建设委主任随振江和区领导李长友、邵恒及市区有关部门负责同志陪同调研。

(孙荣华)

【市委书记刘淇到本区调研】 11月14日,市委书记刘淇就"保增长、促发展"到本区进行专题调研。市委书记刘淇、全国政协副主席、科技部部长万钢、市长郭金龙为北京新能源汽车科技园、北京汽车新能源汽车有限公司、北京普莱德新能源电池科技有限公司揭牌,市委常委赵凤桐致辞,并察看了电动汽车动力控制系统、动力电池模组、电机等零部件研发情况,试乘了纯电动汽车样本,听取了北汽集团有关工作情况的汇报。并提出了指导性意见。北京大学校长、中科院院士周其凤、副市长苟仲文、北汽集团董事长徐和谊,中国工程院院士、吉林大学原副校长郭孔辉,军事交通学院院长张伟,中科院院士、北京大学化学学院院长高松和区领导林克庆、李长友、潘新胜及科技部、市区有关部门负责同志陪同调研。

(孙荣华)

【市委书记刘淇到本区调研】 11月19日,市委书记刘淇就城乡结合部拆迁和拆迁镇村基层党建工作到本区进行专题调研。察看了三海子郊野公园和旧宫镇拆迁现场,听取了有关情况汇报,对本区在城乡结合部地区勇于创新,以政府主导的土地一级开发为抓手推进城乡一体化给予充分肯定,并要求及时总结推广,并提出了指导性意见。市委常委、组织部长吕锡文,市委常委、统战部长牛有成、副市长陈刚、市委副秘书长崔述强、张建明,市政府副秘书长徐波、张玉平,市委组织部常务副部长史绍杰和区领导林克庆、马武英、郭宝东、张晓林、李春亭、邵恒及市区有关部门负责同志陪同调研。

(孙荣华)

【市长郭金龙到本区调研】 12月3日,市长郭金龙就"保增长、促发展"到本区进行专题调研。察看了三海子郊野公园拆迁现场、旧宫镇旧宫村拆迁现场和北京民海生物科技有限公司生产情况,听取了本区经济社会发展和地铁大兴线沿线产业发展规划部局情况汇报,对本区各项工作给予充分肯定。并提出指导性意见。副市长苟仲文、陈刚、市政府秘书长黎晓宏,市政府副秘书长崔鹏、周立云、张玉平和区领导林克庆、李长友、张晓林、李春亭、邵恒、绳立成、谢冠超及市区有关部门负责同志陪同调研。

(孙荣华)

【市财政局局长杨晓超到本区调研】 12月23日,市财政局局长杨晓超到本区调研,察看了三海子郊野公园规划区、旧宫镇旧宫二村垃圾处理情况和旧宫四村、大有庄村城乡结合部地区改造情况,听取了有关工作情况汇报并进行了座谈。区领导李长友、李春亭参加调研。

(孙荣华)

【区政协召开三届三次会议】 1月5日,召开区政协三届三次会议。区政协主席高树旺向大会作工作报告,区政协副主席彭喜忠向大会报告提案工作情况,对上年度优秀提案和优秀政协委员进行了表彰。区委书记林克庆出席会议并讲话。市政协副主席傅惠民和张书领、李长友、孟令华等区四套班子领导及驻区全国和市政协委员参加了会议。

（孙荣华）

【区人大召开三届四次会议】 1月6日,召开区人大三届四次会议。代区长李长友向大会作《政府工作报告》。审议了本区2008年国民经济和社会发展计划执行情况与2009年国民经济和社会发展计划草案的书面报告及2008年财政预算执行情况和2009年财政预算草案书面报告。经大会选举,李长友全票当选大兴区区长。区委书记林克庆出席会议并讲话。张书领、高树旺、孟令华等区四套班子领导和221名区人大代表出席了会议。

（孙荣华）

【召开经济工作总结表彰大会】 2月4日,本区召开2008年度经济工作总结表彰大会,对2008年度经济工作先进单位和个人进行表彰,部署2009年的各项任务。区委书记林克庆出席会议并讲话。李长友、张书领、高树旺、孟令华等区四套班子领导及全区处级单位领导和各村党支部书记参加了会议。

（孙荣华）

【市水务局领导到本区调研】 2月9日,市水务局党组书记聂玉藻到本区检查农田抗旱和农民饮水工作,对本区抗旱和水务工作给予肯定。市水务局副局长毕小刚和区领导林克庆、李长友、李春亭及市区有关部门负责人陪同检查。

（孙荣华）

【召开政治工作会议】 2月18日,本区召开2009年政治工作会议。会议部署了组织、宣传、政法、统战和调研工作。区委书记林克庆出席会议并讲话。区领导李长友、张书领、孟令华等参加了会议。

（孙荣华）

【副市长苟仲文出席庆祝仪式】 2月24日,副市长苟仲文出席在国宾馆举行的北京三元基因工程有限公司与美国塞法龙公司达成合作意向庆祝仪式。区领导李长友、谢冠超及国家食品药品监督管理局、市药监局、市工促局等单位领导参加了此次活动。

（孙荣华）

【举行院区科技合作签字仪式】 2月28日,大兴区人民政府与中国农科院及北京农林科学院科技合作总结表彰暨签字仪式在中国农科院举行。对第二期院区科技合作做出突出贡献的4个集体和5名专家进行了表彰奖励。区长李长友分别与中国农科院院长翟虎渠、市农林科学院院长李云伏签订第三期院区科技合作协议书。副市长苟仲文、市政府副秘书长安钢、中科院党委书记薛亮、市农委主任王孝东、市农业局局长赵根武和区领导林克庆、张晓林、李春亭参加了签字仪式。

（孙荣华）

【第一批学习实践活动总结测评会】 3月2日,本区召开第一批深入学习实践科学发展观活动测评大会,会上观看了《科学发展在大兴》宣传片,区发改委、劳动和社会保障局进行了经验介绍,举行了兴宏小额贷款公司揭牌仪式并向农民代表发放贷款。市委指导检查组组长彭兴业出席会议并讲话,对本区学习实践活动给予充分肯定。会议还对学习实践活动进行了满意度测评。市指导检查组和区四套班子领导及第一批学习实践单位有关负责同志参加了会议。

（孙荣华）

【举行农机用油合作签约仪式】　3月10日，市农业局与中国石化北京石油分公司农机用油合作签约仪式在采育镇举行，双方将建立北京农用燃油供应保障长效机制，中国石化北京石油分公司承诺全年提供6万吨燃油作为农业用油，确定全市160个加油站为农用柴油专供点。农业部农机化管理司副司长刘恒新、市农业局局长赵根武、中石化北京石油分公司总经理刘雄华和副区长李春亭参加了签约仪式。

（孙荣华）

【举行揭牌仪式】　3月18日，本区举行北京市农业担保有限公司揭牌仪式。市政府秘书长黎晓宏主持揭牌仪式。市长郭金龙、中国农业银行行长张云共同为北京市农业担保有限公司揭牌。市委常委、常务副市长吉林致辞。市农业担保有限责任公司董事长龚西娅与北京银行、北京农村商业银行、中国农业发展银行北京分行、中国农业银行北京分行、中国建设银行北京分行、华夏银行北京分行、北京市中小企业再担保公司负责同志签署战略合作协议。区领导林克庆、李长友、张晓林及有关部门负责同志出席揭牌仪式。

（孙荣华）

【召开查办案源头治理工作会】　3月25日，本区召开纪检监察查办案源头治理工作会。会议传达了市纪检监察机关查办案工作会精神，区委常委、纪委书记李艳萍做了《加大查办案件力度推进反腐倡廉建设深入开展》的报告，对2008年查办案件、专项活动、源头治理先进集体和个人进行表彰，先进集体代表介绍了工作经验。市纪委副书记于春生出席会议并讲话，对本区查办案件和源头治理工作给予充分肯定。市纪委常委马燕军、市纪委案管室主任李晓暐和区领导孟令华参加了会议。

（孙荣华）

【市直机关到本区开展植树活动】　3月26日，市直机关工委干部200余人在六合庄林场开展以“进农村、进社区、进企业，保和谐、促发展”为主题的义务植树活动，共植白皮松、毛白杨等1000余棵，并为“北京市直机关林”纪念林揭碑。市委常委、秘书长、市直机关工委书记李士祥和区领导林克庆、张书领等参加了活动。

（孙荣华）

【签署区域教育合作项目协议】　4月15日，本区与首都师范大学区域教育合作项目协议正式签署。自2009年1月至2011年12月，双方将分年度执行《北京市大兴区人民政府与首都师范大学三年合作规划》。首都师范大学校长刘新成与区长李长友签订了协议书，首都师范大学党委书记张雪、区委书记林克庆分别代表合作双方致辞。市委常委、教育工委书记赵凤桐，市教委主任刘利民，区领导戴明超、周静溪、曲凤宏参加了签约仪式。

（孙荣华）

【召开区社会建设工作会议】　4月17日，本区召开社会建设工作会议。区长李长友主持会议。市编办副主任左铭飞宣读了《关于成立中共大兴区委社会工委、大兴区社会建设办公室的批复》。区委常委、组织部长王新宣读了人事认命书。区委常委郭宝东作报告，部署了区委社会工委、区社会办工作任务，明确了工作职责。市委副秘书长王翔、区委书记林克庆，市委社会工委书记、市社会建设办主任宋贵伦，区委常委郭宝东为新设立的机构和部门揭牌。市委常委梁伟出席会议并讲话。区领导周静溪、路志权参加了会议。

（孙荣华）

【举行北京市小城镇建设观摩会】　5月6日，北京市小城镇建设现场观摩会在采育举行。与会人员参观了北京采育经济开发区汽车零部件基地、北京奥宇模板有限公司、采育镇小城镇建设情况，并听取了大兴、通州和市发改委等部门关于小城镇建设情况的汇报。市委常委牛有成、副市长夏占义和区领导林克庆、李长友、李春亭等参加了现场会。

（孙荣华）

【转播全球极限运动中国站巡回赛】　5月9日，由中国极限运动协会、国家新媒体产业基地主办的2009全球职业极限运动巡回赛（中国站）在北京工业大学奥林匹克体育馆举行。共有来自美国、巴西、英国、加拿大、澳大利亚等国的21名世界顶尖职业选手参加了比赛。本区新媒体基地星光影视园组织了北京电视台体育频道和七省卫视联播公司（NBC）通过国际电视媒体平台以23种语言向世界100多个国家播放比赛内容。副市长刘敬民、国家体育总局局长助理晓敏、中国极限运动协会主席陈述贤，市政府副秘书长、市体育局局长孙康林和区领导林克庆、李长友出席了开幕式。

（孙荣华）

【举办农村反腐倡廉警示教育展】　5月19日，本区举办农村反腐倡廉警示教育展览。市委常委、市纪委书记马志鹏，区委书记林克庆到会并讲话。市纪委常委、秘书长王荣军，市检察院副检察长高保京，区领导李长友、孟令华、李艳萍参加启动仪式并观看展览。

（孙荣华）

【加入数字网络联盟仪式启动】　5月22日，北京景山学校与本区青云店中学建立友好学校暨青云店中学加入数字景山网络联盟仪式启动。市委常委、教育工委书记赵凤桐，市教委副主任吴松元，市教委委员曹秀云和区领导林克庆、曲凤宏参加了启动仪式。

（孙荣华）

【举行西瓜节开幕式】　5月27日，第二十一届北京大兴西瓜节开幕式在庞各庄镇举行。向全国西甜瓜擂台赛获奖选手代表颁奖，家乐福商业有限公司与清水兰莱蔬公司、乐购与任我在线商业有限公司举行农超对接签约仪式。区委常委、常务副区长张晓林主持开幕式，区长李长友致辞。市领导牛有成、刘晓晨、夏占义、沈宝昌和区领导林克庆、张书领、高树旺、孟令华等区四套班子领导参加了开幕式。

（孙荣华）

【马术训练基地揭牌暨成立仪式】　6月21日，国家马术训练基地揭牌暨中国青年马术队、国家金融马术队成立仪式在采育镇举行。基地投资超亿元，拥有进口纯种温血马三十匹，是国内首家引进德国高端制作工艺建设的基地。民盟中央常务副主席张宝文、中国马术协会主席蔡家东和区委书记林克庆等参加了此次活动。

（孙荣华）

【禁毒宣传教育工作站授牌仪式】　6月25日，区妇联在瀛海镇举行姐妹驿站暨禁毒宣传教育工作站授牌仪式。市妇联副主席李彦梅、市流管办常务副主任苗林、市禁毒办副主任车克俭、区委常委郭宝东参加了此次活动。

（孙荣华）

【区委召开三届八次全会】　7月23日，区委召开三届八次全会，区长李长友通报了上半年本区经济发展情况，部署了下半年经济工作任务。区委书记林克庆传达了全市上半年经济形势分析会精神，总结了全区上半年经济社会工作。区四套班子领导、区委委员、候补委员、区纪委委员及各镇(街道)、委办局党政一把手等参加了会议。

(孙荣华)

【中关村大兴生物医药产业研讨会】 7月30日,全国人大常委会副委员长桑国卫出席中关村大兴生物医药产业发展专家研讨会并讲话,与会专家针对大兴如何进一步发展生物医药产业作了发言。区领导林克庆、李长友、张书领、曲凤宏、谢冠超参加了研讨会。

(孙荣华)

【副市长苟仲文检查危化企业】 8月14日,副市长苟仲文到本区魏善庄镇检查危化企业。察看了北京市烟花爆竹有限公司魏善庄仓库和兴利工贸有限公司两个危险化学品企业。区领导林克庆、张晓林、谢冠超陪同视察。

(孙荣华)

【市领导视察校舍安全抗震工作】 8月16日,市委常委、教育工委书记赵凤桐到本区视察校舍安全抗震加固改造工作。分别查看了青云店镇南红门完全小学和魏善庄镇第一中心小学建设工地情况。区领导林克庆、戴明超陪同视察。

(孙荣华)

【签署战略合作协议】 9月11日,本区与中国农业银行签署战略合作协议。农业银行五年对本区授信200亿元,支持新农村建设和产业发展。区领导李长友、张晓林和农业银行北京分行行长郭浩达、副行长董福海及有关部门负责同志参加了签约仪式。

(孙荣华)

【区三届人大十九次会议】 9月22日,区三届人大常委会举行第十九次会议。会议听取和审议了区人大常委会执法检查组关于《中华人民共和国老年人权益保障法》、《北京市老年人权益保障条例》执法检查情况的报告;表决通过了《北京市大兴区人大常委会关于接受曲凤宏辞去大兴区人民政府副区长职务请求的决定》。区人大常委会主任张书领,副主任李永贵、周树慧、周静溪、邓景全出席会议。区委常委、副区长李春亭列席会议。

(孙荣华)

【区政协第三届十二次会议】 9月22日,区政协召开第三届委员会常务委员会第十二次会议。会议审议通过了关于增补委员的决定和有关专门委员会人事任免事项。听取了区水务局和市政管委关于大兴新城水系、万亩滨河公园、康庄集中供热厂、观音寺集中供热厂、兴华大街南延等重点工程建设进展情况的通报,与会委员视察了观音寺供热厂和兴旺路、芦求路工程建设情况。副区长邵恒介绍了近期及明年全区基础设施建设安排。政协主席高树旺,副主席刘志茹、彭喜忠、郭耕、秦天刚参加了会议。

(孙荣华)

【检查第二批学习实践活动】 9月22日,市检查组对本区第二批学习实践活动整改落实和回头看工作进行检查。听取了相关工作汇报,并进行了座谈。市委检查组组长、市市政管委原党组书记、主任陈文占对本区活动开展情况给予了充分肯定。区领导孟令华、王新及市区有关部门负责同志参加了会议。

(孙荣华)

【市人口计生委领导到本区调研】 9月22日,市人口计生委主任邓行舟带领计划生育药械市场专项整治联合督查组到本区检查指导工作。听取了有关工作的情况汇报,对2家成人用品商店进行检查。对本区工作给予肯定。副区长常红岩参加了此次检查。

（孙荣华）

【市领导检查三秋工作】　10月6日，市领导牛有成、夏占义到本区检查三秋工作。察看了青云店镇三秋工作情况和区农业科技成果转化基地建设情况。市农业局局长赵根武和区领导李长友、李春亭陪同检查。

（孙荣华）

【平谷区领导到本区参观考察】　10月13日，平谷区委书记秦刚、区长邱水平带队就城乡结合部土地一级开发工作到本区参观考察。参观了新城北区19#、20#，康庄地区回迁安置房及兴旺公园建设情况及黄村义和庄村、生物医药产业基地东配套区拆迁工作情况，听取了有关情况介绍，并召开了座谈会。区领导林克庆、李长友、邵恒和有关部门负责同志参加了此次活动。

（孙荣华）

【验收创“国优”工作】　10月29日，市人口计生委主任邓行舟及相关领导到本区西红门镇验收创“国优”工作。听取了本区创“国优”工作汇报，并进行了实地考察。对本区此项工作给予充分肯定。副区长潘新胜参加了此次活动。

（孙荣华）

【市动物疫病预防与控制中心奠基】　11月2日，北京市动物疫病预防与控制中心举行奠基仪式，农业部副部长高鸿宾，副市长夏占义，市农业局局长赵根武和区领导林克庆、李长友等参加了奠基仪式。

（孙荣华）

【市农村党风廉政建设工作组检查工作】　11月3日，市农村党风廉政建设工作组到本区检查农村党风廉政工作。听取了本区农村党风廉政建设工作情况和本区有关部门落实强农惠农政策资金，加强农村三资管理等情况的汇报；到采育镇、黄村镇召开村级座谈会了解农村信访情况；对本区落实党风廉政建设情况给予充分肯定。市纪委常委张同生和区领导林克庆、李长友、孟令华、李艳萍参加了此次活动。

（孙荣华）

【召开2010年工作务虚会】　11月7日，本区召开2010年工作务虚会。区四套班子领导对各自2009年分管工作进行总结，并明确了2010年的工作思路和重点。区直各部门和各镇、街道办事处主要负责同志参加了会议。

（孙荣华）

【“中国北京星光电视节目制作基地”揭牌】　11月25日，国家级唯一电视节目制作基地“中国北京星光电视节目制作基地”揭牌仪式在星光影视园举行。中共中央政治局委员、市委书记刘淇，中宣部副部长、国家广电总局局长王太华，市长郭金龙，国家广电总局副局长赵实为基地揭牌。国家广电总局副局长赵实，市委常委、宣传部长、副市长蔡赴朝致辞，并视察了基地建设情况。市政府秘书长黎晓宏和区领导林克庆、李长友等及国家广电总局、市区有关部门负责同志参加了揭牌仪式。

（孙荣华）

【举行共建协议签字揭牌仪式】　12月15日，中关村管委会与大兴区政府共建中关村大兴生物医药产业基地留学人员创业园协议签字揭牌仪式在生物医药产业基地举行。中关村管委会党组书记、主任郭洪，委员夏颖奇，区领导李长友、谢冠超、绳立成参加了签字仪式。

（孙荣华）

【举行联供工程开通仪式】 12月16日,全市首家大型沼气多村联供工程开通仪式在长子营镇留民营村举行。区领导李春亭、绳立成出席了开通仪式。

(孙荣华)

【区委召开三届九次全会】 12月22日,区委召开三届九次全会,听取了2008年、2009年区委全委会票决项目进展情况及提请区委全委会票决的2010年重点项目情况的汇报,对2010年重点项目进行票决。审议通过了《中共北京市大兴区委2009年工作报告》(讨论稿)和《中共北京市大兴区第三届委员会第九次全体会议关于召开中共北京市大兴区第三次代表大会第五次会议的决议(草案)》。区委委员、候补委员、纪委委员及相关部门负责同志参加了会议。

(孙荣华)

【召开民盟区工委成立大会】 12月23日,民盟大兴区工委召开成立大会。市政协副主席、民盟北京市委主委葛剑平,民盟中央副秘书长、组织部长陈幼平,市政协副秘书长、民盟北京市委常务副主委朱尔澄和区领导林克庆、王新、邓景全、王荣彬、彭喜忠参加了会议。

(孙荣华)

【召开第三次党代会第五次会议】 12月29日,区委召开第三次党代会第五次会议。会议由区委副书记王新主持。听取并审议了《区委2009年工作报告》,书面审议了《区纪委2009年工作报告》,审议通过了《中国共产党北京市大兴区第三次代表大会第五次会议决议(草案)》。区委书记林克庆传达了市委全会精神。区领导张书领、高树旺、李艳萍、马武英、郭宝东、戴明超、朱家林、张晓林、李春亭、王有国等及全区党代表参加了会议。

(孙荣华)

组织工作

【概况】 2009年,大兴区委组织部认真贯彻落实全市组织部长会议精神和《大兴区委2009年组织工作要点》要求,坚持围绕中心、服务大局,扎实推进干部、人才、组织和自身建设工作创新,狠抓各项工作落实,为全区完成“保增长、保民生、保稳定”和国庆60周年服务保障工作任务提供了坚强的组织保证。深入学习实践科学发展观活动,提高科学发展水平。扎实开展新一轮大规模干部培训,提高干部综合素质。继续实施一把手素质提升工程和处级领导干部专业技能提高工程,打造网上培训基地,推进在线学习培训。不断完善干部选拔任用机制,深化干部人事制度改革,严格执行《党政领导干部选拔任用工作条例》和有关规定,认真落实《区委加强处级党政领导干部交流工作暂行办法》等制度,结合领导班子和干部队伍实际,加强对处级班子的调整配备,加大干部交流力度。加强干部管理和监督,提高选人用人公信度。建立城乡合作的基层党组织互帮互助机制。强化城乡结合部地区党建工作。认真总结、推广旧宫镇党委等镇村发挥党组织和党员干部在拆迁改造、拆除违法建设等工作中作用的经验,充分发挥示范带动作用。研究探索过渡时期党组织建设模式,各镇按照“回迁村民联村集中入区、过渡时期组织设置不变、重点推进产权制度改革、实施镇街双重共同管理、逐步实现社区规范运行”的要求开展工作,着力解决撤村转居过程中党组织设置形式、工作方式以及活动阵地建设等问题。完善了流动党员动态管理机制。建立了覆盖城乡的流动党员信息管理网络。探索在人口倒挂村设立党总支,建立流动党员党支部,加强对流动人口和流动党员的服务管理。建立城乡覆盖的党员电化教育网络。继续推行两委承诺制。统筹抓好各支人才队伍建设,培养和集聚高素质人才。做好紧缺人才引进工作。针对全区发展中缺少城市建设的紧缺人才、新兴产业的高端人才等实际状况，坚持“不求所有、但求所用”，充分利用首都大专院校和科研院所密集、人才资源丰富的优势，依托生物医药产业、文化创意产业等基地，引进了一批产业发展、重大项目建设和教育、医疗卫生等方面的急需人才。加强组织部门自身建设，打造“模范部门”和“过硬队伍”。深化拓展“讲党性、重品行、作表率”活动，区委常委组织部长专门抽出时间，深入基层一线调查研究，走访基层党员干部群众，听取他们的意见建议，了解基层组织建设实际情况，解决实际问题，突出实效。紧紧围绕组织工作重点，全年报送信息56篇，约6万字，被市以上刊物采用36篇次，其中中组部采用2次。认真办好部刊《大兴组工动态》，积极宣传基层党建工作典型经验，全年出刊27期。获得了“京郊党建”征文评比一、二、三等奖和2006～2007年度区优秀调查研究成果一等奖。

名称：中共北京市大兴区委组织部
地址：北京市大兴区兴政街15号
电话：61298633
邮编：102600

【第二批科学发展观活动】 3月，按照市委统一部署和要求，本区作为北京市试点单位，开始了第二批深入学习实践科学发展观活动。全区参加第二批学习实践活动的单位，涉及12个镇、3个街道，417个村、114个社区以及组织关系隶属镇、街道的相关单位，共859个基层党组织、24933名党员。

（邓小娟）

【开展作风建设年活动】 3月，研究制定了《关于加强作风建设年活动的实施方案》，确定了“坚定发展信心、强化大局意识、转变工作作风、增强宗旨观念、提高党性修养”的目标，制定了6个方面21项措施，各处级班子围绕区委要求，结合深入学习实践科学发展观活动，周密部署，统筹安排，狠抓各项措施落实，取得了良好实效。此外，出台了《关于进一步加强处级班子民主集中制建设的意见》，明确了处级领导班子议事规则和决策程序。结合第二批学习实践科学发展观活动，组织召开了镇和街道办事处班子作风建设专题民主生活会。

（侯劲松）

【实施后备人才培养工程】 6月，根据后备干部队伍建设的实际需要，制定了《关于加强处级党政领导班子后备干部队伍建设的意见》，以“充实总量、优化结构、提高素质、健全机制”为重点，着眼于今后5～10年本区经济社会发展和干部队伍建设的需要，提出了后备干部发现、培养、使用、管理具体措施，组织实施“2.3.5百名后备人才”培养工程。年内，已经面向全区公开选拔20名副处级干部到镇、街道办事处及区直有关部门任职。通过民主推荐、笔试和组织考察等程序，确定了重点培养的30名处级正职和50名处级副职后备干部。

（侯劲松）

【十七届三中全会专题培训班】 4月，本区举办了为期4天的十七届三中全会精神专题培训班，各镇党委副书记、主管农业的副镇长，农口单位有关处级干部及农委4个科室的科长，共计40人参加培训。培训主要内容包括：金融危机与当前宏观经济形势分析、十七届三中全会精神解读、产权制度改革与农村土地管理有关政策、加快推进城乡一体化进程等。

（王仕春）

【举办在线学习培训班】 年内，本区举办领导干部社区管理与公共服务在线学习培训班。学员利用1个月的时间在线自学指定培训课程,主要包括公共服务基本知识、社会公共事务管理与服务等。由市委组织部干部在线学习中心统一出题,干部在线学习中心、区委组织部和区委党校共同组织集中笔答考试。黄村、西红门、清源等镇和街道的95名处级干部参加了培训。

(王仕春)

【举办处级干部轮训班】 5月,采取集中授课加在线自学的方式,培训处级干部50名。集中授课内容包括改革开放与中国特色社会主义理论体系、建国60年来党对中国社会主义道路探索的基本经验、当前农村工作形势和新农村建设等。在线自学内容包括领导干部的道德建设、党的执政能力建设与反腐败斗争、服务型政府、现代领导艺术。

(王仕春)

【举办保稳定促发展培训班】 7月,举办为期4天的"保稳定、促发展"专题培训班。各镇纪委书记、主管城建或综合治理工作的副镇长,各街道纪工委书记、主管城建或综合治理工作的办事处副主任以及部分区直相关单位共33名处级干部参加了培训班。培训采取课堂教学与现场教学相结合的方式进行。主要内容包括落实"三大理念"促进首都经济社会协调发展、如何应对和处置突发性事件、推进以改善民生为重点的社会建设、当前的信访形势特点及对策等。

(王仕春)

【公开选拔副处级领导干部培训班】 9月,对年内公开选拔的20名副处级干部进行任前培训。培训采取集中培训与分组讨论相结合、专家授课与领导引领相结合的方式。主要内容包括:本区当前经济形势与发展展望、如何做好农村工作、新形势下如何开展基层工作、年轻干部如何适应新环境,把握新角色、廉政教育等。

(王仕春)

【采取"三学"措施培养村级后备】 年内,制定下发了《关于进一步加强村级后备干部队伍建设的通知》。采取各镇推荐、区委组织部审核把关的方式,确定了100名左右农村优秀后备干部。8~9月,各镇组织优秀后备干部,在镇机关的经管、土地、计生等与农村工作紧密相关的部门,进行机关轮岗学习;10~11月,区委组织部、区委农工委、区委党校联合举办村级后备干部专题培训班,完成党校集中学习;12月,由各镇选择先进村,集中组织后备干部到这些村挂职学习,完成好村拜师学。在2009年农村党组织换届选举中,有46名村级后备干部进入党组织班子。

(邓小娟)

【强化拆迁过渡时期党建工作】 年内,推行旧宫镇、黄村镇拆迁过渡时期加强党建工作做法,坚持做到"三个围绕",即围绕落实"有岗位、有资产、有保障、有组织"的四有目标;围绕当好推进拆迁、推动发展、服务群众、促进和谐的"四个模范";围绕健全联系服务、阵地支撑、激励关爱、考核评价的"四项机制",在拆迁过渡期充分发挥基层党组织、党员作用,收到良好效果。

(邓小娟)

【推广支部加合作组织的工作模式】 9月,由区委组织部、区委农工委牵头,制定下发了《关于发挥基层党组织作用推动农民专业合作组织发展的实施方案》,邀请有关专家为各村书记讲解农村专业合作组织的有关知识和运作方法。召开支部加合作组织推进会,对部分镇、村的典型经验进行了推广,对典型示范作用突出的镇或村,给予资金奖励扶持。截至年底,支部加合作组织模式已经在全区普遍推行,全区各镇新发展54家。

（邓小娟）

【开展一助一共建活动】 9月,制定下发了《关于开展“百家单位联百村”一助一共建活动的实施意见》。从全区选择100个左右经济薄弱村或班子软弱涣散村与区直各机关、事业单位、国有企业等,结成“一助一”帮扶共建对子。区直包村单位采取“三联四包”、“四个必到”方式进行帮扶,即:单位联村、干部党员联户、村级工作联抓、包经济发展、包社会稳定、包班子建设、包转移就业;坚持结对村两个民主活动日等重要会议必到、村两委换届选举等重要活动必到、发生重大突发事件必到、村干部要求解决重要疑难问题必到,推动了相关村的发展,积极帮助解决实际困难,推动结对村尽快进入区、镇、先进村行列。

（邓小娟）

【加强镇级党校建设】 年内,各镇不断加大镇级党校工作投入力度,完善硬件设施,改善办学条件,规范教学管理制度,丰富培训内容,充分发挥党校的教育功能,不断提升党员干部整体素质。全区14个镇都已建立了镇级党校,共举办党员、干部及入党积极分子培训班150次,培训党员干部共9665人次。

（邓小娟）

【开通“农村党员信贷快车”】 6月,区委组织部与区发改委等有关部门协商,由北京兴宏小额贷款有限公司等金融机构为农村党员就业创业提供信贷帮扶。制定下发《关于开通“农村党员信贷快车”的通知》,对符合相应条件的农村党员,优化贷款流程,简化审批手续,对各级组织部门推荐的优秀农村党员,优先进行调查,优先发放贷款。同时制定《北京兴宏小额贷款有限公司关于对农村党员贷款扶持的管理办法》,对贷款条件、额度、期限、利率、担保方式、程序等方面进行明确规定。全年有21名党员通过申请,共获得1205万元的贷款扶持。

（邓小娟）

【完成农村远教终端站点建设】 年内,共建设完成了农村远教终端站点509个,其中镇级站点14个,村级站点495个。健全各项工作制度,分别制定下发了《农村远教工作手册》、《农村远教站点管理制度》和《农村远教站点管理使用台帐》等指导性材料,对全区14个镇52个农村远教站点进行了抽查式的评估验收,会同区信息中心、区图书馆对各镇管理员、协管员1000余人次进行了联合培训,区、镇、村三级还分别签订了设备管理责任书。

（许　明）

【党员电教制片工作】 年内,围绕全市第九届党员电教片观摩评比活动,本区组织制作了《党旗下的使命》等7部专题片上报参评,并获得一等奖1部,三等奖3部及工作组织奖,同时,《党旗飘飘》电视专栏也获得了二等奖。举办了第二届党员电教片观摩评比活动,收集各单位上报电教片26部,进一步丰富了区内的乡土教材,并采取下发、交流、播出等形式积极予以转化。“七一”期间在大兴电视台开办《党旗飘飘》栏目,播出基层党组织典型经验和优秀党员先进事迹的专题片,营造了良好的社会教育氛围。指导基层总结亮点,对旧宫镇、黄村镇抓党建保拆迁、魏善庄镇羊坊村网格化管理、庞各庄镇老宋瓜果专业合作社理事长宋绍堂等拍摄题材进行了全程指导。

（许　明）

【“大兴党建”网站建设】 年内,结合全区学习实践活动的开展,于第一时间在大兴党建网上及时开辟专栏,增强了学习教育的时效性。大力规范党(工)委党建栏目建设,要求增设党建专栏,并在内容设置、信息更新、发布审查等方面提出了具体要求。同时,加强考评工作,根据各单位党建栏目整体建设水平,每半年在大兴党建网公布一次考评结果。

(许 明)

【强化党内统计工作】 年内,完成了2009年党内统计工作,并通过采取在线答疑、远程操作协助、单位间互查等方式确保了报表质量,并通过撰写党统分析报告,编写党统数据手册,为部领导决策提供数据支撑。截至年底,全区共有45414名党员,1599个党支部,年内发展党员1002名。

(许 明)

【开展实用人才协议培养】 全年,协议培养农村实用人才1037人,组织落实帮培专家169名,开展技能培训百余次。经区内自查,全区1001名协议培养人才达到农村实用人才标准,自查合格率达到97%,获市委农工委培养奖励基金56万元。

(齐 静)

【开展海外人才统计工作】 通过制定详细的工作方案,采取点面结合、重点突出的工作方式,摸清全区留学人员底数。截至7月,全区共有留学来京人员40名,其中73%在民营企业工作。

(齐 静)

【参加创业成果展示推介会】 年内,为充分展示农村实用人才在民俗手工艺品制作、观光农业及乡村旅游等方面的创业成果,推进本区观光、休闲产业发展,参加创业成果展示推介会,获一、二、三等奖及组织奖。

(齐 静)

【完善干部档案接转审核制度】 年内,对移交干部档案审核表和移交程序进行了调整。转递干部档案,实行移交干部档案审核报送单制度,对"三龄一历"信息进行严格审核确认,确保了档案信息的准确。

(沈静松)

【完成历史材料的分类建册工作】 年内,将大量档案材料,依据接收、转出、借阅档案名册等材料进行分类,并修补、装订成卷,形成了自1965年以来有关人事档案接转等文书档案67卷。通过整理,梳理了档案管理工作的历史脉络,解决了一些历史遗留问题,进一步规范了档案管理工作。

(沈静松)

【"讲党性、重品行、作表率"活动】 年内,通过建立四项机制,不断加强组织部门自身建设。建立"作风锤炼"机制。始终坚持"大兴组工干部精神",切实抓好作风建设,认真开展了深入学习实践"回头看"活动,解决了一批影响和制约组织部门科学发展的突出问题。建立"能力提升"机制。建立了"组织系列理论研讨制度",加强理论学习,进行思想交流,促进业务研讨。进行了10次讨论。安排部机关干部旁听处级干部培训班课程。建立"鼓励创新"机制。对创新举措多、收效良好的科室和个人,在优秀公务员、优秀党员评比中予以倾斜,树立学习典型。建立"有效激励"机制。坚持每年开展一次谈心活动,通过一对一谈心,肯定成绩、指出不足、鼓舞干劲,努力营造"风正、心齐、气顺、劲足"的良好氛围。

(徐国红)

宣传工作

【概况】 2009年是深入学习实践科学发展观、全面落实"十一五"规划的重要之年,是新中国成立60周年,也是实现市委提出的

“人文北京、科技北京、绿色北京”三大理念，固化奥运成果，传承奥运精神的重要之年，更是大兴面对国际国内严峻的经济和社会形势，坚持科学发展、走城乡一体化道路、建宜居宜业和谐新大兴的关键之年。按照市委、区委的总体工作部署，结合年初全市宣传部长会议精神，根据全区宣传思想工作要点，在理论教育、社会宣传、精神文明建设、文化工作以及新闻外宣等方面开展了富有成效的工作，为庆祝新中国成立60周年营造了喜庆、欢乐、和谐的社会氛围。

单位名称：中共北京市大兴区委宣传部
单位地址：北京市大兴区兴政街15号
联系电话：61298639
邮政编码：102600
网址 www. dxxcb. gov. cn

【中心组理论学习】 年内，完善中心组学习制度，制定《关于进一步加强和改进党委（党组）中心组学习的意见》。丰富学习内容，创新学习方式，围绕区委区政府中心工作，加强学习的针对性、实效性，先后邀请高层专家教授举办了5次高层次的专题报告会，包括《北京新机场建设与临空经济发展战略》、《统筹城乡发展，加快形成城乡一体化新格局》、《努力创新社会管理体制、加快推进北京社会建设》、《群体性事件的预防和处置》、《关于实行党政领导干部问责的暂行规定》。

（孙震山）

【社会宣传】 年内，启动理论服务基层，将“周末社区大讲堂”延伸至农村，制定讲座菜单，推荐宣讲课题和宣讲人，让基层按需选择，送理论到家门。全年在西红门镇、青云店镇、礼贤镇、北臧村镇、兴丰街道、清源街道等开展了涉及传统文化、健康知识等方面内容的14场讲座，直接受众超过5000人。

（孙震山）

【庆祝新中国成立60周年活动】 年内，由市委宣传部、市委讲师团组建“北京市百姓宣讲团”，在全市开展巡回宣讲活动。为配合全市做好宣讲工作，区委宣传部从宣讲选题的报送，宣讲人员的选派到宣讲场次的确定，逐一进行精心的部署，保障了宣讲活动的顺利开展。在宣讲团筹备阶段，根据市委宣传部的部署，区委宣传部精心选题，以北京星光影视设备集团艰苦创业由农村企业成为科技含量较高的影视设备企业为题材参加全市宣讲，宣传大兴的发展变化，让大家体会到今天的大兴已由过去传统的农业大区在向现代化城市发展新区转变。同时，做好大兴区百姓宣讲活动组织工作，共组织了宣讲报告会9场，每场均在300人以上，首场报告会近千人，受到市委宣传部的表彰。结合庆祝新中国成立60周年，全区组织开展“爱祖国、爱北京、爱家乡”主题宣传教育活动。以组织群众参观体验大兴区发展成就为主线，策划安排征文、诗歌朗诵、文艺演出等活动20多项。开展“我与瓜节同行、瓜节伴我20年”原创诗歌朗诵会、“忆往昔峥嵘岁月”晒老奖状活动和“为伟大祖国骄傲”慰问地铁大兴线建设者专场演出等活动，受到市委宣传部的肯定，并作为重点在北京电视台《北京新闻》、《北京日报》、《北京青年报》、《北京晨报》、千龙新闻网、北京广播电台等多家媒体进行报道。“100位为新中国成立作出突出贡献的英雄模范人物”和“100位新中国成立以来感动中国人物”推荐评选工作圆满完成。在全区范围内精心组织开展推荐、投票工作，利用广播、宣传栏等形式，把推荐、投票的过程作为爱国主义教育的过程。据统计，直接参与“双百”评选活动投票的群众达万余人。

（孙震山）

【爱国主义教育基地评优】 年内，按照市爱国主义教育基地领导小组的工作部署，组织了对区内5家市级爱国主义教育基地的走访检查,完成了初评工作,各项准备工作得到了市级专家组的肯定,并对本区教育基地的特色、活动开展情况给予了充分肯定。在11月底召开的北京市爱国主义教育基地工作会上,本区66011部队、南海子麋鹿苑博物馆被评为先进单位,66011部队政委张勇民被评为先进工作者并作为代表上台领奖,南海子麋鹿苑博物馆的"大手拉小手,观鸟护自然"主题教育实践活动、印刷博物馆"中华印刷之光"巡展、留民营生态农场"农事体验和动植物认养"活动被评为优秀活动。

(孙震山)

【优秀党课调研报告评选】 年内,组织了"灵山杯"优秀党课的评选申报工作,经过区级初评,共有7件报送市委讲师团,最终获得一等奖一个,二等奖三个。"丹柯杯"优秀调研报告评选工作初评后有27件上报市级,最终获得4个二等奖、1个三等奖。

(孙震山)

【社会主义核心价值体系建设】 年内,开展"迎国庆、讲文明、树新风"系列活动。组织开展军(警)民共建文明地区、"迎讲树"志愿服务、迎国庆广场活动等八大行动,有超过50万群众直接参与。在全区开展以"爱祖国,乐于奉献、爱大兴,热心公益、爱我家,孝老感恩"为主要内容的10个"道德模范"、100名"文明之星"和1000个"文明家庭"评选活动,用先进典型引领社会风尚。

(孙震山)

【未成年人思想道德建设】 年内,根据首都文明委关于对未成年人思想道德建设工作进行测评的通知要求,进一步建立和完善了加强未成年人思想道德建设领导机制、工作制度及相关资料,组织有关人员参观学习,开展业务培训,促进了本区未成年人思想道德建设工作深入开展,测评组对本区未成年思想道德建设工作给予充分肯定。开展以治理黑网吧、净化荧屏声频、整治出版物市场和校园周边环境为重点的整治行动,规范了网吧及校园周边社会文化环境,净化了网吧及校园周边的市场环境,取得了阶段性成果。创建有益于未成年人健康成长的社会文化环境,在全区中小学校开展了"读健康书、做文明人"——远离不健康读、看、听物品签名等活动。开展春风行动,在"六一"儿童节,为榆垡二小的贫困孩子带去了文具、图书等礼物13000余份;为全区34名0~18岁患有五种大病,并符合救助条件的患儿家庭赠送医疗救助款34万元。

(孙震山)

【群众性精神文明创建活动】 年内,召开了精神文明建设暨城乡环境综合整治动员大会,会上有715个精神文明建设工作先进单位受到表彰。在全区广泛开展"城乡手拉手,共建新农村——大兴乡风文明百村行"活动,组织动员市、区两级文明单位参与新农村建设,实现"四帮四促"目标,已有北京京剧院、国家教育行政学院、大兴国税局、财政局、纪检委等158个文明单位与北臧村镇,定福庄、刘家堡、西黄垡村等132个村结为共建对子,累计开展活动745次,资金支持248.6万元,捐赠图书76750册,举办讲座111场,培训农民6295人,下乡医疗队47支,诊治24235人。分别增加开展送科技下乡、送文化下乡、送资金项目下乡等活动150多次,参与人数18万余人次。开展"治脏治乱,联片共建环境优美地区"活动。在深入调研基础上,针对实际情况,划分出团河、南郊农场等4个区域,作为治脏治乱,联片共建的重点地区,充分调动驻区部队、中央市属单位和辖区内广大干部群众参与,并把这项工作列入文明单位、文明社区等重要考核内容。开展活动以来,4个地区环境状况有明业改观。开展“人文大兴、和谐之美——大兴乡风文明”创新节目大赛。以村镇、社区、部门为单位，组织群众自编自演，开展有规模、有特色、体现文明风尚的创新节目大赛活动。

（孙震山）

【创建文明行业文明单位】 年内，以诚实守信、规范服务为目标，切实加强政务诚信、商务诚信、社会诚信建设。在窗口行业开展争创文明窗口活动，通过学先进、找差距，开展岗位练兵和技能比赛，不断提高业务水平，积极推进微笑服务行动的深入开展，开展优质服务实践活动，提升服务满意度。截至年底，榆垡镇获得“全国文明镇”，礼贤镇黎明村、长子营镇留民营村获得“全国创建文明村镇工作先进村”，区劳动局、邮政局、工商大兴分局获得“全国精神文明建设工作先进单位”，全区有7个镇获得“首都文明镇”、56个村获得“首都文明村”、3个获得“首都文明街道”、26个社区获得“首都文明社区”、13个单位获得“首都文明单位标兵”、45个单位获得“首都文明单位”、3个景区获得“首都文明旅游景区”。

（孙震山）

【开展系列主题教育活动】 年内，开展“百万市民齐参与，共建文明新大兴”主题教育活动。全区各镇、街道按照总体工作部署，结合各自实际，特别是结合环境整治，开展了丰富多彩的主题教育活动，成效显著。如青云店镇的“孝星”评选，“十星创和谐”，清源街道的文明养犬、绝活大赛，林校路街道的“邻里节”等活动，群众反响热烈，教育效果明显；在延续奥运志愿服务模式的基础上，重点结合国庆安保，在基层广泛开展志愿服务活动。开展“文明礼仪”和“阳光心态”讲座150余场、着力培养大兴人文明礼仪意识、知足感恩意识和无私奉献精神；组织“我文明、我快乐”摄影比赛，面向全区征集反映大兴发展变化的图片，形象展示大兴成就。五是开展“博爱在京城，博爱在大兴”扶贫行动，以城镇贫困户和低保边缘户为主要对象，以博爱超市为平台，救助款物合计30万元，救济1937个困难家庭；积极开展“我推荐、我评议——身边好人”网上评选活动，全区近10万人参与评选，100人被提名为助人为乐、见义勇为、孝老敬亲等方面的“身边好人”。

（孙震山）

【精神文明宣传教育阵地建设】 年内，各单位高度重视文化墙建设。据统计，全区共有文化墙70483.5平方米、精神文明宣传栏2257块。同时，文化墙在设计制作过程中使用了大量反映本区经济社会发展新风貌的图片，并根据不同阶段及时更换，更为庆祝新中国成立60周年营造了喜庆热烈的氛围。

（孙震山）

【四级文化网络建设】 年内，重点扶植3个街道文体活动中心的内部设施建设和升级改造；为黄村镇、西红门镇、瀛海镇、亦庄镇、旧宫镇、兴丰街道、林校路街道、清源街道的25个社区文化站配备服装、乐器等设备；推进村文化大院信息资源共享工程建设，建成区级共享工程支中心1个、镇级基层分中心17个、村级基层服务点510个，实现了覆盖全区所有行政村的目标。继续做好数字影厅建设，全区已有固定数字电影放映设备500套，覆盖全区96%的行政村，基本实现村民看电影不出村的目标；培育扶植文化户、特色文化家庭，为涌现出更多的文化户、特色文化家庭搭建平台。深入开展业务骨干培训工作，提高文化户的专业水平；通过各类文化活动，为文化户提供展示的舞台；多方争取资金扶植特色文化家庭。

（孙震山）

【文化软实力建设】 年内，加快经营性文化事业单位改制步伐,面向国内、首都文化市场,引进人才、引进项目,提升大兴的艺术文化品位和文化消费档次。发挥文联的组织协调作用,营造出精品、出人才、出效益的良好环境。引导、热情支持专兼职文化工作者、文艺爱好者,围绕大兴新城建设和新农村建设开展原创活动,亦庄镇推出了大型评剧《拆迁风波》,加强对基层业余剧团和文化特色户的规范与扶植。

(孙震山)

【群众性文化活动】 年内,结合庆祝新中国成立60周年,推出了丰富的群众性文化活动,“美丽大兴我的家”合唱节、“五月放歌”——大兴区原创精品文艺节目展演、“舞动大兴”——大兴区第二届群众广场交谊舞大赛、“大兴之夜”——中外经典电影音乐会、“辉煌成就六十年”主题图片展等丰富了群众文化生活。推出周末文化系列活动,如“周末相声俱乐部”、“喜剧大舞台”、“周末舞会”等,高雅艺术系列活动,如新年音乐会、农民艺术节、电影音乐欣赏周、名人画廊、收藏沙龙等,满足不同层次群体的精神文化需要。利用北京大兴西瓜节、桑葚节、春华秋实和大兴区农民艺术节等相关文化活动,打造文化品牌,展示全区经济社会各项事业协调发展新风貌。

(孙震山)

【非物质文化遗产和文物保护】 年内,加强文化执法队伍建设,国庆期间加大文化市场的整治力度,严厉打击文化市场中的违法经营行为。做好非物质文化遗产保护工作和本区重点非物质文化遗产项目的保护、传承和利用。落实区、镇、村三级文物保护责任制,做好区级文物古建修缮和监督管理,切实做好文物保护工作。

(孙震山)

【外宣工作】 年内,全区在《人民日报》、《农民日报》《北京日报》、《北京晚报》等中央、市属媒体刊发新闻稿件1300余篇。其中,在《北京日报》一版发稿18篇(同比增长8篇),在《人民日报》发稿3篇,在《农民日报》发稿26篇(同比增长2篇),中央电视台、北京电视台播出本区新闻80余条,形成了对外宣传的新高潮。西瓜节期间,《第21届大兴西瓜节开幕》、《大兴西瓜节端午假期举办》、《“甜蜜”擂台》、《2009全球职业极限运动巡回赛开赛》等5条重头新闻均在《北京日报》一版刊出。同时,《北京日报》、《农民日报》、《北京商报》等媒体,共刊出了以本区新兴产业发展、城乡一体化建设、改善民生、新农村建设、节庆旅游等内容的专版17个。经济建设宣传成为主流,在《北京日报》一版“扩内需 保增长 促发展”专栏先后刊登了《大兴四项举措加速经济发展》、《大兴加大投融资力度拉动经济增长》、《大兴区科学发展“民”为本》、《大力支持企业创新不断增强核心竞争力》等重头稿件。地铁大兴线建设及生产性服务业发展成为报道亮点。仅在宜家亚洲最大店落户大兴的宣传工作中,《北京日报》、《参考消息》、《香港文汇报》、《北京青年报》等媒体先后刊发相关稿件20余篇。庆祝新中国成立60周年宣传效果明显,《大兴百余项群众文化活动迎国庆》、《大兴启动军(警)民共建环境百日行动》、《老党员晒老奖状背后故事励后人》等稿件均在《北京日报》一版刊出。

(孙震山)

【宣传思想工作队伍建设】 年内,加强新闻从业人员培训,专门邀请区领导为区广播电视中心的编辑、记者进行区情培训。加强基层信息员队伍建设,出台了《大兴区关于进一步加强社会舆情信息工作的意见》,并举行舆情信息员培训班,邀请市委宣传部研究室主任窦晓东对各单位舆情信息主管领导和信息员进行了专业培训,对开展宣传思想工作具有很强的指导意义。

（孙震山）

纪检 监察

【概况】 2009年，在市纪委和区委的正确领导下，区纪委坚持以科学发展观为统领，坚决贯彻落实十七届四中全会精神，紧紧围绕区委区政府中心工作，坚持标本兼治、综合治理、惩防并举、注重预防的方针，深入推进党风廉政建设和反腐败工作，为实现“坚持科学发展，走城乡一体化道路，建宜居宜业和谐新大兴”的目标提供了坚强的政治和纪律保证。

名称：中共北京市大兴区纪律检查委员会

北京市大兴区监察局

地址：北京市大兴区兴政街15号

电话：61298855

邮编：102600

网址：www. dxjjjc. gov. cn

【全面推行廉政风险防范管理】 年内，区纪委下发了《关于推进廉政风险防范管理工作的指导意见》和《关于全面推行廉政风险防范管理工作的意见》，召开了党政一把手参加的动员会，各单位都建立了相应的组织机构，制定了具体工作方案。对全区各层次的3600多人进行了系统培训，14个镇领导班子集体廉政风险点和28名镇党政一把手的风险点，进行严格审核。全区参加廉政风险防范管理的党员干部共查找廉政风险点226484个，制定防控措施228624项。结合廉政风险防范管理工作，各单位加大了制度的废、改、立工作，共建立或完善各种管理制度4160项，真正形成了用制度管人、管事、管权的格局。

（岳春雷）

【举办农村警示教育展览】 年内，区纪委主要选取本区纪检监察机关和司法机关，近年来查处的农村党员干部违纪违法典型案例，制作成90块展板进行展出，并加以现场解说，滚动播出《以案说纪—村里的电费》电视短剧，展出部分“扬正气，促和谐”优秀廉政公益广告作品。展览历时一个多月，全区14个镇近5000名村两委班子成员、重要岗位人员、基层党员代表参观了展览。市委常委、市纪委书记马志鹏，区委区政府主要领导出席展览启动仪式并观看展览。同时，也引起了兄弟区县、外省市的关注，门头沟、房山、丰台、通州、内蒙古乌海市等地纪委纷纷派人到本区交流学习，取得了较好的社会反响。

（岳春雷）

【开展经常性廉政教育】 年内，区纪委集中对68名新提拔、交流和军转干部，开展任前集体廉政谈话、发送一封廉政提醒函等“五个一”的廉政教育活动。邀请专家、领导为处级干部轮训班、中青班、公选年轻副处级干部培训班、农村党支部书记轮训班和城管大队等基层单位讲授廉政党课；组织检察院专业人员深入瀛海镇、安定镇、建委、发改委等单位，作预防职务犯罪专题讲座。组织各单位党员干部认真观看《算一算七笔账 常思贪欲之害》、《小金库引发的大案》等反腐倡廉电教片。组织全区30个单位1100名党员干部到北京市反腐倡廉警示教育基地参观接受教育。对“大兴党风廉政网”进行了改版，同时利用区电视台、大兴报等区内媒体，及时宣传报道全区反腐倡廉工作动态，拓展了党风廉政教育阵地。协调区文明办利用“精神文明宣传栏”在新城主要街道、广场树立了40块廉政公益广告，积极营造良好的反腐倡廉氛围。

(岳春雷)

【加强对权力运行的监督制约】 年内,区纪委严格开展"小金库"专项治理工作,选取执罚执收权相对集中的40家单位作为全区重点检查单位进行全面检查,发现并查处了8家单位"小金库"共117.23万元。狠抓中小学乱收费治理工作,开展了春秋季教育收费大检查,对发现的某中学寒假补课违规收费问题进行了处理,共清退违规收费金额113510元,规范了学校收费行为。对全区62个政府部门和公共服务行业进行了政风行风评议,充分发挥政风行风评议员作用,通过电话询问科室业务、直接访谈服务对象、现场查访重点科室等形式,共发现问题32个。完成7个单位经济责任审计项目,共查出违规金额231万元,管理不规范金额13858万元。做到及时反馈并督促整改,提升了群众的满意度。

(岳春雷)

【强化行政投诉职能】 全年,区纪委共受理各类行政投诉来信、来访1246件,涉及全区各镇、各街道办事处及22个区直单位,按规定时限回复办结信件1152件,提高了投诉件的办理质量。

(岳春雷)

【信访工作】 年内,区纪委严格落实重大信访问题督办责任制、区纪委常委包案制、信访督查通知书等制度,集中力量化解了一批积案和重点矛盾纠纷,做到案结事了、息诉罢访。全年共受理信访493件次,其中受理重信和缠访242件,同比下降了15.1%,到市纪委越级访21批次,同比下降了43.2%,集体访数量为零。

(岳春雷)

【案件查处】 年内,严肃查处了区城管大队原大队长周某贪污受贿案;区市政管委原副处级调研员李某及4名科级干部利用职务便利以权谋私收受贿赂案;区环卫中心原出纳员周某骗取单位现金经济犯罪案。全年共立案20件,其中大要案7件,结案处分11人(含双重处分3人),开除党籍10人,行政开除4人,移送司法机关5件,为国家和集体挽回直接经济损失300多万元。

(岳春雷)

【认真履行行政监察职能】 年内,本区成立了由区纪委牵头、区发改委、财政局、审计局、国土分局、规划分局为成员的保障监督领导小组,制定下发了《关于加强对扩内需促进经济增长政策措施落实情况进行监督检查的实施方案》、《关于对2009年大兴区政府投资重点项目进行监督检查工作意见》,与18个重点项目的主管单位签订了《大兴区政府投资项目承诺书》,使各主要责任部门做到任务明确、工程项目进展清楚。监督检查工作中,建立并实行了"六六七"督查机制,即建立六个台帐、组成六个监督检查组、完善七项制度,形成了领导小组成员单位定期研究监督检查重大问题的联合办公模式,特别在对163亿元的土地储备开发项目的监督检查过程中,严格督促各主管部门制定项目工期进度表、土地储备开发工作程序、拆迁工作程序、项目审计工作办法,对一些复杂的问题,集中各有关部门进行"会诊",共同商定解决办法,对所涉及的项目实施联合督办,促使问题得到及时解决。"六六七"模式是本区首创的一种督察工作机制,得到了市纪委监察局和市国土局领导的充分肯定,并在全市作了经验介绍。制定并执行了《关于督促落实整治非法占地违法建设专项活动的通知》、《关于禁止党员干部违法建设的有关规定》和《关于土地一级开发项目回迁安置用房使用管理纪律的暂行规定》等六个纪律规定,从腾退建设用地、项目实施、制止违法建设和保证回迁安置用房的使用等方面,不断加大工作力度,督促各镇、街道落实属地管理和目标管理责任制,监督各执法部门认真履行职能,增强工作主动性。进一步加大对违法违纪信访线索的排查力度,及时制止了28起违法建设的苗头性行为,直查了6宗违法建设案件,向31宗情节较轻的违法建设责任人,下发了监察建议书。年内,全区共清理违法建设549宗,53万平方米,既拓宽了发展空间,又有效保护了干部。

(岳春雷)

统战工作

【概况】 2009年,全区统战工作坚持以邓小平理论和"三个代表"重要思想为指导,以科学发展观为统领,深入贯彻落实党的十七大、十七届四中全会和北京市统战工作会议精神,以建国60周年为契机,充分调动广大统战人士的积极性、主动性和创造性,面对金融危机对地区经济发展的影响,发挥统一战线独特的优势和作用,鼓励他们为大兴的发展献计出力。认真贯彻落实《中共北京市大兴区委2009年统战工作意见》,围绕中心、服务大局,求真务实、开拓创新,巩固和发展爱国统一战线团结、和谐、开拓、奋进的良好局面,为建设宜居宜业和谐新大兴做出新的贡献。

名称:中共北京市大兴区委统一战线工作部
地址:北京市大兴区兴政街15号
电话:61298690
邮编:102600

【开展"献一策"活动】 年内,在全区统一战线中开展"我为应对国际金融危机影响献一策"活动。全区统一战线广大成员积极行动起来,反映新情况,探讨新思路,提出新对策,把如何有效应对国际金融危机影响、保持经济平稳较快发展作为自身的重点调研课题,积极开展调查研究,及时提出了有价值的意见建议。

(贾海菊)

【开展招商引资工作】 3月,区委统战部与区政协联合召开招商引资动员会,发出了《关于积极开展招商引资活动的倡议书》,号召全体政协委员、各民主党派、工商联等统一战线成员积极发挥各自优势,与区委、区政府齐心协力,努力开创招商引资工作的新局面。各民主党派本着"我是大兴一分子,我为大兴做贡献"的宗旨,积极行动起来,充分利用自身资源优势,全方位、多渠道、多形式广泛开展招商引资工作。年底,区政协、区委统战部、区工商联在征求区内有关单位主管领导意见的基础上,经区委、区政府同意,对符合奖励标准的项目引进个人和单位进行表彰。

(贾海菊)

【举办民主党派暑期培训班】 8月10日~16日,区委统战部举办民主党派暑期培训班。区委统战部部长彭喜忠通报了本区经济社会发展情况,希望各民主党派切实加强自身建设,不断提高参政议政水平,积极开展经济建设、社会服务工作,为本区经济社会又好又快发展做出新的、更大的贡献。各民主党派主要负责人参加了培训班。

(贾海菊)

【举办诗歌演唱会】 9月19日,区委统战部与区政协联合组织举办了"诗歌嘹亮颂祖国——庆祝建国60周年"诗歌演唱会,在全区统一战线中唱响"共产党好、社会主义好、改革开放好、伟大祖国好"的时代主旋律。全区各民主党派成员精心编制了诗歌联唱、诗朗诵、舞蹈、服装表演等多种形式的节目,用他们嘹亮的声音和优美的舞姿为祖国60

华诞献礼。

（贾海菊）

【加强民主党派思想建设】　年内,区委统战部制定《关于各民主党派深化坚持走中国特色社会主义道路学习教育活动方案》,协助各民主党派开展以“坚持走中国特色社会主义道路”为主题的学习教育活动。深入开展中国特色社会主义理论体系学习活动,通过学习研讨,进一步夯实共同政治基础;开展形势教育活动,引导各民主党派正确认识国际金融危机带来的影响,充分发挥他们在“三保”任务中积极作用和优势,参政议政、建言献策、献计出力。

（贾海菊）

【协助民盟成立工委】　12 月 23 日,民盟大兴区工委成立大会在本区召开。区委书记林克庆应邀到会并发表重要讲话,民盟大兴组织自 1986 年成立以来,不断加强思想建设和组织建设,积极发挥民主党派职能作用,认真开展参政议政、民主监督工作,为本区经济社会发展做了重要贡献。市政协副主席、民盟北京市委主委葛剑平,民盟中央副秘书长、组织部长陈幼平,北京市委统战部副部长李卫东,大兴区委副书记王新、大兴区副区长王荣彬、大兴区政协副主席、统战部部长彭喜忠应邀出席了会议。

（贾海菊）

【加强党外后备干部培养选拔】　年内,区委统战部注重平时积累和储备,建立和完善党外代表人士信息库,并根据形势变化,不断拓展和更新补充后备人选。着眼于实现新老交替和政治交接,通过各级党组织和民主党派组织推荐等形式和途径,掌握民主党派后备名单。利用公开选拔时机,与区委组织部做好协调工作,积极争取党外干部职位和名额,为选拔优秀党外干部创造条件。全年,共有 3 位民主党派人士走上副处级领导岗位。

（贾海菊）

【协助民主党派开展调查研究】　年内,区委统战部协助各民主党派紧紧围绕全区产业结构调整、新农村建设、城市建设管理、生态环境建设等重大问题确定调研课题。积极协调相关部门,创造条件,支持和帮助各民主党派开展调查研究。各民主党派组织深入基层,走进企业、走进社区、走进农家,掌握大量第一手材料,认真开展调查研究,撰写高质量的调研报告。全年,各民主党派上报调研报告 21 篇,并对优秀调研报告进行了奖励。

（贾海菊）

【发展民族村经济】　全年,区委统战部共确定低收入民族村经济发展项目 7 个项目,争取市少数民族乡村发展专项资金 420 万元。其中,完成崔指挥营牛场入区工作,累计投入资金 270 余万元,建成标准牛舍、挤奶平台和附属生活用房等设施,初步实现了统一标准、统一防疫和统一销售。协调北京市文明单位与民族村礼贤三村结对子,开展手拉手帮扶活动。

（贾海菊）

【促进清真企业发展】　年内,区委统战部搭建平台,配合市政协民宗委完成对祥聚斋、金维福仁等 4 家企业的调研,组织参加市政协民族定点企业咨政会,认真反映有关情况,积极争取支持,协助做好区内民族定点企业应对金融危机工作。12 月,成立清真企业商会,为全区清真企业搭建服务平台,更好地加强管理,提高清真企业整体水平。全年,为本区 7 家清真企业共争取资金 117 万元。

（贾海菊）

【开展基督教专项治理工作】　年内,按照市民族宗教领导小组统一部署,开展了基督教专项治理工作。加强组织领导,成立了由区委副书记孟令华任组长的基督教专项治理工作指挥部。制定工作方案,利用4个月的时间,对本区现有的基督教聚会点进行分类治理。研究制定《关于依法加强对基督教聚会点的治理管理意见》,建立长效管理工作机制,进一步提高党和政府以及爱国宗教团体对基督教聚会点的掌控力。

(贾海菊)

【做好涉疆维稳工作】 7月5日,新疆乌鲁木齐市发生"打砸抢烧"严重违法犯罪事件。为防止事件涉及本区,维护区内民族宗教领域平安稳定,区委统战部迅速成立统战系统涉疆维稳工作领导小组。根据本区实际情况,制定《关于切实做好当前维护民族团结和社会稳定的工作方案》,组建民族宗教联络员队伍,在全区开展全面摸排工作。经过认真细致的工作,全区情况稳定,未出现不利于民族团结和影响社会稳定的情况。

(贾海菊)

【国际金融危机影响专题调研】 年内,区委统战部走访会员企业10余家,向区域内规模以上企业发放《金融危机对首都非公有制经济影响的现状调查问卷》150份,涉及制造、商贸、医药、房产、食品加工、汽贸等十余个行业,了解和掌握了本区非公有制企业目前的生产经营状况。

(贾海菊)

【宣传非公经济】 年内,区委统战部加大非公经济的宣传力度,加强社会舆论正面导向,与《法制晚报》联合在《大兴资讯》社区周刊中推出大兴企业家系列报道,先后刊登北京百利威物流有限公司董事长霍振祥、北京艺苑房地产开发公司总经理李如意等一批优秀非公企业代表人士,展示了非公企业及其代表人士在促进和谐社会建设和经济发展中的突出贡献。

(贾海菊)

【工商联基层组织建设】 年内,区委统战部向各镇、各街道转发了《全国工商联关于加强县级工商联组织建设若干意见》,并结合本区实际,就进一步加强工商联基层组织建设,提出工作任务。加强领导,明确各镇、街道主管工业的副镇长(副主任)主抓工商联工作,并将其增选为区工商联执委,以利于工作开展。壮大会员队伍。按照积极发展、优化结构、加强服务、规范管理的原则要求,创新会员发展方式,使会员数量、构成与当地非公有制经济发展状况相适应,建立健全会员档案、统计汇总等,搞好规范管理。

(贾海菊)

【开展涉台工作进社区工作】 年内,区委统战部深入社区,掌握情况,摸清社区涉台企业、人员的底数,研究制定《关于涉台工作进社区实施意见》。经与区社工委共同研究,以兴丰街道为试点,推动涉台工作进社区工作的开展。

(贾海菊)

【开展台资企业专项调查】 2月,区台办采取深入企业走访、召开座谈会、调查问卷等方式,对驻区重点台资企业开展了为期半个月的专项走访调查,走访规模以上企业10余家,并上报专题调研材料。

(贾海菊)

【组织侨界代表人士参观活动】 6月8日,区委统战部与区政协专委会工作三室、区侨办、侨联小组与致公党大兴支部共同协商,组织本区侨界代表人士参观大兴新城地铁沿线城市设计与地铁重要站点一体化设计成果展和御瓜园特色产业园。

(贾海菊)

【组织“中国心、两岸行”摄影展】 年内,区委统战部结合本区实际,成立了组织协调小组,统一负责涉台主题教育活动的组织协调工作。“中国心、两岸行”主题摄影展活动,由区文委负责向全区各单位征集作品并进行展示后,筛选出16套(组)作品,上报市台办宣传处。区台办获优秀组织奖。

(贾海菊)

【召开投资环境座谈会】 11月10日,区台办召开大兴区投资环境座谈会,邀请北京市台资企业协会理事长、理事共23人来本区参观考察,会议介绍了本区投资环境和发展前景。区委书记林克庆参加了座谈会。

(贾海菊)

【参加“台商杯”运动会】 年内,区台办组织参加了由市台办、市台协联合举办的第四届“台商杯”球类比赛,获得羽毛球团体第二名,乒乓球团体第六名,区台办获得优秀组织奖。

(贾海菊)

调研工作

【概况】 区委研究室是主管本区综合性政策研究,为区委科学决策服务的区委工作部门。按照转变职能、理顺关系的原则。年内,以《大兴调研》为载体,为全区调研工作搭建平台,充分展示和有效利用各单位调研工作成果,积极推动成果转化,全年共编发《大兴调研》55期。共完成各类工作报告6篇、领导讲话23篇、其它材料7篇、调研报告11篇,累计25万余字,切实起到了推动全区各项事业科学发展的积极作用。

名称:中共大兴区委研究室

地址:北京市大兴区兴政街15号

电话:61298683

邮编:102600

【围绕城乡一体化开展调研】 年内,区委研究室抓住“城乡一体化发展”这个主题,以城乡结合部地区为重点,深入研究在新型城市化进程中统筹解决产业发展、环境治理、失地农民利益保障等问题的对策思路,完成了《在新型城市化进程中统筹解决三农问题的研究》、《从旧宫镇的工作实践看城乡一体化的实现途径》、《在城市化进程中着力构建被拆迁群众利益长效保障机制》、《关于丰台区草桥村劳动力就业安置情况的整理报告》、《关于到丰台区草桥村调研城乡一体化发展情况的报告》、《赴海淀北坞村学习考察报告》等一系列调研报告和考察材料,为区委对全区城乡结合部地区一体化发展的决策提供了服务支持,为有关镇和职能部门的工作提供了重要借鉴和参考。

(裴丽娜)

【深化亦庄周边地区发展调研】 年内,区委研究室在已有成果的基础上,围绕亦庄周边地区借势发展这个难点,继续深化研究,进一步探索解决亦庄及周边地区经济社会发展中面临的主要矛盾和问题的思路和对策,形成了《关于借助北京经济技术开发区加快大兴区东部地区发展的对策研究》的课题报告。

(裴丽娜)

【围绕基层党建开展调研】 十七届四中全会召开前夕,在区委组织部的大力支持下,区委研究室深入各地区对基层党建工作进行了专题调研,对全区村党支部书记队伍建设的好经验、好方法进行了认真总结,形成了《我区加强农村党支部书记队伍建设的成效与启示》。

(裴丽娜)

【围绕应对金融危机开展调研】 年初,区委研究室组织专门力量开展“保增长”系列专题调研,到区内各镇及生物医药基地等园区进行座谈、走访,完成《关于生物医药基地及入区企业发展状况调查》、《关于一季度我区农民人均收入的调查与分析》等调研报告,及时掌握和深入研究国际金融危机背景下相关方面的情况,为区委决策提供参考。

(裴丽娜)

【完成区委工作报告起草】 年内,区委研究室起草了《区委工作报告》、《进一步加强干部队伍建设为建设宜居宜业和谐新大兴提供坚强保障——庆祝建党88周年“七一”党课报告》、《大兴区落实北京市农村工作会议精神报告》、《迎接市人大代表考察南部地区的汇报》等重要报告。

(裴丽娜)

【完成一系列重要讲话的起草】 年内,区委研究室起草了《在大兴区维护稳定暨国庆安保工作动员部署大会上的讲话》、《在区委三届八次全会上的讲话》、《在全市上半年经济形势分析会发言提纲》《在大兴区首都国庆60周年庆祝活动总结表彰大会上的讲话提纲》、《在2009年工作务虚会上的讲话》、《在传达十七届四中全会精神大会上的讲话》、《在市委常委扩大会议上的发言提纲》、《在区人大三届四次会议闭幕式上的讲话》、《在社会建设工作会议上的讲话》、《届中考察全区干部大会书记讲话》、《在全区第一批深入学习实践科学发展观活动总结会上的讲话》、《第二批学习实践活动动员会上的讲话》、《全区作风建设年活动动员会讲话》、《政治工作会讲话》、《部署2008年度绩效考核工作会上的讲话》、《在全区经济工作总结表彰会上的讲话》、《在区政府全体会上的讲话提纲》、《在区政协三届三次全会闭幕式上的讲话》等文字材料。

(裴丽娜)

【完成工作意见和办法的起草】 年内,区委研究室与区新农村办公室共同组织起草了《中共北京市大兴区委关于加快推进城乡经济社会一体化发展的实施意见》。起草了《第一批学习实践科学发展观活动实施方案》、《学习实践科学发展观实施意见》等意见、方案。牵头组织发改委、组织部、社会工委、政府办等单位对大兴区科学发展绩效考核工作办法进行了修改完善,形成了《关于镇街道办事处科学发展绩效考核办法》。

(裴丽娜)

老干部工作

【概况】 区委老干部局(大兴老干部活动中心)大楼建筑面积为4815平方米,可同时容纳400名老干部学习、娱乐和健身。设有多功能大厅、贵宾大厅、KTV小歌厅(2个),离休干部荣誉室、乒乓球室、棋牌室(3个)、阅览室、阅文室、台球厅(2个)、健身房、接待室,可容纳200人开会的大会议室,40人左右的圆桌会议室,20人左右的小会议室。本局现有工作人员52名(其中临时工14人)。截至年底,全区区属离休干部258人,按照京组通[2008]4号文件要求,年内本区“四就近”工作从市区纳入进来的离休干部共722人,是郊区县纳入最多的。大兴区老干部大学(原老年大学)是区委老干部局下属的全额拨款事业单位,原校址设在老干部活动中心。8月28日,在区委、区政府的高度重视下,在全区各相关部门的大力配合下,全区广大离退休老干部盼望已久的老年大学新教学楼落成并正式投入使用,该教学楼坐落在市场东巷、京开公路西侧,于2008年10月动工,经过近一年的时间胜利竣工,并正式更名为大兴区老干部大学,彻底解决了困扰老年大学多年的教学场地不足的问题,在老干部大学建设史上有着里程碑的意义。新教学楼建筑面积3340平方米,截至年底,大学共设书法、绘画、电子琴、计算机、声乐等11个专业,39 个教学班,在校学员 1022 名,新楼落成为全区广大离退休老干部老有所学、老有所乐、老有所为提供了一个的更加广阔的空间。

名称:中共北京市大兴区委老干部局
地址:北京市大兴区黄村兴政南巷 9 号
电话:69243526
邮编:102600
网址:http://www.lgb.cn

【举办老干部新春团拜会】 1 月 20 日,本区召开了 2009 年老干部新春团拜会。区四套班子领导、区老干部工作领导小组成员单位领导及各单位主管老干部工作领导、工作人员、老干部代表 200 余人欢聚一堂,喜迎新春。区委副书记孟令华主持了团拜会。会上,区长李长友作了工作报告,区委书记林克庆向老同志简要介绍了 2008 年大兴区的工作情况和 2009 年的主要任务,并对 2009 年的老干部工作提出了具体要求。会后,参加团拜会的领导和老干部们共同欣赏了一台精彩的文艺节目,受到了与会老干部的欢迎和称赞。

(徐　刚)

【写作组启动系列活动】 3 月 2 日,本区老干部"亲历改革、见证发展、颂扬祖国、爱我大兴"系列活动正式拉开了序幕。区老干部写作组是老干部们发挥余热的平台之一,成立五年来,12 位老干部采写了 1000 多篇思想深刻、构思巧妙的优秀文学作品,在各类媒体刊发 660 篇,在歌颂本区改革和发展的丰硕成果和宣传了党的政策方面做了大量的工作。启动仪式上评选出了硕果奖、犁牛奖等六个奖项对写作组成员进行表彰,充分调动了广大老干部继续为社会作贡献的积极性。

(徐　刚)

【第二十二次老干部座谈会】 3 月 13 日,本区召开第二十二次老干部座谈会暨离退休干部党支部建设和思想政治建设经验交流会。区委书记林克庆、区委常委、组织部部长王新、区委常委郭宝东、副区长曲凤宏、区委老干部局局长王雅玲及老干部领导小组成员单位领导出席了会议。各单位主管老干部工作的领导、工作人员和老干部代表近 160 人参加了会议。会上,组织部长王新作了 2008 年老干部工作报告,部署了 2009 年老干部工作,并与单位代表签订了责任书,最后,区委书记林克庆作了重要讲话,对做好 2009 年的老干部工作提出了更高的要求。

(徐　刚)

【应对老干部突发疾病救助】 3 月 27 日,区委老干部局邀请北京市红十字会的医学专家给全局 40 余名干部职工上了一堂突发疾病的救助知识讲座。在规范"拨打 120 急救电话、上报领导"等处理程序的基础上,要求每名老干部工作人员都要掌握冠心病、心绞痛、脑出血等一些易突发疾病的医学知识、典型表现和救助方法,使每名工作人员都成为处理突发疾病的行家里手,为老干部健康长寿、安度晚年保驾护航。

(徐　刚)

【举办老干部保健知识讲座】 4 月 16 日,区委老干部局举办了老干部"科学生活、健康生活每一天"保健知识讲座,特邀请中国医学科学院肿瘤医院肿瘤研究所袁凤兰教授就怎样在生活中防癌进行了保健知识讲座。全区离休干部及正处以上退休干部近 200 余名老同志参加了此次活动。结合老干部特点,袁凤兰教授从肿瘤病的现状、对肿瘤的认识、生活中如何预防三个方面进行讲解。

(徐　刚)

【举办老干部工作人员培训班】 4 月 20 日,区委老干部局在大兴宾馆举办了老干部工作人员培训班,全区 60 多名老干部工作人员参加了培训。区委常委、组织部部长王新作开班动员。老干部局副局长信荣久、赵礼刚先后就老干部工作的政策、当前任务、“四就近”相关事宜及中组部发〔2008〕10号文件主要精神进行了讲解和阐述。培训班聘请了北京市老干部局孙波就如何做好新时期的老干部信息工作进行了专题讲座。

（徐 刚）

【开展老干部一日游活动】 4月28日、29日，区委老干部局组织全区200余名老干部分两批到丰台区北宫森林公园开展主题为“走进春天、沐浴阳光”一日游活动。

（徐 刚）

【理论辅导组成立五周年座谈会】 4月30日，区委老干部局在大兴宾馆召开了主题为“颂扬祖国颂扬党 发挥余热谱新篇”大兴区老干部辅导组成立五周年座谈会。北京市老干部局政治待遇处的领导、兴丰街道组织部的领导、老干部党校社区课堂的领导、老干部理论辅导组成员及老干部学习站点的代表等50余人参加了座谈会。市老干部局政治待遇处副处长邱爱军致辞，对辅导组多年来的成绩给予了充分肯定。

（徐 刚）

【离退休老领导参观本区水务工程】 5月13日，区委老干部局组织原四套班子的离退休老干部参观本区区水务工程。局长王雅玲和水务局的领导陪同老同志进行实地参观。离退休老干部一行二十多人实地参观了翡翠城小区新凤河项目、天堂河污水处理厂、北臧村镇集中供水厂及埝坛水库等。通过参观座谈，老干部们看到了本区水务工程的现代化程度之高和大兴水务的美好前景，感受到了水务工作的重要意义，了解了惜水、爱水、节水、保护水环境的重要性。

（徐 刚）

【举办全区老干部形势报告会】 5月20日，本区举办了老干部形势报告会，全区离休干部、正处以上退休干部共计200余人参加了报告会。报告会邀请中国社科院研究生院世界经济与政治系主任、教授、博士生导师王逸舟作“中国当前面临的三大挑战”的辅导报告。辅导报告主题鲜明，所阐发的观点具有权威性、指导性和启发性。

（徐 刚）

【组织开展老干部参观活动】 5月21日、22日，区委老干部局组织全区老干部开展主题为“看家乡、知区情、爱大兴”参观活动。全区近200名老干部参加。老干部们先后参观了庞各庄镇工业区的北京阀门总厂、大兴老宋瓜王科技发展有限公司。使老同志了解了本区工农业高新技术的发展情况，亲身感受到改革开放以来大兴经济发生的巨大变化。

（徐 刚）

【老年大学举办花鸟画知识讲座】 5月22日，区委老干部局特别邀请北京南海画院常务副院长、中国水墨研究院院长戴振宇先生为花鸟专修班的全体学员做了专业技法辅导讲座。

（徐 刚）

【组织老领导参观新城建设】 6月10日，区委老干部局组织原四套班子离退休老干部参观了大兴新城地铁沿线城市设计与地铁重要站点一体化设计成果展。

（徐 刚）

【开展老干部征文活动】 3月至5月，区委老干部局在全区老干部中开展了以“我爱我的祖国”为主题的征文活动。经过两三个月的精心创作，来自全区17个单位和社区的50名老干部撰写征文62篇。

（徐 刚）

【举办老干部党支部书记培训班】　6月22日至24日,区委老干部局在北臧村镇翡翠湖会议中心举办了为期三天的老干部党支部书记培训班。培训班就本区各老干部党支部开展"五好支部"(支部班子好、党员队伍好、组织设置好、活动开展好、群众反映好)创建活动的做法、体会和好的经验等进行交流汇报。全区28名离、退休老干部党支部书记、党小组长参加了培训。

(徐　刚)

【共建和谐联谊笔会】　6月24日,区老年大学、清源街道办事处兴涛社区在兴涛学校联合举办了迎"七一"共建和谐联谊笔会。区老干部局和清源街道办事处相关领导及部分书画教师、学员代表和兴涛社区书画社的老年朋友们参加了活动。活动现场,书画教师、学员代表挥毫泼墨,展示书画技艺,以"共建和谐"为主题即兴创作书画艺术作品,以笔代言,以画为媒,抒发自己对党的热爱之情,弘扬民族传统文化,共庆建党88周年。

(徐　刚)

【区领导视察老干部大学新校址】　6月30日,区委书记林克庆、区长李长友、区人大主任张书领、区政协主席高树旺、区委副书记孟令华等四套班子领导视察了区老干部大学新校址建设情况,听取了老干部大学工程进展情况和老干部大学招生情况的汇报。

(徐　刚)

【举行大兴老干部大学落成典礼】　8月28日,区老干部大学落成典礼在新教学楼隆重举行。市老干部局副局长高力,市委农工委老干部处处长陈立玺,市老干部活动中心主任、市老干部大学校长杜长华,区委书记林克庆、区委副书记孟令华,市老年大学联谊会部分老年大学校长,兄弟区县老干部局局长,区老干部大学顾问团老领导,区老干部工作领导小组成员,区直相关部门的负责同志及老干部学员代表等,共200余人出席落成典礼。区委常委、组织部长王新主持。市老干部局副局长高力、区委副书记孟令华为大兴老干部大学揭牌。区委书记林克庆做了重要讲话。

(徐　刚)

【区人大代表到区老干部大学检查】　8月31日,区人大常委会执法检查组对本区贯彻落实《老年人权益保障法》、《北京市老年人权益保障条例》的工作情况到区老干部大学进行指导检查,检查组首先听取了老干部大学负责人关于学校的基本情况和发展规划汇报,并就本区老干部和老年人"老有所乐、老有所教、老有所学、老有所为"的落实情况对区老干部大学进行了视察,区人大常委会常务副主任李永贵参加了此次检查,副区长潘新胜陪同检查。

(徐　刚)

【区政协领导到老干部大学视察】　9月7日,区政协主席高树旺,副主席刘志茹、路志权等领导到老干部大学视察指导工作。区委老干部局局长王雅玲汇报了老干部大学工作,并陪同参观老干部大学的教室,观看师生书画展。

(徐　刚)

【组织离休干部开展采摘活动】　9月16日,区委老干部局组织全区近200名离休干部到区青云店镇进行"迎金秋、品硕果、促和谐"金秋采摘一日游活动。

(徐　刚)

【举办老干部党支部书记培训班】　9月18日,区委老干部局举办2009年第三期老干部党支部书记培训班。全区28名离、退休老干部党支部书记、党小组长参加了培训。观看了《北京市离退休干部党支部建设暨“五好支部”创建活动工作交流会》录像光盘。通过观看学习，了解了北京市离退休干部党支部建设暨“五好支部”创建工作的好做法、好经验和离退休干部党支部开展创建活动中涌现的先进典型。

（徐　刚）

【区领导到老干部大学调研】　9月22日，区人大副主任周静溪一行到大兴老干部大学指导工作，并参观了校舍和师生书画展。听取了老干部大学工作的汇报，对老干部大学的工作给予充分肯定。

（徐　刚）

【开展主题健康体检活动】　区委老干部局于9月21日至23日在大兴区医院体检中心组织全区老干部进行健康体检，共有近200名老同志参加。

（徐　刚）

【开展“五个一”系列活动】　国庆节前夕，区委老干部局结合实际，周密部署，精心组织，在全区离退休干部中开展“一篇征文、一次慰问、一块奖章、一日游采摘、一次体检”等多项活动，庆祝新中国六十华诞。

（徐　刚）

【市领导到大兴老干部大学调研】　10月18日，北京市老干部局副局长高力，副局长、市老干部大学校长马为平一行到大兴老干部大学检查指导工作。对老干部大学取得的成绩给予了充分肯定，并指出，在区委、区政府的大力支持和关怀下，大兴老干部大学的软硬件建设都走在了全市前列，为各区县做出了榜样，要抓住这一契机，巩固成果，开拓创新，加强与各省市老干部大学的交流学习，把大兴老干部大学办成北京市老年教育的窗口学校，为全市老干部教育工作做出积极贡献。

（徐　刚）

【举办庆重阳老干部趣味运动会】　10月23日，区委老干部局在老干部活动中心举办庆重阳老干部趣味运动会，离休及正处以上退休干部有近200名老同志参加。结合老同志的兴趣爱好，共设钓鱼、套圈、飞标等10个娱乐项目，北京科创天启文化传播公司也来到这里免费为老干部捐赠家庭饮食计划、脚部按摩治百病等7类图书；区老年研究会免费捐赠《盛世放歌》图书读本；北京移动大兴分公司免费赠送3G电话；学雷锋义务服务队也为老同志们免费做各种服务，充分体现了企业对老干部的关怀。

（徐　刚）

【被评为全国先进老年大学】　10月28日，在北京人民大会堂隆重召开全国老年教育“双先”表彰大会，中国老年大学协会首次在全国范围内评选“全国先进老年大学、全国先进老年教育工作者，大兴老干部大学在全国四万多所老年大学中脱颖而出，光荣的被评为“全国先进老年大学”，常务副校长王丕金被评为“先进老年教育工作者”。全国人大常委会原副委员长、中国老年大学顾问顾秀莲、中国老年大学协会会长张文范等领导为获奖单位和个人颁发了奖牌和证书。

（徐　刚）

【举办区情通报会】　11月13日，区委老干部局在大兴老干部大学举办区情通报会，全区离休及正处以上退休干部180余名参加了会议。通报会上，区委副书记孟令华从本区的经济发展态势、前景及道路交通；区域生态环境；新农村建设工作等六个方面向与会老同志作了详细的情况通报。

（徐　刚）

【荣获“怀柔杯”团体舞第一名】　11月15日,2009年中国北京首届“怀柔杯”国标舞全国公开赛在怀柔区举行,来自全国各地的35支代表队、900多名选手参加了比赛。本校交谊舞班的集成舞《同一首歌》在团体舞比赛中荣获第一名。

（徐　刚）

【举行揭牌仪式】　12月17日,区委组织部、老干部局在清源街道枣园社区举行了“老干部党校枣园社区课堂”揭牌仪式。区委组织部副部长苏平、清源街道工委书记冯波、老干部局局长王雅玲等领导及枣园社区的离退休老干部、社区老党员代表参加了揭牌仪式。本区已于2006年建立了15个老干部党校社区课堂,年内又在枣园、新安里、义和庄东里等7个社区挂牌。

（徐　刚）

【老干部“五好支部”表彰大会】　12月29日,本区召开老干部“五好支部”创建活动总结表彰大会。北京市委农工委老干部处处长陈立玺、区委常委、组织部部长王有国、区委老干部局领导及全区老干部离退休党支部书记和党小组长出席了会议。会议传达了北京市第二十三次老干部座谈会精神,总结了一年来本区开展老干部“五好支部”创建活动的情况,对获得本区老干部“五好支部”称号的19个单位进行了表彰。

（徐　刚）

【举办新年联欢会】　12月29日,区老干部大学与建兴社区共同举办新年联欢会,老年朋友们欢聚一堂,喜迎佳节。区委老干部局、林校街道、区文化馆及建兴社区居委会的相关领导、建兴合唱团和老干部大学声乐班全体学员160余人参加了联欢会。

（徐　刚）

党校工作

【概况】　2009年,区委党校内设四个处室:办公室、教务处、教研室、总务处。在职人员有38人,其中专职教师7人(高级讲师2人、讲师4人、助理讲师1人)。年内,认真贯彻“三个代表”重要思想、实践科学发展观,深入学习贯彻党的十六大、十七大会议精神和市委党校工作会议精神,致力于党员干部教育事业的发展,加强教师队伍建设,加强教研工作,完善各项制度,提高办学水平,圆满完成了区委交给的各项培训任务,为本区的经济建设,为构建和谐大兴做出了应有的贡献。

名称:中共北京市大兴区委党校

地址:北京市大兴区兴丰大街132号

电话:69243526

邮编:102600

【干部短期培训】　年内,区党校共举办各类主体班次4个。与组织部、宣传部一起举办了第三期处级领导干部学习贯彻党的十七大精神轮训班,参训人数40人。配合组织部举办了处级干部轮训班,参训人数50人。举办大兴区“保稳定、促发展”培训班,参训人数36人。举办大兴区公开选拔处级党政副职干部培训班,参训人数20人。

（王海燕）

【教研工作】　年内,区党校围绕本区新农村建设、基层组织建设等主题,组织教师进行调查研究。参加市委党校组织的“学习十七大精神理论研讨会”。配合组织人事部门作好公务员培训,为公务员MPA培训进行公共课辅导。3月中旬至10月,利用本校教师资源,选派教研室老师下基层挂职锻炼,马艳芳老师到区统计局,何雪梅老师到区信访办,靳辉老师到西红门镇。让长期从事理论学习和教学的教师走出校门,加深对党的路线方针政策的理解,提高探索、研究理论和现实问题的能力,提高理论联系实际和党校教学工作的能力,并以调研成果为区委区政府决策服务,为党校教学服务。

(王海燕)

【成人学历教育】　年内,根据市委党校成人教育学院和研究生部2009年教学计划的要求,完成了14个教学班1057名在校学员的教学任务。年内,招收新生413人,送走毕业生563人。

(王海燕)

史志工作

【概况】　大兴区史志办公室是区委、区政府双管职能部门,内设三科一室(党史科、区志科、年鉴科、办公室),编制人员15人,实有人员15人。2009年区史志办在区委、区政府的正确领导下,在市委党史研究室、市地方志办公室的指导下,认真贯彻落实党的十七大精神,深入学习实践科学发展观,加强队伍建设,努力做好本职工作,坚持史志工作与服务大局、服务基层相结合,切实发挥了史志工作存史、资政、育人的作用,在推动区域经济社会发展中作出了应有的贡献。

名称:北京市大兴区史志办公室
地址:北京市大兴区兴政街15号
电话:61298673
邮编:102600
网址:http://sztd.bjdx.gov.cn/web/szb/

【史志工作会议】　3月27日,在区政府食堂二楼召开大兴区史志工作会议。副区长曲凤宏在会上做了史志工作报告。区委常委、组织部长王新做了重要讲话。市地方志办公室主任王铁鹏、市委党史研究室副主任陈煦充分肯定了大兴区史志工作,希望大兴在史志工作方面继续努力,创造出新的成绩,为全市史志工作提供更好的经验。会上对区委办等12个史志工作先进集体、赵会安等16名史志工作先进个人进行了表彰。这是本区首次以区委、区政府的名义表彰史志工作先进集体和先进个人。会议由区委常委、宣传部长戴明超主持。区政协主席高树旺等领导和来自全区各个单位的史志工作主管领导和具体工作人员200多人参加了会议。

(宋朝辉)

【调整大兴区志编纂委员会】　根据工作需要,在2月份和10月份两次对大兴区志编纂委员会进行调整。按照区领导指示,增加区政协主席高树旺为史志工作顾问,增设区委副书记孟令华为编委会常务副主任,设区委常委组织部长王新、区委常委、宣传部长戴明超、副区长潘新胜为副主任,按照工作需要对部分成员进行了调整。

(刘会臣)

【志书资料征集】　随着第二轮志书下限年(2010年)的临近,收集资料的任务越来越紧迫。年内,重新下发了资料征集规范,划定完成时间,要求各单位按进度完成续志资料的收集、整理和上报工作。

(刘会臣)

【《北京大兴年鉴2009》编辑出版】　年内,区史志办按照年初制定的工作计划,顺利完成了《北京大兴年鉴2009》的编纂、出版任务。2009年年鉴,全面记述了本区自然、政治、经济、文化和社会的发展变化情况。基础资料来源于全区120家党政机关和国有企事业单位。全书共设20编,73章,90节,3502目,总字数101.3万字。

(宋朝辉)

【为上级单位提供年鉴资料】　按照北京市地方志办公室要求,认真完成了《北京年鉴·大兴篇》及《北京农村年鉴》大兴部分的资料征集、整理、编写,上报市相关部门年鉴资料6万字。

(宋朝辉)

【指导全区各单位修志】　年内,区史志办深入基层指导编修镇志、部门志、行业志。分别到长子营、采育、青云店、黄村、旧宫等镇,清源街道办事处,区纪委、武装部、党校、动监局、环卫中心、城建开发公司、公安局巡警大队,长子营镇沁水营村指导编修镇志、部门志、行业志、村志。目前《军事志》已完成终审交付印刷,《畜牧志》、《采育镇志》进行了一审,《城建开发志》完成30万字,为巡警大队等五个单位列出志稿编目,年内审阅志稿220万字。

(刘会臣)

【赴山西查实移民背景】　年内,区史志办为帮助指导《沁水营村志》的编写,与该村修志人员一道远赴山西洪洞县、沁水县、长子县、晋城市等寻根,了解清楚了明末清初大移民的历史背景等情况,为沁水营村编纂《村志》找回了可贵的文字资料和图片资料。

(刘会臣)

【建立志书终审制度】　年内,区史志办为贯彻落实国务院《地方志工作条例》,加强对基层修志工作的管理和审核,建立了志书终审制度。区域内单位编纂、出版志书都要严格依照志书体例、格式要求,严格把关,提出审核意见。并对《大兴军事志》进行两次审阅,累计审阅140万字并提出终审意见。

(刘会臣)

【确定镇村志鉴工作联系点】　年内,区史志办确定了一镇(青云店镇)一村(沁水营)为志鉴工作联系点。定期对工作加以指导、检查,推动志鉴工作的开展。

(刘会臣)

【史志天地网站开通】　经过近一个月的筹备,4月1日《大兴史志天地》网站正式开通。该网站共计20个栏目,主要包括“机构设置”、“信息之窗”、“大兴党史”、“大兴方志”、“大兴年鉴”、“业务指导”、“学术论坛”、“大兴风貌”、“古今人物”、“历史钩沉”、“民间采风”、“答疑解惑”、“网站留言”等栏目内容。突出大兴“绿海甜园”的地域特色,主页选用绿色为主基调。在个别栏目上采取开放式与读者进行互动交流。截至年底,共上传“图、文、声、像”信息190多条。

(赵万民)

【编发《史志工作简报》】　《大兴史志工作简报》从3月份开始创办,全年编发12期,上报各类信息50多篇,达到了交流的目的。

(刘会臣)

【《大兴新城的变迁》完成初稿编写】　3月,为迎接建国60周年和北京和平解放60周年,按区领导指示精神,区史志办开始进行《大兴新城的变迁》一书的组织编写工作。6月5日,召开《大兴新城的变迁》开题工作会,向全区50余个有关单位布置资料搜集任务。7月底基本完成。8月初,进入初稿编写阶段。截至年底,20余万字的初稿已基本完成。

(胡岩芳)

【开展党风廉政教育】　党风廉政教育常抓不懈,年初制定出全年党风廉政教育工作计划,将周五下午作为党组织生活和理论学习时间。每月安排一次党风廉政教育为内容的学习教育活动,学习上级有关党风廉政建设的文件和报刊杂志文章。完善修订了长效机制,作为党风廉政建设和反腐败制度的延伸。

(胡岩芳)

【选派"国庆安保"特派员】 国庆前夕,配合区委工作,选派陈高嵩、史楠两名同志为"国庆安保"特派员。其中史楠被评为"大兴区国庆60周年安保工作先进个人"。

(胡岩芳)

【机关党员捐款献爱心】 年内,组织全体党员向汶川地震灾区人民献爱心捐款一次,为红十字基金会捐款一次。在活动中领导带头捐款,全体工作人员及离退休老干部也都积极参加,累计捐款3000余元。

(胡岩芳)

【史料书籍指导培训】 年内,区史志办全体人员积极主动与各单位沟通,解答疑难问题,并多次到黄村镇、清源街道办事处、教委等相关单位进行业务交流、指导。全年共举办全区性写作培训1次,70人次;相关单位业务培训10余次,200人次。

(胡岩芳)

【党史书籍宣传开发利用】 年内,区史志办通过多种途径做好建设史等书籍出版发行后的宣传工作。多次为区内各单位(包括中央、市属、国家驻区单位)提供大量的区情史料,为宣传部拍摄纪念抗战资料片提供大兴英烈人物事迹及抗战遗迹资料5篇。全年,向区内各校图书馆、农村文化大院、社区文化中心赠送史志类书籍1550套。

(胡岩芳)

区直机关工委工作

【概况】 年内,区直机关工委以邓小平理论和"三个代表"重要思想为指导,深入贯彻落实科学发展观,以党的执政能力建设和先进性建设为主线,坚持围绕中心、服务大局,立足提高党员干部素质,提高机关工作效率,以开展"讲党性、重品行、作表率"活动及创建"五型"机关为载体,促进党员干部进一步"转变观念、转变职能、转变作风,积极为发展服务、为基层服务、为群众服务",以改革创新的精神全面加强机关党的思想、组织、作风、制度和反腐倡廉建设,努力实现机关党建工作走在基层组织建设的前头,为实现区委"坚持科学发展,走城乡一体化道路,建宜居宜业和谐新大兴"的目标,提供坚强的思想和组织保证。各项工作取得了显著成绩。全年,区直机关工委共改选、增补总支、支部26个,发展党员50名,党员转正54名,转入、转出党员104名。

名称:中共北京市大兴区直机关工委
地址:北京市大兴区兴政街15号
电话:61298694
邮编:102600

【开展学习实践科学发展观活动】 年内,区直机关工委先后三次聘请了专家学者讲课,有近千名党员干部参加。重点修改完善了《区直机关党建工作百分考核评分标准》,研究制定了整改落实方案。

(盖 静)

【举办入党积极分子培训班】 3月,区直机关工委举办了入党积极分子培训班。机关工委口共有62名入党积极分子参加了培训。

(盖 静)

【举办扑克比赛】 3月,区直机关工委举办了"庆三八争上游"扑克比赛,约有160名机关妇女参加了活动,此次活动的开展,充分调动了广大妇女干部的积极性,活跃了机关气氛,增强了机关凝聚力。

(盖 静)

【开展知识竞赛】 4月,区直机关工委开展了"纪念改革开放30年知识竞赛",活动涉及了全区各镇、各街道、各工委、各机关单位,共收答卷3500余份,经过对答卷的严格审查后,对有效的答卷进行了抽奖。

(盖 静)

【举办机关运动会】 4月,举办了机关春季运动会,共设置了7个项目的比赛,共有44个单位的1100余名机关干部参加了比赛。

(盖 静)

【庆祝建党88周年】 "七一"期间,区直机关工委采取多种形式庆祝中国共产党建党88周年。组织召开了庆祝中国共产党建党88周年大会。由区直机关工委、区委组织部联合编写了《优秀共产党员事迹集锦》一书,集中反映了区直机关42名优秀共产党员的先进事迹。组织开展了《我身边的共产党员》演讲比赛活动,共有23个单位31名选手参加了比赛。将机关单位优秀共产党员的事迹制作成展板,在机关各单位展出宣传,共制作宣传展板108块,宣传了108名优秀共产党员的先进事迹。利用《大兴报》、大兴党建网宣传区直机关优秀共产党员的先进事迹。六是组织开展了新党员宣誓活动。

(盖 静)

【共产党员献爱心捐款】 6月22日,区直机关工委组织共产党员献爱心捐款启动式近20个单位,464人捐款63030元。

(盖 静)

【国庆六十周年活动保障工作】 年内,区直机关工委在此次庆祝活动中,主要负责抽调各区直单位304人的标兵任务,作用是在方阵四周立定站稳,起到区域隔离、安全保卫、应急任务等。本着"通过精心策划和严格有序的排练,使群众联欢活动在喜庆、欢快、热烈的气氛中进行"的工作目标和"要充分发挥体制优势,相关单位要责任具体,为联欢晚会相关工作提供必要的保障,确保活动顺利进行"的工作要求,在选拔标兵时,本着政治合格,思想过硬,听从指挥,遵守纪律,有吃苦耐劳精神,家庭负担较轻,身体健康,讲奉献、顾大局,年龄在45周岁以下的男性同志进行选拔,最终圆满地完成了六十年大庆标兵任务,得到了主办单位的好评。

(盖 静)

【表彰年度优秀党员】 年内,区直机关工委共表彰2009年度优秀党员131人。

(盖 静)

民主党派

【概况】 2009年,本区有7个民主党派组织,其中有5个党派组织为区工委,2个党派组织为支部。党派成员573名。其中,民革大兴区工委108人,民盟大兴工委99人,民建大兴支部76人,民进大兴区工委76人,农工党大兴区工委125人,致公党大兴支部15,九三学社大兴区工委74人。党派成员中担任处级以上实职干部16人,其中:副局级2人,正处级1人,副处级13人。各党派在2009年工作中坚持以邓小平理论和"三个代表"重要思想为指导,贯彻落实科学发展观,围绕"坚持科学发展,走城乡一体化道路,建宜居宜业和谐新大兴"目标,认真履行民主监督、政治协商、参政议政职能,积极开展工作。

【党派活动】 民革:2月中旬,协助民革市委召开"推进农村改革发展座谈会",为民革市委推进农村改革发展系列调研报告,提供了大量翔实、可靠的材料。4月11日,邀请民革中央副主席、全国政协常委何丕洁带领中央社会主义学院干修班的民革学员一行10

人到长子营镇调研新农村建设情况。9月11日，组织党员到南红门水务局就本区污水处理现状及未来发展规划等方面的情况进行了调研。11月中旬，邀请原民革市委秘书长吕植中，为区工委委员及支部委员进行了"孙中山精神与民革发展"的专题讲座。民盟：5月24日，举办青年骨干盟员培训班，发挥作用，提高参政议政能力。6月5日，与区环保局联合组织环保宣传活动，宣传环保知识，倡导环保行动。北京市环保局副局长杜少中、副区长邵恒参加。6月21日，到房山区青龙湖开展城乡一体化建设考察活动。8月27日，民盟北京印刷学院支部成立。民建：3月，组织新老会员学习交流讨论会，提高新会员的思想政治素质和参政议政能力。民进：3月14日，举办积极分子培训会，提高入会积极分子对民进的认识和了解，确保新发展会员的质量；举办骨干会员培训班，加强骨干会员对撰写社情民意、提案、调研报告培训，提高参政议政能力和水平；在大兴区教育系统开展了古琴进校园的社会服务工作；积极参加支教育活动，民进会员赵建玲参加民进北京市委组织的湘西支教活动，民进会员魏玉兰在山西太原为山西省新课程培训做新课程示范课。农工：5月12日，举办了新党员培训班，加强对新党员的教育，提高新党员的思想政治素质。6月5日，组织医疗专家到长子营镇残联温馨家园，进行义诊咨询和宣传活动，为温馨家园的残疾人和附近居民进行义诊。11月14日，组织医疗专家到长子营镇卫生院为农民进行义诊咨询，服务基层医疗工作。12月18日，召开2009年总结表彰暨联欢会，农工党中央组织部长、农工党北京市委副主委曲风宏参加了会议。致公：4月10日，开展以坚持走中国特色政治发展道路为主题的"政治交接学习教育活动"，组织全体党员参加学习。5月13日，邀请致公党市委到大兴麋鹿苑，调研如何开发麋鹿苑爱国主义教学基地的教育功能。九三：4月22日，接待九三学社通州支社主委王昆一行，就《基层社区卫生服务站建设》问题进行调研，选定青云店镇卫生院作为调研点。7月，参加九三学社市委举办的庆祝新中国成立60周年"祖国在我心中"演讲比赛，北京石油化工学院支社社员罗道全获得了优秀奖。8月21日，组织社员参加由九三学社中央和市委联合举办的"'祖国在我心中'——庆祝新中国成立60周年文艺汇演"活动，"献给我的祖国"诗歌联唱获得最佳合作奖牌，区工委获文艺汇演组织奖。积极参加由北京市委统战部、北京社会主义学院和八个民主党派北京市委共同举办的"庆祝新中国成立60周年暨多党合作制度确立60周年书画展"，北京石油化工学院支社马裕华书写的"新中国"等两幅作品入选画展，该两幅作品被收录入北京市各民主党派庆祝新中国成立60周年书画作品集"风雨同舟六十年"大型画册。

政权·政治协商

北京市大兴区人民代表大会常务委员会

【概况】 2009年,区人大常委会共举行6次常委会会议,18次主任会议,听取和审议"一府两院"工作报告16项,提出审议意见60余条,依法做出决定3项,组织执法检查、代表视察10次,依法任免国家机关工作人员37人次。围绕为全区经济社会科学发展提供法制保障这一根本任务,按照围绕中心、服务大局、注重实效的原则,扎实有效地推进对"一府两院"的法律监督、工作监督,强化重大事项的监督。以发挥代表主体作用为核心,不断改进代表工作,完善代表工作机制,加强对镇人大及人大街工委工作的指导和领导,进一步规范基层人大工作。全面加强常委会机关自身建设,深入学习实践科学发展观,加强思想理论建设,强化制度建设,不断提高依法履职的能力和水平。

名称:北京市大兴区人民代表大会常务委员会
地址:北京市大兴区兴政街15号
电话:61298800
邮编:102600

【第十六次常委会会议】 3月12日,大兴区第三届人大常委会第十六次会议举行。出席会议的常务委员会组成人员共25人。会议由区人大常委会主任张书领,副主任李永贵、周树慧分别主持。常务副区长张晓林、区人民法院院长李民、区人民检察院检察长赵成列席会议。列席会议的还有各镇人大专职主席、副主席,区人大常委会各街道工委副主任和部分区人大代表。会议听取和审议了区发改委主任绳立成受区政府委托所作的《关于2009年区级政府投资计划安排情况的报告》。经表决,作出批准该项报告的决定;通过了有关人事任免事项;讨论通过了《大兴区人大常委会2009年工作要点》。

(钱玉芝)

【第十七次常委会会议】 5月21日,北京市大兴区第三届人大常委会第十七次会议举行。出席会议的常务委员会组成人员共21人。会议由区人大常委会主任张书领,副主任周树慧、周静溪、陈晓英分别主持。副区长邵恒、区人民法院院长李民、区人民检察院检察长赵成列席会议。列席会议的还有各镇人大专职主席、副主席,区人大常委会各街道工委副主任和部分区人大代表。会议听取和审议了区司法局局长焦守强受区政府委托所作的关于"五五"普法规划实施情况的报告。听取和审议了区科委主任王自学受区政府委托所作的关于贯彻执行《中华人民共和国科学技术进步法》情况的报告。听取和审议了区市政管委主任刘学忠受区政府委托所作的关于生活垃圾管理工作的报告。听取和审议了区人大常委会执法检查组关于《中华人民共和国水污染防治法》、《北京市实施〈中华人民共和国水污染防治法〉办法》执法检查情况的报告。

（钱玉芝）

【第十八次常委会会议】 7月22日，北京市大兴区第三届人大常委会第十八次会议举行。出席会议的常务委员会组成人员共21人。会议由区人大常委会主任张书领，副主任李永贵、周树慧分别主持。副区长李春亭、区人民法院院长李民、区人民检察院检察长赵成列席会议。列席会议的还有各镇人大专职主席、副主席，区人大常委会各街道工委副主任和部分区人大代表。会议听取和审议了区审计局局长郭金江受区政府委托所作的关于2008年财政预算执行和其它财政收支情况的审计工作报告。听取和审议了区财政局局长郑怀志受区政府委托所作的关于2008年财政决算和2009年上半年预算执行情况的报告。经表决，会议批准了2008年区本级财政决算。听取和审议了区发改委主任绳立成受区政府委托所作的关于大兴区2009年上半年经济工作情况的报告。听取和审议了区人民法院院长李民代表区法院所作的关于民事审判工作情况的报告。听取和审议了大兴区人大常委会执法检查组关于《农产品质量安全法》执法检查情况的报告。通过了《大兴区人民代表大会常务委员会审议意见落实督办试行办法》。通过了有关人事任免。

（钱玉芝）

【第十九次常委会会议】 9月22日，北京市大兴区第三届人大常委会第十九次会议举行。出席会议的常务委员会组成人员共21人。会议由区人大常委会主任张书领，副主任李永贵分别主持。副区长李春亭、区人民法院院长李民、区人民检察院检察长赵成列席会议。列席会议的还有各镇人大专职主席、副主席，区人大常委会各街道工委主任、副主任和部分区人大代表。会议听取和审议了区人大常委会执法检查组关于《中华人民共和国老年人权益保障法》、《北京市老年人权益保障条例》执法检查情况的报告。通过了北京市大兴区人大常委会关于接受曲凤宏辞去大兴区人民政府副区长职务请求的决定。

（钱玉芝）

【第二十次常委会会议】 11月30日，北京市大兴区第三届人大常委会第二十次会议举行。出席会议的常务委员会组成人员共22人。会议由区人大常委会主任张书领，副主任李永贵、周树慧分别主持。区委副书记、区长李长友出席会议。副区长常红岩、区人民法院院长李民、区人民检察院检察长赵成列席会议。列席会议的还有各镇人大专职主席、副主席，区人大常委会各街道工委主任、副主任和部分区人大代表。会议进行了人事任免事项。通过了关于补选北京市大兴区第三届人民代表大会代表有关事项。听取和审议了区财政局局长郑怀志受区政府委托所作的大兴区人民政府关于2009年财政预算调整（草案）的报告。经表决，作出了《北京市大兴区人大常委会关于批准大兴区2009年财政预算调整（草案）的决定》。听取和审议了区人大常委会执法检查组关于检查《中华人民共和国安全生产法》及《北京市安全生产条例》实施情况的报告。

（钱玉芝）

【第二十一次常委会会议】 12月23日，北京市大兴区第三届人大常委会第二十一次会议举行。出席会议的常务委员会组成人员共23人。会议由区人大常委会主任张书领，副主任李永贵、周树慧、周静溪分别主持。区委常委、组织部长王有国出席会议并作了有关情况的说明。副区长张晓林、绳立成，区人民检察院检察长赵成列席会议。列席会议的还有各镇人大专职主席、副主席,区人大常委会各街道工委主任、副主任和部分区人大代表。会议听取和审议了副区长、区发改委主任绳立成受区政府委托所作的关于2009年国民经济、社会发展计划执行情况和2010年国民经济、社会发展计划(草案)的报告。听取和审议了区财政局局长郑怀志受区政府委托所作的关于2009年财政预算执行情况和2010年财政预算(草案)的报告。听取和审议了常务副区长张晓林代表区政府所作的关于区三届人大四次会议代表建议办理情况的报告。通过了大兴区人大常委会代表资格审查委员会关于补选代表资格的审查报告。通过了大兴区人大常委会主任会议关于接受李民辞去大兴区人民法院院长职务请求的决定(草案)。通过了大兴区人大常委会主任会议关于提请任命马来客为大兴区人民法院副院长的议案。通过了大兴区人大常委会主任会议关于提名马来客为大兴区人民法院代理院长的议案,并作出相应决定。通过了关于召开北京市大兴区第三届人民代表大会第五次会议的决定(草案)及区三届人大五次会议有关事项。讨论通过了区人大常委会工作报告。通过了大兴区人大常委会关于接受周树慧辞去大兴区人民代表大会常务委员会副主任职务请求的决定(草案)。

(钱玉芝)

【区三届人大四次会议】 1月5日至8日,北京市大兴区第三届人民代表大会第四次会议举行。会议听取和审议了大兴区人民政府工作报告;审议了大兴区2008年经济和社会发展计划执行情况与2009年经济和社会发展计划草案的报告,审查和批准了2008年经济和社会发展计划执行情况与2009年经济和社会发展计划;审议了大兴区2008年财政预算执行情况和2009年财政预算草案的报告,审查和批准了大兴区2008年财政预算执行情况,审查了大兴区2009年财政总预算草案,批准了区本级预算;听取和审议大兴区人大常委会工作报告;听取和审议大兴区人民法院工作报告;听取和审议了大兴区人民检察院工作报告

(钱玉芝)

【推进依法治区进程】 年内,区人大常委会深入开展执法检查,确保法律法规在全区的贯彻实施。围绕经济社会发展中的重大问题,重点对《水污染防治法》、《安全生产法》、《农产品质量安全法》、《科学技术促进法》、《老年人权益保障法》等7部法律法规进行了执法检查。建立了区镇人大联动机制,采取随机抽查、明察暗访、征集群众意见等方法深入检查。针对检查出的各类问题,提出了50余条整改意见,并认真抓好督办落实,确保了法律法规的有效实施。以水环境责任制落实、水源地保护、污水处理为重点,开展了《水污染防治法》执法检查。针对水污染防治管理体制不完善、水源保护区环境脏乱、污水处理能力相对滞后等问题,提出检查意见和整改要求。区政府高度重视,成立了以区长为组长的涉水事务领导小组,建立了水环境保护协调工作机制,制定了大兴新城水源地保护规定,加快了优质水源建设,全面拆除各类违章建筑,水源保护区环境明显改善,饮用水质量得到了保障。加快污水处理基础设施建设,天堂河、庞各庄等污水处理厂投入运行,新增污水日处理能力5.6万吨,全区水污染防治工作取得较大进展。保障人民生命财产安全,确保国庆期间全区安全生产形势的稳定,检查组深入到安全生产重点单位和人员密集场所,开展了《安全生产法》执法检查,就完善监管机制、强化责任主体、加强隐患排查提出了整改要求。对《农产品质量安全法》《科学技术促进法》《老年人权益保障法》进行了执法检查,共征求群众意见50余条,检查出各类问题20余个,提出检查意见

28 项,有效推动了农产品质量安全检测体系建设,促进了企业自主创新能力的提高和政府各项惠老政策的落实。年内,区人大不断加大对司法工作的监督力度。听取和审议了区人民法院关于民事审判工作情况的报告,提出完善各项便民诉讼措施,加大诉讼调解力度,维护社会和谐稳定。加强对区人民检察院贯彻落实《市人大关于诉讼活动法律监督工作决议》情况的检查,要求区人民检察院要进一步改进监督方法,建立科学的监督机制,不断提高诉讼监督工作实效。加强对《行政首长出庭应诉办法》贯彻落实情况的监督,行政首长出庭应诉问题得到初步解决,取得了良好的社会效果。听取和审议了区政府"五五"普法实施情况工作报告,组织代表对法制宣传教育情况和民主法制示范村建设情况进行了检查、视察。区政府研究制定了《法制宣传教育工作评估指导体系》,严格普法考核评价制度,开展了"聚焦新农村,普法四季行"等大型法制宣传系列活动,组织了农民法律法规知识竞赛,有力推进了普法工作的深入开展。

(钱玉芝)

【加强工作监督】 年内,区人大扎实有效推进对"一府两院"的工作监督。以关系全区改革发展稳定的重大问题和关系民生的突出问题为着力点,精选审议议题,加强会前调研,审议质量和实效不断提高。全年共召开常委会会议 6 次、主任会议 18 次,听取和审议专项工作报告 16 项,提出审议意见 60 余条,依法作出决定 3 项,有力推动了"一府两院"各项工作。面对国际金融危机给全区经济社会发展带来的影响,围绕区委战略部署,听取和审议了区政府上半年经济工作情况的报告。针对经济发展面临的复杂严峻形势,建议区政府要加强对策研究,全面落实"保增长、保民生、保稳定"的各项措施;进一步优化政府投资结构,处理好保增长与调结构的关系,加快发展现代制造业、现代服务业和文化创意产业,努力提升自主创新能力。区政府加大工作力度,科学调整产业结构,主导产业更加突出,全年实现固定资产投资 320 亿元,有力促进了全区经济平稳较快发展。加强计划和预算监督。听取审议了财政决算、预算执行和审计工作报告,审查批准了 2008 年财政决算。针对财政收入结构不合理、预算执行刚性约束力不强、财政资金使用效益评估机制不健全等问题,要求政府相关部门要加快经济结构调整,建立财政预算执行的刚性约束机制,制定财政资金绩效考核办法,提高财政资金使用效益。加强对计划执行情况的动态监督,听取政府有关经济社会发展情况的报告。加强重大项目监督。以政府投资计划安排为重点,听取审议了区政府 2009 年区级政府投资计划安排情况的报告,对政府投资的 87 个重点项目进行了认真审议,提出了以保增长、保民生、保稳定为重点,优化投资结构,加快产业结构调整,提高政府投资的辐射带动作用等审议意见,同时要求审计部门加强对政府投资项目的全程跟踪审计,确保政府投资项目依法顺利实施。依法行使人事任免权。全年,任免国家机关工作人员 37 人次,其中人大常委会工作机构负责人 6 人次,区政府工作人员 10 人次,"两院"工作人员 21 人次,为地方国家机关工作的正常运转提供了组织保障。搞好专题研讨,破解发展难题。针对保障性住房建设、职教资源整合、区人民法院执行积案清理、农民合作社建设等群众关心、代表关注的热点难点工作,组织了五次专题座谈研讨会。以主任会议和代表专题会议的形式与"一府两院"及相关部门共同研究,理清思路,找准突破口,采取措施,明确责任,推动了相关问题的解决。围绕重点工作,认真组织代表视察。组织代表先后对新农村建设、学前教育、重点项目建设、科学技术应用等情况进行了视察,对规范政府依法行政,推动和改进工作起到了积极作用。在新农村建设视察中,就加强农村基础设施、公共服务设施建设提出了视察意见,政府投入7亿元,实施了农村基础设施建设工程,并取得显著成效。

(钱玉芝)

【开展代表活动】 年内,区人大完善代表工作机制,提高为代表服务保障能力。保障代表知情权,采取多种形式,及时向代表通报区情、政情、社情,努力拓宽代表知情知政渠道。加强代表培训。提高了素质,开扩了视野,提高了代表履职能力。积极扩大代表有序参与常委会工作。建立征询意见、参加活动、列席会议等各项制度,有效促进了常委会工作。创新完善代表活动方式,建立了区镇代表联动检查视察的工作机制。加强为市代表服务保障工作,坚持邀请市代表列席区人代会,参加常委会组织的检查、视察等活动。建立了市代表与各镇、街道及区代表的联系网络。围绕促进本区经济社会发展,市代表做了大量调研,直接听取和反映区代表和群众意见,在市十三届人大二次会议上,大兴团提出的加快城南建设、垃圾治理、北运河水系综合治理等三项议案,被大会主席团确定为正式议案,加快三海子郊野公园规划建设的建议被确定为重点建议。在市委的正确领导和市人大的监督下,市政府制定了城南地区发展行动计划并开始实施,确定了三海子郊野公园开工建设。全年,共开展接待选民活动254次,代表走访和接待选民6291人次,收到选民提出的意见建议386件,已全部转交相关部门办理,对于维护群众利益,改进"一府两院"工作,促进和谐社会建设发挥了重要作用。

(钱玉芝)

【办理代表建议】 年内,在区三届人大四次会议上,代表共提出116件意见建议,已按法定时限全部办理完毕并答复了代表,其中问题得到解决、基本解决或列入计划逐步解决的占77.4%。常委会注重增强办理实效,着力完善督办机制。建立了主任、副主任牵头督办、委室对口督办、代表联络室统筹督办的工作机制。加强办中督查和办后复查,组织代表对办理情况进行检查、视察,提高了办理实效。区政府高度重视建议办理工作,加大工作力度,农村生活环境、群众出行困难、城市老旧小区改造等一批热点难点问题得到了较好解决。

(钱玉芝)

【基层人大工作】 年内,区人大组织召开2009年度基层人大工作会议,总结和交流2008年镇人大、街道人大工委工作经验,提出2009年基层人大工作的指导意见。坚持镇人大专职主席(副主席)、街道人大工委专职主任(副主任)列席区人大常委会会议制度;坚持常委会主任、副主任分工联系指导基层人大工作制度,深入基层,走访调研,加强工作指导。认真组织基层人大干部学习、培训、工作交流等活动,进一步提高了工作水平。

(钱玉芝)

【调查研究】 年内,区人大把加强调查研究作为履行职能、开展工作的基础,结合审议议题进行深入调研,常委会审议质量明显提高。围绕全区重点工作和社会普遍关注的热点难点问题,开展专题调研,完成了15项调研报告,找准了问题,提出了对策,有效推动了各项工作的开展。

(钱玉芝)

大兴区人民政府

【概况】 2009年,大兴区人民政府在市委、市政府和区委领导下,在区人大依法监督、区政协民主监督支持下,坚持以邓小平理论和“三个代表”重要思想为指导,深入开展学习实践科学发展观活动,全面贯彻中央大政方针和市十次党代会工作部署,按照区委总体要求,认真落实区三届三次人代会各项任务,团结和带领全区人民,锐意进取,努力拼搏,扎实工作,圆满完成国庆服务保障各项任务,在经济、政治、文化、社会和生态文明建设进程中实现了新的突破。全区经济平稳协调较好发展,综合实力稳步增强;新农村建设扎实有序推进,农民生产生活条件不断改善;新城建设取得新突破,综合承载能力进一步提升;着力改善民生,和谐社会建设稳步推进;体制机制创新进一步深化,发展活力持续增强;加强民主法制和政府自身建设,发展环境不断优化。

名称:北京市大兴区人民政府办公室
地址:北京市大兴区兴政街 15 号
电话:89212345
邮编:102600

【政府信息工作】 年内,共编发《大兴信息》和《大事记》349 期,区政府办公室向市政府办公厅和市农委报送信息 670 条,市政府编发的《昨日市情》和市农委编发的《新农村简报》等刊物采用信息 139 条,得到市、区领导批示 8 条。大兴区政府办公室分别被市政府办公厅和市农委评为市优秀信息工作单位。

(赵晓然)

【建议提案办理】 年内,区人大三届四次会议和区政协三届三次会议提交区政府办理的人大建议 169 件,政协提案 115 件,共计 284 件,涉及全区产业发展、城镇建设管理、文教卫生、社会保障、民主法制等各个方面。在区政府各承办单位的共同努力下,建议、提案按规定期限提前 7 天全部办复。代表、委员满意率达到 97% 以上。其中,当年得到圆满解决的(A1 类)有 87 件;汲取代表委员意见,工作有进展或取得一定成效,需要在今后工作中长期坚持的(A2 类)有 116 件;受政策、法规限制,目前不能解决,向委员作了详细说明的(A3 类)有 28 件;已经列入工作计划,预计两三年内可以解决的(B 类)有 32 件;因财力、物力不足等原因,留待以后逐步解决的(C 类)有 21 件。

(李京涛)

【组织机构及制度建设】 年内,区政府信息公开工作第二次被区政府列为折子工程。区内参照市级依申请公开表单,全面更新了本区的受理表单,增加申请人签字确认环节,加强风险防范;根据实际工作,制定保密审查、依申请公开区级审批流程单,完善了工作机制;增加征求意见函、区级依申请公开签发单,建立联动机制;加强归档工作,健全信息公开档案管理制度;转发市政府相关文件,继续推进信息公开工作向基层延伸,要求各单位重点抓好重大投资项目、农村改革等方面的信息公开工作。

(郝愿超)

【信息公开培训工作】 年内,邀请市级专家在区级基层单位党政办主任培训会及重点单位专题培训会上讲解了信息公开形势与内容;会同区法制办、保密局深入区发改委、建委、农委等基层单位开展培训十余次,累计培训达 600 余人次;与多家远郊区县一起到重点城区交流学习,探讨经验。

(郝愿超)

【主动公开信息】 年内,通过政府信息公开专栏主动公开政府信息 9158 条,全文电子化率为 100%。其中,机构职能类信息 160 条,占总体的比例为 1.75%;法规文件类信息 842 条,占总体的比例为 9.2%;规划计划类信息 59 条,占总体的比例为 0.64%;行政职责类信息 34 条,占总体的比例为 0.37%;业务动态类信息8063条，占总体的比例为88.04%。政府信息公开专栏点击量累计为51000人次。

(郝愿超)

【依申请公开信息】 年内，全区各级部门共收到各类政府信息公开申请80件。其中，当面申请77件，占总数的96.2%；通过互联网提交申请2件，占总数的2.5%；以信函形式申请1件，占总数的1.3%。

(郝愿超)

【信息公开保障】 年内，指导各单位编写了《政府信息公开年度报告》；重新对2003年至今以区政府和政府办名义下发的公文进行梳理，要求各单位认定和保密审查，并进行主动公开发布；印制了1500份《大兴区政府信息公开工作手册》发放到全区各基层单位，供学习参考；通过网站检查、电话沟通和发布系统短消息等方式对各基层单位发布的政府信息进行监督检查，要求严格执行信息保密审查机制，确保发布信息严谨准确；与市公开办、各区县政府及市级相关单位建立良好的交流沟通机制，利用网络即时通讯等方式交流经验，解决工作中遇到的难题，学习相关政策理论。

(郝愿超)

政府法制工作

【概况】 2009年，区法制办在区委、区政府的正确领导下，紧紧围绕区委、区政府的中心工作，较好地完成了各项政府法制工作任务。年内全区各行政执法机关实施行政处罚共计340663起，罚没金额总计12936.3万元。其中，罚款12516.34万元，没收违法所得85.5947万元，没收非法财物334.0682万元，责令停产停业138个，行政拘留3577人。全区各行政执法机关加大处罚力度，执法到位率进一步提高，有力地打击了各类违法违章行为，为全区经济发展和社会稳定营造了良好法制环境。

名称：北京市大兴区法制办公室

地址：北京市大兴区兴政街15号

电话：61298587

邮编：102600

【召开依法行政工作会议】 2月27日，区委、区政府召开2009年依法行政行政服务全程代办信息公开暨网站建设工作会议，对全区一年来工作开展情况进行了认真的总结，对先进单位和个人进行了表彰，并对本年工作进行了周密的部署。会议由区政府办公室主任李维民主持，区政府法制办主任刘宝君做了《规范政府行为 提高服务水平 加强政府自身建设》的工作报告，区委常委、常务副区长张晓林做了重要讲话，区人大副主任周静溪、区政协副主席路志权等领导出席了会议。

(刘振启)

【依法行政】 年内，加强依法行政工作制度建设，先后制定了《大兴区2009年全面推进依法行政工作要点》和《大兴区加强依法行政工作的实施意见》等文件，对全区推进依法行政工作提出具体要求。落实领导干部学法培训制度，全年区政府常务会共学习2次，其中，法制办刘宝君主任在区政府常务会上介绍了国务院《决定》有关内容，并对全区贯彻落实情况进行了解释和说明。拟定了《大兴区政府重大行政决策暂行办法》，内容包括重大行政决策听取意见制度、听证制度、合法性审查制度、集体讨论制度、实施情况后评价制度、责任追究制度六项基本制度，进一步明确重大行政决策的范围、依据原则及公开方式。自觉接受人大依法监督和政协民主监督，主动向区人大和区政协汇报了政府依法行政工作，及时办理和答复区人大《关于行政审判工作情况报告的审议意见》。

（刘振启）

【执法监督考核】 3月，区法制办组织召开各镇政府依法行政工作汇报会，就镇政府法制机构建设、如何加强法制工作培训等问题提出相关工作建议。9月，组织召开了镇政府依法行政经验推广会，瀛海镇政府、榆垡镇政府作为示范单位，介绍了本地区推进依法行政工作的经验和成效，各镇政府还学习参观了瀛海镇政府的相关制度建设情况，有力促进了各镇政府依法行政工作的深入开展。对全区24个行政执法部门69卷行政处罚案卷进行评查，并在其中抽调10卷参加市法制办组织的案卷评查，优秀率达到94%以上。加强对重点行政执法领域的指导监督工作。多次参加拆迁、拆违、案件移送程序、执法主体、委托执法等方面执法协调会，加强对各执法部门具体执法行为的指导，提供法律建议，做好执法协调工作。针对本区拆迁拆违工作量大、易引发涉法涉诉问题的实际，及时研究制定了《大兴区违法建设强制拆除工作职责和程序》和《大兴区行政强制拆迁内部工作程序》等指导性文件，提高拆迁、拆违工作的规范化和透明度，促进依法行政。年内，共审核强拆申请38件，拟定强拆决定33件，退回申请5件，审核强制拆违申请4件，拟定批复4件。3月和6月，分别组织召开了区政府和区法院2009年第一、二次行政法律工作联席会议，会上通报全区行政执法情况、行政首长出庭应诉制度落实情况和拆迁工作进展情况，并就相关问题进行广泛交流，有效加强了执法监督指导，规范了行政执法行为。年内有6家单位8位行政首长出庭应诉。各单位行政诉讼文书备案37件。12月15至21日，区政府办、法制办、监察局等六家单位组成联合检查组，分三个检查小组对全区62个单位进行了2009年度依法行政、全程办事代理制、信息公开和网站建设联合检查考核。

（刘振启）

【审核规范性文件】 年内，共审核区政府及工作部门规范性文件22件，完成北京市规章草案征集意见15件，按时完成了以区政府和区政府办印发的行政规范性文件的清理工作，共清理文件1547件，遴选确定出行政规范性文件117件。下发《关于进一步加强规范性文件备案工作的通知》和《大兴区行政规范性文件审核制定程序》，对规范性文件的备案范围、时间、程序进行了重申和明确。对各单位制发的行政规范性文件进行备案共计9件。

（刘振启）

【行政复议与应诉】 年内，共接待来人来访约35件69人次，受理行政复议案件28件，其中维持13件，驳回申请4件，不予受理6件，终止2件，撤销行政决定2件，转至市政府1件，另代理市政府受理的区政府为复议被申请人案件1件。全年共组织办理以区政府为被告的应诉案件11件（上诉案6件），其中直接代理区政府应诉案件6件，案件结果为，判决撤销1件，驳回起诉3件，驳回上诉5，原告撤诉1件。7月16日，成立大兴区行政复议接待室，协助区法制办做好行政复议案件的技术性事务性工作及日常接待工作。

（刘振启）

【法制宣传培训】 4月份，区法制办制定印发了《开展2009年依法行政宣传工作的通知》和《大兴区行政执法人员学法用法培训方案》，对各单位内部培训工作提出明确的要求和标准，确保执法人员学法用法工作取得实效。积极指导和帮助镇政府落实城乡规划法的实施，在镇政府拆除违法建设的法律使用和执行程序上提供支持，协调镇政府做好拆违工作,整治违法建设。并按照区领导指示,草拟了《镇政府领导干部城乡规划法、城乡规划条例测试题》。按照市法制办《关于进行行政处罚执法资格公共法律知识考试的通知》要求,对成绩合格者重新核发全市统一的行政执法证件,全年共核发行政执法证件20个单位344人,建立全区执法人员信息数据库备案共计39个单位3647人。加强法制工作的宣传和交流,共上报信息13篇,被《大兴信息》采用5篇。编印《法制工作动态》12期,特刊3期。以《行政复议法》施行10周年为契机,10月31日,组织12个行政执法部门在本区物美大卖场广场开展贯彻实施《中华人民共和国行政复议法》十周年主题宣传活动,副区长常红岩及相关部门的主要领导参加了宣传活动。

(刘振启)

对外事务

【概况】 2009年,大兴区外事工作紧密围绕国家、首都外交大局、国庆60周年及大兴区中心工作,服务发展大局,本着外事无小事的原则,着重在规范管理、严格审批程序、搭建对外友好交流平台、服务首都举办60年大庆活动、加强调研摸底、转变工作理念及推进我区国际化进程等方面做了大量工作。年内接待了来自加拿大、韩国、中非、阿拉伯国家驻华使团等国家和国际组织重要外宾及留学生。共计约240人次来区参观、访问。

名称:北京市大兴区外事办公室
地址:北京市大兴区兴政街15号
电话:61298553
邮编:102600

【外事管理】 年内,本区成立了由区纪委监察局、组织部、外事办、财政局、审计局、人事局为成员单位的大兴区制止公款出国(境)旅游专项工作小组。制定了北京市大兴区制止公款出国(境)旅游专项工作方案,及《北京市大兴区关于贯彻落实制止公款出国(境)旅游专项工作的实施意见》。要求各单位领导干部要以身作则,严格遵守外事纪律,抓好本单位因公出国(境)工作,不组织、不参加各类公款出国(境)旅游活动,从严掌握本单位上报的因公出国(境)任务,对没有实质性出访任务的团组不得上报审批。要求各单位出访团组要严格按照任务批件规定的时间、路线执行出访任务;严禁弄虚作假、擅自延长在外停留时间、增访绕道等变相公款出国(境)旅游现象发生;严禁持用因私护照出国(境)执行公务;严禁党政干部挪用其他公共资金出国(境),或向下属机构、企事业单位摊派出访费用。严格禁止持因私证件出国境执行公务。9月,与区监察局等部门联合检查区内重点单位教委、卫生、开发区等重点单位持因私证件出国境执行公务情况,未发现此类现象。加强出访团组行前教育力度。区外办对所有出访团组上门进行行前外事纪律教育,局级团组由外办主任亲自讲课。除对在外期间的人身、财产安全,保密等事项进行提示外,还要求各出访团组提供真实行程和机票复印件,查验抵离境日期,并要求团组负责人在记录单上签字。截至年底,本区未出现超期绕道增访等违规违纪现象,因公证照收缴率达到100%。

(栗振旺)

【涉外管理】 甲型H1N1流感在全球爆发后,区外事办配合市外办及区内应急、卫生等部门开展防控甲型H1N1流感工作。协调旅游、卫生疾控等部门开展针对外籍人员的甲流感防控工作,制作印刷6种语言的宣传提示手册,下发到各宾馆饭店及外籍人员集中场所。为处置区内外籍感染人员提供语言翻译服务。根据现实情况需要,对因公出国境人员行前教育增加了防控甲型H1N1流感方面知识内容。对出国人员发放预防甲型

H1N1 流感知识材料，并要求回国后自动按有关要求居家隔离，全区出访归来人员未发生疫情。为进一步提高基层单位外事工作人员管理水平，邀请市外办专业人士就外国记者采访、涉外突发事件处置、外国留学生及外国专家管理等方面对全区各单位党政办公室主任进行现场培训指导，收到良好效果。强化外事、宣传、公安联动体系，加强境外记者及涉外突发事件处置。“三鹿奶粉事件”引发的赵连海串通部分受害者家属约见境外媒体事件处置得当，未引起负面效应。协助区商务局和区民委开展清理整顿区内外派劳务市场秩序专项活动和基督教专项整治工作等。

（栗振旺）

【体制机制创新】 年内，区外事办在因公出国（境）人员管理工作中，根据党风廉政建设因公出访工作牵头单位责任要求，认真做好行前教育工作，制定、印发了《因公出访行前教育手册》，对本区所有自组团组就涉外风俗礼仪、人身财产安全、保密意识等方面进行培训和提示。

（栗振旺）

【因公出国（境）审批】 全年，实成行团组共计 53 批 71 人，其中自组团 7 批 23 人，党政机关人员 46 批 59 人。年内出访人数、团组数及出访经费与上年相比均下降近 50%。确保了本区因公出访团组数、人数、出访经费在前三年平均数的基础上压缩 20% 的目标。因人员结构不合理、出访人员与任务不符及建国 60 周年等原因压缩取消 8 批 32 人的出访任务（含一局级团组）。

（栗振旺）

【对外交往】 韩国首尔冠岳区与本区的友好交往因“东北工程事件”于 2002 年中断。4 月，韩国首尔冠岳区致函本区，探讨恢复两区友好交流关系。本区复信表示愿在平等互利的原则下与之恢复关系。

（栗振旺）

【改善涉外环境】 年内，进一步加强双语标识及市民讲外语工作的长效机制建设，增强主动服务意识，继续开展双语标识，市民讲外语活动。重点在区内新建及改扩建道路、对外参观单位、医院等公共场所规范双语标识新增双语标识 200 余块。年内，全区规范双语标识总数已近 1 万块。富强西里等社区继续开展社区居民讲外语活动，全年累计有 2000 余人次参加各类外语学习辅导班。协助区信息中心创建大兴信息网英文版。

（栗振旺）

【承办大型活动】 5 月，本区成功举办了全球职业极限运动巡回赛。接待外国及港澳选手共计 79 人。此次接待活动持续时间长，人数多，参观及赛事活动多。圆满完成了邀请市领导参加开幕式等一系列外事礼宾礼仪活动，为整个赛事成功举办奠定了基础。

（栗振旺）

【国庆六十周年庆祝活动保障】 围绕建国六十周年庆典，提高预防和处置涉外突发事件能力，切实做到“防患于未然”。进一步完善了外事应急预案，加大安全维稳工作力度，密切与相关部门沟通联系，及时获取涉外安全稳定信息。检查区内 10 余家重点三资企业国旗悬挂情况，保障了国庆六十周年庆祝活动顺利进行。

（栗振旺）

应急指挥

【概况】 2009 年，区应急办始终以贯彻落实《中华人民共和国突发事件应对法》和《北京市实施〈中华人民共和国突发事件应对法〉办法》为主线,以“大兴安全”为目标,以“平安国庆”为重点,通过不断加强值守应急体系、城市运行保障体系建设,积极应对并妥善处置各类突发公共事件,圆满完成了建国60周年应急服务保障和H1N1甲流感防控工作。区应急委首次对区应急工作实行考核,3月5日下发了《关于印发大兴区应急管理工作考核办法(试行)的通知》(京兴应急委[2009]2号),从11月23日至12月4日,对全区46个应急专项指挥部办公室、镇(街道)和相关单位进行了考核,进一步规范了本区应急管理工作。

名称:北京市大兴区应急指挥中心
地址:北京市大兴区兴政街15号
电话:61298500
邮编:102600

【预案管理】　年内,根据市应急委“横到边、竖到底”预案体系要求,本区将应急预案的编制、修订工作纳入了区政府折子工程,并创新了预案管理办法,实行预案催办单制度,加强了预案的制订和修订工作。根据市应急委印发的专项预案通知精神,认真对各类预案进行了研究分析,结合本区实际情况提出了预案修订指导意见,印发了大兴区重大动物疫病防控、涉及民族宗教方面群体性事件应急预案和气象保障应急预案。加强基层单位应急预案建设,3月,对各应急专项指挥部办公室、各镇、各街道和有关单位进行座谈培训,规范了各单位预案建设。开展生产经营单位应急预案备案工作,区应急委下发了《关于开展全区生产经营单位应急预案备案管理工作的通知》(京兴应急委[2009]9号),完成了4079家生产经营单位4318份事故应急预案的备案工作,其中12个行业部门备案工作完成,有1090家生产经营单位备案应急预案1307份。

(高尚民)

【综合信息工作】　年内,区应急办进一步加强应急信息工作。积极推进区、镇(街道)、村(社区)三级应急信息报告网络建设,及时调整充实各级信息直报的组织机构和人员。充分发挥网络直报的时限性,全年突发事件信息未发生迟报、谎报、瞒报、漏报现象。急刊物的决策服务作用持续增强。全年共编辑《应急工作》、《应急动态》、《值班要情》等应急刊物67期,确保区领导及时掌握全区各类公共安全信息,为开展应急处置工作奠定了坚实基础。

(高尚民)

【宣教动员】　年内,区应急办印发了《关于开展〈中华人民共和国突发事件应对法〉和〈北京市实施办法〉自查的通知》(京兴应急办[2009]12号),加强了“应对法”和“北京市实施办法”的宣传和教育工作。聘请市应急办开展了《中华人民共和国突发事件应对法》和《北京市实施〈中华人民共和国突发事件应对法〉办法》的专项培训;区应急办与区人事局共同组织全区公务员开展了“两法”学习;区安监局通过本区“安全生产培训基地”开展培训53期,培训人员6966人次;区卫生局以公共卫生安全宣传教育基地为依托,制作各种宣传折页、张贴画,广泛宣传食物中毒及生活饮用水知识,开展了爱国卫生运动知识宣传,特别对预防肠道、甲型H1N1流感、手足口病、狂犬病等易发公共卫生事件进行了广泛宣传,发放资料13688余份,涉及6万余人;落实了全区所有部门和单位的党政办、行政办主任的应急培训,参加培训人员达到130余人。加大宣传力度。区应急委印发了《大兴区2009年防灾减灾日活动工作方案》(京兴应急委[2009]4号),5月7日至13日期间,在全区开展了主题鲜明、形式多样、内容丰富的防灾减灾和应急管理系列活动。在5月12日宣传日当天,由区应急委主办,邀请四套班子领导参加的集中活动,共展出应急抢险设备50余套，展板190块，向1万余名群众发放宣传单、宣传袋等16000余份，对进一步加强本区防灾减灾工作，弘扬公共安全文化，普及防灾减灾知识，提高风险防范意识和灾害应对能力，起到了积极的促进作用。

（高尚民）

【通信技术工作】 年内，区应急办继续加强技术支撑体系建设，加强应急指挥平台维护，实现了800兆无线调度系统在全区应急系统的全覆盖。制定并下发了《大兴区应急移动指挥车使用管理办法》（京兴应急办［2009］6号），突出抓好应急移动指挥设备的使用和管理，经受了实战检验。强化了图像信息管理系统管理，加强与区公安分局图像监控平台的无缝衔接，保证图像传输的稳定性。全年与市应急指挥平台的互联互通基本正常。

（高尚民）

【应急演练工作】 年内，区应急办全面推进应急演练工作，转发了《市应急办关于印发北京市突发事件应急演练管理暂行办法的通知》（京兴应急办［2009］1号）。共开展了电力、防汛、特种设备、公共卫生等27次区级专项应急演练，各镇、街道、社会单元组织群众开展了多种形式的应急演练816次。同时加强了应急预案的针对性和实操性检验，特别对新中国成立60周年庆祝活动逐一落实工作方案，强化实地演练，反复查找薄弱环节，确保了各项庆祝活动的顺利进行。

（高尚民）

【突发事件应急处置】 年内，全区共发生各类突发事件64起，死40人，伤36人。其中，事故灾难类40起，公共卫生类6起，社会安全类18起，全部得到了成功处置。影响较大的突发事件有：成功处置“2·23”大兴工商分局鹿圈工商所纵火案（3人重伤）、“8·16”燃气泄漏事故（天然气管道泄漏约6小时）、“10·28”建筑工程事故（2死3伤）、“11·5”有限空间作业事故（2死1伤）、“11·21”南六环道路交通事故（2人死亡）等多起突发事件。全年无重大及特别重大自然灾害、事故灾难、公共卫生和社会安全事件，完成了预防高致病性禽流感、口蹄疫等动物疫情工作。

（高尚民）

【风险评估工作】 年内，区应急办以国庆安保工作为主线开展了城市公共安全风险评估与控制工作，制定并组织实施《大兴区关于做好新中国成立60周年庆祝活动期间城市公共安全风险与控制工作方案》（京兴应急委［2009］4号），组织实施了公共安全领域各类隐患的风险评估与控制工作，认真查找安全管理的薄弱环节，切实增强应急管理的预见性、针对性，坚决防止突发事件的发生，实现了风险识别、风险监测、应急准备和应急处置全过程的综合管理，有效地降低城市公共安全各类风险。同时，加大安全生产隐患排查整改力度，做到随时发现随时整改，全年本区无市级安全生产挂帐隐患。

（高尚民）

【应急体系建设】 年内，以《中华人民共和国突发事件应对法》和《北京市实施〈中华人民共和国突发事件应对法〉办法》为依据，区应急委首次开展了大兴区应急管理工作考核，重点推进本区基层应急体系建设，特别加强了领导机构、主管科室、专兼职管理人员等专项考评。各专项应急指挥部办公室、各镇、各街道及相关单位全部组建了应急管理组织机构，其中，区安监局、卫生局、庞各庄镇、黄村镇、西红门镇、榆垡镇等单位分别组建了专职的应急组织机构（应急事故科和应急办），配备了专职人员。建立了12支专兼职应急抢险救援队伍，涉及消防、危化、电力、供水、防汛、燃气、地震、人防工程、森林防火、道路交通、建筑工程、医疗急救等多种行业,全区应急综合保障能力大幅提高。

(高尚民)

【国庆六十周年庆祝活动保障】　年内,圆满完成了新中国成立六十周年庆祝活动期间城市运行和应急保障任务,区应急办被市委、市政府评为国庆安保先进单位。根据市应急委、市应急办和区委、区政府总体部署,区应急办印发了《关于做好大兴区新中国成立60周年庆祝活动风险评估与控制工作的通知》(京兴应急委[2009]4号)和《2009年国庆期间大兴区突发事件应急处置工作方案》(京兴应急委[2009]8号),对14个专项应急指挥部办公室的应急抢险方案、人员、物资、设备进行了实地检查,扎实推进应急服务保障各项工作。从9月20日至10月8日,区应急指挥中心与区国庆调度中心合署办公,全面启动"战时"机制,严格执行区领导带班和区应急委领导赶赴现场处置突发事件责任制。国庆节期间,区应急指挥中心配备双班和实行主副班,全区应急系统坚持24小时领导带班和工作人员值班,落实平安国庆"零报告",保证了庆祝活动的顺利进行。

(高尚民)

【甲型H1N1流感防控工作】　年内,按照市、区两级防控甲型H1N1流感工作部署,区应急办及时转发了《市应急委关于北京市防控甲型流感工作机构方案的通知》(京兴应急委[2009]5号)、《市应急办关于加强大型活动安全管理做好本市防控甲型H1N1流感工作的通知》(京兴应急办[2009]8号),制订并下发了《大兴区进一步加强甲流防控工作方案的通知》(京兴应急委[2009]7号),与区突发公共卫生事件应急指挥部办公室一起,迅速落实各项防控措施。组织制定防控工作方案,落实"四方责任",确保各项措施落到实处;建立联防联控工作机制,及时召开会议,协调各部门联合开展防控工作;做好信息沟通,及时了解全区疫情。编制了《应急工作专刊》29期,向市应急办报送本区防控工作信息30条,刊登21条;配合全区防控工作督导检查,累计迎接市级部门检查10次,参与区级督查11次;做好宣传工作,开展防控知识宣传等大型活动400余场次,发送各种宣传材料10余万份;向辖区参加国庆游行和群众联欢的人员开展流感防病知识宣传,发放宣传品8千余份;做好应急队伍建设和应急物资储备工作,切实做好突发疫情的应对工作。

(高尚民)

【便民电话受理】　年内,区应急办共接便民热线电话8350余件/次,受理市政府非紧急救助服务中心交办事项4160件,办理《市长电话值班专报》5件,协调解决"北京人民广播电台城市管理广播转办函"66件,与有关部门接待处理上访事件180余次。主要涉及政策咨询、投诉建议、问题举报和关系民生的水、电、汽、热、行、住、物业纠纷及土地承包、占地拆迁等。通过不懈努力,及时解决了一大批群众反映的突出热点问题。全年交办件按照交办时限办结率100%。在新中国成立60周年国庆期间,本区被市非紧急救助服务中心评为"国庆60周年服务保障优秀单位"。

(高尚民)

行政事务管理工作

【概况】　大兴区政府机关后勤中心为区政府直属正处级事业单位,编制62名,经费为全额拨款,负责区委、区政府机关和区综合行政服务中心两个办公区的保障和服务工作,确保两个办公机关工作的正常运转。现有职工81人,其中在职职工59人、退休职工22人。在职职工中,干部6人、工人53人(其中社会化合同工6人)。处级领导三名,两正一副,内设4个科室。2009年,机关后勤服务中心在区委、区政府的领导下,以邓小平理论和"三个代表"重要思想为指导,坚持以科学发展观为统领,以做好"三个服务"为宗旨,不断加强干部职工思想和作风建设,拓宽工作思路,切实履行"管理、保障、服务"职能,不断推进机关后勤机制创新、管理创新和服务创新,积极推进机关后勤服务工作、和谐机关和节约型机关建设。在全体干部、职工共同努力下,较好地完成了各项工作任务,有效保障了区委、区政府机关和区综合行政服务中心两个办公区域工作的正常运转。

名称:北京市大兴区机关后勤服务中心
地址:北京市大兴区兴政街15号
电话:61298505
邮编:102600

【后勤保障】 4月,区后勤服务中心对政府食堂单间进行了改造装修,综合行政服务中心食堂改建、改造了明档和大单间,进一步改善用餐环境,增强餐服务能力。对机关大楼前花坛进行改造施工,新建"创新"、"和谐"花坛美化了机关环境。5月,完成《大兴区政府机关后勤服务中心规章制度汇编》修改完善工作,从岗位职责、行为规范、操作规程、学习制度、党风廉政、责任追究、奖惩规定等方面进行了修改、完善,为在单位形成以制度管人、以制度干事的氛围奠定了基础。7月,组织了规章制度知识竞赛。派出16名同志作为标兵,参加国庆六十周年群众晚会的维保工作,大家严格要求,服从管理,圆满完成了工作任务。与宾馆协商,修建停车场,解决机关工作人员私人停车问题。由于综合行政服务中心办公区物业管理公司服务合同期满,6~8月份,通过政府采购招标,完成31#楼物业公司更换招标,并在国庆前平稳接交过渡。

(王盛富)

信访工作

【概况】 2009年,区信访办在区委、区政府的正确领导下,在市信访办的指导帮助下,按照中央、市委和区委的统一部署,为确保60周年大庆积极采取各种措施,不断加大矛盾纠纷化解力度,妥善处置非正常上访,集中治理"三跨三分离"信访积案及涉法涉诉案件,继续开展领导干部大接访活动,化解了大量影响社会稳定的矛盾,集中解决了一批重点、难点问题,有效地维护了群众权益,为国庆60周年大庆和社会和谐稳定奠定了坚实基础。年内,区信访办共受理群众来信来访2363件(案),与上年同期2887件(案)相比下降18.2%。其中受理群众来信1470件,与上年同期的1910件相比下降23.0%,其中受理联名信73件,与上年同期的186件相比下降60.8%。受理群众来访893批4306人次,与上年同期的977批4873人次相比,批次下降8.6%,人次下降11.6%;其中集体访129批2590人次,与上年同期的204批3156人次相比,批次下降36.8%,人次下降17.9%。全年,本区实施了多项重大工程,共涉及整建制拆迁24个村,加上重大线性工程拆迁,涉及70多个村、1万多个院落、2万多人,是历史征地拆迁面积最大、涉及人员最多、就业压力最大的一年,实现了无震荡和谐拆迁。

名称:北京市大兴区信访办公室
地址:北京市大兴区兴政街20号
电话:69268175
邮编:102600
网址:www. dxxfb. gov. cn

【区领导接待日情况】 每周二为本区区领导接待日,年内,18名区级领导共接待群众来访415批1392人次。

(赵洪桥)

【领导包案】 年内,区委书记林克庆负责包庞各庄镇,在处理信访事件过程中,就庞各庄镇土地确权问题5次下访,认真听取群众意见,抓住重点矛盾,根据当地的实际情况,和镇有关负责人一起现场研究解决对策。截至年底,24个村除4个合同不到期、1个需做大调整以外,其余19个村的土地确权工作已全部完成,此矛盾在镇级范围内基本上得到了化解。生物医药产业基地东配套区拆迁工程启动后,大庄村积极配合推进拆迁工作,提出一并解决已享受福利购房与未享受福利购房待遇不均衡的历史遗留问题。已购房屋的192户村民对此方案极为不满,认为村民是否购买自建楼房与拆迁安置楼房没直接关系,故不同意在回迁中抵扣面积,存在较大规模群体访的风险。区长李长友亲自带队,先后四次召开全体党员及村民代表座谈会,成立工作小组,入户反复宣传、耐心解释政策,引导上访群众以合法的信访程序反映问题。使得大庄村298个自然院落全部按时实施了拆迁。在解决亦庄镇信访问题上,市联席办主任薄钢等三赴本区与区委主要领导研究解决方案,区主要领导亲自带队,走访20个撤队转制村6000多户16000人,看望贫困户,认真听取意见和建议,接待上访群众850多人,掌握诉求190多条,对稳定群众情绪起到了积极作用。

(赵洪桥)

【发挥联席会议的作用】 年内,区联席会议已先后召开由区委区政府主要领导牵头和七个专项治理小组成员及有关部门主要领导参加的联席会议28次,研究和解决了26件疑难、复杂、重复信访问题。区调处中心召开协调会110次,解决和缓解了82件矛盾,有效遏制了越级访的发生。

(赵洪桥)

【国家信访局领导到本区调研】 9月10日,中央信访工作督导组、国家信访局局长王学军一行4人,在市信访办主任薄刚、市信访督导组组长杨国昌陪同下到本区督导检查信访工作。王学军对本区重基层、打基础、抓源头,有效预防和减少矛盾的发生工作给予了肯定。通过此次督导检查,对本区进一步做好信访工作将起到很大推动作用。

(赵洪桥)

【解决拖欠农民工工资问题】 年内,区信访办共接待拖欠农民工工资问题142批1273人次,解决拖欠工资5300多万元。

(赵洪桥)

人事机构编制

【概况】 2009年人事局在区委区政府的领导下,在机遇与压力并存的形势下,全面落实科学发展观,围绕“保发展、保稳定、保民生”的工作目标,有序的开展各项工作。人事局以改革为新契机,统筹规划,强化落实进一步规范人事人才工作,创新服务方式,着力提升人事部门服务经济社会发展的水平,优化人才发展环境,做好毕业生就业和军转安置工作,加强人才队伍建设,稳妥推进事业单位改革,为建设宜居宜业和谐新大兴提供坚实的人事人才保障。在全体人员的共同努力下,圆满完成各项工作任务。

名称:北京市大兴区人力资源和社会保障局

地址:北京市大兴区兴政街15号
大兴区兴丰南大街138号

电话:61298980　69225190

邮编:102600

网址:www. dxrsh. gov. cn
www. dxldbz. gov. cn

【春节期间走访慰问专家】 1月15日,区委常委、组织部长王新在区委组织部副部长、区人事局局长佟秀全的陪同下，专程登门看望本区享受政府特殊津贴的部分专家。截至年底，全区共有享受政府特殊津贴的专家10人。

（王　宇）

【举办首场招聘会】 北京市于2月26日启动“首都人才市场促进高校毕业生就业服务月”活动。活动期间，区人事局拟举办3场专场招聘会。2月18日，区人事局举办“首都人才市场促进高校毕业生就业服务月”首场现场招聘会。有40家招聘单位参会，共提供招聘岗位610个，参加招聘会人数达1026人，有295人现场达成就业意向。

（王　宇）

【公开招考公务员笔试科目考试】 2月21日，区人事局完成北京市各级机关2009年上半年考试录用公务员公共科目笔试组考任务。此次考试，主要面向应届高校毕业生及“村官”，考点设在大兴一中，共43个考场，有1271人参加考试。

（王　宇）

【举办高校毕业生专场招聘会】 3月9日，区人事局与亦庄经济技术开发区联系，开发就业岗位，联合举办高校毕业生专场招聘会。共有37家单位参会，其中开发区企业23家，占参会单位总数的62.2%，共提供就业岗位492个，参会人数1100人，含2006届“村官”130人，有217人当场达成就业意向。

（王　宇）

【面向2006届村官招聘】 5月~6月期间，区人事局统一组织全区事业单位面向2006届“村官”公开招聘工作。参加此次公开招聘的事业单位30个，招聘人数30人，涉及30个岗位。报名人数226人，参加笔试218人，面试81人，有28人通过面试、体检和考核，与招聘单位签订了聘用合同。

（王　宇）

【公开招考公务员面试】 6月17日，区人事局完成大兴区面向2006届大学生“村官”公开招考公务员面试工作。此次全区共拿出12个公务员岗位，面向2006届大学生“村官”进行公开招考，有114人报名参加笔试，进入面试的大学生“村官”有46人。

（王　宇）

【中学教师高职评审委员会换届】 6月30日，区人事局完成了本区中学教师系列高级专业技术职务评审委员会换届和会签工作，调整高评委委员2人，调整专家库专家34人。

（王　宇）

【村官选聘】 7月16日，区人事局完成2009年村官选聘工作。共有242名应届毕业生入选。其中北京生源毕业生188名，非北京生源毕业生52名。研究生16名，本科生167名，专科生59名。男生79名，女生163名。党员68名，预备党员7名。

（王　宇）

【教育系统职称评审】 7月27日~30日，组织全区教育系统中、高级职称集中评审工作。其中中学一级教师参评198人，评审通过194人。小学高级教师参评181人，评审通过169人。中学高级教师参评165人，评审通过146人。小学中学高级教师参评23人，评审通过3人。

（王　宇）

【新一轮电子政务培训启动】 8月3日，大兴区新一轮公务员信息化与电子政务培训工作正式启动。全年计划培训9期，首期参加培训的有130人。

(王 宇)

【公务员《突发事件应对法》培训】 9月,启动全区公务员《突发事件应对法》,举办公务员骨干暨师资培训班,全区各单位80多名公务员参加。

(王 宇)

【公务员科学素质教育活动】 9月18日,开展"科学素质大讲堂"教育活动。市政协常委、区政协副主席、北京麋鹿生态实验中心副主任郭耕作首场专题讲座。全区各单位300多名公务员参加首期培训。

(王 宇)

【举办就业援助专场招聘会】 9月18日,区人事局举办"北京市迎国庆就业援助专场招聘会大兴区专场暨大兴区特困、农民家庭子女毕业生专场招聘会。此次招聘会,参会企业36家,提供就业岗位412个,参加人数821人,其中低保家庭子女毕业生14人,农民家庭子女毕业生38人,共有239人当场达成就业意向。

(王 宇)

【组织经济专业技术资格考试】 11月8日,区人事局完成2009年度全国经济专业技术资格考试组考任务。此次考试在本区设2个考点,共51个考场,设置2个级别12个专业考试,参考人数1399人次。

(王 宇)

【公务员公共科目笔试组考】 11月29日,区人事局完成中央机关及其直属机构2010年度考试录用公务员公共科目笔试组考任务此次考试在本区设3个考点,共115个考场,参考人数3439人次。

(王 宇)

【公开招考公务员笔试科目考试】 10月31日,区人事局组织北京市各级机关2009年下半年考试录用公务员公共科目笔试科目考试。此次考试,在大兴一中和首都师范大学大兴附中设两个考点,共77个考场,有2281人参加考试。

(王 宇)

【实施绩效工资】 年内,按照国家和北京市的同一部署,大兴区义务教育学校自2009年1月起实施绩效工资。区人事局制定《大兴区义务教育学校绩效工资实施方案》、《大兴区义务教育学校工资实施办法》。教师绩效工资分为基础性、奖励性两部分。

(王 宇)

【军转安置】 年内,区人事局完成军队转业干部接收安置工作。共接收安置计划分配军队转业干部9人。

(王 宇)

【各类培训】 全年,区人事局组织5期公务员公共管理(MPA)核心课程培训,521人参加。组织完成全区科级、副科级领导职务公务员网上学习的组织工作,全区共有584名公务员参加。组织完成《建设"人文北京、科技北京、绿色北京"知识讲座》报名、教材发放及考试,共组织区内205个单位、5525人报名参加,其中公务员2878人。组织军队转业干部培训,19名军转干部参加。

(王 宇)

【技术等级培训考核】 全年,区人事局相继组织制冷设备维修、汽车驾驶、计算机文字录入处理、公路养护、电工、农艺、绿化、汽修等工种的培训。经考核,共有390人取得技术工人岗位合格证书。

(王 宇)

【办理北京市"绿卡"】 年内,区人事局将办理北京市“绿卡”(北京市工作居住证)列为全程代办事项,规范办理程序。全年共为80名外省市人员办理了居住证。

(王 宇)

【引进高级人才】 全年,区人事局为高新技术企业、教育、卫生等事业单位引进京外高级专业技术和管理人才21人。

(王 宇)

【毕业生就业】 年内,全区共引进外地生源毕业生247人,包括160名研究生和87名本科生。全区生源高校毕业生2948人,截至年底,就业人数2750人。

(王 宇)

【机构改革】 12月,按照区委区政府有关要求,撤销区劳动和社会保障局与区人事局,成立大兴区人力资源和社会保障局。

(王 宇)

劳动和社会保障

【概况】 2009年,大兴区劳动和社会保障局紧紧围绕“保增长、保民生、保稳定”目标,全面落实科学发展观,积极应对国际金融危机的不利影响,主动采取措施,在特殊的形势下确保全区就业局势和劳动关系的基本稳定,推动各项工作实现较大进展,为促进全区经济又好又快发展和社会和谐稳定做出重要贡献。

名称:北京市大兴区人力资源和社会保障局

地址:北京市大兴区兴政街15号
大兴区兴丰南大街138号

电话:61298980 69225190

邮编:102600

网址:www.dxrsh.gov.cn
www.dxldbz.gov.cn

【召开劳动保障工作大会】 3月19日,区委、区政府组织召开全区劳动和社会保障工作大会,区四套班子主要领导、全区企业代表、村委会主任等共计800余人参加了大会。会上,对在吸纳本区劳动力就业方面做出特殊贡献的四家用人单位负责人进行重奖。30余家中央、市级主流媒体进行了专题报道。

(吕超男)

【城镇失业人员就业】 年内,城镇登记失业人员就业8878人,城镇登记失业人员就业率69.58%,城镇登记失业率1.02%。其中就业困难人员就业3598人,就业率64%。

(吕超男)

【农村劳动力就业培训】 年内,培训本区农村劳动力4783人,实现农村劳动力转移就业10365人。

(吕超男)

【社区就业岗位开发】 年内,开发社区就业岗位5591个,安置失业人员4983人。

(吕超男)

【自主创业带动就业】 年内,全区自主创业人数930人,带动就业2424人。

(吕超男)

【小额担保贷款】 全年发放小额担保贷款238万元,其中小企业贷款发放8笔,发放金额155万元,个体工商户贷款发放15笔,发放83万元。

(吕超男)

【出台促进就业政策】 年内,出台《关于做好大兴区促进就业工作的意见》(京兴发〔2009〕2号)。强化政府各部门的责任,按照“就业优先”的发展理念,要求区经济发展核心部门督促新建项目、企业吸纳本地劳动力就业比例要达到50%以上,国资委、工业局、商务局等主管的行业企业吸纳本区劳动力就业要达到60%以上,对区社会保障和就业工作领导小组各成员单位均明确职责任务。出台《关于促进大兴区劳动力就业的暂行办法》(京兴政发〔2009〕3号)。按照“统筹城乡、提高标准、降低门槛、简便易行”的原则,针对用人单位和劳动者出台职业技能培训补贴、用人单位招用本区劳动力一次性奖励、创业扶持、职业介绍补贴、交通补贴、村级就业服务组织扶持、就业托底援助及就业先进奖励等八大政策,激励企业吸纳就业和劳动者自主就业。

(吕超男)

【召开“春风行动”系列招聘会】 年内,全区共举办招聘洽谈会53场,接待各类用工单位1151家,提供用工岗位24898个,接待求职人员49892人。初步达成就业意向共计7164人次。

(吕超男)

【稳定就业岗位补贴和社会保险】 年内,全区共有17家企业享受稳定就业岗位补贴和社会保险补贴,总补贴金额1407.68万元,保证1438名轮岗、待岗职工稳定就业。

(吕超男)

【投资项目就业跟踪服务制度】 为充分发挥投资项目拉动就业的效应,本着追踪经济增长点、实现岗位利用最大化的原则,建立投资项目就业跟踪服务制度,对区内重大建设项目、企业进行跟踪,收集用工信息,促使项目、企业投产后最大限度使用本区劳动力。

(吕超男)

【搭建就业动态监管平台】 年内,投入237万元搭建大兴区就业动态监管平台。通过大兴区电子政务专网,联机进行多维数据查询、统计、分析,实现失业预警、劳动力动态监控、预测等功能。

(吕超男)

【建立电子档案扫描系统】 年内,投入200余万元建立失业人员和存档人员电子档案扫描系统,提高档案管理的信息化水平。完成区、镇两级职介38800余份档案的扫描工作,档案管理实现电子化。

(吕超男)

【职业技能鉴定】 全年累计开展职业技能鉴定6802人,鉴定初级工1507人,中级工5295人。其中鉴定社会人员1332人,失业人员1963人,农村劳动力2709人,职高生468人,大中专毕业生265人,两劳人员222人,部队人员143人。

(吕超男)

【促进就业冬季行动】 年内,以“联手促就业,真情保民生”为主题,组织开展五项活动。举行专场招聘,与北京八方达客运有限公司、北京乾建工程总公司等企业签订就业合作协议,建立人力资源就业基地。跟踪重大项目,与项目企业签订就业合作意向书,建立长期合作关系。研究转非劳动力就业安置课题,探索解决大兴区在城市化进程中“人往哪走”的课题。就亦庄、黄村两个镇转非劳动力的就业安置问题形成工作方案。开展“就业服务进家入户”主题活动,重点解决城乡劳动力中的困难群体就业问题。开展创业交流活动,举行创业园座谈会,通过政策培训、专家指导、经验交流、实地观摩等方式,提高创业成功率。活动期间,共开发就业岗位5100个,帮助城乡劳动力就业2600余人,并在基层形成镇镇有洽谈会、镇镇有创业讲座、镇镇有政策下乡“三个有”的工作局面。

(吕超男)

【完善公共就业服务体系】 年内,采取五项措施完善公共就业服务体系。建立大兴区劳动力就业信息监管平台。发挥村(社区)就业指导员(劳动保障协管员)的作用,采集辖区内失业人员和农村劳动力基础信息输入监控管理系,逐步实现"底数清、情况明"。提高基层公共就业服务水平。重点加强村级就业服务工作站建设,完善就业指导员队伍,将村级就业服务工作站的工作列为年度对各镇劳动保障工作考核的重要内容。完善公共就业服务场所窗口服务功能,组织开展就业服务系列活动,为高校毕业生、就业困难人员和农民工等提供便捷优质高效的就业服务。针对不同服务人群特点,开展好"就业援助月"、"春风行动"、"民营企业招聘周"、"高校毕业生就业服务月"等专项活动,促进更多困难群体实现就业。建立公共职介和社会职介联动的就业援助机制,发挥劳动保障协管员职业指导前沿的龙头作用,针对就业群体特点,从心理疏导、技能提升、岗位跟踪、政策支持等方面进行一对一的跟踪服务。

(吕超男)

【创业促就业工程】 推进田园创业模式,征集推广适合农村劳动力的创业项目,推广种植、养殖新技术应用,组建农村经济合作组织。巩固灵活创业模式,加强对带动就业人数较多且依赖外单销售项目的跟踪服务,协调同级部门,利用多种渠道帮助打造自主品牌。检验园区创业模式,以林校路街道创业园为试点,修正完善创业园区扶持办法,建立创业园区创业扶持机制。

(吕超男)

【完善机制推动就业】 年内,采取四项措施推动就业。开展为期一个月的春风行动,向来京人员发放春风卡,发布供求信息。开展转变观念的职业指导,组织农村劳动力进行就业指导,宣传促进就业政策。开展系列专场招聘活动,提高求职针对性,为特殊群体和就业困难人员提供服务。开展"城乡手拉手"专项活动。采用科学培训方式,加大农村劳动力转移培训力度,帮助农民实现就业。

(吕超男)

【四项措施引导农村劳动力创业】 宣传小额贷款、创业奖励政策,积极推荐创业项目,对参培人员进行引导性培训。聘请创业典型讲解创业经历,使参培学员分享成功的创业经验。通过图片、影像等资料,采取实地参观的方式,增加学员对创业成功的切身感受。聘请经验丰富的专家,在创业计划、创业项目等方面对学员进行全方位指导。

(吕超男)

【帮助困难群体就业】 年内,在全区范围内开展一次"就业服务进家入户"主题活动,重点解决城乡劳动力中的困难群体就业问题。各镇(街道)依托基层就业服务工作站,发挥劳动保障协管员、村级就业指导员的作用,进家入户摸清享受城乡低保人员、有劳动能力残疾人、城乡"3540"人员、连续失业一年以上的城乡劳动力、零就业家庭劳动力、纯农家庭劳动力等就业困难人员的基本情况。采取"生活援助、技能援助、岗位援助和托底安置"的措施,结合两节期间"送温暖"活动,对困难群体实施多层次的援助。对经核实确属就业困难人员的,在活动期间至少上门服务3次、提供空岗信息2次,帮助在活动期间登记求职且有就业能力和意愿的困难人员至少50%实现就业。

(吕超男)

【社会保险基金征缴工作】 全年五险基金收缴总额15.6亿元,收缴率均达到98%以上。累计支出13亿元。

(吕超男)

【社会保险扩面工作】 年内,全区养老保险参保199227人,失业保险参保174418人,工伤保险参保259869人,医疗保险参保249727人,生育保险参保82017人。

(吕超男)

【加大社保扩面征缴力度】 年内,采取措施加大社保扩面征缴力度。组成专门工作组深入用工单位开展宣传动员。综合运用监察、仲裁、稽核、审计等手段,做好农民工、非公有制企业、个体工商户和灵活就业人员参保工作。社保大厅开辟VIP窗口,开展预约服务。发布稽核举报投诉电话,通过重点稽核、专项稽核,查处企业瞒报、少报行为。

(吕超男)

【审批退休】 全年审批退休2028人。其中正常退休736人,特殊工种退休1169人,因病劳动鉴定退休95人,退职20人。

(吕超男)

【认定、审批特殊工种】 全年认定、审批特殊工种996人。其中有毒有害工种668人,重体力劳动266人,高低温作业62人。

(吕超男)

【补缴社会保险费工作】 全年补缴社会保险费、变更社会保险关系1091人,其中新参统186人,续缴841人,工龄认定63人。

(吕超男)

【征地转非劳动力社保及就业】 年内,共有整建制转非村14个,涉及亦庄镇、黄村镇、北臧村镇。共有6658人进行社会保险补缴,补缴资金达到4.9亿元。

(吕超男)

【无社会保障老年居民养老保障】 年内,城乡无保障老年居民适用人群的年龄范围放宽,将女职工55岁~59岁的人员列入享受城乡无保障老年人政策的范围内。全区共有55917人享受城乡无社会保障老年人待遇,全年共发放福利养老金10195万元。

(吕超男)

【贯彻执行北京第183号令】 年内,使用183号令退休核准系统对2008年12月31日以后退休的200余名符合条件职工进行退休金改批工作,人均增加退休金百余元。

(吕超男)

【企业退休人员调整养老金】 根据市局颁布《关于北京市2008年调整企业退休人员基本养老金的通知》,年内,完成全区近4万名退休人员基本养老金调整工作。

(吕超男)

【社会保障卡持卡就医实时结算】 年内,根据社会保障卡就医实时结算实施意见,起草《大兴区社会保障卡就医实时结算工作方案》、《大兴区实施社会保障卡就医实时结算工作说明》、《大兴区劳动和社会保障局社会保障卡就医实时结算工作方案》)。

(吕超男)

【工伤认定】 年内,累计申请工伤认定1646件,完成工伤认定1540件,其中个人工伤认定申请94件。

(吕超男)

【劳动能力鉴定】 年内,共组织工伤评残和病退鉴定工作13场,累计鉴定492人,其中因病退休鉴定47人(达到完全丧失劳动能力37人)。工伤鉴定445人,其中一至四级伤残19人,五至六级伤残27人,七至十级伤残335人,未达到伤残52人。配置或更换辅助器具12人。1~4级伤残人员中享受完全护理依赖的5人,享受大部分护理依赖的6

人,享受部分护理依赖的3人。受亦庄镇、黄村镇、北臧村镇占地转非劳动力委托鉴定申请93人,组织鉴定工作5场,其中符合完全丧失劳动能力的90人。

(吕超男)

【落实“一放一分”惠民措施】 上年底,市人力社保局出台解决城镇老年人和灵活就业人员门诊医疗费用、退休人员医疗保险待遇与企业缴费情况脱钩的“一放一分”惠民政策。为了把这些惠民政策及时宣传贯彻到位,采取以下措施:及时宣传,将文件转发到各镇、街道及各参保单位并提出贯彻意见和要求,制作就医和报销流程下发,方便患者就医和报销,要求各单位做好参保人员的政策宣传解释工作。组织各镇、街道社保所做好城镇老年人社区首诊定点医疗机构的选定、变更以及如何就医、报销等工作,随时了解和解决出现的问题。做好疑难问题解答和信息反馈,使参保人员了解就医和申报医疗费用流程。

(吕超男)

【医疗保险基金专项治理】 年内,为保证社保基金专款专用,分阶段组织落实定点医疗机构,定点零售药店社会保险基金专项治理工作。第一阶段,制定《关于对我区定点医疗机构、定点零售药店进行社会保险基金专项治理工作的通知》,并和区卫生局联合召开工作启动会,布置自查工作并提出要求。第二阶段,基金治理自查阶段,各定点医疗机构按照要求梳理存在的问题进行整改,并完善内部监控机制。第三阶段,检查验收阶段,与卫生局组成联合检查小组,抽查21家重点单位,巩固自查成果。

(吕超男)

【基本医疗保险定点医疗机构】 年内,全区有6家医疗机构和4家社区卫生服务站申请认定基本医疗保险定点资格,初审合格7家,初审不合格3家。初审合格的5家医疗机构通过市局复审,合格率100%。

(吕超男)

【定点医疗机构参保工作普查】 年内,全区定点医疗机构94家,二级定点医疗机构7家,一级定点医疗机构34家(其中含门诊部三家),社区卫生服务站48家,3家老年公寓医务室,2家对内服务医务室。此次普查的范围是41家医疗机构(包括其所属的社区卫生服务站)。全区定点医疗机构中符合参保范围2546人,参保2510人,参保率98.5%。

(吕超男)

【基数核定工作】 年内,全区共有参保单位6017家,应核定基数的企业为4741家,占全部的79%,其余企业均为零缴费单位或参保人员均为农民工单位。实际核定4741家,核定率100%。

(吕超男)

【二次信息采集工作】 年内,完成医疗保险首批3927家单位73007人信息采集工作,其中比对合格72994张。完成发放与回收指标100%。

(吕超男)

【二次信息采集工作措施】 汇总所发单位可用的联系方式,人工电话通知到所有能取得联系的参保单位。采取窗口询问制度,所有窗口业务办理人员对来窗口办理业务的单位经办人进行逐一询问,及时发放二次信息采集表格。做好宣传工作,在大厅张贴领取二次信息采集表的通知,给参保单位经办人员提供必要的提醒。

(吕超男)

【“一老一小”及城镇无业居民参保】 年内,

全区“一老一小”及城镇无业人员集中参保人员71807人。其中,街道参保婴幼儿及非在校生8703人,老年人6767人,城镇无业人员1349人。学校参保在校生54988人。累计收缴“一老一小”及城镇无业居民大病医疗保险费557.51万元。

(吕超男)

【社会保险稽核工作】　年内,共接待群众咨询社会保险少缴、漏缴涉及职工8660人次,共立案67件,结案66件,累计为37人追缴各项社会保险费50.94万元,无复议案件、无行政复议或诉讼案件。

(吕超男)

【五项措施降低社会保险费率】　降低失业保险缴费费率,降低工伤保险缴费费率,调整医疗保险缴费周期,降低农民工大病医疗保险缴费费率,暂缓调整养老保险缴费下限。通过以上五项措施,当年累计减轻本区参保企业和职工负担14365.85万元,其中企业10997.71万元,职工3368.14万元。

(吕超男)

【城乡居民养老保险】　年内,全区累计参保17.58万人,参保覆盖率达到90%,基金总额达到6亿元。

(吕超男)

【城乡居民养老保险待遇】　年内,全区共有13272人享受养老待遇,发放金额4698万元,其中发放基础养老金3528万元,人均月领取标准在380元左右。

(吕超男)

【养老保险清算继承一次性待遇】　年内,办理领取期内死亡人员继承业务64人,发放继承金113万元;办理清算业务399人,发放清算金135万元。办理一次性养老待遇82人,发放金额27万元。

(吕超男)

【居民养老保险关系转入转出】　年内,共为62人办理保险关系转入业务,转入金额33万元。为44人办理保险关系转出业务,转出金额17万元。

(吕超男)

【建立风险和安全隐患排查机制】　年内,按照北京市人力资源和社会保障局关于开展全市社保经办业务自查互查工作的通知(京人社保发【2009】　150号)精神,结合本区实际,10月下旬与社保中心内控人员联合,对本区2005年~2009年办理补填、补缴业务开展现场监督工作。

(吕超男)

【劳动合同政策宣传】　年内,组成劳动政策宣讲组,先后对全区17个镇、街道的企业法定代表人进行劳动政策法规的培训。培训企业法定代表人及劳资干部3000人。开展多形式入户宣传。针对不同区域不同经济类型企业,开展“三进三服务”活动。“三进”即送法进街道、进社区、进村队。“三服务”即服务到企业、到工地、到劳动者中间。

(吕超男)

【促进和谐劳动关系建设】　年内,采取四项措施促进全区和谐劳动关系建设。扩大劳动合同签订覆盖面,加大对全区各类企业依法与劳动者签订劳动合同的检查力度。充分发挥劳动保障监察、劳动争议仲裁和信访整体联动机制的作用,及时处理职工特别是农民工的举报投诉、劳动争议和信访案件。切实发挥“劳动关系三方会议制度“的协调作用。把工作着力点放到研究解决劳动关系方面的突出矛盾上。利用报刊、广播、电视和网络等载体,开展法律法规和政策宣传工作。

（吕超男）

【推进劳动合同管理信息化】 年内，采取措施推进劳动合同管理信息化。实现市、区、镇及街道三级合同管理系统的纵向连接，通过对全区1000户企业劳动合同履行情况的动态监控，对劳动合同签订、变更、续签、解除、终止等情况定期进行统计分析，有针对性地提出管理措施。建立网格化监管体系，采集并录入网络监管系统企业信息，对每一户企业落实监管责任，通过劳动保障年检、日常巡视检查和信息采集等形式，时刻动态掌握用人单位劳动合同签订情况，实现精细化管理。

（吕超男）

【劳动合同履行情况】 年内，对全区998户企业59692名职工进行劳动合同履行情况的总体监控。从统计结果看，劳动合同届满人数为4438人，其中续订劳动合同4291人。

（吕超男）

【劳动合同管理规范化】 实行目标绩效考核制度。对镇及街道明确劳动合同管理职能，建立两级目标管理考核体系，年初下达具体考核指标，对劳动合同签订率、集体协商覆盖率提出明确要求。实行劳动合同专项检查制度。连续三年把每年的4月定为劳动合同专项检查月，采取统一部署、分级负责、上下联动的方式，依法查处违法用工行为，责令企业补签劳动合同，规范劳动关系，避免劳动争议案件的发生。

（吕超男）

【集体协商促进协调劳动关系】 年内，全区建立集体合同制度的企业已达640户，覆盖职工5.35万人，签订工资集体协议的425户，签订区域性行业性集体合同5份。其中，当年签订集体合同的企业180户，覆盖职工18500人，实行工资集体协商的企业120户，覆盖职工1.9万人。

（吕超男）

【加大劳动者维权力度】 年内，以“签合同、上保险、保工资”为重点，维护职工的合法权益，实现“无拖欠工资现象”，“平安国庆”的目标。全年通过开展日常巡查累计检查用人单位2842户，涉及职工59820人，共立案查处群众投诉、举报1413件，及时公正处理劳动争议案件3917起，为劳动者追回工资、经济补偿金、补缴社会保险费等共计4000余万元，实施行政处罚201起，罚款190余万元。

（吕超男）

【日常巡查及专项执法检查】 全年日常巡查及专项执法检查用人单位2424户，涉及职工15974人，补签劳动合同1986份，督促办理社保登记66家，涉及职工535人，下发责令限期改正350件。

（吕超男）

【立案查处职工举报案件】 年内，共立案查处职工举报案件1413件，涉及职工2578人。其中集体上访案件54件，涉及职工675人，其中50人以上的案件1件，15人以上30人以下的案件8件，5人以上15人以下45件。

（吕超男）

【案件处理】 年内，责令限期改正350件。行政处理决定46件，涉及金额560.42件，其中社会保险4件，金额4.76万元，工资41件，金额554.31万元，支付赔偿金、经济补偿1件，金额1.35万元。行政处罚决定201件，罚款190.39万元，其中责令改正拒不改正75件，罚款131.7万元。收取抵押金1件，罚款0.1万元。社会保险71件，罚款37.6万元。延长工作时间51件，罚款18.43万元。使用童工2件，罚款2.5万元。扣押劳动者证件1件,罚款0.06万元。

(吕超男)

【劳动监察】 年内,补签劳动合同1986份,追欠工资涉及职工3652人,涉及金额1677.73万元(含突发事件完成数),督促办理社会保险登记涉及单位66家,涉及职工535人,补缴社会保险618人,涉及金额38.93万元,处理突发事件25起,涉及职工3525人,涉及金额1222.5万元。

(吕超男)

【农民工工资支付情况专项检查】 2008年12月1日至2009年1月20日,在全区范围内组织开展2009年"春节"前农民工工资支付情况专项执法大检查活动。共参加检查人数35人,印发资料200份,检查用人单位106家,涉及职工1490人。追讨工资214万元,涉及职工340人。

(吕超男)

【人力资源市场秩序专项检查】 2月12日至3月17日,在全区范围内开展清理整顿人力资源市场秩序的专项行动。此次清理整顿人力资源市场秩序专项行动,共计出动劳动保障执法67人次。检查用人单位163户,涉及职工476人,检查职业介绍机构8户,涉及职工43人,取缔非法中介机构3户,没收非法招工广告79份。

(吕超男)

【处理群体性突发事件】 年内,共处理群体性突发事件25起,涉及职工3525人,涉及金额1222.5万元。

(吕超男)

【加大解决工资拖欠工作力度】 年内,召开解决拖欠工资问题协调小组工作会,对全区在施项目和重点行业用工情况进行分析,分解任务,明确责任,建立督办制度。以镇为单位召开建筑、餐饮服务行业劳动政策法规培训会,通报问题严重的企业。对重点行业开展规范用工专项执法大检查。落实突发事件应急机制,主要责任单位联合备勤,确保快速出击、快速解决。

(吕超男)

【机构改革】 12月,按照区委区政府有关要求,区劳动和社会保障局与区人事局撤销,成立北京市大兴区人力资源和社会保障局。

(吕超男)

国有资产管理

【概况】 2009年,大兴区国资委在区委、区政府的正确领导下,紧紧围绕年度工作重点,积极应对金融危机的严重影响,抢抓机遇、应对挑战,紧紧围绕"保增长、保民生、保稳定"的战略目标,扎实稳妥的开展工作。截至年底,区国资委监管和控股的一级企业22家,监管国有企业资产总额由2004年的99.3亿元增加到338.11亿元。所有者权益由16.7亿元,增加到35.99亿元。监管企业在职职工2985人,安置离退休职工3693人,从业人员2.5余万人。

名称:北京市大兴区人民政府国有资产监督管理委员会
地址:北京市大兴区兴华大街三段15号6层
电话:81296251
邮编:102600
网址:www.dxgzw.gov.cn

【国务院国资委领导到本区调研】 年内,国务院国资委研究中心主任李保民到国家新媒体产业基地星光影视园和北京生物工程与医药产业基地进行调研,对区国资委招商引资工作进行指导。

(孙鲜莉)

【招商引资】 年内,召开驻区部分中央企业座谈会,并与中铁第五勘察设计院集团有限公司达成合作意向。空航国际集团正式落户大兴。

(孙鲜莉)

【制订《大兴区国有经济发展规划》】 年内,《大兴区国有经济发展规划》制订完成。发展规划由规划背景、总体思路与发展目标、战略布局、资产调整、保障措施等五部分组成。

(孙鲜莉)

【指导企业制定中长期发展规划】 年内,根据《大兴区国有经济发展规划》,指导8家企业结合自身实际制定未来三至五年发展规划,并进行初步审核。

(孙鲜莉)

【独资公司改造】 年内,以大兴区物资总公司和大兴农业机械供应公司两家全民所有制企业为试点,开展国有独资公司改造工作。

(孙鲜莉)

【企业注销】 年内,对大兴区对外贸易公司、大兴区粮油总公司下属北京柯林星实验动物科技服务中心、北京兴粮储备粮管理中心等3家企业进行注销。

(孙鲜莉)

【企业使用本地劳动力情况调查】 年内,对大兴宾馆、大兴区物资总公司、北京兴创投资有限公司、大兴区供销合作社等12家区属国有(集体)企业使用本地劳动力情况进行调查。12家企业共有在职职工2583人,其中本地劳动力1884人,外地劳动力699人,使用本区劳动力比例为73%。

(孙鲜莉)

【帮助企业申请补贴】 年内,为北京金冠液压机械厂和大兴宾馆两家国有企业申请稳定就业岗位补贴、社会保险补贴及稳定就业培训补贴共70余万元。

(孙鲜莉)

【法律培训】 6月18日,举办《中华人民共和国劳动合同法》实操培训。8月7日,举办《企业国有资产法》培训。有13家国有企业及区国资委机关共160余人次参加培训。

(孙鲜莉)

【法制工作】 年内,区国资委法律顾问出具法律意见书12份,审查、修改合同及其他文件9份,代理诉讼案件3件。对12家企业法制工作情况及落实《劳动合同法》情况进行检查。

(孙鲜莉)

【规范性文件汇编】 年内,对区国资委自2004年7月成立后至2009年所制发的35份规范性文件进行分类汇编,共分清产核资、产权管理、改制重组、法律事务、绩效考核评价与薪酬管理、重大事项、党建、政府采购等8个章节。

(孙鲜莉)

【政府采购】 年内,共完成项目40个,完成采购预算16238万元,实际采购金额14008万元,节约资金2230万元,资金节约率13.7%。完成上年度收尾项目10个,采购预算3619万元,实际采购金额3305万元,节约资金314万元。建立大兴区政府采购中心网站,开展供应商办理CA认证工作,供应商可以在网上下载招标文件。

(闫　兵)

【监事会办公室建章立制】 年内,监事会办公室成立。根据区国资委对国有企业整体发展方向,向国有企业下发关于监事会办公室成立通知,制定监事会办公室工作职责,规范监事会办公室具体工作程序。

(王　杨)

【完成监事会基本情况调查】　年内,通过对监管企业的调查摸底,掌握23家企业监事会的基本情况。成立监事会的企业有10家,其中,有5家国有独资公司、3家国有参股公司、1家有限责任公司和1家股份制公司。有1家国有独资公司、11家国有独资企业和1家集体企业未成立监事会。

(王　杨)

【制定监事会相关规范性文件】　年内,根据《公司法》、《企业国有资产法》、国务院《国有企业监事会暂行条例》以及《关于加强和改进国有企业监事会工作的若干意见》及其配套实施办法等监事会相关规定,结合大兴区国有企业实际情况,制定了《大兴区国有企业监事会暂行管理办法》。

(王　杨)

【开展部分国有房地产企业调研】　7月中旬,根据区国资委监事会工作开展情况,先后到北京城建开发集团公司、北京京南住房开发公司和北京兴创投资公司进行调研,实地检查2009年上半年3家国有企业的投融资情况,企业内部控制情况,重大资金变动情况。

(王　杨)

【召开监事会工作研讨会】　年内,组织23家国有企业监事会主席召开工作研讨会,会上各企业监事会主席对今后监事会工作提出了建议、意见。

(王　杨)

【参与原制动器厂家属院拆迁】　年内,完成原制动器厂家属区搬迁工作。

(王　杨)

【上年度企业国有资产统计】　年内,按照市国资委统一部署,大兴区国资委完成2008年度企业国有资产统计及上报工作。本年度共汇总一级监管企业15家,二级企业52家,三级企业6家,共计73家企业。根据汇总数据,截至年底,国有资产总额为177.06亿元,增加33.14亿元,增长23.03%。负债总额153.44亿元,增加31.19亿元,增长25.51%。所有者权益总额23.62亿元,增加1.96亿元,增长9.03%。

(邵玉洁)

【上年度产权登记年检】　上半年,完成上年度产权登记年检企业共94家。截至上年底,全区94家国有企业共占用国有资本14.96亿元,其中国家资本10.54亿元,国有法人资本4.42亿元。国有资产总额共计25.83亿元。与2007年相比,产权登记单位减少10家、国有资本增加701.1万元、国有资产总额减少14,552.4万元。

(赵燕青)

【企业国有资产产权登记事项】　年内,共办理国有产权登记16项。其中包括北京兴展房地产开发有限公司、北京兴创置地投资有限公司等7家产权占有登记。粮油总公司下属单位黄村镇粮管所、大兴市政建设工程公司等8家产权变动登记。大兴城建集团城市建设总公司第一工程公司产权注销登记。

(赵燕青)

【商贸公司产权界定及调账】　为落实区委第77次常委会精神,解决商贸公司存在的问题,区国资委会同审计局和财政局,组成商贸公司产权界定工作组,本着"尊重历史、面对现实"的原则,完成调账工作,理清商贸公司系统内资产和资金不清问题。

(刘爱玉)

【金冠液压机械厂审计】 年内，拟对金冠液压机械厂及其所有下属单位进行改制。11月，对其进行改制前的清产核资、改制审计等基础性工作。本次改制涉及在职职工182人，退休职工533人。

（刘 莹）

【国有资产坏账损失批复】 11月17日，按照银监会及发改委要求，区国资委对京南公司下属企业坏账损失作出批复。

（邵玉洁）

【完成企业综合绩效评价】 年内，完成2006~2008年度综合绩效评价工作，对12家参加年度领导人绩效考核的单位进行评价。

（刘 莹）

【企业资产分割】 年内，按照区政府专题会议精神，区国资委会同财政局、审计局、新媒体、基地管委会、开发区等单位，对开发区经营总公司2007至2009年5月31日的财务情况进行核实，完成《开发经营总公司帐务核实情况汇报》和资产分割工作。

（邵玉洁 刘 莹）

【中介机构管理】 年内，区国资委与北京京都天华会计师事务所、北京安家信会计师事务所有限公司等20家会计事务所签订《委托审计协议》，服务期限为3年。

（王 坡）

【国有资产审计稽查】 年内，按照整体工作部署，对京南公司、兴创公司、农机公司和金冠液压机械厂四家单位开展国有资产稽查，委托达兴会计师事务所和正衡东亚会计师事务所进行专项审计。正式稽查报告下发各企业。

（刘爱玉）

【房产土地资源台帐工作】 年内，根据整体工作安排，区国资委对比2008年采集到的信息，对15家监管企业资源台帐进行增项和调整。经汇总，共有房产约39万平方米、土地约4287亩，出租房屋约3.77万平方米、土地约1994亩，年租金约5442万元。

（王 坡）

【产权划转】 年内，区国资委批准将北京京南住房开发有限责任公司产权划归区国资委直接持有。

（邵玉洁）

【国有企业财务决算培训】 年内，区国资委与区财政局联合，在星明湖举办“2009年度企业财务决算培训会”，所有监管一、二级企业财务人员均参加会议。针对往年决算审核中存在的问题，区国资委工作人员对报表和软件进行讲解。

（邵玉洁 刘 莹）

【年度决算审计】 年底，区国资委委托9家会计师事务所对监管15家国有企业进行年度审计。

（刘 莹）

【企业人才队伍建设】 年内，兴创公司引进工程造价、工程管理、企业管理、安全生产等专业技术人才31名。区供销社公开招聘10名应届毕业生。粮油总公司、城建开发集团公司、京南公司、煤炭公司等单位都根据单位发展需要引进了技术人才。

（周 正）

【企业领导人员管理】 年内，完成监管企业24名副职以上企业领导人员退二线工作。结合企业实际和后备人才的储备情况，在组织部的参与下选拔14名德才兼备的年轻干部走上企业领导岗位。

（周 正）

【企业后备人才队伍建设】 年内,在9家企业中开展了民主推荐企业后备干部和中层后备干部工作,完善后备干部人才库建设。

(周 正)

【开展“送温暖 献爱心”捐赠活动】 年内,开展“送温暖 献爱心”捐赠活动。共捐款1690元,捐棉衣、棉被35件。

(周 正)

【信访举报处理】 年内,在系统内组织开展矛盾纠纷排查化解和重信重访专项治理,建立重点重信重访台帐。共收到信访件34件,其中区纪委转来17件,区信访办转来6件,自收11件。接待来访27批149人次。重要信访件均按时办结并上报。

(周 正)

【完成上年度企业考核验收】 1月,对监管企业进行年度考核,依据考核结果和企业自报的年度报表,测算出企业负责人的绩效年薪并在春节前完成预兑现工作。依据2009年度监管企业的审计决算报告,通过核对影响财务指标客观因素的调整,测算出企业负责人最终的绩效年薪并予以兑现。

(谢艳侠 韩 乐)

【召开本年度安全生产工作会议】 3月27日,组织召开2009年度国资系统安全生产工作会议,会议总结了2008年国资系统安全生产工作、部署了2009年的重点工作、下发了《2009年安全生产工作意见》,并对评选出的6家安全生产先进企业及13名先进工作者进行表彰。与各监管企业负责人签订2009年度安全生产责任书,明确安全生产责任目标,签状率达100%。

(韩 乐)

【流动人口及出租房屋管理】 3月,按照区流管办要求,开展2009年度国资系统流动人口及出租房屋基础信息调查工作。3月18日,组织各企业相关人员召开工作会议,传达上级精神,部署流动人口和出租房屋管理工作。各企业按照要求,对本单位的流动人口和出租房屋情况进行了全面统计调查,并每周上报统计数据。收集汇总各单位上报数据后,每周填报区流管办。调查截止时的数据显示,各监管企业累计出租房屋3375间,出租房屋内居住流动人口8945人,单位留宿的流动人口547人,累计上报各街道新增流动人口信息采集表928份。

(韩 乐)

【督导专项整治】 从3月开始,受区委区政府的委派,国资委负责督导青云店镇专项整治非法占地违法建设事宜。开展督导工作以来,配合青云店镇政府协调与区相关职能部门的关系,并严格依据政策法规,对非法占地违法建设进行清理整治。

(王邦法)

【核定监管企业负责人基薪】 依据2008年公布的全区国有企业职工平均工资、监管企业职工平均工资、监管企业行业职工平均工资、本企业职工平均工资及规模系数等数据,考虑到金融危机的影响,对2009年企业负责人基薪进行测算核定。

(谢艳侠)

【加强业绩考核工作】 年内,考核管理科结合企业上年审计决算数据与经营状况,制定2009年经营业绩考核工作方案。根据工作方案,结合企业实际情况,对部分企业的考核指标进行调整。通过与企业协调沟通,本年考核指标值在上年基础上增长了10%。确定指标值后,国资委与监管企业签订了2009年的业绩考核责任书。

(谢艳侠)

【规范国有企业负责人职务消费】 7月1

日，区国资委下发了《关于进一步规范国有企业负责人职务消费有关问题的通知》，对企业负责人职务消费行为加以规范。

（谢艳侠）

【召开国资系统安全稳定工作会】 7月3日，区国资委组织召开国资系统安全稳定工作会议。会议听取了各企业安全稳定工作的情况汇报，传达了区委、区政府关于做好建国60周年安全稳定工作的一系列重要指示精神，并就下一步的安全生产、防火防汛、流动人口管理、甲型H1N1流感防控、环境整治等几方面工作进行部署。

（韩 乐）

【规范企业投资管理】 为规范监管企业投资活动，提高投资决策的科学性和民主性，有效防范投资风险。7月10日，区国资委颁布《监管企业投资监督管理暂行办法》

（王邦法）

【完善国企重大事项管理制度】 为健全完善重大事项管理机制，加强对监管企业国有（集体）资产的监管，规范监管企业重大事项的决策制度，8月10日，区国资委制定并下发《关于国有及国有控股企业重大事项报告制度暂行规定的补充规定》。

（王邦法）

【建立资产损失责任追究体系】 为加强企业国有资产保护，完善企业国有资产管理责任制度，规范区属监管企业资产损失责任追究行为，防止国有资产流失，10月27日，区国资委制定并下发了《区国资委监管企业资产损失责任追究暂行办法》。

（王邦法）

【召开冬季安全生产工作会议】 11月2日，区国资委组织各监管企业召开冬季安全生产工作会议。

（韩 乐）

【调研工作】 年内，深入监管企业调研，针对监管企业存在的问题，撰写了《关于解决我区国有企业存在问题的初步建议》并提交给区政府。

（王邦法）

【开拓金融资产管理业务】 年内，参与了由国企持股的三家小额贷款公司和一家村镇银行的前期调研、资格核准、开业审批等筹建工作。研究探索相应的监管办法，实现监管企业产业结构的升级转型。

（韩 乐）

【加大安全生产检查整改力度】 年内，针对不同时期的特点，开展不同规模的安全生产检查7次。重大事件或节假日前，主要领导和主管领导带队，对国资系统商市场、建筑工地等重点部位进行安全生产专项检查。每季度末，对各企业安全生产工作的文字资料和生产经营场所进行全面普查。经统计，监管企业本年度累计排查单位365家，发现各类安全隐患391项，无重大安全隐患。检查中发现的各类安全隐患已全部整改完毕。

（韩 乐）

【加强重大事项审批工作】 年内，共受理重大事项53项，其中报告事项43项，备案事项10项。这53项重大事项分别由12家监管企业上报，其中涉及借贷使用资金的事项有22项，总金额达到93.53亿元。涉及土地房屋出租出让的事项有13项。涉及添置更换办公车辆的事项有7项14辆车。涉及二级企业的事项有4项。其它的事项有7项。

（王邦法）

【北京大兴商贸公司】　年内,北京大兴商贸公司从企业实际出发,紧紧围绕“保增长、保民生、保稳定”三保目标,抓机遇、促发展,提高现有资产效能。商品销售额13553.8万元,比上年同期12943.6万元,增加610.2万元,增长幅度4.71%,其中社会商品零售额3581.7万元,比上年同期的3034.4万元增加547.3万元,增长幅度18.04%。上缴国家税收409.2万元,比上年同期的396.4万增加12.8万元,增长幅度3.22%。实现利润383.2万元,比上年同期374.4万元增加8.8万元,增长幅度2.35%。2009年,区商贸公司系统克服困难,提高职工收入,为216名托管职工发放生活补贴近16万元。公司及所属基层各单位,调整内退人员工资及养老保险基数的计算方法。4月22日,创办全区首家外来务工人员法制培训学校,以学校为依托,先后培训外来务工人员五期1000人次。在国庆60周年安保工作中,公司增加资金投入,加大安全检查力度。京兴望糖酒食品饮料公司,坚持面向农村,服务农民,先后在全区500多个自然村中建立起400多个兴糖连锁超市,从2004年起至今各类商品配送额(社会配送额)达7500万元。德利康花木公司抓住城市绿化、美化和新农村建设之机,先后承接团桂路、芦花路、武警路的道路修缮、绿化、门脸房粉刷以及更换广告牌匾等,工程总收入近200万元。广和物业公司在做好南北两个区域物业管理基础上,又接管了双高花园第二期近300户的小区物业管理。

(白　颖)

【大兴宾馆】　大兴宾馆是京郊首家绿色生态型酒店,是以接待会议、旅游团体、商务洽谈为主的三星级饭店。宾馆设有各种类型会议室10个,其中最大的可容纳600人。宾馆设有大、中、小餐厅16个,可同时接待1000人就餐。餐厅备有川、鲁、粤、淮扬菜以及大兴乡土风味的美味菜肴和自助餐,西餐厅备有西式大餐。宾馆现有单人间、双人标准间、五人套间、高级套房、总统套房等各类客房216间．套,客房内设中央空调、国际直拨电话、闭路电视、高速宽带网等配套设施。宾馆内设保龄球、游泳、电子游艺、乒乓球、台球、射箭、砂冰壶、健身、大型卡拉OK歌舞厅、豪华KTV包房、洗浴、桑拿、美容美发、商务中心、旅行社、商场和洗衣房、票务中心等服务设施。2009年,大兴宾馆实现营业收入2921.66万元,比上年的2628.84万元增加292.82万元,增幅11.14%。营业税金及附加153.67万元,比上年的141.96万元增加11.71万元,增幅为8.25%。利润总额105.98万元,比上年的53.71万元增加52.27万元,增幅为97.33%。资产负债率54.41%,比上年的57.49%降低3.08个百分点。净资产收益率3.75%,比上年的1.97%增加1.78个百分点。社会贡献率19.21%,比上年的17.03%增加2.18个百分点。经济增加值为-86.92%,比去年的-131.6%增加44.68个百分点。3月16日,大兴区兴宾职业技能培训学校揭牌成立。利用自身资源优势招收学员开展培训。6月份,聘请首旅集团专业老师对全员分两批进行培训。12月8日,兴瑞小额贷款有限公司正式揭牌开业。大兴宾馆作为国有企业股东出资,成为兴瑞小额贷款有限公司的最大股东。

(路龙华)

【大兴供销合作社】　年内,大兴区供销社党委紧紧围绕企业经济发展,着力打造基层企业党组织保障服务功能。规范基层企业党组织、党支部书记职责和工作任务,为企业经济发展提供政治保障。从企业长远利益出发,公开面向社会在143名应往届及自学考试大学生中,经过考试、面试录取10人充实到基层企业,为供销合作社事业发展储备人才。区社纪委,紧紧围绕企业发展稳定工作大局,加强教育,完善机制,强化监督,在党员干部中广泛深入开展“查找廉政风险重在防腐,查找勤政风险重在防惰”活动,增强企业领导干部风险意识,规范企业领导干部从业行为,全年未发生一起企业领导干部信访案件。截至年底,大兴区供销合作社商品销售总额完成13.04亿元,比上年同期11.6亿元,增加1.474亿元,增长12.41%;商品零售额完成9.58亿元,比上年同期7.31亿元,增加2.27亿元,增长31.05%;利润总额实现275.8万元,比上年同期增加7万元,增长2.6%;纳税总额实现395.66万元,比上年同期增加5.21万元,增长1.33%。

年内,组织3名重点经纪人参加中国农产品经纪人协会《关于开展“东北物流城杯”首届全国优秀农产品经纪人评选活动》,均获得奖项。高级农产品经纪人冯乐平获得全国百佳农产品经纪人。高级农产品经纪人贾尚和王亚秋获得百佳农产品经纪人入围奖。举办农产品经纪人培训班,取得农产品经纪人资格证书669人,其中高级171人、中级280人、初级389人。开展电话收费服务,全年共收费40174笔,总金额500万元,比上年同期增加198万元。为会员单位和农户发布产品供求信息690条,上网推介企业27个,宣传政策法规79条,市场行情996条,行业动态163条,实用科学技术330条,网上点击率达38664人次。北京帝园商城自2009年1月启动家电下乡服务。共销售家电2975台,实现销售总额625万元。被北京市商务局授予家电下乡先进单位。年内,黄村供销合作社强化管理,实现利润310.4万元。红星供销合作社调整原兴星盛五交化商场大中店的租金和旧宫物美店的租金25万余元,新盖出租房屋200余平方米。协议偿还农行贷款1000万元及外部借款400余万元。减少企业利息支付近百万元。多利洁物资回收公司聚鑫隆华市场,根据经济危机的影响程度,及时了解商户的经营情况,适时调整市场相关管理收费制度,稳定商户情绪。年租金收入比上年同期增加10%。年内,全系统各企业积极落实安保责任,加大安全检查工作力度,开展全员安全生产知识培训,共开展10次培训,参训人员达2800人次。全年共投入安全生产资金60余万元。

(刘　健)

【大兴区物资总公司】 大兴区物资总公司以“坚持科学发展,诚信、务实、创新、高效”为工作理念,以“拓宽经营渠道,抓好现有经营,提高企业效益,拓宽经营思路,积极开发新项目,建立支柱企业”为企业经营思路,按照确定的经营理念和思路,以抓好企业现有经营工作为重点,使企业经营规模和实力得到了明显增强。年内,参与政府投资项目的物资供应和政府招投标的竞标工作,为企业增加钢材销售5600余吨、汽车34辆。年初,所属生产资料服务公司与北京某混凝土有限公司达成散水泥供销协议,签订了三万吨散水泥供货合同,其所使用的散水泥全部由区物资总公司提供。10月份与北京某建材有限责任公司签订常年散水泥供货合同,每月又增加水泥销售2000吨。水泥销量从过去的一万吨左右,提高到现在的四万吨。2009年,物资总公司收入总额完成4297.2万元,同比增加3120.4万元(上年1176.8万元),增幅265.2%。利润完成27.2万元,同比增加了6万元(上年21.2万元),增幅28.3%。共销售钢材6353.3吨,水泥44750.2吨、汽车34辆。

(侯利东)

【北京大兴城建开发集团公司】 北京大兴城建开发集团公司成立于1984年,是国家房地产开发一级企业。主要从事大兴区房地产开发、市政道路建设、镇区开发以及住宅区物业管理。集团下属项目管理公司5个,建筑企业1个,物业管理企业4个。先后开发建设了兴政东里、车站北里、黄村东里、富强西里、富强东里、清源西里、三合南里、枣园小区、同兴园小区、郁花园二里、丽园社区等11个完整小区及片点工程,总开发量达到约400多万平方米。全年实现房屋开复工面积47万平方米。完成土地一级开发、两限房建设以及市政道路建设共计投资10.8亿元。商品房销售收入10800万元,物业管理收入3086万元。上缴各种税金共计2857万元,比2008年增长16.7%。实现利润1569万元,是2008年的5.3倍。企业效益增长,国有资产保值增值,职工收入稳步提高。年内,基本完成康庄回迁楼建设,康庄两限房(二期)23万平方米全部开工,推进瀛海西区和魏善庄南区土地一级开发的前期准备工作,开工建设兴亦路工程和兴华大街改扩建工程。

(高　欣)

【大兴区煤炭公司】 年内,大兴区煤炭公司经济建设保持持续稳定的发展态势,企业综合实力得到提升,履行社会责任能力得到加强,全面完成2009年各项工作目标。煤炭销售量完成11.9万吨,为年度计划的100%。企业综合利润完成91.6万元,为年度计划的117%。企业净资产收益率为2.8%,比年计划提高了0.8%。上缴税金完成121万元,为年计划的110%。保供储煤突破3万吨。安全生产无重大责任事故。各项经营工作超额完成年初制定的发展目标。2009年下半年,经过职工大会选举出公司董事会及监事会。9月,公司领导班子提出"关于经营机制改革办法",经职工大会讨论,全票通过成立北京市煤炭总公司大兴区公司经营中心。经营中心的成立,可以有效整合企业资源优势,实行统一管理,集中经营,有效提升企业形象,扩大市场占有率,有效地参与市场竞争。年内,参加区内各用煤企业业务洽谈和煤炭采购招标活动,以良好的企业形象,可信赖的质量保证,诚信的经营理念赢得广大用户。在大兴生物医药基地煤炭采购招标活动中,以96.5分评标得分,一举中标。在大兴区两个供热厂燃煤招标活动中,在参加投标的46家供煤商中,区煤炭公司以较大优势中得四包供煤权。

(牛文喜)

【北京兴展国有资产经营公司】 北京兴展国有资产经营公司成立于2002年10月,性质为国有独资有限责任公司,注册资金22000万元,现有人员97人。公司内设信用管理部、综合评审部、资金计划部、代建制管理机构、法律事务室、计划财务部、人力资源部和行政办公室;下设兴展融达投资担保有限公司、首创担保公司大兴分公司、兴展盛业投资有限公司、兴展房地产开发有限公司、兴昊达投资管理公司、农盛投资管理有限公司、兴展农盛投资担保有限公司。年内,兴展公司加强与各银行金融机构沟通联系,多方商议可行的融资方式,总融资到位81.49亿元,完成了区政府交给的任务。其中从五大银行直接融资到位52.46亿元。包括交行9亿元,民生银行10亿元,工行6.05亿元,农商行5亿元。北京银行40亿综合授信贷款的22.41亿元也已到位。间接融资29.03亿元,并根据相关要求,做好资金监管工作。协助兴振顺达公司从工商银行贷款5.03亿元,协助兴海投资公司担保1亿元贷款。为大兴区兴城顺通、兴振顺达、兴邑世纪三个融资平台分别担保4亿元交行贷款,三个项目间接融资总计12亿元。协助区供暖中心向工商银行申请4亿元搭桥贷款,为生物医药基地4亿元北京银行贷款、3亿元杭州银行贷款提供担保。2009年,对西旺路、西厢公园、14个社区卫生服务中心、新城康庄、观音寺供热厂等40余个工程项目进行了评审,共出具书面工作报告60多份,资金支付评审报告278份,建设资金支付评审共计7.3446亿,核减0.6754亿元,暂缓支付0.4155亿元。累计审核合同997份次,核减24030.09万元,办理工程款支付手续275笔,累计支付金额403093.35万元,到项目单位及施工现场97次,形成书面检查报告88份。对配套资金继续进行收集、分类、统计,共收集配套资金张数520张,金额144925.19万元。为促进区域经济的发展,利用和金融机构联系的有利契机,协调并配合将民生银行引入并落户大兴。2009年,以兴展公司为主体的代建模式在大兴区首次实施,根据区里的安排,今年的代建制工作有五个项目,其中有两个为政府折子工程。主要完成以下工作:卫生局项目,妇幼保健院项目除坡道外,结构全部完成;疾控中心项目七层结构完成;八层结构完成60%;九层结构完成20%。教学楼及学生宿舍等工程项目,完成三层填充墙砌筑90%;四层填充墙砌筑20%,局部五层已完成。公安系统综合业务用房项目,正在进行审批手续的办理。土地证、规划意见书、项目建议书、土地预审及设计招标等手续办理完成,人防设计等待审批。民政局项目,土地证、规划意见书已办理完毕,现场旧建筑物拆除完毕,土地预审已经完成项目建议书并通过专家初评。区法院审判执行业务楼项目,规划意见书、项目建议书、土地预审已完成,设计方案完成规划审批,人防审批正在进行中。年内,兴展盛业投资有限公司参与了庞各庄镇、黄村镇海户新村、海子角地块及青云店工业区土地的一级开发工作。经过前期组织人员多次实地考察、资料收集、现场调研等活动,基本掌握了拟开发地块的现状,并依据收集上来的资料进行了成本测算和实施方案的编制、优化及手续审批等各项工作。完成庞各庄镇镇区改造项目的前期准备现场摸底、街区路网规划条件的准备,拔地定桩,勘测定界等工作。编制《庞各庄镇镇区集体土地房屋拆迁补偿实施方案》,办理各项行政许可手续,包括用地规划、征地手续、拆迁许可证。拆迁涉及庞各庄镇镇区的六个行政村,即幸福村、团结村、民生村、河南村、繁荣村、小庄村,1714个院落,公产106家单位,199公顷土地,涵盖农村人口5500人。截至年底,签订拆迁协议1714个清登院落,拆除工作进展顺利;安排被拆迁人选定安置房2988套。同时开展安置房建设的准备工作,用地详细规划已批复,土地的征地手续已上报市国土局,安置房规划方案已得到区规划分局的批准,安置房的设计工作正在进行中。青云店镇土地一级开发项目落实了开发确权、成本测算、资金缺口先期借资的解决;委托编制道路定线、拨地定桩、勘测定界、可研报告、地灾评估等外协工作,并取得相应成果;委托编制市政咨询;顺利办理规划函复、土地预审、规划条件、立项等各项行政审批工作;召开村民代表大会签订征地补偿安置协议及征占地协议;办理征地手续并将征地材料上报市国土局等待批复。海户新村和海子角项目已完成前期准备、上联席会、授权等手续,9月和海子角项目一并移交京创公司。2009年,受理担保项目90余个。评审批准担保通过项目70个,批准担保金额33810万元。通过银行审批已经放款68个,放款金额30205万元。在保项目66个,在保余额30105万元。全年受理小额担保贷款项目26个,批准项目20个,批准金额114万元,已放款项目16个,放款金额88万元,在保项目26个,在保金额160万元。通过担保公司为企业提供担保,解决了部分企业的融资瓶颈问题,担保企业共缴纳税款10963万元,安排当地就业9039人。三个公司共实现收入876.6万元,其中担保收入607万元。资金委贷及咨询收入269.6万元。追回代偿款29万元,收回拆借资金3300万元。争取时代创意和时代博雅项目财政补偿资金补偿金额270万元,申请工业局财政奖励资金31万元,申请财政补充资本金1200万元。兴展融达投资担保公司获得北京银行、建设银行的准入资格,已开展与再担保公司的合作签约,与国开行展开相关业务。兴展农盛投资担保公司注册手续已办理完毕,正在探索对涉农企业评审的标准、风险防控工作。已与区农委,发改委对区内的农业项目进行考察筛选。

(崔 轩)

【北京兴创投资有限公司】 北京兴创投资有限公司成立于2000年8月,为国有独资公司,注册资金1.66亿元。公司主要任务是根据北京市土地整理储备中心大兴区分中心委托,负责大兴新城北区、生物医药基地东配套区、大兴新城核心区、西红门商业综合区、采育镇区和工业园区等10个区域32平方公里土地一级开发,进行区域市政基础设施建设,从事区内公益设施的参股经营,协助做好相关开发区域土地上市工作,同时,积极拓展房地产二级开发业务。公司设开发部、拆迁部、工程部、投融资部、企业发展部、劳动人事部、计划财务部、安全生产部。公司共有5家全资子公司和5家参股公司,员工172人,平均年龄32岁,专业技术人员比重为86%。年内,公司主要工作有:新城北区土地一级开发项目。完成7个地块83.22公顷土地上市交易,土地转让总金额81.89亿元。8#地、9#地(二期)回迁安置房完成竣工验收及回迁入住手续办理工作。22#地(一期)回迁安置房实现住宅、商业主体结构封顶,基本完成装饰装修工作。生物医药基地东配套区土地一级开发项目。完成3320亩土地征转。完成大庄、韩园子、天宫院1513个院落55.5万平方米民宅拆迁和23.8万平方米公产拆迁。完成市政道路管线设计综合,完成道路及管线施工图设计。核心区土地一级开发项目。配合完成义和庄845个院落15万平方米民宅拆迁。完成C组团453亩集体土地征地。基本完成各项市政专项规划,编制完成路网规划方案,完成项目道路定线、设计方案,完成市政管线综合编制。西红门商业综合区土地一级开发项目。完成土地一级开发各项审批及征地工作。配合完成16万平方米建筑拆迁。配合完成一、二期575亩土地转让。编制完成道路设计方案,完成后续管线设计综合编制。采育城镇中心区土地一级开发项目。完成镇区788亩征地工作。取得市级补助资金7981万元。研究区域拆迁政策及安置房建设方案,完成方案设计、“三定三限三结合”方案审批。完成镇区城乡一体化方案初步研究。市政基础设施建设项目。西旺路(金星—康庄)、兴泰路(金星—康庄)、兴和大街(北兴—前高)、北程庄南路(兴泰—兴盛)、辅高路(前高—金星)工程建成投用。芦求路(京良—黄良)工程完成各种地下管线42千米,京良公路—黄村大街段完成辅路沥青路面摊铺,达到通车条件。新城北区12#地、21#地公园项目。完成公园建设,并投入使用。房地产二级开发项目。取得新城北区18#地、28#地两个商业金融项目开发权,18#地项目完成主体结构工程的75%,28#地项目完成地下工程结构的55%。拓宽融资渠道。取得金融机构贷款33亿元,获得北京市土地整理储备中心直接投资59亿元,收到区政府拨付新城北区土地一级开发补偿费14.4亿元。做好国庆60周年服务保障工作。完成大兴区群众游行方队国庆训练场地建设工作,完成国庆焰火燃放场地准备工作。

(原国栋)

【大兴区粮油总公司】 大兴区粮油总公司是北京市大兴区区属国有粮油贸易龙头企业,重点承担着国家、北京市、大兴区三级粮食储备任务。粮油贸易、面粉加工、饲料加工业务在大兴区粮油企业中占有举足轻重的地位,对支持国家粮食战略、稳定区域民生起到了重要作用,成为大兴区粮油贸易、面粉加工、饲料加工等业务发展的主体。大兴区粮油总公司现有职工301人,下属22家企业,管控模式为总－子公司模式,独立核算。包括主干收储企业5家,已转型收储企业11家,其他企业4家,商业零售企业2家(城镇粮管所、军粮供应中心),参股金融企业两家(北京兴融小额贷款公司、九江村镇银行)。公司占地1273.2亩,其中收储企业占地562亩、非收储企业占地711.2亩,下属主干收储企业有房式仓27栋、建筑面积49963平方米,设计仓容4.4亿斤,铁路专用线2750米。11个已转型收储企业有房式仓10栋,建筑面积7863平方米。公司以粮食仓储为主,正在走向资产运营等多种经营。现有业务以粮食储备、粮油贸易为主营业务,涉及面粉加工、饲料加工、军粮供应等其他业务。

(楚育沣)

安全生产监督管理

【概况】 2009年,区安监局在区委、区政府的领导下,全面贯彻科学发展观,坚持"安全第一、预防为主、综合治理"的工作方针,以国庆60周年安全保障和安全生产年"三项建设、三项行动"为主线,深入开展执法"护航"行动,健全安全监管网络,在全市率先推行委托执法,认真排查和消除安全隐患,完满完成了国庆安保各项任务,确保了全区安全生产形势的总体稳定。年内,全区共发生生产安全事故12起,共造成12人死亡、5人重伤。其中,死亡事故9起,死亡12人、重伤3人;重伤事故1起,重伤2人;无伤亡事故2起。生产安全事故总数与上年同期相比增加6起,上升100%;死亡人数增加6人,上升100%;重伤人数与增加2人,上升67%。事故死亡人数超出市政府下达的死亡控制指标71%。全年,共检查生产经营单位16538家,检查21584次,发现安全生产隐患54981个,整改完成53524个;下达执法文书6527份,其中整改指令书5643份,强制措施决定书884份;悬挂"安全生产隐患严重单位"提示牌29块;行政处罚立案70起,其中经济处罚63起,其它处罚7起,处罚总金额为129.2万元。区安全监管局与区商委、区公安分局消防支队、区体育局、区农委、区建委、区卫生局、区教委、区公安分局治安支队、区质监局共进行15次联合执法检查,共出动执法人员50人次、检查车辆28车次,共检查生产经营单位102家,下达执法文书52份,现场消除隐患152项。

名称:北京市大兴区安全生产监督管理局

地址:北京市大兴区兴华大街三段15号

电话:69244457、81296776

邮编:102600

网址:http://www.dxaj.gov.cn

【国庆安保执法】 年内,区安委会办公室制定下发《国庆安保执法"护航"工作方案》,确定工作目标、工作任务、工作重点、实施步骤和工作要求,制定执法"护航"行动相关管理制度和工作细则。在国庆安保领导小组的领导下,在全区广泛开展了安全生产"查百家"活动。对重点区域、场所周边单位100%全覆盖检查的基础上,对社会面防控单位检查百家以上,不足百家的全部做到了全覆盖。安监、建委、商务、体育、旅游、质监、公安消防等相关行业部门及属地政府,对本区重点地区周边200米范围内的生产经营单位进行了全面的安全生产执法检查,覆盖面达到了100%。检查中发现安全隐患1160项,责令立即改正的783项,责令限期整改的358项,下达各类执法文书360份。同时对南苑机场、国庆游园场地、国庆联合训练场地、国庆焰火燃放等重点地区和重要活动制定了安全保障方案。

(张　钦)

【安全宣传】 年内,区安监局以"关爱生命,安全发展,构建安全和谐新大兴"为主题,在物美大卖场广场设置了主会场,开展了大兴区安全生产咨询日活动。副区长常红岩代表区政府致辞,区人大、区政府、区政协领导为开展"我为安全献一策活动"获奖单位和个人颁奖并对相关单位设置的安全生产咨询点进行了检查指导。区安监局、区教委、区市政管委、区文化委、区商务局等21家单位在大兴黄村兴丰大街、东西大街两侧设立21处咨询点,悬挂宣传横幅36条,摆放展板86块,向过往群众发放各种海报、手册、手提袋、《安全生产宣传教育资料》20000余份,接待群众咨询2000余人次。充分利用电视台、报社等媒体时效性强、可信度高、覆盖面广的特点,宣传安全生产意识、理念、法规等相关知识,积极推动安全生产各项工作的落实。截至年底,区电视台录制节目8期,电台广播新闻1条,《大兴报》共刊登新闻40条。安全月期间(6月13至15日)每天1次播放《警示片》、《大力打工记》,并于6月14日至30日连续播放安全生产口号;协助市安监局、《北京电视台》、《北京日报》、《北京人民广播电台》等新闻媒体,宣传报道区安监局执法人员检查危险化学品生产经营单位的执法检查情况。利用区精神文明办公室在黄村兴政街、黄村东西大街路段的精神文明宣传栏,把安全生产纳入精神文明创建活动中,在宣传精神文明的同时,通过刊登安全生产口号、安全生产隐患及违法行为举报、安全生产事故案例等内容,宣传安全生产理念,传播安全生产知识。各属地单位充分利用文化大院、宣传墙、宣传橱窗和宣传展板等有效载体,在繁华地段布置"安全生产一条街",营造安全生产氛围。

(张　钦)

【执法检查】　年内,区安监局共检查生产经营单位16538家,检查21584次,发现安全生产隐患54981个,整改完成53524个;下达执法文书6527份,其中整改指令书5643份,强制措施决定书884份;悬挂"安全生产隐患严重单位提示牌"29块;行政处罚立案70起,其中经济处罚63起,其它处罚7起,处罚总金额为129.2万元。

(张　钦)

【隐患排查】　年内,区安监局共对31796家生产经营单位中存在的隐患情况进行排查整治,排查一般性生产安全隐患40580项,其中已经整改37795项,整改率为93%;排查出较大生产安全隐患82项,其中已经整改77项,整改率为94%,其余四项正在整改中,落实整改资金1.7万元。

(张　钦)

【行政许可情况】　年内,区安监局受理大厅窗口工作人员共接待各界群众咨询2566余人次,受理新办行政许可事项7项,办结6项,其中危险化学品经营许可6项,烟花爆竹经营(零售)许可1项;受理危险化学品经营许可证换证14项,非药品类易制毒化学品第二类、第三类生产经营备案换证10项,全部事项均在办理时限内办结。对符合要求的120家烟花爆竹零售单位核发了《烟花爆竹经营(零售)许可证》,对1家违反销售烟花爆竹规定的网点给予了吊销经营许可证的行政处罚。

(张　钦)

【完成安全生产事故指标】　年内,全区共发生生产安全事故12起,共造成12人死亡、5人重伤。其中,死亡事故9起,死亡12人、重伤3人;重伤事故1起,重伤2人;无伤亡事故2起。事故死亡人数超出市政府下达的死亡控制指标(7人)71%。生产安全事故总数与上年(6起,死亡6人,重伤3人)相比增加6起,上升100%;死亡人数与上年相比增加6人,上升100%;重伤人数与去年相比增加

2人,上升67%。12起生产安全事故中,有2起属建筑施工工程,另外涉及市政施工的有2起,涉及电力、勘探施工的各有1起,涉及房屋装饰装修的有2起。上述各类施工事故总计8起,占总数的67%;工业企业中发生的有3起,占总数的25%;其它类型企业中发生的1起,占总数的8%。8起施工类事故共造成9人死亡、2人重伤,死亡人数占总数的75%;工业企业中发生的3起事故共造成3人死亡、1人重伤,死亡人数占总数的25%;其它类型企业中发生的1起事故共造成2人重伤。12起生产安全事故中,共涉及8种类别:车辆伤害、高处坠落、中毒与窒息事故各2起,各占总数的17%;触电、坍塌、锅炉爆炸和其它爆炸事故各1起,各占总数的8%;其它事故2起,占总数的17%。

(张　钦)

【受理举报投诉情况】 年内,区安监局共受理举报案件37起,已查处办结37起,办结率100%,均为生产安全隐患类举报案件。举报投诉案件属实16起;举报投诉案件部分属实1起;举报投诉案件不属实20起,其中工业企业类举报案件属实9起,不属实6起;危险化学品类举报案件属实5起,不属实6起;人员密集场所类举报案件属实3起,不属实3起,部分属实1起;建筑类举报案件事实2起,不属实2起。按照举报生产安全隐患和安全生产违法行为奖励办法,其中有10起举报案件符合奖励条件,共奖励2600元。

(张　钦)

【健全基层安全监管网络】 3月,按照《北京市大兴区人民政府关于进一步加强基层安全生产监管工作的通知》的要求,14个镇全部内设了由3~4名工作人员组成的安全科。3个街道办事处全部成立了安全生产领导小组,监管机构全部建立。配置安全生产执法检查车辆28台,招聘安全生产执法检查协管员175名,全部经过了培训、考核持证上岗。4月27日,通过与17个属地单位的安全生产管理部门签订《大兴区安全生产委托执法委托书》正式将检查、复查、强制措施、撤离危险区域作业人员4项执法权限委托代为行使。

(张　钦)

【安全生产应急处理机制】 年内,区安监局完成修订《大兴区危险化学品生产安全事故应急救援预案》。8月,安全监管局对《大兴区危险化学品生产安全事故应急救援预案》作了进一步修订,更新了数据,完善了有关部门职责、分工等内容。截至12月25日,全区有4079家生产经营单位共备案4318份事故应急预案,其中:12个行业部门对生产经营单位应急预案备案已全部完成,共有1090家生产经营单位备案应急预案1307份;各属地政府目前已备案了2989家生产经营单位的3011分应急预案。

(张　钦)

【安全生产教育培训】 年内,组织各镇政府、街道办事处、生物医药产业基地、工业开发区、北京市南郊农场主管安全生产的领导干部20人,参加北京市安全生产培训班;组织新上岗、证件到期需复审的安全生产检查人员271人进行培训,参考人员全部通过考核,取得了市安监局核发的安全生产检查员证;各属地单位充分地发挥教育培训基地的作用,共组织培训班63期,培训8212人次;特种作业人员共培训考核11期,共计13498人次。协助市局分3期组织380名符合条件的危险物品生产经营单位主要负责人和安全生产管理人员参加市安监局组织的考核工作。

(张　钦)

【国庆安保执法"护航"行动】 8月,区安监局全区范围内开展了“国庆60周年安全生产执法护航行动”，协调各方力量，加大安全生产执法检查力度，全力消除安全隐患，保持了高压态势，促进了全区安全生产形势的总体平稳。先后制定了《大兴区国庆安保工作方案》、《大兴区重点地区执法检查方案》等五个子方案，成立了由副区长常红岩为组长，有关职能部门和属地主要负责人为成员的国庆“护航”行动执法检查领导小组，并制定了行动和目标分解表，确保了组织领导到位、工作措施到位、责任落实到位、检查执法到位，保证执法“护航”行动的顺利开展。对南苑机场周边200米范围内生产经营单位进行了地毯式检查，并建立了数据库，确定本区重点地区周边200米范围内的374家生产经营单位中的68家企业为重点企业。在全区深入开展了安全生产“查百家”活动。对重点区域、场所周边单位100%全覆盖检查的基础上，对社会面防控单位检查百家以上，不足百家的全部做到了全覆盖。安监、建委、商务、体育、旅游、质监、公安消防等相关行业部门及属地政府，对本区重点地区周边200米范围内的生产经营单位进行了全面的安全生产执法检查，覆盖面达到了100%。检查中发现安全隐患1160项，责令立即改正的783项，责令限期整改的358项，下达各类执法文书360份。

（张　钦）

【安全生产年“三项行动】　年内，区安监局制定了《大兴区安全生产委员会办公室关于开展安全生产“三项行动”的实施方案》，并成立了安全生产“三项行动”领导小组，在执法行动中，全区各属地和行业部门共检查各类生产经营单位8944家，行政处罚16起，罚金28.11万元。关闭或取缔生产经营单位17家，处理责任人2人。隐患治理行动共对8385家企业存在的隐患进行了排查整改，排查一般性生产安全隐患7273项，其中已经整改7189项，整改率为98.8%；排查出较大生产安全隐患77项，其中已经整改的73项，整改率为95%，涉及的生产经营单位1家，已被停业，3家局部停业进行整改。宣传行动各属地和行业监管部门召开专题会议26次，组织安全生产教育活动331次，共8000余人次参加，组织安全生产教育培训39期，共59150余人次参加，发放安全生产宣传材料47630余份。

（张　钦）

【国庆焰火储存及燃放安全】　年内，区安监局制定了《大兴区安全生产监督管理局国庆焰火临时存放监管方案》，成立了国庆焰火储存安全领导小组，自9月11日起每天安排2名监管人员24小时进驻储存单位现场监管，和市安监局、武警官兵及仓库管理人员一道协调配合，积极组织每天两次的安全保障工作例会，按时巡查各岗位应急值守工作，完成了国庆庆祝活动焰火存放的安全保障工作。为保证国庆当日本区焰火燃放的安全，区安监局执法人员详细审阅了燃放单位的安全管理制度、资质、管理人员专业资格证书、操作人员资格证书、燃放方案、燃放操作规程、应急预案等，对现场安装过程及燃放过程实施了全程监管。

（张　钦）

【有限空间专项整治】　7月，区安监局组织全区开展工商贸工业企业有限空间作业隐患排查整治工作，要求检查到每一家工业企业，每一个有限空间。区相关职能部门共检查生产经营单位58家，各镇、街道办事处共检查285家，下达执法文书197份，有限空间安全管理得到明显提高。

（张　钦）

【高处悬吊作业安全生产专项整治】　年内，区安监局、市政市容委、建委等相关部门密切配合,分三片对高处悬吊作业现场进行了安全检查,减少和杜绝高处坠落事故的发生。各部门出动执法检查人员 170 人次,下达执法文书 27 份。

(张　钦)

【楼宇内生产经营单位专项整治】 年内,区政府对 17 个属地责任单位贯彻落实《北京市楼宇内生产经营单位安全生产规范》情况进行了综合检查,检查楼宇生产经营单位 103 家,发放安全宣传手册 1500 多本。

(张　钦)

【非经营性加油站和液氨整治】 7 月,区安监局与环保局联合召开了液氨使用单位和非经营性加油站专项治理动员部署大会。对全区 23 家液氨使用单位和 47 座非经营性加油站展开了拉网式检查,共发现隐患 72 项,下达整改指令书 26 份,企业投入整改资金 54.1 万元,9 月 15 日,对不符合整改验收的 13 家液氨使用单位和 13 家非经营性加油站依法下达了《强制措施决定书》,要求暂时停止经营活动,并按隐患整改“五落实”的要求消除隐患。

(张　钦)

【联合执法检查】 年内,区安监局与区商委、区公安分局消防支队、区体育局、区农委、区建委、区卫生局、区教委、区公安分局治安支队、区质监局共进行 15 次联合执法检查,共出动执法人员 50 人次、检查车辆 28 车次,共检查生产经营单位 102 家,下达执法文书 52 份,现场消除隐患 152 项。

(张　钦)

【开展“一法一条例”督察工作】 年内,根据区人大工作方案,区政府及时下发了《关于认真做好区人大安全生产执法检查工作的通知》,要求各行业和属地政府建立领导机构,明确责任,制定工作方案,精心安排每个阶段的执法检查,做到组织领导到位、工作措施到位、责任落实到位、执法检查到位“四个到位”。综合监管、行业、属地和专业监管部门依法履行职责,集中时间、集中精力,协调各方力量,共检查各类生产经营单位 4360 家,发现和查处各类安全隐患 4547 项。9 月 24 日,区安全监管局受区政府委托,对区人大执法检查组就区政府贯彻落实“一法一条例”工作开展专题汇报。

(张　钦)

【危险品图像信息系统建设】 1 月,区安监局向区政府书面申请,将区级危险化学品监控平台建设工作申请列入区折子工程。上半年,按照区折子工程文件要求,区安全监管局积极协调区发改委、区财政局和区国资委,并会同区信息办从新修订了平台建设方案,并于 2 月 6 日将项目建设费用概算函告有关部门。按照有关部门要求,区安全监管局积极协调有关专家,对平台建设的可行性进行了论证,10 月 9 日,向区发改委提交了《关于 2009 年度危险化学品图像信息监控平台建设情况和 2010 年工作思路》,申请将危险化学品图像信息监控平台建设所需资金列入 2010 年工作预算。9 月 30 日,本区危险化学品从业单位图像信息监控管理系统建设工作第一阶段的客户端建设工作已基本完成。第二阶段平台建设工作中已完成了平台建设技术方案和预算的制定和讨论,已完成传输光缆和所需设备的市场询价,并以报区发改、区国资和区财政等部门,待监控机房所需办公用房确定后,即可申请资金支付和设备采后及安装。

(张　钦)

【危险化学品管控和反恐防范】 年内,区安监局制定并下发了《大兴区危险化学品反恐防范工作方案》,全面落实 121 种管控化学品的监管措施,对本区的33家管控危化品生产经营单位的主要负责人、厂地、危险源的种类和数量,危险化学品来源和流向、涉源单位的人数、防范措施、应急预案等情况彻底进行了排查,确保反恐防暴工作措施落实到位。区安监、环保、卫生、公安局等部门联合开展执法检查,从"停、管、限"三方面,采取"关、停、并、转"等措施,全面降低危险源单位和危险源种类的实际保有量。从8月1日~10月15日,对涉危企业采取了严格的限制措施:危险品储存单位必须进行实名制登记,并留存购买单位营业执照、购买人的身份证复印件;9月1日起所有油库必须设置监控、门禁、减速装置;没有取得危险品安全生产许可证的企业必须制定原料处置方案,并报区环保,安监部门备案,9月1日前拆除设备,处理原料,暂时停产等12项强制性措施。

（张　钦）

【涉危普查工作】　年内,区安监局按照市安全监管局统一要求,开展涉危单位普查工作。制定了《大兴区关于开展涉及危险化学品使用单位调查工作方案》。3月5日,召开大兴区危险化学品安全监管工作暨涉危普查工作会,对本区涉危单位普查工作做了重点部署,要求各属地政府结合实际情况,制定切实可行的普查方案,组建普查队伍,落实责任。3月19日至20日对全区参加涉危普查人员进行培训。聘请北京化工厂专家从危险化学品安全管理知识及相关法律、法规要求、北京危险化学品应急技术中心数据库软件系统的使用及普查表格的填写等方面进行培训。此次涉危普查工作,共出动普查人员340名,调查企业共计7321家,排查出涉及使用危险化学品的各类生产企业、科研开发及工艺实验企业、冷藏储存等涉危企业1453家,基本摸清了本区危险化学品使用单位的基本情况。

（张　钦）

【职业卫生宣传教育】　4月25日,区安监局与区卫生局、区劳动和社会保障局和总工会在星城广场开展《职业病防治法》宣传周上街宣传活动。宣传活动以"保护农民工健康是全社会的共同责任"为主题,通过展出职业病防治系列宣传展板、发放各种宣传材料,提供咨询服务、现场讲解典型案例等形式向过往群众宣传职业卫生及法律法规知识,特别是告知广大农民工要懂得如何保护自己的职业健康和维护自己应有的权利。活动期间共发放公益宣传画、宣传扑克、扇子、宣传折页等1万余份。

（张　钦）

【安全生产隐患排查整治督察】　区安委会办公室于6月2日至10日,分四个组对辖区内的20个属地政府部门上半年落实区安全生产隐患排查整治工作情况进行督察。90%的属地政府部门高度重视、认真安排部署本辖区的隐患排查整治工作,建立了安全生产隐患排查整治领导组织机构,建立了隐患排查整治台帐,积极对生产经营单位进行督促、检查、指导,各生产经营单位积极开展隐患自查自改工作,认真查找安全生产隐患,及时上报隐患自查自改上报表。共抽查61家生产经营单位,有53家开展了隐患自查自改工作,占抽查总数的87%,检查中发现隐患195项,下发整改指令书26份,强制措施决定书7份。共下发行政执法文书33份,占被抽查单位的54%。以上数字说明生产经营单位安全隐患大量存在。在33家下达行政执法文书的生产经营单位中,对4家整改不到位的生产经营单位进行了立案处罚,共处罚人民币7.8万元。

（张　钦）

【工业企业专项检查】　9月17日至9月30日,区安监局在全区范围内进行了一次工业企业安全生产专项检查。分别对黄村镇、长子营镇、礼贤镇和生物医药基地等属地辖区内的木制家具制造、书、报印刷、玻璃家具制造、专用助剂制造四大类共16家工业企业进行了安全生产执法检查，通过检查发现安全隐患52条，下达责令改正指令书9份，现场检查记录7份，8家企业已按要求整改完毕，整改率达90%。

（张　钦）

【"我为安全献一策"征文】 3月份，区安监局在全区范围内组织开展"我为安全献一策"有奖征文活动。各单位积极参与，踊跃投稿，5月初，全区20家属地、10个行业部门共送交稿件121件。经区安委会办公室评审小组评审，分别评出一等奖1名、二等奖2名、三等奖3名，评出优秀组织奖6个。

（张　钦）

【扩内需保增长监督检查情况】 年内，区安监局加强对重点工程的安全监管，制定本区重点工程检查方案，明确了监管职责，做到专人监管、定期监管；实现安全监管工作关口前移、提前介入，帮助建设、施工单位制定并完善安全生产目标和实施办法，规范施工现场安全管理程序和行为；与工程建设方联合对施工单位、设计单位、监理单位主管安全工作的负责人、项目经理，召开会议，传达区委区政府对重点工程的指示精神，强调安全工作的重要性，指出安全工作依法应具备的安全生产条件，指导生产经营单位如何开展安全工作；采取日常巡检、抽查和专项检查相结合的监督检查形式，对重点工程实施每月不少于二次的安全检查；开展重点工程现场安全隐患排查和跟踪督查整改工作，坚决杜绝安全隐患边改边犯、查而不改、屡改屡犯等现象；定期研究监督检查工作的重大问题，及时落实有关领导的决策和部署，协调有关部门解决监督检查工作中的问题；建立重点工程安全检查台帐，定期了解项目进展情况，及时消除隐患。全年，共计检查重点项目工程90家/次，下达各类执法文书66份，其中检查记录整改指令39份，强制措施决定书3份，立案处罚一家，处罚金额15000元。

（张　钦）

【应急物资库建设】 6月，区安监局投入4.88万元购买了4件新器材，使区应急救援物资储备库达到了8大类、共29种应急救援物资。9月，区应急物资储备库存放地已由区社辛店仓库改为市烟花鞭炮公司魏善庄仓库。是月，区安监局接收了市安监局委托保管的应急救援物资，共6大类、24种。11月26日、27日，大兴安监局派出两名同志参加市安监局组织的应急器材操作培训。12月11日，区安监局与市烟花鞭炮公司魏善庄仓库举行了应急物资储备库新址挂牌仪式并签署了委托保管协议。

（张　钦）

【应急救援教育】 9月，区安监局派出骨干人员参加了《大兴区〈突发事件应对法〉骨干培训班》，组织了全局工作人员针对《突发事件应对法》的网上考试。4月和10月，区安监局印发了《安全生产宣传教育资料》，专门刊载了《中华人民共和国突发事件应对法》、《生产安全事故应急预案管理办法》等内容，下发到各属安全部门和企业。

（张　钦）

人口和计划生育

【概况】 2009年，区人口计生工作在区委、区政府的正确领导下，在市人口计生委等部门的支持帮助下，深入贯彻落实科学发展观，紧紧围绕全区经济社会发展大局，以创建全国计划生育优质服务先进区为契机，全面优化服务，强化基层基础工作，不断提高人口计生系统工作人员素质。全年人口计生经费投入 2830.39 万元,人均计生经费达到 22.06 元;流动人口经费总投入 394.81 万元;圆满完成了各项任务指标。成功创建全国计划生育优质服务先进区。

名称:北京市大兴区人口和计划生育委员会
地址:北京市大兴区黄村西大街 80 号
电话:69244788
邮编:102600
网址:http://www.dxjhsy.gov.cn

【基础建设】 年内,区人口计生委以建设学习型、创新型干部队伍为目标,在全区开展多层次、全方位的计划生育优质服务工作。采取“请进来,走出去;广交流,多研究”的模式,请专家为区、镇、街道主管计生工作的领导干部、基层专干讲授优质服务理念;举办“创国优”学习班;组织班子成员和科、室、站负责人先后到通州区和门头沟区人口计生委学习、交流创国优经验;召开创国优工作座谈会,通过开展系列活动,提高了全区人口计生干部队伍的政治业务素质和职业道德标准,为构建和谐大兴,争创计划生育优质服务先进区打下坚实的基础。

(于淑华　杜　娟)

【依法行政】 年内,区人口计生委制定计划生育行政执法责任制,定出行政执法目标、行政执法职责及考核办法。并对行政执法职责进行分解,将行政执法职责落实到人。在规范执法行政工作人员的行为及工作理念和政务公开上下功夫,首先按法定程序着力抓好生育政策、奖扶政策、社会抚养费征收等依法行政工作。及时梳理政务公开目录,通过公开栏、网站、报刊、计生宣传材料等形式将相关项目向群众公布。并将计划生育政务公开及行政执法各项制度上墙,加大依法行政的透明度。召开计划生育行政执法监督员座谈会,对人口计生工作提出合理化建议。深入学习、宣传《人口法》、《条例》及相关配套规章,普及计生政策、法规知识,加大执法程序化和处罚案卷规范化的管理力度,提高行政执法水平。年内,办理生育审批 330 件,全部办结。来人来电政策咨询 659 件次,网上咨询 54 件,群众满意率均为 100%。

(于淑华　杜　娟)

【宣传教育】 年内,区人口计生委联合《大兴报》举办“答百题”活动,投资 20 万元印制《人口计生相关知识手册》15 万册,全区有万余名群众参与答题;联合大兴广播电台,参与《我说我家》——与爱同行系列征文活动;与大兴电视台联合制作“创‘国优’园地”栏目。年内,市级以上报纸、杂志的采稿量为 114 篇。投资 5 万余元在主要街道以及人员活动密集的场所安装了计生标语宣传墙、宣传栏、卡通宣传画、宣传展板;建立了五处村级文化书屋和 18 个流动人口阅览室,为人口计生工作开辟新的宣教阵地。深入开展人口文化体系建设,举办以“我与国策共成长”为主题的征文活动及演讲比赛,并在市人口计生委组织的演讲比赛中获得二等奖。从全区育龄群众入手,与《大兴报》合作,两次对创“国优”工作进行整版报道,下发到各镇(街道)育龄群众手中。将人口计生政策法规、流动人口、生殖健康、避孕药具知情选择、优生优育等多方面内容,制作成音频光盘,在各镇(街道)、村(社区)的广播站定时播放。从各镇街和各成员单位入手,将全国创“国优”讲座录像制作成光盘,下发到各镇(街道)计生办,使全区上下深入学习、了解创“国优”工作。提高科技含量,打造宣传精品。与中国宣教中心合作,拍摄以帮助育龄人群创业致富为主题的专题片“奶香飘出幸福路”,在中国数字电视“家庭健康频道”的《人口与家庭》栏目播出。

(于淑华　杜　娟)

【生殖健康技术服务】 年内,区人口计生委在工作中体现"以人为本,优质服务"的理念。充分利用18家免费定点医疗机构和遍布全区的162个社区计划生育服务站,为广大育龄妇女开展生殖健康服务。年内,进行生殖健康检查7.4万人次,并将生殖健康体检结果记入生殖健康档案,以便更好地为育龄妇女提供进一步的服务。在深入推进以技术服务为重点的"避孕节育知情选择"、"生殖道感染预防"和"出生缺陷干预"的过程中,把为育龄群众的优质服务落到了实处。在深入落实避孕节育知情选择过程中,利用人口学校、宣传折页、宣传手册(15万册)和各种各样的宣传品,提高知晓率。在进行宣传的同时,采取入户调查等形式,进行需求调查,以群众的需求作为工作的方向。在开展'生殖道感染预防'服务过程中,利用一年多的时间对全区52204名"农村长效节育户籍已婚育龄群众"进行免费健康体检。使广大育龄群众受益的同时,有效促进了长效节育措施的实施。在实施"出生缺陷干预"过程中,利用人口学校为载体,通过聘请专家讲课,邀请专业技术人员当面传授等途径和方法,免费发放叶酸。全年免费发放1万多瓶,并详细记录了领取人群的怀孕情况及联系方式,定期进行电话回访,回访率在90%以上。

(于淑华　杜　娟)

【流动人口计生管理】 年内,全区有流动人口超过50万人。区人口计生委共建立流动人口计划生育协会20个。全区共在406个村、社区设立来京人口和出租房屋服务站,以服务促管理。其中109个服务站为综合管理模式,为流动人口提供"一站式办公服务",简化办公程序。

(于淑华　杜　娟)

【药具工作】 年内,区人口计生委以满足不同群众的需求为出发点,制作不同种类的避孕药具免费自取架1000个,为村居配备避孕药具专用柜600个,免费发放牌和紧急避孕需求电话牌500套,为群众提供方便、快捷的服务。加大避孕药具工作投入力度,全年共投入126万余元新建药具库房、制作《避孕药具宣传手册》。搞好宣传培训,普及药具知识,全年下乡讲课38次,提高全区药管员的整体素质,使每位药管员达到"三懂""三会""三清""三到户",更好地服务于育龄人群。召开镇、街道药管员观摩交流会,为更好的促进各镇、街道计划生育药具管理工作,达到互帮、互学、互促的效果,药具管理站组织镇、街道的药管员到西红门和旧宫镇进行观摩学习将好的工作经验进行总结并推广。

(于淑华　杜　娟)

【协会工作】 年内,区计生生协会深入到17个镇、街道,对协会基础工作进行了认真的摸底检查,规范镇、村两级基础工作;积极创建市级示范会员之家。年内,确定了魏善庄镇张家场村计生协,西红门镇金星庄村计生协为市级示范会员之家。指导黄村镇后辛庄村、瀛海镇瑞二村、北臧村赵家场村、庞各庄西黑垡村、采育镇沙窝营村等5个村,完成了市级示范会员之家评估验收的准备工作,并接受了市计生协组织的考核验收;建立流动人口计划生育协会,年内,指导清源街道开发区居委会和泰中花园居委会建立了流动人口协会组织。组织群众开展各种活动。内容包括救助贫困母亲、义诊、上街宣传等活动。年内,区计生协出资9000元继续资助采育镇小皮营村冯翠兰和安定镇杜庄屯村吕秀兰两位贫困母亲家庭;全区组织活动共捐款38015.97元,发放宣传材料2万余份,宣传覆盖面达到96%。

(于淑华　杜　娟)

【人口和计划生育数据】 年内,本区户籍人口为58.09万人,全年出生5393人,计划生育率为97.05%,晚育率为79.61%,人口出生率为9.25‰,自然增长率2.92‰。全区现有户籍育龄妇女15.04万人,已婚育龄妇女10.88万人,一孩育龄妇女7.43万余人。一孩独生子女父母领证率逐年上升,全年独生子女父母领证率为80.61%。

(于淑华　杜　娟)

【召开区人口计生工作会议】　4月9日,区委、区政府召开2008年度计划生育工作大会,区委书记林克庆、区长李长友、区人大副主任周静溪、区政协副主席刘志茹、副区长曲凤宏、市人口计生委正局级委员李芸莉参加了此次会议。会上表彰了72名人口计生工作优秀村(居)领导、191名优秀计生干部、174户独生子女模范家庭、129个人口和计划生育工作示范村示范社区、34个人口计划生育工作优秀综治部门。区长李长友与相关单位代表签订了《2009年人口与计划生育目标管理责任书》,进一步明确了工作目标和责任。

(于淑华　杜　娟)

【创建全国计生先进区动员会】　4月9日,召开创建全国计划生育优质服务先进区动员暨培训大会,副区长曲凤宏在会上做动员讲话,并邀请国家人口计生委优质服务项目办专家做了题为《开展计划生育优质服务的实践与体会》的报告。

(于淑华　杜　娟)

【开展创国优大巡查工作】　7月~8月,区人口计生委利用23天时间,对各镇、街道"创国优"工作贯彻落实情况进行大巡查。根据创国优检查评估项目,对各镇、街道创国优工作的开展情况进行了认真检查,对存在的问题当场指出并逐个指导进行完善,进一步夯实了人口和计划生育基层基础工作。

(于淑华　杜　娟)

【召开创国优检查验收会】　10月29日,召开创国优检查验收会,市人口计生委主任邓行舟及相关处室领导到本区就创建国家级优质服务区进行检查验收,副区长潘新胜陪同。会上听取了区人口计生委主任甘连义对创国优工作的汇报,并到西红门镇金星庄村检查基层基础工作,分别听取了镇、村计划生育优质服务工作情况汇报。

(于淑华　杜　娟)

【成功创建全国计生先进区】　年初,成立以区长"挂帅"的创国优领导小组。出台了《大兴区创建全国计划生育优质服务先进区实施方案》,各成员部门都明确了分工和相应的责任。在工作中,突出了"部门联手、协同推进;夯实基础、服务群众;抓住难点、健全机制;创新载体、惠泽予民"的工作方法,成功地创建了全国计划生育优质服务先进区。

(于淑华　杜　娟)

【深化利益导向机制建设】　年内,区人口计生委奖励扶助对象总数达到1121人,特别扶助总人数达到119人。利用财政贴息贷款资助困难独生子女家庭发展生产的工作继续推进,完成贷款2041.8万元,资助596户。积极探索对计划生育家庭,尤其是独生子女家庭各项优惠政策的制定与实施。根据《大兴区关于建立完善人口和计划生育利益导向机制的实施意见》,鼓励各镇(街道)结合本地实际,积极探索利益导向机制新思路,协调相关部门给予政策倾斜,为基层制定、落实、稳定、拓展各项奖励和优惠政策提供依据。利用社会力量帮助贫困独生子女家庭也有了新进展,"李嘉存助学基金"就是在采育镇党委、政府的倡导下,资助采育镇计划生育困难家庭中品学兼优的高中生、大学生。去年资助贫困学生30人,总金额超过10万元。

(于淑华　杜　娟)

【开展春节慰问活动】 1月5日，市人口计生委党组书记、主任邓行舟在副区长曲凤宏、区人口计生委主任帅淑敏、党组书记陈照立的陪同下，慰问了部分独生子女贫困家庭，为他们送去节日的问候及慰问金。随后，区人口计生委分五组对全区34户独生子女贫困户，107户特困家庭和17名村级计生专干进行慰问，送去米、面、油等生活必需品。

（于淑华　杜　娟）

【流动人口出生监测】 3月26日至4月10日，区人口计生委流管站对所属辖区内的14个镇、3个街道办事处的人员信息进行入户核实，共核实出生128人。针对核查中发现的问题进行了认真的分析研究，制定出相应的解决措施。将流动人口出生信息季报工作改为月报；督促各镇、街道计生办加大查验"两证"和及时为流动人口育龄妇女建卡的工作力度。

（于淑华　杜　娟）

【统计信息质量大检查】 4月下旬至5月上旬，区人口计生委对全区14个镇3个街道进行统计信息质量大检查工作。对选定的49个村居，1103名育龄妇女进行了育龄妇女卡项检查，完善了育龄妇女卡片项目的各种情况，掌握了基层第一手材料。

（于淑华　杜　娟）

【举办"我与国策共成长"主题活动】 年内，区人口计生委通过全区上下的积极宣传，各镇（街道）从大量的来稿中精心筛选出51篇上报到区人口计生委，经区文化馆的资深评委对征文进行评选，评选出3篇报送市人口计生委，并被编入由市人口计生委宣教处发行的《我与国策共成长优秀征文选编》。演讲活动采用层层选拔的方式，通过镇、街道选拔，最终各推荐17名选手参加全区演讲比赛。6月2日，在区人口文化学校举办了"我与国策共成长"演讲比赛，评出一等奖1名，二等奖2名，三等奖3名。

（于淑华　杜　娟）

【调研基层干部队伍建设】 7月21～22日，市人口计生委人事处协同国家人口计生委人事司"基层干部队伍建设调研组"到本区对基层干部队伍建设情况进行调研。对120名村级计生专干进行了问卷调查，同时，区人口计生委领导对全区计生专干队伍建设情况进行了座谈，了解基层计生专干基本现状，并重点对"区聘、镇管、村用"的做法进行了探讨。

（于淑华　杜　娟）

【创办专刊】 年内，区人口计生委创办了《大兴区创建全国计划生育优质服务先进区专刊》，重点刊登全区创建活动情况，根据工作需要和信息量随时编发，为各镇、街道创建了一个展示工作亮点、交流学习服务经验的平台。《专刊》共发表十期，内容涉及区、镇、村各级计生部门创"国优"工作的开展情况，并开设了"镇长访谈""老专干谈计生"等系列报道专栏，从不同层面反映全区创建工作情况，为创优工作增添动力。

（于淑华　杜　娟）

【计生药械市场专项整治】 年内，区计划生育药械市场专项整治行动领导小组创建《大兴区计划生育药械市场专项整治简报》，重点刊登全区专项整治行动情况。《简报》共发7期，内容涉及计划生育药械市场专项整治工作精神、各镇（街道）与综治部门联合执法情况，以及整治工作中遇到的难点和解决方法等。9月22日，市计划生育药械市场专项整治联合督查组到本区检查、指导工作。区人口计生委主任甘连义针对计划生育药械市场专项整治工作情况作了详细汇报，副区长常红岩及各综治部门负责人参加了汇报会，并具体回答了督查组的提问。会后，督查组又对部分成人用品店进行实地检查,未发现违法现象。

（于淑华　杜　娟）

【创建文化书屋】　年内,区人口计生委确定五处村级文化书屋。分别是榆垡的求贤村、瀛海的千倾堂村、旧宫的庑殿二村、安定的徐柏村和青云店的三村二村。村民不出村就能看到各种计生知识读本、科普读物、文化刊物和计生知识光盘等。

（于淑华　杜　娟）

【继续深化青春健康项目】　6月12日,区人口计生委、计生协召开了“青春健康”项目座谈会。区教委、进修学校、黄村一中及妇幼保健院等单位参加了座谈。深入探讨了青春期健康中“性健康教育”的问题。10月,区教育委员会、区人口和计生委、区计生协联手,面向全区中小学及职业学校举办“大兴区青春期健康教育征文活动”。收到来自全区各小学、中学以及职业学校负责人和参与青少年青春期健康教育工作的行政主管领导、青春期教育专任与兼任辅导教师、班主任、学科教师、校医等300余篇的征文,并评出了一、二、三等奖。

（于淑华　杜　娟）

保密工作

【概况】　2009年,大兴区国家保密工作在区委、区政府的领导下,在市保密局的指导帮助下,以科学发展观为统领,按照年初提出的工作要点,突出重点,苦干、实干,围绕保增长、保民生、保稳定和庆祝新中国成立60周年这“三保一活动”,扎实推进保密工作,较好地完成了本年度的保密工作任务。保密组织建设、保密检查、宣传培训工作又有新突破。年内,共汇总上报2008年国家秘密事项:机密级60项,秘密级69项,内部事项695项。采取行政措施一次,上报市区法制办行政处罚情况。完成2008年全区办公用计算机统计工作,全区办公用计算机9924台,其中笔记本1032台,涉密计算机301台。自编保密教材9份,完成《推进依法行政实施纲要》等报告8份,下发文件通知11份,简报4期,上报信息22篇,被市局采用18篇。征订《保密工作》140份。印制《大兴区保密干部通讯录》200份,整理档案17卷。开展2008年~2009年保密先进集体和先进个人的评优工作。协调组织销毁文件4次,共计9吨。全年没有发生失泄密事故。

名称:北京市大兴区保密局

地址:北京市大兴区兴政街15号

电话:61298620

邮编:102600

【召开区委保密委员会会议】　年内,按照区委保密委员会工作规则要求,3月10日召开保密委员会会议,传达了胡锦涛总书记、令计划及市委领导批示及讲话精神,通报了上年泄密事件情况。向全体委员报告2008年保密工作情况。会议审议通过了《大兴区2009年保密工作要点》,明确本区保密工作中心任务。

（李秀香）

【加强基层保密工作领导】　年内,调整各单位保密领导小组,明确“一把手”为领导小组组长。确定本单位重点涉密岗位,负责人必须纳入保密领导小组。成立保密工作办公室,由保密办公室主任及保密员负责本单位的具体保密工作。

（李秀香）

【保密工作监督管理】　年内,调整区保密工作协作组,全区共划分为十个协作组,明确协作组的工作任务和工作职责。保密重点单位的领导任协作组长、副组长、联络员。

明确组长、副组长、联络员的工作任务和工作职责。

（李秀香）

【保密工作纳入绩效考核】 年内，保密工作纳入年终各单位绩效考核，在六大项、31个小项对各单位保密工作进行考核。

（李秀香）

【开展保密检查】 年内，在党政机关开展保密检查。利用“猎隼”网络信息监测系统对全区40个重点党政机关546台计算机进行保密检查。

（李秀香）

【秘密载体销毁】 年内，为贯彻落实中共中央办公厅、国务院办公厅转发的中保委、国家保密局《国家秘密载体销毁管理规定》（厅字[2009]18号文件精神，对涉密载体定点销毁企业开展专项检查。制定大兴区国家秘密载体销毁规定。建立国家秘密载体销毁库房。全区统一购置涉密文件待销袋，给区领导配备立式涉密文件收集袋。

（李秀香）

【保密检查贯穿高考、中考】 年内，区保密局完成高考、中考及高中会考、成人高考、成人自考保密室检查。本年高考试卷密级高，保密期长。区保密局成立高考保密检查领导小组，制定严格的《高考保密方案》、《高考保密应急预案》。坚持每半天对区考试中心保密室检查一次，全区6个高考考点，13个中考考点，4个会考考点普查不留死角。加强对阅卷点的保密检查，并积极与教委沟通，及时整改。

（李秀香）

【完成特殊行业保密检查认证】 年内，完成对涉密单位的保密检查。对3家军工保密认证企业进行初检。加强对试卷印刷的保密检查。完成首师大科德学院英语“四、六”保密室的检查工作。完成一家涉密信息系统分级保护（机密级）改造评审。完成本区地理信息市场专项整治工作。

（李秀香）

【保密宣传教育培训】 年内，受区建委、农委、卫生局、劳动局等9个单位之邀，以信息公开与保密、如何开展机关保密工作、定密工作基础知识等内容开展保密培训工作，有效促进基层单位保密工作的开展。在全区党政办主任培训班和处级领导干部培训班上，针对信息化条件下的主要窃密手段及其防范进行讲解和演示。本年是《政府信息公开条例》实施一周年，区保密局结合一年来信息公开这存在的问题和《大兴区政府信息公开保密审查办法》对全区84个单位进行培训。

（李秀香）

【普法保密宣传】 年内，借助全国开展签订保密承诺书工作，开展对保密法及相关知识的宣传，建议重点保密单位重新核定保密人员。重点抓好领导干部及保密重点人群的宣传工作，本区28名局级领导全部签订的承诺书，775名处级领导、3163保密干部签订的保密承诺书。印制《日常保密工作口诀》，购买《密战》电视片，下发相关重点单位。印制3100份保密宣传台历，下发到机关、企事业单位的领导干部、保密员、重点涉密人员手中。利用大兴区国家保密局网站，介绍保密知识、泄密案例。全年21次完善更新网页，充分发挥了保密在线、警钟长鸣、信息安全等栏目保密宣传的阵地作用。

（李秀香）

【依法行政工作】 年内，采取行政措施一次。区原定点销毁企业在专项检查中存在泄密隐患，在对其法人代表进行保密法制教育及相关政策解释说明后,其自愿提出申请不在接收涉密销毁任务,按照其意愿进行废止。区保密局采取措施得当,有效防止失泄密事件发生。

(李秀香)

【新中国成立60周年活动保密管理】 年内,完成国庆信息保密协议制定,重点涉密人员签订保密协议。对国庆活动指挥部计算机进行专项检查。

(李秀香)

档案工作

【概况】 2009年,大兴区档案局坚持以科学发展观为指导,坚持以人为本、自主创新,把握创建和谐社会的时代特征,加强档案工作的研究。利用馆藏资源,充分发挥档案局的社会化功能,现已成为面向社会指导型、开放型、服务型、现代化、多功能的档案局。

名称:北京市大兴区档案局

地址:北京市大兴区兴政街18号

电话:69244557

邮编:102600

【举办建党88周年知识竞赛】 7月1日,区档案局党支部组织全体党员、入党积极分子开展了党的知识竞赛活动,竞赛以小组参赛和观众抢答的形式进行,在竞赛过程中全体党员、入党积极分子积极参与、踊跃回答,通过必答、抢答、风险题等几个环节的激烈角逐,增强了党组织的凝聚力和广大共产党员的荣誉感、责任感。

(区档案局)

【档案专业网上继续教育培训】 8月1日至10月15日,区档案局组织各镇、区直各委、办、局中心(公司)、各街道办事处的专兼职档案工作人员进行档案专业网上继续教育培训,并参加开卷笔答,将试卷及学员名册报送本局,由本局统一批卷统计后上报市局。

(区档案局)

【档案专业知识业务培训】 8月18日至20日,区档案局以分组面授和讨论的形式举办了3期档案业务培训班,档案局业务人员及全区各镇、各街道办事处、各机关、企事业单位的档案工作人员102人参加了培训。主要讲解了村级、社区档案管理要求、照片档案管理、编研材料的编写、电子目录录入等内容。

(区档案局)

【档案开发利用成果展】 9月9日,区档案局组织参观了市档案局举办的"保存城市记忆,服务科学发展"为主题的"档案开发利用成果展",此次展览展示了全市各档案馆档案事业的发展情况,本区积极参展,取得了很好的宣传效果。

(区档案局)

【第一届"档案馆日"活动】 10月16日,区档案局参加了市档案局组织的"到档案馆来,送你开启历史的钥匙"为主题的全市首届"档案馆日"活动,邀请了社会各界人士到档案馆参观,近距离接触档案和档案工作,提高了全民意识。北京市档案局副局长马素萍、副区长李春亭等领导参加。

(区档案局)

【表彰档案工作满二十年人员】 10月16日,市档案局对本局从事档案工作满20年的同志进行了颁奖表彰,北京市档案局副局长马素萍、市局科教处处长李海英、区人大教科文卫委主任刘景波、区委宣传部副部长王青海等领导为从事档案工作20年的同志颁发了荣誉证书,并与获奖者合影。

(区档案局)

【"12.4"法制宣传日活动】 12月4日,区档案局以全国法制宣传日为契机，开展档案法律法规知识宣传活动，展出“发展中的大兴档案事业”宣传展，以“加强档案法制宣传教育，为构建和谐社会服务”为主题，开展了现场宣传咨询活动，并向过往行人发放了100多份档案法律法规知识宣传册、档案小知识，取得了很好的宣传效果。

（区档案局）

【庆祝国庆60周年文艺汇演】 年内，区档案局组织参加了市档案局举办的档案系统庆祝新中国成立60周年文艺汇演，本局选送的两个节目分别获得二等奖和三等奖，展示了新时期档案工作人员的风采。

（区档案局）

【征集、接收档案】 年内，区档案局与区老干部局联合向全区离退休老干部征集不同历史时期的照片、证章等档案资料共789（件、册、张），全年接收档案4816卷（件），目前，馆藏档案总量达到12.5199万卷（件、册、张、盘）。

（区档案局）

【档案资料征集】 年内，区档案局在全区范围内开展了档案编研资料征集活动。共征集各种编研资料190卷册，光盘17盒。向市档案局（馆）报送档案史料类图书117卷册、档案期刊11本、档案展览图9册、声像、电子出版物17盒。

（区档案局）

【加强民生档案指导】 年内，区档案局重点对涉民单位档案的收集、管理和利用等环节进行监督检查和指导，保证民生档案做到收集齐全、管理规范、积极提供利用，共指导立档单位民生档案归档共计56.4528万卷（件）。

（区档案局）

【档案鉴定开放】 年内，区档案馆对馆藏51个全宗800卷档案进行了认真审查鉴定，326卷档案向社会开放，并在档案馆网站上及时向社会公布开放档案目录，全年已向社会开放档案11批，开放档案10673万卷。

（区档案局）

【档案扫描】 年内，区档案局对馆藏建国前文书档案、婚姻档案、土地档案进行了数字化扫描工作，共计994卷，136353万页，国家领导人和历史照片600余张。

（区档案局）

【到期档案销毁】 年内，区档案馆完成馆藏1958年度文书档案到期应销毁档案的鉴定工作，共审查鉴定待销毁文书档案86卷，会计档案177卷，共计263卷。

（区档案局）

【档案利用】 年内，区档案馆共接待查档利用群众2072人次，提供档案8682卷次，出具证明1212份，电话代查153人次，复印2470张。

（区档案局）

【政府信息公开】 年内，区档案馆与区政府信息办联合，建立和完善了政府信息公开查阅场所功能，对区委、区政府下发的现行文件和全区各机关单位报送的行政规范性文件及时进行接收、登记、并输入计算机复印上架，免费为公众提供查阅。全年共接收政府信息公开文件88种264份。

（区档案局）

【档案信息化建设】 全年，区档案馆建有档案数据库13个，馆藏文书档案文件级目录已全部输入计算机，电子目录总数已达130万条，对馆藏珍贵档案和重要数据进行记录备份保存，完成了全区各立档单位室藏文书档案文件级目录录入工作,共接收电子档案目录2万余条,提高了档案管理水平和检索效率。

(区档案局)

【档案馆网站建设】 年内,区档案馆及时在网站上发布反映档案工作动态的信息,在网站推出了《风雨兼程 铸就辉煌——纪念大兴区改革开放30周年》展览和《历史的足迹——大兴区区史展》。

(区档案局)

【档案保管期限修订工作】 年内,区档案局组织各单位档案员进行业务培训,对各单位《规定》落实情况逐一进行审核,圆满完成了72个机关立档单位重新修订保管期限表的工作。

(区档案局)

【开展卫星城原貌拍摄工作】 年内,区档案局开展了大兴新城原貌照片、地铁大兴线建设的拍摄工作,主要对黄村兴华大街(地铁大兴线主线路)、兴丰大街等8条主要街区进行了原貌拍摄工作,共拍摄照片1500多张,整理归档照片档案15册,为记录大兴历史留存了珍贵的影像资料。

(区档案局)

【档案行政执法检查】 年内,区档案局加大档案执法检查力度,在各单位自查的基础上,与区人大、区政府法制办联合对36个机关、企事业单位,5个镇,10个行政村、6个社区进行了档案执法检查,对存在问题的单位发送限期改正通知书,提出了整改意见,并将检查结果在全区进行通报。

(区档案局)

【档案学会工作】 年内,区档案学会对2008~2009年度向全区征集到的147篇档案学术论文进行认真评选,评选出45份优秀论文,其中一等奖8名,二等奖15名,三等奖22名。12月1日,区档案局召开档案学术论文总结表彰大会,为获奖人员颁发了荣誉证书。

(区档案局)

综合行政服务工作

【概况】 北京市大兴区综合行政服务中心(简称"中心")成立于2006年10月,是区行政许可和服务协调管理委员会的常设机构。成立"中心"是区委、区政府进一步优化发展环境,强化政府服务职能,提高办事效率,更好地为基层、企业、群众提供规范、优质、高效服务的一项重要举措。"中心"位于大兴区兴华大街三段15号,综合行政服务大厅建筑面积2800平方米,现有31个单位窗口,区行政投诉中心、政府采购中心、建筑工程发包承包交易中心、建筑工程招标投标管理办公室同时进驻,工作人员110余名,承办行政许可和服务事项273项,其中行政许可类206项、服务类事项67项。

名称:北京市大兴区综合行政服务中心
地址:北京市大兴区兴华大街三段15号
电话:81296088
邮编:102600
网址:http://www.dxxzfw/gov.cn

【主要工作】 全年,区行政服务中心受理行政许可和服务事项12.5万项,办结12.5万项;年内接待咨询群众23.5万人次。全程代办工作全年受理44.4万件。深化行政审批制度改革,进一步精简审批事项,简化审批程序,下放审批权限,切实提高行政效率,完成100%。推进全程办事代理制服务向村(社区)延伸,延伸服务覆盖面达到100%。落实首问责任制100%;一次性告知制100%;承诺时限内办结率100%;重大项目审批件办结率100%;非政府投资重大项目联审办结时限比常规压缩50%以上。全年,收到企业和群众赠送的锦旗38面,表扬信802封。

(李　明)

【绿色通道项目专项服务】 年内,区行政服务中心高度重视绿色通道项目审批工作,加强与相关部门的联系,要求各窗口工作人员,从思想上高度重视,对每个绿色通道项目审批的各个环节从严要求,采取切实可行的工作措施,提高工作效率,缩短审批时限,确保绿色审批通道项目顺利审批。

(李　明)

【加强宣传与交流】 年内,区行政服务中心发挥媒体优势。充分利用各种新闻媒体、印制宣传画册等形式,对全区行政服务工作开展情况和行政审批服务的各项政策、法规以及便民服务的举措、典型事例等方面广泛宣传。通过《大兴报》,对行政服务及全程代办工作进行了专题报道。办好内部刊物。认真办好以行政服务为主要内容的《行政服务资讯》,以及《窗口优秀信息》和《全程代办优秀信息》,加强对外宣传,促进各单位和窗口工作人员交流与学习。广泛开展交流活动,结合工作,开展了"窗口品牌服务"形象宣传用语原创活动、典型服务事例总结活动、"行政服务工作随想"等主题活动。年内,开展了同山西平遥、北京平谷、怀柔、西城、房山、丰台等地区综合行政服务中心的经验交流活动。

(李　明)

【上门服务活动】 年内,区行政服务中心组织区发改委、建委、规划、国土和环保5个部门,先后对新媒体产业基地、黄村镇孙村组团、庞各庄镇等单位进行了实地调研和现场办公,提出了切实可行的解决办法,重点解决了北京卫视使馆区、昆仑润滑油厂、科宝优耐等项目在审批过程中的各种问题。同时还与建设单位建立了项目沟通机制,形成有效对接。

(李　明)

【召开项目联审会】 年内,区行政服务中心组织了采育北京汽车工业高级技工学校、煤炭科学研究总院生产基地的项目联审会,通过召开联审会进行集中调度,协调各审批部门加快节奏、协同作战,超常规完成各项审批工作。各审批部门服务前置,提前介入,压缩审批时限,使联审项目审批时限比常规手续办理缩短50%以上。

(李　明)

【强化服务工作】 年内,区行政服务中心研究并制定了《2009年大兴区全程办事代理制工作意见》,引导全程服务,规范各项工作。发挥各单位服务资源优势,指导总体工作开展;从群众需求出发,构建以区行政服务大厅为核心、镇(街道)服务大厅为重点、村(社区)服务工作站(点)为依托的服务体系,推动延伸服务;引导各窗口创新工作,拓展服务功能,切实提高服务水平。

(李　明)

【加强监督考核】 年内,区行政服务中心将各单位纳入督察考评体系,加强全程代办日常工作的监督管理,切实强化了绩效评价功能,及时了解各全程代办单位每月工作情况并按季度进行综合考核。各单位结合工作实际,不断研究新问题,在制度创新方面取得了新突破。

(李　明)

老龄工作

【概况】 2009年,大兴区老龄工作继续坚持以邓小平理论和"三个代表"重要思想为指导,全面落实科学发展观,深入贯彻党的十七大和十七届三中全会精神,按照市老龄办工作部署,以保障和改善民生为重点,采取有效措施,加大工作力度,各项工作稳步推进,老龄事业呈现出良好的发展势头。

名称:北京市大兴区老龄工作委员会办公室
地址:北京市大兴区黄村兴政街15号
电话:61298543
邮编:102600

【召开区老龄工作会议】 年内,区老龄办及时召开了老龄委成员单位联席会议。从推动老龄事业科学发展的角度,认真梳理和总结了老龄事业多年来形成的好经验、好做法,各成员单位在进一步深化认识的基础上,对于年内本区老龄工作的整体思路更加明确。

(郝西辰)

【社会救助体系建设】 年内,本区把老年人的根本利益作为谋划工作、制定政策、部署工作的出发点和落脚点,紧紧围绕"六个老有"的目标,提供更多的保障。完善了社会救助制度,推进了最低生活保障城乡并轨。统筹城乡医疗救助制度,对相关救助标准进行了规范和调整。大力实施农村安居工程,完成了260户高龄特困家庭危房翻建和100户房屋维修任务。

(郝西辰)

【老年优待工作】 1月1日,《大兴区关于加强老年人优待工作的实施意见》正式施行。主要内容包括65周岁及以上老年人免费乘坐区域内地面公交车;建立高龄津贴制度,对90至99周岁的老年人每月发给100元的高龄津贴,对百岁及以上老年人每月发给200元的高龄津贴;大、中型医疗机构对老年人就医提供"六优先"(挂号、就诊、化验、检查、交费、取药)服务等内容的优待工作。

(郝西辰)

【特色文化宣传活动】 年内,根据老年人的特点和爱好,区老龄办因地制宜地组织了多种形式的文化娱乐活动。在村级老年文化活动站开展了读书日活动,大学生村官们义务为老年人读书、读报。举办首期太极拳项目国家二级社会指导员培训班,内容涉及社会指导员公共理论和太极拳专项技术,24式太极拳、太极剑实操,151名健身气功和太极拳项目学员结业。举办了两期新秧歌培训班,来自全区500余名文艺骨干参加培训,将自编长扇健身秧歌"祖国你好"的新作品,带回到各社区,促进了新秧歌在全区的普遍开展。

(郝西辰)

【老年人参与志愿服务活动】 年内,区老龄办在各社区中开展"迎国庆、讲文明、树新风"志愿服务活动,围绕构建和谐社会,引导广大老年人积极参与文明社区建设,组织发动老年人积极参与到社区治安管理、市场秩序维护、卫生清洁、文化宣传、环境督导、民事调解、青少年帮教工作中。

(郝西辰)

【老年法制宣传】 年内,为全面贯彻落实"五五"普法规划,加强社区法制建设,维护社会和谐稳定,营造浓厚的法律宣传氛围,本区开展了"听呼声、走百家、送服务"活动。区政法系统开通全天24小时接听的"民声热线",全面了解和掌握广大老年人的所思、所想、所求、所困;广大律师工作者深入到街(镇)和社区开展免费法律咨询站形式的公益活动;在2月23~27日在全区范围内开展了"全面贯彻落实《北京市法律援助条例》维护困难群众合法权益"为主题的宣传周活动。在5月26日~6月26日,开展全区性的民主法制宣传月活动。学习宣传《中华人民共和国老年人权益保障法》和《北京市老年人权益保障条例》等法律法规,通过设立宣传橱窗、印发宣传材料、解答咨询、上街宣传、悬挂横幅、组织义务演出、上法制教育课等形式,使广大老年人学法、知法、懂法,依法维护自己的合法权益。

(郝西辰)

【进行"一法一条例"执法检查】 根据市老龄办的工作部署,区老龄办密切配合区人大对"一法一条例"的执法检查,召开了"一法一条例"执法检查动员会,会议听取了区老龄委关于本区老年人权益保障工作的总体汇报。区人大内司委在榆垡镇组织召开了《老年法》、《条例》执法检查座谈会,就农村老年人养老、医疗、娱乐等问题,与榆垡、礼贤、采育、庞各庄等4个镇的部分老年人代表进行了座谈,并了解农村地区老年法律法规的落实情况。

(郝西辰)

【为老年人办实事】 年内,全区上下在春节、重阳节期间开展了多项敬老活动。区老龄办筹措资金15万元,为80岁以上的300位高龄特困老人每人发放500元救助金。全年发放65周岁以上老年人优待证5.8万个,审核、发放90周岁以上老年人高龄津贴6897人次,计72万元。区政府投入资金480万元在全区启动60岁以上无社会保障老年人免费体检工作。

(郝西辰)

【走访慰问高龄特困老人】 在春节、重阳节"两节"期间,区老龄委走访慰问了本区80岁以上特困老年人代表和百岁以上长寿老年人代表,带去了慰问金和慰问品。

(郝西辰)

【组织老年人开展活动】 在新中国六十华诞之际,区老龄委开展了"关心呵护、颐养天年"健康体检和医疗保健、老年病防治等为主要内容的咨询活动。组织老年人开展了歌唱祖国合唱大赛、庆重阳老年书画展、老年象棋赛、老年摄影展、老年趣味运动会、茶话会、座谈会等多种形式的庆祝活动。

(郝西辰)

【制定落实"九养"办法实施意见】 12月底,为落实《北京市市民居家养老(助残)服务("九养")办法》(京政办发[2009]104号),结合本区实际,区老龄委制定了《关于贯彻落实〈北京市市民居家养老(助残)服务("九养")办法〉的实施意见》(京兴政办发[2009]95号)文件。

(郝西辰)

中国人民政治协商会议
北京市大兴区委员会

【概况】 2009年,是新中国成立60周年、人民政协成立60周年,也是应对国际金融危机冲击,全面落实党和国家一系列重大方针政策,推动大兴经济社会发展重要一年。区政协深入学习贯彻中共十七大精神,巩固团结合作的思想政治基础。深入学习实践科学发展观;认真学习贯彻胡锦涛在庆祝中国人民政治协商会议成立60周年大会上讲话精神;坚定走中国特色社会主义道路的信心和决心。组织《当前经济形势与政策选择》专题报告会,帮助委员了解国际、国内形势和经济社会发展动态,为提高履职能力奠定基础。组织委员深入开展政治协商专题理论研究活动,并积极转化研究成果。倡导学习中华优秀传统文化,促进和谐社会建设。体现政协"大学校、大舞台、大家庭"特点,举办"承炎黄精魂,续华夏文脉"《古韵今颂》雅集活动。紧紧围绕全区中心工作,全力促进大兴经济平稳较快发展。区政协将2009年确定为发展年，围绕建宜居宜业和谐新大兴目标，在委员中开展“扩内需、保增长”献计献策活动。围绕保持经济平稳较快发展，召开招商引资动员会，发布《关于积极开展招商引资活动倡议书》。全年，区政协引进项目11个，投资总额4.5亿元；技改项目5个，投资3700万元；企业自身新建项目5个，投资5800万元；在谈项目9个，意向投资3.5亿元。围绕扩内需、保增长深入调研。主席会集体视察全区多家企业，积极鼓励企业科技创新。围绕促进全区中小企业发展等方面调研，形成调研报告6篇。围绕发挥政协平台作用，向市政协提出加快城市南部地区发展的建议和建设北京三海子郊野公园的建议等提案；积极参加第三届首都西南区域经济发展论坛，提出旅游产业发展建议等并取得积极成果。加大民主监督力度，促进委员提案办理。进一步完善委员知情通报制度，扩大委员知情权。发挥提案和反映社情民意重要作用，全年共收到提案213件，立案交办193件；收集社情民意43条，编发《社情民意》13期；主席会议对重点提案督办，有力地促进提案办理和落实。召开财政预算监督小组会议。发挥政协统一战线组织优势和作用，促进民生改善与社会和谐。长期将改善民生作为履行职能重要内容。主席会议视察区妇幼保健院、疾病预防控制中心、卫生监督所卫生“三合一”工程建设情况及安定镇中心卫生院。加强同各民主党派和人民团体联系与合作，与区委统战部举办“诗歌嘹亮颂祖国”——纪念新中国成立60周年诗歌演唱会。做好民族宗教工作，民族宗教界委员视察少数民族村经济发展情况并积极献计献策。加大新闻宣传工作力度，做好文史资料和对外交流工作。召开政协宣传工作会议，评选2008年政协十大新闻；编发《参政简讯》16期；政协网站发布各类信息205条，被市政协转发143条；《人民政协报》、北京人民广播电台对郭耕副主席进行履职专访；在大兴报刊登“建言与献策”专版，与大兴电视台制作播发《政协提案促大兴新城发展》“政协之窗”专题片。做好文史资料的征集整理工作，完成报送市政协2008年《大兴政协年鉴》8000字组稿、报送区史志办《政协年鉴》15000字及《大兴新城变迁》政协部分编写工作任务。开展对外交流工作，接待美国韦恩郡考察团、东亚银行北京分行项目考察团、国家环境保护产业协会，国家室内环境与室内环保产品质量监督检验中心，天津等五省市政协研究室，河南省郑州市政协，市政协港澳台侨、民族宗教等委员会以及本市各区政协前来调研、考察等；组织委员赴安徽、江苏、本市门头沟、怀柔等地学习。强化自身建设，增强做好新时期政协工作责任感使命感。举办2009年常委暑期读书班，组织委员开展丰富多彩活动；拍摄《聚是一团火、散是满天星》动漫片；在机关党员中开展“京什手拉手重建家园”捐赠活动；组织机关干部坚持学习全国“两会”精神、人民政协理论、国学系列讲座。

名称：中国人民政治协商会议北京市大兴区委员会
地址：北京市大兴区兴政街15号
电话：61298900
网址：zhengxie. bjdx. gov. cn

【第10次常委会议】 1月6日，区政协第10次常委会议在政协委员活动中心常委会议室召开，主席高树旺出席。听取区政协常委会工作报告、提案工作报告和区政府工作报告及其他报告讨论情况；审议三届三次会议决议(草案)。

(黄　伟)

【第11次常委会议】 3月4日，区政协第11次常委会议在政协委员活动中心常委会议室召开，主席高树旺出席。通过年度工作要点和区政协工作制度；视察区妇女儿童活动中心和地铁大兴线施工现场。

（黄 伟）

【第12次常委会议】 9月22日，区政协第12次常委会议在政协委员活动中心常委会议室召开，主席高树旺出席。听取区水务局和市政管委对大兴新城水系、万亩滨河公园、康庄集中供热厂、观音寺集中供热厂、兴华大街南延等重点工程建设情况通报；视察观音寺供热厂和兴旺路、芦求路工程。

（黄 伟）

【第13次常委会议】 12月18日，区政协第13次常委会议在政协委员活动中心常委会议室召开，主席高树旺出席。区政府通报提案办理情况。

（黄 伟）

【第18次主席会议】 2月12日，区政协第18次主席会议在政协三楼小会议室召开，区政协主席高树旺出席。讨论年度工作要点；听取委员提案审查立案情况汇报；审议通过20项工作制度，另有8项工作制度提交常务委员会议审议；讨论《招商引资倡议书》。

（黄 伟）

【第19次主席会议】 4月28日，区政协第19次主席会议在京南物流基地管理委员会二楼会议室召开，区政协主席高树旺出席。听取北京金日新事业技术有限公司、北京人民电器厂有限公司、北京宝兴高尔夫培训中心有限公司、北京中光碧晟科技有限公司、北京李记乐宝食品有限公司、大兴区京南物流基地六家公司发展情况介绍。

（黄 伟）

【第20次主席会议】 5月15日，区政协第20次主席会议在区劳动局会议室召开，主席高树旺出席。听取区发改委、劳保局、财政局、科委提案办理情况通报；重点督办促进经济发展，解决劳动力就业等10件提案。

（黄 伟）

【第22次主席会议】 11月30日，区政协第22次主席会议在安定镇中心卫生院二楼会议室召开，区政协主席高树旺出席。听取公共卫生事业相关工作通报。

（黄 伟）

【学习与文史资料工作】 年内，《改革开放话北京》一书刊登大兴区政协委员三篇文章文章；参加市政协当前宏观经济形势报告会；召开2009年宣传工作会议；组织企业界委员开展“如何促进我区中小企业发展”座谈；参观“大兴新城地铁沿线城市设计与地铁重要站点一体化设计成果展”和“大兴农村反腐倡廉警示教育展”；视察文物保护工作；召开文史工作专题座谈会；组织委员赴平谷区学习考察中小企业发展；到大兴地铁指挥部征集区政协促成地铁大兴线开工建设相关史料及影像资料；组织企业界委员和政府相关部门座谈如何促进我区中小企业发展；完成《大兴新城变迁》政协部分编写工作，提供史志文章10篇、照片52张；编写大兴区志（1991年～2009年）政协部分；开展文物保护工作调研；赴延庆考察文物保护工作；召开私立幼儿园和文物保护工作现状座谈会。

（黄 伟）

【提案工作】 年内，区政协召开提案审查立案工作会议；与区人大、区政府在大兴宾馆联合召开2009年办理人大建议、政协提案工作会议；与区政府办公室、区人大代表联络室联合召开区人大代表建议、政协委员提案办理工作座谈会；与区政府办公室听取区市政管委办理区人大代表建议、政协委员提案工作情况通报；参观“大兴新城地铁沿线城市设计与地铁重要站点一体化设计成果展”和

“大兴农村反腐倡廉警示教育展”;召开2009年政协提案办理情况通报会。

(黄　伟)

【城建环保工作】　年内,区政协联系冷光源路灯专利技术发明人协同北京中光碧晟科技发展有限公司,在青礼路安定镇驴房村段两侧安装32盏冷光源(小功率半导体发光二极管)路灯;召开新建道路两侧规划建设管理研讨会;参观“大兴新城地铁沿线城市设计与地铁重要站点一体化设计成果展”;参加新城城市景观灯设计方案征求意见座谈会;视察废品回收行业发展状况。

(黄　伟)

【教文卫体工作】　年内,区政协参观中国非物质文化遗产传统技艺大展;视察流动人口计划生育工作;参观“大兴新城地铁沿线城市设计与地铁重要站点一体化设计成果展”和“大兴农村反腐倡廉警示教育展”;视察庞各庄镇和北臧村镇旅游景点;学习考察延庆旅游产业发展情况;开展“遇整合资源促进本区旅游业健康发展”调研;视察全区教育系统德育工作开展情况;召开“颂国学经典扬中华文明”研讨会;举办“承炎黄精魂,续华夏文脉”《古韵今颂》雅集演出。

(黄　伟)

【领导调研】　3月4日,市政协民族和宗教委员会主任佟根柱一行到本区调研清真企业。5月7日,北京、天津、上海、重庆、江苏、四川等省市政协研究室领导一行40多人到本区参观考察。5月13日,市政协副主席沈宝昌一行视察南海子湿地保护区。5月14日,民建中央副主席路明一行考察礼贤镇农业示范项目和黄村镇集体经济产权改革工作。5月20日,市政协副主席沈宝昌一行视察安定古桑园。6月2日,第三届首都西南区域经济发展论坛《首都西南区域旅游休闲产业发展研究》课题组调研,考察团河行宫、安定镇古桑园和长子营镇留民营生态村。6月18日,市政协科技委员会主任焦志忠一行调研生物医药产业基地。6月25日,“首都西南区域创新与可持续发展研究”课题组参观北京兴宏小额贷款有限公司和乐平农产品产销有限公司农业设施观光园。9月15日,区政协主席高树旺陪同区委书记林克庆到北京国家级纳米材料产业化基地进行调研。9月19日,区政协、区委统战部在大兴文化中心小剧场联合举办“诗歌嘹亮颂祖国”——纪念新中国成立60周年诗歌演唱会。10月20日,区委书记林克庆、区政协主席高树旺和海淀区政协主席彭兴业参加北京十一建华实验幼儿园开园典礼。10月22日,市政协主席阳安江、副主席沈宝昌和秘书长阎仲秋视察中关村科技园大兴生物医药产业基地、北京以岭药业有限公司等。12月4日,原全国政协第八、九届副主席孙孚凌考察星光影视园。12月29日,全国政协民宗委副主任周明甫一行考察中国天主教神哲学院。

(黄　伟)

【学习培训】　2月24日,参加市政协“当前宏观经济形势报告会”。3月11日,全体机关工作人员及离退休干部观看《西藏民主改革50年大型展览》。3月17日,参加《学习贯彻全国“两会”精神报告会》。3月30日,举办宏观经济形势报告会。6月8日,驻会主席和机关干部参观大兴新城地铁沿线城市设计与地铁重要站点一体化设计成果展、大兴农村反腐倡廉警示教育展。6月18日,参加市政协“朝核问题与当前国际局势”报告会。6月26日,参观平津战役纪念馆和国家级开发区天津市滨海新区规划展。8月,举办常委暑期读书班。10月28日,举办中医养生知识讲座。11月6日,区政协联合区委宣传部、区文明办考察怀柔区学习传统文化典籍活动情况。

(黄　伟)

【调研座谈】 2月11日,区政协副主席路志权参加区城管大队落实政协委员提案工作座谈会。3月16日,副主席路志权到其联系区政协委员重点企业调研。3月20日,主席高树旺到其所联系企业北京资源集团调研。4月21日,副主席刘志茹到德通化纤工业有限公司、标致家具有限公司调研。5月11日,主席高树旺到北京人民电器厂有限公司调研。5月14日,学习与文史委员会座谈“如何促进我区中小企业发展”问题。5月14日,召开区政协监督员工作座谈会。5月26日,副主席秦天刚前往北京中协金陶投资管理有限公司调研。6月3日,区政法系统政协委员联络组召开“听呼声、走百家、送服务”为民实践活动座谈会。6月9日,副主席路志权参加国家室内环境和室内环保产品质量监督检测中心与北京工业大学世纪大千环境科技有限公司合作座谈会。6月11日,副主席刘志茹到北京军建利司达房地产公司调研。6月16日,召开政治协商研讨座谈会。6月19日,提案委员会联合农工党大兴区工委召开关于改善医疗环境,提高医疗服务质量调研座谈会。7月10日,召开文史工作专题座谈会。7月10日,学习讨论区委书记林克庆在全区庆祝建党88周年报告会上的讲话。7月24日,学习与文史委员会座谈如何促进我区中小企业发展。8月5日至8日,副主席刘志茹赴内蒙古呼和浩特参加《中国政协》杂志社2009年度宣传工作研讨会。9月3日,副主席刘志茹与生物医药基地意向投资企业北京药业集团紫竹药业有限公司座谈。9月18日,教文卫体委员会座谈促进旅游业健康发展问题。11月12日,学习与文史委员会召开私立幼儿园和文物保护工作座谈会。

(黄 伟)

【民主监督】 3月12日,区卫生局聘请8名政协委员为医疗服务质量评议员;4月20日,区政府聘请两名政协委员为特约教育监督员;4月24日、30日和5月6日、7日,区政协副主席刘志茹、路志权、郭耕,秘书长李书会分别督办卫生口、区农委区新农村建设办公室、区水务局、区建委有关政协委员提案。5月21日,主席高树旺督办“关于加强流动人口管理”提案。6月20日,主席高树旺到瀛海镇听取镇域发展规划等情况汇报。7月28日,财政预算民主监督小组听取区财税工作情况通报。7月29日,召开全区经济社会发展形势通报会。9月7日,主席会集体视察区老干部大学。9月11日,副主席路志权等视察留民营沼气七村联供工程。9月17日,副主席刘志茹等视察民族宗教工作。9月21日,主席高树旺视察区城管大队。12月15日,召开“两院”工作报告专题协商会。

(黄 伟)

【界别活动】 2月25日,区政协副主席路志权参加荣誉委员组活动,听取留民营村发展情况通报。6月8日,归侨台属界委员组活动,参观大兴新城地铁沿线城市设计与地铁重要站点一体化设计成果展和庞各庄镇御瓜园。9月17日,副主席路志权等学习海淀区政协界别活动经验。

(黄 伟)

【走访慰问】 1月15日,区政协机关党总支慰问青云店镇贫困户。春节期间,政协领导走访慰问离退休老干部。5月7日,副主席秦天刚走访北京金日新事业技术有限公司。在开展“京什手拉手重建新家园”捐赠活动中,收到捐款2940元。12月,首都国庆60周年北京市筹备委员会联欢晚会指挥部授予区政协先进集体称号。

(黄 伟)

【宣传工作】 3月10日,区政协研究室被评为2008年度北京市政协系统信息工作先进单位,研究室主任刘辉被评为2008年度北京市政协系统优秀信息工作者,报送的《关于城市交通管理问题的几点建议》被评为2008年度北京市政协系统优秀信息。3月25日,召开政协宣传工作会议。4月3日和7月14日,路志权副主席在区政协委员活动中心主持召开首都西南区域经济发展论坛大兴区宣传片拍摄工作筹备会议。7月24日,副主席路志权接受北京电视台《北京议事厅》栏目组采访。8月19日,副主席路志权出席第三届首都西南区域经济发展论坛新闻发布会。全年编发《参政简讯》16期,政协网站及时准确发布各类信息205条,市政协转发143条。

（黄　伟）

【招商引资】 2月18日,区政协主席高树旺出席第三届首都西南区域经济发展论坛第一次组委会会议。3月6日,区政协、区委统战部召开招商引资动员会。3月24日,副主席路志权出席首都西南区域经济发展论坛组委会关于北京电视台五区专题片制作宣传工作会议。5月11日,副主席路志权亲自协调北京中光碧晟科技有限责任公司进驻大兴有关事宜。6月5日,副主席路志权接待韩国C&S通商株氏会社客人,协调印刷学院北侧建设用地有关事宜。8月,主席高树旺出席第三届首都西南区域经济发展论坛组委会第二次会议。8月28日,主席高树旺出席第三届首都西南区域经济发展论坛。9月16日,副主席路志权出席第三届首都西南区域经济发展论坛总结会。10月27日,副主席路志权出席第四届首都西南区域经济发展论坛筹备工作座谈会。12月11日,区政协机关引进项目北京中光高科科技有限责任公司参加市发改委、科委、财政局、经信委、中关村管委会联合召开政府采购中关村自主创新产品第五次签约大会并成功签约。

（黄　伟）

群众团体

共青团工作

【概况】 2009年,在团市委、区委区政府的坚强领导和大力支持下,团区委以中国特色社会主义理论为指导,深入贯彻落实科学发展观,按照胡总书记提出的“两个全体青年”的要求,认真落实团十六大的总体部署,紧紧围绕“走城乡一体化道路,建宜居宜业和谐新大兴”的建设目标和新中国成立60周年群众游行活动这一重要政治任务,以“坚持科学发展,凝聚青春力量,争做和谐先锋”为主题,不断深化“志愿、公益、创业、成才”工作重点,认真履行组织青年、引导青年、服务青年和维护青少年合法权益基本职能,以促进青年就业创业为突破口,团结带领全区团员青年为建设宜居宜业和谐新大兴做贡献,不断增强共青团事业发展活力,开创了全区共青团事业发展新局面。

名称:共青团北京市大兴区委员会
地址:北京市大兴区兴政街15号
电话:61298653
邮编:102600
网址:http://www.dxyouth.gov.cn

【区一届八次全委(扩大)会议召开】 2月13日,共青团大兴区一届八次全委(扩大)会议召开。区委副书记孟令华出席会议,全体团区委委员和基层团干部代表参加了会议。会议以“2008年大兴共青团重点工作纪实”视频短片的形式回顾总结了2008年全区共青团工作。团区委书记贾卫国具体部署了2009年工作任务。区委副书记孟令华在讲话中对全区共青团2008年工作成绩给予了充分肯定,并对2009年工作提出了意见。

(张春雨)

【青年志愿服务项目实施推进会】 3月4日,团区委召开了区青年志愿服务项目实施推进会。区委常委郭宝东出席了会议。会上,团区委启动了志愿服务项目“1+1”扶持计划,首批12个志愿服务项目受到了企业资助帮扶。

(张春雨)

【创业青年夜校揭牌成立】 3月20日,大兴共青团创业青年夜校在区职业技术学校正式揭牌成立。团市委副书记姜泽廷、区委常委郭宝东出席夜校成立仪式。夜校包括一个教学基地,10个学员实践见习基地,夜校属于公益性质,在业余时间向有意创业的青年免费开放,导师、教师等师资全部由志愿者组成,服务对象重点包括本地创业青年、大学生村官创业青年等青年群体,有意创业的青年可通过自荐和组织推荐方式自愿报名参加。

(张春雨)

【青年网上创业专题培训班】 4月3日,团区委举办了“大兴区青年网上创业扶持项目专题培训班”,大兴共青团创业夜校全体学员、基层团干部、创业青年代表100余人参加了培训。培训班上,来自阿里巴巴和淘宝网的专家进行了电子商务和网上开店等相关知识培训。

(张春雨)

【共植“绿色先锋林”】 4月4日,团区委在永定河六合庄段开展了“弘扬五四精神 争做绿色先锋”——共植“绿色先锋林”活动。全区100余名团干部和团员青年代表共同植下500余棵杨树。

(张春雨)

【启动志愿服务项目】 4月8日,团区委联合区文明办启动了“心系地铁建设,志愿奉献真情”志愿服务项目。该项目由区学雷锋志愿服务队和区青年志愿者医疗队两支服务队共同实施,志愿服务将覆盖地铁大兴线七个标段。志愿服务活动将从年4月开始至2010年底地铁大兴线竣工通车结束,每月定期开展一次活动,服务内容涉及义务理发、健康咨询、义务体检、缝纫修理等。为将此项志愿服务活动常态化,团区委划拨了专项活动经费,保障志愿服务活动的顺利开展。

(张春雨)

【召开区直系统团干部座谈会】 4月9日,团区委召开区直系统团干部代表座谈会,区委常委郭宝东出席会议,全区10名区直团干部代表参加座谈会。

(张春雨)

【举办青年创业小额贷款发放仪式】 4月23日,团区委在庞各庄镇举行了YBC北京大兴服务站成立暨首笔青年创业小额贷款发放仪式,此次活动标志着中国青年创业国际计划成功落户大兴。区委常委郭宝东、北京市青年宫主任冯松青及团市委、YBC北京办公室、团区委、区人事局、庞各庄镇的有关领导出席仪式,各镇、街道团组织负责人,大兴共青团创业青年夜校学员,网上创业青年和大学生村官代表共180余人参加了活动。

(张春雨)

【青年就业创业工作促进大会】 4月30日,本区举行了纪念“五四”运动九十周年暨青年就业创业工作促进大会,区委书记林克庆、区委常委郭宝东、副区长常红岩、区政协副主席刘志茹、团市委青农部部长李伟出席了大会,团区委、区人事局的主要领导以及各基层单位主管共青团工作领导、资助青年创业企业代表、基层团干部和团员青年代表400余人参加了大会。会上,团区委书记贾卫国简要回顾了2008年度本区共青团工作,介绍了全区共青团系统推动青年创业就业工作情况,区委常委郭宝东为本区首家青年网上创业项目扶持网店点击开业。区委书记林克庆在讲话中充分肯定了2008年全区共青团工作和奥运志愿者工作,并就今后全区青年工作提出了具体要求。

(张春雨)

【青年网上创业扶持项目培训】 5月20日,团区委开展了青年网上创业扶持项目系统培训,97名有意网上创业的青年参加了培训。培训活动中,来自淘宝大学的资深讲师结合自身网上创业实际,进行了网上开店、商品拍摄及美化、网店装修与功能使用、网店销售纠纷规避、网店交易安全等相关知识培训。与会青年通过计算机上网实际操作、讲师指导和交流互动。

(张春雨)

【“村官”兼任农村团干部】 2月,团区委与区委组织部联合下发来了《关于做好选拔优秀大学生"村官"兼任农村团干部工作的意见》,经过三个月的集中选拔,截至5月,全区已有527名村官担任了基层团干部,占村官总数的70%以上。

(张春雨)

【希望工程工作站获得优异成绩】 7月,由本区希望工程工作站撰写的调研报告——《诚心感动爱心 公益提升荣誉——浅谈希望工程大兴工作站筹资策略》,在北京市希望工程优秀研讨报告评选中被评为一等奖。

(张春雨)

【启动支援项目】 9月4日,由全国青联、团区委、区教委和东京海上控股株式会社共同实施的"日本东京海上中国青少年发展支援项目"在本区庞各庄爱心希望小学正式启动。区有关领导、全国青联、北京团市委、团区委、区教委、捐方及受援学校师生代表等共约500人出席了仪式。本次共捐助本区庞各庄爱心希望学校、海迪学校等4所农民工子弟学校,捐赠物品包括教学用具、学生读物、音乐器材、体育用品等,总价值近33万元。

(张春雨)

【完成国庆群众游行工作】 10月1日,本区"与时俱进"方阵3400名游行人员群众身着受阅服装,手持表演道具,伴随现场音乐,情绪饱满、热情高涨地通过天安门广场中心区。较好地实现了群众游行队伍整齐有序和欢乐活泼的有机统一,以饱满的热情和整齐的行进,充分展现出对祖国的一片深情,展现出中国人民庆祝祖国六十华诞的喜悦和自豪。集结疏散方面,方阵共动用大客车73辆,分四列在刘家窑地铁站安全有序转运全部人员。3400名游行人员在4小时内,完成了客车运输、远端安检、地铁换乘、集结报到和密集汇合,游行结束后全部人员2个小时内完成疏散。整个过程无一事故,实现了秩序井然、安全顺畅的目标。

(张春雨)

【帮扶共建活动单位】 10月,团区委积极落实区委组织部《关于开展"百家单位联百村"一助一共建活动实施意见》的工作要求,与庞各庄镇东中铺村结对,并对其进行了需求调查和问题汇总,有针对性地从解决贫困子女入学和老人医疗保健方面等四个方面对东中铺村进行了有效帮扶。

(张春雨)

【首批创业电脑发放】 11月20日,大兴区青年网上创业推进暨首批创业电脑发放活动在大兴宾馆隆重举行。团市委书记王少峰,区委常委郭宝东,区委常委、常务副区长张晓林等领导出席了会议。全区各镇、街道团干部,网上创业青年典型及社会各界代表共100余名青年参加了会议。推进活动结束后,网上创业典型和各界青年代表举行了座谈会,相互交流了创业过程中的成功经验,共同研讨了创业过程中遇到的困难与解决办法,为深入推进青年网上创业活动奠定了坚实的基础。会后,团市委书记王少峰以"创造新优势服务促发展"为主题进行了调研,区委常委郭宝东及团市委办公室、研究室、信息中心负责人陪同调研。

(张春雨)

【区青联二届一次全会】 12月18日,区青年联合会第二届委员会第一次全体会议在大兴宾馆召开。来自公共管理、经济、民族宗教等8个界别的144名委员参加了会议。团市委副书记、市青联主席王粤,市青联秘书长余俊生,区委副书记王新,区委常委郭宝东,区人大副主任周静溪,副区长常红岩等领导出席会议。全会听取并审议了第一届青联主席、团区委书记贾卫国代表一届青联常委会所作的题为《坚持科学发展,汇聚青春力量,为建设宜居宜业和谐新大兴而奋斗》的工作报告。全会选举产生了大兴区青联二届委员会领导机构,贾卫国当选为区青联二届委员会主席,许娜、贺锐、张艳林、温震、王启春、李达、李岭涛、贺贝奇、万一、董涛当选为区青联二届委员会副主席,马宪颖、王玉侨、王学光、王春晖、叶胜勇、江欣、杜广辉、杨光、杨春、杨彦光、李强、李燕、肖恩孝、张辉、陈洋、尚建刚、胡宝琛、赵洪涛、侯川、施艳清、徐健、黄文佳、焦昕、鲍栋当选为区青联二届委员会常委。

(张春雨)

【圆满完成工作任务】 年内,按照《大兴区2009年在直接关系群众生活方面拟办的重要实事》第六条:"整合社会资源,统筹解决当年考入大学的特困家庭子女入学难问题"的要求,团区委积极整合社会资源,努力与企业进行沟通、协调,进一步拓宽筹资渠道,积极做好2009年学子阳光项目的筹款工作。全年,共资助即将进入大学的家庭困难大学生10名,共计40000元。此外,团区委将在年底开展希望工程爱心公益拍卖活动,进一步探索筹资新方式并扩大筹资规模。

(张春雨)

妇联工作

【概况】 2009年,区妇联坚持以科学发展观为指导,全面贯彻落实北京市妇女十二大精神,围绕全区"保增长、保民生、保稳定"工作大局,在优化队伍建设、巩固依法维权、促进男女两性和谐发展、推动实施妇女儿童发展规划等方面发挥了职能作用,团结带领全区妇女积极投身和谐新大兴建设,为促进社会各项事业全面进步贡献了智慧和力量。全年共获得国家级先进集体5人,先进个人2人,市区级先进集体12个,先进个人117名。

名称:北京市大兴区妇女联合会
地址:北京市大兴区黄村兴政街15号
电话:61298684
邮编:102600
网址:womendx@ chuna. com

【建立健全妇联干部档案】 年初,区妇联对各镇、街道、社区妇联主席、村妇代会主任和女村干部(党支部、村委委员)进行了摸底,将基本情况进行了详细的登记、造册,健全了区、镇(街道)、村(社区)妇联干部档案。

(高洪艳)

【召开一届九次执委会】 4月24日,区妇联召开一届九次执委会,区委组织部干部科科长徐曙光通报了区妇联人员变动情况,增补张伟为区妇联一届执委和一届常委,替补田亚莉为一届执委,区委常委郭宝东到会并讲话。

(高洪艳)

【社区妇联换届】 3月~8月,社区妇联进行了换届工作,涉及9个镇、街道,112个社区。换届后的社区妇联主席112名,执委248名,执委中党员118名,少数民族15名,初中文化程度2名,高中、中专47名,大专以上238名,平均年龄39.7岁,其中年龄最大的67岁,最小的23岁。社区正职兼任妇联主席的2名,副职兼任妇联主席的108名,委员兼任妇联主席的2名。

(高洪艳)

【召开老执委座谈会】 8月20日,区妇联召开了一届老执委座谈会,9名老执委参加了座谈。会上,区妇联主席、党组书记张伟介绍了大兴区第二次妇女代表大会筹备情况,并就9位老执委为妇女儿童事业做出的贡献给予了充分肯定。区委常委郭宝东参加座谈并代表区委做了重要讲话。

（高洪艳）

【召开区第二次妇代会】 9月15～16日，召开了大兴区第二次妇女代表大会，会上，张伟代表第一届执委会作了题为《把握时代脉搏　坚持科学发展　团结带领全区妇女为建设和谐新大兴而奋斗》的工作报告，会议选举产生了大兴区第二届妇联执行委员会，区委、区人大、区政府、区政协四套班子主要领导、历届老妇联主席、社会各界妇女代表350余人参加了大会。

（高洪艳）

【召开二届一次执委会】 9月16日，区妇联召开二届一次执委会，选举张伟为区妇联主席，刘莹、李燕为副主席，选举贾连营、高洪艳、冯桂莲、刘颖、朱素敏为区妇联常委。

（高洪艳）

【举办社区妇联干部培训】 10月29日，区妇联对361名新任社区妇联主席和执委进行了培训。区妇联各部门负责人就妇联发展史、社区妇联职责任务、妇联维权技巧等知识进行了讲座。培训后进行了现场考核，361名妇联干部均取得了培训证书。

（高洪艳）

【建立制度】 年内，区妇联建立常委联系若干执委、一个执委联系若干代表的妇女代表联系制度，旨在加强妇联与各职能单位和基层妇女代表的联络，充分发挥执委的岗位优势，有效了解妇女群众的呼声，更加有的放矢地解决妇女群众生产生活中的困难和问题。

（高洪艳）

【宣传男女平等基本国策】 4月17日，区妇联组织全区妇女收看全国人大副委员长、全国妇联主席陈至立讲授的《男女平等基本国策》专题教学片，同时在庞各庄镇梨花村设立了北京市妇女分会场，现场组织50余名妇女代表与镇党委领导、村党支部书记和村主任一起观看，全区先后组织妇女4万余人次进行了录放观看，有效地宣传了男女平等基本国策。

（高洪艳）

【召开庆“三八”总结表彰会】 3月8日，本区举办了以“首邑巾帼携手 共建和谐大兴”为主题的各界妇女庆“三八”总结表彰大会，大会以总结表彰和文艺汇演的形式慰问了各界妇女代表共计450余人。

（高洪艳）

【开展新闻宣传工作】 年内，区妇联利用大兴电视台、大兴报“巾帼风采”专栏和大兴妇联网宣传优秀妇女典型21人，先进集体12个。全年妇联系统外宣稿件160余篇，其中市级以上新闻媒体50篇，区级媒体110篇，制作新闻宣传手册2本。

（高洪艳）

【举办“和谐杯”乒乓球比赛】 3月～5月，区妇联动员、组织各镇、街道妇联在辖区内开展“和谐杯”乒乓球比赛，6000余名妇女参加。5月23日，区妇联代表队获得了北京市妇联系统“和谐杯”乒乓球比赛第八名。

（高洪艳）

【召开女企业家座谈会】 年内，区妇联召开了以“同心渡难关 携手共发展”为主题的企业家座谈会，了解女企业家在经济危机中所面临的困难和需解决的问题，号召会员们携手共渡难关。

（高洪艳）

【数字生活技能大赛】 年内，区妇联与区科协联合组织开展了全区家庭数字生活技能大赛活动,2万余户家庭参与,其中杨娜家庭代表本区参加了全市半决赛。

(高洪艳)

【军地青年联谊会】 12月19日,区妇联与区双拥办共同举办了“情缘一线牵”军地青年联谊会,来自驻区7个部队的65名军官和来自教育、卫生系统的75名女性参加了活动,区委常委朱家林到会并讲话。

(高洪艳)

【组织推介活动】 4月25～29日,区妇联组织6名巧娘参加了以“新农村、新人才、新发展”为主题的农村实用人才创业成果展暨乡村旅游产品(手工艺品)展示推介活动。参展作品共有6大类、120多个品种、400多件,涵盖了陶艺、装饰画、葫芦工艺、面塑、鲜藏艺术品等,其中,5件作品分获最受市民欢迎的手工艺品一、二、三等奖。

(贾连营)

【农家女参加国际妇女论坛】 5月20～22日,北京金宇黑陶制品有限公司经理迟雪宇作为农家女代表,出席了在香港举办的国际妇女论坛,并在“从农村到城市——变化中的中国”论坛会议上做了发言。

(贾连营)

【接待国际妇女论坛代表团考察】 5月24日,国际妇女论坛主席、沃尔玛集团高级副主席厄瑟尔·席尔瓦-帕克一行12人到本区——北京金宇黑陶制品有限公司、北京乐平农产品有限责任公司进行了考察。全国妇联国际部部长邹巧巧、北京市妇联副主席刘颖、区妇联主席张伟陪同考察。

(贾连营)

【开展妇女维权宣传活动】 “三八”节期间,区妇联以“家庭平安促稳定,依法维权助发展”为主题开展了“三八”维权周宣传活动;利用6·26国际禁毒日、12·4法律宣传日等契机,开展普法宣传活动。区镇联动,共举办法律讲座80余场,各类普法宣传活动110余场,发放宣传资料3万余份。

(冯桂莲)

【宣传贯彻《妇女法》系列活动】 11月,区妇联以《北京市实施〈中华人民共和国妇女权益保障法〉实施办法》颁布实施为契机,在全市率先召开了宣传贯彻大会,并通过开展集中宣传、知识竞赛、征文演讲等系列活动,提高社会知晓率。

(冯桂莲)

【走进高墙内帮教】 3月4日,区妇联连续6年到北京市外地罪犯遣送处,以“法律进监区”为主题,帮教女服刑人员。

(冯桂莲)

【开展典型案例评选活动】 5月上旬,区妇联向全区40个巾帼维权岗,征集2002年以来的巾帼维权典型案例117件。择优73件汇编成册,出版了《大兴区妇女维权典型案例集》,以此深化“巾帼维权岗”建设。

(冯桂莲)

【建立32个区级姐妹驿站】 年初,区妇联针对农村妇女、流动妇女、老年妇女的不同维权模式,建立了32个区级姐妹驿站。6月25日,区妇联在瀛海镇举行了“姐妹驿站暨禁毒宣传教育工作站授牌仪式。”市妇联副主席李彦梅、市流管办常务副主任苗林、市禁毒办副主任车克俭、大兴区委常委郭宝东等领导到会讲话并为姐妹驿站暨禁毒宣传教育工作站授牌。

(冯桂莲)

【成立维权志愿者队伍】 年内,区妇联面向社会招募了23名具有国家级心理咨询师、律师资格或具有丰富维权工作经验的志愿者，成立了两支志愿者队伍，为维权工作提供了智力支持。

（冯桂莲）

【接待群众来信来访】 截至11月30日，全区妇联系统共接访645件，比上年同期增加233件，同比增长56.6%；其中来访445件，比上年同期增加158件，同比增长55.1%；来电178件，比上年同期增加64件，同比增长56.1%；来信20件，比上年同期增加9件，同比增长81.8%。结案率97%。

（冯桂莲）

【建立完善接访制度】 年内，制定区妇联常委包案制度，建立区妇联常委包案台帐，不定期召开常委联席会研究重点及疑难信访事项，完善了主席和常委接访制度，采取首问责任制，切实解决事关妇女儿童利益的问题。

（冯桂莲）

【关爱贫困母亲援助款发放仪式】 5月14日，区妇联举行了“关爱贫困母亲援助款发放仪式”。区妇联党组书记、主席张伟为10名贫困母亲发放了援助款。

（冯桂莲）

【帮扶弱势群体】 年内，区妇联争取市妇联25000元创业资金，扶持本区5名有创业意向的贫困母亲；组织10名身体残疾及家庭贫困妇女免费到区医院进行妇科体检。

（冯桂莲）

【“恒爱行动”总结表彰会】 1月17日，区妇联在区妇女儿童活动中心多功能厅举行了以“让爱温暖这个冬天”为主题的恒爱行动总结表彰会，120余名孤残贫困儿童和爱心人士参加活动。

（王旖旎）

【组织“家信书情”征文活动】 年内，区妇联在广大青少年及家长中开展“倾听三代人心声，关注一家人成长——家信书情”征文活动，共收到征文600多篇。征文加深了家长与孩子的交流与沟通，增强了家庭责任感和社会责任感。

（王旖旎）

【城市流动青少年足球联赛】 4月11日，区妇联在大兴第十小学举办大兴区“让我玩”城市流动青少年足球联赛，本区5所学校的100名流动儿童参与其中。

（王旖旎）

【开展家教学堂系列讲座】 4月21～25日，区妇联分别以“说给六年级学生的几句话”和“家长如何与青春叛逆期的孩子有效沟通”为主题，开展了“家家乐”家教学堂系列讲座，400多名学生及家长参加活动。

（王旖旎）

【组织“非凡宝宝”大赛】 年内，区妇联组织400名婴幼儿参加2009年“非凡宝宝”风采大赛，参赛小选手分成6个组分别参加大运动、精细动作、语言、认知、情绪和社会行为五项能力的比赛，该活动使婴幼儿在游戏中开发智能，在快乐中成长。

（王旖旎）

【手拉手阳光救助】 5月26日，区妇联在区妇女儿童活动中心启动区妇联第三轮“手拉手·阳光救助”活动，42名贫困女童得到了33家区直妇委会每年每人800元的助学款资助，确保她们顺利完成学业。

（王旖旎）

【第21届西瓜节家庭趣味运动会】 5月30

日,区妇联与区体育局、区教委联合举办了“大兴区第21届西瓜节家庭趣味运动会”,来自全区17个镇、街道的100个家庭参加了运动会。

(王旖旎)

【空中“母亲课堂”活动】 6月,区妇联与北京新闻广播电台合作开展了以儿童理财教育为主题的空中“母亲课堂”活动。该活动在一个月内重播5次,60万人次收听,收到了良好的社会效果。

(王旖旎)

【青春期女童教育启动仪式】 6月12日,区妇联召开“心系女童”青春期女童家庭教育活动启动仪式,为本区10所学校及6个社区儿童德育中心共发放青春期女童家庭教育手册2800册、“心系女童”光盘70张。

(王旖旎)

【举办系列培训活动】 2月26日至3月20日,区妇联开展了形象礼仪、健康养生、家庭经营艺术、家庭理财、创业指导等系列培训。全区15个单位1600多名职业女性参加了活动。

(张洁冰)

【魅力女性大赛】 3月8日,区妇联启动大兴区“科宝·博洛尼杯”魅力女性大赛。大赛通过演讲、才艺展示、知识问答三个环节充分展示了大兴女性的风采。全区192名选手参赛。73名选手分获一、二、三等奖。9月21日,“区妇联在区妇女儿童活动中心剧场举行了“迎国庆,展风采”大兴区“科宝·博洛尼杯”魅力女性大赛颁奖大会。区委副书记孟令华、区委常委郭宝东、区政协副主席刘志茹等区领导,科宝·博洛尼家居用品有限公司董事长蔡雪晴女士及各镇、街道、区直妇委会代表450余人参加了大会。

(张洁冰)

【举办父母课堂活动】 3月22日,区妇联在东方爱婴早教中心举办了以“如何科学育儿,培养宝宝的好习惯”为主题的父母课堂活动,获得PAT认证的优秀育婴专家主讲,0至3岁婴幼儿家长30余人参加了活动。

(张洁冰)

【组织青年网上创业扶持培训会】 4月3日,区妇联组织各镇、街道有网上创业意向的青年女性40余人,参加了大兴区青年网上创业扶持项目专题培训讲座。著名网站“阿里巴巴”网的网商研究中心宋斐秘书长和淘宝网拓展部温新颖经理等专家,就如何通过网络信息等形式实现自己的创业梦想进行了讲解。

(张洁冰)

【婴幼儿免费身心发展测评】 5月6～10日,区妇联东方爱婴早期教育中心与中国科学院心理研究所合作,针对本区3至5个月婴儿开展免费身心发展测评活动。80余名婴儿受到了有针对性的专业建议。

(张洁冰)

【失地失业女性布艺画培训班】 5月23日,区妇联在黄村镇西磁村举办了失地失业女性布艺画培训班,28名农村妇女参加了培训,并全部通过考核。

(张洁冰)

【举办迎“六一”系列活动】 “六一”儿童节前夕,区妇联举办了“迎六一”系列公益活动,活动包括亲子英语“六一”成长仪式、亲子快乐课堂和4月龄婴儿免费身心发展测评,120余人参加了活动。

(张洁冰)

【举办处级女干部培训】 6月23日,区妇联举办的大兴区“卓越女性,魅力女人”处级女干部培训班在区妇女儿童活动中心魅力女性课堂启动。全年,此项培训以社交素质与女性礼仪、色彩知识与彩妆技巧、服饰与色彩搭配、个人整体形象塑造等为主题,共开展培训12期,培训处级女干部230余人次。

(张洁冰)

【举办宝宝爬爬秀大赛】 10月23~25日,区妇联面向7~15月龄婴幼儿举办了2009宝宝爬爬秀活动。全区30个家庭90余人参加了活动。

(张洁冰)

【失地失业女性创业培训活动】 11月6日,区妇联举办的"失地失业女性创业培训街镇行—如何成功开店"专题讲座在黄村镇拉开了帷幕。就业指导专家、纯真丽质女性文化传播中心首席讲师赵霞进行了讲座,600余名失地失业女性参加了培训。

(张洁冰)

【举办大型棋类普及教育说明会】 2月22日,区妇联组织了大型棋类普及教育说明会,区妇女儿童活动中心棋苑荣誉顾问、女子国际象棋世界冠军谢军女士参会。国际象棋协会副主席兼秘书长刘乃刚老师以《国际象棋对青少年智力发展的影响》为题,为400余位棋类爱好者和家长们做了精彩报告。

(王旖旎)

【录播妇代会女性话题专题片】 8月,区妇联与大兴区电视台《女子别动队》栏目共同策划女性话题专题节目,解读女性关注话题,内容涉及家庭教育、女性健康、婚姻家庭等多方面,共播放17期,收到了良好的社会效果。

(王旖旎)

【举办"乐平杯"摄影大赛】 9月,区妇联、区文委联合举办"乐平杯"摄影作品大赛。各界摄影爱好者用镜头记录了本区的发展巨变、崭新的时代风貌和女性事业发展的辉煌成就。其中,6幅作品分获一、二、三等奖,10幅作品获优秀奖,80幅作品获入围奖。

(王旖旎)

【国庆60周年保障工作】 国庆前夕,区妇联组织北臧村镇兴秀手工艺品产销协会为国庆60周年群众游行方阵制作道具花1.5万朵,并多次协调服装公司、物流公司、高校、游行方阵指挥部,保障了游行方阵服装道具的正常使用,这项工作得到了区委、区政府及游行方阵指挥部的充分肯定。

(王　斌)

残疾人联合会工作

【概况】 2009年,大兴区残疾人工作在区委区政府的正确领导、市残联的关怀指导和社会各界的大力支持下,坚持以邓小平理论和"三个代表"重要思想为指导,全面贯彻落实科学发展观,认真履行"服务、代表、管理"职能,围绕中心,服务大局,较好地完成了各项工作任务,为建设宜居宜业和谐新大兴做出了贡献。

名称:北京市大兴区残疾人联合会
地址:北京市大兴区黄村兴政街20号
电话:69209952
邮编:102600
网址:www. dxcl. org

【超额完成各项康复服务指标】 年内,区残联为贫困听力残疾人免费配戴助听器300个,验配助视器10例,安排28名贫困精神残疾人入住康复基地,203名残疾少年儿童得到康复补助,开展各类康复培训929人次,实施198例贫困白内障患者复明手术,发放3433件小型用品用具,为22名贫困残疾人免费安装了假肢,超额完成区政府实事工程各项任务指标。

(严 续)

【各项补助社保全覆盖】 年内,区残联系统走访慰问了2375名贫困残疾人,发放120万元慰问款物,基本覆盖全区困难残疾人家庭。争取市级资金,以每户3000元的标准,对22名残疾人家庭进行了危旧房改造。全区有2266名残疾人享受低保,2894名残疾人享受重残、临时救助等各类补助。贯彻落实市级文件精神,全区4437名残疾人享受到城乡居民养老保险补贴。依据北京市九养政策,发放养老助残券4441张。

(严 续)

【残疾人就业保障金审核】 年内,区残联审核用人单位25190家,审核率为81%。审核资金5784万元,入库4925万元。

(严 续)

【温馨家园职业康复劳动站建设】 年内,全区共建成9个镇(街道)级残疾人温馨家园,总占地面积17130平方米,全年累计5275名残疾人活动在温馨家园;新建11个职业康复站,完成原有14个职康站劳动成果调查、整理、归档、上报工作。

(严 续)

【无障碍建设取得突破】 年内,区残联完成1400户残疾人家庭无障碍改造,为广大残疾人特别是农村残疾人的出行和日常生活带来了极大便利。

(严 续)

【60年大庆安保工作】 年内,区残联接待来电来访8760人次,信访件6件,法律维权咨询8人次,均得到及时解答和解决。年初对无障碍改造、第二代残疾人证换发、残摩非法营运等信访、维权中存在的主要不稳定因素进行了排查和部署,层层把关,责任到人,将矛盾化解在基层,确保了60年大庆安保工作顺利完成。

(严 续)

【第二代残疾人证换发工作】 年内,在全市统一部署下,区残联启动第二代残疾人证换发工作,新办证335个,换发第二代残疾人证11168个。

(严 续)

【成立"一店一厅"】 年内,成立大兴区残疾人"职业劳动技能成果展示厅"和"康复保健(盲人)按摩示范店"。"一店一厅"是区残联结合本区实际在扶残助残长效机制工作模式上的一次尝试和创新。展示串珠、十字绣、编织、绢花、柳编等残疾人手工艺品、劳动产品10大类200多个品种,安置6名盲按师走上就业岗位,并有多名残疾人因手工艺品销售获得收入。

(严 续)

【宣传工作】 年内,区残联发布区级信息184条,镇、街道级信息92条,上报工作简报12期,制作助残日专刊1期。协助大兴电视台拍摄"关注十一五——残联篇"专题节目3集,协助大兴报制作本区残疾人事业发展成果专版一期,营造了良好的扶残助残氛围。

(严 续)

【参加市级残疾人文体活动获奖】 在第七届北京市残疾人文艺汇演中,区残联艺术团获本次大赛远郊区县组唯一团体奖。在第三届"和谐杯"北京市残疾人乒乓球比赛中,大兴残联代表队获远郊站姿组团体第三名和优秀组织奖。

(严 续)

【发放无障碍专用车】 1月20日，区残联向9个镇（街道）残联发放了无障碍专用车，为残疾人活动于温馨家园、职康站提供便利。

（严 续）

【注重交流学习】 2月23日至25日，区残联分成三个学习组，前往通州、平谷、房山、密云参观学习，重点学习了兄弟残联在基层组织建设、残疾人社区康复达标区创建工作中好的经验和做法，为下一步工作的顺利开展奠定基础。本区残疾人温馨家园继续加强地区间的交流互动，接待江苏无锡、山东东营等参观团体20批次273人次，集思广益，扩大了残疾人事业的影响力。

（严 续）

【举办爱耳日活动】 3月3日，区残联与区妇幼保健院联合举办了“关注听力健康，正确使用助听器”爱耳日宣传活动，以提高人民群众爱耳、护耳意识。

（严 续）

【召开盲人阳光学员座谈会】 3月25日，区残联劳动就业服务中心召开05、06期贫困盲人阳光学员座谈会，为今后开展盲人按摩宣传及技术培训，拓宽农村盲人就业渠道起到了积极作用。

（严 续）

【举办三场残疾人专场招聘会】 区残联分别于3月25日、4月9日、6月9日举办了3场残疾人专场招聘会，共14家用人单位350名残疾人参加。71名残疾人走上工作岗位。

（严 续）

【开展第十九次全国助残日活动】 4月30日，区残联全体工作人员来到长子营镇温馨家园，举行送温暖慰问活动，拉开了大兴区第十九次全国助残日系列活动序幕。5月14日，区残联在市残联体训职培中心，举行了“爱心永恒”助残活动。活动中，市区领导现场为贫困残疾人发放了轮椅、助听器、可调式手杖等辅助器具。中建一局安装公司、区图书馆向特教学生赠送了康复保健用品和少年儿童读物。区残疾人业余文艺演出队表演了精彩、感人的节目。5月16日，区残联组织特教学校13名学生参加了北京市残疾儿童趣味运动会，大兴区第十九次全国助残日落下帷幕。

（严 续）

【残疾儿童体验快乐“六一”】 5月31日，区残联组织特教师生及学生家长参加了首都残疾儿童“快乐成长，童心飞扬庆六一”奥运嘉年华大型活动；同时，向本区部分贫困残疾儿童发放奥运嘉年华门票，让孩子们体验快乐六一。

（严 续）

【长子营镇残联被授予荣誉称号】 7月3日，第四次全国自强模范暨扶残助残先进集体和个人表彰大会在人民大会堂举行。长子营镇残联维护残疾人合法权益、积极为残疾人服务，被国务院残工委授予“残疾人之家”荣誉称号。

（严 续）

【启动课题研究调查工作】 8月24日，本区全面启动“北京市残疾人服务业发展”课题研究调查工作。此次调查工作涉及本区魏善庄、采育、长子营三镇，共调查130名重度残疾人，兼顾智力、精神、肢体、视力残疾和多重残疾，以入户问卷的形式，围绕北京市残疾人居家服务需求问题，对本区农村残疾人服务类型需求及服务方向等内容进行全面了解，为做好全市残疾人服务业发展提供依据和参考，为市残联做好政策转化打下坚实基础。

（严 续）

【达标区创建工作通过验收】 8月25日,大兴区残疾人社区康复达标区创建工作顺利通过北京市专家组验收。全年,区残联建成康复中心6个,康复站17个,康复室220个,康复服务硬件设施全面提升。

(严 续)

【残奥一周年庆典活动】 9月6日,区残联在采育镇举行残奥会一周年庆典活动。活动对第十三届残奥会盲人柔道男子100公斤以上级银牌获奖者王嵩进行了表彰,鼓励本区残疾人自强不息。活动现场,残疾人以太极扇、回春健身操、太极柔力球等体育运动展示了自我风采。

(严 续)

红十字会工作

【概况】 2009年,区红十字会在市红十字会的指导下,围绕区委、区政府的中心工作,认真贯彻落实科学发展观,依法履行各项职责,在募捐救助、应急救护培训、社区服务、宣传传播工作方面取得突破性进展,圆满完成全年各项工作任务。在2009年共获得10项集体荣誉表彰:"全国社区红十字服务示范区"、"中国红十字会总会报刊宣传优秀奖"、"2008~2009年度北京市红十字会系统先进集体"、"北京市红十字会系统'博爱在京城'募捐组织发动特殊贡献奖","北京市红十字宣传工作先进单位"、在落实市政府关于"在中小学及托幼机构中开展应急救护培训"的实事项目中荣获市级二等奖,在首都国庆60周年联欢晚会工作中做出突出贡献,受到首都国庆60周年北京市筹备委员会联欢晚会指挥部表彰,"大兴区文明单位"、"大兴区党政系统信息工作先进单位",作为2009年在社区红十字服务工作中做出突出贡献的先进集体,受到区委区政府的通报表彰。

名称:北京市大兴区红十字会

地址:北京市大兴区黄村西大街86号

电话:60283586

邮编:102600

网址:http://www.dxrc.org.cn

【召开第一届理事会第三次会议】 3月4日,区红十字会召开第一届理事会第三次会议暨2009年募捐工作动员会。市红十字会常务副会长韩陆,区委常委郭宝东、区人大常委会副主任周静溪、副区长、区红十字会会长曲凤宏出席会议。大会审议了《更换、增补理事的报告》、《大兴区红十字会2008年度工作报告》和《大兴区红十字会2008年度募捐款收支情况报告》,部署了2009年的募捐工作。

(符 静)

【落实少儿大病救助项目】 区红十字会于5月正式启动少儿大病救助工作。主要救助0~18岁患有白血病、血友病、再生障碍性贫血、肾衰竭、恶性肿瘤五类大病且家庭生活困难的少儿。9月,召开主题为:"献爱心,惠民生,构建和谐社会"的少儿大病救助工作会,经过审核,区内涉及12个镇和街道,符合救助条件的患儿共有34名,区红十字会投入34.5万元对患儿给予救助。

(符 静)

【募捐工作】 全年,共募集款、物合计487.86万元。其中"博爱在京城、博爱在大兴"活动募捐99.15万元。北京星光影视集团为支持灾区重建,捐赠影视设备一套,价值386万元。

(符 静)

【救灾救助工作】 年内,区红十字会从关注民生和改善困难群众生活出发,不断加大救助工作力度。全年发放救助款、物合计478.16万元,其中支援灾区款物合计388.70万元,本区救助89.46万元。开展“元旦春节”送温暖活动,投入救助款物30.43万元,为风雪灾、火灾、车祸、因病致贫家庭拨付救助款22.1万元,其他形式救助拨付救助款36.93万元,惠及2910户家庭,受益人数10185人。

（符　静）

【应急救护培训】 年内,区红十字会制定了培训工作计划,全年完成初级救护员取证培训5872人,同比增长47%,普及培训7万人,同比增长243%。5月7日,成立了大兴区红十字会应急救护教育中心北臧村镇工作站。6月,大兴区红十字救护培训中心更名为大兴区红十字会应急救护教育中心,主要职责是:在全区范围内组织开展群众性应急救护教育和培训,普及提高市民应对突发事件、自然灾害及自救互救的知识能力水平。

（符　静）

【社区服务】 1月,大兴区被中国红十字会总会、民政部命名为“全国社区红十字服务示范区”。为进一步规范服务站各项工作,区红十字会在4个社区红十字服务站确定兼职管理人员,并制定《社区红十字服务站工作情况月报表》,完善物资管理台账。各服务站为社区居民提供服务3072人次,组织健康教育、便民服务和宣传活动34次,社区居民约5000人受益。

（符　静）

【红十字青少年工作】 年内,区红十字会加强对青少年安全教育和避险逃生知识的普及,在中小学校园发放红十字知识宣传材料2万余份、避险逃生光盘40张,受益师生2万余人。开展优秀红十字青少年评选活动,选出4名优秀红十字青少年会员。在校园内广泛开展救护培训,培训教师945人,学生2465人,普及培训3万人次。参与创建健康促进校活动,对全区25所学校创建健康促进校工作进行指导、验收。

（符　静）

【“五八”世界红十字日宣传活动】 5月8日世界红十字日,区红十字会组织开展了以“凝聚人道力量,建设和谐社会”为主题的“红十字博爱周”活动。期间,红十字会卫生系统工作委员会举办宣传义诊活动,社区红十字服务站、司法局、法院分别在社区广场和街道组织了爱心义卖活动,红十字教育工作委员会组织学校召开主题班会、与灾区学生座谈、开展校内捐助等活动,宣传红十字精神。

（符　静）

工商联工作

【概况】 2009年是国内外经济形势复杂多变的一年,也是工商联较为忙碌和活跃的一年。面对国际金融危机的严重冲击和影响,工商联坚持以党的十七届三中全会精神为指导,突出服务科学发展和实现自身科学发展两大任务,紧紧围绕国庆安保、社会稳定,围绕区委、区政府工作中心,顾全大局,服务全局,拓展职能,创新举措,全力构筑服务非公经济的桥梁和平台,积极发挥纽带和助手作用,与非公企业一起为区域经济发展和社会和谐稳定做出贡献。

名称:北京市大兴区工商业联合会
地址:北京市大兴区兴政街42号
电话:69299172
邮编:102600

【召开二届四次执委会】 3月6日,区工商联召开二届四次执委会,刘金龙主席代表工商联在大会上全面总结了2008年各项工作并提出了2009年的工作思路。北京工商联秘书长李红军,区委常委、常务副区长张晓林,区政协副主席彭喜忠等领导参加了会议,会上,宣读了二届四次执委会增补的执委、副主席人员名单。

（王　芳）

【举办第二届非公企业运动会】　4月29日,区工商联在区体育局举办了第二届非公企业运动会。此次运动会吸引了全区20多家非公企业的参与,近400名企业员工参加了乒乓球、篮球、拔河三大项目的比赛。

（王　芳）

【廉政风险防范管理工作动员会】　8月17日上午,区工商联召开廉政风险防范管理工作动员大会,机关全体职工参加了会议。会上传达了市委市政府《关于在全市推进廉政风险防范管理工作的意见》和区委《关于推进廉政风险防范管理工作的指导意见》。

（王　芳）

【召开迎中秋企业家座谈会】　9月25日,区工商联召开中秋节企业家座谈会。非公企业家们齐聚一堂,共叙友好情谊,共谋发展大计,共迎中秋佳节。会上工商联主席刘金龙对各位企业家在今年面临经济严峻形势下取得的成绩作了充分的肯定,对各位非公企业家多年来所作的辛勤努力和为区域经济社会发展所作出的重大贡献,表示了崇高的敬意和衷心的感谢。

（王　静）

【召开三方会议】　10月23日,区工商联召开"积极应对金融危机 坚定信心稳步发展"三方会议,会议由工商联主席刘金龙主持,区委常委、常务副区长张晓林,区劳动保障局、区工会等相关领导参加了会议,会上,宝金龙食品厂、人民电器厂、宗洋制衣集团的企业家代表作了发言。

（王　芳）

【提供有效服务】　年内,区工商联针对企业在发展中遇到的突出问题,采取切实有效的措施帮助企业应对危机带来的影响。搭建融资平台,解决融资难题。在充分利用已有工作平台的同时,不断创新工作载体,为解决中小企业融资难题,大力支持会员企业参与建立小额贷款公司,同时开展"融资洽谈会"等活动,聘请民生银行、邮储银行、中担担保公司等进行金融产品宣讲和推介。架通银企联谊桥梁。据金融担保机构提供的数据显示,全年有20余家会员通过区工商联推介的金融机构共融资8000余万元。发挥内外联络作用,推动企业开拓市场,促进经贸交流与合作。对外交流与合作范围不断扩大、频率显著增多,经贸会、洽谈会、招商会等经济服务交流活动内容更加丰富。如组织企业参加市发改委举办的21世纪成长在北京投融资峰会,昆明市委市政府的招商会等,还带领会员到江苏省扬州市、福建省福州市、河北塘沽开发区、天津滨海新区等地考察,学习先进经验,寻找合作机会,帮助企业发展及开拓市场空间。

（马锦麟）

【深入调研】　年内,区工商联深入走访会员近50家,同时向区域内规模以上企业发放《金融危机对首都非公有制经济影响的现状调查问卷》150份,作为了解金融危机对非公有制经济现实影响及为本区出台各项措施提供有效数据参考。

（王　芳）

【光彩事业逐渐发展】　年内,越来越多的企业开始投入到光彩事业中来。一些老会员企业继续加大捐助力度，如艺苑房地产除每年捐款10万元用于帮助贫困家庭学生外，全年共向教育系统捐款200万元，被当地政府授予尊师重教先进单位。如宏伟建筑公司全年累计向幼儿园、学校及青年创业基金等捐款50余万元，天天一泉集团出资200万元支持大学生和复转军人创业。春光集团向湖南省受灾地区捐款200万元，该公司董事长还亲赴灾区慰问。

（刘占峰）

【促就业惠民生】 年内，区工商联号召执委以上企业在这特殊时期不减员、不降薪、不欠薪，并组织企业参加上级单位举办的“2009民营企业招聘周”活动，得到许多企业的积极响应和配合，提供岗位近百个。注重发展会员队伍。全年发展企业会员35家，均是在本地区、本行业有一定规模和代表性的企业。

（刘占峰）

【加大服务力度】 年内，区工商联定期召开非公企业和相关部门座谈会，迅速向会员企业进行信息发布，并组织49家有意向的企业参加政策宣讲会，经过积极申请和审核，有9家会员企业获得两项共计360余万元补贴。

（马锦麟）

科学技术协会

【概况】 北京市大兴区科学技术协会（简称大兴科协）科技工作者的人民团体，是北京市科学技术协会的组成部分，是党和政府联系科技工作者的桥梁和纽带。大兴科协于2007年12月26日召开了自大兴“撤县设区”以来首次代表大会，会议选举刘月娥为第一届大兴区科协主席；李建国任第一届大兴区科协副主席、秘书长。这次会议的召开标志着大兴科协开始以一个全新的形象为广大科技工作者服务。并于2008年12月17日召开了一届二次全会。2009年12月29日召开一届三次全体委员会，同意李建国秘书长辞去秘书长职务，增补马亚锋为大兴区科协委员，选举马亚锋为大兴区科协秘书长。

名称：北京市大兴区科学技术协会

地址：北京市大兴区兴政街31号科技大厦

电话：69267061

邮编：102600

【首批创新型科普社区命名】 1月19日，北京市首批创新型科普社区命名仪式在大兴区清源街道兴华园社区举行，大兴区清源街道兴华园社区、丰台区南墙缝社区、西城区月坛街道三里河一区、平谷区北寨村等21个社区（行政村或街道）被北京市科学技术委员会授予创新型科普社区的称号。市科委副主任朱世龙、市科委社发处处长滕树龙、副区长谢冠超等有关领导出席了本次命名仪式。50余名科技工作者参加命名式。

（吕新颖）

【“科普之春”启动仪式举行】 3月7日，第十一届北京“科普之春”启动仪式在采育镇文化广场举行。“科普之春”活动由北京市科协、北京市农委主办，由北京老科技工作者总会、区科协、区采育镇政府承办。中国科协副局级巡视员周济、市科协副主席周立军、大兴区委常委宣传部部长戴明超、副区长谢冠超、区科委主任王自学、采育镇镇长孟宪金、科协主席刘月娥以及市学会联办、12个兄弟区县科协领导出席了启动仪式。“科普之春”活动的主题是“科技支撑 惠农兴村”。来自北京市农林科学院、农学院、北京老科技工作者总会、北京蔬菜学会、生理科学会、植物病理学会、土壤学会的蔬菜、林果种植、花卉、医学等方面的30位专家开展了现场科技咨询。通过开展医疗义诊、农业专家现场指导、文艺演出、有奖问答、科普展板、科技培训、现场体验社会主义新农村节能减排小屋等形式,向广大农民朋友介绍了最新的农业信息和优良品种,解答了当地农民在农业生产生活中的诸多难题;当天向农民赠送科普图书及实用生产技术500余册、优良品种30种、农业技术书籍、光盘等科普器材和资料80份。展出展板210块,参与的农民达到400余人,深受当地农民的热烈欢迎。

(吕新颖)

【科普统计培训会召开】　3月18日,区科学技术协会召开的“区科协2008年度北京市全国科普统计培训会”在科技大厦举行。来自全区42家单位的60名代表参加了该培训活动。

(吕新颖)

【市科协进行植树活动】　3月28日,来自北京市科协的委员、市科协机关干部及科技工作人员共160人到区长子营镇赤鲁次生林科协育林基地进行植树活动,共种植毛白杨、国槐400余株,并聘请了林业专家进行现场植树指导。此次活动为响应全民义务植树号召,对建设绿色北京起到了积极作用。市科协副局级干事王学勤、罗忠仁、区科协领导及长子营镇领导参加了此次活动。

(吕新颖)

【主题宣传活动启动式举行】　4月1日,“同在蓝天下——关注野生动物,建设生态文明”主题宣传活动启动式在北京野生动物园举行。启动式由区科协副主席李建国主持,区林业局副局长刘洪军、北京野生动物园副园长刘昕晨分别发表了讲话,榆垡中学的学生代表还宣读了《爱护鸟类,保护野生动物倡议书》。最后,与会的领导和学生们分别在宣传横幅上签名,并向榆垡中学的学生发放宣传材料和环保袋等共2500余份。

(吕新颖)

【“科技活动俱乐部”正式启动】　4月19日,“科技活动俱乐部”在区少年宫正式启动。启动式上,区少年宫巴文丽主任为该俱乐部的启动式作了讲话,区科协副主席李建国为各校科技优秀生、科技爱好者、贫困生赠送了“俱乐部体验卡”。由少年宫培养的优秀学员代表们还展示了精彩的航模、车模现场表演,吸引了大批观众的观看。200余名中小学生参加启动式。

(吕新颖)

【“首都创新论坛”举行】　5月5日,“首都创新论坛”在大兴区北京经济技术开发区管委会博大大厦举行。北京市科协党组书记、常务副主席田小平,市科协副主席周立军等领导出席了该论坛启动式。区科协组织来自企业、街道的30名科技工作者参加了该论坛的首场报告会。

(吕新颖)

【“科技套餐配送工程“启动式】　5月19日,由北京市科协和市农委组织的“科技套餐配送工程——农民素质提升计划启动式”在区魏善庄镇举行。来自延庆、昌平、朝阳等7个区县的科协领导参加了此次活动。启动式由北京市科协学会联办主任陈立新主持,北京市科协副主席田文、大兴区人民政府副区长谢冠超出席了该启动式。仪式后,来自北京市农林科学院的陈殿奎教授、李明远教授分别围绕“设施农业建设”和“蔬菜病虫防治”对现场140名农民朋友进行了培训。李教授并亲自来到农业基地现场指导。本次活动共发放科普挂图、科普图书等500多份。本次启动式是2009年科技周的重要活动之一,由北京市科协、农委主办、区科协、种植中心承办。

（吕新颖）

【“2009年科技周”启动式举行】 5月20日,2009年大兴科技周启动式在区榆垡镇农贸市场举行。本届大兴区科技周活动的主题是“坚持科学发展,建设科技北京,构建和谐大兴”。副区长潘新胜围绕“保增长、保民生、保稳定”及建设社会主义新农村作了重点讲话,并宣布科技周正式开始。本次启动式由区政府主办,区科协、科委、农委、榆垡镇政府共同承办。共展出新技术、新品种、节能、新农村建设等内容的科普展板36块,同时展出了部分新型农机具、微喷滴灌新技术模型等,发放科普资料5000多份,前来参加启动式的榆垡镇农民达400多人。

（吕新颖）

【科普活动】 5月21日,奥宇模板有限公司科协组织企业职工开展了主题为“坚持自主创新,促进企业发展”的科普活动。活动内容丰富多彩,寓教于乐。其中有奖问答涉及企业文化、安全知识、模板知识、专利知识等多方面内容,现场气氛十分热烈。30余名奥宇公司的企业科协人员参加本次活动。

（吕新颖）

【北京天文馆实践基地落户大兴】 5月22日,作为大兴区科技周主题系列活动之一,大兴区“天文教育研究、观测实践基地”揭牌仪式在大兴一小隆重举行。来自北京天文馆、区科协、区教委、大兴区校外办的主要领导、全区科技教师代表、部分学生家长以及大兴区一小、庞各庄第二中心小学的师生共200多人参加了此次活动。

（吕新颖）

【参观星光新产品新技术展示活动】 5月27日~31日,北京星光科技股份公司举办2009年星光新产品新技术展示活动。本次展览共展示了100多项新产品新技术,其中包括北京奥运会期间使用的摇头电脑灯、洗墙灯、维尼迪新电脑灯等LED照明灯具和巴可投影所用的液冷等先进的光影技术。为期4天的展示活动吸引了全国20多家省级电视台、市区相关部门、中小学生和社区代表进行参观。区科委、科协10名工作者参观展览。

（吕新颖）

【朝阳科协调研兴华园】 6月2日,朝阳区科协主席李春霞一行15人到本区清源街道兴华园社区参观调研。区科协副主席李建国陪同。朝阳区科协对兴华园社区的科普工作给予了高度评价。

（吕新颖）

【留民营与河津营的签约仪式】 6月5日,“北京青圃园有机农业专业合作社与北京绿福蔬菜产销专业合作社合作签约仪式”在留民营生态农场举行。来自北京市农委、农林科学院,区农委、商务局、科委、科协及留民营、河津营的相关领导出席了该签约仪式。

（吕新颖）

【青少年未来工程师大赛闭幕】 6月7日,“2009年北京市青少年未来工程师大赛”经过为期两天的角逐在区少年宫剧场闭幕。大会宣布本次比赛结果:区长子营第二中心小学获木梁承重项目第一名、北京五中分校“神奇的管乐队”获创意环保乐队项目第一名、区长子营第一中心小学获航天探月归来项目第一名、区第三小学获排雷机器人项目第一名、北京市第十三中学获绿色节能型场馆项目第一名,区少年宫获团体总分第一名。来自全市16个区县的280名学生、170余名区县领队和辅导教师参与了本届大赛。

（吕新颖）

【长子营一小科技节闭幕】 6月15日,长子营第一中心小学第五届科技节成果展示活动在教学楼前举行,历时一个多月的科技节圆满落下帷幕。区教委、科委、科协的相关领导出席了该活动。本次活动进行了车模、航模、航天探月归来及火箭升空等活动的精彩表演,展出了本届科技节优秀的科幻画、小制作、科技论文作品,展示了《火并不可拍》、《空气占据空间》两个科技英语创意表演节目。

(吕新颖)

【"节约纸张,保护环境"活动启动】 6月25日,"节约纸张,保护环境"—2009年大兴区青少年科学调查体验活动在大兴区第五小学正式启动。本次启动式由区科协主办,大兴五小承办,大兴一小、大兴三小共同参与,并得到北京市科协、区教委的大力支持。启动式参加人数达200多人,发放活动手册350册。其中的横幅全部由废报纸、旧海报等废旧纸张制作而成。在校园的各个角落随处可见废纸回收箱,充分体现了本次活动的主题。

(吕新颖)

【科普惠农兴村计划评审会】 9月4日,"大兴区2010年科普惠农兴村计划评审会"在科技大厦会议室召开,来自全区各镇的12家参评单位参加了该评审会。评审会上,12家参评单位分别对各自的特色科普资源、科普设施情况、农民培训次数、科普宣传员队伍建设及会员农民增收情况进行介绍。本次评审会将评选出2个农村专业合作组织、2个农村科普示范基地及3名先进个人,参加北京市"2010年科普惠农兴村计划"的优秀单位及个人评选。

(吕新颖)

【"大兴区科学素质大讲堂"开讲】 9月18日,由区人事局、区科学技术协会主办的"大兴区科学素质大讲堂"在大兴区政协活动中心举行。来自全区80个单位的300多名公务员参加了该讲座。北京市人事局张铁柱处长为本次活动致辞,北京市政协常委、大兴区政协副主席、北京麋鹿生态实验中心副主任郭耕作为主讲老师为在场的公务员授课。本次活动以"科学素质与科学发展观"为主题,区人事局、区科协的相关领导出席了该活动。

(吕新颖)

【青少年科技大赛教师培训班】 9月22日,大兴区青少年科技创新大赛发明项目的教师培训在大兴少年宫开班。本次培训聘请了中国科协常委、中国科协科技与人文专门委员会主任、中国发明协会第二和三届理事张开逊教授,张教授围绕中小学生科技创新教育的重要性和如何开展科技创新活动创新发明的要领进行了系统而全面的讲授。来自全区26所中小学科技骨干教师,共计40余人参加了此次培训,这次的培训必将对本区今年青少年科技创新发明活动的开展起到积极的作用。

(吕新颖)

【"创新理论"系列培训活动开讲】 9月22日,大兴区2009年全国科普日主题活动之一的"创新理论"系列培训活动在北京奥宇模板有限公司开讲,奥宇科协的80多名会员参加了该培训活动。活动邀请了中国科技体制改革研究会常务理事、国家信息中心博士后科研工作站博士后研究员阮如祥,心理应用学资深讲师李翔进行现场授课。

(吕新颖)

【兴华园社区科普剧团成立】 9月23日,大兴区兴华园社区举行"兴华园社区科普剧团"成立大会。区科协、清源街道办事处、兴华园社区居民60多名代表参加了本次授旗仪式,大兴区首个社区科普剧团正式成立。科普剧团的成立为社区居民普及科学知识、拓宽科普传播渠道、弘扬科学精神、展示社区居民才艺搭建了一个新的平台,更为“09年全国科普日”增添了亮丽的色彩。

(吕新颖)

【科技专家进校园科普报告会】 9月24日,“2009年大手拉小手——科技专家进校园科普报告会”在本区5所学校同时开讲,分布于本区4个镇的近1500名学生参加了本次科普报告会。来自北京老科学技术工作者总会科普讲师团的李悌兴等5位老师分别为大兴三小、采育中学、大兴五小、魏善庄中学、庞各庄第二中心小学的同学们带来了精彩纷呈的科普讲座。

(吕新颖)

【学生科技节开幕】 10月19日,大兴区第27届学生科技节在少年宫隆重开幕。来自全区50个学校的1000多名中小学师生参加了本次开幕式。北京市科协副局级干事、秘书长吕家香,市教委体美处副处长周浩,区委常委、宣传部部长戴明超,区人大副主任周敬溪,区政协副主席刘志茹,副区长谢冠超,区政协副主席、科协主席刘月娥,区人大教科文卫委主任刘景波,区委宣传部副部长王青海等领导出席开幕式。

(吕新颖)

【验收科普示范村】 10下旬,区科协对全区2008、2009年科普示范村和科普示范基地进行了检查验收,并现场挂牌。此次检查对近两年来的所有科普示范村进行了检查验收,检查采取听汇报、看台帐、看现场等方式进行。从检查的情况来看,绝大部分示范点都能按照科普示范村(基地)创建标准,扎实推进创建各项工作,科普活动室、科普阅览室、科普画廊等各具特色,设施完善,社会效益明显。但也有个别示范点存在挪用科普专项资金等问题。

(吕新颖)

【魏善庄科技节启动】 11月12日,“科技在校园、创新在明天”魏善庄中学首届学生科技节在魏善庄中学礼堂启动。来自全校的400余名师生参加了该启动式。启动式后,中国科协青少年部专家委员会委员、西城区青少年科技馆特级教师周又红老师为全体师生带来了题为“青少年科技创新活动”的专题报告。

(吕新颖)

【市科协领导调研企业科协】 11月20日,市科协周立军副主席一行4人到本区对企业、园区的科协建设情况进行调研,并参观了奥宇模板科技有限公司、民海生物科技公司和以岭药业等园区企业。区科协主席刘月娥、生物医药产业基地管委会主任温震等领导陪同进行了调研。

(吕新颖)

【青少年科技创新大赛评审会】 12月3日,“科技,让生活更美好”——2009年大兴区青少年科技创新大赛评审会在区少年宫举行。本次评审会邀请了中国科技馆教授赵锡禄、北京培黎大学视觉传播学院副教授龚正伟、北京市科协青少部张兴世老师,3位资深评审员为本区的发明及科幻画参赛作品进行现场打分。本次创新大赛共有20多件发明作品,近300幅科幻画作品,64篇论文作品参加比赛。

(吕新颖)

【科普惠农冬季行动启动仪式】 12月10日,“支持新农村信息化建设捐助计算机活动”暨“大兴区科普惠农冬季行动”启动仪式在区榆垡镇北化各庄村举行。全村近200名农民代表参加了该启动式。会后,与会领导参观了北化各庄村农户的温室大棚,了解了当地农民的生产情况和对科技信息的相关需求。本次启动式为北化各庄村捐赠电脑8台,科普图书400册,展出科普展板8块。北京市科协信息中心李为民老师、区政府办副主任刘尚先、环保局副调研员张庭海、榆垡镇副镇长王自峰及相关领导出席了本次启动式。

(吕新颖)

【社区科普宣传员培训班开班】 12月17日,区科协举办了为期一天的“大兴区社区科普宣传员培训班”。来自全区4个街道办事处的主管社区工作的人员及社区科普宣传员70名社区科普宣传员参加了本次培训。本次培训还给宣传员发放《科普活动记录手册》,对社区科普宣传员进行规范。

(吕新颖)

【“虚拟创造邀请赛”举行】 12月20日,以“中国未来的航空母舰”为主题的第四届北京市中小学生虚拟创造邀请赛决赛在区少年宫举行。来自怀柔、顺义、昌平、大兴4个区县的12支中小学代表队参加了本次活动。经过激烈的角逐,小学组大兴四小获得最佳方案奖、最佳创意奖,大兴四小、怀柔镇中心小学获得最佳模型制作奖,李鹏、张博获得最佳口才奖;中学组大兴四中获得最佳方案奖,采育中学获得最佳创意奖,北师大大兴附中、大兴四中获得最佳模型制作奖,刘畅、刘亚军获得最佳口才奖。区政协副主席、大兴区科协主席刘月娥,大兴区教委副主任王春辉等相关领导出席决赛现场。共有30所中小学校的700余名学生参与此项活动。

(吕新颖)

【区科协一届三次全体委员会举行】 12月29日,大兴区科学技术协会一届三次全体委员会在大兴宾馆举行。副区长绳立成、区科委党组书记王自学、区政协副主席、区科协主席刘月娥、区科协副主席李建国、刘奇等领导出席了本次会议。经过大会选举,马亚峰任科协秘书长。

(吕新颖)

政法 军事

政　法

政法委工作

【概况】 2009年,是大兴区加快城乡一体化建设开展之年,也是“平安大兴”建设启动年,经济、社会、文化发展大事多、要事多、喜事多,面临着前所未有的复杂形势和艰巨任务。大兴区政法机关在市委政法委、区委的领导下,以学习实践科学发展观为统领,紧紧围绕中央提出的“保增长、保民生、保稳定”要求和市委、区委工作部署,坚持党委领导政法工作的根本宗旨,举全区之力合力攻坚,社会政治大局持续稳定。以推进“平安大兴”建设为推手,打牢基层基础建设,社会治安环境全面净化。坚持让群众满意为最终目标,大力加强政法队伍建设,政法队伍形象明显提升。以坚持开拓创新为着眼,总结经验查找问题,推动政法工作长足发展。为新中国60周年庆典活动营造了安全稳定的社会环境,为加快城乡一体化进程、建设宜居宜业和谐新大兴奠定了坚实基础。

名称:中共北京市大兴区委员会政法委员会
地址:北京市大兴区兴政街15号
电话:61298663
邮编:102600

【不稳定因素排查化解工作】 年内,集中进行4次矛盾纠纷的排查化解工作,建立健全重大决策风险评估、领导干部“五访”、领导包案、维稳救助基金等机制,18名区级领导共接访287批997人次,包案105件,全年初信初访化解率达到90%、重信重访化解率80%、信访历史积案化解率达到70%。

(蔡幸娟)

【加大对重点人群管控】 年内,集中开展三次重点人大排查,对排查出的各类重点人,逐人进行风险评估,分别落实实名制管控措施,实现不漏管、不失控的工作目标。

(蔡幸娟)

【清理执行积案】 年内,认真落实中央政法委和最高法院的部署,分两个阶段大力开展集中清理执行积案活动。实行定承办人员、定督办领导、定执行措施、定执行期限、定目标责任、重点案件领导包案的“五定一包”清案工作责任制,第一批578件案件清理任务全部完成。加大对第二次清理范围的1481件无财产可供执行积案的清理力度,消除易引发的不稳定因素。

(蔡幸娟)

【预防和处置突发事件】 年内,充分发挥职能作用,加强对执法司法工作保增长、促发展各项措施的研究部署和组织推动,妥善处置因金融危机引发的各类突出矛盾,维护社会和谐稳定。加强统筹协调,区委政法委制定了《关于充分发挥政法职能作用,促进全区经济平稳较快发展的工作意见》,明确提出5个方面重点和建立健全4项工作机制,统一政法机关执法办案思想。实施安全稳定监测机制,针对受金融危机影响可能引发的企业主逃逸恶意欠薪、员工集体上访和暴力讨薪等突出问题,在重点地区、行业、企业和场所建立安全稳定监测点22个,摸排掌握一批影响社会稳定的突出问题,提前介入,有效预防可能引发的突发事件。

(蔡幸娟)

【深入推进作风建设】 年内,围绕作风建设年的要求,按照组织动员、调查走访、集中整改、总结提高四个阶段和努力达到"六个一批"的目标,全区政法系统开展"听呼声、走百家、送服务"为民实践活动。

(蔡幸娟)

【制定干部培训实施方案】 年内,为切实提高队伍的能力素质,按照《关于2008年~2012年大规模培训干部工作的意见》要求,制定干部培训实施方案。

(蔡幸娟)

【党风廉政建设】 年内,贯彻落实市委和区委《建立健全惩治和预防腐败体系2008~2012年实施办法》,开展廉政风险防范管理工作部署,以查找风险点为抓手,以加强监督体系建设为保障,通过签订党风廉政建设承诺书、制定《廉政风险防范管理实施细则》和《廉政风险防范管理考核表》。

(蔡幸娟)

【"保增长、保民生、保稳定"工作会议】 4月3日,区委政法委组织召开区政法机关"保增长、保民生、保稳定"工作会议。区委政法委副书记、区维稳办主任杜志勇主持会议。区委常委、政法委书记马武英,区直各有关部、委、办、局主管领导,以及各镇(街道)党(工)委副书记参加了会议。

(蔡幸娟)

【召开国庆安保动员部署大会】 8月19日,区委、区政府组织召开全区维护稳定暨国庆安保工作动员部署大会。区委书记林克庆、区人大主任张书领、区委副书记孟令华等区四套班子领导出席会议,区委常委、政法委书记马武英主持会议,各镇(街道)党委(工委)书记、镇长(主任)和主管副职领导,区委、区政府各部委办局中心公司、各人民团体党政一把手和主管副职领导参加了会议。会上,区委副书记孟令华传达了全国和北京市维稳暨信访工作电视电话会议精神。区委书记林克庆就完成好新中国成立60周年庆祝活动保障任务强调三点意见。

(蔡幸娟)

【召开"两节""三会"安全稳定工作会】 12月23日,区委、区政府组织召开了全区安全稳定工作会,动员部署"两节"、"三会"期间全区安全稳定工作。会议由区委常委、政法委书记、综治委主任马武英主持。区委副书记王新,副区长常红岩,区委政法委副书记王大舜、区委政法委副书记江志军、区委政法委副书记、综治办、流管办主任董涛,各镇(街道)党(工)委副书记、副镇长(副主任),区委区政府各部委办局中心公司和人民团体的主管领导参加会议。会上,区公安分局政委席思友通报了2009年全区社会治安形势,区信访办主任杜克前通报了2009年全区信访工作形势,区安监局局长李延国通报了2009年全区安全生产形势,并就做好这一期间的相关工作进行了部署。副区长常红岩对做好"两节""三会"期间安全稳定工作进行了部署。区委副书记王新就做好"两节"、"三会"期间安全稳定工作提出了明确要求。

（蔡幸娟）

【加强维稳工作制度建设】 年内，区维稳办结合本年维稳工作的形势任务，制定《大兴区2009年重点人管控工作方案》、《关于开展化解社会矛盾专项行动的意见》、《预防和处置非正常访及突发事件工作意见》、健全维稳形势分析研判和风险评估制度、制定《关于清理劝返外地来京上访滞留人员联动机制》。

（高云飞）

【社会矛盾排查化解工作】 年内，区维稳办共组织进行六次矛盾纠纷排查化解工作，对全区矛盾纠纷进行摸底排查，共排查梳理出重点矛盾纠纷92件（区级27件，镇级65件），经区维稳办、信访办、公安分局、法院会商研判，确定突出矛盾纠纷16件，协调化解13件。

（高云飞）

【重点人管控】 年内，针对国庆安保，由维稳办、信访办、公安分局、法院四家组成的上访重点人（不稳定群体）风险评估小组，每月至少召开例会一次。国庆之前，集中利用三个月时间，采取三上三下的方式，区、镇街道和相关部门密切配合，对全区重点人和不稳定群体的现实危害程度、性质和影响分别拟定、调整防控等级和防控标准。对上访人员，结合诉求、上访情况、有无非正常访和过激言论等方面，做出分析评估，适时调整管控等级和对策。一级重点人由公安分局负责，建立以公安民警为主体，辅警力量配合，不低于9人的监控小组，实施全天候监控。二级重点人由镇街道负责，建立以社区、村庄领导干部为主体，社区民警密切配合，4至6人的监控小组，实施重点稳控。三级重点人由社区、村牵头，建立以社区、治安志愿者为主体，社区民警密切关注，2至4人村庄积极分子的监控小组，实施稳控。在此基础上，建立基础台帐，逐步完善重点人数据库建设，将排查出的重点人逐一录入，并及时更新。

（高云飞）

【涉法涉诉积案清理化解】 年内，区维稳办对中央、市挂账的涉法涉诉案件进行集中清理，共化解积案22件，中央、市挂账案件化解率达到百分之百。

（高云飞）

【劝返外地来京上访滞留人员】 为有效保证国庆期间社会面的安全稳定，区维稳办组织协调全区各镇街道与公安机关密切配合，持续开展清理劝返外地来京上访滞留人员工作，截至国庆前，共清理劝返外地来京上访滞留人员316人。

（高云飞）

【重大活动、敏感节点安全保卫】 敏感节点和时段之前，区维稳办按照区委领导的指示要求和市维稳办的总体部署，及时组织协调相关单位对对全区的维稳形势进行分析研判，结合实际对全区的维稳工作进行具体安排部署、提出各时期的具体要求。启动督察机制，讲求组织落实效果。各镇街道和相关单位做到了认真传达贯彻各敏感节点和时段会议精神，完善方案预案，落实对重点人的实名制稳控措施和加强社会面防控。

（高云飞）

【涉众型案件稳控化解工作】 年内，区维稳办落实对亿霖木业、碧溪广场、蒙京华案等案件重点人教育、化解、稳控工作。亿霖木业案件涉及本区的3名重点人和3名聚集参与者，由相关领导和公安干警入户逐一对其进行教育、疏导化解，对重要组织者分别传唤到属地派出所进行谈话教育，有效防止了其在敏感节点期间到市敏感地区参加聚集滋事问题的发生。按照市统一部署,7～9月底集中三个月时间,核实登记亿霖木业投资者347名,其中本区人员133名。

(高云飞)

公安工作

【概况】 2009年,大兴公安分局在区委、区政府和市局的领导下,各项工作以国庆60周年安全保卫为中心,以"平安大兴"建设为主线,确保了国庆期间全区没有发生任何影响国庆安全的问题,圆满完成国庆安保以及全国"两会"、春节、清明节、"十一"黄金周、第21届大兴西瓜节等各项大型活动的安全保卫任务。全年,共破获各类刑事案件3572起,查处各类治安案件23248起,抓获各类违法犯罪人员6346人,其中刑事拘留2157人,治安拘留4189人(包括交通拘留690人),抓逃293人。全区共发生一般以上道路交通事故105起,伤116人,公安分局共处罚各类交通违法行为22.6万起,罚款3782.8万元。共发生火灾518起,死亡2人,无受伤人员,消防支队共接处警2510次,其中火警1888次,抢险救援622次,出动5195车次,33956人次。年内,公安分局整建制获首都"迎国庆、讲文明、树新风"活动先进单位荣誉称号。局属交通支队高速路队获全国"执法规范化建设示范交警队"荣誉称号和市级"人民满意的政法单位"荣誉称号,1人获全国公安机关专项治理工作先进个人荣誉称号。1人获市级"人民满意的政法干警"荣誉称号,3个集体、5人获市级先进集体和先进个人荣誉称号,1人获"首都劳动奖章",2人获首都"迎国庆、讲文明、树新风"活动先进个人荣誉称号。8个集体、90人获区级先进集体和先进个人荣誉称号,5人获区"国庆安保之星"荣誉称号,公安分局工会获区先进工会荣誉称号,清源路派出所获区"工人先锋号"荣誉称号,2人获区"优秀职工之友"荣誉称号,1人获区"优秀工会干部"称号。3个集体获市局先进党支部荣誉称号,2人获市局优秀党员荣誉称号,1人获市局优秀党务工作者荣誉称号。6个集体、9人荣立集体和个人二等功,32个集体、263人荣立集体和个人三等功。

名称:北京市公安局大兴分局
地址:北京市大兴区黄村西大街35号
电话:69239183
邮编:102600

【国庆安保得到领导批示】 市局完成国庆60周年安保工作后,市委常委、市局局长马振川于10月9日在大兴分局报送的《关于国庆六十周年安全保卫工作总结的报告》上批示:"以面保点,以外围保中心,感谢同志们!"大兴区区委书记林克庆批示:"大兴公安分局圆满完成国庆60周年安保任务。向全体公安干警表示慰问和感谢!"

(陈德宝)

【国庆安保宣传】 年内,区公安分局政治处组织国庆安保座谈会10余次,进行经验交流,征求意见和建议。分局政委席思友作了《把对伟大祖国的爱融入到六十大庆安保工作中》的讲座。成立文艺演出队,下基层慰问演出。政工网页增设"国庆安保卫士风采"、"记忆2009"、"前沿在线"、"锦旗故事"等与国庆安保紧密相关的专题栏目。开通政工短信平台,向全体民警发送鼓舞、慰问和提示性短信近万条。出台《思想政治工作褒奖激励机制》,采取主要领导签发贺信、褒奖信和发布表彰通报3种形式对国庆安保工作中涌现的先进集体和个人即时褒奖。建立一支由75人组成的三级宣传队伍。

(席思友)

【国庆安保基础设施建设】 年内,区公安分局加强国庆安保基础设施建设,为保障南苑机场阅兵村及外围社会面防范工作顺利开展,在最短时间内为阅兵村增设了4个警务工作站和8个临时岗亭。为保障外围堵卡工作顺利开展,在“护城河工程”查控行动启动前,组织人员为4个常规检查站搭建8个临时岗亭,同时将原12平方米的岗亭扩建为20平方米。

(席思友)

【高效开展勤务指挥工作】 年内,区公安分局勤务指挥处零误差处置110报警电话21万余件,日均接警800余件,通过110快速反应抓获各类违法犯罪人员289名,累计下发110警情警示通知单150余份、警情实时通播160余次,撰写值班信息300期,警情会商纪要37期,为领导提供警社情监测35期,制作多媒体警情分析片36部。在日常勤务指挥工作中,发布调整社会面防控等级命令33次,圆满完成各类现场警卫、路线警卫的指挥工作50余次,协调指挥各类实战演练50余次。在国庆60周年安保工作中,辅助领导组织、协调、部署警力640余人次。

(杨超远)

【国庆安保“护城河”行动】 按照公安部、市局国庆安保外围治安查堵“护城河”行动的总体部署,公安分局从9月15日8时起至10月8日24时,全面启动治安查堵第一道防线。此次行动共设立卡点、卡位57个,投入各种力量1248人。同一时间部署各种力量356人。共盘查检查车辆28.7万辆次,人员88.2万人次,劝返车辆2671辆,人员3922人,抓获作拘留以上处理人员7人,其中网上在逃人员2人,查获上访人员8人,收缴管制刀具、伪造车牌等非法违禁物品28件。

(杨超远)

【网吧管理工作】 年内,区公安分局加大对网吧的管理力度。信通处每天二次对辖区内各网吧的安全审计系统和视频监控系统在线率进行远程检测,每周统计网吧刷卡使用情况和视频在线情况,每周二把全区网吧网上监控检查情况等信息通过邮箱发送给各网吧业主;辖区网吧公安管理系统安装率达100%,在线率达95%以上。对全区网吧开展5次夜间清查,共检查网吧230多家次,消除安全隐患52处,限期整改16家,责令停业整顿1家。全年分局共打掉“黑开”网吧367家,行政拘留378人;通过网吧管理平台在网吧抓获在逃人员129名,约占全局抓逃总数的近二分之一。

(杨超远)

【国庆安保查控比对百日行动】 年内,区公安分局充分发挥情报导侦、导防、导控作用,在按照市局要求开展的国庆安保查控比对百日行动中,情报信息中心利用查控系统向各业务部门反映情报信息99587条,提供重点人轨迹线索1251次,在逃人员情报线索161次。利用情报线索劝返进京上访人25人,查找到失踪人员3人,抓获嫌疑39人,打掉犯罪团伙2个。

(杨超远)

【核查录入工作】 年内,区公安分局共核查录入494303人次,其中存疑1284人次,核录留置人员6867人次,通过核录系统抓获各类违法犯罪人员1700余人,抓获网上在逃人员142人,抓获外地籍上访人员45人。

(杨超远)

【打击犯罪南部战役】 按照市局统一部署,区公安分局自3月25日至6月30日以打击控制入室盗窃、街头“两抢”、盗窃机动车等侵财案件为重点,以治安重点地区为主战场,开展打击犯罪南部战役。共破获刑事案件1028起,抓获违法犯罪人员1581人,打掉犯罪团伙26个113人,破获系列案件77串587起。实现“发案下降,破获案件及刑事拘留总数上升”的总体工作目标。

(吕宝泉)

【40天打防专项行动】 区公安分局自8月19日至9月30日开展国庆60周年40天打防专项行动,共破获各类刑事案件701起,抓获各类违法犯罪人员1528人,刑事拘留、治安拘留数量分别超出分局设定打防常量的82.1%和84.8%,打击处理人数在环城带五分局始终处于前列。共打掉各类违法犯罪团伙24个134人,其中流氓恶势力团伙6个58人,破获系列案件44串283起。

(吕宝泉)

【社会面清理整治】 年内,区公安分局着眼于为国庆60周年和全区发展创造良好的治安环境,加大社会面清理整治力度,重点加强对全区6个治安重点地区、48个治安秩序重点部位、27个流动人口倒挂重点村的集中整治。全年检查各类行业场所9100余家,取缔黑场所370家,抓获卖淫嫖娼人员269人、涉赌人员378人,收缴电脑、赌博机1500余台,清理黑车8100辆,检查出租房屋7.8万余户21.6万余间,清理流动人口43万余人,从中查获违法犯罪人员235人。

(左宝栓)

【流动人口聚居区治安整治】 6月30日,为解决流动人口聚居区突出治安问题,区公安分局抽调分局机关警力100人,协调综治、流管、城管等力量43人,支援西红门派出所及北部8个派出所开展流动人口聚居区治安整治行动。共清查流动人口聚居大院22个,废品回收站6个,歌厅、洗浴、小发廊、小旅店等各类重点场所18处,检查出租房屋1430户4010间,端掉出租房违法窝点1个,取缔无照门店9家,发现并消除各类安全隐患58起,核查录入各类可疑人员584人,新发现列管流动人口高危人员21人,发现违法线索15件,从中破案10起,抓获违法犯罪嫌疑人5人,刑事拘留3人、治安拘留6人,查获在逃人员1人。

(左宝栓)

【加大监管力度排除安全隐患】 年内,区公安分局围绕国庆安保和全区安全,不断加大对各类不安全隐患的排查治理力度,重点治理全区水、电、气、热、广播、通信等31处要害部位,109家金融网点,100家油库油站等重点部位,39家危险物品从业单位,10家剧毒化学品从业单位,涉及121种临时管控化学品的28家经营单位。全年共发现消除各类隐患问题12100余件。通过开展治爆缉枪专项行动,共收缴各类枪支215支,各类子弹1421发,废旧炮弹9枚,手榴弹4枚。

(石克明)

【集中清理劝返外地上访人员】 区公安分局于9月14日、15日开展外地来京上访人员集中清理劝返行动,共清理出租房屋379间,旅店、洗浴等场所43家,劝返外地上访滞留人员44人。

(石克明)

【流动人口和出租房屋管理】 年内,区公安分局为流动人口登记办证48.8万人,办证率达到83%。7、8、9月三个月,围绕国庆安保,各派出所开展流动人口登记办证竞赛,全区流动人口登记办证总量同比分别增长了236%、437.5%和1171.4%,此项工作在18个分县局排名第一. 以市区两级挂帐的27个重点地区为重点,抽调100名机关警力配合派出所开展为期2个月的出租房屋集中清理整治,从中发现一批安全隐患,端掉一批违法犯罪窝点,打击处理一批流动人口违法犯罪人员。

(闫海龙)

【打击组织强迫妇女卖淫犯罪】 区公安分局在6月26日至9月底市局部署的打击组织强迫妇女卖淫犯罪活动专项行动中，共打掉组织、介绍卖淫团伙23个，抓获涉案违法犯罪人员97人。

（孟永进）

【确保国庆食品供应安全】 年内，区公安分局围绕国庆食品供应安全，在对7家食品供应企业671名食品服务保障人员严格政审的基础上，与企业全部签订责任书，逐级落实责任制，指导企业加强内部安全监管，建立健全食品安保工作档案，制定、完善食品安全保卫制度、方案和处置突发事件的预案，并组织演练。严格落实产、购、储、运全程安全监控以及食品专人采购、专人加工、专人检查、专人保管、专库存放、专用签封、专车运输、专人押运等一系列特殊监管措施，确保食品未发生人为破坏、外来二次污染等重大食品安全事件。期间，出动警力95人次，进行安全检查56次，发现整改安全隐患79处。

（夏仲民）

【国庆活动地区巡逻防控】 年内，区公安分局在南苑机场阅兵村周边每天投入巡逻力量766人。群众游行方阵训练集结场及周边地区，每天投入警力8人。国庆联欢晚会方队训练集结场及周边地区，每天投入巡逻力量18人。在涉及全市"百园展示"、"千园添彩"的5家公园以及国庆礼花贮存库等部位周边，加强日常巡逻防控。在为国庆活动提供服务保障的输油、输电、输气及有线电视光缆等基础设施管线，协调相关镇党委政府组织370余名力量开展巡逻防护。

（吕宝泉）

【阅兵村外围警卫】 年内，大兴分局投入治安力量16692人次，自6月20日起开展南苑机场阅兵村外围警卫工作，消除各种隐患68处。

（左宝栓）

【国庆礼花存储库外围安保】 9月28日22时，国庆当天全市燃放的全部焰火运抵存放于大兴区魏善庄储存库，区公安分局在储存库外围共部署51名安保力量，24小时不间断巡控。30日22时和10月1日13时，全部烟花产品分两批安全运至各区县燃放点和市区燃放点。

（左宝栓）

【国庆彩车转运安保】 8月19日，大兴区负责改装的彩车首批转场至朝阳体育中心，区公安分局确保首批国庆彩车车队于次日凌晨安全运抵朝阳体育中心。

（左宝栓）

【国庆群众游行方阵合练安保】 大兴区"与时俱进"群众游行方阵分别于8月4日、9日和14日参加了全市整体合练活动，区公安分局部署警力78人，其中治安警力51人，交通警力27人，确保群众游行方阵集结、疏散、移动、合练的绝对安全。

（左宝栓）

【国庆活动实地演练安保】 8月28日至30日，区公安分局多警联动完成建国60周年庆祝活动首次实地演练安保任务，共出动警力340余人，其中，"与时俱进"群众游行方阵实地演练安保81人，"与时俱进"群众游行方阵实地演练交通保障96人，天安门国庆联欢晚会演练安保36人，支援市局巡警总队、崇文分局天坛公园庆祝活动演练安保备勤130余人。

（吕宝泉）

【大兴区游园安保】 9月30日，大兴区在康庄公园隆重举行国庆60周年游园启动仪式,区公安分局共出动各类安保力量132人,其中民警92人,保安40人,接待游园群众3620人。

(左宝栓)

【国庆联欢晚会农民方阵安保】 10月1日,区公安分局圆满完成国庆联欢晚会大兴农民方阵安保任务。安保工作中,共投入安保力量140人,其中广场执勤民警36人,本区执勤警力104人,确保了集结地、行车路线及晚会大兴方阵内外秩序良好。

(左宝栓)

【保安辅警工作】 年内,区公安分局出动保安员5700余人次,协助公安机关作战340余场次,抓获各类违法犯罪嫌疑人900余名。在"两会"、"两节"、"全球职业极限运动巡回赛""大兴礼贤葡萄节""国庆大兴文化园""国庆烟火燃放"等一系列大型活动安全保卫工作中,协助公安机关承担各类治安勤务90余场次,累计投入保安员4200余人次。充分利用"保安固定点联网报警系统"等保安科技防范手段,成功预防和阻止各类刑事、治安案件16起,避免客户单位损失80余万元。

(梁燕生)

【社区防范工作】 年内,区公安分局投入资金1600余万元,完善推进社区人防、物防和技防建设。在全区推广"虎钳式"防盗车锁11250余把。自4月份推广安装防盗车锁以来,全区发生机动车被盗案件61起,同比下降30.7%。此项工作得到市局领导的充分肯定。于鸿源副局长专门到大兴听取汇报、指导工作,市局人口处将此经验在全市范围内推广。推广红外线报警器、门磁报警器、防撬锁等3万余个。推行村庄封闭式管理,进入国庆安保严控严管阶段,全区517个村庄全部落实封闭式管理。

(左宝栓)

【市局召开社区防控宣传现场会】 5月9日,市局在大兴区兴城广场设立主会场,召开以"强化社会治安整治,开展社区防控宣传"为主题的现场会。市局党委副书记、副局长于泓源,市流管办常务副主任苗林,首都综治办区县指导处处长徐世辉,市局人口处处长田运胜、指导处处长赵兴华,副区长常红岩,分局局长陈曦,区综治办主任董涛,以及社区居委会干部、社区群众、物技防厂家等共400余人参加。

(左宝栓)

【打击严重暴力犯罪】 年内,区公安分局针对各类严重暴力犯罪、重大特大敏感案件,坚持专案督办,力求快侦快破,共破获重大以上案件1029起,先后破获了"11.27"故意杀人案,"2.26"杀人碎尸案、"5·15"特大绑架杀人案、"8·04"跨省系列投毒敲诈勒索案、"8·13"特大持刀抢劫案、"9·08"系列杀人案等重特大案件。

(吕宝泉)

【打击团伙、系列侵财犯罪】 年内,区公安分局加强案件分析研判、不断提高打击效果,先后打掉安中荣等四人捡钱分钱流窜诈骗团伙、周运城等七人系列扒窃团伙、"8.12"三人系列骑抢团伙等犯罪团伙共92个443人。先后破获西红门地区系列盗窃汽车案、市局挂牌督办系列抢劫"黑车"司机案、系列持刀抢劫ATM机取款人案等系列案件共220串1409起。

(吕宝泉)

【打黑除恶行动】 年内,大兴分局刑侦工作始终把恶势力犯罪活动作为打击重点,在坚持"打早、打小、露头就打、主动去打"方针的基础上，坚持除恶务尽原则，依托惊蛰行动、惊雷行动等专项工作，先后打掉苏盼等10人寻衅滋事，黄常武等11人碰瓷敲诈勒索，“8.30”青云店李连武等35人寻衅滋事、聚众斗殴等28个流氓恶势力犯罪团伙，抓获涉案人员254人。

（吕宝泉）

【加大打击经济犯罪力度】 年内，大兴分局破获各类经济犯罪案件173起，抓获犯罪嫌疑人175名，其中，破获杨宣莲非法销售伪造发票案等一系列重特大、敏感案件，得到公安部、市局等各级领导的高度评价。

（吕宝泉）

【预审工作破案成果明显】 全年共受理各类刑事案1515件，破获各类刑事案件1344起，占分局破案总数3510件的38.3%，超额完成占分局破案总数30%的目标。

（张京城）

【市局召开深挖破案工作现场会】 6月18日，市局在大兴区召开预审系统深挖破案工作现场会，对全局预审部门进一步加强深挖破案工作进行部署。市局副局长刘绍武出席会议并讲话，市局预审处处长王承志、政委杨进，大兴分局副分局长张京城，市局公交总队及各分县局主管预审工作的副局长、预审处（科）长等领导参加会议。会上，西城、丰台、大兴分局预审处领导分别就深挖破案工作的经验做法及取得的战果做了交流发言。

（张京城）

【拘留所深挖犯罪】 年内，区公安分局拘留所抓住初次谈话、日常观察、耳目反馈三个有利时机，确定深挖重点，促进监所安全，共获取深挖线索97件，破案14起，刑拘14人。9月，管教民警通过深挖破获一起私藏枪支案件，起获自制左轮手枪1支，子弹24发，及时消除影响国庆安全的一大隐患。

（张京城）

【交通秩序整治工作】 年内，区公安分局交通支队将非司机、酒后驾车、闯红灯、涉牌、超载、超速、超员等易引发重特大交通事故的严重交通违法行为，大货车、7座以上客车、危化车、农用车等重点车种，国市道、高速公路、事故高发点段等重点地区作为交通秩序整治工作的重中之重，深入开展多项交通秩序整治工作，持续保持了严查严管、严防、严控的高压态势。共查处严重交通违法行为13730起，其中查获酒后驾车1439起，处罚闯红灯、“涉牌”11704起，处罚非司机驾驶违法行为517起。

（梁燕生）

【严格执法消除火灾隐患】 ，年内，区公安分局消防工作围绕国庆60周年安全保卫，以“实行整体防控，构筑平安大兴”作为监督执法的工作主线，全年依法检查单位3552家，发现隐患6284件，责令当场改正6057件，下发《责令限期改正通知书》227份，实施行政处罚576起，罚款238.86万元，查封危险部位43家，实施“三停”15家，配合分局实施行政拘留9起11人。国庆安保八项执法数据在环城带五个支队中有两项第一、四项第二、两项第三。

（夏仲民）

【开展“三电”专项斗争】 4月15至25日、8月15日至25日，区公安分局组织开展打击整治违法违规收购电力、电信、广播电视“三电”设施违法犯罪活动为主要内容的专项行动。期间，全局出动警力184人次、其他辅助力量250人次，检查废品收购站378个，查获违规收购“三电”设施类违法人员20人，取缔无照经营站点24家。

（左宝栓）

【法制部门突出服务职能】 年内,区公安分局为保证违法犯罪嫌疑人能够得到依法、及时、高效处理,法制部门充分发挥专业优势,对重点案件提前介入,在专项整治工作中,派出业务骨干从案件受理、查办之处开始介入,到案件后期的审理、报送进行全程盯办。共提前介入案件20余件次,解决疑难案件30余件次。

(牛凤海)

【看守所发挥第二战场作用】 年内,区公安分局看守所围墙大门正式使用AB门,新建接待室使用面积达到60平方米,组建了女子看守队,被监管人员至年底全部穿着统一识别服。9月15日,分局与北京市红十字会"999"医疗急救中心签订医疗托管协议,实现大兴看守所在押人员看病社会化。全年新收押犯罪嫌疑人2506人,月均关押量1096人,办理出所2296人。截至年底,在押1129人。全年共获取犯罪线索485件,从中破获案件185起。

(李玉森)

【警务督察情况】 年内,区公安分局共出动督察警力1630余人次,督察车800余辆次,检查民警7200余人次,发现问题300余件次,现场纠正260余件次,提出督察建议30条,上报督察信息85件。全年共受理110投诉865件,督察自接投诉和来访21件,当场答复650件,查实投诉18件,查实率为2.1%,投诉件办结率100%,反馈率100%。接分局信访投诉转办件8件,查结率100%;出警维权31件,处理侵权违法嫌疑人53人。

(吕延德)

【调研课题完成情况】 年内,区公安分局办公室承担重要课题调研任务,完成的《固化奥运安保成果,适应科学发展要求,在新的起点上深入推进大兴公安工作》、《落实科学发展观,加快信息化建设,推动警务机制的全面改革和创新》、《完善打防控一体化机制深入推进平安大兴建设》、《关于当前流动人口第二代违法犯罪问题的调查与思考》、《联系大兴实际对努力提高全区群众安全感的调研与思考》等5篇调研文章,为推进分局总体工作的开展发挥了理论指导作用。同时,根据局属各单位情况,确立56个调研题目,指导各单位完成调研文章85篇,在办公室调研科撰写的调研材料中有37篇作为优秀简报或成功经验被市局转发。

(张　军)

【严格落实户口政策】 年内,区公安分局严格落实市局户口政策,协助区拆迁办办理整建制农转非10312人,其中涉及本区3个镇的14个村庄。完成户口审批材料共计2345件,其中农业户口1835件,非农业户口510件。深入基层调查了解,解决疑难户口20件。

(闫海龙)

【完成中央领导视察警卫工作】 2月24日,中共中央总书记、国家主席、中央军委主席胡锦涛及吴邦国、温家宝、贾庆林、习近平等中央领导到大兴区安定镇武警十三支队视察雪豹突击队。大兴分局共出动治安警力800人,确保了中央首长视察工作的绝对安全。

(左宝栓)

【李兵受全国"两会"警卫组表扬】 3月14日,全国"两会"秘书处警卫组致信分局,对大兴分局巡警支队民警李兵进行了表扬。

(吕宝泉)

【完成清明节安保任务】 3月28日至4月6日清明节期间,全区共接待祭祀群众197350人,车辆25215辆。其中天慈公墓接待群众62900人,车辆8375辆。天堂公墓接待群众109600人,车辆13600辆。区公安分局累计出动警力1100人,协警800人,出动警车420车次。

（石克明）

【帮助外籍女孩找到父母】 3月29日6时许,区公安分局出入境管理队收到亦庄派出所报警,称辖区发现一名13岁左右走失的马来西亚女孩。出入境管理队民警立即赶赴亦庄派出所开展工作,一方面对该小女孩进行询问,并通知各相关派出所寻找辖区符合条件的马来西亚人,另一方面联系其他分局。经过多方面的工作,上午9时许,通过朝阳分局联系到该女孩的家长——马来西亚驻华使馆旅游参赞郑启贤。4月8日,分局出入境管理队收到一封来自马来西亚驻华大使馆的感谢信。

（梁燕生）

【完成第20届西瓜节安保任务】 5月27日至6月2日,大兴区举办第20届西瓜节。开幕式当天,区公安分局160余名民警即赶赴现场。至6月2日西瓜节落幕,分局共投入警力700余人次。

（左宝栓）

【60天社会面巡逻防控行动】 11月1日至12月31日,公安分局紧密结合年底治安实际,以“盯重点、控警情、打现行”为抓手,组织部署60天社会面巡逻防控专项行动。通过巡逻盘查、核查录入、设卡堵截等形式抓获各类违法犯罪嫌疑人715人。期间,全区共接报110街头刑事类警情21起,占接报110刑事类总警情的7.4%,街头警情保持平稳。

（左继忠）

【打击防范电信诈骗犯罪】 按照市局部署,区公安分局从11月6日起开展打击电信类诈骗犯罪专项行动,组织各单位采取多种形式开展宣传,确定全区重点金融网点营业厅和ATM机部位117个,部署民警在银行营业期间驻守。刑侦支队受理电信诈骗案件环比下降61%,现场有效劝阻12次,总计金额26万余元,事主主动防范122起。

（吕宝泉）

【市局领导莅临检查指导工作】 11月10日,市委常委、市局局长马振川及市局副局长单志刚在市局办公室、政治部、勤务指挥部、装备财务处主要领导的陪同下到大兴分局调研指导工作。大兴区委书记林克庆,区委副书记孟令华,区委常委、政法委书记马武英以及大兴分局党委领导班子成员参加调研。

（杨超远）

【召开征求企业家意见座谈会】 12月30日下午,区公安分局召开企业家代表座谈会。星牌集团、奥宇集团、星光集团、东方时尚驾校等十家驻大兴区知名企业代表,分局长陈德宝、政委席思友、副分局长杨超远、左宝栓等领导参加。

（陈德宝）

案例举要

【打掉盗窃街边门店犯罪团伙】 1月7日,区公安分局打掉以刘海潮(男,1983年8月出生,河南省周口市人)为首的7人盗窃街边门店、库房系列犯罪团伙,追缴被盗高档服装27包8000余件,价值60余万元。经审查深挖,该团伙交代:自2008年10月以来,在大兴、丰台、朝阳等地,以撬门、钻窗等手段,盗窃街边门店和库房内香烟、服装等物品,共作案11余起,涉案价值110余万元。

（孟永进）

【打掉一拦路抢劫犯罪团伙】 8月4日,区公安分局打掉流窜本区南部地区的一拦路抢劫犯罪团伙,将罗龙(男,1990年10月出生,大兴区魏善庄镇人)等7名犯罪嫌疑人抓获。经讯问,嫌疑人交代,自2009年5月份以来,在大兴魏善庄、安定、青云店等地区,交叉结伙拦路抢劫作案12起、涉案价值2万余元的犯罪事实。

(孟永进)

【打掉一盗掘古墓团伙】 8月4日,区公安分局打掉一盗掘古墓团伙,抓获王军委(男,1972年11月出生,河南汝阳县人)等8名团伙成员,收缴道光、光绪年间的古钱币20枚,玛瑙珠14颗,短把铁锹、手锯、探针、刨斧等作案工具及一张标有全市300多个古墓葬位置的地图。经审查,嫌疑人初步交代在北京市大兴、朝阳、通州等地作案200余起。

(孟永进)

【查获3名非法入境缅甸籍女子】 8月26日,区公安分局民警在对黄村镇后辛庄村一个河南人聚居大院清查时,查获一名无任何证件涉嫌非法入境的缅甸籍女子石妹(音译名,23岁)。经过询问又在该大院内查获了另2名同样来自缅甸的涉嫌非法入境女子,分别为玛图(28岁,已怀孕6个多月)、玛宽(16岁)。经调查,石妹是5年前被人以介绍工作为名骗入中国,从云南入境后被拐卖到河南,分别于2005年、2007年先后为其“丈夫”产下两个儿子,1年前随丈夫带着2个孩子来到北京大兴区,以捡破烂为生。玛图与玛宽均是4月初同样被人以介绍工作为名从云南骗入,辗转到北京后被拐卖给在京谋生的河南人。该三人均按有关规定已移交市局出入境管理处处理。

(赵学礼)

【侦破一起绑架杀人案】 5月14日13时许,区公安分局榆垡派出所接吴经水报案,称其子吴晓伟(男,13岁,榆垡镇郭家务中学学生)于5月5日早晨离家上学后失踪,5月15日12时40分许其接到一陌生男子手机短信向其索要人民币10万元。5月16日凌晨4时许,分局专案组在本市丰台区南苑槐房村将犯罪嫌疑人何家利(男,1973年5月出生,河南信阳人)抓获。嫌疑人交代了因图财预谋绑架吴经水之子吴晓伟,并于5月5日上午在榆垡镇南各庄大桥附近将吴晓伟绑架并杀害,后于5月15日向吴经水索要10万元赎金的犯罪事实。

(孟永进)

【破获系列团伙抢劫案】 8月14日,区公安分局破获一起系列团伙抢劫案件,在西红门镇将犯罪嫌疑人赵炜(男,1987年1月出生,北京市丰台区人)等5人抓获。嫌疑人初步交代2009年7月以来连续在本市丰台、崇文、大兴等地抢劫作案16起。

(孟永进)

【破获系列持刀入室抢劫强奸案】 9月16日,区公安分局破获一系列持刀入室抢劫强奸案件,抓获嫌疑人路桥(男,1989年4月出生,河北衡水人)。嫌疑人交代,自7月底以来连续在本市丰台、海淀、大兴等地持刀入室抢劫强奸作案9起。已核实7起,强奸妇女5名,猥亵妇女4名。

(孟永进)

【破获系列全国投毒敲诈勒索案】 8月14日,区公安分局破获一系列全国投毒敲诈勒索案件,在河北邢台抓获和永坤(男,1990年5月出生,河北邢台人)、张焕再(男,1990年1月出生,河北邢台人)2名犯罪嫌疑人。嫌疑人初步交代,自6月份以来,先后5次谎称自己投毒的饮料进入市场,分别向广东可口可乐公司、福建达利园公司、浙江香飘飘公司及天津、北京等地知名企业敲诈勒索,共计所要勒索款28万元,已收到汇款5300元的犯罪事实。

(孟永进)

【破获“11.27”重大杀人案】 11月27日16许，区公安分局接到报警，称在大兴清澄名苑北区14号楼3单元202室一家6口被杀。分局刑侦部门会同市局刑侦总队及相关部门，在海南等地公安机关的协助下，历经26小时奋战将犯罪嫌疑人李磊（男，1980年12月出生，大兴区北臧村镇天宫院村人）抓获。经审查，李磊交代了11月23日22时许在家中持刀将妻子王美玲、妹妹李灿、父亲李汉朝、母亲向国华以及两个儿子李志恒、李铭阳等6人先后杀死的犯罪事实，同时供述了案发后为逃避侦查，用抹布、毛巾擦洗现场、毁灭罪证，逃亡至广东深圳、海南三亚的犯罪过程。

（吕宝泉）

【破获一起重大杀人案】 12月31日，区公安分局破获一起重大杀人案，在大兴区旧宫清新园11号楼3单元001室将犯罪嫌疑人张伟（男，1978年12月出生，黑龙江省五常市人，暂住旧宫镇吉庆庄村）当场抓获。经审查，嫌疑人张伟交代了其先于当日晚21时许，在朋友申有明（男，30岁，吉林省桦甸市人，暂住旧宫镇清新园小区）暂住地酒后因琐事发生口角，持刀将申有明及其在现场呼救的女友张敏（女，20岁，甘肃省天水市人）杀死，后又窜至申有明的暂住地旧宫清新园11号楼3单元001室，持刀将申的父亲申成宇、母亲邢玉环、妻子李京华一并杀害的犯罪事实以及本人畏罪割腕自杀未遂的情况。

（吕宝泉）

检察工作

【概况】 2009年，大兴检察院紧紧围绕“保增长、保民生、保稳定”的工作大局，全面贯彻落实科学发展观，忠实履行法律监督职责，为全区经济平稳较快发展和平安大兴建设做出了新的贡献。依法充分履行审查批准逮捕、起诉等职责，从快从严打击黑恶势力犯罪、严重暴力犯罪、多发性侵财犯罪，始终保持高压态势，确保社会治安大局稳定和国庆60周年安全举行。共受理提请审查逮捕案件1095件1568人，同比分别上升23.59%和27.27%，批准和决定逮捕996件1412人。受理移送审查起诉1256件1735人，同比分别上升13.46%和15.82%，向法院提起公诉1153件1546人。参加整顿和规范市场经济秩序专项行动，严厉打击合同诈骗、非法吸收公众存款、非法经营等严重破坏经济秩序的犯罪活动，共批准逮捕该类犯罪嫌疑人118人，提起公诉126人，为全区经济社会发展营造了良好的法治环境。重视加强队伍思想政治建设，认真学习贯彻十七届四中全会精神，继续深化学习实践科学发展观活动，有效落实整改方案。围绕新中国成立60周年，开展检察长讲党课、诗歌朗诵会、学习先进典型、加强检察职业道德教育等系列活动，组建检察文化社团，增强思想政治工作的针对性和实效性，提高队伍的凝聚力、战斗力。大力加强队伍专业化建设，出台《2009～2012年大规模推进教育培训工作规划》，成立国家检察官学院大兴教学示范基地，积极开展形式多样的岗位练兵，切实提高干警履职能力和工作水平。对12名中层干部轮岗交流，8名青年干警被选任处长助理，通过赴外省、上级院学习锻炼等方式，抓好青年后备干部的培养选拔工作。完善案件管理机制和绩效考核评价体系，充分激发队伍争先创优的积极性。大力加强对自身执法活动的监督制约，牢固树立监督者更要接受监督的意识，深入开展“弘扬北京奥运精神，加强领导干部作风建设年”活动，稳步推进廉政风险防范管理工作，开展直接立案侦查案件扣押冻结款物等专项检查，加大检务督察力度，及时发现和纠正自身执法工作中存在的问题。完善检务公开制度，邀请人大代表、政协委员、特约监督员和社会各界视察检察工作、座谈调研35

次,主动听取对检察工作的意见建议,对反映出的问题进行深入调研,督促整改,并及时反馈情况。改进检察宣传工作,通过在新闻媒体介绍检察工作成效和优秀检察官先进事迹,通过举报宣传周、检察开放日、法制共建等形式,让人民群众更多了解检察机关,监督支持检察工作。

名称:北京市大兴区人民检察院

地址:北京市大兴区兴华大街二段5号

电话:60236204

邮编:102600

【检察工作报告获全票通过】 1月7日,在大兴区第三届人民代表大会第四次会议上,大兴检察院2008年度工作报告获全票通过。

(郭　红)

【举行任命仪式】 1月22日,大兴检察院举行新任检察员、助检员、主侦检察官任命仪式,党组书记、检察长赵成为6名新任检察员、助检员、主侦检察官颁发任命书。

(郭　红)

【新任中层干部廉政谈话】 2月23日,党组书记、检察长赵成对新提拔任用的5名正副职中层干部进行廉政谈话。

(郭　红)

【吴祥义到任就职】 2月28日,经中共北京市大兴区委常委会研究决定,任命吴祥义为大兴区人民检察院党组成员,提议任副检察长(正处级)。大兴检察院于3月3日向北京市大兴区人大常委会提请任命吴祥义为大兴区人民检察院副检察长、检察委员会委员、检察员。3月4日,党组成员调整分工。

(郭　红)

【公诉部门职能调整】 3月,根据受案类型对公诉部门进行职能调整和人员调配。涉及刑法三、五(除"两抢、一盗"外)、八、九章罪名的案件由公诉二处办理,其余案件由公诉一处办理。公诉一处人员增至23人,公诉二处人员减至8人。

(郭　红)

【召开干警座谈会】 3月4日,大兴检察院召开第二批赴市、分院交流锻炼干警座谈会。党组成员、纪检组长袁枫代表院党组讲话,政治处副主任张英杰主持会议,选派干警司左军、张宁、赵红媛、孙华强及所在部门领导参加会议。

(郭　红)

【区人大常委会视察工作】 3月6日,区人大常委会主任张书领及班子全体人员到大兴检察院视察工作,听取检察长赵成工作汇报,考察办案工作区、大要案指挥中心等办公办案和专业技术设施。

(郭　红)

【举办中层干部领导力培训班】 3月12日至14日,大兴检察院举办为期三天的中层干部领导力培训班,与天津市武清区检察院进行经验交流,国家检察官学院副院长陈德毅等领导到会指导。

(郭　红)

【市院副检察长方工到院调研】 3月20日,市检察院副检察长方工到大兴检察院调研,就做好公诉工作提出要求。

(郭　红)

【承办全市检察机关预防工作会】 3月25日,全市检察机关预防工作(西片)会议在大兴检察院召开,市检察院副检察长高保京出席会议并讲话。

(郭　红)

【联合办案组被评为先进集体】 3月25日，大兴区纪委、大兴区监察局召开2007至2008年度查办案件先进集体和先进个人表彰大会，大兴检察院与区纪委成立的“1·02”案联合办案组荣获查办案件先进集体称号，该院副检察长李继征和侦查二处处长刘建波被评为先进个人。

（郭　红）

【出台措施保增长保民生保稳定】 3月26日，出台《关于充分发挥检察职能保增长保民生保稳定的工作意见》，提出十一项措施保增长、保民生、保稳定。

（郭　红）

【举办春季运动会】 4月18日，举办以“关注健康、快乐工作、构建和谐”为主题的2009年春季运动会。区精神文明办主任吴凤琴等领导参加。

（郭　红）

【预防职务犯罪网络工作会召开】 4月24日，2009年大兴区预防职务犯罪网络工作会议在大兴检察院召开。区委副书记孟令华、区纪委书记李艳萍、区检察院检察长赵成、区法院院长李民、区纪委副书记石连瑛等领导出席会议，全区八十六家预防职务犯罪网络成员单位负责人参加会议。

（郭　红）

【新一届党总支、党支部成立大会】 5月4日，召开新一届机关党总支、党支部成立大会。

（郭　红）

【举办农村反腐警示教育展览】 5月19日至6月23日，大兴检察院与区纪委联合举办大兴区农村反腐倡廉警示教育展览。

（郭　红）

【副检察长卢希到院检查工作】 6月3日，市检察院副检察长卢希带领市检察院监所检察处工作组对大兴检察院监管执法专项检查活动工作开展情况进行检查。

（郭　红）

【举办检察文化社团研讨会】 6月4日，大兴检察院举办青年检察官宣讲团、读书会、摄影协会等九个检察文化社团研讨会。

（郭　红）

【公诉部门成立诉讼监督组】 6月，公诉部门成立诉讼监督组，制定《大兴区人民检察院公诉部门诉讼监督组工作规范（试行）》。诉讼监督组将内勤组职能与诉讼监督职能合二为一，在公诉一处、二处处长的领导下开展工作，内设内勤岗、案件质量监控岗和诉讼监督岗。

（郭　红）

【开展“举报宣传周”活动】 6月23日，大兴检察院在大兴区街心公园门前设立宣传点，开展以“反腐倡廉保民生，公平正义促和谐”为主题的举报宣传活动。活动共制作宣传展板20块，向群众发放举报知识手册900余份，接待群众咨询50余人，现场解答群众提出的信访事项5次5人。检察长赵成等院领导及8个部门20余名干警参加宣传。

（郭　红）

【组织开展禁毒宣传活动】 6月26日，根据全区统一部署，大兴检察院在兴丰大街设立禁毒宣传站，开展“6.26国际禁毒日”禁毒宣传活动。

（郭　红）

【演讲比赛获奖】 6月26日，大兴检察院干警刘莎、王昊在区直机关工委举办的“庆祝建党88周年”演讲比赛中获得三等奖。

（郭　红）

【2009年新录用人员报到】 7月10日,大兴检察院举行2009年新录用人员集中报到见面会,招录的六名硕士研究生全部到位。7月13日至7月20日,对新录用人员进行为期6天的岗前培训。

(郭 红)

【召开全区行刑衔接工作座谈会】 7月27日,与区工商、国税、地税、质监、药监、安监、卫生、交通、国土、城管、文委、烟草十二家行政执法单位及区法制办等单位共同召开行政执法与刑事司法衔接工作座谈会。

(郭 红)

【市院督导组到院督查指导】 7月29日,市检察院纪检组长吴同平及控申处处长罗守梁等到大兴检察院,对该院2009年度涉检信访挂帐督办案件进行个案指导。

(郭 红)

【开展"庆八一"参观活动】 7月31日,大兴检察院开展"庆八一"参观活动,组织在职复转军人参观平津战役纪念馆和毛泽东家事、家史展。

(郭 红)

【组织参观革命圣地延安】 7月,分批次组织全院干警参观革命圣地延安,开展爱国主义教育活动。

(郭 红)

【市检一分院领导到院调研指导】 8月12日,市检一分院检察长项明、一分院挂职副检察长、清华大学法学院副院长周光权教授及二审监督处处长申云等六人到大兴检察院调研指导,开展刑事疑难问题讲座,与该院干警进行互动。

(郭 红)

【区人大常委会听取报告】 8月28日,大兴区人大常委会在大兴检察院召开主任专题座谈会,听取该院落实市人大常委会《关于加强人民检察院对诉讼活动的法律监督工作的决议》的情况报告。区人大常委会主任张书领及部分副主任、人大代表、特约监督员参加座谈。

(郭 红)

【派员到国家检察官学院培训】 8月27日至9月6日,大兴检察院选送10名业务部门中层以上领导干部作为旁听学员参加第九期全国基层检察长轮训班的培训学习。

(郭 红)

【召开廉政风险防范管理座谈会】 9月8日,区政法系统廉政风险防范管理工作座谈会在大兴检察院召开。区纪委、区政法委有关领导及区政法系统7个单位的纪检部门负责人参加会议。

(郭 红)

【院领导到大兴看守所视察工作】 9月10日,大兴检察院党组书记、检察长赵成、副检察长贺国川到大兴区看守所视察工作,大兴分局副局长张京城、所长李玉森、政委李俊明等陪同视察。

(郭 红)

【开展职务犯罪预防警示教育】 9月16日,大兴检察院反贪局侦查及职务犯罪预防部门负责人在市水务局理论中心组扩大学习会议上为全体水务局处级以上干部、各区县水务局局长、下属26个事业单位及南水北调办公室主要领导干部近200人讲授职务犯罪预防课。

(郭 红)

【召开兼职调研员会议】 9月16日,大兴检察院召开兼职调研员会议。检察长赵成、副检察长吴祥义、全体兼职调研员及法律政策研究室干警参加会议。

（郭　红）

【召开检察新闻宣传工作研讨会】 9月18日，大兴检察院召开新闻宣传工作研讨会。《法制日报》、《检察日报》、高检网、北京电视台等新闻媒体的12名记者、市院组宣处副处长赵晓星及该院检察长赵成、部分兼职通讯员参加研讨。

（郭　红）

【国家检察官学院教学示范基地】 9月24日，经市检察院同意，大兴检察院向国家检察官学院申请建立"国家检察官学院大兴教学示范基地"获得正式批准。11月10日，大兴检察院召开国家检察官学院大兴教学示范基地启用暨大规模教育培训工作部署大会，聘请最高检政治部副主任王洪祥、全国第三届十大杰出检察官严承秀、中国人民公安大学教授毕惜茜和大兴院副检察长吴祥义为教学示范基地第一批导师。国家检察官学院院长石少侠、副院长陈德毅、市检察院副检察长卢希、副区长常红岩等领导出席大会。

（郭　红）

【召开《决议》实施一周年座谈会】 9月25日，大兴检察院召开《北京市人大常委会关于加强人民检察院对诉讼活动的法律监督工作的决议》颁布实施一周年工作座谈会。区人大党组副书记、常务副主任李永贵、区委常委、政法委书记马武英、副区长常红岩等领导及区人大、政法委、公、检、法、司等单位主管负责人参加座谈。

（郭　红）

【举办迎"十一"诗歌朗诵会】 9月27日，大兴检察院举办"激扬青春，与新中国同行"迎"十一"诗歌朗诵会。朗诵会精选九首祖国与检察官题材的诗歌，19名检察干警参加朗诵。

（郭　红）

【做好国庆安保工作】 年内，共选派19名国庆安保标兵、15名国庆安保特派员、8名城市志愿者、40名焰火燃放点警卫标兵，参加国庆安保活动。10月18日，在首都国庆60周年庆典表彰会上，大兴检察院被首都社会治安与安全警卫指挥部、北京市"国庆平安行动"指挥协调小组评为"国庆安保工作先进集体"。

（郭　红）

【预防水务系统职务犯罪研讨会】 10月15日，大兴检察院在大兴区永定河水务所召开"预防水务系统职务犯罪工作研讨会"。区委常委、区纪委书记李艳萍、区检察院检察长赵成、北京市水务局宣传部部长俞亚平等领导及公安大学犯罪学系李春雷教授参加研讨会。

（郭　红）

【第二届特约监督员聘任座谈会】 10月28日，大兴检察院举办第二届特约监督员聘任仪式暨座谈会，新聘任10名特约监督员。

（郭　红）

【院领导办理审查批准逮捕案件】 11月，检察长赵成承办王小伟盗窃案，于11月6日作出批准逮捕犯罪嫌疑人决定。

（郭　红）

【公诉周长生贪污受贿案】 11月10日，大兴检察院副检察长吴祥义对北京市大兴区城市管理监察大队原党委书记、政委、大队长周长生（正处级）贪污、受贿案出庭支持公诉。

（郭　红）

【与区法院联合召开专题座谈会】 11月18

日,大兴检察院与区法院就贯彻落实市人大常委会《关于加强人民检察院对诉讼活动的法律监督工作的决议》情况在区法院召开专题座谈会,区人大常务副主任李永贵、区政法委书记马武英等领导参加座谈。

(郭　红)

【首创宣读“检察和解词”环节】 11 月 23 日,民行部门成功对一供用热力合同纠纷申诉案进行检察和解。在该案和解程序中首创宣读“检察和解词”环节。

(郭　红)

【举办主题论坛】 11 月 25 日,大兴检察院举办“落实《决议》精神,破解监督难题,全面推进诉讼监督”主题论坛。作为年内“检察开放日”的一项重要活动,论坛邀请国家检察官学院副院长、《国家检察官学院学报》主编单民教授等专家学者及上级院领导担任论坛评委。区人大内司委、区政法委领导及部分区人大代表、特约监督员参加活动。

(郭　红)

【专项检查接受高检院检查验收】 年内,大兴检察院深入开展刑事审判法律监督专项检查活动,切实解决突出问题和薄弱环节,12 月 7 日,在最高人民检察院检查验收组对该院刑事审判法律监督专项检查活动的检查验收中,得到充分肯定。

(郭　红)

【教育系统预防职务犯罪联席会】 年内,大兴检察院与区教工委、区教委建立教育系统预防职务犯罪联席会议制度。12 月 11 日,大兴检察院与区教工委、区教委召开教育系统预防职务犯罪首次联席会议。区检察院党组书记、检察长赵成、区委教育工委书记、区教委主任李达等领导出席会议。会议就加强教育系统职务犯罪预防工作达成共识。

(郭　红)

【市区人大代表、政协委员座谈会】 12 月 17 日,大兴检察院召开市、区人大代表、政协委员座谈会。市检察院党组成员、纪检组长吴同平、区人大副主任李永贵、区政协副主席刘志茹及市、区两级人大代表、政协委员等 17 人出席座谈会。

(郭　红)

【加强内部职能沟通衔接】 年内,共制定、实施关于职能沟通衔接工作机制十余项,涉及侦监、公诉、反贪、反渎、民行、控申、监所等多个职能部门。建立信息共享机制。制定《关于被监管人员羁押期限信息管理制度》,建立公诉部门与监所部门信息共享平台,有效预防和解决超期羁押问题。规范线索管理程序,制定《关于内部移送职务犯罪案件线索的意见》、《民事行政检察监督案件线索管理、评估、移送、备案制度》等规范性文件。成立联合工作体系。建立侦捕诉联动工作机制,在职务犯罪侦查、批捕、起诉等环节进行有效沟通。拓展侦防一体化工作机制,制定《侦防一体化工作机制规定》,结合办案向党委、政府、行业主管部门有针对性地提出预防措施和检察建议。建立刑事审判监督工作联动机制,控申、公诉部门联合制定《建立刑事审判监督工作联动机制的意见》。形成工作整体合力。民行、控申部门共同研究制作《民事行政申诉案件当事人接受法律文书地址确认书》、《民事行政申诉案件收取证据凭证单》两份格式文书。在接待信访中,明确各部门责任分工,整合信访资源,联合接访、息诉。

(郭　红)

【落实宽严相济刑事政策】 年内,大兴检察院对重大、涉众等敏感案件建立专业化办案模式和侦捕诉访联动办案机制，抓好源头治理。健全刑事和解机制，对罪行轻微的人员，慎重批捕和起诉，先后对73名涉嫌犯罪但无逮捕必要的犯罪嫌疑人不批准逮捕，对14名犯罪情节轻微的犯罪嫌疑人依法相对不起诉。设立未成年人办案组，切实落实《办理未成年人刑事案件实施细则》等工作制度，注重做好教育、感化和挽救工作，对符合条件的22名未成年犯罪嫌疑人作出不批准逮捕、不起诉决定。对不立案、不批捕、不起诉等环节开展释法说理工作，阳光操作化解矛盾。

（郭 红）

【矛盾纠纷调处化解】 年内，大兴检察院开展涉检信访排查化解工作，出台《涉检信访工作细则》、《重大案件风险评估预警机制》等规范性文件，综合运用领导包案、联合接访、带案下访、教育疏导等手段，共办理信访案件308件，全部成功化解，实现案结事了、息诉罢访。国庆六十周年前夕成功化解72人的集体访。

（郭 红）

【查办职务犯罪大要案】 年内，大兴检察院加大惩治职务犯罪工作力度，全年立案侦查贪污贿赂案件14件14人，其中大要案9件9人，占立案数的64.29%。立案侦查税务机关徇私舞弊不征、少征税款等渎职侵权犯罪案件2件2人。围绕人民群众反映强烈、关系民生的突出问题，开展查办城镇建设领域商业贿赂和涉农职务犯罪等专项工作，查办涉农职务犯罪案件3件3人，查办工程建设、城管、教育等重点领域案件9件9人。

（郭 红）

【推进预防职务犯罪工作】 年内，在大兴党风廉政建设网开通预防职务犯罪专栏。依托区委党校教育基地平台，对全区新任处级领导干部进行廉政教育。与区纪委联合举办农村反腐倡廉警示教育展，对全区6000余名农村党员干部及财经专管员等关键岗位人员进行警示教育。以查办的职务犯罪案件为切入点，在区农口、教育、地税、市政等系统，开展预防教育19次。制定《侦防一体化工作机制规定》，结合办案深入研究腐败成因和职务犯罪规律，及时向党委、政府、行业主管部门有针对性地提出预防措施和检察建议8份，其中《水务系统贪污贿赂犯罪暴露出的问题应引起重视》得到市级领导的批示肯定。

（郭 红）

【加大诉讼监督工作力度】 年内，大兴检察院贯彻落实市人大常委会《关于加强人民检察院对诉讼活动的法律监督工作的决议》精神。多次向区委、区人大汇报诉讼监督工作，配合区人大常委会组织的专项检查和调研活动。与区公安、法院等执法司法机关加强沟通，切实解决落实《决议》中存在的问题，得到其他执法司法机关的大力支持和配合，以合作促进监督效果，共同提高案件质量。在区人大的支持下，联合区工商分局等十二家行政执法单位及区法制办召开座谈会，与区烟草专卖局等六家单位会签《关于在行政执法中移送涉嫌犯罪案件的规定》，不断促进和规范行政执法与刑事司法的衔接。成立诉讼监督专门办案组，完善考评机制，加大诉讼监督在绩效考核中的权重，建立诉讼监督案件跟踪反馈机制，增强监督的实效性。

（郭 红）

【审判监督】 年内，大兴检察院开展刑事审判法律监督专项检查活动，解决突出问题和薄弱环节，得到最高人民检察院检查验收组的充分肯定。深化量刑建议制度，完善对判决、裁定的审查工作机制和案件质量评价体系。加大对事实认定、法律适用及诉讼程序为主要内容的刑事审判监督力度,对认定事实错误、量刑明显失当的案件,及时提出抗诉或纠正意见。加大对土地承包经营权、征地拆迁、人身损害赔偿纠纷等关系民生案件的监督力度,对认为有错误的民事和行政判决、裁定,提出再审检察建议,法院均予采纳。对不服人民法院正确裁判的申诉案件,妥善做好当事人的服判息诉工作,维护司法权威。

(郭　红)

【监所检察】　年内,开展在押人员羁押期限、罪犯交付执行、监外执行情况、刑罚变更执行、预防打击牢头狱霸及看守所监管执法等专项检查活动,累计进行各项监督检查1425次,发现不当情形并提出当面监督24次,发出《检察建议书》3份。对羁押1年以上仍未审结的案件进行集中清理,切实保障被监管人员的合法权利。积极探索检察机关社区矫正的监督机制,与行政司法机关密切配合,深入村镇、社区进行监外执行检查50次,对缓刑、假释等“五类人员”做好分级管控工作。

(郭　红)

【开展为民实践活动】　年内,大兴检察院制定《关于充分发挥检察职能保增长保民生保稳定的工作意见》,深入开展“乡镇调研行”和“听呼声、走百家、送服务”为民实践活动。在各个镇、街道办事处设立“检察官联络员”,组建“青年检察官宣讲团”和“检察官送法服务队”,围绕基层干部法律意识提升等需求,送法下村镇、街道、社区、学校,进行法律咨询、法制教育、接待来访和纠纷调处工作五十余次。

(郭　红)

【综合治理明确重点】　年内,大兴检察院以服务大型企业、工程项目为重点开展综合治理工作。在大型骨干企业和案件频发企业建立服务联系点,聘请企业负责人担任检企联络员,提供法律支持和司法服务十余次。围绕大兴区投资163亿元的土地一级开发项目,制定《依法保障全区拆迁工作顺利开展的意见》,做好职务犯罪预防工作,确保拆迁工作依法有序进行。剖析拆迁案件的特点、规律和发案原因,提出切实可行的预防对策。整合办案资源,快速优先办理拆迁类案件,共批捕、起诉拆迁类案件11件24人。参与社会治安综合治理,针对办案中发现的问题,及时发出检察建议70份,督促有关部门健全制度,完善机制,堵塞漏洞。

(郭　红)

【获多项市级以上奖励】　年内,大兴检察院先后荣获“首都文明单位标兵”、“国庆安保工作先进集体”和“首都国庆60周年联欢晚会先进集体”称号,并获得“北京市检察机关第四届《检察风采》摄影书法绘画展单位组织奖”。民事行政检察处、侦查监督处、公诉一处、反贪局4个部门被评为“首都先进检察单位”。团总支荣获“北京市五四红旗团支部”称号。刘建波荣获“二等功”和“第六届北京市人民满意的政法干警”光荣称号,于阳被全国扫黄打非工作小组评为“全国扫黄打非先进个人”,许晓伟荣获“北京市国庆安保工作先进个人”称号,孟朝霞、关菊生、彭江红、杨秀峰、申朝辉、刘建波、汪丽红7人被北京市检察院评为“首都模范检察干部”。谭彬彬荣获“首都社会治安综合治理优秀新闻作品三等奖”。李继征和王志东在北京市检察机关第四届《检察风采》摄影书法绘画展中,分别荣获书法作品二等奖、摄影作品三等奖。

(郭　红)

案件举要

【宋文波滥用职权、受贿案】　被告人宋文波,男,1966年2月8日出生,汉族,出生地北京市,高中文化,原北京市公安局大兴分局芦城派出所户籍民警,住北京市大兴区黄村镇顺兴胡同1条1号。因涉嫌诈骗2008年5月13日被羁押,2008年6月20日被释放,同日因涉嫌受贿被羁押,2008年7月1日被逮捕。1998年7月至2001年4月间,被告人宋文波利用担任北京市公安局大兴分局芦城派出所户籍内勤的职务便利,非法办理河南省籍人员霍梅灵、戚井山、戚亚敏、戚亚男、戚亚丹一家进京入户5人,收受贿赂6万元;非法办理湖北省籍人员李云英、刘萍、刘丰、刘然一家进京入户并将农业户口转为非农业户口4人,收受贿赂16万元;非法办理黑龙江省籍人员司巍、司鹏2人进京入户,收受贿赂9万元,共收受贿赂人民币31万元。于1998年7月至2001年8月间,利用担任北京市公安局大兴分局芦城派出所户籍内勤的职务便利,违反户籍管理制度,非法为李振宇、李振国、葛仁丽、王凯、王旋、孔丽、孔令川、韩徐萌等8人办理进京入户,为刘连芳办理虚假身份证明,并为北京市农业户口刘连红、张楠、张硕、陆静、陆广全、张继光、刘连勇、蒋振涛、刘淑芬等9人非法转为北京市居民户口(非农业)。该案件经大兴检察院侦查终结,于2009年1月9日向大兴法院提起公诉。2009年5月27日,大兴区人民法院经审理判决被告人宋文波犯受贿罪,判处有期徒刑10年6个月,并处没收个人财产人民币5万元;犯滥用职权罪,判处有期徒刑1年;数罪并罚,决定执行有期徒刑11年,并处没收个人财产人民币5万元。

(郭　红)

【欧阳海滨贪污案】 被告人欧阳海滨,男,1975年9月13日出生,出生地湖南省澧县,汉族,大学文化,原北京市大兴区水务局永定河管理所副所长,住北京市大兴区黄村镇双河北里小区33－2－301室。因涉嫌贪污,于2008年1月21日被羁押,同年2月3日被逮捕。北京市大兴区永定河管理所是北京市大兴区水务局下属事业单位,2004年10月,被告人欧阳海滨任该所副所长,主管工程建设施工,2007年10月28日起,主持该所全面工作。在任职期间,被告人欧阳海滨利用职务之便,伙同他人或者单独以指使他人虚开人工费、材料费等方式套取公款,据为己有,共计贪污人民币72万余元。该案件经大兴检察院侦查终结,于2008年12月26日向大兴法院提起公诉,经审理大兴法院于2009年6月11日判决被告人欧阳海滨犯贪污罪,判处有期徒刑9年,没收个人财产人民币5万元。

(郭　红)

【杜凤伦贪污、受贿、玩忽职守案】 被告人杜凤伦,男,1964年8月16日出生,汉族,出生地黑龙江省齐齐哈尔市,大专文化,原北京市大兴区南红门水务所所长,住北京市大兴区黄村镇枣园小区60楼3单元201号。因涉嫌贪污、受贿、玩忽职守2008年1月25日被羁押,同年2月3日被逮捕。被告人杜凤伦于2003年11月至2007年10月任北京市大兴区永定河水务所所长。2005年至2007年期间,杜凤伦利用担任大兴区永定河管理所所长的职务便利,伙同欧阳海滨以指使他人虚开人工费、材料费等方式和伙同单位会计以私分小金库的方法共侵吞公款人民币49万余元;利用职务便利,收受为该所施工及提供材料的杨春、王清波给予的好处费人民币2.5万元。此外,2004年3月至2007年10月,杜凤伦在担任北京市大兴区永定河管理所所长、主管单位财经工作期间,未尽到对财务人员的监管职责,造成单位资金227万余元被挪用,截止该案法庭辩论终结尚有36万余元未退缴。该案件经大兴检察院侦查终结,于2008年12月26日向大兴法院院提起公诉后,经审理大兴法院于2009年6月25日判决被告人杜凤伦犯贪污罪,判处有期徒刑11年6个月,并处没收个人财产人民币5万元;犯受贿罪,判处有期徒刑1年;犯玩忽职守罪,判处有期徒刑6个月;数罪并罚,决定执行有期徒刑12年6个月,并处没收个人财产人民币5万元。

(郭　红)

审判工作

【概况】 2009年,区法院紧紧围绕辖区工作大局,坚持能动司法,积极应对国际金融危机对审判工作带来的影响,努力服务“保增长、保民生、保稳定”工作目标。着力完善便民利民工作机制,努力保障当事人打一个公正、明白、便捷、受尊重的官司。不断更新管理思路,完善管理制度,创新管理方法,促进全院各项工作发展。坚持“从严治院、公信立院、科技强院”工作方针和“为大局服务,为人民司法”的工作主题,充分发挥审判职能,切实完善司法管理,努力提高队伍素质,较好地完成了各项工作任务。深入开展“人民法官为人民”主题实践活动,完善队伍管理机制,队伍政治业务素质不断提高。全年共受理各类案件19536件,审(执)结各类案件19406件,同比分别增长19.55%和19.43%;结案标的额21.01亿元,同比增长163.28%。其中,受理刑事案件1153件,审结1146件,判处罪犯1563人;受理民商事案件11500件,审结11434件,解决诉讼标的额12.02亿元;受理行政诉讼案件156件,审结155件;受理执行案件6621件,执结6656件,执结标的额8.99亿元。

名称:北京市大兴区人民法院
地址:北京市大兴区黄村镇金星西路8号
电话:60238787
邮编:102627

【促进行政管理关系和谐】 年内,区法院在行政审判工作中坚持能动司法,配合全区开展非法占地违法建设专项整治工作和土地储备项目重点工作,通过走访调研,及时向有关部门提出15条规范拆迁执法的司法建议,在项目区建立联系点进行实地指导,注重运用行政诉讼协调解决机制化解重大敏感案件。督促有关行政部门落实《区行政首长出庭应诉暂行办法》,实现区政府有关部门行政首长首次出庭应诉。全年共审结土地、规划、房屋登记、劳动和社会保障等各类行政诉讼案件155件。

(梁　晓)

【打造“民生法庭”】 年内,区法院6个人民法庭落实人民法庭庭训,结合辖区实际情况开展司法服务。全年6个人民法庭共受理案件7857件,结案7777件,在全院民事案件收结案中的比例分别为68.32%和68.02%。推广“庭、站、点”链条式基层矛盾化解机制,以6个派出法庭为中心,在各镇设立“法庭便民工作站”,在较大企业和相对偏远村设立“便民诉调联系点”,法官定期巡回办案,参与指导人民调解。通过发放当事人征求意见表、邀请基层人大代表评议法庭工作等方式畅通民意沟通渠道,了解广大农民群众的需求。推行“田间法庭”、“农院法庭”,对因身体原因行动不便和忙于生产生活不便到庭诉讼的当事人实行全程上门诉讼服务,对农村多发、易发且辐射面较广的案件就地公开审理。

(梁　晓)

【开展法制宣传活动】 年内,区法院开展普法进校园、进农村、进企业的法制宣传活动,完善农村普法长效机制。

(梁　晓)

【集中清理执行积案】 年内,区法院在集中清理执行积案活动中,发挥政治优势,争取党委领导和各有关部门的支持配合，落实领导包案责任制，运用集约执行方法，加大强制执行力度。开展假日执行、夜间执行活动，争取区财政出资建立执行救助基金，建立起区委政法委领导、人民法院主办、有关部门联动、社会各界参与的执行工作长效机制。纳入此次清理执行积案范围的578件积案全部如期清理完毕，其中，执结有财产可供执行案件399件，涉及标的金额1.93亿元。执结重点案件179件，涉及标的金额0.71亿元。4月8日，大兴区委书记林克庆在全国集中清理执行积案活动领导小组第二次电视电话会议上，就大兴区落实领导包案责任制作了典型发言。市委政法委巡视组、最高法院执行局、大兴区人大常委会主任会议分别对该院圆满完成双百目标任务给予充分肯定。

（梁　晓）

【涉诉信访化解】 年内，区法院加强涉诉信访工作机制建设，形成网络化、信息化、全覆盖的涉诉信访工作体系。固化长效机制，实行信访案件的接待、分流、处理工作流程化管理。落实日常接访和联合接访制度，坚持日常接访院长接待日和庭长值班制度并举。完善诉讼全程信访化解网络和敏感案件多元联动化解网络，定期向区委、区委政法委上报信访形势分析，争取党委、政府及有关部门的支持，法律、行政和经济手段多措并举，化解仅依靠法院力量难以解决的敏感案件。全年共办理涉诉信访上级挂账案件43件，答复政法民声热线42件，处理最高院联合接访案件37件，按时办结率达100%。

（梁　晓）

【完善便民利民工作机制】 年内，区法院加强服务窗口建设，开通"12368"司法信息公益服务系统。成立审判事务管理办公室，设立导诉台和诉讼引导员。在立案大厅设立专门窗口，专人负责案件查询工作和诉讼疑问解答工作。优化立案、接访、收结诉讼费等各项服务的"一站式"服务，推行巡回立案、上门立案、预约立案和特殊案件节假日立案等便民措施。加强司法人文关怀，全年缓、减、免诉讼费82.79万元。

（梁　晓）

【成立审判事务管理办公室】 5月20日，区法院审判事务管理办公室正式成立并对外办公。主要职责是诉讼服务和事务性管理工作。诉讼服务功能主要包括诉讼引导、案件查询与12368热线接听、诉讼材料收转。事务性管理工作主要包括审限监督、全院信息录入督查、诉前保全和诉讼保全提示。该院制定了《诉讼引导细则》、《诉讼材料收转工作细则》、《案件查询工作细则》、《财产保全提示规定》、《"12368"司法信息公益服务工作管理办法》、《审限监督管理工作规定》、《审判事务管理工作考核办法》等有关规章制度，完善审判事务管理工作的制度基础。

（梁　晓）

【开通大兴区人民法院网站】 12月30日，区法院国际互联网站正式开通，网址为http://bjdxfy.chinacourt.org/。大兴法院网依托中国法院网而建，共设置了法院概况、新闻中心、法学实务、法官风采、法官文苑、裁判文书、诉讼指导、专题报道、法律法规、网络直播、开庭公告等11个一级栏目和22个子栏目。

（梁　晓）

【成立裁判文书校核室】 年内，为构建规范、高效、有序的裁判文书纠错机制，提高裁判文书质量，区法院正式成立裁判文书校核室。聘请3名具有丰富工作经验的退休教师及刊物编辑作为校核工作人员，并结合工作实际制定《裁判文书校核工作管理办法》和《裁判文书校核人员管理办法》，具体规定校核范围、机构及人员配置、校核流程、校核人员的职责、相关法律培训、保密纪律、校核质量及审判人员职责等内容。

(梁　晓)

【人民调解与司法调解衔接】 年内,区法院定期对人民调解员进行系统培训,讲授法律知识,传授调解技巧,提高人民调解的成功率,缓解审判压力,减少当事人诉累。注重选取基层多发的相邻关系、析产继承、婚姻家庭等案件,定期组织民调员旁听庭审,帮助其找准调解着力点。实行“1+1”联合调解方式,由审判经验丰富的法官与熟悉当地社情民意的人民调解员共同调解基层矛盾纠纷,法官适时对人民调解员作现场指导,提供法律咨询,手把手、面对面传授人民调解员调解技巧。

(梁　晓)

【实现民意沟通无缝覆盖】 年内,区法院贯彻最高人民法院《关于进一步加强民意沟通工作的意见》,按照科学、畅通、务实、有效、便捷的要求,捕捉群众的“第一信号”,把握群众的第一愿望,妥善应对群众司法需求。扩大民意采集主体范围,强调民意采集要向基层群众倾斜、向农村群众倾斜、向困难群体当事人倾斜、向社会团体和群众组织倾斜。丰富民意沟通的渠道和方式,坚持“请进来”和“走出去”并举,在日常民意沟通工作基础上,加大走访力度,下沉工作重心,虚心纳谏。促进民意表达机制的便捷化,实行院领导包案接访、庭领导随机接访、承办人定案回访,方便当事人表达诉求。实现民意运用和反馈的效率化,对收集的各方民意民声和司法需求,加强调研,限期整改,主动接受各方监督。发挥人民陪审员作用,适用普通程序案件陪审员参审率达到86.99%。

(梁　晓)

【参与社会治安综合治理】 年内,区法院多措并举拓展审判职能,参与社会治安综合治理工作。通过组织干警参加普法宣传,组织在校大学生、行政机关干部旁听案件审理,深入农村、社区、企业、学校宣讲法律等活动增强辖区群众的法制观念。利用多种新闻媒体对典型案件进行深度报道,提高普法效果。参与社区矫正工作,对在社区接受矫正的轻微犯罪人员进行有针对性的帮教,促使其真诚悔罪。开展司法建议工作,共发放司法建议38件,有效促使被建议单位加强管理,堵塞漏洞,预防和减少犯罪和纠纷的发生。

(梁　晓)

【落实审判公开】 年内,区法院落实审判公开制度,保障当事人的知情权、参与权和监督权。规范群众旁听制度,保证当事人、新闻记者旁听公开审理案件,以公开促公正。对42件典型案件进行网络庭审直播。逐步推广裁判文书公开,刑事和商事裁判文书实现网上发布。

(梁　晓)

【首次进行网络庭审视频直播】 5月5日,区法院公开开庭审理被告人李俊山涉嫌盗窃一案。本次庭审在中国法院网、北京法院网进行网络图文直播的同时,还通过最高人民检察院影视中心法治中国传媒进行同步网络庭审视频直播,实现首都法院系统在国际互联网首次进行庭审视频网络直播。

(梁　晓)

【“人民法官为人民”主题实践活动】 年内,区法院开展“人民法官为人民”主题实践活动,实施法官下基层,每位法官每季度联系走访3至5户辖区群众或回访当事人,了解群众司法需求,听取群众建议,协调解决法律问题,对重大、敏感纠纷提前介入、及时化解。针对社会弱势群体畅通诉讼“绿色通道”,加大司法救助力度。设立裁判文书校核室,健全审判质量与效率监督管理体系。

（梁 晓）

【完善考核激励机制】 年内，区法院坚持从严治院，修订《干部业绩考评办法》等队伍建设制度，分析、修改、完善、整合考核制度，科学界定部门工作在整体工作中的比重，对考核职能部门提出严格要求，对部门和干警个人做到客观、真实、准确考核，杜绝特殊考核、延时考核、降低标准考核。严格按考核实绩选人用人，实行评优评先、晋级晋职“一票否决”，发挥考核结果对争先创优的引导和激励促进作用。

（梁 晓）

【加强法院文化建设】 年内，为提升干警的文化素养，缓解工作压力，增强队伍凝聚力和向心力，区法院通过举行多项活动，营造和谐、进取的工作氛围，开展支援地震灾区重建捐款和共产党员献爱心活动，举办“我为法院科学发展献一策”征文活动，举办法官论坛。

（梁 晓）

【法院队伍建设】 年内，区法院以提高司法能力、促进司法廉洁为着力点，大力开展队伍建设。在第六届北京市“人民满意的政法干警(单位)”评选活动中，该院民二庭荣获“人民满意的政法单位标兵”称号，该院执行庭法官李宝才被评为“人民满意的政法干警”。

（梁 晓）

【国庆60周年庆祝活动保障】 年内，区法院将认真做好国庆60周年期间的涉诉信访和安全保卫工作作为首要政治任务，切实抓好矛盾排查、化解、稳控和预防四个环节，强化责任和考核，确保实现“五个不发生”工作目标。克服案多人少的工作困难，选派30名干警担任国庆庆祝晚会群众标兵。荣获首都国庆安保先进集体称号。

（梁 晓）

【建设数字化法院】 年内，区法院完成人民法庭视频通讯升级工程建设，成为北京法院系统首家实现高清庭审视频全部上传记录和派出法庭可召开视频会议的法院。建成现代化的文印系统，共集中打印裁判文书等材料29.7万份。完成庭审光盘刻录工作，光盘归档率达到100%。

（梁 晓）

案例举要

【“中国第一网络美女”限制出境案】 刘羽宇(女，1986年7月出生，江苏徐州人，艺名刘羽琦)，职业模特，签约日本艾回公司，2006年获足球宝贝全国选拔赛总冠军、国际小姐总决赛最佳上镜奖等奖项，被称为2006年~2008年新一代“网络少男杀手”和“中国第一网络美女”。刘羽宇、刘杰(刘羽宇之父)于2006年7月与瀛凯文化传媒(北京)有限公司签订了《专属经济合约书》，约定由该公司为刘羽宇安排各项演艺事业，刘羽宇在合约期内不得私自与他人签订性质相同或类似合约及接受他人聘请演出等，如违约应支付违约金500万元，刘杰负连带保证责任。因刘羽宇在合约期内自行在《昕薇》杂志作平面模特广告，该传媒公司向大兴区法院提起诉讼，要求刘羽宇、刘杰支付违约金400万元。案件审理期间，刘羽宇经法院合法传唤无正当理由拒不出庭应诉，法院一审判决被告刘羽宇给付原告瀛凯文化传媒(北京)有限公司违约金400万元，被告刘杰承担连带责任。刘羽宇对一审判决不服提起上诉，2008年12月2日，市第一中级法院经审理依法驳回上诉，维持原判。判决生效后，刘羽宇、刘杰一直未履行判决内容，瀛凯文化传媒(北京)有限公司于2009年3月向大兴区法院申请执行。执行期间,法院依法向被执行人送达了执行通知书,但被执行人一直未主动履行义务。法院依法对刘羽宇实行限制出境措施。2009 年 11 月 9 日,首都机场边防站通知大兴区法院刘羽宇正准备出境赴日本,大兴区法院当即派人赴机场将其带回,并以妨碍民事诉讼为由决定对其实行拘留措施。经过工作,被执行人刘羽宇与申请执行人达成还款协议,刘羽宇先行给付 21.7 万元,其余款项分期给付,每半年给付 5 万元;若申请执行人有证据证明刘羽宇收入明显高于还款协议,有权申请法院变更还款协议。刘羽宇随后被法院解除强制措施,首付案款 21.7 万元如期交至法院。

(梁　晓)

【户籍民警违法办理进京户口案】　被告人宋文波(男,1966 年 2 月 8 日出生,汉族,北京市人,高中文化,原北京市公安局大兴分局芦城派出所户籍民警,住北京市大兴区黄村镇顺兴胡同)于 1998 年至 2001 年 3 月,在担任大兴分局芦城派出所户籍内勤期间,以输入他人提供的户籍信息、编造北京市户籍数据信息、打印常住人口登记表、打印户口簿等手段,非法办理河南省籍人员霍梅灵一家进京入户 5 人;非法办理湖北省籍人员李云英一家进京入户 4 人并将农业户口转为非农业户口 4 人;非法办理黑龙江省籍人员司巍、司鹏 2 人进京入户,以上 3 次合计收受贿赂 31 万元;同时违反户籍管理制度,非法为李振宇等 8 人办理进京入户,为刘连芳办理虚假身份证明,并将北京市农业户口刘连红等 9 人非法转为北京市居民户口(非农业)。后被查获归案。大兴区法院经审理认为,被告人宋文波利用自己担任户籍民警的职务便利,非法收受他人钱财,为他人谋取利益,受贿数额在 10 万元以上,其行为已构成受贿罪,应予惩处;被告人身为国家机关工作人员,多次为他人非法办理户籍,致使国家和人民利益遭受重大损失,其行为已构成滥用职权罪,亦应予惩处。且被告人一人犯数罪,依法实行数罪并罚。2009 年 5 月 27 日,大兴区法院依法判处被告人宋文波有期徒刑 11 年,并处没收个人财产 5 万元;其非法所得 31 万元追缴后予以没收。一审宣判后,被告人未提出上诉。

(梁　晓)

【遗弃女婴致死案】　2008 年 12 月 30 日 22 时许,被告人牟立娟(女,1989 年 10 月 17 日出生,汉族,山东省平阳人,初中文化,农民)在北京经济技术开发区青年公寓 5 号楼一层女厕所内,产下活体女婴一名。为避免未婚先孕带来的不良声誉,被告人牟立娟将婴儿装入厕所内的一蓝色垃圾筐内,手提该垃圾筐将婴儿丢弃至青年公寓北门外西侧路附近的荒草丛内,造成婴儿颅脑损伤死亡。经鉴定,该女婴系牟立娟生物学女儿,为活胎,因闭合性颅脑损伤死亡。大兴区法院经审理认为,被告人牟立娟无视国法,明知新生婴儿脱离护理会导致其死亡的结果,在产下活体女婴后,随即将其丢弃在难以被他人救助的地方,造成婴儿死亡的后果,其行为已构成故意杀人罪,情节较轻,应依法予以惩处。2009 年 6 月 4 日,大兴区法院依法判处被告人有期徒刑三年。一审宣判后,被告人未提出上诉。

(梁　晓)

司法行政工作

【概况】　北京市大兴区司法局于 1980 年建立,是北京市大兴区人民政府司法行政职能部门,设有 8 个科室:办公室、政工科、法制科、法宣科、基层科、公律科、法律援助指导科、社区矫正办公室。另设公证处和法律援助中心 2 个事业编制机构。下辖 19 个镇(街道)司法所、17 个法律服务所。同时承担大兴区依法治区领导小组办公室、大兴区综治委矫正帮教工作协调委员会的日常工作。2009年,大兴区司法局在编人员共108人,其中机关公务员85人,基层司法助理员34人,法援中心5人,工勤13人,公证处5人,职业律师92人。年内,全区各级调解组织共调解受理各类纠纷8914件,调解成功8885,调解成功率为99%。

名称:北京市大兴区司法局
地址:北京市大兴区兴政街17号
电话:69293146
邮编:102600
网址:http://www.dxsf.gov.cn

【人民调解工作】 年内,加强人民调解与司法调解、行政调解的有机衔接,将黄村、瀛海、榆垡、庞各庄四个镇确定为人民调解和诉讼调解衔接工作机制的试点,并制定相应的工作制度。与河北的接边地区共同建立联席会议制度、联合调解制度和责任追究制度,健全"护城河工程"三级调解组织。各司法所、人民调解组织在严格执行工作制度,做好矛盾纠纷排查调处工作,并确定排查调处重点。全区各级调解组织共调解受理各类纠纷8914件,调解成功8885,调解成功率为99%,防止群众上访14件,269人次。防止群众性械斗5件,5人次。防止民转刑11件11人次。

(杨婉莹)

【新成立2个司法所】 年内,成立天宫院、观音寺街道司法所。

(杨婉莹)

【社区矫正及帮教安置工作】 年内,建立情报信息收集系统,实行情报信息"日报告"制度。开展以"迎、讲、树"主题教育活动及"爱国守法．重塑自我"为主题的知识竞赛活动,成立区、镇两级社区矫正帮教安置协调委。累计为"两类"人员办理低保18人,协调解决住房8人、临时安置8人,解决入户及户口恢复问题10人,落实责任田5人、土地补偿金4人等。开展国庆安保专项行动。各司法所按照要求规范两类人员管理,加大走访力度,建立重点人员台帐,每月召开分析会,对重点人实行动态管理。国庆期间,投入人力共3605人,召开各种会议104次,开展演练2次,开展排查500余次。共出动警力11622人次,进监所帮教8次、帮教对象15人次,行程约1840公里,起草、印发各类文件65份。

(杨婉莹)

【法制宣传教育】 年内,开展"四进农家"系列活动,将各类普法材料下发到511个法律服务工作室,组织业余文艺团体深入田间地头演出法制文艺节目120余场,组织宣讲团深入镇村宣讲60余场。在青少年法制教育基地开展"画说法律"成果展,创建"法治示范校",确定5个法治示范校试点．为营造全区法治氛围,在农村推行法制文化墙。目前,全区法制文化墙达2000多平方米。在各街道开设"社区法制大讲堂"及以"迎国庆 保稳定"为主题法制宣传活动,赠送法律书籍20000余册、宣传材料5万余份,共发放宣传材料5000余份,解答法律咨询40人次。

(杨婉莹)

【基层法律服务】 发挥法律服务团、法律服务室平台作用,从"抓建设、抓规范、抓督查"三点入手对法律服务室进行基础建设,严格各项规章和制度,并由局领导小组全面负责法律服务室建设,深入村、居委会逐个进行指导,每月局务会专题通报、分析、研究法律服务室的建设情况,解决建室中存在的问题,总结推广建室中的好做法。年内,全区511家法律服务室共调解民间纠纷744件,解答法律咨询1904件,开展法制宣传473次。

(杨婉莹)

【公证律师工作】 年内,完成北京市第八届律师代表大会代表大兴选区代表的选举工作,完成对公证机构、公证机构负责人及公证员的考核工作。在各个律师所建立法律援助联络员,加强法援中心与律师事务所的沟通、联系,维护弱势群体合法权益。各律师事务所、公证处,专题研究制定律师参与平安国庆工作方案,制定国庆值班、咨询接待、敏感问题及时请示、开展宣传活动等具体措施及实施步骤。全年律师承办法律援助案件300余件,政府法律顾问团为区政府审议合同1件,公证为新城建设进行公证218件,其中属于证据保全的199件,涉及拆迁的19件。全区未发生1件针对律师工作的服务的纠纷、投诉。

(杨婉莹)

【法律援助】 年内,以《北京市法律援助条例》颁布及庆祝"12348"法律服务咨询服务专线服务社会十周年为契机,加大对法律服务专线和法律援助工作的宣传。开通农民工维权绿色通道及对老年人建立"三优"制度。即:接待优先、审批优先、服务优先。举办"法律援助知识和信息管理系统"的培训班。全年咨询总数5747人次,法律援助案件416件,其中涉及农民工193人,涉及妇女80人,涉及未成年人107人,涉及老年人29人,涉及残疾人18人。

(杨婉莹)

【司法行政队伍建设】 组织集中观看反腐纪录片及反腐倡廉图片展,促进干警廉洁自律,转变工作作风。邀请首都师范大学教授为全体人员培训业务知识。坚持"五星司法所"评比工作,以考核促发展,提高基层人员工作能力。

(杨婉莹)

【国庆安保工作】 国庆期间,抽调20人参加国庆联欢晚会大兴板块的标兵队列。抽调15人作为国庆安保特派员,深入瀛海镇村队进行国庆安保督导。

(杨婉莹)

【举行专场慰问演出】 1月14日,市司法局王友江副局长、吴庆宝副局长,各区县司法局局长,普法工作者、普法志愿者代表等,以及区工商局、地税局、劳动局、检察院等13个单位的500余人观看大兴区司法局的普法评剧《拆迁风波》。

(杨婉莹)

【解决劳动纠纷】 年内,采取三项措施,解决拖欠农民工工资等劳动纠纷。向企业发放法制宣传资料,举办企业主管法制讲座,宣传国家劳动政策法规。各级调委会对拖欠工资的纠纷调查原因、确定金额及涉及人数,及时调解,及时上报。加强对农民工法律援助的力度,开通绿色通道,对符合条件的援助申请快速审批,及时指派。

(杨婉莹)

【春节期间对特定人员的管理】 春节期间,采取节前全面走访,组织社区服刑人员签订节日自律保证书,加强帮教安置对象衔接制度,与社区民警、村居委会、基层帮教小组强化沟通,发现问题及时解决,协助有关部门落实好特困人员的低保和紧急救助五项措施,对社区服刑人员和刑释解教人员进行管理。

(杨婉莹)

【制定老年人优待工作措施】 年内,制定老年人优待工作措施。各所无偿提供法律咨询,为行动不便或有其他特殊需求的老年人提供上门法律服务。律师事务所对生活困难的老年人提供减免费法律服务。法律援助案件实行优先接待、优先受理、优先指派。对符合法律援助条件的老年人,依法减免公证费,对重残、病重等确实不便赴公证机构办理公证的老年人上门办理。

(杨婉莹)

【召开法律法规宣讲团座谈会】 1月16日,召开法律法规宣讲团座谈会。宣讲团26名成员深入机关、学校、企业、农村讲授物权法、刑法、未成年人保护法、依法行政、奥运知识产权保护等内容的法律知识。全年共讲课150余场次。

(杨婉莹)

【做好"两会"安全保卫工作】 年内,采取措施做好"两会"安全保卫工作。在"两会"召开前对社区服刑人员和刑释解教人员全面排查,对重点人进行面对面的谈话教育,严格落实"七包一"措施,加大管控力度。将难以转化的重点人及时上报攻坚转化小组,集体"会诊",分别制定教育转化方案并全面引入心理矫正机制。每月召开重点人分析会,加强动态分析,及时调整管控方案。严格落实"两个规定",做好社区服刑人员的考核奖罚工作。对有特殊困难的"两类"人员进行帮扶。

(杨婉莹)

【法律援助条例主题宣传周活动】 2月23日~27日,在全区开展"贯彻落实《北京市法律援助条例》,维护困难群众合法权益"主题宣传周。活动期间,联合区工会、妇联、团委、老龄委、残联上街设站宣传。各镇、街道利用展板、挂图、广播、发放宣传资料等多种形式进行宣传。在综合行政服务中心司法局窗口向来访者讲解相关内容,发放宣传材料。在《大兴报》出专版宣传。共发放宣传资料4万余份,解答法律咨询200余人次。

(杨婉莹)

【大兴选区选举律师代表大会】 2月25日,大兴区召开第八届北京市律师代表大会大兴选区选举大会北京市三维律师事务所主任张凤成当选。

(杨婉莹)

【举办改革开放30年图片展】 年内,举办改革开放30年图片展。将各科室、司法所上报的图片分为领导关怀、人民调解、社区矫正和帮教安置、法制宣传、法律服务、奥运、建设、共七个篇章九块展板,展示区司法局近几年来的工作成果。

(杨婉莹)

【做好拆除违法建设工作】 年内,采取四项措施做好拆除违法建设工作。在拆违重点区域宣传《城乡规划法》、《土地管理法》、《城市房屋拆迁管理条例》等相关法律知识,在重点路段设置宣传站点,由律师及法律工作者坐班答疑。司法所对拆违过程中涉及的法律问题为当地党委政府提供法律意见。组织专职人民调解员上门为涉及的拆违户进行矛盾纠纷排查。拆违重点地区司法所与信访办建立矛盾纠纷联合化解机制,共同化解由此引发的上访问题。

(杨婉莹)

【妇女维权法制宣传活动】 年内,开展"迎三八妇女维权"法制宣传活动。活动期间,请司法所长、律师进村、进社区举办妇女维权讲座3场,通过以案说法向村民、居民讲解法律知识,近500名妇女听了讲座。进行现场咨询并发放《妇女权益保障法》、《北京市法律援助条例》、《继承法》等宣传资料1000余份。为增强法制宣传效果,进行法律知识竞答并现场抽奖。

(杨婉莹)

【促进北京市法律援助条例实施】 年内,采取多项举措促进北京市法律援助条例实施。通过区司法局网站、窗口、媒体、上街设宣传站、在案件指派过程中宣传等多种形式开展宣传。规范法律援助格式文书，严格执行审批时限。向公安局、检察院、法院、劳动局发送告知函，说明文书格式变更情况。指导、规范法律援助案件承办工作，在各律师事务所都设立一名法律援助联络员，负责法援案件的接收，信息反馈，核对法律援助案件承办情况和领取案件补贴。

（杨婉莹）

【五一期间对两类人员管控】 采取五项措施，加强五一期间对两类人员管控。加强走访排查，建立两类人员台帐，每周召开动态分析会，司法所、抽调干警、管片民警和村（居）委会主任对确定的重点人实行联合防控。加强法制教育，组织观看《法治进行时》，举办《刑法》、《治安管理处罚法》讲座，并定期组织公益劳动。对有重新犯罪倾向的人员进行心理测试和辅导。严格执行社区矫正奖惩规定，对违纪行为严肃处罚。对确有困难的人员进行帮扶，协调相关部门解决就业、低保等问题。

（杨婉莹）

【司法行政工作“四大体系”建设】 年内，采取四项措施推进司法行政工作“四大体系”建设。抓好公益法律服务体系建设，组织公益律师利用法律服务团、法律服务室、“周五律师在线”定期坐班解答法律咨询，开展法律援助。抓好对劳教、刑释解教、社区服刑人员三类特殊群体的教育矫正体系建设，加强相关部门协调配合，制定针对性强的管控帮教方案，减少重新犯罪率。加强各级人民调解组织规范化建设，在“六统一”基础上，完善目标考核制度，使人民调解在城市建设和新农村建设中发挥积极的作用。抓好全方位、多层次法制宣传体系建设。全面落实“五五”普法规划，推进“法律六进”，抓好民主法治村、示范社区、示范校创建工作。

（杨婉莹）

【依法治区领导小组工作会】 3月26日，召开依法治区领导小组工作会。会上对上年工作进行了总结，对2009年全区法制宣传教育工作进行部署。开展有针对性的宣传教育活动，举办“三农”、流动人口、区直单位法制宣传骨干等法律法规培训。抓好新农村普法试点、北京市和全国民主法治村、民主法治示范达标社区等创建工作。拓展普法传媒阵地，发挥《大兴普法》专版、《法制天地》专题广播和《法在大兴》电视专题的影响力加大检查考核力度，调动各镇、街道、工委普法积极性，营造良好普法氛围。区人大常务副主任李永贵、副区长常红岩等领导及55名领导小组成员参加了会议。

（杨婉莹）

【开展送法进监狱活动】 3月27日和4月8日，组织专职律师分别到北京市天河监狱、北京市监狱就量刑、住房等涉法问题解答服刑人员咨询，并开展帮教和普法教育活动。这是自2008年开展每季度组织一次法律进监狱活动以来，第7次送法进监狱活动。

（杨婉莹）

【“动态分析会现场检查指导”制度】 3月，区矫正办制定“动态分析会现场检查指导”制度。内容包括：各司法所每月至少召开一次分析会，并做好会议记录。动态分析会由司法所长主持，社区矫正协管员、司法助理员及矫正干警参加。严格按照《社区服刑人员动态分析工作暂行规定》要求，对每一名服刑人员的表现、实际状况进行全面分析、讨论。根据每一名服刑人员的实际情况，科学、准确地确定管理类别，确定服刑人员重点人。

（杨婉莹）

【组织社区服刑人员公益劳动】 4月上旬，大兴区阳光社区矫正服务中心组织社区服刑人员公益劳动。根据司法所报送的名单统一安排时间，组织6个所共54名服刑人员分期分批到公益劳动基地参加每人次3小时的公益劳动。

（杨婉莹）

【务工人员法制培训学校揭牌】 4月22日，大兴区首家外来务工人员法制培训学校正式揭牌成立。学校由区司法局、大兴商贸公司联合创办，下设21个法制培训工作站，采取集中授课与分散学习相结合的形式，对商贸公司下属企业、出租门店的外来务工人员进行法律知识培训，建立学习考核档案直接与下一年度合同的续签挂钩。市司法局副局长吴庆宝、副区长常红岩为法制培训学校揭牌。

（杨婉莹）

【区人大代表视察“五五”普法工作】 4月28日，区人大代表视察本区“五五”普法工作。视察期间，听取了“五五”普法工作汇报，并到瀛海镇笃庆堂村、西红门镇金星庄村、京豫陈流动人口学校视察流动人口普法教育和依法治村等工作。区人大常务副主任李永贵、副区长常红岩及33名区人大代表参加视察。

（杨婉莹）

【开展“五五”法制宣传征文活动】 5月，区依法治区领导小组办公室在全区开展“落实‘五五’普法规划，服务科学发展”征文活动。征文主要以论文和调研文章为主，鼓励、引导法制宣传教育工作者以科学发展观为统领，深入调研，认真探索推进“五五”普法深入发展的新思路。

（杨婉莹）

【跨界接边地签订协议书】 5月19日，区司法局与廊坊市广阳区司法局签订跨界接边地区矛盾纠纷排查调处工作协议书，确定三个重点、分三步走。

（杨婉莹）

【开展为民实践活动】 年内，开展“听呼声、走百家、送服务”为民实践活动。完善局领导“联系点”制度。每名班子成员定期深入基层联系点，开展调研，听取意见，指导工作，针对存在的问题实行包案制，督察到底。实行首任负责制。各部门第一个接受任务的人为首任责任人，因不尽职造成工作延误的追究首任责任人责任。畅通渠道，接受监督。通过法律咨询热线、法律服务室、法律援助工作站等直接与基层百姓相连的渠道，及时解答法律咨询，受理法律援助，并听取百姓的意见建议。

（杨婉莹）

【检查基层司法所矫正帮教工作】 5月，大兴区矫正办对基层司法所的矫正帮教工作进行全面检查。检查内容包括：社区服刑人员动态分析会的召开情况及重点人的确定情况。社区服刑人员考核奖惩工作即两个“规定”的落实情况。两类人员尤其是重点人的管控教育、转化情况。社区矫正及帮教安置全部业务档案。

（杨婉莹）

【召开帮教安置普查工作会】 5月21日，召开帮教安置普查工作会，部署为期一个月的帮教安置普查工作。要求对本区在册的刑释解教人员逐人梳理，收集、核对基础信息，建立台帐。对具有重新犯罪倾向和“三无”（无家可归、无业可就、无亲可投）人员进行个案分析，制定独立方案。印制宣传品，及时宣传劳动、土地、拆迁等热点法律法规，并对贫困人员进行帮扶。对普查中发现的问题及时解决，对重大疑难问题及时上报。

（杨婉莹）

【纪念12348专线开通十周年】 6月15日，区司法局开展系列活动纪念本区“12348”法律咨询服务专线开通十周年。相继开展法律援助专题座谈会，上街解答咨询、宣传，及在网站及大兴报专稿宣传等形式。据统计，十年来法律援助中心共解答法律咨询28661人次。其中电话咨询10701人次，来访咨询17960人次。

(杨婉莹)

【召开法律进社区工作现场会】 6月25日，大兴区“法律进社区”工作现场会在林校路街道天堂河社区召开。年内，林校路街道贯彻法律六进工作，把法律进社区作为街道的一项重点工作来抓，共投资3.5万余元，建成146块，总面积500余平方米，涉及17部法律法规的宣传“墙书”供社区居民阅读。市司法局法宣处处长吴军、区司法局、三个街道办事处及部分镇的相关领导参加现场会。

(杨婉莹)

【扩大法律援助服务机构范围】 截至6月，接受法援中心指派的法律服务机构中，有律师事务所12家，占大兴区律师事务所总数的71%，涉及律师74人，占总数的86%；法律服务所11家，占总数的65%，涉及的法律工作者38人，占总数的59%。

(杨婉莹)

【创新公益劳动新模式】 规范“五个环节”，创新公益劳动模式。矫正办协调阳光社区矫正服务中心、基层司法所和公益劳动基地，规范信息沟通环节、信息发布环节、信息反馈环节、劳动项目落实环节、劳动监督环节。自3月30日公益劳动基地试运行以来，先后有两批次、9个司法所，共计71名社区服刑人员在此参加公益劳动。

(杨婉莹)

【旁听审理法援案件全过程】 7月21日，主管法律援助的领导及中心相关人员，到法院旁听法援案件全过程，了解所派律师的援助情况。

(杨婉莹)

【社会监督员监督检查工作】 7月15日，社会监督员和区政法委对本局“听呼声、走百家、送服务”为民实践活动的开展情况进行监督检查。

(杨婉莹)

【召开矫正协管员业务培训会】 8月27日，召开矫正协管员业务培训会。培训内容包括：矫正干警传授社区矫正工作方法和技巧。系统介绍与社区矫正帮扶工作相关的户籍、低保、就业等国家政策。部署大兴区“平安国庆”行动方案。全区96名矫正协管员接受了培训。

(杨婉莹)

【矫正帮教情报信息日报告制度】 8月，全面启动矫正帮教情报信息日报告制度。内容包括：制定《大兴区社区矫正和帮教安置国庆安保情报信息工作方案》，确保各类涉及国庆安保的重大、紧急情报信息不会漏报误报。指定专人负责信息的收集、报送工作。司法助理员负责沟通联络，社区矫正干警、协管员、民调员等负责情报信息的收集。实行“日报告”制度。自8月16日~10月10日，各司法所要每天汇总、研判、上报所管“两类”人员的情报信息。落实情报信息追踪制度。指定专人定期向司法所追踪涉及国庆安保的事件的化解情况，做好记录，并及时向领导汇报。严格落实值班制度和24小时监控。

(杨婉莹)

【举办基层司法行政业务培训班】 8月11日、12日，邀请市司法局有关领导就当前人民调解、社区矫正、安置帮教等业务工作进行讲座。本局主管领导、司法所长、司法助理员、狱警、人民调解员共计110余人参加培训。

（杨婉莹）

【抓好党风廉政建设】 年内，区司法局采取三项措施，抓好党风廉政建设。加强党风廉政教育，组织参观反腐倡廉展，观看《过好四关，算好七类帐》等廉政党建电教片。发挥社会监督员作用，及时向社会监督员通报司法局党风廉政建设、政务公开等情况，认真听取社会监督员提出的意见、建议，制定整改措施。注重在日常工作中抓落实，完善局领导“联系点”制度，规定领导定期到基层走访，检查监督各项工作落到情况。

（杨婉莹）

【“五五普法农村法律知识大赛”】 12月4日，大兴区举办“五五普法农村法律知识大赛”。以“提高农民法律素质，促进农村改革发展”为主题，内容涉及土地承包、拆迁、婚姻家庭、继承、赡养、交通安全等与农民密切相关的法律法规。旧宫镇代表队获得冠军。市司法局副局巡视员娄斌，区委常委、人大副主任李永贵、副区长常红岩等领导及14个镇的200多位农村干部群众观看比赛。

（杨婉莹）

【市局考核验收矫正帮教工作】 12月7日，市矫正帮教办对大兴区矫正帮教工作进行考核验收。考核组听取了区司法局副局长杜广辉对2009年度社区矫正和帮教安置工作的汇报，查阅了区矫正帮教工作档案，并到林校路街道实地考察。考核组对区矫正帮教工作尤其是国庆安保工作成果给予充分肯定。

（杨婉莹）

【法律援助狱内帮教】 12月22日，开展法律援助进监狱活动。活动期间，组织北京市兴涛律师事务所的律师到北京市监狱进行现场法律咨询，并将各种法律宣传画册、法律知识读本、法律援助宣传材料送到服刑人员手中。参加这次活动的服刑人员80余人。共发放法律知识画册、知识读本800余份，解答咨询10余人次。

（杨婉莹）

【做好“两节”安保工作】 元旦前夕，大兴区各司法所采取措施，对辖区内的“两类人员”进行全面管控。包括对社区服刑和刑释解教人员全面开展排查，将有盗窃、抢劫等前科劣迹和可能发生极端暴力行为的人员确定为重点人，有针对性地开展面对面教育。严格落实重点人“七包一”措施、请销假制度，强化对社区服刑人员的考核，坚决消除安全隐患。对生活确有困难的“两类”人员，采取帮助就业、“送温暖”等多种形式帮扶解困。加强信息沟通。遇到重大、突发情况及时通报上级部门，严禁迟报、漏报和隐瞒不报。

（杨婉莹）

【市级领导到大兴调研】 12月17日，市委政法委副书记、首都综治办主任、市流管办主任李万钧，市司法局副局长王友江到区司法局矫正帮教劳动基地调研。区委副书记王新，区委政法委书记马武英等领导陪同调研。

（杨婉莹）

【团总支开展系列活动】 3月13日，大兴区司法局团总支开展“专项整治非法占地违法建设——我是团员我承诺”活动。团员青年们集中学习了区委关于专项整治非法占地违法建设的工作意见，团员代表宣读了承诺书，共签订承诺书23份。5月4日，以《缅怀先烈，勿忘国耻，牢记使命》为主题，团总支开展纪念五四运动90周年系列活动，组织团员青年观看爱国主义教育纪录片《抗战将领殉国录》、参观了中国人民抗日战争纪念馆。22名团员青年写了感想体会。6月22日,开展《弘扬民族精神 彰显爱国热情》演讲比赛,庆祝建党88周年。

(杨婉莹)

【国庆平安行动】 6月,组织各司法所开展帮教安置普查工作,全面了解掌握帮教对象的生存现状和存在困难、问题,集中力量进行化解。7月,组织基层司法所对"两类"人员重点人、重点场所开展拉网式调查摸底,将有可能参与群体性事件和上访滋事活动及借社会热点、敏感问题、捣乱破坏的人员列为排查重点,核实"两类"人员尤其是重点人基本情况,掌握其现实活动,逐人登记造册。围绕十类重点人"划大工作半径",将有上访缠访、闹事滋事等经历或苗头、对社会存在严重不满情绪、存在不稳定因素的人员,全部纳入排查工作视线。期间,共排查出重点人共计160余名,全部严格落实了"7包1"措施。

(杨婉莹)

【矫正帮教工作协调委员会成立】 7月23日,区综治委矫正帮教工作协调委员会成立并召开第一次全体(扩大)会议,部署"国庆"期间"两类"人员教育管控工作,管控分为两个阶段进行:8月31日前为战前整治阶段,将重点做好刑释解教重点人无缝衔接工作,组织开展"迎国庆、讲文明、树新风"主题教育活动,开展不稳定因素和重点人排查、重点人教育转化、脱管和下落不明人员查找等专项行动。9月1日至10月10日为战时严控阶段,将启动一级管控措施,对个别重点人实施全天候监控。

(杨婉莹)

【开展主题教育活动】 7月开始至10月底,矫正办组织基层司法所在所管人员中开展"迎国庆 讲文明 树新风"主题教育活动。以"爱国守法．重塑自我"为主题开展知识竞赛活动。

(杨婉莹)

【开展关爱化解专项行动】 8月,组织基层司法所对前期排查出的所管人员的实际困难和信访问题,逐一分析,逐一弄清原因,并协调相关单位解决。

(杨婉莹)

【邀请区检察院到基层检查指导】 9月3日,邀请区检察院到基层司法所检查指导工作,检查组听取了基层司法所长关于落实"平安行动"及对重点人的教育、布控等情况的汇报,检查了司法所的工作档案及业务档案并指出存在的问题。到被暂予监外执行罪犯所在村,实地听取村长、书记对其近期情况的介绍。

(杨婉莹)

【考核奖惩】 据统计,年内社区服刑人员受到奖励加分的有6个司法所共15名社区服刑人员,年内社区服刑人员受到惩罚扣分的有9个司法所共34名社区服刑人员。

(杨婉莹)

【国庆期间矛盾纠纷排查和调处】 年内,采取措施做好国庆期间矛盾纠纷排查和调处工作。健全工作制度。要求各司法所、人民调解组织在严格执行月报、周报、日报工作制度的同时,局机关各科室积极配合各司法所、调解组织工作,协同一致,做好矛盾纠纷排查调处工作。确定排查调处重点,包括土地承包、土地流转而产生的矛盾纠纷,涉及征地拆迁的矛盾纠纷,物业管理矛盾纠纷,新农村建设过程中的矛盾纠纷。

(杨婉莹)

社会治安综合治理工作

【概况】 2009年，在首都综治委和区委、区政府的领导下，全区社会治安综合治理工作，以确保国庆60周年安全为目标，以创建“平安大兴”为主线，以强化领导责任制为抓手，以夯实基层基础完善治安防控体系建设为重点，扎实推进社会治安综合治理各项工作。在区综治委各成员单位和各镇、街道以及全社会的共同努力下，开展了一系列打击整治工作，排查整改各类不安全隐患，有效遏制了刑事发案，减少了各类信访问题，改善了城市环境，圆满完成国庆60周年各项安全保卫工作任务。实现全区“大事不出，小事也不出”的刚性目标。年内，再次被评为首都社会治安综合治理先进区县。被国庆社会治安与安全警卫指挥部、北京市国庆平安行动指挥协调小组评委为国庆安保先进集体。

名称：北京市大兴区社会治安综合治理委员会办公室
地址：北京市大兴区兴政街32号
电话：69261129
编码：102600

【国庆安保机构建立情况】 年初，成立了以区委书记林克庆、区长李长友为组长，区委副书记孟令华，区委常委、政法委书记马武英，副区长常红岩为副组长，各部、委、办、局、中心、公司“一把手”为成员的“平安大兴”建设工作指挥协调领导小组。“平安大兴”工作指挥协调领导小组负责整合全区各级党政组织和社会各界力量，对“平安大兴”建设实施组织、协调、督促、检查。领导小组下设办公室，办公室设在区综治办。在此基础上，6月19日又成立了以区委书记林克庆、区长李长友为组长的大兴区“国庆平安行动”指挥协调小组，负责“国庆平安行动”的统筹协调领导工作。从国家安全办公室等职能部门抽调人员组建协调小组办公室，与区综治办合署办公，共同承担大兴区“国庆平安行动”指挥协调小组的具体工作。

（于 飞）

【村(社区)封闭式管理】 年内，本区强化国庆安保社会面控制，参照“平安奥运”的防控模式，在全区640个村庄(社区)主要路口或胡同口设置治安岗亭1091座，在成型小区、工业园区、流动人口聚集大院设置门卫岗亭300余座，整合防控力量9000余人，对进出村庄(社区)、工业园区的人员、车辆进行检查，全面实施封闭式管理。

（于 飞）

【外围治安查堵】 年内，根据市工作部署，区综治办组织协调有“护城河工程”工作任务的南部六镇对各进京路口逐一进行实地勘验，在与外省市115公里交界线上的57个交通路口全部设置了查堵卡位，共部署民警、辅警、民兵、群防等力量1308人。自9月15日至10月8日，累计盘查进京车辆32.3万辆次，排查过往人员89.7万人次，劝返不符合进京规定车辆4020辆，查获各类违法犯罪人员7人、来京上访人员8人。

（于 飞）

【“两会”安保工作再部署】 1月22日上午，组织召开全区春节暨“两会”安全保卫工作再动员、再部署大会。会上，下发了《大兴区春节暨“两会”期间安全保卫工作方案》，区委副书记、综治委主任孟令华就做好春节和“两会”期间安全保卫工作进行了再动员、再部署。区四套领导班子领导，全区各部、委、办、局、中心负责人，各镇、街道主要领导等约200余人参加会议。

（于 飞）

【打非拆违工作部署会】 2月27日，组织召开“围绕打非拆违专项整治做好综治流管工作”动员部署会。会上,传达了2009年度首都综治委、市流管委一次全会主要精神,并结合全市和全区中心工作,做好综治、流管工作进行部署,明确要求各镇、街道要进一步发挥综治、流管体制机制优势,做好打非拆违、“两会”安全保卫、流动人口基础调查和国庆60周年安保等项工作。区委常委、政法委书记马武英出席会议并讲话。

(于　飞)

【市督查组到本区检查工作】 3月2日,由首都综治办区县指导处处长徐世辉、市维稳办情报信息处副处长沈卫等组成的市联合督查组到大兴区督导检查全国“两会”安全保卫工作。有关部门主要领导汇报了本区全国“两会”安全保卫各项工作的落实情况。徐世辉充分肯定大兴区全国“两会”安全保卫工作,就进一步做好安全稳定工作提出明确要求。区委常委、政法委书记马武英陪同进行检查。

(于　飞)

【做好全国“两会”防控工作】 年内,先后组织发动60000余名群防力量参与社会面巡逻防控,实施动态巡逻与定点看守相结合,严密了网格化巡控;基础调查与摸排管控相结合,强化流动人口和出租房屋管理;内外结合,严密铁路护路工作;警民两道防线相结合,筑牢“护城河”工程。确保“两会”安全,实现“大事不出、小事减少、管理严格、秩序良好”的工作目标。

(于　飞)

【第一次全体(扩大)会议召开】 3月30日,本区综治委召开2009年第一次全体(扩大)会议。会议对2009年度综治工作进行全面部署,对“平安大兴”建设8个工作规定进行说明,表彰了2008年度综治工作先进单位、优秀单位,命名了平安建设达标单位。区委副书记、区综治委主任孟令华代表区委区政府、区综治委分别与49个综治委成员单位代表、17个镇(街道)代表签订《加强社会治安综合治理工作,全面推进“平安大兴”建设责任书、任务书》。区委常委、政法委书记、区综治委副主任马武英,副区长、区综治委副主任常红岩等领导参加会议。

(于　飞)

【全面推进“国庆平安行动”】 年内,本区结合辖区特点,有针对性地采取六项工作措施,推进“国庆平安行动”。领导高度重视,区委书记林克庆召开两次会议对“国庆平安行动”进行部署。深挖根源、细致排查矛盾纠纷。严打整治、深化“南部战役”。打牢根基,分类推进老旧小区改造。多措并举、加大对流动人口倒挂村的清理整治。突出重点,加强城市秩序整治。

(于　飞)

【国庆安保专项部署会】 7月2日,大兴区召开“国庆平安行动”专项部署大会,区委副书记孟令华,区委常委、政法委书记马武英,副区长常红岩以及区人大、区政协、区综治委相关领导出席会议。区“国庆平安行动”指挥协调小组成员单位主要领导、各镇、街道党政一把手、主管领导以及基层公安、司法、信访、综治、流管等部门负责人共计228人参加会议。会上,马武英对大兴区“国庆平安行动”社会面控制工作进行了部署。区公安分局和黄村镇负责人分别代表区“国庆平安行动”指挥协调小组各成员单位和属地党委政府进行表态性发言。区委副书记孟令华做了重要讲话。

(于　飞)

【部署维稳工作会议召开】 7月7日,本区召开维稳工作扩大会议,会议传达了中央维稳工作领导小组关于新疆7.5打砸抢烧严重暴力犯罪事件情况的通报和市维护稳定工作领导小组扩大会议有关精神，并对近期维稳工作进行了部署。通报全区安全稳定形势，并对各部门、各单位提出加强情报信息搜集掌握、加强各类不稳定因素摸排、密切掌握区内各大专院校重点人群动态等十个方面工作要求。区委副书记孟令华，区委常委、政法委书记马武英，副区长常红岩等相关领导出席会议。

（于 飞）

【建立镇街道领导干部履职档案】 年内，区委组织部、区综治委、区委政法委联合制定《关于党政领导干部社会治安综合治理工作履职考核评价实施办法》。对签订领导干部责任书的区属单位和各镇街道党政主要领导、主管领导干部全部建立了以领导干部述职报告、综治年度考核评价结果、综治奖惩情况为主要内容的履职档案。

（于 飞）

【市“平安北京”建设督查组来大兴】 7月9日，市“平安北京”建设督查组在组长市民政局副局长谢延智的带领下，市民政局社区处处长吴蓓、首都综治办秘书处副处长娄连军等一行五人莅临大兴区督查指导“平安北京”建设及“国庆平安行动”的进展情况。市督查组听取了相关工作汇报，查阅了重点工作台账，对大兴区西红门镇进行实地检查。区委副书记孟令华及区委政法委、区综治办、区流管办、区信访办、区公安分局、区维稳办等有关部门主要领导参加会议并陪同检查。

（于 飞）

【召开反恐防暴工作动员部署会】 8月5日，本区召开“迎国庆”社会面清理整治与防控暨反恐防暴工作动员部署大会，就做好全区“迎国庆”社会面清理整治与防控暨反恐防暴工作进行再动员、再部署。区委副书记孟令华，区委常委、政法委书记马武英，副区长常红岩等区委、区政府领导出席会议。22个相关单位主要领导和各镇（街道）镇长（办事处主任）参加会议。

（于 飞）

【市委督查组到本区进行督查】 8月19日上午，市委督查组在市民政局副局长谢延智的率领下，一行三人来本区就“国庆平安行动”进展情况进行督查。区委常委、政法委书记马武英，副区长常红岩以及区委政法委、区“国庆平安行动”指挥协调小组办公室、区维稳办、区公安分局、区信访办、区流管办等部门主管人员参加了汇报会。市委督查组前往市级挂账的黄村镇小陈庄村进行巡视检查，查阅了重点防控工作台账，并向基层有关人员详细了解村域基本情况及社会面防控措施落实情况。同时，听取了全区“国庆平安行动”整体进展情况汇报，给予充分肯定。

（于 飞）

【国庆安保战前部署会议】 8月19日，本区召开维护稳定暨国庆安保工作动员部署大会。会议传达了中央及市维稳和信访工作电视电话会议的精神，分析了全区当前安全稳定形势，并对下一阶段国庆安保和稳定工作进行部署。区委书记林克庆出席会议并讲话。区四套班子领导，全区各镇（街道）党政一把手及主管领导，各部委办局中心公司、各人民团体党政一把手和主管领导共计360余人参加会议。

（于 飞）

【重点工作台账汇编成册】 年内，区综治办、区国庆平安行动指挥协调小组办公室对全区重点信访情况、重点区域、重点单位、重点部位等工作台账进行整理、修改、完善、汇总，并与镇、街道上报台账进行核对后，分三期汇编成册《重点工作台账》,上报区四套班子主要领导和区主管领导。

（于　飞）

【挂账重点村清理整治工作】 年内,本区采取七项措施对8个市挂账重点村进行清理整治。先后三次对挂账重点村整治工作进行部署,制定方案,明确任务。成立以区委常委、政法委书记马武英为指挥,副区长常红岩、邵恒为副指挥的专项整治指挥体系,建立了由公安、工商、城管等相关部门参与的执法队伍。由区长李长友带头包黄村镇、区委副书记孟令华包西红门镇、区委常委、副区长张晓林包旧宫镇、副区长潘新胜包瀛海镇,各包镇领导亲临一线指导8个重点村工作,实地解决问题。摸清底数、逐村查摆问题。仿照区级模式各镇也分别成立清理整治领导小组。区镇两级整治队伍采取延时、错时、队伍有统有分的方法,对8个村全面展开清理。针对各村问题的不同,综合施策,实现由临时性清整向常态化管理的无缝衔接。

（于　飞）

【南苑机场阅兵村安保】 年内,本区与部队建立了军地联防工作领导小组,全面开展机场周边清理清查,加强机场周边巡逻巡查与环境秩序整治,采取六项措施,确保南苑机场阅兵村周边的安全稳定。强化地区周边基础调查。严密巡控工作机制,确保对机场周边的严防死守。大力开展隐患排查及城市秩序清理整治。层层落实责任制。加大投入保障,确保物技防设施正常运转。加强宣传教育,提高群众守法观念。

（于　飞）

【国庆安保特派员工作】 年内,全区各部委办局和各镇、街道选派633名副科级以上干部作为区奥运安保特派员,包村(社区)指导基层开展维护安全稳定工作。下发《大兴区奥运安保特派员工作指南》和《特派员工作手册》。9月1日至9月20日,特派员每周到所承包村(社区)工作两天。9月21日至10月10日,特派员每天工作在本人承包的村(社区)。负责落实包不稳定因素摸排和情况信息报送,当好国庆安保工作的协调员、信息员。包工作措施落实,当好国庆安保工作的管理员、战斗员。包督促检查到位,当好国庆安保工作的督查员。

（于　飞）

【国庆安保动员誓师大会】 9月3日,本区召开国庆60周年安全保卫动员誓师大会。区委书记林克庆、区长李长友等区四套班子的有关领导,全区各部、委、办、局、中心、公司、大专院校、驻区中央市属单位,大型企业有关负责人,各镇(街道)一把手及八百余名民警、辅警、国庆安保特派员、治安志愿者代表,共计近1000人参加大会。会议由区委副书记孟令华主持。会上,区委常委、区委政法委书记马武英就动员群防群治力量参与国庆安保工作、选派633名科级以上干部包村(社区)、严密外围治安查堵、对村庄(社区)实施封闭式管理、加强企业内部安全保卫等五项国庆安保重点工作进行了再部署,并下发相关工作方案。林克庆就做好战时阶段的国庆安保工作强调三点意见:广泛发动,强化责任,营造社会各界共保安全的强大氛围。加大工作力度,坚决确保国庆庆祝活动绝对安全。加强组织领导,强化责任,狠抓国庆安保工作的落实。

（于　飞）

【区领导检查铁路护路工作】 9月8日下午,副区长常红岩在区政法委副书记王大舜的陪同下,到黄村镇检查铁路护路工作,并慰问治安巡逻志愿者。

（于　飞）

【区领导进行实地督查指导】 9月8日下午，区委书记林克庆，区委副书记孟令华，区委常委、政法委书记马武英等一行深入市级挂账的黄村镇小陈庄村和西红门镇四村进行实地督查指导。区委办、区综治办、区流管办等部门负责人及黄村镇、西红门镇主要领导陪同调研。林克庆一行还视察西红门镇“国庆平安行动”指挥中心。

（于　飞）

【召开外围治安查堵培训会】 9月11日，召开外围治安查堵培训会，大兴区组织榆垡镇、安定镇等涉及外围治安查堵任务的九个镇的主管领导、综治办常务副主任、武装部部长、相关村党支部书记、派出所主管所长等70余人参加。会议对《大兴区国庆60周年安全保卫外围治安查堵工作实施方案》进行再部署，明确民兵和群防群治力量的主要职责任务。区委常委、人武部部长朱家林出席培训会并讲话。

（于　飞）

【全面构筑外围治安查堵防线】 9月15日，全面启动“外围治安查堵”第一道防线开展全天候24小时查控工作。主要做法是：严格组织领导。成立以区委副书记孟令华为总指挥的外围防线治安查堵指挥部，明确相关单位职责任务。严格宣传发动。利用广播、电视、报纸等媒体影响，鼓励年轻群众积极参与，营造共同保护城河安全的强大氛围。严格定岗定员。认真勘察，设置卡位57个，并整合各种力量1248人，落实实名制。严格培训演练。对参加外围治安查堵工作的力量进行实战拉练。严格后勤保障。区委、区政府拨付专项资金200余万元，用于参与外围治安查堵工作的民兵、辅警和群防队员补助及保险等问题。严格督导检查。成立区联合督查组，加强对外围治安查堵工作的监督检查，不定时对各治安卡点进行明察暗访。

（于　飞）

【做好铁路护路联防工作】 年内，为确保国庆期间铁路运输的绝对安全，按照“五个确保”的工作标准，全力做好铁路护路联防工作。加强组织领导，确保工作落地抓实。强化基础调查，确保数据底数清晰。建立看护队伍，确保桥涵严防死守。实施等级防控，确保铁路沿线安全。落实专项资金，确保护路联防实效。

（于　飞）

【市委督查组到本区督导检查】 9月18日，市委督查组在组长市民政局副局长谢延智的带领下，一行三人莅临本区就“国庆平安行动”进展情况进行督导检查。市督查组听取有关国庆安保工作的情况汇报，对本区中小旅店、加油站、大中型商场管制刀具管理情况进行实地检查。区委常委、政法委书记马武英陪同检查。

（于　飞）

【首都综治办领导来区检查指导】 9月25日，首都综治办副主任许继慧在首都护路办副主任赵志俭的陪同下，莅临本区实地检查指导铁路护路联防工作。许继慧分别对黄村镇、魏善庄镇京九、京沪铁路沿线进行实地检查，对本区国庆安保铁路护路联防工作给予充分肯定。许继慧代表首都综治办、首都护路办慰问了铁路沿线的巡防队员和桥梁涵洞看护人员。

（于　飞）

【中央领导莅临本区视察】 9月26日上午，中央综治委、铁路护路联防工作领导小组办公室主任徐伟华，在市委政法委副书记、首都综治办主任李万均、首都综治办副主任许继慧、首都护路办副主任赵志俭等领导陪同下，莅临本区就铁路护路联防工作进行实地督导检查。徐伟华等冒雨对黄村镇辖区的芦城铁路桥、兴旺公园西侧铁路沿线进行暗访，详细询问护路队员的工作职责,了解节假日期间的执勤备勤工作情况。代表中央护路办对桥梁涵洞看护人员和值守在铁路沿线的巡防队员进行亲切慰问。

(于 飞)

【超常防控保国庆安全】 10月1日,本区启动社会面一级超常防控等级,最大限度动员组织各类专群力量,以六处敏感场所为重点,严密巡逻防控。同时,进一步强化流动人口重点人的发现能力,加强重点人的管控工作力度,强督导检查工作,确保措施落实,确保全区社会面秩序良好。

(于 飞)

【市委领导莅临本区调研】 11月5日,市委副书记王安顺在市委副秘书长、市委政法委常务副书记李伟、市委政法委常务副书记、首都综治办主任、市流管办主任李万钧、市委政法委副书记、市维稳办、610办主任闫满城、首都综治办副主任许继慧、市委政法委副巡视员、研究室主任彭波、市委政法委办公室主任李中水、首都综治办区县指导处处长徐世辉的陪同下莅临本区就综治基层基础工作进行调研。市委副书记王安顺在区委书记林克庆、区长李长友、区委副书记孟令华、区委常委、政法委书记马武英、副区长常红岩等领导的陪同下,先到旧宫镇和西红门镇视察城乡结合部地区的清理整治、违法建设拆除及西红门镇综治工作中心建设和运转情况,听取工作汇报。对本区工作给予充分肯定,并提出四点建议。

(于 飞)

军 事

人民武装工作

【概况】 2009年,大兴区人武部坚持学习和实践科学发展观,按照"抓班子、建队伍、创一流、保安全"的总体思路,紧紧围绕反台独军事斗争准备和国庆安全保障工作,加强民兵、预备役建设和国防教育,注重打牢基础,狠抓落实,各项工作得到进一步加强。圆满完成国庆60周年"与时俱进"群众游行方阵组训工作、"毛泽东思想万岁"方阵训练的保障任务。年内,被北京军区评为"国防教育先进单位",被北京市政府、北京卫戍区评为"先进人武部"、"征兵工作先进单位",被《中国国防报》评为"读报用报先进单位"。

名称:北京市大兴区人民武装部

地址:北京市大兴区兴政街19号

电话:69226045

邮编:102600

【考评基层人武部】 1月6日至15日,按照《大兴区人武部工作目标管理考评意见》和《大兴区基层人武部工作目标管理考评细则》,区人武部对全区14个镇和5个街道办事处武装部、民兵营连部建设以及年度工作任务完成情况进行全面考评,将考评结果纳入全区年度工作目标考核,并在区人民武装部工作大会上对检查情况进行讲评。

(陈民贵)

【召开区委常委议军会议】 3月20日,大兴区召开区委常委议军会,研究2009年全区人民武装工作,传达北京市民兵预备役工作会议精神。以区委名义印发《关于进一步加强和改进党管武装工作的意见》,以区委、区政府名义印发《2009年大兴区人民武装工作要点》,以区政府、区人武部名义印发《关于表彰2008年度先进基层武装部的通报》、《2009年大兴区民兵整组工作方案》等文件。

(陈民贵)

【召开区民兵预备役工作会议】 3月23日,大兴区组织召开2009年全区人民武装暨预备役工作会议，区领导和各镇（街道）的党（工）委书记以及区国防动员委员会成员、民兵预备役代表200余人参加会议。会上，各镇（街道）的党（工）委书记进行“党管武装工作述职”，总结部署全区人民武装工作，表彰了11个先进基层武装部和10名基层武装工作先进个人。

（陈民贵）

【调整整合基干民兵队伍】 3月至4月，按照北京卫戍区的指示要求，本着“压缩规模、调整结构、确保质量”的思路，着眼信息化战争的需要，对退伍军人、地专对口进行核对，调整整合基干民兵队伍，使全区民兵组织的人员、结构和各项机制趋于科学合理。全区共整组民兵连队220个。其中，基干民兵连队60个，普通民兵连队160个。全年落实民兵总数15358人，其中基干民兵4827人，普通民兵10711人。

（陈民贵）

【组织专武干部集训】 4月，区人武部突出军事技能和人武工作业务，采取理论授课、专题讲座、研讨交流、实践操作、参观见学等形式，组织全区60余名专武干部进行集训。

（陈民贵）

【开展学习实践科学发展观活动】 4月至8月，区人武部参加了卫戍区组织的第二批学习实践活动，围绕“党员干部受教育、科学发展上水平、履行使命见成效”的要求，通过开展讨论、借鉴经验、营造氛围等活动，创新学习模式、改进学习方法、强化理论灌输、增强学习效果，较好地解决了“两支队伍”在理想信念、价值取向、立身做人、处事行为等方面的问题。

（陈民贵）

【开展专题教育活动】 年内，围绕培养当代革命军人核心价值观为主题的教育活动，突出“忠诚于党”这个重点，通过环境熏陶、行为引导、典型激励，引导干部职工和民兵队伍把践行核心价值观体现在爱祖国、爱首都、爱大兴、爱岗位的实际行动中。先后组织了“八条具体要求”、“严守政治纪律、确保安全稳定”、“讲党性、重品行、树形象”、“弘扬抗震救灾战斗精神”等专题教育。教育中，注意紧扣主题、把握重点、结合实际，把远的拉近，把虚的讲实，确保内容入心入脑，每个人都能受到触动。

（陈民贵）

【完成群众游行方阵组训任务】 6月，大兴区赋予人武部“与时俱进”群众游行方阵的组训工作。受领任务后，指定专人担任总教练，协调武警四支队抽调40名教官负责训练工作，与区游行方队指挥部一起完成游行方队在良乡、密云、沙河的5次合练、天安门的3次预演和正式表演的任务。验收中先后被评为“优秀奖”、“红旗方阵”和“最佳组织奖”。

（陈民贵）

【完成方阵训练的保障任务】 7月，在国庆庆典最后一次合练后，中央领导决定增加“毛泽东思想万岁”方阵，在魏善庄民兵训练基地组织训练，保障任务由人武部负责。在时间紧、任务重、保障难度大的情况下，人武部多方协调人员、物资、经费等，圆满完成训练保障任务。

（陈民贵）

【组织民兵参与国庆安保工作】 7月至10月，人武部着眼国庆安保需要，组建反恐处突和大规模维稳应急专业力量，开展针对性训练演练。针对国庆庆典战备特殊要求，根据卫戍区和北京市指示，制定国庆期间维护社会稳定行动方案和民兵参加桥梁、地下通道守护和外围治安查堵工作方案,安排部署1200人次的民兵力量,配合驻区公安武警,在区内进京重要路口和交通要道执行重点目标看护、治安查堵和社会巡防任务,共查堵违规进京车辆13万台次、进京上访人员27名、处理群体性上访事2起、协助抓捕河北流窜到大兴在逃犯4人。

(陈民贵)

【组织区政法系统过"军事日"活动】 7月22日,区政法系统500余人到魏善庄民兵训练基地开展"军事日"活动。通过活动,全区政法系统领导体验了部队生活、接受了国防教育。

(陈民贵)

【举办国防教育宣传日活动】 9月21日,是第九个全民国防教育日。区人武部组织区国防教育办公室全体成员,以及全区专武干部,在区主要交通干道设立国防教育宣传站,对过往群众进行《国防法》、《国防教育法》等国防知识宣传,悬挂宣传条幅30条,摆放宣传展板100块,发放各种宣传材料10000余份。

(陈民贵)

【新兵和直招士官征集】 按照北京市征兵命令,召开征兵工作会议,成立征兵机构,制定征兵方案,进行广泛宣传动员,严格征集标准,规范征集方法,制定廉洁征兵措施,特别是针对近年增加大中专院校应届毕业生和在校生的征集数量、女兵向社会公开征集的要求,实行名额、条件、体检、定兵"四公开"制度,确保冬季新兵和直招士官的征集质量。完成226名男兵、10名女兵和5名直招士官的征集任务,被北京市政府和北京卫戍区评为征兵工作先进单位和先进人武部。

(陈民贵)

【加强民兵武器装备管理】 年内,区人武部按照"完善设施、落实制度、纯洁队伍、确保安全"的工作思路,采取措施,加强对民兵武器装备的管理。定期召开专题会,分析民兵武器装备建设形势,严格落实干部主库值班制度、武器装备动用规定等。投入10余万元对武器库进行全面整修,粉刷墙面,配齐设施,更新防爆、防盗、防火、防潮用具,大幅度提高武器库建设正规化水平。抓仓库警卫人员的思想教育、政治审查和业务培训,确保武器弹药管理安全无事故。

(陈民贵)

【做好国防工事维护工作】 年内,为做好国防工事维护工作,区人武部对国防工事进行了排查。军地结合投资100余万元,对全区国防工事进行了普遍的维护和保养,使全区国防工程始终处于良好的战备状态。

(陈民贵)

【组织民兵参加支援新农村建设】 年内,组织5千余人次民兵预备役人员,参与乡村基础设施建设、生态环境治理、文明新风宣传和维护社会稳定。

(陈民贵)

人民防空工作

【概况】 2009年,区民防局按照北京市民防局工作部署和区委区政府工作要求,结合自身实际,以机关准军事化建设为统揽,紧紧围绕"五大体系"建设,突出"两防一体化"核心,树立"民防为民"的指导思想,抓基础建设,在民防应急组织指挥、城市防护工程建设体系、人防工程安全无事故、民防宣传教育、民防法制体系建设等方面谋求民防事业又好又快发展。年内,被大兴区精神文明建设委员会评为大兴区文明单位。

名称:北京市大兴区民防局

地址:北京市大兴区兴政街19号

电话:69252721
邮编:102600
网址:http://www.dxmf.gov.cn

【人防工程维护管理】 年内,区民防局制定《人防工程使用管理办法》和《大兴区关于区人防工程和普通地下室安全使用管理意见》,规范本区人防工程使用管理,确立联席会议制度。调整人防工程使用行政许可程序,规范人防工程使用审批和《人防工程使用证》核发。

(张书领)

【城市防护工程建设】 年内,区民防局完成规划人防工程9557平方米。收取异地建设费1006.6万元。对20处、11万平方米在建人防工程进行施工检查。竣工认可人防工程面积47726平方米。人防工程总量达到193处,建筑面积32.8万平方米,同比增长15.6%。

(张书领)

【国庆平安行动】 年内,制定"国庆平安行动——大兴区人防工程安全管理实施方案",成立战时严控阶段领导小组。全局人员分成4组分片包干,共出动80余人次对重点工程严防死守,对发现的事故苗头安全隐患严肃惩处。

(张书领)

【人防工程防汛工作】 年内,及时调整区人防工程防汛指挥部,修订了区人防工程安全迎汛责任制,对全局人员进行培训。完善了《大兴区人防工程应急抢险预案》,整组了人防工程防汛抢险队伍,补充、添置、储备了部分防汛物资。结合检查及时处理了已建人防工程的汛期隐患。完善了工程的防、排、堵等防汛措施。

(张书领)

【举办人防工程管理培训班】 9月15日,区民防局举办大兴区人防工程安全管理培训班暨"国庆平安行动"战时严控阶段工作会议。全区4个镇、3个街道办事处及各人防工程产权管理单位、使用单位(使用人)共计70余人参加了培训。

(张书领)

【建设青少年公共安全宣教基地】 年内,建设完成孙村中学大兴区青少年公共安全宣教基地。该基地使用面积600平方米,共建设4个民防与法制知识展室,1条法制与公共安全画廊,1个小型电教室和1个大型培训礼堂;对大兴区青少年法制教育网进行改版,增加青少年公共安全教育栏目,填充大量的防空防灾知识以及视频、动画、图片等。6月11日,该基地揭牌启动。

(崔　彤)

【观音寺街道民防宣教活动中心】 年内,利用福苑小区人防工程建设观音寺街道民防宣教活动中心。该民防宣教活动中心建筑面积847平方米,设立人民防空、地震避险、远离天灾人祸和自救互救4个知识展区。该中心于12月建成。

(崔　彤)

【建设区民防应急物资储备库】 年内,区民防局建设完成民防应急物资储备库1处。库内储备棉衣、棉被、帐篷等生活物资15种,发电机、抽水泵、应急包、应急灯等救援物资17种,能够满足300~500人生活需求和100人救援装备。

(崔　彤)

【区国际民防日社会宣传活动】 3月1日,举办大兴区"国际民防日"社会宣传活动。区民政、地震、消防、红十字会及相关街道等多家单位共同参加,在大兴城区和西黄垡、宏大园、青云店、二中4个民防宣教场所组织不同形式的宣传活动,宣传形式主要有发放宣传品、展出宣传展板、群众文艺表演、应急指挥车展示、安全保护产品展示、民防知识和公共安全影片放映等,此次宣传共悬挂10条横幅、展出72块展板、发放各种宣传材料10000余份。

(崔　彤)

【民防法规和公共安全知识宣传】 4月29日,区民防局联合清源街道办事处,在滨河北里华堂商场门前开展"纪念《北京市人民防空条例》颁布实施七周年,宣传民防法律法规,普及公共安全知识"宣传活动。活动中悬挂两条横幅,展出20块法规展板,发放《人民防空法律法规规章汇编》、《农村避险应急实用手册》、《大兴区防空防灾知识宣传手册》等宣传材料1000余份。

(崔　彤)

【"5·12"防灾减灾日宣传活动】 5月12日,区民防局参加大兴区5·12防灾减灾日大型社会宣传活动。区民防局共展出公共安全知识宣传展板10块20幅。发放《农村避险应急实用手册》、《大兴区防空防灾知识宣传手册》、环保提袋等宣传资料、宣传品1000余份。

(崔　彤)

【举办"12·4"法制宣传活动】 12月4日,区民防局开展系列法制宣传活动,宣传重点为:人民防空法律法规。宪法和国家基本法律法规以及公共安全知识。活动以"加强法制宣传教育,服务经济社会发展"为主题,分别在局机关与基层开展。活动包括在孙村中学大兴区青少年公共安全宣教基地(法制教育基地)开展人民防空法律法规知识展。组织机关全体人员开展法规知识考试。在西红门宏大园民防宣传站组织居民参观。在西黄垡民防宣教基地和二中民防教育示范校,利用电子显示屏滚动播出人民防空等法规知识。累计约5000多人次受到法制教育。

(崔　彤)

【组织中学生地震应急疏散演练】 5月7日,区民防局指导并组织大兴区中学生民防教育示范校–北师大大兴附中开展师生地震应急疏散演练。演练内容分为两部分:教室内紧急避险。从室内紧急疏散到室外安全地带。初一、初二两个年级约600名师生参加演练。

(崔　彤)

【中小学生"画说法律"征文】 年内,区民防局与区教委联合举办全区中小学生"画说法律安全在我身边"征文活动。区属45所中小学参加,上报活动组委会漫画、书法、作文等共1600余幅,经过组委会认真评选,分别评出优秀作品奖360名和优秀指导奖、优秀组织奖若干。

(崔　彤)

【卫星地面站建设】 年内,区民防局安装卫星地面接收站。平时以应急工作为主,主要服务于应急通信安全保障和应对各类公共突发事件。战时成为本市人民防空指挥体系的重要组成部分。7月7日,通过验收,进入正式使用阶段。

(岳山水)

【制定下发指挥车管理规定】 5月7日,区民防局会同大兴区应急办和信息办联合制定下发《北京市大兴区应急移动指挥车使用管理办法》。

(岳山水)

【防空警报建设】 6月18日至7月10日,完成大兴新城17台防空警报器安装任务,标绘区防空警报器部署分布和建设规划图,完善防空警报报知手段建设。

（岳山水）

【举办警报培训班】 9月8日,举行“大兴区人民防空警报设施建设管理培训班”。全区14个镇、5个街道及各防空警报设点单位的主管部门负责人和维护管理人员共80余人参加培训。

（岳山水）

【召开人口疏散会商会】 10月27日,区民防局与宣武区民防局指通科联合召开由接收（镇）、疏散（街道）双方参加的战时人口疏散工作会商会。对口疏散街道与接收安置镇进行信息沟通和情况会商。

（岳山水）

【完成紧急任务情况】 11月7日,区民防局应急指挥通信车对交通拥堵路段进行图像采集、视频传输,完成保障市政府应急办召开全市应对冬季气象灾害,加强应急值守工作视频专题会议的紧急任务。

（张书领）

经济管理

发展改革

【概况】 2009年,区发改委认真贯彻落实市委、市政府“保增长、保民生、保稳定”各项决策部署,按照区委“促投资、增后劲、抓融资、优环境”的总体要求,坚决贯彻落实科学发展观,把握机遇,抓住关键,突破重点,围绕“统筹资金、推进项目、促进产业、研究形势、实施规划、深化改革、节能减排”等重点工作,结合本委工作要点,明确任务,狠抓落实,创新思路,进一步强化发展改革职能,在总体经济形势不利的情况下,为促进全区经济社会协调发展做出了贡献。全年共争取市级政府投资资金26.5亿元,拨付到位资金20.5亿元。项目推进工作扎实有效开展,全年累计批复投资项目235个,批复投资总额624亿元,累计批复总投资5000万元以上项目99个,批复总投资537亿元。体制改革工作成绩突出,完成《中共北京市大兴区委、北京市大兴区人民政府关于进一步加强软环境建设的意见》和《亦庄新城规划范围内大兴区土地开发意见》。完成促进南部地区发展大兴区重点实施方案和项目年度计划,完成《大兴区经济社会发展“十二五”规划及规划纲要编制工作方案》。节能减排工作有序推进,完成能源监测及网络平台建设,制定“大兴区煤炭运行应急保障方案”。全年共争取节能减排资金10.2亿元。价格监测管理机制不断完善,共受理价格咨询、举报案件264件。受理价格鉴定案件1134件,累计金额达1369.47万余元。圆满完成国庆期间群众护线工作,为国庆提供了安全有效的电力供应。农村金融综合改革进展顺利,成立大兴区金融工作办公室,成立全市首家小额贷款公司,市农业担保公司在本区注册,成立区级农业担保公司、农业投资公司。年内,本区被列为全市区县金融维稳工作试点示范区。

名称:北京市大兴区发展和改革委员会
地址:北京市大兴区兴华大街三段15号
电话:81296299
邮编:102600
网址:http://dxfg.bjdx.gov.cn

【完成年度计划编制】 年内,完成《关于北京市大兴区2009年经济和社会发展计划执行情况与2010年经济和社会发展计划的报告》编制工作,并经北京市大兴区第三届人民代表大会第五次会议审议通过。

(张　婵)

【完成区级政府投资计划编制】 年内,完成大兴区2009年区级政府投资计划的编制,并经区三届人大十六次会议上审议通过。全年安排区级政府投资6亿元,围绕大兴新城基础设施建设、社会事业发展和新农村建设三个方面,初步确定87个项目的资金需求。

（赵 峥）

【区级政府投资项目审批工作】 全年共审批区级政府投资项目93项,完成区级投资5.1亿元。

（赵 峥）

【争取市级政府投资情况】 全年批复市级政府投资项目41个,批复市级政府投资26.5亿元,拨付到位20.5亿元。

（赵 峥）

【市级政府投资项目征集工作】 年内,完成2009年市级政府投资项目征集工作,共征集205项,全部录入项目储备库。

（赵 峥）

【重点工程计划草案编制工作】 年内,完成2010年市级政府投资项目征集工作。大兴区2010年重点建设项目共22项。重点推进项目共24项。

（赵 峥）

【南部地区发展重大项目征集】 5月,为贯彻市委市政府加快发展城市南部地区的精神,完成未来三年重大项目征集,共统计上报项目186个,总投资估算约980亿元。

（赵 峥）

【重大项目情况】 全年大兴区5000万元及以上的项目共计67个,总投资465亿元,2009年计划投资153亿元,全年完成投资160亿元。已完工项目12个,占17.9%。已开工项目51个,占76.1%。计划2010年开工项目4个,占6%。

（高映辉）

【项目审批情况】 年内,全区累计批复投资项目235个,批复投资总额624亿元。其中,立项项目171个,投资总额533亿元,列入年度计划项目64个,投资总额91亿元。具体产业分类如下:房地产类43个,投资额291亿元。房地产一级开发类34个,投资额205亿元。工业类116个,投资额84亿元。工业一级开发类13个,投资额11亿元。基础设施类3个,投资额1亿元。农业类4个,投资额1亿元。商业类7个,投资额16亿元。社会事业类11个,投资额6亿元。通讯类2个,投资额1亿元。物流类2个,投资额8亿元。

（甘博雅）

【城市基础设施建设费收取情况】 截至年底,累计征收城市基础设施建设费14440万元,其中新缴纳市政费8548万元,清欠市政费5892万元。

（甘博雅）

【宣传"十一五"成就】 年内,与区广电中心及有关单位联合拍摄电视专题片《关注"十一五"》。根据宣传需要,系列专题片《关注"十一五"》改版为版块类新闻节目《"十一五"进行时》,7月26日起在大兴电视台《大兴新闻》中播出。

（张崇光）

【"十二五"规划研究编制前期工作】 年内,在借鉴"十一五"规划编制工作基础上,结合新形势、新任务,起草《大兴区经济社会发展"十二五"规划及规划纲要编制工作方案》,在广泛征求区有关职能部门意见的基础上,召开座谈会,分别征求部分区人大代表和政协委员对该方案的意见,该方案先后经政府常务会和区委常委会审议通过。

（张崇光）

【完善镇和街道绩效考核办法】 按照区有

关领导的指示精神,在总结上年考核工作经验的基础上,经征求商务局、工业局和红十字会等有关部门的意见,完成《镇和街道办事处经济社会发展绩效考核办法》的修改完善工作。

(张崇光)

【修改村庄规划】 年内,注重做好村庄规划与本区"十一五"规划纲要和"十一五"产业发展与空间布局规划的衔接,通过书面或专题会等形式,对青云店镇、庞各庄镇和榆垡镇等镇的200个村村庄规划提出修改意见或建议,并及时反馈至相应的主管部门。

(张崇光)

【落实本年度改革任务】 年内,根据《中共北京市大兴区委、北京市大兴区人民政府关于进一步深化大兴区经济体制改革的若干意见》(京兴发〔2007〕15号)精神,制定《关于大兴区2009年推进重点改革任务工作方案》,经请示区领导批准后下发各有关单位,并按时间进度督办各项改革任务完成情况。

(李淑葵)

【亦庄周边地区产业发展调研】 年内,为统筹亦庄周边地区的发展,积极对亦庄周边地区——瀛海、采育、青云店和安定等镇的经济社会发展情况进行详细调研。收集、整理各相关单位对亦庄周边地区产业发展问题的材料,起草完成《关于亦庄周边地区借势发展的对策研究—亦庄周边地区产业发展问题的研究》和《亦庄新城规划范围内大兴区土地开发意见》。为市、区两级领导决策提供参考。

(李淑葵)

【推进镇区发展建设模式研究】 年内,就本区镇区发展建设实际情况,与北京市大兴区镇区发展建设模式研究课题组一起开展调研。完成《北京市大兴区镇区发展建设模式研究总报告》。

(李淑葵)

【完成加强软环境建设的意见】 年内,经过对相关部门的走访、座谈、调研,完成《大兴区进一步加强软环境建设意见》初稿,在区政府常务会讨论修改、征求有关单位意见基础上,获区委常委会通过。《中共北京市大兴区委、北京市大兴区人民政府关于进一步加强软环境建设的意见》(京兴发[2009]26号)已8月26日下发实施。

(李淑葵)

【价格监督检查】 年内,按照市发改委的统一部署,物价检查所依次开展涉农收费、化肥价格、清明节期间市场、涉企收费、限制使用塑料袋、甲型H1N1防控商品、家电汽车摩托车下乡产品、涉企生产流通环节收费、药品和医疗服务价格、教育收费、国家基本药物价格执行情况专项检查。共监督检查741户,其中商品生产经营单位286户。服务收费行业295户。查处价格违法案件1件,经济制裁总金额7.15万元,其中没收违法所得金额7.15万元。

(刘　民)

【价格举报受理】 年内,共受理群众价格咨询举报264件,与上年同期的439件相比下降了40%,其中咨询149件、与上年同期的240件相比下降了38%。举报115件,与上年同期的199件相比下降了42%,举报件办结率100%,回复率100%,经济制裁总金额18299元,全部退还了举报人。

(高凤霞)

【收费许可证年审】 年内,区发改委加强全区行政事业性收费管理,对全区155个行政事业性单位,进行行政事业性收费年审、换证。23个收费单位由于收费项目被取消,注销了《收费许可证》。

(张春红)

【价格专项检查】 年内,对全区先后开展药品和医疗服务价格、化肥价格、H1N1疫情防控商品价格、国家基本药物价格执行情况、注射甲流疫苗乱收费行为、节日检查的专项检查和日常检查、处理举报等多项检查,共检查走访150余户,涉及14个乡镇。通过监督检查,查处价格违法案件2件、没收违法所得38353.71元、办理退款47.6元、规范价格行为20余起(医疗收费行为、药品价格、明码标价等问题)、处理价格举报52件、接待医药价格咨询40余件。

(么林洁)

【价格鉴定】 年内,价格认证中心累计受理案件1134件。累计案件金额达1369.47万余元,其中千元以上案件564件,累计案件金额1351.31万余元,千元以下案件570件,累计案件金额18.16万余元。

(杜欣宇)

【政府投资项目稽查】 年内,区发改委对本区主管建设的64个政府投资项目建设进度、资金使用等情况开展专项稽查。

(张京红)

【行政执法能力培训及取证】 年内,区发改委组织具有行政处罚资格的一线行政执法人员进行公共法律知识学习,有9名工作人员分别取得煤炭、电力、招投标的执法资格证。

(张京红)

【配合市发改委稽查办完成稽查工作】 3~4月,区发改委配合市发改委稽查办,对大兴区使用中央国债资金扩内需的3个项目开展专项稽查,分别为:北京红惠新医药科技有限公司"北京国家生物产业基地面向外包服务公共实验中心项目"、中稷信息科技有限责任公司"200W~1000W高效低噪音开关电源及控制模块产业化项目"、北京申安投资集团有限公司"高亮度LED户外照明产业化示范项目",协调项目单位对存在的问题落实整改。

(张京红)

【配合审计署审计】 9~10月,区发改委配合审计署对本区"大兴中医院病房楼"建设进行审计,并按照审计组《关于提供审计调查材料的通知》及市发改委具体要求,协调区财政局、区卫生局对审计组提出的问题进行落实。

(张京红)

【工程建设领域专项治理】 10月,依据《关于印发北京市工程建设领域突出问题工作领导小组办公室工作方案》、《关于梳理上报本市工程建设领域突出问题专项治理排查项目并进行自查的通知》的要求,成立大兴区工程建设领域突出问题专项治理领导小组,由区宣传部、监察局、发改委、住房建设委、经信委、教委、市政市容、国资、商务、法制办、财政、国土、规划、环保、安监、审计等22家成员单位组成,办公室设在发改委法规稽察科,开展相关专项治理工作。在北京市专项治理信息系统,录入第一批大兴区主管项目204个,其中政府投资项目57个,国有及事业单位投资项目78个,社会投资项目69个。专项治理工作将持续2年时间。

(耿玉新)

【评标专家库网络终端管理】 年内,区发改委对资格预审、施工、监理等227个招投标事项,提供评标专家库网络终端服务,共抽取评标专家1103人次。

(耿玉新)

【协调清理市级电力设施隐患】 年内,根据市发改委要求,对经过本区的4条500KV和8条220KV重点架空输电线路线下隐患进行清理协调工作,在国庆60周年庆典前夕完成清理工作。

(李 润)

【完成国庆期间群众护线】 根据市发改委要求,国庆节期间组织群众对路经本区9个镇43个村及团河农场地区的12条220KV重点架空输电线路开展护线工作。为做好此项工作,区发改委采取对保护区内输电线路长度、杆塔(基)数、每个杆塔(基)所在村镇进行核实,完成《大兴区国庆期间重点输电线路分布统计表》,明确相关单位护电任务,落实责任,做到护线期间24小时轮守。此次护线工作共组织护线人员570人,护线长度共72.8公里,275个杆塔(基)。

(李 润)

【老旧居民小区电网改造试点】 年内,完成对大兴地区存在用电安全隐患的老旧居民小区总数和居民总数的统计工作。为解决居民用电困难问题,按照市发改委要求,上报四个用电情况严重、问题突出的老旧居民小区,作为北京市老旧居民小区电网改造试点工程,完成改造资金的申请。

(李 润)

【110KV变电站建设项目】 年内,根据大兴新城电网规划,为满足大兴经济技术开发区、地铁大兴线及周边地区用电需求,完成《关于建设义和庄110千伏输变电工程投资划分及建设协议》、《关于建设九龙110千伏输变电工程投资划分及建设协议》的初步审核和修改。

(李 润)

【完成产业类项目征集】 年内,完成《关于组织申报绿色农用生物产品高技术产业化专项的通知》、《关于组织申报微生物制造高技术产业化专项的通知》、《关于组织申报北京都市产业重点项目的通知》等产业类项目征集工作,推荐金骄生物质、北京海纳川汽车零部件、呷哺呷哺餐饮、威克多制衣等共14个项目。

(刘 乔)

【完成本区物流业发展情况报告】 年内,按照市发改委的相关工作安排,区发改委针对京南物流基地的建设现状、存在问题及"十二五"发展目标进行调研,完成区物流业发展情况汇总工作。

(刘 乔)

【完成秸秆综合利用项目统计】 年内,区发改委根据市发改委工作部署,在征求区农委相关意见后,完成本区秸秆综合利用项目统计工作,其中秸秆气化项目包括魏善庄镇李家场村秸秆气化站、长子营镇朱庄村秸秆气化站等12个,固体成型燃料项目包括北京九洲沃土生物质能科技发展有限公司、礼贤镇盛昌绿能燃料加工厂等4个。

(刘 乔)

【对产业园区经济运行汇总分析】 年内,跟踪中关村科技园区大兴生物医药基地、国家新媒体产业基地等"十大"产业基地建设进展情况,区发改委每季度针对产业园区经济运行情况进行汇总分析,针对基地发展中存在的问题进行研究,提出合理化建议。

(刘 乔)

【验收兑现奖励资金】 年内,根据大兴区促进经济发展若干意见及实施细则,由区发改委牵头对工业企业的技术改造项目、企业扩大投资规模项目、新媒体产业发展项目三项符合鼓励政策的十二家企业进行验收兑现。全年落实奖励资金922.68万元。

(张文华)

【煤炭经营企业年检工作】 年内,区发改委根据市发改委煤炭管理办公室《关于开展2009年度全市煤炭经营企业资格条件变化和依法经营状况全面检查的通知》的要求,开展2009年度全区煤炭经营企业经营资格条件变化和依法经营状况全面检查工作,将煤炭经营企业上报的材料进行初审、填写"汇总表"。全年有50家煤炭经营企业通过年检。

(倪福长)

【煤炭经营企业计量和质检培训】 年内,区发改委组织区煤炭经营企业人员参加"北京市煤炭经营企业煤炭计量和质检员人员培训班",共培训60人次。

(倪福长)

【建立煤炭应急储备机制】 年内,按照《北京市发展和改革委员会〈关于印发今冬明春煤炭供应工作方案的通知〉》、《北京市大兴区突发公共事件应急委员会关于印发〈大兴区供热突发公共事件应急预案〉的通知》的要求。制定"大兴区煤炭运行应急保障方案"。

(倪福长)

【国庆前煤炭经营企业安全检查】 按照市发改委煤炭管理办公室怀柔会议精神,国庆节前对我区具有经营资格的煤炭批发和零售经营企业进行抽查,共检查煤炭经营企业5家。从检查情况看,所有安全设施齐全、安全员在位,有的企业还安装了电视监控设备,销售煤炭的质量基本符合国家规定的标准。

(倪福长)

【能源运行信息上报】 年内,按照北京市能源与经济运行调节工作领导小组办公室《关于继续做好城市能源运行监测工作的通知》要求,区发改委向区市政管委、区商务局、区供电公司下发《关于继续做好大兴区能源运行监测和信息报送工作的通知》,定期上报大兴区能源运行信息监测快报。

(倪福长)

【公共机构能源资源消耗季报】 年内,按照市《北京市发展和改革委员会关于开展公共机构能源资源消耗统计工作的通知》要求,定期上报公共机构能源资源消耗基本信息和能源资源消耗状况表。

(倪福长)

【完成能源监测及网络平台建设】 年内,根据《大兴区能源监控系统工作方案》,完成能源监测平台一期6家试点用能单位安装及在线监测系统验收工作,二期平台建设和设备安装也基本完成。

(倪福长)

【节能专项监察】 年内,按照市发改委节能监察大队《关于开展重点用能单位节能专项监察通知》要求,配合节能监察大队抽查本区10家企业。

(倪福长)

【公共建筑室内温度控制监察】 年内,按照《市发改委、市建委关于开展夏季公共建筑室内温度控制管理专项监察的通知》要求,配合市发改委节能监察大队对本区商场、宾馆室内温度控制管理专项监察工作,抽查2个单位,均合格。

(倪福长)

【绿色照明工程】 年内,为贯彻市发改委《关于开展2009年绿色照明工程前期调研工作的通知》精神,开展绿色照明工程的前期调研工作,拟写"关于开展2009年大兴区绿色照明工程前期调研工作的通知",对如何落实"通知"提出具体要求。下发各委办局、各街道办事处、各镇等相关单位。将各单位上报的材料进行汇总后将“高效照明产品需求汇总表”、“资金需求汇总表”、“大兴区高效照明产品推广组织实施方案”,按照市发改委要求,会同区财政局报送市发改委。

(倪福长)

【节能宣传周】 年内,按照市发改委等13委局《关于2009年节能宣传周北京活动安排的通知》要求和委领导批示,拟写“大兴区2009年节能宣传周活动方案”,对宣传时间、内容进行分工,以大兴区节能减排领导小组办公室名义下发相关单位落实。由区发改委承办的以“推广使用节能产品,促进扩大消费需求”主题的大兴区节能宣传周启动仪式在联华商场东广场举行。区发改委、区环保局等有关单位领导出席启动仪式。电视台、报社等媒体进行了报道。开展节能宣传进社区、进校园活动和统一宣传日活动,各单位按照《大兴区2009年节能宣传周活动方案》,各自组织宣传。宣传站点现场悬挂横幅,展出《节约能源法》宣传画报和节能宣传展板,发放宣传资料,提供节能咨询等服务。各镇在超市门前举行节能宣传周活动。各单位共发放宣传资料10000份。

(倪福长)

【能源项目上报工作】 年内,按照市发改委《关于加快推进能源重大项目建设的意见》、《关于上报能源建设项目有关问题的通知》、《建立2009年北京市投资完成目标任务分解动态监测机制的通知》要求,建立重大项目周报、月报、季报制度,通过市发改委网站“能源建设项目建设填报系统”进行填报,并将书面材料上报市发改委能源处。对本区新建2个集中供热厂和留民营沼气七村联供等能源建设项目工程的施工进度和投资情况进行监控。

(倪福长)

【节能减排资金投入】 年内,大兴区积极争取国家、市级资金支持,全年共争取节能减排资金102355万元,用于大兴新城康庄供热厂和大兴观音寺供热厂建设工程、留民营七村联供沼气项目、农村太阳能集中浴室项目等重点能源项目建设。投入区级节能减排资金2000万元,用于能源监控及网络平台建设。包括建筑节能改造工程、绿色照明等工程建设。

(于　颖)

【LED路灯改造照明工程】 全年投入资金约850万元,对金星路、工业区东外环路、长子营政府路、庞各庄镇京开高速两侧辅路绿化带道路及天堂河公园园路等路段的599盏路灯进行改造。改造后的LED路灯比原钠灯节电率达60%以上。

(于　颖)

【开展清洁生产审核工作】 年内,2家企业通过北京市清洁生产审核,2家企业提出清洁生产审核申请。截至年底,共有10家企业通过北京市清洁生产审核。

(于　颖)

【完善城乡社会保障体系】 年内,贯彻全市社会保障降压减负“六个一”政策,着力拓宽城乡居民养老、医疗保险参保覆盖面,提高新型农村合作医疗补偿水平。城镇居民五险收缴率均在95%以上,参保覆盖率达到90%。新型农村合作医疗参合率达96%。加大保障性住房建设力度,西红门、康庄(一期)和永华南里保障性住房项目建设进展顺利,限价房和经济适用房按时分配给低收入家庭。

(韩桂喜)

【教育事业稳步发展】 年内,加大教育事业财政支出力度。推进教育重点工程建设。大兴三中教学楼、社区学院综合楼封顶。幼儿园扩班，大兴八幼等幼儿园开园。推进义务教育阶段绩效工资改革，完成学校岗位设置试点工作。

（韩桂喜）

【医疗卫生服务能力持续增强】 年内，采育、旧宫等农村社区卫生服务中心建设完成，120急救中心投入使用，大兴区妇幼保健院、疾病预防控制中心和卫生监督所项目顺利推进。应对甲型H1N1流感疫情，开展国庆公共卫生及医疗保障工作，提高突发公共卫生事件处置能力。

（韩桂喜）

【地铁亦庄线项目公司完成注册】 项目投资公司北京城建轨道交通有限公司完成在大兴注册手续，1月开始在大兴区纳税。2月，该项目施工企业北京城建集团有限责任公司大兴分公司完成注册手续。

（张　祎）

【北京汽车协会来大兴咨询】 2月26日，北京汽车协会常务副会长兼秘书长李玉衡一行3人来本局就长子营镇目标地块的地理位置、基础设施条件、土地政策、招拍挂条件等问题进行咨询。

（张　祎）

【市投资促进局局长来大兴考察】 3月3日，市投资促进局局长张吉福一行6人来大兴实地考察星光集团的建设发展情况。对地铁4号线大兴线沿线的土地开发情况进行了解。

（张　祎）

【渤海证券大兴服务部升级】 渤海证券大兴服务部向证监会提出申请，将机构升级为营业部。4月底完成审核。年内，完成工商注册。

（张　祎）

【大兴区招商引资工作大会】 3月12日，大兴区招商引资工作大会召开，全区13个相关委办局、14个镇、3个工业园区主管领导参加会议，会议由产业发展促进局局长绳立成主持。

（张　祎）

【市领导会见宜家亚太区总裁】 3月13日，北京市副市长程红在大兴区副区长潘新胜的陪同下，在市政府会见了宜家集团亚太区总裁杜福延、中国区置业发展总监李林、北京地区置业发展总监肖陶陶。程红指出，大兴要加快西红门土地一级开发建设，尽快进入土地招拍挂程序。宜家集团尽快与北京市商务局沟通，进入项目绿色审批通道。

（张　祎）

【市投资促进局领导来大兴调研】 3月19日，市投资促进局副局长周卫民等一行5人到生物医药基地调研，副区长潘新胜及区产业促进局、生物医药基地管委会等主要领导陪同调研。

（张　祎）

【帝龙公司来本区洽谈投资】 4月14日，副区长潘新胜及区发改委、庞各庄镇领导与浙江帝龙新材料股份有限公司董事长姜飞雄、北京办事处经理马盛风洽谈投资。

（张　祎）

【核电设备产业化基地研讨会】 5月5日，北京科技协作中心在区发改委主持召开主题为“军民融合产业化”研讨会。

（张　祎）

【信息发布会】 7月27日，在北京金融街丽思卡尔顿酒店大宴会厅召开大兴区地铁大兴线生产性服务业用地摘牌信息发布会。

（张　祎）

【军民融合产业园研讨会】 7月9日，副区长潘新胜在区行政服务中心八楼主持召开“军民融合产业园”研讨会。

（张　祎）

【参加市投资促进工作交流会】 8月3日，副区长潘新胜带领本局相关人员到北京会议中心参加北京投资促进交流会。

（张　祎）

【摘牌企业工作协调会】 8月19日，副区长邵恒主持召开近期摘牌企业需解决问题协调会。

（张　祎）

【赴山东金晶集团实地考察】 10月10日，副区长潘新胜等人到山东金晶集团进行实地考察。金晶集团承诺将新项目形成的税收全部留在大兴。将企业的研发、营销中心以及龙头主业、核心主业迁入大兴。

（张　祎）

【大兴区金融工作办公室成立】 10月，大兴区机构编制委员会办公室批准成立大兴区金融工作办公室。

（张天宇）

【“农村金融综合改革意见”下发】 8月，《中共北京市大兴区委北京市大兴区人民政府关于推进农村金融综合改革的意见》（京兴发〔2009〕27号）由大兴区委正式下发。

（王　娜）

【成立全市首家小额贷款公司】 3月18日，北京市第一家小额贷款公司——北京兴宏小额贷款有限公司在北京国际饭店举行揭牌暨战略合作协议签约仪式。市委副书记、市长郭金龙、国家开发银行副行长高坚为小额贷款公司揭牌，市委常委、常务副市长吉林在会上讲话，市相关部门领导出席会议，市政府秘书长黎晓宏主持揭牌仪式。区委书记林克庆、区长李长友、常务副区长张晓林等区领导及区相关委、办、局领导出席揭牌仪式。

（王　娜）

【市农业担保公司在本区成立】 3月，北京市农业担保公司在本区注册成立，注册资本5亿元。

（张天宇）

【区级农业担保公司成立】 5月，成立北京市农盛投资管理有限公司，注册资本5000万元。与市风险投资机构和股权投资建立合作关系。

（张天宇）

【农盛投资担保有限公司成立】 8月，成立北京兴展农盛投资担保有限公司，注册资本3000万元。联同区内其他担保公司和市中小企业再担保公司为“三农”贷款提供必要的担保服务。

（张天宇）

【首家证券营业部开业】 7月，经北京证监局批复，渤海证券股份有限公司北京大兴黄村证券营业部正式成立，成为大兴区首家证券营业部。

（王　娜）

【“小额贷款公司监管办法”颁布】 8月，《北京市大兴区小额贷款公司监督管理办法》（京兴政发〔2009〕37号）由区政府正式下发。

（王　娜）

【“村官创业贷款实施办法”颁布】 9月，《大兴区大学生村官创业贷款实施办法》（京兴政发〔2009〕45号）由区政府正式下发。兴宏小额贷款公司为大学生村官胡建党的食用菌项目提供优惠贷款20万元，年利率6%。

（王 娜）

【建立金融信息沟通机制】 10月15日，区发改委组织召开区内银行和小额贷款公司座谈会，讨论本区金融风险防范和应急处理事宜，决定建立区级金融信息沟通机制。

（张天宇）

【本区成为金融稳定试点示范区】 10月19日，市金融局召开全市金融风险排查联席会议，会议肯定了大兴区在维护金融稳定方面的创新举措，将大兴区列为全市区县金融维稳工作试点示范区。

（张天宇）

【区首家村镇银行获准筹建】 12月3日，大兴区首家村镇银行“北京大兴九银村镇银行股份有限公司”获得北京银监局批准筹建。

（张天宇）

【第二批小额贷款公司开业】 12月8日，本区第二批小额贷款公司——北京市兴融小额贷款股份有限公司、北京兴瑞小额贷款有限公司在大兴宾馆举行开业典礼，市金融局、人民银行营管部领导为小贷公司颁发开业证书，区委常委、常务副区长张晓林、副区长绳立成、区政协副主席路志权、区长助理刘秋明为小贷公司揭牌。

（王 娜）

【第二家村镇银行获准筹建】 12月29日，大兴区第二家村镇银行——北京大兴华夏村镇银行有限责任公司获得北京银监局正式批筹。截至年底，本区作为农村金融综合改革试验区，获批村镇银行2家，小额贷款公司3家，成为全市新型农村金融机构数量最多的区县。

（张天宇）

【“三农”信贷专营机构落户大兴】 12月，中国邮政储蓄银行在大兴区设立首家“三农”信贷专营机构，重点推进农业贷款、小企业贷款等产品的开发和推广。该机构下半年累计发放小额信用贷款1000余万元，其中涉农占比98%。单笔最少放款额5000元，主要采取农户担保和农户联保形式。

（王 娜）

【小额贷款公司运营平稳】 截至12月29日，兴宏小额贷款公司累计发放贷款237笔15592万元，其中涉农贷款累计发放11335万元，占贷款总额的72.7%。兴瑞小额贷款公司累计发放贷款20笔2260万元，其中涉农贷款累计发放18笔2220万元，占贷款总额的98%。兴融小额贷款公司累计发放贷款1笔50万元，在审款项约1000万元。

（王 娜）

【兴宏小贷获得银行贷款支持】 由市农业担保公司担保，国家开发银行给予兴宏小额贷款公司2500万元贷款支持。兴宏成为本市首家获得银行贷款支持的小额贷款公司。

（鲁 影）

【本区企业上市培训工作】 按照《促进大兴区经济发展若干意见》（京兴政发［2009］6号）精神，区金融办对区内企业进行摸底调查，建立全区拟上市重点企业名册，按照“近期扶持一批，中期培育一批，远期规划一批”要求，将星光影视、中化岩土、三元基因、科宝博洛尼、京冶轴承、首航艾启威和雅联百得等36家企业列入拟上市重点企业名册。年内，举办本区企业上市培训系列讲座。

（鲁 影）

【协助企业贷款融资】 年内,联合区农委、区内银行、区担保公司、市再担保公司到北京南郊鸭业有限公司、北京牧洋园生物科技有限公司、美泉、美丹等重点农业企业进行走访,了解企业资金需求,现场协调解决企业融资难问题。协调区内银行与京冶轴承、资源集团等企业对接,解决企业贷款问题。

(鲁　影)

【为区内企业引进股权投资】 本区高新技术企业——金日新事业技术有限公司成功获得上海联创战略股权投资。

(鲁　影)

【签订银证合作协议】 年内,区政府与6家银行签订银证合作协议,授信额度共计710亿元。

(张天宇)

【鼓励金融机构选聘村官】 年内,鼓励区内金融机构选聘村官,培育金融人才。邮储银行北京分行在大兴区选聘了17名村官,分派到大兴、密云、延庆等支行。

(张天宇)

【规范化管理】 为完善质量管理体系,本年度组织全体人员学习了ISO9001标准,明确试点科室,组织各科室相关人员培训,采取询问、实际查阅等方式进行审核。

(苏秀英)

【应对突发事件培训】 在国庆60周年到来前夕,对本委全体干部职工进行应对突发事件能力的培训,组织《突发事件应对法与案例分析讲座》,做到事前预防,把损失降到最低,为"平安十一"提供安全保障。

(苏秀英)

【组织军事拓展训练】 年内,组织军事拓展训练。通过破冰、团队建设、观念刷新、盲人摆阵等训练项目,培养按章做事,严于律己的作风,提升人员综合素质。

(苏秀英)

【组织科级干部培训】 年内,按照发改委学习实践科学发展观活动提出的"提升四个能力"的要求,邀请国务院国资委知名教育培训专家樊为教授,北京师范大学心理学院应用学博士邓丽芳就中层领导干部应具备的基本素质、管理技能与领导力提升、沟通艺术与关系协调、情绪与压力调整等方面进行培训。

(苏秀英)

【组织经济形势报告会】 为使干部职工把学习实践科学发展观落到实处。年内,邀请中国社科院世界经济与政治研究系主任王逸舟教授,对当前经济形式做分析报告。

(苏秀英)

【事业单位改革管理工作】 年内,完成3个事业单位改革管理工作、25人的聘任工作。其中4人由工勤岗位转为管理岗位。

(周　华)

【发展改革委"三定"工作】 年内,完成北京市大兴区发展和改革委员会主要职责、内设机构、人员编制工作,取消了由市政府公布取消的涉及本区审批权限的行政审批事项。划转部分职能,增加2项职能,转变5项职能。

(周　华)

统计工作

【概况】 北京市大兴区统计局、国家统计局大兴调查队、北京市大兴区经济社会调查队,现有人员172人,其中,局队领导班子7人,科级领导干部41人。在人员组成中,本科以上学历144人,占83.7%。内设机构43个,其中合署办公3个,实有内设机构40个。2009年,以“忠诚统计,求真务实,乐于奉献,服务发展”为大兴区政府统计系统核心文化价值理念,面对复杂的经济形势,局党组审时度势,提出“牢固树立科学发展意识,全面落实统计工作责任”的工作思路,完成第二次全国经济普查和国际比较项目等多项调查工作,并出台了《2009年关于开展统计分析研究工作的实施意见》和《2009年优秀统计报告评选办法》。

名称:北京市大兴区统计局
国家统计局大兴调查队
北京市大兴区经济社会调查队
地址:北京市大兴区兴政街42号
电话:81295580
编码:102600
网址:http://www.dx.bjstats.gov.cn

【第二次全国经济普查正式启动】 1月1日,大兴区第二次全国经济普查入户登记正式启动。

(郭少玲)

【第二次全国经济普查总结表彰会】 12月7日,大兴区召开第二次全国经济普查总结表彰会。会上,表彰了为大兴区经济普查做出贡献的68个先进集体和269名先进个人。

(郭少玲)

【出版发行刊物】 年内,出版《改革开放30年数展宏图谱新篇》、《大兴统计文化》、《大兴区统计实用手册》、《大兴区2008年国民经济和社会发展统计公报》、《数说大兴60年光辉历程》、《数海情怀——纪念大兴区统计局建局25周年画册》等刊物。

(郭少玲)

【组织演讲比赛】 年内,举办了“科学发展、共筑和谐”、“统计—我们共同的事业”和“统计人的价值”三场演讲比赛。

(郭少玲)

【《中国信息报》刊文章】 9月10日,《中国信息报》第6版头条以专访的形式,以大兴统计发展和改革为主线,刊登了以《统计系统的一条硬汉——汪锡锟》为标题的文章。

(郭少玲)

【农民工监测调查正式启动】 1月,农民工监测调查工作在大兴正式启动。根据《国家统计局关于做好农民工监测调查工作的通知》,国家统计局决定建立农民工监测制度。开展农民工监测调查的目的是通过定期收集农民工相关统计信息,准确反映农民工数量、流向、结构、就业、收支、生活、社会保障及创业等情况,为制定科学的农民工政策、加强和改善农民工工作提供科学依据。农民工监测调查的主要内容包括:住户人口与劳动力就业基本情况。外出从业人员及本地非农务工人员工作条件、收支情况、生活情况和社会保障情况。农村劳动力本地非农自营和创业情况。农村外出从业人员返乡情况等。农民工监测调查的方式采用抽样调查方式进行,大兴区涉及黄村镇狼三村、西红门镇大白楼村、榆垡镇张家务村和南庄村、北臧村镇巴园子村。

(郭少玲)

【《大兴统计》全新改版】 3月5日,《大兴统计》全新改版。此次改版主要将原来的《大兴统计》拆分为统计报告、简明统计资料、统计工作动态、统计工作简报、统计信息、统计知识六个版块。此次改版使版块编排更合理、更科学,增强了《大兴统计》的实用性、可读性。

(郭少玲)

【完成国际比较项目调查工作】 3月23日,

局队完成2009年亚太地区国际比较项目调查工作。

(郭少玲)

【机关后勤服务中心正式成立】 3月30日,大兴区统计局机关后勤服务中心正式成立。

(郭少玲)

【加强对外交流】 年内,局队采取“走出去、请进来”的方式加强对外交流。3月,北京市大兴区统计局与河北省保定市统计局签订了《友好关系协议书》,建立政府统计系统“友好区市”关系。9月,天津市统计局纪检组长童月梅等一行四人来到大兴,就统计管理体制改革工作进行专题座谈。10月,局队有关部门负责人去焦作市学习统计管理经验。

(郭少玲)

【建立信息资源管理机制】 以统计内网信息发布、管理的运转模式为切入点,局队建立了统一的信息资源管理机制,有组织的处理各种信息资源。4月,大兴统计信息内部网站正式开通,形成信息资源交流共享和各类业务应用有效整合的统一管理平台,使局队形成由内部网站、外部网站两大信息发布系统构建的信息资源管理平台。

(郭少玲)

【妇女儿童规划监测统计培训会】 4月1日,局队在大兴区妇女儿童活动中心召开2009年妇女儿童规划监测统计培训会。会议提出三项措施,组织协调落实责任,加强培训内容详实,加强评估确保质量。

(郭少玲)

【设施面积遥感地面验证调查】 4月3日,根据市统计局具体安排,局队相关人员深入田间地头,实地查看。对遥感图进行判定,并与当地农户进行沟通交流、核实,完成设施面积遥感地面验证调查工作。

(郭少玲)

【公众气象服务评估调查】 4月22日,局队召开公众气象服务评估调查工作布置会。本次调查,大兴区总样本量为160户,样本覆盖黄村、旧宫、瀛海、青云店、安定、榆垡、庞各庄以及长子营8个镇。为确保调查质量,大兴局队采取了以下三项举措:一级培训,把握要点。入户陪访,电话回访。层层审核,有错必究。会议围绕调查方案、调查问卷和入户情况登记表的填写等进行讲解。相关统计所的科长、业务骨干和抽中村调查员20余人参加了会议。

(郭少玲)

【首次开展公开招聘】 5月24日,区统计局首次公开招聘事业单位工作人员,共有22名考生参加了面试。

(郭少玲)

【走访商品交易市场】 6月3日,局队和区商务局相关人员对区内几家大型商品交易市场进行走访。通过走访,了解了金融危机以来市场的经营情况及应对政策,市场的管理模式及经营方向,市场的经营范围及进、销货渠道等情况。针对市场在经营活动和统计报表中存在的问题提出改进建议。

(郭少玲)

【统计文化建设调研】 6月9日,国家统计局北京调查总队副总队长刁满庆一行五人到大兴调研统计文化建设情况,听取大兴局队统计文化建设情况及2009年统计文化建设计划的汇报,并与局队领导进行了交流和讨论。

(郭少玲)

【召开R&D资源清查会议】 9月10日,大兴区召开第二次全国R&D资源清查领导小组工作会议,成员单位科委、发改委、教委和财政局参加会议。9月15日,大兴区召开了第二次全国R&D资源清查摸底调查工作布置会,会上对摸底表进行了讲解,并对网报程序进行了培训。

(郭少玲)

【组建三个统计所】 10月21日,组建观音寺街道、天宫院街道和新媒体产业基地三个正科级统计所。

(郭少玲)

【开展扶贫工作】 12月10日,区统计局局长汪锡锟、副局长苗保东一行前往帮扶村安定镇周元子村调研,决定出资为周元子村打两眼井及铺设4000米左右的地下管道。

(郭少玲)

【人口普查办公室人员选调】 12月23日,区统计局局长汪锡锟、国家统计局大兴调查队队长李德强和区人口与计划生育委员会主任甘连义及班子成员,就第六次人口普查相关事宜进行交流与研讨,并对人员选调问题进行商议。

(郭少玲)

【宣传统计法】 年内,区统计局共组织会前讲法121场,普法对象11000余人次。向参会的规模、限额以上单位发放新《统计法》学习宣传读本、《统计违法违纪行为处分规定》读本、统计违法案例选编和统计法制宣传挂图共1万余册。

(郭少玲)

【统计从业资格考试】 全区报考人数874人,其中324人取得考试合格证书。

(郭少玲)

工商管理工作

【概况】 2009年,大兴工商分局紧密围绕区委、区政府和市工商局的中心工作,针对辖区经济形式,特别是国庆60周年市场监管这一现状,全局上下统一思想,以“内强素质,狠抓练兵;外促发展,保障稳定”统领全局工作,明确提出:将理清职责、风险排查、化解风险、监管到位作为全年工作主线,逐一开展、逐步深入。区工商分局制定和重申了考勤管理、网格巡查、行政处罚等一系列日常管理制度,明确行为规范,严格制度落实。对干部德、能、勤、绩、廉的考核标准,丰富加分标准体系,强化单位之间的“认可”定性评比,增大考核的公信力和认可度。进一步强化梳理科、所的权限和职责,重点强化在系统管理、基层建设、个体登记、经济户口管理、信息报送等职责,丰富了岗位职责管理内容。将全员、全专业、全覆盖作为工作目标,通过集中培训、网上学习、互动交流、专业指导等方式,以训促赛、以考促训,激励干部互学互比、互帮互助,推动大比武工作向纵深开展。实施“六个零”工程,服务地方经济发展。强化服务意识,力求便捷准入零缺陷。推出声讯电话咨询、网上登记、为二级和三级公众服务平台配备可视电话,对重点企业实行“一对一”服务。优化年检流程,实现年检过程零障碍。突出年检验照审查重点,综合运用行政告诫、责令改正等方式提示企业及时纠正,采取年检提示、调整工作时段、电话预约、上门服务、集中办理等方式进行年检服务。多项措施深化服务,保障服务层次零断层。将农民专业合作社咨询、初审工作下放到三级服务平台,开辟专门窗口提供政策法规方面的咨询服务以及申请、受理、审批一站式服务。积极落实帮扶政策,达到服务方式零距离。加大政策扶持力度,引导辖区农村推广“公司+商标+农户”的商标发展模式,帮助企业准备申报资料和健全其内部商标管理制度。拓宽行政指导深度,确保服务效能零失误。以规范促实效,以监督促实施,全面推行行政指导“五项制度”。开展走访调查,拓展服务角度零盲区。鼓励企业坚定信心,发挥工商职能,在法律政策许可范围内采取帮扶措施,及时与企业沟通,实现政企之间的良好互动。全年,区工商分局共办结各类违法案件568件,罚没款433.48万元,其中涉网、涉食、传销、商业贿赂等新型案件和大要案件明显增加。做出规制性行政指导2319次,其中行政提示1573次、行政建议27次、行政约见60次、行政告诫659次,完成助成性行政指导10件。共检查食品经营主体2.5万余户次,查处取缔无照经营食品200余户,查处涉食案件119件,罚没款56.8万余元,比上年同期分别增长35.2%和62.8%,并查获劣质猪头肉、豆腐等1080公斤,假酒一万余瓶,食用油1297桶。区工商分局在80个网格责任人、26个责任科室主办人中,利用休息日多层面、多角度地开展历时5个月、为期11期的业务大讨论。形成调研成果54篇,其中有3篇成果资源转化成工作经验。完成区《大兴新城的变迁》中的工商行政管理60年的7个模块的编写工作。年内,区工商分局被北京市工商行政管理局授予北京市工商行政管理系统先进集体荣誉称号;被首都精神文明建设委员会授予"首都文明单位标兵"荣誉称号;被北京市军队干部安置工作领导小组、中共北京市委组织部、北京市人力资源和社会保障局授予"北京市军队转业干部安置工作先进单位"荣誉称号。分局有4个部门和37名干部被市、区评为先进集体和先进个人、标兵。

名称:北京市工商行政管理局大兴分局
地址:北京市大兴区市场路东侧
电话:69253790
编码:102600
网址:http://www.hd315.gov.cn

【创新信息编写工作】 年内,区工商分局共编报各类信息352条;市局采用52条,领导批示4条次;政府采用95条。截至11月中旬,本局通过OA系统向市局办公室报送调研文章171篇(次),其中,党组成员撰写的文章15篇;向各类报刊、杂志报送调研68篇(次)。其中,被市局办公室采用通过OA系统"调研成果"模块下发69篇,被各类新闻媒体采用32篇(次)。1篇作为经验材料汇报国家局;1篇转化为市局政策文件;6篇转化为区委、区政府的领导决策部署(组织各职能单位联合执法,开展专项整治);54篇作为经验材料在分局内部进行交流。市局在大兴工商分局召开专题研讨会1次,大兴工商分局组织召开专题研讨会11次。

(安迎军)

【宣传工作】 年内,区工商分局有1076篇宣传稿件被《中国工商报》、《中国消费者报》、《中国知识产权报》、《北京青年报》、《大兴报》、《首都食品安全周刊》、电台、电视台等20余家媒体采用。

(安迎军)

【拥军优属】 "建军节"前夕,区工商分局执法干部到中国人民解放军61565部队九中队驻地慰问官兵。为近百名官兵送去慰问品并组织私个协学雷锋义务服务队为部队官兵和家属进行理发、修鞋、配钥匙、修表等服务300余人次。区消费者协会展出20余块展板,介绍日常食品安全知识。发放纪念品和材料400余份。

(安迎军)

【岗位练兵】 年内,区工商分局开展综合序列全员考试3次,参试人员720人次;各专业开展摸底考试2次,参试人员532人次。

(安迎军)

【法制工作】 年内,区工商分局查办一般程序案件总数488起,比上年同期的739件下降了33.97%。罚没款总计378.81万元,比上年同期的900.17万元下降了57.92%。诉讼案件7件,复议案件2件,听证案件2件,移送案件4件,强制执行案件13件。

(安迎军)

【消费者投诉受理】 年内,大兴消费者协会共受理消费者举报845件、投诉471件,调解成功率达到94.4%,妥善解决了马华健身俱乐部、白羽毛洗车行、“七彩豆腐”连锁加盟等群体投诉。

(安迎军)

【民主评议政风行风】 年内,由区纠风办牵头,区人大代表、政协委员和区廉政监督员组成评议组。对区工商分局各工商所的遵守工作纪律情况,文明服务、办事效率情况,政务公开、依法行政情况,清正廉洁情况,办理“政风行风和行政投诉热线”信件情况进行评议。通过明察、暗访、询问、查看记录等方式,评议人员对分局的各项工作开展情况给予肯定,满意度达100%。

(安迎军)

【绿色通道便捷服务】 区工商分局在登记注册工作中,紧密结合大兴区城市功能定位。开通绿色通道,实行特事特办。年内,新设立内资企业3816户,内资变更5028户,内资注销345户。私企开业282户,私企变更171户,私企注销30户。个体工商户开业7050户,个体工商户变更5290户,个体工商户注销2256户。迁出本区392户,迁入本区242户。注册在生物药物基地企业开业53户。农民专业合作社累计发展385户,新设立78户。企业改制登记15户。截至9月底,大兴区共有各类经营主体116189户。其中内资企业34500户,私营企业2250户,个体工商户79493户。

(安迎军)

【畅通年检验照渠道】 在2009年度的年检验照工作中,区工商分局针对受国际金融危机影响,企业经营困难的特殊形势,在年检验照工作中,落实总局、市局帮扶措施,灵活运用监管与服务职能,采取五项措施引导帮扶辖区经营主体办理年检手续。指导要求各年检承办单位为辖区经营主体建立创通快捷的年检(验照)通道,一般审查企业即时通过年检。从自身做起,创新制度,对外资企业实行年检申报和年检办理“提示预约制”,企监科外资专管员每天查询系统,根据经营主体申报情况,对已经进行申报的主体进行预约,办理书面确认手续,避免经营者因无序到工商部门办理手续造成排长队的情况,有效减少了经营者的办理时间。在年检即将结束时实行“年检催告制”,督促辖区企业积极主动申报年检。根据国家总局、市局出台的帮扶政策,在免收年检费用、延长出资期限、招商引资企业证明等方面积极落实帮扶措施,便利企业顺利通过年检。着眼细节,为经营者上网申报、查询遗忘的密码、年检后办理相应变更登记提供便利条件,周到细致的服务有效促进了年检验照率的提高。年内,内外资企业应检32966户,实检30624户,企业年检率92.89%,个体应验76142户,实验67725户,验照率88.94%,均高于上一年度水平。

(安迎军)

【开展前瞻性服务】 为促进辖区经济发展,降低企业注册成本。年内,区工商分局与瀛海镇政府协调,将该镇高成长企业进行集中管理,统一注册在位于瀛海镇经二路八号的亦庄新城大厦。针对首都第二机场假定落户在本地进行一些前瞻性服务。分局注册科设置工商注册绿色通道,为入驻的企业在办理注册手续时提供一站式服务,做到快捷登记、快捷发放营业执照。同时,分局监管部门加强对入驻企业的监督管理,规范企业经营行为,确保企业合法经营。

(安迎军)

【加强流通领域商品质量监管】 区工商分局加强对重点商品和流通环节的监控,联合具有资质的质检机构对商场、超市销售的采暖炉、电源插座、电线电缆、电动自行车等11类商品209个样品进行质量监测;建立健全退市商品报告制度和重新上市通报制度,严防不合格商品改头换面二次进入市场。严厉打击假借家电下乡名誉销售伪劣产品的欺诈行为,规范辖区农村家电市场和汽车摩托车市场秩序,营造家电下乡和汽车摩托车下乡和谐的消费气氛,辖区内未发生一起假借“家电下乡和汽车摩托车下乡”名义坑农害农事件。年内,共对102件不合格采暖炉、电动自行车、电线电缆、计算机配件、服装、一次性纸杯等11类商品进行退市。对84个不合格产品自行召回。

(安迎军)

【国庆市场秩序实行“七定七控”】 年内,区工商分局在维护辖区市场经济秩序的工作中,实行七定七控措施。定位式管控。确定市场秩序风险部位,监管重点行业和整治的重点行为,健全风险控制“属地为主、层级流转”制度。定编式布控。每周确定一个区域或一个行业,集中力量进行风险重点控制与消除。利用综合执法机制对无照经营风险进行控制和清除。共清理取缔无照经营2679户,清理无照经营集中区2个,查扣计算机等物品196台。定时式调控。形成自上而下周期性监管网络,及时应对国庆期间重大突发事件。推出照前提示、日常定时巡查、与经营者签订《诚信经营责任书》等措施。同时推行流通领域食品经营单位食品定时自检制度。定性式分控。针对知识产权、广告监管、合同监管等工作进行分类监控。共查扣假冒LV、阿迪达斯等侵权商品399件。立案查处违法广告行为2起,做出行政指导8次。解决投诉合同纠纷7件,为投诉人挽回经济损失11.8万元。定点式监控。根据投诉举报热点,排查出6大风险种类,实施定点分类监控。定警式防控。制定应急预案,围绕市场秩序风险控制工作方案开展处置突发事件演练。对应急管理工作进行6次自查自纠,组织执法应急演练6次。定责式同控。与相关部门相互配合,层层预防,共同管理。共进行联合执法检查32次。

(安迎军)

【开辟举报新途径】 年内,大兴分局拓宽消费者申诉举报渠道,开通特服号短信和互联网投诉举报平台,分局12315调度指挥中心开通了特殊号码为106573012315的短信申诉平台,并在新浪网上建立dxgsj12315@sina.com的邮箱。

(安迎军)

【12315投诉举报处理情况】 年内,区工商分局共接收消费者申诉案件542件,办结522件,办结率96.3%。受理各类案件356件,调解成功334件,调解成功率93.82%。自录187件,自录率34.5%,录入准确率均为100%。挽回经济损失19.98万元。受理举报案件917件,办结811件,办结率85.93%。属实245件,立案144件,属实立案率58.78%。自录举报案件322件,自录率35.11%。申诉转立案1件,申诉转立案率0.69%,录入准确率为100%。罚没款37.12万元。

(安迎军)

【消保维权进乡村】 年内,区工商分局分三次向农村地区消费者发放消费者权益保护和食品安全宣传材料共计20000余份。

(安迎军)

【民俗旅游“办照不再难”】 年内,区工商分局一次性扶持182户农民办理乡村民俗旅游营业执照,填补了大兴区部分乡镇无民俗旅游户的空白。

(安迎军)

【做好婴儿奶粉赔偿工作】 按照市食品办工作部署,大兴区食品安全办公室负责大兴辖区内婴儿奶粉赔偿金发放工作。年内,对143户患儿情况进行核实,除19户无法联系或拒绝接受赔偿,实际发放124户,发放婴儿赔偿金30.4万元。

(安迎军)

【食品安全法颁布实施】 6月1日《中华人民共和国食品安全法》颁布实施。

(安迎军)

【部门联合打击非法传销】 年内,区工商分局联合庞各庄镇政府流管办、综治办与派出所等单位,对庞各庄地区幸福村、宋各庄村涉嫌"拉人头"传销窝点进行3次集中清理。经过明察暗访,逐步掌握传销人员在庞各庄地区活动聚集的规律,共取缔涉嫌传销人员聚集窝点12个,宣传劝导疏散外地来京参与传销人员238人,对参与传销人员和传销骨干分子进行了身份信息采集。

(安迎军)

【落实食品安全许可工作】 年内,区工商分局制定四项措施开展食品安全许可工作。落实食品流通许可工作的软硬件建设,构建绿色通道。加强与卫生部门交流和沟通,构建信息交流机制。从区卫生监督所借调2名工作人员,帮助指导分局进行受理、审查和现场勘验工作。实行首问负责制,提高效率。以服务对象满意为标准,对办事的企业和群众始终做到热情接待、程序透明、服务到底。加强宣传、引导和培训,提高服务水平。印制食品流通许可办证指南和流通许可流程范本,供办证人员领取。共受理咨询1859人次,受理申请517户,现场勘验完毕并发放许可证208户。

(安迎军)

【食品检测情况】 年内,区工商分局对重点食品进行重点监控、重点检测,检查消费量大、消费者投诉举报比较集中以及与人民群众生活密切相关的食品,重点加强对蔬菜、鲜肉、禽蛋、粮食等农产品以及食用油、乳制品、糕点、儿童食品、调味品、肉制品等重点食品的检查力度,在加大检测数量的同时认真做好记录,使检测工作做到有计划、有检查、有分析,对检测发现的不合格食品,及时督促停止销售和销毁。共抽检2522个食品样品,检出不合格样品61个,报市局全市下架食品33个。

(安迎军)

【食品安全专项整治】 年内,出动执法人员5千余人次,检查食品经营户20000余户次,查处取缔无照经营食品200余户,查获劣质猪头肉、豆腐等1080公斤,假酒1万余瓶,食用油1297桶。查处食品案件119件,罚没款56.8万余元。

(安迎军)

【安全生产专项整治】 年内,区工商分局落实安全生产"三项行动"。对辖区燃气经营行业进行全面排查,开展燃气行业专项整治,消除燃气行业安全隐患。对人员密集场所、地下空间、出租房屋消防隐患排查,采取"局长包片,科室包所"监管措施,共出动执法人员1019人次,执法车辆387台次,检查各类经营主体3756户,立案查处无照经营28户,取缔"黑网吧"13个,暂扣电脑110台。查处取缔违规销售化学危险品窝点1个。

(安迎军)

【医疗器械专项整治】 年内,区工商分局开展计生药械、成人用品市场专项整治共检查计划生育药械、成人用品经销主体365户,出动执法人员247人次,查处无照经营21户。

(安迎军)

【商标法培训】 年内,区工商分局对辖区涉农企业、合作社、协会等主体开展《商标法》培训工作,200家企业参加了培训,培训期间发放宣传材料3000份。

(安迎军)

【广告监管】 年内,区工商分局采取科所联动的方式,对辖区重点大街、重点商场、超市、医疗单位、药店等户外广告进行规范治理,共监测电视广告14310条次、广播1799条次。纠正不规范广告行为16起,行政指导11件,行政约见3件,查处各类广告违法案件28件,罚没款40.1万元。

(安迎军)

【房地产经纪行业监管】 年内,区工商分局采取"三抓、两快速"措施对辖区房地产经纪行业进行备案管理,促其规范经营,提高社会公信度。共作出行政指导340份,解决投诉合同纠纷7件,为投诉人挽回经济损失11、8万元。立案11件,已办结2件,罚没款8万元。

(安迎军)

【食品安全经营示范店建设情况】 年内,区工商分局在集期市场内创建食品安全经营示范店的活动中,采取工商所根据申报对象和日常监管情况进行初评,分局根据工商所推荐的食品安全示范店,参考其他部门的意见综合评定,从严审查优中选精进行公示。年内,共有7家经营食品单位获得示范店称号,使辖区11个集期市场内食品安全经营示范店总数达到57家。

(安迎军)

【集中整治出版行业】 区工商分局结合辖区出版物市场的实际情况,组织执法力量对区内出版行业进行集中整治。严厉打击盗版盗印出版物、销售非法政治出版物活动,促进大兴区出版市场秩序的良性发展。年内,共出动执法人员60人次,执法车辆24台次,检查企业127户,力求从源头堵住非法出版物,依法查处非法经营含有反动、淫秽、迷信内容书刊,整治期间配合区文委查扣盗版光碟465张,书刊623本。

(安迎军)

【保两会迎国庆】 年内,区工商分局在人大、政协两会期间共出动执法人员851人次,出动执法车辆425台次。检查网吧41户,检查发廊192家,检查歌舞洗浴76家,检查商场超市259家,检查其他经营主体共1620户。取缔无照经营52户,责令改正12户。

(安迎军)

【旅游市场整治】 年内,区工商分局制定旅游市场预警方案,层层签订责任状,做到工作、任务、责任明确,形成"科管线、所管片、人管点"的工作格局。围绕北京野生动物园、麋鹿园和民俗游等重点旅游点,临时增设执法维权小组,确保执法人员接到投诉后及时赶赴现场,及时受理旅游投诉纠纷,维护消费者合法权益。年内,共出动执法人员24人次,出动执法车辆12台次,检查有形市场5个,检查物美、小白羊等超市16家,检查企业13家,检查旅游景点3个。取缔无照经营户2户,保证了旅游市场的稳定。

(安迎军)

【网络设备维护】 年内,区工商分局信息档案中心共完成网络维护20次,设备维护388台/次。报送数据交接单347份,处理391户企业数据问题。处理网上年检数据问题交接单37份。完成分局网络安全保障工作,支持协助完成市局数据核查修补及金网业务程序升级工作。

（安迎军）

【规范公务仓管理】 年内，区工商分局在公务仓管理工作中，坚持"管理规范、运行有序"的原则，出动29车次将原公物仓的物品转移到新的公物仓内，对新老公物仓进行转换。对2006年、2007年应办理出库而未办理手续的21件案件进行全面清理，根据国家局下发28号令《工商行政管理机关行政处罚程序规定》的要求，将遗留问题处理完毕。年内，新增入库136件，涉及58类品种。办理出库145件，涉及89类品种。其中销毁物品93批次，价值483856.64元。拍卖物品7次，拍卖金额41450元。整理公物仓档案175份已上交。

（安迎军）

【评选文明单位】 年内，大兴区私营个体经济协会在全区私营个体经营户中，评选出文明单位40家，文明示范71户，涉及从业人员3000余人。

（安迎军）

【论文撰写情况】 年内，分局编辑《工商研究》15期，研讨专刊2期，特刊1期，编发调研文章60篇。其中侯春哲、魏占河、安迎军撰写的《关于大兴区北五镇无证照经营现状的调查及治理对策建议》调研文章荣获北京市工商系统优秀调研报告一等奖。李化军、刘博撰写的《有效遏制黑网吧的探讨》调研文章荣获北京市工商系统优秀调研报告三等奖。

（安迎军）

【德茂工商所强化基础工作】 年内，德茂工商所对辖区经营主体进行强化基础工作，以基础数据为核心，加强市场秩序风险评估和隐患排查，共排查各类经营主体19887户，其中有照主体17611户（个体工商户12076户、企业5535户），无照主体2276户。

（安迎军）

【采育工商所规范企业经营主体】 年内，采育工商所巡查经营主体3248户次，占全部4618户数的70.3%。建立和规范经济户口地下空间监管主体、成人"性用品"生产经营主体、流通领域食品经营主体、计划生育药械生产经营主体、洗浴、美容美发、农资、手机销售主体、餐饮服务主体、废品回收主体、旅馆主体、办公服务行业主体、文化娱乐经营场所、化学危险品经营主体、烟花爆竹经营主体、网吧经营主体、市场经营等1101个主体，台帐17个。

（安迎军）

【西红门工商所日常巡查工作】 年内，西红门工商所落实日常巡查工作规范，在巡查中认真履行职责，努力夯实基础工作，在巡查中查获一特大假酒包装储存窝点，当场查扣用于制作假酒的封盖机1台、已经罐装好准备运走的56度红星二锅头酒100箱1200瓶，侵犯北京红星股份有限公司"红星"牌注册商标专用权的红星二锅头包装箱2万余个，红星二锅头瓶盖10万余个，瓶贴15万余张。

（安迎军）

【西红门工商所廉政风险防范】 西红门工商所加大对干部的廉政教育，认真开展廉政风险防范管理工作，重点落实"双六"禁令，切实抓好建立健全工商系统惩治和预防腐败体系。针对办案环节，工商所所有执法人员认真查找风险点，根据风险点制定详细的防控措施。年内，拒收玉溪香烟4条，现金21500元。

（安迎军）

【黄村工商所整治非法劳务市场】 年内,黄村工商所配合相关部门对红楼东巷非法劳务市场开展联合清理整治。在非法劳务市场整治区域内的醒目位置张贴《通告》宣传政策规定。对该区域内露宿街头、游荡社会人员进行集中清劝、救助。严厉查处非法职介、非法用工行为。协助相关部门严厉查处破坏市容环境行为、影响道路交通行为和救助影响新城地区形象的人员。共出动人员35人次,车辆28车次,疏导、引导求职者和用工单位2000余人,协助相关部门清退闲散人员400余人。

(安迎军)

【黄村消协分会维权情况】 年内,黄村消协分会针对消费者投诉的手机、消费争议等问题,利用工商工作站、宣传日、日常巡查等开展消费者权益保护法律法规的宣传工作。共接到各类消费者咨询投诉261件,自录34件,不予受理11余件,申诉转立案9件。调解成功247件。为消费者挽回经济损失共计7.6万余元。接待各类咨询来访及电话并录入801件。

(安迎军)

【榆垡工商所查处危化品工作】 为保障国庆60周年辖区市场秩序的稳定。年内,榆垡工商所协调镇域相关职能部门对无证照经营化学、液化气、成品油等危化品经营单位进行检查,共查处销售液化石油气无证照经营案3件,查处销售成品油无证照经营案3件。

(安迎军)

【鹿圈工商所验照工作】 年内,鹿圈工商所对干部进行了多次思想教育,及时调整干部思想心态,特别是对各种行政执法过程中,要格坚持依法行政,无论是执法巡查、办案还是日常接待,都要把严格执法和热情服务紧密地结合起来,在执法的过程中体现服务。在年检验照工作中,个体工商户应验照4758户,实际验照4667户,验照率98.09%;内资主体应年检1407户,实际年检1340户,年检率95.23%。

(安迎军)

【安定工商所创新监管机制】 年内,安定工商所创新监管机制,改进工作模式,树立和谐监管理念。坚持法律面前人人平等的原则,以平等的姿态面对经营者和消费者,以平等的标准开展管理、提供服务,切实尊重、保障和维护管理对象的权利。改进执法方式,坚持文明监管,体现人性化执法。在坚持依法行政的前提下,坚决杜绝野蛮执法、粗暴执法的现象发生,正确处理好合法性与合理性的关系。根据相对人的不同情况,正确行使自由裁量权,在注重法律严肃性的同时,体现"人性化"执法。在遵守法律的基础上,给予监管对象更多的人文关怀,实行行政指导、行政提示、行政建议、事后回访等制度,公开执法依据、标准、程序和结果。采取行政处罚与行政指导相结合的方式,既依法监管、认真履职,又注重与监管对象实现良性互动。

(安迎军)

【城关工商所抓好行政提示工作】 年内,城管工商所把做好行政提示工作摆在工作首位,对执照到期或即将到期的、新企业未办理备案手续的、一般性违法的、虚假宣传轻微的、经营主体比较集中的主办单位、近几年以来有过违法行为受过处罚的经营主体实行行政提示,共发放行政提示书402份,比上年同期的41份,增加了361份。

(安迎军)

【庞各庄工商所指导农户签约】 年内,庞各庄工商所按照"主动指导、积极服务、和谐发展"的工作思路为辖区农户与农产品公司累计签订《北京市西瓜种植收购合同》1206份,涉及瓜农1084户,种植西瓜面积4456亩,占全镇农作物种植面积的17.48%,合同总金额共计2760万元,占全镇农作物收入的21.64%,调解涉农合同纠纷12起,解决争议金额21万元。

（安迎军）

【庞各庄工商所查办案件情况】 年内,庞各庄工商所熟练运用法律法规维护市场经济秩序,查处违反《中华人民共和国产品质量法》案件2件;查处违反《无照经营查处取缔办法》的无照经营案件25件,其中,查处超专项审批违法经营案件3件。查处违反《中华人民共和国公司法》,擅自改变登记事项案件10件。查处违反《中华人民共和国商标法》案件3件。

（安迎军）

【青云店工商所为企业排忧解难】 针对辖区小型企业资金不足的问题,工商所主动出击邀请邮政储蓄银行大兴支行信贷部的工作人员,在青云店工商所组织企业小额贷款座谈会,为辖区具有代表性的15家企业及经济合作社提供了一个与银行进行交流的平台,让他们有机会面对面的听取银行的信贷政策并进行现场咨询。年内,有1家企业、3家个体工商户贷款95万元。

（安迎军）

质量技术监督工作

【概况】 2009年,大兴区质量技术监督局紧紧围绕“以标准化体系建设为基础,积极构建质量评价体系;强化监管与积极扶持并举,树立企业主体责任意识;加强内部管理,提升社会服务效能,推进质监事业科学发展”的工作思路,贯彻落实“保民生、保增长、保稳定”的决策部署。各项工作进展顺利,质监工作总体水平稳步提高,圆满完成“国庆六十周年”安全保障等重点任务。通过广泛开展宣传教育培训工作,进一步强化企业主体责任意识,提高了生产企业质量管理控制水平。食品质量安全通过实施动态监控、分级监管,关键控制紧密结合的工作措施得到强化。特种设备安全隐患得到有效遏制。产品质量管理成效显著,监督抽查合格率呈上升趋势。计量惠民工程深受欢迎,计量监督、标准化管理等基础性工作进一步夯实。农业标准化建设向更深层次推广。行政事业性收费和经营性收入实现了较快增长。纪检监察工作坚持“标本兼治、综合治理、惩防并举、注重预防”的方针,以加强执政能力为核心,以廉政风险防范管理工作为重点。强化制度建设,坚持从源头上遏制腐败。严格执行党风廉政建设责任制,严抓领导干部作风建设。年内,成立了由局党组书记、局长为组长的廉政风险防范管理工作领导小组,研究制定《实施意见》,对本局廉政风险防范管理工作进行周密部署。根据区域经济特点和实际监管工作任务,制订廉政风险点。组织全体干部职工开展了廉政、职业道德、价值观教育。

名称:北京市大兴区质量技术监督局
地址:北京市大兴区黄村东里
邮编:102600
电话:69242369
网址:http://dx.bjtsb.gov.cn

【执法检查】 年内,全局共开展执法活动2852起,出动执法人员6656人次,查处立案案件224起。受理“12365”转办案件和消费者投诉158起。检查食品生产企业1183家次,完成食品市级监督抽查样品350个。检查工业产品生产企业610家次,完成煤炭市、区级监督抽查213个样品,抽样合格率94%。检查特种设备使用单位176家,检查特种设备1511台,下发“特种设备安全监察指令书”106份,消除事故隐患258处。办理特种设备施工前告知书864份,准许安装、改造、维修特种设备2076台,受理特种设备登记、注册、注销共计2177台,登记压力管道4609米。受理组织机构代码证书颁发、变更、注销等事项16064件,全部在规定时限内办理完毕,满意度100%,无群众投诉。

（李　浩）

【技术机构】　年内,检定测试计量器具51920台件,检验检测特种设备13683台件,出具各类产品质量检测报告6080份。完成经济指标1186.70万元,其中行政事业性收费完成705.09万元,经营收入481.61万元。

（李　浩）

【“国庆六十周年”安全保障】　在“国庆六十周年”安全保障任务中,区质量技术监督局重点抓食品安全和特种设备安全两个核心工作。采取加强监管、疏堵结合、引导帮扶等措施。通过开展宣传培训,使各项工作要求及时传达到企业生产一线。狠抓三项工作:强化食品安全监管工作。实施动态监控、分级监管、关键控制紧密结合的工作措施。以原辅料进货来源和食品添加剂使用情况为重点,完善和加强食品安全关键环节的监控。针对无证生产、制假造假等重大违法行为,开展专项检查。完成市级监督抽查任务。开展非食用物质和滥用食品添加剂专项整治活动。根据市局工作部署,对供应“国庆六十周年”庆典的食品生产企业进行驻厂监管。加强监察,确保特种设备安全。区质量技术监督局把服装加工业用“土锅炉”、小型立式蒸汽锅炉,液化石油气充装单位,流动式起重机租赁市场,简易升降机作为特种设备监管重点。期间,对存在严重事故隐患单位下发了《封存决定书》、封存特种设备71台。联合有关部门对全区19个液化石油气充装单位、1个液化石油气瓶检验单位集中开展专项整治工作,督促完成10582只气瓶的登记注册工作。开展《特种设备监察条例》新条例的宣贯。联合公安、工商、城管等部门,对服装加工集中区进行排查,查抄残留的“土锅炉”。对存在特种设备安全隐患的起重机械、压力管道元件开展专项治理。对辖区内56家压力管道元件制造单位开展全面调查摸底。抓好产品质量工作。完成工业产品、强制性(3C)认证产品监管任务,集中开展化妆品、农资产品、食品添加剂(香精香料)、燃煤炉具专项检查活动。对区内3个机动车安检机构进行全面检查。开展农资专项打假、化肥产品质量专项抽查工作。开展获证企业提交年度自查报告及建档工作。

（李　浩）

【组织教育培训】　全年共举办食品安全、特种设备安全、产品质量、标准化管理、计量管理培训班60余期,培训食品生产企业700家次,培训工业产品、强制性人证产品生产企业276家,培训特种设备使用单位892家。印制、发放食品安全、产品质量、特种设备、计量管理等各类宣传单册、信件共计1.60万份,共计培训企业法人、质量负责人等人员3000名。

（李　浩）

【推进标准化战略】　年内,重点开展三项工作,推进本区标准化战略。企业标准备案和产品执行标准登记注册。农业标准化。区质量技术监督局与区农委等有关部门研究制定出2009年农业标准化工作计划,包括基地建设,国家级示范区建设,大兴西瓜地理标识产品保护等相关工作。完成新建20个农业标准化生产基地的产品登记注册和生产基地建设工作,完成10家生产基地的提升验收。全年共完成抽查56家基地131个样品,样品数超额20%,合格129个,合格率98.5%。市级基地覆盖率达到100%。完成中关村高科技园区国家级标准化示范区工作。区质量技术监督局受理了北京经济技术开发区、生物医药产业基地等中关村高科技园区国家级标准化示范区内企业的北京市技术标准制(修)订补助资金的申报和初审。6家单位24个标准制修订项目初审合格,包括3个国家标准,21个行业标准。

(李 浩)

【计量监督】 年内,区质量技术监督局的计量工作采取新的管理模式,实施“双基”工程,即“基于机制创新的计量监督,基于产业发展的计量服务”。建立生产企业计量管理评价体系,推进生产源头诚信计量建设。寻求计量专家,起草《生产企业计量管理评价体系》。通过对重点企业的培训和企业的自查自纠,协助企业改进计量管理薄弱环节,逐步提高企业计量管理水平。已在北京人民电器厂、北京宫颐府食品有限公司等企业开展试点活动。建立计量管理员制度。在加油站、餐饮、商场超市、医疗卫生这四个行业开展计量员制度,建立本区窗口行业的诚信计量体系。针对这四个行业在计量管理上的特点,制订计量员职责并印制成公示牌的形式,争取医疗、商场超市、餐饮等行业主管部门的支持,在计量器具使用单位建立计量管理员制度,协助本局做好本单位计量器具到期约检、日常维护管理等工作。贴近大兴区现代都市农业发展提供计量服务。组织工作人员深入农业标准化基地,提供计量管理服务,免费对计量器具进行检定测试,初步实现以计量、标准“两驾马车”服务现代都市农业发展。

(李 浩)

【生产企业质量综合评价工作】 年内,区质量技术监督局着力通过机制创新解决管理短板,提高服务管理效能,集中标准、计量、质量三方力量,共同构建企业质量综合评价体系。评价体系是对企业标准体系、计量管理、质量管理体系运行、质量安全控制等生产全过程进行评价的一整套实施办法。在科学评价的基础上对企业实施分级分类管理,达到“合理使用执法力量,有效控制生产领域质量安全风险,提升产品质量水平”的目的。综合评价体系包括生产企业标准执行情况评价、食品生产企业质量安全量化分级评价、工业产品生产企业质量安全评价、生产企业计量管理评价等四个部分。突出四个核心特征,核心是树立企业主体责任意识,主旨是引导企业实现自我完善,方法是重点抽查与分级监管相结合,保障措施是教育培训和加强宣传报道。四大部分的有关文本、手册、实施意见已编制完成,进入了全面实施阶段。

(李 浩)

【食品添加剂专项整治】 2月~5月,区质量技术监督局按照市局部署,在全区范围内开展了非食用物质和滥用食品添加剂专项整治活动,整治活动共分三个阶段完成。全区365家食品生产企业全部提交了承诺书和自查自纠报告。全区食品生产企业中使用食品添加剂的220家食品企业全部进行了食品添加剂备案。不使用食品添加剂的145家食品企业提供了不使用食品添加剂承诺书。

(李 浩)

【锅炉能效普查】 3月~8月,区质量技术监督局开展锅炉能效普查及锅炉房达标工作。普查期间共完成1032座锅炉房2008年5月1日至2009年4月30日能效状况调查工作。对北京经济技术开发区内25座锅炉房开展节能管理达标活动。绘制完成原水硬度分布图,完成全区224座锅炉房341台锅炉水处理达标任务。

(李 浩)

【廉政风险防范工作调研】 5月31日,市局纪检组长师兰俊带队到大兴局就开展廉政风险防范工作进展情况进行调研。

(李　浩)

【《特种设备监察条例》颁布实施】 6月1日,《特种设备监察条例》修订颁布实施。区质量技术监督局印制6000本新《条例》,向全区特种设备生产、使用单位发放。编印3万份《条例》学习知识问答、《安全合格液化石油气瓶的三项标记》,作为区级《安全生产宣传教育资料》向全区各类生产经营单位发放。编印2000封《致使用小型蒸汽锅炉用户的一封信》,向全区服装加工企业发放。年内,开办各类培训班33期,培训各类单位1925家、培训人员2686名。

(李　浩)

【国家质检总局领导到本区调研】 6月2日,国家质量监督检验检疫总局特种设备监察局副局长宋继红带队到大兴区调研小锅炉、气瓶、流动式起重机安全监管情况。市质监局副局长李敏,特设处和大兴区质监局负责人参加了调研。宋继红一行分别到大兴区旧宫镇庑殿村服装大院、黄亦路金星桥汽车吊自发租赁市场及周边餐饮门店,实地检查服装加工用小锅炉、流动式起重机械、液化石油气钢瓶实际使用情况。检查结束后,国家局领导一行与市、区两级监管部门进行座谈。大兴区质量技术监督局领导汇报了大兴区服装熨烫业小锅炉、流动式起重机械、气瓶的监管工作和遇到的困难。市局对全市三类特种设备的监管情况进行总体介绍和难点、问题点的分析。

(李　浩)

【市质监局局长来本区调研】 7月9日,市质监局局长赵长山带队来大兴区调研质监工作。区长李长友、区委常委、常务副区长张晓林,市局副局长喻红、总工程师朱佩芬、副总工程师张庆华,市局办公室、标准化处负责人以及区质监局、区综合行政服务中心的领导参加了调研。

(李　浩)

【市质监局副局长来本区调研】 7月28日,北京市质量技术监督局副局长李敏、副巡视员张巨明带队调研大兴区液化石油气瓶专项整治工作。大兴区质量技术监督局负责人陪同调研。

(李　浩)

【市质监局副局长调研计量检定】 7月22日,市质监局副局长景晓东带队调研大兴区计量检定及法制工作。法规处、计量华北大区、计量处、计量院及大兴局主要负责人陪同调研。

(李　浩)

【家电下乡产品专项检查】 7月至8月,按市局部署,依据《家电下乡操作细则》,区质量技术监督局检查了诺基亚通信有限公司、北京雨昕阳光太阳能工业有限公司等7个家电下乡中标生产企业。建立质量档案7份,在检查中,重点检查了企业的原材料采购验收、成品检验及售后服务工作,未发现违法问题。

(李　浩)

【启用行政执法信息系统】 8月1日,区质量技术监督局正式启用行政执法信息系统,首次将案件管理工作全部实现信息化、系统化。

(李　浩)

【市质监局副局长到大兴调研】 11月11日,市质监局副局长喻红一行到大兴区质监局进行工作调研。市局科技中心、大兴局的主要领导参加了调研活动。

(李　浩)

财税 金融 审计

财政工作

【概况】 年内,在大兴区委、区政府的领导下,区财政局以科学发展观为统领,贯彻落实“保增长,扩内需,调结构,惠民生”工作部署,认真执行区委区政府确定的各项经济政策和区人民代表大会通过的各项决议,全面实施积极的财政政策,充分发挥公共财政职能。配合市区财政体制改革,完善区镇财政体制,强化税收和非税收入征收;落实积极财政政策,抢抓发展机遇,积极应对经济危机的挑战。加快新农村建设,增强公共财政向农村倾斜、公共设施向农村延伸、公共服务向农村覆盖力度,推进城乡一体化进程。把改善民生作为保增长的出发点和落脚点,推进教育、文化、卫生、养老、就业等社会事业和谐发展。继续推进预算管理、政府采购、财政监督、绩效评价等改革,重视各项财政改革之间的相互配合和相互促进,不断提高财政理财能力。坚持“以人为本、服务大局”,加强财政队伍建设,充分调动干部工作的积极性、创造性,提高反腐倡廉意识、改进工作作风,增强财政工作科学发展后劲。

名称:北京市大兴区财政局
地址:北京市大兴区行政服务中心
电话:69243237
邮编:102600

【编制部门预算】 年内,区本级部门预算编制采取“一上一下”编制程序。区财政局于7月开始着手对部门预算编制系统进行维护,并开始制定编制2010年区本级部门预算的文件,10月9日制定完成《关于编制大兴区2010年区本级部门预算的通知》,并下发到区本级283家预算单位。11月13日前完成了部门预算工作的“一上”数据汇总。

（张宝玲　李　萌）

【财政收支】 年内,区级实现财力1462720万元。其中:一般预算收入总计813856万元,与上年同比增加501703万元,增长145%。其中:决算收入合计(财政收入)230857万元,同比增加28012万元,增长13.8%。体制补助89913万元;体制定额补助101528万元;转移支付67411万元;结算补助39004万元;市追加专项补助249759万元;上年结余35342万元。基金收入完成648865万元。其中:基金决算收入616732万元,专项补助12896万元,调入资金10017万元,上年结余9220万元;财政支出进一步优化财政支出结构,把解决民生问题作为财政保障的重点,加快构建以人为本的公共财政体系。保证教育、卫生、科技文化等支出的依法增长,区级财政支出1370844万元,比上年同比增加737061万元,增长116.3%。其中:一般预算支出771533万元,同比增加357457万元,增长86.3%;基金预算支出599311万元,增加379604万元。年终滚存结余49554万元。

(张宝玲 李 萌)

【市区体制完善资金落实】 年内,将体制完善资金和区级年度预算相结合。在资金安排上,将下划资金与区年初部门预算资金进行整合,统筹安排使用。在具体执行上,按照市财政确定的列支科目,全额列入区本级预算管理。在划转事项上,对于政策明确、标准清晰、经常性、固定性的事项,本年预算安排加上划转事项资金仍不足的项目,通过自有财力给予保障,落实划转事项各项改革政策调标要求。将体制完善资金和区与镇、街道及生物医药产业基地财政体制完善相结合。统筹城乡发展,向基层倾斜财力,完善区与镇、街道及生物医药产业基地财政管理体制,调动镇、街道发展经济、增加财政收入的积极性,拓展发展空间,促进镇、街道区域经济社会可持续发展。将体制完善资金和区域发展规划相结合。按照市委、市政府确定的全市发展战略及市级主管部门制定的事业发展规划,落实各项支出责任。在做好政策梳理、项目资金核对、事业发展规划等工作的基础上,拟定转移支付资金使用方案。针对不同类型和性质的资金,结合大兴区域发展实际,严格按照划转事项规定的用途和方向使用资金,专款专用,确保最大程度上发挥资金使用效益。体制完善资金和监督指导相结合。将转移资金的安排、使用和落实情况及时向市财政及主管部门报告,主动接受市财政及主管部门、区人大、审计等部门的监督,确保转移支付资金管理使用的规范。

(张宝玲 李 萌)

【新农村法律服务室建设】 年内,本区财政投入40万元落实市政府57件实事之一,新建农村法律服务室149个。

(张新琳 肖 亮)

【为农村地区教师配备班车】 全区共有农村边远地区教师3507人,其中每天需要乘班车回新城的1747人。接送教师的班车共61辆,其中黄标车28辆。按照市政府的要求淘汰黄标车,截至年底,区财政安排专项资金594.4万元购买大、中型班车17辆给农村地区学校,解决班车超员以及本区在边远地区任教教师的乘车问题。

(张新琳 张晓烁)

【公安工作投入】 年内,本区财政对公安工作主要进行了以下投入:交通设施及信号灯图像信息系统资金2303万元;黄标车淘汰更换资金670万元;执法勤务技侦及三室设备购置2330万元;公安刑侦、囚犯、治安及办案投入3482万元。

(张新琳 肖 亮)

【发放绩效工资】 截至年底,本区义务教育教职工绩效工资全部发放到位,绩效工资标准参照本区公务员工资标准制定,实行后,全区义务教育教职工人均工资不低于公务员人均工资,并向一线教师、边远农村地区倾斜。

(张新琳 张晓烁)

【校舍安全工作】 区财政安排本区校舍安全工程资金5694万元,落实市、区两级政府关于开展中小学校舍安全工程工作的各项要求,足额安排校舍安全工程计划资金,校舍安全工作顺利开展。

(张新琳 张晓烁)

【保障科学技术评审工作】 根据《大兴区科学技术奖励办法》的规定,本区每两年进行一次科学技术评审、奖励工作。年内,安排科学技术评审费用13万元。

(张新琳 张 淼)

【保障国庆60周年庆祝活动】 年内,本区开展国庆平安行动，举办国庆庆典、烟花燃放等活动。安排国庆支出4386.27万元，其中国庆庆典活动3035.19万元；烟花燃放89.8万元；国庆平安行动，包括国庆安全保卫外围治安查堵、铁路护路执勤补助、治安巡逻志愿者补助及重点人管控和阅兵村建设1261.276万元，其中包含安排公安国庆安保及阅兵村建设400万元。

（张新琳　肖　亮）

【体育健身投入】 全年区财政投入居家建设项目资金274.5万，为全区2004年安装的125套区级居家工程和5套市级标准工程进行更新、为区内经济适用房配建居家工程14套、为街心公园配建全民健身工程2套。

（张新琳　张　淼）

【文化资金投入】 全年区财政投入资金2893万元用于数字影厅建设、数字电影放映设备购置及周末剧场放映补贴等，保障本区文化事业的发展，丰富群众的业余生活。

（张新琳　张　淼）

【保证检察院履行法律监督职能】 年内，区财政主要安排检察院职务预防犯罪资金30万元、黄标车100万元；安检设备62万元；侦查取证及同步录像254万元；办案427万元。

（张新琳　肖　亮）

【加大法院投入力度】 年内，区财政投入安检设备425.6万元、文印档案及信访749万元、办案款680万元、数字法庭建设500万元、法警及速录员劳务费240万元、设备维修及物业415万元。

（张新琳　肖　亮）

【保证司法工作顺利开展】 年内，区财政为老百姓提供最基层的法律服务，对司法主要进行了以下投入：黄标车淘汰更换60万元；法律服务中心、法律服务室及矫正基地建设资金286万元；法援及人民调解补助120万元；普法、社区矫正和安置帮教65万元。

（张新琳　肖　亮）

【计生资金投入】 年内，区财政加大计划生育宣传、计生三站维护的投入力度，投入计生事业及创国优服务先进工作经费500万元。

（张新琳　张　淼）

【村官经费】 年内，根据市区两级财政负担的原则，区财政投入2250万元用于引导和鼓励高校毕业生到农村基层就业创业。

（张新琳　李　娜）

【西瓜节经费】 年内，区财政安排资金548.27万元，用于第二十一届北京大兴西瓜节活动经费。本届西瓜节共涉及13个项目单位，举办了开幕式垫场演出、西甜瓜擂台赛、旅游宣传等一系列活动。

（张新琳　李　娜）

【规划新城“两点一线”】 年内，区财政安排资金219万元用于大兴新城“两点一线”整体城市设计及管理导则编制经费，通过整合现有城市设计内容，打造地铁大兴线沿线城市标志性景观，建设宜居宜业绿色新城。

（张新琳　李　娜）

【升级改造配送店、农贸连锁店】 年内，区财政安排资金600万元用于升级改造全区30家全额配送店，20家农贸连锁店，同时完善配送中心升级改造工作。

（张新琳　李　娜）

【流动人口管理服务】 年内，区财政安排流动人口管理服务工作经费130万元。开展流动人口和出租房屋基础调查、出租房屋清理整治专项行动、基层服务站规范化建设、试点创新与推广、流动人口规模调控调研等工作。

（张新琳　张　婷）

【区级政府投资完成情况】　年内，区财政投资51009万元，主要用于支持大兴新城基础设施建设、节能减排、生态环境治理、电力设施改造、教育卫生等社会事业建设和新农村建设。其中：新城基础设施建设资金7247万元，主要用于道路交通安全建设、天河路建设和三合南巷改造等工程。生态环境治理资金1400万元，主要用于各镇建设次生林工程。社会事业建设资金22073万元，教育事业投入资金5117万元，主要用于社区学院综合楼建设、妇女儿童活动中心建设工程、农村完小改造工程、安定镇幼儿园建设。卫生事业投入资金3167万元，主要用于区医院病房楼及附属设施建设工程、中医院老病房楼改造等项目。其他社会事业投入13789万元，主要用于旺兴湖郊野公园建设、老旧小区环境整治工程等项目。节能减排资金2502万元，主要用于本区能源监控平台建设、烟气污染源在线监测系统建设等项目。电力设施改造资金4159万元，主要用于龙河路电力改造、老旧小区配网及户表改造等。新农村建设资金13628万元，主要用于新农村街坊路建设工程、社区卫生服务中心新建工程、庞安路都市型现代农业产业带建设、乡村公路大修等项目。

（方志军　荆冬梅）

【落实家电、汽车下乡财政补贴】　年内，本区有14个镇、3个街道办事处财政所开设了家电、汽车摩托车下乡资金专户，全年累计发放补贴资金899.62万元。其中：补贴家电下乡产品11206件，发放补贴资金275.76万元；补贴汽车摩托车下乡产品1743件，发放补贴资金623.86万元。

（方志军　王晓清　贾　智）

【加大对燃煤污染整治投入力度】　年内，为改善本区大气环境，区财政拨付资金832万元，对本区燃煤锅炉单位建封闭式储煤场和燃煤锅炉改清洁能源进行补助。

（方志军　贾　智）

【对市级文明生态村发放补贴】　年内，区财政安排资金165万元，对本区荣获2009年市级文明生态村命名的瀛海镇瑞合一村等11个村进行补贴。

（方志军　贾　智）

【“中央扩大内需专项资金”管理】　年内，市财政局追加本区“中央扩大内需专项资金”1981万元，其中本区农产品质量检测站建设项目133万元，资源安全猪肉冷链技术改造项目250万元，医药仓储及配送中心项目300万元，中小企业技术改造建设项目1298万元。为保证专项资金最大限度地发挥作用，区财政局将专项资金及时拨付至项目单位，并要求项目单位开设专用账户，加强专项资金的监管。

（方志军　侯御鹏）

【市级基本建设资金投入】　年内，市财政局安排本区基本建设资金200427.47万元，加大对大兴新城基础设施、社会事业、产业发展、能源节约及生态环境建设等项目的支持力度。其中：基础设施建设投资141307万元，主要用于大兴孙村组团路网建设工程、大兴区清源路建设工程、大兴区庞各庄镇小加路建设工程、大兴区蒲黄榆路道路征地拆迁工程、大兴新城西旺路建设工程；社会事业项目投资4410万元，主要用于大兴区妇幼保健院建设工程、大兴区疾病预防控制中心及卫生监督所建设工程、大兴区中小学校舍安全工程等项目；产业发展项目投资8985.97万元，主要用于医药仓储及配送中心项目、国家新媒体产业基地星光影视园新媒体信息管理与服务公共平台等项目;能源节约与生态环境建设投资45724.5万元,主要用于大兴新城观音寺集中供热工程、大兴新城康庄集中供热工程、北京市东南郊水网工程、大兴新城滨河森林公园建设等项目。

(方志军 侯御鹏)

【落实家电以旧换新财政补贴】 年内,市财政局追加本区“家电以旧换新补贴资金”60万元,区财政局按照相关文件规定,及时兑付补贴资金,保证专款专用。

(方志军 侯御鹏)

【拨付区级储备粮轮换工作经费】 年内,区财政局配合区商务局、粮油总公司、大兴农发行继续采用2008年区级储备粮轮换实施方案,轮入实行集中贷款集中管理,轮出采用委托竞价交易方式销售。全年完成5000吨储备小麦轮换,区财政局拨付轮换经费145.92万元。

(方志军 王晓清)

【粮食直补资金发放】 年内,本区享受种粮补贴农户96816户,补贴总面积60万亩,补贴总金额5417.6万元。其中:小麦补贴农户38413户,补贴总面积21万亩,补贴总金额2416.2万元;玉米补贴农户58403户,补贴总面积39万亩,补贴总金额3001.4万元。

(方志军 王晓清)

【工业用土地一级开发成本审计】 区财政局委托评审中介机构完成大兴新城0302街区A、B地块项目、庞各庄镇PGZ-28号工业用地项目、庞各庄镇PGZ-26、27号工业用地项目、大兴新城东南片区0605-20、0605-21地块项目、安定镇工业区生产基地(01-0604)项目、庞各庄镇人民政府纳米科技生产基地项目、庞各庄镇人民政府生产加工基地项目、孙村组团工业用地项目、安定镇工业区生产基地01-0605地块项目、安定镇工业区01-0610地块项目、亦庄镇东工业区项目共11个工业项目用地的土地一级开发成本审核工作。

(方志军 董 迪 芮晋京)

【国有土地出让收入收支管理】 上年度本区国有土地出让收入结余1601.75万元,本年度累计收入591915.29万元(含前期开发成本273710.98万元),支出566232.79万元,结余27284.25万元。

(方志军 董 迪 芮晋京)

【对本区燃煤供热企业发放补贴】 按照燃煤8.7元/平方米、燃气1.79元/平方米、燃电19元/平方米的补贴标准,市区两级财政共安排本区2009~2010年采暖季居民供热燃料补贴资金13470.16万元,截至年底,区财政将6735.08万元拨付相关供热企业。

(方志军 高 司 芮晋京)

【拨付石油价格改革补贴资金】 年内,区财政局共拨付3家公共客运企业境内公共客运石油价格改革财政补贴资金1478万元。

(方志军 高 司 芮晋京)

【商业流通发展资金管理】 年内,区财政局与区商务局共同组织申报商业流通发展项目32个,争取市级商业流通发展资金4097.11万元。

(孙 硕 芮晋京)

【中小企业发展资金管理】 年内,区财政局与区工业局共同组织申报中小企业发展项目6个,争取市级中小企业发展资金1290万元。

(孙 硕 芮晋京)

【完善公费医疗政策】 年内,区财政局联合相关部门,出台《关于完善本区公费医疗管理办法的通知》(京兴劳社医发[2008]202号)文件,改变公费医疗享受单位自定医药费再报销的方式,平衡原有部门间、单位间待遇差距。全年共支出6641.78万元,保障本区30243名公费医疗享受人员的医疗待遇。

(赵　丽　张腾蛟)

【全力推动就业工作开展】 对本区劳动力实现不限次免费职业技能培训,并对取得高级以上职业资格证书人员及企业给予奖励;对用人单位招用本区劳动力分年龄段给予每年500~10000元的一次性奖励;对本区劳动力创办企业并吸纳10名以上本区劳动力就业的给予30000元的创业扶持资金;对各类职业介绍机构推荐本区劳动力就业给予定额补贴;对全区村级就业服务工作站工作人员给予每年6000元的目标考核奖励;每年对就业安置先进企业、优秀品牌、创业明星给予奖励。

(赵　丽　张腾蛟)

【加大就业再就业资金投入】 年内,区财政累计投入资金2172万元支持就业和再就业工作。安置1225名就业困难失业人员从事社区公益性就业岗位工作;对辖区内就业工作做出特殊贡献的企业进行奖励;对不符合市级贴息政策的小额担保贷款给予贴息。

(赵　丽　张腾蛟)

【大病医疗保障】 根据《北京市人民政府关于建立北京市城镇无医疗保障老年人和学生儿童大病医疗保险制度实施意见的通知》(京政发[2007]11号)、《北京市人民政府关于建立北京市城镇劳动年龄内无业居民大病医疗保险制度的实施意见》(京政发[2008]24号)精神,区财政出资1429.15万元对城镇无医疗保障老年人和学生儿童及城镇劳动年龄内无业居民参加的大病医疗保险进行了专项补贴。其中"一老"7028人,"一小"64186人,"城镇无业"1332人。

(赵　丽　张腾蛟)

【城乡居民基础养老金发放】 根据《北京市人民政府关于印发北京市城乡居民养老保险办法的通知》(京政发[2008]49号)精神,区财政安排专项资金3314.22万元,保障本区13316名符合享受条件的城乡居民基础养老金待遇。

(赵　丽　张腾蛟)

【无社会保障老年居民福利养老】 根据《北京市人民政府关于印发北京市城乡无社会保障老年居民养老保障办法的通知》(京政发[2007]35号)精神,区财政安排专项资金13605万元,保障本区54107名符合享受条件的无社会保障老年居民福利养老待遇。

(赵　丽　张腾蛟)

【社会保险基金收支稳步增长】 年内,五项基金累计收缴155969.25万元,支出126337.97万元。其中基本养老保险收缴115286人,收缴额97459.94万元,支出83220.02万元;失业保险收缴123734人,收缴额9540.23万元,支出1405.51万元;工伤保险收缴192124人,收缴额3420.89万元,支出2068.82万元;生育保险收缴65566人,收缴额1622.67万元,支出1024.84万元;基本医疗保险收缴230308人,收缴额43925.52万元,支出38618.78万元。

(赵　丽　张腾蛟)

【城乡最低生活保障标准调整】 1月1日,大兴区城镇低保标准由390元/人·月上调至410元/人·月,农村低保标准由160元/人·月上调至200元/人·月,全年共计发放城乡低保资金1425.45万元,比上年增加389.17万元。

(赵　丽　梁雯雯)

【推进殡葬改革】 根据全市统一部署，城乡无丧葬补助居民丧葬补贴金为5000元。为保障城乡居民的基本丧葬需求，自1月1日起，本区共接收并受理丧葬补贴申请1328份，全年共投入资金664万元。

（赵 丽 梁雯雯）

【为高龄老人发放高龄津贴】 年内，区财政局接手高龄老人津贴拨付业务，全年为本区17个镇的608名高龄老人拨付高龄津贴72.9万元，其中90～99岁老人596名，100岁以上老人12名。

（赵 丽 梁雯雯）

【平碑工作】 年内，本区全年治理坟头37456个，安排资金446.604万元。自2006年平碑工作开展以来，本区共治理坟头65759个，涉及374个村，共投入坟头整治经费760.831万元，完成全区的坟头治理工作。

（赵 丽 梁雯雯）

【优化农村优抚社救对象住房】 4月，市财政局下达了京民救发[2009]181号《关于做好2009年本市农村优抚社救对象危房翻建维修工作的通知》文件，根据通知精神危房改造资金补助标准和任务数大幅增加，优抚对象补助资金由3万元提高到5.4万元；社救对象补助资金：翻建由2.1万元提高到4.5万元，维修由0.9万元提高到1.35万元；改造户数由160户增加到460户。按照文件要求，区财政共投入资金1845万元用于农村优抚、社救对象危房改造工作，切实改善了优抚、社救对象的住房条件。

（赵 丽 梁雯雯）

【调整义务兵优待金标准】 本区根据《北京市民政局北京市财政局关于提高义务兵优待金标准的通知》要求，提高义务兵优待金标准，为每人每年1.5万元，新标准从本年度冬季征兵开始执行，所需经费列入区县财政预算，由区县财政负担。

（赵 丽 梁雯雯）

【调整优抚对象补助金待遇】 年内，本区已确定享受补助金待遇的优抚对象1330人，其中参战378人，参试96人，复员军人435人，孤老和三属96人，带病回乡退伍军人40人，残疾军人285人。根据《北京市民政局 北京市财政局关于调整部分优抚对象优抚补助标准的通知》要求，年内，优抚对象补助金支出980.98万元。

（赵 丽 梁雯雯）

【调整新型农村合作医疗政策】 年内，本区参加新型农村合作医疗人员共计297362人，参合率97.8%，实际支出15519万元为参合人员报付医药费用。当年新型农村合作医疗政策在执行上进行了四方面的调整：增加筹资，提高补偿水平。每人新增筹资100元，达到420元。其中个人出资增加到50元，其余370元由市、区两级政府负担；增加门诊补偿，扩大受益面。普通门诊医药费按50%补偿，年度内封顶线为家庭成员参合数乘以120元；调整住院起付线，提高报付水平。市级医疗机构住院起付线为2000元，区内二级医疗机构住院起付线为500元，区内一级医疗机构不设起付线，年度内在同级别医疗机构再次住院不再扣除起付线；发挥政策导向作用，引导农民合理就医。区内一级医院住院补偿率提高到80%，中医院补偿比例在其他二级医疗机构的基础上各段顺加3个百分点，以引导农民在社区卫生服务中心及中医院就医，合理利用医疗资源。

（赵 丽 李雪峰）

【加大农村改水改厕投入力度】 年内，本区农村改水项目共计18个，其中联村水厂3个，扩村水厂15个，涉及26个村，受益人口

22217人。财政投入资金520万元。全年共改造户厕16150座,涉及84个村。财政投入资金2180.25万元。通过改水改厕工作,极大改善了农村生活环境,提高了农民生活水平。

(赵 丽 李雪峰)

【医药卫生体制改革前期工作】 根据北京市医药卫生体制改革进展情况,大兴区财政局从以下方面做好医改前期工作:围绕医药卫生体制五项重点改革,抓住关键,突出重点;领导重视,精心部署,细化工作,确保医改工作稳步推进;为做好医改资金的保障工作,反复测算近几年卫生事业投入,预测未来两年医改需求情况;针对改革过程中可能遇到的问题,与本区卫生、人力资源和社会保障等部门沟通,与其他区县和市财政局沟通,多渠道寻找解决办法;明确医改的重要性,做好通力配合、克服困难的准备。

(赵 丽 李雪峰)

【甲型H1N1流感防控救治】 年内,区财政陆续投入3810万元紧急资金,用于防控救治工作,主要包括对甲型H1N1流感疫情的监测、处理、医疗救治、人员防护、消毒隔离、应急物资储备等方面支出。

(赵 丽 李雪峰)

【补助无固定收入重残无业人员】 根据《关于对无固定性收入重残无业人员给予生活补助的暂行办法》(京残发[2007]23号)文件要求,经审核,有符合标准的残疾人2531人,其中城镇重残人456人,每人每月410元;农村重残人2085人,每人每月200元。全年区财政共发放补助资金682.246万元。

(赵 丽 李 爽)

【发放残疾人专职委员补贴】 为加强本区残疾人的管理工作,本区安排专款用于发放残疾人专职委员误工补贴。本区通过笔试、面试,共选聘了694名残疾人专职委员。主要负责本村、社区居委会残疾人协会的日常工作。按照每人每月500元的标准发放误工补贴,共投入资金426.21万元。

(赵 丽 李 爽)

【确保温馨家园职康站正常运行】 年内,本区共新开办2家温馨家园,开办费共拨付60万元。残疾人职业康复劳动站通过与企业联合及自发组织活动等形式,辐射带动周边残疾人参加职业康复劳动,减轻残疾人家庭负担。目前本区共有14家残疾人职业康复劳动站通过了审核验收,并开始运行。本区财政共投入资金340.5万元确保残疾人职康站正常运行。

(赵 丽 李 爽)

【帮扶本区残疾儿童少年康复】 由市残联、市卫生、市财政、市教委联合下发《北京市残疾儿童少年康复补助暂行办法的通知》(京残发[2008]82号)及《北京市残疾和儿童少年康复补助实施细则的通知》(京残发[2008]83号)文件,于1月1日起正式执行。政策的出台,保障了本区残疾儿童的康复权利,解决了他们在康复中的困难,从而促使他们及时进行康复训练,使部分残疾儿童得到有效的康复服务。年内,共审批7岁以下进机构康复训练的残疾儿童13名(其中低保家庭2人),发放康复补助经费12.6万元。

(赵 丽 李 爽)

【老年大学教学楼改造工程完工】 年底,区老干部大学教学楼改造工程圆满完工并正式投入使用。老年大学改造工程的结算总造价为1021.7万元。

(赵 丽 李 爽)

【增强农业综合开发资金投入】 年内,农业综合开发项目投入财政资金16679.31万元，其中：中央立项农业综合开发土地治理项目支出8694万元；中央立项农业综合开发产业化经营项目支出5907.31万元；地方立项农业综合开发项目支出2078万元。农业综合开发资金的投入，改善本区农业基本生产条件，共新增灌溉面积6万亩，完成机电井114眼、输变电线路149.76公里、开挖疏浚渠道149.1公里、埋设管道251.65公里、渠系建筑物155座、机耕路76.02公里、改良土壤3.1万亩、造林0.11万亩，基本实现农田由渠灌到管灌的升级；所治理土地农田林网化达到100%，林网完好率达到95%以上，提高农田防护能力。通过实施中低产田改造项目，提高土地综合生产能力，以种植小麦为例：灌溉方式的改变，使每亩小麦节约水资源60吨、电能18度，投资9元左右。由于灌溉及时，亩产小麦由原来250公斤提升到300公斤，每亩增加收入70元左右。

（史雪洁　曹劲蓉）

【落实设施农业建设】　区财政局全年共拨付设施农业建设资金3590.95万元。全区今年新建并通过市级验收的保护地面积为8430.4亩，其中：日光温室1131亩、钢架大棚7299.9亩。

（史雪洁　张海旭）

【加大新农村建设投入】　年内，区财政局共投入5278.41万元，完成“亮起来”工程、沼气工程和秸秆气化工程及太阳能公共浴室等工程，改变了农村传统的生活模式，利用废弃料和天然能源，在节约能源的同时减少污染。

（史雪洁　张海旭）

【保证奶牛养殖业规模化发展】　年内，为推动奶牛的规模化养殖、降低奶牛养殖户的市场风险，区级财政共投入182.37万元对奶牛养殖场（养殖户）及奶牛入区进行了补贴，共入区2027头奶牛。

（史雪洁　张海旭）

【扩大农业保险范围】　年内，区级财政共投资960.05万元用于开展农业保险工作，瓜、菜、果、粮食、温室、大棚等种植业投保面积16.5万亩，养殖业投保21.2万头。

（史雪洁　张海旭）

【农民政策性资金投入】　年内，区财政局在加大新农村建设投资力度的同时保证农业政策性资金的投入，全年农业政策性资金的投入共计8375.57万元。启动了“科技助农”工程，选拔和培养了1300名村级科技示范户，开办农民田间学校62所，实用技术培训8万人次，农产品经纪人培训200人次。

（史雪洁　张海旭）

【加强街坊路硬化工程建设投入】　区财政局全年共拨付街坊路硬化工程建设资金14615.9万元。全区今年完成153个村的街坊路硬化工程建设，涉及12个镇，建设面积281万平方米，改善了村容村貌、方便村民出行。

（史雪洁　张海旭）

【补贴能繁母猪及优质后备奶牛】　年内，为提高养殖积极性，推进了能繁母猪及优质后备奶牛品种的改良，区财政共投入916.56万元对全区能繁母猪及优质后备奶牛进行补贴，其中能繁母猪补贴516.71万元、优质后备奶牛补贴399.85万元。

（史雪洁　王　巍）

【扶持规模化畜禽场升级改造】　年内，为改善了本区规模化养殖水平、提高后期粪污治理力度、使本区规模化养殖更加科学化、规范化，区级财政共投入697.9万元用于规模化畜禽场改造及其粪污治理，采用先进技术对畜禽场进行升级改造。

（史雪洁　王　巍）

【加大狂犬病免疫投资力度】　年内,区财政局继续加大狂犬病免疫投入力度,用于狂犬病免疫工作经费570.94万元。全区免疫注射犬11.5万条,大大减少了狂犬病在本区的发生,使人民的生命安全得到了保障,为创建和谐社会奠定了基础。

（史雪洁　王　巍）

【投入资金控制动物疫病发生】　本区是北京市畜牧养殖大区,各种畜禽存栏近400万头(只)。年内,区财政局投入资金150万元用于亚洲Ⅰ型和O型口蹄疫及禽流感(H5型)等动物疫病的抗体监测和防疫工作,防控各种重大动物疫病在本区的发生。

（史雪洁　王　巍）

【做好两河管护工作】　年内,区财政局投入资金400多万元用于新凤河和南红门灌区(简称两河)管护工作,维护了工程设施,解决了往日两岸的脏乱差面貌,呈现出了水清、岸绿、景美的美好景象。

（史雪洁　王　巍）

【推进再生水利用度】　年内,区财政局投入资金427.52万元用于再生水运行工作,加大本区利用再生水的力度、改善本区水环境、缓解大兴水资源短缺现状,为充分利用中水资源进行了有益尝试。

（史雪洁　王　巍）

【支持一户一表改造工程】　年内,为合理开采利用有限的地下水资源,加强科学用水力度,区财政投入资金5200万元用于一户一表改造工程。通过实施水厂扩户、更新水源井及村网改造等工程,完善本区用水设施体系。

（史雪洁　王　巍）

【确保区污水处理工作顺利实施】　年内,为加强本区的污水处理力度,完善了本区的污水处理体系,区财政局共拨付污水处理运行费2949万元用于本区污水处理工作。其中黄村污水处理厂2182万元、天堂河污水处理厂107万元、镇级污水处理厂660万元。

（史雪洁　王　巍）

【保障重点通道绿化建设工程】　年内,区财政投入3610万元,为六环路(大兴段)、京山铁路一期(大兴段)工程提供资金保障,全年完成绿化面积2845亩,其中京山铁路一期完成1305亩,六环路完成1540亩,共栽植乔、灌木106.1万株。

（史雪洁　孙　震）

【补助绿色通道产业带地区】　年内,区财政拨付资金1593万元,对本区绿色通道产业带地区涉及的黄村、北臧村等11个镇无收益期补偿1195万元,产业带养护补助398万元。

（史雪洁　孙　震）

【扶持果树产业建设】　年内,区财政拨付资金240.5万元,保障本区果树产业建设以都市型现代农业为发展方向,以提质增效为核心,重点以新品种试验示范、新技术新机制试验示范和果园完善提高三项作为财政资金的重点扶持内容。

（史雪洁　孙　震）

【保证集体林权改革顺利进行】　年内,为深入贯彻《中共北京市委北京市人民政府关于推进集体林权制度改革的意见》精神,区财政拨付资金105.85万元,保证本区2009年集体林权制度改革工作顺利进行。

（史雪洁　孙　震）

【加强对常规林业有害生物防治】　年内,区财政拨付资金80万元,用于加强对常规林业有害生物防治。资金主要用于:购置防控药剂,其中灭幼脲3号11吨、高效氯氢菊酯6吨、苦参碱4吨;对早春食叶害虫进行越冬蛹调查监测;三、购置粘虫胶600盒、粘虫带600件;对全区重点地段进行了飞防、地防,其中,飞防50架次,利用人工进行地面防治6万亩次。

(史雪洁 孙 震)

【保障三海子郊野公园工期顺利】 年内,为保障三海子郊野公园工期顺利进行,区财政累计安排资金32891万元,用于三海子郊野公园一期瀛海镇、南郊农场和亦庄镇段建筑拆迁补偿。

(史雪洁 孙 震)

【新农村绿化美化建设投入】 年内,区财政累计安排资金350万元,用于支持本区新农村绿化美化建设工作。2009年全年实施村庄绿化面积约210万平方米,涉及83个村庄,5.5万户农民。其中:主干路绿化62.7万平方米,街坊路绿化52.5万平方米,建设环村林52.8万平方米,建设公园绿地54个,绿化面积34.4万平方米,庭院绿化7.6万平方米。

(史雪洁 孙 震)

【补贴小型农机具为农民办实事】 年内,为促进设施农业快速发展,提高设施机械化水平区,财政局投入资金170万元用于农机中心购置农机具。推广微耕机、温室卷帘机等小型农业机械。

(史雪洁 白 石)

【农机服务组织储油设施改造】 年内,为排除农机服务组织储油设备老化所存在的安全隐患,满足服务组织和周围农机户的用油需求,区财政局投入资金170万元用于储油设施改造项目。经相关部门批准对,确定为魏善庄、榆垡、青云店、采育、庞各庄、安定农技站和北京兴绿禾农业技术服务有限公司进行储油设施改造。

(史雪洁 白 石)

【2008年度决算汇审工作】 2月25日和3月3日,区财政局顺利通过市财政局组织的2008年度部门决算和财政总决算汇审,并荣获"区县部门决算先进单位"。

(冯汝爱 刘永春 刘 飞)

【财政资金安全检查工作】 4月9日下发《关于转发北京市财政局〈关于转发财政部开展地方财政资金安全检查工作的通知〉的通知》(京兴财[2009]83号),于4月13~17日进行本区财政系统财政资金安全管理工作自查,4月20~24日对17个镇、街道财政所的财政资金安全管理工作进行抽查(抽查4个镇、1个街道财政所),落实财政资金安全检查工作,并针对存在的问题,制定整改措施。

(冯汝爱 刘永春)

【非税收入收缴改革工作】 6月,下发《关于印发〈北京市大兴区区直单位非税收入收缴管理制度改革试点办法〉的通知》(京兴财[2009]208号)和《关于第二批纳入非税收入收缴管理制度改革试点范围的预算单位启动非税收入收缴管理制度改革的通知》(京兴财[2009]234号),确定区财政局、人事局、第三中学等12家单位纳入试点范围。截至年底,共12家试点单位,通过直接缴库和集中汇缴方式将非税收入直接缴入非税收入收缴专户,累计上缴专户578笔,资金额达2,219.39万元。

(冯汝爱 刘 飞)

【推进国库集中支付改革】 年内,对全区65家行政事业单位进行了国库集中支付改革,全年支付5159笔,支付总金额34亿元,其中:直接支付4262笔,累计支付22亿元;授权支付897笔,累计下达额度12亿元。6月11日和11月9日下发《关于第四批纳入国库集中支付改革试点范围的预算单位启动国库集中支付改革相关事项的通知》(京兴财[2009]216号)和《关于第五批纳入国库集中支付改革试点范围的预算单位启动国库集中支付改革相关事项的通知》(京兴财[2009]423号),最终确定第四批32家、第五批133家二级预算单位纳入改革试点范围。按市财政局文件要求,11月下发《关于教育等市对区县专项拨款纳入本区集中支付改革相关事宜的通知》(京兴财[2009]421号),自10月1日起,教育等市拨专款指标全额纳入本区集中支付改革。

(冯汝爱　刘　飞)

【总预算会计工作】　全年共办理财政资金拨付12617笔,其中:预算内10962笔,预算外933笔,专户722笔;授权支付累计下达897笔,累计额度12亿元。非税收入统计按票据分单位和收入项目登记台账达9323笔。每旬、每月和每季度按时编制财政收支旬报、月报、暂存暂付表、非税收入收缴情况等报表,及时报送市财政局和局领导和相关科室。

(冯汝爱　石月华)

【推进工资统一发放】　年内,工资统发单位由上年的57家增加到60家,全年区级单位统发工资金额29773万元,统发人数累计达到78863人次;镇教师工资统发金额为28574万元。

(冯汝爱　常月月)

【推行公务卡制度改革】　1月,与工商银行签订代理协议,由华软新园软件公司进行开发软件系统;3月,下发《关于印发〈北京市大兴区行政事业单位公务卡管理暂行办法〉的通知》(京兴财[2009]35号);选择财政局、发改委作为首批试点并进行公务卡使用及相关知识培训;10月上旬,在试点单位改革取得经验的基础上,启动第二批公务卡试点改革,组织检察院、统计局、政府机关后勤中心、档案局、规划局、残联、动物卫生监督管理局、工业局等8家改革试点单位财务人员进行培训,并于12月办理公务卡。截至年底,公务卡试点改革单位10家,累计业务91笔,消费金额148468.56元。

(冯汝爱　刘　飞)

【账户管理工作】　全年共开立各种账户121个,其中:基本账户31个,一般账户9个,党费专户3个,食堂账户10个,专用账户32个,零余额账户34个,临时账户2个;变更账户92个;出具确认函228份。

(冯汝爱　孙　敬)

【召开部门决算总结表彰布置会】　12月17~21日,区财政局组织召开本区上年度部门决算总结表彰和本年度部门决算布置培训会,全区各行政事业单位、镇(街)财政所,累计325户,与会人数共354人。

(冯汝爱　刘　飞)

【政府采购完成情况】　截至年底,全区共立项371个,涉及政府采购预算44336.84万元,实际采购金额37785.55万元,节约资金6551.29万元;其中:项目采购47项,涉及政府采购预算39423.25万元,实际采购金额32871.96万元,节约资金6551.29万元;定点采购952项,涉及政府采购预算4913.59万元。

(唐胜明　赵春华)

【完善政府采购制度】　制定《北京市大兴区财政局政府采购非招标方式操作规程》。其中对非招标方式采购的适用范围、采购方式、操作流程及应遵循的原则等进行了全面系统地规定，规范本区的非招标方式采购工作，保证非招标采购方式的公平与规范。规范评审办法制定和评委评标工作：规范评审办法的制定工作、规范评委评标工作。在完善制度的同时，发挥政府采购的政策功能：转发市财政局相关文件，为发挥政策功能提供政策依据和具体工作方法；进行培训，增强采购人和采购代理机构执行各项政策的自觉性，要求采购代理机构在招标文件中注明加分幅度，体现对节能、自主创新产品的优先采购；加强项目立项审核，从源头上把牢自主创新产品采购关。

（唐胜明　赵春华）

【推行政府采购网上运行】 本区政府采购网上运行系统自1月1日正式启用以来，采取下列措施确保该系统高效运行：及时答疑解惑、展开针对性培训、完善系统。

（唐胜明　赵春华）

【车辆控编控购和统一保险工作】 截至年底，共审核车辆增编21辆，审核购置车辆58辆；核实车辆统一保险435.45万元。

（唐胜明　赵春华）

【会计管理工作】 1月上旬，区财政局统一为40家2级单位安装用友财务软件并组织培训；7月，组织区属一级预算单位会计人员财务知识竞赛及素质拓展活动，此次活动共91人参加；9月份，对本区在会计岗位满30周年的82名会计人员，颁发了会计人员荣誉证书。2009年大兴区会计人员继续教育培训人数3210人。

（张艳英　张凤云）

【代理记账机构审批及管理】 截至年底，本区管理的代理记账单位70户；根据财政部27号令《代理记账管理办法》规定，4月开始对通过审批的代理记账机构进行年检，符合年检要求的合格代理记账机构57户；全年新批准代理记账机构14户。

（张艳英　张凤云）

【会计从业资格报名考试】 3月21日至4月25日，会计从业资格考试分别在大兴一中、北京师范大学大兴附属中学、财政局财教中心进行。共报名4511人，通过1044人，通过率23.14%。10月19至23日，2010年度会计从业资格考试报名工作在财政局财教中心进行，共报名5474人。

（张艳英　张凤云）

【会计专业技术资格报名考试】 5月16日会计专业技术（初级）资格在北京师范大学大兴附属中学进行。应考1362人，经济法参考936人；会计实务参考926人，参考率67.98%；考试及格174人，及格率是参考数的18.8%。11月2至5日2010年度会计专业技术（初级）资格考试报名在财教中心进行，共报名1428人。

（张艳英　张凤云）

【市追加专项资金检查】 3月至5月，区财政配合北京市财政局监督检查分局检查组对本区上年度市追加专项资金的收入、拨付、管理和使用情况进行检查。检查涉及资金约18.2亿元。检查组重点检查了公安局、动物卫生监督局、旅游局、农委以及庞各庄镇、榆垡镇。

（马国岩　曾志斌）

【召开监督系统东片会议】 6月11日，区财政组织召开财政监督系统东片会议及“小金库”治理工作培训，通州等十个区县参加会议。市财政局监督处副处长于爱晶、监督分局副局长贾学青到会并讲话。

（马国岩　曾志斌）

【"小金库"专项治理检查】 6月至10月,区财政组织开展本区"小金库"专项治理检查工作,在自查自纠阶段,本区有7家单位在自查自纠过程中发现问题,涉及资金50.33万元,其中:入库资金28.85万元,入财政专户资金16.09万元,调账金额5.39万元。重点检查阶段,本区重点检查了40家单位,财政部门、审计部门各检查20家单位,检查中发现存在"小金库"的单位一个。

(马国岩　曾志斌)

【大额专项资金检查】 2至10月,区财政对本区的大额专项资金的收入、拨付和使用情况进行了抽查,并延伸到项目单位。检查涉及10个区直单位、4个镇、150个项目,检查资金共计3.7亿元。重点检查专项资金是否专款专用,会计账簿、会计凭证是否设置合法。

(马国岩　曾志斌)

【会计信息质量检查】 7月至10月,区财政开展会计信息质量检查工作。共检查区水务局、区劳动和社会保障局、区环保局、区人民检察院等4个行政事业单位。针对发现的问题,提出有针对性建议21条,4家被查单位对检查组查出的问题在限定期限内及时进行了整改,在整改的基础上,被查单位制定了预防机制,加大业务学习力度。

(马国岩　曾志斌)

【固定资产动态系统】 年内,为做好固定资产动态系统工作,区财政为45家资产数额较大的单位配备固定资产数据采集器及打印机。4月8日召开培训会,请供应商讲解使用方法,并已安装完毕。7月14日至7月16日,区财政局完成了对区属各单位动态系统软件升级培训工作。

(刘秀杰　楚春艳)

【简化教育系统无偿调拨手续】 5月25日,区财政局下发了《关于批准大兴区教育系统内部无偿调拨简化手续的通知》。

(刘秀杰　楚春艳)

【处置资产公开拍卖】 截至6月底,区财政局首次完成公安局大兴分局无主车辆、黄村镇政府淘汰车辆公开拍卖工作,拍卖所得金额22.75万元,实现了国有资产的保值增值。

(刘秀杰　楚春艳)

【调查办公用房出租出借情况】 年内,区财政局对区直属单位办公用房、出租出借办公用房的现状进行调查。截至10月底,完成各单位办公用房调查统计上报工作。其中有出租出借的单位45家,出租出借41671平方米。

(刘秀杰　楚春艳)

【市区级财政专项资金绩效考评】 4月21日,区财政对区属各单位进行了绩效考评工作培训。7月1日至11月16日期间,配合市财政局绩效考评中心,完成了市对本区交通局、种植业中心的专项考评工作;完成了水务局、农委、礼贤镇、环保局、市政园林服务中心、青云店镇卫生院、中医院、统计局、科委、司法局共10个单位的区拨专项的绩效考评的自评及专家考评工作。

(刘秀杰　楚春艳)

【区属行政事业单位土地证申报】 区财政局根据区政府印发的《关于区直行政事业单位统一办理土地证的通知》(京兴政办发[2008]67号),针对各单位状况,经与国土局协商,对申报条件给予适当放宽,又下发了补充通知。截至年底,完成97家行政事业单位办理土地证申报工作,有19家单位取得了国有土地使用权证。

(刘秀杰　楚春艳)

【完成公物仓调研工作】 年内,区财政局对本区行政事业单位国有资产管理现状和周边区县公物仓运行情况进行调研，完成本区建立公物仓调研工作。

（刘秀杰　楚春艳）

【加强非税收入征管工作】　年内，区财政局整理行政性收费依据、执法处罚依据及有关标准，对相关预算单位的非税收入征收项目进行梳理，摸清基础情况；对相关预算单位2006～2008年非税收入征收情况进行调研，发现问题，及时提出解决办法，促进2009年征管工作的顺利完成；对相关预算单位2009年非税收入征收情况进行监督检查，每月组织收入对比分析，深入挖掘增收潜力，确保应收尽收。

（杨太恒　董　迪）

【外资企业财政登记】　全年区财政局共办理外商投资企业财政登记49户，其中企业变更登记37户、新设立登记12户。

（焦俊君　高厚忠）

【区内资企业经营状况调研】　年内，区财政局完成对区内资企业的运营状况的调研工作。调研以上年决算数据为主要依据，调研区国有企业72家、集体企业5家。

（焦俊君　王卓君）

【内资企业年终财务决算】　3月16日，上年度内资企业年终财务决算工作结束，决算共汇编内资企业69家，包括国有及国有控股企业64家，集体企业5家，其中盈利企业37家，占汇编总数的54%。

（焦俊君　苍　野）

【外资企业年终财务决算】　3月17日，召开全体外资企业的年终决算工作布置会。6月2日，上年度外商投资企业年终财务决算工作结束，汇编外商投资企业196家，较上年减少19家。汇总资产总额为147.03亿元，较上年增加10.48亿元。净利润为17,001.40万元，较上年减少20.370.60万元。缴纳各项税金共计83,562.26万元，较上年增加12,232.49万元。

（焦俊君　王卓君）

【外资企业财务报告核查】　年内，区财政加大区外商投资企业财务报告核查工作，通过对上年度决算录入的196家外商企业逐一进行分析，确定15家企业。制定核查工作方案，协调被核查企业，将核查通知书送达被查企业。8月31日，外商投资企业财务报告核查工作结束。

（焦俊君　王卓君）

【工业企业奖励项目审核验收】　年内，区财政局加强上年度工业企业奖励项目的审核验收工作。对企业提交的材料进行严格审核并有针对性地下企业进行实地验收，对不符合奖励政策的项目坚决予以剔除。上年申报奖励项目29个，审核合格项目12个，其中鼓励新媒体发展项目，申报项目17个，审核合格3个，核定奖励资金192.35万元；鼓励企业扩大投资规模项目，申报项目9个，审核合格7个，核定奖励资金267.3万元；鼓励企业技术改造项目，申报项目3个，申请奖励资金审核合格2个，核定奖励资金531万元。

（焦俊君　苍　野）

【再生资源企业税收工作】　年内，区财政局组织再生资源企业做好增值税退税申请工作；根据规定，做好再生资源企业的备案，并到企业现场进行退税资料的审核；及时将审核合格的资料送达市财政局。全年，备案再生资源企业共23家，申请办理退税企业19家，已退税金额5603万元。

（焦俊君　苍　野）

【金财专网建设及签署维护合同】 年内,本区金财专网共连通了257家预算单位。按照市财政局的统一要求与部署,9月,区财政局与北京市歌华公司签署了“金财工程”专网租用服务合同,加强对本区金财专网的维护和管理工作。

(陈　虎　夏　维)

【构建完善网络安全体系】 年内,区财政局完善网络安全建设,在已有的防火墙、VPN加密、漏洞扫描等安防系统基础上,构建双路核心交换、路由冗余热备份系统,在实现流量负载均衡的同时,保证专网核心体系单个故障点不会影响全网的安全畅通,实现了财政信息高速路的主辅路双向通车。加强数据安全建设,构建包括异地数据备份、本地磁带库、备份服务器等多渠道分时段不间断数据备份系统,保证重要的财政数据有不同的备份形式。

(陈　虎　马　宁)

【规范财政性票据管理使用】 年内,区财政局继续规范财政性票据的管理和使用,对违规使用银钱票据的20个单位予以纠正,敦促补缴税款计195989.06元。

(王德成　王永顺)

【彩票公益金资助项目检查】 2006至2008年度,本区获得彩票公益金资助项目53项,资金6781.25万元。其中福利彩票项目资金4423.24万元、体育彩票项目资金2138.01万元、青少年公益金项目资金220万元。年初,很多项目尚未启动。3月,区财政局对尚未启动的彩票公益金项目,逐一检查,敦促实施。至12月,所有项目均已启动。

(王德成　王永顺)

【彩票公益金项目资金申报】 年内,全区争取彩票公益金项目资金27项,金额3925.41万元。其中福利彩票公益金项目22项,金额3033.55万元;体育彩票公益金项目4项,金额791.86万元;青少年公益金项目1项,金额100万元。

(王德成　王永顺)

【向什邡地区捐款】 5月15日,区财政局组织全局干部职工向四川什邡捐款,主题为“京什手拉手,重建新家园”,共135人,捐款4980元。

(王新宇　李　菡)

【社会捐助活动】 11月23日,区财政局组织全局干部职工开展主题为“送温暖献爱心”社会捐助活动,共135人,捐款4670元。

(王新宇　李　菡)

【开展“凝聚爱心点亮希望”活动】 12月24日,区财政局团总支及3个单位共同启动的“凝聚爱心 点亮希望”残障儿童志愿服务项目之系列活动,4家单位向残障儿童发放棉服、书籍以及食品。

(王新宇　李　菡)

【开发区及医药基地财政收入】 年内,国家生物医药产业基地及大兴经济开发区完成财政收入4321万元,比上年同期的3824万元增加497万元,同比增长12.73%,完成年度财政预算收入4206万元的102.7%。

(李玉才　乔志强)

【开发区及医药基地企业注册】 年内,大兴经济开发区及生物医药产业基地完成税务登记正常纳税企业1228户,比上年同期的1065户增加163户。

(李玉才　乔志强)

【签外国政府贷款转贷补充协议】 7月28日,区财政局与中国进出口银行签订“外国政府贷款转贷协议的补充协议”，规定注销原外债登记；还款币种改为人民币，中国进出口银行将统一购汇、统一还款。

（张　虹　贾彦平）

【**签订廉政责任书**】　1月底，区财政局组织局机关及三个街道财政所共136人签订廉政责任书，其中局领导6人、正科级34人、副科级24人、一般干部及职工72人。

（鲍国祥）

【**制止公款出国（境）旅游工作**】　4月2日，区财政局党组下发《关于贯彻落实大兴区制止公款出国（境）旅游专项工作的通知》，4月20日，协调4个支出业务科室测算出本区出国（境）预算经费为188.98万元（在前三年平均数的基础上压缩20%）。经领导批准，后续工作转交主管公款出国（境）专项经费的主管领导负责办理。

（鲍国祥　沈来平）

【**制定信访举报工作应急预案**】　根据区发改纪工委《关于落实区纪委做好纪检监察信访举报工作的通知》要求，4月7日，区财政局制定《大兴区财政局纪检监察信访举报工作应急预案》，并上报区发改纪工委。

（鲍国祥　沈来平）

【**进行地方财政资金安全检查**】　4月20日~24日，区财政局进行“地方财政资金安全检查”，共计抽查黄村财政所、西红门财政所、清源街道财政所、魏善庄财政所和榆垡财政所等5个财政所。检查内容主要包括组织领导、制度建设和内控管理、岗位设置和人员配备等10个方面。

（沈来平）

【**开展廉政风险防范管理工作**】　6月15日起至年底，根据区纪委及区发改工委的工作部署，区财政局党组按要求开展了廉政风险防范管理工作。建立了大兴区财政局廉政风险防范管理工作领导小组；起草了《大兴区财政局廉政风险防范管理工作意见》、《大兴区财政局廉政风险防范管理工作实施细则》；开展动员、宣传教育与培训活动；查找风险点，界定风险等级，制定防范措施；按计划进度完成了计划、执行、考核和修正4个阶段的工作。

（鲍国祥　沈来平）

【**开展党员廉政党课教育**】　区财政局落实中共北京市大兴区纪委办公室《关于组织党员干部观看廉政党课电教片的通知》要求，7月14日，组织党员干部观看学习《算一算七笔帐 常思贪欲之害》和《领导干部廉洁自律须过好四关》等党课警示教育片。

（鲍国祥　沈来平）

【**参观北京市警示教育基地**】　8月18日，区财政局组织财政局党员干部38人对北京市警示教育基地的北京市建国以来监狱成果展、经济犯罪和职务犯罪图片展进行了参观，观看了服刑人员现身说法录像片。

（鲍国祥　沈来平）

【**建立完善廉政制度**】　8月份，区财政局制定了《大兴区财政局廉政责任追究办法》和《大兴区财政局廉政谈话制度》，并于9月17日发布执行。

（鲍国祥　沈来平）

税　　务

国家税务工作

【**概况**】　大兴区国家税务局现有干部职工310人，内设科室13个，直属机构1个，事业单位3个,税务所8个。大兴区国家税务局局机关办公楼于2006年4月16日正式破土动工,2008年12月30日通过验收,2009年6月1日正式投入使用。其中,办税服务厅面积为1755平方米,总体设计为“4+1”布局,即4个服务区1个咨询台。4个服务区包括窗口办税区、自助办税区、取表填单区和等候区,共设置有税务登记、纳税申报、发票发售、出口退税等40个对外服务窗口。

名称:北京市大兴区国税务局

地址:北京市大兴区黄村西大街8号

电话:69242176

网址:www. bjsat. gov. cn

【税收收入完成情况】 区国税局全年累计完成各项税收收入242,511万元,同比增收16,155万元,增幅7.14%。完成市国税局税收收入计划指标241,935万元的100.24%,超收576万元;累计实现区级收入35,528万元,同比增收827万元,增幅2.38%;完成区政府分配区国税局组收任务指标38,171万元的93.08%,欠收2,643万元。

(张　辉)

【流转税管理】 年内,区国税局全面落实增值税转型改革政策,加强政策效应分析;开展对超标准小规模纳税人和本区跨区、县经营的总、分支机构汇总缴纳增值税审批清理工作;重点进行对农产品抵扣增值税、对白酒生产企业、对成品油、卷烟行业及对增值税与企业所得税销售收入存在差异的专项评估;组织对所有减免税企业进行局所两级动员自查和重点抽查,不断加强增值税抵扣凭证审核检查工作,分析、清理和排查了163户一般纳税人的税收征管状况,完成了5373户的税收调查任务,并通过加强税收征管状况分析工作,为纳税评估等提供数据分析依据;认真做好预警评估和出口货物税收函调工作;加强出口退税信息化管理和征退税衔接工作。

(张　辉)

【所得税管理】 年内,区国税局完成上年度企业所得税汇算清缴、本年度所得税核定征收及企业所得税减免税审批、备案;落实本年度企业所得税预缴管理,对本年度企业所得税核定征收工作进行复核;严格财产损失集体审批,跟进企业所得税资产损失税前扣除事项的审批和后续管理工作;按市局要求对年纳税在500万元以上重点税源企业税款预缴方式;严格减免税审批手续,检查清理享受企业所得税税收优惠企业;开展所得税纳税评估;深化应用通审软件和市局下发数据报表开展企业自查;强化营业税与所得税、增值税与所得税的收入比对,全面落实好所得税相关政策法规。

(张　辉)

【规范个体集贸税收管理】 年内,区国税局建立个体标准化征管市场,共对2463户正常经营户中增值税达到起征点以上的1738户完成个体定额核定工作;继续实行对大型市场的委托代征,加大清理欠税力度,实现个体集贸税收的及时足额入库。

(张　辉)

【夯实征管基础】 年内,区国税局加强申报、税款入库管理和欠税清理工作,严防新欠、隐欠发生;加快推进税库银横向联网系统的推行步伐,逐步实现无纸质缴款;探索全区文书通办涉税业务服务模式,细化全程代办工作;深入落实税收管理员制度,积极发挥国地税组收协作机制作用;加强对个体工商户和集贸市场管理,全面推广个体工商户计算机定额核定系统,积极稳妥地开展税控收款机推行工作;抽查全区自印发票企业,对不符合规定企业取消自印发票资格;开展局级纳税评估活动,探索以纳税评估工作小组为基础的局级评估与所级评估相结合的评估模式。按照现行征管模式及其发展趋势，结合本局税收征管实际，编纂完成约 30 万字的《大兴区国家税务局税收业务工作流程规范》并在全局学习推行。

（张　辉）

【税收宣传月活动】 年内，区国税局紧密围绕“税收 发展 民生”的主题，开展第 18 个全国税收宣传月活动。宣传月期间，组织开展税法宣传进校园、进社区、进企业、进市场的“四进”活动，共发放各种税收宣传资料（含自行印制）近 2 万份，出刊板报、专栏、橱窗等 15 期，解答纳税人税务咨询约 6000 人次。

（张　辉）

【发票宣传月活动】 年内，区国税局紧密围绕“依法使用发票 维护合法权益”的主题，开展市国税局第 3 个发票宣传月活动。通过布置宣传展板，播放宣传片，设立发票宣传咨询台现场解答问题，进社区发放宣传资料和宣传品等形式提高大众对发票的认识，同时在违法交易假发票的敏感地区、场所结合实物讲授辨别发票真伪的方法和技巧。

（张　辉）

【拓宽纳税服务绿色通道】 年内，区国税局对重点区域、重大项目、重点税源企业贯彻落实局领导、科、所“三级联系制度”，实时关注区域经济社会发展运行态势；对纳税信用 A 级企业和较大规模（200 万元以上）企业，充分利用科技手段拓宽纳税服务的“绿色通道”，实行从政策宣传、发票领购、办证审批等“全程一站式”服务；对新入住或新办规模企业实行“特事特办”等有针对性的个性化服务。

（张　辉）

【帮扶企业应对金融危机】 年内，区国税局成立以“一把手”为组长的帮扶领导小组，制定帮扶企业应对金融危机工作的实施方案，深入开展在政策、服务、管理方面的“三个帮扶到位”。同时，突出特色主题服务，组织开展政策辅导企业境外发展、主动服务助力行业转型升级、自觉开门纳谏接受特邀监察员监督等特色宣传服务，并联合区地税局为本区 218 户纳税信用 A 级企业授牌座谈。

（张　辉）

【强化稽查管理提高办案质量】 年内，区国税局认真抓好重点行业、企业的专项检查，组织对大型连锁超市、建筑安装企业、出口退税业务的重点企业和医药行业及未实施过税务稽查的或 3 年以上未实施过税务稽查的重点税源企业进行重点专项检查，组织对建筑安装、交通运输、餐饮服务、零售等 4 个行业的发票使用情况进行重点检查。

（张　辉）

【打击制售、贩卖假发票活动】 7 月 13 日、7 月 28 日，区国税局会同区地税局、公安部门，先后捣毁 6 个制售假发票窝点，共查获涉及国税部门的贩假发票共计 12 个种类 85768 份，版本包括十万元版、万元版、千元版，同时查获 1000 余枚假印章和各类证书、制假设备等。

（张　辉）

【干部队伍建设】 年内，区国税局加强干部队伍建设，提高人员综合素质。坚持干部轮岗制度，配合机构改革进一步优化人力资源配置，组织中层干部和一般干部轮岗交流工作，特别是对原有中层领导干部 67 人中的 35 人进行了轮岗，轮岗率达到了 52.22%；选拔任命正科级干部 5 人、副科级干部 10 人，组织新任职干部、中层干部、业务骨干及新录用人员分别进行了任职培训、更新知识培训和初任培训等，形成了一整套的干部管理体系。

(张　辉)

【开展党团活动】　年内,区国税局加强党组织建设,开展丰富多彩的党团活动。开展了深入学习实践科学发展观活动,召开了总结大会并逐步建立了长效机制。组织开展了羽毛球、气排球、摄影、演讲比赛以及青年联谊等文体活动。在庆祝新中国成立60周年活动中,区国税局在做好维稳增收工作的同时,参演了市局爱国歌曲大家唱展示活动并取得了好成绩。部署开展了“窗口行业创建文明单位网上行”的争先创优活动。

(张　辉)

【信息化建设】　年内,区国税局顺利完成新办公楼网络设备搬迁调试及广域网二期改造工作;做好CTAIS系统及其他各系统的运维工作;进一步加强了对内、外网的安全管理,重点规范外网杀毒软件的安装及备案工作;协调完成了计算机设备更新调试及网络配置工作;及时调整了一般干部岗位轮换后计算机设备调配和各系统权限;自主完成了集贸市场税收管理软件的一期开发和对涉外企业税收分析软件的开发工作。

(张　辉)

地方税务工作

【概况】　2009年,大兴区地方税务局有内资企业共34076户,涉外企业435户,个体工商户23157户,其他企业1239户。内资企业中:国有企业320户,集体企业862户,股份合作企业1583户,联营企业17户,股份制企业2420户,私营企业28874户。涉外企业中:港澳台商投资企业184户;外商投资企业240户,外国企业11户。

名称:北京市大兴区地方税务局

地址:北京市大兴区清源路11号

电话:69235666

邮编:102600

【税收完成情况】　年内,区地税局共组织各项税费收入36.4亿元,同比增收2.7亿元,增长8.15%,完成市地税局下达年度计划36亿元(总收口径)的101.1%;其中地方一般预算收入完成30.5亿元,同比增加4.2亿元,增长15.9%,完成市地税局年初下达计划28.56亿元的107%,完成市地税局调整后年度计划指标30.2亿元的101%;区级收入完成16.2亿元,同比增加3.4亿元,增长26.45%,完成年度计划14.1亿元的115%。整体来看,区地方税收增幅呈现先抑后扬态势。受金融危机影响前5个月出现连续减收,在各级政府采取强力经济刺激措施和区地税狠抓组收工作的共同作用下,6月份税收收入首次实现单月正增长,其后税收企稳回升,到9月份实现了累计收入正增长,全年增幅达到8.15%。

(张　伟)

【税政管理工作】　年内,区地税局从掌握税源底数、加强税源结构分析等方面入手,以地方税税源监控平台系统为依托,进一步提升房产税、土地使用税的税源管理水平。首先利用平台系统对房产税、土地使用税的登记情况进行统计,核实登记与入库信息不匹配数据,掌握税源登记情况。其次通过比对分析,查询问题数据并进行数据信息的拾遗补缺,完成对房、土登记未复核数据的复核,并充分利用国土、建委、契税完税信息等第三方数据与房土税的税源信息及入库信息进行比对,通过数据的查询、统计、整理,改正错误数据2186条,查补收入约51万元。此外区地税局在企业所得税汇算清缴工作中,组织培训纳税人约5000人,并完成4797户纳税企业的政策落实及组收情况的调查、统计、总结工作。区地税局加强与残联、财政及各税务所的协调配合,使残保金入库率达92%,共入库残保金4906万元,完成收入计划的123%。同时继续大力开展年所得12万元以上个人所得税的自行申报工作,全年有4652人进行了申报,完成市地税局任务的136.82%,完成了上年度企业所得税汇算清缴工作．加强残保金征收工作,组织收入4930万元,完成年度计划4000万元的123.25%。

(张　伟)

【纳税评估工作】 年内,区地税局累计完成日常评估6374户,其中有问题户数为4595户,有问题率达到72.1%,通过评估组织各项税款及滞纳收入3718万元,户均补税金额达到0.8万元。根据实际情况,区地税局开展了以房地产业、建筑业、房地产中介行业、餐饮业等行业为主的专项评估,累计评估完成120户,其中有问题户91户,有问题率为75.8%,通过专项评估组织各项税款及滞纳收入2669.3万元。此外区地税局对所管辖的3341户零申报企业进行了调查核实。经核实发现,零申报企业中有问题户数为128户,占3.8%,未发现问题户数是2456户,占73.5%,经所属税务所查找无法联系到的企业有757户,占22.7%。在调查中发现存在问题的企业主要问题集中在房产税、土地使用税和印花税三个税种,经过评估使其补缴税款及滞纳金共计9.8万元。通过对零申报企业的纳税评估,区地税局初步掌握了零申报企业的基本情况,并对如何加强对该类企业的管理提出了合理化建议。

(张　伟)

【征收管理工作】 年内,区地税局强化税务登记管理,登记率达到了99.6%;申报率平均每月达到了98.85%,入库率平均每月达到了99.5%以上,欠税率达到-0.5629%。在签订本年委托代征协议和进行代征培训的基础上,区地税局共与17个流管办和2个房地产经纪公司签订了委托代征协议,累计代征税款达到了1335.86万元,其中各街道、镇流管办共代征税款700.86万元,房地产经纪公司代征税款635万元。在税务档案管理方面,完成扫描类档案共计1527包,其中补扫2007年登记类144包,上年全部1078包,本年即时归档305包。完成上年度非扫描类档案共计3092卷,116箱72盒,并结合区地税局实际以及税务档案影像系统操作和应用的特点,制定《大兴地税局税务档案归档工作规程(试行)》。为了更好的服务纳税人,区地税局安排专人,负责对网站的适时更新维护,积极回复纳税人的网上咨询。年内共更新网站信息3350余条,回复纳税人网上咨询17条。在注重网站的同时,区地税局12366“远程坐席”共接听解答各类业务咨询电话4075个,涉及税收政策、业务咨询等多个方面。

(张　伟)

【信息化管理工作】 年内,区地税局加强信息系统的安全检查及日常安全评估工作。通过对系统进行测评及风险评估,全面、完整地了解全局综合服务管理信息系统的安全状况,并根据日常检查,及时发现并处理网络中的病毒、木马、DDos攻击、入侵攻击等事件,强化安全监控手段,不断提高安全监控能力保障网络的良好运行状态,确保核心业务应用运作正常。为确保国庆期间系统的安全运行,区地税成立了国庆信息安全工作领导小组,完善各项管理制度,制发了《北京市大兴区地方税务局信息系统平安国庆保障方案》,《北京市大兴区地方税务局平安国庆信息安全保障应急值守工作计划》,《北京市大兴区地方税务局信息系统突发事件应急预案》等文件,规定了各部门的相关职责,对网络安全提出了具体要求。

(张　伟)

【监察工作】　年内,区地税局紧紧围绕党风廉政建设和反腐败工作的重点,深入推进党风廉政建设责任制。从源头入手加大预防和治理腐败的工作力度,完善制度和机制133条,其中岗位职责风险101条、外部风险9条、制度风险9条、思想风险14条。区地税于3月中旬制订下发了《党风廉政建设和反腐败主要工作任务分解》,把党风廉政建设责任细化为10大项、15项具体工作。在元旦、春节、五一、十一等敏感时间段前,利用主题教育、讲座、考试、征文、参观等多种形式进行重点教育,做到钟常敲、警长鸣,增强全体干部的廉政意识,培养每名干部遵守廉政规章制度的自觉性。

(张　伟)

【政策法规工作】　年内,区地税局贯彻落实税收执法责任制,签订了本年度《税收行政执法责任书》和《税收执法监督员责任书》,并遵循"检查是责任、责任是服务、服务是义务"的理念,开展了4次日常执法检查和1次专项执法检查。检查涉及32项税收执法行为,检查单位覆盖面达到100%。日常执法检查共检查案卷文书437份,制作底稿437份,检查率26.8%。专项执法检查制作《税收执法检查报告》、《税收执法检查审理报告》各49份。对发现的较为严重的问题制作《税收执法检查处理决定书》3份。通过规范执法行为,未发生重大执法过错。区地税法制部门利用《网络普法》电子专刊连续10期刊登帮扶企业应对国际金融危机税收政策和征管措施,服务帮扶工作。召开防范税收执法风险知识讲座。深化法制职能,提供法律服务与支持,落实规范性文件合法性审核制度,规范税务抽象行政行为,落实《大兴区地税局对外合同合法性审核实施办法》,维护单位集体利益。强化风险意识和责任意识,依法办理1起行政复议案件,严把受理、审查、调解、审理四关,做到公平、公正。

(张　伟)

【税收稽查检查工作】　年内,区地税局按照全市稽查工作的总体要求,始终不移地贯彻"法治公平、规范高效、文明和谐、勤政廉洁"十六字方针,探索税务稽查发展规律,完善"局级执法"工作机制,通过强化管理、健全机制、优化手段、严格执法、加大震慑、提高素质等项工作,发挥税务稽查职能作用。全年共检查立案222户,有问题户174户,有问题率78.4%,查补收入13292.15万元,其中税款12441.4万元,滞纳金822.82万元,罚款27.92万元。入库收入13258.71万元,其中税款12412.2万元,滞纳金819.5万元,罚款27.02万元,入库率达到99.7%。

(张　伟)

【党建工作】　年内,区地税局制发了《党组理论学习中心组计划》、《全员政治理论学习计划》、《基层党建计划》等文件。加大对基层党建工作的考核力度,先后对22个党支部开展党建工作进行了调研,促进了党建工作落实到末端。年内,共表彰3个先进党支部,26名优秀党员,20名青年岗位标兵,围绕先进典型拍摄了《光辉的旗帜、工作的典范》党员电教专题片,并在区委"党旗飘飘"栏目中进行播放。年内,区地税局还组织党员进行各类捐款共计12050元。按照文化建设寓教于乐的要求,完善文化活动小组设置,规范制度,发挥文体活动凝心聚力的作用,结合当前国内、税收形势,积极创造条件,组织各文艺组开展活动,先后组织青年团员围绕"青春与使命"主题进行撰写文章,组织摄影组围绕建局十五周年进行摄影回顾展的前期采风工作,组织开展群众参与的体育健身活动,积极参加市地税局组织的各项比赛项目,先后取得乒乓球男子单打第一,团体第四的成绩。

(张　伟)

【强作风,优环境,保增长】 年内,区地税局为贯彻落实好市地税局关于在全系统内开展"加强领导干部作风建设,推进优化地税发展环境,确保税收增长年"活动的会议精神,制订了四步走逐步推进的总体方针,并成立了活动领导小组办公室及八个专项工作组,由其负责全局活动的组织和领导工作。活动领导小组办公室为了充分调动全体干部参与活动的积极性,确保活动开展的实效性,共组织召开了领导小组任务协调会十余次,对各阶段工作的开展进行了周密部署,编辑了38期活动专刊,将区地税局活动的各项要求、活动成效等内容及时的传达到全局每一名干部职工,增强了全体人员开展好活动的积极性和自觉性,为工作的开展奠定了扎实的思想基础。区局各级领导在局党组的带领下,从自身做起自觉加强领导干部作风建设,切实担负起第一责任人的职责,并在保质量、保效果、保落实上狠下功夫。本次活动各专项组完成工作共计39大项任务120项具体工作,分别完成任务计划33大项任务101项具体工作的118%和119%。

(张 伟)

金 融

工商银行大兴支行

【概况】 中国工商银行股份有限公司北京大兴支行成立于1984年,2005年改制为股份有限公司,现有在职职工254人,内设7个部室,11个网点,其中综合网点8个,储蓄网点3个。年内,实现本外币账面利润20953万元,同比增加5387万元,增长34.61%。人民币各项贷款32.4亿元,较上年增加16.3亿元,增长101.16%。人民币各项存款146.4亿元,较上年增加54.1亿元,增长58.61%,其中对公存款64.5亿元,增加32.8亿元;储蓄存款81.9亿元,增加21.3亿元。实现中间业务收入5439万元,较上年增加1424万元,同比增幅35.5%。

名称:中国工商银行股份有限公司北京大兴支行
地址:北京市大兴区黄村镇兴政街24号
电话:69244732
邮编:102600

【信贷业务】 年内,工行大兴支行坚持积极进取的信贷发展战略,结合区域市场情况,多领域拓展优质客户市场,使信贷业务实现全面发展,结构调整初见成效。搭建政府融资平台,积极参与本区城镇改造和基础设施建设,为西红门商业综合区改造、康庄供热厂、观音寺供热厂、金星路、兴华大街等7个重点项目发放贷款19.26亿元,从而促进信贷规模的快速增长。大力发展个人信贷业务,通过商贷和公积金贷款两种途径为购房者提供按揭支持,同时,借助"一贷通"、"同名贷"等新品的推出,优化个贷产品结构,以此增强发展后劲,并一举扭转了个贷余额下滑的趋势,实现净增1.1亿元。丰富信贷支持方式,满足客户多元化的融资需求,为12户中小企业发放贷款1.8亿元;为8户企业办理委托贷款7亿元;累计办理票据贴现2.5亿元,同时实现了国内贸易融资、国际业务的零突破。

(马东齐)

【负债结构调整】 开展综合营销,大力发展优质新客户。截至年底,16户存量客户增存千万元以上,增存总额达9.7亿元;发展千万元以上新客户21户,吸收存款6.3亿元。在个人负债方面,切实抓住一季度储蓄增长的旺季,适时开展劳动竞赛,并有针对性地在发展代发工资业务,储蓄存款增加21.3亿元,增长35.15%。

(马东齐)

【中间业务增长】 年内,工商银行大兴支行坚持“行长抓、中间业务委员会协调推动、相关部门各负其责、全员参与营销”的工作机制,开展主动负债管理,结合客户资金流转情况,明确目标客户,加强定期产品向理财产品转化的推介力度,在提前超额完成全年个人、法人理财产品销售任务的同时,完成理财收入919万元,同比增加443万元。充分利用服务及产品优势,在做好灵通卡、信用卡发卡工作的同时,积极发展特约商户,拓展收单市场,从而提升了银行卡业务的发展能力,全年实现银行卡业务收入1,380万元。强化产品定价体系的引导作用,大力发展代理保险、基金等高收益业务品种取得良好效果,全年完成代理保险、基金业务收入总计达到1,140万元,较上年增加284万元。开展信贷业务与中间业务的综合营销,实现投行业务收入373万元、对公委托贷款业务收入60万元,增强了信贷业务对中间业务的贡献度。

(马东齐)

【提升信贷资产质量】 年内,工商银行大兴支行通过建立信贷审查委员会,引入集体会审制度,加强对贷前调查、落实贷款前提条件等情况的监督,确保贷款发放的严谨性和贷款手续的完备性。在贷后环节,通过对用款和回款情况的跟踪,及时掌握信贷资金的风险变化,为安全收回贷款奠定了基础。在个贷风险管理方面,着重加强个贷不良的控制和清收工作,通过建立贷前、贷后客户经理责任制、加大电话催收力度、增加上门催收次数等手段,加强关注类贷款管理,使年末关注类贷款较年初减少541万元。对已进入不良的借款人,逐户制定清收方案,对长期拖欠且已办理抵押登记的借款人及时提起诉讼,共诉讼借款人30名,诉讼本金682万元,并成功清收转化不良贷款达394万元。

(马东齐)

【提高经营管理水平】 年内,工商银行大兴支行采取多项措施,进一步完善内部管理。为提升精细化管理水平和工作质量,加强制度建设,结合业务发展变化,修订并出台相关业务管理办法12个。积极推进内控文化建设,通过组织开展内控基本知识答题、编发《内控合规文化专栏》及《业务差错及业务违规警示录》等工作。强化检查监督职能,配合银监局开展了“百日大排查”,完成对网点日常检查120次,各专业组织专项检查25次。认真做好反洗钱工作,先后制(修)订了《大兴支行反洗钱领导小组章程》、《大兴支行反洗钱考核办法》、《大兴支行反洗钱工作监督检查管理办法》。做好安全保卫工作,以签订责任书的形式,保证安全制度的落实。同时通过安全宣传教育、加强安全检查以及加大安全巡视力度等具体工作,确保全年无安全保卫事故发生。

(马东齐)

【增强对外服务能力】 年内,工商银行大兴支行为促进对外服务水平的提高,重新修订了服务考核办法,将服务工作分别计入组织和个人绩效中,服务质量优劣切实与收入挂钩,提高了全员对服务工作重视程度。同时,通过加大非现场检查力度、配备客户评价器、引入第三方服务评估等措施,完善内外部监督体系,对服务制度落实提供基础保证。在硬件设施方面,完成迁址升格网点一个,原址升格网点一个,离行式自助银行两个,安装ATM机及存取款一体机13台,逐步改善支行的对外接待能力。

(马东齐)

【推进党风廉政建设】 年内,工商银行大兴支行按照分行《关于落实〈建立健全惩治和预防腐败体系2008～2012年工作规划〉的实施方案》要求,制定具体落实方案,明确各部门责任分工,并做好检查和通报。对经营决策、干部任免、大额支出等重大事项采取集体表决、会议决定的形式，积极从源头预防腐败发生。认真落实行务公开各项规定，通过召开行务会、职代会、座谈会，通报支行经营发展情况以及涉及员工切身利益的问题，广泛听取员工的意见和建议，以此增强员工的参政、议政意识。按照民主生活会议程，召开了2009年度党员领导干部民主生活会。加强宣传教育工作，将反腐倡廉理论纳入党委中心组学习内容，以讲党课方式开展廉洁从业教育，开展"案防在我心中"主题教育活动，组织全体员工观看警示教育片，参观反腐倡廉警示教育基地等。

（马东齐）

农业银行大兴支行

【概况】 中国农业银行股份有限公司北京大兴支行坚持以科学发展观统领全盘工作，紧紧围绕各项工作目标，认真做好各项工作，夯实经营基础，强化风险管理，加大市场拓展力度，提高经济效益，加强文明优质服务，提升农行对外形象，勇于拼搏，开拓进取，业务经营、风险防控及企业文化建设等各项工作取得了一定成绩。截至年底，本外币存款余额为132.2亿元，本外币贷款总额为27.88亿元，实现利润1.79亿元。年内，农业银行大兴支行正式改制为股份有限公司，现有在职职工350人，内设7个部，18个营业网点，其中，13个分理处，5个储蓄所。

名称：中国农业银行大兴支行

地址：北京市大兴区兴丰南大街48号

电话：69243488

邮编：102600

【储蓄业务】 年内，农业银行大兴支行在储蓄存款营销工作中抓住重点拆迁项目，使对公客户代发拆迁款成为储蓄存款增长的主动力；同时通过网点转型，使网点服务质量进一步提高，特别是加大了对重点个人客户、优质个人客户的拓展与维护，促进了储蓄存款稳定增长。截至年底，大兴支行个人储蓄存款余额为76.99亿元，比年初增加17.52亿元。

（邢力简）

【惠农卡业务】 年内，农业银行大兴支行多次对金穗惠农卡业务进行培训，各网点均高度重视，积极联系乡镇农业主管部门、村委会，派出营销人员到各村进行宣传，为群众介绍"金穗惠农卡"的基本功能和特色服务，解答办理"金穗惠农卡"的开卡及相关业务事宜。截至年底，农业银行大兴支行为大兴区农户办理金穗惠农卡22773张。

（邢力简）

【信贷业务】 年内，为提高信贷业务资产质量，农业银行大兴支行将法人客户风险排查及风险客户退出作为工作重点，在工作中对信贷大户重点关注、专人跟踪、及时跟进。根据信贷政策以及贷款客户的现状，信贷审查人员严格把控风险环节，对发放的每一笔贷款均认真进行贷前审查，并将客户的风险状况予以揭示防范风险。截至年底，完成潜在风险客户贷款退出150万元，完成分行下达任务的100%；在控制风险的前提下，经多次风险排查，对10户企业信贷业务实施了退出；累计清收不良贷款1亿元。

（邢力简）

【负债业务】 年内，农业银行大兴支行积极拓展客户，发挥保、抢、挖的营销策略，克服缺少优质项目、金融危机等不利因素，借鉴成功经验，建立负债业务营销团队，提高了营销工作效率。成功营销北京市土地储备中心大兴分中心等大客户以及相关镇的拆迁项目。截至年底，本外币存款余额为132.2亿元，比年初增加41.58亿元，同比多增加25.28亿元；

其中个人存款余额为76.99亿元,比年初增加17.52亿元。

(邢力简)

【代理业务】 年内,农业银行大兴支行发动个人客户经理、大堂经理加大宣传力度,主动对办理业务的客户进行讲解和介绍,并发放代理业务宣传材料,网点还实行了捆绑营销的策略营销代理业务。通过主动营销,推动了代理业务的发展。截至年底,共销售基金2.09亿元,代理寿险1.88亿元,第三方存管业务净增2353户。

(邢力简)

【理财业务】 年内,农业银行大兴支行积极转变营销模式,面对新形势下金融市场特点理顺工作思路,把理财产品的营销作为工作的突破口。依靠创新服务手段,牢固树立以“市场为导向,以客户为中心”的经营理念,把销售理财作为一项重要的工作目标,强化营销措施,促进了理财业务发展。截至年底,销售以“本利丰”为主的农行理财产品6.1亿元。

(邢力简)

【国际业务】 年内,农业银行大兴支行大力加强市场竞争能力,国际业务得到有效发展。在国际业务营销策略上,坚持本外币一体化发展的经营思路,做好一揽子营销;坚持以重点客户为中心的营销理念;坚持以贸易融资带动国际结算的发展战略,还同时利用一切时机大力推广国际业务新产品;坚持高效优质的服务意识。截至年底,共为客户办理开立信用证业务11笔,累计开证金额1323万美元;办理订单融资业务17笔,累计发放金额人民币11600万元;办理信用保险项下融出资金6笔,累计发放金额260万美元;国际结算量达到14686.35万美元;完成结售汇业务量13969.69万美元;外汇中间业务收入253.56万元。

(邢力简)

【反洗钱业务】 年内,农业银行大兴支行为做好反洗钱工作,专门成立了领导小组,并指定专人负责反洗钱工作。在积极开展反洗钱自查工作的同时,还补充完善了反洗钱内控制度。为切实做好客户身份联网核查,要求柜面业务人员办理业务过程中严格执行公安部关于切实做好联网核查公民身份信息工作要求,杜绝假身份证办理业务的风险发生。同时积极做好业务检查监督,组织人员定期和不定期进行反洗钱工作的检查和指导,并及时了解各网点反洗钱大额及可疑交易报送逾期情况,督促各网点按时报送数据。持续开展反洗钱业务培训,要求各网点要认真学习《洗钱与反洗钱基本知识》《关于进一步加强金融机构反洗钱工作的通知》等档,增强员工对反洗钱工作长期性及重要性的认识,努力提高反洗钱的操作技能及识别能力,严把反洗钱关口。

(邢力简)

【银行保险业务】 年内,农业银行大兴支行为了提高代理保险业务效益,积极开展各种营销、培训活动。加强与保险公司合作力度,建立定期银保例会制度,与中国人寿开展全面合作;与太平人寿组织了保险训练营;与泰康人寿开展全面合作并与农业银行通州支行开展寿险业务竞赛。提高网点销售能力,充分发挥贵宾理财中心销售主力军的作用。进一步强化保险销售的考核和责任追究,加大了代理保险业务的考核力度。确保考核奖励及时到位,对代理保险等产品实施直通式考核,保证奖励及时兑现。截至年底,代理寿险业务新单保费18831万元,分行排名第五。,

(邢力简)

【内控管理风险防范水平】 年内,农业银行大兴支行开展风险防控和警示教育活动，主要从抓员工思想政治教育，法纪、法规教育，案件案例分析教育入手，结合实际，有目的、有针对性地开展培训，引导员工防微杜渐，不断提高风险意识和防控能力。要求员工对自己身边的各岗位环节进行排查，认真吸取经验教训，细致查找本单位各岗位环节的风险隐患，将案件防范工作做到位，消灭事故发生隐患。在针对存款及会计业务的案件风险百日排查活动中，支行共排查重要空白凭证10.9万份，现金6087万元，存款业务9225笔，金额145亿元，对公开户资料353户。

（邢力简）

【电子化建设】 年内，农业银行大兴支行为红星、西红门、工业区、郁花园、红星第四储蓄所、天富、青云店、庞各庄等网点新增添了33台ATM机、5台自助缴费机。截至年底，自助设备达78台，其中ATM机64台，自助缴费机14台。所有网点自助机具金融业务分流率均超过80%，在分行排名第一。

（邢力简）

【养路费清理】 年内，国家实行费改税政策，取消了公路养路费的征收。农业银行大兴支行积极配合分行做好代收收养路费数据清理工作。应北京市公路养路局请求，支行开始对历年代征的北京市公路养路费数据进行清理。共清理代收养路费收据35.6万余张，养路费票证24.7万余张。

（邢力简）

【对账工作】 年内，农业银行大兴支行加强对账工作，规范银企对账操作流程，确保内外帐数据真实、准确、一致，保障客户资金安全，开展了对公账户对账及对账系统上线工作。针对以往对公网点单位对账单收回率偏低的问题，召开了对账工作专项会议，要求网点要全力组织对公单位对账单的回收工作，经过网点和财会运营部共同努力，截至年底，支行重点账户对账率为100%，一般账户对账率为99.8%。

（邢力简）

农业发展银行大兴区支行

【概况】 中国农业发展银行北京市大兴区支行以下简称（农发行大兴支行）成立于1997年，位于大兴区黄村镇兴华中里14号楼，现有在职员工22人，内设机构3个部室，1个网点。农发行大兴支行作为直属国务院领导的政策性金融机构，自成立以来，全面贯彻落实国家粮棉购销政策和有关经济、金融政策，为国家实施宏观调控、确保国家粮食安全、保护广大农民利益、促进农业和农村经济发展发挥了重要作用，推进了农业和农村经济的战略性调整，伴随着粮棉流通体制改革和农村金融体制改革进程的加快，农发行大兴区支行认真贯彻党中央、国务院关于“三农”工作的有关方针政策，全面落实国务院对农发行工作提出的各项要求，准确把握和积极落实粮棉油购销政策，继续做好粮棉油储备贷款的供应和封闭运行管理，及时调整和不断完善信贷政策，通过信贷杠杆，促进粮棉流通体制改革，支持国有粮食企业发挥主渠道作用，推动粮棉产业化发展，维护国家粮食安全。

名称：中国农业发展银行北京市大兴区支行
地址：大兴区黄村镇兴华中里14号楼
电话：69292884
邮编：102622

【业务经营情况】 截至年底，农发行大兴支行各项存款11443万元，比年初下降4927万元；贷款余额101654万元，比年初增加3982万元。2009年实现利润2788万元，比上年增加100%；人均存款623.88万元，比上年增加了34.5%;人均中间业务7000元,比去年增加170%;商业性贷款余额65200万元;不良贷款继续保持为零;政策性贷款合法合规;国际业务营销额实现763万美元,比上年增长1.13倍;收入成本率为7.3%、资产利润率为2.92%,比去年分别下降了39.1%和提高65.9%。分行年度综合考核均未发现问题,干部职工队伍稳定,工作热情高,干劲足。本年度分行综合考核名列第2名,位居一类行,由于按照五级分类对外披露口径,农发行大兴支行没有不良贷款,不涉及不良贷款双降。

(瞿加学)

【信贷资金管理】 年内,农发行大兴支行在信贷资金管理上,加强资金头寸限额管理,由每季末15日前上报《资金头寸限额申请表》,改为每月下旬前上报上月《资金头寸限额申请表》,资金头寸占用控制在上级行核定的资金头寸限额内;按旬在规定时间内上报《借款计划表》,资金调拨及时合理;每天监测资金资金头寸变化情况,出具资金头寸报表;资金档案均按规范化管理要求集中统一管理。

(瞿加学)

【贷款计划管理】 在贷款计划安排上,农发行大兴支行通过检查,农发行大兴支行均按信贷计划管理要求按时编报了全年、季度信贷计划,准确率达100%。加强了对贷款计划执行情况的监测,根据情况及时调整计划,按计划安排使用资金。年内,各项贷款均控制在分行核批的计划之内,无超计划放款及空占信贷规模、虚放贷款现象。

(瞿加学)

【财政补贴资金监管】 年内,农发行大兴支行建立财政补贴资金管理责任制、财政补贴资金管理工作联系制度、财政补贴资金专户管理制度。设置了"财政补贴资金管理岗",专人管理;对财政补贴资金,特别是粮食风险基金和粮食直补资金的使用均是按照有关文件政策要求执行,未发现超范围列支或滞留。台帐、报表齐全正确。农发行大兴支行财政补贴资金专管员均按期测算了财政补贴资金应补数额,台帐序时登记、要素齐全,报表在分行规定时间准确上报,且与台账一致;财政补贴文件、报表等资料均按会计档案有关规定保管。全年累计拨付各种补贴资金5668万元,粮食风险基金300万元,保证了专户管理,专款专用。

(瞿加学)

【粮食企业收购贷款资格认定】 年内,农发行大兴支行适时的调整信贷管理方式,进行粮食企业收购贷款资格认定工作,深入区粮油总公司和粮食收储企业进行调查,重点对本区5户粮食企业的收购贷款资格进行了认定。本区共有16个粮食企业具有收购资格,并全部与农发行大兴支行有借贷关系,其中包括10个收储库、5个购销站及燕谷公司。通过调查,最终农发行大兴支行初步确认1家粮食企业有收购贷款资格。

(瞿加学)

【CM2006系统安全运行】 年内,农发行大兴支行完成了CM2006系统数据运行管理工作,成立CM2006信贷管理系统建设领导小组,按照CM2006系统数据采集工作的步骤全力做好CM2006信贷管理系统运行管理工作。各部门密切配合,客户业务部安排专人对系统进行管理,会计结算部及时提供了相关数据,办公室做好了保障工作,确保了CM2006系统安全运行。

(瞿加学)

【发展中间业务】 年内,农发行大兴支行在做好政策性业务的同时,把中间业务发展作为一个工作重点，特别是代理保险和国际业务。在营销客户时，将代理保险和国际业务一同营销。在业务营销同时，在保险公司的选择上和保险期限上也下了一些功夫。继续与太平洋保险公司保持业务关系外，又与中保公司和中华联合保险公司建立了业务关系。对已发放贷款客户，除固定资产必须上保险外，对交通运输工具保险到期后也督促到农发行大兴支行上保险，对部分企业的存货也投了保险。全年累计代做保险18笔，投保额217091531元，保费收入152690万元，手续费收入22904元。积极营销国际业务，全年累计办理国际结算业务763万美元，国际结算手续费收入8.15万元，同比增加4.0225万元。

（瞿加学）

【信用等级评定】 年内，农发行大兴支行重视信用等级评定工作，在规定时间内完成了信用等级评定工作。确定了1个粮食收储企业以及4个有商业性贷款的企业为信用等级评定企业。确定评定的企业后，对这5家企业进行了信用等级评定工作。相关人员深入企业，并了解经营情况，严格依据企业审计后的财务报表准确采集数据，再对评定的各项评议指标进行测算，按照评定标准确定出信用等级并写出评估报告。经过分行企业信用等级评审委员会进行审批，参评的5个贷款企业，批复结果为：AAA级1户、AA+级1户、AA级1户、AA-级1户、A级的1户。

（瞿加学）

【企业文化建设】 年内，农发行大兴支行通过推进“金农发和谐家园文化建设工程”，开展形式多样的文体活动，工团组织充分发挥职能，采取研讨会、青年员工演讲比赛、企业文化知识竞赛、征文等形式，建立乒乓球球队、羽毛球队、象棋队等业余文化团队，组织开展观看演出、展览、知识竞赛、演讲等多种形式的活动，参加总分行组织的演讲、征文等活动。

（瞿加学）

中国建设银行股份有限公司北京大兴支行

【概况】 建设银行大兴支行有中长期劳动合同人员184人，平均年龄39.6岁，其中本科及以上学历人员60人，党员84人；劳务人员57人，平均年龄26.5岁，其中本科及以上学历人员8人，党员1人。下设7个部室（综合部、财会部、风险部、个人银行业务中心，公司及机构业务中心、营业部、工会），4个升格支行，7个储蓄所。

名称：中国建设银行股份有限公司北京大兴支行

地址：北京市大兴区兴政街25号。

电话：69244497

邮编：102600

【主要业绩指标】 年内，建行大兴支行实现本外币账面利润1.35亿元，本外币全口径存款时点余额104.19亿元；本外币各项贷款时点余额39.6亿元；五级分类不良贷款余额0.15亿元，不良率0.39%。

（杜国增）

【银政合作】 5月18日，建行北京分行与区政府在大兴宾馆签署银政合作协议。北京分行党委书记、行长王军，区长李长友参加并在协议书上签字。北京分行副行长李凡、副区长张晓林分别致词。根据协议，建行北京分行将在协议期间内，在符合国家相关法律、法规及建行信贷规章制度和信贷审批条件的前提下，向大兴区的电力、交通、教育等产业和基础设施建设项目提供100亿元金融支持。

（杜国增）

【个人银行业务】 年内,建行大兴支行储蓄存款余额 608394 万元,较年初新增 145294 万元,计划完成率 145%。其中:3 个综合网点,6 个储蓄网点新增额过亿元,占营业网点总数的 75%,这样的增长速度前所未有。个人中间业务净收入 2368 万元,计划完成率 103%。四项产品实现新增 111447 万元,在分行系统郊区行、标杆行均排第二位。

(杜国增)

【个人住房贷款业务】 建行大兴支行全年发放自营性个人住房贷款 40113 万元,完成支行下达全年发放计划的 149%。与区公积金管理中心密切合作,加快发放速度,提前联系客户,做好发放前的准备工作;确保每笔发放时间不超过七个工作日。高效、快捷、优质的服务,赢得客户和公积金管理中心的认可。全年发放公积金贷款 1290 笔,金额 59524 万元,发放金额在本地区市场占比 54.66%。

(杜国增)

【公司与机构业务】 年内,建行大兴支行对公存款新增 14.98 亿元,计划完成率 374%,存款新增额在分行系统郊县行排名第 2 位;日均存款实际新增 4.95 亿元,计划完成率 960%;这样的增长速度前所未有。对公贷款余额 25.40 亿元,在分行系统郊县行排名第 2 位;比年初增加 10.84 亿元,新增额在分行系统郊县行排名第 3 位。销售对公理财产品 11 亿元,郊县行排名第 1 位。

(杜国增)

【服务村镇】 年内,在深入与黄村、西红门镇合作基础上,建行大兴支行又与庞各庄镇、北臧村镇、亦庄镇等大客户进行了有效合作。利用建行金融理财新产品为村镇拆迁项目提供多种金融服务,协助村镇及个人进行理财增值。全年各村镇存款 95000 万元,购买理财产品 92000 万元;为多个拆迁项目提供了代理服务,为 865 户,共代理发放拆迁补偿款 2.4 亿元,走出了一条服务村镇的新路。

(杜国增)

【会计核算】 年内,建行大兴支行会计核算差错率为万分之 0.75,较年初下降万分之 0.22。在分行系统排名由第 22 位上升到第 14 位。全年有 10 个网点实现稽核零差错,观音寺所连续 11 个月零差错,创支行历史最长无差错纪录。对账回收率达 99.68%,高于分行平均回收水平 0.58 个百分点。

(杜国增)

【平安建行】 建行大兴支行圆满完成"两会"、"国庆六十周年"安保任务,成功堵截多起短信诈骗,受到分行安保部及公安部门表扬。年内,两个网点成为"平安建行"示范点。全年无重大安全事故发生。

(杜国增)

【信贷管理】 年内,建行大兴支行对全部贷款客户实行风险预警跟踪管理和平行作业,从贷前、贷中、贷后进行全过程管理;严格控制潜在信贷风险。

(杜国增)

【人力资源】 年内,建行大兴支行通过考核、面试、答辩的形式在全行范围公开选拔,择优录用了部分管理岗位、专业技术岗位、助理级后备人才和柜员主管等岗位人员共 20 人,有 985 人次接受了各种职业培训,提高了员工履职能力。

(杜国增)

【优质服务】 年内,建行大兴支行全年收到客户表扬信 12 封,客户送锦旗 15 面,表扬意见 414 条,95533 转来表扬 76 次。

(杜国增)

北京农村商业银行大兴支行

【概况】 北京农村商业银行大兴支行下辖11个非管辖行(12个分理处)、1个大兴支行营业部及大兴支行7个部门,在职员工299名,其中党员有144名,占职工总数的48.16%;具有初、中级职称的184名,占职工总数的61.54.%;大专以上学历227名。占职工总数的75.92%。资产总额1790200万元,比上年底增加784483万元。贷款总额达259844.90万元,比上年底下降33583.60万元,存款余额1302966万元,比上年底增加383080万元。实现经营利润17800万元,比上年增加2723万元。不良贷款余额46499.20万元,比年初下降2021.60万元;不良贷款率17.90%,比年初增长了1.4个百分点。截至年底,在本区金融机构中,存、贷款余额分别居第4位、第7位;存贷款占用率分别为16.2%和8.7%。

名称:北京农村商业银行大兴支行
地址:北京市大兴区黄村东大街9号
电话:69242482
邮编:102600
邮箱:dxdx_zonghgl@bjrcb.com

【存款业务】 全年,农村商业银行大兴支行各项存款余额为1302966万元,较年初增加383080万元,超额总行下达计划303080万元,计划完成率478.8%。存款余额、增加额分别在全市农商行系统直管行中名列第8位、第5位。

(程宝旺)

【三信工程】 年内,农村商业银行大兴支行为构建本区的良好信用环境。积极开展"三信工程建设",努力改善服务方式,完成了信用户评定7369户,信用村25个。完成了全年的信用评定任务。

(程宝旺)

【银行保险业务】 年内,农村商业银行大兴支行配合区社保局做好新型农村养老保险向城乡居民养老保险过渡的重要工作,承担全区的全部保险金代缴个人账户开户任务,涉及18万人。开立城乡居民养老保险个人缴费账户157049户,吸收储蓄存款余额1258.90万元。开立代理发放农保个人账户5978个。社保代发个人账户5587个。

(程宝旺)

【银行卡业务】 年内,农村商业银行大兴支行13家营业机构开通了代理市政交通一卡通业务,覆盖本区12个乡镇,累计发卡1.25万张,充值金额235万元,实现手续费收入近万元。发放凤凰惠通卡36张,共办理测试业务5058笔。

(程宝旺)

【国际业务】 年内,农村商业银行大兴支行面对全球经济危机及地区经济差异的情况,组织全辖各非管辖支行开展营销工作。完成国际业务结算量137万美元,超出任务数87万美元,完成任务比例274%。

(程宝旺)

【票据贴现业务】 年内,农村商业银行大兴支行贴现工作克服了贴现政策调整,票源大量减少等不利因素的影响,经过各方共同努力,采取各种有效措施。全年票据直贴累计发生额为41050万元,超额总行下达计划7090万元,完成率121%。

(程宝旺)

【结算业务】 截至年底,农村商业银行大兴支行开办的个人结算业务主要包括:支票结算业务、个人汇兑业务、银行本票业务、银行汇票业务、委托收款业务、农信银——易宝支付业务;企业结算业务主要包括:支票结算业务、汇兑业务、银行本票业务、银行汇票业务、商业汇票、同城特约委托收款业务、委托收款业务。

(程宝旺)

【安全保卫】 年内,农村商业银行大兴支行与各非管辖行和管辖行各部,各非管辖行、管辖行各部与员工,层层签订了《安全防范目标责任书》、《消防安全目标责任书》等7项责任书。做到以制度约束员工行为,以制度达到程序化、规范化,使员工做到有章可循。举行了两次消防知识培训及消防实战演习,举行了一次防暴演习。

(程宝旺)

【创新工作方法】 年内,农村商业银行大兴支行创新工作方法,制定了大兴支行本年度折子工程,重点工作共计212项。将重点工作进行量化、细化和分工,明确责任部门、负责人、目标任务及完成时限。

(程宝旺)

【案件防控治理】 年内,农村商业银行大兴支行召开"大兴支行2009年案件防控治理工作会议",逐级成立案件防控治理工作领导小组,全面负责案件防控治理工作的组织、指导和检查工作。全年共组织了56次业务检查,梳理相关业务条线,发现问题,及时整改。完善制度71项,健全内控制度体系。

(程宝旺)

【行政运行机制】 年内,农村商业银行大兴支行制定完善了《北京农村商业银行大兴支行行长碰头会、办公会和行务会管理规定(修订)》、《北京农村商业银行大兴支行财务会计例会管理制度》等10余项制度并执行,在总行实地督导行政运行机制建设工作中,受到了总行书面通报表扬。

(程宝旺)

【财务顾问】 年内,农村商业银行大兴支行发展财务顾问客户数为19户,比任务多完成7户,完成率158%;收取投行业务收入25万元,完成率69.4%。

(程宝旺)

中国银行股份有限公司
北京经济技术开发区支行

【概况】 年内,中国银行股份有限公司北京经济技术开发区支行共有五部一室,下属八个营业网点,210名在岗员工。开发区支行深入贯彻科学发展观,坚定不移地落实分行五年发展战略规划和年初工作会议精神,紧紧围绕建设首都一流银行的核心目标,坚持业务开拓与内控管理并重的原则,不断提高对客户的服务能力,对市场的反应能力,对风险的控制能力。面对巨大的困难和挑战,迎难而上,积极进取,实现了各项业务的新跨越。

名称:中国银行股份有限公司北京经济技术开发区支行

地址:北京市北京经济技术开发区荣京东街3号一、二层2-201号

电话:67825809

邮编:100176

【对公资产业务】 年内,中国银行开发区支行在经济低迷,同业竞争日益激烈的市场环境下,实现了存、贷款规模双双突破"百亿"元大关,各项主要业务指标均创造支行历史最好成绩。通过签署全面战略协议,奠定对公资产业务基础。在中国银行北京分行分别与大兴区政府、亦庄开发区管委会签订了100亿和200亿的全面战略合作协议。通过合作协议的签订,密切了支行与两个地区政府之间的合作关系,同时为支行在两个地区

业务的开展奠定了良好的基础。

（焦彦霞）

【考核利润】 截至年底，中国银行开发区支行实现考核利润（按照DCF/MM口径）3.4亿元，在全市各支行排名第四。较上年同期增长6227万元，增幅28.8%。

（焦彦霞）

【本外币贷款】 年内，中国银行开发区支行本外币贷款合计103.5亿元，较上年同期增加50.2亿，同比增长94.18%。其中公司贷款余额81.9亿元，当年新增48.6，在全市排名第二。消费信贷余额21.7亿元，全年放款7.3亿，净增2.2亿，创支行消贷业务历史最高点。

（焦彦霞）

【本外币存款】 年内，中国银行开发区支行本外币存款148.3亿元，新增68.7亿元，同时实现了日均增长37.6亿元，是建行以来发展最快的一年。公司存款余额94.6亿，较年初增长42.8亿元，完成任务指标的356%；对私存款余额51.9亿元，日均增长额9.6亿元，在分行排名第一。

（焦彦霞）

【中间业务】 年内，中国银行开发区支行中间业务收入7785万元，增幅90.67%，在全市排名第二。其中公司条线中间业务收入4554万元，全市排名第一，个金条线实现中间业务收入1755万元。

（焦彦霞）

【理财业务】 年内，中国银行开发区支行新增VIP客户1793户，商户收单交易额5.3亿元，新发信用卡6006张，开立三方存款2434户。个人理财、基金代销、保险等多项业务均创造了历史最好成绩。

（焦彦霞）

保　　险

人保财险大兴支公司

【概况】 中国人民财产保险股份有限公司北京市大兴支公司（以下简称人保财险大兴支公司）是中国人民财产保险股份有限公司（以下简称人保财险公司）下属分支机构，隶属于人保财险北京市分公司。人保财险大兴支公司经营除人寿养老保险以外的一切保险业务。农业保险是整个公司经营中的一个亮点，带动了公司整体的发展，通过农险推动了公司的全面建设，公司连续两年荣获“全国百家标杆县区公司”称号，还获得首都文明单位荣誉称号。区委、区政府联合向人保财险大兴支公司表彰，授予新农村建设中突出贡献先进集体。

名称：中国人民财产保险股份有限公司北京市人保财险大兴支公司
地址：北京市大兴区黄村镇兴政街26号
电话：69244765
邮编：102600

【车险业务】 截至年底，人保财险大兴支公司车险产品线完成保费19422万元，其中交强险保费5243万元，商业车险保费14179万元。

（吕新宇）

【农业保险】 年内，人保财险大兴支公司共收取农业保险保费3713万，比2008年增加1385万元，增长57.66%，险种覆盖了包括西瓜、葡萄、奶牛、种猪、大棚等11个险种。

（吕新宇）

【农业保险理赔】 6月1日，本区遭受了一场特大风灾,之后又陆续发生了十几次大风、暴雨和冰雹灾害,受灾险种多,面积大。包括蔬菜、梨、苹果、葡萄、桃、西瓜、小麦、玉米和温室大棚在内的多个险种出险。礼贤、榆垡和庞各庄等在内的十多个乡镇受灾,受灾村次638个,受损户数8616户,受损亩数28340亩,1月份到9月份种植业赔偿金额达807万元。人保财险大兴支公司在第一时间深入了解灾情,成立了十多个理赔查勘小组、理算小组,及时查勘定损,理算赔付。11月1日,本区遭遇了五十年一遇的特大雪灾,造成了巨大的经济损失。尤其是温室大棚保险,包括礼贤、榆垡和庞各庄等在内的8个镇受灾,出险村数95个,出险户数766户,出险棚数1616个,全部坍塌棚数962个,预计赔付近450万元,而保费只有63万元,赔付率为714%。

(吕新宇)

人寿保险大兴支公司

【概况】　中国人寿保险股份有限公司北京市大兴区支公司拥有正式员工46人,公司承办团体业务、个人营销、银行代理、收展服务业务,业务销售人员350人。在大兴黄村兴政街(总部)、华堂商场、旧宫、瀛海、安定、西红门等处设立分支服务网点。公司紧随大兴区开发建设步伐,创新金融理财险种,扩大农村服务网点建设,为广大城乡客户提供金融理财渠道和就业岗位。

名称:中国人寿保险股份有限公司北京市大兴区支公司
地址:北京市大兴区黄村镇兴政街34号
电话:69295431
邮编:102600
邮箱:rebecaxiao@sohu.com

【人寿保险业务】　年内,人寿保险大兴支公司总保费收入28500万元,同比增长140%,其中银行代办理财产品连续三年实现60%以上增长率。全年新增长期寿险保费23000万元,同比增长48.3%,其中居民个人寿险保费新增796万元。短期意外险及健康险业务承保902万元,同比增长15%。继续承保全区中小学生平安保险业务,同时配合区供暖改造承保了供暖工程施工人员意外伤害保险业务,承保部分国庆阅兵方阵人员人身意外伤害保险业务。

(肖　艳)

【提高服务水平】　年内,人寿保险大兴支公司为近万名客户配发了"国寿鹤卡",使在区国寿客户尽快享受到随时随地自主查询保单信息的服务。为更好的服务全区百姓,满足业务量的持续增长和服务队伍不断扩大的需求,公司积极向总公司申请,于年底购买了新办公大楼,两证办理齐全后,已转入装修阶段。

(肖　艳)

【理财服务】　年内,人寿保险大兴支公司针对拆迁集中的地区,公司申请市公司资深讲师深入村庄、深入社区召开保险理财讲座,现场解答群众的理财问题。继续扩大与多家银行网点的代办业务范围,改变趸交趸领险种为主的险种结构,将银行柜台业务发展到分红险、养老险、意外险并存,交费方式灵活多样,使城乡居民可以依托广大银行网点购买中国人寿投资理财、健康保障、意外伤害、子女教育等多种保险产品。全年,人寿保险大兴支公司银行代理业务中交费数额低、方式灵活的期交业务较上年翻了三番。

(肖　艳)

【增加就业机会】　年内,人寿保险大兴支公司新增个人营销员130人,银行代理网点专管员20人,继续提供大量就业岗位。

(肖　艳)

【理赔服务】　年内,人寿保险大兴支公司综合赔付率55%,其中居民个人投保人身意外伤害保险赔付率达70%以上,公司严格执行理赔手续和时限,全年无任何理赔投诉案件发生。

（肖　艳）

审计工作

【概况】　年内,大兴区审计局人员编制46人,在编50人,领导职数4名。设有10个职能科室:办公室、人事教育科、财政金融审计科、行政事业审计科、企业经济审计科、经济责任审计科、投资审计科、审计综合科、审计综合二科和内部审计指导所。

名称:北京市大兴区审计局

地址:北京市大兴区清澄名苑31号楼大兴区行政服务中心

电话:81296460

邮编:102600

【审计成果】　年内,区审计局共完成审计项目31个。查出违规金额307万元,其中应上缴财政238万元,应调账处理金额192万元;已上缴财政238万元,已调账处理金额192万元;审计中还发现管理不规范金额28亿元,核减工程造价9516万元,为政府节约资金9516万元。移送纪检部门处理事项1件,移送其他部门处理事项2件。提交审计信息15篇,被采用11篇;提交审计综合报告、统计分析38篇;提交审计调研论文17篇。

（刘　颖　郭　爽）

【预算执行情况审计】　年内,区审计局预算执行审计项目涉及被审计单位118个,其中延伸审计单位90个。共计查出违规金额3.1万元、管理不规范金额26亿元。

（刘　颖　郭　爽）

【政府投资建设项目审计】　年内,区审计局继续采取借助社会中介审计力量,开展对政府投资重点工程的跟踪审计,共计实施政府投资审计项目80个,审计资金量约180亿元,其中完成17个,出具审计报告21份,核减工程造价9516万元,审计后为政府节约资金9516万元。

（刘　颖　郭　爽）

【经济责任审计】　区审计局按照"积极稳妥、量力而行、提高质量、防范风险"的工作方针,继续加大对领导干部任期经济责任审计的工作力度。全年共完成9个领导干部任期经济责任审计项目,涉及领导干部12人。查出违规金额合计237万元,管理不规范金额24434万元。

（刘　颖　郭　爽）

【"小金库"专项检查】　年内,区审计局专门组成3个检查小组,由机关审计人员担任审计组长、聘请社会中介机构作为协审人员,在第三季度对20个区属行政事业单位是否存在"小金库"情况进行了专项检查。通过审计,发现1个单位存在私设"小金库"67万元的问题。

（刘　颖　郭　爽）

【内部审计】　年内,区审计局完成内部审计项目978个,其中财务收支审计593个、效益审计76个、经济责任审计58个、专项资金审计129个、内控评审5个,其他117个。查出损失浪费金额12万元,增加效益35万元,提出审计意见被采纳465条,财务决算审签9个。

（刘　颖　郭　爽）

【党风廉政建设】 年内,区审计局成立了廉政建设领导小组,制定了廉政建设和反腐败工作方案,组织机关全员集体观看了《党员干部拒腐防变》系列教育光盘,根据每名审计人员的不同工作岗位,人人识别风险点、提出防控措施,结合廉政责任制从源头上遏制腐败。坚持审计项目回访制。

(刘　颖　郭　爽)

农 业

农 委

【概况】 2009年,在区委、区政府的正确领导下,在全区农业工作者的共同努力下,实现农业增效,农民增收,都市型现代农业进一步发展。全区农业总产值实现47.9亿元,同比增长0.9%;农民人均纯收入实现11132元,同比增长10.2%。

名称:北京市大兴区农业委员会会
地址:北京市大兴区兴政街38号
电话:69243974
邮编:102600
网址:http://dx.221.gov.cn

【发展设施农业和特色产业】 年内,全区新增、改造设施农业1万亩,设施农业面积已经达到10万亩,提前一年完成"十一五"农业发展规划任务;蔬菜、西瓜、果品等主导产业逐步向质量效益型、唯一特色型转变,花卉优新品种不断增加;农业种业迅猛增长,年产值比增长73%;新建、改造生态环保猪舍5万平方米,新增效益5100万元。

(谷冰雪)

【发展科技农业】 年内,本区继续实施科技助农工程,实施院区合作项目10项,开办田间学校62所,培养科技示范户1300户,新建、提升农业标准化基地30个、"三品"基地13家,农产品质量和安全水平不断提高。

(谷冰雪)

【农产品深加工】 年内,扩大肉牛、生猪、肉鸽、桑椹等农产品深加工能力,带动了加工农产品生产基地的发展。

(谷冰雪)

【拓宽农产品销售渠道】 年内,通过规范和提升,农民专业合作组织带动规模扩大,市场开拓能力进一步提升;组织实施"农超对接"和网上交易等活动,推动新型农产品流通方式的发展。

(谷冰雪)

【发展观光休闲农业】 年内,本区提升了庞安路都市型现代农业产业带,发展了以体验、采摘为主的观光休闲农业,农产品采摘量同比增长43.3%,观光休闲农业收入实现1.7亿元,带动全区旅游收入达到8亿元。

(谷冰雪)

【绿色生态建设】 年内,本区进行了"一路一品、一街一景"工程和兴旺带状公园、体育休闲公园等绿化建设,完成绿化面积2.25万亩,植树314.6万株。

(谷冰雪)

【加强水环境治理】 年内,本区万亩滨河公园开工建设,完成农业节水灌溉1.2万亩,东南郊水网、黄村再生水厂工程顺利推进。

(谷冰雪)

【全面实施保护性耕作】 年内,本区完成保护性耕作53.8万亩;实行农机规模化服务5.38万亩,规模化经营1.23万亩。

(谷冰雪)

【创建市级文明生态村】 年内,本区瀛海镇瑞合一村等11个村获得"市级文明生态村"称号,北臧村镇巴园子村和庞各庄镇梨花村荣获北京市最美乡村称号。

(谷冰雪)

【农村集体经济产权制度改革】 年内,本区在黄村、北臧村、旧宫、青云店镇等镇的16个村启动农村集体经济产权制度改革工作,基本完成了狼垡三村、佟村、高家铺村3个村产权制度改革工作,进一步探索了产权制度改革的新模式。

(谷冰雪)

【有序推进农村土地流转】 年内,本区农地流转信息平台建成并运行,全区流转土地3720亩。

(谷冰雪)

【农村金融综合改革试验区建设】 年内,本区建立了农村金融信贷、农业保险、农业投资、农村担保、农村信用五大体系,使用金融部门涉农贷款资金6.95亿元,促进了农村产业发展;扩大了政策性农业保险规模,种植业投保面积达16.5万亩,养殖业投保21.2万头,分别比上年增长29%和47%。

(谷冰雪)

【农村建设稳步推进】 全年,全区完成200个村庄规划编制,硬化街坊路452万平方米,绿化村庄210万平方米,完成2万余农户自来水老化管网和一户一表改造工程,改造户厕16150座,新建农村公厕413座。

(谷冰雪)

【"三起来"工程扎实推进】 年内,全区改造村内节能路灯4000盏,建设太阳能公共浴室3处;实施地源热泵技术利用示范工程2处,新建节能抗震农民住房548户,完成农户原有住房节能保温改造322户;建设沼气集中供气工程3处,扩建生物质气化站2处,建设小型户用沼气池750个,实施雨洪利用工程4处,粪污治理工程22处。

(谷冰雪)

【公共服务设施进一步完善】 年内,全区完成了镇级中心幼儿园、农村学校的规范化、扩班改造、达标修缮等任务,基本完成采育镇、旧宫镇等8个农村社区卫生服务中心建设,升级改造30家兴糖全额配送店和5家农村集贸市场,完成241个农村数字影厅的内部设施设备配套,建设农村数字家园29所、新型村邮站392个、公交候车亭70个,设置村级法律服务室149家。

(谷冰雪)

【落实各项惠民制度】 年内,全区城乡居民养老保险参保率达到90%,新型农村合作医疗参合率达到96%;近6000人纳入城乡低保范围,农村低保标准、农村五保供养标准、医疗救助得到提高;全面落实义务教育"两免一补"政策;通过对安置本区劳动力有突出贡献的中环公司等企业发放重奖和开展农村实用技术推广、职业技能等农村成人教育培训,实现农村富余劳动力向二三产业转移1万余人。

(谷冰雪)

【城乡结合部旧村改造】 年内,本区整建制拆除旧宫等镇 33 个村、1.2 万户民宅,拆除总面积340 万平方米,储备产业用地 1 万余亩,并做到百姓不少得、政府不多花、群众不上访,最大限度保障了被拆迁人合法权益。

(谷冰雪)

【加快重点镇区建设】 年内,本区编制完成采育等5个重点镇区建设方案,庞各庄镇区拆迁顺利推进;着力培育镇区主导产业,引入三元食品等一批重大项目。

(谷冰雪)

【加强城乡管理】 年内,本区固化流动人口服务和管理有关措施,流动人口无序增长的势头初步得到控制;针对突击建房、恶意装修、抢栽抢种、盗采砂石等违法行为,集中精力开展非法用地和违法建设等各类专项整治行动,清理腾退土地近3000亩。

(谷冰雪)

【建立城乡基层党组织互助机制】 年内,本区开展了"百家单位联百村"共建活动,推行了54家"支部+合作组织"工作模式,建立了23个党员助富示范基地,开通了"农村党员信贷快车",有效带动了农民致富。

(谷冰雪)

【完善村务运行机制】 年内,本区开展了农村经济在线审计试点工作;进一步规范了"账款章三托管"制度和村级工作管理规则、村级重大事项民主决策流程、事前咨商、招投标等制度,13个镇成立了农村财务管理服务中心,托管村级公章1182枚,决策咨商重大事项1733项,有效推动了村级民主管理。

(谷冰雪)

【完善农村干部管理和保障机制】 年内,本区继续推行两委承诺制,创新推行"三荐三考"村级后备干部选拔培训机制,建立了定权责、有合理待遇、有发展前途、有一定保障的"一定三有"激励保障机制,完成了村党支部换届选举工作。

(谷冰雪)

【建立城乡结合部党建新机制】 年内,本区以北部6镇为主,结合拆迁工作,探索建立了"安置就业有岗位、增收经营有资产、稳定生活有保障、服务管理有组织"的"四有"机制,有效破解了拆迁难题。

(谷冰雪)

【召开市221数据补录工作会】 1月7日,在区农委召开了"市221信息平台"数据补录会,农委信息中心主持会议,林业局、动监局、种植中心等区直农口单位主管领导和市221数据主管业务科长参加了会议。会议根据市城乡经济信息中心反馈的已报数据问题及建议,进行了数据补录工作的安排,并讨论了如何做好2009年"市221信息平台"及大兴区农业资源管理决策系统数据上报工作,最后部署了做好下一步数据上报工作的安排。

(谷冰雪)

【召开农业科技工作会】 1月13日,区农委、科委在星明湖会议中心联合召开大兴区农业科技工作会。区发改委、财政局、妇联、农商行、农口相关单位的领导及14个镇主管农业镇长、农发办主任参加了大会。会上,各镇总结了2008年"科技助农"工程完成情况和取得的成效,提出了2009年的工作思路。区农委汪宝国主任做了总结性发言,强调了开展农业科技推广工作的重要性,并对2009年农业科技工作做出了全面部署,要求2009年全区要加大农业科技工作力度。

(谷冰雪)

【农村移动信息化应用启动仪式】 1月16

日,本区召开“大兴区农村移动信息化 2008 年度表彰大会暨 2009 年度应用启动仪式”。会议回顾了本区移动农网发展历程和 2008 年移动农网工作情况,并为移动农网优秀信息员代表、移动农网应用示范单位优秀组织者及优秀工作者代表颁奖。北京移动公司大兴分公司总经理徐建、副总经理王宇;各镇农业镇长、农办主任、镇级信息员及部分大学生村官共 160 人参加了此次活动。

（谷冰雪）

【农地流转平台建设升级调研】 2 月 24 日,市城乡经济信息中心领导和相关技术人员到区农委就如何做好市级、区县级农地流转平台的开发与建设进行了调研,主要讨论了本区土地流转平台的升级完善、与市级农地流转平台的对接方案,区农委、区经管站主管领导及技术人员参加了调研会议。

（谷冰雪）

【院区合作】 2 月 28 日,在中国农科院举行了北京市大兴区人民政府与中国农科院及北京农林科学院科技合作总结表彰暨签字仪式。会上对第二期院区科技合作中做出突出贡献的中国农业科学院饲料研究所等 4 个集体和张乃锋(中国农业科学院饲料研究所博士)等 5 名专家进行表彰奖励,突出贡献集体奖励 5 万元,突出贡献个人奖励 1 万元。同时,区长李长友分别与中国农业科学院院长翟虎渠、北京市农林科学院院长李云伏签订第三期院区科技合作协议书。北京市副市长苟仲文、市政府副秘书长安钢、中国农科院党委书记薛亮、市农林科学院院长李云伏、市农委主任王孝东、市农业局局长赵根武,区领导林克庆、张晓林、李春亭等领导参加了签字仪式。

（谷冰雪）

【农民专业合作社获得授信贷款】 年内,本区成立了北京市第一家小额贷款公司——北京兴宏小额贷款有限公司。区农委与小额贷款公司已对本区 5 个镇,12 个农民专业合作社进行了综合授信及借款资质审查,公司已与北京鹏宇奶牛专业合作社等 4 家合作社签订了首批综合授信协议,授信总金额 450 万元,为北京锦绣前程水产专业合作社贷款 15 万元。

（谷冰雪）

【农机用油合作签约仪式】 3 月 10 日,北京市农业局与中国石化北京石油分公司农机用油合作签约仪式在本区采育镇举行。双方将建立北京农用燃油供应保障长效机制,有效解决“春耕、三夏、三秋”农机用油紧张问题,确保全年农业生产的顺利开展创造有力保障。活动中,市农业局与中石化北京石油分公司签订了《农机用油合作协议》,大兴区农机服务中心与中石化北京石油分公司签订了《油品购销协议》。与会领导为农机手颁发中石化赠送的农机专用加油卡和润滑油等农用物品,并向加油员授加油枪。农业部农机化管理司副司长刘恒新,市农业局局长赵根武,区委常委、副区长李春亭,中石化北京石油分公司、市发改委、市商务局、区农委等相关单位领导出席仪式。

（谷冰雪）

【农资打假专项治理工作会议】 3 月 19 日,本区召开了 2009 年农资打假专项治理工作会议,市农业局领导、区农资执法单位领导和执法人员以及全区 200 余家农资生产经营单位负责人参加了会议。会上分别部署了种子、农药、化肥专项整治方案,并对全区农资执法和市场监管工作进行了全面部署。

（谷冰雪）

【农业信息化培训和宣传进村】 3 月 19 日,区农委信息科联合区经管站跟随区农科所节水办的相关专家到礼贤镇紫各庄村进行农业信息化培训和宣传,发放各类宣传材料近百份。现场农业专家和网上农业专家的有机结合,村民了解了本区的农业信息化资源,感觉收获很大,知道了通过网站上的远程教育和农业科技可以查询相关的实用技术,通过市场行情可以了解到农产品的价格,通过农博士专家咨询系统可以咨询动植物病虫害的防治,通过供求信息可以发布自家需要买进卖出的农产品信息,没有电脑的时候可以拨打农业服务热线12316等。

(谷冰雪)

【召开农业工作会】 3月19日~20日,本区召开了2009年农业工作会。会议听取了各镇2008年农业工作总结和2009年工作重点,农口各单位和发改委、宣传部、财政局、科委、旅游局等单位作了相关发言。会议对2008年全区农业工作进行了总结,并对2009年本区农业主导产业、观光休闲农业、科技农业、农产品质量安全、农产品市场流通、农业风险防范体系、农业信息化、农村改革、生态农业建设等九项重点工作进行了部署,并下发了相关政策和考核文件。区委常委、副区长李春亭、区长助理刘秋明、南9镇镇长、各镇主管农业副镇长、农办主任参加了会议。

(谷冰雪)

【春季农区灭鼠工作会】 4月7日,在青云店镇政府召开由各镇农发办主任、农技推广站站长、畜牧兽医站站长参加的农区灭鼠工作会,区农委、区种植中心、区畜牧中心有关领导参加了会议并讲话。区动物卫生监督管理局、区植保站专家就灭鼠的技术操作程序进行了培训。

(谷冰雪)

【农民需求入户调查】 4月初开始,区农委为全面、真实地了解农民需求,从农民家庭情况、生产科技、小额贷款、农业信息需求四方面入手,设计问卷进行调查,对调查对象、范围、方法都提出了明确的要求。截至年底,已完成对南9镇不同产业、不同经营规模、不同收入情况的55个农户的入户调查。调查结果的统计分析工作正在有条不紊地进行中。

(谷冰雪)

【乡村旅游产品推介会获奖】 由区委组织部牵头,区农委、区妇联、区旅游局联合组织本区农村实用人才代表参加了4月23日至25日在北京奥林匹克公园举办的“北京市农村实用人才创业成果暨乡村旅游产品(手工艺品)展示推介会”。在此次活动中,本区荣获“北京市农村实用人才创业成果暨乡村旅游产品展示推介会”优秀组织奖,手工艺品易拉罐金属画“鹰”获得一等奖,面塑“三英战吕布”、鲜藏艺术产品“玻璃艺术西瓜”和黑陶卷筒“竹报平安”获得二等奖,鲜藏艺术产品“玻璃艺术花卉”获得三等奖。

(谷冰雪)

【召开大兴西瓜节新闻发布会】 5月7日,本区召开第二十一届西瓜节新闻发布会。发布会披露本区第二十一届西瓜节将举办大兴区经济发展信息发布、全国西甜瓜擂台赛、品牌服装展销会、农副产品展销会、家庭趣味运动会、主题旅游活动等系列节庆特色活动。中央电视台,北京电视台,新浪网、千龙网、北京日报、北京青年报、北京晨报等100余家媒体参加了此次发布会。

(谷冰雪)

【检查《农产品质量安全法》实施情况】 5月19日,区人大执法检查组成员就《农产品质量安全法》在本区贯彻实施情况进行检查。区人大常委会副主任、执法检查组组长周树慧带队开展检查活动,区政府办、农委、质监局、种植业服务中心等部门负责人陪同检查。检查组一行实地察看了长子营镇青圃园蔬菜配送公司、采育镇利市营村蔬菜标准化生产基地、北京宝金龙食品厂和青云店镇科技站、植保站,检查了农产品的包装和标识、蔬菜生产记录、产品质量检测记录、种子经营档案、农药进销台账等档案资料,并听取相关方面的汇报。

(谷冰雪)

【举办全国西甜瓜擂台赛】 5月25日,第二十一届北京大兴"庞各庄杯"全国西甜瓜擂台赛在庞各庄镇举行。共有来自河北、安徽、辽宁、陕西、宁夏、天津、湖北、北京等八个省市的288名种瓜能手参加比赛。此次擂台赛设大型西瓜重量奖、中型西瓜综合奖、小型西瓜综合奖、甜瓜综合奖、新品种奖、生产艺术奖、优秀组织奖7个奖项,前四个奖项分设冠、亚、季军。最终,来自庞各庄镇李家巷村的李凤春以单瓜重37.8公斤夺得大型西瓜重量奖冠军。区委常委、副区长李春亭、区政协副主席路志权、庞各庄镇党委书记左东明等领导为获奖选手颁奖。

(谷冰雪)

【召开"三夏"工作动员会】 6月1日,本区召开由农口各单位、区环保局主管领导、各镇主管农业镇长、农发办主任及农机管理站站长参加的2009年"三夏"工作动员会。会议要求各镇要把"三夏"工作作为当前的重点工作抓紧抓好。狠抓秸秆禁烧工作。各镇要积极宣传,明确责任,层层签订责任书,确保不烧一块地,不冒一处烟。组织好农机作业安全工作,确保"三夏"期间不发生安全生产事故。抓住时机,进一步做好农业结构调整。各镇要根据本镇实际,利用"三夏"倒茬时机进行种植结构的调整。

(谷冰雪)

【举行院区科技合作座谈会】 6月1日,中国农科院院区科技合作课题组专家来到本区,与本区相关项目单位就第三期院区科技合作项目进行了座谈。会上,课题组专家对前一阶段项目进展情况分别进行了概述,区农委和中国农科院领导也对项目的进一步实施提出了总体要求和部署。会后,在区农委及相关部门领导的陪同下,项目专家组参观了院区合作成果展示基地和国家西甜瓜产业技术研发中心大兴综合实验站。

(谷冰雪)

【赴寿光研修农民学成归来】 6月4日,区农委召开赴山东寿光研修学习总结表彰会。市农委、区农委、区种植业服务中心、区蔬菜办公室的相关领导参加了大会。农民赴山东寿光进行设施农业生产技术研修的活动分为4期,历时60天,总结表彰会上,区蔬菜办公室就本次培训工作进行了总结,参会领导对表现突出的优秀学员进行了表彰并颁发了证书。

(谷冰雪)

【庞各庄镇遭受风灾】 6月4日15时45分,本区庞各庄镇遭受大风袭击,造成北顿垡、东义堂、南李渠、幸福、东黑垡、李家巷、西义堂、南顿垡、定福庄、福上、西中堡等11个村的1445亩农作物受损,其中小麦539亩、果树55亩、大棚851亩,预计经济损失223.418万元。

(谷冰雪)

【礼贤镇遭受风雹灾害】 6月8日早4时开始,礼贤镇开始下雨,局部地区有大风并伴有冰雹,大风4~5级局部达6级;冰雹直径0.3~0.5厘米持续时间20分钟。截止到当天16时05分统计,共计造成礼三、河北头、平地、柏树庄、王化庄、伍各庄、西段、小马坊、赵家园、内官庄、荆家务、大马坊、李各庄、祁各庄、辛家安、西里河、昕升、东安、东梁各庄、贺南、石柱子、董各庄、东郏河、前杨各庄、西白疃、苑南等26个村的15915.3亩农作物受灾，其中11643.3亩小麦倒伏，1个钢架大棚棚架倒塌，52个大棚膜损坏，并间接造成棚内作物的损失，蔬菜1914.5亩，瓜类1742亩，果树238.5亩，春玉米325亩。预计经济损失328.85万元。

（谷冰雪）

【全国人大代表调研专业合作社】 7月7日，全国人大代表北京团就农民专业合作社专题来本区进行调研。代表团在市政府办公厅、市农委有关领导及区委书记林克庆，区委常委、副区长李春亭和区人大副主任李永贵的陪同下，参观了乐平西甜瓜专业合作社，并听取了关于本区农民专业合作社建设情况的汇报。在与圣泽林、大营宏光、老宋瓜果及庞安路西瓜等合作社进行座谈。

（谷冰雪）

【市政协委员到本区调研】 8月25日，市政协副主席沈宝昌带领部分市政协委员到本区调研农村土地流转情况。市政协委员们先到采育镇信采鲜切菊花基地视察，实地查看了温室大棚和加工车间的生产情况，随后听取了采育镇、魏善庄镇有关农村土地流转情况的汇报，并就土地流转相关问题进行了座谈。市农委副主任康森随同调研，区领导李长友、孟令华、李春亭、路志权陪同调研。

（谷冰雪）

【召开“三秋”工作会】 9月17日，区农委召开了由主管农业副镇长、农办主任及农口相关单位一把手领导参加的2009年“三秋”工作会。对全区的“三秋”工作提出要求抓好季节性裸露农田治理，各镇要抓住“三秋”的有利时机做好今冬明春的裸露农田治理工作，积极发展越年生态作物，确保本区今冬明春农田无裸露。抓好结构调整工作，各镇要充分利用秋收后的时间，狠抓保护地设施建设，确保完成保护地设施建设任务。做好秸秆禁烧和安全生产工作，秸秆禁烧和安全生产工作是“三秋”工作的重中之重，各镇、各部门要继续采取有效措施，确保秸秆禁烧和安全生产工作顺利完成。做好动物防疫工作，确保不出任何问题。

（谷冰雪）

【完成“221信息平台”数据采集】 年内，区农委协调区直农口各局及各镇农口单位，通过20多天的努力，顺利完成数据采集工作，涉及28个专题4300余条农业相关数据，实际调研并准确定位1500余个点，其中，修改更正数据383条，新增数据568条。

（谷冰雪）

【举办全国甘薯擂台赛】 10月28日，第二届北京大兴“庞各庄杯”全国甘薯擂台赛在庞各庄镇举行。共有来自河北、安徽、北京等十个省市的139个薯农、基地、科研单位和甘薯加工企业参加了比赛。此次擂台赛设薯王综合奖、优良品种奖和甘薯加工食品奖3个奖项，奖项分设冠、亚、季军。以本区庞各庄保安庄村程亮为代表的大兴薯农，在此次比赛中获得了3个奖项的8个大奖。

（谷冰雪）

种植业

名称：北京市大兴区种植服务中心
地址：北京市大兴区兴华大街三段15号
电话：81296761
邮编：102600
网址：http://www.dxplant.gov.cn

【引进推广新品种新技术】 全年，区种植中心引进瓜、菜、薯新品种157个,重点示范推广27个,推广面积5万亩,引进新技术19项,重点示范推广10项,推广面积12.3万亩。

(王 坤)

【标准化基地建设】 年内,全区新建7个种植业标准化基地,提升4个种植业标准化基地,7月份通过了验收。

(王 坤)

【都市农业建设】 年内,北京市农村工作委员会开展了都市型现代农业基础建设工程及综合开发项目,区种植业服务中心负责项目中农田培肥、农药面源污染治理和菜田废弃物治理三项工程。项目涉及耕地面积共计5.49万亩,包括青云店大张本、安定镇西白塔、魏善庄和采育四个项目区的39个行政村。

(王 坤)

【事业单位岗位设置工作完成】 年内,区种植中心组织所属6个事业单位开展岗位设置管理及聘用工作,成立了相应的组织机构,制定了实施方案和实施细则,编制了岗位说明书,经召开动员大会、组织选岗、资格审查、公示候选人、组织竞聘、公示聘用结果等环节,11月,139人全部聘用到相应岗位,完成事业单位岗位设置管理工作。

(王 坤)

【农产品质量安全监管】 年内,区种植中心成立了农产品质量督导检查工作组,对本区内种植业标准化生产示范基地进行检查。共检查示范基地45个,对存在问题的基地发放了整改通知书,限期整改,检查共放整改通知书10份,整改效果显著。

(王 坤)

【农业科技成果展示基地建设】 年内,全区完成7栋日光温室,4栋塑料大棚和连栋温室滴灌管、喷灌管道安装,节水覆盖面积9200平方米、2000平方米采暖管道安装、甘薯储藏室、250千瓦变压器等基地基础设施建设。进行小型西瓜、小型无籽西瓜、叶用甘薯和早熟甘薯品种、秋播茄子、西葫芦、草莓等20余个新品种示范展示。开展节水灌溉试验示范展示,试验示范了滴灌、膜下暗灌、渗灌、微喷等农艺节水技术;小型西瓜不同整枝配套技术试验、测土施肥技术和肥效定位观测等新技术示范展示。引进香蕉、番木瓜、番石榴、火龙果、咖啡、茶叶等果类品种展示。组织现场观摩、集中授课50多次,培训农民3000余次。共接待市、区、镇各级领导、农业专家学者、农业院校师生以及本地和外地游客600余人次。

(王 坤)

【市领导视察农业科技成果转化基地】 10月6日,北京市委常委牛有成、副市长夏占义视察本区农业科技成果转化基地。市领导观看了150米农业科技长廊,听取了情况汇报并与技术人员进行交流,了解番茄膜下暗灌节水技术,对基地的展示效果及农技推广模式给了充分的肯定。区长李长友、副区长李春亭以及农口相关单位领导陪同考察。

(王 坤)

【技术书籍、文章、论文发表获奖】 年内,区种植中心及农科所编著出版《图说棚室西瓜高效栽培关键技术》,全书共4.8万字,收录图片近200张。编辑农业节水灌溉书籍和蔬菜病虫害防治技术书籍,印刷4000册。发表文章:京郊日报4篇;北京农业1篇。发表论文:中国农业科技导报1篇、中国瓜菜1篇。获奖情况:“大兴西瓜产业升级关键技术集成与推广”获北京市农业技术推广一等奖;“园艺作物文化品位提升技术示范推广”获北京市农业技术推广二等奖;“大兴西瓜精品战略工程关键技术研究与应用"获大兴区科学技术奖;市级及以上先进个人奖项5人次;区级先进个人奖项1人次。

（王 坤）

【农业实用技术培训】 全年,全区共举办培训班250次,发放技术资料24496份,发送技术短信7582条,科普赶集9次,电视专题宣传2期,培训农民50477人次。

（王 坤）

【农民田间学校】 年内,区种植中心共开办了33所农民田间学校,其中新建6所、续建27所,涉及西甜瓜、蔬菜、甘薯三大主导产业及大田作物,其中蔬菜田间学校16所,西甜瓜田间学校8,瓜菜田间学校7所,甘薯田间学校1所,小麦田间学校1所,33所田间学校共有学员996人。

（王 坤）

【农业部领导观摩田间学校】 11月18日,农业部科教司副司长刘艳、中国科学技术学会科普部副部长高勘以及来自科技部、教育部、中组部、中科院等19个部委的37名"全国农民科学素质行动协调小组"专程观摩了本区榆垡镇石佛寺村农民田间学校,对本区田间学校办学效果给予了好评。

（王 坤）

【科技示范户培养】 年内,全区设有7个示范户培训班覆盖庞各庄、北臧村、魏善庄、安定、榆垡等5个农业主产镇,确定示范户370户。培训内容涉及西瓜、甘薯、节水等三大方面,全年共举办培训班27期,组织观摩活动19次,共计培训示范户2000人次。

（王 坤）

【西甜瓜产业概况】 全年,本区西甜瓜总面积为10万亩(西瓜9万亩、甜瓜1万亩),其中棚室面积4万亩、中小拱棚面积4万亩、地膜面积2万亩。主要分布在庞各庄、北臧村、安定、礼贤、魏善庄、榆垡六个镇,种植农户2.6万户。主要栽培品种30多个,包括西瓜中果型品种京欣一号、京欣二号、京欣三号、航兴一号、航兴三号,小果型品种京秀、新秀、黄小凤、红小玉、春小玉,无籽品种黑密二号、暑宝;厚皮甜瓜品种京玉系列品种、郁金香、一品红;薄皮甜瓜品种京蜜11、雪王8等。

（王 坤）

【制定绿色食品西瓜生产技术规程】 年内,按照区政府《关于创建全国绿色食品西瓜标准化基地建设》的要求,根据大兴区西瓜生产实际情况,制定了大兴区绿色食品保护地西瓜生产技术规程和绿色食品露地西瓜生产技术规程,通过了专家评审,并在项目区范围内进行了推广。

（王 坤）

【获市农业技术推广奖一等奖】 年内,由种植中心农科所承担的大兴西瓜产业升级关键技术集成与推广项目11月获北京市农业技术推广奖一等奖。通过该项目的实施为本区引进220个西瓜新品种,普及推广了保护地多层覆盖技术、西瓜无公害施肥技术、小型西瓜上架栽培技术、西瓜有机生态型无土栽培技术等一系列技术,集成了一套完整的精品西瓜配套栽培技术体系。该项目实施期三年,实现新增产值22990万元左右,实现新增效益13794万元。

（王 坤）

【启动综合试验站工作】 5月,国家西甜瓜产业技术研发中心——大兴综合试验站在大兴区农科所成果转化基地挂牌成立,北京市果类蔬菜创新团队大兴综合试验在大兴区良种场挂牌成立。工作站建设周期5年,自2009年至2013年。大兴西瓜综合试验站

2009年承接岗位专家安排的西瓜白粉病药剂试验、西瓜甜瓜品比试验以及调研等10余项工作,大兴果类蔬菜综合试验站承接岗位专家安排的蔬菜品比试验、节水技术试验、新品种展示等10余项工作,并开展培训观摩,全年累计培训6000余人次,发放培训材料1万余册。

(王　坤)

【西瓜院区合作项目】 年内,区种植中心与中国农科院郑州果树所合作开展功能性西瓜新品种选育研究与示范,育成功能性西瓜品种中兴红1号、中兴红2号、黄玫瑰一号、金兰无籽,经示范种植,4个品种均表现出易坐果、产量高等特点。其中高瓜氨酸品种京兰无籽产量最高为6039.0千克/亩,中心含糖量为9.6;高番茄红素品种中心红1号产量较高为4128.0千克/亩,中心含糖量为11.2%。

(王　坤)

【第二十一届西瓜节】 第二十一届西瓜节于5月27日开幕,区种植中心农科所完成了在绿色生态园主会场、御瓜园观光展示区进行的布展工作,展示了西甜瓜新优品种30余个以及西瓜唯一性农产品——造型瓜、贴图瓜、玻璃艺术瓜等,并在西瓜节擂台赛参与品质测定工作。

(王　坤)

【西甜瓜推广科技入户项目】 年内,通过西甜瓜新优品种示范展示、西甜瓜高效栽培管理技术培训等工作开展业务工作,涉及本区25个示范村,30个推广员,近500位示范户。共开展培训班102期,培训示范户5600人次,发放了可供500亩保护地生产使用的银灰膜、黄板、一特避蚜虫生物药片和生物菌肥。

(王　坤)

【蔬菜生产情况】 全年,全区蔬菜播种总面积35.66万亩,面积较大的主要是礼贤、庞各庄、榆垡、长子营、黄村、北臧村、魏善庄、安定、青云店9个镇,种植的品种有黄瓜、番茄、茄子、大椒、大白菜、冬瓜等100多个,蔬菜累计上市量11.33亿公斤,收入额10.90亿元。

(王　坤)

【市科技项目工作会】 5月5日,由北京市蔬菜研究中心主持的农委科技重大项目"克服园艺作物连作障碍关键技术研究与示范"2009年第一次工作会在本区举行。北京市农林科学院、中国农大、中国农科院等相关专家及项目负责人30余人参加会议。与会专家对礼贤镇贺北村和魏善庄镇张家场村的温室蔬菜生产进行观摩指导,与菜农进行了技术交流,并对下一步工作进行安排部署。

(王　坤)

【市科技套餐配送工程启动仪式】 5月19日,由北京市科协、市蔬菜学会、区种植中心主办的"科技套餐配送工程——农民素质提升计划"启动仪式在本区魏善庄镇政府召开。大兴、昌平、顺义等8个区县科协及设施农业种植农户180余人参加启动仪式。农民素质提升计划以北京"南菜园"(大兴区)为培训基点,带动京郊10个区县,开展农业干部素质提高、生态环境保护、无公害绿色生产技术、节水灌溉、设施农业等方面的培训,有效提高农民素质。

(王　坤)

【蔬菜高产高效示范获奖】 8月18日,区蔬菜办公室组织参加温室越冬茬、春大棚蔬菜高产高效比赛的菜农参加了由市农业技术推广站举办的设施蔬菜科技工作总结交流会。通过专家评选,本区获得了全市春大棚番茄高产竞赛的一等奖,春大棚番茄、黄瓜竞赛二等奖各一名、三等奖两名,温室越冬茬黄瓜竞赛二等奖一名、三等奖两名。

（王 坤）

【秋大棚蔬菜获奖】 年内，北京市推广站组织秋大棚黄瓜、番茄高产高效竞赛活动，通过专家评选，本区5名农户获得了市级奖项，成为此次活动获奖最多的区县。5个奖项分别是全市秋大棚黄瓜高产竞赛的一等奖、二等奖、三等奖各1名，同时获得全市秋大棚番茄高产竞赛的二等奖、三等奖各1名。

（王 坤）

【市政府蔬菜顾问团指导工作】 3月9日，区蔬菜办公室邀请市政府蔬菜顾问团陈殿奎、李明远2位专家到本区集中育苗基地指导工作。区种植中心通过项目支撑，投资281万元在2008年底重点扶持的12个蔬菜集中育苗大户，在2009年春茬共育优质蔬菜苗653.5万株，并全部采用穴盘基质育苗，可供2646亩设施生产使用。

（王 坤）

【聘任农民蔬菜技术员】 3月20日，区蔬菜办公室召开了2009年大兴区农民蔬菜技术员聘任大会，聘任了来自全区9个镇30个村的30名技术员。市农业局区科协、区种植中心等单位的领导向受聘技术员颁发了聘书。

（王 坤）

【市领导到本区察看雪灾情况】 11月1日，本区突降大雪，降水量达14.4毫米，最低气温达-4.5℃，48小时降温达12℃，对设施蔬菜生产产生一定影响，全区设施受灾1900多亩。11月2日，北京市农业局蔬菜处司力珊处长到本区了解设施蔬菜和大白菜受灾情况。对倒塌的大棚提出了补救措施。

（王 坤）

【瓜菜集中育苗工作】 年内，区种植中心扶持发展瓜菜集中育苗基地19个。共育蔬菜苗810.6万株，西瓜苗51万株，甘薯苗500万株，通过推广标准化育苗模式，明显提高育苗质量，促进了育苗生产向规模化、产业化发展，同时促进了新品种新技术的推广。

（王 坤）

【甘薯产业概况】 全年，全区甘薯种植面积3.3万亩，主要分布在庞各庄、北臧村、榆垡、魏善庄等镇，主栽品种为遗138、豫薯10和徐薯23，生产模式以春甘薯为主，平均亩产2400公斤。

（王 坤）

【甘薯产存一体化工程】 年内，在全区示范推广脱毒徐薯23春薯和夏薯栽插面积800亩，平均增产15%，亩增收500元。在庞各庄、榆垡、北臧村、采育、魏善庄和农科所等地建设全地下甘薯贮藏库20个，每个贮藏库补贴资金7万元，从7月份开始建设，截至10月30日，全部完工并通过验收。

（王 坤）

【甘薯脱毒薯苗引进示范】 年内，区种植中心农科所从中国农科院甘薯研究所引进脱毒徐薯23种薯1000千克，分别安排在庞各庄、青云店、榆垡等甘薯育苗基地进行育苗，出苗量达到13万余株。并无偿为本区庞各庄镇农技站提供脱毒徐薯23薯苗6000株，由北京市农业技术推广站引进脱毒薯遗字138种苗2万余株。通过建设育苗基地，免费为薯农发放种薯、种苗等形式，在全区推广甘薯脱毒技术等5000余亩，甘薯平均增产率12%左右，亩增收300余元，全区薯农增收150余万元。

（王 坤）

【甘薯院区合作项目】 年内，区种植中心完成“早熟、优质及保健型甘薯生产综合技术示范与推广”项目。开展第三期项目实施,开展专家咨询会和农民技术培训会,组织培训活动4次,培训农民770人次,发放了《无公害甘薯生产综合技术标准》50册,高效抗旱剂50千克。无偿为本区提供1000千克脱毒徐薯23种薯,脱毒徐薯23薯苗6000株。实施2009年院区合作试验,试验包括甘薯引种鉴定、菜用甘薯新品种引种示范、茎线虫的综合防治等。在甘薯上通过测土,出具配方,配方施肥较农民习惯施肥亩增产鲜薯248千克,增产率15.64%。亩增收节支387元。全年推广测土配方施肥面积1500余亩,共增收58.05余万元。推广优质品种和病虫害防控技术,以大兴区甘薯主产镇庞各庄为中心,向大兴区其他甘薯种植区辐射推广,全年已种植徐薯23和徐紫薯1号等品种1.5万余亩,推广药剂防治甘薯茎线虫病1300余亩。

（王　坤）

【粮经产业发展概况】　全年,全区主要粮油作物是小麦、玉米、甘薯、花生、大豆,其中小麦种植面积20.73万亩,主要品种为京9428、农大211、京冬8、京9843等,总产量7515.4万公斤;玉米种植面积39万亩,主要品种为农大108、宽诚1号、京单28、京科308、中单28、中玉15,玉米总产量17160万公斤;甘薯种植面积3.3万亩,亩产480公斤(折粮),总产量1566万公斤(折粮);花生种植面积4.4万亩,亩产210公斤,总产量919万公斤;大豆种植面积0.6万亩,亩产180公斤,总产量110万公斤。

（王　坤）

【粮食档案和粮食直补】　年内,按照北京市农业局要求,完成小麦、玉米、春播、夏播和秋播粮食种植档案调查表的网上申报工作。7月中旬,完成粮食直补统计汇总工作。全区小麦直补面积为21.01万亩,共涉及12个镇,404个村,38446户,补贴金额约2416万元。玉米直补面积为39万亩,涉及12个镇,439个村,58381户,补贴金额约3001万元。

（王　坤）

【生态补贴】　2009年生态补贴小麦面积为21.26万亩,牧草面积为2255.8亩,涉及12个镇,405个村,38449户,补贴金额约858万元。

（王　坤）

【粮食高产创建】　年内,在采育镇、长子营镇、青云店镇、魏善庄镇和榆垡镇共建设8000亩标准化高产粮田示范区,其中市级的3块、区级的5块。经测产八块高产田平均亩产值达到967.7公斤,超额完成预定目标。小麦最高单产为440公斤,平均亩产达到420公斤,超出目标产量40公斤(小麦目标亩产为380公斤);玉米测产最高单产为550.3公斤,平均亩产为537.7公斤,超出目标产量17.7公斤(玉米目标亩产为520公斤),亩增收约为100元。

（王　坤）

【粮油试验工作】　年内,完成各类粮油试验21项,引进春播大豆新品种6个,夏播大豆新品种4个,花生新品种38个,青贮玉米新品种10个,分别进行了品比试验、大面积的示范及配套栽培技术的研究。

（王　坤）

【植物检疫】　年内,区植保站在榆垡、礼贤、长子营等农业镇设立6个植物疫情监测点,重点对美国白蛾进行了监测。同时定期对红火蚁、黄瓜绿斑驳病毒病、西花蓟马、小麦腥黑穗病、豚草、黄顶菊等检疫对象进行了监测工作,共进行有害生物监测和普查50余次,其中在对小麦腥黑穗病和黄瓜绿斑驳病毒病的监测中发现局部地区发生这两种有害生物,其他有害生物均未发现。全年区植保站共办理调运检疫53批次，种子660.7吨，花卉10万支，调运检疫中未发现检疫性有害生物。

（王　坤）

【小麦腥黑穗病防控】 年内，通过普查发现小麦腥黑穗病达到销毁标准的面积合计238.6亩，严重地块病穗率达到了40.5%，平均病穗率13.9%。植保站于6月14、15日以垃圾填埋场做销毁场地，及时销毁了染病小麦，防止了疫情的扩散。

（王　坤）

【黄瓜绿斑驳花叶病毒病防控】 10月9日，区植保站工作人员通过试纸条速测普查，发现“北京老宋瓜王科技发展有限公司”观光园内部分葫芦科作物感染了检疫性有害生物——黄瓜绿斑驳花叶病毒病。疫情发生地为观光连栋温室和育苗棚，总占地面积为7.2亩，发病面积5.7亩，疫情确认后，全植保站根据《植物检疫条例》规定和市区有关部门要求进行了封锁和疫情除治处理。

（王　坤）

【农药管理】 年内，区植保站对全区农药经营店进行了四次拉网式检查，共出动执法人员449人次，执法车辆223台次，检查农药经营单位1124个次。明确本区农药经营单位由上年的253家增加到276家；与农药生产单位和经营单位签订了安全生产销售承诺书276份；上网检查了2360余个农药标签；调解农资纠纷1起、受理群众投诉举报案件1起，均予以了圆满解决；通过执法检查共进行行政处罚14起，罚款2250元；进行赶集宣传26次，现场接受农民咨询2600余人次，发放《可用于替代甲胺磷等5种高毒农药品种名单》、《农药科学选购和合理使用》等宣传材料2万余份。

（王　坤）

【植保技术培训】 年内，围绕主导作物西甜瓜、蔬菜、甘薯在生产中出现的问题，区植保站共开办8所农民田间学校，4个田间学校工作站。针对种植结构特点和天气情况，及时发布了病虫简报16期，电视预报片10期。进行科普赶集和集中培训35次，宣传培训农民5000余人次，发放宣传材料1万余份，接待农民病虫咨询来访50余次，重点宣传了常发性病虫害的发生规律与防治方法。

（王　坤）

【推广先进植保技术】 年内，区植保站在春秋两季3000亩露地十字花科蔬菜推广性诱剂防治小菜蛾、甜菜夜蛾技术，节省化学农药使用量30%；在7.5万亩夏玉米田分两次推广释放松毛虫赤眼蜂防治二代玉米螟技术。

（王　坤）

【病虫害防治及农田灭鼠】 年内，区植保站通过对小麦吸浆虫、小麦蚜虫、小麦白粉病，菜田白粉虱、番茄晚疫、瓜类炭疽病、蔓枯病等常规性病虫害的监测，指导小麦春季化除化控、麦蚜防治、春季瓜菜病虫适期防治210余万亩次。设立5个鼠情监测点，春季农区灭鼠20万亩，养殖小区900个，农区鼠害防治效果达到91%以上；夏季灭鼠面积5万亩，全部采用毒饵站方式，并首次采取了委托灭鼠服务中心统一投饵的形式灭鼠，防治效果达到90%以上。

（王　坤）

【建立植物线虫实验室】 在北京市植保站、中国农科院植保所和本区有关部门的支持下，区植保站年内与中国农科院植保所合作建立了植物线虫实验室，在蔬菜根结线虫病和甘薯茎线虫病的试验示范中发挥了作用。

（王　坤）

【无公害甘薯病虫害综合防治】 年内，区植保站共开展了甘薯茎线虫病抗性品种筛选、甘薯茎线虫周年发生动态调查、田间药剂筛选试验等共计9个试验,通过一系列的实验示范对甘薯茎线虫病、根腐病等常见病害的发病规律、发生特点有了进一步的掌握,初步筛选了防治药剂。建立甘薯茎线虫病综合防控示范区1个,面积100亩,夏季甘薯根腐病综合防治示范30亩,辐射带动2000亩。

(王 坤)

【蔬菜根结线虫防治】 年内,区植保站技术人员对全区根结线虫病开展综合防治示范工作,共计开展集中培训32次,田间技术指导36次;共计培训3650余人次,发放《瓜菜根结线虫病防治宣传手册》等宣传材料3500余份,收集土样1500个,发放防治药剂4140公斤;共涉及110个农户和3个园区,防治示范面积1060亩,辐射推广面积1500亩。在魏善庄、榆垡、庞各庄等农业大镇共设立8个示范基地。两次组织区根结线虫病综合防治示范工作布置和培训会,组织了3次相关人员参加的技术观摩会。

(王 坤)

【区域站项目验收】 3月,接受北京市农业局对区植保站"有害生物预警与控制区域站"项目的验收,验收组查看了项目档案资料、财务管理,并进行了现场提问。

(王 坤)

【测土配方施肥】 年内,针对全区新建保护地和高产创建示范方采集土壤样品803个,获得有效数据5075个,植株化验192个,获得有效数据960个。共录入采样地块基本情况调查表5897份,土壤测试结果汇总表5312份,农户施肥情况调查表3598份。生产配比为25-15-5小麦专用配方肥4000吨,于8月11日召开"大兴区配方肥补贴项目启动仪式",以每吨补贴500元的标准对农户进行补贴,4000吨全部补贴到位,补贴金额总计200万元。测土配方施肥涉及耕地面积20万亩。通过多种形式开展测土配方施肥技术宣传,其中科技赶集3次,现场咨询会1次,现场观摩2次,网络宣传36次,墙体喷绘宣传4幅,条幅宣传15条,共计培训15620人次,发放宣传资料16840份。经调查粮食作物增产36.7公斤/亩,增收47.7元/亩。蔬菜作物增产187.4公斤/亩,增收224.9元/亩。西甜瓜增产257.8公斤/亩,增收386.8元/亩。果树增产140.6公斤/亩,增收168.7元/亩。

(王 坤)

【有机肥培肥地力工程】 年内,承担了市土肥站的有机肥培肥地力工程,对原价450元/吨的优质有机肥和原价600元/吨的生物有机肥分别进行每吨250元的补贴,共计补贴有机肥10000吨,涉及庞各庄、采育、青云店、榆垡、北臧村、魏善庄、安定、长子营、礼贤等9个镇、20余种作物,推广播种面积达23702.96亩,共计补贴金额250万元。

(王 坤)

【水肥一体化项目】 年内,在本区5个基地2个村实施了瓜菜水肥一体化农业高效节水技术集成示范与推广,分别为庞各庄老宋瓜园、乐平产销服务中心、西瓜产销专业合作社、富兴农有限公司、夏至农业科技有限公司、庞各庄科技站、北里渠村、田窑村更换滴灌管50万米,滴灌施肥罐300个。

(王 坤)

【菜田土壤墒情监测】 年内,在全区选点12个,涉及北臧村、庞各庄、魏善庄、青云店、长子营、采育7个镇12个村,其中小麦定点4个,春玉米2个,果树1个,瓜菜5个。通过墒情监测,指导农民灌溉及合理施肥,平均亩增产7.6%。小麦、玉米亩节水43方,瓜菜亩节水95方，果树亩节水78方。

（王　坤）

【耕地质量长期定位监测】 全区共有耕地质量长期定位监测点20个，涉及9个镇。年内，进行植株取样2个，土壤取样80个，并完成肥料效益试验两个。

（王　坤）

【肥料执法工作】 年内，组织参加肥料执法活动4次，出动宣传人员20次，发放宣传材料1万余份。另外，协助市农业局法规处向各生产销售企业发放"放心农资警示牌100多个，上报区种植业服务中心和市土肥站执法信息10条。从3月开始对全区19家肥料生产企业的生产情况进行了全面检查，并且通过照相和GPS卫星定位建立电子档案。全年到生产经营企业检查50余次，共出动检查车辆50辆次，执法人员150人次。

（王　坤）

【新型肥料试验示范工作】 年内，完成北京市土肥工作站新型肥料试验89个，主要作物涉及有西瓜、番茄、生菜、油菜、果树、小麦、玉米等。

（王　坤）

畜 牧 业

【概况】 大兴区地处北京南部平原地区，是北京市重要的农产品生产和供应基地。自实施"兴牧富民"工程以来，大兴区动监局严格按照"减量增效，适度规模，符合规划，科学防疫"的原则，合理调整养殖业布局和整体规划，逐步形成了生猪、奶牛、肉牛、肉羊、肉禽、肉鸽特禽为主的畜牧业主导产业群体，产品产量、产值均居北京各郊区县前列，被评为全国生猪调出大县和全国牛奶生产强县，畜牧业产值占大农业产值比例超过50%，已经成为目前本区农民继续增加收入的最为重要的途径之一。

名称：北京市大兴区动物卫生监督管理局

地址：北京市大兴区林校北路25号

电话：69242036

邮编：102600

网址：http://www.dxxm.gov.cn

【推广生态环保养猪模式】 年内，"大兴区生态环保养猪模式技术集成"被北京市评为"新农村建设创新奖"一等奖，北京市农业技术推广一等奖。该模式是安全、节能、环保、循环、高效的新型高效养殖模式。消除了猪舍废水、废气、恶臭、粪便对周围环境的污染，达到了零排放。全年，全区累计投资约4000万元，在47个猪场的约100个规模建设生态发酵床12万平方米，年出栏优质生猪25万头，年新增效益6100万元。

（郭　鹏）

【种业发展】 年内，大力发展畜牧业种业，新增种业场3个，提升种猪原种场1家，审批合格1家，申报升级种业场2家，使全区种业场总数达到43家，种业收入比上一年增加了34%，发放良种补贴冷冻精液4万余支，提供液氮9000升，加速品种改良。

（郭　鹏）

【养殖场粪污治理】 年内，总投资760万元，治理粪污养殖企业22家，5家企业采用设备治理模式，4家企业采用三级曝气治理模式，13家采用生态环保养殖治理模式。

（郭　鹏）

【标准化基地建设】 年内，新确定10家区级标准化基地,完成3家市级标准化基地改造升级。全区畜牧业共有国家级标准化示范区1个,各类市级标准化生产基地74个。其中牛场25个,猪场26个,禽场15个,羊场4个,渔场4个。

(郭　鹏)

【畜牧业保险】　年内,将能繁母猪补贴款的发放与能繁母猪保险工作捆绑在一起进行。参保生猪31.97万头,投保奶牛1.2万头。入区奶牛6000余头,发放入区补贴1400万元。

(郭　鹏)

【渔业增殖放流】　年内,渔业增殖放流工作分春、秋两个阶段进行,其中4月份,引进优良品种在采育镇星月湖共放流锦鲤、花白鲢等大规格鱼种12.8万尾。

(郭　鹏)

【科技项目申报】　年内,全区共申报科技项目12项,其中批准市级项目6项,区级项目2项。全年项目总计争取国家或市级资金约4064万元。投资1000万元完成绿色通道项目实施工程。

(郭　鹏)

【科技培训】　年内,全区开办农民田间学校29所。培训农民田间学校指导员15名。组建生猪综合试验站1个,农民田间学校工作站6个,编印各类科技材料4套1.2万册,累积培训区、镇两级人员1.5万人次。

(郭　鹏)

【农业执法宣传】　年内,区动监局开展农业法制建设,加大执法力度,开展3.15农业执法宣传周活动。深入乡镇利用发放宣传单、举办培训班等方式,让农民用上放心农用物资,确保生产顺利进行。落实北京市农资打假专项行动,对饲料企业、兽药经营点、奶站、开展专项检查。配合市人大对辖区养殖场的污水排放进行检查,对三个镇的养殖场进行抽查工作;配合渔政加强水产苗种场的违禁药品残留检测工作。积极参加全区防灾减灾宣传活动和"民主法制宣传月"活动,共印制宣传材料3000余份、发放宣传环保袋1000余个。

(郭　鹏)

【畜牧业产量产值完成情况】　年内,全区生猪出栏65万头,肉羊出栏36万只,禽类1360万只,鲜奶产量14万吨,鲜蛋产量2.8万吨,水产品产量2445吨。畜牧业产值完成19亿元。

(郭　鹏)

【动物免疫工作】　年内,区动监局与各镇、各养殖场、屠宰厂、饲料厂、兽药厂、宾馆饭店及经营性冷库等签订责任书、承诺书共计6278份。免疫各种禽类1509万只次,免疫各种畜类188万头只,免疫注册犬11.05万条,各种疫病免疫率均达到100%。

(郭　鹏)

【举报案件处理】　年内,共处理各类举报案件149起。清理泔水猪6213头。收容无主动物59只(小猫),无害化处理14头。取缔私屠滥宰摊位87个、收缴打毛机20台。没收禽6022只、牛35头,猪肉产品10870公斤、白条鸡12只、狗4条。

(郭　鹏)

【饲料、兽药、奶产品、水产品监管】　年内,区动监局制定了《大兴区饲料、兽药投入品专项整治工作方案》,对辖区兽药生产经营企业、饲料生产企业、大中型养殖场进行拉网式检查。共出动执法人员1050人次,检查饲料厂285场次,发放监督笔录、意见书各560份;检查奶站56场次,发放监督笔录、意见书112份;查处销毁检验不合格饲料11.76吨、销毁不合格标签5.3万张。

（郭　鹏）

【检疫监督】　年内，区动监局加强产地和运输检疫，严把屠宰检疫关，打击经营流通环节的违法经营行为，全面落实定点屠宰、动物及动物产品检疫、动物防疫监督等工作，确保了上市肉食品安全卫生。产地检疫：全面落实了“四单－证－标识”和“三结合”的产地检疫工作制度，产地检疫率达到100%。屠宰检疫：宰前检疫和宰后检疫到位率100%。共检疫猪：82.81万头、牛：1400头、肉鸭：294.48万只；无害化处理生猪2816头、肉鸭3995只。公路检疫：共监督检查车辆1.6万车次，共检疫动物503.23万头只，动物产品7.04万吨。劝返不符合进京车辆39车次。

（郭　鹏）

【兽药管理】　年内，检查兽药生产厂28厂次、兽药经营单位91次，动物诊疗单位48次，出动执法人员538人次，发放监督笔录、意见书406份，查扣、封存过期药品和无批准文号兽药共计55种。行政处罚3起、罚没款4432元，没收非法所得5240元。

（郭　鹏）

【基础设施】　年内，全区共投入2100余万元完成了榆垡、庞各庄、采育、安定、青云店、西红门6个动物防疫站和区动物卫生监督所、化验室的改扩建；建立起总数446人的区、镇、村三级防疫体系队伍。

（郭　鹏）

【观赏鱼进社区启动仪式】　4月25日由北京市农业局主办，北京市水产技术推广站协办的“观赏鱼进社区”活动启动仪式于在本区顺驰领海香留园社区举办。仪式展出各类金鱼和锦鲤等人们喜闻乐见的鱼类1200尾，免费向社区居们发放了金鱼和宠物鱼食饵。并向社区居民介绍了家庭养殖的观赏鱼的方法、养殖设备和养殖技巧等知识。启动仪式后向社区水域中放流1000尾锦鲤。

（郭　鹏）

【动物防疫体系建设指导会召开】　6月3日北京市动物防疫体系建设指导会在本区召开。会议部署本年度北京市的动物防疫体系建设开展情况。市农业局刘亚清副局长、大兴区李春亭副区长、市动物卫生监督所所长及各郊区县动监局局长参加本次会议。会议详细介绍了各区县动物防疫体系建设现状、动物防疫体系基础建设存在的主要问题。

（郭　鹏）

【国庆动物食品安全整治】　9月～10月，区动监局开展国庆60周年动物食品安全专项整治行动。对辖区动物产品经营单位和大型养殖场进行专项整治，此次专项整治为期20天，共检查企业78家，抽查市场1家，大型超市3家，宾馆饭店3家。出动执法人员105人次。

（郭　鹏）

【畜牧业标准化规模养殖现场会】　11月16日北京市推进畜牧业标准化规模养殖现场会在大兴召开。研究加快推进全市标准化进程。市农业局局长赵根武、副局长刘亚清、大兴区副区长李春亭及市农业局各处负责人、各区县动监局负责人参加本次会议。会前，与会人员先后观摩了本区礼贤镇义朋奶牛养殖场标准化建设情况和奥天原种猪场生态环保养猪模式。

（郭　鹏）

农机工作

【概况】　2009年区农机服务中心紧密结合

大兴区农业生产实际,树立科学发展观,围绕大兴区农业主导产业,大力推广农业机械化技术,为大兴区农业健康、快速、稳步发展和新农村建设做好各项服务。截至年底,全区农业机械总动力45.5万千瓦,农业机械净值19774万元,拥有大中型拖拉机1301台,拖拉机大中小型配套机具2113台,拥有小麦联合收割机160台,玉米大中型联合收割机82台,农副产品加工机械600台,林业机械215台,渔业机械178台,农用运输车23651辆。

名称:北京市大兴区农机服务中心

地址:北京市大兴区黄村兴政街甲38号

电话:69242421

邮编:102600

网址:http://www.dxnj.gov.cn/wed/njzx

【政府为农民办实事工程完成】 按照政府为农民办实事第二十四项关于"推广微耕机、温室卷帘机等小型农业机械"任务,年内,已经完成推广各类小型农业机械1524台。其中30马力大棚王拖拉机50台、28马力拖拉机90台、20马力拖拉机20台、微耕机300台、温室卷帘机900台、打药机10台、割灌机149台、保温被10万平方米、菜田育苗机4台、有机肥翻抛机1台。

(申赫男)

【农机规模化作业服务】 农委折子工程第二十九项"推广农机规模化经营和作业服务6.5万亩,设施专业化作业服务3000亩"。年内,区农机中心以15个大型农机服务组织为依托,采取全程机械化作业服务和重点环节机械化服务相结合的服务模式,共计完成规模化经营和规模化服务6.613万亩。其中规模化经营1.233万亩,规模化服务5.38万亩。完成设施专业化作业服务4500亩。

(申赫男)

【农机储油设施改造】 年内,区农机中心加强对储油设施安全管理,为青云店、采育、魏善庄、庞各庄、安定、榆垡农机站和北京兴绿禾公司进行储油设施改造。

(申赫男)

【农机科研工作取得新成果】 甘薯起垄铺膜机和甘薯收获机的研制推广,实现了甘薯种植主要生产环节的机械化。年内,全区共计推广甘薯起垄铺膜机10台,完成示范作业面积6020亩。推广甘薯收获机11台,完成示范作业面积3000亩,并在全市甘薯收获机现场演示会上,受到了专家和农民的一致认可。甘薯割秧机已经制作出样机,并进行了试验。

(申赫男)

【购机补贴工作稳步落实】 截至年底,全区共推广补贴机具1677台。共计涉及资金2531.4万元,其中补贴资金1265.7万元(市级补贴资金1097.7万元,区级补贴资金168万元),农机服务组织和农民自筹资金1265.7万元。补贴农业机械主要包括:拖拉机194台(120马力4台,72马力30台,30马力拖拉机50台,28马力拖拉机90台,20马力拖拉机20台),玉米收获机39台、深松机30台,青贮车运斗12辆、饲料搅拌车3台、挤奶设备2台、增氧机33台、有机肥翻抛机1台、蔬菜育苗播种机4台、割灌机149台、微耕机300台、温室卷帘机900台、保温被10万平方米、打药机10台。

(申赫男)

【设施农业园区建设】 年内,以庞各庄镇农机站为龙头,16个设施农机户为成员的北京农兴景中农机专业合作社已经成立。截至年底已经为合作社成员配备大棚王拖拉机、微耕机等各种农机设备39台件(大棚王拖拉机16台、微耕机20台、20马力拖拉机3台)。采取由设施农业农机合作社(农机站)

统一管理、统一作业质量、统一收费标准、统一作业调度的形式开展标准化、规范化的设施农机作业服务。目前已经完成作业服务1200余亩。

（申赫男）

【农机新技术推广】　年内，区农机中心推广电动打药技术。共在9个村引进推广10台，作业面积100亩。示范推广气动剪枝技术。引进了时代沃林公司代理的1800气动高枝剪枝机，在榆垡刘家铺等村作了16户剪枝示范作业，作业面积200亩。引进设施深耕技术。全区现已达到15台，示范作业3000亩。

（申赫男）

【农机宣传培训】　年内，区农机中心组织各镇开展拖拉机培训、甘薯起垄铺膜机、温室卷帘机等机具技术培训活动12期，组织科技下乡活动6次，共计培训人员3000余人，发放宣传材料7100人次。

（申赫男）

【农机年度检查】　年内，区农机中心共出动执法人员568人次，车辆156台次，检查农业机械2154台次，农业机械牌证审核2866个。检验新增农业机械7台，年检农业机械1089台，农业机械过户132台，治理尾气排放超标车辆537台，补领行驶证24个，补牌照11副，补农业机械登记证书13本。新增驾驶员考试106人，驾驶员换证64人。检查维修网点87家。发放农机维修网点资格证书4份。

（申赫男）

【防控甲型H1N1流感】　年内，区农机中心制定了防控甲型H1N1流感工作方案。组织观看流感预防宣传片，在全系统干部职工广泛开展宣传。加强办公楼环境卫生的消毒清洁，科学有序地做好甲型H1N1流感疫情防控工作。

（申赫男）

【推行政务公开】　年内，区农机中心继续完善政务公开、服务承诺和一次性告知等制度，并积极向群众公示办事程序及职责，设立意见投诉箱，增强透明度，提高行政效率，规范了行政行为。

（申赫男）

林业工作

【概况】　2009年，根据市委、市政府批准的《北京市大兴区人民政府机构改革方案》（京办字〔2009〕33号），本区部分政府组成部门及其职能调整，设立北京市大兴区园林绿化局，挂北京市大兴区绿化委员会办公室牌子（不再保留北京市大兴区林业局）。2009年12月29日，《北京市大兴区人民政府办公室关于印发北京市大兴区园林绿化局（北京市大兴区绿化委员会办公室）主要职责内设机构和人员编制规定的通知》（京兴政办发〔2009〕91号）明确了北京市大兴区园林绿化局（北京市大兴区绿化委员会办公室）主要职责、内设机构和人员编制规定。区林业局与区绿化委员会办公室继续合署办公。2009年年底全局系统正式职工279人。其中国家公务员39人，专业技术人员78人，技术工人44人；专业技术人员中高级技术职称10人，中级技术职称22人。年内，全区共完成造林2.25万亩，植树314.6万株（乔木111.9万株，灌木202.7万株），全区未发生森林火灾和森林病虫灾害，全局系统未发生安全生产事故。

名称：北京市大兴区林业局

地址：北京市大兴区兴华中路三段15号

电话:81296056
邮编:102600
网址:http://www.dxly.gov.cn./wed/lyj/

【重点绿色通道建设工程】 六环路、京山铁路(大兴段)重点绿色通道建设工程总面积3845亩,总长度20.3公里。其中京山铁路一期工程绿化面积1305亩,总长度11.5公里;六环路绿化面积2540亩,总长度8.8公里(其中六环路主线1857亩,六环路支线683亩,分2009年、2010年两年实施)。2009年工程共完成绿化面积2855亩。其中京山铁路一期完成1305亩,六环路完成1550亩。工程投入专业队500人,清树桩13032个,开沟96000米,动土34879.1万方,出动机车1540台班,出动水车1540台,打井32眼,埋设管道29.7千米,使用薄膜2200公斤,保水剂2163公斤,生根粉17300克,共栽植乔、灌木106.1万株。

(范晓冬)

【绿色通道管护工程】 全区绿色通道建设总长度251.5公里,永久性绿化带面积31481亩,产业带面积39811亩,涉及全区十三个镇、八个国营单位。按照《北京市绿色通道建设工程永久性绿化带管护管理暂行办法》、《五河十路绿色通道产业带管理暂行办法》的要求,年内,组织林权单位对区内实施的京开、京九、京津塘、五环路、六环、永定河、104国道等绿色通道进行了管护作业。管护内容具体包括:浇水和防涝、中耕除草、修枝整形、病虫害防治、防风防寒、防火和防止乱砍滥伐、禁止放牧、防止人为破坏、保持林地清洁。

(范晓冬)

【林下经济】 年内,全区林下经济完成14037亩,主要有林菌、林禽、林桑、林薯(瓜)、林药、林草六种模式。其中林菌2500亩、林禽2300亩、林桑2837亩、林薯(瓜)3100亩、林药300亩、林草3000亩。

(范晓冬)

【新农村绿化美化】 年内,全区实施村庄绿化面积约210万平方米,涉及12个镇,83个村庄、5.5万户农民。其中:主干路绿化62.7万平方米;街坊路绿化52.5万平方米;建设环村林52.8万平方米;建设公园绿地54个,绿化面积34.4万平方米;庭院绿化7.6万平方米。

(黎亚芳)

【第二道绿化隔离地区绿化建设】 2009年,是大兴区第二道绿化隔离绿化建设第七年,当年绿化建设完成1350亩,涉及黄村镇、六合庄林场,其中黄村镇350亩,六合庄林场1000亩。

(黎亚芳)

【三海子郊野公园】 6月,大兴区委、区政府正式组建三海子郊野公园建设管理委员会,任命区委常委、副区长李春亭为管委会主任,原大兴区林业局党委书记刘春起为常务副主任,从各相关单位抽调主要领导和骨干人员,参与公园的前期筹备工作。管委会委托北京市规划设计研究院完成了三海子郊野公园总体规划的编制,并通过对三海子地区的深入研究,确定了将三海子郊野公园定位为以生态建设为依托,以皇家文化为底蕴,以自然休闲为理念,集“野、趣、谐、韵、承”为一体的北京城南具规模、重特色、富内涵、成景观、多功能、可持续的郊野公园。通过三海子郊野公园规划建设,促进三海子地区经济、社会、文化的全面发展。11月19日,北京市委书记刘淇来到三海子郊野公园建设现场调研,并提出了高标准建设的要求;12月3日,北京市委副书记、市长郭金龙来到公园建设现场调研,提出三海子郊野公园对加快当地城乡一体化进程起到推动作用。

（运乃玉）

【旺兴湖郊野公园】　年内，完成南区绿化面积60万平方米（900亩），并于5月向市民开放。

（黎亚芳）

【万亩滨河森林公园】　大兴新城万亩滨河森林公园工程于10月16日取得市发改委的正式批复。该项目位于大兴新城埝坛水库周边，由埝坛公园、北区公园及小龙河绿地三部分组成，总占地面积约372万平方米（5579亩），治理河道5.9km。工程总投资约98976.25万元，其中工程费56000万元，拆迁费用估算42976.25万元。项目资金匹配：市政府固定资产投资中安排39200万元，其余资金由区政府自筹。年内，万亩滨河森林公园勘察、设计、施工及监理招投标工作全部完成。绿化建设计划2010年完成。

（黎亚芳）

【兴旺公园】　兴旺公园位于京山、京九铁路东侧，新建兴旺路西侧。北起康庄路，南至林校北路，京沪高铁从公园北部穿过，为东西窄南北长的带状公园，总长4.28公里，宽度4至145米，占地面积294643.48平方米。栽植树木8182株，灌木5万株，藤本植物1万株，地被植物1株，竹类7500株，花卉12万株，草坪18万平方米；铺设主环路:1万平方米，小径:3500平方米，广场:1.6万平方米。工程于上年年底建设，9月竣工，工程投资6700万元。

（黎亚芳）

【高米店公园】　高米店公园位于大兴新城北区21#地块内，北起香园路，南至金星路北侧，西起辅高路，东至京开辅路，公园总面积8.2万平方米，其中绿化面积5.7万平方米，硬化面积2.5万平方米。11月18日完工，工程总造价1622万元。

（黎亚芳）

【滨河公园】　滨河公园位于大兴新城北区12#地块内，北起规划碱河，南至乐园路，西起兴业大街，东至兴和大街，公园总面积7.2万平方米，其中绿化面积约5.5万平方米，硬化面积约1.5万平方米。11月17日完工，工程总造价1405万元。

（黎亚芳）

【半壁店森林公园改造】　年内，对半壁店森林公园进行了第六期绿化改造工程，绿化面积8667平方米（13亩），植树980株，其中乔木440株，灌木540株。

（黎亚芳）

【西旺路防护绿地】　该工程位于大兴新城北区西旺路两侧，北起金星路，南至康庄路，绿化总面积约36000平方米。因京沪高速铁路施工占用，年内只完成东侧绿地部分，面积为17580平方米，工程造价168万元。

（黎亚芳）

【道路绿化】　年内，大兴新城完成了西旺路、兴泰路、北程庄南路、兴和大街、辅高路、永华路等6条道路绿化，绿化面积约11万平方米。

（黎亚芳）

【国庆游园活动】　为庆祝国庆60周年，区园林服务中心牵头于9月30日至10月8日组织开展本区国庆游园活动，先后组织联席会议26次；完成了游园活动风险评估与风险源排查、游园活动各类数据统计等工作，指导完成了立体门头、主题背板、景观走廊等主要景观布置。按照《大兴区国庆游园活动总体方案》，园林服务中心按照“百园展示、千园添彩”工作要求,有针对性对各参展公园进行指导:共完成1600平方米破损园路和500平方米破损墙面翻新;完成2座花架及巨型雕塑粉刷;更新了80套座椅;新增29个果皮箱;改造各类指示牌45个;完成了120根路灯的更新改造;完成了人工湖800延米护栏安装工作。全区各公园接待群众达10万人。

(黎亚芳)

【国庆摆花】 以“百花齐放迎国庆,万紫千红映新城”为主题,在康庄公园、儿童乐园、街心公园、团河公园、旺兴湖郊野公园以及六个主要街道摆放鲜花共计94.2万盆,近20个秋季开花植物在新城大街小巷竞相怒放,基本形成了“春华秋实六十载,繁花似锦展辉煌”的城市景观。

(黎亚芳)

【绿化养护管理】 年内,新城绿化养护工作体现在管理制度建设、养护等级评定、绿地景观提升、有害生物可持续控制和节约型技术研究等方面。重点强化了10条(块)特级绿地、9条(块)一级绿地、17条(块)二级绿地的绿化养护。

(黎亚芳)

【社区绿化建设工作】 年内,,园林服务中心指导翰林庭院、阳光乐府等多个社区完成13万平方米绿化建设,使城区居住区绿化工作迈上了一个新的台阶。

(黎亚芳)

【创建工作】 年内,全区创建首都绿化美化花园式单位15个,首都绿化美化花园式社区1个,首都绿化美化园林小城镇1个,首都绿色村庄5个。

(黎亚芳)

【义务植树活动】 年内,在春季绿化季节,社会各界纷纷行动,支持生态文明建设,共有25.37万人参加了本区的义务植树活动,共植树28.5万株。其中,参加义务植树活动的部级领导15人次,司局级领导132人次。

(黎雅芳)

【果品产业】 年内,新建和提高标准化示范基地8个,其中新建6个,提升2个。主要是建立和完善管理标准、技术标准、产品标准3个标准化体系,应用标准化栽培技术、引进示范果树优新品种、林下经济种植香草。抓好有机果品示范基地2000亩建设,辐射带动2万亩。在有机栽培中重点推广改土培肥、节水灌溉、种植驱避植物、生物防治病虫害、树干缠膜防治害虫等多项技术。另外在魏善庄梨300亩、采育葡萄200亩示范基地中应用“美国亚联”生物农药进行试验示范,为全区有机栽培推广应用生物农药提供依据。引进果树优新品种57个,其中梨15个、桃24个、苹果10个、葡萄5个、草莓2个、杏1个。全区推广授粉面积6万余亩,推广疏花疏果12万亩,完成果实套袋1.2亿个,实施病虫害综合防治技术5.3万亩。

(李　艳)

【花卉产业】 年内,全区花卉种植面积达6710亩,产值9968万元,共有重点花卉企业25个。形成火鹤、菊花、兰花等拳头产品。销往全国14个省市地区。建立香草植物品种繁育基地100亩,引进香草品种43个,种植面积3000亩。主要用于盆栽、提炼精油、绿化香化、保健食蔬和果园驱避。已推广种植到大兴的社区、新农村绿化、有机生态果园、私人别墅等,还另外推广到密云、怀柔等区县及沈阳、河北、山东等地区;在我区绿化美化工作中,共计推广地被花卉420万株。

(秦　怡)

【协会组织建设】 年内,完善提高10个果树重点专业服务组织，完善合作社机制，做好培训。新建两个专业花卉合作社、一个花卉协会。即："兰花鑫越专业合作社"、"北京靖旸花卉产销专业合作社"、"北京市大兴区国际菊花协会"。

（李　艳　秦　怡）

【科技培训】　年内，全区培训果农 2 万人次，对 22 名市级乡土专家进行了培养提高，开展了 19 个果树专业村的科技入户，培植科技示范户 360 户。在乡土专家的培养中突出专业化技术服务功能，成立了 10 个专业技术服务队，有队员 246 人，服务面积 3.3 万余亩，内容有嫁接、修剪、套袋、打药、销售等。在花卉生产方面，聘请中国科学院蔬菜花卉研究所、北京林业大学的花卉专家，采取现场教学、集中培训等形式为本区的花卉从业者进行技术培训 12 次、进行花卉科技人员入户指导 20 次，累计培训人次 1200 人。

（李　艳　秦　怡）

【蜂产业】　截至年底，全区有养蜂户 34 家，蜂群 2000 群，其中养蜂大户 8 家。年内气候异常，蜂产品大量减产。全区蜂蜜总产量 41700 公斤，王浆 615 公斤，蜂蜡 515 公斤，总收入 19 万元。比往年减产大约 50%。

（张宝增）

【春华秋实系列活动】　8 月中旬至 10 月中旬开展了 2009 年大兴区春华秋实系列宣传推介活动。期间成功举办了 2009 中华名梨（中早熟品种）评选暨第七届全国梨王擂台赛、"2009 北京大兴春华秋实系列活动暨北京大兴梨文化节"启动仪式、在景山公园举办了大兴精品梨展销、大兴梨科技文化展、大兴秋季旅游采摘宣传推介活动，开展了'相约金秋，畅游大兴'旅游采摘季系列旅游活动。活动的开展，带动了全区的果品销售，促进了农民增收。春华秋实期间接待游人 40 万人次，采摘果品 300 万公斤，实现采摘收入 3000 余万元，销售果品 3150 万公斤。

（李　艳）

【采育葡萄文化节】　8 月 18 日～22 日，第九届北京大兴采育葡萄文化节期间，举办了第九届北京大兴采育葡萄文化节开幕式暨"恒盛．波尔多之夜"大型综艺晚会；人力资源招聘会；北京汽车高级技工学校与采育中学合作签约仪式；旅游、采摘活动（启动旅游、采摘活动；"相约采育自驾游"系列活动；葡萄博物馆对外开放）；"恒盛．波尔多"系列主题活动（书画笔会、嘉年华、葡萄园艺日）；"名仕庄园（京城马汇）"系列主题活动等。8 月，共接待游客 39.8 万人次，旅游收入达 1691.5 万元；在葡萄文化节期间，葡萄博物馆文化展厅、书画展厅对游客开放。

（李　艳）

【安定桑文化采摘节】　5 月 22 日～6 月 15 日，安定镇在御林古桑园举办了第八届桑文化采摘节，节庆期间，相继组织并举办了农民拔河、跳绳、踢毽子、推铁环、丢沙包等比赛及上千人参加的古桑园森林长跑活动，并取得了圆满成功。桑椹节期间，桑农就地销售桑椹 20 余万公斤，增加直接经济收入 100 多万元；当地加工企业共收购桑果 130 余万公斤；当地农民借助桑椹文化节，开展了民俗旅游活动，使游客体验了吃农家饭、睡农家炕、干农家活的乐趣，农民增加了收入，得到了实惠。

（李　艳）

【参展第七届中国花卉博览会】　在第七届中国花卉博览会上本区的主打品种菊花、火鹤共获 1 金 3 银 6 铜 5 优秀共 15 个奖项。

（秦　怡）

【林业有害生物防治与检疫】　年内，全区全面加强了调运检疫和产地检疫工作,调运检疫执法:共复检木材和木材制品2230立方米,苗木52.1万株,花卉7.2万株,发现并销毁冠瘿病126株,未发现其他检疫对象。依法换发《植物检疫证书》1242份,开具《森林植物检疫要求书》23份。产地检疫执法:结合林木种苗执法,对本地区的52苗圃进行检疫执法,检疫苗圃面积1.2万亩,苗木960万株,花卉2122万株,竹木销售点89家。种苗产地检疫率100%。完善国家、市、区、镇252个测报监测点、752块测报标准地,全区悬挂美国白蛾监测黑光灯3000盏、诱芯80套,综合测报灯12套、国槐小卷蛾诱芯600套,设置苹果蠹蛾监测点40个、实蝇监测点6个,灾害测报准确率达98%以上。全区共投入人工12.4万人次,动用大、中、小型防治机械446台套,出动车次32400台次,组织实施预防、除治作业面积116.2万亩次(含飞防作业面积9.7万亩次),超过了年计划的145%。喷洒灭幼脲类、植物源类药剂65吨,美国白蛾病毒1吨,施放周氏啮小蜂两亿头,赤眼蜂1.5亿头,无公害防治率达96%。

(张宝增)

【林政管理】　全年,全区办理林木采伐证725份,折合蓄积31858.63万立方米;办理征占用林地5份,其中永久占地4份,临时占地1份,共涉及林地面积7.8635公顷。经专家勘察确认生长在大兴旧宫四村青年路12号院内的胸径为46厘米的枣树定为二级古树,为本区又增加了一棵古树。截至年底,本区共有32棵古树名木。

(张　璐)

【森林防火】　全市,全区共清除树下可燃物12万亩,开设防火隔离带52万延长米,制止违章用火70余起。年内没有发生森林火情、火灾,被北京市森林防火指挥部评为森林防火先进区县。

(赵立辉)

【野生动物保护】　全年,本区共接到救助野生动物的电话11个,被救助的野生动物包括国家一级保护的大鸨、国家二级保护的红隼、蓑羽鹤、燕隼、鵰鸮等和市级保护的2只(猪獾、夜鹰)。其中:黄村镇西庄村的村民罗京硕外出办事,在回京的途中花2000元从捕鸟人手里救回一只国家二级保护的野生动物秃鹫。办理野生动物行政许可(审核意见)12件,包括驯养繁殖和经营利用野生动物及其制品的审核意见。

(赵立辉)

【林业执法】　年内,对全区林业重点工程造林地的苗木质量进行了抽样检查,共抽查10个单位10个批次6个品种的苗木,苗木合格率100%。其中被抽检的10家企业中有生产、经营许可证的单位9家,使用标签、出示合格证的8家。共受理新办林木种子生产、经营许可证五份,换证两家。枯死木鉴定:5760株。4月3日至4月30日,在全区范围内组织开展了以遏制非法捕鸟破坏野生动物资源违法犯罪行为的专项行动。此次专项行动的打击重点是利用粘网、毒药等手段非法猎捕野生鸟以及非法买卖、运输野生鸟等违法犯罪行为。在此期间,对本辖区野生鸟类资源情况进行全面了解,排查,制订详细的行动方案,加大巡查力度,督促林权单位设立、完善禁止狩猎的宣传标志。组织各警务组集中力量保证每天进行重点地区的巡查。共出动警力168人次,车辆66车次,检查地点20余处,发放宣传材料1000余份。全年,共接警57件,出动警力600余人次、300余车次。共查处各类林业行政案件25起(盗伐5起、滥伐12起、毁林8起),处理违法单位和个人25个,罚款41978元,责令补种树木2043株,没收违法所得1100元。林业刑事案件1

起(盗伐),抓获犯罪嫌疑人2人,已被刑事拘留。上年12月25日至3月开展“大走访”活动。共开展警民联系座谈会5次,走访相关工作单位9个,走访辖区有林单位和镇25个,走访辖区单位干部40人次,走访辖区村队干部53人次,走访辖区群众106人次。“大走访”期间,共进行法制、防火宣传43次,发放宣传材料16000余,广播65次、电视宣传9次,网络宣传6次,设立宣传牌30块、张贴宣传标语150条。

(张宝增　赵立辉)

【林业改革】　年内,集体林权制度改革工作被列为区政府折子工程。为推进本区集体林权制度改革工作,区林业局先后与青云店镇政府、庞各庄镇政府、区国土分局、区经管站、区农委、区委研究室有关领导和工作人员进行座谈,就土地确权,林地确认,承包合同管理和完善,部门职责等情况征求意见。在总结调研的基础上,起草了《大兴区集体林权制度改革工作意见》和《大兴区集体林权制度改革实施方案》,明确了集体林权制度改革的指导思想、基本原则、改革范围、总体目标、主要任务、政策措施、保障机制等主要内容。

(李　辉)

水务工作

【概况】　2009年大兴区水务局在市、区党委和政府的领导下,认真贯彻北京市水务工作方针,统筹城乡水务,结合大兴新城建设和新农村发展的需要,以服务宜居宜业和谐新大兴为目标,发展循环水务,建设“民生水务、科技水务、生态水务”,在改善大兴水环境、建设节水型社会等方面,相继开工建设了大兴新城滨河森林公园;东南郊水网工程;涉及青云店、采育、安定、庞各庄和榆垡等11个镇71个自然村,2万多户的农村节水一户一表改造工程和农业节水灌溉等11项重点工程,使各项水务新政策、新理念,在大兴城乡得以落实和体现。

名称:北京市大兴区水务局
地址:北京市大兴区兴政街40号
电话:69244736
邮编:102600
网址:http://www.dxwater.gov.cn

【新城滨河森林公园工程】　大兴新城滨河公园于11月11日正式开工兴建,北起大兴新城清源西路、南至黄良路、西为正在规划的芦东路、东临小龙河。项目建设内容主要包括,植物景观建设、基础设施建设、旅游服务设施建设及河道治理等。总占地面积8074亩,其中,现状已有绿地面积2495亩,工程拟建面积5579亩。建设工程涉及新城范围内的小龙河绿地、北区公园、埝坛公园(南区公园)。总投资约98976.25万元,计划于2011年6月完工。

(李　轩)

【东南郊水网工程】　北京市东南郊水网工程是市、区两级重点水务工程。其一期工程指大兴段工程,于12月6日在大兴宾馆举行了招投标会,工程完工后可引凉水河、通惠河的再生水和雨洪水,通过新建烧饼庄泵站将马驹桥闸上游回水提升至烧饼庄上游,经红凤灌渠为本区东南部供水。受益的有瀛海镇、青云店镇、采育镇、长子营镇。工程主要包括,整治河道、沟渠21条,清淤总长度约104.6公里,清出淤土70万立方米。新建烧饼庄泵站一座,维修、新建水闸构筑物43座,防护围栏4000米。工程总投资为6156万元,其中市里投资4309万元,本区投资1847万元。

(李　轩)

【农村雨洪利用工程】 7月,本区农村雨洪利用工程开工建设,工程共涉及长子营、青云店、采育、榆垡、安定、魏善庄、黄村、礼贤、北臧村、瀛海10个镇的17处坑塘和2处河道,总投资3720万元,每年可拦蓄雨洪191万立方米。

(李　轩)

【农村一户一表工程】 10月,改造了青云店、采育、安定、庞各庄、榆垡等11个镇71个自然村,5.59万人的饮水条件。工程主要包括,原有水厂扩户工程56处,单村供水工程15处,新增供水规模1.07万方/日,工程总投资1.3亿元。年底完成管道铺设369公里,新打水源井18眼,安装水表10734块,节水龙头12720个。

(李　轩)

【农业节水灌溉工程】 全年农业节水灌溉工程,主要在采育、安定、青云店、魏善庄、庞各庄5个镇中的28个村中,发展农业节水灌溉面积11835亩,概算总投资2715万元。需要更新机井97眼,新建机井房113座,铺设地下管道2671公里。

(李　轩)

【南水北调南干渠工程】 为丰台郭公庄水厂、大兴黄村水厂、亦庄水厂和通州水厂提供水源的南水北调南干渠工程,年内,投资10亿元,工程总投资33亿元。工程分上下段,上段11公里以浅埋暗挖法施工建设两孔3.4米低压管涵;下段16公里以盾构法施工,建设单孔内径4.6米园涵。2009年黄村水厂征地510亩,拆迁非住宅面积约2000平方米。

(李　轩)

【节水型社会建设初见成效】 2008年大兴区被水利部批准为全国第三批节水型社会建设试点地区,试点期为2009年至2011年共三年。年内已完成《北京市大兴区节水型社会建设规划》、《节水型社会建设试点工作大纲》编制工作,并通过水利部组织的专家评审。当年在大兴新城内安装节水器具更换马桶885套,农村更换节水龙头1795个。录制水污染防治、水源地保护、水务建设等方面的专题片6期。征收水资源费3300万元,污水处理费1669万元。

(李　轩)

【实现安全度汛】 在往年防汛抗旱责任制的基础上,年内汛期又进一步调整、完善了防汛抗旱各项预案,制定了各项应急保障措施,组织落实了各级抢险队伍和抢险物资。投资100万元,购置12部防汛电台、2台运输车、6台强排泵等防汛专用物资。对40部通讯电台、19个雨量遥测设备进行了维护检修。

(李　轩)

【质量监督和水质监测】 年内,区水务局水利工程质量监督站和市水监测中心大兴分中心两家质检单位,分别对东南郊水网、农业节水、一户一表等工程施工单位质量保证体系、监理单位质量控制体系等安全指标进行检查,共组织体系检查19次,施工过程中组织质量抽查74次,形成检查报告71份。全年共完成水质监测样品1910个,其中有本区水质监测样品664个,包括地下水、地表水和再生水的各项生化指标。

(李　轩)

气象工作

【概况】 2009年是"十一五"规划的第四年,也是业务技术体制改革深化年、关键年。

年内，区气象局在大兴区委、区政府和北京市气象局的坚强领导下，学习科学实践发展观，全力做好国庆气象服务和汛期气象服务，努力提高公共服务能力，做好防灾减灾新农村建设等气象服务工作，为大兴区经济社会发展，建设宜居、宜业新大兴做出了贡献。年内，荣获大兴区首都国庆六十周年庆祝活动“最佳服务保障奖”、首都60周年庆祝活动北京市筹备委员会气象服务组赠“用忠诚回报祖国 为国庆消云减雨”纪念牌、北京市防火安全委员会“消防工作先进单位”、大兴区“绿化美化先进单位称号。

名称：北京市大兴区气象局

地址：北京市大兴区京开路西大兴二中北

电话：69242087

邮编：102600

网址：http://www.dxqs.gov.cn

【气象预报服务】 年内，区气象局通过电话、电视、网络等手段向各级（区、镇、村）领导及社会各界提供及时周到的气象服务，以便各级领导和有关部门组织和指挥防灾、救灾工作。凡预报有降水、≥5级风等天气过程时，向区委、区政府、区农委、防汛办等提供不定期气象专报。通过区农委信息平台向全区1400部手机用户发布天气信息，达10万余条。接受电视台专访19次，在大兴报、大兴咨询刊登气象预报和农业气象提示20余次。接受电话答询160余次。遇有>1.0MM以上降水天气过程时，及时统计17个自动站汇总雨量表发传真上报区委、区政府、农委和防汛办，应急办、交通、建委、公安、民防、环保、环卫、卫生局等部门28次。

（区气象局）

【专题气象服务】 年内，区气象局全力做好国庆服务保障。在国庆60周年庆祝活动中，精心做好气象服务的同时，积极协调区政府、乡镇及武警、公安等相关部门，缜密安排，全力做好人工消（减）雨等服务保障工作，在三次演练和国庆当天，局领导亲自坐镇作业点，电话联系当班值班员，时刻关注天气变化，积极主动的保障人影工作顺利完成。为国庆60周年庆祝活动的圆满举行做出了重要贡献。在10月15日本区召开的“首都国庆六十周年庆祝活动总结表彰大会”上，气象局获“最佳服务保障奖”。在大兴西瓜节、春华秋实、百果节、中、高考期间天气等，区气象局预报服务人员与市气象台积极开展专题会商，24次发布专题天气预报，为组委会提供了活动期间的天气预报，确保活动的顺利进行。

（区气象局）

【气象科普宣传】 年内，区气象局加大法制法规规章的宣传力度，采取3.23世界气象日，上街宣传，再有就是将宣传册书籍分发各镇、街道办事处、委办局。科普刊物名称有《中华24节气》、《气象万千农业气象灾害防御问答》、《气象灾害防护指引》、《防雷避险手册》、《四季天气与疾病防治》、《百姓气象灾害应急避险手册》和挂图等.3.23气象宣传日在大兴区黄村火车站广场组织世界气象日宣传活动。“宣传单”、“趣谈天气”、“农业气象灾害防御问答”、“气象与农事”、“防雷避险手册”等16种，制作的气象展板气象知识传单等共计21种宣传资料。其中展出展板21块，横幅1条，书籍5000余册，中国气象报气象日专刊200份，自制宣传材料300份，宣传单1500余份，纪念邮册260册，现场宣传流动群众共计约2500余人次。

（区气象局）

【避雷装置安全检测】 年内，区气象局加强防雷装置安全检测服务工作，保证国庆60周年和区内安全生产的重要保障。积极宣传防雷法律法规,加强内部的结构调整,强化责任制的管理,确定目标和任务,激励与惩罚并举。防雷减灾服务工作有了很大发展,完成了年度工作的确定目标。全年,图纸设计防雷审核25个单位,竣工验收42个单位,检测730个单位,检测总建筑物数2521个。易燃易爆场所118个单位,其余都是一般建筑,不合格建筑物135个,及时整改120个。年内加强对新农村建设的21个沼气站和7个农机加油站进行防雷减灾技术指导。

(区气象局)

农村经济管理

【概况】 2009年,区经管站在区委、区政府的正确领导下,紧紧围绕保增长、保民生、保稳定和社会主义新农村建设这一中心工作,积极稳步推进农村各项政策。进一步稳定和完善农村基本经营制度,落实农村土地承包经营权,规范土地有序流转,积极引导产权制度改革;建立健全规章制度,规范农村财务管理;巩固提高农村信息化水平,强化民主监督、审计监督,促进农村党风廉政建设;加强农民负担执法检查,维护农民和集体经济组织的合法权益;加强农村经济统计、企业监测,为各级党委、政府制定农村政策、推行农村改革提供决策依据。2009年,经管站为促进农村经济发展,增加农民收入,维护农村和谐稳定做出了积极贡献。

名称:北京市大兴区农村合作经济经营管理站

地址:北京市大兴区黄村镇市场东巷2号

电话:69254754

邮编:102600

网址:http://www.dxjgz.gov.cn

【完善村级"三托管"工作】 年内,区经管站帮助农村经济合作社继续完善帐、款、章"三托管"制度,加强"三托管"工作规范开展。年内,继续监督"账款双托管"制度的执行,建立健全了各项公章管理制度制度,规范了公章使用程序。出台公章监管具体管理办法,制定了《公章管理制度》、《重大事项办理会审制度》和《公章管理服务业务办理流程》。全区14个镇528个村,已有13个镇(亦庄镇除外)成立了"农村财务管理服务中心"。实行账、款、章"三托管"的村数为523个,占总村数的99%,其中有516个村实行"账款双托管"制度,占总村数的97.7%;有522个村签订了委托协议书,占总村数的99%;有523个村1182枚公章由镇里托管,占总村数的99%。"三托管"工作管住了村集体的"钱袋子",避免村集体经济利益受损,加强了对村级事务和集体资产管理的监督,维护了和谐稳定的农村社会环境。

(李素英)

【推行村级财务预决算制度】 年内,继续加强对村级财务预决算工作的检查和指导。完善了社员代表大会关于预决算的讨论通过制度、村级预决算方案在镇级"农村财务管理服务中心"的备案制度、区对镇村落实检查等预决算执行制度。截至年底,全区14个镇(除亦庄外)已有13个镇的523个村实行了预决算制度。全年,全区村级集体经济组织实现总收入为227907.4万元,占年初预算88530.8万元的257.4%,比上年度88550.2万元增长了139357.2万元,同比增长157.4%;总支出为95481.1万元,占年初预算93705.8万元的101.9%,比上年度77772.2万元增长了17708.9万元,同比增长22.8%;全区管理费用总计23861.5万元,占年初预算24286.4万元的98.3%,比上年度40789.1万元减少了16927.6万元,同比下降了41.5%;固定资产投资总计2005.8万元,为年度预算3999.1万元的50.2%。

（李素英）

【农村集体财务试点村考核挂牌】 年内，根据北京市经管站《关于开展农村集体财务管理规范化试点工作的通知》精神，区经管站完成了对13个市级财务管理规范化试点村的检查工作。通过对试点村的考核评价，全部达标，其中青云店二村达到99分。推动这项工作的目的，是通过对试点村的经验、问题加以总结、归纳，来推动全区农村集体财务管理工作走上规范化、制度化的轨道。截至年底，全区13个村的挂牌仪式已经全部完成。

（李素英）

【村集体经济承包合同鉴证】 年内，区经管站在领导全区农村集体经济承包合同确权工作的同时，开展村集体经济承包合同鉴证工作。全年，共鉴证农业承包合同3723份，其中土地承包合同3350份，土地承包经营权流转合同353份、对外承租合同20份，向农民发放土地承包经营权证书2869本。

（李素英）

【加快农村土地流转】 年内，区经管站积极搭建并完成了大兴区农地流转信息网。设立有与市级平台共有的土地需求、土地转出两个对接模块外，设立了资产转出、资产需求、网上答疑、短信平台、经验交流、操作导航、区域介绍等7个大兴特色模块，现已进入实施运行阶段。已通过信息平台发布信息35条，涉及土地2562亩、房屋94间。截至年底，全区农村土地流转面积13.1921万亩，占全区农村可经营农用地面积68万亩的20%。流转价格为每年每亩500～2500元不等；流转年限为5～25年。其中，确地流转2.524万亩，占流转总面积的19%，流转收益100%归承包户所有；确利流转6.9822万亩，占流转总面积的53%，流转收益的70%用于流转村民的确利收益，30%留作村集体公益事业支出；确股流转面积3.6859万亩，占流转总面积的28%，流转收益的70%左右兑现给持股人。

（李素英）

【农民负担监督管理】 年内，未发现加重农民负担现象。春、秋季执法检查中，村级公益事业补助资金的拨付和使用情况、新农村建设而增加的集体非生产性开支情况、收取农户养犬管理费情况等，没有出现截留、捆绑使用现象；在计划生育、殡葬、外出务工经商办证、农村教育代收费等方面没有增加农民负担问题。

（李素英）

【农村信息化建设】 年内，区经管站系统维护了《村管系统》和《农经平台》两套应用软件，更新了2008年数据，为各级领导和有关部门指导、研究农村工作提供方便。培训了全区14个镇的村级信息员共500多人，提高了软件应用人员的水平。新增34个触摸屏试点村，分别位于西红门镇、黄村镇和魏善庄镇，完成了信息资料的搜集和触摸屏发放工作。全区累计完成触摸屏配备村社71个，占全区523个村的13.2%，进一步完善了农村民主管理与监督工作。为加快开通《自然与社会管理平台》，实现农村自然与社会资源信息共享，完成本区10个镇320个村的农村土地卫星定位地块信息采集工作。

（李素英）

【农业企业管理指导】 年内，区经管站对22个品种，150个种养业监测点进行了经济效益监测。与上年同期数据相比花卉、葡萄、花生、核桃、西瓜、桑葚、肉羊、蛋鸡及童子鸡等9个品种的平均利润都有所增长，其中花卉较上年同期增长87.81%，上升幅度最大。而蔬菜、白薯、梨、小麦、玉米、桃、甜瓜、育肥猪、肉牛、奶牛、黄鸡、鱼等品种平均利润都有所下降，其中梨的下降幅度最大，降幅达

49.13%。肉鸭与上年同期基本持平。撰写《大兴农经》期刊5期,对当前种养业的发展面临的趋势进行了分析,提出了一些建议,供各级领导参考。对全区60个农产品成本核算监测点进行了重新调整,完成了对农产品的收入、成本、利润核算监测工作。分别将其归为水产类、蛋禽类、果产品类、奶牛产品类、农产品类、肉畜类、小麦类、玉米类等八大类进行了收入、成本、利润的核算和分析,并根据市场前景、目前规模和收入、成本比例,对各种产品的发展空间进行了分析。

(李素英)

【农村经济统计分析】 年内,区经管站加强对农村经济收益分配情况的统计和分析。全年,本区农村经济总收入完成4328300.7万元,同比增长7.76%。其中,人均可支配收入12483.4元,较上年同期每人增加1135.8元,同比增长10%。从经济结构分析,一产实现总收入394371.8万元,同比增长6.49%;二产实现总收入2343683万元,同比增长5.85%;三产实现总收入1320299.4万元,同比增长0.19%。监测全区低收入农户9056户,其中,人均可支配收入3402.24元,与上年度低收入农户年人均可支配收入2984.46元相比,增长了14%。

(李素英)

【创新农村集体经济审计监督】 年内,区经管站累计完成了全区村级843个单位的常规审计监督工作,其中财务收支审计796个,财经法纪审计1个,干部任期及离任审计40个,土地补偿费专项审计6个,审计金额共计134590.6万元。同时创新了农村集体经济审计监督工作,开展农村经济在线审计工作:会同市领导就本区农村财务审计基础情况进行专题论证,并到昌平区进行实地学习调研。成立了在线审计工作领导小组,在安定、瀛海两镇实施远程在线审计先行试点工作。并为两个试点镇购置原始票据快速扫描仪4台,安装了局域网及挂票工具等硬件系统,同时采取多种形式对相关人员进行培训,全年培训100人次。

(李素英)

【重要事项招投标制度】 截至年底,全区已成立镇级事前咨商领导小组13个。年内,全区13个镇97个村共有125项村级重要经济事项实行招投标,召开镇村联席会议575次,咨商议题2900个,事前咨商领导小组出具指导性意见813条,其中有法律依据的622条。招标后金额2514.65万元,总收益比标的增加了433万元。

(李素英)

【村级集体经济产权制度改革】 年内,全区共启动了16个村的产权制度改革工作,其中,狼垡三村、侯村两个一般村基本完成了产权改革工作,整建制转居村北程庄村已进入了产权改革的实体程序。截至年底,累计完成产权制度改革村社67个,重点分布在城乡结合部地区。西红门镇完成25个村,旧宫镇完成18个村,黄村镇完成4个村,亦庄镇完成20个村,产权改革形式有土地股份制和社区型股份制两种模式。采取社区型股份制产权改革模式的22个村,采取土地股份制产权改革模式的45个村。

(李素英)

【完成政策性农业保险工作】 年内,政策性农业保险工作取得了跨越式发展,取得了良好的社会效益:全区12镇共承保政策性农业保险险种11个,其中种植业险种9个,养殖业险种2个。缴纳保费3713.3万元(其中市政府补贴1856.7万元,区政府补贴945.2万元,农户交纳911.4万元),较上年增加1425万元,同比增长62.28%。已决赔款3093万元,未决赔款500万元,共计赔款3593万元。

(李素英)

工 业

【概况】 年内,全区实现工业总产值425亿元,同比增长11%;完成税收19.1亿元,同比增长11.7%。全区规模以上工业企业964家,实现工业总产值370.9亿元,同比增长7.3%。实现出口总额20.3亿元。其中:现代制造业实现产值73亿元,同比增长12.5%;都市工业实现产值152.7亿元,同比增长8%;高技术产业实现产值18.2亿元,同比增长12.6%;民营科技工业实现产值173亿元,同比增长9.4%;外商投资工业实现产值121.9亿元,同比增长9.6%。

名称:北京市大兴区经济和信息化委员会

地址:北京市大兴区兴政东里甲5号

电话:69242912

邮编:102600

【建立三级企业联系制度】 年内,区经信委建立了三级企业联系制度,区四套班子领导联系25个重点项目制度,区政府领导联系帮扶16个重点企业制度和区经信委联系940家规模以上企业制度。深入企业、召开座谈会、协调会等方式解决项目手续办理、融资、生产经营等问题。

(吴连才)

【解决“未批先建”土地遗留问题】 年内,区经信委充分发挥部门联动作用,协调解决“未批先建”项目土地遗留问题,会同区建委、国土分局、规划分局等相关部门,推进“未批先建”项目完善土地手续工作,促进企业发展。

(吴连才)

【加大对中小企业的扶持力度】 年内,本区制定了《大兴区今年工业发展专项资金使用办法》,区政府拿出2000万元资金,对76个项目在信用担保体系建设,工业固定资产贷款、流动资金贷款,新增固定资产投入,金融危机形势下逆势增长和企业特困维稳等方面给予贴息和补助。

(吴连才)

【完善融资服务平台建设】 年内,区经信委完善了融资服务平台建设,帮助企业解决融资难问题。强化了“大兴区中小企业投融资服务平台”建设,与7家银行和6家投融资机构积极合作,形成了金融机构、镇政府和企业相结合的投融资服务网络,采取融资服务小组包镇负责制,为中小企业投融资提供咨询和融资服务。通过企业座谈、融资培训、产品推介、上门服务等方式共为22家中小企业进行了贷款融资服务,实现新增贷款2.01亿元,新增立项15个,立项保额1.54亿元。积极利用好国家、市级政策资金,为企业“加油助推。为全区工业企业争取“国家中小企业专项资金”、“北京市工业发展资金”、“市级企业技术中心发展专项资金”共计2500万元。

(吴连才)

【推进折子工程加快节能减排】 年内,区经信委出台下发了《大兴区关于鼓励退出高污染、高耗能、高耗水工业企业奖励资金管理暂行办法》,加快产业结构调整,实施“三高”企业退出战略。对区内“三高”企业,以“重点筛选、严格审查、积极劝导、自愿为先”为原则,加强了“三高”企业的摸底、现场走访、政策宣讲和协助企业退出等工作,全年共有15家“三高”企业完成了退出。

(吴连才)

【盘活闲置资产】 年内,本区确立了采育汽车零部件和新能源汽车产业基地;长子营专用车产业基地;青云店新能源新材料产业基地;榆垡节能环保特色产业基地,为发展新兴产业奠定了基础。对全区现有工业闲置资产进行了系统的跟踪调查,统一制作了《大兴区闲置资产招商手册》,全方位进行推介。全年共计盘活工业项目10个,总投资2.6亿元,盘活闲置土地215亩,新增产值3.5亿元,安置劳动力约700人。

(吴连才)

【招商引资完善园区】 截至年底,本区投资5000万元以上在建项目21个,投资总额30.5亿元,占地2207亩,这些项目有20个将于2010年建成投产;投资5000万元以上签约项目42个,占地面积5013亩,投资总额144.5亿元,大项目引进取得突破性进展,投资30亿元的金晶科技、投资17亿元的新能源汽车等项目将相继落户。年内,生物医药产业基地、新媒体产业基地、采育汽车零部件基地和部分镇工业园区,加大基础设施建设力度,全区投入2.2亿元,用于完善道路、电力、市政管线、污水处理厂等基础设施建设,优化了园区发展环境。

(吴连才)

【技术创新培育名牌】 年内,本区优先推选了6家技术创新能力较强、创新业绩成效显著的企业,进行“北京市企业技术中心”的申报工作,其中4家企业(铁路信号、威可多、阀门总厂、凤凰工业炉)获得了市级企业技术中心的认定,新获得中国驰名商标认定的企业2家(英豪阳光太阳能工业有限公司、北京雨昕阳光太阳能有限公司),北京市著名商标认定的企业8家(星牌建材、图腾宝佳、资源亚太、日上工贸、皇家京都酒业、派克兰帝、威克多、东南开关)。

(吴连才)

【宣传推介企业】 年内,区经信委印制了《大兴区名优产品画册》,推荐知名产品进入政府采购名录;协调有关部门,帮助企业召开新闻发布会,利用媒体和中小企业信息网,扩大名企、名品的宣传,推荐名优企业产品纳入家电下乡采购目录。充分发挥行业协会职能作用和集群效应,食品工业协会积极搭建食品质量体系、人力资源培训等平台,推进行业内企业做大做强;服装纺织协会搭建了服装设计和国外营销平台,举办了“服装名牌产品展销”、“品牌服装展示”活动;印刷包装协会进一步制定印刷包装产业规划,同时加强了各产业间的合作,推进协会内企业间的资源共享。

(吴连才)

【信息化建设】 年内,大兴信息网共有1108个栏目,发布信息3.4万余条,总点击率700万次。大兴信息网分别获得全市、全国网站评比第一名的成绩。

(吴连才)

【电子政务平台服务】 年内,农业信息平台作为服务农民的新渠道,实现了农商对接,全年发布农产品供求信息3.5万余条,成交额达3745万元,促进了农民增收。“数字家园”、“爱农驿站”、农村党员远程教育网等信息化基础设施,在实施“百万家庭上网工程”的基础上,提升了百姓的信息化应用水平。以区电子政务平台为依托实现政府办公自动化、网上审批服务、立体可视化资源台帐等多个应用系统的整合与共享。通过区级办公自动化系统传输政府文件8000余份,全程办公众服务网将区内56家单位的1432个事项纳入系统中,各单位上年度共受理网上申报事项10万余件。网上审批服务系统共受理审批服务项目305件,提供表格下载18万余次,方便了群众办事。通过对财政、税收、重点项目快报系统、节能减排综合办公平台、新城地下综合管线管理信息系统的建设,为领导和有关部门提供了数据参考。

（吴连才）

【电子政务实现村级延伸】 年内,本区完成了信息网络、有线电视及广播“村村通”和农村有线电视“户户通”工程的收尾工作。全区526个行政村接入政务网络,多个业务应用系统实现村级延伸,8.3万户农民免费安装了有线电视,10.6万户农民享受到优惠收视政策,农村有线电视普及率达到95%以上。

（吴连才）

【信息化基础设施建设】 年内,区经信委积极落实“双进入”工作机制,全力协调解决基站选址、光纤入楼等实际问题,共解决相关问题61个,加快了信息化基础设施建设。

（吴连才）

【确保国庆期间信息网络安全】 区经信委严格执行安全等级保护制度,采用人工监管与技术手段相结合的方式开展安全防范工作,保证了建国六十周年大庆期间及日常的网络与信息系统安全稳定运行。

（吴连才）

中关村科技园区

大兴生物医药产业基地

【概况】 2009年,中关村科技园区大兴生物医药产业基地共实现总收入440786万元,比上年同期增长35.7%;工业总产值348805万元,比上年同期增长10.1%;工业销售产值345142万元,比上年同期增长17.3%;工业利润29433万元,比上年同期增长23.4%;应缴税金及附加总额25911万元,比上年同期增长13.1%。

【园区基础设施建设】 年内,生物医药产业基地一、二期景观绿化提升于9月份开始实施,针对天河西路、天贵大街、天富大街、天荣大街、永大路、祥瑞大街等道路或路段,实施绿化整治、苗木补种、喷灌设施安装、人行步道养护等工作。年内初见成效,建成区形象得到良好提升。基地二期市政建设正在有序进行。民海、以岭等重点企业所需热力、电力、路灯等工程已建设完成,为企业顺利投产提供市政条件。截至年底,春林大街污水工程和电力工程属区重点工程已完成污水工程、电力工程各700余米。

（刘福生）

【规划工作】 年内,生物医药产业基地完成基地一期用地范围内景观提升方案设计及基地范围管网综合规划设计;完成二期道路各专项的市政设计工作及审批工作;完成基地6.76平方公里控规深化方案编制以及城市设计、综合能源规划设计工作,并对大兴新城0504和0506街区相应指标及用地性质进行了调整。启动能源规划方案编制工作。

（刘福生）

【征地情况】　年内,生物医药产业基地取得罗奇营安置房项目用地、3.55打捆项目、中检所、和顺大街等17个项目,共计6441亩土地的征地批复。实际支付征地补偿费、防洪费等征地费用共计5.58亿元,取得了2007、2008年通过审批的十四个项目共计5750亩土地的征地批复,避免了政策变化对园区土地储备造成不利影响。完成了I、J、C三地块土地一级开发项目(1980.39亩)征地前期相关手续。截至年底,累计完成征地14036亩。其中规划范围内已累计完成征地12819亩,完成规划范围内征地工作总量的85%。

(刘福生)

【住宅拆迁】　年内,生物医药产业基地完成规划范围内及罗奇营北完成了79户的拆迁,拆迁面积2.8万平方米;规划外完成24户,拆迁面积1.15万平方米。罗北安置房用地内2户完成强拆。完成住宅拆迁40%余款发放工作。截至年底,累计完成拆迁建筑面积35万平方米,纯货币补偿22.4亿元,拆迁补偿现金流14.5亿元。

(刘福生)

【村属公产、非住宅拆迁】　年内,生物医药产业基地完成规划内四个村涉及村属公产的协议签订工作。截至年底,除北臧村变电站外,非住宅清登工作已基本结束,清登非住宅116处,涉及土地面积1548亩。根据《北京市房屋重置成新价评估技术标准》(808号文)等文件,生物医药产业基地参考当前的市场价格,结合前期地上物补偿标准,编制《医药基地非住宅拆迁方案》,并参考相关部门意见和最近的新政策、新形势进行修改和完善,结合北京市的"拆违"声势,注重对违章建设的认定办法和处理办法的研究。

(刘福生)

【罗奇营项目建设】　年内,生物医药产业基地完成了罗奇营安置房项目用地468亩的征地手续,取得建设用地批准书;推进剩余住宅的拆迁,拆迁完成后办理上市规划意见书、拆迁结案等手续,组织现场验收。完成罗奇营二期一级开发成本审计,为下一步罗奇营项目挂牌上市奠定了基础。截至年底,完成施工技术方面前期准备。完成了项目整体策划,为罗奇营项目整个开发提供经营依据;完成12万平方米施工图纸设计及图纸强审。

(刘福生)

【资金筹集】　年内,生物医药产业基地共筹集资金311,988万元,其中包括:土地销售回款11,988万元(中检所8,877万元、中融百鸣20万元、中鸿博雅310万元、康必得1,190万元、畜牧兽医总站1,473万元、联兴盛业118万元);银行借款185,000万元(其中开行100,000万元、厦门国际20,000万元、交行40,000万元、深发展15,000万元、杭州银行10,000万元);区财政借款63,000万元(1月份20,000万元、4月份6,000万元、12月份37,000万元);大兴城建集团借款20,000万元;北京科技园置地有限公司借款22,000万元;北京中关村生命园发展有限公司借款10,000万元。

(刘福生)

【申请政府贴息和直投资金】　年内,在申请政府贴息和直投资金方面,北臧村九年一贯制学校项目已列入政府直投项目,并完成设计概算审批,直投资金为9685万,列入2010年政府预算。中关村管委会贴息补助资金284.5万元、财政部2009年贷款贴息225万到位。北京市发改委土地一级开发项目贷款贴息政,按照建设期内贷款本金3%给予贴息,需息单作为支持。年限为3年,总额1.8亿元,从2010年开始贴息。

(刘福生)

【资金支出】 年内,生物医药产业基地资金支出267,863万元,其中拆迁费121,250万元、14个项目及3.55打捆项目征地补偿费和防洪费55,317万元、罗奇营项目征地补偿费和防洪费4,031万元、工程支出19,856万元、偿还集团委托贷款29,204万元、偿还大兴城建集团借款2,700万元、还本付息支出25,947万元,其他支出9,558万元。

(刘福生)

【项目建设情况】 年内,生物医药产业基地已签约、待摘地项目包括:四环科宝、贯虹科技、康美药业、协和药厂、北科院、卫信天成、普罗吉、病原所、粮科院、力克生物、华医圣杰、元六鸿远、鑫禾丰、联袂义齿共14个项目,合计用地621亩,累计投资23.5亿元。

(刘福生)

国家新媒体产业基地

【概况】 国家新媒体产业基地于2005年12月31日经国家科技部正式批复成立,是国家火炬计划批复的全国唯一的以新媒体产业为主的专业集聚区。国家新媒体产业基地位于北京市大兴区。基地北区紧邻京开高速,北距天安门16公里,东距京津塘高速公路16公里,距首都国际机场、CBD、中关村科技园区、北京站、北京西站、奥运村等北京核心区域均在1小时车程之内。基地核心区位于首都南中轴路延长线文化创意产业带上。国家新媒体产业基地是北京市奥运文化、历史文化、现代文化的传承与延伸,将与首都功能核心区联成一个有机的文化整体。结合"城南行动计划"的实施,涉及大兴区的重大交通设施有13项,包括地铁大兴线建设通车、跨区交通通道建设、与中心城区连接线建设及区域主干道建设改造工程。大兴新媒体产业基地紧邻地铁大兴线和京开高速公路,与中心城区连接线马家堡西路南延和黄亦路将穿过基地园区。2009年文博会期间,基地被文博会组委会和新媒体节组委会联合授予"2009中国最具影响力传媒产业集聚区大奖"。在"亚洲博鳌投资中国开发区(园区)品牌年度盛典"中荣获"亚洲博鳌中国最具产业发展特色园区"大奖。

名称:北京大兴新媒体产业基地管理委员会

地址:北京大兴经济开发区广茂大街九号

电话:61273295

邮编:102600

网址:www.cnm.gov.cn

【基础设施建设继续推进】 8月,经区委、区政府研究决定,将原北京大兴经济开发区与国家新媒体产业基地合并,划归国家新媒体产业基地管理委员会统一开发、建设、管理。国家新媒体产业基地已形成两区四园的发展格局。两区即国家新媒体产业基地北区和核心区;四园即星光影视园、北普陀影视园、多维创新园和北京时尚体育公园。

(李 丹)

【星光影视园建设】 星光影视园占地220亩,具有领先水平的高清影视摄制、编辑、传播系统平台,园区拥有全国最大的单体专业数字演播厅,影视园共拍摄中央电视台及各地方卫视大型综艺节目2600余场,接待观众流量超过46万人次,服务电视台和传媒公司近百家。11月25日,影视园获国家广电总局批复成立"中国北京星光电视节目制作基地",这是目前广电总局批复的唯一一个国家级的电视节目制作基地。

(李 丹)

【企业运行情况】 年内,园区累计实现技工贸总收入88亿元,比上年增长53.5%;工业总产值完成24.6亿元,比上年下降2.5%;

工业销售收入完成24.1亿元,比上年增长7.2%;工业利润完成6890万元,比上年增长41.9%;总税收完成2.26亿元,比上年增长34.6%;工业税收完成1.67亿元,比上年增长38%。截至年底,注册企业已经达到900余家,入区企业中,外资企业39家,高新技术企业8家,实际利用外资约1.2亿美元。

(李　丹)

商业·旅游

商 业

【概况】 2009年大兴区商务工作紧紧“围绕一个中心,突出两个重点,实现三项指标,落实四方面工作”,把握奥运机遇,坚持科学发展,商业流通、对外开放、安全生产、粮油管理等各项工作取得新成绩,政府实事项目、折子工程项目顺利完成。

名称:北京市大兴区商务局
地址:北京市大兴区兴华中路甲12号
电话:69241606
邮编:102617
网址:http://www.dxsw.cn

【政府信息公开】 全年,区商务局主动公开文件2个,依申请公开文件37个,不予公开0个,依申请公开受理0个,向档案馆移送文件2件。及时向市主管部门和区政府门户网站报送信息,并通过本局“两网”(区商务局网站、区商务局政府信息公开网站)和区信息公开平台上同步发布信息。累计上网公开政府信息共计1534条,其中年内公开406条,政策文件98条。公开行政执法依据。已累计公开法律法规25条,规范性文件18条,其他文件116条。编制信息公开目录。累计录入商务局信息公开目录的信息共1044条,占全区86个部门29598条的3.53%。推进政府上网工程。商务工作的机构、动态、统计数据、调研等信息,都做到了及时编辑发布。年内,在市商务委信息公开平台上发布政府信息289条,在区信息公共平台商务局子站登载相关商务信息总数达284条,其中涉及工作动态与相关政策信息218条。高度重视政民互动平台建设和网上信访工作,共收到群众网上咨询或投诉问题42条,其中年内28条,每条都进行了回复,按时和直接回复率均达100%。

(王永学)

【网站建设】 年内,区商务局网站连续9年被区政府评为区国家机关优秀网站。年内对相关内容进行了修改完善,增加了党务公开、安全生产等新栏目,提高了运行质量和标准。共设置了政务公开、机构设置、政策法规等10个主栏目,19个子栏目。网站上网的政策法规文件达133个,工作动态信息1534个,公告信息137个,图片信息214个,表单下载信息42个,发展规划21个。配备了13名兼职信息员,同比增加3名。加强公开信息审核,建立对有害信息监控的安全保障制度。网站新闻发布栏目信息总量1534条,其中年内更新发稿460条,平均每天更新近2次,并有60%的新闻配有图片。年内网站浏览数达3.5万次。

(王永学)

【议案提案办理】 年内,区政府向区商务局交办人大代表建议、政协委员提案共13件。其中,人大建议2件(分办);政协提案8件(主办2件,分办1件,会办5件);政协民主党派委员提案3件(主办2件,会办1件)。在13件建议提案中,涉及商业网点建设5件,循环经济的4件,环境治理的两件,劳动就业1件,物流企业交通问题1件。通过加大督办力度,使满意率连续多年保持100%。年内区商务局主办和分办件7件,满意5件、满意率100%,非常满意两件、非常满意率28.6%。

(王永学)

【零售额完成情况】 年内,全区社会消费品零售总额累计完成115.3亿元,同比增长15.1%,平均每月完成零售额9.61亿元。绝对额在5个发展新区排第3名,增幅第4名。

(王永学)

【搭建农超对接平台】 西瓜节期间,区商务局精心组织了"农超对接"活动,北京市商务委副主任闫小彦在发展处陪同下参加了来自全区的23家农民合作组织和10家农产品深加工企业与市区20余家商场、超市参加的对接会,达成17余项供销协议,日供货近86.5吨(其中西甜瓜32吨;蔬菜23吨;其余为杂粮、红薯等多种农产品),年供货量可占区内全年同期产量的20%。

(王永学)

【社区便民服务建设】 年内,区商务局发展了6家社区体验超市,升级改造了狼垡社区、鹿海园社区2家菜市场。

(王永学)

【农村流通网络建设】 年内,兴糖公司升级改造全额配送店30家;绿得利公司升级改造农资连锁店20家。改造了5家农村集贸市场,使区内重点大镇达到"一镇二市场",升级改造了西沙窝产地市场,增加了2座交易大棚和600㎡冷库等设施。

(王永学)

【无障碍设施建设】 年内,世纪联华、天上天购物广场、亿发购物广场、来子海鲜、明月酒楼、翡翠小厨等8家企业对卫生间、坡道、收银台等无障碍设施进行了改造。

(王永学)

【保障市场运行安全】 年内,区商务局每月监测区内39家重点商场、餐饮、商品交易市场的经营情况,市场动态,为深入了解区内消费市场运行情况提供重要依据;对规模以上的商场超市、连锁企业、农贸市场、社区菜市场的生活必须品情况进行了调查摸底,掌握库存情况,为生活必需品应急储备,市场运行稳定提供了有力保障。

(王永学)

【确保国庆商业运行安全】 年内,区商务局先后对全区的商业企业进行了拉网式检查,并按照要求对禁止销售的商品进行了临时的控制措施,确保了工作的落实,没有出现问题。

(王永学)

【新增商业项目】 年内,吉星德亿商城:商业面积1.4万平方米,于6月21日开业;吉星德亿商业中心:5月16日开业,1.3万平方米;天上天超市:10月1日开业,1万平方米;彩虹新城西侧5538平方米商业:物美超市12月25日开业;旧宫朝龙五金建材城:6万平方米,12月进行了试营业;物美综超北兴路店5500平方米。年内新开业10.8万平方米。

(王永学)

【家电下乡成效明显】 年内,区商务局积极落实“家电下乡”政策，通过多种形式宣传，确保家电下乡政策家喻户晓。有46家销售网点完成备案，销售家电下乡产品11276台，累计金额2700余万元。

（王永学）

【开展商业服务活动】 年内，区商务局与商联会组织开展了“金九银十”品牌消费节活动。全区20多家商场、超市、餐饮企业参加了品牌消费节活动，带动了消费市场繁荣。

（王永学）

【确保国庆期间商品供应】 年内，区商务局组织区内果品、蔬菜、花卉、肉、奶等产品搭建购销平台，积极做好国庆期间流通领域商品供应保障工作，确保区内市场价格稳定，商品供应充足。

（王永学）

【酒类备案】 全年，区商务局为920家企业办理了酒类备案登记。

（王永学）

【成品油年检】 全年，区商务局对98家成品油零售企业进行了经营资格检查，办理了年审手续。

（王永学）

【争取资金】 全年，区商务局争取市级扶持资金1338.51万元。

（王永学）

【屠宰企业严格检查】 针对2月9日山西省临汾市洪洞县出现生猪感染高致病性猪蓝耳病疫情这一情况，区商务局商务监督检查所联合市商务局执法办，对区内两家生猪定点屠宰企业进行了执法检查。检查中，执法人员对企业的检疫、检验、无害化处理设施及生猪产地等几个重要环节进行重点检查。对检查中发现的安全隐患逐一提出整改要求，要求企业限期整改。同时市、区两级商务部门要求两家企业提高宰前疫情防控意识，加大检疫、检验力度，并协同动物防疫部门制定应急预案，建立逐级上报制度，对发现的病害猪及时进行无害化处理。

（王永学）

【碘盐覆盖率显著提高】 北京市发改委和北京市商务局下达给本区食盐销售任务为8371吨，实际销售完成10682吨，完成了年度销售计划。全年17家食盐代销点共计销售食盐1075吨。

（王永学）

【3.15宣传活动】 区商务局商务监督检查所联合区工商局等单位于3月15日上午在华堂商场门前进行了宣传活动。工作人员向来往群众发放宣传材料500余份，就如何区分真假食盐以及使用假盐的危害性向群众进行了详细的讲解和宣传。

（王永学）

【肉品品质检验员培训】 4月9日，区商务局会同市执法办，对本区两家定点屠宰企业的肉品品质检验员进行了为期两天的培训。培训包括理论知识和实际操作两部分。两家定点屠宰厂共有23人参加此次培训，并全部通过考核。市商务局为合格人员颁发了《肉品品质检验员合格证书》。

（王永学）

【屠宰企业进行重新审查认定】 年内，根据新修订的《生猪屠宰管理条例》和商务部办公厅《关于生猪定点屠宰证书和标志牌统一编码、制作和换发工作的通知》（商秩字[2008]6号）文件精神，经北京市商务委员会和区商务局对本区两家定点屠宰企业的条件进行重新审查认定，本区的两家定点屠宰企业符合相关法律、法规要求，经征求北京市商务委员会同意，为北京中瑞食品有限公司、北京资源亚太食品有限公司两家定点屠宰企业换发了由大兴区人民政府颁发的定点生猪屠宰厂(场)标志牌及生猪屠宰证书。

(王永学)

【公布举报电话】　年内，区商务局公布盐政举报电话：69201443、69245321，调动广大消费者监督积极性并举报销售假冒食盐行为，共同维护和谐、有序的市场秩序。

(王永学)

【《生猪屠宰管理条例》宣传】　年内，区商务局商务监督检查所联合市执法办，7月30日，在青云店镇进行了“全面贯彻落实国务院《生猪屠宰管理条例》”为主题的宣传活动，现场耐心细致地向群众讲解了食用“放心肉”的重要性、如何购买“放心肉”、如何识别病害猪肉等知识，共发放宣传材料1000余份。

(王永学)

【学校食堂用盐情况】　9月3日至10日，区商务局商务监督检查所对区内的学校食堂用盐情况进行了专项检查，检查了各类学校食堂共计30余家。对违法使用假冒食盐用于食品加工的安定中学食堂和青云店中学食堂给予了当场行政处罚，共计没收违法盐产品20公斤，罚款50元，并对学校负责人给予了批评教育。

(王永学)

【执法情况】　全年，共做出行政处罚101件(其中盐政执法93件，生猪屠宰执法8件)，其中简易程序处罚99件，一般程序处罚2件，共没收违法盐产品17400公斤，罚款人民币3950元，取缔私屠滥宰黑窝点8处，没收生猪及其产品130头，屠宰工具46件，捣毁地锅8口。全年对涉及我区零售经营单位全面检查，出动执法人员45人次，共检查企业8家，对促销活动的时间、方式、应急预案进行了检查，对促销活动中存在的问题提出了整改意见。

(王永学)

【资源通过有机认证】　12月，北京资源亚太食品有限公司通过有机产品认证，推出益君有机猪肉产品。

(王永学)

【外经贸概况】　年内，全区实际利用外资10205万美元，同比增长74.8%，实际利用外资额在北京市城市发展新区的六个区域中排名第三位。外贸出口29.12亿元，同比下降7.77%。全区共有外资企业370家，累计实际利用外资6.87亿美元，投资方向以三产为主，比例逐年增加，服务业领域投资加大，外商投资工业规模以上企业工业总产值占全区规模以上工业企业总产值的三分之一；外贸出口产品结构逐步优化，外经外贸成为全区经济发展的重要支撑。

(王永学)

【外资项目】　年内，新批项目24个，投资总额13959万美元，同比下降35.2%，注册资本13815万美元，同比下降8.3%，合同外资13494万美元，同比增长18.3%，这些项目投向二产占45.8%，三产占54.2%，利用外资领域进一步拓宽。在新设立的外商直接投资项目中，世界五百强宜家商务服务业项目落户大兴，注册设立北京英特宜家置业有限公司，投资总额9074万美元，合同外资9074万美元。

(王永学)

【外资企业纳税】　年内，外商投资企业税收(增值税、消费税、企业所得税、个人所得税)

达 8.82 亿元,同比增长 18.2%,占全区企业税收的 14.5%。其中外商投资工业企业上缴税金 7.57 亿元,同比增长 16.1%;外商投资租赁和商务服务业企业上缴税金 3946 万元,同比增长 189.93%。

(王永学)

【外贸进出口结构】 年内,全区外贸出口总额达到 29.12 亿元,同比下降 7.77%。贱金属及其制品、毛皮制品、农副产品、纺织服装、印刷包装、机电产品等"十一五"规划确定的重点发展行业成为全区出口的主体,出口总额占全区外贸总额的 46.35%。出口结构得以改善,除金属制品、服装纺织、肠衣、毛皮、印刷包装等传统的出口产品外,高新技术产品、机电产品的出口额也在增长,其比例已达出口总额的 10%。在高新技术产品和机电产品的出口中,高科技的天然纤维制品、保健品、信息化产品和数字化移动医疗检测系统等产品出口结构进一步优化。

(王永学)

【农副高新产品进出口】 全年,全区农副产品出口 3.02 亿元人民币,占全区外贸出口总额的 10.37%。高新技术产品和机电产品出口 6.35 亿元人民币,占全区外贸出口总额的 21.81%。

(王永学)

【帮助企业开拓市场】 年内,帮助企业寻找内需市场,为企业争取贸易机会,给予企业开拓国际市场资金支持,为企业减免风险担保金,帮助企业规避市场风险等等措施,组织区内 12 家企业参加市商务委举办的"外贸大集"活动。

(王永学)

【争取政策性资金支持】 年内,组织区内外贸企业申报中小企业国际市场开拓资金、出口机电产品研究开发资金、服务外包发展资金等资金支持,全年共申请资金支持 500 万元。

(王永学)

【包装和推出招商项目】 年内,筛选了 55 个项目,项目不仅涵盖了基地、标准厂房、闲置资产等,还增加了企业合作类项目的比例。对已经组织好的项目,编制项目册(收录项目 33 个)、投资促进专业网站推出项目 33 个、活动推介发布项目 8 个。

(王永学)

【全程服务促进大项目落地】 年内,通过创新服务方式,全程服务促进大项目落地。促使瑞典宜家项目落户大兴。

(王永学)

【积极争取市级支持资金】 年内,在境外组织的投资贸易促进活动取得了市级财政的支持,生物医药基地赴美开展系列项目推广活动,市商务委员会给予资金支持 27 万;新媒体基地赴日本参加东京电玩展,北京市商务委员会给予资金支持 5 万,共计 32 万元。

(王永学)

【完成上年粮油供需平衡调查】 年内,根据《北京市粮食局关于做好 2008 年度社会粮食和食用油供需平衡调查工作的通知》(京粮发[2008]129 号)精神,本区利用区内两级粮食统计网络,采取全面和抽样调查相结合的方式,对上年度全区社会粮食和食用植物油供需情况进行了调查,共调查区内的 54 户农民,52 户居民,1 家国有经营企业,68 家非国有粮食经营企业,47 家粮食转化企业,48 家食用植物油经营企业,13 家食用植物油转化企业。

(王永学)

【完成区内粮食清仓查库工作】 年内,清仓查库共涉及区内10个部门、10多家国有粮食企业和多家非国有重点粮食经营企业。此工作荣获“2009年北京市粮食清仓查库优秀组织奖”和“2009年全国粮食清仓查库先进单位”。

(王永学)

【粮食流通统计】 年内,按照《统计法》、《粮食流通管理条例》和《北京市粮食流通统计制度》的要求,以粮食收购资格审核为突破口,不断扩大统计范围。将统计范围逐步扩大到所有粮食经营企业,努力实现全面覆盖。加强粮食流通统计制度宣传培训。为企业印发《统计法》、《粮食流通管理条例》和《北京市粮食流通统计制度》等有关法规,深入企业进行宣传和培训,使粮食经营者明确了提供真实可靠的粮食经营数据的法定义务。督促粮食经营者按照规定建立台帐、提供经营数据,履行法定义务。社会粮食供需平衡调查数据进一步提高。

(王永学)

【粮油市场价格信息监测】 年内,密切监测区粮食市场供求数量和价格变化,每天对遍布区内的28家监测点的粮油价格进行监测,并对其中市局信息中心委托的3家监测点的价格情况每天及时上报,同时加强了粮油市场价格的分析工作。

(王永学)

【安全生产联合检查】 1月7日,区商务局会同林校街道办事处,对林校街道办事处辖区内天堂河地区、海子角地区、林校路地区等8家商业服务业企业进行了安全生产检查。

(王永学)

【联合检查】 年内,区商务局联合区安监、消防等部门对本区部分企业进行了行业安全生产联合检查。检查组先后检查了兴全小商品市场、物美大卖场、星城商厦、眉州东坡酒楼等企业。

(王永学)

【商市场节前安全大演练】 1月16日,区公安分局内保处、安监局、商务局、消防支队、属地派出所联合在华堂大兴店举行了“迎佳节保安全”安全大演练活动,区内20余家较大商市场负责人现场进行观摩,华堂商场、嘉麟物业公司200余名员工参加了此次演练。

(王永学)

【春节前安全大检查】 1月20日,副区长常红岩带领区政府办、监察局、公安分局、安监局、卫生局、商务局、质监局、工商分局、旅游局、消防支队等职能部门对世纪联华商场、渔公鱼婆海鲜城及丽园、康庄两个烟花爆竹销售点进行了节前消防安全大检查。

(王永学)

【联合相关部门开展节前安全检查】 1月23日,区商务局、区安监局、区质监局、区公安消防支队组成联合检查组,在区商务局局长张丽英带领下,来到红星隆市场、聚鑫隆华市场、多利洁物资回收公司等场所检查节前安全生产工作。

(王永学)

【开通安全生产短信平台】 年内,区商务局开通安全生产短信平台,此平台将主要发送安全生产工作的通知、要求、提示等信息。

(王永学)

【两会期间安全检查】 3月2日至3日,区商务局安全生产执法检查人员先后对区内眉州东坡酒楼、星城商厦、物美地下大卖场、兴辉伟业商品购物中心、吉星德亿家居广场等5家进行了检查,对检查中发现的11项问题提出了当场整改和限期改正要求。

(王永学)

【安全生产检查】 3月4日,区商务局主要领导带领区商务局、区安监局、区质监局、区公安消防支队、西红门镇政府等单位安全生产工作人员检查了北京日月星辰民族文化生态园、北京光辉伟业商品购物中心有限公司、吉星德亿家居广场有限公司、北京日月星辰花卉有限公司等4家单位。检查组对检查中发现的问题提出了当场和限期整改要求。

(王永学)

【两会安全生产联查】 3月5日,区商务局主要领导亲自带队,联合区消防支队、区安监局、区质监局、区体育局、区工商分局、旧宫镇政府组成联合检查组,对旧宫地区天上天购物中心进行了联合检查。检查组对购物中心3楼电子经营户擅自部分改变经营用途,无照经营台球厅、旱冰场,存在诸多安全隐患问题进行了联合查处,相关部门当场作出了处理,责令该经营场所立即停业。

(王永学)

【对粮食存储企业进行检查】 3月6日,区商务局在区粮油总公司的配合下,对其所属的北臧村粮库和北京市粮食直属库进行了安全生产检查。检查中,区商务局要求企业进一步做好安全生产工作,特别要做好防火安全和粮食出入库安全,确保全区粮食行业的安全稳定。

(王永学)

【开展"安全生产月"活动】 6月1日至30日,以7项内容在全区商务行业开展2009年"安全生产月"活动。开展"安全生产月宣传咨询日"活动。在主要街道和重点场所,与经营单位联合进行宣传活动,贴标语、挂横幅,加大宣传力度。开展集中培训活动。以大讲堂、大型授课等方式,对企业负责人、安全管理人员进行一次全面培训和指导。继续开展征文活动。深化"关爱生命、关注安全"主题征文、"我为安全生产献一句"格言警句征集等活动,广泛传播安全生产知识和安全文化。开展应急预案演练周活动。主要经营单位将在应急预案演练周开展一次以提高从业人员应对突发安全生产事故能力为目标的安全生产事故应急救援演练。要求人员密集场所每月演练一次。开展知识竞赛活动。继续在规模以上商业零售、餐饮经营单位员工中广泛开展安全生产知识竞赛活动,提高全员安全事故防范能力。开展安全生产教育活动。在人密场所开展安全生产事故图片展、发放安全生产材料进企业,增强生产安全事故防范意识。积极开展"安全生产三项行动"。坚决查处违法行为,开展安全管理实践教育和培训,提升经营单位安全生产管理水平。并通过商务局短信平台、商务局网站等媒体扩大对安全生产政策、法律法规、工作动态等社会面的宣传。

(王永学)

【开展联合大检查】 6月3日,区商务局联合长子营镇政府对辖区内规模以上商业零售和餐饮经营单位进行了安全生产检查。对企业存在的安全生产隐患提出了立即或限期整改要求,并要求近期开展应急演练,提高企业事故防控能力。同时对政府街沿线规模以下经营单位进行了安全生产宣传教育,发放安全生产两项"规定"和商务局自行印制的安全生产宣传"导则"50余份,安全生产教育影像资料10余盘。

(王永学)

【清除超市安全生产隐患】 6月9日,区商务局安全科执法人员强制清除了北京瀛海人本超市内食品制作间所使用的液化石油气罐,解除了超市内存在的重大安全生产隐患。

(王永学)

【检查商务行业安全生产工作】 6月17日,

副区长常红岩带领区商务局、公安局、消防支队、安监局、质监局、兴丰街道办事处、西红门镇等相关职能部门检查了北京聚鑫隆华建材市场中心和北京日月星辰花卉有限公司两家企业。检查组认真查看了企业安全生产制度的建立情况、各种消防设施设备的运行情况、询问了工作人员安全生产的培训情况、检查了商户及店铺内部的货物摆放情况,对企业存在安全隐患问题提出了立即整改要求。

(王永学)

【开展消防应急演练】 6月23日,北京物美大卖场商业管理有限公司大兴店举行了一次大规模消防演习。北京市消防总队、西红门消防中队、北臧村消防中队的10辆消防车以及63名消防战士参加了消防演习。

(王永学)

【开展安全生产联合大检查】 6月24日,区商务局联合区安监局、质监局、公安消防支队对本区北京吉星德亿商业中心有限公司、华堂商场大兴店、青年餐厅大兴店进行了安全生产联合检查。检查组每到一处都仔细了解了企业各项安全生产制度的落实情况、企业员工安全生产的教育培训情况;实地察看了企业消防设施设备的运行情况;安全通道、安全标识的设置情况等。针对企业存在的安全标识缺失、安全通道堆放杂物、安全门设置不合理、电梯故障报警处置不及时等问题,检查组提出了当场或限期整改要求。

(王永学)

【部署"国庆平安行动"任务】 区商务局、区公安分局于8月26日组织召开了由50余家大中型商市场、餐饮企业安全生产负责人参加的迎国庆安全生产暨突发事件处置工作会。会议要求全区商务企业:要全面开展安全生产隐患自查和整改活动,消除事故隐患,做好安全生产社会面管控;要制定突发事件应急处置工作预案并开展实战演练,积极应对、反恐防爆,加强专职安保人员巡查,并有专人对垃圾箱按等级时间进行检查清理;全面做好节日市场商品供应工作,保持良好的市场秩序,以优质的产品和服务确保全区人民过一个欢乐祥和的节日。会上各企业与区商务局当场签订了"我承诺、我负责"《承诺书》。

(王永学)

【开展突发事件应急救援演练】 9月5日,区商务局联合区公安分局、区安监局、区公安消防支队在星城商厦举办了由400余员工参加的处置突发事件应急救援演练。演练以商厦内部发现可疑物和火灾两种情况的处置为内容,整个演练过程包括应急救援组织、危险目标发现、启动应急预案、使用应急器材、迅速疏散人员等各项紧急处置程序。全区10余家大型商业零售和餐饮经营单位安全生产负责人观摩了此次应急演练。

(王永学)

【召开国庆安保工作会】 区商务局联合区安监局、区公安消防支队、区公安分局、区工商分局、区城管大队,各镇、街道办事处于9月17日召开了由全区30余家大中型商业零售、餐饮经营单位主要负责人参加的大兴区商务行业国庆安保再动员再部署工作会。

(王永学)

【开展国庆节前安全生产检查】 9月23日,区商务局会同区安监局、区质监局、区消防支队,对区内规模以上4家商业零售、餐饮企业进行安全生产检查。此次检查的企业均属于人员密集场所,其中物美地下大卖场、清城世纪联华购物中心拥有全区最大的地下超市空间,是消防安全、反恐防爆安全和应急疏散等诸多安全生产工作的重点单位。兴全小商品市场和物美地下大卖场又是本区人员最为密集的商业企业,日常监管和应急工作重如泰山。区商务局在主管领导带领下,会同各部门对这些企业的重点部位进行了认真检查,并对企业国庆节期间安全生产提出严格要求。

(王永学)

【安全生产大检查专项行动】 9月23日至28日,区商务局全员动员、全局参与、出动30名工作人员、6台车,按照“检查一家不漏、问题一个不留”的原则,对全区153家规模以上商业零售、餐饮经营单位开展了为期5天的“迎国庆、保平安”安全生产大检查。检查组兵分6路,深入全区14个镇、3个街道办事处每一家企业,对企业的安全生产制度建立情况、无购物出口设置情况、饭店排油烟管道清洗情况,管制刀具下架情况、酒类流通备案情况,安全标识、安全通道、消防器材完好情况、液化气使用规范情况等十个方面开展了深入细致的排查。检查共发现存在问题企业33家,各类隐患问题55项,其中当场整改32项,期限内整改14项,其余9项也将在9月30日前全部整改完毕。

(王永学)

【安全监管无缝衔接】 区商务局11月5日到新成立的天宫院街道办事处就商务行业安全生产工作进行交流。双方表示将加强沟通,形成合力,通过建立安全生产工作长效机制,共同做好安全生产工作,切实维护人民的生产和财产安全。区商务局向天宫院街道办事处赠送了商务行业安全生产工作的有关资料,并实地到企业进行了联合检查。

(王永学)

【物流基地主要业绩】 年内,全区完成业务收入20亿元,同比增长61.5%;实现上缴税金4088万元,同比增长32.3%。

(王永学)

【消防知识宣传和技能演练】 4月13日,园区内中铁快运北京分拨公司举办消防知识宣传和消防技能演练,对职工进行消防安全培训,并对灭火器的种类、使用范围、使用方法及日常管理等进行讲解,以ABC干粉灭火器、消防水带使用为主要内容进行灭火器及消防水带实战技能演练。

(王永学)

【信息化建设】 基地网站(www.jnwujd.com)已于6月1日起上线试运行,网站内容包括政策法规介绍、企业招投标信息情况、重点企业介绍以及基地内实时新闻、信息共享等。12月15日,特获批准成为中国物流与采购网(中国物流联盟网)指导委员会常务委员。

(王永学)

【成立物流协会】 6月4日,区商业联合会在大兴宾馆召开物流行业专业委员会成立大会,经秘书长监票,选举龙潮明同志为大兴区商业联合会物流行业专业委员会会长,并向新当选的副会长、常务副会长、秘书长颁发证书。

(王永学)

【环境整治】 10月30日,京南物流基地管委会联合天宫院街道和城管大队天宫院分队,召开园区产权单位环境卫生整治会议,对园区环境卫生状况进行通报。针对园区存在的问题,发放《环境整治通知》。12月11日,大兴区京南物流基地管委会联合天宫院接到办事处、工商、城管等部门,对园区内天河北路两侧进行环境整治,改善园区环境、提升园区整体形象。12月,基地管委会与天宫院街道已向道路两侧的经营商贩送达整治通知书,要求其自行清理门前杂物,并对游商进行劝导,防止其再次占路经营。

(王永学)

【路网建设】 天河路道路改造工程,该道路全长1970米,路面宽22米。丰顺街北段综合市政工程包括道路工程、排水工程、给水工程、中水工程、电力工程等。该道路工程全长1413.12米,规划红线35米,路宽21米。

(王永学)

【《"十二五"物流发展规划》工作】 12月30日,大兴区京南物流基地召开开展全区物流产业调查及编制《大兴区"十二五"时期物流产业发展规划》工作开题会,全面部署全区范围内物流企业调查工作。

(王永学)

旅　　游

【概述】 2009年,大兴区旅游局在市旅游局的指导和规划与统计处的大力支持下,认真贯彻北京市旅游产业大会精神,开拓思路,不断创新,丰富和完善旅游基础设施,努力拓展旅游市场空间,全面提升旅游产业素质,打造旅游精品。在直面应对金融危机、甲型H1N1等带来的冲击和假日调整、竞争加剧等带来的挑战时,我们沉着应对,加快发展,奋勇突破。提出了以"农业园区向旅游景区转变、农产品向旅游商品转变、农民从一产劳动者向三产服务者转变"为目标,以"园区景点化、种植艺术化、包装品牌化、服务规范化"为抓手开展乡村旅游提升工程,通过旅游使附着在都市型现代农业上的绿色环境价值、体验价值、文化价值、科技价值、服务价值、品牌价值转变成农民的经济收入,有力地促进了全区旅游业持续快速发展。全年接待游客432.6万人,实现旅游产业综合收入8.04亿元,其中乡村旅游全年接待游客262万人次,实现收入1.7亿元。

名称:北京市大兴区旅游局
地址:北京市大兴区兴政街31号
电话:69245166
邮编:102600
网址:http://www.dxu.com.cn/web/lvyj/

【繁荣春节黄金周】 1月13日,区旅游局紧抓春节黄金周契机,以"大兴邀您来过年"为主题,采取整合冬季旅游资源,推出"温暖之旅"系列活动;加大媒体宣传力度,营造良好的旅游氛围;瞄准京津两大市场,重点推出特色旅游产品的措施,组织丰富多彩的旅游活动,繁荣春节黄金周旅游市场。

(孔凡静)

【春节黄金周旅游工作会】 1月16日,区假日旅游工作领导小组召开2009年春节假日旅游工作会。区公安分局等相关成员单位、各镇主管领导和各旅游企业负责人参加了会议。

(孔凡静)

【市旅游局领导到本区调研】 2月5日,市旅游局巡视员熊玉梅一行在副区长常红岩、区旅游局局长何立楼和有关镇主要领导的陪同下,对大兴旅游咨询服务站新建站点选址情况进行调研。

(孔凡静)

【获"春节黄金周最佳活动组织奖"】 2月9日,由北京市旅游行业协会举办的"2009北京春节黄金周旅游颁奖典礼"在新闻大厦二层报告厅举行。本区获北京市旅游行业协会颁发的"春节黄金周最佳活动组织奖"。

(孔凡静)

【召开行业安全生产会】 2月13日,区旅游局召开旅游行业安全生产工作会,会上传达了区委区政府的会议精神并提出具体要求和市旅游局做好春季防火工作的通知,要求各星级宾馆、A级景区开展对灭火器、消防栓、枯枝落叶等进行自查自改清理活动。成立安全生产专项督察小组,局领导亲自带队分两组对龙熙温泉度假酒店、星明湖度假村、北京野生动物园、中华文化园进行消防安全专项检查。

(孔凡静)

【旅游咨询站施工建设】 3月7日,全市旅游咨询站建设施工队开进本区榆垡施工场地,从而拉开了高速公路延长线旅游咨询站建设项目工程建设的大幕。此次建站工作涉及全市十个郊区县,将在相关高速路出口延长线建设12个旅游咨询站,工程在4月25日完工,“五一”正式对外接待游客。

(孔凡静)

【大兴旅游宣传走进宣武】 3月25日,由宣武区旅游局主办的“2009年宣武区春季旅游咨询日”活动在湖广会馆文化广场举行,区旅游局参加了此次活动并取得圆满成功。

(孔凡静)

【市领导视察旅游咨询站建设】 3月26日,市政府副秘书长安钢到本区视察庞各庄、榆垡两个高速路口旅游咨询站建设进展情况。区政府常红岩副区长及区旅游局、镇主要领导陪同。

(孔凡静)

【举办2009年旅游商品纪念品评选】 由区农委、区旅游局联合主办,庞各庄镇政府承办的“2009大兴旅游商品及纪念品评选活动”于4月9日在西瓜博物馆隆重落幕。全区共150余件(套)作品参选。经过初选,复选,共评出了一等奖1名,二等奖3名,三等奖5名,优秀奖10名。旧宫镇的面塑;庞各庄的葫芦烙画、剪纸;采育镇的黑陶;黄村镇的五谷画、鼻烟壶;青云店镇的工艺葫芦;礼贤镇的金属画等19件作品榜上有名。

(孔凡静)

【北京旅游印记系列活动启动】 4月12日,“拍说唱画 演绎首都”北京旅游印记系列活动在庞各庄镇万亩梨花庄园启动,大兴区春季旅游活动暨第十六届庞各庄梨花节也同时启动。此次活动由北京市旅游局、区人民政府共同主办,北京对外文化交流中心、北京文艺台、区旅游局、庞各庄镇人民政府承办。市旅游局局长张慧光、副局长顾晓园,区领导李长友、李春亭,区旅游局局长何立楼及区有关部门负责人参加了启动仪式。来自5个国家的摄影爱好者、60余位媒体记者、300余位中青旅游客、100余位自驾车友,共1000余人参加启动式及游园活动。

(孔凡静)

【领导视察大兴旅游宣传展位】 4月11日,区旅游局参加了在王府井举办的“全国百城旅游宣传周暨2009‘回味奥运 圆梦北京’国民旅游行动计划启动仪式”,并在现场设展位进行旅游宣传咨询。启动仪式后国家旅游局局长邵琪伟、北京市副市长丁向阳视察了本区展位,仔细阅读了宣传资料,并对本区旅游宣传工作给予了充分肯定,市旅游局副局长顾晓园、安金明陪同视察。

(孔凡静)

【非法“一日游”专项整治会议】 4月21日,区政府召开非法“一日游”专项整治行动工作部署会,区旅游局、区发改委、区公安局、区工商分局、区城管大队和相关镇主管领导参加了会议。会上,对非法“一日游”专项整治工作进行了全面部署,明确了各单位的工作职责、工作重点和任务分工,对完成此项工作提出了具体的工作要求。

(孔凡静)

【召开安全工作会议】 4月28日上午,区旅游局召开了星级宾馆饭店、A级景区安保工作负责人参加的落实“三项行动”和“五一”小长假安全工作会议。会上,区旅游局传达了市局相关工作精神,并对与会各单位做出了具体工作部署,强调各单位严格执行通知精神,做好各种安全应急预案、做好各种演练、消除隐患,确保“五一”小长假安全、顺利、有序度过,迎接建国60周年的到来。

(孔凡静)

【旅游咨询站启动仪式举行】 4月29日,由北京市旅游局主办、大兴区人民政府协办的全市郊区十个旅游咨询站启动仪式在本区榆垡镇举行。市旅游局局长张慧光、巡视员熊玉梅;市发展改革委、市国土局、市规划委、市市政管委、市财政局、市质量技术监督局、市路政局的负责同志;门头沟、房山、通州、顺义、昌平、大兴、平谷、怀柔、延庆和密云等10个区县政府和旅游局的负责人;建设单位代表、1039汽车俱乐部成员,共150人应邀参加了启动仪式。大兴区区长李长友、副区长常红岩参加了启动仪式,并分别为大兴旅游咨询站揭牌、讲话。按照市旅游局工作部署,4月26日,本区榆垡、庞各庄两个旅游咨询站作为全市新建站点率先完工,现已全部投入使用。

(孔凡静)

【西瓜节新闻发布会召开】 5月7日,第二十一届西瓜节新闻发布会在大兴宾馆召开,中央电视台,北京电视台,新浪网、千龙网、北京日报、北京青年报、北京晨报等100余家媒体参加了此次发布会。由北京市旅游局、大兴区人民政府等单位主办的第二十一届西瓜节,将举办大兴区经济发展信息发布、全国西甜瓜擂台赛、大兴区品牌服装展销会、农副产品展销会、家庭趣味运动会、主题旅游活动等系列节庆特色活动。以北京市旅游局实施节庆旅游战略为契机而举办的“活力大兴,魅力新城”主题旅游活动,包括:“欢乐瓜乡休闲游”系列活动;“相约大兴自驾游”系列活动;“城乡互动和谐游”系列活动等。发布会上还重点发布了由区旅游局、商务局联合推出的“大兴消费伴旅”,以促进区域经济发展、刺激旅游消费。在西瓜节期间还联合中青旅开通旅游巴士,以方便广大游客到大兴观光采摘、感受大兴良好的自然环境、品尝甜美的大兴西瓜。

(孔凡静)

【设展北方旅游交易会】 5月15日~17日,区旅游局跟随北京展团到山东省烟台市国际博览中心参加了由北京、天津、山西、山东、河北、河南、辽宁、吉林、黑龙江、内蒙古自治区等北方十省市(区)旅游局共同主办,主题为“弘扬旅游文化,促进区域合作,加强旅游交流,营造和谐社会”的“2009第十四届北方旅游交易会”。北京市旅游局熊玉梅巡视员在北京市旅游协会徐薇会长的陪同下视察了大兴展区,并对本区此次参展工作和推介形式给予了充分肯定。

(孔凡静)

【大兴咨询日活动成功举办】 5月22日,由区旅游局和庞各庄镇政府共同主办的“城乡互动 资源共享”北京旅游咨询大兴咨询日活动在新近启用的庞各庄旅游咨询站成功举办。北京市旅游咨询中心、区旅游局、庞各庄镇政府主要领导,城区旅游咨询站代表,360度自驾车俱乐部车友,旅行社代表,区内旅游企业代表和新闻媒体记者等90余人参加了此次活动。

(孔凡静)

【大兴西瓜节隆重召开】 5月27日,第21届北京大兴西瓜节在庞各庄镇东方绿洲生态园隆重召开。常务副区长张晓林主持了开幕式,区长李长友致辞,在开幕式上进行了全国西甜瓜擂台赛颁奖和农超签约仪式,北京市旅游局张慧光局长、物美控股有限责任公司吴坚忠董事长及农产品采购商代表、人力资源招聘单位代表进行了发言,北京市市委常委牛有成、市人大副主任刘晓晨、市政协副主席沈宝昌及区委书记林克庆共同启动象征第21届北京大兴西瓜节开幕的舵轮。北京市副市长夏占义及区领导、区四套班子领导、农产品采购商代表及各方来宾500余人参加了此次活动,仪式结束后市领导参观了农产品展示和乐平御瓜园。

(孔凡静)

【举办1039车友瓜王挑战赛】 5月28日,“第二十一届北京大兴西瓜节—1039车友瓜王挑战赛”在庞各庄镇东方绿洲生态园举行。活动共设了“螃蟹瓜王挑战赛”、“西瓜一抓准”、“西瓜文武斗”等多项趣味游戏。本次活动增加了西瓜节的参与性、趣味性和互动性。120余名1039自驾车友及30余名摄影爱好者参与了活动。

(孔凡静)

【甲型H1N1流感防控检查】 6月30日,区旅游局、区卫生监督所按照北京市旅游局《关于开展郊区三星级以上饭店甲型H1N1流感防控工作进行检查的通知》精神,联合对辖区内8家三星级以上饭店实施了检查。8家饭店领导高度重视此项工作,各饭店均出资安装了红外测温仪,并且配备了体温计、口罩、84消毒液及各种提示性用品。在此基础上,各饭店还对员工进行了卫生防疫知识培训,完善了各项防控方案、预案,真正做到“三早”,确保国庆60周年顺利进行。

(孔凡静)

【举办旅游产业健康发展座谈会】 7月6日,区政协教文卫体委员会成员考察了本区旅游产业的发展现状,并就如何促进本区旅游产业健康发展的问题召开了座谈会。区政协副主席刘志茹参加了活动。区政协教文卫体委员会成员先后到庞各庄镇旅游咨询服务站、庞安路旅游观光大道、老宋瓜园、巴园子民俗旅游村等地进行调研。

(孔凡静)

【乡村旅游致富百姓】 7月28日,庞各庄镇南里渠村远通绿园合作社的刘旺启将一面写着“乡村旅游富裕瓜乡·服务周到贴近百姓”的锦旗送到区旅游局。作为合作组织的负责人和民俗旅游接待户刘旺启非常感谢政府为促进农民增收所作的大量工作。年内,合作社的十几个大棚西瓜销售价平均在7000元以上,比往年增长了近四成,同时自己开办的满园春农家院生意也非常红火,仅端午节三天每天都接待游客30余桌,经济收入5000余元,很多游客都慕名而来。

(孔凡静)

【市局领导检查安全生产工作】 8月3日,北京市旅游局巡视员熊玉梅、综合安全处副处长王军对本区旅游行业安全生产工作进行了专项检查。市旅游局领导听取了区旅游局关于旅游行业安全生产工作汇报情况后,对区旅游局组织旅游企业积极开展安全生产隐患排查治理、“安全生产月活动”、安全生产“三项行动”、消防安全“雷霆行动”、有限空间作业场所及避雷设施的安全管理、旅游行业治安志愿者招募登记、“合围攻坚行动”、“国庆平安行动”等工作的部署和落实给予了肯定。

(孔凡静)

【西瓜节荣获“金海豚”大奖】 7月25日开幕的第五届中国国际会展文化节上,经过中国节庆产业“金海豚”大奖专家评委会评审,大兴西瓜节以拥有稳定的文化活动基础,注重节庆活动形式和内容的不断完善与创新;注重城市形象与节庆活动发展的紧密结合,创新理念优于市场普遍模式,并得到社会普遍认可;重视媒体宣传和舆论监督,视活动信誉如生命,努力提升和维护活动品牌质量;政府支持,社会关注,百姓参与度高且获得良好口碑,其创新模式已经成为城市文化鲜丽的景观等特点,荣获 2008 ~2009 年度中国十大创新节庆"金海豚"大奖。同时,大兴区作为西瓜节主办地荣获 2008 ~2009 年度中国十大创意节庆城市"金海豚"大奖。

(孔凡静)

【启动秋季旅游市场】 8 月 15 日,由区旅游局、北京交通台、采育镇政府主办的 2009"相约金秋,畅游大兴"旅游采摘季—1039 自驾车友采育葡萄文化节趣味采摘活动在采育镇举行。本次活动区旅游局、采育镇政府通过在北京交通台开办专题节目、主持人口播和广告等形式进行了广泛宣传,共有 120 多位车友有幸报名参加了抢葡萄大赛、运葡萄大赛、葡萄 K 歌大赛、葡萄采摘等多项集体活动,并吸引了 800 多名车友到采育镇进行观光、采摘,拉开了大兴区秋季旅游的序幕。

(孔凡静)

【举办秋季旅游接待培训会】 8 月 25 日,区旅游局与林业局联合举办了"2009 相约金秋,畅游大兴旅游采摘季"培训会。北京市旅游局客座老师刘娟、北京第二外国语学院旅游管理学院营销系主任王成慧分别就接待礼仪、市场营销等方面进行了专业培训。会上,观光果园代表北臧村镇老胡繁荣梨园胡振强、庞各庄镇满园春农家院刘旺启做了经验介绍。

(孔凡静)

【趣味采摘活动举行】 9 月 5 日,由区旅游局、北京交通台和榆垡镇政府共同主办的 2009"相约金秋,畅游大兴"旅游采摘季 1039 自驾车友趣味采摘活动在北京野生动物园举行。

(孔凡静)

【召开假日旅游工作会】 9 月 25 日,本区召开 2009"十一"黄金周假日旅游工作会。对本区旅游园区、景点、餐饮等方面的接待工作,作了详细部署。副区长常红岩,区旅游、卫生、商务等部门及有关各镇、街道办事处的负责人参加了会议。

(孔凡静)

【大兴旅游闪亮北京国际旅游节】 10 月 23 日,由北京市人民政府和国家旅游局主办,北京市旅游局承办,以"欢欣鼓舞 · 相聚北京"为主题的第十一届北京国际旅游节在奥林匹克公园开幕。本区的北京市非物质文化遗产——"武吵子"表演队与来自世界 71 个国家和地区以及北京市 18 区县的表演团队参加了开幕式的行进表演。区长李长友等有关领导出席了开幕式。

(孔凡静)

【大兴旅游设展奥林匹克公园】 10 月 23 日 ~25 日,在第十一届北京国际旅游节期间,本区的旅游小屋,以"绿海甜园、都市庭院"为主题,展示了"大兴旅游、旅游大兴"的发展蓝图。北京市旅游局顾晓园副局长、安金明副局长等领导视察了本区展位。展会期间,现场共接待游客 2 万余人次,发放"大兴旅游一图通"、"大兴旅游一册通"等各类旅游宣传资料 6 万余份,大兴旅游咨询站以及庞各庄、榆垡、采育等咨询站以及北京野生动物园等重点旅游企业参加了本次展览。

(孔凡静)

【获"全国十佳县域节庆活动"殊荣】 11 月 28 日,在由中华全国供销合作总社、经济日报报业集团中国县域经济报、中央财经大学中国发展和改革研究院共同举办的“中国县域节庆论坛”上，北京大兴西瓜节被评为“全国十佳县域节庆活动”。

（孔凡静）

【旅游安全工作总结表彰会】 12月15日，区旅游局召开旅游安全工作总结表彰大会。对2009年旅游安全工作进行了总结，并对2010年的旅游安全工作进行了部署。会上，表彰了北京星明湖度假村等五家旅游安全工作先进单位、史伟等五名安全工作先进个人。对获奖先进单位及个人颁发奖杯和证书。区安监局和区卫生监督所的负责人出席会议，就安全和食品卫生工作提出了具体要求。区旅游局主要领导就“两节、两会”的即将到来做了周密细致的工作部署。区内星级宾馆饭店、A级景区景点及社会旅馆负责安全保卫工作的负责人出席了会议。

（孔凡静）

大兴区旅游景点简介

【北京野生动物园】 北京新八景之一。位于北京市大兴区榆垡镇域内，毗邻京开高速公路。礼士路937（支2）、永定门943均可直达，距市区（南三环路玉泉营）39公里。是一座集动物保护、救护、野生动物驯养繁殖及科普教育为一体的旅游景区。北京野生动物园占地3600亩。园区设有散放观赏区和步行观赏区。步行观赏区建有金丝猴馆、珍稀动物馆、木径鸟语、狮狒馆、狐猴岛、狮虎馆、鸵鸟园、孔雀园、袋鼠园、鸣禽长廊、鹦鹉表演场、水禽湖、北方鸟林、热带鸟馆、珍稀鸟馆、夜行动物馆、骑士乐园、儿童动物园和游乐园等无屏障全方位立体观赏形式的动物主题场、馆、30余处。散放区采用乘车进入式，游览车分两种，乘大巴车观赏舒适直观，并配有景点介绍录音。乘大视野笼网投食车观赏惊险刺激，与猛兽仅一网之隔，并安排导游负责全程讲解，在绝对保证安全的条件下可以给动物投食。可依次参观熊区、三色犬区、鹿区、非洲草食动物区、鸵鸟斑马区、虎区、狮区、狼与野猪区。园区共展出动物200多种10000余头（只）。您可观赏到中国特有动物：川金丝猴、黔金丝猴、绿尾虹雉、麋鹿、藏野驴、褐马鸡；珍稀动物：丹顶鹤、棕尾虹雉、白尾稍虹雉、白马鸡、东北虎、孟加拉虎、长臂猿、懒猴、小熊猫、梅花鹿、红腹角雉、白鹇、白天鹅、卷羽鹈鹕、玉带海雕、雕鸮、黑熊、棕熊、荒漠猫、懒猴、岩羊、马鹿、鸳鸯、猕猴、狼、蓑羽鹤、白腹锦鸡、红腹锦鸡、小绯胸鹦鹉、白琵鹭、白鹭、蟒、王锦蛇、及白骆驼、白雉、黑尾蜡嘴、黑脸噪鹛、黑喉噪鹛、白颊噪鹛、黑领椋鸟、貉、赤狐、野猪、矮马；世界各地的代表性动物：蜘蛛猴、火烈鸟、鸵鸟、黑猩猩、长颈鹿、猩猩、非洲狮、狒狒、斑马、牛羚、袋鼠、松鼠猴、节尾狐猴、粗尾沍、卷尾猴、白耳戎、美洲狮、美洲虎、浣熊、驯鹿、鸸鹋、冠鹤、蓝孔雀、黑天鹅、红绿金刚鹦鹉、黄蓝金刚鹦鹉、非洲灰鹦鹉、亚马逊鹦哥，北极狐、金岛狐、臭鼬、兰狐、剑羚、黇鹿、白孔雀、白凤头鹦鹉、葵花凤头鹦鹉、食火鸡、白颊噪犀鸟、小弯嘴犀鸟、豪猪、印度狐蝠、美洲鬣蜥等。所有展示动物均有详尽的中英文说明牌，以及利用场馆环境布置以展板、图板的方式详解动物。是对游人进行科普教育的主要途径。

【南海子麋鹿苑博物馆】 北京麋鹿生态实验中心，又叫南海子麋鹿苑博物馆，是全国青少年科普教育基地和爱国主义教育基地。位于北京市大兴区旧宫三海子地区，距离天安门约20公里，是保存及展示国家珍稀一级保护动物——麋鹿，并进行环境教育和爱国主义教育的博物馆。该馆包括室内展览和室外展览两部分。南海子麋鹿苑为元、明、清三代的皇家猎苑,清朝末期,世界上最后一群麋鹿曾经保存于此。1865年被法国传教士阿芒·大卫发现,随后陆续运往欧洲。1900年,皇家猎苑毁于战乱,麋鹿在中国灭绝。1985年,英国乌邦寺主人塔维斯托克侯爵将38头麋鹿无偿送还中国,在当年麋鹿的灭绝之地——北京南海子修建了麋鹿苑,结束了麋鹿在中国消失近百年的历史。室内展览包括麋鹿沧桑展览和世界鹿类展览,介绍了麋鹿曲折的历史和包括麋鹿在内的鹿类动物特征;室外展览包括麋鹿生活区展、动物之家、诺亚方舟、北京濒危哺乳动物展、世界灭绝动物墓地、护生壁画等,处处体现了环境保护和生态伦理意识,堪为北京户外环境教育的典范。

【中国西瓜博物馆】　中国西瓜博物馆位于全国著名的西瓜之乡——庞各庄镇域内,京开高速路西侧,距市区25公里,礼士路937(庞各庄——礼士路)直达。馆内集中介绍西瓜科技、西瓜文化、西瓜栽培和西瓜的悠久历史。展览的内容以科普教育、博古论今为主题。中国西瓜博物馆是迄今为止全国唯一的一个以农业西瓜为主的专业化博物展览馆。博物馆占地总面积为22000平方米,建筑面积4600平方米,主建筑分上下两层,展厅总展线为500余米,有东、西两个展厅,目前馆内存有图片900幅,蜡纸西瓜模型310余个,虎珀种子标本200余种,雕塑模型7组,各类图片18幅,由著名书法美术家制作的艺术作品36件。并设有多功能厅和临时展示,展位面积约为2000多平方米。博物馆前广场可容纳近万人,并设有大型音乐喷泉,馆区东侧有10000平方米雕塑园区,10组青铜雕像讲述着西瓜的故事。我国西瓜种植历史悠久。公元前一世纪,西瓜从陆路经“丝绸之路”传到古代波斯和西域(我国新疆)一带,《前汉书·地理志》记载:“敦煌,中部都尉治部广侯官杜林以为古瓜州,地生美瓜。师古曰即春秋左氏传所云允姓戎聚瓜州者也。其地今犹出大瓜,长着狐人瓜中食之,首尾不出”。西瓜能够在中原百姓间得以普遍种植,是从五代暑期的契丹国(公元916~1115年)开始。然后,从北方传到宋朝,到了南宋时(公元1127~1273年),已是“年年处处食西瓜”了。可见,西瓜在我国种植至少要有2000年的历史了,最先在我国北方地区种植也有1000年历史。据史料记载,西瓜传入北京的时间是在,石晋天福元年(963年)因契丹有援立之功,石敬塘将幽、蓟等十六州割让给契丹。契丹会回同元年(938年),辽王朝将幽州升为南京,成为辽王朝在华北平原重要的政治中心.幽州地区与北方少数民族的经济贸易往来增多,西瓜才在幽州地区得以推广。金天德二年命有可议荐新礼“七月,羞以瓜”。羞,即进献。明清时期,北京地区的西瓜,尤以“庞各庄的西瓜”最为著名。明朝万历年间,庞各庄的西瓜就被选为皇宫太庙荐新供品。现在,我国西瓜的种植种类已有上百种,(馆内展出的有200多种)在庞各庄地区种植的也有百余种。种植面积达万亩以上。在革新老品种的同时,也培育出了许多新品种。如:袖珍瓜、观赏瓜、工艺瓜以及目前研制的永久性收藏瓜等都具有一定的观赏性和研究价值。庞各庄的西瓜誉满京畿及至鸣响全球。

【北京中华文化园】　国家3A级景区。位于北京市大兴区黄村镇明春苑教育文化区内。南临五环路狼垡出口500米,423、905、913、937、944、967、977等9条公交线路可直达。距市中心约18公里。它与世界公园、西汉古墓连成一片,是以弘扬中华民族悠久历史文化为主导,园林文化为载体,爱国主义教育为内容的主题公园。中华文化园占地33.3万平方米,南门为司母戊鼎造型,西门是“平首桥足布币”造型,东门把曲腹彩陶盆与陶

(gui)组合成动态造型,主体景观由"一魂三园"组成。"一魂"为中华魂艺术墙,"三园"为静园、动园和忆贤园。"中华魂艺术墙"将中华民族上下五千年的历史文明用雕刻的手法浓缩于高2.4米、长2.3公里的墙面上。"静园"占地6.2万平方米,园内有1.5万平方米的湖面,整个景区以湖造景,以山造势,以水得趣,以人生情。与"静园"之伴是一道独特的"龙字墙",999位历史艺术家、书法家撰写的999个"龙"字绵延于墙面。"动园"是由吉鹿回首、文元殿、竹曲园、文化长廊、音乐喷泉、露天剧场组成。忆贤园由月牙湖和12座仿古四合院组成。中华文化园继承了古代皇家园林的特点,又溶入了现代园林的风格,具有文化、教育、游览、休闲的多义功能。公园定期主题活动有:春季"中华魂阳光行"、夏季"相约绿海田园,激情动感时刻"、秋季"中华历史科学行"。游客乘电瓶车进静园,游历湖光山色;走忆贤园,品味四合院传统生活;观艺术墙,翻阅历史长卷、了解中华文化、感受龙神龙韵;仰视九柱图腾,徜徉于历史长河中,聆听生命的音乐,思考过去,展望未来。

【中国印刷博物馆】 中国印刷博物馆是国家2A级景区、北京市爱国主义教育基地、北京市科普教育基地。位于北京市大兴区黄村卫星城兴华北路25号。距离市中心约15公里。西客站410,礼士路乘坐937直达,是展示中华印刷文化的专业博物馆。该馆共有建筑面积8000平方米。印刷术是中国古代四大发明之一,它的发明、发展和传播,对社会进步和人类文明起到了巨大的促进作用。因此,人们把印刷术称为"文明之母"。馆内全面展示了中国印刷术的起源、发明和发展的历史过程;近现代以来我国民族印刷业发展的历史;新中国成立以来我国印刷工业现代化进程的历史。馆内设有:"源头古代馆"、"近现代馆""印刷设备馆"和"综合馆"。位于三层的"源头古代馆"是该馆展陈的重点,它以展板、实物和模型,展现了印刷术起源、发明和发展的历史。在展品中,除必要的复制品外,有宋、元、明、清各个时代的原版珍贵印刷品。在该展厅中,强调雕版印刷术、活字版印刷术、套色和彩色印刷等,都是中国古代的伟大发明。中国古代印刷术的伟大意义还在于它的传播,使之成为了人类共同的财富。中国印刷术在唐代就传到日本,大约于13世纪起,沿着古丝绸之路向西方传播,在波斯(伊朗)、埃及和欧洲各地,都留有雕版印刷的遗物。近现代印刷馆位于二层,分为四个部分:西方印刷技术的传入;近现代印刷技术和工艺;民族印刷业的发展和新中国的印刷工业建设以及钱币印刷、邮票印刷等专题展。位于第一层的综合馆包括国内外知名印刷相关企业的展位和历年来获奖的珍贵印刷精品,还有该馆与德国谷登堡博物馆交换展出的展厅,它是一个精粹浓缩的德国早期印刷史展览。位于地下一层的印刷设备馆展区展陈面积有2200平方米。现展出的设备有70余台(套),包括了自19世纪中期以来近150年间的各种印前、印刷、印后设备。

【北京万亩梨花庄园】 北京万亩梨花庄园,位于北京市大兴区庞各庄梨花村,东临京开高速,西临京石高速,距天安门四十公里。礼士路乘937支2线到福上站,礼士路乘937路(礼士路至庞各庄)到大兴长途站转乘小12路梨花村即到。是北京市最具盛名的古梨树园,号称万亩梨园。每年春天,这里就是花的海洋,真可谓"忽如一夜春风来,千树万树梨花开"。梨花庄园已成功举办了十二届梨花赏花节。金秋送爽之时,这里风舞梨香,"金把黄"鸭梨,更是明朝万历皇帝御封的贡梨。现已成为北京人秋季采摘的必来之地,每年接待踏青赏花,金秋采摘的游客多达十多万人次。万亩梨园里的园中园——新概念梨花庄园,是集素质体验测试、旅游、采摘、垂钓、休闲住宿于一体,具有浓郁乡土特色的景区(点),其中最具特色的素质体验测试,本着增强全民体质,促进全民健康,提高全民素质为宗旨。其内容包括:知识长廊、勇敢道路、智过趣桥、拓展、大型迷宫、攀岩、沙雕、沙漠寻宝、手工制作、爱心喂养、团队拓展、趣味游戏等十多项采用国际先进的素质测试及自然教育理念与实践相结合的项目,作为国内首创的把静态和动态的活动相结合起来,通过体能、心理、生理、智力、爱心等方面的素质测试,让不同年龄层次的参与者在融入大自然的运动中测试自我、了解自我,在运动中享受健康快乐!古朴的万亩梨园,不乏时尚清新与浪漫。春有花海氧吧,充满青春活力;夏有烟芜滴翠,荡尽尘世喧嚣;秋有果实累累,享受丰收的乐趣;冬有瑞雪鞭炮,追忆昔日大年之热闹。

【安定御林古桑园】 安定御林古桑园,位于大兴区安定镇东部。北京市2A级景区,“北京市观光农业示范园”。南礼士路乘937庞各庄线、支2、支4、支7、支线)——黄村长途汽车站——乘5路、3路前野厂站。自104国道安定段转庞采路可达。距北京市区45公里,黄村卫星城18公里,河北省廊坊市20公里,是集观光、采摘、休闲、科普游戏为主的综合性农业观光科普园。大兴区安定镇有着上千年的种桑历史,拥有华北最大、北京地区独有的千亩古桑园,相传自东汉年间已有种植。据《本草纲目》记载,桑椹有补肝益肾、补血明目等功效,历代有“东方神木”和“圣果”之称,中医认为桑椹味甘性寒,有生津止渴、补肝益肾等功效,自古以来就作为水果和中药材被应用,享有“果皇”之称。古桑园始建于2002年,属古无定河(今永定河)洪积沙原,沙土洁净,透气性好,适合桑葚的生长,园区总面积350亩,园内古树446株,新植果桑、乔桑、龙桑垂桑等品种35000余株。其中“树王”胸径近1米,树冠直径约25米,年产桑葚400至500公斤,目前这棵老树已被市林业局列为二级古木保护树木。每年5月中旬举办桑文化采摘节,是观光采摘、民俗旅游、休闲避暑的理想胜地。在2004年通过了北京市有机食品认证。2006年引进了大型青少年户外活动项目。主要景观有桑文化长廊、桑台邀月、万象桑海、御林思踪、文叔谢圣、桑濮怡情、鱼跃濮涧、蔓津石丈、把酒桑麻与丝路花语等。

【留民营生态农场】 留民营生态农场,位于北京市大兴区长子营镇境域内。国家2A级景区、全国农业旅游示范点、联合国环境规划署授予的全球环保“五百佳”之一。永定门乘926支——大兴长途站乘8路至留民营,距市区15公里,北距京津塘高速、六环路入口3公里,南距104国道2公里。农场总面积145公顷,250户,861人。留民营生态农场是在我国率先实施生态农业建设和研究的试点单位。自上世纪80年代以来,通过大力开发利用生物能和太阳能、调整生产结构、保护生态环境,瞄准绿色产业和有机食品开发,形成了以沼气为中心促进各业良性循环的生态系统和种养加、产供销一条龙的生产体系。如今的留民营已成为生产发展、村民富裕、村风文明、村容整洁、管理民主的社会主义新农村。农场内有高科技有机农业示范园、生态庄园、生态风情家园、农业公园,加之原有的大型能源转换站和美食会议娱乐中心及26户市级民俗旅游户,形成了以生态观光为中心,民俗旅游为特色的乡村旅游产业。在高科技有机农业示范区内,发展有机蔬菜基地600亩,包揽各种异国特菜、杂粮、水果和其他有机农副产品,具有观光、采摘、有机食品培训、生态体验等功能。在畜牧养殖区内,蛋鸡笼养和散养量达到20万只,游客可以亲自手提小篮捡拾鸡蛋。民俗文化体验区内共有市级民俗户26户,吃农家饭、住农家院、干农家活、体验民俗文化、购买民俗手工艺品已成为游客首选的民俗活动。在新能源转换区内,建有国际先进水平的大型沼气发酵站和太阳能采暖工程,新能源的开发利用及节约能源对人类生存的重要性在这里体现。生态庄园、生态风情家园、农业公园又是休闲、娱乐的好去处,喂养动物、摇辘轳、推辗子、观赏农具、磨面、骑马、游泳、垂钓让人其乐无穷。美食会议娱乐中心,建有大、中、小会议室13个,同时能容纳1000人会议,1000人就餐,受世人瞩目的留民营"千人饺子宴"就在这里举行。留民营生态农场是集生态观光、民俗旅游、休闲、度假、娱乐、采摘、会议、农家特色美食为一体、具有田园气息的乡村旅游示范点。

交通·邮电

交　　通

公路交通

【概况】　年内,在区委区政府及市交通委路政局的正确领导下,在相关委办局的大力支持配合下,区公路分局认真落实科学发展观,拓宽工作思路,加强制度建设,加强精细化管理,行业管理水平进一步提高,圆满完成全年各项工作任务,为区域经济发展和百姓出行做出了贡献。分局共有干部职工95人。机关44人,其中干部41人,工人3人。路政大队32人,其中干部18人,工人14人。收费所19人,其中干部6人,工人13人。

名称:北京市路政局大兴公路分局
地址:北京市大兴区林校北路6号
电话:69246408
邮编:102600
网址:daxing@bjlzj.gov.cn

【计划统计】　年内,区公路分局新改建工程8项(续建4项),大修工程8项,中修工程4项,危桥改造工程4项,生态绿化工程3项,全年共完成公路建设、养护总投资47170万元(年计划投资66567万元,其中包括征地拆迁补助11400万元),完成工程年度计划投资的86%。财政资金支付率为96.5%。其中新改建、大修工程共完成投资28522万元,112公里,完成投资和公路改造里程均创历史新高。完成招标项目12项(标段),与铁路部门签署代建协议2项,监督代建单位进行磁大路、芦求路北段施工、监理招标4项。

(郭连旭)

【公路建设管理】　年内,区公路分局新改建、大修工程共完成投资28522万元,112公里。续建工程芦求路北段、磁大路北段、京开辅路北段加宽、庞安路主体工程完工并通车。刘田路新改建工程当年开工当年完工并通车,南西路、魏永路中段新改建工程招标工作十月份完成。大修工程完工7项58公里。

(郭连旭)

【刘田路西延改建工程】　刘田路西延起点位于刘家铺永定河灌渠,与现况路相接,终于106国道,终点与106国道西辅路相交,全长约5.7公里。原有旧路面宽4米,道路破损严重。本次设计道路等级为二级公路。路基宽15米、路面宽12米。工程于6月开工,12月完工,完成投资2853万元。

(郭连旭)

【磁大路主体工程完工】　磁大路是大兴新城与中心城之间的一条主要交通干线通道,是连接南六环与东南部过境车辆的一条快速通道,也是大兴区规划的一条主要骨架道路。本次改建路段为磁大路的北段,起点为南六环磁各庄桥,终点为磁大路与庞安路交叉口,全长11.6km,沿线涉及黄村、魏善庄两个镇,主要经过5个村庄。道路设计技术等级为一级公路。全路分为公路段和村镇段,公路段为两幅路,路基宽度为24.5m设计速度为80km/h;村镇段为三幅路,路基宽度34m,设计速度为60km/h。项目预计总投资12987万元(不含征地拆迁费),涉及小桥2座,涵洞19道,平面交叉161处,铁路顶进箱涵一道。截至年底主体工程完工。

(郭连旭)

【芦求路主体工程完工】 芦求路是贯穿本区新城西部地区的一条主要联系通道,北起芦城,穿过北京生物工程与医药产业基地,终点至求贤,全长约32.7公里,原路为三级公路,路面宽度为7米。本次改建工程路段起点为京良公路,终点为黄良路,路线全长8.3公里,区公路分局负责建设主路道路工程、雨水工程、黄良铁路箱涵顶进及泵站工程,共投资1.6亿元(不含征地拆迁费)。改建后道路等级为城市主干路,设计行车速度为60公里/小时。主路路面全宽24米,路基全宽32米,其中:0.5米中央隔离栅,两侧机动车道各宽11.75米,两侧绿化隔离带各宽4米。截至年底主体工程完工。

(郭连旭)

【刘田路西延工程完工】 刘田路西延起点位于刘家铺永定河灌渠,与现况路相接,终于106国道,终点与106国道西辅路相交,全长约5.7公里。原有旧路面宽4米,道路破损严重。本次设计道路等级为二级公路。路基宽15米、路面宽12米。整个工程于6月开工,12月完工。

(郭连旭)

【庞安路改建工程】 庞安路位于大兴区南部,道路为东西走向,道路西起庞各庄镇,向东经魏善庄镇至道路终点安定镇。全线共长13.4公里。原旧路路面宽7米,道路破损严重。本次设计道路等级为二级公路。路基宽15米、路面宽12米。整个工程于2007年9月开工,年底完工,完成投资3813.0067万元。

(郭连旭)

【左堤路大修工程】 左堤路道路起点接卢沟桥,终点至市界,全长7.244公里,现况道路破损严重。本次设计道路等级为三级路,道路路面宽8米,路基宽9.5米。工程于5月开工,7月完工,完成投资939.2168万元。

(郭连旭)

【高徐路大修工程】 高徐路道路起点为安定镇高店村南与安采路相接,终点位于徐柏村西与黄徐路相接,路线全长3.951公里,现况道路破损严重。本次设计道路路面宽12米,路基宽15米,道路等级为二级公路。工程于10月开工,12月完工,完成投资933.9845万元。

(郭连旭)

【南六环辅路大修工程】 南六环辅路道路起点为瀛马路,终点位于孙村,全长13.6公里,现况道路破损严重。本次设计道路等级为三级路路面宽7米,路基宽9米。工程于5月开工,7月完工,完成投资4525.6924万元。

(郭连旭)

【京开辅路加宽工程】 京开辅路加宽工程北起京良公路,南至黄村,包含路基排水、路面、交通、绿化四部分,其中东西辅路路面工程长度各3.7公里。旧路面宽度7米,一机一非,且机非混行。改建后的辅路为两条机动车道和一条非机动车道,机非分离段落,机动车道宽8米,非机动车道宽3米。机非混行段落,路面宽度10.5米,总投资5783万元。

(郭连旭)

【京开辅路大修工程】　此次京开辅路大修工程西辅路(清源路口北侧至海子角收费站南侧段)路段长3.03公里,东辅路从双星桥路口至大庄分离式立交路口南侧,路段长10.06公里。旧路路面车辙、轻微网裂、横缝现象突出,局部路面出现严重龟裂和严重车辙,为改善道路通行条件、提高行车舒适性,防止道路病害状况的加剧对路面进行了大修。工程于5月开工,12月完工,完成投资7019.4088万元。

(郭连旭)

【旧头路大修工程】　旧头路是连接旧宫镇与亦庄鹿圈的一条二级公路。本次大修工程起点为旧头路桩号K1+000,终点为K3+200,全长2.2公里。其中:K1+000~K1+450,路面宽12m,两侧人行步道宽2m;K1+450~K3+214.11,路面宽7m,路基宽8.5m。工程于5月开工,7月完工,完成投资359.3807万元。

(郭连旭)

【黄亦路大修工程】　黄亦路是联络大兴区工业开发区与亦庄开发区的一条二级公路。本次大修工程起点为黄亦路桩号K1+800,终点至K9+000,全长7.2公里。起点至K2+460路面宽16m,其余路段路基宽15m,路面宽12m。工程于7月开工,9月完工,完成投资448.2730万元。

(郭连旭)

【团河路大修工程】　团河路行政等级为县道,现况技术等级为三级公路。本项目为团河路大修工程,设计起点位于京开高速公路东辅路(K0+000),终点为寿宝庄村(K7+129),路线长7.12公里。道路沿线经过团河农场、团河村、金星庄、大白楼、寿宝庄等村镇。其中K2+080－K3+120段1040米因与清源路工程线位重合,本次大修不包括此段,大修工程路段共长6089米。旧路路面宽7米,本次改造后路面宽度7－9米。截至年底,主体工程完工,共计完成投资1681万元。

(郭连旭)

【公路养护管理工作】　年内,区公路分局以全力做好国庆60周年交通保障工作为中心,精心组织,全面提高路网的整体服务水平。严格控制养护工程质量,把质量管理贯穿于养护全过程。及时制定周密详实的桥梁、公路抢险应急预案、病害处理修复方案和桥梁、路况巡视检查制度,做到突发事件处理果断迅速,切实可行,确保公路安全畅通。加强生态绿化工程的管理,提高公路绿化景观水平,为60周年大庆提供良好的公路环境。全年公路中小修维护、日常养护等共完成投资5743万元。

(郭连旭)

【防汛冬季铲冰除雪】　年内,区公路分局制定了切实可行的《公路防汛应急预案》和《公路除雪铲冰工作预案》,并分别与瑞通养护中心六处、十四处签订了防汛和除雪协议,保证了公路安全及时畅通。

(郭连旭)

【乡公路管理】　年内,区公路分局稳步推进农村公路体制改革。遵循落实"区政府统一领导,相关部门分工负责,建养主体责任在乡镇政府"的管理机制。重点突出行业管理职能:大修工程施工图纸实行备案制,以保证大修里程的真实准确,确保大修补助资金全部用于大修工程项目;加强工程实施过程的监管,以提高路面质量为中心,负责对工程建设、桥梁改造及路面维修等专业技术性工作进行指导,对关键工序和重点部位进行巡回检查,以保证工程质量;联合检查促进工程质量的提高,为突出乡村公路建设质量年活动,区公路分局联合咨询公司对乡村公路大修工程进行不定期的质量抽查和数据采集，督促施工企业增强质量意识，使乡公路大修工程逐步走上良性发展的轨道；完成《大兴区乡村公路养护管理暂行办法》的修改工作，经区长办公会讨论通过后开始实施。

（郭连旭）

【养路费退费和收费人员安置】 年内，区公路分局做好养路费退费和人员安置工作。根据市公路局退费相关政策和要求，加强宣传工作，充分利用大屏幕、宣传展板、《大兴报》、电视台等有效载体，宣传“养路费返还的具体规定”。收费人员继续发扬“在岗一分钟，干好六十秒”的敬业精神，坚守岗位，保证了返还工作的顺利进行。全年共办理返还车辆49305辆，返还养路费4041万元。做好收费人员转岗安置工作。做足做好前期准备工作，为人员转岗安置做好准备。按市局统一部署，组织收费人员进行转岗培训，对转岗安置工作进行了动员。完成报考税务部门人员的报名组织工作。完成2名转岗大兴地税人员的人事、工资关系转移工作。做好非在编职工的管理工作。妥善做好非在编职工的合同解除工作。按照《劳动合同法》的有关规定，对收费所非在编合同制职工的基本情况经分局、用人部门及本人三方确认，并据以作为经济补偿的依据，年底前完成与17名非在编职工解除劳动合同、2名非在编职工终止协议及经济补偿金发放工作。为解除合同的非在编人员推荐工作岗位，增加就业机会。

（郭连旭）

【路政执法】 年内，区公路分局依据《大兴区政府专项整治非法占地、违法建设的工作意见》，开展了大规模的公路环境综合治理行动。分两阶段对公路两侧违法建筑进行了调查摸底，登记造册，并按属地管理的原则将《关于查处公路建筑控制区内违法建筑的函》和违法建筑登记表发送到各相关镇政府。在对违法占路、违法非公路标志调查上账的基础上，在区城管大队、黄村镇政府及村委会的密切配合下，对违法占路问题较为严重的黄徐路、王立庄辛店段展开了综合治理工作。

（郭连旭）

【高速公路路政管理】 年内，区公路分局成立了专职高速公路巡查组，加强对高速公路的路政巡查工作。经与高速公路路产队密切配合圆满完成巡查任务。年内，共处罚各类违法案件17件，罚款2.6万元，是上年处罚案件的5.6倍。

（郭连旭）

【加强公路预防性养护】 区公路分局利用1～3月份冬季灌缝的时机，对104国道等几条干线公路的路面裂缝采用密封胶灌缝技术进行了病害修补。此项灌缝工艺具备施工简单、效率高、不断交通等优点。通过对沥青路面裂缝进行开槽、清理，再使用密封胶进行灌填、修补，使密封胶与原沥青路面良好衔接，形成弹性伸缩缝性质的拉伸效果，从而封闭路面雨（雪）水及杂物侵入，延缓路面破损速度，延长路面的使用寿命，达到预防性养护效果。共完成路面灌缝14964延米，投入养护资金37万元。

（郭连旭）

【召开安全工作大会】 4月3日，区公路分局组织代建单位、施工单位、监理公司、养护公司、分局机关各科室、直属单位负责人召开了本年度安全工作大会。局长王少辉同志结合对施工现场的突击安全检查情况，对工程建设中出现的安全问题提出了整改意见和要求。

（郭连旭）

【乡村公路养护】 4月,区公路分局联合区市政管委共同下发了《关于开展乡村公路养护工作的通知》,明确了养护标准,确定了养护时限等多种管理手段。

(郭连旭)

【建议提案办复完成】 年内,区公路分局共接办人大建议、政协提案12件,其中主办6件,分办1件,会办5件,需分局直接答复代表、委员的主办与分办件,于5月5日提前办复并报送区政府联络科,满意率100%,其中4件为非常满意。

(郭连旭)

【整治公路两侧违法建筑】 按照区委、区政府《关于专项整治非法占地违法建设的工作意见》的精神,区公路分局对所管辖的县级以上公路两侧管理范围内的违法建筑进行了第一批摸底调查。5月15日,分局组织相关镇政府负责同志召开了协调会,将调查情况进行了通报,并要求其对公路两侧的违法建筑进行查处。5月19日,第二批公路两侧违建的调查、登记工作完成,清查结果通报相关镇政府。

(郭连旭)

【公路两侧违法建筑调查】 年内,按照大兴区委、区政府《关于专项整治非法占地违法建设的工作意见》,区公路分局对县级以上公路两侧违法建筑进行了第二阶段的调查、摸底、登记造册工作,共查出违法建筑104处,15600余平方米,涉及6个镇,并按属地管理的原则要求相关镇政府加快整治。

(郭连旭)

【检查京开辅路加宽工程】 京开高速辅路(京良公路~黄村)加宽工程是区公路分局上年建设项目,是大兴区重点的疏堵工程。由于拆迁影响,致使施工进展缓慢。4月20日、21日,由王少辉局长带队对工地现场安全、质量进行检查,并深入了解影响施工进度的拆迁及其它问题。经过为期两天的徒步检查,对工地存在问题掌握了第一手资料。根据问题,研究对策,建立施工、拆迁台帐制度,为保质保量如期完工提供了有力保证。8月13日王少辉局长带队对京开辅路进行了徒步检查。对于工地现场存在问题和施工进度进行了了解,并指出了应对措施。结合工期和工程实际情况,对今后工作进行了部署。

(郭连旭)

【采万路改建工程竣工验收】 12月12日,在区公路分局五楼会议室,市路政局组织召开了大兴采万路改建工程的竣工验收会。采万路改建工程起点为采育104国道,终点为市界,全长3.5公里。道路设计等级为平原区二级公路。全线路基宽15米,路面宽12米。工程于2005年3月开工,2005年9月完工,于2005年11月24日进行了交工验收。竣工验收,分为内业组和外业组两部分,并对该工程进行了评定。采万路改建工程竣工验收工程质量评分92.21分,质量等级为优良;建设单位综合评分100.66分,设计单位综合评分90.26分,监理单位综合评分92.52分,施工单位综合评分90.02分;建设项目管理综合评分为93.29分,评定等级为优良。此次竣工验收,是市路政局对缺陷责任期(两年)已满的工程第一次进行竣工验收,采万路改建工程也成为市路政局系统第一条按照"交工验收—履行缺陷责任期—竣工验收"的程序进行验收的工程。对于市路政局系统进行缺陷责任期终止及接养的相关工程履行规定验收程序,履顺从验收到接养的流程,确保顺利接养。

(郭连旭)

【路网改造】 年内,区公路分局共组织完成新改建项目5项,大修工程7项,路网改造总共111.8公里,共计完成投资41613万元。无论是投资额度还是公路改造里程均达大兴公路建设历史的新高。其中,完成的新改建项目为芦求路北段改建工程(京良路－黄良路)、磁大路(南六环－庞安路)改建工程、京开辅路加宽工程、庞安路改建工程、刘田路西延改建工程,新改建公路里程共计53.9公里,完成投资26852万元。完成的大修工程为京开辅路黄村段、团河路、旧头路、黄亦路、左堤路、南六环辅路、高徐路,共计57.9公里,完成投资14761万元。完成公路中小修维护、日常养护等,共完成投资5743万元。

(郭连旭)

【以点带面打造示范工程】 区公路分局制定《区公路分局公路精细化养护管理实施方案》,建立日常养护项目"帐卡档案"。以信息平台为依托,实现在规范化工作流程的基础上抓精细化管理,打造亮点工程。年内,共投入330万元,以京良路、黄马路、南中轴路为实验路段,从路面、路基、路肩硬化、交通设施及生态绿化等方面进行综合治理,路容路貌有了明显改观。

(郭连旭)

【路网管理系统】 年内,公路养护管理及路政巡查子系统投入运行,通过系统接收、转发路政案件153件、PDA事件114件,通过系统安排养护任务108件;利用外场可变情报板发布宣传和服务信息127条;区公路分局制定并实施了《区公路分局应急指挥分中心(路网管理系统)管理制度(试行)》,以加强分局应急指挥分中心的管理,保障应急指挥分中心有良好的运行环境。

(郭连旭)

【提高依法行政能力】 区公路分局顶住压力,确保重点工程如期进行。京沪高速铁路、地铁大兴线、地铁亦庄线、京石客运铁路、大兴供暖中心项目是本年度的市、区两级重点工程,需上跨下穿分局管辖的12条道路。路政大队按照市政府对重点工程进入绿色审批通道的精神,积极配合重点工程建设工作。采用"并联"方式提前介入,提前受理,时限由20个工作日缩短为10个工作日。克服困难在政策允许范围内为重点工程开绿灯,完成了重点工程的许可工作。

(郭连旭)

【培养青年干部】 区公路分局根据干部队伍年轻化、知识化、专业化的方针和德才兼备、群众公认、注重实绩的原则选拔后备干部,加强对后备干部的考核考察。在加强对后备干部理论培训的同时支持挂职锻炼。年内,分局迎来一名市局青年干部到路政大队挂职锻炼,送出一名青年后备干部到四川什邡交通局挂职锻炼,为他们提供锻炼的机会。

(郭连旭)

运输管理

【概况】 大兴区交通局为区政府职能部门,担负着全区客运、货运、汽车维修行业的规划、审批及管理工作。下属有北京市大兴区交通局公路货物运输管理所、北京市大兴区交通局客运出租汽车管理所、北京市大兴区交通局汽车维修管理所、北京市大兴区交通局货物联运服务所、北京市大兴区交通局公路运输稽查大队、北京市大兴区交通局城市稽查队、北京市十里堡公路交通检查站、北京市凤河营公路交通检查站8各事业单位。年内,大兴区交通局认真贯彻党的路线、方针、政策、及上级有关公路交通运输的工作部署,全面落实科学发展观,紧紧围绕建设北京新城区的发展目标,认真履行政府职能,坚持依法行政,强化行业管理,保持了全区运输行业健康、稳定发展的良好态势。

名称:北京市大兴区交通局

地址:北京市大兴区林校路9号
电话:69299439
邮编:102600
网址:http://dxjt. dxic. gov. cn/web/jtys/

【区内公交票制改革】 为使本区百姓尽早实现刷卡乘车,从上年底区交通局开始与一卡通公司就安装事宜进行沟通,4月2日与该公司正式签署了安装协议。经过近2个月的紧张施工,完成了对车辆环境安装和结算分中心的建设工作,结算分中心建在区交通局,配备3名工作人员。5月22日进行了第一次联调测试,6月1日组织了第二次联调测试,并更换了有个别有问题的设备。为保证一卡通顺利使用,区交通局于6月8日又进行第三次联调测试。6月10日本区境内公交车全面开始实行刷卡乘车。为方便各镇百姓买卡、充值,区交通局协调一卡通公司在每镇的中心设立了一个充值网点。

(王　莹)

【答复建议和提案】 年内,区交通局负责办理的两会期间人大建议、政协提案共25件,涉及客运的共23件。在每个建议提案办理之前,区交通局都通过电话和面谈的方式先与代表委员进行前期沟通,将区交通局的职能职责向代表委员们进行介绍,以便可以达到最佳的办理结果。全年23件提案和建议签署的满意率达到了100%,其中有4名代表、4名委员签署的意见为非常满意。

(王　莹)

【实事落实情况】 年内,在境内公交安装一卡通实现刷卡乘车,建设3个五级客运站、6个简易站、70座农村候车亭,对新城车辆进行置换,沿西旺路开通一条环城线路等,被列入了区政府为民办的重要实事当中。

(王　莹)

【更换出租营运证件】 4月24日~5月19日,区交通局利用各企业例会时间对本辖区出租企业的车辆进行逐一核查。此次出租年度审验,共检查出租企业6家,个体业户46户,现场核查车辆3425辆,出租驾驶员5614人,在检查过程中发现的问题区交通局当场给予指正,责令整改。入户检查后,根据检查情况区交通局在各企业上报的《证件换发检查表》上仔细填写了检查结果,并同时进行了网上年审程序,打印了营运证件,本年度营运证已于6月上旬换发完毕,保证了本辖区出租车辆的正常运营。

(王　莹)

【行政许可工作】 上半年全承办事代理工作共完成事项13544件,其中许可类5851件,即时类7693件。截至年底,共受理道路运输从业人员从业资格证申请1517件,同时补换从业资格证142个。按照市运输管理局的统一部署,完成了公路运输量抽样调查工作。

(王　莹)

【安全生产监管】 年内,区交通局紧密落实“三项行动”、“三保一迎”和“国庆60周年大庆”的各项工作部署,重点围绕60年大庆开展的主要工作有重点抓好“60年大庆”的宣传与动员工作,召开了相关企业负责人的安全工作会议,部署安全隐患整治工作方案;与980家货运企业签订了责任书,明确了安全生产的主体责任;加大了入户检查力度,根据检查情况建立了隐患台帐,检查的重点是企业各项安全管理制度的完善与落实情况,包括应急预案的制定和演练情况、车辆的综合技术性能和车容车貌情况、从业人员持证上岗情况和在岗教育情况;组织开展了安全月宣传日活动,6月14日在星城商厦门前开展了由主管局长带队,8名工作人员、2家企业参加的宣传活动,宣传条幅一条,各式展板

14 块,发放宣传材料 600 份。

(王 莹)

【道路货物运输站场管理】 年内,区交通局在检查中加强了对货运站场入驻企业的登记监管工作。规范了现有货运站场的经营行为,开展迎国庆货运站场的安全、环境治理工作。

(王 莹)

【危险化学品运输企业整治】 年内,区交通局对 27 户危运企业每月进行一次入户检查,在检查中重点检查企业资质,人员条件,车辆性能。完成车辆抽检和考核培训工作,完成 67 户"绿色车队"的组建工作,绿色车队拥有绿标车 1317 辆。全区 27 家危运企业均已宣传贯彻到户,评价工作基本完成。

(王 莹)

【应急运输】 区交通局加强队伍建设,完善应急运输机制,确保国庆应急运输的需要重新清理,审核道路货物运输行业应急运输企业,对应急运输单位和车辆进行调整,把应急运输保障落实到每一辆车,每一个人;制定国庆期间道路货物运输应急预案,并加强和相关部门的协调,落实"条块结合,属地为主"的应急保障机制;做好绿标车的应急储备,厢式、冷藏保鲜、危险货物运输等专用车辆的储备,集装箱运输车辆的储备。组建应急单位共 32 家,450 辆车。

(王 莹)

【机动车维修企业经营许可工作】 截至 10 月底,共受理许可维修企业 10 户,注销 3 户,对经营许可证到期换证的 555 户,进行了换证工作。全区共有维修企业 648 户,其中,一类维修企业 19 户,二类维修企业 138 户,三类维修企业 491 户。全区维修企业从业人员共有 4620 人。

(王 莹)

【对维修企业宣贯地方标准】 北京市维修质量四项地方标准于 4 月 1 日开始实施,为更好地将四项地方标准让各维修企业知晓,区交通局于 5 月中旬分两批对全区汽车维修企业的技术负责人进行培训,使各维修企业了解新的四项地方标准,按照新的四项地方标准进行维修车辆。

(王 莹)

【维修企业日常监管检查】 年内,区交通局按照监管检查项目对全区维修企业经营情况进行检查,检查维修企业的经营资质、维修质量、服务质量、安全生产、环境保护、遵章守纪、企业管理等方面。在检查时,检查人员严格按照检查项目逐项进行检查。截止 10 月底,共检查维修企业 580 户,开具限期整改通知书 15 份。

(王 莹)

【维修企业质量监管】 年内,区交通局贯彻维修质量四项地方标准,督促维修企业完善质量保障体系,确保维修质量。对发生的维修质量纠纷案件及时进行调解,维护承、托修双方的合法权益,全年受理的维修纠纷案件全部得到解决。在对二级维护企业管理方面,定期召开二级维护企业的厂长经理会,通报相关情况,使他们在维修作业时,按照维修作业项目进行维护,做到维护制度化、标准化、规范化。对二级维护车辆未按时维护过期的,罚没款 24 万元。

(王 莹)

【维修行业统计和档案管理】 年内,区交通局按照市运输局要求做好统计上报工作,一、二类维修企业报表率达到 100%、三类维修企业达到 95% 以上,高于上级要求的标准,为行业发展和决策提供了第一手资料。在维修档案管理方面,做到及时归档、一户一档,维修方面信息有档可查。

(王 莹)

【执法情况】 年内,共出动执法人员6000余人次,检查车辆45000余辆次,检查户数400余户次,发现违法违规经营行为共1500起,处罚1325起,卸载126辆次,卸载货物共1542吨。

(王 莹)

【"春运"工作】 "春运"期间,区交通局共出动检查人员1200余人次,检查车辆4600余辆次,转运旅客500余人次,发现违规经营60起,处罚5万元。

(王 莹)

【专项整治】 年内,区交通局开展对非法运营专项整治,维护本区交通运营秩序和环境秩序,期间共出动执法人员2000余人次,检查各种车辆1000余辆,共查扣非法客运车12辆,非法货运车辆180辆,入户检查200户次。

(王 莹)

【治理超载超限】 年内,区交通局对过往货车进行检查,严控超载超限车辆进出京。共出动执法人员23478人次,检查车辆74156辆次,卸载车辆126辆次,卸载货物1542吨,使本区超限超载控制在2%以内。

(王 莹)

邮 电

邮 政

【概况】 大兴区邮政局位于黄村卫星城的繁华地段,占地总面积为6700多平方米,建筑面积4300平方米,全局现有从业人员422人。服务面积为948平方公里,服务人口约70.9万人。其中北四镇邮政服务隶属北京市南区邮电局管理。全局共设有邮政支局4个,邮政所21个。

名称:北京市大兴区邮政局
地址:北京市大兴区黄村兴丰大街(三段)88号
邮编:102600
电话:69243042

【函件业务】 年内,区邮政局开展"全局动员补欠产,团结一心克难关"(5.3.2.1工程)劳动竞赛活动及《颂歌》系列产品专项营销活动。6月,在全局公开竞聘营销策划中心主任岗位。通过竞聘,组建了一支专业营销团队,以项目带动业务发展。运用激励机制,有效地拉动了新业务的发展,邮政贺卡业务创造性地采取了竞标形式,实现了跨越式发展。贺卡共实现收入333万元,完成市下达指标的104%,比上年同期增长321.4%。

(刘 静)

【包裹业务】 年内,区邮政局开展大学生包裹、校园包裹、农民工包裹的主题营销活动。加强窗口营销活动,引导用户使用高资费业务,快包收寄量比上年同期增长4.4%,快包占比41.83%。在全局开展旺季包裹市场营销竞赛活动,以北京包裹业务为重要突破口,制定奖励政策,调动全员积极性,实现包裹业务快速增长。

(刘 静)

【集邮业务】 年内,区邮政局集邮业务收入完成354.19万元,完成年计划的227%。以国庆60周年为抓手,以思乡月、五节联送等营销活动为契机,发挥支局长、所主任、营销员的作用,开展项目营销,开发企业年册、集邮综合性产品。

(刘 静)

【围绕"三农"发展业务】 年内,区邮政局协助赵场村开发"大兴西瓜采摘券",在网上邮局进行销售。与大兴区北臧村镇政府携手,以

"永定河"示范基地为主体,成功将大兴区区特色的农产品西瓜以"永定河"西瓜礼盒的形式在邮政礼仪网销售。服务三农工作成效显著,成立了服务三农办公室,为下一步发挥邮政品牌优势,融入地方经济发展,促进村邮站发挥作用提供了组织保证。开展了村邮站试用叶面肥和销售集团公司快销品的试点工作。

(刘 静)

【电子商务业务】 年内,短信加办量达到21.2万笔,航空客票业务出票1101张。通过奖励考核、定期通报网点加办情况等机制,调动了全局营业人员的积极性,短信加办量、航空客票销售量每月呈现明显的递增趋势,加办率均达到了市公司的要求。

(刘 静)

【储蓄业务】 年内,区邮政局金融业务实现收入3447.99万元,完成计划的114%,提前一个月完成了全年预算指标,占结算前总收入的49.46%,占结算后总收入的57.77%。以增余额调结构为重点,以代发占地补偿款为契机,大力发展余额,成功代发占地补偿款近2亿元。同时注重储蓄结构的调整,活期占比较年初有较大提高,达到了39%。制定了《对公业务发展实施办法》,加大奖励力度,运用激励机制调动职工的积极性。截至年底,公司业务年日均余额达到了5400万元,已超额完成市公司任务指标,全年创收100余万元。

(刘 静)

【保险和理财业务】 年内,区邮政局围绕市公司开展的"鼓干劲、迎挑战 保费冲刺18亿"及"亲情保险营销"活动,制定营销策略和奖励政策,组织大客户推介会,对各家保险公司实行网格化管理,分区域经营。抓住发放占地款时机发展保险业务。截至年底,累计完成保险业务4970万元,完成全年收入指标的139%,比上年同期增长148%,完成进度市公司第一。完成各类理财产品、基金、国债等综合理财业务销售1900万元,比上年有较大提高。

(刘 静)

【发展速物类业务】 年内,区邮政局实现速物收入187.29万元,同比增长51.5%。利用市公司的政策协调机制,与地面分公司合作,加大开发力度,增加收入100余万元。针对辖区内企业特别是外资、合资、民营企业的用邮需求进行调研分析,从提高服务水平、延伸服务深度着手,开发速物市场。通过营销,发展国际包裹协议客户1户,至12月形成收入26万元。

(刘 静)

【加强基础提升管理】 年内,为完善机制体制建设,促进企业经营发展,区邮政局制定了《管理岗竞聘上岗实施办法》、《支局末位调整考核办法》、《支局所按收入规模分组排名实施方案》和《2009年绩效考核办法》等。

(刘 静)

【教育培训】 年内,区邮政局在职工范围内以职业技能鉴定为重点分别组织营业员、投递员、储蓄营业员进行专项知识培训,培训人员达2600人次。在三中西巷、新居里投递部专门设立了两个职鉴考场,为员工培训、考试提供了方便,在职能部室中开展了计算机办公操作练功活动。

(刘 静)

【监督检查】 年内,区邮政局开展邮政金融服务纪律和服务态度、大宗邮资机、邮件封发规格质量、档案等专项检查活动,将检查出的问题进行整改,有效地提高了防控能力。全年共检查局所788人次、投递道段93条,发征询意见函800份。

(刘 静)

【安全管理】 年内,区邮政局层层签订了各类安全生产责任书1200份,开展多种形式的安全教育活动50余次,组织召开专题会20余次。组织开展邮政金融“百日风险大排查”等检查工作30余次。全局交通安全工作平安畅通,安全保卫和安全生产工作万无一失,无职工违法犯罪,实现了安全生产指标零记录。

(刘 静)

【降本增效工作】 年内,区邮政局制定了《节能降耗管理办法》,明确了降本增效目标及实施进度,并采取一系列措施,节约资金近20万元;对本区两个较大支局的营业台席推行了《梯形排班法》,盘活6名人员充实到营销队伍。在不影响服务水平的前提下,对本区10个局所的营业时间进行调整,节约人员6人;对企业内部人员进一步挖潜,将区邮政局监控室人员岗位进行合并调整,节约人员4名,均是老职工,提前办理了退休;调整了作业流程,在出口邮件封发环节,由原来各支局所总包出口改为散件出口,每天节约邮袋用量100余条;业务办公用品实行统一采购,完善出入库手续,减少成本支出。

(刘 静)

【企业文化建设】 年内,区邮政局发挥劳模、先进的引领作用,建立11个“劳模先进创新工作室”,召开劳模先进员工和家长参加的座谈会,在企业、员工和家长之间搭建一个相互交流与沟通的平台。加强楼道文化建设,强化企业文化的环境宣传教育氛围,共制作激发员工奋发向上、积极进取的格言警句20余条。举办了管理人员敞开心扉、倾情互动畅谈联谊会活动。组织73名职工进行了疗休养,为全局职工进行了体检,每月为职工集体过生日,同时还解决了投递人员中午吃饭难的问题。

(刘 静)

电 信

【概况】 中国联通北京市大兴区分公司,2009年在册职工216人,劳务派遣员工122人,外包106人。年内,累计业务收入5.5亿元,完成年计划的100%以上;共开通综合接入局20个、模块局21个、有源箱19个,设备能力端口达到3.6万个;92个局所ADSL设备新建和扩容,安装ADSL用户接入端口数(能力)65600个,实配端口36544个;共建成2G宏基站242个,开通130个;3G微基站90个,开通87个。

名称:中国联合网络通信有限公司北京市大兴区分公司
地址:北京市大兴区黄村西大街12号
电话:69241001
邮编:102600

【加大宣传力度】 年内,联通大兴分公司利用广告媒体发布新联通企业形象及相关产品的广告,包括在黄村卫星城地区主要干道的候车亭、大兴资讯报刊以及环城公交车等多种媒体发布广告,取得了良好的效果;组织开展“精彩在沃”全业务推广活动,共举办现场活动42场,活动现场通过悬挂横幅、撑立带有新联通标识的大伞和帐篷、向客户发放各种宣传单页、赠送小礼品等活动,使新联通的良好形象得到了充分的展示,同时现场销售电话卡3860元,售出乡情卡1530部、如意通985户、新势力447户,新装宽带103户、2M升速2户。

(冯丽萍)

【发展宽带业务】 年内,联通大兴分公司推出“捆装宽带送话机”活动,对新装固话捆装宽带的公众客户,赠送话机1部,提高了宽带用户的捆装率。为了提高2M用户占比,9月1日启动了“喜迎60周年国庆、宽带用户促销活动”。为促进G网预付费业务的发展,开展了“父老乡亲常牵挂、中国联通送乡情”主题促销活动。为推动移动后付费业务的快速增长,开展了世界风集团客户推广活动。积极搞好春季校园营销活动,开展“争分夺秒抢发展 身体力行争先锋”世界风156全员营销竞赛活动。

(冯丽萍)

【推进网络建设】 年内,联通大兴分公司组织设计、施工、监理单位,并邀请区信息办领导,召开了宽带升速启动会。组建了宽带升速领导组及工作组。本着“先宽带后语音,先重点后其他,先北部后南部,先覆盖后优化”的建设原则制定建设方案。开通各类宽带设备点59个,设备能力端口为3.1万个,覆盖89个区域,2M宽带覆盖能力达到75%以上。

(冯丽萍)

【G网建设】 年内,联通大兴分公司接到基站选址和配套建设任务后,迅速成立了G网建设领导小组和工作小组,参与G网建设,充分整合原联通和原网通的双方资源,做好G网基站配套建设工作。同时积极了解新建楼盘的建站规划,利用分公司同政府、开发商的地缘优势,开展建站工作,加快基站建设速度,在大兴范围内迅速强健网络。

(冯丽萍)

【推进网络优化】 年内,联通大兴分公司完成了北顿垡局shelter设备调整移装、田营局shelter设备调整移装等单次维修项目,极大地缓解了投资压力,解决了部分地区小部分用户不能装宽带的问题,同时优化了局所配置,盘活存量资源,促进闲置资产的再利用,提高资源使用的有效性。完成了工业开发区、芦城等地电缆大修理等共计23个大修理项目,重点对宽带网速不稳定、缆线距离较长的地区老化的配线电缆进行整治、更换,并对部分有运行隐患的电缆杆路进行了大修理整治,以保证线路设备安全、正常地运行,提升宽带网络健壮性,支撑宽带业务发展。

(冯丽萍)

【服务规范化管理】 年内,联通大兴分公司制定了《2009年大兴分公司服务质量监督检查考核管理办法》和《大兴分公司2009年服务质量KPI考核细则》,落实阶段性领导人员营业厅值班工作,通过领导值班反映出的问题,均及时反馈到主管部门责成解决。

(冯丽萍)

【预约服务管控和检查】 年内,联通大兴分公司主动协调公司主管部门,提供未预约明细,为分局预约服务的管理提供有利支撑,二次预约率达到99.07%,与上年相比有了很大幅度的提高。

(冯丽萍)

【服务质量明显提高】 联通大兴分公司全年共受理各类投诉3129件,其中企业责任投诉1件,升级责任投诉0件,完成全年升级责任投诉0件的指标。满意度综合得分79.91分,高于北京公司的平均分78.6分。其中固网业务满意度为86.2分,列公司第四名,大客户满意度为95.6分,列公司第二名。全年共收到锦旗13面、表扬信7封。

(冯丽萍)

【强化内部管理】 年内,联通大兴分公司抓好全面预算管理工作,加强成本预算和控制,使企业经济效益稳步提高,全员的成本控制意识得到全面增强。认真贯彻执行国家和公司有关安全生产、劳动保护、治安消防等方面的政策、法规和各项制度,积极落实安全生产责任制。强化全员的安全生产意识,抓好各项规章制度的落实,全年分公司未发生一起安全责任事故。

(冯丽萍)

【国庆六十年活动通信保障】 年内,为确保管道和缆线安全,对重点地区和线路加强巡逻检查,2 支抢修队 50 人随时待命,并对 35 个地下室的地线、出局管孔、局前井、消防器材进行了重点检查,对国庆保障的重点用户进行了排查。检查了 29 个光缆路由,21 条电缆杆路路由,对光缆、电缆杆路检查中发现的问题安排整修,整修电缆杆 9 棵,补缺三线及拉线保护 45 处。每天出动 38 人、8 辆车进行巡查,发现问题及安全隐患立即整改、排除,并及时上报。为确保大兴区烟花燃放安全进行,制定了两套重保方案,重保会议电话 2 部,提前对出 4 对线序,1 主 1 备,5 类线布放 2 条,1 主 1 备。燃放当天 2 人在现场重点看守,重保 3 天共出动 6 车次、18 人次。

(冯丽萍)

城乡建设

建设管理

【概况】 2009年,全区建筑业(区属企业)开复工总面积402万平方米,同比增长29%,其中新开工面积172万平方米,同比增长13%。建筑业完成总产值77亿元,同比增长18%。完成税收2.5亿元,同比减少2%。房地产业完成开复工面积386万平方米,同比增长27.2%,其中新开工96万平方米,同比减少12.7%。商品房销售收入完成86亿元。累计完成税收9.3亿元,同比减少9%。

名称:北京市大兴区建设委员会
地址:北京市大兴区兴政街29号建设大厦
电话:69243727
邮编:102600

【强化质量安全管理】 年内,结合本区实际情况,区建委制定《大兴区建设工程安全质量网格式监督管理工作方案》,对全区建筑工地实行网格管理。加大检查力度,实行日常检查和联合检查相结合,通过帮、促、罚的形式,提高质量安全管理水平。全年共出动3200人次,检查工地1000余次,对检查过程中发现的问题进行及时处理。通过开展质量安全宣传、有奖问答、文艺演出等活动,提升安全意识,促进了工作的开展。年内,区建委创建《质量监督月报》。采用月报方式,对全区质量安全工作基本情况、存在的隐患、下一步工作重点等信息进行整理上报。全年全区建设领域未发生安全事故。

(冉 勇)

【建筑业企业科技创新成果】 年内,全区建筑业企业不断加大科技投入力度,增强发展的内在动力。全年,全区建筑业企业共有15项QC成果获奖,其中有7项获得市级荣誉、5项获得部级荣誉、1项获得国家级荣誉。

(冉 勇)

【防治工资拖欠】 年内,区建委完善农民工工资管理制度。以劳务分包合同监管为基础,依托劳务分包合同闭合管理系统和农民工工资专用账户管理制度,对劳务费和农民工工资发放实现全过程监控。建立建设单位责任制、施工总承包和专业承包企业责任制、劳务分包企业责任制,保证劳务工资及时、足额发放。全年共受理劳务纠纷12起,涉及人数850人,涉及金额1400万元。

(冉 勇)

【组织培训班】 年内,区建筑业协会组织建筑企业技术人员、农民工培训班17次,有1900余人参加培训。

(冉 勇)

【"全国优秀农民工"参加国庆观礼】 上年被授予"全国优秀农民工"称号的郑志真受邀参加建国60周年观礼。

（冉　勇）

【吴道文获"北京市优秀农民工"称号】 年内,天恒集团的吴道文获得"北京市优秀农民工"的光荣称号。

（冉　勇）

【推进和谐无震荡拆迁】 年内,区建委推进和谐无震荡拆迁工作。在拆迁中,把保障被拆迁人的合法利益放在首位,全年完成拆迁33个村,涉及1.2万户,总面积340万平方米。

（冉　勇）

【非法占地、非法建设专项整治】 年内,按照区委、区政府统一部署,区建委采取三项措施开展非法占地、违法建设专项整治工作。按照《关于专项整治非法占地违法建设工作意见》要求,区专项整治非法占地、违法建设工作指挥部办公室设在区建委,负责组织、督导14个镇3个街道办事处开展专项整治工作,实现部门联动,共同推进。区建委建立《大兴区专项整治非法占地违法建设工作台账》,为全区专项整治工作的开展提供数据。从2月开始,坚持定期检查和联合执法检查相结合。加大专项整治工作宣传力度。区建委制作了《清理整顿非法占地违法建设相关政策法规汇编》12万册,公告3200张,分发到各镇及办事处,并指导其发放张贴至各村各户。全年共拆除违法建设446宗,总面积54.6万平方米。

（冉　勇）

【保障性住房审核工作】 年内,区建委按照"三审两公示"制度要求,建立区镇工作联动机制,严格执行审核程序,提高审核质量。全区"三房"资格审核街道受理2800户,区级复审2708户,市级备案2471户。

（冉　勇）

【保障性住房建设监管】 年内,重新修订《大兴区建设质量监督站质量监督交底》和《大兴区建设质量监督站安全监督交底》,采取保障性住房月报制度,及时收集和整理施工单位上报的月报,了解工程进度、施工质量和安全情况。针对保障性住房工程开工时手续办理情况不一的情况,采取告知性交底,使参建单位一目了然,便于加强对工程的管理。对工程质量和起重机械进行检测,对检查过程中发现的问题,及时向施工单位下发通知并要求限期整改。对保障性住房工程的施工现场原材料、成品、半成品进行抽样检测,加强对质量环节的监督、检查。大兴区康庄两限房一期9#、10#、11#楼工程获得北京市2009年第二季度保障房工程"质量安全管理优胜奖"。

（冉　勇）

【首批限价商品住房摇号工作】 12月9日,首批限价商品住房摇号工作在区政协活动中心举行。首批摇号共有593户家庭入围,房源为165套艺苑□桐城限价商品住房。区相关领导、北京市志诚公证处、5个街道办事处、14个镇的首批限价商品住房入围家庭代表在现场人员监督下,经过6轮摇号,第一批限价商品住房摇号结果出炉。本次摇号家庭选房顺序号为三居优先1到15号,三居普通16到25号,两居普通128到319号,一居优先1到69号,一居普通70到249号。

（冉　勇）

【应急演练】 年内,区建委完成《大兴区建设工程施工突发事故应急预案》的编制工作。为提高救援反应和抢险能力,组织两支抢险队进行建筑工程事故应急救援演练。

（冉　勇）

【老旧小区改造工程】 年内，区建委完成富强西里小区、滨河东里小区、床单厂小区等老旧小区环境改造工程扫尾工作，包括道路、甬路的翻修，地下雨水、污水管线的翻修改造，小区绿地、花园补栽、补建。完善小区公共照明设施等。完成对兴政西里小区、林校北里小区、兴政东里小区等老旧小区部分楼房的屋面防水改造工程，共涉及68栋楼，总面积7.2万平方米，总投资507万元。

（冉　勇）

【普通地下室专项整治】 年内，区建委与民防局共同制定《大兴区人民防空和普通地下室安全使用管理意见》，加强普通地下室管理。按照“平安北京行动”要求，制定《大兴区普通地下室专项整治工作方案》，开展普通地下室专项整治工作。全年共排查普通地下室750处，总面积42.5万平方米。其中，发现并完成整改安全隐患5处，3940平方米。关闭、暂停使用存在较大安全隐患的普通地下室6处，6240平方米。

（冉　勇）

【节能改造】 年内，新建农村建筑节能住宅188户，其中长子营镇94户，青云店镇46户，魏善庄镇20户。发放奖励资金376万元。完成既有农民住宅节能保温改造222户，其中长子营镇121户，青云店镇41户，魏善庄镇60户。发放政策补助资金231万元。

（冉　勇）

【房地产经纪机构管理】 年内，根据市住建委《关于印发〈北京市房地产经纪人员职业资格注册管理办法〉的通知》（京建交〔2009〕389号）、《关于加强北京市房地产经纪机构备案管理的通知》（京建交〔2009〕369号）文件要求，严格落实房屋租赁中介机构市场准入机制，从源头上规范其经营行为。建立日常巡查监管制度，对全区120余家房地产经纪机构进行巡回检查。根据《关于加强北京市房地产经纪机构管理的通知》等相关法律法规要求，对存在问题的中介机构下达责令限期整改书17份，即时整改28家。约谈有违规行为的经纪机构7家。

（冉　勇）

【房地产开发企业资质管理】 年内，根据《关于北京市房地产开发企业资质抽查工作方案的通知》精神，区建委对北京大兴城镇建设综合开发集团公司、北京春光房地产开发有限公司等10家房地产开发企业进行抽查。检查内容包括企业的基本情况、企业开发项目完成情况及经营业绩情况、企业诚信情况、住宅与基础设施和公共服务设施同步交付使用情况、企业受理投诉处理情况、企业在网上的资料填报情况等。对在检查中发现的个别企业项目情况网上填报不及时、公司人员变动（特别是专业技术人员）后未在网上及时更改等问题，区建委通报有关企业，要求完成整改。

（冉　勇）

【商品房销售管理】 年内，建立商品房项目预售日常巡查监管制度，加强对售楼现场的日常巡检。对重点项目实行全程跟踪监管，责任到人。全年共巡检开发企业销售现场14家，约谈有违规行为的开发企业2家，解决处理对开发企业投诉83件。

（冉　勇）

【安全生产月活动】 6月29日，区建委联合万兴集团公司在火神庙工程施工现场举办“安全生产月”文艺演出和安全月咨询日活动，设置咨询站进行安全法律法规和安全知识答疑讲解。

（冉　勇）

【住宅物业服务标准化专项活动】 年内，区建委开展住宅物业服务标准化活动，要求企业落实《住宅物业服务等级规范（一级）（试行）》。全年对住宅项目的检查覆盖率达到了80%以上，对9家口头要求整改，发出责令改正通知书2份，配合市建委发出责令改正通知书1份。

（冉　勇）

【提升窗口服务水平】 年内，根据交易大厅运行情况完善《工作人员手册》。开展“绿色通道”服务，上门为残疾人、老人办理登记。全年共为500多位老弱病残孕等特殊人员提供优先服务，收到表扬信10封、锦旗2面。

（冉　勇）

【应对二手房交易“井喷”现象】 12月9日税收政策调整，导致二手房交易出现“井喷”行情。日受理量达到300多件，日均人流量千人以上。为有效应对交易量激增的情况，大厅采取多项紧急措施。增加受理人员，调用精通业务的人员增援窗口工作。上班收件，下班审件，加班办件。加大信息沟通和宣传力度，及时和地税局沟通，了解影响二手房交易的涉税细则，通过大兴报、大兴电视台告知申请人可以暂缓办理过户业务的几种情况，减少人流拥挤。

（冉　勇）

【开展物业企业巡查】 7月中旬，小区办组织对全区物业企业进行重点督查。对35家物业企业及管理项目进行实地检查指导，重点督查物业管理小区内有限空间作业、化粪池清掏的安全生产职责分管和岗位责任制等制度落实情况。结合检查的具体情况，区建委要求物业企业针对检查中存在的问题，设定整改计划及时限，在规定时限内完成整改。对发现的问题，区建委逐项登记、讲评，并跟踪督办。建议物业公司重新与化粪池清掏、电梯维护等外包维保项目的负责方签订安全协议补充条款，修定安全生产应急预案，强化安全操作及职责分管。

（冉　勇）

【向地震灾区捐款活动】 在区委区政府组织的“送温暖、献爱心”的捐赠活动中，区建委共捐款14090元，捐赠棉衣203件，捐赠被褥11件。

（冉　勇）

【建党88周年庆祝大会】 7月1日，建设工委召开由规划局、城管、市政管委等13个单位参加的中国共产党建党88周年庆祝大会。会议对14个先进基层党组织和58名优秀共产党员进行表彰，举行入党宣誓及“我身边的共产党员”演讲活动。

（冉　勇）

【开展“三项行动”工作】 年内，区建委采取三项措施开展安全生产执法、治理、宣传教育行动。定期召开站内“三项行动”工作会，部署落实市建委关于开展建筑施工安全生产“三项行动”指示精神，总结前一阶段检查情况，部署下一阶段工作。将“三项行动”检查要点下发施工单位，要求施工单位按要点进行自查，对查出的问题进行整改。根据划分的网格组分阶段进行检查。将检查责任落实到人，指派专人总结汇报。

（冉　勇）

【落实“国庆平安行动”】 年内，区建委成立国庆平安行动领导小组，制定《国庆平安行动实施方案》，组织和动员全系统干部职工开展群防群治。开展劳务管理，完善防止拖欠农民工工资机制，实现“三清、四有、一无”

的目标。开展地下空间专项整治,实现联合大检查和日常检查相结合,及时发现和处理一批安全隐患。加强流动人口和出租房屋管理,实现"以房控人",严格规范管理全区204家房地产中介机构。对全区建设工程实施网格管理,联合检查、交差互检相结合。加强小区物业管理,排查解决矛盾纠纷。

(冉　勇)

【应急救援演练】 9月22日,区建委组织北京市政集团应急抢险队在轨道交通大兴线04标段高米店南站,开展"迎国庆"轨道交通工程应急救援演练活动。演练主要涉及强降雨深基坑保护、现场临时应变、救援物资调度、拯救被困人员等内容。

(冉　勇)

【开展"百家单位联百村"活动】 9月11日,区建委包村工作小组到东白塔村进行调研,与该村村干部进行座谈。为抓好包村工作,成立包村工作小组,具体负责包村工作.采取领导包困难户的做法,班子成员每人包一户困难户,对他们在生产生活中遇到的困难进行帮助。针对该村提出的养殖合作社资金周转困难的问题和东、西白塔村交界路基护坡问题,区建委联系区农委、区新农村办公室、区水务局等部门协调进行解决。

(冉　勇)

【软环境建设】 年内,区建委组织各职能部门对相关办事制度进行清理和完善。全年共精简审批事项6项,精简审批材料8项。取消审批事项5个工作日的受理时限,改为即时受理。将多个部门层层审批改串联为并联,保证项目审批时间压缩到最短。完善首问负责制、无假日预约办公、一次性告知等规章制度,要求工作人员对前来办理和咨询的事项,不推诿、不懈怠,在第一时间受理。

(冉　勇)

【供热厂工程建设】 康庄供热厂工程于4月16日开工。11月3日投入运行,截至年底,供热面积达到120万平方米。该工程建设供热厂1座,安装5台70MW燃煤热水锅炉,总供热面积655万平方米,总供热能力350MW。新建热力网23.8公里,设置热力站34座,总投资5.2亿元。观音寺供热厂工程于4月11日入场施工,11月3日投入运行,截至年底,供热面积达到150万平方米。该工程建设供热厂1座,安装5台64MW燃煤热水锅炉,总供热面积550万平方米,总供热能力320MW。新建热力网16.6公里,建设热力站21座,总投资4.5亿元。康庄集中供热工程新供热厂、观音寺集中供热工程建成后,现有40座分散燃煤锅炉房将逐年改建成换热站。在执行北京市新的锅炉大气排放标准后,将减少烟尘排放658吨,二氧化硫减少872吨,氮氧化物减少293吨。预计全年可节约水量70万吨,电1800万度。

(冉　勇)

【地铁大兴线建设监督检查】 年初,区建委监督站对地铁大兴线建设监督工作进行部署。建立有效的安全管理长效监管机制,妥善处理了各类突发事故。

(冉　勇)

规划管理

【概况】 北京市规划委员会大兴分局成立于1987年3月,2003年3月调整为北京市规划委员会垂直管理。现有人员47人,局内设机构有1室5科1队1中心1所,即:办公室、综合业务科、规划科、建设用地科、建设工程管理科、市政交通管理科、规划监督执法队、城建档案中心和远大规划设计研究所。

区规划分局主要职能是规划的编制、管理、监督及负责城建档案的收集、管理等工作。2009年是全区上下贯彻落实“保增长、保民生、保稳定”的一年,区规划分局在区委、区政府和市规划委的统一领导下,围绕全区中心工作,狠抓责任落实,提高行政效能,服务全区经济社会发展,规划管理工作取得新成绩。年内,集中精力做好市区绿色通道项目的审批工作,全年共受理、核发各类审批事项917项,其中受理各类规划审批报件474件,办结各类审批报件443件,提前办结率达到100%。组织、开展大兴新城控规(街区深化)和拟实施地块控规、镇域规划、村庄规划及大兴新城“两点一线”等规划的编制工作。为引导、调控好区域经济社会发展,全力推进地铁大兴线管线的拆、改、移及配套设施建设工作。配合京沪高铁、京台高速、南水北调等国家级重点工程。马西路南延、兴华大街南延、金星路西延、东环路、南西路等重要道路建设取得实质性进展。加大违法建设查处力度。截至年底,全区共拆除违法建设235宗,约52万平方米。

名称:北京市规划委员会大兴分局

地址:大兴区兴政街23号

电话:69243229

邮编:102600

网址:www. dxgh. gov. cn

【项目审批】　年内,区规划分局负责的市区绿色通道项目共135个,其中包括康庄、观音寺供热厂,兴华大街南延,金星路西延等一大批关系到全区经济社会发展的重大项目,需要办理的规划手续共326项,其中,规划意见书129项、建设用地规划许可证105项、建设工程规划许可证96项。截至年底,已办理完规划意见书116项、建设用地规划许可证86项、建设工程规划许可证56项,完成全部任务的90%以上。个别项目,因重大基础设施建设选址,建设资金等原因,结转到2010年。

(史拥宾)

【地铁站点一体化规划设计】　按照区委、区政府提出地铁建设“一流规划、一流设计、一流建设、一流管理运营”的指导思想,从2007年开始,区规划分局组织开展地铁站点一体化。此项内容包括土地利用、交通接驳、地上空间综合利用、城市空间形态等内容。主要目的为更好地促进轨道与土地协调发展,提高车站周边可开发土地的综合效益、更大程度发挥地铁建设的积极作用,选取西红门站、高米店南站、枣园站、义和庄站、韩园子站和天宫院站六个站点开展一体化规划设计。经过2年的编制和修改、完善,地铁站点一体化设计方案于5月完成,该方案正在逐步实施。截至年底,已将大兴新城北区高米店南站18#、19#、28#地规划条件落实地铁站点一体化方案中。

(史拥宾)

【“两点一线”规划设计成果展】　按照区委、区政府关于加强城市设计,提升城市整体形象等要求,区规划分局组织开展“两点一线”城市设计工作。“两点”即西红门商业综合体和核心区,“一线”即兴华大街地铁沿线。主要任务是梳理整体空间结构,明确空间轴线、节点、界面,形成具有鲜明特色的整体空间形态。从尺度、体量、色彩、材质、景观环境以及标志系统等方面提出控制要点,形成统一协调、具有现代气息的整体风貌。6月份,“两点一线”规划成果展在区文化活动中心举行。展览时间共计2个月,全区有140多家单位、部门组织干部职工前往参观,累计参观人数达到万余人次。

(史拥宾)

【地铁配套工程】　为保证2010年年底地铁大兴线通车试运行时,地铁沿线环境优美,公共配套设施完善。按照区委、区政府的部署和要求,区规划分局牵头,组织相关部门开展地铁沿线道路、绿化、公共停车场、公交场站等工程建设工作,主要包括:兴华大街改造、新源大街道路工程等3项地铁沿线道路工程。地铁文化公园、兴华大街沿线绿化等4项地铁沿线绿化工程。枣园路站西侧等5项地铁沿线公共停车场、广场建设工程。410公交场站搬迁、长途站搬迁等4项地铁沿线公交场站建设工作。年内,通过与市政管委及建设单位的密切配合,按照工程倒排表,各项工程有序开展。

(史拥宾)

【三海子郊野公园规划】 为落实市委市政府提出的"人文北京、科技北京、绿色北京"的总体部署,建设"京南绿色新城",本区启动了三海子郊野公园建设。三海子郊野公园是北京城市总体规划确定的市域四大郊野公园之一,是重要的湿地保护区,也是中心城、亦庄新城和大兴新城之间重要的生态隔离区。对加快南城及南部地区发展,促进地区经济、社会、环境全面协调发展具有重要意义。区规划分局与三海子公园管委会、区林业局等部门,围绕三海子地区环境改善、企业升级换代、产业布局、农民安置等问题进行规划研究,从经济、社会、环境三方面因素进行统筹考虑,规划定位以生态建设为切入点,以皇家文化为底蕴,以自然休闲为理念,形成具有特色郊野公园。发展绩效上实现经济、社会和生态三大效益。按照建设时序,三海子郊野公园分四期进行,下半年,三海子郊野公园一期工程的拆迁工作已实施。

(史拥宾)

【永定河生态规划】 年内,区规划分局配合市规划委相关处室开展永定河绿色生态综合规划编制,就生态环境、交通引导、产业升级、城乡一体等问题开展规划研究。

(史拥宾)

【大兴新城控规编制】 年内,为确保大兴新城规划的有效落实,加强对城市建设的引导和调控,区规划分局开展新城控规编制工作。主要任务包括:编制街区控规深化方案和地块层面控规。其中,需要编制38个街区控规深化方案。截至年底,已完成0205、0206等5个街区控规深化方案并备案,0301、0302、0501、0502等11个街区控规深化方案上报市规划委待审核。地块层面控规中0203、0204、0206等10个拟实施地块控规已上报市规划委。

(史拥宾)

【村庄规划】 年内,区规划分局组织清华大学规划设计院、北京工业大学规划设计院等20家设计单位,完成安定镇伙达营村、礼贤镇礼贤二村等200个村的村庄规划编制报批工作,使村庄规划的覆盖面达到72%。截至年底,本区526个行政村中,已有378个村编制完成村庄规划。

(史拥宾)

【规划监督】 依据《城乡规划法》、《北京市城乡规划条例》等法规,对规划审批项目验线、验收。年内,共办理验线45件,面积108万平方米,验收67件,面积131万平方米。对未经许可擅自变更设计要求、改变施工图纸等违规建设项目,加大行政处罚力度。全年共做出行政处罚3件,处罚金额3168万余元。

(史拥宾)

【违法建设查处】 2月,全区开展遏制非法占地、违法建设专项整治行动。区规划分局委派专人到专项整治指挥部办公室,参与瑞洲工贸公司、安定垃圾厂等违法建设的联合执法行动20余次。参与区委、区政府督查室组织联合督察行动3次，对全区14个镇和3个街道办事处专项整治情况进行督查。采取日常巡查、群众举报和卫星查违相结合手段，开展违法建设查处，确保违法建设早发现、早制止、早查处。完成5次卫星查违图斑的调查核实工作，发出违法建设停工通知书46份，为区城管大队做出违法建设认定函18份，拆除违法建设235宗，约52万平方米。

（史拥宾）

【城建档案管理】　年内，区规划分局共接收城建档案398件，其中规划意见书87件，建筑工程183件，市政工程63件，规划验收65件，城建档案整编436卷。为帮助建设单位做好工程预验收，选派工作人员到建设单位进行业务指导，共预验收49件。为发挥城建档案的作用，分局城建档案中心主动做好档案查询受理工作，全年共接待城建档案查询351件。

（史拥宾）

【信访工作】　全年共办理领导批示件3件，政风行风热线8件，群众来信35件，来电50余次，来访8人次。各类信访件办结率达到100%。

（史拥宾）

【无障碍设施建设和改造】　年内，区规划分局完成本区无障碍基础数据调查、统计、上报等工作。截至年底，各责任单位已在林校北里小区、兴旺路两侧、三中西巷等小区、道路共铺设盲道9000余米，改造1400户残疾人家庭无障碍设施，检修客用电梯1028部，全区现有学校无障碍设施已全部改造完成。

（史拥宾）

【规划宣传】　年内，区规划分局邀请市规划委法制处领导为全区14个镇、3个街道办事处主管规划领导和农建科负责人讲解《城乡规划法》，并就城乡规划管理中法律法规问题进行解答。在《测绘法》宣传日活动中，分局以“加强基础测绘工作，发展地理信息产业”为主题，组织人员上街宣传，普及测绘知识，共发放各类宣传资料2000余份。10月1日《北京市城乡规划条例》颁布实施，区规划分局邀请市规划委法制处领导在区政府常务会上，为区主要领导、各部门各单位负责人，就《北京市城乡规划条例》出台的背景、特点等内容进行讲解。

（史拥宾）

新农村建设

【概况】　2009年，大兴区新农村建设指挥部办公室按照中央关于新农村建设“生产发展、生活宽裕、乡风文明、村容整洁、管理民主”的总要求，以“坚持科学发展，走城乡一体化道路，建宜居宜业和谐新大兴”为目标，继续扎实推进本区各项工作。农民人均纯收入达到11320元，同比增长10.2%。创新新农村建设管理机制，使新农村建设向城乡统筹、资源共享方向发展，初步实现了“保增长、保民生、保稳定、促就业”的既定目标。年内，开展农产品质量安全专项整治、打击食用农产品中违法添加非食用物质和滥用食品添加剂，保障了农产品质量安全。

名称：大兴区新农村建设指挥部办公室
地址：大兴区兴政街38号
电话：69258272
邮编：102600

【都市型现代农业】　截至年底，农业总产值实现47.9亿元，同比增长0.9%；农民人均纯收入实现11320元，同比增长10.2%。全区共建成温室、大棚面积10万亩,实施建设面积居京郊各区县之首,通过设施农业共实现收入10亿元,同比增长20%。

(靳菲菲)

【实施"科技助农"工程】 年内,实施"科技助农"工程,确定1300个科技示范户,选派30名农民学员到山东寿光研修设施农业生产技术,开办农民田间学校62所,完成农民实用技术培训7.2万人次。

(靳菲菲)

【发展农民专业合作组织】 年内,发展农民专业合作社76家,使全区农民专业合作社达到358家。组织采购商与本区农民合作组织、农产品加工企业进行对接洽谈,达成10余项农产品供销协议,每天供货近55吨。通过农产品网上交易系统销售农产品1441吨,销售额达109万元。

(靳菲菲)

【农机规模化服务】 年内,推广农机具1524台,落实农机规模化服务面积5.38万亩,规模化经营1.23万亩。

(靳菲菲)

【农业保险】 年内,种植业投保面积达16.3万亩,养殖业投保19.2万头,较上年分别增长41%和61%。

(靳菲菲)

【农业金融服务】 年内,北京兴宏小额贷款有限公司提供涉农贷款99笔,金额7102万元。大兴邮政储蓄提供涉农小额贷款198笔,累计放贷1041.3万元。

(靳菲菲)

【二三产业发展】 年内,全区乡镇二三产业占全区乡镇企业的99.7%。农民就业基地和农产品加工企业发展迅速。全年共投入资金1.1亿元完善农民就业基地基础设施建设。引导农产品加工业有序发展。10家农加工企业进行投资扩建,总投资3.3亿元,项目投产后,可增加产值8.7亿元,带动农户3000多户。

(靳菲菲)

【乡村旅游业发展】 年内,采取四项措施发展乡村旅游业。提升庞安路都市型现代农业产业带。建设并完善御瓜园、老宋瓜园、雅虹茗农业科技科技示范园、庆国寺综合销售中心等。西瓜节期间庞各庄镇接待游客13万人次,实现旅游收入1800万元。提升完善十大观光园区。对园区内道路进行绿化美化,引进采摘新品种,健全餐饮住宿,提高服务水平。培育新品种、开发新产品。新培育出美人酥、雪青梨,五彩花生,悬空甘薯等新、奇、特品种,增加十字绣等旅游产品供游人选购。实施品牌战略。统一园区旅游标识,成功举办西瓜节、桑椹节、"春华秋实"等系列旅游节庆活动。

(靳菲菲)

【五项基础设施建设】 全年编制完成200个村庄规划。完成452万平方米的街坊路硬化工程建设,完成87个村210万平方米的村庄绿化。对11个镇141个村2万余农户进行老化管网和一户一表改造。完成7个镇60000户的垃圾源头处理任务,进行户厕改造16150座,新建农村公厕413座。

(靳菲菲)

【"三起来"工程】 年内,改造村内节能路灯4000盏,建设太阳能公共浴室3处。实施地源热泵技术利用示范工程2处,新建节能抗震农民住房548户,完成农户原有住房节能保温改造322户。建设沼气集中供气工程3处,扩建生物质气化站2处,建设小型户用沼气池750个,实施雨洪利用工程4处,粪污治理工程22处。

(靳菲菲)

【公共服务设施建设】　全年,建设完成农村数字家园29所,村邮站392个,农村公交候车亭70个,农村连锁超市30个、农贸市场4个。建设农村数字影厅241个,为农村社会公共中心配备设备54套,为146个村配备健身器材,对125套行政村全民健身居家工程建设器材进行更新。

(靳菲菲)

【完善社会保障体系建设】　年内,全区城乡居民养老保险参保率达到90%,新型农村合作医疗参合率达到96%,参合人数29.74万人,3189户5961人纳入城乡低保范围。农村低保标准提高到每人每年2400元,农村五保供养标准提高到年人均6541元,医疗门诊救助垫付金提高到2000元。全面落实义务教育“两免一补”政策,开展成人教育80000人,培训农村劳动力4500人。对360户社救对象和100户优抚对象房屋进行改造。

(靳菲菲)

【文化和精神文明建设】　年内,开展“迎国庆、讲文明、树新风”系列活动,开展新春系列文化活动、第十九届农民艺术节、“花会调演”、第二十一届西瓜节系列文化活动等数百场,参与群众累计50多万人次。以“一助一”的形式开展共建活动,有145个文明单位与126个村结为共建对子。全年共开展送科技下乡、送文化下乡、送资金项目下乡等活动150多次,参与人数18万余人次。

(靳菲菲)

【农村基层组织建设】　年内,通过举办村党支部书记培训班,对全区520多名村党支部书记进行培训。公选1000余名村级后备干部,112名后备干部进入村级班子,27名后备干部担任支部书记。

(靳菲菲)

【农村民主建设】　坚持村民代表会议制度,全年召开代表会的村子达到93%以上,做到村务公开、财务公开。推进农村集体经济产权制度改革。在黄村镇、北臧村镇、旧宫镇、青云店镇的16个村开展集体经济产权制度改革工作。完善“账款双托管”工作,完善村民自治示范章程。

(靳菲菲)

国土资源管理

【概况】　北京市国土资源局大兴分局(简称“大兴国土分局”)成立于2005年8月17日。分局机关现设有办公室、土地利用科、地籍科、耕保征地科、执法监察科、纪检监察科6个职能科室,编制26人,实有26人,其中工勤人员4人,满编;下设北京市土地整理储备中心大兴区分中心、土地利用事务中心、土地权属登记事务中心、国土资源执法监察队和国土资源管理所(3个)等7个事业单位,编制79人,实有75人。2009年,国土分局紧紧围绕区委区政府中心工作,按照“保增长、保稳定、促发展”和“保增长、保红线”的要求,进一步转变观念,改进方法,严格管理,优质服务,积极推进各项工作开展。

名称:北京市国土资源局大兴分局

地址:北京市大兴区黄村镇金华寺东路1号

邮编:102600

网址:http://dx.bjgtj.gov.cn

【土地资源】　大兴区现辖有14个建制镇、5

个街道办事处。根据上年度土地变更调查数据,全区土地总面积为 1036 平方公里,其中建设用地 311.94 平方公里,占总量 30.10%,农用地 667.75 平方公里,占总量 64.43%,未利用土地 56.63 平方公里,占总量 5.46%。(详见下表)

大兴区 2009 年土地利用现状分类表

地类			面积(公顷)
合计			103631.58
农用地	小计		66775.01
	耕地		38117.39
	园地		13763.01
	林地		6995.06
	牧草地		0
	其他农用地		7899.55
建设用地	小计		31193.70
	城镇及工矿用地	小计	26780.21
		城镇用地	3791.55
		农村居民点	9957.58
		独立工矿	11447.92
		特殊用地	1583.16
	交通运输用地		3357.96
	水利设施用地		1055.53
未利用地	小计		5662.87
	未利用土地		2322.72
	其他土地		3340.15

(夏仁林　吴少蓉)

【土地供应】 年内,根据北京市土地供应计划,区国土分局结合大兴区实际情况,编制完成《大兴区 2009 年土地供应计划安排建议方案》和《大兴区 2009 年度土地利用计划建议方案》。2009 年,大兴区安排国有建设用地供应计划指标项目 54 个,面积 566.62 公顷。安排集体建设用地供应计划指标项目 9 个,面积 43.32 公顷。6 月 10 日,大兴区率先完成 2009 年经营性用地供应下达指标 170 公顷,实际完成 171.46 公顷。截至年底,完成产业用地供应土地面积 53.34 公顷,完成出让项目 13 个。

(夏仁林　庞文革)

【建设项目用地预审】 年内,在建设项目用地预审工作中,共审批建设项目用地预审 89 件,用地面积约 1374.02 公顷。其中,土地一级开发项目 42 件,面积 1065.73 公顷。基础设施项目 31 件,面积 233.40 公顷。公共设施用地 3 件,面积 6.66 公顷。特殊用地项目 2 件,面积 17.81 公顷。公益事业项目 2 件,面积 2.4738 公顷。科教文卫项目 3 件,面积 10.28 公顷。工业仓储用地项目 2 件,面积 1.12 公顷。合作建房项目 1 件,面积 2.7733 公顷。回迁房项目 3 件,面积 33.78 公顷。

(夏仁林　刘丽梅)

【土地利用】 年内,大兴区得到市政府已批准项目 61 个,批准面积 1375.62 公顷(20634 亩)。其中,农用地 879.73 公顷(13196 亩),农用地中耕地 640.47 公顷(9607 亩)。在上报市国土局待批项目中,有 4 个项目须报国务院批准征地,面积 170.8095 公顷(2562 亩)。其中,农用地 109.3583 公顷(1640 亩),农用地中耕地 50.4715 公顷(757 亩)。

(夏仁林　刘丽梅)

【土地利用规划】 年内,区国土分局按照市国土局印发的《关于加快推进区乡土地利用总体规划修编工作的函》的具体要求,召开专题会议,调查用地需求,针对区规划修编提出具体工作要求。组织课题组到 14 个镇、3 个国有农场实地调研,对于基本农田指标落实情况向各镇征求意见。完成土地利用规划基数转换工作,将第二次土地调查数据转换成规划基数数据。完成全区基本农田空间初步布局方案。完成各项建设用地需求与规划指标分析。进一步修改区级规划方案,编纂规划文本及文本说明,完善规划数据库建设,做好规划成果初审的上报准备工作。做好重点项目规划局部调整工作,共办理规划局部调整业务 20 件。已完成 14 件。其中,市政府绿色通道项目 6 件。

(夏仁林　吴少蓉)

【地籍管理及土地登记】　年内,共完成土地使用权登记手续 279 宗,土地总面积为 644.78 公顷。其中,国有划拨土地 51 宗,土地面积为 156.93 公顷。国有出让土地共计 205 宗,土地面积为 243.83 公顷。在京中央国家机关用地土地使用权 6 宗,土地面积为 43.33 公顷。储备用地 17 宗,土地面积为 200.69 公顷。集体建设用地 10 宗,土地面积为 12 公顷。土地抵押登记 191 宗,土地抵押面积(含在建工程) 827.85 公顷,贷款金额 1850498.18 万元。抵押注销登记 187 宗。协助法院查封、解封 56 件,法院回函 11 件。办理国有土地使用权地籍调查成果确认单及告知单共 33 件。

(夏仁林　金　浩)

【大兴区第二次全国土地调查】　3 月下旬,开展大兴区第二次全国土地调查(城镇部分)调查工作。区国土分局以区政府名义发布《关于开展国有土地使用权土地总登记的通告》,制定《大兴区第二次土地调查工作方案》和《大兴区第二次土地调查实施方案》,更新调查底图,按区域划分为 6 个调查工作组,全面推进外业调查。经过调查,共整理、设立国有宗地档案 3404 份,宗地面积约 134.38 平方公里。已提交 293 街坊外业调查(DWG)数据,其中 253 街坊已通过前期检查并进行数据转换(SHP)。

(夏仁林　金　浩)

【土地专项调查】　年内,区国土分局开展其他土地专项调查工作。完成市级开发区专项调查工作,全面查清北京大兴经济开发区、中关村科技园区大兴生物医药产业基地、北京采育经济开发区三个市级开发区的内部土地利用状况、掌握真实的土地利用基础数据。分析评价土地集约利用程度、测算土地集约利用潜力,推动开发区土地利用管理。完成基本农田专项调查,组织相关调查人员和乡镇工作人员,分四批在全区开展调查工作。最终确定大兴区基本农田上图总面积为 632673.1 亩,涉及全区 14 镇、473 个行政村、56726 个基本农田图斑。组织实施季度实际新增建设用地核查工作,前三个季度共涉及 335 个图斑,其中属于新增建设用地的图斑共计 238 个,占耕地 2619.92 亩。完成农村土地确权登记的试点前期准备工作,已完成外业调查、档案资料的收集整理、工作底图的绘制、相关表格的制作等项工作;完成大兴区地质灾害调查与区划项目工作任务。

(夏仁林　金　浩)

【土地市场交易】　年内,开展工业用地供应,全年挂牌上市土地 9 宗,已完成交易 9 宗,总面积约 38.6 公顷,其中建设用地面积约 29.65 公顷,实现政府收益 3356.98 万元。加大经营性土地上市交易数量。截至年底,已完成上市交易 20 宗经营性用地,总用地面积约 269 公顷,实现区政府收益 143.4 亿元。

(夏仁林　朱德良)

【土地整理、储备开发】　年内,区国土分局在土地整理工作中,完成庞各庄、榆垡镇土地整理项目(后备资源)施工,准备市级验收。监督指导庞各庄、榆垡、魏善庄三个镇基本农田整理项目实施工作。推进青云店、安定镇基本农田整理项目顺利实施。完成占补平衡项目 35 个、补充耕地 4955.7 亩。为拉动内需,加大土地储备开发力度,贯彻落实市委市政府关于全市土地储备开发投入 1000 亿元资金的决策部署，截至年底，大兴区完成143.37亿元投资。

（夏仁林 朱德良）

【国土资源执法】 年内，区国土分局严格国土资源执法，对第九次卫片监测成果和“遥感二号”卫片（2008年第4季度、2009年第1、2季度）核查，对查出违法用地情况作出处罚。共查处179宗。截至年底，下达《责令改正国土资源违法行为通知书》147份，《国土资源行政处罚告知书》132份，《国土资源行政处罚听证告知书》63份，《国土资源行政处罚决定书》63份，收缴罚款1025.2万元，没收违法建筑面积49.9万平方米，拆除违法建筑面积近22.7万平方米。已移送区人民法院申请强制拆除3宗，已移送区监察局39宗。移交区公安分局5宗。开展专项检查，对大兴区行政区域内以农调（包括设施农业、农业大棚、规模化畜禽养殖、农业生态园、观光园等）为名搞非农业建设项目进行检查清理。建立土地执法监管共同责任机制。区监察局联合下发了《关于严格保护耕地严肃查处土地违法违纪案件有关意见的通知》。

（夏仁林 李振江）

【开展主题宣传活动】 年内，区国土分局围绕“保障科学发展 保护耕地红线”的宣传主题组织开展“6.25”土地日宣传和依法行政、行政复议、法制日宣传等宣传工作。

（夏仁林 李振江）

【信访工作】 年内，区国土分局在信访工作中，实行分局领导带班接访制度。全年共收到群众来信来访涉及土地问题信访件268件，受理266件，其中来信来电189件，来访79件。办结244件。反映违法占地违法建设的170件，宅基地54件，非法挖沙取土25件，征占地问题8件，权属及其他问题9件。

（王万兴 夏仁林）

【全程办事代理】 年内，共受理各项业务832件，其中，权属登记类642件。征占地类业务190件。征地结案69件，共发放土地证131个，宅基地批复28件。

（夏仁林 李爱杰）

防震减灾

【概况】 2007年3月28日，根据市编办、区机构编制委员会相关文件精神，大兴区地震办公室正式更名为北京市大兴区地震局。人员编制15人，设有监测预报科、震害防御科、应急救援科三个科室。大兴区现有地震前兆监测网：两个数字化监测台站，杨堤水动态监测点和榆垡电磁波监测台。四个压磁应力监测台，庞各庄镇四各庄监测台、榆垡村监测台、采育中学监测台、黄村镇佟场监测台。11个强震监测点。现有C2－1型压磁应力监测仪、电磁波监测仪、地下流体动．静水位数字化监测仪。防震减灾网络化建设已初具规模。年内，区地震局荣获北京市2009年区县地震监测预报先进单位。

名称：大兴区地震局

地址：大兴区兴政西街23号

电话：69252460

邮编：102600

网址：www.dxdzb.gov.cn

【防震减灾工作会议】 1月8日，在大兴区地震局信息中心召开全区防震减灾助理员、宏观观测员和前兆台网速报点员2008年度防震减灾总结会。4月28日，大兴区地震局在信息中心召开防震减灾工作会议，全区14个镇、3个街道办事处、社区、示范学校、部队代表参加会议。会议就“5.12”防震减灾宣传周做了部署。8月19日，召开国庆安全保障工作动员大会。会上,通报了市地震局国庆60周年地震应急保障工作方案部署,并对监测预报科及应急救援科提出要求。

(杨 明 梁 娜)

【十一五工作规划】 到2010年,全区基本具备抗御6级地震的能力,遭遇6级左右地震时,建筑物严重破坏的比例较低,不会发生严重次生灾害,在区委、区政府的指挥下,各部门建立起快速响应的联动协调机制,应急救援队伍、志愿者队伍能够迅速开展救援活动,人员伤亡少,经济损失和社会影响相对较小。建设2个重点项目:建设大兴区防震减灾信息中心,实现地震观测数据、地震资料等的汇集、处理、交换及共享(已建成)。对现有台站进行升级改造,优化地震台站的布局,提高台网的覆盖率。

(杨 明)

【防震减灾知识宣传】 在国家防震减灾法颁布纪念日(3.1)、国际地球日(4.22)、唐山地震纪念日(7.28)、国际减灾日法制宣传日(12.4)进行地震科普和防震减灾知识宣传。在"5、12"汶川地震一周年纪念日进行防震减灾宣传。年内,区地震局将黄村中心小学与黄村五小设立为防震减灾宣传教育示范学校,提出"四个一"要求。即上一堂防震减灾课,举行一次防震减灾演练,举办一次防震减灾知识竞赛,写一篇防震减灾相关的作文。5月6日、7日举行示范学校挂牌仪式。5月8、9、10三日分别在三个社区进行防震减灾知识宣传,设立咨询台,免费发放防震减灾知识扑克牌。应部队要求,5月11日,在部队内部举办一场防震减灾知识讲座。5月12日当天在新城广场举行"5.12"大型防灾减灾知识宣传活动。为14个镇发放《防震减灾法》、防震减灾知识扑克牌及防震减灾挂图,由各镇组织宣传。

(杨 明 梁 娜)

【地震行政执法资格考试】 根据《北京市行政处罚执法资格管理办法》的规定,区地震局魏宪中等5名执法人员参加北京市行政处罚执法资格考试,取得地震行政执法资格,3月,取得行政执法证。

(杨 明 梁 娜)

【规范性文件月报与年报工作】 年内,按照大兴区政府法制办要求,区地震局做好规范性文件的月报与年报工作,并做好行政处罚与行政诉讼的备案工作,全年无一起违法事件发生。

(杨 明 梁 娜)

【中小学校舍安全工作】 年内,按照京教建(2008)7号文件和京政办发(2009)32号文件要求,北京市大兴区人民政府研究部署中小学校舍安全工作。召开由区发展改革委、教委、建委、市政管委、财政局、规划分局、国土资源分局、审计局、地震局等相关单位主管领导参加的校舍安全主题会议。大兴区地震局协助相关单位共同做好中小学校舍的排查、检测、鉴定及抗震加固改造等各项工作。

(杨 明 梁 娜)

【防震减灾基础设施建设】 全区目前共有前兆观测点7个,宏观监测点5个,建成大兴区地震局信息中心,实现地震观测数据、地震资料等的汇集、处理、交换及共享。

(杨 明)

【地震台网日常监测】 加强地震监测预报管理,不断提高监测预报水平。震情跟踪严格按照市局要求执行周、月、年中、年度、加密和紧急会商制度,认真分析和处理数据资料,邀请测报人员参加,广泛征求意见,提高会商报告的质量,将会商意见及时上报市局监测预报中心;对出现的异常情况进行认真调查和分析,编写异常落实报告,及时将落实情况上报市局有关部门;对监测台网运行加强检查和维护,未出现缺测现象;加强震情值班管理,节假日、重大政治活动、地震应急期坚守岗位,确保信息畅通;加强宏观监测,地震局与榆垡野生动物园共同建立北京野生动物园地震宏观监测站,将动物震前异常行为纳入宏观监测体系,对近300多种的野生动物进行系统和规范化监测,改变以往的监测模式,提高监测质量;地震局与大兴区公安分局联系分别为5个地震综合观测点制作统一的观测环境保护标志;提高地震监测预报的水平,举办两期培训,一期地震知识的培训,一期地震应急培训,通过培训提高地震局全体人员的地震专业素质。

(杨　明)

【应急救援】 区地震局在应急救援工作方面制订出四项措施。建立应急管理机构,强化工作责任,将应急管理工作纳入重要议事日程,定期召开专题会议。成立地震局应急管理工作领导小组,并根据各自职责和任务逐级签订责任书,确保应急工作落到实处。逐步完善应急预案体系,明确工作措施,结合《北京市地震应急预案》修订《大兴区地震应急预案》,使预案更加科学化、合理化。加强业务培训,提高应急工作能力,采取以会带训、会训结合的形势开展培训与宣传工作。完成应急物资储备工作,投资18万余元对地震应急物资进行购置和更新,以供随时调用。

(杨　明)

市政建设

【概况】 大兴区市政管理委员会是大兴区人民政府的职能部门,于2001年底成立。其职责是负责大兴区城市市政基础设施、公用事业、绿化美化、交通管理、环境卫生、市容环境综合整治、城市管理等。内设机关科室6个,即市政园林工程计划科、市容环境综合整治办公室、供热燃气管理办公室、户外广告审批管理科、法制安全科、党政办公室。年内,完成芦求路改扩建工程等道路工程、垃圾转运站工程建设工程、国庆60周年夜景照明保障工作等建设工程。

名称:北京市大兴区市政管理委员会
地址:北京市大兴区黄村镇兴华大街3段15号
电话:81296413
邮编:102600

【地铁管线拆改移工程】 年内,完成地铁大兴线建设涉及的西红门站、五环路站、金星路站、枣园路站、清源路站、黄村大街站、义和庄站一期、二期管线拆改移工程。

(郑　岩)

【芦求路改扩建工程】 芦求路改扩建工程(京良路－黄良路)全长8.3公里,工程费用36439万元,征地拆迁资金55979万元,总计92418万元。截至年底,已完成主体工程,具备通车条件。

(郑　岩)

【京开辅路加宽工程】 京开辅路加宽工程(京良路－南五环)全长3.7公里,工程费用5532万元,占地拆迁资金2162万元,总计7694万元。年内,雨水管线工程已完成95%,主、辅路路面工程已完工通车。

(郑　岩)

【西旺路工程】 西旺路工程(金星路－林校北路),项目总投资57699万元,其中工程费25178万元,拆迁费32521万元。年内,已完工通车。

(郑　岩)

【兴泰路工程】 兴泰路(金星路－康庄路)工程全长740米,项目总投资2996万元,征地拆迁费2267万元,工程建设费729万元。年内,已完工通车。

(郑　岩)

【磁大路工程】 磁大路工程(南六环－庞安路)全长11.6公里,工程费用15387万元,征地拆迁资金11503万元,总计26890万元。截至年底,完成全部道路工程。

(郑　岩)

【清源路东延工程】 清源路东延工程(京开路－亦庄外环路)全长12.1公里,工程费用27283万元,征地拆迁资金35884万元,总计63167万元。截至年底,完成部分市政管线和基床工程。

(郑　岩)

【庞安路工程】 庞安路(京开路－驴房公铁立交)全长13.4公里,工程费用6300万元,占地拆迁资金6569万元,总计12869万元。截至年底,已完工通车。

(郑　岩)

【刘田路西段工程】 刘田路西段工程(京开路－永定河大堤)全长5.8公里,工程费用5014万元,征地拆迁资金2106万元,总计7120万元。截至年底,已完成主体工程并通车。

(郑　岩)

【郭公庄三期工程】 郭公庄三期工程(京良路—南五环路)全长960米,工程费用4500万元,征地拆迁资金12300万元,总计16800万元。截至年底,完成市政管线和路基工程。

(郑　岩)

【天堂河污水处理厂工程】 该工程2007年4月15日破土动工,2009年3月6日进入商业试运行阶段。截止到9月30日,共处理污水55.252万吨。截至年底,天堂河污水处理厂移交区水务局。

(郑　岩)

【垃圾转运站工程】 项目总投资3095万元。2007年12月25日开工,2008年7月完成厂区主体建设。2009年初步完成运行方案分析,推荐采用区环卫中心承担消纳站运营的模式,运营方案已上报区政府。

(郑　岩)

【粪便消纳站工程】 项目总投资7428万元。年内,完成厂区建设,设备安装完成65%。

(郑　岩)

【供热厂工程建设】 年内,康庄、观音寺供热厂工程主体结构已经完工,达到运行标准。管线铺设基本完成,铺设总长度26.7公里。今年并网锅炉房12座,其余锅炉房将陆续并网。两个供热厂市级资金共支持6.2576亿,已到位2.75亿用于供热厂建设与管网建设。

(郑　岩)

【路灯建设工程】 义东路、枣园西路、南湖路、兴盛路、台湾街和滨河坊的路灯建设工程已于1月28日施工完毕,并通过四方验收。

(郑　岩)

【新城地区环境整治】 年内,组织街道办事处、区城管大队等单位对“门前三包”工作开展6次综合检查。协调黄村镇完成团桂路、狼垡地区的垃圾集中清理整治工作。投资49.8万元,完成大兴八小西侧空地的绿化和硬化工作。在滨河路、兴旺路、金星路、兴业路共完成7座公厕建设。制作醒目的统一公厕标识,完成大兴新城地区43座公厕的双语标识安装工作。在区政府食堂、大兴宾馆、北京印刷学院食堂等15个单位开展餐厨垃圾统一收集试点工作。在11个居民小区、14个党政机关、37个中小学校开展生活垃圾分类收集工作。完成10%城镇居民和30%党政机关实行生活垃圾分类收集。

（郑　岩）

【农村地区环境整治】 年内，调整和充实环境督查组，实行分片包干负责。编制《大兴环境简报》6期，每周组织环境整治工作例会一次，组织各镇定期进行环境观摩，总结和推广榆垡镇白色轻飘物换日用品经验作法。建立2批整治台账并全部销账完毕，清除脏乱点1500余处。为建国六十周年庆典提供环境保障。完成418座农村达标公厕主体建设。全年生活垃圾无害化处理40.04万吨，垃圾无害化处理率达到88.14%。

（郑　岩）

【夜景照明保障】 9月，根据夜景照明的设计规划，对兴政街的路灯进行更换，共设置中华灯68基，路灯612盏。对两侧建筑物的夜景照明设施进行新建，共建设夜景照明设施13处。全部夜景照明设施在9月底点亮。

（郑　岩）

【施工现场渣土运输管理】 年内，加大对大兴新城及周边区域内施工工地检查力度。日常检查与突击检查相结合，重点检查未按规定采用密闭式运输渣土、未办理许可证的运输车辆。共查处车辆74辆。施工现场管理检查与消纳场管理检查相结合，协调城管等有关部门对大兴新城及周边区域近30个施工工地进行检查，对围档、路面硬化、设置车轮冲洗设备等提出具体要求，对不达标的工地限期整改。对三渔场、孙村消纳场进行规范性检查指导。协调有关部门加大打击非法渣土消纳的力度，控制渣土乱倒。

（郑　岩）

【户外广告及牌匾标识设置管理】 年内，加大户外广告及牌匾标识设置管理力度，对大兴新城24条主要街、路进行巡视检查。协调城管部门进行广告的拆除整治与调整，对主要大街不符合规范、超规格、未经审批擅自设置的进行查处，共拆除违规户外广告及牌匾标识1700余块、2300平方米。整改300多块、1200平方米。断丝、字不完整影响市容的70余处、270平方米。指导各镇整治、调整及规范各类户外广告及牌匾标识300余处、1580余块、1970余平方米。

（郑　岩）

【建立静态交通管理长效机制】 年内，依据相关法律法规规定、停车经营企业基本信息、实地检查和投诉处理结果等情况，对停车场经营企业实施监督管理和考核评价。主要对停车经营企业在停车服务、停车场管理、社会投诉、违规处罚等情况进行综合评价，并以评分方式体现结果。要求停车场经营企业严格按照服务规范及设施配置标准要求对停车场进行经营管理。定期组织管理人员学习服务规范，加强人员管理。对停车场设备设施定期维护，保证设施齐全并能正常使用。

（郑　岩）

供　电

【概况】 大兴供电公司是北京市电力公司所属的一家区域供电公司，负责大兴区1036平方公里的电力供应、销售以及输电、变电、配电设施的建设和运行维护，承担着为大兴区经济发展、居民生产生活安全用电和大兴区及首都政治活动安全供电提供保证的重要任务。截至年底，大兴供电公司共有员工943人。公司领导班子由6人组成。公司设置经理办公室、政治工作办公室、监察室、劳动人事处、财务处等13个职能处室。设置变电工区、线路工区、计量工区等5个工区。设置15个镇供电所。大兴供电公司成立于1956年,截至年底,公司已发展到拥有22座35千伏以上电压等级变电站、年售电量约31.6亿千瓦时的区域供电企业。2009年,大兴供电公司以科学发展观为指导,紧紧围绕北京市电力公司的发展战略和工作目标,深入贯彻落实"一个突出,四个着力"的总体要求,坚持以安全巩固发展,以主网、配网、低压电网三张电网建设带动发展,实现"三个确保、八个提升",全面完成本年度北京市电力公司下达的各项目标任务。

名称:北京市电力公司大兴供电公司
地址:北京市大兴区兴政街1号
电话:69223535
邮编:102600

【供电系统基础设施建设】 年内,大兴地区"三张电网"(主网、配网、低压电网)建设全面展开。主网建设上完成了旧宫、邢各庄、李营等3座110千伏变电站的新建、升压任务,初步缓解了六环以北地区用电紧张的局面。启动了忠兴庄、永合庄、西梨园等三个110千伏建设项目。配网建设上完成了26条10千伏配电老旧线路综合整治任务。完成小截面线路改造57.8公里,陶瓷担线路改造780基。对本地区122条10千伏线路的网架结构进行了梳理,新增加分段及联络开关63台。逐步开展农村水利变综合改造工作。在低压电网和老旧小区用电设备改造上,采取由区政府、市发改委、市电力公司多方出资的模式,实施了5个老旧小区用电设施和16个非规范居民小区户表的改造工作,完成4.6万套小系统卡表、2000套老旧计量装置更换、1144台采集器补装任务。

(延 硕)

【服务新农村建设】 年内,完成1个镇、32个村的新农村电气化改造和建设任务,新农村电气化建设累计达到11个镇、243村。

(延 硕)

【供电服务】 年内,大兴供电公司加大明查暗访力度和行风投诉举报管理,完善行风建设长效机制,开展"保热点 压结存"工作,定期走访重点客户,为重点工程的报装开辟绿色通道,高压客户业扩报装平均接电时间完成45.38天,比上年同期缩短41.23天。开展服务之星评选和示范窗口建设,推进阳光诚信报装服务,推出"客户服务卡"、"便民服务卡"的"双卡服务",以"刘丽艳爱心服务热线"、"共产党员电力服务队"为载体,深化应急电卡、爱心卡、卡表快速抢修等便民服务举措。全年未发生责任投诉和媒体曝光事件。

(延 硕)

【违法用电查处】 年内,建立利用采集网络进行电量监控的机制,联合区公安分局开展打击窃电专项行动。查处高科技窃电25户,抓获犯罪嫌疑人10名,追回电费损失357万元。

(延 硕)

【举报受理】 年内,大兴供电公司共处理各类信访事项270余件,实现按时办复率100%,用户满意率100%,全年未发生重访、群体访和越级访等事件。

(延 硕)

【重大活动用电保障】 年内,大兴供电公司通过优化电网运行方式、生产管理流程,健全各类电网应急体系、修订完善应急预案、开展反事故应急演练、加强设备运行和维护等措施,确保电网安全、可靠、稳定运行。完成国庆60周年保电任务。全年累计完成政治供电保障任务30项,保障天数达到203天。完成110千伏金星站主变增容工程、110千伏辛庄站改造工程、地铁大兴线110千伏留塑一南支改造等一大批提升电网健康水平的工程。完成年度大修技改任务，高标准完成带电作业中心建设。使电网在负荷达到66.2万千瓦历史新高的情况下保持平稳运行。

（延　硕）

环境卫生

【概况】 大兴区环境卫生服务中心的前身是大兴县环境卫生管理局。2001年，更名为北京市大兴区环境卫生服务中心，隶属于大兴区政府。环卫中心担负着大兴新城域内的中心所辖区域的环境卫生的服务工作。根据《关于印发北京市大兴区环境卫生服务中心主要职责内设机构和人员编制规定的通知》（京兴编[2009]1号）要求，中心机关设置五个科室：办公室、业务督察科、业务科、人事财务科、设备管理科。中心下属四个事业队：清扫保洁队、公厕保洁队、垃圾消纳场、垃圾清运队。中心现有职工727人。年内，中心正式接管了兴旺路，该路全长4.5公里，保洁面积约18万平方米。国庆60周年庆典期间，中心对大兴新城施工完毕及所辖路段推水清洗路面，担负着国庆阅兵训练方阵的生活垃圾清运、粪便清掏、移动公厕的保洁管理、训练场地的清洗降尘等工作。

名称：北京市大兴区环境卫生服务中心
地址：北京市大兴区黄村镇林校北路5号
电话：69297547
邮编：102600
网址：www.dxhw.gov.cn

【环卫队伍建设】 区环境卫生服务中心下属的道路清扫保洁队，现有正式合同工117人、临时合同工420人。负责中心所辖区域道路日常清扫保洁工作，人工日清扫保洁面积约455万平方米、机械化日清扫约109万平方米。垃圾清运队现有正式合同工114人、临时合同工121人，负责中心所辖区域居民日常生活垃圾清运、公厕粪便清掏、道路洒水降尘等工作，日清运垃圾220多吨、日转运垃圾240多吨、日清掏粪便80多吨、日洒水160吨。公厕保洁队现有正式合同工12人、临时合同工39人，负责中心所辖区域公共厕所的清扫保洁工作。区环境卫生服务中心所辖区域现有公共厕所52座，其中二类以上公厕13座、水冲式公厕22座、环保型公厕17座。

（刘　健）

【环境卫生基础设施建设】 年内，区环境卫生服务中心共有生产专用车133辆，其中道路清扫车18辆、道路洒水车14辆、粪便清掏车17辆、垃圾压缩车26辆、密闭式垃圾转运车4辆、垃圾装载机4台、大型多功能扫雪机1台、泔水车6辆、普货2辆、厢式货车12辆、自卸车3辆、单臂吊25辆、垃圾桶车1辆。

（刘　健）

【环境卫生】 年内，区环境卫生服务中心垃圾收集继续实施密闭化、减量化、资源化的目标，实现垃圾日产日清，密闭化清运率达100%。对主要大街采取垃圾巡回车按路段，定时巡回收集垃圾，并对门店较多的小巷采取定点、上门收集垃圾，实现门店垃圾不落地，垃圾无害化处理率达到98%。完成本中心所辖区域的公共厕所和垃圾站点的春夏季灭蝇工作。区环境卫生服务中心在大兴新城主要大街采取机械化作业，日机扫面积达109万平方米，使本区机扫率达到70.2%，超出国家卫生区规定的机扫率达到30%的标准，实现了“横向到位，纵向到边，表里如一，不留死角，没有空挡，全方位覆盖，立体化保洁”的作业标准。对所辖公厕、垃圾站点、各类作业车、环卫车场坚持定期、定时、定人清洗、擦拭,保证环卫设施的整齐清洁。中心道路清扫保洁工作实行承包管理竞争机制,根据路面不同情况制定各路段的清扫保洁质量标准及考核办法,形成“清扫—保洁—管理”环环紧扣的严密体系,并由业务督察科执行“日巡视、周检查、月评比”的管理体系,实行“工时测算法”和“20分钟保洁法”、“以机械化作业为主,人工清扫保洁为辅助”的工作模式,保证上岗人员在岗率,达到“边光、面净、路沿无浮土、绿地无轻飘物”的道路作业质量标准,使道路清扫保洁率达到100%。公厕保洁严格按照质量标准作业,及时维修、更换环卫设施,保证中心所辖公厕干净整洁,达到“六洁、二无、一干净”的质量标准。

(刘 健)

【安全管理】 年内,区环境卫生服务中心与各科室、队分别签订《2009年安全生产岗位责任制》、《2009年保卫消防岗位责任制》、《2009年交通安全岗位责任制》,制定《用电安全管理制度》,及时传达上级部门的安保会议精神。对基层单位的安全工作进行检查,发现问题,及时整改。共组织二次安全生产知识答题,发放安全宣传手册300余本,宣传画30余张。

(刘 健)

【国庆保障】 国庆节前,区环境卫生服务中心对大兴新城施工完毕及所辖路段进行推水清洗路面工作,确保大兴新城的大街、小巷卫生环境干净、整洁。对中心所辖的垃圾楼、工作站点等设施进行清洁及安全检查,严格作业标准。对公厕内设施进行全面维护检查,制定应急预案,确保国庆期间公共卫生间的正常使用。担负国庆阅兵训练方阵的生活垃圾清运、粪便清掏、移动公厕的保洁管理、训练用场地的清洗降尘等工作,共清运垃圾27车次、清掏粪便28车次,清洗场地125车次。

(刘 健)

【清理小广告】 年内,区环境卫生服务中心自筹资金6万余元购置了3辆清除小广告车辆,共清除小广告15万余张。

(刘 健)

【垃圾转运站建设】 2月13日,垃圾转运站项目开工建设。截至年底,建筑工程基本完工。室外工程已完成太阳能及水源热泵机组部分,分选、压缩设备相继安装。

(刘 健)

园林绿化

【概况】 北京市大兴区市政园林服务中心前身为北京市大兴区市政园林管理局,2001年更名为北京市大兴区市政园林服务中心。目前,区市政园林服务中心在编人员315人。中心主要职能任务是:负责大兴新城规划范围内的市政基础设施的设计、建设、养护管理和防汛工作;负责大兴新城规划范围内的公园建设和管理及公共绿地、道路等的绿化、美化设计、施工、养护管理;负责大兴新城规划范围内的雨污水管线的设计、建设和维护管理;负责组织实施本系统内市政工程、园林绿化工程的招投标及监理工作。负责政府赋予的市政、园林重点建设工程的组织实施及与相关部门的协调工作。

名称:北京市大兴区市政园林服务中心
地址:北京市大兴区兴丰北大街5号
电话:69242783
邮编:102600

【市政道路】 截至年底,大兴新城南区(不含北区)设施拥有量:道路58.16km、109.21万㎡。步道39.85万㎡。平接桥梁3座,下沉式引桥5座。雨水管线34.4km，污水管线48.7km，明渠6.5km。人行地下通道1座。检查井2950座，雨水口2920座。雨水泵站6座，污水泵站1座。

（李京芮）

【丰顺路道路工程】 丰顺路道路工程于5月开工，该工程位于大兴新城东南片区，京九铁路、京开高速公路和魏永路交汇三角地带，全长约891.6米。

（李京芮）

【三合南巷改造工程】 三合南巷改造工程于7月底开工。该工程为年度区重点工程，项目建设内容包括道路及市政管线工程。三合南巷西起西旺路，东至兴业大街，道路全长约611m，路面宽12m。三合南巷规划为城市次干路，红线宽20m，与道路同步实施雨水、污水、给水、电力、绿化、交通、照明、热力等工程。

（李京芮）

【西旺路建设工程】 西旺路建设工程于于4月开工建设，8月6日，正式剪彩通车。该工程北起康庄路，南至林校北路，全长约4510米，红线40米，项目建设内容包括道路工程、雨水工程、给水工程、中水工程、桥梁工程、铁路箱涵、人行天桥、交通工程、照明工程和绿化工程。

（李京芮）

【市政养护】 区市政园林服务中心全年共完成养护经费305.8万元。其中，道路维修7144平方米，步道维修9114平方米。检查井清掏1835座次，雨水口清掏3409座次。检查井维修225座，植树口维修477座，更换井盖篦子90座。检查井雨水口管道疏通45处。养护巡察5600公里。

（李京芮）

【新城地下管线改造】 年内，区市政园林服务中心采用非开挖静压胀管技术，对污水管道使用年代较长，经探测部分路面下已有空洞的林校北路、车站北巷和兴丰北大街3条道路的污水管线进行了更换。

（李京芮）

【国庆60周年游园活动筹备】 大兴区国庆游园活动期间，市政园林服务中心作为区游园指挥部办公室，先后组织联席会议26次，收发传达市级、区级文件110份。完成游园活动资金预算与上报、风险评估与风险源排查、各类数据统计、组织接受市游园指挥部检查组验收、工作人员、演职人员及到场观众的政审工作。组织印刷、发放各类门票、证件1200张，指导完成主要景观布置。

（李京芮）

【国庆游园活动公园改造】 年内，区市政园林服务中心按照《大兴区国庆游园活动总体方案》中的“百园展示、千园添彩”工作要求，有针对性地对各参展公园进行改造。共完成1600平方米破损园路和500平方米破损墙面翻新，完成2座花架及巨型雕塑粉刷。更新80套座椅，新增29个果皮箱，改造各类指示牌45个，完成120根路灯的更新改造。完成了人工湖800延米护栏安装工作。

（李京芮）

【国庆游园活动花卉布置】 年内，区市政园林服务中心以“百花齐放迎国庆，万紫千红映新城”为主题，在康庄公园、儿童乐园、街心公园、团河公园、旺兴湖郊野公园以及6条主要街道摆放鲜花共计94.2万盆、近20个品种。在新城大街小巷形成“春华秋实六十载，繁花似锦展辉煌”的景观。

（李京芮）

【国庆游园活动】 9月30日上午，“欢乐大兴游园会”在康庄公园举行开园仪式,随后组织进行了半小时左右的文艺表演。10月2日上午,举办了一场大型文艺演出和群众互动活动,约500名观众有组织地观看了演出,近千名群众参与到互动活动之中。10月1日~10月8日,各公园均进行了环境布置,康庄公园搭建了10顶民俗售卖小屋、20个卡通动漫造型、悬挂了500余盏红灯、近千面彩旗为公园平添了节日气氛。游园活动以“欣欣向荣、和谐大兴”为主题,共布置展现大兴区60年来工业、农业、城市建设等方面取得伟大成就的展板120块。据统计,全区各公园接待群众达10万人,参观展览人数近6.8万人、观看文艺演出、群众互动人数达1.5万人。

(李京芮)

【八小绿地改造工程】 八小绿地改造工程于5月20日开工,工程完成绿化总面积1200平方米、园路铺装面积360平方米、草坪495平方米。建单臂花架25延米、长条座椅16个、围栏58米、窃筑花墙63米。6月20日完工。

(李京芮)

【西旺公园建设工程】 西旺公园位于北京市大兴新城中部、北起康庄路、南至林校北路、东临规划西旺路、西至京山铁路用地红线,全长约5.27公里、总面积约39公顷。建设内容包括绿化工程、休闲健身场地、水系工程、照明工程、特点景点及附属工程。其中场地铺装面积23095平方米,绿地面积257551.5平方米,道路面积11787平方米,水体覆盖面积860平方米,建筑占地面积1350平方米。

(李京芮)

【团河行宫遗址公园古树复壮】 年内,区市政园林服务中心对团河行宫遗址公园内全部古树进行了调查,对古柏长势及周围环境条件进行了记录,查明了引起衰弱的原因。通过借鉴国内外在古树养护及复壮方面的先进经验和研究成果,结合园内古树具体情况,研究制定复壮方案。复壮前对每株古树进行拍照,树号与古树一一对应。选择样株,测量新梢生长量,做好记录,并登记在册。复壮工作采取了古树复壮树干注射五华素3号注射液、五华素16号有益菌古树复壮松土发根肥等方式。经过观察对比,复壮效果明显。

(李京芮)

【病虫害防治】 年内,区市政园林服务中心在本年度美国白蛾等危险性病虫害的监测和防治工作中,安排专业部门及人员开展预防和除治工作。安放诱芯10个、黑光灯5个,做到了每日有记录,每日有汇报。对大兴新城管辖公共绿地,普遍打药12次以上,其中重点地区打药15次。从4月到第三代普防期结束,中心产权绿地未发生虫情,整个城区虫口数量均被控制在轻度范围。

(李京芮)

【捐助灾区】 年内,区市政园林服务中心组织干部职工为四川等灾区捐款捐物折合人民币近3万元。

(李京芮)

城管监察

【概况】 大兴区城市管理监察大队成立于2000年,机关内设办公室、法制科、督查科、宣教科、指挥中心。2009年,增加政工科、纪检监察科、执法协调科,目前共有8个科室,共有在编人员230人,工勤49人。下设21个分队,新城7个分队,乡镇14个分队。大队设有党委、团委及12个党支部。党委班子共有处级领导7名,科级干部46人。截至年底,城管大队拥有城管执法车辆75辆,无线终端对讲机 244 台,队员执法防护工具 250 套,数码取证设备 99 部。全年共查处各类行政违法案件 12174 起,行政处罚 163.61 万元,制止违法行为 1.3 万余起,教育违法相对人 2.5 万余人次。有效解决了一些破坏城市环境、影响区内形象的问题。年内,区城管大队被首都精神文明建设委员会评为"迎国庆、讲文明、树新风"活动先进单位,被北京市城管执法系统评为"跨区执法先进单位"。在全市城管执法系统 2009 年度考核中名列远郊区县第一名,先后有 7 个分队、91 人被市区评为先进集体和先进个人。

名称:北京市大兴区城市管理监察大队
地址:北京市大兴区林校北路 5 号
电话:69265010
邮编:102600
网址:www.dxcg.gov.cn

【完善规章制度】 年内,区城管大队制定了《城管公务人员管理规定》、《执法人员工作手册》,完善了执法责任制等相关制度和规定。

(李 冰)

【健全组织机构】 年内,区城管大队成立 10 个基层分队和 3 个业务科室,建立党委统一领导下的领导干部分工负责制,细化责权,明确分工。

(李 冰)

【基础设施建设】 年内,区城管大队投资 272 万元加强基层分队执法装备建设和基础设施建设。

(李 冰)

【人员业务素质】 年内,区城管大队采取分类培训的方式,开展信息员、法制员、内勤员、驾驶员、协管员等各类人员业务培训和全员法制培训。强化队伍的"三能四会五熟悉",搭建人才交流互动的平台。

(李 冰)

【党员示范教育活动】 年内,区城管大队开展党员示范岗、党员责任区、党员突击队活动,举办"我身边的优秀共产党员事迹报告会",用身边的事、身边的人引导和教育队伍。

(李 冰)

【改善执法环境】 年内,区城管大队先后开展城市文明加油站、城市清洁日、城市不文明行为劝阻、城管一日活动等,引导公众参与城市管理与监督。

(李 冰)

【法制宣传】 年内,按照《2009 年大兴区法制宣传教育工作意见》的要求,区城管大队运用现有法制宣传阵地,开展法制宣传教育活动。共发放普法宣传材料 10000 余份,开办法制宣传橱窗 4 期,板报宣传 4 期,墙报 4 期,法制宣传挂图展出 2 次,上街宣传法律、法规 4 次,印刷法制宣传资料 1 万余册。利用普法日和专项执法周上街宣传法律、法规 4 次,出动人员 50 余人次,发放普法宣传材料 4000 余份。在学校、军营、社区、各门前三包单位、施工单位、居委会开展多形式、全方位的法律法规宣传和社会公德教育。。

(李 健)

【节假日、重大活动期间执法】 年内,区城管大队完成春节、"五一"、"十一"、大兴西瓜节、桑葚节等大型活动及节假日的环境保障任务。保障中央、市级领导来大兴调研、考察等活动的现场及周边环境秩序。完成高、中考期间校园周边及考场环境秩序的保障工作任务。在重大节日及重大活动期间,区城管大队成立 20 人的跨区执法队伍,在"五一""十一"等重大节日,支援市城管执法局及天安门分局,完成执法工作任务。重大节日、重大活动期间,区城管大队各分队提早发放告知书,加大管控力度。严查、严控、严守,不间断巡查,加强安全排查力度。联合公安、办事处、居委会等部门,以奥运期间环境保障标准,加强对流动人员、公共设施等安全隐患的排查工作。

(齐永素)

【城市清洁专项执法】 年内,发放告知书5万余份,签订门前三包责任书2.7万份,纠正店外经营行为4281起,下发整改通知书1300余份,退还擅自占道和绿地3600平方米。

(李　冰)

【"城市夜景护卫"行动】 年内,区城管大队成立"城市夜景护卫"小组,对新城户外广告牌匾、夜间照明设置以及霓虹灯断电断亮等影响市容观瞻的突出问题进行专项检查。共发现问题355个,限期整改192个、限期拆除137个、强制拆除26个。

(李　冰)

【施工建设专项治理】 年内,区城管大队与区内36家工地签订绿色施工承诺书,发放绿色施工宣传册5000余份。采取逐项检查,随机抽查和夜间突查的执法方式,遵循"五个100%"的工作要求,对区内工地进行逐项检查,发放整改通知书314份,查处违法行为119起,罚款26.8万元。

(李　冰)

【露天烧烤专项治理】 年内,区城管大队与公安、工商等部门联合开展社会宣传52次,发放告知书7600份,签订文明经营承诺书1200余份,开展多部门联合执法行动65次,共查处露天烧烤行为451起,取缔消夏大排档92处。

(李　冰)

【违法建设专项整治】 年内,共终止私搭乱建行为821起,发放限拆通知书1500份,查处违法建设279起,拆除违法建设47.8万余平方米。

(李　冰)

【易燃易爆专项执法】 年内,共取缔无照经营柴油汽油摊点42个、非法燃气灌装点18家、暂扣罐装液化气瓶410个。对16家没有安全防范措施的废品收购站下发责令改正通知书,并监督整改。

(李　冰)

【非法营运百日整治】 区城管大队分别于3月、7月开展两次大规模"非法营运百日专项整治"行动,重点打击摩的、板的、残的等严重影响市容面貌和运营安全的非法营运行为,先后出动执法车辆400余台次、执法人员1500余人次,发放各种宣传材料6000余份,劝阻违法行为1620起,查处非法运营行为428起,查扣非法营运车辆372辆。

(李　冰)

【联合开展"风暴行动"】 五月,在区委区政府的统一部署下,区城管大队与公安、工商等部门联合对区内主要大街和重点区域随意摆摊设点的无照经营行为进行为期20天的集中整治。查处无照经营800余起、查扣无照经营商品2万余件,拘留违法相对人24人。

(李　冰)

【信访工作】 年内,区城管大队成立由大队长和分管领导为正副组长,各科室、分队负责人为成员的信访工作领导小组,下设办公室,在各分队专门指定一名队员负责处理群众来信来访工作。全年,共收到各类信访件71件,其中,市局信访系统转来49件,城市广播件7件,接待群众来访14件。大队领导接待日接待7件,与去年相比下降了19.32%,群众满意率 80% 以上。按照信访事项的性质分,其中,反映违法建设的 24 件. 反映工地夜间施工扰民的 7 件。反映无照游商问题的 16 件。反映露天烧烤大排档的 4 件,反映其他问题 20 件。截至年底,各类信访案件已全部办结,办结率达到 100% 。

(李　建)

【建议提案办理情况】 年内,共接到人大建议、政协提案 20 件,由区城管大队主办的 12 件。其中,反映四黑车辆的 3 件、反映无照游商的 2 件、反映店外经营的 2 件、反映露天烧烤的 2 件、反映乱倒垃圾的 1 件、反映城管执法方式的 1 件、提议加大城管法规宣传的 1 件。大队于 2 月 11 日召开代表委员座谈会,面对面听取各位代表委员的意见。4 月底,完成人大建议、政协提案办理工作,代表委员满意率达到 100% 。

(李　建)

【完成国庆保障任务】 年内,区城管大队在市执法局的统一部署与指导下,按照“全面部署、重点盯守、内清外控、全民参与”的思路,落实“国庆平安行动”,完成专项治理整顿、应急处突演练、烟花燃放保障、国庆游园保障、跨区支援以及维稳应急等重大活动和任务。主要做法有:超前预测、提前着手,坚持做到三个到位,即备战平安国庆思想组织到位,备战平安国庆预先防控到位,备战平安国庆防控措施到位。突出重点、讲求方式,策化四个行动。即:联合开展“风暴行动”。5 月,区城管大队与公安、工商等部门联合对区内主要大街和重点区域随意摆摊设点的无照经营行为进行为期 20 天的集中整治,查处无照经营 800 余起、查扣无照经营商品 2 万余件,拘留违法相对人 24 人。开展“非法营运百日整治”行动。7 月,区城管大队开展非法营运专项整治行动,重点打击摩的、板的、残的等严重影响市容面貌和运营安全的非法营运行为,先后出动执法车辆 400 余台次、执法人员 1500 余人次,发放各种宣传材料 6000 余份,劝阻违法行为 1620 起,查处非法运营行为 428 起,查扣非法营运车辆 372 辆。开展“城市夜景护卫”行动。国庆前夕,大队机关成立“城市夜景护卫”小组,由大队党政一把手亲自带队对新城户外广告牌匾、夜间照明设置以及霓虹灯断电断亮等影响市容观瞻的突出问题进行专项检查,发现问题 355 个,限期整改 192 个、限期拆除 137 个、强制拆除 26 个。开展“内清外控”行动。国庆环境治理与保障阶段,大队明确划分出严管区、严控区、严整区三个管控级别。对重点地区实行严管,采取定人定点看守的方式。对一般地区实行严控,采取人盯车巡的执法方式。对特殊地区实行严整,组织联合执法,规范经营行为,取缔违法形态。共查处各类行政违法案件 12174 起,行政处罚 163.61 万元,制止违法行为 1.3 万余起,教育违法相对人 2.5 万余人次。扩大宣传、发动群众,力推四个活动,即:开展“社会公告宣传”活动。国庆环境治理与保障前夕,区城管大队编写《致广大居民朋友的一封信》、《人民城市人民建》广播稿,经区委宣传部批准在大兴报和大兴电台、电视台连续播报 10 天,倡导广大市民自觉爱护家园,主动参与城市建设与管理。开展“城市文明加油”活动。按照市局统一部署,大队制作法规宣传册、便民服务卡、环境多功能袋等宣传品,并在新城的 6 个重点部位设置服务、宣传、监督、管理于一体的多功能城管执法站,邀请社区志愿者和学生志愿者参加。开展“不文明行为劝阻”活动。二季度,大队成立以社区协管员和社区老年志愿者为主的社会不文明行为劝导队,着重纠正公众场所的不文明行为。制作“文明遛犬便携包”和“做文明养犬人”等宣传品,开展不文明遛犬劝阻活动,大兴电视台女子别动队栏目进行了跟踪报道。开展“城市清洁日”活动。8 月,我主动与区直相关职能部门联系,8月26日和9月23日,组织开展全区城市清洁日活动,各企事业单位和个体商户开展大扫除,清扫本单位门前三包环境卫生区。大队准备与区相关部门磋商,拟将每月26日定为本区法定城市清洁日。

(李 冰)

环境保护

【概况】 大兴区环境保护局是大兴区人民政府下属职能部门。正处级单位。截至年底,机构设置有3科、1室、3站、1队。全局共有在编人员111名,其中公务员编18名,机关公勤4名,参照公务员管理7名,事业编制82名。主要职责承担大兴区域内的环境监管职能,监督检查国家和本市关于环境保护的法律、法规和规章制度在本区域内的落实。审核城镇总体规划中的环境保护事项;参与编制本区国民经济和社会发展纲要。依法制定行政管理措施,并负责监督落实。统一监督管理本地区内大气、水体、土壤、噪声、固体废物、有毒化学品以及机动车等污染问题的防治和综合整治工作。监督对生态环境有影响的自然资源的开发利用活动、生态环境建设和生态破坏恢复工作;监督检查自然保护区以及风景名胜、森林公园环境保护工作;监督检查生物多样性保护、野生动物保护和荒漠化的防治。会同有关部门制定建设生态区的规划;指导城乡环保综合整治,监督农村生态环境保护;指导生态示范区建设和生态农业建设。建立健全本区环境保护组织管理体系,组织培训环境保护管理人员,指导各镇环保部门的工作;负责环境保护的行政稽查。按照审批权限,对全区新建、改建、扩建项目进行审批管理;依据区政府规定,审批开发建设活动环境影响报告书。参与环境保护科技发展、科学研究和技术示范工程;指导环境保护产业发展,推广环保事业的先进技术和先进经验。负责环境监测、统计、信息工作;组织对全区的环境质量监测和对污染源的监督性监测;负责排污申报登记注册,发放排污许可证。组织本区环境保护的宣传教育工作,普及环境保护法规和科学知识,推动公众和非政府组织参与环境保护,提高全民环境意识。承办区委、区政府交办其他事项。全年工作目标:空气质量二级和好于二级天数达到66%;主要污染物二氧化硫排放总量下降0.83%,化学需氧量下降0.28%;人民群众来信来访办结率达98%。

名称:北京市大兴区环境保护局
地址:北京市大兴区兴政南巷8号
电话:69243360
邮编:102600
网址:www.dxhb.gov.cn

【大气环境质量监管】 全年空气质量二级和好于二级的天数累计达到244天,占累计有效天数的66.8%,超额完成全年66%(即241天)的任务目标,超额完成任务3天。年度工作按照"五个100%"的要求和施工现场环保标准,规范泄漏、遗撒、露天烧烤等行为。加大对地铁沿线各施工工程的检查力度,协调各相关单位检查施工现场、规范地铁施工违法行为。会同城管监察大队对秸秆禁烧工作进行全面检查。年内,政府斥资约10亿元新建康庄、观音寺两座大型集中供热厂。环保局负责对取小并大锅炉房进行数据调查。前期调查共出动150余人次,对整合取消范围内的所有小锅炉房进行基础数据调查核对,调查责任相关单位49家,检测锅炉135台,累计总吨位1317吨。实现并网9座锅炉房。

(王艳杰)

【查处黄标车】 年内,黄标车淘汰联合服务窗口共办理黄标车淘汰手续10532件,其中转出7833件,报废2699件。共发放鼓励资金7921.55万元。在淘汰车辆中,大客车

726辆、重货车1969辆、中型客货车2514辆、小型客车183辆、微客货和轻货车5140辆。黄标车淘汰补助资金发放办理总数居全市第一。通过对进京路口车辆尾气检测、路查、夜查、入户抽查、举报检查、遥感上路检测等方式,对不合格车辆进行查处。在2个进京路口检测进京车辆188582辆,超标8641辆。路检夜查查车12110辆车,黄标车1137辆,无标924辆,其中超标处罚46辆。遥感检测车辆171940辆,黄标车4077辆。入户走访150余家单位,抽查车辆520辆,合格520辆。对2275辆车做了详细的台帐记录。受理群众举报62辆,对其中不合格的5辆机动车进行当场处罚,核查有奖举报3辆,全部合格。对3家检测场巡查150余次。

(王艳杰)

【油气检查】 年内,区环境保护局辖区内共有106家加油站,2家储油库。油气工作组人员对所有加油站及储油库每月至少检查一遍,对106家加油站共检查1200余次,对储油库检查22次,共出动检查人员430余人次。检查中对违法情节较轻的22家加油站下发限期整改通知书,对违法情节较重的2家加油站提出行政处罚,并责令其限期整改。

(王艳杰)

【建设项目“三同时”审批】 建立绿色审批通道,通过加强指导、简化程序、提前介入、跟踪服务、主动汇报、争取支持、沟通协调、同步审批等措施,推动重大项目的落成建设。年内,共有67个区级重点项目完成审批。区环境保护局在环保审批工作中坚持对不符合产业政策、不符合规划布局、不符合环保要求的建设项目,从严把关,实行一票否决,共审批办结各类建设项目754件,因建设项目位于水源保护区及实际情况与申报材料不符等原因,不予审批3件。在环保设施项目验收工作中,对执行“三同时”的建设项目进行跟踪管理,对项目环保设施的建设进度和质量进行督促和指导,全年共受理59件验收项目,办结57件,其余2件正在办理,与上年同期相比,办结数量增加37件。据统计1至12月份,验收项目比法定时限30日提前20天完成,提前办结率达到68.18%。

(王艳杰)

【环境保护巡查和执法】 全年区环境保护局共出动执法人员1000余人次检查排污单位,共征收排污费180.9万元。对130家单位做出警告处理,对105家单位做出限期整改处理,对43家单位进行罚款,处罚金额35.1万元。

(王艳杰)

【环境保护宣传教育】 4月,监测站于会同教委组织“我爱地球妈妈”演讲活动,有44个学校的47名学生参加竞赛。在“六·五”世界环境日,组织全区14个镇、三个办事处和民盟大兴支部共18个宣传站进行以“行动起来,控制污染”为主题,以宣传淘汰黄标车污染,控制大气污染为内容,在各镇和街道办事处共设立18个宣传站点开展环保宣传,在主管镇长和办事处主管主任等人的组织下,有140多人到街宣传,并进小学发放宣传材料。此项活动共发放宣传材料12000余份,黄标车宣传手册2万余份,环保布袋7800个,展板56张,横幅62条,环保挂图380余套。

(王艳杰)

【监测站通过计量认证复审】 6月29日至6月30日,区环境保护局监测站顺利通过计量认证复评审。

(王艳杰)

【环境监测】 全年共完成大气常规检测12

次、地表水常规检测12次。完成污水处理厂排放水检测12次、垃圾填埋场地下水检测4次、垃圾填埋场厂界大气4次。检测污染源废水260余家,其中对9家重点污染源废水全年累计检测12次。检测锅炉220台,其中对1台重点污染源锅炉累计检测12次。检测油烟38家,检测厂界噪声95家。检测区域噪声223个网格,检测道路交通噪声25条路段。全年累计共报出有效数据2万余项,参加应急检测6次。

(王艳杰)

【文明生态村】 年内,区环境保护局组织开展生态文明村创建活动。各镇进行环境综合整治,对污水、生活垃圾集中收集处理,大搞绿化、美化,共有11个村通过市新农村建设领导小组综合办公室和市环保局专家组验收,获得“市级文明生态村”称号。分别是瀛海镇瑞合一村、礼贤镇西段家务村、礼贤镇东段家务村、采育镇施家务、采育镇西辛庄村、长子营镇潞城营一村、青云店镇东辛屯村、青云店镇大谷店村、安定镇徐柏村、魏善庄镇赵庄子村、榆垡镇求贤村。

(王艳杰)

【环境信访】 年内,区环境保护局共受理环境污染信访1215件,已办结处理1215件,办结率100%。

(王艳杰)

【普查报告编写】 2月,编写完成包括工作总结、技术报告和分析报告在内的6本大兴区污染源普查工作报告。6月8日,通过北京市验收,圆满完成大兴区第一次污染源普查工作。此次污染源普查范围覆盖大兴区1036平方公里辖区内14个镇,3个街道和2个产业基地,共19个普查区域。全区19个普查区域共计填报普查表6794份,其中工业源2775个,农业源2483个,生活源1065个,集中式污染治理设施5个,VOC源466个。

(王艳杰)

【减排工作】 年内,建成天堂河、榆垡、庞各庄、青云店四座污水处理厂,对安定污水处理厂进行了改造,加大市政管网建设。对原有黄村污水处理厂控潜改造,使全区污水日处理能力达到15.5万吨,新增污水处理量2万吨/日。

(王艳杰)

科·教·文·卫·体

科　　技

【概况】 2009年,全区科技工作紧紧围绕区委、区政府的中心工作,按照《北京市中长期科学和技术发展规划纲要》和《科技北京行动计划》的总体要求,全面落实科学发展观,大力推进自主创新能力建设,加快高新技术产业培育,促进产学研合作和科技成果转化,科技创新在应对国际金融危机,促进全区经济社会发展上发挥了重要的支撑引领作用,推动全区科技事业取得了新的进展。区科委加大政策落实力度,引导企业科技创新。出台并实施了《大兴区专利资助与奖励办法》等3个办法。整理编制了《大兴区企业技术创新政策简明手册》、《科技北京行动计划简明读本》,开展创新政策宣讲活动;启动了大兴区自主创新产品的认定工作,开展了区科学技术奖征集评审工作;做好高新技术企业贷款贴息申报及科技保险工作;落实专利申请费减免审核;规范技术合同认定登记工作;着力推进研发中心等的试点示范建设。全年,268家民营科技工业企业实现工业总产值突破180亿元,占全区工业比重41%。新认定民营科技企业40家,累计发展民营科技企业895家;重新认定高新技术企业66家,完成主营业务收入突破20亿元,比上年同期增长15%。区科委加大科技项目对经济社会各领域的支撑引领作用。年内,共征集、申报各级各类科技项目245项,实施各级各类科技项目177项。争取市级以上科技经费6509.17万元,区级科技经费454万元。"国家新媒体产业基地新媒体产业孵化科技条件平台"等一批重大专项进展顺利。区疾控中心、区人民医院等8家医疗机构的14个课题纳入大兴区科技计划项目;区公安分局承担的"大兴区警用电子地图开发"项目,在奥运会、国庆60周年庆祝活动中实战作用明显。区科委采取多项措施完善农业科技服务体系,推进都市型现代农业发展。加强了农产品精深加工等10项关键技术研究与应用,推广农业科技成果150余项;完成了《都市型现代农业科技推广信息服务体系系统集成方案》的编制;认定农业科技示范园20个;加强农村科技协调员队伍建设;完成了榆垡镇、长子营镇2个星火培训基地建设;建设田间学校15所,组织农业科技培训和农民创业辅导460期,培训人员4万人次;组织推荐市级创新型乡镇农民专业合作组织13家;依托区县科技专项促进了10个特色农业产业基地和两条"都市现代农业产业带"的建设,注重培育甘薯、花卉等新兴特色产业;新建精准农业标准化基地5个、新品种试验示范基地5个;市级科技创新镇建设试点6个。区科委充分发挥首都科技资源优势,加快、加强各层次各领域科技资源整合,推进科技合作,组织企业参加首都高校科研成果落地洽谈对接会、院镇科技项目合作座谈会等活动,扶持企业发展。拓展合作领域,加大对国内外先进技术引进消化吸收再创新,扶持指导区内企业个人外出学习交流。区科委大力开展知识产权工作。建立知识产权联系人制度,建立重点企业知识产权数据库;积极推进“百千对接”工程;配合市局加强对重点领域、重点行业侵犯知识产权的行为进行专项整治;联合工商局等部门,开展“无假冒专利示范商场”等专项检查执法活动,营造了尊重知识产权良好社会氛围。积极开展科普工作,拓宽科普工作领域,提升百姓生活质量,充分发挥科普联席会作用,共同推进科普工作,农村科普、社区科普、校园科普工作取得了新成绩。

名称:北京市大兴区科学技术委员会

地址:北京市大兴区兴政街31号科技大厦

电话:69244954

邮编:102600

网址:http://www.dxlxl.gov.cn/wed/kw/

【新能源汽车“一园两公司”揭牌】 11月14日,北京新能源汽车科技产业园、北京汽车新能源汽车有限公司、北京普莱德新能源电池科技有限公司在采育经济开发区正式成立。中共中央政治局委员、市委书记刘淇,全国政协副主席、科技部部长万钢,市委副书记、市长郭金龙为“一园两公司”揭牌。市委常委赵凤桐在揭牌仪式上致辞。揭牌仪式后,刘淇等领导视察了电动汽车动力控制系统、动力电池模组等零部件研发情况,试乘、试驾了纯电动轿车纯电力汽车样车。北京大学校长、中科院院士周其凤,副市长苟仲文,中国工程院院士、吉林大学原副校长郭孔辉,军事交通学院院长张伟,市科委主任闫傲霜、中科院院士、北京大学化学学院院长高松、区委书记林克庆、区长李长友,科技部、市区有关部门负责同志参加此次活动。

(王丽华)

【北京星光电视节目制作基地揭牌】 11月25日,中共中央政治局委员、北京市委书记刘淇,中宣部副部长、国家广电总局局长王太华,北京市委副书记、市长郭金龙,国家广电总局副局长赵实,北京市委常委、宣传部长、副市长蔡赴朝一同出席了中国北京星光电视节目制作基地的揭牌仪式。区委书记林克庆,区委副书记、区长李长友共同出席揭牌仪式。“中国北京星光电视节目制作基地”,是获得广电总局批复的唯一国家级的电视节目制作基地。北京星光影视园总占地220亩,已完成投资10.5亿元。其中一区占地160亩,包括节目制作区、综合服务区和在建工程新媒体大厦,为电视台和传媒制作公司提供完备的节目制作、卫星传输及公共配套服务。二区传媒聚集区起步区60亩正在建设中,主要是为中外传媒机构或公司提供驻京总部、制作基地或办事处服务,预计2010年投入使用。

(王丽华)

【两实验室落户大兴生】 10月13日,北京生物医药产业基地发展有限公司与北京普罗吉生物科技发展公司签立了科技合作意向书,就蛋白质药物北京重点实验室、抗肿瘤蛋白质药物国家工程实验室落户大兴生物医药产业基地提出建设性方案。区科委向市科委申报了“抗肿瘤蛋白质药物创新公共服务平台重大科技专项,使大兴生物医药产业基地的平台服务内容由化学制药延伸到生物制药,形成更为完整的技术平台服务体系。“长效分子靶向抗肿瘤药物”是由清华大学抗肿瘤蛋白质药物国家工程实验室主任、北京普罗吉生物科技发展有限公司首席科学家罗永章教授主持研发的拥有自主知识产权的国家一类抗癌新药。

(王丽华)

【获得科技部火炬中心批复】 2月25日北

京市科学技术委员会复函给大兴区政府，国家科技部火炬高技术产业开发中心同意大兴区建立国家火炬计划北京大兴节能环保特色产业基地，这是北京市唯一一家国家级节能环保特色产业基地。

（王丽华）

【完善区域科技创新政策】 年初，区科委先后出台了《大兴区专利申请资助及奖励办法》、《大兴区自主创新产品认定办法》、《大兴区专利试点示范企业管理办法》，整理编制了2000册国家、北京市科技创新政策汇编简明手册，面向各镇、基层企业开展了4次创新政策宣讲活动。安排专项资金333万元，重点支持引导企业科技创新能力建设，提高企业核心竞争力，推进区域经济平稳较快增长，取得了显著成绩。

（王丽华）

【民营科技企业】 全年，全区新增民营科技企业56家，高新技术企业48家，市级以上知名品牌5个。建立区级企业研发中心10家，区级专利试点示范企业26家，信息化示范企业6家，开发新产品110项；申报市级专利试点示范企业36家。企业申请专利2195项，其中发明专利870项，实用新型985项，外观设计专利340项。授权专利1004项，其中发明专利125项，实用新型567项，外观设计专利312项。输出技术成果1104项，成交金额29.88亿元，吸纳技术成果615项，成交金额6亿元。全区拥有中国驰名商标9个，中国名牌5个，北京市名牌13个，北京市著名商标49个。

（王丽华）

【首批自主创新产品认定】 年内，区科委联合区发改委、区建委、区工业局、区知识产权局等单位，制定并实施了《大兴区自主创新产品认定办法》，5月，正式开展首批大兴区自主创新产品征集申报工作，共收到自主创新产品申报资料79份，经初审推荐71项产品提交专家评审组。9月份，组织医药业、制造业等领域的9名专家进行评审，评审结果通过网站公示无异议，认定了41家企业的56项产品为首批本区自主创新产品。在区内政府采购过程中，本区自主创新产品在同类别产品中将给予优先购买。

（王丽华）

【自动化流水生产线投产】 年内，北京天普集团率先建成了国内最先进的自动化流水生产线，并已投产使用。此次投入使用的JCD－D七室全自动连续镀膜机生产线和64工位自动发泡流水生产线，结合包装流水线一同使用，实现了热水器整体自动化生产，一改以往人工或单机操作模式，大大提高了工作效率，将行业内生产一台热水器的最快时间由1分钟缩短到30秒。新生产线建成投产后，预计将年产105万台热水器。每台太阳能热水器每年吸收热量供应的生活热水，其热量相当于214公斤标准煤、163立方米天然气、1748度电产生的热量。

（王丽华）

【市科委领导调研】 6月5日，市科委主任闫傲霜，市科委党组书记、副主任杨伟光，委员张虹及计划处、农村处、政策法规处、信息处、生物医药处、人事处、软科学处等领导到本区调研科技工作。区委副书记、区长李长友、主管副区长，区委办、区政府办、区科委、生物医药基地及新媒体产业基地等单位主要领导陪同调研。

（王丽华）

【科学技术奖征集评审工作完成】 年内，科技奖征集工作共受理申报材料100份，审查合格的申报材料82份，其中技术进步49项，软科学33项，推荐给专业评审组，经专业组初评排序后,评审委员会通过记名投票的形式对35个专业组推荐项目进行了评议,确定了区科学技术奖评审结果,并面向社会进行公示,公示无异议后,评审结果报区政府。

(王丽华)

【加强与首都科院所的合作】 年内,促成了5个领域的8家企业15个项目的合作。协助长子营镇与北京农科院开展了10年合作成果推介活动,并签订了新一轮10年合作协议;长子营镇与市农科院和中国农业大学共同承担了科技部——城郊型集约农田污染防控技术集成与示范项目。制定了区内科技资源共享实施方案,重点是提升区内科技资源共享程度和使用效率,引导区内部门、行业、企业之间的合作交流。举办2次院镇科技项目合作座谈,组织区内10家重点企业参加北京市科委科技促进北京新农村建设成果展,送实物展品20余种。开展创新型乡镇农民专业合作组织推荐工作,推荐合作组织13家,加强网上销售宣传及合作组织间横向交流与合作,提升服务能力。

(王丽华)

【全面展示科技创新成果】 年内,区科委、区科协、区知识产权局推出了《大兴科技》专刊,为季刊,每年4期,每期印刷1000册,共设置了科技在线、动态速递、政策导航、自主创新——大兴行、科技助农、科普靓点、领军人物、博采空间和知识广角9个栏目。荟萃区内科技、科普工作最新动态,宣传报道区内民营科技企业、中关村科技园区大兴生物医药基地和文化创意产业基地的创新之路及科技对新农村建设的支撑引领作用,介绍区内科普场馆和普及科技知识等内容,集合200余张图片、10万余字的文字资料,完成了4期《大兴科技》专刊的撰稿任务,全面宣传报道了大兴区的科技创新成果。

(王丽华)

【落实市区科技项目】 年内,组织召开专家论证、评审会24次,组织征集、申报各类科技项目245项,实施各类科技项目177项,其中区级项目103项、国家级12项、市级项目57项,争取市级以上科技经费6509.17万元。重点加强了对全区经济社会发展有重大促进作用的课题的支持,涉及企业专利技术实施、重点企业研发中心建设等15个专项,共投入技术研究与开发经费454万元。

(王丽华)

【重大科技专项目实施顺利】 年内,“现代绿色生猪基地建设及产业化升级工程”项目、“国家新媒体产业基地新媒体产业孵化科技条件平台”项目、“中关村科技园区大兴生物医药基地科技服务平台”项目,三个项目进展顺利,已进入项目验收阶段。年内,组织申报的绿色通道重大科技项目“国家新媒体产业基地数字园区信息管理系统研究与应用”项目,目前已通过评审并在市科委立项;与区发改委、榆垡镇共同申报的大兴区节能环保特色产业基地,得到科技部火炬中心批复,成为北京市唯一一家国家级节能环保特色产业基地。

(王丽华)

【四个重大项目落户大兴】 年内,北京新能源汽车科技产业园在大兴区采育经济开发区正式成立;北京星光影视设备科技股份有限公司与中国科学院理化技术研究所签订了“大功率LED散热专利技术合作”协议;大兴生物医药产业基地与北京普罗吉生物科技发展公司合作共同建设抗肿瘤蛋白质药物国家工程实验室、蛋白质药物北京重点实验室;中国医学科学院药与大兴生物医药产业基地共建药物研究院。

(王丽华)

【课题通过验收】 4月17日,由区科委和区信息中心承担的“都市型现代农业科技推广信息服务体系”课题通过了市科委组织的专家验收；该课题是“自主创新的信息技术综合应用示范区建设”项目中的子课题之一，在实施过程中采用了自主的国产软硬件产品，完成了大兴区科技推广信息服务体系支撑平台建设，平台包括农业科技推广信息服务门户、科技推广服务体系专家咨询系统、农副产品网上销售物流配送辅助系统等8个应用系统；初步整合了大兴区涉农信息资源，探索了采用信息化手段推广农业科技的方法。

（王丽华）

【研究课题通过专家验收】 6月11日，北京市科委组织专家对庞各庄西瓜产销联合会与北京健力药业有限公司共同承担的区县科技专项项目“‘双高’西瓜品种选育、配套栽培及高值化关键技术研究”课题进行了验收。

（王丽华）

【农业科技支撑作用日益增强】 年内，完成了《都市型现代农业科技推广信息服务体系系统集成方案》的编制；组织申报了庞各庄镇科技创新示范镇建设，已获得批准；完成了15所田间学校建设；完成了榆垡镇、长子营镇2个星火培训基地建设；组织农业科技培训和农民创业辅导460期，培训人员4万人次。加强了农产品精深加工、农业标准化等10项关键技术研究与应用，推广农业科技成果150余项；“籽种农业示范工程”、“精准农业示范推广”等重点农业产业技术示范项目实施顺利。促进了10个特色农业产业基地和两条“都市现代农业产业带”的建设；培育了甘薯、花卉等新兴特色产业发展，加大对农产品深加工龙头企业的支持力度，提升了农产品附加值。

（王丽华）

【农村科技协调员服务能力提升】 年内，建立了460名农村科技协调员队伍，制定了管理办法，开展了培训，建立了一条推广农业科技成果的快速通道，新型农村科技推广体系基本形成。继续实施“科技助农”工程，大力培育农业科技示范户，依托首都高校和科研院所，筛选100余项先进、实用、覆盖面广的农业技术与成果，在全区进行推广。

（王丽华）

【生态环保养猪新模式】 2007年区科委为有效解决制约本区绿色生猪基地建设和产业化升级瓶颈，将“大兴区现代绿色生猪基地建设及产业化升级工程”向市科委申报北京市重大科技项目，争取资金和技术支持，项目实施期限为2007年至2009年，累计争取市级科技经费近1000万元。重点解决了本区现代绿色生猪基地防疫体系建设、现代绿色生猪基地服务体系建设、生猪安全追溯体系的研究与示范等9个方面的具体问题，通过项目的实施，在本区逐步形成生猪生产良种化、安全化、标准化和产销一体化的生猪养殖模式。该模式相比传统养猪模式节水85%达以上，且实现排泄物、污水零排放。

（王丽华）

【首批农业技术转移示范工程】 11月，首批北京技术转移“信服通”示范工程项目服务网点建设工作在本区展开，共28个相关企业提交申请并参加培训，经过北京技术交易促进中心、区科委认真考察了各单位农业技术转移需求程度、基础条件、资质条件、人员条件和运营能力，截止12月初共25个单位（14个专业合作社，3个农业企业、7个村委会及一个农业服务中心）符合服务网点建设条件入选。

（王丽华）

【命名5家单位为创新型科普社区】 年内，本区有5家单位被市科委认定为创新型科普社区,分别是清源街道兴华园社区、林校街道车站中里、林校街道天堂河社区、兴丰街道清城社区、长子营镇留民营社区。

(王丽华)

【科普基地建设逐步推开】 6月25日,北京市科委会同北京市科协举办了2009年北京市科普基地命名仪式暨北京市科普基地工作会议。本区共有5家单位被命名为“北京市科普基地”,分别是北京西瓜博物馆、北京野生动物园、红星集体农庄儿童科普农事体验园、北京市市政管理委员会培训中心、北京科亿科兴科普技术有限公司。科普基地是开展社会性、群众性、经常性科普活动的重要场所,是弘扬科学精神、普及科学知识、传播科学思想和科学方法的主要载体,是培训科普人才、开发科普产品的重要机构。全年,区内共有两批14家单位被正式命名和授牌。

(王丽华)

【北京“科普之春”启动仪式】 3月7日,第十一届北京“科普之春”启动仪式在采育镇文化广场举行。“科普之春”活动由北京市科协、北京市农委主办,由北京老科技工作者总会、区科协、采育镇政府承办。中国科协副局级巡视员周济、市科协副主席周立军、区委、区政府主要领导,区科委、科协、采育镇政府主要领导,以及市学会联办、12个兄弟区县科协领导出席了启动仪式。本年“科普之春”活动的主题是“科技支撑 惠农兴村”。

(王丽华)

【科技周活动启动】 5月20日,2009年大兴区科技周启动仪式在榆垡镇农贸市场举行。本届科技周活动的主题是“坚持科学发展,建设科技北京,构建和谐大兴”。副区长潘新胜围绕“保增长、保民生、保稳定”及建设社会主义新农村作了重点讲话,并宣布科技周活动正式开始。本次启动式由区政府主办,区科协、区科委、区农委及榆垡镇政府共同承办。共展出节能环保、新农村建设等内容的科普展板36块,同时展出了微喷滴灌、新型农机具等新技术模型20余件,发放科普宣传资料5000余份,参加启动式的榆垡镇各界群众400余人。

(王丽华)

【社区科普剧团成立】 9月23日,本区首家社区科普剧团——“兴华园社区科普剧团”在兴华园社区举行成立大会。区科协、区清源街道办事处及兴华园社区60多名居民代表参加了本次授旗仪式,科普剧团由50余名团员组成,由兴华园社区居委会牵头,定期组织开展各种科普文化活动。

(王丽华)

【第27届学生科技节开幕】 10月19日,本区第27届学生科技节在少年宫隆重开幕。北京市科协副局级干事、秘书长吕家香,市教委体美处副处长周浩,区委常委、宣传部部长戴明超,区人大副主任周敬溪,副区长潘新胜、副区长谢冠超,区政协副主席刘志茹,区委宣传部、区人大、区科委、区科协等领导及来自全区50所学校的1000多名中小学师生参加了此次活动。

(王丽华)

【知识产权工作】 年内,完善了知识产权发展与保护管理协调机制。研究制定并组织实施《大兴区专利资助及奖励办法》、《大兴区专利试点示范企业管理办法》等,促进了全区知识产权的发展与保护。联合工商局、文委、商务局、药监局等部门,开展“无假冒专利示范商场”等专项检查执法活动,抽查了80类400多件专利商品。通过“展业通”知识产权质押贷款工作,为12家企业融资2亿元。

(王丽华)

【知识产权领导小组会议】 4月21日,区知识产权领导小组办公会议在区科委组织召开。区司法局、区文委等知识产权领导小组各成员单位参加了此次会议。会议全面总结了本区2008年知识产权工作,部署了2009年知识产权工作以及4.26知识产权宣传月活动安排。

(王丽华)

【"4·26世界知识产权日"宣传活动】 4月24日,区科委、知识产权局等知识产权领导小组成员单位在科普文化广场组织开展了"4·26世界知识产权日"宣传活动。区科委、区文委、工商分局、商务局、司法局等知识产权领导小组成员单位领导参加了此次活动。

(王丽华)

【承办本区国庆60周年成就展】 10月1日至7日,由区政府举办,区科委承办的国庆60周年成就展圆满结束。展览共设置四个展区,展板110余块,内容涉及本区自建国六十年以来,经济、社会、科技等方方面面领域取得的辉煌成就。据统计,国庆长假期间,共吸引群众8万余人次观看展览。

(王丽华)

教　　育

【概况】 2009年,是全区深入学习实践科学发展观、开展作风建设年、推动经济与社会快速发展的关键年,也是落实《大兴区十一五时期教育发展规划》的攻坚年。全区教育教学工作在区委、区政府的正确领导和市教委的精心指导下,认真贯彻党的十七大、十七届四中全会精神,以科学发展观统领全区教育工作,紧紧围绕"坚持科学发展,深化教育改革,推进教育均衡,提高教育质量,办人民满意的教育,为大兴经济和社会发展服务"这一主题,坚持把扩大优质教育资源、促进城乡教育均衡、加强干部教师队伍建设、创造大兴教育特色、狠抓学生素质提升、提高大兴教育质量作为教育工作的重点,推动各项工作稳步开展。

名称:中共北京市大兴区委教育工作委员会
北京市大兴区教育委员会
北京市大兴区人民政府教育督导室
地址:北京市大兴区兴华大街3段15号
电话:69243338
邮编:102600
网址:http://jyj.dxedu.gov.cn/

【基础教育概况】 年内,本区有幼儿园58所,其中教育部门办39所,民办园16所,其他部门办3所;收托幼儿13981人(外省市4035人);入园人数6100人,离园人数4327人;教职工676人,其中专任教师361人、园长71人、保育员51人;其中小学附设学前班38个,收托幼儿1232人(外省市350人);学前教育普及率100%。小学94所,教学班1257个,在校生40432人(外省市17192人),招生6308人(外省市3186人),毕业6843人(外省市2034人);教职工3681人,其中专任教师3045人;小学入学率100%,巩固率100%,毕业及格率100%。中学38所,其中初中校21所,完全中学10所,高中校2所,九年一贯制学校5所;教学班825个(初中576个、高中259个);毕业生9162人[初中5840人(外省市917人)、高中3322人(外省市54人)];招生9621人[初中6509人(外省市1532人)、高中3112人(外省市121人)];在校生29331人[初中19383人(外省市4045人)、高中9948(外省市385人)];初中入学率100%,巩固率99.88%,毕业及格率100%;高中入学率53.29%,毕业及格率90.28%,应届高考录取率83.23%;教职工4472人,其中专任教师3358(初中2260人、高中1098人)。中小学教师学历合格率99.6%,其中,小学教师学历合格率99.9%,初中教师学历合格率99.5%,高中教师学历合格率99.7%。中小学市级特级教师人数13人,其中,小学特级教师人数3人,中学特级教师人数10人。中小学教师具有高级专业技术职务的1086人,其中,小学23人,初中311人,高中120人,完全中学522人。特殊教育学校1所,教学班6个,毕业生19人,招生8人,在校生44人(外省市户口5人),教职工30人,其中专任教师21人;残疾儿童入学率98%,巩固率100%。校外教育单位1个,教职工79人,其中专任教师42人。教师进修学校1所,教职工197人,其中专任教师160人。全区中小学图书馆藏书2152405册;校舍占地面积2741744平方米,建筑面积945702平方米;固定资产总值57947.92万元;全年教育经费投入131557.1万元,其中国拨125552.9万元,自筹6004.2万元。

(李永奎)

【中小学体育卫生工作会】　2月17日,“2009年大兴区中小学体育卫生工作会”召开。会上教委体美科、中小学卫生保健站相关领导分别对全区体育、卫生工作进行部署。会上,5所“2008年北京市中小学校落实学校《体育工作条例》”市级优秀学校及5所“2008年北京市中小学百所课间操优秀校”市级优秀学校受到表彰。

(李永奎)

【校长财务管理培训启动】　3月19日,区委教工委、区教委在少年宫举办“大兴区教育系统领导干部和财务管理人员专题提高培训班”,正式启动校长及财务管理人员的专题提高培训工作。各镇教委主任、各单位行政一把手、主管财务的主任、会计、出纳共420人接受培训。首次培训活动特别邀请市审计局刘俊华处长做《依法理财,加强管理》、区审计科王亚楠科长做《加强财务管理,遵守财经法规》专题讲座。

(李永奎)

【中小学生田径运动会】　3月26日至27日,区教委和体育局共同主办“2009年大兴区中小学生田径运动会”。区人大副主任周静溪、副区长曲凤宏、区政协副主席刘志茹及区体育局领导出席运动会开幕式。全区75所学校834名运动员经过两天激烈比赛,角逐出104个项目的金牌。其中,6人破5项最高纪录,10人破10项区运动会纪录。兴华中学、首师大大兴附中、大兴一中分获高中组团体总分前三名;大兴七中、大兴一中、大兴三中分获区直属初中组团体总分前三名;大兴三小、大兴五小、大兴二小分获区直属小学组团体总分前三名;长子营中学、亦庄中学、区体校分获区镇初中组团体总分前三名;庞各庄二小、榆垡二小、长子营一小分获区镇小学组团体总分前三名。

(李永奎)

【中学教师专业发展大会召开】　4月18日,大兴区第四届中学教师专业发展大会召开。区教育工委书记、区教委主任李达,区教委副主任扈岩江、荣俊艳等领导出席会议。全区各中学校长、主管教学副校长、教务主任、进修学校中教研的教研员、市级学科带头人和骨干教师、大兴区新一届学科带头人和骨干教师700人参加大会。大会由教师进修学校王书明副校长主持。会上,教委副主任荣俊艳代表区教委做关于教师专业发展的工作报告,报告总结上年度中学教师专业发展工作情况,对本年度工作进行部署。

(李永奎)

【教育关工委报告团成立】　4月23日,区教育系统关心下一代工作委员会2009年报告团在区少年宫成立。会议由区老教师协会会长陈万泉主持。北京市教育关工委副主任倪益琛、区教育关工委主任李克仁、区教委副主任扈岩江等领导出席,报告团相关成员参加会议。本年度报告团有成员14名。

(李永奎)

【小学班主任培训总结表彰会】 5月9日,大兴区小学班主任基本功培训与展示活动总结表彰会在北京小学大兴分校召开,全区各校德育干部和优秀班主任代表二百余人参加会议。会上对本区小学班主任培训与展示活动的实施情况做详实总结。代表本区参加北京市班主任基本功大赛并获得优秀成绩的礼贤二小教师韩硕、大兴三小教师崔书良、北京小学大兴分校教师马金鹤和北京小学翡翠城分校教师牛晓磊从命题演讲、案例答辩、风采展示等多个板块做现场展示。全区1280余名班主任参与此次活动。经过比赛和选拔,全区小学156名优秀班主任获奖。此次班主任培训与展示活动共评出一等奖50名,二等奖50名,三等奖56名。会上同时表彰8所先进学校:大兴二小、大兴三小、大兴五小、黄村镇一中心、北京小学大兴分校、亦庄一小、采育一小、长子营一小。

(李金艳)

【小学生硬笔书法比赛】 5月23日,第二届小学生硬笔书法现场决赛在大兴七小举行。比赛分为低、中、高三个场次进行。比赛经过初评、复评、终评三个阶段的评选,最终评出一等奖460人,二等奖530人。优秀指导教师多名,根据各校获奖情况,确立八个集体优胜奖,分别是大兴区第二小学、亦庄镇第一中心小学、黄村镇第一中心小学、北京小学大兴分校、大兴区滨河小学、大兴区第八小学、大兴区第七小学、大兴区第五小学。

(李金艳)

【举行古诗文诵读比赛】 5月26日,区教育工会主办中小学教师"学国学 诵经典 喜迎建国六十年华诞"古诗文诵读比赛活动。比赛4月中旬开始,历时一个半月,历经三个阶段学校预赛、片组选拔赛,总决赛。大兴二小杜昕宇、青云店第二中心小学刘波、少年宫李艳娜、瀛海一小吴丹、长子营一小丁然获一等奖;青云店第一中心小学康万良、首师大大兴附中王占辉、等10组选手获得二等奖;授予大兴六中片、青云店第二中心小学片、红星中学片三个表现突出片组为优秀组织奖。

(李金艳)

【青少年未来工程师大赛举行】 6月6~7日,北京市青少年未来工程师大赛在大兴少年宫举行。受北京市学生活动管理中心的委托,区少年宫承办2009年的北京市青少年未来工程师大赛。来自全市16个区县的280余名学生、170余名区县领队和辅导教师参与本次活动。大赛聘请北京市青少年科技馆特级教师汪耆年、中央教育电视台原总工程师杨名甲等10位专家担任评委工作。经过比赛,大兴区长子营镇第一中心小学、大兴区长子营镇第二中心小学、大兴区第三小学、北京市第十三中学、北京五中分校分别获得航天器探月归来、木梁承重、排雷机器人、绿色节能型场馆、创意环保乐队项目第一名。大兴区、顺义区、北京五中分校分获团体总分前三名。

(李永奎)

【青少年公共安全宣教基地揭牌】 6月11日,大兴区青少年公共安全宣教基地揭牌仪式在孙村中学举行。北京市民防局宣教处处长庄长涛、区委教育工委书记、区教委主任李达、区民防局局长聂艳荣等相关单位领导出席揭牌仪式。区民防局副处级调研员刘向辉主持揭牌仪式,市民防局宣教处处长庄长涛、区委教育工委书记、区教委主任李达为大兴区青少年公共安全宣教基地揭牌;区司法局局长焦守强点击开通大兴区青少年公共安全教育网;区委教育工委副书记石玉贵公布“画说法律”——安全在我身边获奖作品名单。与会领导为获优秀组织奖的学校、获奖教师和获奖学生颁奖。来自全区各中小学(职高)的主管领导、获奖教师代表及孙村中学师生共350人参加活动。区教委、区民防局在大兴区孙村中学建立“大兴区青少年公共安全宣教基地”,既是对青少年公共安全教育的一种有益探索,也为全区公共安全教育搭建了一个平台。

(李永奎)

【中小学师生电脑评选活动】 6月,在北京市教委举办的“第十届北京市中小学师生电脑作品评选活动”中,经过层层选拔,选送优秀师生电脑作品参加评选活动。15件作品获奖,其中二等奖5件,三等奖10件;学生电脑作品中8件获奖,其中黄村镇第一中心小学郑春禹老师指导的吕文轩同学的电子绘画《朦胧》获得一等奖、5件学生电脑作品获得三等奖。大兴三小、大兴一中两个机器人代表队分获北京市机器人足球二等奖和三等奖。

(李永奎)

【教育系统庆祝建党88周年大会】 6月30日,区教育系统庆祝建党88周年暨表彰大会在区少年宫礼堂召开,区委副书记孟令华,区委常委、宣传部、区人大、区委教育工委、教委及全区教育系统党支部书记、优秀党务工作者、优秀共产党员、先进党小组成员近300人参加大会。会上,区委教育工委书记,教委主任李达致辞,总结区委教育工委和教育系统各党支部在过去一年里积极发挥领导核心和战斗堡垒作用,结合教育系统开展的第二批学习实践科学发展观活动和作风建设年活动对各支部下一阶段的工作提出具体要求。向为“十佳党支部书记”、“优秀党务工作者”、“优秀共产党员”、“先进党小组”颁奖。十佳党支部书记代表旧宫第一中心小学李德义、优秀共产党员代表大兴一中吕小英分别作典型发言。区委常委、宣传部部长戴明超代表区委总结讲话,向受到表彰的先进集体、个人表示祝贺,并通过在座的党员向全区教育战线上的广大党员和曾为大兴教育发展呕心沥血的老党员表示节日的问候和衷心的感谢。

(李永奎)

【全国中学生运动会取得好成绩】 8月16日至21日,第十届全国中学生运动会在湖南长沙举行。来自全国各省、自治区、直辖市和新疆生产建设兵团,以及香港、澳门特别行政区33个代表团2790名运动员参加运动会。本区两所学校25名运动员参加田径和女子足球两个项目的比赛,获2金2银2铜的优异成绩并打破一项赛会记录。大兴一中三名学生张雷、孙腊梅、李凯钰作为北京田径队运动员参加六项比赛,孙腊梅以4分15秒06的成绩,打破全运会1500米记录,获金牌;张雷获5000米金牌、1500米银牌;孙腊梅获3000米铜牌;李凯钰获800米铜牌、四乘四接力第三名。此次全国中学生运动会,北京田径队共获得230分,三名小将夺得49分,超额完成了市教委下达的36分的任务。大兴一职女子足球队代表北京市中学生参加此次比赛,以1∶3的成绩获得此次比赛亚军。大兴一职女足被组委会授予“精神文明队”称号。

(李永奎)

【举办第四届教师书画摄影展】 9月8日,大兴区第四届教师书画摄影展经过近两个月的筹备,在大兴十小开幕。区政协、区教委等领导和北京教育科学院基础教育研究中心艺术教研室主任、特级教师、北京市书法家协会杨广馨等市、区书画名家参加开幕式。开幕式由大兴区教育工会杨子仲主席主持。教育工委李广成副书记致开幕词。此次书画摄影展共收集作品290幅,甄选198幅艺术精品参展。

(李永奎)

【庆祝教师节】 9月10日,本区隆重举行庆祝第25个教师节大会。会上,表彰15个师德建设先进集体和100名师德标兵,区长李长友代表区委、区政府、区人大、区政协和全区人民,向辛勤耕耘在教育教学第一线的全区广大教职员工以及离退休教师致以节日的问候。区人大主任张书领、区政协主席高树旺和戴明超、刘志茹等区领导到会祝贺,与全区1万多名教育工作者代表庆祝教师节,以"在灿烂的阳光下"为主题的文艺演出,为全区教育工作者送去了节日的祝福。

(李永奎)

【召开爱心小分队辅导员表彰会】 9月16日,区教育团工委组织召开"2008至2009学年度唐仲英优秀爱心小分队、优秀爱心辅导员表彰会"。大兴教育团工委书记孙勇、唐仲英基金会北京地区指导教师、清华大学教授刘裕品等领导出席会议。会上,刘裕品教授为获得唐仲英优秀爱心小分队、优秀爱心辅导员先进集体和个人代表颁发获奖证书和奖金。9所学校爱心小分队获优秀爱心小分队荣誉称号,18名辅导员被评为优秀爱心辅导员。北师大大兴附中团委书记、唐仲英爱心小分队辅导教师宋丽红,大兴六中团总支书记、唐仲英爱心小分队辅导教师范玲分别作为获奖代表发言。与会人员共同学习《唐仲英爱心奖学金章程》相关内容,并对2009至2010学年度唐仲英爱心奖学金申报、评选工作进行部署。

(李金艳)

【助学金奖学金发放座谈会】 9月29日,仁和助学金、世农奖学金、威克多奖学金发放座谈会在区教委召开。三家赞助企业的领导及中国农业大学、大兴一中、大兴七中、青云店中学学校领导带领10余名受助学生代表参加会议。会上首先介绍三项助学金、奖学金发放情况。仁和助学金共计20万元,资助家庭生活困难且学习成绩合格的大兴中小学生400名;世农奖学金10万元,奖励大兴籍成绩优异且家庭贫困的青云店、垡上中学10名初中生,11名高中生,中国农业大学8名大学生;威克多奖学金共20万元,奖励2009年中考前100名在大兴就读的高一学生共29人。三项助学金、奖学金共计50万元,受助学生达458人。

(李金艳)

【中考工作总结会】 10月21~22日,区教委中教科组织召开2009年中考工作总结会。区教委副主任扈岩江、中教科科长张德富,进修学校领导、教研员,各中学校长、教务主任计80余人参加会议。教科院朝阳分院原院长王化洁应邀做"改善教学管理,提高教学质量"专题讲座。张德富作题为《明确目标 扎实工作 全面提高初中教学质量》的中考工作总结。年内,本区中考总平均分425.36分,比去年提高13.46分,及格率86.24%,比去年提高3.6个百分点,中考成绩创造历史新高。

(李金艳)

【为农村地区教师赠送班车】 11月27日,区委区政府在区少年宫举行为农村地区教师赠送班车仪式。区委常委、宣传部长戴明超,区政协副主席刘志茹,区委教育工委书记、区教委主任李达,区财政局副局长李凤堂出席仪式。全区共有农村边远地区教师3507人,其中每天需要乘班车回新城的1747人。全区接送教师班车共61辆,其中黄标车28辆,按照市政府要求,年底前黄标车将全部淘汰。

区委区政府和财政部门安排资金594.4万元,购买大、中型班车17辆赠送农村地区学校。区委区政府重视教育工作,先后解决农村地区教师2007年底以前的医疗费用报销遗留问题;为农村教师赠送班车30辆;提高农村地区教师工资待遇;为农村教师建设宿舍。

(李永奎)

【启动教育领导干部远程培训】 12月15日,本区在国家教育行政学院召开"中国教育干部培训网□北京大兴中小学校长培训中心"成立和大兴区教育领导干部远程培训启动仪式大会。中国教育干部培训网主管远程培训工作副院长牛文起,国家教育行政学院远程培训部主任郭垒,区委教育工委书记、区教委主任李达,区委教育工委副书记、教委党组书记李广成和区教委副主任马士义参加启动仪式。

(李金艳)

【唐仲英爱心奖学金发放】 12月22日,区教育团工委召开2009~2010学年唐仲英爱心奖学金发放工作会议。会上,总结2009年唐仲英爱心奖学金评选基本情况,明确奖学金发放注意事项和开展爱心小分队活动要求,大兴八中、青云店中学、大兴六中、红星中学等4所学校团委(总支)书记对开展唐仲英爱心奖学金工作进行经验交流。唐仲英爱心奖学金自2007年9月在本区设立以来,奖励所有中学每班一名符合"孝顺父母、尊敬师长、关心他人、助人为乐、刻苦勤俭、成绩优良"条件的优秀学生,初中每人每年400元,高中每人每年800元,三个学年共有2358名学生获奖。唐仲英爱心奖学金工作已经与学校日常德育工作紧密结合,通过发挥获奖学生的带动作用,逐步形成学校、家庭和教师、学生共同参与的育人氛围。

(李金艳)

【小学教师基本功达标考核】 12月27日,根据区教委《关于开展小学教师基本功考核达标工程的实施方案》(京兴教发38号)文件精神和要求,分别在大兴二小、大兴五小组织全区小学2714名教师参加大兴区小学教师教学基本功考核达标工程第一阶段综合卷面笔试和现场教学设计考核。

(李永奎)

【公办学前教育建设】 年内,大兴新城地区小区配建教育设施,成为大兴公办学前教育的增长点。丽园小区、水晶城小区、阳光乐府小区和顺池领海小区的配套学前教育设施如期建成,并在区教委的努力工作下其产权顺利移交区教委,相继开办大兴八幼、大兴三幼分园和大兴民族幼儿园和十一建华实验幼儿园,进一步扩大大兴区公办学前教育资源。同时,区教委重视镇中心园发展,为长子营中心园和黄村镇第二中心园翻建园舍。

(李金艳)

【开展教学视导】 年内,区教委小教科定期开展小学教学视导,助推学校教育品质的提升。小教科和小教研进一步加大教学视导力度,突出"全面、有力度、调研与指导并重"的特点,分别于3月和10月,持续开展每学期一次的教学视导活动。3月份,走进21所学校,听课365节,其中A级课34节,B级课287节。10月份,走进21所(除新建校)学校,听课314节,其中A级课53节,B级课252节。

(李金艳)

【完成小学规范化建设验收】 年内,区政府督学室完成对27所小学规范化建设情况的督导验收工作。结合实际研究制定本区小学规范化建设工程"规划"和"督导验收方案",编制"文件汇编",以保障小学规范化建设工程的顺利实施。对接受督导验收的学校进行随访,了解、指导自评工作情况,并及时调整农村完小验收方案。结合督导评价指标体系,抽样对学生进行动手实验能力、计算机操作能力、审美能力、身体素质方面的测试,作为评价教学质量的一个重要内容。通过查阅档案资料,对部分教师进行个别访谈,召开学生座谈会,深入课堂听课,察看教学仪器设备配备、管理使用情况和校园环境,进行家长问卷等途径,力求获取满足督评所需要的信息。做到软硬件建设并重,把督导验收过程作为促进学校内涵发展、推动全面实施素质教育的过程,并向学校做出回复意见,认真研究推进小学规范化建设工程的措施。

(李金艳)

【召开学前教育工作会】 2月24日,大兴区学前教育工作会召开。北京市教委学前处张小红处长、区教育工委、区教委、区政府教育督导室等领导出席会议。各镇幼教干部,各类型幼儿园书记、园长、副园长,学前教育科、进校学前教研室全体人员及各幼儿园教师代表180余人参加大会。会上学前教育科做题为《完善结构提升质量 规范管理 均衡发展》工作总结,从亮点工作、特色工作和重点工作三方面全面总结上年度学前教育工作;宣布中心园晋升级类园所名单,民办园年度考核优秀单位名单、大兴区幼儿园孩子喜爱的幼儿教师名单,幼儿园教师教育教学基本功展评活动获奖单位及个人名单、幼儿园学科带头人和骨干教师名单;与会领导为获奖单位和个人颁奖。教委副主任王春晖做题为《建队伍 强文化 促发展》的工作报告。

(李永奎)

【幼儿园教师交流活动】 4月7日,大兴区幼儿园市区级学科带头人、骨干教师以及部分幼儿园园长在大兴一幼召开"大兴区幼儿园市区级学科带头人、骨干教师跨园交流活动启动会",即每位学科带头人、骨干教师在任职过程中,都会有半年的跨园交流机会。首批参加跨园交流教师有:大兴二幼市级骨干教师吕艳静、大兴三幼市级骨干教师杨国辉、大兴八幼区级学科带头人金月荣等三位教师到大兴一幼任年龄班保教主任;民族幼儿园王美娟老师到大兴二幼任教师;大兴五幼刘辉老师到大兴三幼任教师。

(李永奎)

【接受市级专家组评估与督导】 4月17日,市级专家组对本区"十一五"妇女儿童发展规划完成情况进行中期评估与督导工作。大兴教委作为成员单位之一,出席汇报会并接待专家组一行到西红门镇双语幼儿园实地考察。汇报会由区政府办副主任刘尚先主持。大兴教委做题为《整合资源理顺体制 加强管理 提升质量 促进大兴学前教育事业健康持续发展》的学前教育发展专项汇报,西红门双语幼儿园樊淑敏园长做题为《搭建人民满意舞台 让幼儿人人做主角》的园所发展情况汇报。专家组考察幼儿园室内外环境建设情况,对幼儿园各方面工作表示认可和赞誉,对该园富于创意有效利用楼道空间环境、艺术创想工作室、室外活动探索区域等尤为赞赏。

(李永奎)

【大兴五幼武术健儿获嘉奖】 6月20日,在北京市第六届幼儿武术比赛中,大兴五幼武术小健儿获奖:幼儿自选武术操一等奖、幼儿武术操《精忠报国》二等奖、开幕式最佳组织奖。五幼为"北京市武术特色幼儿园",在全园开设幼儿武术班,特聘武术协会专职教练,在小班普及幼儿武术、中大班开办武术特色教育,对幼儿进行中华武术渗透,取得良好效果。

(李永奎)

【大兴一幼开展主题活动】 9月28日,大兴一幼开展"祖国妈妈,我为你自豪"主题活动。活动内容包括书画、剪纸、手工制作等。在两幅分别画有天安门、长城、鸟巢、水立方等背景图画的长卷上,孩子们用七色彩笔绘画各种图案表达对祖国妈妈的祝福。并和老师一起制作各种手工作品,作为送给祖国妈妈的礼物。

(吴红艳)

【举办幼教亲子班展示活动】　10 月 22 日,区教师进修学校学前教研室在大兴二幼举办亲子班活动观摩。全区各幼儿园亲子负责人及教师共同观摩大兴二幼亲子班教师刘磊的一节亲子活动课。活动中,带班教师针对幼儿年龄特点设计各环节活动,“唱名字”、“亲子阅读”、“操作游戏”、“做早操”、“手指游戏”等。

(李金艳)

【大兴八幼举行开园典礼仪式】　10 月 28 日,大兴区第八幼儿园举行开园典礼仪式。市教委学前处处长张小红,区人大教科文卫主任刘景波,区委教育工委副书记、教委党组书记、教育督导室主任李广成,区档案局副局长张学玲,区妇幼保健院副院长朱金丽,区教委学前科科长李志霜,区进修学校副校长孙国强等领导参加仪式。该园位于大兴区丽园 B 区 1 幢,占地面积 4700 平方米,建筑面积 3200 平方米,固定资产总值 540 万元。该园上年 8 月开始装修改造,9 月 1 日正式投入使用,为全日制日托园。园内共设 8 个教学班,可容纳 280 名幼儿。有美术教室、CPM 教室、多功能厅等专用教室,配有成套多媒体、电子白板等现代教学设备。现已开办 4 个教学班,招收幼儿 125 人。教职工 24 人,其中幼儿园高级教师 4 人,一级教师 5 人,应届幼师毕业生 5 人,区级骨干教师 2 人,保育员教师 4 名(2 名新幼师毕业生,2 名大专学历临时工)。一线教师原始学历 100% 为幼儿教育专业,除 5 名新教师在读大专外,其余教职工均为大专及以上学历。

(李金艳)

【大兴一幼成为市级示范幼儿园】　10 月 29 日,北京市教委召开“第六批北京市示范幼儿园、社区早期教育示范基地颁牌、第三批市级示范园与农村乡镇中心园手拉手活动启动大会”。大会为北京市第六批“北京市示范幼儿园”颁发铜牌,大兴一幼成为“北京市示范幼儿园”。大兴一幼园长范文丽接受铜牌。截至年底,大兴区市级示范幼儿园增至 3 所。

(李永奎)

【规范幼儿园管理】　年内,区教委学前科、学前教研室、区妇幼保健院加强重点园所的指导,推进园所的验收:采育第一幼儿园、庞各庄幼儿园、黄村镇第二中心幼儿园和大兴二小附设幼儿园晋升为二级二类园;大兴七幼和二十一世纪实验幼儿园晋升为北京市一级一类幼儿园;大兴一幼经过验收,晋升为北京市示范幼儿园。截至年底,本区已拥有北京市示范园 3 所,北京市一级一类园 9 所,72% 的农村中心园进入北京市幼儿园级类管理范畴。

(李永奎)

【参加幼教教育教学基本功大赛】　年内,区级比赛的 11 名优胜者进行准备,科室人员采用跟踪式培训、专家讲座和引领、自学与集体学习、分组研讨、笔试训练等多种方式进行培训。10 月份,在市教委召开的北京市幼儿园教师教育教学基本功大赛总结表彰大会上,本区荣获个人全能二等奖两名(黄村镇第一中心园王静和大兴第三幼儿园张扬)、个人全能三等奖 7 人,同时二人荣获绘画比赛单项奖(大兴四幼姚宝丹和黄村镇第一中心园王静)。

(李永奎)

【中小学生游泳比赛圆满结束】 1月11日，大兴区中小学生游泳比赛于大兴一中举行。全区13所学校145名运动员参加比赛。经过激烈角逐，大兴一中、大兴七中、大兴四中分获中学组团体总分前三名；大兴八小、枣园小学、大兴二小分获小学组团体总分前三名。

（李永奎）

【小学教师基本功达标细则出台】 2月27日，区进校小学教研室完成《大兴区小学教师基本功达标细则》编制工作。小学教研室全体教研员和25名学科骨干教师参与编制工作。

（李金艳）

【少先队获市级表彰】 2月27日，在北京市少工委五届四次全委会上，区少工委获得"2008年度北京共青团信息工作先进单位"、"2008年度北京市少先队理论研究工作先进单位"荣誉。大兴区第一小学、大兴区采育镇第一中心小学、大兴区黄村镇第三中心小学、大兴区兴海学校4所学校获"雏鹰五彩行动先进单位"荣誉称号；北京小学大兴分校三(5)中队、大兴二小五(4)中队、大兴区青云店镇第二中心小学五(2)中队、大兴五小六(1)中队、大兴一小二(2)中队5个中队获"雏鹰五彩行动优秀中队"称号；滨河小学六(1)中队的快乐小队等10个小队获"雏鹰五彩行动特色小队"称号。礼贤镇第一中心小学谭亚娜等4名辅导员论文获北京市少先队工作论文二等奖，大兴五小张丽等7名辅导员论文获北京市少先队工作论文三等奖。大兴少工委在全委会上就抓辅导员队伍建设工作做典型发言。

（李金艳）

【全国万人健美操总决赛获奖】 由国家体育总局体操运动管理中心、中国健美操协会主办的"浩沙杯全国万人健美操大众锻炼标准大赛总决赛"于3月14日在北京地坛体育馆落下帷幕。来自全国18个省、自治区、直辖市的230支代表队，近千名健美操运动爱好者参加比赛。区教委选派的北京小学大兴分校代表队在北京分赛区的比赛中顺利入围全国总决赛，在自选动作操类项目比赛中三等奖。

（李永奎）

【举行"教师发展学校"揭牌仪式】 3月18日，北京小学大兴分校举行"教师发展学校"揭牌仪式。进修学校副校长刘芳参加活动，并为"教师发展学校"揭牌。

（李永奎）

【"星星火炬万里行"活动】 3月19日，由中国少先队事业发展中心发起、辅导员杂志社和少先队小干部杂志社主办、区少工委承办的"星星火炬万里行"活动启动仪式在大兴区第十小学举行。活动中，辅导员杂志社和少先队小干部杂志社为本区少先队辅导员和少先队员赠送《少先队队章》、《辅导员》杂志、《少先队小干部》杂志及小干部培训资料，北京华苹公司向本区小学捐赠教育教学软件，并请全国著名少先队工作专家张先翱教授为辅导员讲一堂队课。

（李永奎）

【包揽全国中学生越野赛金牌】 3月21日，大兴一中长跑队参加在山西平遥举行的"2009年'多威杯'全国中学生越野锦标赛"。来自全国的22支队伍参加此次比赛。该校长跑队男、女各5名队员参加比赛。包揽男、女个人和男、女团体四项冠军。全国中学生越野锦标赛一个学校包揽全部冠军尚属首次。其中，四名男运动员和三名女运动员进入个人前十名，孙腊梅、张雷分别获得女子组和男子组冠军。平遥电视台对孙腊梅、张雷同学和石白河校长进行了采访。

（李永奎）

【计算机纵横码推介教师培训班】 3月,区教委在大兴一职举办首届计算机纵横码推介教师培训班。全区职成教系统18所学校42名教师参加学习。计算机汉字输入法(纵横码)由香港周忠继先生研究发明,是一种运用0~9个数字,采用单手操作的快捷汉字输入法。其特点是简单易学、简繁通用、词组丰富、功能强大,特别适用于中老年学习者、计算机初学者、普通话不标准者及汉语拼音不会者。

(李永奎)

【获全国"科研兴教先进单位"】 3月,首师大大兴附中被"中国中小学幼儿教师奖励基金会"评为全国"科研兴教先进单位"。

(李永奎)

【获中小学教育资源建设先进区】 3月,北京市教育网络和信息中心召开2008年度中小学资源建设与应用总结表彰大会,总结资源建设与应用情况,并对先进单位和个人进行表彰。区教育信息中心连续三年被评为市级先进区县。大兴区教师进修学校、大兴区庞各庄中学、大兴区第三小学、大兴区郭家务中学、大兴区第四小学、大兴区第六中学、大兴区第七小学、大兴区旧宫镇第一中心小学、大兴区采育镇第一中心小学、大兴区观音寺小学、大兴区北臧村镇皮各庄小学11所学校被评为市先进学校,教师段旭升、李刚等18人被评为市级先进个人。

(李永奎)

【全国教师语言文字基本功大赛】 4月11日,区进校中学语文组组织参加的2008年12月"第三届全国教师语言文字基本功大赛"获奖。红星中学朱喜良等3名教师获大赛答卷一等奖;大兴八中柏静等5名教师获大赛答卷二等奖;魏善庄中学付秋云等9名教师获大赛答卷三等奖。太和中学刘岩等3名教师获论文二等奖;大兴一中矫雪莲等8名教师获得论文三等奖。

(李永奎)

【区政府与首师大举签约仪式】 4月15日,区政府与首都师范大学区域教育合作项目签约仪式在大兴宾馆举行。该合作项目中,首都师范大学将本区作为提升远郊区县基础教育质量的研究基地,通过开展学科培训、骨干教师专业技能培训以及教育硕士培养等一系列合作项目,共同促进本区基础教育的均衡发展和稳步提高。北京市委常委、教工委书记赵凤桐,北京市教委主任刘利民,首都师范大学校长刘新成、书记张雪、校长助理孟繁华,区委书记林克庆、区长李长友、副区长曲凤宏等领导出席签约仪式。同时出席签约仪式的还有区中小学、幼儿园及职业高中100余名校长和主任以上干部。仪式由区委常委、宣传部长戴明超主持。

(李永奎)

【学校乒乓球比赛中获佳绩】 4月18日、19日,庞各庄中学代表队参加在北京市66中举办的2009年北京市体育传统项目学校乒乓球比赛。比赛由北京市体育局和北京市教育委员会主办,参赛队伍由北大附中、北京22中、北京66中、人大附中、北航附中等多所市级传统体育名校组成,参赛学校涉及18个区县52所学校。庞各庄中学派出六支队伍24名运动员参加此次比赛庞中一队和三队获男子团体初中组比赛并列第三名,庞中二队和四队获得男子团体初中组并列第五名,女子一队和二队获得女子团体初中组并列第三名。

(李永奎)

【参加中小学班主任基本功交流】 4月24日,由北京市教委主办的"专业、智慧、魅力——北京市首届中小学班主任基本功培训与展示交流活动"表彰大会召开。北京市委常委、北京市教育工委书记赵凤桐出席大会,并为获奖班主任代表颁奖。本区中小学12名选手代表参加此次活动并取得优异成绩大兴区亦庄中学焦艳玲、北京小学大兴分校马金鹤、大兴三小催书良荣获“北京市班主任基本功大赛一等奖”。大兴一中矫雪莲、大兴三中郭平庭、北京小学翡翠城分校牛晓磊、大兴区礼贤二中心韩硕荣获“北京市班主任基本功大赛二等奖”。北师大大兴附中赵欣、大兴四中郭春香、大兴二小毕耀清和张美玲、大兴五小张秀芳荣获“北京市班主任基本功大赛三等奖”。北京小学大兴分校马金鹤荣获班主任个人魅力奖。

(李金艳)

【“SK·光华创新教室”揭牌仪式】 4月,中国光华科技基金会设立“SK·光华创新教室”,向有条件、有实力开展创新教育学校捐赠硬件设备、教材、图书、师资培训、教学软件、课外辅导、教师义务授课等项目。中国光华科技基金会联合热心公益事业的SK集团向大兴四中授予“SK·光华创新教室”铭牌,并在首轮合作中捐赠计算机硬件设备。

(李金艳)

【首师大大兴附中评为先进单位】 4月,首师大大兴附中在中国化学会化学教育委员会开展的第四届“全国实验区高中化学新课程实施成果评比”活动中,被评为2008年度全国高中化学新课程实施先进单位;首师大大兴附中化学教研组被评为2008年度全国高中化学新课程优秀教学团队建设奖;副校长吴殿更的教学录像课《铝的重要化合物》获得“全国实验区高中化学新课程实施成果教学案例类一等奖”。

(李金艳)

【教师王艳侠代表北京市参赛获奖】 4月24~27日,“第三届全国初中英语教师教学基本功大赛暨教学观摩研讨会”在山东省青岛市举行。比赛由国家基础教育实验中心外语教育研究中心主办,全国各省、直辖市和自治区选拔推荐的30余名教师参加比赛。大兴七中区级骨干教师王艳侠作为北京市唯一代表参加比赛,获全国初中英语教师教学基本功大赛一等奖。

(李金艳)

【早期教育工作现场会】 5月8日,本区召开‘一加一’早教模式推广暨早期教育工作现场会。大兴五幼承办。区教委学前科及60余位来自全区各类型幼儿园园长、亲子教师参加活动。观摩活动中,五幼亲子班两名教师组织亲子游戏、分享阅读、感统训练等活动;观摩幼儿间操,其中包括武术操、韵律操、集体舞等,突显各年龄段幼儿特点;户外大区域游戏,将体能测试与趣味性相结合,使幼儿在快乐、自主的游戏中得到发展。

(李金艳)

【举办青少年未来工程师竞赛】 5月9~10日,区少年宫举办第五届青少年未来工程师竞赛。来自全区21所中小学校166人次的学生参加五个项目的竞赛。经过比赛,长子营第一中心校、长子营第二中心校、大兴一中、北师大大兴附中、大辛庄中学分别获得航天器探月归来、木梁承重、排雷机器人、绿色节能型场馆、创意环保乐队项目的第一名。大兴三小、北师大大兴附中分获小学、中学组团体总分第一名。

(李金艳)

【在北京市攀登英语表彰会上获奖】 5月15日,本区部分攀登英语实验校课题负责人和实验教师参加在北师大举行的“北京市农村小学英语培训项目经验交流暨2008~2009年度表彰会”。区进校小学教研室副主任韩淑慧被评为优秀区域管理者,黄村镇一中心、黄村镇一中心观音寺完小、旧宫二中心、大兴十小、北臧村中心校、金海学校、大兴五小、黄村镇三中心、北京小学大兴分校课题负责人被评为优秀课题管理者;16名实验教师被评为攀登英语骨干教师;6名实验教师的优质课获一、二、三等奖;48名实验教师的论文获优秀论文一、二等奖。会上,各实验区县就实验课的各环节进行模拟展示,大兴七小齐斌与另外15位实验教师代表本区进行展示,受到项目组专家好评。

(李金艳)

【中学骨干班主任工作会】 5月15日,区教委中教科召开2009年大兴区中学骨干班主任工作会。教委、进校相关领导、全区各中学政教主任、学校班主任代表、区骨干班主任共计200余人参加。会上,为5位参加市级展示的班主任和本区100名骨干班主任颁发证书,德育教研室主任褚长萍对100名骨干班主任三年任期提出4项具体要求。

(李金艳)

【魏善庄中学荣获先进学校称号】 5月16日,北京市第二次百对城乡中小学手拉手活动经验交流暨表彰大会在延庆一中举行。魏善庄中学获北京市百对城乡中小学手拉手活动先进学校,教师张凯、黄山环获得北京市城乡手拉手活动先进个人荣誉称号。北京市广渠门中学校长吴甡在大会上作典型发言,介绍广渠门中学与魏善庄中学相互交流、相互学习、彼此借鉴、互助互惠的合作经验。

(李金艳)

【采育中学举办文化展览】 5月18日~22日,采育中学举办“世界遗产在中国—古琴”文化展览,展览包括古琴史、斫琴工艺、古琴结构、历代名琴、琴图荟萃、琴文化、琴人精神等内容,向全校团员青年系统介绍古琴及其文化内涵。

(李金艳)

【天文观测实践基地举行揭牌】 5月22日,北京天文馆、区科学技术协会、区教育委员会联合主办的大兴区天文教育研究、观测实践基地揭牌仪式在大兴一小举行。北京天文馆馆长朱进;区科协技术协会副主席李建国;区教育委员会副主任王春晖;区校外教育办公室主任巴文丽;等领导参加揭牌仪式。揭牌仪式由区校外教育办公室主任巴文丽主持,仪式上北京天文馆副馆长左代辉宣布关于对大兴一小、庞各庄镇第二中心小学命名“天文教育研究、观测实践基地”的决定。朱进、区教育委员会副主任王春晖共同为“天文教育研究、观测实践基地”揭牌。仪式结束后专家贾贵山进行天文知识讲座。

(李金艳)

【青云店中学加入景山网络启动】 5月22日,北京景山学校与青云店中学建立友好学校暨青云店中学加入数字景山网络联盟仪式启动。市委常委、教育工委书记赵凤桐和市教委副主任吴松元、区委书记林克庆、副区长曲凤宏等领导出席启动仪式。会上,两校签订青云店中学加入数字景山联盟协议书,景山学校校长范禄燕向青云店中学校长马文祥授予数字景山网络联盟牌匾。

(李金艳)

【吴正宪数学工作站研修举行】 5月,吴正宪小学数学工作站一师附小、府学小学、大兴分站城乡联合系列研修活动在北京小学翡翠城分校举行。全国特级教师吴正宪、区教委副主任王春晖、区进修学校副校长刘芳、一师附小、府学小学教师及本区数学骨干教师100多人参加活动。

(李金艳)

【班主任工作室挂牌】 6月3日,北京市班主任工作研究会、班主任杂志社、北京小学大兴分校联合举办班主任工作室挂牌暨仪式及第一届班主任论坛活动。北京教育科学研究院院长助理耿申、区教委副主任王春晖、《班主任》杂志社社长赵福江、主编佟德及全国优秀班主任朝阳区垂杨柳小学郑丹娜出席参加活动。

(李永奎)

【做客搜狐点评高考试题】 6月7日17~18时,大兴一中特级教师黄仕泽做客搜狐,对2009年高考英语试题全国卷一进行点评。黄仕泽点评紧扣"稳中有变"四字,总结高考语文试题全国卷一"忠实考纲,考点全面;常规为主,创新为辅;作文命题立意暗合高中新课程改革要求"的三大特点,并结合全卷21道试题进行简析印证,阐述自己的见解。

(李永奎)

【参加系列校园青春健身操】 6月21日,在北京市教育委员会主办、北京市中小学生活动管理中心承办的"2009年北京市《系列校园青春健身操》大赛"中,本区4支代表队取得优异成绩,其中兴华中学获《创造奇迹》比赛套路一等奖、榆垡中学获《神采飞扬》比赛套路二等奖、首都师范大学大兴附中获《活力无限》比赛套路二等奖、魏善庄中学获《青春魅力》比赛套路三等奖。本届比赛共有全市18区县的60支代表队参加。

(李永奎)

【快乐一日营系列活动正式展开】 6月23日,区少年宫"快乐一日营"系列活动开始,大兴区黄村镇中心小学、瀛海二中心、大兴一小400名六年级毕业生分别参加19个项目体验活动。其中,航模遥控模拟飞行、小机床操作体验、现场制作纸模型飞机并放飞、软陶制作、陶艺制作、乒乓球等动手项目深受学生喜爱影。

(李永奎)

【中小学数字图书馆表彰大会】 6月30日,由北京教育学院主办、区教育信息中心承办的"北京市中小学数字图书馆2008年度读书活动表彰大会"在大兴一中召开。大会由市教育学院邢素丽主持。会上,北京教育学院图书馆馆长朱宝利做关于2008年度数图应用推广活动工作总结并宣布表彰决定,宣布获奖名单。与会领导分别为获奖区县及学校、教师和学生进行颁奖。在2008年度数图读书活动中全市共有5个区县获区县优秀组织奖、25所学校获学校优秀组织奖、42名教师获先进个人奖、读书征文活动获奖作品教师一等奖29人、二等奖47人、三等奖86人、优秀奖97人;读书征文活动获奖作品学生一等奖16人、二等奖33人、三等奖44人、优秀奖59人。大兴教育信息中心获区县优秀组织奖、大兴8所学校获学校优秀组织奖、17名教师获先进个人奖、13人获教师一等奖、26人获教师二等奖、50人获教师三等奖、66人获教师优秀奖;6人获学生一等奖、9人获学生二等奖、8人获学生三等奖、26人获学生优秀奖。

(李永奎)

【北师大大兴附属小学揭牌仪式】 8月28日,北京师范大学大兴附属小学揭牌仪式暨开学典礼隆重举行。北师大樊秀萍副校长、区委常委、宣传部长戴明超共同为北师大大兴附小揭牌。北师大大兴附小是一所新建学校,由原史家分校校长项红担任校长,原大兴一小校长甄艳玲担任党支部书记,副校长。该校是北京师范大学在北京市郊区县唯一的一所附属小学,位于本区顺驰领海小区内,是区教委直属公办小学。学校占地15699.92平方米,建筑面积9520平方米,配有24个普通教室、20余个专用教室和一个多功能报告厅,教育教学设备先进,校园文化环境优美。

(李永奎)

【小学数学教师带薪脱产培训】　9月1日，大兴区小学数学教师带薪脱产培训班正式启动。这是本区继成功举办小学英语教师带薪脱产培训之后，再次启动的第二个脱产培训班。小学数学脱产培训班培训时间为半年，培训680学时，培训内容主要包括教学设计能力再提高和教学实施技能再提高两个板块。分别聘请吴正宪、刘德武等北京市知名特级教师以及市教育学院知名教授、专家和本区数学教研员担纲授课。培训班学员27人。

（李永奎）

【接待集宁市中旗一中观摩团】　9月14日，内蒙古集宁市中旗一中一行40余人听课观摩团到北师大大兴附中进行新课程听课观摩活动。观摩团一行听取该校校长宋怡关于“文化立校”的办学理念介绍，观摩该校高一、高二两个年级九个学科十八节公开课，并进行9场交流研讨。

（李永奎）

【高中英语“绿色耕耘”培训】　9月16日，大兴区2009高中英语“绿色耕耘”培训正式启动，北京教育学院李芳院长、北京教育学院语言与文化学院张洲副院长参加开班典礼。李方院长做题为《做一个有文化底蕴的教师》的专题讲座。培训课程包括128学时讲座和实践指导，其内容涉及教材分析与利用、教学目标的确定与表述、教学过程设计与实施等13个板块，4天教学实践追踪。

（李永奎）

【全国书法及绘画大赛中获奖】　9月，大兴七小参加书法绘画大赛取得好成绩。在全国第二届少儿书法大赛中，大兴七小学生陈文君等10名学生获一等奖；马天龙等10名学生获二等奖；刘继君等9名学生三等奖。教师胡涛获辅导一等奖。该校获优秀组织奖。9月16日，大兴区第四届教师书画展中展出该校书法作品12幅，绘画作品2幅，摄影作品2幅；在“庆祝新中国成立60周年大兴区书法、绘画、工艺品作品展”中，该校共有8幅学生软笔书法作品入展，作品风格多样、笔畅墨酣、形美韵盛。

（李金艳）

【举办阳光体育系列活动】　10月11日至11月7日，区教委分别组织“中小学生乒乓球比赛”、“中小学生篮球比赛”、“小学生足球比赛”、“中小学生跳绳比赛”等阳光体育系列活动。来自全区84支代表队近2000名运动员分别在红星中学、首师大大兴附中、大兴二小、大兴五小参加比赛。乒乓球比赛中，魏善庄中学（高中女子组）、大兴二职（高中男子组）、庞各庄中学（初中男子组）、庞各庄中学（初中女子组）、亦庄一小（小学男子组）、团河小学（小学女子组）分获各组别团体总分第一名。篮球比赛中，君谊中学（高中男子组）、大兴七中（初中男子组）、大兴五中（高中女子组）、大兴七中（初中女子组）、青云店第二中心小学（小学男子组）、大兴四小（小学女子组）分获各组别团体总分第一名。足球比赛中，枣园小学、大兴二小、团河小学（小学男子组）、瀛海镇第一中心小学、北臧村镇马村小学、北臧村镇中心小学（小学女子组）分获各组别团体总分前三名。跳绳比赛中，大兴五小、青云店第二中心小学、庞各庄第一中心小学（小学组）、魏善庄中学、孙村中学、大兴五中（中学组）分获团体总分前三名。

（李金艳）

【采育中学举行特色教育启动仪式】　10月14日，采育中学举行中华吟诵进校园暨“传承古琴文化 塑造高雅人生”特色教育启动仪式。区教委、采育镇教委相关领导，古琴演奏家王鹏、台湾著名古琴演奏家廖秋蓁、南开大学吟诵专家陈少松等20余名在古诗词吟诵届享有极高声望的专家和教授参加活动。

（李金艳）

【长子营中小学田径场落成典礼】 10月16日，长子营中学举办首届中小学运动会既中小学田径场落成典礼。该校田径场正式投入使用。区教委副主任扈岩江、长子营镇党委书记孙洪伟等参加落成典礼并为运动场落成揭牌。该校田径场为400米跑道，投资3000万元。

（索春艳）

【第二十七届学生科技节开幕】 10月19日，大兴区第二十七届学生科技节开幕式在区少年宫举行。北京市科协秘书长吕家香、区科委主任王自学、区教委副主任王春晖等领导及来自全区50余所中小学的1000多名师生参加开幕式。会上公布2008～2009学年重点科技竞赛中获北京市一等奖和第一名名单；向13所区级科技教育示范校赠送机器人科普活动器材，向各中小学赠送“科技活动俱乐部体验卡”；区科委主任王自学做题为《开拓奋进，全面提高科技教育工作质量》的报告。与会人员观看索尼探梦公司科普表演，学生参与科技节各项科技体验展示活动。体验活动有：航模电子体验、机车床使用体验、机器人体验、泥塑模型制作体验、球幕影厅、机器人擂台赛、互动科普器材体验、航海模型体验和科学魔术表演等15项活动。

（李金艳）

【全国地市教育局长到本区考察】 10月21日，国家教育行政学院第26期地市教育局长研修班82名学员在区教工委书记、教委主任李达陪同下到大兴一中参观考察。首先听取学校党总支书记刘振凤关于近年来大兴一中教育、教学、科研和党务工作情况介绍，观看学校纪录片、参观校园风光、观看学生课间操，分组进入班级听课。

（李金艳）

【“笔歌中国”电视大赛中再创佳绩】 11月15日，区少年宫四名学生在北京电视台参加由北京市书法协会和北京电视台主办的第四届“笔歌中国”电视书法大赛。初赛中，北京市共有89名选手进入复赛，其中有26名是区少年宫软笔书法班学员。12名选手进入决赛，其中4名选手是区少年宫软笔书法班学员。学员张梦雪获金奖，张丹怡获银奖，李鑫和郭钰昕获铜奖。在北京国际书法双年展（中国少年儿童书法展）中，全国98人入展，其中区少年宫12人，张梦雪、李鑫二人获二等奖，梁万佳、郭钰昕、靳纯博获三等奖，孙志祥、孙志宇、梁鑫洋等七人获优秀奖。

（李永奎）

【中小学生天文观测竞赛】 11月21日，区教委在大兴一小举办“大兴区中小学生天文观测竞赛”活动。比赛设有“天文知识竞赛”、“现场操作竞赛”、“天文摄影”、“天文小论文”四个项目。全区22所中小学校100名学生参加比赛。天文知识竞赛为个人赛，采取笔试形式，考察学生天文基本理论、天文常识、观测技能技巧等方面的基础知识。天文摄影作品和天文观测论文评比均为个人赛，摄影作品为参赛者当年拍摄的天体照。

（李永奎）

【一中获“最佳教科研刊一等奖”】 11月29日，“第四届全国中小学优秀校内报刊评选活动”颁奖典礼在北京四中隆重举行，大兴一中报送的教科研刊《教科研通讯》获“最佳教科研刊一等奖”。全国各省市自治区1700余所中小学2044份校内报刊申报参评，1860份优秀校内报刊入围，经专评审，大兴一中教科室主办的《教科研通讯》以思想内容的导向性、栏目编排的科学性和刊载文章的可读性,荣获中学组教科研类“最佳教科研刊一等奖”,一中黄仕泽老师获《教科研通讯》“最佳编辑一等奖”。

(李永奎)

【二小评为国学教育优秀实验校】 12月12日,在首届海峡两岸国学教育高峰论坛上,大兴二小被评为全国国学教育优秀实验校。国家督学,原教育部基础教育司副司长郑增仪为学校授牌。大兴二小教师张国敏,现场进行《弟子规》课例展示。刘引玉、张云明、宋聪影代表大兴二小参与研讨交流活动。中央教育科学研究所副研究员,教育部“十一五”国学教育课题组组长柳芳对该校国学教育、社团活动及传统文化氛围营造给予充分肯定。

(李永奎)

【小学德育研修团队成果展示会】 12月18日,大兴区小学德育研修团队成果展示会在大兴二小举行。区教委小教科科长周爱彬、区教师进修学校德育研究室主任汪克良及全区小学德育干部40余人参加会议。展示会上,全区六支德育研究团队采用“组长主讲、逐一展示、录像短片”等多种展示形式,分别从“班级管理、家校协同、特色主题教育、班主任队伍建设、班级文化建设、学生养成教育与常规管理”等研修主题逐一进行展示和汇报,汪克良对此次展示活动作点评。周爱彬作总结发言,对六支德育研修团队工作成果给予充分肯定。

(李金艳)

【参加全国高中信息技术与课程大赛】 12月18~21日,大兴一中9名教师参加第七届“全国高中信息技术与课程整合优质课大赛”获奖,其中3名教师获一等奖,6名教师获二等奖;学校获“优秀组织奖”。大赛系第七届“全国高中信息技术与课程整合优质课大赛”,由教育部数字化学习支撑技术工程研究中心、全国现代教育技术培训中心与东北师范大学理想信息技术研究院联合主办,吉林省长春市教育局承办。赛会主要人员为大赛组委会从全国26省市自治区1000多名申报对象中遴选出来的413名选手。根据大赛要求,遴选入围教师须参加组委会统一组织的现场决赛(现场说课),由专家组进行现场评选,最后依据参赛教师申报资料(教学设计和教学资源)、入围成绩和决赛成绩,评出优质课一、二、三等奖。大兴一中入围决赛的9名教师分别参加“语文、农远”(69名选手)、“数学、音体美、农远”(73名选手)、“外语、生物”(69名选手)、“化学、物理、农远”(73名选手)、“地理、历史”(73名选手)与“政治、信息”(66名选手)六个决赛组的角逐。

(李金艳)

【参加世界中学生运动会获奖】 12月21日,2009年世界中学生运动会在卡塔尔首都多哈举行。大兴一中运动员张雷、李凯钰代表中国中学生参加本届运动会田径比赛。张雷夺得男子3000米金牌、李凯钰以微弱差距负于英国选手获得1000米银牌。本届运动会有来自世界各大洲四十余个国家和地区的1000余名运动员参加比赛。中国代表团由来自全国六个省市的14所学校36名运动员组成,参加田径、游泳、体操三个项目的比赛,共获得3枚金牌、6枚银牌、3枚铜牌。

(李金艳)

【召开中学德育干部培训】 12月25日、26日,区教委中教科组织召开大兴区2009年中学德育干部培训会。区教委副主任扈岩江、中教科科长张德富、德育教研室主任汪克良及学校德育副校长、政教主任50余人参加。与会人员分成5个小组,围绕5个专题进行研讨。

（李金艳）

【流动人员校车专项整治会】 3月2日，区教委联合区城管大队、区公安分局交巡支队、区公安分局内保处共同召开流动人员自办学校及民办幼儿园校车专项整治工作会，流动人员自办学校和民办幼儿园校长（园长）、举办者共46人参加会议。会后，区教委、区城管大队、区公安分局交巡支队、区公安分局内保处等部门联合对校车进行专项整治。

（李金艳）

【流动人员自办学校汇报会】 4月3日，区教委组织召开做好流动人员自办学校管理工作汇报会。黄村镇、西红门镇、旧宫镇、瀛海镇和庞各庄镇的主管教育副镇长就本镇进一步做好自办学校管理工作进行汇报。副区长曲凤宏、区教委李达主任、王春晖副主任出席会议，会议由社教科科长张香坦主持。

（李永奎）

【召开民办学校举办者会议】 8月5日，区教委专门召开区内民办中小学、幼儿园、中等职业学校及打工子弟学校举办者会议，就民办学校及打工子弟学校校舍抗震排查和鉴定工作进行专门部署。区内52所民办学校及打工子弟学校的举办者参加会议。

（李永奎）

【职成教育概况】 年内，全区有公办职业高中2所，开设专业22个，教学班182个，在校生7101人（外省市户口5707人），招生2500人，完成招生计划377%，毕业生2478人，学生就业率98.5%，参加高考录取率97.9%；教职工621人，其中专任教师459人，学历合格率98%，具有高级专业技术职务的92人，中级专业技术职务的189人；图书馆藏书124714册；校舍占地面积210960平方米，建筑面积196651平方米，固定资产总值11225.19万元；全年教育经费14760.9万元，其中国拨11992.9万元，自筹2768万元。全区共有各级各类成人学校531所，其中成人综合院校——社区学院1所，开设专业35个，在校生3000人，招生1329人，毕业1126人，教职工103人，其中专任教师56人，教师合格率100%，具有高级专业职务7人，中级22人。镇成人学校14所，村成人学校516所，全年培训37万人次。社会力量办学128所，在校生80414人，全区成人学校图书馆藏书313337册；校舍占地面积179855平方米，建筑面积53780平方米，固定资产总值2577.2万元；全年教育经费投入2838.8万元，其中国拨2018.6万元，自筹820.2万元。

（李永奎）

【启动企业职工培训工作】 2月19日，区职教集团召开职工培训工作启动会。会上安排布置本区企业职工义务培训工作。决定在全区企业职工中开展“万名员工培训工程”，制定《大兴区职教集团关于企业职工义务培训的实施方案》。

（李永奎）

【社区教育研讨优秀论文表彰会】 3月10日，区社区教育协会在校长大厦召开区社区教育研讨暨优秀论文表彰会。协会副会长陈玉华宣读获奖名单，其中社区学院袁凤美《当前社区教育中存在的问题及解决的途径》，采育镇冯华山《采育镇开展社区教育的实践与探索》，清源街道丁书明《清源街道开展社区教育的实践与探索》获一等奖。区教委职成科科长谷锦华、社区教育协会会长张凤全为获奖同志颁发证书。

（李永奎）

【大兴创业青年夜校成立】 3月20日，由团区委、区劳动局、区职教集团共同组织的“大兴区创业青年夜校成立仪式”在区职业技术学校举行。区委常委郭宝东、区团委、区劳动局、区职教集团领导出席会议。成立仪式后,职教集团主任康井泉为38名创业青年主讲第一节课:《在科学发展的时代中创造人生精彩》。职教集团3名教师正式成为夜校客座讲师。

(李永奎)

【举办职工培训】 3月,区职教集团与国家财政部印刷局北印公司共同举办职工培训,此次培训员工共计116人,分两个班进行培训,培训对象集中为青年员工。区职业教育集团已决定在全区企业职工中开展“员工培训工程”,并制定《大兴区职教集团关于企业职工义务培训的实施方案》。

(李永奎)

【建立实习实训基地】 10月,区职教集团批准北京格源天润生物技术有限公司为集团生物制药专业实习实训基地。北京格源天润生物技术有限公司专业从事各类生物蛋白酶产品的开发与生产,产品出口多个国家,为国内科研院校、生物试剂、氨基酸生产行业提供工具酶和催化酶。

(李永奎)

【园艺专业教师赴德国学习】 12月16日,大兴一职园艺专业教师赴德国学习归来,完成为期一个月的学习培训。培训形式主要为讲座、观摩课、座谈、研讨、参观考察等。

(李永奎)

【职业学校结构调整工作】 年内,本区职业学校布局结构调整工作基本完成,职业教育“252”发展计划稳步推进。上半年,区教委委制定《关于整合二、五职资源建设新二职的方案》,成立整合工作领导小组和新二职筹备委员会,对二、五职的专业实习基地资源重新组合,对专业建设资金重新规划。8月,完成二、五职的合并工作,成立新的“北京市大兴区第二职业学校”。

(李永奎)

【镇成人学校全部达标】 年内,区镇成人学校完成最后一所市级示范校评估,镇成人学校全部达到市级示范校标准。10月12日,瀛海镇成人学校通过“北京市示范性镇成人学校”评估专家组的评估验收。全区14所镇成人学校100%成为“北京市示范性镇成人学校”。截至年底,全市郊区县有乡镇成人学校178所,有市级示范校57所,本区占全市示范校总数的25%,在全市处于领先地位。

(李永奎)

【镇乡成人学校农民培训基地建设】 年内,区教委争取成人教育资金935万,占全市郊区县总投资的13.3%,居郊区县第一位,用于镇乡成人学校和农民培训实训基地建设。根据区域经济的发展,在青云店镇成人学校建起叉车、电气焊培训基地,在安定镇成人学校建起家政服务和美容美发培训基地,在魏善庄镇成人学校建起食用菌培训基地,在北臧村镇成人学校建起缝纫培训基地,对农民实用技术和向二、三产转移培训中发挥作用。为23个示范村成人学校安装机房。榆垡镇成校改建能容纳100人的培训教室,装配多媒体教学设备、空调等。魏善庄镇、安定镇、北臧村镇等学校的农民培训基地初步实现产、教、研一体化,成为农民学习新技术致富的场所。

(李永奎)

【农民培训成果显著】 年内,镇成人学校积极开展“引教下乡,送教上门”活动,努力开办教育培训。全年,镇成人学校全年农村实用技术推广推广49322人,农村劳动力转移培训16543人,职业技能培训35554人次,企业职工培训7895人次。镇成人学校承担的6个农民教育培训优秀项目在北京市教委组织的评比中获奖。礼贤镇成人学校的"精品菜种植"、青云店镇成人学校的"林下经济"获得一等奖;采育镇成人学校的"葡萄种植于管理"、魏善庄镇成人学校的"蘑菇种植",榆垡镇成人学校的"西洋梨"获得二等奖,庞各庄镇的"西甜瓜种植"获得三等奖。青云店镇成人学校被评为2009年农村成人教育先进学校。区教委被评为全国农村成人教育先进单位。农民流动课堂车真正发挥实效。全年下乡次数为1209次,接送教师、播放培训教育宣传片、免费发放实用技术等材料,累计行驶156858公里,培训农民101741人。

(李永奎)

文化文物

【概况】 2009年是新中国成立六十周年,大兴区文化委员会圆满完成大兴区国庆60周年群众联欢活动的组织工作,被区委评为国庆60周年庆祝活动"最佳创新奖"。开展新春系列文化活动、大型"新年音乐会"、"大兴区第十九届农民艺术节"、"大兴区第25届初八花会调演"、"正月十五元宵节音乐会"、"北京大兴第二十一届西瓜节"系列文化活动等一系列群众喜闻乐见的文化活动,共组织了100多场各类文化活动,参与群众80万人次。正月十五元宵节的"赏千盏花灯,品满族席宴,摘绿色蔬菜"活动获得北京市"最佳社区庙会灯会"奖。为全区527个行政村和87个社区发放每村1万元、14个镇和3个街道办事处每单位5万元的全年基层文化活动专项使用资金,共计699万元。全区镇、村文化活动场次增加300多场。完成对区内43支业余团队的复审,经北京市文化局、北京文化艺术活动中心、北京京剧院、中国评剧院等专业院团专家的评审,最终确定39支团队参加2009年大兴区"文艺演出星火工程"。完成第二批大兴区级非物质文化遗产名录的立项及第三批市级、国家级非遗产项目申报工作。通过专家论证,《北派吴氏太极拳》、《道教北京韵》、《杨氏脏腑指针理疗技艺》和《梁式八卦掌》为本区第二批非物质文化遗产保护项目,并有三项被推荐申报市级非物质文化遗产保护项目。发挥电影院公共文化场所的作用,制作LED电子屏幕一块,定期将电影档期、影片花絮、文委举办的各类培训会、大型特色文化活动以及执法检查等工作内容以信息快讯进行播放。会同区新农村办公室共同完成已建成新农村文化大院的验收工作,完成庞各庄镇等新农村规划文化设施用地的审核工作。完善基层文化活动经费、数字影厅、数字共享工程等的管理和使用办法,加强对文化大院、数字影厅的管理,落实农民"四不出"工程,即看电影、看戏、图书借阅、上网不出村。抽查已建成的农村数字影厅的使用和维护情况,完成已有影厅的影片更新、报表汇总、设备安装等工作,其中更新硬盘348块,影片4230部。大兴剧院在新影联每月排名当中排名已经前进为第21名,截至年底,共放映影片73部,放映总场次2166场;接待观众总人数129248人次;平均上座率达到22.04%,;电影票房成绩为4956551.5元,电脑零售票房为4432211.85元,相比上年均有很大提高,开展了多项主题观影活动,区影剧院花费80余万元购进了数字放映设备及3D设备,在郊区影剧院中属首例。全区第三次全国文物普查第二阶段工作即实地调查工作完成,区文物所根据普查进度编印了文物普查简报,对全区文物普查工作进行及时总结报道。举办文物免费鉴定活动日和文物鉴定培训讲座活动、主办"北京古玩收藏鉴定大讲堂"系列鉴定与培训活动等。市、区各级领导对文物保护管理工作高度重视和支持,视察了大兴区地铁枣园路建筑工地发掘现场及团河行宫遗址公园、德寿寺和13号发掘工地现场、火神庙和石刻文物。本区已初步形成了以印刷、网吧、图书音像三大市场为主导,歌舞娱乐、演出、游艺场所为辅助的,设施完善、功能齐全的综合性文化市场体系,文化经营单位数量已经达到1119家。全年行政许可受理窗口共受理行政许可事项149件,办理即办事项98件,接待群众咨询3213人次,受理窗口共收到群众赠送的锦旗3面,表扬信5封。开展各项专项整治行动,“扫黄打非”工作取得明显成效。加大对文化市场监管力度,组织全区文化经营单位召开文化娱乐场所、图书和音像制品、印刷企业工作例会,部署各阶段文化市场管理工作。与区相关职能部门联合执法30次,对文化娱乐场所的安全生产、街头小贩非法销售光盘、非法游商销售卫视设施、无证经营场所等进行清理整治。严厉打击文化市场中出现的各种违法经营行为,全年共出动执法人员4302人(次),执法车辆562辆(次),检查各类文化经营单位1335家(次),其中检查网吧592家(次)、歌舞娱乐场所192家(次)、电子游艺场所20家、演出活动50次、印刷企业301家、图书音像经营单位150家,广电30家;纠正违规189家、取缔无证经营场所38家;收缴功放机1台、赌博机2台、赌博机主板29块、卫星电视接收设施96套、非法出版物26401册、非法光盘110171张;对30家违法经营的文化单位进行了行政处罚,罚款人民币72000元。执法队共处置种类举报案件(信息)共399起,其中市“扫黄打非”办公室转来的举报案件72起,区“扫黄打非”办公室接到的举报案件27起,市场监督员提供的有效信息300条,文化执法队全部及时进行了查处,并按时进行了回复。

名称:北京市大兴区文化委员会

地址:北京市大兴区黄村兴华路清澄名苑31号

电话:81296737

邮编:102600

网址:http://www. dxlxl. gov. cn/wed/ww new

【新发现龙泉寺遗址】 1月8日,礼贤镇西白疃村新发现龙泉寺遗址。据现场勘测,龙泉寺遗址现存碑1块,香敦3个,松树13棵,为民国十七年栽种,槐树1棵,可能有几百年历史。存大殿5间,1952年龙泉寺被拆,脊顶被改为平顶,作为学校使用。现存5间殿属于个人财产。

(耿　然)

【“扫黄打非”工作验收】 1月13日,市“扫黄打非”办、执法总队到本区验收“扫黄打非”工作暨文化市场监管工作,参加验收工作的有总队书记张珠、市“扫黄打非”办综合协调处处长于应举、执法一队队长杨铁,法制处副处长沈睿等领导一行6人,区文委主任许玉增、副主任王凤强、执法队副队长马春秋等陪同。

(黄继俊)

【进行娱乐场所检查】 1月16日,副区长曲凤宏带领区各职能部门对本区文化娱乐场所进行检查,要求各场所加强安全生产管理,杜绝事故发生。副区长曲凤宏并对加强各娱乐场所安全生产管理工作做出具体指导。

(黄继俊)

【四合村出土石浮图】 1月22日,四合二队村民举报在四合村村东大沙坑里出土一组石浮图。浮图正面上部雕有“四神”,以白虎为主。侧面刻有“天宝二年十一月十三日建石浮图一所,上为国王帝主,下及师僧父母法界苍生。”的文字;另一侧有经文,该浮图为唐代物品。

(耿　然)

【正月初八秧歌花会调演活动】 2月2日(正月初八),在兴城奥运文化广场举行了大兴区迎新春秧歌花会活动。本次活动参演的秧歌花会近50档,相较往年还增加了新秧歌表演、非遗项目展演、京剧大舞台和评剧大舞台等表演项目,同时举办了“风雨兼程铸就辉煌——纪念改革开放三十周年”大型图片展览活动,结合广场大屏幕的多媒体视频播放,观众达两万余人。区委、区政府、区人大、区政协四套班子主要领导出席了此次活动,并给予了高度评价。

(周树莲)

【新春秧歌花会调演】 2月2日(农历正月初八),大兴区2009年新春庙会在兴城文化广场举行。全区14个镇3个街道办事处的34支队伍参加了调演。本次花会突出诗赋弦、武吵子、中幡大鼓等非遗项目表演性的同时,还融入了新秧歌、健身舞等新的元素。区委书记林克庆、区长李长友等四套班子领导到场观看了调演,全区近8万名群众进行观看。

(崔冬明)

【庆祝改革开放30周年书画展】 2月9日,区文化馆在馆展厅举办了庆祝改革开放30周年书画展。画展展出了几十位知名书画家的书画作品。展览从2月9日开始到2月23日结束,据统计,参观人数达8000余人。

(周树莲)

【文物所展开雷霆行动】 2月19日至20日,开展“雷霆行动”,由文物所所长带队分别对薛营清真寺、东白塔清真寺、礼贤清真寺、德寿寺清真寺、西红门清真寺、团河行宫及火神庙进行火灾隐患排查,加强我区火灾防控工作。

(耿 然)

【召开申报工作会】 3月3日,大兴区非物质文化遗产保护中心组织召开《第三批北京市级非物质文化遗产保护项目》申报工作会,区文委副主任颜淑敏主持,本次申报项目《吴式太极拳》、《梁式八卦掌》、《道教北京韵》、《杨氏脏腑指针疗法》的传承人、申报单位主管领导和区非物质文化遗产保护中心的相关工作人员参加了会议。

(周树莲)

【发现兴隆寺遗址】 3月3日,魏善庄镇大狼垡村新发现兴隆寺遗址。遗址位于村北;据了解,寺内原供如来佛,两边为十八罗汉,后为观音,原建于唐朝,寺里还有碑,为清末时期立,光绪廿八重修。

(耿 然)

【发现赵公张氏合葬墓】 3月3日,魏善庄镇北田村新发现“赵公张氏合葬墓”。该墓在村东200米处耕地中,总面积约17600平方米,是南北长的长方形。2008年10月30日村民挖大棚时发现该墓墓碑,经考证该石碑为“赵公张氏”合葬墓。根据碑文记,为“雍正元年”立,赵曾“任修理皇陵”。

(耿 然)

【年检换证工作会议】 3月9日至3月20日,进行了出版物经营单位年检换证工作,实际通过年检169家经营单位。

(刘 宁)

【发现弥陀寺遗址】 3月18日,在对安定伙达营普查中,新发现弥陀寺遗址,此地有四块石刻。(碑上刻有中华民国三十三年岁次甲申夏五月重修)寺前还有些古柏和古槐树。

(耿 然)

【发现娘娘庙遗址】 4月15日,采育镇南辛店新发现娘娘庙遗址。该遗址位于南辛店二村,遗址总面积4180平方米。遗址内有散落石构件、石条等数件,庙址基础完好,基础上建有校舍(原小学校)。

(耿 然)

【发现贝勒坟】 4月15日,采育镇北山东村新发现一贝勒坟。该坟位于村西,传说此坟为皇帝兄弟之坟,具体情况不清,据村中老人说,原坟高约4.5米,曾由旗人看坟,1956年被挖掘过,墓室已空,但形制还在,坟上的石墓门被运到村北砌桥闸用;墓地未见墓碑。

(耿 然)

【发现一处汉唐墓】 4月16日,采育镇大里庄村新发现一处汉唐墓,该墓位于村东北处,占地约10亩,村中老人说曾挖出过人骨及数件陶罐,解放前是个小土包,解放后被平掉。此地现还遗存有夹砂陶片,残砖等。根据残存标本判定此地应是一处汉唐墓。

(耿 然)

【市政协委员检查区文物保护工作】 4月22日,市政协委员检查指导区文物保护工作。副区长曲凤宏,区文委主任许玉增以及区文物所所长李春山陪同检查。检查组首先参观了地铁枣园路站施工现场勘探挖掘出的古墓,工地负责人介绍了施工现场古墓出土及分布情况,并对古墓外型结构、年代、占地等情况进行了讲解;随后检查组又来到团河行宫,对行宫内遗址建筑进行了考察。

(耿 然)

【举办全市群文干部文学培训班】 4月25日至27日,区文化馆举办了全市群文干部文学培训班,知名作家邱华栋、诗人韩作荣等来授课。来自全市各文化馆的文学干部和本区的文学骨干50余人参加了培训。

(周树莲)

【京沪高铁线施工发现辽代墓】 4月30日,接到安定伙达营村民举报,在京沪高铁线安定伙达营村南地段施工处发现2座辽代时期墓葬,东侧(M2号)墓葬形制为内方上圆,墓室为仿木雕花结构,一斗一升的斗拱,这样的辽墓在北京地区比较少见,该墓出土5个瓷碗。该墓外径3米,内壁2.6见方,墓门宽80厘米,木门高1米,墓室通高3.15米。西侧(M1号)辽墓,墓直径2.26米,墓门宽50厘米,此墓出土5件瓷器,5件陶器,1枚铜钱。

(耿 然)

【文艺演出星火工程】 4月~10月,本区完成文艺演出星火工程全年演出场次。截至10月31日,全区接待专业院团演出527场,业余团队演出1054场。累计观众人次达30万人。

(崔冬明)

【枣园路施工现场发现古墓葬】 5月4日,地铁站枣园路施工现场发现辽、清和唐代古墓葬,经发掘,辽、清、唐等墓葬内出土大缸、银簪、陶罐、夹砂陶片等文物。

(耿 然)

【发现四处飞机掩体】 5月13日,旧宫镇新发现四处飞机掩体;1号飞机掩体位于集贤三村,2号飞机掩体位于集贤一村,3号和4号飞机掩体均位于集贤二村。每处掩体大小相似,每个面积约460平方米,通高5米,檐高4.5米。

(耿 然)

【关注特殊群体】 5月17日是全国第十九个助残日,区图书馆向残疾儿童赠送了价值4000元的精品图书共计260余册,这一举措受到了老师和家长的热烈欢迎。

(侯 燕)

【非遗项目申报专家论证会】 5月27日，区非物质文化遗产保护中心组织召开《第二批大兴区级非物质文化遗产保护名录》专家论证会，著名非遗保护专家赵书、林北生、吕绍均、凌海成、张振宇参加了论证。经过投票，《吴式太极拳》、《梁式八卦掌》、《道教北京韵》、《杨氏脏腑指针疗法》进入第二批区级项目，同时《吴式太极拳》、《道教北京韵》、《杨氏脏腑指针疗法》被推荐申报《第三批北京市级非物质文化遗产保护项目》。

（周树莲）

【第二十一届西瓜节举行】 5月27日晚，庆祝北京大兴第二十一届西瓜节大型综艺晚会在大兴剧院隆重举行。晚会邀请了小香玉、于魁智、孙浩等著名表演艺术家。北京杂技团、中央民族大学舞蹈学院、北京万兴歌舞团的精彩目也为整场活动增添了喜庆祥和的气氛。千余名观众欣赏了此次饕餮盛宴。5月29日至6月3日区委宣传部、区文委举办了“五月放歌”大兴区原创精品文艺节目展演、“激情五月”广场群众舞蹈展演、“我与瓜节同行、瓜节伴我20年—喜迎祖国60年华诞”配乐诗歌朗诵会、“瓜节喜洋洋”喜剧大舞台、“甜蜜季节”暨“美丽大兴我的家”大兴区第三届合唱节、“大兴之夜”中外经典电影音乐会等多项活动共有6000余名群众参与、观看。

（崔冬明）

【举办原创优秀节目展演活动】 5月29日在文化馆剧场举行了大兴区原创优秀节目展演活动，参演节目多达20余个，表演形式丰富。

（周树莲）

【诗歌朗诵会】 6月1日，由区委宣传部、区文化委员会主办，区图书馆承办的2009年“爱祖国、爱北京、爱家乡”活动启动式暨“我与瓜节同行、瓜节伴我二十年”诗歌朗诵会圆满落幕，共有来自全区14个乡镇、3个街道的近百位选手参加。

（侯 燕）

【参加朝阳公园国庆活动】 6月，万兴歌舞团参加北京市文化局在朝阳公园主办的“为伟大祖国骄傲，庆祝建国60年国庆系列活动启动仪式”的演出。

（王 冰）

【举办端午赛诗会】 6月4日大兴首届端午赛诗会在安定古桑国家森林公园举行，来自全区的20余名文学作者朗诵了自己创作的精美诗篇。大兴报集中刊发了本次活动的优秀作品。

（周树莲）

【对印刷企业进行抽查】 6月8日至9日，区委常委、宣传部长戴明超在区文委主任许玉增、副主任王凤强的陪同下，对黄村、西红门两镇的印刷企业进行了抽查。此次共检查了北京盛兰兄弟印刷装订有限公司等16家印刷企业。

（黄继俊）

【物质文化遗产宣传活动】 6月13日，在区文化馆门前开展了物质、文化遗产宣传活动。活动以观看展板、发放彩页和精美礼品的形式向过往群众普及文物保护知识。

（耿 然）

【检查歌厅并作安全工作指导】 6月23日，副区长曲凤宏带队，在区各职能部门安监、卫生、消防、治安等主管领导陪同下对舒曼迪歌厅进行检查，并对本区娱乐场所的安全工作进行了指导。

（黄继俊）

【区政协委员视察文物保护工作】 7月2

日,区政协文史委委员对本区文物保护工作进行视察。区政协副主席刘志茹带领24名政协委员视察了大兴区旧宫德寿寺、团河行宫和黄村13号地挖掘工地。区文委主任许玉增,区文物所所长李春山陪同视察。

(耿　然)

【市国庆联欢活动汇报演出】　7月16日,本区参加国庆60周年联欢活动的小教员参加了市国庆60周年联欢活动指挥部在北京工人体育馆举办的集体汇报演出。国庆联欢活动总指挥、副市长刘敬民、副总导演甲丁等领导和专家审查了各个方队的节目,为下一阶段工作的顺利展开做充足的准备。

(周树莲)

【文保单位进行安全隐患排查】　8月5日至6日,区文物所执行关于《北京市文博系统火灾隐患合围攻坚行动》的工作方案,文物所工作人员对全区13处文保单位进行安全隐患排查。

(耿　然)

【地铁大兴线工人庆国庆看演出】　8月6日,"为伟大祖国骄傲 向地铁大兴线建设者致敬"大兴区庆祝新中国成立60周年文艺演出在地铁大兴线五环路站项目部院内举行。市委宣传部副巡视员陈建文、市文化局正局级巡视员叶重辉、市文联党组副书记索谦、市文化局公共文化事业发展处处长马德凯、市委宣传部文化处副调研员杨建英出席此次活动,区委常委、宣传部长戴明超、区委宣传部副部长张凌、区轨指办副主任孙玉浩,区委宣传部副部长、区文委主任许玉增、区文联主席、区文委副主任王凤强、北京美协理事、区县工作委员会主任戴振宇、区文委副主任颜淑敏、马宪颖,市轨道交通建设管理公司地铁大兴线工程部部长郑骐、地铁大兴线03标段项目书记王学林、地铁大兴线03标段项目总工李双贵陪同参加。

(崔冬明)

【共享工程知识竞赛】　8月17日,共享工程大兴区支中心举办了"文化共享杯——全国文化信息资源共享工程知识与技能竞赛"选拔赛。全区共有13个乡镇的基层服务人员参加了比赛。

(侯　燕)

【丽园A区发现大量古钱币】　8月17日,区文物所接到举报,在丽园A区西侧,大兴区供暖工程的施工过程中发现大量宋代钱币。经过两天的清理,发掘出数百斤古钱币,其中多为宋币,现场地层中还发现有大量砖瓦碎片。

(耿　然)

【国庆联欢第一次彩排】　8月29日,首都国庆60周年联欢晚会大兴板块100名演职人员代表参加天安门广场第一次彩排活动。区委宣传部部长戴明超、文委主任许玉增带队参加。

(崔冬明)

【国庆联欢活动集体舞彩排】　9月2日,大兴区国庆联欢集体舞方队,根据活动组委会的新要求在区体育局进行了整体的排练。排练活动早清晨5点半开始,参演演员积极性极高,全部提前到达会场。排练工作进行顺利,集体舞的完整程度得到了提高。

(周树莲)

【国庆全体演员统一排练】　9月3日,首都国庆60周年联欢晚会大兴板块2200人在大兴体育局运动场展示集体舞、中心特色舞蹈的训练成果。市指挥部及区四套班子领导观看了排练情况,常务副区长张晓林代表区政府向所有演职人员表示慰问。

(崔冬明)

【国庆联欢整体彩排活动协调会】 9月9日，大兴区国庆联欢组委会组织各参演、保障单位在区文化馆召开国庆联欢整体彩排活动协调会。会议对9月12日全体排练可能出现的问题进行研究，并提出了解决议案确保9月12日当天万无一失。参会人员30余人。

（周树莲）

【国庆联欢第二次彩排】 9月12日，首都国庆60周年联欢晚会大兴板块2200名演职人员参加天安门广场第二次带妆彩排活动。

（崔冬明）

【天安门广场首次整体合练】 9月12日，经过3个多月的筹备排练工作，国庆60周年联欢活动迎来了在天安门广场的首次整体合练。大兴版块2500多名演职人员完全按照国庆节当天的要求进行彩排。

（周树莲）

【评估定级】 9月15日，北京市公共图书馆评估定级专家组一行12人，对区图书馆内各项工作进行全面评估。区文化委员会主任许玉增、纪检书记史国军等相关领导全程陪同。经过专家的综合评估，区图书馆顺利晋级为地市级一级图书馆。

（侯　燕）

【蔡辛庄菩萨庙验收】 9月16日，区文委主任许玉增、主管文物工作的副调研员刘桂兰、文物所所长李春山等相关负责人，对蔡辛庄菩萨庙进行检查验收。

（耿　然）

【发现侵华时期飞机掩体】 9月17日，西红门镇大白楼村北新发现2处日军侵华时期建造的飞机掩体，掩体大小相似，均朝向西北，占地面积约460平方米，通高5米，檐高4.5米。材质为水泥混凝土筑成。

（耿　然）

【文保单位安全隐患排查】 9月18日，按上级要求，由区政府办副主任、应急办主任刘国华；区文委主管文物工作的副调研员刘桂兰及区公安分局、安监局、公安分局消防支队、区文物所四部门进行联合行动，对本区文物保护单位进行了安全隐患排查整治工作。

（耿　然）

【第19届农民艺术节开幕式】 本届艺术节开幕式参演人员和观众达2000余人，上演了多个由本区群众形式多样的原创优秀节目，并在本次活动中表彰和奖励了在精神文明建设中取得优异成绩的乡镇和街道。

（周树莲）

【纪念建国60周年系列活动】 年内，区图书馆举办纪念建国60周年系列活动，活动包括专题展览、电影展播、知识答卷、主题征文等内容，参与读者达到1897人次。

（侯　燕）

【国庆联欢】 10月1日，首都国庆60周年联欢晚会大兴板块2200余名演职人员代表农民方阵参加天安门广场联欢晚会群众联欢活动。

（崔冬明）

【突发事件应对法学习】 10月通过培训班、在线学习与考试的方式使公务员深刻理解和把握学习《应对法》和《实施办法》的目的意义，增强公共安全与应急意识，提高有效防范和处置突发事件能力。

（王　燕）

【发现民国时期修建的石坝】 10月20日，在黄村镇立垡村新发现民国时期修建的石坝一座。立垡石坝位于立垡村西,永定河左堤内,1937年七七事变之前修建,当时由于条件有限,石坝的东半部用手工青砖砌成,西半部用石块修砌;此处是永定河河道拐弯处,修此石坝用于缓冲水势,故又称为“迎水坝”。石坝现已全部用石头砌成,是上个世纪七十年代在老的石坝基础上修建的。

(耿　然)

【益民书屋建设】 10月21日,北京市新闻出版局、区委宣传部为本区青云店镇、长子营镇、采育镇、西红门镇新建的69家益民书屋举行图书、设备发放仪式。同时,榆垡镇辛安庄村和北臧村镇巴园子村益民书屋荣获“三星级”书屋和“二星级”书屋称号。

(侯　燕)

【卫星电视接收清理整治】 年内,文委执法队会同城管等部门对黄亦路两侧非法销售卫星电视接收设施的游商进行了清理整治,共出动执法人员500人次,执法车辆80辆(次),悬挂条幅15条,发放“致黄亦路两侧周边村庄居民及销售卫星地面接收设施人员的一封信”等宣传品5000余份(张),收缴卫视设施61套。

(黄继俊)

【文化娱乐场所安全整治】 年内。5家娱乐场所受到了行政处罚,其中一家歌厅的双语应急广播不能覆盖全部营业区域,受到了罚款5000元的行政处罚。

(黄继俊)

【网吧专项整治行动】 年内,文委执法队开展了网吧整治行动,采取日常检查、夜间巡查、集中行动、突击检查相结合的方法,对重点地区进行检查。共有9家网吧因违规经营受到了行政处罚,罚款人民币计20000元。

(黄继俊)

【印刷企业专项整治】 6月~12月,文委执法队开展印刷企业专项整治行动。6月8日、9日,区委常委、宣传部长戴明超在文委领导陪同下,亲自带队抽查了本区印刷企业,共抽查了9家印刷企业。整治期间有4家印刷企业违规印刷出版物受到了行政处罚,罚款人民币30000万元,没收图书2600册。

(黄继俊)

【低俗音像制品专项整治】 年内,结合市“扫黄打非”办公室下发的《关于整治低俗音像制品专项整治行动方案》和文委的《关于国庆平安行动期间开展图书音像市场专项整治行动工作方案》的工作部署,文委执法队结合本区实际情况,会同公安等部门严厉打击非法出售低俗音像制品、盗版图书、光盘的经营行为。整治期间,收缴低俗音像制品217张,非法音像制品7万张,电子出版物1200张,非法书刊10052册,行政处罚5家,罚款人民币3000元,刑事拘留50人。

(黄继俊)

【联合执法】 年内,文委执法队会同安监、公安、工商、城管等部门对文化经营单位多次进行联合执法检查32次,对文化娱乐场所的安全生产、街头小贩非法销售光盘、非法游商销售卫视设施、无证经营场所等进行清理整治,严厉打击了违法违规行为。配合公安部门对音像市场进行整治共刑拘80余人,配合工商部门取缔黑网吧7家。

(黄继俊)

【执法宣传】 年内,区文委执法队利用文委网站及时刊登对文化市场检查工作的信息和动态,并向社会公布举报电话,严格执行群众举报电话受理工作制度,实行专人值班,24小时接听,接到举报立刻到现场进行处理。同时充分运用报纸、电台、电视台等载体将文化市场监管工作的重要意义、内容、范围、重点进行广泛宣传。

（黄继俊）

【上街宣传】 年内，利用“保护知识产权，打击侵权盗版”和安全生产月等宣传活动上街宣传。执法队多次在黄村镇的黄村大街、兴丰大街、公园、文化广场等地点举办宣传活动，出动宣传车10辆，制作展板8块，悬挂宣传条幅10条，发放各类宣传品1万余份，并且通过宣讲案例，让群众了解文化市场监管工作的职能和管理范围。

（黄继俊）

【文化市场监管】 年内，文委执法队在辖区内各镇、街道办事处聘请了文化市场监督员，监督员对自己负责的区域进行监督，社会力量的参与弥补了文化执法力量的不足。截至年底，监督员共反馈信息700余条，提供的线索300条，可用的线索100条。文委执法人员根据反馈的情况共取缔无证文化经营单位8家，没收赌博机主板10块，收缴非法出版物1600册，非法音像制品5000张；收缴卫星电视接收设施2套，纠正违规10家（次）。区文委于9月在区人大代表、政协委员及学校教职员工中聘请了16名文化市场特邀监督员，建立了一支可覆盖全区中学周边文化经营单位的监督员队伍。

（黄继俊）

【发现烈士墓地】 10月23日，黄村镇前辛庄村新发现两处烈士墓地，分别是位于村南的孙恕烈士墓和位于村北的刘启才烈士墓。

（耿　然）

【古玩收藏鉴定系列活动】 10月31日，区文物所在文化馆举办“古玩收藏鉴定大讲堂”系列活动。聘请四位专家为古玩收藏者免费鉴定。并从11月6日至12月13日，每周五、六、日区文物所聘请文物鉴定专家为广大古玩收藏爱好者讲解瓷器、玉器、书画方面鉴定等知识，并为古玩收藏者们免费鉴定瓷器、玉器、书画杂项等藏品。

（耿　然）

【征集非遗论坛活动稿件】 11月，大兴非物质文化遗产保护中心，征集了“保护文化遗产，构建和谐大兴”大兴非遗论坛活动稿件35篇，该论坛活动主题为：探讨非物质文化遗产如何在和谐社会建设中发挥作用；探讨当前社会非物质文化遗产传承与保护的有效途径。活动内容包括：邀请市内非遗保护专家来大兴对本区的重点项目进行调研，撰写论文。同时举办了区内非遗重点项目传承人与区内文学骨干座谈会，互结对子，撰写相关领域内非遗保护方面的论文，从中选出优秀作品，召开“保护文化遗产，构建和谐大兴”大兴非遗论坛等项内容。

（周树莲）

【村级文化服务中心管理员培训】 11月10日，大兴区新农村公共文化服务中心（文化大院）专（兼）职管理人员岗位培训班在区文化活动中心举行。在开班仪式上区文化委员会副主任颜淑敏进行了动员，副主任马宪颖作了讲话。此次培训班共分两批，每批两天。全区527个行政村的500余名新农村公共文化服务中心专兼职管理人员参加。培训内容主要是图书室建设、文化信息共享工程的建设管理、网络管理及应用、数字影厅管理以及如何策划群众文化活动等课程。

（崔冬明）

【冬春季火灾防控行动】 11月30日，按照市文物局和区文委的统一部署，文物所2009年～2010年冬春季火灾防控专项行动工作展开，重点对辖区内14处文保单位的火灾隐患排查整治、可燃物清理、消防应急预案等方面进行全面检查。

(耿　然)

【有线电视广播站审核换证】 年内,协助北京市广播电视局向全区8家经营单位进行审核换证工作。

(刘　宁)

【第二十届农民艺术节活动】 12月9~18日,由区委宣传部、区文委主办,区文化馆承办的大兴区乡村原创舞蹈大赛、"田野放歌"农村青年歌手大赛、"欢聚一堂"戏迷票友大赛在文化馆小剧场举行。全区约有10万群众参加活动,极大地丰富了全区群众的文化生活。

(崔冬明)

【非物质文化遗产保护培训班】 大兴区非物质文化遗产保护中心于12月16日举办了大兴区非物质文化遗产保护工作培训班。各镇、街道文体中心主任、区内重点项目的传承人80余人参加了培训。该培训班为期两天,授课教师为赵书、华觉明、苑利等国内外非物质文化遗产保护方面的专家,就《关于非物质文化遗产保护工作的理论与实践》、《传统手工技艺的保护、传承和振兴》、《非物质文化遗产保护的前沿话题》等内容向学员们做了翔实的讲授。

(周树莲)

【举办杨景波收藏展】 12月17日,由北京文化艺术活动中心、区文委主办,区文化馆承办的第四届百姓博览会"小人书,大快乐——农家汉杨景波和他的3000本连环画"在区文化馆隆重开幕。北京市文化局副局长王珠、北京文化艺术活动中心主任路斌、区委常委、宣传部长戴明超、副区长王荣彬及各界群众300余人参加开幕式。

(周树莲)

【娱乐场所审核换证工作会议】 12月25日,文化市场管理科召开了互联网上网服务营业场所的审核换证工作会议,对全区132家营业场所进行了相关工作的部署。

(刘　宁)

【三定方案落实】 12月29日北京市大兴区人民政府办公室(京兴政办发[2009]90号)通知,经区机构编制委员会审核,并报区政府批准了大兴区文化委员会主要职责、内设机构和人员编制规定即"三定方案"。

(王　燕)

【首届职工技能大赛】 12月30日,区图书馆举办首届职工技能大赛,技能大赛共设置四项内容,包括图书检索及查找、图书排架、办公自动化及图书打捆,产生4位单项技能能手。

(侯　燕)

【举办观影征文活动】 年内,区图书馆举办了"看优秀电影 学奉献精神 写真情实感"的观影征文活动。共有140余位读者参与,并评选出优秀征文50篇。

(侯　燕)

【文委窗口受理】 年内,区文委窗口共受理行政许可事项97件,其中接受即办类申请项目69件。接待群众有关信息咨询1691余人次;收到群众表扬信5封、锦旗3面,流动服务标兵窗口工作人员各一次;流动红旗窗口一次。

(刘　宁)

【胶片电影放映情况】 全年,全区共放映影片73部,放映总场次2166场;接待观众总人数129248人次。比上年人次增长62.05%.全年平均上座率达到22.04%。票款收入为4956551元。比上年同比增长了85.85%。

其中,有11部影片票款收入达到10万元以上。学生专场41场,其中外放场次为25场。

(杨 川)

【数字电影】 全年,全区放映影片55133场,观众1627211人次。其中,流动放映2434场,观众154237人次;固定放映52699场,观众1472974人次。更新硬盘325块,流动播放器16台,更新影片5500部。11月份,在图书馆多功能厅对全区的放映员分两批进行了集中再培训,共历时4天。数字电影管理中心还为考试合格的放映员统一颁发了上岗证书。

(杨 川)

【区图书馆基础业务】 全年,区图书馆共办理读者卡5024个,接待读者19.3万人次,外借图书36.9万册次。送书下基层132次,送书达到12.9万册。购入图书30840册、音像资料222件,订阅报刊917种。

(侯 燕)

【举办春节系列活动】 年内,区图书馆举办春节系列活动,活动包括有奖猜谜、观影答题、优秀视听文献推荐等内容,参与读者达到573人次。

(侯 燕)

【红领巾系列读书活动】 年内,红领巾系列读书活动主要包括"走进科普"课本剧比赛、"我喜爱的书中人物"讲故事比赛、"精彩记忆"格言卡制作等内容,全区共有26所中小学的21644名学生参与其中。

(侯 燕)

【兴图讲坛】 年内,区图书馆在"春节"、"妇女节"、"清明节"、"端午节"、"七夕节"、"国庆节"等传统节日、重大节日期间开展了主题丰富的讲座活动,聘请了民俗学家崔普权等知名学者担任主讲教师,为读者讲解了清明文化、端午习俗、七夕传说等各类知识。利用多媒体设备为读者播放了《民以食为天》、《吃好不吃药》、《从头到脚说健康》等健康知识讲座,极大丰富了百姓假日生活,满足的读者的学习需求。

(侯 燕)

【举办首届学术研讨会】 年内,区图书馆举办首届学术研讨会,共收到职工征文23篇,内容涉及图书馆工作的各个方面。经过首都图书馆专家的认真评审,共评出一等奖1名,二等奖2名,三等奖3名,优秀奖10名,纪念奖6名。

(侯 燕)

【基层图书管理员培训】 年内,区图书馆举办"益民书屋"管理员培训活动,来自全区442名已建和待建的书屋管理员参加了培训。举办了"一卡通"联网点的管理员培训活动,全区17个联网点的33名管理员接受了图书馆学专业知识与"智慧2000"社区图书管理员软件使用的培训。

(侯 燕)

【新华书店销售工作】 年内,新华书店全年课本、教辅发行774万元,门市部零售销售568万元,全年共计实现销售1342万元。

(陈秀君)

【送书下乡服务"三农"】 年内,新华书店全年送书下乡展销50余次。在图书代销点工作中,及时更换图书品种,指导销售人员工作。

(陈秀君)

【新华书店获荣誉称号】 新华书店被北京市新闻出版局(版权局)、北京市人力资源和社会保障局评为2009年度北京市新闻出版和版权工作先进集体。经理吕宝峰被北京市新闻出版局(版权局)、北京市人力资源和社会保障局评为2009年度北京市新闻出版和版权工作先进个人。

(陈秀君)

广播电视

【概况】 2009年,大兴区广电中心在区委、区政府的正确领导下,全面贯彻落实科学发展观,继续坚持"人本、创新、敏行、竞先"的核心经营理念和追求"开拓创新,打造传媒精品;与时俱进,引领时代潮流"的经营目标,深入研究广播电视运行规律,以创新为整个工作的主线;通过为区委区政府、为人民群众、为全区社会经济发展服务水平的提高,逐步完成由量的扩张向质的积累转变,实现内涵式发展,促进广播电视事业的新跨越。

名称:北京市大兴区广播电视中心
地址:北京市大兴区兴政街7号
电话:69244977
邮编:102600
网址:http://www.zhhxw.com

【广播工作】 大兴电台每天播送新闻10分钟,全年,共播送5000多分钟的新闻节目。在全年节目当中特别是节目全新改版设计当中,围绕阳光调频大做文章,在节目和频道整体上体现"温暖心灵照亮生活"的主旨,体现以人为本的经营理念,体现阳光般温暖的人文关怀。在节目中运用娱乐大众化、娱乐新手段、娱乐新方式、娱乐新内容达到娱乐新视听的目的和效果,服务受众。发挥个人特长,开办特色节目,做到栏目个性化、节目精品化。形成节目中主持人和受众以及受众之间多层次广泛交流。为了增强节目的个性化特征和标识性,不断进行频道和节目包装,制作使用电台音乐标识和节目片花,使节目具有时尚气息,符合新媒体时代广播的发展规律和趋势,做到了广播可视化。

(赵长军)

【电视工作】 全年,共播发新闻共6000多条,制作、播放专题节目70余部。国庆期间,除了正常的庆祝新闻宣传报道之外,还策划了《建国60周年之大兴60年》系列特别节目,多角度,全方位地反映出建国60年来全区发生的巨大变化和全区人民欢迎国庆的喜悦心情。采集包括地铁大兴线、火神庙、团河行宫、三海子地区现状、亦庄、旧宫地区环境现状、西瓜节、桑葚节等内容在内的各类视频资料2150分钟,采集各类图片资料570张。为区国资委、区团委、新农村建设社办公室、大兴麋鹿苑、亦庄镇、旧宫镇、区教委、文委等单位摄制专题片9个,时长100多分钟。创办电视栏目剧,全面认识受众的主体性,充分发挥受众的参与性、积极性、主动性。电视栏目剧本着"群众演、群众编、群众看"的宗旨,追求真实反映大兴地区的风土人情,以"全新演绎生活万象,本色表达平民情怀"为节目的基本制作理念。5月份开机,到年底拍摄了10个剧本,制作完成10集共200分钟的栏目剧。

(赵长军)

【硬件建设改革创新】 2月23日,"中华兴网"在完成了所有前期技术工作后,正式对大兴电视台所有节目进行直播。3月24日推出了对网络公共资源进行整合利用的全新版块《博客精粹》。自办的网络娱乐美食节目《食尚家人》也深受广大社区居民的喜爱和积极的参与。6月,中华兴网与北京东方元象科技有限公司飞像软件合作,开辟了一个专门为网络发烧友提供图片交流的平台——兴网视界。通过这个平台,网友只需登陆"中华兴网"的兴网视界版块,下载相应的客户端并安装到手机中,就能够把自己用手机拍摄到的图片上传到中华兴网,网站的编辑对图片进行审核后,发布到网站上。

(赵长军)

【国庆六十周年庆祝活动保障】 年初,中心研究制定了详细的宣传报道方案,统领各个栏目;组织新闻报道的骨干力量投入到一线采访,圆满地报道了本区各界群众喜迎国庆60周年的各项活动,及时快捷地把全区各行各业人民欢乐和谐、共迎国庆的氛围宣传出去。国庆期间,除了正常的庆祝新闻宣传报道之外,还策划了《建国60周年之大兴60年》系列特别节目。

(赵长军)

【安全生产】 年内,区广电中心制定了系统完整的《安全播出工作方案》、《应对突发事件工作预案》。重点岗位实行主班、副班两班制,供电线路实行双路供电,播出设备配置备用设备,以便应对突发事件的发生。无线信号监测车随时巡检空中信号,防止非法信号的干扰。国庆节期间,中心没发生任何安全事故。

(赵长军)

卫　生

【概况】 全区有5个街道办事处,14个镇,119个社区居民委员会,527个村民委员会,常住人口115.9万,户籍人口58.6万。有卫生机构484家(不含240家村卫生室和中小学卫生保健所),其中非营利性医疗机构308家,营利性医疗机构168家,其他卫生机构8家。有卫生人员8554人,其中卫生技术人员6466人,包括执业(助理)医师2683人,注册护士2131人,实有床位4281张。平均每千人口(常住)拥有卫生技术人员5.58人,执业(助理)医师2.31人,注册护士1.84人、实有床位3.69张。全年出生人口4224人,出生率7.13‰;死亡3225人,死亡率5.44‰;自然增长数999人,自然增长率1.69‰;因病死亡人数3088人,占死亡总人数的95.75%。本区人口期望寿命78.23岁。前十位死因顺位依次为:脑血管病,心脏病,恶性肿瘤,呼吸系统疾病,损伤和中毒,内分泌、营养和代谢及免疫疾病,消化系统疾病,泌尿、生殖系统疾病,传染病,神经系统疾病。全年荣获“全国卫生系统护理专业巾帼文明岗”、“北京市爱国卫生先进单位”、“2008年度首都国家安全工作先进集体”、“首都迎奥运、讲文明、树新风活动先进集体”、“2008年度首都卫生系统文明单位”、“国庆60周年庆祝活动医疗卫生保障工作最佳组织保障奖”、“首都国庆60周年群众游行支持贡献单位”、“2008年度依法行政先进单位”、“2008年度综合行政服务工作先进单位”、“2009年度北京青年健康使者火炬行动组织贡献奖”、“2009年度爱国卫生先进单位”、“政务公开优秀单位”等。

名称:北京市大兴区卫生局
地址:北京市大兴区兴政街17号
电话:69244335
邮编:102600
网址:http://www.dxws.cn/wed/wsj

【卫生改革】 年内,强化中医药服务。积极弘扬中医药文化,落实社区中医药人才培养“回归扎根”工程;加强5家中医类别全科医师社区实践基地建设,探索社区中医药健康服务“套餐式”、“菜单式”服务模式,推进“中医治未病”工程。落实体制机制改革。按照“按需设岗、竞聘上岗、按岗聘用、合同管理”原则,积极推进事业单位岗位设置管理。提高后勤人员素质和管理水平,不断推进医院后勤社会化管理。优化卫生资源配置。完成黄村医院与黄村镇芦城卫生院、亦庄医院与亦庄镇鹿圈卫生院资源整合,进一步提高医疗卫生机构服务效率。

（施春杰）

【社区卫生】　年内,继续落实社区常用药品零差率销售工作,销售零差率药品5519.91万元,让利群众827.99万元。返聘81名退休医学专家到社区卫生服务机构开展服务。积极巩固建档成果,实行健康档案信息化管理,开展健康档案评价调研工作。规范慢性病管理工作,培养社区慢性病防治家庭保健员3475名。西南研垡等5个社区卫生服务站开展慢性病管理试点。落实社区卫生服务中心绩效考核专项补助相关规定。

（施春杰）

【农村卫生】　年内,全区有村卫生室240家,全部为村级办。为446名符合换发条件的执业乡村医生换发新《乡村医生执业证书》;对403名在岗执业注册乡村医生进行了考核;乡村医生岗位培训362人,规范“门诊登记薄”等六种村卫生室使用的医疗文书表册;配合首都医科大学、北京医院协会农村医院委员会等部门开展乡村医生管理调研工作。

（施春杰）

【新型农村合作医疗】　年内,全区新型农村合作医疗参合29.74万人,参合率96%,筹资水平达到每人420元,实现了镇级医疗机构住院直报。由保障参合农民住院为主向住院和门诊兼顾转移,共补偿4.86万人次,补偿1.16亿元,补偿5000元以上5975人。住院补偿率58.3%,较上年度提高8.3个百分点。实施参合农民白内障患者“复明工程”,为353名符合手术条件的患者实施手术治疗。

（施春杰）

【传染病防治】　年内,全区无甲类传染病发生。报告法定传染病20种7519例,发病率878.53/10万,其中乙类传染病2294例,发病率268.03/10万,丙类传染病5225例,发病率610.49/10万。报告性病病例284人,发病率为33.18/10万;报告艾滋病病毒感染者和患者55例,发病率6.43/10万。处理犬咬伤人员14512人,接种狂犬疫苗96267人次。年内,举办“大兴区2009年肠道门诊工作培训会”,成立两支肠道传染病疫情处理小分队,在区人民医院、北京仁和医院设立腹泻病监测点,开展多病原监测,采样200件,检出2株痢疾杆菌;开展“急性肠道感染”食品及外环境监测工作,采样监测1110件。高频次对手足口病疫情进行分析,调查住院病例9例、疑似重症病例23例,停班65个,停园21所,未发生手足口暴发疫情。落实甲型H1N1流感防控,接种甲型H1N1流感疫苗79640人。

（施春杰）

【地方病防治】　年内,区卫生局组织开展枯水期水氟含量监测,共采样64件,水氟合格62件,合格率97%。丰水期水氟含量监测,共采样64件,水氟合格61件,合格率95%。开展碘盐监测,宾馆饭店、托幼机构、中小学校等单位监测合格率98%;居民户碘盐监测合格率98%;开展育/孕龄妇女尿碘含量及甲状腺肿大发病情况监测:孕妇尿碘合格率62%,育龄妇女尿碘合格率86%,甲状腺肿大率为0%。

【精神病防治】　全区有精神病患者2450人,其中重性精神病1717人。全年访视精神病人10327人次,免费给药341人。

（施春杰）

【学校卫生】　年内,全区开展学校传染病防控工作指导、校医传染病防控知识培训,加强区内高校甲流防控知识宣教。开展中小学“家庭护眼按摩操”推广,开展第二次全面学校物质环境卫生学检测,覆盖率100%。开展"我爱无烟环境"系列活动,参加2009年中学生急救培训项目,配合市CDC学卫所完成学校传染病管理调研。

(施春杰)

【慢性非传染性疾病防治管理】 年内,全区开展高血压患者及高危人群、糖尿病患者及高危人群、超重(肥胖)人群、慢性病管理软件—慢病综合干预项目。与单位职工和基层慢性病管理人员建立移动飞信群,定期发送慢性病防治小知识。

(施春杰)

【计划免疫】 年内,全区预防接种建卡34442人,建卡率100%。卡介苗接种率99.71%,脊灰疫苗99.98%,百白破99.98%,麻疹99.99%,乙肝疫苗99.89%,风疹99.99%,流腮疫苗99.99%,乙脑疫苗99.98%,流脑疫苗99.98%。

(施春杰)

【公共卫生监测与评价】 年内,全区接触有毒有害因素单位共1868家,接触有毒有害因素人数29786人。2009年共对72家存在职业病有毒有害因素单位开展检测,其中检测点数714点,检测件数1972件,合格数591点,合格率82.8%。开展建设项目职业病危害控制效果评价4个。职业健康体检单位280个7735人。接报职业病发病报告6例,其中尘肺病例3例。对4个有毒有害因素单位的318名从业人员进行了培训。

(施春杰)

【健康教育与健康促进】 年内,全区三级健康教育与健康促进工作网络管理更加规范,开展对健康促进学校、医院、示范村、健康社区督导。申报健康示范村10个,健康社区12个,开展健康大课堂优秀讲师评选活动。19所学校通过区级及市级健康促进学校验收,17所学校通过市级健康促进学校复验,推进6所二级医院申报市级健康促进医院。区CDC和林校路街道办事处被列入2009年工作场所示范点。年内,发放宣传品89种,827827张;开展培训9次,计585人次;开展区级宣传咨询活动20次,参与人数3430人;以基层单位、社区站医生为主要师资,开设健康知识讲座317次,参与人数14836人。在大兴报和法制晚报刊登防病科普知识文章28篇。

(施春杰)

【公共卫生专项检查】 年内,全区审批办证2159户,其中新办1376户,延续557户,变更226户。开展食品添加剂专项、集体食堂、学校食堂、建筑工地食堂、送餐企业、春节元旦专项整治、"十一"期间专项整治、餐饮服务专项检查等专项工作,监督食品生产经营单位11366户次,行政处罚174起;评审食品量化分级单位2021家,其中A级单位93户,B级单位964户、C级单位964户;监督公共场所2118户次,行政处罚28起;组织12家宾馆附属游泳场馆负责人开展"企业互查,共同提高"活动;完成124户公共场所量化分级,其中A级21户、B级68户、C级34户;圆满完成100%游泳场馆、50%住宿场所量化分级评审任务。监督生活饮用水371户次,行政处罚4起;对辖区内所有供水设施实行GPS定位管理;联合区水务局对2家市政自来水水质进行全面监测,共监测8个点,进行106项卫生指标检测;对市政供水、自备水源供水,二次供水的35个单位的水质进行抽样检测,抽取样品55件。

(施春杰)

【医疗卫生专项检查】 年内,全区开展打击非法行医专项行动6次,先后受理群众投诉141件,取缔黑诊所210家,没收药品3100

余公斤,医疗器械130件,罚款15户,罚没款28936元,发放宣传材料4000份。开展采供血、新生儿病房消毒隔离和肠道门诊专项检查。检查有证医疗机构1327户次,处罚21户,罚没款11.24万元。

(施春杰)

【公共卫生投诉举报】　全年,共接到各类投诉261起,处理率100%,处理及时率100%,反馈率100%。

(施春杰)

【大型活动卫生保障】　年内,完成“全国两会”、“北京市第十三届人民代表大会第一次会议”、“国庆60周年庆祝活动预备役方队”、“第二十一届北京大兴西瓜节”、“2009年度普通高校招生考试”“2009年大兴区春华秋实”“国庆60周年群众游行方阵”“国庆60周年群众联欢晚会”等重大活动卫生监督保障工作10项,其中国家级4项、市级2项、区级4项。

(施春杰)

【卫生监督人员培训】　年内,全区组织开展突发事件应急处理、投诉举报调查处理、《食品安全法》、甲型H1N1流感防控知识等专业知识培训28次。

(施春杰)

【爱国卫生】　年内,开展“国庆病除生物控制”工作,把“除四害”、环境综合整治和城市清洁日活动有机结合,清除卫生死角,投放灭鼠、蝇、蚊、蟑药物,加强病除生物控制,制定长效管理措施。开展卫生月活动,累计共有14万余人参加了城市清洁日和爱国卫生月活动,清理卫生死角90处,清运垃圾累计385余吨,发放各种宣传材料10万余份。加强健康促进与健康教育工作。开展以“健康知识进农家”为主题的健康大课堂讲座100场,在示范村中开展宣传、咨询、义诊等活动达90余场。创建健康示范社区12个、创建健康促进示范村14个、创建卫生红旗单位2个。改造农村户厕1.61万座。新建联村水厂3座,改扩建单村水厂15座。

(施春杰)

【妇女保健】　年内,全区孕产妇4192人,产前检查率99.81%,建册率99.43%;高危孕产妇发生率55.84%,管理率100%;住院分娩率99.98%;产后访视率97.45%;孕产妇系统管理率96.97%。围产儿死亡率2.83‰。落实户籍25~65岁适龄妇女宫颈癌、40~60岁适龄妇女乳腺癌免费筛查,全年宫颈癌筛查54732人、筛查率29.83%,乳腺癌筛查42802人,筛查率42.13%。筛查出乳腺疾病7958人,宫颈疾病6615人,确诊宫颈癌6例,乳腺癌11例,其他恶性肿瘤2人。

【儿童保健】　儿童保健覆盖率100%,儿童系统管理25207人,管理率97.41%;体弱儿管理率100%;新生儿疾病筛查率98.89%,访视率97.28%,听力筛查率99.96%;新生儿母乳喂养率96.83%,6个月内母乳喂养率95.45%,6个月内纯母乳喂养率75.87%;新生儿死亡率1.18‰,婴儿死亡率3.08‰,5岁以下儿童死亡率4.02‰。

(施春杰)

【计划生育技术管理】　年内,完成青云店镇中心卫生院助产资质、计划生育资质行政审批。对新申请母婴保健技术服务助产人员44人、计划生育人员16人进行审批。巩固爱婴医院管理,完成对爱婴医院考核。

(施春杰)

【女工保健】　全年为730人提供了婚前医

学检查,婚前医学检查率4.58%,婚前医学检查疾病检出率13.42%;妇女病普查率74.17%,妇女病患病率37.1%。

(施春杰)

【医疗工作】 年内,加强医疗质量管理。成立医疗质量管理专家委员会,分别聘请9名市三级医院和15名区二级医院专家,分阶段开展质量管理工作,在对医疗质量考核标准进行修订的基础上,以病历质量、单病种质量管理、基本技能操作和处方点评等为重点,对辖区内24家医疗机构开展医疗质量指导检查;举办以“质量安全是医院发展的生命线”为主题的“大兴区卫生系统质量安全论坛”活动,为探索建立规范的医疗服务质量管理体系和医疗质量监督机制奠定了良好的基础;积极聘请以人大代表、政协委员为主的医疗服务质量评议员,以更好地发挥社会评价监督作用。全年诊疗671.6万人次,其中门诊546.1万人次,急诊53.4万人次,观察室留观110630例;急诊抢救10855人次,住院危重病人抢救656人次;住院74889人,出院74792人,病床使用率76.7%,治愈率50.67%,好转率44.73%,病死率1.3%,出入院诊断符合率99.7%;住院手术37427例,住院手术前后诊断符合率99.83%,病理检查与临床诊断符合率94.62%。健康检查33.6万人。

(施春杰)

【院内感染管理情况】 4月,在全区范围内开展医疗废物管理工作指导检查,强化各医疗机构“法人是医疗废物管理第一责任人”的观念,促使各医疗机构的负责人在管理中从细节入手,按照各项管理制度严格要求、严格把关,使各医疗机构医疗废物管理整体水平有一个较大的提高。医院感染率控制在0.73%。

(施春杰)

【病历质控情况】 年内,规范病历书写,组织参加市级病历质量评比活动,选送中西医优秀病例各10份参加北京市病历质量评比。

(施春杰)

【护理工作】 年内,树立优秀模范典型,评选优秀护士、护理先进集体。表彰全区卫生系统护理先进集体14个,优秀护士65名。组织有关护理专家对辖区内6家二级医疗机构进行了专项检查并进行汇总反馈,保障护理质量持续改进。

(施春杰)

【医疗卫生对口支援】 年内,区内5家二级医院与受援单位分别签订了对口支援社区卫生服务工作协议书。有285名医务人员到各镇卫生院(医院)开展对口支援工作,共支援4375天。派出1支14人的医疗队和1名疾控人员赴四川省什邡市开展对口支援,其中医疗队在什邡共诊治患者8876人次、查房136人次、巡诊指导诊治患者2239人次、开展新项目技术2项、为4731人次患者提供咨询,开展各类培训32场次、举行各种义诊活动12场次,受众1085人次。

(施春杰)

【血液管理】 年内,组建3130人的“大兴区国庆应急无偿献血志愿者队伍”。全年街头自愿无偿献血共21705单位;团体无偿献血(全血)达1193单位,机采血小板8治疗量;全区现有用血资质的一级以上医疗机构20家,2009年临床用血总量达13954单位;全年用血返还54人次,总计31371元;加强对区内用血医疗机构、街头采血点的监督检查。

(施春杰)

【麻醉精神药品购用印鉴卡管理】 年内,为辖区30家医疗机构换发2009～2011年度麻醉药品、一类精神药品购用印鉴卡；为1家医疗机构申报发放了麻醉药品、第一类精神药品购用印鉴卡；为189名长期门诊使用麻醉药品、第一类精神药品患者进行网上登记；组织开展2009年度麻醉药品和第一类精神药品医师处方权资格培训和考核工作，总计140名医师通过培训和考试，取得麻醉药品和第一类精神药品医师处方权资格。

（施春杰）

【医疗设备】　年内，全区新增医疗设备总资产2275.5万元，年度新增万元以上设备数55台。

（施春杰）

【医学教育和人才培养】　年内，积极通过学历教育、在职教育和委托培养等方式，加强卫生专业队伍建设。将人才培养列入区政府实事，培养学科带头人、业务骨干101名。加强基层母婴保健实用知识技术全员强化培训和现场演练，落实住院医师、骨干护士、新毕业生、社区卫生服务岗位培训，对财务、统计等管理人员进行了相关知识培训。继续医学教育达标率99.3%，完成市级90%的目标。对371名乡村医生开展基本技能培训。

（施春杰）

【科研工作】　年内，参与科研课题52项，在核心期刊发表论文96篇，34个科研项目获得资助，其中，区科委项目12项，市级协作项目22项，争取科研资金71.2万元，区卫生局补助资金50万元。二级医院共申报市卫生局适宜技术推广项目27项。

（施春杰）

【精神文明建设】　年内，深入开展学习实践科学发展观活动，建立健全科学发展长效机制。加强基层党组织建设，制定下发《关于加强基层党组织建设的意见》，以讲党课等形式，专门组织基层党组织、领导班子成员学习贯彻。结合领导干部作风年建设，推进卫生医疗单位制度化和规范化管理。严格执行党风廉政建设责任制，强化领导干部"一岗双责"。及时公布卫生政策法规、行政许可及工作纪律等重要事项。采取专题报告、领导干部讲党课、反腐倡廉主题教育等形式，增强党员领导干部拒腐防变能力。加强卫生系统行风建设，深入开展民主评议政风行风活动。规范信访举报处理程序，制定并下发信访举报工作规则。在总结廉政风险防范管理试点工作的基础上，推广实施廉政风险防范管理。坚持跟踪管理，切实执行医疗卫生单位负责人任中和离任审计，对疾控中心、瀛海镇中心卫生院等8家单位进行经济责任审计。落实医务人员医德医风考评制度，提高医务人员职业道德素质和医疗服务水平。将医务人员医德医风建设纳入年度考核体系，定期开展满意度调查，广泛征求患者意见，及时整改。聘请社会监督员，定期召开会议，听取意见及建议，及时改进不足。通过提供健康咨询热线、组织医患座谈等形式，不断和谐医患关系。派出1支14人的医疗队和1名疾控人员赴四川省什邡市开展对口支援。

（施春杰）

【国庆医疗卫生保障】　年内，先后制定了《北京市大兴区卫生局国庆60周年群众游行联欢训练医疗及公共卫生保障工作方案》、《北京市大兴区卫生局国庆60周年游园活动公共卫生及医疗救治保障工作方案》、《北京市大兴区卫生局国庆游行方队训练基地公共卫生及医疗救治保障工作方案》及《北京市大兴区卫生系统新中国成立60周年庆祝活动安全保卫反恐处突工作方案》，成立了国庆保障领导小组、国庆游园活动保障领导小组、国庆训练基地公共卫生保障与医疗救治工作领导小组及反恐防范工作领导小组。在市卫生局、区委区政府的正确领导下,在首都国庆60周年群众游行、联欢晚会、国庆游园等庆祝活动期间,保障人群未出现甲型H1N1流感及其他传染病多发、暴发疫情,未出现医疗救援延误及医疗安全事故,未发生重大食物中毒、饮用水污染事件,未发生突发公共卫生事件。

(施春杰)

【财务管理】 年内,全区卫生事业费上级拨款39735.46万元,支出39735.46万元;业务收入93555.96万元,业务支出90218.55万元。

(施春杰)

【基本建设】 年内,新建大兴区妇幼保健院工程,新增建筑面积22390平方米;新建大兴区疾控中心及卫生监督所工程,新增建筑面积17910平方米。

(施春杰)

药品监督管理

【概况】 2009年,区药品监督管理局圆满完成年初拟定的各项工作计划。截至年底,全区有药品生产企业32家,药品经营企业513家,其中批发企业10家。非营利性医疗机构32家,营利性医疗机构164家。村级卫生室229家。医疗器械生产企业78家,经营企业626家。化妆品生产企业13家,经营企业2500余家。保健食品生产企业17家,经营企业448家。

名称:北京市药品监督管理局大兴分局
地址:北京市大兴区黄村西大街26号
电话:69202133
邮编:102600
邮箱:lmh1625@126.com

【国庆六十周年药品安全保障】 从1月开始,区药品监督管理局采取四项措施开展保国庆六十周年药品安全保障工作开展药械质量安全风险评估与控制工作,对48家高风险药械生产企业进行、现场检查,共排查安全风险源5个,及时消除安全隐患。开展突发事件应急演练,做好突发事件应急处理工作。开展国庆药品市场巡查,对黄村镇及城乡结合部等重点地区实施监控,累计出动检查人员1874人次,检查企业875家。建立24小时应急值守和零报告制度。国庆期间,实现了药品市场质量安全“零事故”的目标。

(刘明华)

【甲型H1N1流感防控工作】 5月,根据市局的工作安排和分局的实际情况,要求区内5家药品批发企业、60余家药品零售企业,做好甲型H1N1流感防控期间口罩的市场供应。6月,对全区的医疗机构和药品经营企业的防控甲型H1N1流感药品的供应情况进行现场检查,对清开灵注射液等4种抗流感药品进行抽验。北京九州通医药有限公司、北京盛世汇通医药有限公司是防控甲型H1N1流感药品的储备单位,对其防控物资的进货渠道、储存环境、仓库设施设备、管理制度执行情况和药品销售情况等实施监控。截至10月底,共检查企业760家次,出动检查人员1780人次,车辆730辆次,现场查处1起违法违规行为。

(刘明华)

【维护辖区药品市场稳定】 年内,区药品监督管理局联合公安、城管、卫生等相关部门,分三个阶段开展取缔无《医疗机构执业许可证》、《药品经营许可证》行医售药违法行为的专项整治,共检查单位94家,张贴《违法经营使用药品、医疗器械、保健食品行为告知书》269份,依法取缔黑药店2家,保健品店销售药品10家。与计生、工商、卫生等部门联合,开展规范计划生育药械市场专项整治行动,共检查 223 家企业,发现 50 家存在无证销售药品行为,没收药品 532 盒,折合人民币 10640.00 元。开展保健食品违法添加非申报成分专项整治行动,对 90 家保健食品经营企业进行监督检查,要求 2 家不规范企业限期整改。

(刘明华)

【三品一械抽验工作】 年内,区药品监督管理局完成药品抽验共计 500 件,其中监督性抽验 100 件,针对性抽验 200 件,基础测试 200 件,检验结果不合格 4 件,药品合格率为 99.23%。完成医疗器械抽验 17 件,不合格 2 件。完成化妆品抽验 43 件,无不合格报告。完成保健食品抽验 15 件,无不合格报告。

(刘明华)

【三品一械的举报受理情况】 全年共受理各种投诉举报 127 件,其中,分局直接受理的 37 件、市局批转的 48 件、其他分局及外省市协查的 42 件。立案 32 件,结案 30 件,其中,涉及药品的 28 件、医疗器械 2 件。有 4 件移送公安机关依法调查处理。没收违法所得 19147.30 元,罚款 62105.00 元,共计 81252.30 元。

(刘明华)

【业务培训】 3 月,区药品监督管理局在区医院举办"大兴区药品不良反应及医疗器械不良事件监测培训班",全区 30 家一级以上医疗机构的主管院长、药剂科主任及临床医师等 100 余人参加培训。

(刘明华)

【召开业务工作会议】 4 月,召开加强药包材生产企业监管工作会议,全区七家企业的法人、负责人等参加。会议要求各企业必须按《药包材生产现场考核通则》的要求,建立健全生产和质量管理机构,质量检验机构,制定各级人员的职责,制定和完善生产和质量管理的各种文件。9 月,召开大兴区药品零售企业换证工作会,全区 200 余家企业法人、质量负责人参加。会上传达了"北京市药品监督管理局关于换发《药品经营业企业许可证》有关事项的通知"精神,并对换证工作进行具体部署。

(刘明华)

【日常监督检查与行政审批】 年内,区药品监督管理局按照 ISO9000 标准制定工作目标,对全区的药品生产、经营企业,医疗器械生产、经营企业,保健食品生产、经营企业,化妆品生产、经营企业的日常监督覆盖率达到 100%。受理新办药品零售企业验收申请材料 51 份,自愿放弃验收的企业 7 家,验收合格的企业 44 家,核发药品经营许可证 44 个,变更药品经营许可证 21 个。完成新开办医疗器械生产、经营企业审批分别为 10 家和 157 家。审批保健食品新开办企业 35 家,变更保健食品经营企业 8 家,注销 7 家。

(刘明华)

【药品零售企业 GSP 认证】 全年共受理药品零售企业 GSP 认证材料 129 份,完成 GSP 认证现场检查的企业 120 家,其中,114 家通过 GSP 认证,6 家企业需进行三个月整改,1 家企业未通过 GSP 认证。。

(刘明华)

【宣传工作】 3 月,区药品监督管理局联合卫生局、旧宫镇政府及旧宫镇医院等单位,在旧宫庑店村开展了以"关爱公众健康 严厉打击黑药店黑诊所"为主题的宣传活动,共发放有关"三品一械"法律法规及安全用药等宣传材料 12800 本,现场解答 3000 余人次的有关法律法规、安全用药、用械知识咨询。在第 22 个国际禁毒日,开展以"拒绝毒品、珍爱生命”为主题的法制宣传活动,发放各种禁毒宣传资料2000余份。6月,开展以“规范市场经济秩序、服务科学监管”为主题的宣传活动。根据大兴区委宣传部、大兴区依法治区领导小组办公室《关于开展2009年“12.4”全国法制宣传日宣传活动的通知》精神,在帝园商城繁华地带举办以“加强法制宣传教育,服务大兴经济发展”为主题的宣传活动。发放有关《加大药药品市场监管让首都人民吃放心药》,《净化药品广告市场维护群众用药安全》及“三品一械”相关法律法规知识宣传手册等12种,共计一万余册。提醒广大群众购买药品时一要到正规的药店和医疗机构去购药,千万不能偏听偏信一些不法分子虚假宣传,尤其告诫老年人不要参加以讲座、馈赠、奖励等形式为诱饵的虚假宣传活动,不要通过邮售方式从互联网购买宣传祖传、特效、独家生产研制的药品。

(刘明华)

【药监队伍建设】 年内,区药品监督管理局采取各项措施加强药监队伍建设。定期开展从政意识教育,提倡勤奋学习、精诚团结、真抓实干、开拓进取的良好风尚。按照ISO9000标准,建立制度完善、操作性强的质量管理体系,使分局的药品监管工作更加规范化、系统化、现代化,杜绝职责不清和推诿扯皮的现象,做到“办事有依据,工作有程序,过程有记录,考核有标准”。以学习型机关为载体,在实践中提高服务质量,达到既丰富了别人,也提高自己的目的。加强党风廉政建设,保持昂扬的精神状态,锻炼过硬的从政素质,树立良好的廉洁形象,切实把握好“权力观”、“金钱观”、“人情关”。注重年轻干部的培养和锻炼,创造良好的外部环境,让年轻干部在工作中发挥聪明才智。

(刘明华)

【获奖情况】 年内,区药品监督管理局被首都国庆60周年北京市筹备委员会授予先进集体称号;被大兴区精神文明建设委员会评为“大兴区城乡手拉手,共建新农村先进单位”;被大兴区创建学习型城区领导小组办公室评为“创建学习型机关先进单位”。

(刘明华)

体　育

【概况】 2009年,大兴区体育局按照市体育局和大兴区委、区政府的部署要求,不断探索和深化体育改革,以满足广大人民群众日益增长的体育健身需求为出发点,以全面落实“全民健身条例”为重中之重,以提高全区人民健康素质为根本目标,坚持群众体育、竞技体育和体育产业协调发展,紧密围绕“北京市创建国际化体育中心城市”的要求,全面推进组织建设、管理建设和后备人才培养工作,为建设宜居、宜业、和谐新大兴做出了积极贡献。其主要进步体现在三个方面:群众体育得到蓬勃发展,曾获得各级表彰10多次;竞技体育成绩突出,曾获得市级以上比赛前八名20余人次;体育产业呈现良好发展势头,连续第二年协办世界职业极限运动巡回赛,以北京时尚体育公园为首的一大批新兴体育产业逐步投入运营。

名称:北京市大兴区体育局
地址:北京市大兴区兴丰大街15号
电话:69253229
邮编:102600
网址:http://dxsports.dxic.gov.cn/wed/tyj

【群众体育】 年内,区体育局大力推进体育健身工程,加快社区和农村体育设施建设。为全区2004年安装的125套区级居家健身工程和5套市级标准健身工程进行更新;为大兴经济适用房配建居家健身工程14套;为街心公园配建全民健身工程2套。严格依照“全民健身条例”组织群众体育活动。加强区体育总会在组织群众体育活动中的职能作用,先后组织了“区健身项目展示活动”、“第三届‘和谐杯’乒乓球比赛区”等区级群众体育赛事。承办了“区直机关工委运动会”、“文委系统首届运动会”和“区工商联非公企业运动会”等群众体育综合运动会。区第三届“和谐杯”乒乓球比赛历时近三个月,全区共有约10万人参与其中,最终选拔了40支高水平队伍代表本区参加北京市千台万人乒乓球展示活动。着力实施“社会体育项目发展计划”,完善社会体育竞赛制度,全面提升大兴区群众体育发展水平。在充分发挥30个单项体育协会的职能作用、继续办好传统赛事的同时,加强了与区外体育组织的合作。在各单项体育协会的共同努力下,逐步形成了参与人数多、群众积极性强的武吵子、太极拳、秧歌舞、八卦掌、五禽戏等具有我区特色的群众体育活动。同时,按照区、机关、企事业单位、镇、街道和各行业及社区、行政村三级全民健身网络开展群众体育活动。四是深入抓好“社会体育指导员”队伍建设。社会体育指导员是引导群众科学健身、文明健身的重要载体。年内,组队参加了全国及北京市举办的气功、健身秧歌、健身操、健身球等项目辅导员培训班,本区举办了健身秧歌、健身球、健身气功、北京新秧歌、太极拳、太极剑及太极扇等项目的社会体育指导员培训班。截至年底,全区共有社会体育指导员1608名深入到23个太极拳辅导站、55个晨、晚练点、100多个文体大院为群众健身服务。全区年参与健身活动的体育人口达到43万余人。

(王　勇)

【竞技体育】　年内,大兴体校承担市12个体育布局项目,其中摔跤、手球、棒球、女足四项为重点布局项目,“十一五”期间应向市级运动队输送优秀运动员23人。全年输送运动员13人,已输送56人,提前完成体育后备人才的输送任务。进一步修订完善了《大兴区体育运动学校第四周期(2006～2010年)目标责任制》、《大兴体校考勤管理制度》等相关管理制度。采取“请进来、送出去”的方式,继续抓好大兴一中、大兴一职、庞各庄中学、榆垡中学、礼贤中心校、大兴三小、大兴七小的田径、女足、乒乓球、女垒、摔跤、手球等训练项目。在年内市青少年锦标赛上,由区体校为主的我区运动员在田径、跆拳道、举重、摔跤、柔道、网球等项目上分别获得了10枚金牌和11枚银牌、14枚铜牌,4到8名人数达到38人的好成绩,综合成绩位于郊区县前列。年内,在国家体育总局和市体育局的支持下,根据《关于对国家中长跑竞走奥林匹克高水平后备人才基地评估验收工作的通知》,五月,本区体育运动学校成立了北京市竞走后备人才训练基地,训练竞走后备人才。并且充分利用北京市第三体育运动学校,北京市乒乓球训练基地、星牌台球、希玛保龄球及大兴区业余体校等体育资源,挖掘和培养本区优势体育项目。年内,区体育局分别承办或协办了“北京市体育传统项目学校田径比赛”、“北京市青少年田径锦标赛”、“全球职业极限运动巡回赛北京站赛事活动”等市级以上大型赛事活动。

(王　勇)

【体育市场】　年内,体育局先后四次组织区体育项目经营单位法人、负责人、安全员进行了体育法律法规和安全生产知识培训,培训人次达到186人。推行政务公开和电子政务,服务基层和为群众办实事。年内,区体育局多次深入基层调查研究,听取基层体育工作者和广大群众的意见建议,改进工作作风,提高体育服务意识和服务能力,多次进入各社区及各行政事业单位进行国民体质检测活动,检测人数1200余人,全部开具运动处方并进行健身指导。开展体育普法活动和法制宣传工作,切实推进依法治体、依法行政。采取多种方式宣传体育相关的法律、法规186人,下发宣传册3000余份。通过开展“央视火灾通报”和“消防法”学习,先后四次联合安监、卫生、消防等部门检查体育经营单位56家,本单位执法人员自查38次,检查场馆175家,检查隐患128次,现场完成整改96处。将问题单位以书面形式移交工商管理部门2家、消防部门1家。

(王　勇)

【场馆建设】 年内,区体育局直属体育场馆接待业余训练6万余人次,对社会开放接待群众健身20余万人次,全部为免费开放。建设集组织、活动和场地设施于一体的多功能的城市社区体育俱乐部。提高社区体育活动的组织程度,全区人均体育设施面积已达到1.5平方米以上。积极推动大兴区极限运动中心建设。截至年底,项目一期工程已完工并投入运营。各民营体育经营场所建设也得到了较大发展,以星牌台球、希玛保龄球等体育产品制造业为主的体育产业发展势头良好;时代荣辉、天马、飞鹰、卡卡等体育健身俱乐部的经营和发展也给健身服务业注入了新的活力;万国体育竞技场、北京时尚体育公园逐步建成并投入使用,促进了体育娱乐竞赛表演业和休闲体育运动的兴起。

(王　勇)

【国庆六十周年庆祝活动保障】 国庆六十周年期间,区体育局担负着联欢晚会本区焰火燃放工作和联欢晚会大兴区演练场保障。成立了保障工作领导小组,在局办公室设立保障协调办公室,由局领导牵头先后多次到焰火燃放场地实地考察,做好各相关单位的协调工作,在燃放区域规划,人员管控及安全管理等工作上提前入手,确保了燃放工作安全有序。局运动场在区先后组织的8次大型演练、20多次小型演练活动中,认真落实上级指示要求,积极协调各方力量,每次演练前都要对场地进行一次安全、卫生检查,为演练活动的圆满完成做出了积极贡献。

(王　勇)

社会生活

民政工作

【概况】 2009年,全区民政系统紧紧围绕中央和市委"保增长、保民生、保稳定"要求,结合学习实践科学发展观和市委提出的"作风建设年"活动,以探索实践"大民政"理念为导向,以改善民生为抓手,以推进民政事业发展、维护社会稳定为目标,认真履行职责,充分发挥作用,为增进社会和谐作出了积极贡献。大兴区民政局被授予"北京市2009年度民政工作先进区县"荣誉称号。

名称:北京市大兴区民政局
地址:北京市大兴区黄村观音寺小区双关巷
电话:69251155-8306
邮编:102600
Email:dxmz@ dxmz. gov. cn

【国庆60周年安保】 年内,区民政局认真贯彻落实区安保会议精神,按照区国庆安保领导小组的部署,认真开展部门"一对一"和特派员包村(居)工作,加强对基层安保工作的指导和监察。在民政系统内部,下发了《国庆安保方案》和《应急预案》,建立健全和严格安保工作责任制和实施安保情况日报制度,在此基础上,先后4次开展安保工作大检查,由于做到了工作细化,责任到单位、到人,确保了国庆期间安全无事故。

(白长坡)

【防控甲型流感】 年内,区民政局专门成立防控甲型流感工作领导小组,先后三次组织召开全区镇、街紧急会议,部署防控甲型流感宣传折页发放工作,在市民政局配发的基础上,加印11万册宣传材料,共计发放35万册,并通过会议、张贴、广播等形式,大力开展宣传活动,使甲型流感可防可控的科学理念深入人心。

(白长坡)

【社区建设】 年内,区民政局制发了"大兴区创建和谐社区评估工作实施办法",申报清源街道兴华园社区为全国和谐社区建设示范社区;命名表彰清源街道金惠园二里、清源西里和兴丰街道兴丰东里等社区服务站为北京市社区服务站标准化建设示范单位;命名清源街道兴华园等12个社区服务站为北京市社区服务站标准化建设试点单位。

(白长坡)

【社区志愿服务管理】 年内,区民政局制定《大兴区社区志愿者管理办法》,推行社区志愿者注册制度,建立与政府服务、市场服务相衔接的社会志愿者服务体系,开展社区志愿服务活动和特色服务。

(白长坡)

【农村社区服务站标准化建设】 年内,区民政局按照市民政局关于"试点农村社区服务站选择在城乡结合部"的要求,分别在旧宫、西红门两个地区办事处各选定6个试点,开展农村社区服务站标准化建设,改善农村社区服务设施条件,推进农村社区服务平台化、公共服务社区化、公益服务社会化、便利服务连锁化。

(白长坡)

【提高社区网络功能】 年内,区民政局加强社区信息网络、96156呼叫系统及入网服务商管理、指导和监督工作,拓展服务项目,提高网络功能,有效发挥了为社区居民提供良好公共服务的平台和桥梁作用。

(白长坡)

【落实分类救助政策】 年内,区民政局自1月起,城低保标准由原来的每人每月390元提高到410元;农低保标准由原来的每人每年1920元提高到2400元,并全面落实了分类救助政策。全区有3186户5986人纳入城乡低保范围,累计发放保障金1425.44万元。同时,从7月开始,对农村五保供养标准进行了调整,由原来的年人均6086元提高到6541元。

(白长坡)

【医疗救助城乡统筹管理】 年内,区民政局规范调整了救助标准,救助比例由50%提高60%,取消了500元的救助起付线。资助农低保对象全部纳入新型农村合作医疗,加大医疗门诊垫付金救助制度的实施力度,门诊救助垫付金由原来的840元提高到2000元,农村困难群众看病难的问题得到有效缓解。

(白长坡)

【农村危房改造】 年内,区民政局立足于实现农村无危房困难户的目标,大幅度提高了危房改造数量,按照全市的统一部署,为360户农村社救对象实施危房改造,其中新建住房260户1315间,维修100户505间,并且每户改造补助标准提高到4.5万元。

(白长坡)

【落实地退人员生活】 年内,区民政局认真落实地退人员生活、医疗补助待遇,并对冬季取暖补贴标准进行了调整,由原来每人年200元提高到400元。上调征地超转人员生活补助费16.13%,医疗费、自供暖补贴及时核发到位。

(白长坡)

【社会救助】 年内,区民政局为1729名60周岁以上老人办理慈善医疗卡,每人每年500元,救助15名重病儿童和100名重病群众。争取资金91万余元,对231名符合条件的困难大学生实施就学救助。

(白长坡)

【社会捐赠】 年内,区民政局开展主题为"京什手拉手、重建新家园"的社会捐赠活动和"慈善情—百家企业献爱心"春雨行动与"共产党员献爱心"活动,募集善款合计364万余元。其中,什邡市援建项目募集捐款54万余元。

(白长坡)

【优待抚恤】 年内,区民政局全面落实优抚对象各项政策待遇。春节期间,走访慰问各类优抚对象1687人,发放慰问款物合计184.58万元,为100户农村优抚对象实施危房改造,为54名优抚对象办理发放大病临时补助金74511元,较好地解决了"三老"优抚对象医疗难问题。贯彻落实市处"千户优抚对象相关政策贯彻落实情况入户调查"工作会议精神,完成填报优抚对象相关政策落实情况调查样本信息表,通过零点公司电话调查采访,本区优抚对象各项待遇落实情况良好。

(白长坡)

【双拥共建】　年内,区民政局以提高部队战斗力和建设和谐新大兴为着力点,更新观念、开拓思路、创新模式,广泛开展贴近实际、贴近基层、贴近军民的互利互惠活动,不断把双拥活动推向深入。

(白长坡)

【复退军人安置】　年内,全区共计接收退伍军人229名,需要给予安置的171名(包括上年度剩余待安置人员11名)。其中办理自谋职业的116人,自联工作的4人,推荐分配到单位工作的36人,复学1人,政府指令安置就业13人,不服从分配1人,待安置期间生活补助费、自谋职业款和给予区内外接收单位奖励金已足额发放到位。

(白长坡)

【军休工作】　年内,军休所加强班子建设和职工素质建设,坚持"五带头"和"五上门服务",开展政治理论学习和喜闻乐见的文体活动,落实了军休干部政治、生活两个待遇,被评为区"精神文明建设先进单位"。

(白长坡)

【基层民主政治建设】　年内,区民政局健全科学领导体制,完善村务公开民主管理制度,加强对村务公开、村民自治工作的具体指导,深入开展村务公开民主管理示范单位创建活动,创建出示范村80个,示范镇2个,全区示范村总数达到244个,示范镇6个,本区被全国村务公开协调小组正式命名为"全国村务公开民主管理示范区"。圆满完成了第七届居委会换届选举,全区112个社区登记选民155367人,参选率达到98%以上,产生社区居委会成员704名,其中主任112名,副主任162名。

(白长坡)

【民间组织管理】　年内,全区共计注册登记社会组织322个,其中社会团体133个,民办非企业单位189个,涉及科学研究、生态环境、农业及农村发展、教育、卫生、法律、文化、体育、工商业服务等多方面领域。

(白长坡)

【社工人才队伍建设】　年内,区民政局开展社会工作人才队伍建设试点工作,本区的"一个原则"(科学调研、试点先行)、"两个服务"(服务基层、服务群众)、"三个关键"(人员培训、专家指导、政策制定)、"四个发挥"(发挥专业社工的引领作用、发挥民政干部的推动作用、发挥试点单位的载体作用、发挥志愿者的协调作用)试点模式和充分利用大学生村官社会工作人才积极参与社会工作实践的作法,受到民政部检查评估团的高度评价和充分肯定。先后开展并完成了社会工作职业水平考前培训、清源街道金惠园二区社区居委会等7个单位申报第二批人才队伍建设试点单位及孤残儿童家庭寄养模式下的社会工作需求分析调研课题低保、社区、信访、社区矫正、儿童康复等9篇案例撰写工作。

(白长坡)

【行政区划】　年内,区民政局会同有关专家深入调查、科学论证,制定方案,报经市政府通过,将原有的3个街道办事处调整为5个,其政区名称经评审会程序命名,完成区县界联检工作,维护了法定界线的严肃性和权威性。

(白长坡)

【殡葬管理】　清明节期间,在各相关部门的通力配合下,"一馆三墓"共计接待群众20余万人,疏导车辆2280余辆,制止违章用火

11 起，紧急救护扫墓群众 2 人，实现了“文明祭扫、平安清明”。加大殡葬服务力度，初步形成了“大兴区公益性骨灰安置设施建设规划”，制定实施多项对城乡特困群众减免丧葬服务费的惠民措施。落实《北京市城乡无丧葬补助居民丧葬补贴办法》和《实施细则》，全年累计为 2080 名城乡无丧葬补助人员审发了丧葬补贴。

（白长坡）

【婚姻收养登记】 年内，婚姻登记服务以“实现群众百分百满意”为目标，建立实施周六和预约上门登记的服务制度，服务质量和水平进一步提高。全年共计办理结婚登记 9044 对，离婚登记 1429 对，收养登记 33 件，做到无错登、漏登。

（白长坡）

【见义勇为人员权益保护】 年内，区民政局组织重残见义勇为人员疗养，对家庭困难见义勇为人员实施重点救助，依法审定见义勇为行为 1 起，切实维护了见义勇为人员合法权益。

（白长坡）

【社会福利事业】 年内，区民政局加大养老服务机构发展力度，按照全市规划分解本区增加 1200 张床位的任务，计划实施项目 12 个，实际完成项目 13 个，其中新建项目 5 个，改扩建项目 8 个，共计新增床位 1356 张，超额完成了市级规划指标。红星福利院立足于争创三星级养老服务机构，根据《养老服务机构服务质量标准》，结合该院实际，制定实施 18 项服务内容。加强孤残儿童权益保护工作，共计接收弃婴 32 名。

（白长坡）

【福利彩票】 年内，福彩发行工作坚持“安全运行、健康发展”的工作方针，强化管控结合建设和谐团队的营销理念，积极拓展赈灾即开票和“PK 拾”销售项目，收到了良好效果，全年销售彩票 1.5 亿余元。

（白长坡）

流动人口管理

【概况】 大兴区流动人口和出租房屋管理委员会（简称大兴区流管委）为全区负责流动人口和出租房屋指导协调和综合管理工作的议事协调机构。由区长李长友担任流管委主任，成员单位 66 家，分别由区委、区政府各委办局组成。大兴区流动人口和出租房屋管理委员会办公室（简称大兴区流管办）为大兴区流管委的常设办事机构，正处级单位，与区综治办合署办公，主要承担区流动人口和出租房屋管理委员会的日常工作。大兴区流动人口和出租房屋管理服务中心（简称区流管服务中心），隶属于区流管办，受区流管办委托承担区流动人口和出租房屋管理服务方面的日常事务性工作。年内，大兴区流管办在市流管委、流管办和区委、区政府的正确领导下，将流管工作作为“社会管理的头号工程”，按照“调控有序、服务规范、管理到位、保障有力”的要求，以规模调控为核心，以国庆安保为重点，以规范化建设为平台，稳步推进各项流管工作，圆满完成了“平安国庆”安保任务，促进了本区经济发展和社会的和谐稳定。

名称：北京市大兴区流动人口和出租房屋管理委员会办公室
地址：北京市大兴区兴政街 20 号
电话：69244089
邮编：102600
网址：http://192.168.3.25/min/index.htm

【流管机构规范化建设】 年内，本区调整充实了区镇两级流管委，由区长和各镇（街道）书记分别担任区镇两级流管委主任。出台加强流动人口服务管理工作意见,制定流动人口规模宏观调控规划;将流管工作列入区委、区政府重要议事日程,多次进行研究和部署。从单纯的治安管理转变成社会管理;将政府引导、宏观调控与基层群众自治、社会单位自管结合起来。实行镇(街道)领导包村(社区)、村(社区)领导包片,管理员包楼门院户的承包制,层层落实属地责任。通过重大问题会商、情况报告单、联合整治等机制,健全"以块为主、条块结合"的"大流管"工作格局。

(宋　蕊)

【服务站规范化建设】　年内,全区共设立408个村(社区)来京人口和出租房屋服务站,其中166个与警务工作站、专职巡防队工作站实行了"三站合一"综合管理模式。明确要求服务站统一安装制式标牌,每个服务站至少配备1台专用电脑及1名熟悉信息平台业务的人员,由村(居)委会主任担任站长,有1名专职副站长和1名兼职副站长。按照《来京人员和出租房屋服务站日常工作规范》要求,加强对基层服务站的指导。基层服务站将《服务站职责任务》、《管理员职责》等制度上墙公示,制定《工作报告制度》、《责任追究制度》等日常管理工作制度。加强档案管理,统一分类标注并制作分类档案,同时完善各类基础工作台帐,提高管理效率和服务水平。实行常态化工作情况月通报制度,区流管办以工作动态的形式通报各镇(街道)的基层服务站和管理员工作情况,帮助各镇(街道)分析查找突出问题,有针对性地制定整改措施,督查和通报结果作为年终考核的重要依据。

(宋　蕊)

【管理员队伍规范化建设】　年内,全区按照流动人口3～5‰的比例共配备2481名管理员。各镇(街道)将辖区全部划分工作网格,按工作量安排管理员在网格内负责出租房屋和流动人口的信息采集、录入工作,实现"网格化"工作模式。对管理员实行实名制管理,制定工作规范,明确工作流程和职责任务,量化考核,实现规范化管理。

(宋　蕊)

【流动人口管理模式】　年内,区流管办按照"以房管人"的理念,探索出适合城乡结合部地区流动人口服务管理工作的新模式。对地理位置相对独立的村庄进行封闭,主要路口设治安岗亭,由专人值守,将村域划分为若干个区域,管理员分片包户实行网格化管理。将流动人口管理纳入《村民自治章程》,与本村村民同管理、同服务。将流动人口聚集的大院委托给大院承包人负责大院内各种事务的管理。村委会、承包人、管理员、户主层层签订《自我管理契约》。通过"基础规范化"、"管理网格化"、"服务亲情化"、"程序系统化"、"责任社会化"五个措施,提升流动人口服务和管理的质量,形成全员参与、责任明确、齐抓共管的协作机制。对出租房屋实行"一牌、一图、一卡、一台帐"管理,即制作辖区平面图和出租房屋坐落图,对出租房屋户和出租房间进行编号,对流动人口进行登记、建卡,建立从村到房、从房到人的基础台帐。明确房屋出租相关管理手续,实行从确立房屋租赁关系、基层服务站登记、出租房屋信息核准、签订责任书、收缴相关税费、办理《房屋租赁合同登记证明》、建立日常巡查机制的一条龙管理模式。

(宋　蕊)

【清理低端产业】　年内,本区强化清理低端产业,把淘汰转移与本地区功能定位不相符合的落后低端产业作为重点。持续清理整治"五小"企业、"六小"场所,清理整顿废品回收大院站点,取缔、改造、升级各类有形市场,查处无照经营、超范围经营。特别是抓住京沪高铁、地铁大兴线、轻轨亦庄线等工程建设,有序推进14个村的拆迁,共疏散流动人口15.3万人。

(宋 蕊)

【村民自治】 年内,本区强化村民自治,引导基层行政村健全《村民自治章程》中的流管工作条款,开展出租房屋安全管理宣传,增强村民意识,提高章程的执行力。强化税收调节,实行地税部门自征与镇(街道)流管机构、房地产中介代征相结合,依法征收个人出租房屋税。

(宋 蕊)

【市领导到基层慰问】 1月20日,市委政法委副书记、首都综治办主任、市流管办主任李万钧,市流管办常务副主任苗林等领导同志在区委副书记孟令华,区委常委、政法委书记马武英的陪同下,慰问了本区西红门镇金华园社区和瀛海镇姜场村基层流管干部。李万钧分别与基层流管干部进行了座谈。

(宋 蕊)

【流动人口和出租房屋基础调查】 年内,区流管办在全区范围内开展了流动人口和出租房屋基础调查工作。调查期间,区流管办积极与相关职能部门和17个镇(街道)、生物医药产业基地、经济开发区管委会加强沟通协调,形成了条块结合的大流管工作合力。4月15日至17日,成立了2个检查组先后对流动人口较多的7个镇(街道)进行入户摸底抽查,掌握了基础调查工作进展情况,对发现的问题及时进行了通报整改。3月13日、4月29日,分别专门组织区建委、公安等13家主要职能部门召开基础调查工作会议,通报前期基础调查工作和研究下一步具体措施。3月17日与区地税局召开了个人出租房屋税代征工作协调会。3月19日与区卫生局联合发文,要求各镇(街道)流管办与卫生院搞好配合,做好基础调查与流动儿童强化免疫的互促工作。与区建委配合,对工作中发现的139家中介机构进行核查登记备案。通过基础调查,(全区录入信息平台内流动人口总量58.11万人,出租房屋总量5.21万户;)全区新登流动人口11.63万人、核销22.30万人、更新26.07万人、迁移2.42万人,流动人口总变化量62.43万条;新登记出租房屋7416户、核销5349户、更新1.53万户,出租房屋总变化量2.81万条。通过基础调查,新发现可疑重点人员212人、重点出租房屋402间、出租房屋中介机构139家,抓获各类流动人口违法犯罪嫌疑人568人、破案180起、处罚违法出租房主138人。

(宋 蕊)

【流动人口规模调控调研】 年内,区流管办与区内职能部门沟通,掌握各职能部门在规模调控中的作用,研究并整合全区流动人口服务管理的相关政策;先后组织有关部门和流管办工作人员到顺义区、朝阳区实地考察,学习先进经验,做好专题调研。在全面分析的基础上形成了符合本区实际的《大兴区流动人口规模调控调研报告》及工作意见5篇。

(宋 蕊)

【流动人口倒挂村专项清理整治】 5月中旬至6月30日,本区针对黄村镇、西红门镇、亦庄镇、旧宫镇、瀛海镇等五镇(北五镇)流动人口倒挂村(聚居区)存在的突出问题,进行专项清理整治。

(宋 蕊)

【市领导到本区调研】 7月16日,副市长、市流管委副主任刘敬民到大兴区西红门镇金星庄村、旧宫镇旧宫四村实地调研基层流管工作。实地调研后,刘敬民一行听取了大兴区委、区政府和西红门镇、旧宫镇流管工作汇报,并与陪同调研的基层负责同志进行了座谈。对本区认真研究制定流动人口服务管理工作的思路、措施给予了充分肯定。

(宋　蕊)

【三个专项摸底调查】　7月23日,区流管办完成了"高校两个群体"(高校毕业生流动群体、高校在校生校外租房群体)和"绿化隔离带地区"(含非绿化隔离带地区)两个专项摸底调查工作。据统计,本区高校大学生校外租住房屋共涉及兴丰、清源、林校三个街道及黄村、旧宫、亦庄、青云店、榆垡等五个镇,涉及出租房屋508间,居住大学生596人,其中公立高校131人,民办高校465人,居住平房503人,楼房93人。7月24日,区流管办完成了对楼房出租隔成"鸽子笼式"群租房的摸底调查工作。共掌握兴丰、林校路、清源、西红门、旧宫五个镇街74户出租房,居住流动人口702人,主要分为打隔断群租、集体宿舍群租和两户合租等形式。对于绿化隔离带和非绿化隔离带地区农民宅基地上建楼房出租情况进行调查,经排查掌握,本区第一道绿化隔离带涉及旧宫五个行政村,宅基地上建楼房出租87户、495间,居住流动人口1533人;非绿化隔离带地区宅基地建楼房出租涉及8个镇,共计2043户、16965间,居住流动人口34372人。

(宋　蕊)

【整治市级挂账流动人口聚居村】　年内,区委、区政府成立专项整治工作领导小组,制定了全区清理整治工作方案和考核办法,明确"压发案、防恐怖、控规模、除隐患、拆违建、优环境、建长效"的整治任务。相关镇均成立了由书记挂帅、镇长主抓,各部门参加的整治工作组。对8个挂账村中的5个村实施整体拆迁。逐村建立了整治台帐,做到"针对一个重点村点、抓住一些突出问题、制定一个方案、成立一套班子、一抓到底"。9月8日,区委书记林克庆,区委副书记孟令华,区委常委、政法委书记马武英等领导深入到黄村镇小陈庄村和西红门镇四村实地督查指导。各镇认真落实属地管理责任,在挂账村加强基层基础建设,组织清理整治,加强了物防、技防建设,联合执法,建有警务工作站7个,配备民警11名;专职巡防队工作站9个,配备专职巡防队员102名;来京人员和出租房屋服务站10个,配备专职管理员114名,配备比例达到了流动人口6‰,另有兼职管理员238名。6月1日和11日晚,区流管办联合相关部门先后对西红门一村、二村、建华新村、瀛海东一村等重点村(点)进行了夜间集中清理整治行动。8月4至6日上午,区流管办到西红门镇、黄村镇、瀛海镇、旧宫镇督导市级挂账村清理整治进展情况。8月11日、18日和20日三晚,联合区公安分局、区城管大队、区安监局等职能部门与旧宫镇配合,组织民警、管理员等各类专群力量589人,对市区级挂账督办的旧宫镇西毓顺农业队、南街三村、瀛海镇东一村和黄村镇鹅房、狼垡、芦城地区等7个流动人口倒挂重点村连续进行了大规模夜间清理整治。通过清理整治,8个市级挂账村流动人口规模明显缩小,总量减少1.5万余人。治安、刑事案件月均发案比整治前分别下降了79%和37%,治安秩序明显改善。有力消除了一批涉及流动人口和出租房屋的安全隐患,拆除了违法建设272处、1.03万平方米,清理了黑诊所、黑药店、黑发廊、黑网吧69家,清理占道经营、无照经营等870家次。

(宋　蕊)

【"国庆安保"严控动员部署会】　8月28日,召开了大兴区流管系统"国庆安保"严控阶段动员部署大会。市流管办常务副主任苗林,区委常委、政法委书记马武英,市流管办、大兴区政法委、公安分局、流管办、各镇(街道)的相关负责同志及400名基层管理员参加了会议。会议对200名基层优秀管理员进行了表彰，对国庆安保严控阶段流管工作进行了具体部署，清源街道流管服务中心主任和1名瀛海镇管理员代表发言表态。

（宋 蕊）

【南苑机场阅兵村摸排整治】 年内，区流管办通过深入摸排，掌握机场周边200米范围内东西共有旧宫南街三村和西红门镇大白楼村2个，居民院落238处，企事业单位402家，常住人口828人，流动人口8215人，其中重点人15人；400米范围内制高点51处。在全面排查整改各类隐患的基础上，组织民警、专职巡防队员组成的144名巡逻小分队，在机场周边24小时全天候巡逻，加强盘查检查和巡视防护；由区财政投入专项资金300余万元，在阅兵村外围安装物、技防设施，在机场周边治安复杂地区新建3个警务工作站、6个治安岗亭。

（宋 蕊）

【排查控制各类安全隐患】 国庆期间，本区通过管理员走访巡查，先后排查发现来京上访人员、法轮功人员、“三无”人员、精神病人等各类流动人口重点人600余人次，并及时移交公安、维稳等部门核实处理。将流管平台信息与公安数据进行比对，筛选出65名曾在本区落脚的网上在逃犯，于8月23日在瀛海镇东一村成功抓获1名江西籍在逃犯罪嫌疑人。加强出租房屋安全隐患和“鸽子笼式”群租房、“流民公房”的排查，共发现存在治安、消防、结构安全等隐患的出租房屋2102间，全部建立台帐并移送职能部门处理。

（宋 蕊）

【国庆活动场所周边整治】 国庆期间，本区重点对南苑机场周边的旧宫南街三村和西红门镇大白楼村进行整治。通过排查掌握了机场周边居民院落、企事业单位、流动人口的基本底数。组织巡逻小分队在机场周边24小时巡逻防护；投入专项资金在阅兵村外围安装物、技防设施，新建警务工作站、治安岗亭，搭建工作平台。组织公安、消防、城管、工商等部门持续开展出租房屋清查，整改安全隐患，抓获了一批违法犯罪人员。

（宋 蕊）

【整治出租房屋中介机构】 国庆期间，区建委牵头，公安、工商、城管、地税等部门积极配合，制定联合执法方案，建立联动机制。多次召开出租房屋经纪机构管理会议，要求自查自纠。通过房地产交易管理网，广泛开展宣传。通过备案管理、日常巡检、受理投诉等方式，加大管理力度。组织联合执法，对本区房屋租赁中介机构进行整顿。先后检查中介机构204家次，当场责令整改7家，下发整改通知书20家。

（宋 蕊）

【清理出租房屋中“黑窝点”】 国庆期间，公安、工商、卫生、药监、市政、消防、城管等部门联合执法，查处以出租房屋为掩护的非法从事生产、加工、储存、经营易燃易爆危险物品，非法行医和销售药品、非法食品加工、制假贩假等危及群众生命财产安全和扰乱社会秩序的重大隐患。整治期间，共查处非法销售、储存、使用液化石油气行为5起；打掉制假贩假等黑窝点371个，取缔传销人员聚集窝点12个。取缔黑诊所54家次，取缔非法药店15家。

（宋 蕊）

【高校周边流动群体聚居区管理】 国庆期间，区流管、公安组织17所高校和相关镇（街道），加强协调配合，全面摸清了本区公办、民办高校大学生校外租房情况。组织各镇（街道）通过日常走访、数据核实，对高校毕业生流动群体在本区聚居情况进行调查,掌握信息,强化日常管理。

(宋　蕊)

【市委副书记王安顺到大兴调研流管工作】 11月5日,市委副书记、政法委书记王安顺到本区调研,市委副秘书长、政法委常务副书记李伟,市委政法委副书记李万钧、闫满城和区领导林克庆、张书领、李长友、高树旺、孟令华、马武英、常红岩及市区有关部门负责同志陪同调研。王安顺察看了旧宫镇流动人口聚集区违法建设拆除整治情况、西红门镇综治中心工作情况。听取了本区经济、社会、民生、党建及综治工作情况汇报,对本区各项工作所取得的成绩给予充分肯定。

(宋　蕊)

【市流管办领导到本区调研】 11月13日,市流管办常务副主任苗林到本区旧宫镇就城乡结合部地区改造进行调研。市流管办指导协调处处长刘玉成、区委政法委常务副书记王大舜、区委政法委副书记董涛、旧宫镇党委书记刘景瑞及首都综治研究所、区流管办、旧宫镇有关负责同志陪同调研。

(宋　蕊)

【打击危害流动人口违法行为】 年内,本区依法立案查处侵害流动人口的刑事案件2285件,涉及流动人口被害人2304人。

(宋　蕊)

【企业用工管理】 年内,区流管办督促用工企业与职工签订合同并缴纳社会保险,在区参加社会保险的流动人口达到11.7万人。加强劳动仲裁,及时化解劳资纠纷,解决拖欠工资案件773起,维护了3042名流动人口职工的正当权益,涉及金额1526万元。

(宋　蕊)

【落实各项服务措施】 年内,全区公办学校、流动人口自办学校吸纳4.4万名流动人口子女。组织开展校车安全整治、自办学校安全大检查,减免学杂费。在瀛海镇普遍建立“姐妹驿站”和“禁毒宣传教育工作站”,搭建了流动妇女接受服务和参与社区建设的平台。针对北五镇重点地区,联合开展打击非法行医专项行动,依法取缔黑诊所70家,没收药品700余公斤。为49789名学龄前流动儿童进行传染病预防接种服务,开展流动人口卫生防疫工作。检查使用煤火取暖的出租房屋4.1万户,排除各类煤气中毒隐患1.1万项。

(宋　蕊)

民族·宗教·侨务

【概况】 年内,在区委、区政府的正确领导和市有关部门的指导下,区民族事务委员会围绕“保增长、保民生、保稳定”的工作目标,大力发展民族村经济,依法管理宗教事务,维护民族宗教侨务领域和谐稳定,为迎接建国60周年,营造良好社会环境。

名称:北京市大兴区民族事务委员会
地址:北京市大兴区兴政街31号科技大厦五层
电话:69226329
邮编:102600
网址:http://dxmw.bjdx.gov.cn

【落实低收入民族村发展项目】 年内,区民委争取北京市少数民族经济发展专项资金380万元,完成崔指挥营奶牛养殖小区建设、佟营村新建自动化挤奶平台设施等6个项目,促进民族村种植、养殖产业的发展。

(李　明)

【民族村经济增长】　年内，19 个民族村人均收入由上年的 12455 元，增长到本年的 14605 元，增幅 17.3%。其中，南部 8 个低收入民族村人均收入由上年的 6023 元，增加到本年的 9053 元，增幅为 50.3%。

（李　明）

【落实清真食品发展项目】　年内，区民委争取北京市少数民族经济发展专项资金 117 万元，完成明星辰清真饭店特色餐厅改造、天成祥清真食品公司生产设备更新项目等 6 个项目，提高了清真饮副食加工企业的生产能力。

（李　明）

【落实少数民族地区补助费项目】　年内，区民委争取北京市少数民族地区补助费 24 万元，主要用于开展民族校民族团结创建活动；民族村文化室建设；发展民族传统体育基地等方面。

（易艳平）

【慰问少数民族贫困户】　1 月 15 日，区民委对礼贤镇、榆垡镇、安定镇的部分少数民族贫困户进行慰问，为他们送去慰问金和慰问品。

（徐晓英）

【落实市少数民族工作会精神】　区民委 3 月 31 日，组织崔营村党员代表、村民代表、养殖户代表 40 余人参观了薛营创新奶牛合作社，就崔营村奶牛养殖小区发展进行了座谈。区民委主任马海峰传达了市少数民族乡村经济工作会议精神，区动物监管局副局长安福刚介绍了奶牛养殖发展趋势及相关政策，薛营创新奶牛合作社理事长毛光祥介绍了合作社成立的历程、管理模式、经验及最新的奶牛养殖技术。

（李　明）

【崔指挥营村奶牛养殖小区入区】　4 月 15 日～16 日，崔指挥营村奶牛养殖小区入区工作顺利完成，截至年底已入区奶牛 300 余头，实现了集中养殖。新建挤奶平台经过调试，成功挤出了第一批鲜奶，初步实现统一标准、统一饲料、统一防疫和统一销售。

（李　明）

【开展和谐寺堂创建活动】　4 月 28 日，区宗教局组织召开区宗教团体本年秘书长联席会议，传达了国家宗教局“和谐寺观教堂”创建工作方案，学习了市宗教局局长申建军的讲话，区天主教爱国会、基督教“三自”爱国运动委员会、伊斯兰教协会的主席（会长）和秘书长参加了会议。会后，各宗教团体都积极行动，部署“和谐寺观教堂”创建活动，3 个宗教团体分别提出了各自的创建工作方案。区伊协召开 14 个清真寺阿訇、民管会主任会，研究创建方案；基督教“三自”爱国运动委员会提出“宗教团体规范、宗教场所规范、基督教聚会点规范”的 3 个规范目标；天主教爱国会要求 3 个天主教堂都要争创先进。

（易艳平）

【市人大民侨委侨务工作调研】　5 月 25 日，市人大民侨委主任席文启到本区进行侨务工作调研。听取了区侨办主任马海峰的工作汇报。区人大副主任李永贵、区政府副区长常红岩陪同调研。

（李　明）

【低收入民族村经济发展】　7 月 13 日，经区政府常务会议讨论通过，正式印发《关于进一步加强低收入民族村经济发展的意见》（京兴政发［2009］32 号），是本区首次为低收入民族村出台的专门性文件。

（李　明）

【慰问民族幼儿园】　9 月 1 日，民委相关负责人到新落成的大兴区民族幼儿园慰问，参加了该园举行的教师节座谈会,为该园送去了1万元慰问金。

(徐晓英)

【穆斯林群众欢度开斋节】 9月21日是回族等10个少数民族群众的传统节日—开斋节。副区长常红岩、政协副主席、统战部部长彭喜忠分别前往薛营清真寺、留士庄清真寺,对参加庆祝活动的穆斯林群众表示节日的祝贺,并与部分群众代表进行了座谈。全区约2700余名穆斯林群众在14座清真寺举行了节日聚礼,相关镇、街道也进行了不同形式的走访和慰问。

(李 明)

【杜德印到本区调研】 10月16日,市人大常委会主任杜德印到本区调研民族村经济发展。听取了李长友区长的工作汇报,参观了榆垡镇崔指挥营村奶牛养殖场。区委书记林克庆、区人大主任张书领、副区长常红岩陪同视察。

(李 明)

【举办民族宗教政策法规培训班】 11月25日,本区举办民族宗教政策法规培训班。市民委主任申建军出席并做报告。副区长常红岩,区政协副主席、统战部部长彭喜忠参加活动。各单位负责统战、民族宗教的干部;各镇、街道办事处、各民族村、民族学校以及区宗教团体负责人等共120余人参加培训。

(徐晓英)

【穆斯林群众欢度古尔邦节】 11月28日是伊斯兰教传统节日——古尔邦节。本区1300余名各族穆斯林群众在14座清真寺举行了庆祝活动,宰牲牛6头,羊70余只。在区、镇有关部门的精心组织下,庆祝活动安全有序。

(李 明)

【成立区工商联清真企业商会】 12月10日,区工商业联合会清真企业商会第一届代表会议暨成立大会举行。30家清真企业代表参加了会议,选举产生了会长、副会长、秘书长等组织机构成员,通过了《大兴区工商联清真企业商会章程》。区委统战部、区工商联、区民委、区商务局等有关部门领导出席了会议。

(李 明)

【成立民族传统体育协会】 12月18日,本区举行民族传统体育协会成立大会。区教委、区体育局、区民委有关负责同志及辖区内14所民族传统体育工作特色学校校长等40余人参加了会议。

(易艳平)

【信教群众欢庆圣诞节】 12月25日是基督教、天主教的重大节日圣诞节。24日晚,本区6000余信徒(其中基督教4000余人,天主教2000余人)在区内登记的4座教堂和6个聚会点欢庆平安夜,区统战部、宗教局、国保大兴支队以及相关镇领导到教堂慰问了信教群众。

(易艳平)

精神文明建设

【概况】 2009年大兴区精神文明建设工作,在首都文明委的正确指导下,按照区委区政府工作部署,以党的十七大精神、邓小平理论和"三个代表"重要思想为指导,深入学习实践科学发展观,紧密围绕区委"坚持科学发展,走城乡一体化道路,建宜居宜业和谐新大兴"主题,制定了《2009年大兴区精神文明建设工作意见》,确定了四个围绕工作重点,即：围绕建宜居宜业和谐新大兴的主题，努力提升公民道德素质；围绕“保增长，保民生，保稳定”的大局，大力开展群众性精神文明创建活动；围绕新城新农村建设的实际，积极抓好联片共建和文明引导工作；围绕提高地区文明程度的目标，着力营造国庆60周年的浓厚氛围。实施了八项《折子工程》，即：“治脏治乱，联片共建环境优美地区”活动；“百万市民齐参与，共建文明新大兴”系列主题教育活动；“城乡手拉手，共建新农村——大兴乡风文明百村行活动”；创建文明村镇、文明社区、文明单位活动；“人文大兴，和谐之美”——大兴乡风文明创新节目大赛活动；10个“道德模范”100个“文明之星”和1000个“文明家庭”评选活动；“我文明，我快乐”——美好瞬间摄影大赛活动和“未成年人思想道德建设创新案例评比”及“快乐假期——争当社区文明小使者”评选活动。通过各级领导和广大干部群众的共同努力，全区精神文明建设深入发展，大兴人的文明素质和地区文明程度明显提高，为全区经济社会又好又快发展营造了良好环境。在全市18区县精神文明建设综合评比中，我区取得了名列第六名和10个远郊区县名列第二名的成绩。最近，我区在首都精神文明“迎讲树”活动和“城乡携手共建文明京郊行“评选中，分别获得两项”优秀组织奖”。

名称：北京市大兴区精神文明建设办公室
地址：北京市大兴区兴政街15号
电话：61298680
邮编：102600

【**推进城乡一体化进程**】 5月13日，在区文化中心剧场隆重召开了精神文明建设暨城乡环境综合整治动员大会。区委书记林克庆，区人大主任张书领，区长李长友等四套班子领导出席了会议。各镇党委书记、镇长，副书记、宣传部长、主管镇长，环整办主任及部分村党支部书记、村委会主任代表，各街道工委书记；区委区政府各部委办局中心公司党政一把手，各人民团体主要负责人；部分驻区中央市属单位、部队主要负责人等1000多人参加了会议。表彰了上年度本区精神文明建设工作先进单位的决定，区委书记林克庆为获得上年度大兴区“城乡手拉手，共建新农村先进单位代表颁奖，区人大主任张书领为2008年度获得全国级文明单位的榆垡镇等6个单位颁奖。会上有715个单位受到了表彰。年内，区委宣传部、区委组织部、区文明办、区新农村办公室研究决定，在全区广泛开展“城乡一体，共建文明——大兴乡风文明百村行”活动。积极动员驻区首都文明单位、本区区文明单位、中央、市属和城区文明单位与村镇之间结对子，按照区委组织部下发的《关于开展“百家单位联百村”一助一共建活动的实施意见》的要求，以“一助一”的形式开展共建活动。在共建内容上，着力搞好“四帮四促”，把精神文明建设虚工做实，让城市文明与农村文明在优势互补、文明共建中提高水平，并把这项工作作为年终各单位创建工作重点评比和考核内容，促进了城乡共建活动的开展。榆垡、礼贤、北臧村、青云店等镇及时召开座谈会、推介会，内引外联，收效明显。区文明办组织协调，带头帮扶巴园子和车固营二村两个结对子村，出资2万元为巴园子村配相机、舞台红地毯。为车固营二村130户农民每户赠送一份《大兴报》，努力搞好智力帮扶。截至年底，已有北京京剧院、国家教育行政学院、大兴国税局、财政局、纪检委等158个文明单位与北臧村镇，定福庄、刘家堡、西黄垡村等132个村结为共建对子，与上年相比共建的数量和质量都有明显增加和提高。累计开展活动745次，资金支持246.8万元，捐赠图书76750册，举办各类讲座111场，培训农民6295人，下乡医疗队47支，诊治24235人。开展送科技、送文化、送资金项目下乡等活动150多次,参与人数21万余人次。

(陈义来)

【开展治脏治乱活动】 4月,区委常委、宣传部长戴明超、武装部长朱家林带领相关部门深入驻区部队、中央市属单位等进行调研,查环境情况,听取有关单位领导和群众意见建议,召开"治脏治乱,联片共建环境优美地区"座谈会和现场办公会,针对实际情况,划分出团河、南郊农场等4个区域,作为治脏治乱,联片共建的重点地区,充分调动驻区部队、中央市属单位和辖区内广大干部群众参与"治脏治乱,联片共建环境优美地区"活动的积极性。按照"划分区域明确责任,集中力量突击重点,区分阶段整体推进,完善机制长期维护,相互配合文明共享"的工作思路,创建"军(警)民联片共建文明地区",并把这项工作列入文明单位、文明社区等重要考核内容。5月19日,区文明办在团河农场地区五台路环境卫生脏乱点举行大兴区军(警)民"治脏治乱,联片共建环境优美地区活动启动式。组织驻区武警四支队、七支队、卫戍区农场200多名官兵、兴丰街道社区居民志愿者代表以及兴丰街道、区环卫中心、城管大队、爱卫会、双拥办、林业局等单位共出动300多人、6台大型机械参加集中整治活动。区委常委、武装部部长朱家林、副区长邵恒等领导参加了治脏治乱,联片共建环境优美地区活动。开展活动以来,4个地区环境状况有明业改观。

(陈义来)

【争创文明窗口活动】 年内,在全区商业服务业一线员工中广泛开展岗位练兵和技能比赛活动,有近3000人参加,经过2个月的激烈比赛,有59人获得国家人力资源和社会保障部颁发的《职业技能等级资格证书》,有10人荣获"服务明星"、10人荣获"小能手"称号。区综合行政服务中心采取屏幕动态显示审批事项办理情况、对排队叫号系统进行更新、加强专业知识、礼仪常识培训等措施,办理时限内办结率达100%。年内,榆垡镇获得"全国文明镇",礼贤镇黎明村、长子营镇留民营村获得"全国创建文明村镇工作先进村",区劳动局、邮政局、工商大兴分局获得"全国精神文明建设工作先进单位",全区有7个镇获得"首都文明镇"、56个村获得"首都文明村"、3个获得"首都文明街道"、26个社区获得"首都文明社区"、13个单位获得"首都文明单位标兵"、45个单位获得"首都文明单位"、3个景区获得"首都文明旅游景区"。

(陈义来)

【引领社会新风尚】 年内,深入开展社会公德、职业道德、家庭美德和个人品德教育,在全区开展了以爱祖国,乐于奉献、爱大兴,热心公益、爱我家,孝老感恩为主要内容的10个"道德模范"、100名"文明之星"和1000个"文明家庭"评选活动,用先进典型引领社会风尚。组织本区道德先进个人冀云霞、孟祥贤、吴兰英、张文芹等一批先进典型深入到农村、社区进行宣讲,受到广大干部群众的欢迎。为培养本区人识大体,顾大局和知足感恩意识,教育和引导大家讲道德,重修养,建立平和、包容、善良、无私的思想品德,播放《快乐送到家》、《身边的礼仪》、《道德的力量》、《阳光心态》光盘150多场。在社区开设"百姓讲坛",请居民中的"能人"和专家学者,就居民关心的经济社会、伦理道德等问题进行讲解,收效很好。积极开展"我推荐、我评议:身边好人"网上评选活动,全区近10万人参与评选,100人被提名为助人为乐、见义勇为、孝老敬亲等方面的"身边好人",其中清源街道推荐的宋学礼在中国文明网被评为全国"助人为乐"身边好人,黄村镇推荐的刘书红被评为全国"孝老爱亲"身边好人;林校路街道年年过“邻里节”，实施楼门亲情工程、居民幸福工程、楼门文化工程、家庭教育工程建设，以单元门或居民小组为单位开展“东来西往八方聚 南腔北调一家亲”、“品家乡美味，叙情谊深长”等活动，消除社区居民客居他乡的感觉，提高居民对社区的归属感和认同感。青云店镇在全镇49个村的2400户中，开展以家庭为单位的“遵章守制星、家庭和睦星、勤劳致富星”等十星创和谐活动，村里专门成立了由老党员、老干部等人组成的道德评议小组，主要负责“十星”的评选工作，争当“十星”已成为青云店人巷谈街议的热门话题，尊老爱幼、助人为乐、遵规守纪等良好民风正在形成。在北京市开展的“道德模范”评选活动中，青云店镇74岁老人年恩礼(是该镇“十大孝星”之一)荣获“首都道德模范提名奖”。

(陈义来)

【未成年人思想道德建设】 4月，根据首都文明委关于对未成年人思想道德建设工作进行测评的通知要求，区文明办建立和完善了加强未成年人思想道德建设领导机制、工作制度及相关资料，先后3次组织有关单位人员到宣武、昌平等地参观学习，组织业务培训，促进了本区未成年人思想道德建设工作深入开展，测评组通过听取区工作汇报、实地检查、查阅资料等，对本区未成年思想道德建设工作给予充分肯定。为净化社会文化环境，开展了以治理黑网吧、净化荧屏声频、整治出版物市场和校园周边环境为重点的整治行动，共组织检查各类经营单位200余家，公安、工商、文化部门共出动600余人次对所有的文化经营摊点进行拉网式检查，查处涉嫌互联网经营案件4起，没收306台用于从事互联网经营的电脑及为提供互联网服务的路游器、集线器、摄像头等设备若干，纠正违法47家、取缔17家、处罚6家，查处违法出版物7856册，其中盗版类、迷信类书刊2161册，盗版音像制品5695张，取缔无证照经营游商地摊3家，责令整改15家，罚没收入达2万余元，取缔清查校园周边200米以内的歌厅、网吧、电子游戏厅9家，经过整顿，规范了网吧及校园周边社会文化环境，净化了网吧及校园周边的市场环境，取得了阶段性成果。在全区中小学校开展“读健康书、做文明人”，远离不健康读、看、听物品签名活动，积极引导学生读健康有益的书籍，传唱优秀革命歌曲和校园歌曲，观看积极健康的影视片，使青少年受到良好的熏陶。以“净化社会文化环境，促进未成年人健康成长”为主题，开办“心心大院”情景剧团、国际象棋培训班、开展“家庭运动会”等丰富业余文化生活，积极创建有益于未成年人健康成长的社会文化环境。积极参加由中宣部、中央文明办等单位组织的全国优秀童谣推荐评选活动，确定80首优秀童谣候选篇目在中国文明网和央视网上公布，北京市有7首童谣入围，其中北臧村镇天宫院小学教师范玉妹撰写的“竹筒”被选入围。积极开展加强未成年思想道德建设工作创新案例评选和“快乐假期——争做社区文明小使者”活动，庞各庄二小田园特色教育获北京市创新案例示范奖，大兴二小等4个单位和5名个人获得创新工作先进单位和先进个人。在全市“快乐假期——争做社区文明小使者”活动中，本区有21个单位获得组织奖，31名同志获得先进个人称号，500名少先队员被评为“社区文明小使者”。

(陈义来)

【开展扶贫济困春风行动】 年内，区文明办与首都“春风办”、区团委、妇联、红十字会等部门共同组织开展扶贫济困活动，动员社会力量捐款捐物。区红十字会为全区34名0~18岁患有五种大病，并符合救助条件的患儿家庭赠送医疗救助款34万元。区妇联为本区7所流动学校赠送价值20万元的体育用品,为流动人口中的136名贫困家庭妇女免费体检等。团区委动员青年企业家为361个贫困家庭学生捐资142万元,开展“阳光救助”活动。到12月1日,全区扶贫济困春风行动共捐赠助学金268.2万元,惠及3843个家庭,受益人数8820人。

(陈义来)

【迎国庆讲文明树新风活动】 年内,本区开展了“爱祖国,爱北京,爱家乡”主题教育、军(警)民共建文明地区、“迎讲树”志愿服务、迎国庆文化广场系列演出和宣传等八大行动。专门成立了以区委书记林克庆为总指挥的领导小组,加强“迎讲树”工作领导,先后召开8次专题会议,研究部署“迎讲树”活动。在组织3000多人的“与时俱进”国庆标语方队、2000多人群众歌舞大联欢和七色光鼓乐队天安门广场国庆演出活动中,区委、政府领导高度重视,各相关部门协调配合,齐抓共管,非常成功,为首都北京增了光。邀请有关专家学者到本区作报告21场,内容涉及到文明礼仪、健康知识、人际关系、生态文明建设等,直接观众达到了5000多人次,受到了广大干部群众的热烈欢迎。开展“感受30年巨变,展望美好明天”主题宣传教育活动。举办“大兴区青少年书法、绘画、工艺作品展”收到青少年儿童书法、中国画、儿童画、素描、剪纸、雕塑、版画等艺术作品1500多件,展出现场吸引了很多参观者。开展“我文明、我快乐——美好瞬间”摄影大赛;收到参赛作品1000多张。组织300名群众演员参加了中央文明委组织的万人“首都爱国歌曲大家唱”活动。充分发挥宣传教育主阵地作用,在《大兴报》和大兴电视台分别刊登11个精神文明建设专版和系列专题报道,集中宣传了榆垡、青云店、黄村镇等一批先进典型和经验。兴建精神文明宣传文化墙7万多平方米、精神文明宣传栏2257块。其中,庞各庄镇、青云店镇、长子营镇兴建文化墙面积都超过了1万平方米,在黄村新城区内新建和更换以“迎讲树”为主要内容的精神文明宣传栏1152块,与区市政管委合作组织更换以“热烈庆祝中华人民共和国成立60周年”为主要内容的巨型广告牌5块,营造了浓厚的社会氛围。

(陈义来)

大兴区教育委员会

大兴区与首师大区域教育合作项目签约仪式

2009年大兴区中小学生天文观测竞赛

北师大大兴附小学校全景

新民族幼儿园

十一建华实验幼儿园体育运动区

2009 年，全区教育教学工作坚持科学发展，深化教育改革，推进教育均衡，提高教育质量，办人民满意的教育，为大兴经济和社会发展服务，各项工作稳步开展。

加大教育投入，改善办学条件：完成全区中小学校舍的抗震排查和鉴定，并制定分年度加固计划。完成 39 所学校校舍、74 所农村教师集体宿舍改造。全年新建、改建校舍 13.5 万平方米。30 所初中和 59 所小学在主要项目上达到了北京市中小学办学条件标准。

继续调整教育结构布局：完成了二、五职的合并工作。撤销 3 所完小，新成立了北京师范大学大兴附属小学。幼儿园扩班 33 个。2009 年下半年，大兴三幼分园、大兴八幼、十一建华实验幼儿园相继开园投入使用，大兴民族幼儿园顺利回迁。

加强干部教师队伍建设，突出“质量立教”和“人才强教”。完成了三年一轮的校长换届。举办了第八届校长论坛和教师论坛。与首都师范大学签署合作协议，全面启动了区域教育合作项目。启动了小学教师基本功考核达标工程。

2009 年全区中、高考成绩稳步提升，科技、艺术等校外教育成绩突出，群众性体育运动蓬勃发展，竞技体育成绩突出，在田径、女子足球、全国中学生越野比赛、全国中学生运动会等项目和赛事上取得优异成绩。

大兴一中学生张雷（中）在世界中学生运动会上获得3000米金牌

大兴一中学生李凯钰（后排左一）在世界中学生运动会上获得女子1000米银牌

科技节开幕式上学生踊跃参赛

大兴区政

11 月 5 日下午，市委副书记王安顺等领导到本区调研，对西红门镇综治中心给予了充分肯定

副市长刘敬民莅临本区调研基层流管工作

召开安全稳定工作会

召开反恐防暴工作会

国庆期间副区长常红岩等领导对铁路护路联防工作进行检查

9 月 18 日市平安国庆督查组在对本区管制刀具进行检查

大兴区民政局

重阳节来临之际，区民政局党委书记孙强慰问居住在社区中心托老所的老人，并送去节日的祝福和慰问品

在大兴区“共产党员献爱心”捐献活动中，全区党员干部、入党积极分子和广大群众踊跃参加，无私奉献，共计捐款 210 余万元。（图为区民政局局长田守信带领局机关广大党员干部群众捐款，献出自己的爱心）

区委副书记王新慰问驻区部队

区民政局局长田守信带队慰问本区优抚对象

大兴区民政局举办庆祝新中国成立60周年"鱼水情"双拥书画展

科学发展提水平 深入实践与时进

意气风发的统计人紧紧围绕局党组开展工作

局、队领导与保定市统计局、队领导合影

2009年，大兴区统计局、调查队以学习实践科学发展观为统领，继续提升统计服务能力和水平。面对2009年复杂的经济形势，大兴区统计局、队提出"牢固树立科学发展意识，全面落实统计责任"，从统计服务入手，为区委区政府和社会各界提供有效服务。

（一）加强月度经济形势分析。局队每月8日组织召开各专业月度经济形势分析会，掌握全区各行业发展变化情况。根据各行业发展特点和经济形势的要求，每月确定不同的重点分析内容。在掌握各行业的情况后，局队每月9日撰写全区经济社会发展变化情况的月度分析材料，并及时报送到区委、区政府和有关部门，为领导决策提供科学依据。各业务部门根据市局、总队评估核准后的数据及时撰写"短、平、快"的统计数据信息或简明分析资料向社会各界公布。

（二）加强统计分析研究。为加强统计分析报告撰写水平，出台了《大兴区统计局、调查队2009年"优秀统计报告"评选办法》，以及《大兴区统计局、调查队2009年关于开展统计分析研究工作的实施意见》，为有效开展统计分析工作、提高分析水平提供了制度保障。

2009年，局队领导撰写的4篇调研在《大兴调研》上刊发，有3篇统计报告得到区领导批示，有3篇统计报告在市局总队的评比中获三等奖，有6篇稿件在《数据》杂志上发表。从2009年完成的分析写作情况看，数量和质量以及及时性方面均有较大突破。

（三）改版月度统计资料。根据各级领导、社会各部门需要，充实了《大兴区经济发展月报》的内容，增加了服务业、价格等五项。对各镇、街道按新城功能拓展镇、重点中心城镇、一般镇和街道办事处的定位进行分组，方便进行数据同类对比。变换版式，由黑白版改为双色彩版印刷，外观更加美观。

（四）统计产品种类多、内容丰富。春节伊始，印刷《大兴区2008年国民经济和社会发展统计公报》，向区主要领导及相关部门发送，通过门户网站、大兴报、北京市和大兴区政府信息公开系统向社会发布。《北京市大兴区统计实用手册》于2月底编印完毕，作为年鉴出刊前主要统计数据的载体，深受区领导和社会部门好评。《大兴区经济发展月报》和《远郊区县经济发展月报》每月按时印发。为纪念改革开放30年，编印《改革开放30年，数展宏图谱新篇》。为迎接祖国60华诞，展示大兴60年来取得的辉煌成就，撰写《数说大兴60年光辉历程》，并以折页形式印成宣传册。另外，《农普资料汇编》按时出版。

（五）及时发布统计数据。根据社会需求与方法制度的要求，制定《2009年大兴统计信息网主要统计数据发布计划》，由专人负责及时、准确的向社会发布统计数据及统计信息。

（六）各统计所为当地政府提供有效服务。各统计所每季度以统计资料的形式报告本区域经济发展情况，及时提供统计信息和简明统计资料，为区域经济发展服务。

统计从业资格考试报名

团员参观西藏民主改革50年大型展览

大兴区统计局

向区领导介绍信息化建设情况

统计从业资格考试，市区领导巡查考场

大兴区统计局建局25周年庆祝大会

统计局建局25周年纪念币

《数海情怀》大兴区统计局建局25周年纪念画册

来自全区的200名普查员统一着红色宣传服装，代表全区2707名普查员和普查指导员向全社会郑重宣誓承诺

大兴统计信息外网

汪锡锟局长（一排左三）、江欣副局长（二排左一）与局队足球队队员合影

参加全市统计系统体育节登山比赛

在全市统计系统体育节上展现大兴统计人的精神风貌

北京军区房峰辉司令员到大兴视察

区领导慰问驻区部队

卫戍区乔占军副司令检查指导工作

武装部领导慰问驻区部队

党委中心组学习

武装部冬季野营拉练

欢送新兵入伍

新兵入伍欢送大会

大兴区人民武装部

部长 朱家林

政委 张耀邦

近年来在卫戍区党委大兴区委、区政府的正确领导下，锐意创新，狠抓落实，圆满完成了军地赋予的各项任务。2004年以来，先后被北京军区政治部，北京市政府、卫戍区征兵领导小组表彰为“全民国防教育先进单位”、“先进人武部”、“安全管理先进单位”、“征兵工作先进单位”、“干部转业复员工作先进单位”，被北京市爱卫会表彰为“首都绿化美化花园式单位”、“爱国卫生先进单位”。先后承办了首都大学生军训10周年和15周年的两次庆典，以及全国大学生军训工作20周年大阅兵的合练保障，2008年还承担了北京奥运会开闭幕式部分节目表演部队的训练和生活保障任务，2009年承担了“与时俱进”群众游行方阵的训练及“毛泽东思想万岁”群众游行方阵的生活保障任务。多年来，党、国家和军队领导人尉健行、迟浩田、徐才厚、李继耐等100多位省军级以上领导先后到基地检查指导工作，给予了高度评价。

学习教育

大兴区民兵预备役工作会议

大学生军训

民兵训练

乡建设委员会

中心组学习

区政协委员莅临视察

大兴区住房和城乡建设委员会按照以科学发展为指导、统筹城乡建设的工作思路，以引导“两业”发展、加快城镇建设为重点，以折子工程和实事为突破口，深化、细化、强化服务和管理工作，不断实现新的跨越。一是“两业”持续健康发展，地区经济支柱的地位进一步巩固，推动地区发展的作用进一步显现；二是城镇拆迁工作平稳有序，在2006年到2009年期间，全区共整建制拆除51个村，涉及民宅1.8万余户，建筑面积近500万平方米；三是民生工作不断深入。住房保障工作的政策体系、管理体系初步建立，截至目前已经进行了三次限价商品房和经济适用房摇号配售，解决了2000余户困难家庭的住房问题。此外，先后投入资金近亿元，对新城范围内的老旧小区进行了绿化补栽、甬路维修、屋顶修缮等环境改造、维修工作；四是违法建设得到有效遏制。2006年以来，共拆除各类违法建设近300万平方米，达到了震慑违法行为，改善城市面貌的目的；五是质量、安全管理实现新突破。坚持按照“安全第一、预防为主”的方针，强化应急管理，特别是通过不断深化网格管理，实现了全区在建工程质量、安全监管的无缝衔接，使本区建设领域质量、安全形势一直处于平稳可控状态。

房屋登记岗位能手大赛

建筑业房地产开发业工作会议

建筑行业普法知识竞赛

被拆迁户看沙盘

建设中的地铁大兴线

拆迁现场

大兴区住房和城

国家信访局局长视察

副区长邵恒视察工地

康庄经济适用房奠基

开展治理商业贿赂警示教育

本区首批限价商品住房摇号仪式

建委领导慰问四川籍民工

法委员会

市委政法委副书记首都综治办、市流管办主任李万钧亲切慰问群众

第一次流管委全会

召开大兴区政法系统“听呼声、走百家、送服务”为民实践活动动员部署会

召开打击整治专项行动动员部署大会

流动人口聚居区治安整治安全服务集中行动启动仪式

西红门镇寿宝庄村实行封闭式管理

民政局党委副书记王玉强与军休干部代表共庆“八一”建军节

大兴区福利彩票年度总销量突破1.5亿元，实现八年连续增长

组织开展“敬老助老，爱心亮眼”活动

民政局对表现突出的志愿服务组织和志愿者进行表彰

圆满完成清明节群众扫墓接待任务

“歌颂新中国，唱响大民政”大型文艺汇演活动

中共大兴

2009年，在区委、区政府的正确领导下，全区老干部工作紧紧围绕全区的工作中心，紧紧围绕市老干部局的工作重点，以建国60周年为契机，以“颂祖国促发展、倡和谐乐晚年”为主题，以“亲历改革、见证发展、颂扬祖国、爱我大兴”为主线，不断深化老干部党支部建设和思想政治建设，认真落实老干部两项待遇，各项工作稳步推进。以“老干部形势报告会”和“老干部区情通报会”等多种形式切实加强老干部思想政治建设；深入开展了以“支部班子好、党员队伍好、组织设置好、活动开展好、群众反映好”为目标的“五好支部”创建活动，不断加强老干部党支部建设；积极畅通老干部就医渠道，方便老干部就医；协调解决了老同志区内乘车问题，方便老同志出行；认真准确调整老干部各项补贴标准，切实解决了老同志的实际困难；以国庆60周年为主题，组织开展了保健知识讲座、一日游、金秋采摘、趣味运动会等

区委书记林克庆参观老干部大学新楼学员书画展

区四套班子领导考察大兴老干部大学新楼建设情况

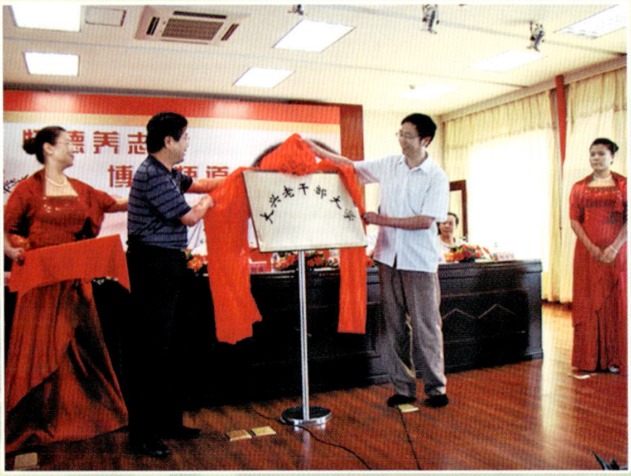
市老干部局副局长参加大兴老干部大学揭牌仪式

大兴老干部大学落成典礼

召开全区离休干部住房补贴工作动员会

召开全区第二十二次老干部座谈会

区委老干部局

有益身心的活动。在此基础上，全年工作还实现了三个突破：一是沉积多年的老干部住房补贴发放工作取得圆满成功。在区委、区政府的高度重视和大力支持下，经过大量认真细致的工作，在公开、公正、公平的基础上，对符合条件的346名老干部分三批进行审核、公示，共发放补贴资金1347万元；二是老干部社区“四就近”工作取得突破性进展。完善了区、街道和社区的三级“四就近”工作网络，在原有社区课堂的基础上，2009年又新建了7个，截止年底全区共建成22个社区党校课堂；三是老干部大学建设和发展取得新突破。8月28日全区广大离退休老干部盼望已久的新的教学楼落成并正式投入使用，老干部大学共设有12个专业，44个教学班，1019名在校学员。新楼的落成为广大老干部开辟了新的学习阵地，搭建了更好的交流平台。10月28日，在人民大会堂召开的首届全国老年教育“双先”表彰大会上，大兴老干部大学被评为“全国先进老年大学”。

区委书记林克庆到老干部家中亲切慰问

区长李长友到老干部家中亲切慰问

大兴区老年大学获得全国先进老年大学

区委常委、组织部长王有国参加全区老干部“五好支部”总结表彰大会

大兴区第二十二个老干部党校社区课堂揭牌仪式

北京市药品监督

党组书记、局长 刘忠兴

组织干部组织学习文件

副区长潘新胜带队进行计生药械专项检查

市局纪检组长安树果同志参加分局党风廉政活动

北京市药品监督管理局大兴分局为北京市药品监督管理局设在大兴区的药品监督管理派出机构，对本行政区域内药品、医疗器械、保健食品、化妆品(简称三品一械)的生产、流通、使用环节进行监督管理，包括行政审批、执法监督和技术监督。

2009年，药监体制改革全面推进，大兴分局各项工作做到了思想不乱，工作不断。全年完成药品抽检任务518批次，其中不合格4批次，药品合格率为99.23%；医疗器械产品抽验17件，不合格2件；化妆品抽验任务43件，无不合格报告；保健食品抽验完成15件，无不合格报告。进一步加大对药械违法违规案件的查处力度，截止到10月底，共立案32件，完成行政处罚30件，罚没款81252.30元。其中没收违法所得19147.30元，罚款62105元。

在加强日常监督的基础上，分局从2009年1月开始，一把手亲自抓，落实层级责任体系，与相关部门联动，陆续开展了一系列工作：一是保障了国庆60周年庆典的药品安全，做好了突

开展突发事件应急准备、应急演练，积极开展国庆市场巡察

执法人员进行药品抽验

分局受理大厅接待群众咨询

北京市大兴区商务局

区长李长友到商务局调研

张丽英局长陪同市区领导深入基层检查家电下乡

张丽英局长检查元旦市场供应和安全生产

商务局举办大兴区品牌服装展销会和外贸出口企业电子商务平台展示会

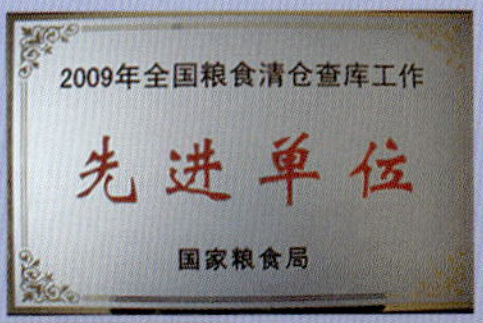

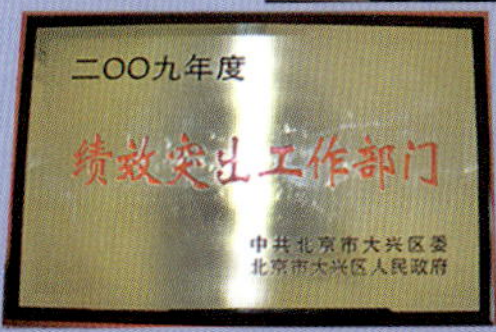

北京市大兴区商务局成立于2004年8月份，主要负责大兴区内贸流通、外经外贸、粮食行政管理、物流、生猪定点屠宰、盐政、商业服务行业安全生产监管和执法等。并挂北京市大兴区粮食局牌子。

截止到2009年商务局内部设7科1室，5个社团组织，4个正科级事业单位。商务局的宗旨为，坚持把发展作为第一要务，社会消费品零售额、实际利用外资、外贸出口三项经济指标较快速增长，实事项目、折子工程等各项工作任务顺利完成，对区域经济的贡献显著增强，多项工作获得国家、市、区表彰。

“服务外包示范区”授牌仪式

商务局举办全区商业服务技能大赛决赛

大兴区第21届西瓜节农超对接洽谈会签字仪式

路政局大兴公路分局

公路分局局长王少辉检查工地

公路分局召开年度工作会

路政大队对公路范围内的违章建筑进行严格执法

组织召开大兴区公路系统运动会

加班加点保畅通

经过养护后的马朱路

北京市交通委员会

市路政局局长孙中阁带队来大兴分局调研

市路政局张长荣副局长参加路政法规宣传

分局应急指挥分中心——保障路网畅通

北京市交通委员会路政局大兴公路分局是北京市交通委员会路政局的派出机构，负责大兴行政区域内公路的行业管理工作。共设有10个科室，路政执法大队一个直属单位。分局共有干部职工95人。

2009年在市交通委路政局及区委区政府的领导下，在相关委办局的大力支持配合下，分局认真落实科学发展观，拓宽工作思路，加强制度建设，加强精细化管理，行业管理水平进一步提高，全年共完成公路建设、养护总投资47170万元。其中分局新改建、大修工程共完成投资28522万元，112公里。无论是完成投资还是公路改造里程均创历史新高。为区域经济发展和百姓出行做出了贡献。

到2009年底，大兴区公路总里程2596.373公里。按照行政等级划分，其中：国道38公里，市道131.243公里，县道393.077公里，乡道1040.824公里，村道861.049公里，专用公路132.18公里；公路网密度为2.605公里/平方公里。公路通乡率达100%，通村率达100%。从公路网络覆盖面看，大兴区公路网络已基本形成，实现了乡乡通公路，村村通公路。道路网的面积密度处于较高的水平。

绿色长廊——104国道

北京市交通委员会路政局大兴公路分局

管理局大兴分局

副局长阮培军同志带领稽查人员检查药品质量

防控甲流期间，刘忠兴同志检查药店流感药品储备情况

发事件应急准备，开展了应急演练，积极开展国庆市场巡查，加强应急值守，实施零报告制度保障了辖区药品安全。二是防控甲型 H1N1 流感工作取得阶段性成果；加强内部防控，加大市场巡查，坚持报告制度。三是积极开展药品市场专项整治。

在防控甲型 H1N1 流感防控检查及物资储备工作方面，药监大兴分局根据市局文件要求，加强对辖区抗病毒药物、医疗器械和防护用品的动态监测，实施每日信息报告制度，上报重点品种的库存数量和销售数量，并设定企业库存基数，根据市场供应变化，要求各企业积极组织货源，全力做好市场供应，维护市场稳定，满足消费需求；规范进货验收，保证药械质量；同时对抗感冒药成药、四味方的中药饮片加强抽检。保证了我区药械企业各种货源充足，质量合格，供应良好。

分局在审批中做到了标准清楚、程序明确，严把准入关。提高工作效率，缩短审批时间，杜绝发生超时限审批，实现了行政受理零投诉。群众满意率100%，分局在大兴区行政服务中心设立的服务窗口多次被评为“红旗窗口”。

药监昌平分局到我分局交流学习

庆祝分局成立8周年

积极开展国庆巡查，保障辖区药品质量

深入社区宣传安全用药

分局圆满完成了国庆 60 周年庆典的药品安全保障工作

大兴区安全生产监督管理局

市委副书记王安顺检查国庆焰火仓库

副市长苟仲文检查大兴区企业安全

区委书记林克庆带队检查人密场所

区长李长友检查区内企业安全

副区长常红岩带队夜查烟花爆竹

区人大对区政府贯彻落实一法一条例检查

大兴区安全生产监督管理局成立于2004年8月，是全区安全生产工作的综合监管部门。内设机构：办公室、法制科、监督管理科、危化科、执法监察队、生产安全事故预防中心。

2009年，在经济发展和国庆保障任务十分繁重的特殊时期和关键时段下，各级领导高度重视使安全生产工作呈现出指示要求多、工作部署多、专项整治多的特点。区安全监管局始终坚持把握大局、明确主线、抓住重点、立足长远，围绕压减事故，消除隐患，为全区营造一个和谐稳定的安全生产环境这个大目标，健全监管机制，加强镇级安全监管机构建设，在全市率先推行安全生产委托执法工作；“三项行动”进展有序，硕果累累；国庆60周年执法“护航“行动圆满完成；国庆焰火储存及燃放安全工作获得市区领导的高度赞扬。在“国庆平安行动”中被市安监局评为“新中国成立60周年庆祝活动安全生产保障工作先进单位”。

大兴区烟花爆竹经营许可申请窗口

我为安全献一策征文获奖者

大兴区交通局

局长　张桂海

国庆节安全生产工作动员会

境内公交工作会

安全检查

大兴区交通局作为区政府负责交通运输管理的职能部门，主要职责为：

1、研究制订本地区公共交通、客货运输、汽车维修、水路和轨道交通运输行业整体发展的中长期规划并组织实施。

2、指导公共交通、水路交通运输行业的体制改革；研究制定行业管理的办法和措施，引导行业优化结构，协调发展。

3 、负责公共交通、出租汽车、旅游客运、汽车租赁、小公共汽车等公共交通运输行业管理；负责本区人力三轮车客、货运输的行业管理。

4 、负责本区道路运输、水路运输、以及运输服务的行业管理；负责水上安全监督的管理。

5、负责本区交通运输的组织协调。。

6 、负责大兴区国防运动委员会交通战备办公室工作。

2009 年 12 月 28 日环城 1 路开通
李允利副局长对从业人员讲话

亦庄线开通

兴35路

大兴区水务局

市水务局局长程静调研大兴水务工作

庆祝建党八十八周年大会

小龙河开工仪式

2009年在区委、区政府的正确领导下，我局统筹城乡水务，结合大兴新城建设和农村发展的需要，以服务宜居宜业和谐新大兴为目标，发展循环水务，建设“民生水务、科技水务、生态水务”，提升服务水平。各项工作进展顺利。

1、重点工程。大兴新城滨河森林公园：总面积8074亩，其中，现状已有绿地面积2495亩，本次工程拟建面积5579亩。09年农村一户一表改造工程：计划改善青云店、采育、安定、庞各庄、榆垡等11个镇71个村5.59万人的饮水条件。09年农业节水灌溉工程：在采育、安定、青云店、魏善庄、庞各庄共5个镇的28个村，发展节水灌溉面积11835亩，概算总投资2715万元。东南郊水网工程：对我区东部凤河、官沟、通大边沟、红凤灌渠进行疏浚，涉及瀛海、青云店、采育等镇。农村雨洪利用工程：已组织采育、瀛海、安定等镇对10处坑塘进行施工。黄村再生水厂工程：总规模12万吨/日，其中：改造现有污水处理厂规模8万吨/日，扩建污水处理规模4万吨/日，工程总投资约3.2亿元。南水北调南干渠工程：沿西五环和南五环至亦庄，总长27km，涉及我区境内长度约21km，总投资估算35亿元。2、迎汛抗旱。汛前落实了防汛抗旱组织机构，与各镇签订了防汛责任书，调整了防汛抗旱各项预案，落实了抢险队伍和抢险物资。3、水政管理。共办理各类审批项目484件，其中机井审批400件，临时用水指标审批20件，发放取水许可证28份，排水许可证28份，其他8件。4、节水型社会建设。2008年大兴区被水利部批准为全国第三批节水型社会建设试点地区，试点期2009年至2011年。5、供水排水。兴润水务有限公司安全供水1533万吨，日供水4.2万吨，综合水质合格率100%，管网压力合格率100%。6、水务宣传。围绕着“民生水务、科技水务、生态水务”建设，结合“世界水日”、“中国水周”、“民主法治宣传”等活动，悬挂横幅50多条，发放资料9000余份，宣传品4300多份，在学校广泛开展“惜水、爱水、节水，从我做起”征文活动。

东南郊水网工程

农业节水工程

农村安全饮水工程

2010年我们将继续贯彻党的十七大精神，以科学发展观为统领，按照区委、区政府“建设宜居宜业和谐新大兴，推进城乡一体化”的要求，打造水安全体系、构筑水生态环境、优化水资源配置、强化水务行政管理，进一步提高水务工作服务发展、改善民生、促进和谐的能力和水平，开创水务事业发展新局面。

大兴区动物卫生监督管理局

农业部兽医局局长李金祥视察大兴区畜牧业

区委常委、副区长李春亭检查公路站

区委常委、副区长李春亭检查养殖场

大兴区动物卫生监督管理局全体干部职工在区委、区政府的正确领导和各单位、各部门的大力支持下，深入贯彻十七届三中全会精神，坚持科学发展观，以强化动物卫生监督管理，确保全区不发生重大动物疫情和重大动物源性食品安全事件为工作重点，积极落实市、区各级政府有关文件精神，促进社会主义新农村建设，认真履行政府赋予的职责，努力做好重大动物疫病防控和畜牧业生产等各项工作，多项措施并举保障食品安全，生态环保养猪模式推广工作进展顺利，奶牛生猪保险工作取得突破性进展，全区没有发生重大动物疫情，畜牧业发展基本平稳，没有出现大的波动。

大兴区地处北京南部平原地区，是北京市重要的农产品生产和供应基地。自区政府实施“兴牧富民”工程以来，大兴区严格按照“减量增效，适度规模，符合规划，科学防疫”的原则，合理调整养殖业布局和整体规划，优化产业结构，促进了产业化发展步伐，初步形成了生猪、奶牛、肉牛、肉羊、肉禽、肉鸽特禽为主的畜牧业六大产业群体，产品产量、产值均居北京各郊区县前列，被评为全国生猪调出大县和全国牛奶生产强县。

针对我区重大动物疫病防控工作难度大、任务重、困难多、战线长的特点，我们全面认真落实农业部、北京市有关防控工作要求，积极采取有力措施，全面深入开展动物疫病防控、动物卫生监督工作，取得了重大动物疫病防控工作的阶段性胜利。多次得到市有关领导和部门的表扬，没有发生重大动物疫情，畜牧水产业健康平稳发展，为维护大兴区和首都的政治经济稳定、保障人民群众生命财产安全等方面做出了积极贡献。我们将继续落实各项防疫措施，加大执法检查力度，调整畜牧业产业结构，为全区经济和社会发展做出更大的贡献。

大兴区动物防疫工作会

签订动物防疫工作责任书

普瑞纳与区动监局第二期科技培训会

院区合作半年总结会

泔水猪清理工作会

防疫物资发放

大兴区地方税务局

市局王京华局长到我局瀛海税务所慰问

截至年底，在大兴区地方税务局登记的各类纳税户有内资企业共34076户，涉外企业435户，个体工商户23157户，其他企业1239户。内资企业中：国有企业320户，集体企业862户，股份合作企业1583户，联营企业17户，股份制企业2420户，私营企业28874户。涉外企业中：港澳台商投资企业184户；外商投资企业240户，外国企业11户。年内，区地税局在局党组的带领下，通过全体干部职工的共同努力，共组织各项税费收入36.4亿元，同比增收2.7亿元，增长8.15%。

区人大主任张书领同志及常务副区长张晓林同志到我局调研

局领导班子民主生活会

耐心解答纳税人问题

认真做好车船税征收

积极查抄假发票

大兴区国家税务局

市局副局长孔繁琪到大兴区国家税务局指导工作

大兴区税务学会第一届二次常务理事会在大兴区国家税务局召开

2009年度大兴区财税金融保险供电部门座谈会在大兴区国家税务局召开

大兴区国家税务局隶属北京市国家税务局，是正处级单位，位于大兴区黄村西大街8号。现有干部职工310人，内设13个机关科室、3个事业单位、8个税务所、1个直属机构。负责大兴区的2个基地、5个街道和14个镇的中央税和共享税的征收。

2009年，大兴区国家税务局认真贯彻落实党的十七大、十七届三中全会精神，以科学发展观为统领，坚持依法治税，用科学的征管手段强化管理，用规范的制度推进纳税服务，用强化能力提高队伍素质，确保税收收入任务完成，自觉做到“四个牢牢把握”，积极完善“四个机制”，不断强化“三个服务”，全面推动大兴国税事业科学发展，为大兴区经济平稳较快发展、为建设和谐首善税收做出了积极贡献。

大兴区国家税务局“为国旗增辉、为国税添彩”演讲比赛

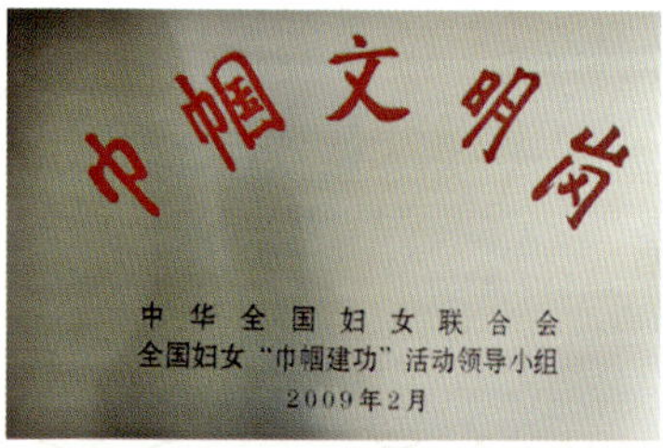

大兴区国家税务局票证中心被中华全国妇女联合会、全国妇女“巾帼建功”活动领导小组授予“巾帼文明岗”称号

大兴区国家税务局办税服务厅启动仪式——市局纪检组长顾淑萍和大兴区副区长张晓林为新办公楼揭牌

大兴区国家税务局不断优化纳税服务

大兴区科学技术协会

大兴区科学技术协会第一次代表大会

第16届科技周启动式

科普惠农冬季行动启动式

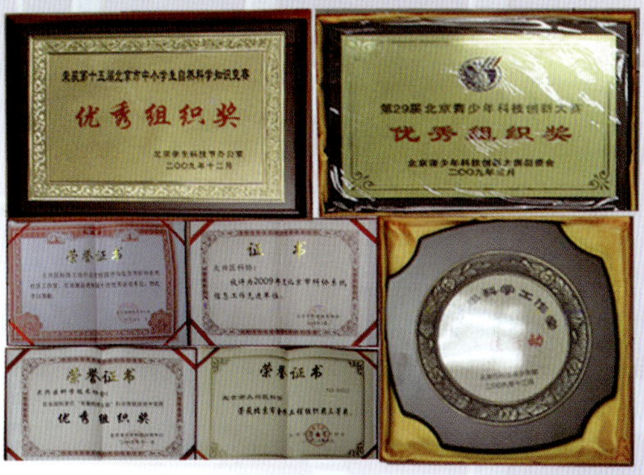

获奖证书

北京市大兴区科学技术协会(简称大兴区科协),是中共大兴区委员会领导下的人民团体,是大兴地区科技工作者的群众组织,是党和政府联系科技工作者的桥梁和纽带,是国家发展科技事业的重要社会力量。大兴区科协是北京市科协的地方组织,接受北京市科协的业务指导。

2007年12月26日,大兴区科协召开了“撤县设区”以来首次代表大会,会议选举刘月娥同志为第一届大兴区科协主席,李建国同志任第一届大兴区科协副主席、秘书长。2008年4月大兴区科协实现独立设置。

大兴区科协深入实施“农民致富科技服务套餐”配送工程、“科技助农”工程等,加强农业先进实用技术的推广与应用。实施“社区科普益民计划”和“创新型科普社区”的创建工作,加强科普示范村、科普示范基地和科普社区的建设。扎实承办“科普之春”、“科技周”、“全国科普日”、“科技下乡”、“中小学生科技节”等一批有特色、有影响的大型科普活动,大力宣传科普文化,积极探索、勇于创新,各项主题活动丰富多彩,使全区农民、居民和青少年的科学、文化等各方面素养有了显著提高。

两年来,区科协获北京市金桥工程组织三等奖、第29届北京青少年科技创新大赛优秀组织奖、09北京百万家庭数字生活技能大赛区县组织工作二等奖、全国科普日“有趣的纸实验”科学体验活动中获优秀组织奖、第十五届北京市中小学生自然科学知识竞赛优秀组织奖、2009年度北京市科协系统信息工作先进单位、大兴区科协互动展品进校园评为北京市科协系统社区工作室及互动展品进校园十佳优秀活动单位等多项奖项。

科普示范基地-老宋瓜园

科普型社区-香海园社区科普宣传栏

科普示范村-采育镇沙窝营村科普宣传栏

大兴区红十字会

副区长、区红十字会会长王荣彬为榆垡镇送去6万元救灾款

召开一届三次理事会，总结2008年工作，部署2009年工作

到呼伦贝尔市红十字会进行工作交流

成立应急救护教育中心北臧村镇工作站

为大病患儿发放救助款

铁路社区小学生为救灾捐出零用钱

康盛园社区红十字服务站在“五•八”红十字日组织义卖活动

北臧村镇中心小学组织上街宣传红十字知识

志愿者为社区老人量血压

组织小学生避险逃生演习

大兴区邮政局

召开年度工作会 （主席台领导右二为： 贺希录局长； 左二为： 赵杰副局长； 右一为： 范二华副局长； 左一为： 李广信副局长）

5 月 7 日大兴邮局组织开展 5.12 关爱学生捐款活动 局领导带头捐款

2 月 23 日大兴邮局召开劳模先进工作室启动会

大兴区邮政局是北京邮政的一个分支机构，隶属于北京市邮政公司。全局现有职工 424 人；下设 5 部 1 室，1 个专业局，4 个投递部，4 个邮政支局，18 个邮政所，共计 25 个网点。现有邮运路线 4 条，运行里程 272 公里；投递道段 88 条，投递里程 3675 公里，年投递报刊 1854 万份，邮件 683 万件；信筒信箱 86 个；邮运车 30 辆。服务面积 948 平方公里，担负着全区 70.9 万人口的用邮服务。主要经营信函、包裹、汇兑、储蓄、特快专递、报刊发行、集邮、国际邮件和各种代办服务、保险代理、物流配送等业务。

多年来，大兴邮政的发展得到了地方政府和社会各界的鼎力相助，今后我们将把回报社会、服务群众作为企业的一种责任，不断提高服务水平，为大兴区人民提供高层次、高质量的用邮服务，为大兴区发展和人民安居乐业做出更大的贡献！

大兴邮局兴丰支局营业大厅值班局长在为用户耐心讲解邮政业务

5 月 9 日大兴邮局走上街头开展 5.12 宣传活动

10 月 1 日大兴邮局工作人员在向用户销售 60 周年邮品

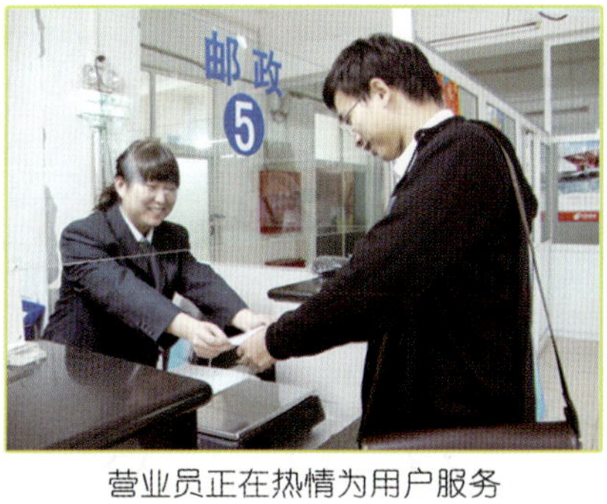

营业员正在热情为用户服务

营业大厅工作场景

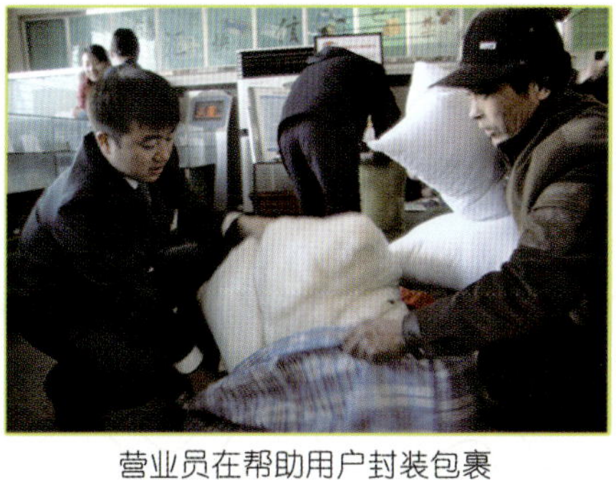

营业员在帮助用户封装包裹

大兴区公安 消防支队

深入群众扎实开展消防安全宣传教育（图为区政府、区公安分局和支队领导深入群众开展多种形式的消防宣传）

2009 年，消防支队在区委、区政府以及分局和总队党委的坚强领导下，以科学发展观为指引，努力践行胡总书记“忠诚可靠，服务人民，竭诚奉献”的总要求，坚持队伍建设和业务工作全面推进，圆满完成以建国六十周年大庆消防保卫为中心的各项防灭火任务，消防工作和队伍管理取得了新的突破。2009 年 1 月 1 日至 12 月 31 日，共接处警 2510 次，其中火警 1888 次（火灾 518 起），抢险救援 622 次，共出动 5195 车次，33956 人次。与上年同期相比，接处警上升 40.2%，火警上升 38.2%，抢险救援上升 46.7%，火灾起数下降 24.3%。

国庆节期间，支队 10 个社会面火灾防控工作组共检查单位 384 家，督促整改消防安全隐患 564 件；向全区各单位发放《国庆 60 周年消防安全责任告知书》14584 份，对国庆游园场所，群众游行彩车改装装饰单位，南苑机场周边地区等 23 处涉庆区域和场所进行多次调研检查，消除各类火灾隐患 480 余件，完成了彩车转运、国庆礼花燃放等各类现场勤务 36 场次；国庆安保八项执法数据在环城带五个支队中有两项第一、四项第二、两项第三，在总队各支队中排名均进入前 8 名。圆满完成西瓜节、桑椹节、葡萄节、中央及国外领导人视察等节假日及特殊时期消防保卫勤务 80 余项，出动警力 240 余人次。

加强消防宣传，督促单位落实消防安全主体责任，新《消防法》颁布实施后，支队在外研社、生物医药基地等先后组织大规模的《消防法》宣贯活动，并先后组织各镇、街道、行业系统、派出所及社会单位开展专题培训讲座 82 场次，发放培训材料 2.7 万份，培训 1.3 万余人次，已销售新《＜消防法＞适用指南》1 万余册，在社会单位张贴、发放新《消防法》宣传页 3 万余张；7 月 23 日，常红岩副区长做客北京交通广播 FM103.9《警法时空•百姓消防》栏目“区长说消防”系列节目；成立消防宣传电影放映队，在南苑机场国庆阅兵空中梯队驻地周边等消防安全重点区域播放电影和消防安全宣传片，向群众印制 10 万封《国庆安保消防安全公开信》，在区广播电台开设“119 快行线”栏目；在全市率先举办第十九届“119”活动，副区长常红岩、总队范德明副政委等领导亲临现场，并在《〈中华人民共和国消防法〉适用指南》签名售书。

以打造公安消防铁军为契机，全面加强战训队伍建设。将支队、中队两级指挥人员明确作为战训岗位人员纳入打造铁军范围，结合支队实际制定打造铁军工作方案；建立战训干部人才库，司令部、政治处加强人才的筛选把关，择优按要求上报入库；落实基层中队干部评定专业技术资格，目前基层主官大多取得相应消防专业技术资格；强化支队灭火救援全勤指挥部建设，根据支队班子人员变化和国庆消防保卫任务形势，及时强化全勤指挥部各岗位人员配置，目前支队机关所有干部均纳入全勤指挥部各岗位；成立 10 支灭火攻坚组和救援攻坚组，并在西红门中队开展集训；加强与区应急办的协调，强化以西红门、榆垡和安定三个中队为依托的区危化应急救援分队作用；聘请 9 名不同岗位专家为支队灭火救援专家组成员，召开专家组联席会议 4 次。

狠抓思想政治工作，为各项任务的圆满完成提供政治保证和精神动力，圆满完成深入学习实践科学发展观活动第二、三阶段的各项工作，组织官兵围绕"建设平安北京、服务科学发展"开展学习研讨活动，深入开展“弘扬公安消防精神，忠诚履行职责使命”主题教育活动，全面推进学习贯彻胡锦涛总书记“三句话”总要求活动，开展学习讨论 10 次，人均撰写心得体会 3 篇。

丰富警营文化，构建和谐环境，在国庆 60 周年倒计时 100 天当天举行“忠实履行使命、誓保国庆平安”系列活动启动仪式，开展主题板报比赛、重温入党誓词活动、书画摄影比赛、知识竞赛、歌咏比赛等 8 项活动，举行心理健康讲座 10 余次、下发心理调查问卷 100 余份。

公安消防队站建设取得阶段性成果。09 年支队队站数仅次于朝阳、海淀、丰台，位列环城带第一，按照大兴区消防“十一五”规划，区交通、巡察、消防“三警四队”办公楼前期手续已经办理完毕；旧宫、魏善庄消防站手续已经办理完毕，并报市发改委等待立项批复；庞各庄消防站前期手续办理完毕，亦已上报市发改委等待评审。

圆满完成建国六十周年大庆消防保卫任务

深入开展打造公安铁军大练兵活动

大力开展火灾隐患排查整治

林校路街道

区委书记林克庆到林校路街道调研

街道工委召开基层党组织建设工作会，街道工委书记赵建海主持了会议

街道领导慰问困难居民群众

4月28日，以北京天堂河戒毒所为依托，街道成立了社区戒毒康复基地。图为签字仪式。常红岩副区长到会祝贺

林校路街道办事处成立于2001年10月，因地处林校路而得名。2009年11月，大兴区将街道的行政区域进行了重新调整，林校路街道办事处辖区由城乡结合部一跃成为大兴新城核心区，北靠黄村大街、南接六环路、东临京开路、西至芦求路，辖区面积12.65平方公里。有科室(中心、所)15个，下辖15个社区。辖区居民20631户，常住人口45498人，流动人口17276人；辖区内有以区委区政府及主要职能局为核心的行政事业单位256家；有以星城商厦、物美大卖场和即将建成竣工的火神庙商务中心为代表的商业网点近800家。辖区内交通便利，京开高速公路、通黄路、兴旺路纵横东西南北，京山铁路和京九铁路贯穿其中，主要干道黄村大街、兴政大街、林校北路和兴丰大街、兴华大街、兴业大街三纵三横，始发和途经的18条公交线路和即将通车的大兴地铁线拉近了与北京城区的距离，是宜居宜业的理想之地。

2009年，林校路街道工委、办事处在区委、区政府的坚强领导下，坚持以十七大精神为指导，以科学发展观为统领，紧紧围绕构建“和谐林校路街道”的总目标，变压力为动力，变挑战为机遇，精诚协作，创新思路，共同努力，各项工作都取得了可喜的成绩，“和谐幸福新社区”建设也不断向前推进。为2010年各项工作又好又快发展奠定了坚实的基础，也为宜居宜业和谐新大兴建设做出了我们的贡献。

慰问武警官兵

“为伟大祖国骄傲”庆祝建国60周年社区群众合唱汇演

武警某部举办的“庆八一迎国庆”警民共建联欢会

兴丰街道

“弘扬传统美德 构建和谐兴丰”启动仪式

兴丰街道工委书记鲁德祥走访慰问困难党员

兴丰街道办事处开展企业法人培训

社区周末大讲堂

社区党建知识竞赛

开展辖区居民十百千活动

街道组织居民庆重阳活动

兴丰街道演职人员参加国庆60周年联欢晚会

天宫院街

工委书记 梁建青

办事处主任 张新跃

政协主席高树旺慰问辖区贫困家庭

梁建青书记慰问辖区贫困老人

张新跃主任慰问贫困儿童

海子角社区猜灯谜活动

海子角东里健康知识讲座

海子角西里社区秧歌队

街道社会工作党委成立大会

阳光心态聊天室揭牌

办事处

科学发展观总结大会

第七届社区运动会开幕

2009年，清源街道在区委、区政府的正确领导下，全面贯彻市、区有关工作要求，围绕学习实践科学发展观活动、社区“两委”换届、平安国庆等中心任务和重点工作，团结带领广大干部群众，圆满完成了各项工作。

深入开展学习实践科学发展观活动：清源街道自3月到8月底共有31个基层党支部（其中有28个社区党支部）、1433名党员干部参加了学习实践活动。解决了5个小区、3万多居民买米面油、蔬菜难等生活不方便等四个方面的问题，使居民群众真正得到了实惠。

全力以赴打好平安国庆攻坚战：组织社区314名群众到天安门前参加了国庆60周年群众联欢活动，为辖区居民提供了表现自我，展示风采的舞台。国庆庆典焰火燃放大兴燃放点设在清源街道，涉及2个社区。街道采取各科室分别包楼，对一、二、三级目标进行布控，保证居民生命财产的安全。

加强社区规范化建设：按照市、区社工委相关要求，，重点抓了郁花园二里、香留园等10个社区服务站建设试点工作，规范了“社区党支部、社区居委会、社区服务站”三者关系和具体职责，解决了居民自治与公共服务混杂问题。

推行项目化管理模式：在社区中开展项目化管理，以具体的项目带动人力、物力、财力、信息的整合，使各种资源得到有效的优化配置，目前已实施郁花园“社区文化活动中心”、香留园社区“老年健康俱乐部”等各类社区服务项目13个，形成了独具特色的“清源”社区管理模式。

圆满完成社区换届选举工作：按照“选优配强”的原则，28个社区“两委”换届工作全部一次选举成功。新一届居委会主任平均年龄39.75岁；通过选拔和考察，有28名年轻同志走上了副主任岗位。

街道七一表彰大会

街道第二届合唱节

国庆60周年群众联欢

清源街道

市区领导考察兴华园社区规范化建设情况

市领导考察未成年人教育情况

区领导慰问贫困家庭

街道科以上干部参观北京市反腐倡廉教育基地

参与式社区治理与社区服务研讨会

兴华园社区居委会换届选举选民投票

区领导参加兴丰街道社工委揭牌仪式

兴丰街道书画展

国庆期间志愿巡逻员坚守岗位

兴丰街道学雷锋服务队进社区为老年人服务

环保家园从我做起

消防队员进社区为居民普及消防识

兴丰街道办事处“十百千”总结表彰会

迎国庆大练兵

道 办 事 处

观音寺、 天宫院街道办事处成立大会

机关班子会

天宫院街道办事处于2009年7月底正式组建成立，天宫院辖区东起狼各庄与黄村镇交界，西至八家东路与北臧村交界；南起四各庄与庞各庄交界，北至通黄路与观音寺街道交界，总面积共33.3平方公里。截止到2009年12月，辖区内常住人口2.4万人。市属、区属企事业单位152家，门店234家，1所职业高中、2所中学、2所小学、1所幼儿园，小商品市场1家，医院1家。

和谐社区创建评估

天堂河社区文化活动

矿林庄社区趣味运动会

海子角南里社区活动

深入军营为兵服务

法制宣传进社区

观音寺街道

根据《北京市民政局关于调整大兴区新城地区行政区划的批复》,2009年5月19日,观音寺办事处获准成立。7月1日,街道班子组建,7月31日,举行了揭牌仪式。11月5日,对部分工作进行了正式交接,开始工作。

观音寺街道办事处位于大兴清源东路西南口,管辖范围东至团河农场东侧,南至海北路,西至京开高速公路,北至北兴路。街道辖区总面积约为16.4平方公里,常住人口5.3万人,外来人口2.2万人,辖区面积和人口总量在全区5个街道办事处中均名列第二位。

观音寺办事处内设8个行政科室、4个事业单位,另有4个双管单位入驻。辖区内有社区12个,中央市属企事业单位和驻区部队近20家,现由3个派出所管辖。辖区内共有道路88条,其中,穿境道路9条,有新凤河、老凤河两条河流。大兴经济开发区地处本辖区内,规划面积4.16平方公里,落户企业450家,

2009年,是观音寺街道各项工作的开局之年,面临新机遇、新形势、新挑战,观音寺街道工委、街道办事处在区委、区政府、区社工委的领导下,坚持以邓小平理论和“三个代表”重要思想为指导,以科学发展观为统领,全面贯彻落实党的十七届四中全会精神,按照“以人为本、服务为先、关注民生、构建和谐”的工作宗旨,以“新单位、新面貌、新突破;高起点、高标准、高效率;创平安、创全优、创一流”为工作目标,从街道的实际出发,开拓进取、扎实工作,将观音寺街道建成城市管理的标兵和百姓生活的乐土,为加快建设宜居宜业新大兴贡献力量。

与兴丰街道、清源街道交接仪式

社区安全宣传活动

志愿者服务

军民同庆迎元旦

慰问敬老院

大兴区黄村镇

二届人大六次会议

年度工作会

区领导视察黄村镇维稳工作

中环企业生产线

2009 年是本镇城乡一体化发展取得显著成绩的一年。经济建设和社会各项事业实现了新的突破。财政收入 20548 万元，七大行业总收入达到 133 亿元；工业总产值 93.5 亿元；工业销售收入 93 亿元；工业利润实现 8.5 亿元；社会消费品零售额达到 22.5 亿元；全年实际利用外资 2312 万美元；农民人均纯收入达到 15420 元。

启动了孙村组团生活配套区建设工程。标准厂房出租面积达到 6 万平方米，18 个参股村获得收益 450 万元。东南工业区完成 1000 亩土地规划调整，基础设施建设全面展开，完成中环二期 110 亩土地挂牌上市，建成 4 万平方米厂房，承载能力进一步增强。

都市型现代农业加快发展，打造永定河现代农业生态走廊等重点工程。农村基础设施建设全面提速，改革不断深化，“五项基础设施”建设进展顺利。完成 15 个村的重点环境建设工程和 8 条道路大修工程。圆满完成芦求路、京沪高铁等重点工程征地拆迁工作。城乡体制机制转型逐步深化，推行集体资金委托理财，确定新城北区 3.2 万平方米商业设施收益分配方案，保障农转居人员长远收益。侯村、狼垡三村相继成立农村股份合作社。

完成了狼垡中学、第二中心小学、芦城幼儿园改造工程。投资 2000 多万元，建成 5000 平方米的长丰园社区卫生服务中心。设立 1000 万元专项资金，开展劳动技能培训 4166 人次，开发就业岗位 3300 个，转移安置劳动力 1570 人。成功举办 30 余场星火工程演出等文体活动，开展“五五”普法教育，举办各类法制宣传活动 15 次，提供法律援助 720 人次。社会各项事业稳步发展，人民生活和谐安定。

三合庄土地一级开发项目签约仪式

检查孙村地区拆迁规划

人大代表参观印包基地

农村党支部换届选举

关怀拆迁村民安置情况

加大力度拆除违法建设

拆迁村回迁楼

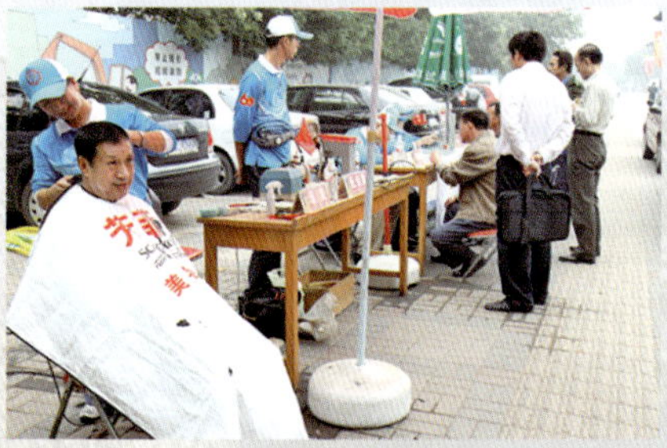

志愿者服务

预防煤气中毒宣传工作

法制宣传文化大墙

大兴区·青云店镇

5月22日，青云店中学与景山学校结为友好校暨加盟数字景山启动仪式在青云店中学举行

5月26日，青云店镇举行"十星创和谐"文明户村创建活动启动仪式

6月9日，青云店镇联系多家企业在文化广场举办残疾人专场招聘会

7月14日，青云店镇举办孝星事迹报告会，并对评选出的十大孝星进行表彰

11月4日，青云店镇举办新秧歌大赛等活动，丰富群众日常文化生活

农业专家在垡上营农业科技园对农民进行育苗技术指导

12 月 15 日，副区长王荣斌来青云店镇调研文教卫生工作

11 月 12 日， 大兴区扶贫济困捐赠助学金仪式在青云店镇举行

4月28日，大东新区卫生服务站启用仪式

10 月 18 日，青云店镇与北京金晶新能源功能材料项目举行签约仪式

4 月，大谷店文化广场建成并投入使用

青云店镇 “ 阳光双百 ” 太阳能公共浴室建设项目

大兴区北臧村镇

市区领导视察新农村建设

区委书记林克庆到北臧村镇调研

劳动力就业招聘洽谈会

农民歌友戏迷大赛

满族颁金节笔会活动

网民到北臧村镇进行土地认领的考察

北臧村镇妇女手工艺品制作技能培训

宣传惠民政策

发展中的京南生态第一镇

区长李长友到国网医药调研

留民营沼气七村联供开通仪式

千人饺子宴 迎春团拜会

近年来，长子营镇在区委、区政府领导下，认真贯彻落实"保增长、保民生、保稳定"各项决策部署，坚决贯彻落实科学发展观，创新思路，抢抓机遇，扎实工作，保持了全镇经济平稳较快发展、社会安定祥和的良好局面。

一、新农村建设有序推进，农民生产生活条件进一步改善

现代农业快速发展。发展设施农业，提升现代农业发展水平。投资 2700 万元建设占地 500 亩的中国百家乐义现代农业科技示范基地；建立占地 300 亩的南果北种观光园，引进番荔枝、杨桃等 30 余种南方果品；在昌兴梨园铺设滴灌网络，建设产品检测室，修建园区道路，设计观光采摘路线；通过项目对接、技术指导等形式与北京市农科院合作建立特色基地 5 个，合作实施有机蔬菜技术集成、精准农业示范等科研项目 10 余项。

基础设施不断改善。投资 3300 余万元完成全镇 10 个村 20 万平米街坊路建设工程；投资 672 万元完成 21 个村文化大院修建，为农民提供文化娱乐场所；投资 100 万元完成公交场站建设项目，改变镇南部地区农民出行难问题。

环境整治成效明显。成立镇环整中心，分片负责区域内环境建设工作。投资 182 万元对政府街、民安路两侧及 104 国道等道路结点区域进行绿化美化，绿化面积 230 亩；在民安路北端建设占地 120 亩的生态公园，形成了长子营对外展示的窗口；加强村庄绿化美化工作，绿化街道 23 条，共计 6.52 公里，栽植各种花木 11 万株。

新能源建设显著加快。实施留民营沼气七村联供及朱庄秸秆气化八村联供，政策扶持 4 个村建立沼气站，全镇 18 个村 6000 户使用清洁能源；完成朱庄村 268 户节能墙改和节能保温示范项目，实施太阳能公共浴池项目；在全镇 8400 户实行一户一表，实现水资源的合理利用。

韩国大邱体育代表团到长子营镇温馨家园参观

白庙村音乐会接待俄罗斯客人

农民画家教授弟子

大兴·魏善庄

召开2009年度经济工作总结表彰暨城南行动誓师动员大会

基层党组织培训

魏善庄镇为落实村官安置政策，搭建村官发挥作用的平台，成立了大学生“村官”创业园。通过积极探索与农户的合作项目与方式，拓宽农村创业就业渠道，促进农民收入持续快速增长，实现大学生“村官”价值的最大化。“村官”创业园建立不仅为魏善庄地区的发展培养出了一支新生力量，为大学生村官就业工作建立可持续发展的长效机制，在探索青年集体创业模式的道

魏善庄镇继续深化网格化四级治安维稳防控体系建设，建设了八个综治维稳工作中心站，集警务工作站、法律服务站、流动人口管理站和社会矛盾调处站四站合一。在有效开展社会治安管控和维护社会稳定工作中取得初步成效

坚决打击非法占地违法建设行为

积极开展村庄绿化美化

中轴路绿化

魏善庄镇

镇领导慰问辖区困难户

人大代表视察重点工程

魏善庄镇位于大兴新城东南 8 公里，地处大兴中心腹地，北京南中轴路延长线贯穿全镇，距市区 25 公里，总面积 81.4 平方公里，辖 39 个行政村，总人口 3.25 万。

魏善庄镇相继被确定为国家发展改革试点小城镇、大兴区重点中心镇和北京市重点小城镇。

立足于独特的区位、资源和产业优势，镇党委提出了“立足中部、借势南城、统筹城乡、服务首都”的发展理念。坚持规划先行，完成了镇域总体规划、镇区南区控制性详细规划和各类专项规划的编制，科学指导全镇发展；坚持产业带动，“做优一产、做实二产、聚焦三产”，强化重点镇产业支撑作用；坚持基础设施拉动，积极推进镇区基础设施、配套服务设施建设和镇区土地一级开发，城镇的综合承载功能进一步完善；坚持以人为本，高度重视劳动就业、社会保障、医疗等民生问题，和谐社会建设不断推进；坚持建管并举，创新社会管理机制，抓好安全生产、流动人口管理等工作，社会管理水平进一步提高。

目前，规划中的宜居小城镇建设已经启动，占地面积 432 亩的房地产开发项目已基本竣工。镇域内基础设施完备，设有国税所、地税所、工商所、信用社、邮政所、医院、完全中学等服务机构。

随着两区行政资源的成功整合、重点小城镇建设的全面开展及首都第二机场的即将落地，魏善庄镇即将迎来难得的发展机遇。

魏善庄镇于 2010 年建立与实施 ISO9001: 2008 质量管理体系，形成了职责清晰、目标明确、有法可依、服务规范、记录详实、持续改进的体制和机制，以确保实现本镇经济和社会发展之总体发展规划。

魏善庄镇居家养老服务中心养老服务人才实习基地揭牌仪式

献爱心捐款活动

群众娱乐活动

村内道路硬化、绿化

镇区建设

永定河畔 绿色港湾

表彰先进 树立典型

选拔培养村级后备干部

北臧村镇采摘园内果飘香

北臧村妇女手工艺编制

温馨家园活动

北臧村镇位于永定河畔，是大兴新城城南第一镇，总面积60平方公里，辖23个村，常住人口1.7万人，西临永定河大堤，南与庞各庄镇接壤，属永定河冲积平原，地势平坦，中关村科技园区大兴生物工程与医药产业基地坐落在镇域内。南六环路、京开高速路穿境而过，地铁大兴线延伸至该镇，交通便利、位置优越。境内空气新鲜，环境优美，有着“永定河畔绿色港湾”的美誉。

北臧村镇党委政府按照“经济强镇，生态造镇，和谐兴镇，就业富民”的总体战略和方针，科学筹划，团结拼搏，开拓创新，使北臧村镇经济社会得到了长足的发展。

最美乡村巴园子主街道

关爱生命 预防煤气中毒

长子营

生机盎然的万亩次生林

南果北种基地 木瓜

南果北种基地 杨桃

二、积极开拓发展思路，二、三产业规模进一步壮大

招商引资力度不断加强。通过政策引商、以商招商等形式加强招商引资力度。引进五家专用车生产企业，目前市政中燕有限公司第一批多功能洒水专用车已下线，预计产值1亿元以上；采取清理、整顿、重组招商等形式，引进北阀北京京特阀流体设备有限公司、耶利达公司等企业，新增固定资产4400万元，建厂房14600平方米。同时，加大工业区基础设施投入，投资1000万元建设污水处理厂，整体工程共占地15亩，项目运转后可改善留民营村260户1000名村民的生活环境以及工业区35个企业2000余人的办公、生活环境，优化镇域北部地区的整体环境。

旅游产业全面升级。完善旅游服务设施，提升乡村游品质；加大旅游市场开拓力度，推出全国生态农业第一村——留民营生态农业休闲观光游等多个旅游项目；推出三八席、牛头宴以及生肖饺子宴、有机蔬菜宴，进一步提升民俗旅游档次和品味；定期举办礼仪培训、组织重点民俗村外出参观考察等活动，推动地区特色民俗户发展。

三、城乡一体化进程不断加快，城镇建设与管理水平进一步提高

镇区建设力度不断加大。完成了政府街电信、电力管线入地工程和政府街西延工程景观建设工作，共建设围墙1900米，种植花草树木10余万株；投资290万元完成政府街路灯节能改造项工程；投资200万元，对政府街两侧广告牌进行了统一更换，并对两侧门店外墙面进行清洁粉刷。城镇管理水平稳步提高。积极推行以“定人、定岗、定责、定目标、定考核、定奖惩”为基础的网格化运作模式，提高镇区管理工作效率；加强流动人口服务与管理三级网络建设，在朱庄、朱脑等村新建流管服务中心9个，完善流动人口管理新格局；建立健全动态巡查等机制，杜绝非法占地、违法建设现象，遏止非法占地违法建设行为。

四、社会各项事业协调发展，和谐社会建设稳步推进

教育环境进一步改善。完成总投资3600万元的长子营九年一贯制学校二期工程，学校基础设施建设水平得到显著提高；投资150万元新建中心幼儿园解决地区幼儿入托难问题。

群众实际困难得到妥善解决。投资120万元完成300户残疾人的残疾人家庭无障碍改造工程；投资7.04万元对32名贫困家庭患者进行免费白内障复明手术；发放残疾人辅助器具300余件。

劳动和社会保障体系逐步完善。采取举办技能培训班、召开专场招聘会等形式，提高农民技能水平、拓宽农民就业渠道。同时，延伸就业法律服务，严格合同管理，维护劳动力合法权益。

全国劳动模范向再城营二村的孩子们赠送报纸和书籍

新农村新气象

农村新环境吸引城里娃.

大兴区·采育镇

北京市委领导视察工作

党委书记 芦永忠

市委领导参加小城镇建设观摩会

北京市大兴区采育镇位于北京市的东南部，京、津、冀的交汇处、地处环渤海经济圈的中心地带。地处于大兴区东南部，东邻通州区，南面与河北省廊坊市接壤，西面和北面与长子营镇毗邻。该镇是北京市重点中心小城镇，该镇有四通八达的公路网，距北京首都国际机场60公里，距天津滨海国际机场70公里，距北京南苑机场20公里，距天津港110公里。采育镇自古为进京交通枢纽，东去天津，南下沪杭的重要门户。乾隆皇帝在巡视畿辅时曾留诗赞曰："京南富庶村，厥名采育里"。采育镇面积71.6平方公里，耕地6.9万亩，可开发利用土地2万亩，该镇辖55个行政村，总人口3.2万人。2009年是采育镇实施城镇试点建设的开局之年。在区委、区政府的领导下，坚持以邓小平理论和"三个代表"重要思想为指导，深入推进学习实践科学发展观活动，全面贯彻落实中央各项方针政策和市、区工作部署，围绕镇党委"五个统筹"工作思路，以实现城乡一体化为目标，扎实工作，团结奋进，在经济、政治、文化、社会和生态文明建设进程中取得了新的进展。城镇化建设本着"深入实践科学发展观 走城乡一体化建设示范路"，不仅将使采育镇区的面貌焕然一新，同时也将吸引多家企业入驻采育镇经济开发区。新采育将以更高、更快的速度向前发展。

镇政府办公大楼

地热田勘探井开工典礼

采育镇葡萄庄园

京南富庶村 厥名采育里

镇长 孟宪金

捐助贫困生

建设新采育富裕采育人教育动员大会

鸟瞰采育经济开发区

采育经济开发区管委会办公大楼

农村文化活动

农民歌手比赛

亦 庄 镇

镇两套班子科学发展观民主生活会

亦庄城管分队揭牌仪式

招村官

119宣传日

亦庄镇人民政府在区委、区政府和镇党委的领导下，在各部门、各单位的积极配合下，以科学发展观为统领，以邓小平理论和“三个代表”重要思想为指导，按照镇党委提出的“坚持科学发展，融入新城建设，加速城市化进程。”的总体目标，锐意进取，努力拼搏，扎实工作，圆满完成年初确定的各项任务，经济和社会各项事业取得可喜成绩。

坚持凝心聚力，科学发展，经济指标稳步增长。

2009年完成财政收入5098万元，增长56.28%，镇级财政收入增速位列全区第一名。工业总产值16.7亿元，比上年同期增长5%。工业利润完成7752万元，增长率为96.20%。社会消费品零售额完成6.5亿元，增长24.9%，完成全年经济指标的113.5%。外贸出口交货额完成22168万元，比上年同期增长了13668万元，增长率为160.8%，完成全年经济指标的262.2%。

坚持以人为本，关注民生，全力改善群众生活。

为使群众早日享受集体资产收益，在区委、区政府及有关部门的大力支持下，着手实施集体资产产权制度改革。集体资产的核定和量化准备工作按照党委的计划逐步进行。此次产权制度改革将村级集体组织的资产变为股权，农民成为股东，农村集体资产由共同共有转变为按份共有。形成产权明晰，责任明确，管理民主，充满生机的市场经济主体。

促进就业措施得力，成绩显著，就业完成951人，社区岗位开发959个，超额完成指标。强化社会保障，提高群众生活水平，728名无保障居民享受每月200元的福利养老金；受理保障性住房96户；为社救、优抚、超转人员、残疾人发放各项补助2560余万元，报销医疗费625万元。共发放自谋资金72720

社区监控室

征兵动员表彰大会

国庆安保誓师大会

大 兴 区

中共中央政治局委员、中共北京市委书记刘淇到旧宫镇就城乡结合部拆迁改造工作进行调研

市长郭金龙来旧宫调研

深入学习实践科学发展观活动动员大会

综治工作和“春风行动”

旧宫镇农民工维权宣传日

旧宫镇地处大兴区最北端，与丰台、朝阳、亦庄开发区接壤，地处市区边缘，是典型的城乡结合部。镇域面积29.73平方公里，下辖19个行政村（15个自然村），27个社区，其中：隶属于南郊农场地域面积是10.1平方公里(15142亩)，占镇域总面积的33.8%。截至2009年底，全镇总人口25万人，其中，户籍人口29002人。各村户籍户数人数12005人。流动人口110728人，出租房屋6890户。

北京威涛龙服饰有限公司

旺兴湖公园北区美景

区委书记林克庆、人大主任张书领到本镇调研

区长李长友到本镇调研

二届人大四次会议

七一表彰

村党支部换届选举动员会

星光影视园卫视使馆区奠基仪式

回迁房开工仪式

大兴区·西红门镇

市委副书记王安顺到西红门镇调研综治工作

副市长刘敬民到本镇调研

区委书记林克庆到市级挂帐村西红门四村调研

市规划委主任到本镇调研

镇班子全体成员赴唐山考察

镇两套班子及村社负责人到朝阳高碑店参观

西红门镇第二届交谊舞比赛

大兴区第二届交谊舞大赛在本镇举办

西红门镇青年才艺大赛

铸就品质新生活　建设和谐新亦庄

开发区内公共交通新车开通仪式

警民共建

元，补交社会保险费171216元。加大劳动监察力度，今年1至9月，累计解决拖欠农民工工资案件7起，为69名农民工兑现工资314910元。

加大教育卫生投入，第二中心幼儿园竣工，鹿海园社区卫生服务中心建设投入899万元，已正式投入使用，免费接种甲型流感疫苗29957人次。满足群众需求。

坚持统筹兼顾，协调发展社会管理与服务。

加大环境整治力度，投资840万元建设一个垃圾中转站，投资50万元，更换垃圾箱10个，垃圾桶1200个。营造良好生活环境。

重点项目稳步推进，鹿圈地区回迁楼总建筑面积36万平方米，总投资10亿元。三羊居住区四期回迁房投资3.2亿元，建筑面积14万平方米。均已投入使用。改善群众居住条件。

坚持综合治理，重点排查，保障地区和谐稳定。

周密安排，扎实工作，圆满完成国庆安保任务。加强对重点人防控工作，发动群防力量3013人做好巡逻、防控工作。投资150万元对小区技防监控设施进行技术改造和设备更新。充分调动全镇党员干部的积极性，做好维稳工作。

坚持解放思想，求真务实，加强政府自身建设。

深化一站式服务，全程办为群众办理各类事项3289件，群众满意度100%，加大源头治理和经济责任审计力度，进一步增强廉洁自律意识。

新的一年，应对新挑战，抢抓新机遇，实现新跨越，进一步振奋精神，迎难而上，奋力开拓，勤政为民，加快发展，为“铸就品质新生活，建设和谐新亦庄”而努力奋斗。

亦庄第二中心小学

社区远眺

志愿者服务月废旧电池回收

信访解答

职介所招聘会

旧 宫 镇

市委副书记王安顺来旧宫调研

市委组织部副部长刘宇辉到本镇就基层党建进行调研

社区干部招聘面试

旧宫镇开展“和谐有序、依法信访”宣传活动

2009 年全镇经济运行情况:
2009 年完成财政收入 6004 万元,同比增长 23.2 %;
2009 年完成各业总收入 70.7 亿元,同比增长 13.2%;
2009 年完成工业总产值 31.9 亿元,同比增长 5.6%;
2009 年社会消费品零售额全年完成 10.6 亿元,同比增长 15.2%;
2009 年实际利用外资全年完成 140 万美元,完成任务 140%;
2009 年农民人均纯收入 22003.8 元,同比增长 11%。

2009 年重点工程 — 蒲黄榆路

旺兴湖公园雪景

北京中石统一润滑油有限公司

大 兴 区

区委书记林克庆视察安定工业园区

区领导视察御林古桑园建设工作

一年一度的北京大兴安定桑椹文化节

安定镇“展农民风采 塑安定形象”冬季活动启动式

安定镇红歌大家唱比赛

安定镇基层党支部书记参观延安革命老区

华北地区独有的万亩次生林

安定镇政府办公大楼

安 定 镇

安定镇国庆安保网格化防控动员大会

安定镇成人学校计算机培训

安定镇位于大兴区东南部，镇域面积近78平方公里，下辖33个行政村，人口近3万。根据全区总体发展规划，安定镇的工业发展功能定位为都市型产业聚集区，农业发展功能定位为城郊型都市现代农业。近几年，镇党委经过认真的思考，按照科学发展观的指导思想，确立了“抓党建、保稳定、夯基础、求发展、促和谐”的全镇总体工作思路，按照“一个龙头、一个中心、三大功能区”的经济发展框架，推动全镇经济社会的发展。随着近些年的发展，安定镇先后被北京市确定为中心建制镇、重点镇，被大兴区确定为循环经济试点镇、重点发展组团，全镇总的发展目标是成为环境优美、服务高效的现代化宜居小城镇。

双塔寺遗址

现代化的桑产品加工生产线

琳琅满目的桑产品

景色优美的御林古桑园

大兴区礼贤镇

领导班子中心组学习

组织基层干部培训提高执政能力

“寄一份包裹送一份关爱”募捐活动

镇领导带队参观现代化温室育苗基地

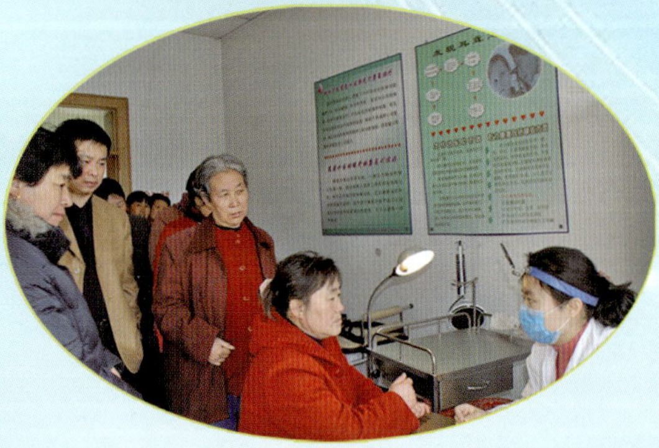

邀请北京同仁医院青年志愿者协会医生为群众义诊

加大环境整治力度推进新农村建设步伐

各界著名书法家为村民写春联

镇领导到通州鑫淼观赏鱼基地参观学习

科技助农群众现场观摩学习

公开选拔村级后备干部笔试现场

人民调解工作例会暨人民调解员培训大会

营造良好娱乐环境促进和谐社会建设

完善基础设施提高群众生活环境

大兴区·瀛海镇

瀛海镇书记、镇长在春节前夕走访慰问贫困户

市级五五普法验收

镇党委书记沈永刚为拆迁村老人送春联

廉政教育

2009年，瀛海镇在大兴区委、区政府的正确领导下，以贯彻落实科学发展观为统领，紧密团结和带领全镇人民，解放思想、紧抓机遇、求真务实、开拓创新。

全年投入4070万元，完成了瀛海联村供水厂、综合服务中心、供电服务大厅等服务设施建设；投资改善了本镇8所幼教、中、小学的教育、教学环境；投入450万元，实施数字电影建设、全民健身器械更新等六项工程，打造了东二、中兴、瑞一等6个文体特色村；496名农村劳动力实现就业；新型农村合作医疗实现参合率100%；农村社会养老保险参保率达到99.8%；完成残疾人温馨家园建设；落实各项支农惠农政策，下发粮食补贴款97万元，支付家电下乡、汽车下乡补贴款29万元。

2009年全年财政收入完成3091万元；农民人均纯收入达到15799元；工业总产值完成29.7亿元；农业总产值完成1.3亿元；社会消费品零售额完成8.96亿元；外贸出口交货额完成2.9亿元。

瀛海镇书画协会在大兴文化馆举办"迎国庆、讲文明、树新风"书画展

瀛海镇庆祝建党88周年表彰会

榆垡镇

北京市人大常委会
主任杜德印到崔指挥营村
视察民族村经济发展情况

基层党员干部深入学习科学发展观

农村两委知识竞赛

自驾车友趣味采摘活动

群众性健身活动“太极扇”表演

榆垡镇民族村自排的“爱我中华”红绸舞表演

新农村建设绿化美化效果明显

干净整洁的村级小公园

大兴供电公司

大兴供电公司领导班子

邢各庄 110 千伏变电站发电仪式

大兴供电公司是北京市电力公司所属的一家区域供电公司，负责大兴区 1036 平方公里的电力供应、销售以及输电、变电、配电设施的建设和运行维护，承担着为大兴区经济发展、居民生产生活安全用电和大兴区及首都政治活动安全供电提供保证的重要任务。

截至年底，大兴供电公司公司共有员工 943 人。公司领导班子由 6 人组成，分别是：经理李殿军、党委书记兼纪委书记王宝华、副经理宋振秋、副经理周松霖、工会主席王刚、总工程师李臻。公司设置 13 个职能处室，分别是：经理办公室、政治工作办公室、监察室、劳动人事处、财务处、生产技术处、安全监察处、工程建设处、调度所、市场营销处、发展策划处、农电管理处、行政管理处; 设置 5 个工区，分别是：变电工区、线路工区、计量工区、客户服务中心、核算中心; 设置了包括大兴新城在内的 15 个镇供电所。

大兴供电公司成立于 1956 年，截止年底，已从最初仅有 3 座 35 千伏变电站、年售电量 39 万千瓦时的供电所，发展到现在的 22 座 35 千伏以上电压等级变电站、年售电量约 31.6 亿千瓦时的区域供电企业。

一直以来，大兴供电公司始终坚持“服务地方政府、服务电力客户、服务地方百姓、服务社会发展”的宗旨，致力于大兴电网的发展、企业经营业绩和优质服务水平的提升，全面推进优质服务工程，不断提高优质服务水平，为大兴区经济建设和社会发展提供坚强有力的电力保障，为构建社会主义和谐社会做出了积极的贡献。

更换华灯

公司夜景

李营 110 千伏输变电工程发电仪式

旧宫 110 千伏输变电工程发电

在西瓜育苗、灌溉的关键时刻为瓜农进行用电设备检修

警企联合打击窃电

街头服务宣传

北京市大兴城镇建设综合开发集团公司

BEIJINGSHIDAXINGCHENGZHENJIANSHEZONGHEKAIFAJITUANGONGSI

市委常委牛有成到大兴城建集团视察

区领导视察康庄项目建设

召开经济工作大会

康庄回迁楼

北京大兴城建开发集团公司成立于 1984 年，是国家房地产开发一级企业。主要从事大兴区房地产开发、市政道路建设、镇区开发以及住宅区物业管理。集团下属项目管理公司 5 个，建筑企业 1 个，物业管理企业 4 个。先后开发建设了兴政东里、车站北里、黄村东里、富强西里、富强东里、清源西里、三合南里、枣园小区、同兴园小区、郁花园二里、丽园社区等 11 个完整小区及片点工程，总开发量达到约 400 多万平方米。

2009 年，我公司紧密围绕区委、区政府“保增长，保民生，保稳定，促发展”的主线，不畏艰难，抢抓机遇，多头并举。全年实现房屋开复工面积 47 万平方米；完成土地一级开发、两限房建设以及市政道路建设共计投资 10.8 亿元；商品房销售收入 10800 万元；物业管理收入 3086 万元。上缴各种税金共计 2857 万元，比 2008 年增长 16.7%；实现利润达到 1569 万元，是 2008 年的 5.3 倍；企业效益显著增长，国有资产保值增值，职工收入稳步提高。

年内，基本完成康庄回迁楼建设，康庄两限房(二期)23 万平米全部开工，积极推进瀛海西区和魏善庄南区土地一级开发的前期准备工作，开工建设兴亦路工程和兴华大街改扩建工程。

建设中的兴亦路

建设中的兴华大街

建设中的康庄两限房

街道镇

中共大兴区委社会工作委员会 北京市大兴区社会建设办公室

【概况】 中共北京市大兴区委社会工作委员会(简称“区委社会工委”)、北京市大兴区社会建设工作办公室(简称“区社会办”)于2009年4月17日正式成立。区委社会工委为区委派出机构、区社会办为区政府的工作部门,实行合署办公,统筹全区社会建设工作。社会工委、社会建设办公室的社会组织工作处职能主要包括:负责研究拟订社会组织建设、管理、服务的总体规划、宏观政策并组织实施;负责相关社会组织的日常管理工作;负责指导区县社会组织建设工作;负责督促检查相关工作的贯彻落实。其中区委社会工委的主要职责贯彻执行党的路线、方针和政策,保证市委、区委社会建设和管理各项决定的落实。研究制定本区社会建设和管理的总体规划、重大改革方案和政策措施。对全区社会建设和管理工作进行综合协调,督促检查,保证各项工作的落实。统筹推进社会建设和管理各项任务的分解落实和督促检查。负责社区党建和“两新”组织党建工作,分析研究社区和“两新”组织的发展动态和趋势,研究制定加强社区党建和“两新”组织党建工作的相关规划和措施,并组织实施。指导各街道工委落实市区党建工作,协调“两新”组织的有关管理部门,做好“两新”组织的党建工作。负责社会工作者队伍建设的统筹策划和指导监督,研究制定本区社会工作者培养规划,落实市委社会工委和市社会办制定的以培养、评价、使用、激励为主要内容的政策措施和制度保障。负责社会志愿者队伍建设的统筹协调和指导监督,研究制定有关规划和方案,落实市委社会工委制定的有关策划和方案,落实市委社会工委制定的有关政策措施和制度保障。负责对各街道、相关部门社会建设工作进行指导、协调和督促检查。完成市委社会工委、区委交办的其他工作。区社会办主要职责:贯彻中央和北京市关于加强社会建设和管理方面的方针和政策,加强本区社会建设和管理工作的总体研究,有针对性地提出意见和建议,保证区委、区政府社会建设和管理各项决定的落实。研究提出本区社区建设、社会组织建设、社会工作者队伍建设等方面的相关意见,研究相关政策,制定改进工作的制度措施。统筹推进本区社区建设,综合协调有关部门在社区建设中的重点难点问题,按照区委、区政府的要求,指导监督社区建设各项方针政策的贯彻落实。负责本区社会组织建设、管理和服务工作的宏观指导,组织协调有关部门研究制定本区社会组织培育发展的总体规划和相关政策措施。负责指导协调街道在社会建设与公共服务方面的有关工作。对街道办事处在社会建设与公共服务方面遇到的问题进行调查研究,提出意见和建议。协调区政府各职能部门与街道工作的关系等相关事宜。完成市社会办、区政府交办的其他工作。区委社会工委、区社会办设四个职能科室:办公室、党建工作科、社区建设科、综合科。行政编制15名,其中区委社会工委(区社会办)书记(主任)1名,副书记(副主任)2名,副主任2名,科级及科员10名。年内,区委社会工委、区社会办成立之后,围绕市委领导交办的工作,根据全区的实际情况开展工作。并按照区委、区政府的要求,搭建宏观管理平台,研究制定区内社会建设的总体规划,统筹推动社会建设各项任务的分解落实和督促检查。着力统筹全区社会建设和管理、强化基层基础工作、加强社会领域党的工作体系建设、加强对各类社会组织的服务与管理、加强社会工作者队伍建设。

名称:中国共产党北京市大兴区委员会社会工作委员会
北京市大兴区社会建设工作办公室
地址:大兴区兴政街15号
电话:612985957
网址:shgw. bjdx. gov. cn

【区委社会工委区建设办成立】　4月17日,全区召开社会建设工作大会,对全区进一步加强社会建设进行动员部署,同时举行大兴区委社会工委、区社会建设办公室成立揭牌仪式。市委常委梁伟、市委副秘书长王翔、市委社会工委书记宋贵伦、市编办副主任左铭飞等市领导和区委书记林克庆,区长李长友,区委常委、组织部长王新,区委常委郭宝东,区人大副主任周静溪,区政协副主席路志权等区领导出席会议。

(解国栋)

【社区两委换届选举】　年内,社区党组织换届选举从3月中旬开始,4月20日结束。全区115个社区,94个社区党支部,69个社区党组织(占总数73%)参加了换届选举,共选举产生社区党组织成员296名。社区居委会换届选举6月6日结束,全区112个社区居委会(占总数97.4%)进行了换届选举,共选举产生社区居委会成员704名。新一届班子结构更趋合理。对新一届社区党支部书记和社区居委会主任进行了培训。

(卢　鑫)

【到江苏考察社会建设】　年内,区委书记林克庆带队,区社会工委书记、区社会建设办公室主任张德广及相关工作人员到江苏宿迁就社会建设相关问题作调查研究。与当地相关部门就社会建设、城市管理、社区规范化建设及社区用房等问题进行了交流。

(刘　伟)

【社区工作者队伍建设】　年内,区社工委会同区人事局共同完成了“09年应届生和届满村官到社区工作”的考场选择、笔试、面试、体检等工作,录取了97名优秀的社区工作者。对新招录社区工作者的岗前培训,聘请专业人员给予授课。对97名的社区工作者档案进行管理,对工作情况进行了全程了解和回访。依据市委、市政府有关文件精神,结合大兴区工作实际,完成了《大兴区社区工作者管理办法》征求意见稿。

(解国栋)

【枢纽型社会组织认定工作会】　年内,区社工委、社建办于7月15日组织召开了大兴区第一批“枢纽型”社会组织认定工作会,区委常委郭宝东参加了会议。区总工会、区妇联、区科协、团区委、区残联、区文联、区红十字会7家群团组织被认定为第一批“枢纽型”社会组织。

(解国栋)

【郊区县首家社会工作站成立】　7月22日,

奥宇大厦、科技大厦商务楼宇社会工作站正式成立，市社会工委委员、市社会办副主任陈建领，区委常委、组织部长王新共同为试点工作站揭牌。11月底顺利完成全区10家商务楼宇成立社会工作站建设，实现商务楼宇党的工作全覆盖。

（卢　鑫）

【“社区主任进国企”活动】 年内，区社工委组织30名社区主任代表。观看了《新世纪、新首钢》电视宣传片，参观了新世纪新首钢大型图片展；参观了第二炼钢厂炼钢车间主控室、高速线材厂精品线材生产线和已经停产的炼铁厂4号高炉等。

（刘　伟）

【街道办事处成立】 年内，观音寺街道、天宫院街道2个办事处正式成立。新成立的观音寺街道辖区面积约为16平方公里，所辖12个社区，实际居住人口6.4万，其中居民人口约6万，占实际居住人口的93.8%。规划人口11.09万。四至范围：东至团河路，南至林校北路，西至京开高速公路，北至北兴路。新成立的天宫院街道办事处辖区面积约为33平方公里，所辖7个社区，实际居住人口为3.2万，其中居民人口为2.8万，占实际居住人口的87.3%。规划人口6.6万。四至范围：东、南保持原林校路边界，北自黄马路往西至京开高速公路。

（赵雪良）

【甲型H1N1流感防控督查】 年内，区政府成立了区级的防控督查组，组长由区社工委书记张德广担任。防控督查工作中，组织了各督查成员单位对本区各系统（单位）的防控工作督查，听取了甲型H1N1流感的防控工作的落实情况的汇报，督查了基层防控工作所采取的措施和责任机制的制定与落实情况，及签订责任书的情况。实地到村、企业、学校、商业、餐饮等防控重点部位进行了实地督查，并将督查情况及防控落实过程中遇到的问题及建议及时整理成材料，上报到市应急防控督查组。

（刘　伟）

【成立街道社会工作党委】 年内，区委组织部、区社工委经过前期调研，确定在清源街道开展社会工作党组织建设试点工作，组织召开了清源街道社会工作党委成立大会。全区街道办事处社会工作党委全部建立。

（卢　鑫）

【社区规范化建设】 年内，区社工委制定出具有本区特色的社区规范化建设“122”工程实施方案，明确一项分工、健全两个机制、加大两项工作力度。出台了《大兴区社区规范化工作项目明细表》理清了社区党组织30项、居委会60项、服务站90项工作项目明细。根据《北京市社区管理办法（试行）》，制定出本区《社区管理办法》。

（刘　伟）

【社区办公服务用房达标】 年内，区社工委确定了第一批共19个社区规范化建设试点社区，涉及本区3个街道办事处。1个地区办事处，通过采取购买居民楼一楼和底商方式，会同区发改委完成了整体的项目包装工作，通过市发改委项目审核，共争取市、区两级财政资金7556万元。

（邵　爽）

【完成社会组织工作调研】 区社工委于8月中旬先后派出两组工作人员分别赴广东深圳、珠海及南京、杭州、上海的不同类型的社区进行了学习考察，完成了2篇优秀的调研文章。

（赵雪良）

【新任社区居委会主任参观交流】 年内，组织120名新任社区居委会主任到宣武区牛街街道法源寺社区参观交流。

(赵雪良)

【国庆组建和训练任务】 年内,根据国庆群众游行第二分指挥部的工作要求,区社工委负责本区群众游行第11方阵的训练任务。大兴二职参加标语车训练工作。10月1日,坚持"三个代表"重要思想和"全面建设小康社会"2辆36米长的巨幅标语车,在《走进新时代》乐曲声的伴奏下,走过天安门广场接受检阅。

(刘　伟)

【荣获优秀工作者荣誉称号】 年内,大兴区委社会工委书记、区社会办主任张德广、区委社会工委委员、社会办副主任尚建刚、社区建设科科长刘伟、综合科科长解国栋、社区建设科邵爽5人荣获了首都国庆60周年北京市筹备委员会群众游行指挥部颁发的"首都国庆60周年群众游行优秀工作者"的荣誉称号。

(贾如刚)

【非公企业党支部创建】 年内,全面启动非公企业党建"五个好"示范点创建工作。全区5个街道推选的10个社区,全部通过社区"五个好"党建示范点的检查验收,在民主测评中,居民代表对党支部为群众做实事的满意度都达到了100%。

(田红萱)

林校路街道

【概况】 林校路街道办事处成立于2001年11月20日,因地处林校路而得名。2009年11月,大兴区将街道的行政区域进行了重新调整,林校路街道办事处辖区由城乡结合部成为大兴新城核心区,北靠黄村大街、南接六环路、东临京开路、西至芦求路,辖区面积12.65平方公里。有科室(中心、所)15个,下辖15个社区。辖区居民2.0631万户,常住人口4.5498万人,流动人口1.7276万人;辖区内有以区委区政府及主要职能局为核心的行政事业单位256家;有以星城商厦、物美大卖场和即将建成竣工的火神庙商务中心为代表的近800家商业网点,形成了大兴主要的商务活动区。辖区内交通便利,京开高速公路、通黄路、兴旺路纵横东西南北,京山铁路和京九铁路贯穿其中,主要干道黄村大街、兴政大街、林校北路和兴丰大街、兴华大街、兴业大街三纵三横,始发和途经的18条公交线路和即将通车的大兴地铁线拉近了与北京城区的距离。

名称:大兴区林校路街道办事处

地址:大兴区兴华大街三段89号

电话:81295100

邮编:102600

网址:http://www.dxlxl.gov.cn

【学习实践科学发展观】 年内,林校街道以"培育社会组织,构建服务体系,建设和谐幸福新社区"为主题开展深入学习实践科学发展观活动。学习活动中,查找归纳出"五项"制约街道科学发展的突出问题,分别形成了《领导班子分析检查报告》,制定了《整改方案》和解决问题的折子工程,建立了工作台帐,街道、社区分别列出39项和90项具体工作问题全部得到整改。规范和新建各类社会组织91支,新建和完善各项制度机制17项,学习实践活动满意度测评100%。

(张命命)

【社区党组织换届选举】 年内,10个社区党支部全面完成换届选举工作,产生新一届社区党组织成员总人数30名,其中男10名,女20名;平均年龄44.3岁,比上届平均下降3.2岁;45岁以下的18名,占总数的60%,

比上届增加26.7%;大专以上的21名,占总数的70%,比上届上升20%。10个社区党支部书记(男3人,女7人),平均年龄42.6岁,比上届下降2.6岁;大专以上文化程度的占90%,比上届上升20%。

(张命命)

【辖区党组织情况摸底调查】 年内,在学习实践活动中和街道重组后开展了2次大规模的摸底调查工作。街道重组后隶属的党组织19个,其中社区党支部15个,企业党委2个、党支部2个,在册党员1366名。非街道隶属的党组织82个,其中党委19个,党总支8个,党支部54个;100名党员以上的9个,50名党员以上的32个。共有从业人员11047人,党员4362名。

(张命命)

【成立街道社会工作党委】 年内,召开林校街道社会工作党委成立大会,并举行揭牌仪式。

(张命命)

【五个好社区党支部创建】 年内,林校街道组织各社区党支部开展"五规范、一争创"活动。推荐了2个五好党支部示范点。12月9日,大兴区委考核领导小组对两个"五个好"社区党支部示范点和一个"五个好"非公企业党支部示范点进行检查验收,检查测评中居民对支部的各项工作满意度为100%,检查组对各项工作表示满意。

(张命命)

【社区党务工作者培训】 年内,林校街道召开了社区党支部书记、副书记参加的专职党务工作者会议,对专项业务进行了培训,街道工委书记专门为社区工作者上了一堂党课。

(张命命)

【老干部四就近服务管理】 年内,指导社区党支部按照"四就近"的原则对社区老干部进行管理,就近学习、就近提供生活照顾、就近活动、为他们就近发挥作用创造条件;对新接转的84名离休老干部进行逐一核实。辖区内共有老干部95名,平均年龄80.6岁,分布在10个社区。

(张命命)

【组织老干部开展征文活动】 年内,组织社区老干部开展"我爱我的祖国"征文活动,街道推荐到区老干部局的3篇征文都均获奖。

(张命命)

【发展党员工作】 年内,林校街道共发展党员18名(其中机关4名),有13名预备党员按期转正。确定发展对象19名,入党积极分子28名。

(张命命)

【慰问困难党员】 年内,林校街道领导亲自到困难党员家中慰问,共慰问困难党员12人,送去慰问金2.6万元。街道科级以上干部慰问党员联系户37人,送去米面、水果等慰问品价值1万余元。七一期间为社区党支部拨付慰问基金共1.2万元。

(张命命)

【党员统计工作】 年内,林校街道办理党员调入手续60人,调出手续19人。街道重组后,接转党员组织关系1006人,转到天宫院街道250人,转到观音寺街道2人。

(张命命)

【事业单位人员新合同签订】 年内,林校街道完成了劳动和社会保障事务所、社区服务中心2个事业单位人员新合同的签订工作。

(张命命)

【困难职工帮扶】 年内,林校街道核实和完善了帮扶系统中困难职工档案,慰问困难职工2次,为辖区2名困难职工子女解决阳光助学金每人4000元。

(张命命)

【宣传教育】　年内,林校街道制定了《街道2009年宣传思想工作意见》、《街道2009年中心组及机关干部理论学习计划》,先后安排街道中心组集中学习10次,机关干部集中学习20次,并定期开展了学习心得交流活动。

(张命命)

【机关干部调研活动】　年内,林校街道全体机关干部结合自身工作实际,进行调查研究,共形成32篇调研文章,并将优秀的调研文章在《社区简讯》陆续刊发。

(张命命)

【表彰先进树立典型】　年内,林校街道表彰了一大批先进集体和个人,共计表彰好邻里26对、和谐家庭20户、和谐共建单位18家。

(张命命)

【社区群众合唱汇演】　年内,林校街道举办了"为伟大祖国骄傲"庆祝建国60周年社区群众合唱汇演。12个社区的12支队伍近400余人参加了合唱汇演。

(张命命)

【第二届社区交谊舞大赛】　年内,林校街道举办了第二届社区交谊舞大赛。12个社区的12支交谊舞队伍249名社区居民参加了比赛,经过两轮的比赛,6对选手进行了最后一轮的总决赛,最后产生一等奖1对,二等奖2对,三等奖3对。

(张命命)

【社区文化宣传阵地建设】　年内,林校街道共有社区健身秧歌队、腰鼓队,太极拳队,书画社、诗词社、模特队等各类文体组织49个,集中了143名社区文艺骨干,其中年龄最大的75岁。居民自编、自演,自创了一批文艺节目,被称为林校名品,节目贴近居民、贴近社区、贴近生活,深受群众的喜爱。社区中的诗词社、迎联社、书画班、戏剧团、太极拳等文体队伍吸纳了334名传统艺术爱好者的参与。14个社区全部建立合唱队,合唱团员432人。各社区合唱队积极开展活动,全部参加了街道举办的建国60周年社区合唱汇演活动。

(张命命)

【宣传报道】　年内,林校街道共刊发"社区简讯"62期。完成上级采用稿件200篇,其中:大兴信息58篇、北京社会报2篇、京郊日报3篇、大兴报65篇、大兴电视台55篇。

(张命命)

【举办第四届社区邻里节】　10月14日至30日,林校街道成功举办了第四届社区邻里节。

(张命命)

【建立信息员队伍】　年内,林校街道成立了120人的信息员队伍,对可能影响国庆安全的各种信息及时搜集汇总,及时落实管控措施。对排查出的257名重点人、106家重点单位、276处重点部位分别建立监控小组,分级落实管控措施。

(张命命)

【建立三级联防联控工作机制】　年内,林校街道按照分工负责、各司其职的要求,建立街道、派出所、社区三级联防联控工作机制,建立了每日情报信息报送机制和每月会商工作机制,建立健全重点人、地、物、事及组织的工作台帐,随时更新,及时上报。

(张命命)

【专群结合群防群治】 年内,林校街道先后2次召开辖区企事业单位、小区物业、社区居委会联席会议和动员部署大会,整合各方面的资源,落实群防群控机制,形成维护稳定的强大合力。共发动包括专职巡防队、流动人口管理员、治安志愿者、单位内部力量近4000人参加社会面、单位、小区的治安巡控工作。先后2次对机关干部、社区专职工作者、企业安保负责人、红袖标、志愿者、专职巡防队员进行平安国庆社会面控制处置突发性事件培训,有500人次街道安保骨干接受了培训。

(张命命)

【重点隐患排查整治】 年内,林校街道对辖区水电气要害部门、危险物品单位,以及食品卫生、公共秩序等领域的安全隐患问题开展排查和整改工作。共检查各类生产经营单位600余家,发现各类隐患270余项,当场消除事故隐患240项,限期整改30项。

(张命命)

【开展四查专项行动】 年内,林校街道开展流动人口和出租房屋大普查、流动人口中的重点人员大核查、出租房屋安全隐患大清查和流动人口群体性事件矛盾纠纷大排查等"四查"专项行动。辖区流动人口信息录入量为14842人,出租房屋信息采集量2130户,共清查出存在各类安全隐患的出租房屋44间,已全部整改,流动人口重点人20人,逐一落实了监控措施。

(张命命)

【建立责任机制】 年内,林校街道工委、办事处、机关各科室、社区、企事业单位层层签订国庆安保责任书,逐级明确各级各部门的工作责任、任务和标准,严格落实领导班子成员安全稳定工作承包工作机制。落实督查督办工作要求,与180家企业、350家门店、5家建筑工地、25家小区物业公司签订了安全生产和维护稳定责任状。

(张命命)

【组织协调联合执法】 年内,林校街道组织协调派出所、城管、工商、卫生、交通等职能部门共联合执法26次,累计出动执法力量800人次,查处黑车、"摩的"、三轮车24起,治安拘留14人;处罚无照经营24起;取缔站街摊点16个;取缔非法废品收购站点17家;整治治安乱点15处;排查各类安全隐患48处。联合区商务局、区消防支队对辖区277家生产经营单位进行消防安全检查,清理可燃物60余吨。投资20余万元对辖区37个小区实行了封闭式管理。

(张命命)

【社会治安专项整治】 年内,林校街道先后组织开展8次社会治安专项整治,开展了一系列严打专项行动,维护了辖区社会治安形势的总体平稳。

(张命命)

【成立街道综治工作中心】 年内,林校街道成立了综治工作中心,健全了组织领导机构,明确了工作职责和工作任务,成为街道维护稳定的重要平台。

(张命命)

【安全生产制度落实责任】 年内,林校街道与辖区企事业单位签订《安全防火责任书》、《烟花爆竹经营单位安全责任书》、《"国庆"期间消防责任告知书》、《有限空间作业安全管理责任书》1000余份。

(张命命)

【安全生产检查】 年内,林校街道共计检查生产经营单位170余家,排查各类隐患1650处,发出整改通知书236份,清理无照经营门店72家,停业整顿2家。

(张命命)

【安全生产宣传培训】 年内,林校街道以"两节"、"两会"、"安全生产月"、119宣传等为契机,开展消防安全宣传活动,以安全宣传进社区、进企业、进学校、进家庭为载体,发放宣传材料1.4万余份,设立专项宣传橱窗12个,组织各类消防演练6场次。

(张命命)

【交通安全监管】 年内,林校街道推进交通安全进社区、进企业、进学校、进家庭宣传活动,对社区2400余辆机动车建立了台账,对辖区14辆私人大货车实行了微机监控管理。开展了以"关爱生命,遵章守纪"为主题的宣传教育活动,共进行交通安全法规宣传26场次,制作展板38块,横幅24条,发放宣传材料5000余份。

(张命命)

【预防煤气中毒排查宣传】 年内,林校街道辖区用煤火取暖的有510户,1416人,与煤火取暖用户(单位)签订安全责任书,先后9次组织社区居委会开展宣传教育工作,制作横幅13条,发放宣传材料1.2万余份,张贴宣传图画5000余张,发放致"辖区居民一封信"6000份。

(张命命)

【养犬管理】 年内,林校街道成立了养犬管理工作领导小组,研究制订了工作方案,通过入楼、入户、悬挂横幅、发动宣传材料等形式,开展文明养犬、依法养犬宣传教育活动,制作横福24条,发放宣传材料6000余份、通告800余张。14个社区全部成立了养犬自律协会。

(张命命)

【铁路护路联防】 年内,林校街道组建了由40人组成的铁路联防队,进行专项整治6次,出动巡防人员1200余人次,配合民警开展铁路警卫140人次,开展各种形式的宣传活动3次,发放各种宣传材料8500余份。

(张命命)

【社区戒毒康复基地】 4月28日,林校街道与北京天堂河戒毒康复中心、林校路派出所联合组建成立了社区戒毒康复基地,成为全国首家街道级社区戒毒康复基地。辖区内的吸毒人员,已有2人与基地签订了康复协议,建立了康复关系。

(张命命)

【开展禁毒斗争】 年内,林校街道先后2次开办戒毒知识讲堂,提高戒毒工作水平。开展戒毒宣传,普及戒毒知识,制作横幅15条,张贴宣传画200余张,设置展板24块,发放宣传材料800余份,接待咨询180人次。

(张命命)

【宣传教育和培训】 年内,林校街道共组织政法维稳、综治宣传工作26场次,发放各种宣传材料6万余份;以专题培训和以会代训的形式,培训综治专干、巡防队、红袖标、治安志愿者6次,共有500余人参加了培训。

(张命命)

【第七届社区居委会换届选举】 年内,林校街道完成第七届社区居委会换届选举工作。平均参选率为97.5%,比上届提高2.4%。14个社区选举产生新一届社区居委会工作人员80人(7人编制居委会5个,5人编制居委会9个),其中主任14人,副主任19人,委员47人。

(张命命)

【建立社区居民小组管理台帐】 年内,林校街道结合第七届社区居委会换届选举的实际情况,14 个社区共划分居民小组 192 个,通过户代表推选产生居民小组长 192 人。小组长中共党员 108 人,占 56%。

(张命命)

【优抚社救】 年内,林校街道共计发放各类补贴 260 余万元。累计为 25 名残疾人申请了重残补贴,为 10 户困难家庭申请了低保;为 17 名低保户、残疾人子女申请助学补贴 5.2 万元;为 2 名患儿申报少儿大病救助款 2 万元;为 5 名因病或意外生活困难的残疾人申请临时救助款 0.85 万元;为 4 名残疾儿童办理了康复卡;为 7 名残疾人家庭进行了无障碍改造;为 8 名困难精神残疾人申请了免费服药;为 45 名 50 岁以上的低保老人配备了老花镜;为 112 名残疾人配发了辅助器具。

(张命命)

【元旦春节慰问】 年内,元旦、春节期间,林校街道累计慰问辖区贫困残疾人、优抚对象、低保边缘户、老年人、新兵家属、驻军部队等 438 户,发放慰问品及慰问金折合人民币价值 20.86 万元。

(张命命)

【为老年人残疾人提供便捷服务】 年内,林校街道新办残疾人证 42 个,换发残疾证 268 个,为 500 名老人办理了老年证、老年优待卡。为 48 名重残人员免费上了大病医疗保险;为 101 名残疾人补贴了养老保险;为 119 名残疾人、320 名老年人申报了服务券。

(张命命)

【住房保障工作】 年内,林校街道共有廉租住房 5 户,经济适用房 175 户,限价商品房 244 户。12 月 9 日,大兴区首批限价商品住房摇号,艺苑桐城限价房参加摇号家庭全区共 593 户,街道参加摇号家庭共 123 户。房源一居室的有 45 套,街道入围家庭共 11 户,两居室的有 95 套,街道入围家庭共 29 户,三居室的有 25 套,街道入围家庭共 5 户。

(张命命)

【武装部工作】 年内,林校街道完成了街道武装部自身建设、民兵组织整顿、兵役登记、征兵等工作。投入近 3 万元按区武装部要求对"两室一库"进行规范。

(张命命)

【募捐活动】 年内,林校街道组织 14 个社区及机关全体工作人员参加"博爱在京城、博爱在大兴"募捐活动,共筹集捐款 17185.8 元,其中机关捐款 5070 元,社区单位及居民捐款 12115.8 元。

(张命命)

【街道双拥共建】 元旦、春节期间,林校街道走访军属、慰问部队,累计送去价值 2 万余元慰问品;八一建军节前夕慰问后勤基地部队官兵,送去价值 3000 元的慰问品,还为部队送去精彩的文艺演出;11 月中旬,办事处领导带队率"兴林艺术团"慰问即将退伍老兵。

(张命命)

【除四害工作】 年内,林校街道完成了除"四害"工作,共发放各种除"四害药"品 30 余吨。

(张命命)

【签订"门前三包"责任书】 年内,林校街道完成辖区内近 400 个单位、个体"门前三包"责任书的签订工作。

(张命命)

【联合执法】 年内,林校街道联合区城管、工商等 5 个执法部门,利用三周时间出动 350 余人次依法对黄徐路非法市场及黄良路

"黑车"占道问题进行彻底整治清理。

(张命命)

【规范户外广告牌匾】 年内,林校街道对林校路户外广告牌匾进行了规范,共更换户外广告牌匾26处。

(张命命)

【物业管理行业协会成立】 年内,林校街道成立了物业管理行业协会。

(张命命)

【防汛工作】 年内,林校街道对辖区内各企事业单位、各社区的防汛设备等进行摸查,特别对疑似危房重点检查;争取了80余万元资金解决了十二厂平房宿舍雨季积水问题。

(张命命)

【失业人员再就业】 年内,林校街道实现失业人员再就业612人,城镇失业人员就业率达到62.7%;就业困难人员实现就业287人,困难人员就业率达到62.12%。

(张命命)

【失业人员参加培训】 年内,林校街道出台参加培训补助办法,凡是参加培训,学习完成规定课程的失业人员每人每天补助30元,最高补助300元。

(张命命)

【向失业人员提供招聘信息】 年内,林校街道共联系招聘单位101家,采集招聘空岗信息3343个,招聘工种178个。进行职业指导1659人次,向企业推荐348人次,其中306人被企业招聘。

(张命命)

【劳动用工规范一条街】 年内,林校街道确定天河北路14号院为劳动用工规范一条街,以点带面对该街8家单位进行了劳动用工规范。确保了8家单位410名员工100%签订劳动合同,100%为员工上保险,100%按时发放工资。

(张命命)

【失业金发放】 年内,林校街道有97人在街道享受失业金待遇,每月按时发放,帐目清晰,各项数据准确,发放失业保险金1491人次,共计1079054元,发放医疗补助金226人次,共计129893元。

(张命命)

【办理退休情况】 年内,林校街道为101名达到退休年龄的人员办理了退休手续,共有退休人员640人,对退休人员进行了养老金资格认证工作。

(张命命)

【退休人员社会化管理】 年内,林校街道接待报销人员1626人次,单据2.6万余张,总金额441万余元。转到社保所报销医疗费的退休人员1504人。对身体不好,年龄较大等7类重点服务对象,工作人员主动上门现场办公,方便退休人员报销。

(张命命)

【失业人员管理】 年内,林校街道共接收失业人员档案414份,转出559份。共办理求职证621个,办理优惠证217个。共有求职登记失业人员329人。

(张命命)

【"一老一小"参保情况】 年内,林校街道"一老一小"参保1772人,其中老年参保896人,儿童参保755人,低保2人,无业119人。为参保人员报销医药费446343元。

(张命命)

【"一老一小"等新政策落实情况】 年内,北京市政府连续出台了"一老一小"、灵活就业人员医疗门诊报销、城乡居民养老保险、丧葬补助金三项惠民政策。林校街道全年办理城乡居民养老参保手续285份,现领取城乡养老人员9人。受理丧葬补助金申领27起,发放补助金额13.5万元。

(张命命)

【全程办事代理服务】 年内,林校街道共登记受理事项8710件,其中纳入网络监察的8525件,咨询185件,满意度达100%,办结率100%,

(张命命)

【全程办事代理制延伸】 年内,林校街道就全程办事代理服务工作向社区进行了延伸,15个社区居委会全部建立了社区代办室,并设有代办室主任和代办员各一名,覆盖率100%。

(张命命)

【对三类特殊人群提供服务】 年内,林校街道共有空巢老人、伤残人士和高龄老人等三类特殊人群768人。其中空巢老人454人,伤残人士293人,高龄老人21人。共提供服务1092次。其中空巢类255人次,伤残类795人次,高龄类2人次。

(张命命)

【社区代办室工作】 年内,林校街道15个社区居委会社区代办室办理事项4927件,咨询类1586件,受理即办件3341件,办结率100%,群众满意率100%。

(张命命)

【政府信息公开】 年内,林校街道公开政府信息508条,全文电子化率为100%。其中,机构职能类信息37条,占总数的7.3%;法规文件类信息19条,占总数的3.7%;规划计划类信息7条,占总数的1.4%;行政职责类信息29条,占总数的5.7%;业务动态类信息416条,占总数的81.9%。

(张命命)

【人口与计划生育】 年内,林校街道办理孕检258人次,流动人口信息管理数据链147个;办理一胎生育服务证149个,二孩审批5个;办理外省市随父入户41人,新生儿入户164人;办理独生子女父母光荣证111人;出具婚育证明337份;办理计划生育协会会员证895个。

(张命命)

【手拉手阳光救助活动】 年内,林校街道辖区共成功结对帮扶42个家庭。

(张命命)

【募捐活动】 母亲节前夕,林校街道在所属的15个社区开展"幸福工程救助贫困母亲"募捐活动。共悬挂横幅17条,发放避孕药具200多盒、流动人口计划生育服务指南宣传折页800份、印有国策的计生环保袋1万个,共收到群众自发捐款2123元。

(张命命)

【送健康进大学校园】 年内,林校街道同中国宣教中心合作开展了送健康进大学校园——青春期同伴教育。来自北京师范大学和林业干部管理学院的学生及外国学生志愿者30多人参加活动。

(张命命)

【送健康进劳教所】 年内,林校街道同中国宣教中心合作开展了关爱特殊群体——送健康进劳教所。邀请专家杨大钟教授针对中年男性的困扰问题进行讲解、咨询、互动,为辖区一线外地罪犯遣送处的民警发放宣传册、图书1000册;计生知识围裙1000件;药具等800余份。

(张命命)

【人口健康宣教】 年内,林校街道将辖区的40块宣传栏更新了宣传主题,突出了不同阶段的宣教内容。新增240平方米宣教新阵地、新窗口,使全辖区平面宣教阵地面积达400多平方米,同时,还新增专用宣传展板280块,自取展柜、橱架49个。

(张命命)

【代表联系网络制度】 年内,林校街道按照代表接待制度,组织代表定期接访接待选民,为居民分忧,解决难题。坚持每月10日代表接待日工作,全年3个代表联系网络站共组织接待活动站数36站次,接待选民204人次,走访选民50人次,提出建议、意见103件,属办事处协调解决落实的7件,当场答复81件,并逐月上报区人大代表联络室。

(张命命)

【分片召开选民座谈会】 年内,林校街道工委分4片召开代表接待选民座谈会,8名代表分别在3个网络工作站接待了不同选区的选民。选民共提出建议、意见100余件,代表当场答复、解释80余件,形成代表建议近20件。

(张命命)

【问卷调查】 年内,林校街道在辖区人大代表和部分居民代表中开展"辖区的生活垃圾收集清运和餐厨垃圾处理情况"请您进一言的调查问卷活动,共向辖区人大代表和居民发出问卷158份,收回158份,进行分类汇总,代表和居民对所住小区垃圾是否日产日清,是否有餐厨垃圾桶等12个问题进行了认真的回答,并提出意见和建议35条。

(张命命)

【人大代表接待日】 年内,林校街道的3个代表联系网络站共组织接待活动站数36站次,接待选民204人次,走访选民50人次,提出建议、意见103件,当场答复81件,并将情况逐月上报区人大代表联络室。

(张命命)

【人大代表听取民意提建议】 年内,林校街道组织辖区8名人大代表参加了大兴区人大三届四次代表会议。经会前准备、会中讨论研究,共提出建议16件,会议期间协商解决1件。涉及教育、环境卫生、扰民、天然气、邮政储蓄服务、物业管理等几个方面的问题。全部得到答复,办结的11件,占68.75%;列入新城整体规划进行改造的3件,占18.75%;不能解决的2件,占12.5%。

(张命命)

【社区文化建设】 年内,林校街道对辖区30支文体队伍从新进行梳理并建立管理台帐,增派义务指导老师免费进行指导,鼓励骨干分子到中心进行培训,以点带面,把辖区文化体育活动落实到实处。培训文体骨干分子70余名,培训社区居民达1万余人次,培训内容丰富,有民族舞、健身操、合唱、戏曲等。

(张命命)

【争取资金办实事】 年内,林校街道争取到市区两级财政资金120多万元,为各社区配备了音响、乐器、服装等。

(张命命)

【优秀科普社区建设】 年内,林校街道投资14万元对天堂河、兴水、车站中里三个社区科普宣传栏进行了改建;投资20多万元为每个社区配送科普图书1000多册;投资41万元建立了小型科技展览馆;投资20万元用于创建优秀科普社区建设。经专家组验收,义和庄东里社区被北京市评为优秀科普社区。

（张命命）

【社区规范化建设】　年内，林校街道车站中里、兴政东里、建兴3个社区申报了规范化社区。兴政东里社区用房面积为372平方米，建兴社区用房面积为326平方米，车站中里社区居委会、社区服务站用房已达到568平方米。

（张命命）

【和谐社区建设】　年内，林校街道对原有车站中里、车站南里、义和庄东里、义和庄南里、饮马井、铁路、兴水、永华南里8个社区进行了评估验收，按照《北京市和谐社区建设指导标准》，全部达到了和谐社区建设标准。

（张命命）

【社区公共卫生】　年内，林校街道举办了各类健康讲座25场，服务群众3500多人；发放各类宣传材料1万多份；为街道机关、社区工作人员统一注射了乙肝疫苗、甲型流感疫苗，合计300多人次；落实甲型流感防控措施，与居委会、辖区235个单位签订防控责任书；配合卫生服务中心做好手足口病的宣传、防治工作；落实应对突发传染性疾病防控措施，组织为翰林庭院小区301名居民注射了麻疹疫苗；配合区精神病防治所、区服务中心做好精神病人的建档及日常管理工作，为困难人员及时免费发放药品；组建街道150多人的无偿献血志愿者队伍，开展无偿献血宣传；为辖区2000多名户籍妇女进行了两癌筛查，通过居委会组织及时将筛查结果反馈到个人，并督促检查出问题的人员及时就医；申报市级健康社区5个，全部通过了北京市专家的验收。

（张命命）

【社区体育】　年内，林校街道落实北京市第七届体育节的各项参赛工作，取得北京市全民健身路径交流大会三等奖；市级健康腰鼓大赛优秀表演奖；组织社区乒乓球爱好者参加了北京市千台万人乒乓球展示活动；培训社区体育指导员28人，全部取得国家二级社区体育指导员证书；组织参加了北京市第三届“和谐杯”乒乓球比赛活动并获优秀组织奖。

（张命命）

【街道乒乓球馆】　年内，林校街道乒乓球馆建成并免费向辖区居民开放。有固定活动的退休人员已达到40多人，每天开放8小时。

（张命命）

【主题征文】　年内，林校街道在义东社区开展“我与祖国共成长”主题征文、“爱祖国爱北京爱生活”青少年绘画展等活动，活动期间上报征文230篇，100余名社区青少年参加绘画展，并将优秀作品进行展览。

（张命命）

【青春箴言网上征集活动】　年内，林校街道组织辖区青年参加北京市共青团“青春箴言”网上征集活动，并获得了团市委颁发的“优秀组织奖”。

（张命命）

【构筑团员青年精神支柱】　年内，林校街道开创“1+1”志愿服务与专项资金扶持结对活动，为志愿服务提供资金保障。借助“学雷锋”月，建立“学雷锋”服务岗，纪念“五四”运动80周年志愿者上街宣传等形式，在社区广大团员青年中掀起爱社区建社区的热潮，活动期间共有300余名青年志愿者参与。

（张命命）

【成立流动人口团支部】　年内，林校街道在流动人口中团员密集的兴水社区组建成立了流动人口团支部。

(张命命)

【组织志愿者开展公益活动】　年内,林校街道组织了“社区健康大讲堂—中医养生”、“爱心导航,黄丝带在行动”、青年志愿者和社区卫生服务站专家上门服务等公益活动。

(张命命)

【成立越腾公益志愿服务队】　年内,北京东方越腾文化传播有限公司成立了越腾公益志愿服务队,由6名80后的青年员工组成。11月初,越腾公益志愿服务队捐赠了10台电子琴给北京SOS儿童村作为助学资本,志愿服务队每周都将派出专业老师为孩子们进行乐器教学指导。

(张命命)

【人民调解】　年内,林校街道共调解纠纷66件,其中婚姻家庭12件、邻里纠纷15件、合同纠纷1件、赔偿9件、劳动5件、物业纠纷13件、施工扰民1件、其他纠纷10件,防止民间纠纷转化为刑事案件1件/1人,防止群体上访1次/10人,调解成功64件,调解成功率97%。

(张命命)

【社区调委会成员重新登记】　年内,社区居委会换届选举后,林校街道对社区人民调解委员会成员进行重新登记并对人员的年龄结构、政治面目、文化程度进行了统计分析。

(张命命)

【法律服务】　年内,林校街道法律视频网络平台更名为“周五律师在线”,在该平台开通一周年之际,精选出18个典型咨询案例编辑成册下发各社区。通过视频咨询共为辖区居民解决各类法律问题37件,其中离婚家庭13件、房屋7件、交通赔偿5件、合同纠纷1件、劳动1件、土地权益2件、其他8件,咨询问题占比重多的是婚姻家庭、房屋这类主要是涉及个人利益问题。12月开通了新转入的7个居委会的视频,使视频咨询完整对接覆盖全辖区。

(张命命)

【法律服务团】　年内,林校街道共解答法律咨询715个1500多人次,代理民事案件3件。

(张命命)

【法律援助】　年内,林校街道代理法律援助案件1件。免费为辖区居民解答法律咨询40个65人次,代写法律文书3份,申请法律援助6件。

(张命命)

【法制宣传】　年内,林校街道精心筛选与群众生活息息相关的原汁原味的法律法规节选,投资3.5万余元,建成146块,总面积500余平方米,涉及17部法律法规,以“墙书”的形式呈现给广大居民。以“墙书”作铺垫,在辖区内开展人人参与的常用法律知识答卷。

(张命命)

【依法治区工作现场会】　6月25日,大兴区依法治区工作现场会在天堂河社区召开。北京市、大兴区司法局领导,林校、兴丰、清源三个街道办事处,黄村、西红门、旧宫、瀛海、亦庄5个镇的有关领导参加了会议。对林校路街道在天堂河社区建立的法律宣传“墙书”给予了充分肯定。

(张命命)

【社区矫正】　年内,林校街道累计接收社区服刑人员75人,矫正期内社区服刑人员21

人。新接收6人,解矫9人。兴丰街道转入15人,给天宫院街道转出6人。现有社区服刑人员21人,其中,假释5人,剥权3人,缓刑13人。A类5人,B类10人,C类6人。无重点人。

(张命命)

【关心照顾社区服刑困难人员】 年内,身体残疾坚持自谋职业的社区服刑人员唐某,不慎将残腿又摔伤。林校街道司法所及时从大兴区司法局争取到了500元临时特困补助金并亲自送给服刑人员唐某。

(张命命)

【迎讲树主题教育活动】 年内,林校街道在社区服刑人员中开展了"迎讲树"主题教育活动。主要内容有进行爱国守法谈话教育,组织全部社区服刑人员参加"爱国守法·重塑自我"主题知识竞赛,社区服刑人员全部参赛,并有三人获奖。

(张命命)

【利用现有资源落实安置机制】 年内,林校街道为10多名社区服刑人员和帮教安置对象推荐工作。

(张命命)

【街道矫正帮教协调委员会成立】 年内,林校街道成立了矫正帮教协调委员会及其办公室。7月29日,召开第一次全体会议,组织协调委成员学习了市、区协调委员会会议精神和相关文件,并明确了责任。

(张命命)

【国庆安保期间的矫正】 8月中旬,进入国庆安保战时阶段,林校街道投入大量精力,落实好战时严控阶段各项措施,按时上报两类人员的情况,每周安排矫正协管员下社区实地走访,与所有社区服刑人员签订保证书,狱警与所有社区服刑人员监护人见面谈话,督促社区服刑人员遵纪守法。

(张命命)

【经济普查】 年内,林校街道组织辖区单位进行系统的培训,参加的法人企业约280家。

(张命命)

【实现无零就业家庭目标】 年内,林校街道通过健全失业人员管理台帐,了解失业人员情况,实行"一对一"帮扶制度,针对失业人员具体情况,对困难家庭提供专门的就业服务,制定就业援助计划,解决零就业家庭的就业问题,实现无零就业家庭的目标。

(张命命)

【税收工作】 年内,林校街道引进"四面八方餐饮管理有限公司"(注册资金5010万元)等27家税源户,其中注册资金1000万元以上的有24家,实现财政收入715万元,同比增15%。

(张命命)

【老年服务中心建设】 年内,林校街道争取支持资金500万元用于老年服务中心建设,一期工程已完工。

(张命命)

【信访前置】 年内,林校街道共成功调解物业纠纷、婚姻家庭纠纷等118件,防止民间纠纷转化为刑事案件1件,防止10人的群体上访1次。在义和庄东里等5个社区中,以墙书的形式制作了包含17部法律法规总长度约500米的宣传长廊。

(张命命)

【社区物业管理协会】 年内,林校街道牵头组建成立了由7家物业公司组成的"社区物业管理协会”。

（张命命）

兴丰街道

【概况】 兴丰街道办事处地处北京市大兴区黄村新城中心地段。东至京开路中心线；南至黄村大街中心，永华北路中心线；西至芦求路中心线；北至清源路中心线。辖区内道路交通发达，是大兴区经济、文化中心。辖区总面积9.66平方公里，有12个居委会，296栋住宅楼，1256个单元门。总人口46244人，其中常住人口40450人，流动人口5794人，外埠常住人口4143人。中央直属单位12家，市属单位6家，区属单位45家，物业公司（部门）43家，各类公司和个体户650家，共计756家，分布在各个社区中。

名称：大兴区兴丰街道办事处

地址：大兴区黄村西大街33号

电话：69246902

邮编：102600

网址：webmaster@ dxxfjd. gov. cn

【和谐兴丰喜迎新春联欢会】 年内，兴丰街道邀请辖区内人大代表、非工企业代表、居民代表等参加联欢会，节目全部由街道文艺团队自编自演原创，其中《兴丰亲亲的家园》用文艺的形势歌唱和谐兴丰，受到居民的一致好评。

（韩文禹）

【治安巡防】 年内，兴丰街道巡访队共破获各类案件68起；整治黑摩的66辆、黑车6辆、配合城管部门查扣黑摩的44辆；共打击处理212人。其中抓获网上在逃犯1人；打掉卖淫团伙1个、自行车盗窃团伙2个、入室盗窃团伙1个、赌博犯罪团伙5个。巡防队破案占兴丰、团河两派出所破案率41.8%；打击处理人数占34.6%。兴丰街道辖区实现刑事案件同比下降19.2%；治安案件下降21.6%；机动车被盗案下降57.1%。

（韩文禹）

【禁毒工作】 年内，兴丰街道联合公安、城管、工商等部门对辖区内的14家洗浴、4家歌厅进行了集中整治和禁毒宣传。共悬挂警示牌10块、张贴宣传画80余张、配合派出所民警与单位的法人代表分别签订了《禁毒责任书》。对在册的30名吸毒人员健全了档案，并确定重点人11名。

（韩文禹）

【管理软件升级】 年内，兴丰街道对居委会管理软件进行统一升级，负责人在做好数据备份的基础上，按照操作要求进行软件升级，升级后的数据系统更加便于操作，数据表项更加直观，方便管理人员对社区基础数据的管理和更新。

（王亚飞）

【燃放烟花爆竹宣传活动】 年内，兴丰街道联合城管、公安、工商等部门在帝园商场门前举行以“安全燃放烟花爆竹”为主题的宣传活动，向过往群众发放烟花爆竹安全管理等材料5000余份，悬挂横幅标语3条，制作展板10块，提醒广大居民要认真遵守烟花办有关规定，真正做到依法、文明、安全燃放，共有500余名群众接受宣传教育，常务副区长常红岩参加了此次宣传活动。

（韩文禹）

【妇女信息网络培训班】 年内，兴丰街道邀请网络公司技术人员，为辖区内27名计生专干举办育龄妇女信息系统四级网络应用培训班，使计生专干掌握育龄妇女安装、使用技术。

（韩文禹）

【社保工作】 年内，兴丰街道共接待失业人员办理接收档案1516份,办理求职证720个,失业金领取证350个,再就业优惠证491个,为289人办理了灵活就业认证手续,为38人办理自谋职业手续,受理无保障老人申请材料236份,为失业人员发放失业金242万元,报销医药费30万元,为退休人员补发养老金32.72万元,补发洗理费22.7万元,其他月报外支付14.11万元,为社会化管理退休人员报销药费1358万元,为250人办理城乡居民养老保险,已有21人开始享受养老待遇。

(韩文禹)

【走访低保困难家庭】 年内,市、区民政局的领导来到兴丰街道辖区内低保户崔桂兰、张素兰、张惠珠、齐艳春、张立群5户低保家庭,为他们送去米、面、油、肉过节年货及慰问金600元,还为他们送去御寒的伊利牌羽绒服。

(王亚飞)

【走访建国前老党员】 年内,副区长常红岩在兴丰街道工委书记鲁德祥的陪同下,到兴政东里社区和康居社区,走访慰问了两名建国前入党的老党员崔士瑞和韩桂芬,祝她们新春快乐,并为她们送去了慰问金和米面油等生活慰问品。

(韩文禹)

【舒民心工程】 年内,兴丰街道实施舒民心工程。按计划投资83万元完成了永华北里、建兴、兴华东里、南湖园4个社区的整治工作,建造小区休闲花园1座,翻建、新建绿化带1处500多平方米,整修老旧小区路面近300平方米,美化小区环境1处600平方米。

(王亚飞)

【安全检查】 年内,兴丰街道陪同副区长邵恒一行25人检查了兴丰辖区内地下旅馆、供暖单位等3家的消防安全、应急设施及安全通道等情况。未发现各类安全生产隐患。

(王亚飞)

【代表建议办理情况】 年内,兴丰街道组织部分人大代表对辖区的代表建议落实情况和街道折子工程——林校北里社区污水管线的改造、利民西巷路面和双观路路面的修复、三中西巷延长线路灯的安装以及街道对老旧小区改造等情况进行了视察。代表对建议的落实以及街道的折子工程比较满意,共提交建议33件,办复率为100%。

(韩文禹)

【交通安全管理】 年内,兴丰街道组织社区对机动车、驾驶员、自行车进行排查,登记机动车7246辆、各社区非机动车持有量共计5.2033万辆。对24辆私人大客车、37辆大货车分别健全了档案。召开各种会议12次,组织培训10次,教育司机1万余人,挂横幅80条,上街发放宣传材料4000份,宣传播放事故录像42场,参加人数2.5万多人。

(韩文禹)

【花炮换礼品】 年内,兴丰街道与区烟花办、公安局、安监局等部门在大兴帝园西侧十字路口举办"以烟花换礼品不留隐患,确保人身安全"为主题的宣传活动。向过往群众进行宣传,希望广大居民积极投入到烟花换礼品的活动中。

(韩文禹)

【暖民心解民困】 年内,兴丰街道共有民政对象户424人,其中低保161户266人,优抚对象158人。共办理低保12户18人,共发放低保救助金104.1万余元元,优抚金84.8万余元,发放低保自采暖补贴1.65万元。

(王亚飞)

【构建和谐兴丰主题活动】 年内,兴丰街道组织各社区团支部开展了“弘扬志愿精神,构建和谐兴丰”为主题的系列志愿者服务活动。社区志愿者、驻区部队官兵、院校师生和共建单位的7400多人次,为居民提供法律维权、医疗服务、保健知识宣传等20多个咨询、便民服务项目,受益居民达7万多人次。

(韩文禹)

【全程办事代理】 年内,兴丰街道全程办事代理工作共受理事项541件,纳入网络监控的有541件,网上办结事项541件,办结率和满意率均达到100%。社区代办点网上代办事项85件,办结率和满意率均达到100%,为弱势群体开展便民服务和上门服务90件。

(韩文禹)

【社区工作者福利待遇】 年内,兴丰街道为社区工作者调整工资待遇209人次,为他们建立住房公积金档案,发放工资3412553.76元。

(王亚飞)

【获首批“五星级”社保所】 年内,兴丰街道社保所顺利通过北京市劳动服务管理中心星级社保所机构评估,荣获北京市首批“五星级”社保所荣誉称号。

(韩文禹)

【第二次经济普查】 年内,兴丰街道通过办板报、张贴宣传画、发放宣传单等形式对第二次经济普查的目的和意义、方法与内容、义务与责任进行广泛宣传,做到家喻户晓、人人皆知。并认真做好辖区内近500家单位的普查表的发、收工作。

(王亚飞)

【住房保障】 年内,兴丰街道组织第一批230个申请限价房的家庭进入配售程序。共680户低收入家庭提出的申请进行入户住房调查,其中经济适用房合格的有338户,限价房合格的有330户,廉租住房申请有12户。通过个人申报建立低收入家庭住房电子档案1200多份。

(王亚飞)

【独生子女父母奖励】 年内,兴丰街道按照国家有关独生子女父母奖励政策对辖区内的独生子女父母发放奖励费132705元。

(韩文禹)

【社区环境】 年内,兴丰街道以横幅、宣传画、拜访辖区单位的方式宣传城市秩序综合整治的重要意义,签订“城市环境整治责任书”33份,粉刷外墙面1.1万平方米,拆“违建”300平方米。铺设草坪1.2万平方米,栽种植木1.2万株,16个社区成为花园式小区。

(韩文禹)

【为弱势群体送温暖】 年内,兴丰街道妇联慰问了辖区内53名贫困单亲母亲,现金实物折合人民币5万余元。街道党工委高度重视,工委书记慰问尿毒症妇女并送去2000元现金。

(韩文禹)

【体质检测】 年内,建立了兴丰街道与健身俱乐部相结合的“国民体质检测站”,配备检测人员5名。共有一级社区体育指导员5名,二级社区体育指导员37名,三级社区体育指导员4名,他们常年活跃在晨、晚练点、社区点进行传授、指导、宣传、组织开展活动。

(韩文禹)

【数字电影进社区】 年内,兴丰街道数字电影放映车来到兴丰街道职业康复站,为职康站的残疾朋友放映喜剧电影《砸掉你的牙》，丰富了残疾人的文娱生活。

（韩文禹）

【召开 96156 专管员业务会】 年内，兴丰街道组织 27 个社区的 96156 专管员进行技术学习，集中解决 96156 社区公共服务网站建设以及居委会管理软件日常应用当中遇到的问题。学习采取幻灯片播放与讲解相结合的形式进行，并向各社区布置了本年度的重点工作。

（韩文禹）

【爱国卫生】 年内，兴丰街道开展灭蟑、灭鼠活动，消灭蚊蝇滋生地 20 余处，发放灭鼠药 30 余箱、灭蟑板 40 余箱；开展宣传吸烟有害健康活动，通过街头发放宣传品、出宣传橱窗等活动发放相关材料 2400 份，展板 20 块，向社区居民发放一封信 4000 余份。

（王亚飞）

【完成换届选举】 年内，兴丰街道 23 个社区党支部完成了换届选举工作（两个新成立社区暂不参加选举，还有两个社区因特殊原因，暂停换届选举）。23 个社区党支部新一届委员会共由 83 人构成，其中男 26 人，女 57 人，平均年龄 47 岁。大专以上 51 人，高中、中专 26 人，初中以下 6 人。其中社区专职工作者中推选出的候选人 56 人，从社区居民中推选出支委 27 人。23 个社区党支部书记中，男 3 人，女 20 人，平均年龄 42 岁，其中大专以上学历 17 人，高中、中专 6 人。

（韩文禹）

【助老惠民政策】 年内，兴丰街道办理老年证 340 个，老年优待卡 1581 个。为社区 90 岁高龄的老人办理了老人津贴 6.24 万元。春节慰问老人 32 人次，毛毯 1 份，“九九”重阳节慰问 90 岁以上老人 49 人次，被子 49 份，慰问特困老人 20 份。审核上报无保障老人丧葬补贴 47 人。

（王亚飞）

【和谐社区杯乒乓球选拔】 年内，兴丰街道各社区积极开展选拔，以比赛的形式选出社区乒乓球选手，选出 12 支球队，参加人数 1000 余人，选拔出三中球队代表街道参加北京市和大兴区“和谐社区杯”比赛。

（韩文禹）

【劳动用工规范一条街】 年内，兴丰街道把“劳动用工规范一条街”工作作为本年度的工作重点。制定出“劳动用工规范一条街”工程实施方案，发放宣传材料 130 多份。通过“劳动用工规范一条街”工作，对 11 家用工单位进行了规范，5 月份参加社会保险率为 97%，9 月份增加到 98%，签订合同率达到了 100%，按月支付工资达到 100%，持证上岗率达到 100%。

（韩文禹）

【物业管理】 年内，兴丰街道每个社区成立业主委员会，至 6 月底，共调解纠纷 8 起，为和谐社区建设提供了社会环境保障。地铁在大兴的开工建设，因噪音影响了居民的正常生活，根据噪音的相关规定，多方联系，使地铁沿线 410 户居民领到了共计 91542 元的补偿款。

（王亚飞）

【人力资源市场服务平台】 年内，兴丰街道开展以兴丰人力资源市场为主，25 个社区就业工作站为辅的“就业援助月”和“春风行动”系列活动。共举办现场招聘会 6 场，接待用工单位 126 家，提供就业岗位 2597 个，参加招聘会的求职人员 2324 人，其中达成求职意向的 1159 人，办理求职登记的 497 人，为失业人员实现就业提供了良好的服务和机会,共帮助1020名失业人员实现再就业。

(韩文禹)

【垃圾收集清运处理调查】　年内,兴丰街道组织人大代表联系网络工作站对辖区内就垃圾清运现状做了及时、真实的评价,并就如做好辖区内垃圾清运工作给予建设性建议。此次活动发放问卷200余份,搜集整理意见、建设26条。

(王亚飞)

【"一老一小"工作】　年内,兴丰街道做好"一老一小"信息采集,共办理"一老一小"大病医疗参保手续600人,完成1800人的照片收集、个人信息核对工作。

(韩文禹)

【96156应用】　年内,兴丰街道96156坐席员应用96156北京市社区公共服务平台服务系统的社区短信群发功能,对社区居委会进行有关事宜的通知,实现了信息发布与信息接收的同步,节约了人力物力,使信息发布经济与快捷兼备,有效避免了因外出造成的接收滞后。

(韩文禹)

【妇联工作】　年内,兴丰街道27个社区共提名社区妇联主席及执委108名,其中社区妇联主席27名,社区妇联执委81名,社区妇联建会率继续保持了100%。社区妇联主席进入社区"两委"班子比例达到了100%。108名主席、执委中书记、主任、副书记、副主任35名,占32%;社区妇女代表25名,占23%;提名了9名驻社区单位女职领导(涉及到学校、物业、建筑、市政、商业、宾馆、中医等行业),占8%;党员64名,占59%,比上届提高了29个百分点;满族执委3名、回族执委4名,占总执委数的7%。

(韩文禹)

【安全生产检查】　年内,兴丰街道对辖区的1884家生产经营单位进行排查,健全了台帐;《安全生产责任书》签订率均达到了100%。同时,与辖区的150家重点经营食品的门店签订了《安全管理协议书》。

(韩文禹)

【残疾人专场招聘会】　年内,兴丰街道组织辖区内有就业愿望的残疾人到区残联参加招聘会,此次招聘会有北京东方百士电子有限公司、北京纵横环球科技股份有限公司、北京松下电工有限公司等6家企业参加招聘,招聘单位提供了12个工种,30余个工作岗位。兴丰街道各社区残疾人30多人到招聘现场,与招聘单位工作人员进行面对面的洽谈,根据用人单位的岗位要求,与招聘单位达成了最初就业意向。

(韩文禹)

【交通安全管理】　年内,兴丰街道全面开展社区交通工作安全宣传。共召开各种会议12次,组织培训10次,教育司机1万余人,并挂横幅80条,上街发放宣传材料4000份,宣传播放事故录像42场,参加人数2.5万多人。

(韩文禹)

【宣传防病知识】　年内,兴丰街道向社区发放《远离甲型H1N1流感拥有健康生活》宣传画册6200份,向辖区居民介绍甲型H1N1流感的症状及预防知识,提高居民的防病意识,真正做到甲型H1N1流感的联防联控。

(韩文禹)

【倡廉政促和谐文艺汇演】　年内,兴丰街道来自27个社区党员、干部、群众自编自演内容主题鲜明,表现形式以群众性歌咏为主,辅以方阵大合唱、诗朗诵、舞蹈等弘扬廉政文化的原创节目。

(韩文禹)

【献爱心捐款】 年内，兴丰街道党支部开展以"党旗凝聚力量，爱心播撒京城"为主题的党员捐助活动。办事处工委书记鲁德祥带头捐款，党员们踊跃捐款仅半天时间捐款8100元，27个社区支部也都积极组织社区党员捐款。

（韩文禹）

【人大代表建议专题座谈会】 年内，兴丰街道人大代表对辖区得民西巷路面的修复、八小西侧路面的硬化和绿化等建议落实情况进行视察。总结上半年代表建议落实情况，共提交建议27件，涉及社区建设与管理、医疗卫生等各个方面，办复率为100%。

（韩文禹）

【红十字救助及捐赠】 年内，兴丰街道共组织捐款3次，为灾区捐款89293.2元，共捐来单衣29件，棉衣7件，被褥1件，其它123件。所接收的捐赠款物全部移交大兴区捐赠中心、红十字会。为15户困难家庭进行了慰问；为辖区身患白血病等大病的3名学生进行了救助。

（王亚飞）

【预备役训练】 年内，兴丰街道6名预备役战士参加了北京陆军预备役高炮训练，并在此次培训中取得优异成绩。街道被评为"管理工作先进单位"，其中2名战士还被评为"管理工作先进个人"和"军事训练先进个人"的光荣称号。

（韩文禹）

【残疾人保障】 年内，兴丰街道为27个社区配备39名专职社区康复协调员，康复协调员配备比率达到100%。健全残疾人康复服务档案，做到一人一档，建档率达到100%。充分发挥康复室、辅器具站的康复功能，做到器具齐全、服务全面、专人负责，为残疾人的康复创造条件。为45户进行了无障碍改造，为14名聋哑人免费配备助听器，为赵文生、马立凯、郭建华免费安装假肢，为206人免费配备轮椅等辅助器具，为561名残疾人发放保温杯。31名残疾人免费学习缝纫，组织14名残疾人到市国际展览中心参观辅具展览。落实残疾人保障新举措。帮助7位考入大中专院校的残疾人及特困残疾人子女办理了助学补贴。为97人办理了重残补助，全年共发放重残补助金47.8万余元。

（王亚飞）

【禁毒宣传活动】 年内，兴丰街道在办事处门口举办以"禁绝毒品，功在当代，利在千秋"为主题的禁毒宣传活动。此次活动悬挂横幅1条，发放各类禁毒宣传资料2000余份，受教育人数达1500余人。

（韩文禹）

【安全生产联合检查】 年内，兴丰街道安全生产科联合区安监局、商务局、消防等有关部门对辖区内生产经营单位进行安全生产检查，主要检查了北京鸿景伟业建材有限公司及其出租的几家企业。检查中发现五金建材商铺内消防栓被挡、安全通道不畅，油漆商铺内销售不符合规范的涉危物品，网吧配电箱未上锁、无明显标示等安全隐患，街道和有关部门对企业安全负责人进行了教育，并督促其尽快整改，确保生产安全。

（韩文禹）

【兵役登记】 年内，兴丰街道有常住总人口61325人，预征对象总数60人，服兵役31人。适龄青年总数627人，兵役登记总数627人，缓征人数460人。女性青年17～19岁共计165人，考入大学110人，复读20人，中专35人。

（韩文禹）

【参加国庆演出】 年内，兴丰街道带领辖区

418 人到天安门广场参加国庆 60 周年联欢晚会。参加了农民方阵的演出,演出曲目有《爱我中华》、《自豪的建设者》、《阳光路上》、《青春友谊圆舞曲》等 4 个曲目,并配合方阵总体圆满完成所有的演出项目。

(韩文禹)

【环境综合整治】 年内,兴丰街道与团河劳教所、新河劳教所、武警四支队、六支队、七支队等单位就团河地区的环境维护达成一致,其中,新河劳教所等单位清理环境 18.5 万平方米,部队粉刷墙面 700 余平方米,拆除北京市监狱东侧违章建筑 1200 余平方米。联合城管等部门对店外经营、无照经营、挤街占道、门前三包等进行执法检查,共查处门前三包不落实 259 家、纠正 387 家,查处烧烤大排档等经营 67 家(次),整顿违规牌匾广告 26 块,拆除 209 块。

(王亚飞)

【征兵工作】 年内,兴丰街道召开征兵工作动员大会,成立了由街道工委书记任组长、副书记和武装部长、派出所所长任副组长的“兴丰街道征兵工作领导小组”。通过体检、政审、优中选优的形式,共征得新兵 16 名。

(韩文禹)

【第十九届 119 消防周启动】 年内,兴丰街道在辖区行政服务中心广场隆重举行“119”消防宣传周启动仪式,来自机关单位、社区近 500 多人参加活动,零距离体验消防。此次活动共展出消防宣传图版 100 余块,发放消防常识读本、消防知识挂图等资料 2 万余份,出动宣传人员 100 余人,受教育人数 1000 余人。

(韩文禹)

【社救优抚】 年内,兴丰街道对辖区的低保户、贫困户、残疾人等进行门慰问,送去了过节的现金和食品,慰问户数 369 户 474 人,现金和实物折价 12.6 万余元。慰问优抚对象 233 人次,共送去慰问品 233 份,慰问金 60.7 万余元。“八一”期间为 109 名优抚对象送去米面油等慰问品。重阳节为 4 名地退老人送去了热水壶、棉坎肩等慰问品。发放退休金 6.5 万余元。为低保对象办理医疗救助 25 人,发放 3.4 万余元,为 3 户社区矫正人员及时办理低保待遇。

(王亚飞)

【城乡养老残疾人审核】 年内,兴丰街道对辖区符合条件的残疾人进行审核工作。共有 43 名残疾人通过了区残联审核,转入社保所正式办理相关参保手续。

(王亚飞)

【服务困难群体】 年内,兴丰街道办理低保 12 户 18 人。共发放低保救助金 104.1 万余元;为低保对象办理医疗救助 25 人,发放 3.4 万余元。救助 2 户患尿毒症的家庭(新安里社区 45 岁的王志贤、康居社区 23 岁的赵松),救助金为 1.2 万余元。

(韩文禹)

【配合辖区供热管网改造】 年内,兴丰街道加大宣传教育力度,取得广大居民、社会各界的广泛理解支持,街道领导连续 30 余天轮流值班,亲自巡查,及时解决施工中个别受影响的群众的问题,保证了施工期间道路畅通,出行有序。

(王亚飞)

【预防煤气中毒宣传】 年内,兴丰街道举行“预防煤气中毒关爱生命”的宣传活动。工作人员向居民讲解了预防煤气及燃气中毒工作的重要性,发放了“预防煤气中毒关爱珍重生命”、“煤气中毒的预防与救助”、“民用取暖炉室内安装及使用要求”等宣传材料1000余份,悬挂横幅1条。

(韩文禹)

【主题环境清洁日活动】 年内,兴丰街道共集中进行环境清理15次,累计参与人员4500余人次,清理绿地9万余平方米,清理垃圾54吨。

(王亚飞)

【对重点人开展帮教】 年内,兴丰街道矫正帮教办工作人员和社区居委会成员深入北京市监狱,对服刑人员王某开展帮教活动。王某因涉黑案件被判处有期徒刑4年,为实现对重点人“向前延伸”的帮教措施,促进王某认真改造、认罪服法,街道矫正帮教办工作人员和王某户籍所在社区居委会成员一同到监所对其进行帮教。

(韩文禹)

【受理各类事项】 年内,兴丰街道全程办事代理事项35,其中即办件14项,承诺件9项,上报件12项。全程办事代理纳入网络监控系统的受理事项9432件,即办件6801件,承诺件1373件,上报件1249件,满意率均为100%。

(韩文禹)

【送温暖献爱心捐助活动】 年内,兴丰街道在辖区12个社区开展“送温暖、献爱心”社会捐助活动。本次捐助活动以“扶贫济困献爱心,温暖过冬促和谐”为主题,为灾区、贫困地区群众募集资金和过冬棉衣被。共捐款5208元,毛衣235件,单衣1234件,棉衣378件,棉被31件。

(韩文禹)

【促就业保和谐】 年内,兴丰街道妇联联合劳动就业、共青团等部门,在兴丰劳动力资源市场举办了庆“三八”女性就业专场招聘会。24家区内外企事业单位为招聘活动带来了涉及49个工种的769个工作岗位。招聘活动,共接待应聘妇女550余人。49个工种中,20个较受欢迎的工种达成了就业意向;现场达成就业意向人数251名,占应聘妇女的46%;其中222名为本市妇女,占达成意向妇女总数的88%,有29名外来务工妇女也高兴地找到了适合自己的工作,占达成意向妇女总数的12%。

(韩文禹)

【春风行动】 年内,兴丰街道开展以大龄失业人员和特困低保就业困难人员为主要援助对象的“春风行动专项活动”。活动以12个工作站为工作重点,以人力资源市场为主会场,“以服务进城务工,帮助就近就业,扶持自主创业”为主题的春风行动。共举办现场招聘会3场,参会单位87家,参会人数880人,提供岗位2160个,其中达成协议307人,登录大屏幕70个单位,个人求职人员登记268人,开具推荐信68人,用工单位查询个人资料27家,查询人数172人。活动中发放《北京失业人员再就业培训优惠政策》、《小额担保贷款政策》、《北京市残疾人 就业政策》、《灵活就业人员门诊报销须知》、《大学生就业服务卡》、《就业政策须知》等宣传材料1000余份。

(韩文禹)

【美国白蛾防控】 年内,兴丰街道较去年提前一个月对美国白蛾进行监控,各社区诱杀灯于4月1日全部打开,防控人员开始巡查。50人的专职巡查队伍,每天巡查,确保3~5天检查一次;配备大型药车4辆,小型喷雾机3台,人员6人,坚持每天打药;坚持做好“零”报告制度。各社区每天查看,并及时记录情况,同时将情况上报防控办。与社区签订了责任书,全年没有发生大面积疫情。在白蛾防控上街道投入5万余元,喷洒虫药2000余公斤。

(王亚飞)

【老干部四就近工作】 年内,兴丰街道为年满85周岁的老干部送生日蛋糕和鲜花等。上半年,为20余名85岁以上老干部进行了生日派送,为老干部免费理发900余人次。

(韩文禹)

【首批限价房配售】 年内,兴丰街道召开首批限价房选房工作会,向被选中的45户限价房家庭介绍选房工作的详细情况,确保辖区内低收入家庭逐步享受到政策性保障住房,实现“住有所居”。

(韩文禹)

【实施社区人才工程】 年内,兴丰街道通过选拔优化居委会组成人员,使社区居委会干部队伍更加年轻化、知识化、专业化,其中大学本科学历37人;大专学历89人;高中专学历55人。平均年龄38岁。党员比例31.49%。新当选的186名社区专干进行为期三天的脱产培训。组织社区居委会干部报考社区专干考试提高服务技能,107人次参考,其中通过初级社会工作师资格的有5名,中级社会工作室的有6人。

(王亚飞)

【“无拖欠工资”工作】 年内,兴丰街道对63家招用农民工较多的用人单位下发书面审查通知书,重点检查火神庙商业中心建筑工地、三中巷教学楼建筑工地、派出所办公楼建筑工地,发放相关宣传材料300余份,其中有26家单位上交书面审查材料,本辖区内农民工1417人全部签订劳动合同。对没有上交书面审查材料的用工单位列表上报劳动监察大队。

(韩文禹)

【社区代办服务的延伸】 年内,兴丰街道辖区27个社区居委会成立了代办服务点,有27名代办员。社区代办点代办事项2494件,比去年的1798件多受理了696件,完成率100%。

(韩文禹)

【调整劳动关系】 年内,兴丰街道和区社会保障局共同举办了用工单位法人政策培训班,共有39家单位、43人参加培训。对用工单位预计裁员情况进行摸底调查。对28家合同季报企业进行下半年预计裁员情况调查,总共涉及用工人员4127人,28家企业当中只有北京楚家渔村餐饮有限公司有4人属经济性裁员。

(韩文禹)

清源街道

【概况】 清源街道办事处地处大兴新城北部。南起清源路,北至北兴路,东起京开高速路,西至京九铁路。辖区面积11平方公里,辖区内道路纵横,交通发达。东西有清源路、丽园路、康庄路、金星西路、双高路、香园路和北兴路等,南北有兴华大街、兴丰大街、兴业北路等,京开高速公路贯穿其中。有汉、回等26个民族,有行政机关、企事业单位、大中专院校、中小学和驻军部队等单位486家,常住人口106719人,其中本市城镇人口74528人、本市农村户口3206人,流动人口28985人。街道办事处在职公务员32人,事业单位33人,机关工勤7人,共计72人。下辖24个社区居委会。

名称:大兴区清源街道办事处
地址:大兴区滨河西里17号楼
电话:81295057
邮编:102600
网址:http://www.dxqy.gov.cn
邮箱:dxzts@126.com

【社区党支部换届选举】 年内,清源街道28个社区党支部换届选举,参选率97.5%,共选举产生新一届社区党支部委员96名。社区党支部书记28名,副书记24名,委员44名。平均年龄39.5岁,大专以上学历的22名,占91.67%。

(张铁师)

【社区妇联换届选举】 年内,清源街道在28社区开展妇联换届选举。共有社区妇女代表804人参加,选举产生的新一届社区妇联执行委员会成员84人。新当选的28名妇联主席中,居委会副主任兼任的27名,党支部书记兼任的1名;中共党员14名,占妇联主席总数的50%。

(张铁师)

【社区党建】 年内,清源街道对支部换届后的新班子、新成员举办了为期3天的党务工作者培训班。街道老干部党校枣园社区课堂的建立,方便了离休老干部"四就近";全年被国家、市区采集社区党建信息500余篇,被区委组织部党建网选用54篇,组工动态刊登6篇,国家级刊物《社区党建》刊登1篇;制定了社区党建发展三年规划和社区后备干部选拔培养管理意见。共发展新党员23名,转正党员27名,入党积极分子33名;在庆祝建党88周年大会上,表彰了82名优秀共产党员,组织38名新入党的同志面对党旗宣誓,千名党员重温入党誓词;街道已有10个社区党支部被评为区级"五好党支部示范点"。

(张铁师)

【社会领域党建试点】 年内,清源街道社会工作党委举行了揭牌仪式。制定了《清源街道成立社会工作党委试点工作实施方案》,对清源辖区非公企业和新社会组织的情况进行普遍摸底调查,下发了400多份问卷。新建非工企业党支部1个,商务楼宇联合党支部1个。

(张铁师)

【工会工作】 年内,清源街道举办首届清源街道"五月的鲜花"职工文艺汇演。在19个有离休老干部的社区党支部建立了"四就近"专门台帐,

(张铁师)

【共青团工作】 "五四"期间,清源街道举行了"清源街道志愿服务实践基地启动仪式"。年内,共登记1450名志愿者,为社区提供6次志愿服务。组织基层28名共青团负责人到北京市禁毒教育基地参观学习,开展法制教育活动。

(张铁师)

【妇联工作】 "三八"节期间,清源街道举办玫琳凯个人形象管理讲座、香港华欣国际美容集团"靓丽女性"美容知识讲座及"家信书情"活动,近万人次参加。开展扶贫助困,组织全辖区帮助清源西里社区贫困母亲李金书卖出"爱心粽子"6875个。六一前夕,通过街道妇联努力,有3名贫困女童受到捐助,每人得到捐助款800元。

(张铁师)

【学习实践科学发展观活动】 年内,学习实践科学发展观活动从3月开始到8月底结束,清源街道有1430名党员干部参加了学习实践活动。街道工委确定了"坚持科学发展、建设和谐社区,着力改善民生,提高服务水平"的主题。集中解决了4个方面的实际问题:建立了任我在线网络超市,解决了5个小区、3万多居民买米面油、蔬菜难等生活不方便的问题;解决了4个老旧小区环境脏乱差的问题,投入264万元整修台湾街等道路13万平方米,绿化改造16万平方米,粉刷墙面186万平方米,清理垃圾30余吨;在28个

社区成立28个流动人口服务站,建立一支133人的专兼职管理员队伍,并制定了9项管理措施和制度;为400多名残疾人装修了1100多平方米温馨家园活动室。

(张铁师)

【事业单位改革】 年内,清源街道事业单位岗位设置工作基本完成。所属3个事业单位,共设岗位35个,其中管理岗位30个,专业技术岗位3个,工勤技能岗位2个,各占单位岗位总量的85.72%、8.57%、5.71%。上岗率达到了100%,其中由工勤技能岗转到管理岗位的人员13人,占总数由37%。完善推行聘用和岗位管理2种制度。

(张铁师)

【失业人员再就业服务】 年内,清源街道共举办40场招聘会,就业困难人员、辖区企业专场招聘会5场,参会单位累计197个,提供岗位6801个,参会人员2860人次,应聘人数达1756人,达成用工协议人数897人。失业人员实现再就业1014人,完成区劳动局下达任务指标的102%;就业困难人员就业528人,完成区劳动局下达任务指标的176.27%;办理单位招工446人,完成区劳动局下达任务指标的102.72%。共办理登记失业人员档案1161份,为失业人员办理求职证1132个,办理《再就业优惠证》933个,转出档案1061份,免费培训失业人员人数232人。失业人员就业率64.23%,失业人员就业困难人员就业率63.68%,用工需求调查回收率100%。

(张铁师)

【社会保障服务】 年内,清源街道发放失业保险金1066人次,累计发放失业金845241元,失业人员报销药费218人次,报销金额104014.18元。

(张铁师)

【退休人员社会化管理】 年内,清源街道存放了682名基本形式退休人员的人事档案,为159名符合退休条件的办理了退休手续,支付退休人员月报外费用266177.09元。对529名基本形式退休人员养老金进行了调整,完成128名基本形式退休人员的档案筛选,为12名退休人员进行了自采暖补贴申报,为285名外地退休人员进行异地养老金认证,为7144人次退休人员报销药费1458.3万元;组织200余名退休人员参加疗养、观看文艺汇演、登山等活动。

(张铁师)

【劳动关系协调】 年内,清源街道共进行专项执法大检查4次,涉及建筑工地23家,职工8000余人。在康庄西路进行"劳动用工规范一条街"工作中,共检查单位12家,涉及职工1531人,缴纳社会保险1486人,签订劳动合同1486人。查处群众举报案件,结案率达100%。

(张铁师)

【计生工作】 年内,清源街道出生人口440人,其中违法生育7例,计划生育率98.4%,办理一孩生育服务证331个,二孩生育服务证21个,独生子女证244个,随父入户迁移79个,发放一次性奖励近11万元。共接待育龄群众千余人,办结事项1200余项,咨询指导2000余人,免费发放药具500余件,制作社区计划生育展板87块,发放宣传品2500余份,人口与计划生育知识问卷2万份,与辖区流动人口务工个体户签订流动人口计划生育管理责任书400余份。协调有关职能部门,使56位贫困母亲实现再就业。成立街居两级人口与计划生育协会31个,发展会员5000余人。

(张铁师)

【全程办事代理制工作】 年内,清源街道纳入网络监控受理事项共计 12120 件，办结 12120 件，办结率 100%。没有亮红灯事件发生，群众满意度 100%。未纳入网上受理的事项为 2899 件，已全部办结，(未纳入网上受理的事项为政策咨询类)群众满意度 100%。没有一起红灯现象发生，无一积压事件发生，无一投诉事件发生。全年上报各类活动信息 10 篇。

(张铁师)

【低保工作】 年内，清源街道共审批城市低保 15 户、33 人，撤销 3 户 7 人。共有低保户 151 户、292 人。残联组织换发并新办第二代残疾证 340 人。

(张铁师)

【救助工作】 年内，清源街道争取救助资金 78041.8 元。为 2 户贫困家庭办理了临时救助，共解决临时救助资金 1000 元；医疗救助共为低保、征地超转两类人员 20 人次进行了医疗报销，共报销药费总金 68041.81 元；共为优抚对象报销医疗费 27180.49 元；为 100 户民政对象免费订阅《北京日报》；为 16 户居民办理了丧葬补贴；慈善协会为 20 名低保老人办理了慈善医疗卡。

(张铁师)

【募捐工作】 年内，清源街道先后开展“5.12 汶川大地震震后援助募捐”、“博爱在京城募捐”2 次大规模的捐赠活动，共筹集善款 50253.5 元。其中“博爱在京城募捐”募捐活动首次采取了社区分指标，定任务的形式，筹集善款 30500 元。

(张铁师)

【双拥优抚】 春节、八一等重大节日期间，清源街道对 137 户低保家庭、低保边缘家庭、56 户特困残疾人家庭发放了过节补助和米面粮油等生活用品及救助金；慰问优抚对象 71 人，无军籍职工 6 人，地退人员 4 名，特困老人 11 名，见义勇为人员 6 人；走访慰问了北京卫戍区教导大队、93501 部队 90 分队、空军大库、北京消防培训中心 4 个部队，共送去猪肉 2000 余公斤，鸡蛋 2200 公斤。

(张铁师)

【残疾人工作】 年内，清源街道向贫困残疾人免费发放了轮椅、坐便椅、拐杖等小型辅助器具 53 件，为 10 户残疾人家庭进行了无障碍设施改造，为 2 名听力残疾人配了助听器，为 9 名无业重残人办理并发放了生活困难补助，为 10 名城镇个体就业人员办理了保险补贴。三八节期间，为 12 名残疾妇女进行了免费体检。为 5 名残疾儿童办理了免费康复训练卡，为 1 名听力残疾儿童免费升级耳蜗。为辖区内贫困残疾人员免费送油 280 桶。

(张铁师)

【老龄工作】 年内，清源街道共为 60 岁以上老年人办理老年证 155 个；为 65 岁以上老人办理优待卡 808 个；为 31 位 90 岁以上高龄老人办理高龄老人优待金，每人每月将得到 100 元的补助金。

(张铁师)

【公共卫生】 年内，清源街道与区卫生局和大兴中医院清源社区卫生服务中心合作，开展“中医保健进万家活动”大型系列健康教育活动，共举办专场健康教育讲座 4 场，受益居民达 3000 余人；应对甲型流感，制定《清源街道防控甲型 H1N1 流感应急方案》、《清源街道办事处关于进一步加强甲型 H1N1 流感防控工作方案》，进行大规模的宣传活动，共向社区居民发放宣传折页 7 万份，张贴宣传画近 3000 张；落实健康社区的创建工作，评选出院兴华园、清源西里、香海园、枣园东里北区、滨河北里 5 个社区为市级健康社区。

(张铁师)

【红十字会工作】　年内,清源街道除配合市区两级红十字会开展“博大在京城、博爱在大兴”募捐活动外,在世界红十字日期间,还开展了主题为:“凝聚人道力量,建设和谐社会”的活动,扶贫帮困。康盛园、兴华园2个红十字服务站在社区内开展义卖活动,共卖出商品件150余件。在大病医疗救助活动中,有3名患病儿童每人获得了1万元的救助。

(张铁师)

【民族宗教工作】　4月,清源街道对辖区内的基督教活动情况进行了调查,为国家制定相关民族宗教政策提供了科学的依据。9月,根据本地区特点,制定了《清源街道办事处民族宗教工作管理办法》,并对辖区重点宗教聚集点进行了排查。

(张铁师)

【殡葬工作】　年内,清源街道除按时完成信息及死亡月报表的上报工作,在清明节等敏感时期,联系区绿化队及黄村镇绿化队,对辖区内的79个无主坟进行了平整。

(张铁师)

【社区居委会换届】　年内,清源街道共选举产生居委会成员186人,其中主任28人,副主任44人,委员114人;连选连任115人,新当选的居委会成员71人。其中党员71人,占总数的38.2%,较上届上升了16.6%,两委交叉任职35人;书记、主任“一肩挑”的有25人,占89.3%,比上届上升了63.2%。

(张铁师)

【社区工作者招聘】　年内,清源街道共招聘社区工作者38人,其中男性4人,占总人数的10.5%,女性34人,占总人数的89.5人;平均年龄26岁,20~25岁的22人,占总人数的57.9%;26~30岁的11人,占总人数的28.95%;31~35岁4人,占总人数的10.52%,36~40岁1人,占总人数的2.63%;党员有8人,占总人数的21.05%;学历方面:研究生1人,占总人数的2.62%,大本学历21人,占总人数的55.26%;大专学历16人,占总人数的42.1%;

(张铁师)

【社会工作者培训】　年内,利用4天时间,组织300多人次,在信息培训中心进行word、excel、powerpoint日常办公软件的实操培训;组织114名社区工作者参加社会工作师、助理工作师的报考,并于4月份参加了区级培训,培训人次近300人次。

(张铁师)

【居委会办公条件改善】　年内,清源街道解决了兴盛园、兴华园、香海园、兴涛和郁花园二里5个社区居委会的办公和服务用房1012.79平方米,其中开发商无偿提供694平方米,政府出资购买了318.79平方米。正在装修的有兴涛、郁花园二里和康盛园3个社区,共计装修面积696.39平方米。

(张铁师)

【国庆保障】　年内,清源街道成立由一把手挂帅的“国庆平安行动”指挥协调小组及办公室。共组织发动各类群防群治力量3300余人,开展40天打防专项行动,共取缔各类黑开场所8个,打掉制假售假等各类黑窝点2个,检查出租房屋4000余户,审查流动人口1万余人,从中查获法轮功、上访人员7人,清理黑车130余辆,查处无照经营26起,规范夜间施工、施工扬尘等违法行为7起,检查文化娱乐场所4家,拆除违法建设5000多平方米。对旅店、洗浴、出租房屋等重点部位清理,共检查旅店12家、洗浴3家。累计检查生产经营单位1116家,发现整改生产安全853项。检查食品经营单位211家,排查整改食品安全隐患86件,整改零售、餐饮行业隐患175处。整改火灾隐患387处,火灾起数同比下降27.3%。开展三次重点人大排查,摸排掌控可能危及国庆安全的10类重点人372名。开展矛盾纠纷大排查,共排查主要社会矛盾纠纷23件,成功化解21件,化解率达到85%,到市、区集体访批次人数比上年同期均有下降。发挥联席会议作用,研究解决重点矛盾。完善了领导接访、包案制度,10名工委领导共接待群众来访35批107人次,包案18件,约访、下访46余次。开展流动人口基础调查,登记入库流动人口2.3138万人,出租房屋4454户、11732间。抓流动人口中重点人的排查、发现、管控,排查管控各类重点人157人,其中,来自敏感地区人员124人、来京上访人员0人、法轮功人员7人、精神病3人。街道有约300人参加广场表演,16号地是区级演练场,街道抽调巡防队员30人分5组,由社区民警带领,24小时巡查。国庆庆典焰火燃放大兴燃放点设在辖区内,涉及2个社区,10月1日晚焰火燃放活动顺利完成。对辖区28个社区48个小区实行了封闭、半封闭式管理,所有出入口全部落实人员车辆凭证出入和登记检查措施,企事业单位、机关都逐一明确了安保责任人,24小时对单位和周边进行巡逻值守。商场、超市、门店在营业时间有红袖标巡逻,夜间留有值守力量。开展了3次重点人、地、物、事大排查,国庆前共掌握重点人员373人、重点单位147家、重点区域17处、重点部位1197处、涉及国庆庆典工作3项,均评定了风险等级。街道整合建立了5302人的国庆安保大军,(其中,公安70人,专职巡防队160人,治安巡逻志愿者3300人,流动人口管理员54人、安全稳定特派员28名、安全稳定信息员168人、党员公务员1208人、保安314人),24小时开展国庆安保工作。5302人全部实行了实名制,分布在街道社区、重点部位、重点单位、重点区域,每个人的任务细化到国庆期间的每一天,每个人的岗位具体到楼门、街巷、道路、卡点,街道社会面防控的密度和强度空前增大,形成了一张覆盖各个区域、横到边纵到底的安保网络。

（张铁师）

【社区环境治理】 年内,清源街道28个社区累计组织各类大中小型活动200余次,各类参与活动人员人数达到1300多人次,清理社区生活垃圾、建筑垃圾、居民阳台堆物堆料约30吨,清理小区废旧车辆5辆,治理社区卫生死角14处。并同城管分队一起清除小广告3万余张,清刷面积1.1万平方米。

（张铁师）

【拆除违章建筑】 年内,清源街道制定出《清源街道办事处环境综合整治实施方案》,召开28个社区专项整治工作动员会,对各社区的非法占地、违法建设建立台账。辖区共有违法建筑1504处,面积37402平方米。违法建筑问题较为严重的有香留园、郁花园、金惠园二区3个社区,涉及864户24788平方米。8月,成功拆除康庄路上4000多平方米的违章建筑。

（张铁师）

【店外经营露天大排档治理】 年内,清源街道利用2个月的时间对街道辖区内以枣园社区、清源西里社区以及郁花园商业街为首的非法露天烧烤、大排档进行清理,达到预期效果。全年综合执法12次,共出动人员200余人次,执法车辆21辆,检查门店近1000家,查处游商、店外经营、非法大排档共计504起,暂扣桌椅、三轮车、冰柜325件。

（张铁师）

【环境建设】 年内,清源街道金华里社区道路改造工程街道总投资为164.83万元,其中工程费用145.01万元,工程建设其他费

18.19 万元,预备费 1.63 万元。

(张铁师)

【环境保护】 年内,清源街道完成辖区内黄标车的调查工作。辖区黄标车共计 30 辆,其中大型客车 3 辆、中型货车 5 辆、重型货车 9 辆、小型客车 4 辆、中型客车 8 辆、轻型货车 1 辆;开展世界环境日宣传。挂出横幅 30 条,发放宣传材料 500 份,布袋约 400 个,挂图 20 套。

(张铁师)

【林业有害生物防控】 年内,清源街道林业有害生物防控普查面积 30 平方公里;普查株树 146691 株;绿地 1112745 平方米;普查社区 28 个、社会单位 47 家,其中重点社区 5 个、重点单位 3 家;使用药剂 360 公斤。在 28 个社区安装了 31 盏黑光灯和 4 个诱集合;发现网幕 580 处、成虫 168 个;涉及社区 20 个。

(张铁师)

【绿化美化】 年内,清源街道康隆园社区成为大兴区第一个获得首都绿化委评选的"花园式社区"的单位。

(张铁师)

【爱国卫生】 年内,除四害工作中,清源街道灭鼠发放药品 517 公斤,警示旗 2643 个;为 5584 户居民灭蟑,居民购买灭蟑套餐 1068 盒;在贯彻落实《北京市公共场所禁止吸烟规定》活动中,悬挂横幅 28 条;发放倡议书、宣传画等宣传材料 1000 余份;利用 OA 系统发出禁止吸烟倡议书号召全体机关人员参与到禁烟活动中来。

(张铁师)

【门前三包】 年内,清源街道投资 1 万多元设计定制了《门前三包》责任书封皮 1500 套,改变了每年"责任书纸一张,签完随手到处放"的现象;协调城管分队共同拆除不规范户外广告牌 59 块,暂扣灯箱 35 块。

(张铁师)

【重大动物疫情防控】 年内,清源街道向社区发放了宣传品 300 余份,为广大群众提供有关人兽共患病防治方面的科学知识和科学防治手段。

(张铁师)

【地铁扰民款项发放】 年内,地铁沿线涉及清源街道 5 个社区,共 527 户,总金额 94860 元,全部发放到位。

(张铁师)

【迎讲树系列活动】 年内,清源街道举办"周末社区大讲堂"、开展文化名人展览进社区、"双百"评选、组织集中观看"文明礼仪知识电视大赛"等多项活动。在社区以知识讲座、文艺表演、合作联欢等多种形式,开展辖区共建、讲文明、迎国庆活动。上半年,大兴图书馆枣园分馆正式运营。全年放映数字电影近 500 场。

(张铁师)

【未成年人思想道德建设】 年内,清源街道代表大兴区接受了由首都文明办副主任滕义带领的市级教育专家、人大代表、政协委员、新闻媒体记者组成的检查组对"大兴区未成年人思想道德建设工作"的检查测评。在辖区开展"争当社区文明小使者"活动,为青少年健康成长创造了更为良好的环境。

(张铁师)

【宣传报道】 年内,《清源街道报》由半月刊改为周刊。全年在各类报刊、信息上共刊发稿件 300 多篇。清源街道向大兴电视台报送新闻稿件 150 多条,60 条已经播出,被市级电视台采用 2 条。

（张铁师）

【国庆群众联欢活动】 自 5 月底至国庆演出结束，历时 5 个多月时间，清源街道承担了国庆 60 周年群众联欢活动 300 人舞蹈队的组建、培训和演出工作，被北京市联欢晚会指挥部授予“先进集体”光荣称号。

（张铁师）

【群众文体工作】 年内，清源街道成功举办了由 65 个项目组成，5000 多人参与的街道第七届社区体育运动会；成立了由每个社区 2 名合唱骨干参加的街道合唱团，聘请专业合唱教师每周 2 次授课，并定制了演出服装，在大兴第四届合唱大赛上获得了二等奖的成绩；组织居民参加大兴第二十一届西瓜节、第二十届农民艺术节、十一游园会、“星火工程”年审演出等系列文化活动，参加大兴区第七届体育节、武术比赛、老年象棋赛、体育指导员培训、北京“千台万人”乒乓球赛系列体育活动。

（张铁师）

【社区服务项目工作】 年内，清源街道召开了由专家、社区居委会主任、社区服务项目专管员、项目负责人参加的社区服务项目评选会。最终确定康隆园社区绿岛生活馆、学院社区“SPS 行动组”、滨河东里社区 189 联合会、金惠园三区“爱心呼叫”4 个项目。

（张铁师）

【社区治理与社区服务研讨会】 年内，在国家教育行政学院举办参与式社区治理与社区服务研讨会。来自中国人民大学、清华大学、上海大学、北京社科院、英国诺丁汉大学等 20 多位社区建设领域的专家学者，以及南京市、宁波市和本市部分街道、社区代表等近 200 人参加了研讨会，民政部基层政权和社区建设司、大兴区、市社会办等领导应邀出席会议。

（张铁师）

【志愿服务】 年内，清源街道为街道 2833 名志愿者进行了注册、发证，使志愿者们有了志愿服务的“身份证”。针对辖区内现役军人、残疾人、60 岁以上特困老人、70 岁以上独居老人、90 岁以上老人服务的 2009 年公益服务项目，发放公益服务卡 514 张，全年服务 380 余人次。

（张铁师）

【社区规范化建设】 年内，郁花园二里、枣园东里北区、丽园南区、香留园等 10 个社区，纳入全市 600 个社区规范化建设试点单位；街道制定了《关于社区规范化建设试点工作的实施方案》；成立了领导机构，明确了工作目标、工作时限和工作任务；召开了社区规范化建设工作推进会；在金惠园二区社区举行了“清源街道社区服务站揭牌仪式”；完成 10 个试点社区“社区服务站”的站牌安装工作。统一制定了社区服务站制度；对 28 名社区服务站人员进行了系统的业务知识培训；年底 10 个试点社区通过了上级相关部门的检查验收。

（张铁师）

【社区组织】 年内，清源街道共有社区组织 207 支，社区组织负责人 181 人，共有 5208 名居民参加。其中权益类组织 33 支，占总数的 15.94%，服务类组织 98 支，占总数的 47.34%，兴趣活动类组织 76 支，占总数 36.72%。

（张铁师）

【对外交流】 年内，清源街道试点社区服务项目接待来自东城街道、宁波、美国洛杉矶哈佛西湖中学、福特基金会等各界人士近 700 余人次；社区服务中心工作人员参加了由社区参与行动组在北京、鞍山、重庆等地组织的培训、参观考察3次;组织社区居委会工作人员和居民到市里相关社区参观考察12次。

(张铁师)

【财政工作】 年内,清源街道完成财政收入1584万元,比上年同期1159万元增加425万元,增长36.7%,完成全年任务124%。全年街道支出2697万元(不含专项)。

(张铁师)

【人大政协工作】 年内,清源街道受理代表建议1条,政协委员提案1条,分别予以答复、办结,代表、委员满意率100%。

(张铁师)

【总结表彰】 年内,清源街道获得"全国先进社区服务中心"、"国庆60周年庆祝活动安全生产先进单位"、"首都'迎国庆、讲文明、树新风'活动先进单位"、"首都平安示范街道"、"2009年度首都国家安全工作先进集体"、"第二届首都科教文体法律卫生'四进社区'活动优秀组织奖"、"第五届中国地方政府创新奖"、"2009年北京市安全生产月活动优秀组织奖"、"在首都国庆60周年联欢晚会工作中做出突出贡献"、"北京市第二次全国经济普查先进集体"、"北京市2009年交通安全先进单位"11个市级以上荣誉和"大兴区'情爱行动'中荣获优秀组织奖"、"大兴区社区志愿服务先进街道"、"大兴区安全生产标识安全生产谚语征集活动组织奖"、"第二次全国经济普查宣传工作奖"、"第二次全国经济普查数据质量奖"、"大兴区第二次全国经济普查优秀单位"、"大兴区第七届全民健身体育节健身气功表演赛优秀组织奖"、"大兴区第七届全民健身体育节围棋比赛镇办事处团体第2名"、"大兴区纪念改革开放三十周年'美丽大兴我的家'第二届合唱大赛三等奖"、"大兴区社会治安综合治理2009年度先进街道"、"大兴区绿化美化先进单位"、"2008~2009年度档案系统先进单位"、"2009年度全程办事代理先进单位"、"大兴区红十字系统先进集体"、"2009年预防职务犯罪先进单位""2009年度应急管理工作先进集体"、"2008~2009年大兴区保密先进集体"、"2009年度社会建设先进街道"、"2009年度社会建设先进街道""2009年募捐工作突出贡献奖"21个区级荣誉,以及14人次获得市级以上表彰。

(张铁师)

天宫院街道

【概况】 天宫院街道办事处于2009年7月底正式组建成立,11月1日开始对外办公。天宫院辖区东起狼各庄与黄村镇交界,西至八家东路与北臧村镇交界;南起四各庄与庞各庄交界,北至通黄路与观音寺街道交界,总面积共33.3平方公里。辖区内市属、区属企事业单位共152家,门店234家,1所职业高中、2所中学、2所小学、1所幼儿园,小商品市场1家,医院1家。辖区内常住人口2.4万人,其中流动人口7673人,占31.6%、特殊人员774人,其中低保对象149人,下岗失业人员465人,残疾人154人。辖区内60岁及其以上的有2061人,18岁及其以下的1643人。下辖6个社区居委会。

名称:大兴区天宫院街道办事处
地址:大兴区黄良路口大庄市场对面
邮编:102629
电话:61250500
网址:http://www.dxtgy.gov.cn

【工作交接】 11月2日,天宫院街道办事处与林校路街道办事处工作正式交接。按照明晰事权、无缝对接、确保平稳的原则,顺利完成各项业务的交接工作。

(赵鸿鹏)

【冬季消防安全】 年内,“119”宣传日当天,天宫院街道对辖区内人员密集、重点单位等场所进行消防安全检查,对存在消防安全隐患单位,责令限期整改,确保消防安全。同时,走上街头发放宣传材料,为冬季消防工作奠定良好的社会宣传氛围,增强了居民的消防安全意识。

(赵鸿鹏)

【温馨家园揭牌成立】 11月17日,天宫院街道温馨家园举行揭牌仪式。温馨家园设在天堂河社区,建筑面积约300平方米,共设有日间照料室、按摩室、职业康复劳动站、图书阅览室、爱心超市等11个功能区。天宫院街道温馨家园以服务天堂河社区69名残疾人为主,辐射其他6个社区85名残疾人,可为残疾人提供康复、培训、就业、法律维权、信息咨询、文体活动等服务。

(赵鸿鹏)

【司法工作进社区】 11月18日,天宫院街道走访了天宫院所辖社区居委会,了解了居委会人民调解、法律宣传及社区矫正和帮教安置两类人员动态等相关情况,了解了交接后存在的问题。同时,要求各居委会按照年初的工作计划继续做好司法行政各项工作,完成全年工作任务。

(赵鸿鹏)

【成立社会工作党委】 11月20日,天宫院街道正式成立社会工作党委并举行了揭牌仪式。区委常委郭宝东和天宫院街道工委书记梁建青共同为街道社会工作党委进行了揭牌。

(赵鸿鹏)

【开展“送温暖 献爱心”活动】 11月20日,为表达对困难群体的关爱之情,天宫院街道办事处组织机关全体职工和辖区内的居委会,开展了“送温暖、献爱心”活动。此次活动共捐赠人民币3375元。

(赵鸿鹏)

【举办消防知识培训】 12月4日,天宫院街道组织了一次3小时的消防知识普及专题讲座,参加此次培训活动的除了机关内的全体工作人员,还有管辖社区内的6个居委会主任,以提高全体工作人员、社区居民的消防知识和自救意识。

(赵鸿鹏)

【和谐社区创建活动】 12月7日,天宫院街道在海子角东里社区居委会召开了“2009年和谐社区”创建评估会议。此次评估的评估团有街道领导(9人)、居民代表(17人)、人大代表(1人)、政协委员(1人)、媒体人员(1人)、辖区单位代表(1人)和特邀专家(4人)等34人组成。评估团通过听取汇报、查阅相关档案、照片对各社区按照文明向上、安全健康、生活便利、环境整洁、民主自治五方面进行了考评打分。

(赵鸿鹏)

【市容整治】 12月11日,天宫院街道办事处联合城管分队、工商局、派出所、物流基地等主要部门,对天河北路两侧商户进行了联合执法检查,拆除违章建筑180平方米,勒令停业非法商户5家,对两侧杂物、广告牌进行了清理。此次多部门联合整治行动共出动机动车六台、人员40余人。

(赵鸿鹏)

【预防煤气中毒】 12月25日,天宫院街道会同区环卫局工作人员在社区居委会配合下对辖区内预防煤气中毒工作进行联合检查,共出动机动车1台、人员10人。在重点检查过程中,检查人员耐心细致的、积极地对预防煤气中毒常识进行宣传,对不正确使用炉具的行为及时进行了纠正。

(赵鸿鹏)

【应急管理体系建设】　年内,天宫院街道配备了各项应急保障物资。设立了应急值班室,应急网络、应急电话全部接入开通,值班工作遵循有情必报、反应迅速、安全保密的原则,实行24小时应急值班。

(赵鸿鹏)

【开展安全生产专项检查】　年内,天宫院街道对辖区内重点企、事业单位进行登记、备案,建立安全生产档案,并对所辖社区的安全生产工作进行了有效的监督和检查。

(赵鸿鹏)

【社会领域党建工作】　年内,天宫院街道工委把服务作为基层党建工作的基本立足点,创新组织设置,健全社区组织体系,构建社区服务网络,扩大社会领域的覆盖面,让群众和社会组织成为最大受益者。强化班子自身建设,坚持把思想理论建设摆在首位,着力建设一支团结有力的支部领导班子和党员干部队伍,增强党组织的凝聚力和向心力。

(赵鸿鹏)

【流动人口管控】　年内,天宫院街道对流动人口开展业务、安全等知识的培训,把安全意识灌输到每个人心中。实行"以房管人、以业管人",重点管好辖区内出租房主,对承租人违法行为的监控,责任到人,发现问题,及时解决。同时在辖区内推行流动人口和出租房屋服务亲情化活动,整合街道、社区的有效资源,调查了解流动人口的需求,举办相应的技能培训,解决其就业问题。

(赵鸿鹏)

【安全生产】　年内,天宫院街道对辖区内141家生产企业开展专项整治,特别是加强对重大危险源的监控,及时排查消除隐患,提高企业安全生产防范意识。开展企业应急救援预案的演练,避免与减少安全隐患的发生。

(赵鸿鹏)

【门前三包】　年内,天宫院街道开展"大兴是我家,门前三包靠大家"宣传活动,针对乱停车、乱搭建、乱张贴、乱摊放等现象进行宣传、整治,排查和清除社区内卫生死角,完善社区广场、楼院等区域的亮化设施,确保各社区的环境得到改善。

(赵鸿鹏)

【开展矛盾排查】　年内,天宫院街道针对辖区内纠纷的类型与特点,街道邀请专业人员,对如何做好调解工作、调解的规范、技巧和方法等内容进行了培训。并在辖区内开展了矛盾纠纷大排查活动,重点排查可能引发群体性事件的矛盾纠纷,及时掌握矛盾苗头。做到小纠纷不出社区,大纠纷不出街道。

(赵鸿鹏)

【举办芽苗菜种植培训班】　12月30日,天宫院街道在海子角东里社区居委会举办芽苗菜种植培训班,邀请北京永兴科技芽苗菜有限公司欧阳赵敏经理亲自授课,40余名下岗失业妇女参加了培训。

(赵鸿鹏)

【加强两节期间稳定】　12月30日,天宫院街道与区610办公室、区公安分局一起到北京女子劳教所对2名因法轮功而劳教的女劳教人员进行解教前的帮教工作。为了让她们能顺利进入安置帮教和进入社会后能成为遵纪守法的好公民,与北京女子劳教所约定在她们解教时接她们出劳教所并签订安置帮教责任书。

(赵鸿鹏)

观音寺街道

【概况】 观音寺街道办事处于2009年7月31日挂牌成立,2010年1月1日开始对外办公。观音寺辖区东起南北凤河沿线,西至京开路东辅路;南起黄马路,北至北兴路。总面积共16.4平方公里。辖区内市属、区属企事业单位共27家,2所大学,1所职业培训学校,4所小学,15所幼儿园,1家军委电台,2个驻区部队,2个外省市驻京办事处,大型建材市场3家,监狱5所。年内,辖区内常住人口53467人,其中流动人口20365人,占38.1%;重点人员174人,低保对象112人,在街道存档的失业人员644人,残疾人351人。辖区内60岁(含60岁)以上的有4590人,其中80岁(含80岁)以上的610人。下辖12个社区居委会。

名称:大兴区观音寺街道办事处
地址:大兴区清源路口东
邮编:102600
电话:60282266
网址:http://www.dxgys.gov.cn

【与驻区部队座谈】 11月3日,在街道工作正式交接之前,区文明办主任吴凤琴、观音寺街道办事处工委书记赵长虹、办事处主任王文斌等在街道三楼会议室与驻区部队进行座谈。

(赵光海)

【工作交接】 11月5日,观音寺街道办事处与兴丰街道办事处、清源街道办事处工作正式交接。按照明晰事权、无缝对接、确保平稳的原则,完成各项业务的交接工作。

(赵光海)

【与辖区居委会座谈】 11月5日,观音寺街道工委书记赵长虹,办事处主任王文斌等与辖区12个居委会主任座谈,听取各社区情况的汇报,并对今后的工作做初步安排。

(赵光海)

【预防煤气中毒】 11月7日至10日,观音寺街道在辖区12个社区居委会的配合下,对辖区内预防煤气中毒工作进行联合检查。

(赵光海)

【街道社会工作党委成立】 11月18日,观音寺街道社会工作党委正式成立。杨秀华同志宣读了《中共北京市大兴区委组织部关于成立观音寺街道社会工作党委问题的批复》,区委常委郭宝东,观音寺街道工委书记赵长虹共同为街道社会工作党委进行了揭牌。

(赵光海)

【打响普法头阵】 11月30日,观音寺街道司法所全体人员,走访了观音寺所辖社区居委会,了解了居委会人民调解、法律宣传及社区矫正和帮教安置两类人员动态等相关情况,了解了交接后存在的问题。并为社区居民开展了义务法律知识讲座。要求各居委会按照年初的工作计划继续做好司法行政各项工作。

(赵光海)

【和谐社区创建评估活动】 12月3日,观音寺街道在盛春坊社区居委会召开了"2009年和谐社区"创建评估会议。此次评估的评估团分为两组,每组8人,分别对辖区12个社区进行创和谐社区示范单位评估工作。

(赵光海)

【打击"黑车"】 年内,观音寺街道协调各相关部门、社区居委会开展打击黑车非法营运百日专项治理工作,联合城管分队负责对"黑摩的"、"黑车"、"黑人力三轮车"非法营运问题进行执法处罚。

（赵光海）

【文明养犬宣传】　12月20日，观音寺街道组织开展了以“文明养犬、安全养犬”为主题的养犬宣传，发放文明养犬的宣传材料，辖区观音寺社区还在养犬户中评出了近30户文明养犬示范户，并发放了礼品和奖牌。

（赵光海）

【应急管理体系建设】　年内，观音寺街道配备了各项应急保障物资，设立了应急值班室，应急网络、应急电话全部接入开通，值班工作遵循有情必报、反应迅速、安全保密的原则，实行24小时应急值班。

（赵光海）

【安全生产专项检查】　年内，观音寺街道对辖区内重点企、事业单位进行登记、备案，建立安全生产档案，并对所辖社区的安全生产工作进行了有效的监督和检查。

（赵光海）

【基层党建工作】　年内，观音寺街道把服务作为基层党建工作的基本立足点，创新组织设置，健全社区组织体系，构建社区服务网络，扩大社会领域的覆盖面，让群众和社会组织成为最大受益者。强化班子自身建设，坚持把思想理论建设摆在首位，着力建设一支团结有力的支部领导班子和党员干部队伍，增强党组织的凝聚力和向心力。

（赵光海）

【成立红十字基层分会】　12月23日，观音寺街道办事处红十字协会基层分会正式成立。大兴区副区长王荣彬及观音寺街道办事处主任王文斌为观音寺街道办事处红十字协会基层分会进行了揭牌。

（赵光海）

黄村镇

【概况】　黄村镇地处大兴区委、区政府所在地，镇域面积122.9平方公里。辖55个行政村1个社区。常住人口5.7万人，其中：农业人口3.8万人、非农业人口1.9万人。流动人口11.8万人。财政收入完成20548万元，同比增长10%；七大行业总收入达到133亿元，同比增长15%；工业总产值完成93.5亿元，同比增长12%；工业销售收入完成93亿元，同比增长13%；工业利润实现8.5亿元，同比增长40%；社会消费品零售额达到22.5亿元，同比增长12%；农民人均纯收入达到15420元，同比增长10%。

单位：北京市大兴区黄村镇人民政府

地址：北京市大兴区清源路9号

电话：69252931

邮编：102618

网址：fengshuping@ dxhc. gov. cn

【折子工程和实事】　年内，黄村镇完成42件折子工程和15件实事。

（陈　诺）

【重点工程】　年内，黄村镇完成金星路西延、清源路东延、兴华大街南延、康庄供暖中心、芦求路、京沪高铁等重点工程征地拆迁工作。完成生物医药基地东配套区、核心区C组团、三合庄改造区5个村庄拆除任务，动迁村民1229户2863人。完成义和庄村、三合庄改造区拆迁工作。

（肖东伟）

【违法占地建设治理】　年内，黄村镇建立违法建设长效治理机制，成立拆迁执行小组，采取“四定”工作方法，拆除埝坛、太福庄、立垡、狼四近2万平方米的违法建设。整治小陈庄、鹅房侵街占道和私搭乱建。违法建设宣传执法，悬挂横幅、粉刷标语350条，建立拆违指挥部，完善调度机制，依法拆除违法建设122宗，拆除挂账违法建设38宗、自查违法建设58宗，累计拆除违法建筑面积24万平方米。开展挖砂取土、堆放固体废弃物和占用耕地违法建设专项整治活动，关闭清除非法挖砂取土、堆放固体废弃物等41处。

（屈万东）

【产权制度改革和撤村转制】 年内，黄村镇完成狼垡三村、侯村的产权制度改革工作；对整建制拆迁村，成立改革领导小组，明确工作内容和完成时限，对康庄、北程庄等7个村进行改革，清产核资和2个试点村撤村转制工作进展顺利。

（赵建国）

【企业基本情况】 年内，黄村镇依托印包基地、芦城园区、东南园区资源聚集效应，发展壮大主导产业。150家规模以上企业，95家企业年纳税超过50万元，23家企业年纳税超过500万元。完成建筑业总产值6.9亿元。成功引进2家投资超过5000万元的外资企业，重点企业固定资产投入达到5.4亿元。

（刘红梅）

【企业科技创新】 年内，黄村镇投资2亿元，完成北京铁路信号有限公司、埃贝斯乐、威卡威等重点企业技改工作。完成5个区级以上科技计划，10家企业被认定为民营科技企业，3家企业被认定为高新技术企业。发展循环经济，重点扶持统一石化、联合啤酒等节能环保企业，加大水电能耗、大气污染、污水治理力度。

（刘红梅）

【外向型经济】 年内，北京凯迪思电子有限公司等出口主导企业健康发展。全年实际利用外资2312万美元，比上年增长180%。

（刘红梅）

【产业基地建设】 年内，黄村镇启动了孙村组团生活配套区建设工程。标准厂房出租面积达到6万平方米，18个参股村获得收益450万元。东南工业区完成1000亩土地规划调整，基础设施建设全面展开，完成中环二期110亩土地挂牌上市，建成4万平方米厂房。

（刘红梅）

【现代服务业】 年内，黄村镇发挥地铁大兴线带动作用，发展现代服务业。新城北区3.2万平方米商业设施投入使用。成立北京天河众兴物业管理公司。

（刘红梅）

【粮食直补】 年内，黄村镇完成小麦直补面积2548.1亩，直补资金293031.5元，生态补贴101924元（每亩40元）；玉米直补面积5782.1亩，直补资金444774.1元；总补贴金额为84万元。

（杨海波）

【都市型现在农业】 年内，黄村镇完成永定河现代农业生态走廊工程，及富美达农业观光园、北京先农伟业绿色生态农庄项目建设工程。投资297万元，实施大营宏光肉鸭专业合作社改扩建工程，完成标准化生态鸭舍建设。投资650万元，完成北京绿康种猪繁育有限公司新美系基因改良工程。加强农业组织化建设，成立北京佳华苑农产品专业合作社。推进农产品无公害质量认证，全镇14家农资销售网点全部挂牌经营。动植物防疫、农业机械化、农田水利设施等各项工作得到加强。

（杨海波）

【美国白蛾防控】　年内,黄村镇制定白蛾防控预案,在各村和重点地块安装黑光灯61盏,配备专职巡查员74人,村级防控人员230人,实施大范围普防3次,黑光灯监测发现成虫350余头,网幕500多株,防治面积达到4万亩地。

(杨海波)

【节水工作】　年内,黄村镇利用2个月的时间完成270家企业用水户年用水量指标核定,完成220户农业用水户变更,查处违法打井事件6起,收集上报用水信息4千条。

(王瑞金)

【防汛抗旱】　年内,黄村镇储备了编织袋500条,自吸式水泵2台,井盖50个,明确了存放地点和负责人、联系电话等,预备抽水车2辆,照明车1辆,运输车2辆,设立24小时值班电话。

(王瑞金)

【安全用水】　年内,黄村镇水务站组织以站长为组长的4人小组下至40个村,进行农民安全饮水及污水处理等水务工作大检查。解决宋庄村、侯村、佟场村、海户新村及海子角村的农民饮水不安全因素。以"世界水日"、"中国水周"为契机开展宣传活动,向群众发放节水宣传资料3000余份。

(王瑞金)

【水务站施工工程】　年内,黄村镇完成新打水源井4眼、修建机井房及其配电2座及水泵配套工程;黄村镇黄村镇狼垡中心小学自来水改造工程;增加两个蓄水池共计1700立方米,对芦城周边14个行政村120户大小企事业单位的供水能力,保障6万人的安全饮水。完成邢各庄、王立庄等村以及海鑫南路(盛达街－磁大路)供水管线改造等工程,为北欧家具有限公司、东南肆喜商贸有限公司、孙村派出所等8家企事业单位进行接水工程;完成芦求路供水管变线工程。

(王瑞金)

【治理排沟工作】　年内,黄村镇完成狼垡铁路信号厂污水管——进入市政污水管网工程,修污水管线500米,做15座污水检查井,雨水口12个,疏通维修下段污水管线600米。解决绿邦至铁路南排沟被建筑渣土堵塞等问题。

(王瑞金)

【动物防疫】　年内,黄村镇防疫站与养殖单位签订承诺书、责任书、协议书共计156份;养殖场地消毒面积累计9685.5万平方米,畜禽场采样累计1250份,全部达标合格标准。举办2次养殖培训班,完成2次奶牛结核、布病净化,3次动物的程序化免疫工作,禽流感、亚Ⅰ、O型口蹄疫、高致病性猪蓝耳病,免疫密度100%。检疫猪累计5.15万头、禽9.65万只、雏鸡578.5万只、佩带检疫标志85万枚,保证上市畜禽及畜禽产品的安全。

(李春苗)

【狂犬病免疫】　年内,黄村镇对注册犬进行集中免疫,完成狂犬疫苗注射16170条,免疫率100%。

(李春苗)

【农民长期收益保障机制】　年内,黄村镇完成新城北区、康庄项目区9个村转非安置、清产核资工作。组建天河众兴物业管理公司,整合天宇劳务派遣中心和镇劳动力职业介绍所。推进"3＋1"征地补偿模式,确定新城北区3.2万平方米商业设施收益分配方案。推行集体资金委托理财,引导拆迁村主动参与新城地区土地一级开发,实现集体资产保值增值,保障农转居人员长远利益。

(闫成永)

【土地流转确权】 年内,黄村镇完成土地流转农户325户,流转土地720亩,农户每亩年获流转费1900~3500元。完成确权土地面积179.4亩、确利土地面积1032.74亩、确权人口690人。

(闫成永)

【新农村建设】 年内,黄村镇完成霍村等16个行政村的村庄规划及产业规划;投资2394万元,完成三间房等9个村主街道及街坊路硬化建设20万平方米;投资2800万元,实施了团桂路、武警路、芦花路绿化美化,完成桂村等15个村的重点环境建设工程;投资700多万元,完成了桂郭路、高家铺路、双兰德路等8条道路大修工程;新装高效节能灯200盏;在郭上坡村开展市级生态文明村创建工作。完成村内所有公厕主体全部封顶工程;投资20万元,为狼东村、狼西村、西庄村等村安装节能灯;为20个村及保洁中心订购垃圾大箱73个,镇、村共投入资金65.7万元,现在各村垃圾大箱总数为336个;对刘一村、刘二村等9个村进行新农村基础设施建设进行前期测量及勘察,硬化主路和街坊路总面积19.86万平方米,投资总额为2394.53万元。

(马振东)

【村邮站建立工作】 年内,黄村镇完成镇现有狼一、狼二、狼三等44个行政村村邮站的建设工作,实现村村通邮。

(马振东)

【环境整治】 年内,黄村镇重点解决五环路、六环路、村庄四旁、主要街道、林地、河道环境脏乱问题。实施后辛庄等6个环境示范村建设工程;加大资金投入,道路保洁、垃圾收集、运输,无害化处理率达到95%以上;实施“五项基础设施”工程,完成20个村街坊路硬化工程及前大营新村基础设施建设和18个村村庄规划和产业发展规划;启动清源西路铁路夹角地块环境综合整治工程。

(马振东)

【镇级公路保洁和管护】 年内,黄村镇完成新城北区、西区和团河地区道路保洁、市政养护、园林绿化任务;投资389万元,完成北兴路、金星路、兴业大街绿化美化工程;集中整治武警路、小陈庄、郝庄子侵街占道、私搭乱建行为;治理挂账环境脏乱点53处;开展整治广告牌匾、路边烧烤、治理黑车专项行动。

(马振东)

【流管工作】 年内,黄村镇各村按照本村流动人口总数3~5‰的比例配足配齐流动人口专职管理人员。规范管理员工资待遇,对管理员实行“五统一”管理。落实网格化管理,实行村干部包片,管理员包户的机制。每名管理员确定30至50户的具体固定责任区,全方位强化管理责任。按照全镇年内完成流动人口消减1万人的指标要求,年内各村流动人口总量消减18298人(3村已经拆迁),以2008年统计数字为基准消减13%。对全镇所有村的村民自治章程进行补充修订。依据《北京市出租房屋管理若干规定》等法规为参考,制定村民自治管理章程。确定桂村、李村、高家铺村、后辛庄村4个村,作为流动人口管理新模式的试点村。根据各村不同的实际特点,采取“出租房屋中介式服务管理”、“流动人口封闭式管理”的方式等进行试点。

(梁会明)

【流动人口管理政策】 年内,黄村镇制定出台镇域内产业行业准入机制,对“六小”场所、“五小”行业的进入落户进行严格限制把关、对高危、低端等行业的迁出奖励办法、企业招收本地人就业实施办法、加强农村集体土地在对外出租项目上的监督管理、制定流动人口子女入学政策、统一规范各村水费,卫生费,资源费等征收标准及方法、流动人口管理纳入村民自治章程等一系列相关政策措施,来达到优化产业结构,调控人口总量,促进本地区人口、资源、环境与经济社会的可持续协调发展。

(梁会明)

【各类市场整治】 年内,黄村镇对现有9家农贸市场、旧货市场、建材市场的监管,开展“平安市场”创建活动。对村内小市场加强管理整治,占路市场进行清理取缔。协调相关部门镇域内废品回收行业进行整顿,取缔76家无照收购站点。清理整治废旧物品泔水猪经营场所,共排查废品收购大院、经营摊位、彩钢棚、库房等经营场所共计拥有房屋2469间建筑面积43713.6平方米,从业人员1769名。成立宣传动员劝离工作组,发放清理整治公告1600份,张贴380份,利用广播车废品收购大院进行劝离工作,累计撤离商户123户。

(张福申　梁会明)

【拆除违章建设打击非法经营】 年内,黄村镇组织拆除违章建筑39宗,拆违面积11万平方米。联合多部门组织打击非法行医黑窝点行动5次,查抄各类药品、器械价值10万余元。

(梁会明)

【出租房屋税征缴】 年内,黄村镇制定出台了《大兴区黄村镇人民政府代征个人出租房屋税管理使用(试行)办法》,各村结合本村流动人口工作情况,研究制定本村个人出租房屋税征缴工作的方案措施。按照试行办法,镇政府对各村下达征税指标,各村按指标完成征税任务776364元。

(梁会明)

【国庆安保】 年内,黄村镇成立“国庆平安行动”工作领导小组,与各职能部门、各村签订《黄村镇国庆六十周年安全保卫责任书》128份,《南苑机场净空保护核心区安全管理责任书》36份,《黄村镇国庆交通安全责任书》280份(含单位),安全生产、消防安全、铁路护路、重点人监控等责任书2146份,累计签订各项责任书12类2590份,签订率达到100%。组织1万人的“红袖标”队伍和4000人的“志愿者”服务队伍,对辖区内的重点人员、重点单位、重点部位、重点区域进行了全面系统的摸排,召开职能部门和村队主要领导参加的风险评估会议,对重点人均建立实名制的监控工作小组,实施24小时不间断密切防控。对各村在国庆前实行封闭式管理。落实“网格化”分片包干责任制,村干部包片、管理员包户。重点打击整治两抢两盗和挂账重点地区,开展出租房屋和流动人口的全面排查和城市秩序综合整治工作。对市级重点挂帐整治地区本镇成立专项整治工作领导小组,联合开展集中整治的工作。各村落实村庄封闭式管理。建立了村庄管理的长效机制,落实“国庆”期间的安保工作。强化群防群治力量,共有群防力量7047名。

(张福申　梁会明)

【两会期间安保】 年内,黄村镇协调兴丰、清源、林校、黄村、孙村5个派出所,加强社会面的防控工作,启动各村巡防队、红袖标、治安志愿者协会等群防群治组织,累计出动警力1210人次,红袖标、治安志愿者8500人次,确保了“两会”期间安全。

(张福申)

【铁路护路】 年内,黄村镇完成镇域内京沪、京九两条铁路桥梁涵洞的摸底调查工作,共排查出铁路桥梁21座,涵洞35处,客货车站1处,铁路线全长29.763公里。

(张福申)

【烟花爆竹管理】 年内,黄村镇制定出台工作方案及责任书并与各村签订安全管理责任书。先后在镇政府门前、狼垡地区、印刷包装产业基地等地进行涉及《北京市烟花爆竹安全管理规定》、安全燃放常识、查处违规烟花爆竹案例、八类禁放场所和区域等内容宣传教育活动。对非法运输、储存、销售伪劣、超标烟花爆竹等行为的检查和打击力度,共进行6次安全检查,对狼垡地区、三合庄等重点地区逐家逐户逐个单位进行了检查。

(张福申)

【交通安全】 年内,黄村镇完成“两会”、“五一”、“十一”等重大节日期间消减车辆总数目标。与管辖区内各单位、社区、村、学校等签订交通安全责任书共计1260份;国庆期间签订安全责任书共计282份;与私人大客大货车主签订责任书67份,签订率100%;组织化、危单位、专业运输单位、学校、各村委会召开交通宣传会议14次;协助民警以展板、广播、发放宣传材料等宣传方式,深入单位、村、学校进行交通安全宣传工作,累计宣传15次,发放宣传材料2万余份,受教育人数多达3.5万余人次。

(张福申)

【预防煤气中毒】 年内,黄村镇以村为单位开展了冬季取暖用户的普查登记工作,统一填写《黄村镇2009~2010年度取暖用户登记表》。完成镇、村、取暖用户三级《预防煤气中毒安全管理责任书》的签订40288份,全镇共悬挂宣传横幅143条,喷涂宣传标语6150条,发放《黄村镇预防非职业性一氧化碳中毒便民宣传手册》2.5万份,《致取暖用户一封信》2.5万份,预防煤气中毒安全知识宣传2.5万张,珍爱生命预防煤气中毒宣传挂图3.5万张,安全提示不干胶7万张,累计发放各种宣传材料18万份(张)。对取暖季开始前、元旦前及1月3日大雪降温后进行三次预防煤气中毒安全工作大检查活动。对出租房屋、流动人口聚集区、中小学校、幼儿园、企事业职工集体宿舍、建筑工地、工棚、废品收购行业、蔬菜大棚、养殖场所、农贸市场、农村土炕及“五小”企业、“六小行业”等重点部位和孤寡、贫困、病残、军烈属等弱势群体居住场所进行检查,发现和消除不安全隐患1625处,销毁不合格炉具417个、炭盆136个。

(张福申)

【信访工作】 年内,黄村镇共接待群众来访152批次,1880人次,与上年同期相比总批数下降了49批次,下降24%,与上年同期相比总人数下降了175人,下降了8.5%。

(宫 靖)

【教育事业】 年内,黄村镇完成狼垡中学、第二中心小学、芦城幼儿园改造工程。落实贫困生救助制度,解决38名贫困家庭子女入学问题。对10所打工子弟学校、60所民办幼儿园进行“五项”安全检查。设立100万元教育奖励基金。

(周树兴)

【公共卫生体系】 年内,黄村镇投资2000多万元,建成5000平方米的长丰园社区卫生服务中心。组建公共卫生办公室和预防甲型H1N1流感办公室,完善突发公共卫生事件应急处理体系。打击各类非法医疗机构,坚持社区卫生服务中心收支两条线制度和药品零差率制。

(张春雷)

【计划生育】 年内,黄村镇完成为已婚育龄妇女孕检9000余人次,免费体检3941人。以母亲节、5月25日法制宣传日、“世界人口日”、“9.25”纪念日等重点活动日开展宣传活动,宣传人数达4500余人次,义务咨询1200余人次,发放宣传册7500份。新建鹅房、狼垡二村2个人口文化大院,为霍村29户独生子女争取贴息贷款150万元。

(徐 红)

【劳动力就业】 年内,黄村镇转移安置劳动力915人,开发就业岗位3364个,开展劳动技能培训4166人次;劳动力培训、职业技能培训完成635人,开展引导性培训和技能加基础培训人数584人,建立劳动力资源和就业信息管理系统,出台《黄村镇促进劳动力就业暂行办法》;组织招聘会10场,参加区职介中心组织的招聘会2次,应聘总人数达到3500人次;通过培训、职业介绍、招聘会开展就业指导,参加人数共计615人。

(康冬艳)

【社会保障】 年内,黄村镇为243人办理了社会化退休手续,2234人进行养老资格认证。为退休人员报销医疗药费2011人次,报销金额513万元。扩大养老保障范围,共有5302人享受无保障老人待遇,并已足额发放。为失业人员发放失业金112万元,发放医疗补助金8.76万元。

(张卫方)

【丧葬费补贴】 年内,黄村镇为205人申请审核并发放了丧葬补贴共计102.5万元。

(张卫方)

【农村新型合作医疗】 年内,黄村镇共有医疗参保人员35256人,参合率98.8%。完成医药费报销7694人次,医疗总费用2923万元,报销金额1607万元。

(张卫方)

【社会保险基金扩面征缴】 年内,黄村镇落实社会保障政策,完成征缴290户1674人,征缴额668万元。

(张卫方)

【社会救助】 年内,黄村镇完成危旧房改造17户,为27名白内障患者进行复明手术,完成18户贫困家庭子女入学工作,发放救助金3.1万元。扶住8名残疾儿童上学资金9000元,为260名贫困、重度残疾人发放生活用品470件,组织智力、精神残疾儿童进行职业康复劳动活动。

(孙书会)

【转非安置】 年内,黄村镇完成对李营、北程庄、大庄、韩园子村进行了转非安置工作。共转非2290人,16岁以下301人,劳动力1432人,超转人员457人。

(赵建国)

【解决拖欠农民工工资】 年内,黄村镇共开展2次拖欠工资大检查活动,检查企业172家;发现劳动用工违法企业38家,处罚15家,建筑工地排查36家。接到拖欠农民工工资举报18起,金额510万元,处理中没有出现大规模的越级访。结案率100%。

(康冬艳)

【城乡居民养老保险】 年内,黄村镇共为18458人集中办理了参保缴费专用存折,使参保人员缴费、领取养老金实现"一折"化,新参保人员17318人,达到领取年龄的1651人,累计参加城乡居民养老保险人数为23160人,累计参保率为92%。

(张卫方)

【劳动用工规范一条街】 年内,黄村镇印刷产业包装基地被确定为2009年市级劳动用工规范一条街,共涉及企业20家,召开了规范劳动用工一条街动员会及2次座谈会,发放宣传材料1500余份,企业签订劳动合同达到100%、按时足额发放工资达到100%、缴纳社会保险达到98%,获得北京市劳动用工一条街先进单位。

（康冬艳）

【安全生产监管责任制】 年内，黄村镇重新制定镇、村安全员职责和管理制度；与各村及镇属企业签定安全生产责任状200份；督促各村与辖区内企业单位签订各类责任状1600份；制订村级安全员百分考核实施方案。

（王永江）

【安全生产检查】 年内，黄村镇组织5次安全生产大检查，受检查企业8679家次；制定“安全生产隐患排查整治活动”、“三项行动”、“合围攻歼行动”和“护航行动”工作方案；建立辖区内生产经营单位安全生产台账，完成对“五小企业、六小场所”的调查工作。

（王永江）

【完善村级工作制度机制】 年内，黄村镇制定出台《黄村镇农村管理制度汇编》规范村级工作管理和人员管理，严格“四议一审”民主决策程序，做到村级工作公开透明。

（冯淑萍）

【拆迁村党建工作】 年内，黄村镇出台《进一步坚强拆迁转制期间党建工作的意见》，对已完成拆迁工作的13个村进行党组织设置，研究党建工作模式，实现了“两委”办公室、党员活动室、就业指导站集约化，一本联系台帐经常化的工作模式。

（冯淑萍）

【大学生村官工作】 年内，黄村镇有大学生村官89人，其中中共党员22人，中共预备党员14人，占村官总数的40%。

（冯淑萍）

【组织建设】 年内，黄村镇有入党积极分子230人，发展党员90名，其中农村党员44名。继续实行“两委承诺制”，承诺办实事401项，坚持党员承诺制，共有1635人做出承诺。继续加强非公企业党建工作，完成长丰园社区的换届工作。梳理本镇人员条件，向新成立的观音寺、天宫院街道办事处，推荐24名工作人员。

（冯淑萍）

【干部教育管理选育机制】 年内，黄村镇实行分类考核，深化“一书、两定、三评”体系，将全镇54个村划分四个类型，分别制定《工作目标管理责任书》，强化各类型村重点；并坚持书记片会制度；通过“三荐三考”形式，公开选拔农村后备干部。

（冯淑萍）

【外宣工作】 年内，黄村镇完成报送各类信息及新闻稿件共657篇，组织机关、基层党员干部学习理论大课堂讲座3次，完成全镇54个村电影放映4900场，在机关、基层组织普法宣传活动8次。

（王凤学）

【争建创活动】 年内，黄村镇成立“十佳”和谐黄村镇宣讲团，在东芦、狼二组织宣讲活动2次，受益群众150人次并在康庄公园组织召开“争、建、创”主题教育活动总结表彰大会，对全镇评选出的90名十佳先进个人和家庭进行表彰。

（王凤学）

【星火工程】 年内，黄村镇成功举办30余场星火工程演出等文体活动，本镇的3个剧团及联合周边演出团体在全镇范围内出演270场次。

（王凤学）

【法制宣传】 年内，黄村镇组织普法宣传活动8次,受益群众1万人,法律“六进”及“五个一”工程得到全面落实,发送材料7000鱼份,制作法制宣传文化大墙270平方米,开展“五五”普法教育,举办各类法制宣传活动15次,提供法律援助720人次。

(王凤学)

【喜迎国庆畅想青春】 年内,黄村镇组织20余名青年志愿者在埝坛村进行“爱护环境,人人有责——大兴区青年周末美化环境志愿行动”的宣传活动,发放宣传材料500余份。并组织开展“放飞梦想、畅想激情”迎国庆文艺联欢活动,参加演出120人,观众400人。

(梁　铮)

【京卡互助卡发放】 年内,黄村镇为职工发放京卡互助卡,会员得到北京银行制作发行的银行卡1张,包含2份赠送保险,持卡消费能获得更多优惠和终身免银行卡年费等功能。

(杨国龙)

【完成冬季征兵】 年内,黄村镇完成冬季征兵工作,共向部队输送兵源20人。高中和相当于高中以上文化程度的占100%,团员占70%。文化程度和质量比往年又有了新的提高。

(张彩虹)

【为妇女儿童送温暖活动】 年内,黄村镇开展健康知识讲座65场,并邀请仁和医院、友爱医院医师下村为妇女讲解女性健康、女性常见病防治知识,参加活动妇女达2500人次。接受健康检查有9000余人次,乳腺癌筛查5492余人次,宫颈癌筛查7234余人次。在镇妇联、团委的协调下,长安铃木4S店和爱我大兴社区的热心网友们为这本镇10名家庭贫困、品学兼优的儿童捐款捐物,每人得到400元现金和价值200元的学习用品。三间房、后辛庄村2名学生接受了区妇儿中心第三轮“手拉手阳光救助”,每人得到800元助学基金。

(朱素敏)

【妇女就业】 年内,黄村镇完成78名贫困母亲、10名单亲贫困母亲、6名有创业意向的贫困母亲、28名贫困儿童资料存档入库,开展手牵手帮扶活动,举办失地失业女性布艺画培训班,钩织技能培训班,村妇代会组织妇女为身体有残疾的妇女做实事,到贫困妇女家中走访慰问,帮助5名想就业的妇女推荐就业岗位。

(朱素敏)

【法律宣传】 年内,黄村镇围绕法律知识进家庭,先后组织妇代会主任收看《男女平等基本国策》专题讲座、参加亿万妇女学法律知识答题。利用各种形式下发法律知识宣传材料3000余份。以各种节日为契机,开展法律宣传活动。

(朱素敏)

瀛海镇

【概况】 瀛海镇位于大兴和亦庄两座新城之间,地理位置优越,受新城辐射,地区经济发展迅速。辖区总面积36.7平方公里,辖28个行政村,户籍人口21416人,其中农业户籍人口16074人、非农业户籍人口5342人,全镇流动人口64539人。年内,全镇完成财政收入3091万元,同比增长-32.5%;农民人均纯收入15744元,同比增长10%;社会消费品零售额8.96亿元,同比增长14.4%;外贸出口交货额3亿元,同比增长76.5%。

名称:北京市大兴区大兴区瀛海镇政府

地址:104国道瀛海段38号

电话:69278211
邮编:100076
网址:www.dxyh.gov.cn

【折子工程】 年内,瀛海镇共实施折子工程77项,由9位主管领导亲自督办。涉及污水改造工程、农村文化大院建设工程、新农村建设项目等67件重点工作。

(孙　红)

【述职述廉工作】 年内,瀛海镇在机关干部中开展了述职、述廉活动。每位机关干部通过"双述"总结一年的工作成绩和不足,多方征求意见、建议。

(孙　红)

【粮食直补】 年内,全镇小麦、夏播玉米种植补贴面积9962.9亩,受益农户2270户,补贴资金96.37万元。

(孙　红)

【农民专业合作社示范社项目】 年内,瀛海镇"北京华瀛安绿蔬菜产销专业合作社",被列入市、区合作社规范化建设范围。

(孙　红)

【农业信息发布】 年内,瀛海镇在大兴农业信息网和一站通供求信息网上发布信息300多条,农业动态信息60多条。定期在信息机上发布预警天气预报、农业科技信息等1万余条。

(孙　红)

【农业科技推广】 年内,瀛海镇推广根节线虫防治项目,无偿为10多户农民提供防治农药,请区里专家进行相关技术培训,并做好生产记录;全镇推广赤眼蜂生物防治技术5600亩。

(孙　红)

【农业科技培训】 年内,瀛海镇共组织各种培训3次,包括植保、无公害生产技术、合作社法等方面,参加人次40多人。

(孙　红)

【蔬菜保护地设施建设】 年内,瀛海镇新建2万平方米连栋温室,争取蔬菜保护地设施建设补贴资金,每平方米补贴200元,预计补贴资金400万元。

(孙　红)

【防控重大动物疫情】 年内,瀛海镇有效封堵A型口蹄疫、猪流感及其他疫病,共入户800余次,发放疫病防控通知和相关知识材料1062份,全镇无动物疫情发生。

(孙　红)

【动物防疫】 年内,瀛海镇累计按免疫程序完成免疫1527042头份。其中禽流感11442333头份、口蹄疫28703头份、猪瘟1.64万头份、新城疫35520、蓝耳病11743头份。按要求免疫率都达到了100%。做好消毒工作,给养殖场、户发放消毒药品2吨。总消毒面积19.7万平方米。其中规模养殖场18.1万平方米、散养户1.6万平方米。逐户进行狂犬病免疫,共计免疫犬类5416条。完成了注射犬照片采集、登记工作,并发放动物免疫证。

(孙　红)

【安全食品监管】 年内,瀛海镇开展联合执法检查,查抄违规猪肉260公斤、活禽320只;取缔私屠乱宰窝点1个。

(孙　红)

【畜牧生产】 年内,瀛海镇出栏生猪1.1303万头、鲜奶5026.6吨、鸡蛋193吨、羊1539只、肉鸭出栏101.6万只。完成畜牧产值6077.7万元。

(孙　红)

【田间学校】 年内,瀛海镇新建田间学校2所:四海三村奶牛田间学校、瑞和二村生猪田间学校。续办田间学校一所:宏农水产田间学校。一个田间学校工作站:瑞合二村生猪田间学校工作站。举办培训60个课题,办班培训近50次以上。推广先进技术1~2个,累计投资17.75万元。

(孙 红)

【标准化养殖基地】 年内,瀛海镇争取标准化养殖基地建设补贴10万元、生物发酵床养猪技术补贴16.5万元。完成了北京瑞田畜牧养殖场标准化养殖基地建设和生物发酵床养猪技术的改造2个项目。

(孙 红)

【瀛海联村水场建设】 年内,瀛海联村水场建设全部完成,管道铺设5.9万多米、水表井450个、安装水表2000块,5月份正式通水。

(孙 红)

【环境治理】 年内,瀛海镇投资20万元,完成420米东二村排沟整治,疏挖清运和掩埋垃圾近1万立方米,对沟两侧进行了8000多平方米的绿化,解决了沟两侧脏乱及排水难的问题。

(孙 红)

【打击非法占地违法建设】 年内,全镇累计投入执法人员800余人次,财政支出100余万元,拆除违法建设217宗。

(孙 红)

【打击非法占地违法建设】 年内,瀛海镇通过村内有线广播、发放宣传单、每户一张告知书、主要地段和重点区域全部悬挂专项整治标语横幅、张贴公告、巡回宣传车等形式,进行广泛宣传。共印制公告1.2万张、印制横幅85条。

(孙 红)

【红星中学教师节表彰】 9月8日,瀛海镇在“瀛海镇庆祝第二十五届教师节大会”上表彰优秀教师24人、先进教育工作者、成人教育工作49人、品学兼优学生82人,奖励资金等22万元。

(孙 红)

【成人教育】 年内,瀛海镇成人学校开办大专班1个,学员22人;“技能+基础”中专班1个,学员78人。二、三产业转移培训:开设了园林绿化、叉车、自主创业等培训。完成成人教育“市级示范学校”验收评估任务。

(孙 红)

【教育建设投入】 年内,瀛海镇投资12万元完成瀛海二幼污水沟密封改造工程;投资11万元完成瀛海二幼、二小门前步行道路的硬化工程;投资5万元完成红星中学、第一中心小学教职工公寓安装太阳能装备;投资110万元完成瀛海一幼塑胶活动场地工程。投资392万元加强学校、幼儿园建设,其中镇成人学校学校基本建设、文化建设和教学设备添置等投资90万元;太和中学教学楼、宿舍楼内部装修投资120万元,瀛海二小办公室、教室翻建投入140万元;瀛海一小和红星中学教师宿舍装修投资22万元;瀛海镇第一、二中心幼儿园扩班建设投资20万元。

(孙 红)

【计划生育宣传阵地建设】 年内,瀛海镇出生人口总数187人,政策生育率96%。投资161万元,完善了28个村的人口文化大院、人口学校、计生协会会员之家设施建设,新建4000多平方米的计生文化墙,编印了《计生台历》、《卡通年历》、《避孕药具、避孕方法知情选择》折页共计2.6万册,制作了同一片蓝天、同一个家园计生宣传杯5500个。

(孙 红)

【计划生育服务】 年内,瀛海镇为400名农村采取长效避孕措施的已婚育龄妇女进行了健康体检。组织4259名已婚妇女参加了两癌筛查,并建立镇、村两级健康档案。

（孙 红）

【计划生育宣教】 年内,瀛海镇组织开展生殖健康大课堂和“瀛海镇计生优质服务系列知识讲座”村村行活动,共举办各类健康讲座8期,受益群众达500余人次,发放了各类计生宣传品10余种近3000份。

（孙 红）

【计划生育奖励】 年内,瀛海镇落实计划生育贴息贷款、幸福工程款276万元,扶持独生子女家庭77户发展生产,增收致富。发放独生子女父母奖励费29.4万元,独生子女临时救助金2万余元,各种奖励25万元,落实奖励扶助人员8人。

（孙 红）

【独生子女帮扶】 年内,瀛海镇开办“瀛海镇村级就业信息平台建设培训班”,安置272名独生子女家长及子女就业;为独生子女困难家庭宋平夫妇发放了7800元扶助金。

（孙 红）

【拆除违法违章建设】 年内,瀛海镇5宗非法用地项目1.95万平方米的违法建设全部拆除完毕。

（孙 红）

【社会救助】 年内,瀛海镇享受城市低保人员5户10人,享受农村低保人员29户30人。对火灾、大病实施临时救助,有5户享受救助资金3.46万元。

（孙 红）

【送温暖活动】 年内,瀛海镇走访慰问社救对象户41户,给他们送去了慰问金、慰问品,共计2万余元。

（孙 红）

【爱心捐助工作】 年内,瀛海镇在“博爱在大兴”募捐活动中瀛海镇53家企业共募集到善款48250元。为四川灾区人民奉献爱心共募集资金31904.5元;为贫困地区捐款4160元。

（孙 红）

【殡葬管理】 年内,瀛海镇共为57名死亡的居民家属发放一次性丧葬补贴,累计金额28.5万元。

（孙 红）

【双拥优抚】 年内,瀛海镇对优抚对象、现役军人家属和部队驻军开展走访慰问活动发放优待金19.5万元,并为优抚对象报销了医疗费用。

（孙 红）

【退伍军人安置】 年内,瀛海镇召开退伍军人座谈会,2次为退伍军人安排专场招聘会。

（孙 红）

【社会文明教育展】 8月24日至29日,瀛海镇兴海园社区居委会开展了“穿越时空”文化名人展进社区活动,用详实的文字、图片展示了近百位“五四”运动以来的文化名人。

（孙 红）

【残联工作】 年内,瀛海镇组织373名无等级残疾人体检,办理和换发第二代残疾证。在瑞合二村建立残疾人“温馨家园”,满足全镇516名残疾人康复、劳动技能培训、学习、娱乐等方面的活动。为88名残疾人发放辅助器具和为部分残疾人发放326件实物。为98名无固定收入的贫困残疾人每人每月发放200元的生活补助,为32户行动不便的残疾人家庭进行了无障碍改造。给89名无工作的重度残疾人免费入养老保险,为187名残疾人补助50%入了养老保险。182名重度残疾人每人每月发放100元的助残服务券。

(孙　红)

【失业人员管理】 年内,瀛海镇累计接收管理失业人员档案190份,其中当年新接收120份,累计发放失业金306人次,239387元,为失业人员申报医疗补助金79人次,共32787.27元,为失业人员提供日常援助312人次。完成了困难失业人员家庭情况调查,看望30名失业人员,发放困难补助9000元。

(孙　红)

【就业安置】 2年内,瀛海镇组织完成6期培训班,共计培训288人。向亦庄开发区、瀛海工业区等78家企业推荐求职人员653人,组织7场专场招聘会,496名农村富余劳动力实现就业。城镇登记失业人员实现就业104人。办理农村富余劳动力求职证499个,办理城镇失业人员求职证118人,完成81名城镇登记失业人员《求职证》、《再就业优惠证》的注册核验工作。

(孙　红)

【农村社会保险】 年内,瀛海镇有10024人参加农村社会养老保险,参保率达到99.8%;新参加城乡居民养老保险的483人。对全镇272人满足条件的无保障老年人进行登记、申报等工作。

(孙　红)

【社会化退休管理】 年内,瀛海镇管理退休档案230份;办理退休手续31人;管理社会化退休人员1461人;接收选择在社保所报销医疗费人员1122人和机关事业单位医疗报销,已报销医疗药费891人次,接收单据1821张,报销药费456350元。

(孙　红)

【劳动监察】 年内,瀛海镇共解决劳动纠纷17起,追讨拖欠工资53.6万余元。

(孙　红)

【保障性住房】 年内,瀛海镇20户符合申请经济适用住房条件的家庭通过市建委备案,28户申请限价房的家庭通过备案,其中19户可参加入围摇号购房。

(孙　红)

【尊老敬老工作】 年内,瀛海镇为3名100周岁以上的老人每人每月发放津贴200元、36名90周岁以上的老人每人每月发放津贴100元,为365名80周岁以上的老人每人每月发放100元的服务券。

(孙　红)

【景观路建设】 年内,瀛海镇投入资金220余万元,对104国道南宫段、104国道与黄亦路交叉口、黄亦路沿线进行综合治理。建设装饰性围墙2400延米;建设文化墙320平方米;建设不锈钢装饰围栏330米;铺设方砖硬化路面3500平方米;绿化及铺装2.5万平方米;粉刷墙面4.35万平方米。

(孙　红)

【三东路沿线整治工程】 三东路沿线整治工程总长涉及2300米,两个治理标段,投入资金29万元。铺设地下排水管道250延米;清理沿线渣土、垃圾750方;平整两侧绿地2.4万平方米,回填土方650方;修砌花墙500延米、修雨水井15个、清理小广告6450平方米、刷涂料1.08万余平方米。

(孙　红)

【道路建设】 年内,瀛海镇投入资金470万元对9.869公里的公路进行大修,分别涉及烧东路、四四路、瑞宏路、瀛海环路等13条公路,全部完工。

（孙 红）

【道路养护】 年内,瀛海镇完成镇级公路路肩基本维护2遍,共培护路肩85公里、清理排水沟54公里、路两侧打草64.8万平方米、清理渣土杂草700余立方米。

（孙 红）

【街坊路建设】 年内,瀛海镇投资2659.58万元,对中兴、怡乐、姜场、笃庆等11个村进行新农村街坊路的建设。已有8个村完成,另外3个村进展顺利。

（孙 红）

【创新制度建设】 年内,瀛海镇推广委托式保洁模式,即各村可以以委托的方式将村内的卫生保洁工作交于镇保洁中心管理。在姜场村、瑞一村试点,效果显著。

（孙 红）

【汽车及家电下乡资金补助】 年内,瀛海镇发放家电补助328户,补助368台,补助资金10.84万元,购买下乡汽车73户,补助73辆,补助资金28.85万元。

（孙 红）

【企业扶助】 年内,瀛海镇通过北京首创担保公司大兴分公司为7家有融资需求的企业解决担保贷款6550万元,其中为美巢集团解决固定资产贷款5000万元。

（孙 红）

【高新企业认定】 年内,五洲燕阳被认定为高新技术企业。完成市级高新成果转化孟氏锅炉、五洲燕阳项目2个。美巢集团、雪莲羊绒被定为北京市制造业信息化示范企业,中电华强获大兴区科学技术奖。

（孙 红）

【企业奖励】 年内,山源无纺布、美巢集团、二锅头酒业、雪莲羊绒等共获得政府扶持资金165.37万元。美巢集团、兰天大诚、五洲燕阳获得以优惠价格购买商品住宅的区政府奖励。

（孙 红）

【企业服务】 年内,开通了瀛海镇经济信息网(www.yhjjxx.gov.cn),利用网路技术,架设政府与企业、企业与企业沟通交流的桥梁,促进企业业务链接。

（孙 红）

【三元集团食品基地建设】 年内,瀛海镇整合可开发的土地资源,吸引大企业——三元集团到该镇投资,建设生产基地,计划投资6亿元,占地362亩,建筑面积7万平方米,预计投产后年收入10亿元。

（孙 红）

【我为瀛海添光彩文明书画展】 1月14～19日,瀛海镇书画协会举办了“我为瀛海添光彩”书画作品镇村巡回展。共展出作品近百幅,为群众书写春联400余幅。

（孙 红）

【先进表彰】 年内,大兴区举办农民艺术节表彰活动。瀛海镇在原创节目大赛、美丽大兴合唱比赛等活动中,荣获了“农村信息化工程先进单位”、“农村数字电影放映先进单位”等称号。

（孙 红）

【新秧歌调演活动】 正月初八,瀛海镇太和西村和东一村近百名秧歌队员,代表全镇参加了全区的新秧歌调演出。

（孙 红）

【书画家协会分会成立开展活动】 年内,瀛海镇书画家协会在四海四村、太和西村建立协会分会。四海四村书法讲座每周六授课,吸引了20余名书画爱好者参加。太和西村新建书画室,新建文化墙200平方米。

(孙 红)

【信息员培训】 3月31日,瀛海镇邀请区信息办领导,就信息采集、整理、报送等工作,进行了业务培训。并现场互动,为信息员进行信息点评。全镇28个村的30多名信息员参加了学习。

(孙 红)

【第三届“和谐杯”乒乓球比赛】 年内,全镇25个村分别进行了村级预赛,共有500多人参加比赛,共有170人进入镇级决赛。4月25日,第三届“和谐杯”乒乓球比赛在东二村举办。共有来自25各村的176名选手参赛。共评出5个组别15名优胜者。镇里出资1.2万多元,为所有参赛村发放了羽毛球拍等体育用品。

(孙 红)

【星火工程文艺演出】 年内,瀛海艺术团在全区巡演,先后到青去店、亦庄、旧宫、西红门等镇演出30场。四海三、宏农、笃庆、石太、中兴庄等村进行巡演40场。

(孙 红)

【参加诗歌朗诵比赛】 5月25日,瀛海镇选派优秀选手参加大兴区诗朗诵比赛,创作的作品荣获二等奖。

(孙 红)

【参加和谐杯乒乓球比赛】 6月6日,瀛海镇选派3支18人的代表队参加大兴区和谐杯乒乓球比赛,瀛海一队取得全区第四名。

(孙 红)

【新建手绘文化墙】 年内,瀛海镇在三槐堂、太西2村新建手绘文化墙500余平方米。

(孙 红)

【我眼中的共和国征文演讲比赛】 年内,瀛海镇收到来自全镇28个村和瀛海卫生院投来的演讲稿43篇,通过初审,共选出11篇优秀作品参加演讲比赛。

(孙 红)

【瀛海镇书画展】 9月18日~24日,在区文化馆举办瀛海镇书画展。此次展出共收到作品200余件,102件优秀作品入展,是瀛海历次展览征集的作品数量最多、质量最高、题材最广的一次。

(孙 红)

【瀛海镇合唱比赛】 年内,瀛海镇举办“迎国庆、讲文明、树新风”合唱比赛,全镇16支村级合唱队伍共400人次参加了比赛。购买了16套卡拉OK设备作为奖品发放到村。

(孙 红)

【数字电影建设工程】 年内,全镇28个村,村村安装了农村数字电影放映设备,并为部分村配备了空调20余台,坐椅800把。

(孙 红)

【全民健身器械更新】 年内,为全镇5个村70余件全民健身器械进行了更新。

(孙 红)

【特色村建设工程】 年内,瀛海镇结合各村特色,分三批开展特色村建设对东二、瑞一进行乒乓球特色村建设,采取镇村投资的形式,村里出场地、装修,镇里配发球案10张,文化墙300平方米,铺设地胶。对下十号村进行篮球特色村建设;扶持中兴、太西、四海四、瀛海艺术团四个文艺团体。为中兴、三槐堂等20个村,按照需求表征求的意见,配备室内外健身器材220余件。为姜场、四合一等村及兴海广场、兴海公园安装了广场健身器材近200件,为全镇的文化大院、文化广场都配齐了体育设施。

(孙　红)

【有线广播村村通工程】 年内,对全镇20个村进行了有线广播设备安装调试。

(孙　红)

【全民健身工程】 年内,为全镇28个村每村配一张乒乓球桌,为25个村每村配备10付羽毛球拍。

(孙　红)

【我为瀛海添光彩文明书画展】 1月14～19日,瀛海镇书画协会举办"我为瀛海添光彩"书画作品镇村巡回展。共展出作品近百幅,为群众书写春联400余幅。先后在镇政府、西一村、瑞合二村文化大院进行了展览,吸引了众多书画爱好者参观。

(孙　红)

【镇志编写】 年内,聘请4位退休老干部及一位教师组成瀛海镇史志办公室,先后召开三次史志工作会部署此项工作。工作人员已对全镇28个村进行了一遍走访,撰写文字20万字。

(孙　红)

【流管队伍规范化建设】 年内,瀛海镇实行村级管理员网格化实名制的责任制管理内容,逐村明确管理员责任,签订管理员责任书262份,组织管理员分片培训会17次,全面提升地区基层网格管理员的素质。

(孙　红)

【严打整治和基础规范】 年内,瀛海镇对市区倒挂重点村进行"严打整治"和"基础规范"。开展联合检查45次,出动人力总数5081人次,车辆562台次;共排查发现隐患1322处;更新排查流动人口11514人次,录入流动人口信息4100余条、注销4500余条;规范秩序乱点682余处、处罚违规行业98家、取缔69户。

(孙　红)

【流动人口和出租房屋管理】 年内,瀛海镇排查出租房屋97613间,流动人口61251人次,及时发现隐患1124处,当即整改978处,转报其他部门处理146件,已限期整改完成。

(孙　红)

【解决农民工问题】 年内,瀛海镇共解决劳资纠纷31起,涉及流动人口380余人,及时追讨补发工资60余万元。

(孙　红)

【流管信息化建设】 年内,瀛海镇联合综治办、流管办、信访办、派出所、司法所、团委、民政等部门,对全镇12类重点人按人员分类建档、制定工作方案,人员按照防控等级分级登记台帐,分级制定监管措施,成立监控小组,责任明确落实到人。共刊《国庆安保情况维稳信息》58期、《瀛海镇国庆安保综治情报信息》30期。

(孙　红)

【三站合一升级规范管理】 年内,瀛海镇30个单位全部按照统一标准"一站、一牌、一图、一卡、三书、两会、逐档"的管理标准,262名村级管理员实行网格化实名制管理内容,达到基层管理工作站的升级。

(孙　红)

【落实科学发展观学习活动】 年内,瀛海镇开展了历时5个月的科学发展观学习活动,共分三个阶段进行。参加本次学习实践活动共有43个党支部,其中农村党支部28个1016人,企事业单位党支部14个284人以及机关全体工作人员112人,人员总数达1412人。活动的参与面由全体党员干部拓展到机关全体人员、非党领导干部、流动党员、入党积极分子、后备干部、大学生村官、农村支部的后勤干部等。

(孙　红)

【党员干部队伍的理论建设】 年内,瀛海镇请来首都师范大学郭海燕教授为党支部成员、入党积极分子、入党申请人共500余人讲授了《实践社会主义核心价值观,坚定理想信念》。开展"学习党章重温誓词集体宣誓"活动。组织32名新入党的党员进行集体宣誓。

(孙　红)

【落实基层班子承诺事项】 年内,本镇村两委班子承诺事项211项,包括发展经济方面28项、加强执政能力方面28项、精神文明建设方面46项、村级民主政治建设方面31项、为民办实事方面78项,完成188项。

(孙　红)

【送温暖活动】 年内,瀛海镇开展"四个一"活动,即:深入到户"了解一次民情,送一声问候,送一次温暖,送一份和谐"。镇两委班子、各基层党支部、村委会、党员干部、包村干部共走访了584人,其中有老干部122人,老党员131人、贫困党员18户,发放了米、面、油、牛奶等慰问品和现金,共投资361745元。

(孙　红)

【捐款活动】 年内,组织全镇机关、农村、企事业党员开展共产党员献爱心捐款活动,全镇1000多名党员共计捐款44158元。

(孙　红)

【七一表彰工作】 年内,瀛海镇党委在"七一"期间组织开展评选"践行科学发展观,树党员先锋形象评优创先活动"。并对创建活动中涌现出的16个五好党支部、5个先进基层党组织、先进党务工作者23人、在职党员"岗位奉献先进个人"52人、无职党员"岗位奉献"先进个人16人、"帮扶奉献"先进个人8人、"流动党员之星"1人进行了表彰。

(孙　红)

【无职党员设岗定责】 年内,瀛海镇开展无职党员设岗定责工作,共设置岗位139个,与378名无职党员签订了责任书,上岗率84%。

(孙　红)

【四帮四联活动】 年内,瀛海镇开展"四联四帮"活动,229名党员共帮扶困难家庭85户。

(孙　红)

【党员承诺】 年内,瀛海镇开展党员承诺活动,全镇1156名党员参与活动,共承诺2519项。

(孙　红)

【党员志愿者服务队活动】 年内,瀛海镇开展平安瀛海党员志愿者服务队活动。全镇有680名党员参与维护和社会面防控工作。

(孙　红)

【清洁日活动】 6月26日,瀛海镇开展了清洁日活动。活动当天组织全镇党员在镇的主要街道、文化广场、商业街等开展清洁整治活动,参加活动人员1515人,其中党员1050人、入党积极分子255人、清洁队员210人,清扫街道6.7万米,清理垃圾151吨,出动车辆73辆。

(孙　红)

【后备干部选拔】 年内,瀛海镇采取个人自荐、民主推荐、组织推荐的方式，经各村党支部初步审核筛选后，有36人参加了镇组织部组织的笔试、面试后，有16人通过组织部考察，进行公示后被列入村级后备干部人才，共有基层后备干部34人。

（孙　红）

【党员发展】　年内，全镇入党积极分子156人，发展预备党员23人，预备党员转正40人。

（孙　红）

【大学生村官管理】　年内，对全镇56名大学生村官进行了考核述职评定工作，评选出优秀大学生村官7名。抓好2009届大学生村官公开招聘工作，面向全市在70名报名的应届大学生中公开选拔了13名大学生村官，圆满完成了2009届大学生村官面试录用工作。

（孙　红）

【到期大学生村官安置】　年内，2006届17名大学生村官顺利走向新的岗位。13人找到新的就业岗位，其中2名考入本镇事业单位，4人考上其他单位的公务员、4人考入社区工作、3人被银行录用。

（孙　红）

【家庭教育讲座】　5月27日，在镇内两所中心幼儿园、两所小学开展了家庭教育讲座《儿童自我保护教育》，共有500多名儿童参加学习。

（孙　红）

【‘三八’妇女节庆祝活动】　年内，镇村开展丰富多彩的庆祝活动，举办秧歌表演6场；健康知识讲座8场；观看电影、光盘12场；慰问贫困家庭20人。

（孙　红）

【演讲比赛】　年内，瀛海镇组织开展了“国策伴我成长演讲比赛”，以男女平等基本国策、计划生育基本同策为主题，征集作品60余份。

（孙　红）

【巾帼志愿者活动】　1月18日，瀛海镇组织全镇巾帼志愿者和妇女代表开展了“迎接新春来，清洁我家门”活动，400余人参与活动。

（孙　红）

【送健康活动】　年内，瀛海镇为流动人口妇女举办健康知识讲座和体检，为笃庆堂流动妇女进行健康培训，100多人参加学习，发放健康手册200多份。

（孙　红）

【社区妇代会换届选举】　4月，瀛海镇完成兴海园社区妇联换届选举工作，产生妇女代表23人，妇联执委3人。

（孙　红）

【姐妹驿站工作】　6月26日，市妇联、首都综治办、市禁毒办在本镇举行了“姐妹驿站”暨“禁毒宣传教育工作站”授牌仪式，全市首个农村“姐妹驿站”在本镇瑞合一村正式建立。

（孙　红）

【兵役登记】　年内，瀛海镇对891名1987年至1991年的适龄青年进行兵役登记，对往届的适龄公民进行补充登记，8名人员应征入伍。

（孙　红）

【民兵训练】　年内，镇武装部组织基干民兵参加了为期10天的军事训练，加强参训人员政治思想好、纪律观念好、军事素质好、年轻身体好的“四好”教育。

（孙　红）

【国防教育】 年内,瀛海镇利用广播、橱窗等广泛宣传国防知识、国防法规和新时期拥政爱军、拥军优属活动的重大意义,宣传爱军拥军活动中涌现出来的先进人物和模范事迹。专题宣传101次,展出展板20余块,播放优秀爱国主义影片100部。完成社区青少年爱国主义教育工程,组织青少年开展"爱军、拥军、学军"活动,在学校中开展国防教育课,增强青少年的国防观念。

(孙 红)

【双拥工作】 年内,瀛海镇协同有关部门抓好双拥工作。做好"八一"、元旦对军属和驻军的走访慰问。适时召开退伍军人座谈会。对军属和退伍军人生活和工作中的困难给予及时的解决。

(孙 红)

西红门镇

【概况】 西红门镇地处大兴新城北部,辖区总面积31.2平方公里,辖13个自然村,27个村民委员会,35个居民小区,9个社区居委会和1个居委会筹备组。户籍人口26316人,其中农业人口16515人,非农业人口9801人,流动人口1.04万人。镇域经济以二、三产业为主导。年内,全镇各业总收入为75亿元。上缴国家税金5.7亿元,同比增长14%。财政收入完成1.05亿元,同比增长25.5%。农民人均纯收入达到20932元,同比增长14%。全年出生人口241人,死亡人口84人。

名称:北京市大兴区西红门镇人民政府
地址:北京市大兴区西红门镇人民政府
电话:60253111
邮编:100162
网址:www.xhm.gov.cn

【镇域工业】 年内,镇域内注册企业6700余家,实体经济3300家,个体工商户9153户。工业产值405071.6万元,同比增长9.2%,工业企业呈现良好发展势头。

(方 红)

【生产性服务业】 年内,地铁线西侧的商业综合区成功引入优质项目,世界500强企业宜家以79561万元摘得商业综合区30.4平方米建设,计划投资30亿元,已完成工商注册,注册资金6900万欧元。建筑业、房地产业保持平稳向上增长态势,新开工建设面积59万平方米,其中农民回迁安置房6万平方米、经济适用房7万平方米、商品房46万平方米。

(方 红)

【招商引资】 年内,西红门镇引进企业585家,引入注册资金17.5亿元,其中投资5000万元以上的3家。分别为注册资金为5亿元的北京农业担保有限责任公司、注册资金6900万欧元的北京英特宜家置业有限公司和注册资金5000万元的北京民和农业投资有限公司。

(方 红)

【清理企业】 年内,西红门镇清理异地注册企业32家,关停"五小"企业、"六小"场所和"三高"企业85家。

(方 红)

【村级产权制度改革】 年内,西红门镇进行村级产权制度改革。建立资产变股权,集体经济组织成员当股东,村、社区经济合作社成为与市场经济接轨的产权明晰、权责明确、政企分开、管理科学的新型集体经济组织,打破村集体经济组织活动的局限性,实现投资方式多元化、经营项目扩大化、村社经济收入多样化。确定西红门镇三村为试点先行运作。

(方 红)

【农业经济发展】 年内,全镇一产比重日益缩小,仅占经济领域0.2%。设施蔬菜面积2200亩,同比下降20%,蔬菜产量1000万公斤,同比下降16.7%,销售收入1000万元,同比下降10%。种植各种果木100亩,产量20万公斤,销售收入40万元。

(方 红)

【对外融资】 年内,西红门镇对外融资11亿元,实现利息收益8800万元,促进了集体经济进一步增长。

(方 红)

【多元资产经营管理】 年内,西红门镇共购置资产(底商)1.42万平方米,投入资金2.18亿元,实现了资产的保值增值。为规范管理,成立西红门恒信建业资产管理有限责任公司。

(方 红)

【集体经济监管】 年内,西红门镇共接收咨商事项191件,批准174件,退回17件。完成9项工程公开招投标。受理公章事项33982件,退回329件。

(方 红)

【土地一级开发】 年内,西红门镇完成京开路东侧二村、四村35万平方米住宅项目的土地一级开发测绘、勘界及方案编制工作,并报北京市土地管理储备中心审批。完成了金星地区老三余、寿保庄、大白楼和金星庄村旧村改造土地一级开发前期基础性工作,项目规划总占地面积1690亩,总建筑面积100万平方米。

(方 红)

【社区管理】 3月中旬至6月底,全镇35个住宅小区依法完成第七届居民委员会换届选举工作,成立9个居民委员会。选举产生9名主任,16名副主任,42名委员和389名居民代表。调处社区矛盾100余件。

(方 红)

【社会保障】 年内,全镇农村社会养老保险参保人员为9879人,参保率达到99.3%,缴费金额7751234元。全镇5382户,15085人参加新型农村合作医疗,参合率继续保持100%,个人筹资75.58万元,门诊、住院共报销4130人次,报销药费860万元。对35户村民发放住房困难补助22.9万元。投资110万元对镇辖区2200户已拆迁户进行走访慰问。完成建新庄村温馨家园建设,满足残疾人康复、就业培训等需求。

(方 红)

【就业服务】 年内,成立北京西红门恒信建业劳务派遣有限公司。以此为平台,共为1800名农村富余劳动力进行求职登记和职业指导培训,开发就业岗位1832个,安置农村富余劳动力534人,全镇241名具备劳动能力的残疾人就业率保持90%以上,全镇"零就业家庭"保持动态消零。

(方 红)

【人口与计划生育管理】 年内,全镇育龄妇女7265人,其中已婚育龄妇女4896人,采取避孕措施的4080人,一孩人数4225人,出生人口241人,户籍人口人均计生经费15.6元。镇政府加大对基层计划生育目标管理和考核力度,与全镇27个村社、9个居委会、819个企事业单位、9253个出租房户主签订了计划生育目标管理责任书。全镇已婚育龄妇女建立生殖健康档案卡率达100%。妇女病普查、两癌筛查9286人次。全年流动人口经费投入42万元,对流动人口入户检查162次,查验婚育证明12938人,流动人口孕检12105人次。举办"男性生殖健康大课堂"、"女性生殖健康讲座"、"更年期保健"等知识培训20次,开展各类宣传活动13次,为21户农村独生子女低收入家庭发放贴息贷款117万元。召开全镇计划生育工作会议,7个区级计划生育工作综合治理先进单位、示范村、优质服务创建先进集体,2名区级计划生育工作优秀领导干部和10名区级计划生育先进个人受到表彰。

(方　红)

【星光电视节目制作基地】　星光电视节目制作基地位于西红门镇域内五环路附近,规划占地面积500亩,是以北京星光影视园为核心建设而成,11月25日,举行揭牌仪式,星光影视园是广电总局批复的唯一一个国家级的电视制作基地。基地立足于为电视节目制作提供全方位专业服务理念,打造了节目制作、卫星输传、媒体聚集3个专业平台,为电视节目制作机构提供专业的演出场地、设备、技术人员、卫星传输、产业链综合服务等一站式服务。年内,投资6亿元复工建设的15万平方米的新奥特媒体大厦完工,投资2.5亿元新建设的卫星使馆区一期15栋7万平方米独立节目制作中心主体封顶。年内,园区拍摄大型综艺节目2500余场,接待观众40余万人次。

(方　红)

【北京大兴轻纺服装产业基地】　北京大兴轻纺服装产业基地位于西红门镇京城中轴路南延线东侧,规划总用地面积3239亩,其中工业用地1890亩,是北京市为创"世界服装时装名城"而确立的三大服装产业基地之一。年内,投资2000万元完成金业大街配套市政工程建设,北京仟草中药饮片有限公司、顶家印刷城等重点项目落户园区建设,总占地868亩的"百年城"项目洽商得实质性进展。有北京方仕工贸有限公司、北京金盛达制衣有限公司等27家规模服装加工企业投资兴业,总投资6亿元。园区工业总产值14619万元,同比增长40%,销售收入15770.6万元,同比增长50%,上缴税金400.5万元。

(方　红)

【兴海学校】　兴海学校是大兴区第一所九年一贯制学校,1999年7月成立,位于西红门镇域内,占地5.3万平方米,建筑总面积1.42万平方米。校区内建有中学教学楼、小学教学楼各一幢,共有46个教室,其中理、化、生、多媒体等专用教室14个。并配有400米塑胶田径场,2003年建成"兴海远航"网,成为社会教育、学校教育、家庭教育交流平台。年内,在校学生1450人,42个教学班。学校干部队伍由14人缩减到10人,平均年龄39岁,其中本科学历8人,在续本科2人。8人取得校级干部任职资格证。121名专任教师,区级学科带头人2人,区级骨干教师7人,区级骨干班主任2人,市、区级"紫金杯"优秀班主任10人。中学部中、高级教师29人,本科学历以上的教师79人,占小学部教师的96%,占中学部专任教师的58%,小学高级教师54人,占小学部专任教师的26%。被评为北京市初中建设工程先进单位,小学部六年级抽测成绩进入全区优秀行列;中学部初三年级在100%会考前提下,共有50人升入北京市示范高中校,占北京市户籍考生的25.3%。

(苑来祥)

【双语幼儿园】　全园占地7600平方米,建筑面积5508平方米,绿化面积2690平方米,是一所全日制中心幼儿园。年内,有15个教学班,在园幼儿520名,有教职工72人,其中大专学历17人、大本学历4人、本科在读有11人。新添台式电脑2台,打印机2台,复印机1台,扩建厨房—粗加工间和食品库。获得启蒙杂志颁发的全国书画基地称号,在大兴区阳光体育活动评选中获一等奖,获得了西红门镇安全生产先进单位称号,获得了大兴区卫生保健先进单位称号,7名老师获得了各种奖项,获得了大兴区园所文化先进单位。

(苑来祥)

【金海学校】 金海学校是一所九年一贯制学校。校址位于西红门镇金星庄。总占地面积47490平方米,教学楼面积为9294平方米,绿化道路面积10280平方米,附属设施面积1728平方米,运动场面积为28250平方米,建有400米的环形跑道及其他较完备的运动器械及场地;图书馆设有教师和学生阅览室,藏书2.6万多册;组织机构有校长兼书记1名、副书记1名、副校长2名、工会主席1名、完小校长2名,有教学班45个,学生1485人,教职工131人,专任教师112人,高级教师9人,区级骨干教师6人,市级"紫金杯"优秀班主任2人,区级骨干班主任4人。全年开展各种教师主题会26次。

(苑来祥)

【西红门镇成人学校】 西红门镇成人学校是北京市乡镇示范性成人学校,以各种技能培训和成人学历教育为主要教学内容。学校总占地10.2亩,建筑面积4267平方米,标准教室20个,办公室10个,学生宿舍18间,计算机教室3个,共配备电脑120台,多媒体教室1个,远程网络教室1个,校园电视台演播厅1个,图书馆1个,藏书1.2万册,缝纫机36套,制冷设备24套、叉车2部,教学电瓶车1辆。成人学校:设校长1名、办公室主任1名,培训部主任1名,总务处主任1名,中学高级教师2名,中学一级教师1名,中学二级教师2名,中学三级教师1名,小学高级教师1名,临时工7名。年内,成人学校共举办各类培训班54期,总培训12880人次,其中学历教育160人,农民、企业职工实用技术培训36期2504人次,二、三产业转移培训4期284人次,时事政治,法律法规,道德文明,计划生育等培训14期9932人次。

(苑来祥)

【技能培训】 年内,西红门镇举办技能培训36期2504人次。其中叉车培训6期391人次,电焊工培训6期278人次,电工培训4期97人次,计算机培训8期352人次,企业安全培训12期1645人次,卫生保洁培训1期62人次,司炉工培训1期34人次,仓库保管员培训1期45人次。

(苑来祥)

【社区教育培训】 年内,西红门镇举办社区教育培训14期,9938人次参加。

(苑来祥)

【农民流动课堂车】 年内,农民流动课堂车接送培养教师42次,外出法律法规宣传,社区文体活动23次,为各村成人学校、居委会服务15次,行程6.5万多公里。

(苑来祥)

【西红门医院】 年内,西红门医院有正式职工92名,临时工63人,退休职工20名。接待门诊量86913人次,实际占用床日为5116日,住院人数509人。

(苑来祥)

【计划免疫】 年内,西红门镇脊髓灰质炎上报接种率100%;百日破、麻疹、乙脑、风疹、流行性腮腺炎、流脑等疫苗上报接种率均在95%以上;强化查漏补种工作共调查学龄前流动儿童5059名,其中无卡儿童63名,无证儿童57名,全部进行了补证补卡,对漏种儿童进行了补种;对外来务工人员的麻疹、流脑接种人群,共接种23个单位,接种4590人次,其中:A+C流脑疫苗接种2295人,麻疹疫苗接种2295人,接种率均达到了100%。

(苑来祥)

【传染病防治监测】　年内,西红门镇对甲型H1N1流感病例的一代密切接触者52人,二代密切接触者10人,归国人员131人进行了入户监测,所检测人员已结束了医学观察。传染病:甲流病历16例、病毒肝炎21例、细菌性痢疾55例、猩红热8例、麻疹11例、艾滋病4例、梅毒11例、淋病11例、流行性腮腺炎18例、风疹1例、手足口196例,其他感染性腹泻225例。艾滋病防治方面,宣传活动7次,发放各类宣传品4500余份。结核病防治:加强该项目的规范管理,项目人口覆盖率达到100%,新增病例11例,全部落实到各社区进行管理。

(苑来祥)

【精神卫生工作】　年内,西红门镇对33名精神病人进行入户方式共167次,有效控制精神病人肇事肇祸的发生。共对医务人员进行3次培训,出宣传板报4期,对各类人群开展健康大课堂11次,发放宣传材料28种860余份,开展宣传咨询活动12次,发放宣传材料30种2600余份。

(苑来祥)

【妇幼保健】　年内,西红门镇孕产妇系统管理率为98.78%,高危产妇管理率100%。儿童系统管理率100%。共完成村民体检3998人次。

(苑来祥)

【职业健康检查】　年内,西红门镇签订了18家企业《体检协议书》其中已完成职业健康检查企业16家,共体检256人次,检测噪声作业112人,苯系化合物95人,粉尘30人,紫外线19人。开展白内障手术4例。

(苑来祥)

【金星卫生院】　年内,金星卫生院有正式职工46人,卫生专业技术人员占84%,临时职工53人(其中包括1名乡村医生和2名返聘人员),专业技术人员76人,专业技术人员占87.5%。其中金华园社区医护人员4人、新建社区医护人员8人、志远庄社区医护人员4人、团河社区医护人员3人、北京政治干部管理学院门诊部医护人员3人。接待门急诊135763人次,比2008年的108548人次增长了25.07%. 住院床日为485天,病床使用率为13.47%。

(苑来祥)

【公共卫生工作】　年内,西红门镇本市儿童一类疫苗基础免病率100%,加强免疫率100%,为外省市儿童基础免疫1.3775万人次,加强免疫4651人次,学校接种乙肝疫苗应种477人,实种470人,接种率98.5%,甲型H1N1流感疫苗接种2147人次。共排查发热患者6287人次,其中确诊40人,医学观察190人,发放预防传染病宣传材料2万余份。开展传染病预防咨询活动共计26次,受教育群众1万余人。共接报法定传染病18种,传染病发病人数357例,其中乙肝传染病115例,两类传染病205例,其他非法定传染病37例。为辖区内28名精神病患者建立了档案。定期访视,上门送药,精神病患者得到了很好的控制。共举办健康大课堂及讲座40次,慢性病讲座30次,传染病防治讲座6次,健康咨询和专题活动10次,咨询人数1000余人,发放宣传材料1万余份。计划生育手术167例。宫颈癌、乳腺癌筛查,其中宫颈癌筛查1697人(应查3264人),筛查率为52.97%,乳腺癌筛查1061人(应查1757人),筛查率60.39%。儿童免费健康体检351人次。

(苑来祥)

【社区卫生工作】　年内,西红门镇社区卫生服务站3个,从医人员11名,接诊人数为9658人次。加强健康档案管理,管理率

100%,共访视慢性病患者1060人次,健康教育讲座30次,参加人数600余人,咨询8次,宣传板报24期,为协助卫生服务站做好慢性病管理工作,辖区内共筛选出85名家庭保健员,培训3次。完成辖区内16个行政村2632人的健康体检工作。完成辖区内739名无社会养老保障的老年人免费体检及相关资料的整理归档工作。

(苑来祥)

【文体活动】 年内,西红门镇投资160万元对文体活动中心进行了改造和完善,使活动中心的群众活动大厅、数字电影厅、图书阅览室、艺术中心、学习中心的功能更为完善。共播放电影1850余场,图书馆日借阅书次400册,组织培训150余场,开展各类小型活动250余场。

(谭洪春)

【明珠广场】 明珠广场是反映西红门文化的标志性建筑,坐落在京开公路东侧,共投资1200万元建成。明珠广场占地2.68万元平方米,明珠直径21米,由2100块镀釉玻璃镶嵌而成,象征21世纪。明珠球体被直径46米的喷泉水池环绕,喷泉由138支向心水珠组成,四周设32盏彩灯,明珠下设有地下通道和地下展室,球体内设二层展室。年内,对球体和广场进行了完善和美化绿化。明珠广场已成为广大群众休闲、娱乐、健身的好去处,也是举行各种活动的理想场所。

(谭洪春)

【文化大院建设】 年内,西红门镇共有文化大院27个,27个行政村全部有文化体育活动场所。文化大院活动涉及戏剧、秧歌、文化、书画、图书、体育及多项内容,满足各村社广大群众文化、娱乐和学习的需要。为使文化大院的各种功能更加完善,实施了文化大院提质工作。对大生庄、志远庄、西红门一村的现有建设较好的文化大院进行了提高质量建设,树立了一批文化大院示范典型。完成了金星庄村,新建地区老年活动中心项目改造工作,完成了2个社区的数字影院建设试点工作,为5个社区文化站配备了演出服装、音响设备,实施了"一区一品"宣传栏建设工作。

(谭洪春)

【文化队伍建设】 年内,西红门镇有文化活动队伍35支。其中有特色的文化活动队伍10余支,已实现村村都有文化活动队伍,总人数已达3000多名,其中骨干人数800多名,主要在健身队、舞蹈队、旱船队、腰鼓队、秧歌队、京剧队、中老年合唱队等。对文化队伍骨干进行了2次培训。在27个村庄和9个居委会中挑选出10余支水平较高的文艺队伍,加以指导和培训。

(谭洪春)

【村社(社区)图书室试点】 年内,西红门镇在金华园、同兴园、西红门三村、十村等10个村社(社区)进行了图书室试点项目,建立了10个图书室。

(谭洪春)

【新闻舆论宣传】 年内,西红门镇对100多名信息员进行了专业培训,加大与媒体单位的合作与联系。做好信息宣传工作,累计向区报送信息260余条,被采纳148条,刊登专刊6篇。累计向《大兴报》、《京郊日报》等新闻媒体投送稿件160余篇,被采纳130余条。在《人民日报》大地周刊及《半月刊》发表《京南明珠西红门》一文。共报送电视新闻120余条,专题50余条。

(谭洪春)

【思想道德宣传教育】 年内,以西红门镇第五届文化艺术节为载体,以颂辉煌、谱新篇、展风采、建设活力、治理和谐西红门为主题，开展丰富多彩的主题教育活动，全面推进思想道德宣传教育。举办知识竞赛、演讲赛9场次；举办大型演出、晚会、卡拉OK大赛5场次；举办秧歌大赛、全民健身展示大赛4场次；举办书法、摄影、美术作品展5次；举办大型形势报告会及理论演讲24场次；全镇各村社(社区、单位)板报专栏、橱窗每季度更换一次，共135期；编纂《西红门十年》画册一本，共出版发行2万套。

(谭洪春)

【理论业务学习】 年内，西红门镇共开展专题讲座12次，交流会10次，观看经济、科技、法律、文化、廉政、文明礼仪等方面教育片24次，开展演讲才艺展示等活动8次。

(谭洪春)

【百、千、万工程】 年内，西红门镇整合域内文化资源，充分发挥村社(社区)数字影院、图书馆(室)、健身站(点)的阵地作用。开展了100场文化体育活动，3000场数字电影放映，10万册图书下村社、社区、校园等系统性工作，努力形成点、线、面相结合的主体活动空间。

(谭洪春)

【民间文艺团体】 年内，西红门镇设立10万元民间文化艺术团体奖励基金，鼓励领导民间文艺团体深入开展具有鲜明镇域特色的群众性文化活动，努力形成政府搭台，百姓唱戏的文化建设模式。

(谭洪春)

【系列主题教育活动】 年内，西红门镇在村社、社区、机关、企事业单位深入开展“爱祖国、爱北京、爱家乡”主题教育活动12场。开展“文明礼仪、阳光心态企业文化建设”讲座活动105场。同时在各行各业中开展了“百名优秀标兵”评选表彰活动。

(谭洪春)

【国庆联欢活动】 西红门镇自7月份开始，组建460人国庆60周年广场联欢队伍，作为群众板块的一部分，参演天安门广场联欢活动，经过100天的紧张认真的练习、合练及现场彩排，圆满完成了天安门广场联欢任务。并荣获“首都国庆60周年联欢晚会先进集体”称号。

(谭洪春)

【完善村社(社区)健身场所】 年内，西红门镇投资200万元实施了村社(社区)健身场所完善工程。完成了福星花园、兴海家园、金华园、瑞海家园等15个小区体育健身器材的拆旧换新工作。完成了16个村社健身器材的扩容工作。

(谭洪春)

【群众体育健身活动】 年内，西红门镇实施了文化大院提质工程和村社(社区)建设场所的完善。其中有26个文化大院还设有乒乓球室，台球室等，是各村社广大群众进行体育活动和健身的主要场所，也是各村社健身队伍的主要活动场所。

(谭洪春)

【体育健身队伍】 年内，27个村社和9个社区居委会均有体育健身队伍，主要是秧歌队、腰鼓队、中青年健身队、舞蹈队、旱船队、武术队等，体育健身队伍骨干1000余名，总人数3000多名。对业务骨干进行2次培训。每天参加体育健身活动的群众有4500余人。

(谭洪春)

【第二届和谐社区杯乒乓球比赛】 3月14日，西红门镇投入3.2万元组织开展第二届和谐社区杯乒乓球比赛，全镇27个村社，9个社区共计1000余人报名参加。

（谭洪春）

【首届全民健身运动会】 5月24日，西红门镇筹集资金6.5万元，组织开展首届全民健身运动会，全镇27个村庄、9个居委会和机关企事业单位共计1000余人参与其中，千人拔河赛、趣味运动、篮球友谊赛等丰富的活动形式。

（谭洪春）

【广场交谊舞大赛】 5月23日，西红门镇筹集活动经费10.5万元，在西红门兴海公园举办了"快乐舞步"第二届广场交谊舞大赛暨大兴区"舞动大兴"第二届群众文化广场交谊舞大赛。

（谭洪春）

【举办北京市空竹邀请赛】 年内，西红门镇投入活动经费10万元组织开展北京市空竹邀请赛，全市30支空竹代表队参赛，各代表队间分别进行了空竹表演、竞技比赛。西红门镇民间空竹团体和部分个人参加了表演和竞技比赛。

（谭洪春）

【民间文体社团活动】 3月至10月，以西红门镇第五届文化艺术节为载体，为民间文体社团投入活动经费26万元，为35个民间文体社团搭建平台，组织开展了30场系列文体活动。

（谭洪春）

【新农村绿化】 年内，全镇绿化投入资金906万元，绿化总面积197980平方米。完成金星庄、大生庄、建新庄、新建村、寿保庄等村社的村庄绿化工程，绿化总面积15.48万平方米，栽植树木1.25万株、灌木1.83万株，栽种植地被9.87万平方米，共投入资金450万元；完成团河行宫周边绿化工程，绿化总面积10880平方米，投入资金106万元，种植乔木478株，灌木3846株，绿篱40720株；完成了经济适用房区道路周边绿化工程，绿化总面积2.13万平方米，投入资金300万元，共种植乔木783株，灌木3246株，木本花卉34432株，绿篱植物142731株，竹子6432株，地被11187平方米；完成京开路东侧五环路北侧绿化工程，绿化面积1.1万平方米，投入资金50万元，栽植乔木930株，灌木1100株。

（吴立宽）

【新农村街坊路建设】 年内，完成了金星庄、大生庄、小白楼、新建村等7个村社的街坊道路修建，工程总投资750万元，修建道路面积6.9万平方米，修建排水管8900米。

（吴立宽）

【金东河南苑灌区清淤工程】 年内，西红门镇投入资金165万元完成了南苑灌区清淤工程，清淤总长度3850米；投入资金300万元完成了金东河清淤改造工程清淤2000米，封盖605米，垒墙350米，并投资建设了占地800平方米的建新庄街心公园和志远庄绿色长廊。

（吴立宽）

【新建村安全饮用水改造】 年内，西红门镇投入资金380万元完成新建村一户一表改水工程，涉及890户2200人，安装水表1100块，新建检查井650个。

（吴立宽）

【完成小白楼等村庄规划】 年内，西红门镇完成小白楼、志远庄、团河南北村及新建村等8个村社的村庄规划。

（吴立宽）

【组团配套大市政建设工程】　年内,西红门镇东环路、北一街完成雨水管线建设 819 米,污水管线建设 720 米,天然气管线 1020 米,给水管线 960 米,东环路东半幅路床平整 300 米,累计投资 700 余万元。

(吴立宽)

【镇级村级公路大修工程】　年内,镇级、村级公路大修工程共分为 6 条路,分别为宏盛路、同开路、福伟路、福伟路支线、福盛路、老三余路。工程分为三个标段,其中一标段 1.7 公里,投资 90 万元。二标段 1.3 公里,投资 120 万元。三标段 1.6 公里,投资 150 万元。累计大修里程 4.6 公里,大修面积 3.22 万平方米,总投资额 360 余万元。

(吴立宽)

【解决村社出行困难问题】　年内,西红门镇投资 23 万元,为志远庄村修建一条长 300 米,宽 5 米环村柏油道路。

(吴立宽)

【京开路顶管工程】　年内,西红门镇完成京开路顶管工程,投资 130 余万元,顶管长度 135 米,管径 1400mm。此项工程由西向东穿越京开高速公路主路、辅路,工期 60 天。

(吴立宽)

【小区旧窗改造项目】　年内,西红门镇依托大兴区建委小区旧窗改造项目惠民政策,共申请改造的小区有 2 个,分别是兴都苑小区及金荣园小区。其中兴都苑小区改造 1 栋,楼号为 11 号,改造户数 68 户。平均每户自费改造费用为 900 元,政府每户补助 4500 元,政府补助金额共计 30.6 万元。金荣园小区改造 3 栋,楼号分别为 9 号、12 号、13 号,改造户数 74 户。平均每户自费 900 元,政府每户补助 4500 元,共计政府补助金额 33.3 万元。

(吴立宽)

【民政工作】　年内,西红门镇共有优抚对象 25 人,发放优抚金 18.1 万元,报销药费 6.5 万元,全年共发放金额 24.6 万元。为 3 户优抚对象申报危房改造,全部改造完工。市、区、镇三级共为每户补助危房改造金 5.4 万元,共补助金额 16.2 万元。八一期间走访慰问现役军人家属及超期服役人员家属等人员共 97 人。

(吴立宽)

【城乡低保】　年内,西红门镇有城市低保户 32 户 51 人,发放低保金 19.5 万元,农村低保 24 户 32 人,发放低保金 6.1 万元。为 7 户低保户及低保边缘家庭申报危房翻建、维修房屋。

(吴立宽)

【临时救助】　年内,西红门镇共为 9 户因患白血病、尿毒症等原因造成家庭生活困难的家庭办理临时救助,每户补助 5 千至 1 万元救助金。

(吴立宽)

【助学救助】　年内,民政局为 10 名家庭生活困难,考入大学的大学生申请助学救助,每人发放救助金 4000 元。从残联为 9 名残疾人学生和生活困难残疾人子女学生申请助学补助金。

(吴立宽)

【殡葬管理】　年内,全镇死亡 84 人,火化率 100%,受理死亡人员丧葬补贴申请 67 人,每人补助 5000 元,共发放丧葬补贴 33.5 万元。清明节期间接待祭扫人数 1592 人,车辆 440 辆。

(吴立宽)

【老龄工作】　年内,西红门镇办理 65 岁以下老年证 214 个,65 岁以上老年人优待证 619 个。全镇共有 90 岁以上老人 26 人,百岁老人3人，全年发放高龄老人津贴3.3万元，重阳节期间共慰问幸福、文明、健康老人及90岁以上老人95人。

（吴立宽）

【残联工作】 年内，全镇享受无业重残人员生活困难补助124人，发放资金36.4万元，为4户精神残疾人申办入住农疗基地，对613名残疾人更换二代残疾人证，发放轮椅154辆，坐便器12个，冲凉椅10个，助行器8个，四角拐杖18个，腋拐4副，助听器17个。温馨家园正式建成投入使用，可覆盖东区14个村的残疾人使用，为10户行动不便的残疾人进行无障碍坡道改造。

（吴立宽）

【超转人员情况】 年内，西红门镇二村、七村超转人员共39人，发放生活费43.5万元，为1名超转人员报销药费687.2元。

（吴立宽）

【爱心捐款】 年内，西红门镇共组织三次捐款。分别为"京什手拉手重新建家园"，镇机关、各村（居）委会捐款，现金8万元。共产党员献爱心捐款活动，共捐款8.8万元。送温暖、献爱心捐款活动，共捐款4.7万元。三次捐款共计21.5万元。

（吴立宽）

【住房保障工作】 截至11月底，镇域内申请受理经济适用房、限价房、廉租房街道来电咨询1468人次，接待来访咨询627人次。填写大兴区城市中低收入住房困难家庭情况申报表249户，申请经济适用房的家庭67户，市级备案家庭41户，区级审核家庭20户，有6户家庭经转限。申请限价房的家庭49户，市级备案家庭32户，区级审核32户。参加大兴区艺苑桐城首批限价商品住房入围家庭26户。申请廉租房家庭5户，镇级受理家庭4户，1户准备材料。跨区协查85户。

（吴立宽）

【社区换届选举】 年内，西红门镇9个社区均一次性选举成功，选举出了67名居委会成员，居委会成员连选连任34人，新当选33人，参选比例达96%。

（吴立宽）

【培训居委会工作人员】 年内，西红门镇邀请市、区社区建设专家对9个社区的80名社区专职工作者进行培训。

（吴立宽）

【社区服务站建设】 年内，全镇9个社区陆续安装社区服务站的各项标志、服务设备。为西红门三村、六村、星光社区、金星庄、建新庄和团河南村6个村安装电脑、打印机、咨询台等社区服务站设备。

（吴立宽）

【社区矛盾调解】 年内，西红门镇为社区调节矛盾100余件，包括电话信访、来人信访、信访件等。

（吴立宽）

【编写社区工作传报】 年内，西红门镇开始编写《社区工作传报》，每月一期，上报区镇有关部门，并通过OA传送至各社区。选举期间编排了4期选举快报，便于及时掌握选举的动态。

（吴立宽）

青云店镇

【概况】 青云店镇辖区面积70.3平方公里，耕地面积51164亩。1～11月完成财政收入1648万元，同比增加355万元，增长

19%。农民人均纯收入(预计)为9886.7元,比去年的8827.4元增加1059.3元,增长幅度为12%。

名称:北京市大兴区青云店镇人民政府
地址:北京市大兴区青云店镇人民政府
电话:80281615　80285698
邮编:102605
邮箱:fengzhanxinqyd@163.com
网址:http://www.dxqyd.gov.cn

【学习实践科学发展观活动】 年内,青云店镇累计培训积极分子264名,发展新党员34名,批准预备党员转正53名。利用党员活动日抓好日常教育,利用远程教育进行政策解读,通过现场指导进行致富技术培训,通过开展学习实践科学发展观活动,全镇1971名党员全部参加,并通过承诺和履诺,以实际行动贯彻落实科学发展观。

(任东伟)

【调优配强村级班子】 年内,青云店镇调整充实13个村班子;培养选拔6名优秀后备干部到机关科室、先进村进行轮岗锻炼,安排到相应村任职;组织党员、社员代表以及机关副科以上干部对所有村两委班子成员进行考察测评。

(任东伟)

【管理考核村干部】 年内,全镇两委承诺事项154件,其中东店、东辛屯2个村获市级五好党支部。对村级干部定目标、定责任、定奖惩,实行季度考核、半年考核和年终考核,考核结果与年底奖金挂钩。

(任东伟)

【村级干部培训】 年内,青云店镇出台《村级干部参加学历教育费用报销的规定》,鼓励村级干部参加学历教育,开展村级干部现代远程教育。

(任东伟)

【引导党员发挥作用】 年内,青云店镇党员承诺事项累计1945件,上报党员信贷审批6人。开展农村党员实用技能培训,全年累计参训1000余人次。

(任东伟)

【干部管理】 年内,青云店镇完成事业单位改革,共涉及58人,按照政策进行岗位聘任、工资调整,按照劳动合同法的规定,完善机关合同工管理办法,对71名合同工工资标准进行了调整与规范。

(任东伟)

【完善制度规范从政行为】 年内,青云店镇补充、完善23项规章制度。通过执行这些制度镇党委处理了7起违规事件。

(李　新)

【查处惩治腐败】 年内,青云店镇共接待处理信访举报信件36件次,共立案6件,结案6件,开除党籍1人,诫勉谈话7人,组织处理11人。

(李　新)

【五好示范点创建】 年内,全镇非公企业有19家组建了党支部,其中9家为临时党支部,党建工作覆盖率95%。选取宝金龙食品厂、城南橡塑技术研究所2家单位开展非公企业“五个好”党组织示范创建。

(任东伟)

【居委会换届选举】 年内,青云里社区居民委员会严格按照《中华人民共和国城市居民委员会组织法》,完成了青云里社区居委会的选举工作。共召开选举工作会4次,选民登记149人,推举产生新一届居民代表28名,发布社区选举公告9份,上报区汇报材料及信息共15份。

(胡彦龙)

【新农村村庄规划及产业规划】 年内，全镇共有48个村完成了村庄及产业规划。与北京建筑与城市规划学院、铁道第五勘察设计研究院完成了2008至2009年度东辛屯、大回城、东回城、沙堆营、霍州营、解州营、东大屯、中大屯、西大屯9个村村庄产业规划。与北京工业大学和中国建筑标准设计研究院完成了本年度沙子营、北野场、太平庄、西鲍辛庄、北店、老观里、尚庄、顾庄、东鲍辛庄、马凤岗、南红门、寺上、小张本、泥营、东孙村、曹村、垡上、小铺头18个村的村庄及产业规划。

（杨 蕊）

【新增新农村建设村】 4月，青云店镇启动垡上营、高庄、西杭子村新农村基础设施建设工程，总投资1150万元。其中街坊路建设工程共修建村街坊路87808平方米，村内边沟5098米。文化大院建设总面积2000余平方米，通过区级部门验收。

（杨 蕊）

【新农村户厕公厕改造工程】 年内，青云店镇改造户厕2610座，涉及18个村，上级拨付资金为287.1万元。建设公共厕所66座，总投资1263万元，全部完成主体建设工程。

（杨 蕊）

【新农村太阳能浴室建设】 年初，青云店镇共投资1320万元建设“阳光双百”太阳能公共浴室，涉及11个村。西杭子村“户用太阳能浴室”以补助的形式为村里安装太阳能热水器106台。全部投入使用。

（杨 蕊）

【新农村街坊路建设】 年内，青云店镇投资4772.38万元对小张本等24个村进行街坊路建设，共涉及新建、大修街道总面积为379068平方米、边沟48794米、过街管2259米、防护墙552米。

（杨 蕊）

【节能门窗改造】 年内，大谷店、东赵村、北辛屯、孝义营、泥营村、垡上营、西大屯7个村改造完成节能门窗41户，超额完成全年任务指标。

（杨 蕊）

【户用沼气工程】 年内，青云店镇完成26户沼气工程，其中太平庄建设10户、小张本建设14户、东孙村建设2户，并通过上级部门验收。

（杨 蕊）

【村邮站建设】 4月，青云店镇南红门、孝义营等44个村建设村级邮站，配备了分拣桌椅、信柜、自行车、背兜、挂夹、村邮站标志牌、信箱、上墙资料板配套等办公用品，统一对村邮员进行专业知识培训。年内，49个村全部建立村级邮站，实现村村建站、户户通邮。

（杨 蕊）

【新农村路灯安装】 年内，青云店镇安装节能灯770盏，涉及垡上营等8个村。

（杨 蕊）

【科技培训】 年内，青云店镇农村科技示范户达147户，农村实用人才队伍达336人，增加98人，新办田间学校3所续办11所。共组织各类田间培训36次，涉及2900人次。

（李 维）

【农民专业合作组织】 年内，青云店镇共有农民专业合作组织15家，规范提升1家。农业标准化基地15家，其中新建标准化基地3家，规范提升1家。

（李 维）

【粮食直补】 年内,全镇享受补贴的小麦面积为24980.7亩,涉及补贴资金2872780.5元,涉及农户5276户。玉米面积36242.2亩,涉及补贴资金2790649.4元,涉及农户6710户。

(李　维)

【农业项目申报】 年内,青云店镇申报各类农业项目共16个,其中财政支农项目6个,104国道特色林地食用菌观光采摘带建设项目、青云店镇依托籽种繁育企业建立500吨优质蔬菜生产基地项目、大东高效农业园区提升项目、青云店镇生态农业基地改造项目、104国道观光产业大道项目和大兴区2010年十大观光园即大东农业观光建设项目园。科技项目3个,科技站新品种育苗推广、大东农业园高效规划设计研究、宝金龙精品腐乳生产线研制与副产品无污染处理研究。农业生态环境保护项目3个,大谷店村生活垃圾分类处理项目、东店村生活污水处理项目、东赵村户厕生态改造项目。旅游接待点基础设施建设项目4个,104国道食用菌体验采摘、大东、龙兴、宝峰。

(李　维)

【土地流转】 年内,全镇有25个村1023个农户进行了土地流转,流转面积4018亩。

(张　俊)

【农业保险】 年内,青云店镇有40个村办理农业保险,参保农户643户,保险面积3451亩,收农户保费8.4万元,保险金额457.3万元。对27个村,190户农民进行理赔,赔偿金额8.6万元。

(张　俊)

【民兵整组】 年内,全镇共设民兵连53个(97个排,293个班),有民兵2200名、其中基干民兵300名,预备役部队人员87人。

(李　新)

【经济普查】 年内,青云店镇完成第二次全国经济普查的清查及法人单位报表的培训、收审、录入和数据核实、评估工作。全镇共有法人单位968家,个体工商户1849户。

(胡彦龙)

【技术改造科技创新】 年内,青云店镇发展高新技术企业1家,新增民营科技企业2家,建立市级企业研发中心1个,申请专利1项,实用新产品6项,外观设计1项。

(徐献超)

【规范企业管理办法】 年内,制定《青云店镇入驻企业准入与经营管理办法》,规范企业审查和准入机制,共接收办照申请481份,其中验收合格253家,不合格228家。

(徐献超)

【招商引资】 年内,青云店镇引进北京金晶新能源功能材料工业园项目,成为青云店镇有史以来引进的最大投资项目,项目总投资30亿元,投产后年上缴税金3.6亿元。

(徐献超)

【引进企业盘活资产】 年内,青云店镇引进朗立夫服饰有限公司入驻大兴水泵厂。盘活闲置厂房5000平方米,占地面积20亩。投产后预计年产值6000万元,实现利税500万元。安置当地残疾人就业63名。

(徐献超)

【规章制度规范】 年内,青云店镇建立健全机关工作人员行为准则考勤、请销假制度等23项工作制度,印制《青云店镇机关管理制度汇编》。建立重点项目督查台帐、督办单、报告单。严格公章管理。印制三联式公章使用申请单,按照规定权限使用和保管公章。完成机关车辆运行改革,机关8个科室配发5辆公务车,制定科室自用车管理制度。对机关大班车、中巴车、部分公务小轿车进行换代升级。购买了电动自行车。

(徐献超)

【机关办公自动化】 年内,青云店镇对机关网络布局进行更新、调整、升级,对全机关科室电脑IP重新分配登记、网络端口登记入册,建立台帐统一管理,优化机关局域网系统资源。OA办公工作进入模块设计和调整阶段。

(徐献超)

【清理镇政府资产】 年内,青云店镇财审科对镇政府(包含农口站所)集体资产对外出租清查工作结束,共清理资产出租合同41份。完成3500项固定资产清点核实工作,办理固定资产处置、盘亏、盘盈上报审批相关手续。

(曹 征)

【债权债务清理】 年内,青云店镇对政府、站所债权债务总计306笔进行了清查,逐笔核对,查阅会计档案进行分析整理,调取对方证函,分类进行汇总。对能收回的款项立即收回,暂不能收回的款项签订还款计划。

(曹 征)

【内部审计】 年内,青云店镇对农机站、水务站、农服中心、科技站4个单位经济责任审计工作,从单位资产、债权债务、经营成效以及遵纪守法等方面进行总体评价。配合市、区财政部门、审计部门对专项资金审计,全年自查审计资金3247万元。

(曹 征)

【民生保障工作】 年内,青云店镇向低保对象共发放低保救助金72.6万元,其中城镇低保救助金6.6万元,优抚定期补助75.2元,伤残抚恤金6.6元,为优抚对象报销药费13.1万元,为4户大病和4户特困家庭争取大病救助金72771元。为21名大学生争取救助资金8.32万元。为197户低保家庭每户发放300元冬季煤补。完成38户翻建房和11户维修房的改造工程,比折子工程中的5户翻建、2户维修任务指标,分别超额完成33户翻建房和9户维修房。

(曹 征)

【残联工作】 年内,青云店镇完成对878名持有第一代残疾人证的残疾人进行换发第二代残疾人评定等级工作。办理白内障复明手术审批21件。为残疾人争取辅助器具232件和为2名重残人员免费安装假肢。对250户残疾人进行无障碍改造。为33名听力残疾人配备助听器。为19名残疾人办理并发放残疾人证,接待残疾人咨询相关政策事件21件,为24名新申办残疾证和34名残疾人证件进行了注销。为13名0~16周岁残疾儿童争取每人每年1000元康复补助卡。

(曹 征)

【居家养老助残】 年内,青云店镇为16~59岁重残未就业人员、60~79岁的重度残疾人和80岁以上的人员共928人办理了居家养老助残服务券。

(曹 征)

【争取民政资金】 年内,青云店镇共争取资金225.8万,其中民政139.62万元,残联84万元,为四村清真寺争取补助款2000元,为2名不满18周岁的大病患儿家庭争取每户1万元的救助款,共2万元。

(曹 征)

【完成社保指标】 年内,青云店镇完成农村劳动力技能培训380人,完成任务指标(区里350人)的109%,农村劳动力向二、三产业转移850人,完成任务指标(区里750人)的113%,失业人员实现再就业159人,完成任务指标(区里130人)的122%,失业人员就业率达到68.75%(区考核任务指标是61%),失业困难人员就业率达到61.24%(区考核任务指标是61%)。城乡居民养老保险工作参保率达到90%覆盖率的任务指标。完成了"一老一小"大病医疗保险参保工作。共受理152人丧葬申请,发放丧葬费补贴共计76万元(每人5000元)。

(张 俊)

【就业工作】 年内,青云店镇共组织举办专场和综合招聘会17场,累计参会企业98家,开发就业岗位3457个。其中有效岗位1967个,累计参会人数4211人次,达成就业意向1449人次。通过招聘会、日常推荐等形式,实现农村劳动力向二、三产业转移850人。

(张 俊)

【宣传调研】 3月,青云店镇创办了劳动和社会保障内部刊物《保障之声》。全年共在各媒体刊登劳动保障信息50篇。其中,市劳动保障报7篇,京郊日报5篇,大兴报19篇;大兴信息19篇,向区劳动局办公室上报信息15篇、报送工作动态4篇、举办大规模宣传活动4次、上报区就业调研报告1篇。

(张 俊)

【新型农村合作医疗】 年内,全镇参合农民26595人,参合率97%,比区政府下达的95%参合率提高了2个百分点,参合率位居全区第六,参合总人数位居全区第三。全镇共筹集合作医疗资金1117万元,其中农民自筹133万元,市区财政拨款984万元。为26595名参合农民注册登记录入电脑进行系统管理,为8700户农民重新办理合作医疗证。免费为203名贫困残疾人、404名农村低保人员、123名优抚人员参合。

(张 俊)

【二次补偿工作】 3月,对全镇2008年住院的患者进行二次补偿,涉及1278人,补偿金额115.7万元。

(张 俊)

【旅游工作】 年内,青云店镇7个旅游接待点列入大兴新版旅游地图册,由区旅游局为7个接待点设置了旅游导向路标共13处。

(李 维)

【信访工作】 1月至11月,全镇共受理信访案件168批次,比上年同期的281批次下降40%;接待人数共计556人次,比上年同期的805人次下降31%;镇级集体访12批次,比上年同期的28批次下降57%;区级访8批次,比上年同期的17批次下降53%;其中集体访1批次,比上年同期的2批次下降50%;市级访0批次,与上年同期持平。来信9件次,比上年同期的38件次下降76%。

(李 维)

【领导信访接待日】 年内,青云店镇在实行一般时期每周一位领导接访的基础上,在国庆特殊时期实行每天一位领导轮流接访的工作机制,分级接待、归口办理。全镇领导信访接待日共受理信访案件62件次,接待来访群众115人次。

(李 维)

【启动零指标工作制度】 国庆前夕,青云店镇各村开展深入排查外地来京上访人员在镇域内居住工作,启动"零指标"工作制度。期间协助派出所开展夜查活动3次,查获外地来京上访人员共计9人。

（李　维）

【矛盾化解员月例会制度】　青云店镇确立每月28日为矛盾化解员例会日，听取各村当月的信访情况汇报。全年共召开矛盾化解员例会10次，排查不稳定因素35起，协调处理信访问题31件。

（李　维）

【清理欠款】　年内，青云店镇针对镇域内29个村257笔418万元的收款任务，清欠小组分片指导各村进行收款。清理完233笔欠款，清理金额391万元。完成清理任务的93.7%。

（张　俊）

【审计工作】　年内，青云店镇对18个村进行了财务收支与经济效益审计，审计金额3805.4万元。为6个村（垡上、沙子营、枣林、小谷店、东大屯、沙堆营）办理了新老干部交接手续。

（张　俊）

【征兵工作】　年内，全镇276名适龄青年上站进行登记，对目测合格的130名适龄青年进行初检后，最终确定56名条件合格的青年为预征对象。共向部队输送优秀青年12名，其中团员7名，有专业技术特长者4名，12人全部为高中以上文化程度，完成了冬季征兵工作。

（李　新）

【学历教育】　年内，成人学校与中央党校和中国农业大学联合举办大学专、本科班6个，131名学员参加学习。

（朱　宏）

【农业实用技术培训】　年内，青云店镇开展各种农业实用技术培训39期，3658人次，超额完成全年任务，内容包括畜牧养殖、食用菌种植、蔬菜种植、果树栽培技术等。科普赶集2次，发放自编种植养殖技术手册500余册，活页材料2000余张，直接接受引导性培训的农民达1800余人次。

（胡彦龙）

【全程受理事项】　年内，青云店镇共完成受理事项8000多件，未发生一起违规、投诉事件。企业、个体工商户登记受理1108件，验收合格212件，退回项219件，窗口把关不符合规定的591件。

（李　新）

【查询系统应用软件】　年内，青云店镇着手研制了一套查询系统的应用软件，软件主要包括12项内容。借助此软件既可以向领导提供可靠的资料，还可以向投资者提供建议，避免损失的发生；在全区全程代理室中属首家应用。

（李　新）

【村官构成情况】　年内，全镇有“村官”93名，其中外埠生源30人，来自河南等14个省（区）。44个行政村有2名“村官”，5个行政村有1名“村官”。

（胡彦龙）

【编写系列丛书】　6月，青云店镇编辑完成了2006届村官三年工作体会《心路》和2006、2007、2008三届村官的诗歌集《我爱这片土地》。

（任东伟）

【编写镇志工作】　年内，青云店镇成立了镇志编写领导小组。并完成1991年～2009年镇志内容6万字，涉及历史沿革、人口、农业、工商业、财政金融、党建与政权建设、社会事业、科教文卫、人物等13章。

（任东伟）

【大学生村官兼任团支部书记】 年内，青云店镇在对基层团支部调查摸底的基础上，依据《青云店镇选拔优秀大学生"村官"兼任农村团干部工作方案》，推选优秀村官担任村团支部书记，发挥农村团组织的助手和后备军作用，在全区范围内率先完成了此项工作。

（李　新）

【开展爱心助困】 7月，青云店镇与北京奔驰－戴姆勒·克莱斯勒汽车有限公司团委负责人一同到青云店镇小迴城完小开展希望之星1＋1，爱心助学真情助困活动；与镇内企业磐石园艺有限公司法人，对石洲营村16名困难家庭户提供了每户价值300元的生活用品，并向15名受助学生发放了"希望之星1＋1"助学金。

（李　新）

【服务青年就业创业】 年内，青云店镇推荐8名青年学员参加团区委举办的青年夜校和创业就业培训班，积极为青年创业就业提供政策、资金、信息等方面的扶持，支持网上创业项目和创业实践基地的申报，推出2名创业典型，获得团区委赠与的2台上网本。

（李　新）

【人口与计划生育】 年内，全镇人口总出生248人，计划生育率达98.5%，避孕节育措施落实率达到了85%，有210对夫妇领取独生子女证，办理一孩生服务证252个，办理新生儿入户156个，开具各类婚育及手术证明556份，查验流动人口婚育证600余人次，二孩审批18例，办理小额贴息贷款112万元，为121名符合奖励扶助的老人审核、申报并发放了存折。

（杨　蕊）

【关爱女孩救助贫困母亲】 年内，青云店镇开展"关爱女孩 救助贫困母亲"公益活动，全镇为贫困母亲捐款2630元，慰问单亲贫困母亲、女童10名、为中心幼儿园送去3000元的节日礼物。

（杨　蕊）

【妇联表彰】 年内，全镇推选出优秀女干部、女企业家、女能手、妇代会主任等10名代表参加了大兴区第二届妇女代表大会；为北辛屯村林爱兵的巧娘工作室授牌；开展了"十星"创和谐、"美在农家"巾帼先行活动，发放宣传品1万余份，表彰"双学双比"女能手、优秀妇女干部、"五好文明家庭"、优秀"妇"字号基地100余个。

（杨　蕊）

【基层服务站规范化建设】 年内，青云店镇新增设流动人口管理工作服务站29个，总数达50个，各站设有站长、副站长各1名，专兼职管理员118人，其中专职管理员67人、兼职管理员51人。并设有专门办公室、标牌。

（安文晓）

【出租房屋排查整治】 年内，青云店镇共排查出租房屋1650户，走访流动人口1.7万人，发现上访滞留人员4批次9人，全部遣送回原籍。截至11月30日，流动人口总数21470人，出租房屋1272间，同上年同期相比，减少流动人口2000余人。

（安文晓）

【国庆安保】 国庆期间，青云店镇先后召开4次国庆安保工作会，各部门、各单位、各村悬挂标语、横幅300余条；发放培训材料、宣传材料共计2万余份；签订《国庆平安行动责任书》146份，先后4次对流动人口、出租房屋进行全面登记、核实。由流管办牵头，协调各职能单位和部门组织专项检查和联合执法16次。

（安文晓）

【垃圾无害化处理】 年内，青云店镇清运垃圾2万余吨，垃圾转运站共接收垃圾1.2万余吨，往安定垃圾场运送垃圾4600余吨。

（李 维）

【镇级柏油路养护】 年内，青云店镇整修路肩和路肩打草200余公里，动用土方350多方，处理翻浆839.7平方米，补柏油路5000余平方米；对龟裂比较严重的路段喷洒乳化沥青70吨，喷洒面积1.3万平方米；清运道路两侧乱倒的渣土和垃圾60余方；对路况和桥梁进行周巡视，发出清理占路通知2份；为工业区路网更换雨污水篦子110块；府前路和老镇区多次补换丢失的雨水箅子85块。

（李 维）

【中低产田筑路工程】 年内，青云店镇开展农业综合开发项目工程，涉及北辛屯、南红门、北野场、小铺头、寺上、东赵村、枣林、大张本等8个村，面积达1万余亩，修水泥路（11540米，路宽5米）共计5.77万平方米；修石渣路（8880米，路宽5米）共计4.44万平方米；修沥青路（595米，路宽5米）共计2975平方米；开挖渠道20495米。合计工程款589.79万元，共出动车辆30余台。

（安文晓）

【农机管理】 三夏三秋期间，青云店镇完成全镇小麦收割任务24980亩、玉米收获36242.2亩，未发生机械事故和安全事故。

（安文晓）

【农业机械购置补贴】 年内，青云店镇确定30户农民为购机补贴对象，共补贴购置机具27台（套），其中拖拉机9台、玉米收获机1台、旋耕机17台。财政补贴资金273660元，带动农户投资273660元。

（安文晓）

【司法工作】 年内，青云店镇共接收社区服刑人员26名，解除矫正24名，现有44名。接收帮教安置人员35名，撤帮16名，现有101名。走访村委会、派出所共计150余次，走访社区服刑人员家中290余人次，个别谈话教育560余人次，召开社区服刑人员动态分析会18次。联合镇社保科为两类人员就业培训20余人次，解决其就业4人次；为两类人员中的特困人员提供一次性救助13人次；为两类人员解决口粮地和宅基地2人次；开展4次有针对性的普法活动，发放宣传材料2500余份，解答法律咨询19人次。

（安文晓）

【完善国庆安保体系】 9月，青云店镇启动战时运行机制，成立指挥中心，完善落实各职能部门、包村干部、各村责任制，完善应急预案和各职能部门分预案，并建立50人的应急分队。国庆安保期间，共建立各类台帐5大类，20余册，编发简报14期，并获区综治办资金16.26万元，区维稳办资金5万元。1人获市级国庆安保先进、4个集体、14人获区级国庆安保先进、6人获志愿者之星称号。

（任东伟）

【取缔非法屠宰点】 年内，青云店镇共取缔4处非法生猪屠宰点，查抄屠宰猪33头，注水猪61头。

（任东伟）

【整治路边经营】 年内，由镇、村两级投资70余万元，为北辛屯果农购买了70余辆水果销售车，并形成了集观光、采摘于一体的农业旅游模式。

（任东伟）

【生态文明村建设】 年内,青云店镇完成对大谷店、东辛屯申报市级文明村的15项材料上报,各委、办、局审核,市、区两级实地验收工作这两个月已通过验收并获得生态文明村称号,每村补助资金15万元。

(任东伟)

【淘汰黄标车】 年内,全镇共淘汰黄标车83辆,同时做好调查、宣传、淘汰程序和补贴标准等工作。

(任东伟)

【新农村外宣工作】 年内,青云店镇共向《京郊日报》、《大兴报》、《大兴信息》、《大兴电视台》、《新农村简报》、《青云镇情》等市、区、镇级刊物报送信息70条。其中被《大兴信息》采用15条,《大兴报》采用3条,《大兴电视台》采用20条。《青云镇情》采用25条,被市级报刊《京郊日报》采用2条。

(杨　蕊)

【粮食直补】 年内,青云店镇共发放小麦补贴资金391.9万元,涉及补贴面积24980.7亩,补贴户数5276户。发放玉米补贴资金279万元,涉及补贴面积36242.2亩,补贴户数6710户。

(杨　蕊)

【家电下乡及汽车摩托车补贴】 全年,青云店镇共受理发放家电补贴农户849户,补贴资金22.4万元;汽车补贴农户112户,补贴资金38.9万元。

(杨　蕊)

【畜禽免疫全覆盖】 年内,青云店镇对畜禽按计划进行强制免疫(口蹄疫、高致病性禽流感、狂犬病呼吸与繁殖综合症等),免疫密度达到100%,鸡、猪瘟按程序适时免疫。其中猪45850头,羊14240只,牛3300头,鸡12.5万只,鸭3.8万只。

(胡彦龙)

【田间学校培训】 年内,青云店镇田间学校共举办奶牛培训班27次,培训人员850人;水产培训班15次,培训人员450人。

(胡彦龙)

【防疫消毒工作】 年内,青云店镇免费发放养殖场(户)消毒药品其中:火碱12吨、过氧乙酸15箱、百菌杀3箱、二氧化氯8箱。并对规模化养殖场派专人监督消毒,不留死角,全镇消毒面积达到5.6万平方米。

(胡彦龙)

【筛查狂犬疫苗注射情况】 年内,全镇49个村和各企业单位共免疫犬9532条,发放犬健康免疫证9532本。完成狂犬疫苗免疫登记及电子版录入的上报工作。

(胡彦龙)

【春季植树】 年内,青云店镇完成绿化工程4个(12个村566亩残次林改造工程、17个村中低产田改造绿化工程、150亩沙坑治理工程、西杭子等9个村新农村绿化美化工程),植树共计7.11万株,其中栽植乔木5.6万株,种植花灌木1.51万株,成活率在95%以上。

(胡彦龙)

【树木采伐】 年内,全镇共采伐树木5438株,计1738立方米,涉及村队27个。

(胡彦龙)

【果树培训】 年内,青云店镇共组织召开果树现场培训会7次,培训人数达1600人次;推广果树授粉2500亩;果树套袋300万个;果树梳花梳果5000亩;培养科技示范户42户;为杨各庄村梨园做无公害农产品认证并建立了标准化基地。

（胡彦龙）

【林地食用菌基地建设】 年内，青云店镇建设林地食用菌基地1050亩，涉及7个村，种植户数45户，投放菌棒110万棒，主要品种木耳、平菇、秀珍菇等。

（胡彦龙）

【美国白蛾防治】 年内，全镇5个防治专业队，15辆打药车，用7个月时间对所有树木进行统一打药普防查治，三次普防共投入人力3000人次，使用车辆600车次，药剂3吨，普防面积9万余亩。共监测到美国白蛾成虫115头，查治幼虫网幕669株。

（胡彦龙）

【环境整治】 年内，青云店镇制订《环境综合整治工作意见》，指导各单位开展环境整治工作。组织3次二级班子领导对各村环境拉练检查，3次对各村环境状况拍照、建台账，召开4次环境专题会，对全镇13座公厕实行统一管理。

（李　维）

【通达工程招投标】 年内，青云店镇组织了通达工程招投标工作，共完成12条13公里76634平方米的道路大修工程，工程按时完成并通过上级部门验收。

（李　维）

【制定教育规划】 年内，青云店镇制定了"教育工作3年规划"。分析镇域教育工作的现状、优势及劣势，对未来3年教育工作发展的总体目标、战略规划、具体任务、指标建议等做了说明。确定未来3年全镇教育以加强队伍建设、调整教育部局、改善办学条件、深化教育改革、全面提高教学质量为主要目标，规定了中小学办学的一些具体指标，并对应采取的措施进行了说明。

（胡彦龙）

【与景山学校结为友好校】 5月22日，青云店中学与景山学校结为友好校暨加盟数字景山启动仪式在青云店中学举行。

（胡彦龙）

【校舍修缮】 年内，青云店镇完成了小回城完小扩建的装修工程和原青云店小学分校的改造装修工程；总投资350万元对第二中心小学南红门完小的改造，新建校舍2100平方米。

（胡彦龙）

【基本医疗开展情况】 1～10月，青云店镇卫生院门诊量73175人次，门诊量同比上升17%，其中急诊2887人次；住院309人次，出院286人次，住院病人同比上升188%；病床使用率57.73%，同比增长37.73%，住院总天数2866天，同比增长216%。

（胡彦龙）

【医务人员培训】 年内，青云店镇派出4名业务骨干到上级医院进修学习，1名新毕业的本科生到上级医院进行为期3年的全科医师规范化培训；返聘专家5名，其中高级职称3名，中级职称2人。有25名医护人员在读成人医学院校，全院继续教育达标率100%。截至10月，自管项目共举行培训12次。

（胡彦龙）

【甲型流感防控】 年内，青云店镇组织医务人员甲型H1N1流感培训5次，培训人次达432人次，涉及检查、治疗、预防、消毒、转运等。60岁老人接种流感疫苗1487人，收费流感疫苗接种31人；儿童接种11594针次，接种率达100%；各类疫苗接种2189人次，共免门诊接种量达13783针次；对本辖区8所学校、医务人员及政府公务员均已完成接种,共接种2111人。

(胡彦龙)

【社区卫生服务】 年内,青云店镇中心卫生院下设9个社区卫生服务站,城镇医保定点社区卫生服务站1个,共有医务人员18名,其中执业医师5名、执业护士2名、检验师2名、乡村医生8名、社区药师1名、其中全科医师2名、全科护士1名。

(胡彦龙)

【农业基地建设】 年内,全镇建立蔬菜集中育苗基地2处(大东高科种植中心、垡上营)占地面积9亩,育苗150余万株,生产种植面积600余亩,涉及农户372户;建立甘薯集中育苗基地1处,面积2亩,育种苗160万株,推广优新品种12个,种植面积400余亩;建立蔬菜优新品种展示基地1处(西鲍),面积20亩,展示优良品种6个(番茄蒙特卡罗、黄瓜中农16号、茄子早熟京茄一号、京茄20号、大椒京甜3号、菠菜京菠一号)优新技术6项,(膜下暗灌节水技术、嫁接技术、二氧化碳施肥技术、黄瓜落秧技术、茄子整治技术,肥料螯合技术)。

(曹　征)

【科技入户】 年内,全镇科技示范户133户,其中甘薯25户,蔬菜48户,高效综合节水20户,小麦高产示范20户,测土配方施肥20户。共示范推广优新品种15个,应用新技术10项,示范面积2500余亩,带动周边1500余户。为示范户发放物化补贴,各类肥料10吨,抗旱剂100袋,植物生长调节剂、叶面肥等800袋,新型农药及生物肥料等1500袋,累计投资近8万元。

(曹　征)

【信息报道】 年内,大兴信息刊登普通信息91条;就业、综合治理、党建、全年工作专刊4期;大兴电视台编播新闻80条;大兴报、京郊日报等刊物用稿118篇;大兴报刊登专版一期(《孝有道、爱无疆》精神文明建设专版);宣传通讯、文化信息、文明办简报等信息刊物40篇;制作专题片2部(环整工作专题片、七一党建工作专题片)。

(徐献超)

【新闻信息工作】 年内,青云店镇政府网站更新新闻近300条,同比增加100条,共收到网上留言40条。“村村通”广播,共办广播250期,专题60期,制作应急宣传20期。其中对养老保险、防煤气中毒工作进行重点宣传。

(徐献超)

【群众文化生活】 年内,青云店镇共开展各项文化、体育活动20余次。举办500人以上大型活动近10次。接待星火工程文艺演出近100场;北京评剧院、北京歌舞剧团等市级演出40场;各镇、街道剧团演出60场。

(徐献超)

【村级文化大院建设】 年内,青云店镇36个村新装数字影厅放映设备,并备齐桌椅、空调、吸音墙。培训50名放映员,并发放电影放映上岗证。9个村更新全国文化信息共享工程设备,对其余村的设备进行检查和维修。共有14个村申报新建图书室。8个村更新了健身器材120件。实现镇域内图书室、数字影厅、文化信息共享工程、体育建设器材实现全覆盖。

(徐献超)

礼贤镇

【概况】 礼贤镇是大兴区14个行政区划之一。首都南菜园生产基地,有着“中国特菜之乡”之称。位于大兴区南部,东、南与河北廊坊地区接壤,北临魏善庄、安定镇,西临榆垡镇、庞各庄镇。由原礼贤镇和大辛庄乡合并而成,辖45个行政村。年内,镇域面积93.825平方公里,耕地面积84235亩,林地面积5800亩,园地面积9868亩,其他农用地面积8585亩,城镇工矿用地24340亩,未利用土地5783亩。户籍人口38184人,其中农业户籍人口28189人,非农业户籍人口6995人,户籍户数14025户,其中农业户籍9240户,非农业户籍4785户,常住人口35954人,其中男17990人,女17964人,其中外来人口2147人,常住户数10117户。本镇从业人员18902人,其中第一产业从业人员12346人,第二产业从业人员3012人,第三产业从业人员3544人。全镇育龄妇女10134人,已婚育龄妇女7209人。工农业总产值完成81069.3万元,同比增长1.0%,其中工业总产值完成23931万元,同比增长0.9%,农业总产值完成57138.3万元,同比增长1.0%。社会消费品零售额完成14838.5万元,同比增长13.2%,出口交货值完成1587.8万元,同比下降17.6%,实际利用外资30.0万美元,同比下降42.3%,企业实交税金总额(不含个人所得税)完成7621万元,同比增长2.5%,形成财政收入1563万元,同比增长0.1%。农民人均纯收入实现8680元,同比持平。农民专业合作组织共72家,其中种植业合作组织32家,养殖业合作组织29家,农机专业合作组织8家,农业技术合作组织2家,柳编工艺品合作组织1家。个体工业企业26家。合作工业企业3家。集团公司分支企业3家。工业园区企业5家。

名称:北京市大兴区礼贤镇政府
地址:北京市大兴区礼贤西大街58号
邮编:102604
电话:89272275
网址:http://www.dxlx.gov.cn

【国庆安保】 年内,全镇先后6次召开机关干部和村支部书记、单位法人会议,对安保工作进行动员和部署。与45个村党支部书记、村主任及相关单位层层签定了《建国60周年国庆安保工作责任书》117份。有重点人员39名、重点部位63处、重点区域8处、重点单位57家。组织开展打击非法占地违法建设、黑车整治和农村治安专项整治、环境治理等重点整治活动。共拆除违法建设500余平方米,治理黑车27辆次,治理小广告200余起;派出所开展防两抢、防盗窃、防诈骗、保稳定专项行动,共破获刑事案件9起,刑事拘留10人,行政拘留14人,并联合流管办、综治办对出租房屋进行了4次联合执法检查和清理整治活动。

(刘爱民)

【国庆期间环境整治】 国庆期间,礼贤镇对东段家务和西段家务两个村进行了环境治理专项行动,出动人员310余人次,共治理侵街占道52处,乱堆乱放26处,清理垃圾120多吨。

(刘爱民)

【群防群治】 全年礼贤镇发动专职巡防队员88人、护厂队174人、护村队304人、流动人口管理员45人、村内兼职巡防力量604人,治安巡逻志愿者912人、无职党员161人、治保积极分子90人,共计2378人,进行24小时巡逻值守。参与到护城河工程、铁路护路、桥梁涵洞看护、村庄封闭、对重点人员、重点单位、部位的职守工作中,明确责任,落实到人,适时启动防控等级,加强防控力度,确保水、电、气、热和铁路、通讯、金融、邮政等各类重点要害部门、部位及设施周边治安巡控工作到位。启动"护城河工程",严密外围监控,与周边相邻的乡镇建立联动工作机制,严格控制与外省市相通的公路,加大对流窜作案和跨区域犯罪的打击力度,加强对进京车辆、人员的盘查及对各类危险品的防控。

(刘爱民)

【实施育苗基地项目】　年内,礼贤镇承担了区农委、区种植中心组织的"大兴区保护地瓜菜育苗基地及土壤改良工程建设"项目,具体实施育苗基地项目建设,购置了暖风炉、煤、育苗盘、基质到做好整地、装盘、浸种、下籽、出苗管理等各个环节的管理,共育番茄苗10万株,甜椒苗8万株,黄瓜、西葫芦、豆角等3万株,通过了区验收小组对项目的验收。

(刘　冰)

【新品种展示基地项目】　年内,后杨各庄村种植了14个蔬菜新品种,其中区级示范种植的新品种4个,镇级试验试种蔬菜品种10个。试验试种工作取得了成功,通过了区级验收。

(刘　冰)

【特菜品种的种植与展示】　年内,礼贤镇从北京农科院蔬菜研究中心特菜组购进药用保健型特菜14个品种的籽种和种苗,依托礼贤镇"北京甜水井果蔬产销专业合作"进行了试验种植,并与2家特菜商家签订了6个品种的种植协议。

(刘　冰)

【开展订单农业】　年内,礼贤益农蔬菜专业合作社与榆垡镇李记酱菜厂签订了500亩豇豆的种植合同,增加收入120万元。玉满万利果蔬产销专业合作社与中联韩种子公司合作,开展新品种西瓜订单种植和中联58西瓜新品种的示范推广,订单种植面积50亩。北京绿田兴农农产品专业合作社与丰台1家公司签订了600亩生菜、西红柿、黄瓜等品种的订单。

(刘　冰)

【实用技术培训】　年内,礼贤镇在龙头、紫各庄村开办了2所农民田间学校,市、区两级领导均参加了启动仪式,经过四个月36期次的培训学习,所有学员领取了由市土肥站颁发的结业证书。共组织45个村参与的大型培训5次,村级培训16次、组织观摩9次、科普赶集5次,受教育人数达到8500人次。

(刘　冰)

【销售节日礼品菜】　春节期间,全镇共销售"首都南菜园"商标品牌包装蔬菜5万多斤3100多箱。

(刘　冰)

【无公害农药器械补贴发放】　年内,礼贤镇做好北京市无公害农药器械的补贴和发放工作,共发放了8388.1亩蔬菜的农药补贴。

(刘　冰)

【举办妇女技能培训班】　4月22日,礼贤镇参加了奥林匹克手工艺产品展。李敏捷易拉罐作品获一等奖。11月11日,镇域内57名40~50岁妇女参加的易拉罐金属艺术技能培训班正式开班。废品利用、环保装饰,独特创意,巧手制作,为姐妹带来每月千余元的收入。

(刘　冰)

【粮食直补】　年内,全镇小麦粮食直补面积45939.7亩,涉及农户6577户,补贴资金为229.7万元,良种补贴资金91.88万元,综合补贴为206.73万元,总计528.31万元;玉米粮食直补面积66197.4亩,涉及农户7426户,补贴资金132.09万元,良种补贴资金为791882.4元,综合补贴为297.20万元,总计508.47万元。

(刘　冰)

【民俗旅游】　年内,礼贤镇旅游业主要以采摘蔬菜、西甜瓜等农产品为主。全镇依托大礼路都市农业观光带发展观光、采摘、休闲旅游，全年接待旅游2.94万人次，旅游收入达到220万元，同比增长57.1%。

（刘　冰）

【旅游项目库申报】 年内，礼贤镇在项目库内新申报中心园区旅游观光项目、西段村民俗旅游项目、河北头村民俗旅游项目。

（刘　冰）

【养殖场升级及推广生态养猪】 年内，礼贤镇完成了义鹏养殖场和奥天养殖场的改造，义鹏养殖场主要进行了厂区绿化和道路硬化，奥天养殖场进行了污水处理系统改造。继续推广环保养猪技术，建设发酵床面积达3850平方米。

（刘　冰）

【畜禽防疫】 年内，礼贤镇对饲养动物进行了4次补针，对78.48万头只畜禽进行了免疫监测。全镇68.87万只禽类进行了H5N1的注射免疫，8.22万头只牛、羊、猪进行了口蹄疫二联苗的免疫注射，犬防疫0.74万条。

（刘爱民）

【养殖技术培训】 年内，礼贤镇开办3所农民田间学校，礼一奶肉牛农民田间学校1所、大马房养猪农民田间学校1所和礼贤三村肉鸭养殖农民田间学校1所。农村科技示范工程养殖学习班4期，中心村农村科技示范工程养猪学习班4期，前杨村农村科技示范工程养鸡学习班4期。

（刘爱民）

【养殖场标准化建设改造】 年内，礼贤镇养殖场标准化改造工程，圈舍环保零排放污水处理治理河北头聚贤发养殖场、辛安养殖场已完成投入使用。

（刘爱民）

【植树造林】 年内，全镇完成植树造林300亩，植树12.1万株，其中完成残次林林改造300亩，植树3.1万株，四旁植树9万株。新育苗30亩。新植林木成活率均在95%以上。

（刘爱民）

【森林防火】 年内，全镇无森林火灾发生。投入资金10.08万元，清除林下可燃物林网13.5万米，片林4380亩，折合面积7000亩。消除15处隐患。向群众发放森林防火宣传材料1万余份。

（刘爱民）

【全程代办工作】 年内，全镇共受理各类事项1448件，其中承办类696件，即办类752件。

（刘　冰）

【公路建设工程】 年内，礼贤镇完成生态工程20公里的柏油路，完成农村碎石路的修建工程10万平方米，完成路面修补5200平方米、喷油罩面3000平方米，完成4000平方米的二次补坑任务。

（刘　冰）

【扫雪铲冰】 年内，礼贤镇完成冬季铲冰扫雪工作，出动人员70余人，车辆4部，撒融雪剂20吨。

（刘　冰）

【道路清理】 年内，全镇清除大礼路、青礼路障碍物，垃圾1196立方米，保证了环境卫生和道路的安全畅通。清除占路垃圾60余处。

（刘　冰）

【防汛工作】 年内，礼贤镇严格按照《防汛抗旱应急预案》要求，做到汛期检查、材料上报、物资落实、应急响应演练,完成全年的防汛工作。全年总降雨量为490毫米。

(刘爱民)

【饮水井改造】 年内,全镇共打饮水井8眼,福利院1眼,井深256米;荆家务1眼,井深286米;礼一1眼,井深260米;中心校1眼,井深264米;西里河1眼,井深272米,祁各庄1眼,井深280米,赵家园1眼,井深272米,孙营1眼,井深260米。

(刘爱民)

【农田水利建设】 年内,全镇更新农田机井150眼,安装PVC管道5万米,安装塑料管道10860米。

(刘爱民)

【危桥改造工程】 年内,全镇修建板桥3座,包括小马坊村南危桥1座,田营村南危桥1座,民族小学西南建新桥1座。

(刘爱民)

【低产田改造】 年内,礼贤镇完成管道安装8100亩,修建板桥3座,疏浚排沟4.11万米。

(刘爱民)

【完成生态项目】 年内,礼贤镇完成管道安装8万米(以林网为主)。修建桥涵28座。更新机井27眼,配套地埋线3万米,疏浚排沟3000米。

(刘爱民)

【完成设施大棚管道改造】 年内,礼贤镇安装设施大棚高效节水管道9042米(东黄垡3678米,大马坊5364米)。

(刘爱民)

【排沟清淤】 年内,礼贤镇完成了安礼路礼三东口公路西侧的清淤工作,清淤排沟总长600米,建管涵11座。

(刘爱民)

【百日环境整治】 年内,磁大路、安礼路、田礼路、大辛庄二支排沟、大辛庄四支排沟等两侧清理杂草总计10万米,每天动用145人、机动车2辆。100天共用工1.45万人。

(刘爱民)

【社区矫正和帮教安置】 年内,礼贤镇接受矫正的社区服刑人员32名,重点人3人;有刑释解教人员85人,重点人(一类人员)4人。国庆期间走访340人次,电话跟踪访780人次。

(刘爱民)

【法制宣传】 6月17日,在大辛庄中学开展了法制宣传活动。7月13日,组织镇政府党政办、农业办、工业办、全程办、农建科、信访办、财政所、统计科、档案室等科室机关干部学习了《农村干部法律知识手册》等相关法律法规;7月25日,开展了"构建和谐农村,共迎平安国庆"大型法制赶集。8月14日,组织镇奥运法制宣传小分队成员即大学生村官,在礼贤镇集贸市场组织开展了"依法禁毒,构建和谐平安奥运"大型法制宣传活动。全年发放《农民常用法律知识100问》、《农村干部法律知识手册》3450册。

(刘爱民)

【调解纠纷】 全年礼贤镇调处矛盾纠纷187起,调处成功176起,调处率100%,调处成功率90%以上。其中,排查房屋宅基地纠纷82起,排查婚姻、家庭纠纷44起,邻里性纠纷42起,经济合同纠纷3起,损害赔偿纠纷3起,其他纠纷13起。

(刘爱民)

【村庄绿化】 年内，全镇完成了黎明、李各庄、小刘各庄、佃子、柏树庄、龙头、礼二和礼三等8个村的绿化工作，绿化面积为328425平方米。

（刘爱民）

【村庄规划】 年内，礼贤镇完成平地、孙营、西白疃、东白疃、王庄、赵家园、辛家安、苑南等21个村庄规划编制工作，全镇共完成45个村的村庄规划工作。

（刘爱民）

【村邮站建设】 年内，礼贤镇完成王化庄、柏树庄、佃子、内官庄等39个村村邮站建设，为39个村配备了自行车、办公桌椅等邮递所需设备，达到了“村村建站、户户通邮”的目标。

（刘爱民）

【对外宣传】 礼贤镇全年共撰写各类新闻稿件520余篇，采用一稿多投的方式，其中《大兴报》采用140余篇，大兴电视台采用110余篇，大兴电台采用140余篇，京郊日报采用20篇，大兴广播电视刊物采用4篇，北京劳动就业报采用52篇，劳动午报采用31篇，法制晚报大兴资讯版面采用108篇，北京农村经济刊物采用8篇，北京人口杂志采用4篇，中国特产报采用2篇，中国安全生产报采用1篇。

（刘爱民）

【信息报送】 年内，礼贤镇共编写上报大兴信息等各类信息600余条，其中报送区四套班子领导必看的大兴信息采用120条，区委宣传部内部刊物《宣传通讯》采用34条，人大信息用5条，大兴信息网站用650余条，北京农业信息网站用400条，市人口计生网站、首都文明办网站等共采用500余条，国庆安保期间上报“五无”工作目标进展表16次，落实科学发展观活动期间上报信息30余条，被单独和综合采用12条。

（刘爱民）

【广播宣传】 年内，礼贤镇利用数字智能广播系统，做好每周《农科天地》、《法律法规》、《百姓生活》等7个板块栏目的录制和每天2次的定时播放工作。

（刘爱民）

【文化大院活动】 年内，礼贤镇利用村级文化大院，共开展各类镇村两级文化活动280余场次。选调100名文艺骨干参加了区级组织的2000余人参加的镇级大型文艺活动，各村利用文化大院组织村级文艺团队开展文艺演唱会、戏曲演出、秧歌表演等。

（刘爱民）

【参与非物质文化遗产绝技大赛】 年内，礼贤镇组织小刘各庄村村民李敏捷参加了市文化局、劳动局、民政局联合举办的非物质文化遗产绝技大赛，并获得银奖。

（刘爱民）

【星火文艺演出】 年内，全镇共有4个业余小剧团通过市区的评审验收，参加了星火文艺演出工程。共接待区内小剧团演出90场，市级团演出30场。镇内小剧团84场演出任务。

（刘　冰）

【完善基层文化设施】 年内，礼贤镇完成41个村数字电影设备的安装，调试和正常使用，实现了数字电影窗帘、灭火器等所配设备和放映机使用全覆盖。为礼二等7个村更新了电脑设备7套，为22个村配备新的电脑设备，为32个村的数字影厅配齐灭火器，完成了34个村数字影厅设备的计划上报，其中包括107台空调，4000余把座椅等。

（刘爱民）

【电影管理员培训】 年内,礼贤镇对45个基层数字电影管理员进行了业务知识培训,并制定和完善了村级数字电影、文化资源共享工程和农业特色书库、益民书屋等各项规章制度。

(刘爱民)

【村级有线终端设备改造】 年内,礼贤镇对45个村进行有线终端设备的安装更换调试,使村里的共享工程开通。

(刘爱民)

【首届全民趣味运动会】 年内,礼贤镇举办了首届全民趣味运动会。390余名运动员参与了8个项目的比赛。

(刘爱民)

【流动人口和出租房屋基础调查】 年内,全镇信息平台内流动人口总量2414人,出租房屋总量208户,流动人口和出租房屋总变化量2439条。通过基础调查,发现流动人口各类重点人11人,其中法轮功练习者2人,来自敏感地区5人,涉外人员4人。全年新登流动人口735人,核销497人,更新798人,迁移188人。流动人口变化量2218条。新登记出租房屋71户,核销56户,更新94户。出租房屋变化量221条。

(刘爱民)

【集中清理整顿废品收购站】 年内,礼贤镇对礼贤二村、杨各庄路口、大辛庄老政府院内及黄垡村内等7处无证经营及审批手续不全的废品收购站,镇政府发放《取缔通知书》限期清理完毕,对未按《取缔通知书》规定时间清理的废品收购站全部予以取缔。

(刘爱民)

【转移就业】 年内,礼贤镇完成促进农村富余劳动力向二、三产业就业转移805人,完成率107%。对346人进行了培训,累计完成职业技能培训352人,培训率102%。

(刘爱民)

【新农保和城乡居民养老保险】 年内,礼贤镇新农保受理申请领取380人。城乡居民养老保险参保13778人,参保率86%。

(刘爱民)

【无保障老人福利养老金发放】 年内,礼贤镇为4995位老人每人发放2400元福利养老金,共计1198.8万元。

(刘爱民)

【就业与招聘】 年内,礼贤镇邀请区劳动局就市区就业优惠政策的运用进行了详细的解读。镇域内各企业法人47人、富余农民、失业人员200余人到会参加,达成就业意向70余人。组织45个村90余人参加了区劳动局在西瓜节主会场召集的大型企业招聘会,镇自行组织招聘会6次,接待镇域内外企业30余家,应聘农民600余人次。

(刘爱民)

【基础设施建设】 年内,礼贤镇投资1875万元对礼一、礼二、内官庄、河北头等15个行政村进行修路、打井、绿化等基础设施建设。投资2175万元对黎明、东黄垡、宏升等9个行政村进行治理,治理面积1.5万亩,包括更新机井54眼,铺设低压节水管道100.98公里,修桥涵44座、疏浚排沟41.1公里,修柏油路19.189公里,修水泥路1.36公里,更新变压器9台,埋设低压地埋线28.79公里,营造防护林网310亩。

(刘爱民)

【学习实践科学发展观活动】 年内,礼贤镇在61个基层党支部1588名党员以及村两委非党员的干部、机关全体工作人员、各支部入党积极分子、大学生村官等319人中,全面开展学习实践科学发展观活动。

(刘爱民)

【基层组织建设】 年内,礼贤镇制定了《农村领导班子工作目标管理责任制》,镇党委、镇政府分别与村党支部书记、村主任签订工作目标管理责任状。开展"两委班子承诺制"工作,两委班子共建立承诺台帐286项,通过加大对基层两委班子承诺事项的落实监督力度,两委承诺完成98%以上。

(刘爱民)

【党员承诺制】 年内,礼贤镇推行党员承诺制,农村党员承诺事项有3768项,参与党员1256名,参与率达到78.2%。

(刘爱民)

【村官管理】 年内,全镇共有83名大学生村官。在对村官管理工作中,创新村官管理方式,安排大学生村官分批到镇政府各部门轮训两个月,其余时间在村内工作。加大对村官工作的关注,做好村官年度考核和京外村官进京上报工作。做好新村官的接收准备和岗前培训工作。

(刘爱民)

【安全生产目标管理责任制】 年内,礼贤镇成立了以镇长担任主任,主管副镇长任常务副主任,相关部门为成员的镇安全生产委员会。配备两名专职安全生产管理人员、配备检查车辆1台,自行车6辆,6名安全生产协管员均已完成镇区两级组织的安全培训,取得了安全生产检查证和安全生产委托执法证。

(刘爱民)

【落实安全生产责任制】 年内,礼贤镇组织召开了由各企业法人、安全员和各村村级安全员参加的安全生产工作会,完成了与辖区内48家企业和45个行政村的安全生产责任书的签订工作,签约率达到100%,通过签订责任书明确了企业的主体责任和各村的安全监管职责。

(刘爱民)

【安全生产隐患排查】 年内,礼贤镇对企业进行安全生产检查,累计检查生产经营单位306家(次),查出各类安全隐患1320处,下发停产停业(部分停业)整改通知书21份,下发限期整改通知书35份,复查31家,超额完成了区安监局交给的188家安全生产检查任务。全镇企业共自查、自改各类安全隐患721处,落实整改资金8.8万余元。

(刘爱民)

【涉危单位普查】 年内,礼贤镇完成了涉危单位普查工作。普查工作中全镇出动工作人员8人,共筛查生产经营单位45家,对于普查出的涉危单位均建立安全生产工作台帐,做到底数清,监管目标明确。

(刘爱民)

【安全生产培训】 年内,礼贤镇邀请区安监局副处级调研员尉志强为各村委会及企业法人和安全员进行了以隐患排查和村委会、村级安全员安全生产职责、企业如何做好安全生产工作以及安全生产事故案例为主要内容的培训。受教育人数130余人。

(刘爱民)

【开展安全生产月活动】 年内,礼贤镇按照安全月活动实施方案开展安全宣传咨询活动、企业职工安全答题,收回答卷45份;开展"我为安全献一策"活动,征集有建设性的意见建议80余条;开展安全生产征文活动,选送的征文获得区一等奖并获得优秀组织奖;联合文体中心制作安全生产专题广播2期;组织企业六月的第三周开展应急救援预案演练周活动。以"关爱生命,安全发展,构建安全和谐新大兴"为主题的安全月宣传活动在政府街展开。活动共悬挂横8条,宣传展板10块,发放安全生产宣传手册500余份。

(刘爱民)

【打击违法活动】 年内,礼贤镇共取缔无证无照经营液化石油气小门店4家,罚款1000元。取缔无证加油点2家。

(刘爱民)

【特种设备安全检查】 年内,礼贤镇开展特种设备安全隐患排查,进一步落实特种设备使用单位安全管理的主体责任,督促消除锅炉、吊车未检等隐患4家。对镇域内的2家生产经营单位进行特种设备安全检查,现场封存简易升降机2台,责令停止使用未备案压力容器(反应釜)13台,责令停止使用未备案锅炉1台,压力管道1条,长度为199米。

(刘爱民)

【开展专项整治】 年内,礼贤镇对危险化学品从业单位进行摸底排查,建立台账。联合区安监局对全镇危险化学品生产经营单位进行了以易制毒化、易燃易爆化学品和反恐防暴为主要内容的联合检查,对北京金顺德化工涂料厂下达限期整改指令。并对普查出的涉危单位进行安全生产全面检查,对涉危单位建立了基本情况、危险物品来源以及去向等详细的台账,对于这类企业的监管底数情况更加清楚。对于镇域内的4家加油站实现每月至少一查。

(刘爱民)

【涉危单位安全检查】 年内,礼贤镇对8家涉危单位进行"拉网式"排查。通过检查发现,部分企业存在消防器材部分过期,安全警示标识不明显等问题。并下达责令整改通知书2份,强制措施1份。

(刘爱民)

【国庆安全生产保障】 年内,礼贤镇制定国庆安保工作方案,与辖区内危险化学品生产经营单位以及涉危单位签订责任书15份,与其他非涉危单位签订国庆安全责任书30份,对各单位国庆期间的安全生产工作提出了明确具体的要求,签约率100%,并督促各危险化学品从业单位切实落实管理措施,强化重点岗位和人员的管理。

(刘爱民)

【有限空间安全管理】 年内,礼贤镇出台了关于加强有限空间作业安全管理的通知,明确工作目标和任务,建立了沼气站、仓储、锅炉等有限空间工作台账,并对所有存在有限空间作业单位进行了拉网式的检查,利用有线广播播发有限空间作业安全生产规范以及安全常识等5期。全镇共检查密闭有限空间63处,其中锅炉24台,反应容器等39个,压力管道814.5米,地上有限空间4处,其中仓储单位2家,沼气站1处,冷库1家,北京三友冷库已停产,地下有限空间包括地下水网截门井60个。对于作业有限空间作业点,及时督促主责单位设置了警示标志共计100余处。

(刘爱民)

【液化石油气安全监管】 年内,礼贤镇取缔无证液化气充装站4个,罚款1000元,检查餐饮单位15家,责令停止使用不合格钢瓶18只,与工商部门、安监部门联合取缔无证加油点2家,并督促拆除加油储罐等设备。

(刘爱民)

【各类应急预案备案】 年内,礼贤镇备案"小门脸"类生产安全事故应急预案394份,与辖区内使用液化气的饭店及企业签订液化气安全使用责任书34份。

（刘爱民）

【工业指标完成情况】 礼贤镇工业经济运行全年任务是25000万元，1～10月完成20000万元，同比减少3.7%。

（刘爱民）

【社会消费品零售额】 礼贤镇社会消费品零售额全年任务是14700万元，1～10月完成11203万元，同比增加14%，增减量为1566万元。

（刘爱民）

【出口供货额】 礼贤镇出口供货额全年任务是1000万元，1～10月完成1494万元，同比减少－1.77%。

（刘爱民）

【企业情况】 年内，礼贤镇有工业企业共计54家，达到报表单位仅20家，其中年主营业务收入在500万元以上（规模以上）企业11家，年主营业务收入在200万元至500万元（限上）企业9家。规模以上企业生产情况下降幅度较大，由于规模以上企业工业总产值占有较高的比重，规模以上企业总体呈现负增长是制约全镇增长的主要因素。在全镇11家规模以上企业中，仅3家企业呈现同比增长趋势，且增长绝对额仅为1076.2万元，而8家企业呈现了同比下降的趋势，下降绝对额达到了3901.8万元，北京蓝天开思班钢结构有限责任公司工业总产值完成1092.2万元，同比减少2643.6万元，下降幅度高达70.8%；北京兴瑞达化工厂工业总产值完成757.2万元，同比减少581.3万元，同比减低43.4%。北京立高科技防水有限公司完成工业总产值2557.5万元左右。

（刘爱民）

【园区经济运行情况】 年内，全镇工业园区产值完成5540.6万元，同比增长－28.3%；工业销售收入完成4964.4万元，同比增长－8.3%；工业利润完成－899万元，同比减量－916.3万元；上缴税金190.1万元，同比增长12.5%；职工人数470人。

（刘爱民）

【土地确权】 年内，礼贤镇对小马坊等6个剩余村和宏升、荆家务村确权遗留问题进行了全面的摸底调查，分析原因，制定解决方案，协助各村推进确权工作。完成了小马坊和宏升村剩余土地确权工作。荆家务村完成了一个生产队的确权遗留问题。西白疃、内官庄、东段等村经过区、镇协调会以后，前期工作也有一些进展。全镇确权工作通过有序的开展，未出现因矛盾激化而引发的较大群体上访问题。

（刘爱民）

【村帐托管情况】 年内，全镇实现了会计电算化，开展了全镇村帐托管工作的自查。全镇在票据使用、白条顶库、私立帐户、合同兑现以及管理规程上查找出了主要问题，并且有针对性地提出了整改措施。出台了《村级资金使用实施细则》。执行村级财务预决算，进行了备用金制度的转制。

（刘爱民）

【合同规范】 年内，全镇各类经济合同备案份数达到700余份，做到了分类明确，内容齐全，装订整齐，完成了计算机专项软件的存储录入。已调解确权合同争议6起，合同变更40起。完成了黎明、东白疃、前杨、贺北、宏升等村的确权合同的签证工作。按规范程序进行了田营、东梁村的土地、林木承包招投标。

（刘爱民）

【农业保险】 年内，礼贤镇开展了农户种植面积核实申报,逐户发放宣传材料,使农保宣传达到了家喻户晓。农业投保达到84.9万元,同比增加42.4万元,实现赔付1000万元以上。

(刘爱民)

【经济普查】 年内,礼贤镇完成了1320家个体经营户和767家法人和产业活动单位的清查工作。按照实地经营的普查原则,完成了207家法人和产业活动单位的普查表的登记工作,普查登记率达到了100%。装订各专业清查和普查表总册数为175册,总张数为2802张,并在6月底将审核无误的普查表上报区经济普查办。完成了《北京市大兴区礼贤镇经济普查资料汇编》的编排工作。

(刘爱民)

【各项经济指标完成情况】 年内,农林牧渔业总产值完成42900.6万元,比上年同期完成的35310.4万元相比增加了7590.2万元,同比增长21.5%,完成全年任务的79.2%;工业总产值预计完成18566.4万元,比上年同期完成的18959.8万元减少393.4万元,同比降低2.1%,完成全年任务的74.3%;外贸出口交货值预计完成1423.7万元,比上年同期完成的1490.3万元减少66.6万元,同比降低4.5%,完成全年任务的142.4%;社会消费品零售额完成11503.1万元,比上年同期完成的9975.9万元增加1527.2万元,同比增长15.3%,完成全年任务的78.3%。

(刘爱民)

【党员干部教育】 年内,礼贤镇400人参观了由区纪委主办的廉政教育展;70余人参观了北京市反腐倡廉警示教育基地;组织全镇党员干部观看5部廉政警示教育片;开展"讲座式教育",聘请镇主要领导在庆祝大会上为全镇党员上党课。

(刘爱民)

【开展廉政风险防范管理】 年内,全镇在机关开展廉政风险防范管理工作的同时向45村进行延伸,385人参加。通过"三上三下"共查找出风险点6860个,制定防控措施7194项,制定风险防范流程图182项。

(刘爱民)

【领导干部述职述廉】 年内,在全镇45个村推行民主评议党员工作,民主评议党员1618人,村级干部述职述廉45人。做好"两个公开",即认真做好镇村两级党务、政务(村务)公开,完成政府公开目录的编制工作,并在政府网站上及时公布。主动接受群众和社会各界对党委政府和村级两委工作的监督。

(刘爱民)

【农村宅基地审批情况】 年内,礼贤镇对7个新农村进行总体规划。按照北京市人民政府令1989[39]号文的有关规定,出台《礼贤镇关于农村翻建房屋的有关规定》。共受理旧房翻新385件,合格374份退回11件。核实上年旧房翻建430户。

(刘爱民)

【征地拆迁政策宣传】 年内,礼贤镇通过有线广播、集市宣传、公告等多种形式进行宣传,做到家喻户晓,并通过包村干部将告知书1万份发放到每户,发放宣传手册1万册,发放公告书5000册。通过入户发放告知书,宣传两项政策,如果征占地,农田上无论种什么、即使什么都不种,每亩补助4000元,抢栽强种不予补偿,在有效宅基地内(1982年以前为4分地,以后为3分地)容积率75%,超过部分不予补偿。

(刘爱民)

【设立违建台帐】 年内,礼贤镇指导各村建立村级相应台帐。要求各村明确一名信息员每天下午4点之前报送专项工作信息。

（刘爱民）

【建立专职巡查组织】 年内，礼贤镇建立村级两委班子成员、党员、人大代表、社员代表、全镇百姓齐参与的全覆盖的监管网络，共接受举报184起，发放停工通知书104份，发放自拆通知35份，限拆通知书8份。共拆除违法建设10宗，拆除面积1320平方米，拔除数目6000余棵。

（刘爱民）

【医疗服务】 年内，礼贤镇完成了卫生院病房楼建设工程并投入使用。完善社区卫生服务站各项建设，依托社区卫生服务站组织健康大课堂54次，参与人员1356人次。做好甲型H1N1流感防控工作。抓好新型农村合作医疗工作，参合率达到96%，办理报销住院2137份，报销金额750万元，二次补偿报销1747人，补偿资金100余万元。计划生育率达到95%，发放独生子女奖励资金23.2万元，为21户独生子女低收入家庭办理了101.1万元贴息贷款。

（刘爱民）

【民兵整组】 年内，礼贤镇民兵整组工作以严格编组、优化结构为原则。具体操作上对每一位民兵进行严格审核，并依据文件要求将出入转队的人员严格控制在18%，将其中年龄偏大、身体素质较差的47位民兵转出，吸收了一些身体条件硬，思想素质高、政治觉悟强的新生力量加入民兵队伍。

（刘爱民）

【双拥共建工作】 年内，礼贤镇协调各部门多次为驻军部队抽运粪池垃圾，改善了他们的生活环境。“八一”前夕，慰问驻地官兵，为他们送去新鲜水果和营养品。

（刘爱民）

【兵役登记】 年内，礼贤镇成立了兵役登记工作领导小组，设立了登记咨询站，在每个村里设立兵役登记分站，配备了专门人员及必要的设施。召开了各村村主任的专题会议。在派出所户籍电脑里，调出了全镇所有1991年出生的男性公民名册，归属到各村，逐个进行登记、核查。完成了299名适龄青年的登记工作，在综合考虑和参照新兵征集条件的基础上，择优选拔出63名青年作为今年的预征对象。

（刘爱民）

【完成征兵工作】 年内，礼贤镇严把对象推荐、上站体检、政治审查、文化程度、年龄审核关，最终将14名优秀青年送往军营，完成了征兵任务。

（刘爱民）

【慰问老妇救会主任】 年内，区、镇两级妇联一起慰问建国前工作的老妇救会主任。西梁村史云香83岁、东段村的贺茂兰84岁，送去慰问金。

（刘爱民）

【开展“妇女创业就业促进活动”】 年内，礼贤镇宏升村于素芳1月20日开业的芳缘服装加工厂，有18名35～45岁的女工人16名，月工资800～1000元。礼二村妇代会主任安娜班的风良安川金属加工厂，2月16日正式开业，20～45岁的女工人13人，工资600～1000元，有15台机器，总投资20万元，解决就业人员40人。西梁村曹会香3月17日开业的书本加工厂，有40～50岁的女工人10名，工资800～900元。4月11日，北京兴绣服装加工厂正式开业，注册资金20万，厂房面积600平方米，解决22名妇女在此就业，月工资1100元。5～6月份销售成品3000多件。5月，赵青慧成立了礼贤鹏慧柳编工艺品合作社。召开2次招聘会，为北京创世双服装服饰有限公司开了一个窗口，当时达成就业意向的43人,北京兴绣服装加工厂20多人达成就业意向。

(刘爱民)

【维权工作】　年内,礼贤镇对全镇贫困母亲和有意向创业的贫困母亲以及贫困儿童进行了全面调查摸底,并存入档案,有4名儿童获得每人800元的救助金。

(刘爱民)

【全程代办】　年内,礼贤镇共受理各类事项1448件,其中承办类696件,即办类752件。办理的所有承诺类和即办类,都纳入网络监控,都有文字记录,编号登记在册。

(刘爱民)

【全程办事代理制向基层延伸】　年内,全镇45个村开展了全程办事代理制工作。村村都有受理室,村主任是受理室主任,计生专干、村委会委员、支部委员、支部书记、村主任为村民代理员,做到每天有一名干部在村委会会议室值班,及时受理群众需要办理的事项。

(刘爱民)

【村级代理员培训】　年内,礼贤镇对村级代理员的全程办事代理制工作,日常工作需要注意的问题传达镇政府及时更改的受理内容和需要的手续等工作进行了培训。全年共举办培训班12次,参加1600余人次。村干部代理的数量已经达到数量总数的75%以上。

(刘爱民)

旧宫镇

【概况】　旧宫镇地处大兴区最北端,地处市区边缘,与丰台、朝阳、亦庄开发区接壤,是典型的城乡结合部。镇域面积29.73平方公里,下辖19个行政村(15个自然村),27个社区,其中隶属于南郊农场地域面积是10.1平方公里,占镇域总面积的33.8%。年内,全镇总人口25万人,其中,户籍人口29002人。流动人口110728人,出租房屋6890户。

名称:北京市大兴区旧宫镇人民政府

地址:北京市大兴区旧宫镇88号

电话:87963791

邮编:100076

网址:http://www.dxjg.gov.cn/web/jgz/

【经济运行情况】　年内,旧宫镇完成财政收入6004万元,同比增长23.2%;完成各业总收入70.7亿元,同比增长13.2%;完成工业总产值31.9亿元,同比增长5.6%;完成社会消费品零售额10.6亿元,同比增长15.2%;实际利用外资完成140万美元,完成任务140%;农民人均纯收入22003.8元,同比增长11%。

(孙　鹏)

【拆迁工作】　年内,旧宫镇整建制拆迁4个村,动迁人口6000人1546户,民宅拆迁工作已完成了总进度的99.5%,非住宅拆迁完成了总进度的88%。共腾退土地2000多亩。蒲黄榆路工程旧宫段全长5.6公里,拆迁范围涉及旧宫镇10个行政村、2家国营单位、1家部队,拆迁总建筑面积41万平方米。完成了总进度的98.2%,非住宅拆迁完成了总进度的95%。以蒲黄榆路工程的建设为契机,推进庑殿南场旧村改造二期工程。旧村改造二期总占地面积约41.1公顷。该项目涉及庑殿一、二、三村,南场一、二村等5个村共2472户,6775人,需建设28万平方米回迁安置房。

(孙　鹏)

【国庆安保稳控】　年内,旧宫镇多个部门联动开展对市场、网吧、歌厅等人员密集场所和危化企业的专项治理行动。发动流管员、

“三站合一”人员、楼门长等各类群防群治力量6800余人,351名农村党员以家庭住址为基点辐射周边群众参与服务安保工作。完成群众游行、阅兵、游园、晚会等多项国庆庆典活动的服务保障工作,未出现重点人失控、漏管现象,未出现非正常集体访和越级访事件,未发生各类安全生产事故。

(孙 鹏)

【土地租赁合同管理】 年内,旧宫镇对集贤一村菜地119份到期的土地租赁合同进行集体回收,涉及土地338亩,其中违章建筑面积23500平方米。拆除了一批非法占地、违法建设,遏制了违法建设蔓延的势头。

(孙 鹏)

【流动人口自管小组】 年内,旧宫镇在全镇137个流动人口超过50人的企业、大院建立流动人口自管小组,配备管理员409名。加强了出租房屋的登记及出租房主纳税工作。流动人口无序增长的势头初步得到控制。

(孙 鹏)

【村级企业农民工资预留保证金】 年内,旧宫镇共收取企业上交农民工工资预留保证金312万元。建立了按月工资发放制度,确保工人工资月结月清。对于新建项目,采取报批、备案制度,对其承建协议、资金状况进行审核。以降低拖欠问题的发生机率。共受理案件204件,涉及517人,涉案金额88.3万元,结案100%。

(孙 鹏)

【社会保障】 年内,旧宫镇新型农村合作医疗参合率达到100%。城乡居民养老保险参保率达到100%。

(孙 鹏)

【农村劳动力就业】 年内,旧宫镇转移农村富余劳动力任务数480人,全年实际完成转移农村富余劳动力531人,完成任务数的111%。

(孙 鹏)

【城镇失业人员就业情况】 年内,全镇登记失业人员再就业554人,就业率61.22%;完成全年任务的123%(全年任务450人);其中单位招工112人,完成任务数的55.2%;灵活就业184人,自谋职业2人,自主创业51人,带动就业196人。城镇登记失业人员就业困难人员再就业317人,任务数是190人,完成任务数的167%;就业困难人员就业率56.11%。

(孙 鹏)

【社区就业】 年内,旧宫镇办理失业人员再就业优惠证182个。社区就业岗位开发任务数为200个,实际完成746个,完成任务373%。社区岗位安置人数任务数170人,实际完成安置554人,完成任务的325%。灵活就业184人,累计灵活就业267人。自谋职业14人,弹性就业22人。

(孙 鹏)

【创业工作】 年内,旧宫镇实现创业任务数为26人,实际自主创业51人,完成任务的196%;带动就业任务数150人,实际完成162人,完成任务的108%;举办创业项目推介会1次,完成任务;创业项目征集2个,任务数是2个,完成任务的100%;上报小额担保贷款1个;社区就业岗位开发任务数200个,实际完成746个,完成任务的373%;社区岗位安置人数任务数170人,实际完成安置554人,完成任务的325%。

(孙 鹏)

【职业介绍业务】 年内,旧宫镇共举办了12次专场招聘会,提供就业岗位1150个,参加人数共2042人次,签订就业意向1000余人。各类求职登记人员总数为3725人,共接待来访招聘单位653家,采集空岗信息7917个,涉及63个工种;推荐就业成功1283人,其中失业人员215人;本地农村富余劳动力531人;外来务工人员567人。职业指导任务数是3630人次,实际职业指导5713人次,完成全年任务的157%。

(孙 鹏)

【劳动力培训】 年内,全镇农村劳动力技能培训4期,培训人数196人。失业人员职业技能培训了75人。

(孙 鹏)

【社区村就业服务工作站】 年内,旧社区及村服务工作站有固定的办公场所,有明确的管理制度。制定了《旧宫镇社区协管员管理办法》和《2009年旧宫镇社区就业服务工作站目标考核标准》,《旧宫镇村级就业服务工作站专职就业指导员管理办法》和《旧宫镇2009年村级就业服务工作站年度考核标准》。报销医药费4254人,共报销退休人员的医药费16292人次,计21458604.6元,变更医院及基础信息590人次。

(孙 鹏)

【社会保险工作】 年内,旧宫镇有社保存档人员810人,共发放失业金约1911人次,发放失业金155.3684万元,失业人员报销医药费12.617876万元。享受福利养老金1664人。

(孙 鹏)

【社会保险扩面征缴】 年内,全镇扩面征缴任务是户数是120户,人数是740人,实际完成193户,完成任务数的161%,人数实际完成1005人,完成任务数的136%。新增单位征缴额146.8万元,实际完成150万元,完成任务数的102%。

(孙 鹏)

【医疗保险】 年内,旧宫镇城镇老年人参保人数任务数是380人,实际参保400人,完成任务的105%;一小参保任务数707人,实际参保人员847人,完成任务的120%;无业人员参加医疗保险任务数是156人,实际参保188人,完成任务的121%。

(孙 鹏)

【城乡居民养老保险】 年内,旧宫镇制定了《旧宫镇城乡居民养老保险实施方案及操作流程》。农民居民应参保人员7219人,任务数为6497人,实际参保人员8314人,缴费金额为7561366元;城镇大龄居民应参保人员任务数为115人,实际参保人数为144人,缴费金额为285770元。超额完成全年任务。领取城镇居民养老保险460人。建立了城乡居民养老保险领取人员资格认证制度,每月按时填报《领取人员资格认证报表》。共办理无丧葬费人员丧葬费补贴65人,共领取丧葬补贴共计32.5万元。

(孙 鹏)

【流动人口增长得到控制】 年内,旧宫镇在19个村、南郊农场三个实验场及卫戍区农场共计137个流动人口超过50人的企业、大院建立流动人口自管小组,配备管理员409名。流管管理员达到718人。年初流动人口162342人,出租房屋8899户,截至年底,流动人口110728人,出租房屋6890户。

(孙 鹏)

【废品收购站点管理】 年内,旧宫镇有废品回收大院5家,流动人口300余人,全部有照,占地面积81亩。废品回收点11家,从业流动人口95人。有照站点11个,占地8.5亩。

(孙 鹏)

【出租房屋管理】 6月中旬,全镇完成19个村出租房屋台帐。12 月，完成企业、大院、门店等商业用途出租房屋台帐。全年征收出租房屋税 350 万元。

（孙 鹏）

【预防煤气中毒】 年内，旧宫镇共计出动检查人员 1992 人次，累计检查出租房屋 9360 户，企业、大院 183 个，市场 5 个，工地 2 个，果园、菜地 4 片，门店 465 户，24856 间，流动人口 5.43 万人，签订《预防煤气中毒责任书》10676 份，张贴安全提示及宣传材料 1.419 万份，悬挂条幅 41 条、展板 12 块。销毁不合格炉具 420 个，小锅炉 1 个，对 895 户无风斗的出租房强制通风（裁玻璃 841 块），补装风斗 1295 个，下发《预防煤气中毒安全隐患告知书》338 份，现场整改不合格风斗及屋内有乏煤等隐患 1563 起。

（孙 鹏）

【居委会换届选举】 年内，19 个社区进行了第七届居委会换届选举工作。

（孙 鹏）

【社区志愿者互助队】 年内，旧宫镇设立了 16 支社区志愿者互助队，帮助解决社区特殊人群的实际困难。

（孙 鹏）

【社区民事调解】 年内，社区调委会调解各类纠纷 290 件。

（孙 鹏）

【全程代办工作】 年内，旧宫镇有承办事项 40 项，其中行政许可事项 5 项，服务事项 35 项；属于即办类 6 项，承诺类 30 项，上报类 4 项。全年共受理各类事项 1408 件，其中即办类 714 件，承诺类 653 件，上报类 41 件。以上所办事项均已纳入网络监控，并有详细文字记录。完成率 100%，群众满意率 100%，没有被投诉事项。所办事项中，企业类 645 件，其中办理增值税等 25 件，办理营业执照及其他相关地址证明 607 件，企业变更 25 件；计划生育类 731 件，其中新生婴儿入户 179 件，一胎生育服务证 219 件，独生子女证 223 件，随父入户 93 件，二胎服务证 17 件；其他类 31 件，其中残疾证 24 件，户口迁移 8 件。

（孙 鹏）

【完善公办教育设施】 年内，旧宫镇完成旧宫中学 300 米跑道操场塑胶工程、德茂中学学生活动教室用房工程、旧宫一小 1.5 万平方米的修缮工程、旧宫二小 200 米跑道操场塑胶工程。原南街小学改造为幼儿园的工程基本完成，填补了旧宫镇无公立幼儿园的空白。建筑面积 2000 平方米，可容纳 8 个班的镇级中心幼儿园建设主体工程完工。镇政府将原庑殿三村文化大院，划拨给镇成人学校使用，总建筑面积 2950 平方米，占地 10 亩。3 月，镇教委办和成人学校迁到此址办公。

（孙 鹏）

【尊师重教】 年内，旧宫镇出资 102 万元进行奖励，强化了尊师重教的社会氛围。

（孙 鹏）

【学前教育】 年内，全镇共有各类幼儿园 49 所，其中公办 2 所，民办 2 所，自办无证幼儿园 45 所，在园幼儿 4500 名。

（孙 鹏）

【公办小学教育】 年内，公办小学 2 所，在校学生 2105 名，公办中学 2 所，在校学生 1598 名。7 月，南街小学撤并，仅有六年级学生 44 名，转到旧宫一小或二小就读，该校址改建成旧宫一小下属附设幼儿园。下半年完成装修改造，计划 2010 年初招生入园。

（孙 鹏）

【打工子弟学校】 年内,旧宫镇共有流动人口自办学校6所,在校学生4936名。7月,因旧宫村整体拆迁改造,原华兴学校、诚信学校已撤并。

(孙 鹏)

【成人教育】 年内,成人学校共有专本学历进修生274人,其中中国农大学员80人,中央党校194人。全年培训各类人员400人,社区和流动人口教育人数1万人。

(孙 鹏)

【公办教职工队伍】 年内,全镇公办学校共有教职工总数414人,退离休教职工206人。

(孙 鹏)

【公办教育年内升学率】 小升初升学率为100%,初升高升学率为96%,高升大升学率为90%。

(孙 鹏)

【公办教育主要成绩】 年内,4所公办中小学均被区教委评为教育教学一等奖,成人学校被市教委评为示范校。

(孙 鹏)

【供热厂东路出口改造工程】 五环路大兴供热厂东路进出口改造工程位于旧宫镇旧忠路与五环路相交处,为分离式立交,五环路上跨旧忠路。工程主要建设为旧忠桥两侧新建四条上下五环的单向单车道匝道,匝道总长1622.8米,同步实施交通、照明、绿化工程及天然气管线加固工程,该项目工程费用全部由市级政府投资解决。9月,正式开工。

(孙 鹏)

【环境整治工作标准化】 年内,根据各村区域位置、人口、环境等情况,坚持分类指导,按照干净整洁型、全面推进型、彻底整治型三种类型,制定和完善整治标准,细化工作任务,统筹推进拆除违法建设、控制暴露垃圾、清理小广告、治理沟渠等工作,解决挂帐环境脏乱点,营造优美有序、和谐宜居的农村环境。

(孙 鹏)

【环卫基础设施建设】 年内,旧宫镇投入近120万元。在主街道设置封闭式果皮箱500个;购置2台压缩式垃圾车;环卫队投入近12万元,修缮并加高单位内部倒塌围墙;重建雨水倒灌的库房;解决单位夜晚漆黑不安全,安装院内照明灯12盏;改造通向环卫队的道路;修补垃圾箱60个次,维修三轮车130台次。

(孙 鹏)

【定时上门收集垃圾】 年内,对旧宫商业街等主要道路实施定时上门收集垃圾服务,要求沿街各商户门店自备垃圾容器。从源头控制垃圾乱投放、乱堆放,做到收集过程中垃圾不落地,不造成二次污染。撤消或移动主路影响环境、存在交通安全隐患的垃圾箱。

(孙 鹏)

【建立照片台帐】 年内,旧宫镇先后2次对各村环境现状拍照建台账,对19个村的环整工作进行统一规范,在广泛开展环整工作的同时,镇班子领导对照台帐开展环境拉练检查,村整改一处,销账一处,全面掌握各村环整情况。

(孙 鹏)

【清理小广告】 年内,旧宫镇安排专职小广告清除队每天清除沿街张贴、喷涂的小广告。保洁员利用雨天张贴广告易清除的特点,统一在阴雨天清理线杆、路面小广告。

(孙 鹏)

【生活垃圾两化落实三化】 年内,进入镇垃圾转运站垃圾74370(日均255.56)吨,采取可收回物分捡、外运卫生填埋的方法进行无害化处理,共处理垃圾72846.63(日均250.33)吨,无害化处理率达97%。完成了生活垃圾与建筑渣土分类工作,生活垃圾量较上年同期减少9010吨。各村共清理乱堆乱放、清运垃圾渣土4000多吨;清除卫生死角34处:整修街道边沟近1.51万多米;植树3000多棵;花草绿化6000平方米;硬化、重修路面2.3万多平方米;捡拾轻飘物240公斤;新砌围墙400余米;动用车辆1000多台次、参加人员近3万人次。环整办、环卫队在完成清运偷倒乱卸垃圾350余吨、渣土4700多吨。动用环卫队车辆60台次;雇佣施工单位铲车14台次,清运车158台次;突击整治动用人员780人次。镇、村环境建设共投入资金1100余万元。印制发放宣传材料3500余份。接受市、区共对镇环境卫生情况进行检查31次。

(孙　鹏)

【社区医疗服务站】　年内,镇域内有6个社区服务站,从业医生9人,其中医师2人、医士7人。护士5人、其他5人。投资604644元。

(孙　鹏)

【镇中心卫生院】　旧宫镇中心卫生院是全镇唯一一所综合性医院,级别为一级甲等,是北京市基本医疗保险及北京市新型农村合作医疗保险定点医院,担负着本地区医疗、预防保健、卫生监督、院前急救和乡村医生管理等工作。建筑面积1.8万平方米,设置床位90张;年内,有职工240人,其中医疗技术人员210人,占职工总人数的87.5%,高级职称人员10人,中级职称人员36人;设置内科、外科、妇产科、儿科、中医科、五官科、放射科、检验科等15个医疗科室,有放射数字拍片X光机、全自动生化仪、彩超机等万元以上大型医疗设备98台(件)。能独立开展全髋置换手术、胃大部切除术、乳腺癌改良根治术、全子宫切除术等,内科、儿科、口腔科以治疗常见病多发病为主,中医科以针灸、正骨、按摩为特色。住院病人达1297人次,开展手术2152例,门急诊20余万人次,业务收入2366万元。为清逸园社区服务站做防水工程,为院内计算机系统维修,网站维护,内科设备维修,牙科机器维修,呼叫器维修,草药房煎药机维修,化验室机器维修,监督站空调修理,外科机器维修,手术室改造屏蔽门,挂号室服务器修理,电梯改造。共花费1055664元。购置牙片X光机11.57万元,手持测温仪1284元,裂缝灯2.7万元,肺功能仪5.5万元,测听室3.7万元,纯电音测听6.3万元,椎板咬骨钳1.3万元,骨刀3000元,双关节咬骨钳1500元,刮匙980元,国产椎板咬骨钳1500元,DR设备130万元,冷光单光灯1155元,桑元产床980元,综合治疗台6000元,空压机7200元,测量仪6000元,手术室无影灯、吊塔、手术台24万元,新120车308273元,调拨老年病设备一批2311350元。总共4499922元。

(孙　鹏)

【思想道德建设宣传教育】　年内,旧宫镇参加宣传部和区直机关工委共同举办的大兴区纪念改革开放30周年知识竞赛,有200多人参加答题,获得活动组织奖。以"迎国庆、讲文明、树新风"为主题,回顾新中国60年来取得的巨大成就,开展"社区文明小使者"的评选推荐,共评选推荐37名文明小使者。并组织发动"身边好人"推荐和双百人物评选活动,有400多人参加了投票。

(孙　鹏)

【文化建设概况】　年内,旧宫镇配合区文物所完成旧宫镇域内的全国第三次文物普查工作,派人参加大型活动策划组织培训班和腰鼓培训班,组织参加民防知识节目评选,获得一等奖;原创歌舞大赛,获得三等奖;在第四届合唱节的比赛中,镇合唱团获得三等奖;乡村戏迷票友大赛,首届农村青年歌手大赛获得优秀奖。在大兴区“爱祖国、爱北京、爱家乡”活动中,镇选送的诗朗诵荣获三等奖。小剧团参加了大兴区星火工程演出活动。

(孙　鹏)

【文化设施投入】 年内,旧宫镇为旧宫一村、有余庄、南街四村配备了数字电影放映设备,全镇19个村全部配齐了数字电影放映设备。为旧宫二村、庑殿一村、南街一村、南街三村数字影厅配备了空调。为南场西村、旧宫三村、旧宫四村、南场东村、集贤一村、集贤四村、西广德村、庑殿三村数字影厅配备座椅780把。为19个村的文化信息资源共享工程配备32寸液晶电视机19台。为农村电影放映员发放补助1万多元。争取群众文化活动经费30万元。

(孙　鹏)

【文化大院建设】 年内,全镇19个村全部建有文化大院。

(孙　鹏)

【文明村文明户评选情况】 年内,评选推荐区级文明村8个;区级文明社区10个;市级文明村1个;市级文明社区1个。

(孙　鹏)

【体育活动】 年内,旧宫镇组织参加了大兴区组织的北京市第三届和谐社区杯乒乓球比赛;参加了北京市第七届体育节的千台万人乒乓球展示;参加了全民健身体育节活动;8人参加了健身项目社会体育指导员的培训。获得和谐杯乒乓球比赛优秀组织奖;全民健身体育节活动中,旧宫围棋获得团体第四名,象棋获得团体第五名的成绩。

(孙　鹏)

榆垡镇

【概况】 榆垡镇位于北京市大兴区最南端,隔永定河与河北省固安县为邻,镇域面积136平方公里,下辖62个自然村(其中行政村58个)。年内,全镇常住户数22129户,常住人口58993人,户籍人口46517人(其中农业人口34736人,非农业人口11781人),外来人口12476人。全镇从业人员33816人,其中第一产业从业人员16530人,第二产业从业人员9580人(其中工业从业人员8378人),第三产业从业人员7706人(其中交通运输业1260人,信息传播计算机服务及软件业96人,批发零售业1940人,住宿及餐饮业781人,租赁和商业服务业104人,居民服务业和其他服务业675人,其他行业2850人)。外来从业人员6923人(其中第一产业从业人员696人,第二产业从业人员5010人,第三产业从业人员1217人)。本地人参加就业技能培训人数为558人,其中通过培训就业人数为558人。工农业总产值为288922万元,同比增长14.2%,其中农牧渔业总产值50399万元,同比增长2.8%;工业总产值238523万元,同比增长16.4%。全年上缴国家税金43847万元(不含企业所得税),财政收入10997万元,同比增长12.2%;农民人均纯收入12440元,同比增长10.5%。镇域内共有工业企业153家(不含个体企业),从业人员6276人,营业收入221406万元,利润10617万元,上缴税金5774万元。其中中外合资企业3家,从业人员618人,营业收入21718万元,利润1110万元,上缴税金305万元。镇域内共有个体工业127户,从业人员1789人,营业收入4518万元,利润117万元。

名称:北京市大兴区榆垡镇人民政府
地址:北京市大兴区榆垡镇今荣街69号
电话:89218300　89214142

网址:www. dxyf. gov. cn;
邮编:102600

【开发区建设】 镇域内建有榆垡小城镇工业开发区和南各庄工业园区。榆垡小城镇工业开发区规划面积4885亩,其中入区企业占地面积2594.6亩;入区企业64家,其中已开业企业59家;项目总投资额298244万元,其中项目固定资产投资完成了78162万元;招商引资项目实际到位资金298244万元,招商引资项目64家。开发区共有从业人员4533人,其中:本地从业人员1297人。年末园区销售收入170263万元,实际税金4824万元,利润总额9797万元。

(王玺明)

【廉政风险防范管理工作】 年内,榆垡镇开展廉政风险防范管理工作,共482人参加了此项工作,查找出各类风险点5365条,制定了相应的防控措施5365项。全镇58个行政村均建立了廉政风险防范管理工作台账。

(王玺明)

【法律法规知识竞赛】 年内,榆垡镇举办"迎国庆,保稳定,两委班子成员法律法规知识竞赛"活动,榆垡村获一等奖,东庄营、刘家铺、小店获二等奖,东宋各庄、石佛寺、曹辛庄、太子务、求贤获三等奖。

(王玺明)

【评选文明单位】 年内,榆垡镇开展文明村、文明家庭、文化示范户、文明单位等评选活动,评出文明村30个、文明家庭380户、文化示范户185户、文明单位10个。

(王玺明)

【文化硬件建设】 年内,榆垡镇完成了7000平方米的王家屯老年活动站改建工作和求贤村1万多平方米文化活动广场项目;完成了31个村数字影厅设备(椅子、窗帘、隔音板等),为53个村安装了数字电影整套设备;为58个村的图书阅览室安装了电脑,配备了桌椅、书柜等;为东胡林、西胡林村的数字家园安装了电脑。

(王玺明)

【完善党员远程教育基地】 年内,榆垡镇为34个村完善了党员远程教育基地,安装了电脑、投影仪、投影幕等,制作了长达30分钟的党建宣传片。

(王玺明)

【村干部工资制度】 年内,榆垡镇对村级干部建立了"基本报酬+绩效奖金+重点工作专项考核奖励"组成的结构工资制度,对在任的村干部按照村子规模大小,从7000~10000元确定村干部年基本报酬,同时,对在任的干部绩效和重点工作专项考核分制按150分进行打分,每分计40元兑现年终奖金。此外,给村支书、村主任、经合社长、妇代会主任和财务专管员各出资50%,办理社会养老保险。对担任过正职的离任村干部按不同的任职年限,每月给予100~150元不等的生活补贴。对各村妇代会主任、财务专管员离任后,符合条件的,也可领取每月60~100元的生活保障金。

(王玺明)

【村集体三资管理】 年内,榆垡镇加强村集体"三资"管理,58个行政村全部实行财务委托代理服务制度,并制定相关规范农村集体财产、资源管理和处置办法,实行集体资产处置公开竞价和招投标制度。

(王玺明)

【惠农利农项目】 年内,榆垡镇惠农利农项目共计29个,资金达7325.6万元,均严格按操作流程进行资金落实、分配和发放。

(王玺明)

【村务公开民主理财】　年内,镇村务公开面达100%,规范率达100%,实际村务公开民主管理示范村达13个。

(王玺明)

【村级干部民主评议】　年内,榆垡镇实行村级干部群众民主评议制度,经过向本村全体党员和村民代表进行述职述廉,经过民主评议,按规定凡年度累计评议不称职票达20%以上的,实行组织谈话;达30%以上的,实行减免;达50%以上的,劝其辞职。对张家务等4个村支部书记进行了调整。

(王玺明)

【国庆活动保障】　国庆安保期间,根据榆垡镇地处首都最南端,有着特殊地理位置和便利的交通条件,全镇58个行政村中的24个村的29个路口与河北固安县等7个乡镇32个村接边,镇域内京九铁路、106国道、500KV高压线路与国庆安全息息相关,设置了情报信息、防控防暴、道路交通保障、维护社会稳定、综合保障等5个专门工作小组,加强维稳工作。全镇共有重点人员32名(其中涉及各类国保重点人5名,法轮功及其他邪教组织重点人16名,各类上访重点人1名,涉毒人员中的重点人4名,刑释解教和社会服刑人员中的重点人6名),国庆期间对所有重点人全部实行实名制管控,每名重点人都安排了至少3名管控人员进行24小时监管。镇域内58个行政村全部成立了治安巡逻队,每天对企业、事业、水电汽油等重点部位进行拉网式排查,落实值班和保卫措施。

(王玺明)

【环境整治】　年内,对全镇村队环境卫生建立台帐,发限期环境卫生整改通知书。村庄环境卫生考核结果评出优秀村15个,占全镇25.9%;良好村20个,占全镇34.5%;较差村23个,占全镇39.6%。对优秀、良好村队主要干部发放奖金19.6万元。实施了轻飘物换日用品试点工作兑换标准为每3斤换1袋洗衣粉,每6斤换1块香皂,每9斤换一条毛巾,每20斤换1条床单。共计收轻飘物50521斤,投资3万元,兑换洗衣粉1.44万袋,毛巾145条,香皂326块,床单203条。

(王玺明)

【整治违法占地违法建设】　年内,榆垡镇成立14人的专职巡查队伍,配备3辆专职巡查车辆,全天候不间断巡查。通过与城管等兄弟单位共同努力,历时近4个月,采取多种措施,严厉打击非法占地违法建设现象。清理抢栽抢种面积200余亩,自行清除230亩;拆除违法建设17宗,其中强制拆除3宗,自行拆除14宗。列入区专项整治台帐12宗,账外的5宗。

(李艳华)

【规划建设】　年内,榆垡镇争取到通达工程8条道路的建设指标,总里程13.5公里。取得市政府批复的企业有4家(华世纶、李记、温格汉氏、华利嘉);完成翻建房审批223户,宅基地使用证更名41户,出据集体土地宅基地使用权证明300余份。争取市、区资金支持乡村公路养护补助资金859320元;乡村公路大修补助资金539.6万元;新民居节能墙改示范项目补助资金180万元;整治非法占地违法建设工作经费400万元。

(李艳华)

【流动人口管理】　年内,全镇58个行政村都成立了流管站,镇政府组建了3个流管服务站,由镇流管办负责起草《出租房主告知书》,要把《对流动人口和出租房主违法行为实施行政处罚的依据》写进《出租房主告知书》并要收回回执,出现问题的一律按照《告知书》依法严格处罚;由派出所起草《租赁房屋治安责任保证书》。《出租房主告知书》、

《租赁房屋治安责任保证书》由流管服务站管理员、村流管站、派出所社区民警共同逐门逐户下发。全镇在国庆期间未发生涉及流动人口、出租房屋的治安刑事案件和其它各类安全事故。

（李艳华）

【农村医保】 年内，全镇共有11213户参加了"新农合"，参合总人数34086人，参合率98%。1至10月底，全镇新型农村合作医疗结算中心已累计为3183人报销补偿了医药费925.27万元，在得到补偿的3183人中，报销金额在1万元以上的有303人，2万元以上的有85人。3月份对上年住院的病例给予了二次补偿工作，按照一级医疗机构、二级专科、二级甲等、三级甲等医疗机构分别以10%、12%、13%、15%的标准计算给予补偿，共结算1601人次，144万元。在政策调整方面，增加了筹资，由每人每年320元增加到420元，报销比例较去年有了提高，住院封顶线由去年的7万增加到18万，门诊由去年的50元增加到120元。

（李艳华）

【新农村规划】 年内，榆垡镇确定东庄营等27个规划村，完成前期调研和村级意见征求，区各委、办、局对规划编制的方案已经回复同意。开始建设石垡等17个村建设34座公共厕所。求贤等11个村的绿化美化规划设计方案经调研修改后最终确定并实施。

（李艳华）

【旅游工作】 年内，全镇共计接待游客70.3万人次，实现旅游总收入5123.78万元，同比分别增长23%。

（李艳华）

【劳动力培训及就业】 年内，榆垡镇共组织计算机、电工、电焊、叉车、园林绿化等技能培训班8期558人，培训合格率100%，培训就业率75%。累计接待招聘单位126个，共提供就业岗位1765个，其中镇域内岗位859个，镇域外906个。组织企业开办专场招聘会15场次，共计向二三产业转移农村劳动力760人，其中镇内就业624人，镇外就业136人。

（李艳华）

【社会保障工作】 年内，全镇城乡居民养老保险完成12019人参保，其中，新增人员2500人，完成了全镇总体指标的60%，完成了新增任务的50%。"一老一小"大病医疗保险参保工作，"一小"完成参保139人，完成全年目标129%；"一老"完成参保343人，完成全年目标100%。

（李艳华）

【适龄青年登记征兵】 年内，全镇共初登适龄青年184名，社会青年96名，在校生86名，共青团员85名，群众97名，确定征兵对象75名。

（李艳华）

【教育工作】 年内，榆垡镇总投资282.17万元、建筑面积1304平方米的石垡小学翻建工程交付使用；投资80万元，对郭家务中学教师宿舍、会议室共16间进行改造；投资9万元，在崔指挥营完小新建教师宿舍2间；投资30万元，对榆垡一幼进行改造；投资30万元，在小店完小新建教室9间。榆垡二小23名七色光鼓号队员和3名教师圆满完成了新中国60周年庆典游行任务。全镇有区级骨干教师、学科带头人、骨干班主任、科研骨干49人。

（李艳华）

【科技工作】 年内，榆垡镇完成民营科技企业认证3家，北京富天元贸科技有限公司公司，北京中天京谷机电设备制造有限公司，北京真意食品有限公司。完成高新技术企业认定2家,北京东方新强设备制造有限公司、北京中科日升科技有限公司。完成区级专利试点企业申报7家,北京鼎盛新元环保装饰公司、首航艾启威有限公司、北京纵横环球公司、北京山尔管道公司、北京申安集团、北京百年安达公司、北京好利阀业有限公司。科技进步奖企业3家,北京温格汉式公司、北京好利阀业有限公司、北京申安旭日灯具有限公司。自主创新产品认定2家,北京好利阀业有限公司、北京鼎盛新元环保装饰有限公司。

(李艳华)

【文化工作】 年内,榆垡镇举办了正月花会调演、戏曲调演、文艺调演等;举办了"歌颂祖国爱我家乡"卡拉OK大赛;结合庆祝建党88周年及主题教育活动表彰大会,进行了原创作品文艺节目汇演,并组织参加了大兴区千人乒乓球大赛、千人大合唱比赛、交谊舞大赛、原创作品文艺比赛、《我与瓜乡同行20年》诗歌朗诵比赛,廉政书画大赛等;开展了"新农村建设"摄影比赛征集、文艺作品征集活动,共征集文艺作品86篇,摄影作品120余件;组织举办全镇两委班子成员,"迎国庆保稳定,农村法律法规及实用知识竞赛",各村参与率100%;举办了全镇第十届农民趣味运动会。

(李艳华)

【精神文明创建活动】 年内,榆垡镇开展"参与镇村和谐发展,建设文明新家庭"主题教育活动。组织成立多支志愿者队伍,深入各村开展和谐创建服务活动;利用镇办刊物——《今日榆垡》进行入户宣传,开设文化生活专栏,通过"每期一星"专栏,宣传镇内文化示范户、文明家庭的典型事例等等;以新农村建设为主题,为太子务等村制作专题宣传文化墙6500米,为各村更新宣传栏4次。

(李艳华)

【卫生工作】 1~10月,榆垡镇发放宣传单、招贴画7种2600份;医学科普丛书5册480份;举办健康大讲堂及健康宣教活动31次,参加人数达1170人。对全镇58个村3670名妇女开展了"农村长效节育户籍已婚育龄妇女免费健康检查",检查中发现子宫肌瘤165例、卵巢囊肿147例、乳腺增生786、阴道炎2170例。完成无保障老年人免费健康体检2717人次。

(李艳华)

长子营镇

【概况】 长子营镇是大兴区东部边缘镇,东与通州区大杜社接壤,南与采育镇毗邻,西与青云店镇为邻,北隔凤港河与马驹桥镇相望。全镇村村建有文化大院,图书馆,阅览室,棋牌室,卡拉OK音乐厅,数字放映厅齐全,凉棚、石桌、石凳可纳凉休闲,体育健身器材配套齐全。全镇总面积59.71平方公里,辖42个行政村。户籍总人口25237人,其中农业人口21082人,非农业人口4155人,流动人口5380人。全镇耕地面积26.86平方公里。全年,财政收入2374万元,同比增长7 %;工业总产值完成13.08亿元,同比增长12.8 %;农业总产值完成31315.1万元,同比增长4.2 %;出口商品供货额完成1.15亿元,同比增长5 %;社会消费品零售额完成13547万元,同比增长23 %;工业新增固定资产完成3.9亿元,同比增长35.9 %;农民人均收入达到10009元,同比增长12.06 %。

名称:北京市大兴区长子营镇人民政府
地址:北京市大兴区长子营镇政府
电话:80265330
邮编:102615
网址:www.dxzzy.gov.cn/

【合作建设特色基地】 年内,长子营镇与市农科院合作通过项目对接、技术指导等形式共同建立了留民营有机农业示范区、北蒲洲现代农业集成示范园、万亩观光果园建设、菜花基地、特色养殖基地建设5大特色基地。建立了4个挂牌的试验示范基地。

（刘亚男）

【科技助农】 年内，长子营镇新增科技示范户16户，使科技示范户队伍扩大到了110户。组织召开了全镇的科技助农工作会，对科技助农工作进行总结，并确定了科技示范户重点培养对象30户，重新调整了工作方案、考核办法等，将全镇科技协调员队伍按照不同区域划分成9个组，由农民担任组长，并建立相应的9个科技助农工作站。

（刘亚男）

【北京凤河现代农业示范区】 年内，长子营镇完成核心基地连栋温室设计。"凤河源"品牌产品已进入市场，并在"第十届中国（寿光）国际蔬菜科技博览会"上获得优秀农产品奖。完成梨科普文化园施工设计、选址等工作。

（刘亚男）

【惠农政策】 年内，长子营镇小麦直补面积15610.9亩，涉及农户2877户；补贴金额1795254元，其中面积补贴780545元；良种补贴312218元；综合补贴702491元。玉米直补面积28849.9亩。涉及农户4713户。补贴金额2221442元，其中面积补贴576998元；良种补贴346199元；综合补贴1298246元。生态补贴金额624436元。各项惠农工作稳步推进，有89台（件、套）农机享受财政补贴；争取到补贴金额共184万元，使500多户农户受益。

（刘亚男）

【新建设施农业】 年内，长子营镇在东北台村、再城营二村、河津营村新增设施保护地1000亩。

（刘亚男）

【合作组织建设】 年内，长子营镇为4个合作社争取运输车辆扶持项目。成功帮助锦绣前程养殖专业合作社、绿泉农产品产销专业合作社争取到小额贷款20万元。促成北京青圃有机农业专业合作社与北京绿福蔬菜产销专业合作社之间的合作。

（刘亚男）

【失业人员登记情况】 年内，有失业人员档案130份，其中就业转失业人员32人，学生98人。接受档案103份，转出档案182份。区劳动和社会保障局给长子营镇下达的城镇登记失业人员就业指标是80人，实际完成179人，其中单位招用指标是36人，实际完成109人。

（刘亚男）

【农业保险】 年内，全镇共有20个村的部分农户参加投保，涉及参保农户130户，参保总面积850.05亩，收缴保费22443.2元。其中：小麦投保175.8亩；玉米投保250.3亩；设施保护地（日光温室、钢架大棚）投保341.95亩，露地蔬菜投保7亩，果品投保75亩。

（刘亚男）

【农村基础实施建设】 年内，长子营镇投资120余万元完成了政府街步道至商户门前的9700平方米水泥地面改造工程，在路边摆放小垃圾箱88个，发放户桶200个；投资近70万元完成了电信、电力线路入地、歌华线杆移改工程，共移改线杆36根。公厕建设涉及33个村共68座，已完成建设单位招投标、施工设计。59座完成主体工程。

（刘亚男）

【镇村环境面貌改善】 长子营镇全年投入资金750万元，出动人力6800人次，车辆950台次。清除垃圾5600吨，平整硬化道路4.1

万平方米,美化绿地3.6平方米,栽种各种花、树10余万株。完成生活垃圾无害化处理,共销纳5011.18吨。

(刘亚男)

【设施农业节水工程建设】 年内,长子营镇滴灌工程涉及朱庄、罗庄、南蒲洲3个村共2020亩,共计投资500余万元。该工程新打铁管井16眼、铺设输水主管网1.5万米、安装机井大首部和变频控制器16台(套)、安装棚内小首部1000余套,铺设棚内滴灌管100多万米、建机井房16座、配套水泵16台,电缆5000多米。

(刘亚男)

【新能源利用】 年内,留民营沼气7村联供工程的站点土建工程,总占地9020平方米,其中扩建占地2640平方米,项目总投资2381万元,包括管网、IC卡表、灶具、站点土建工程及设备等。新建一栋办公楼,占地面积240.24平方米。新建两座800立方米升流式固体厌氧反应器(USR),一座1600立方米带有二次集气功能沼液储存罐,500平方米太阳能增温系统,动态膜工程可日处理沼液6立方米,使其达到可以滴灌的程度。新建40立方米储气罐4个,工作压力0.8MPa,储气量1440立方米。朱庄秸秆气化站8村联供三期工程,项目包括朱庄、赤鲁、和顺场、李堡、西北台、东北台、再城营一村、再城营二村,总户数1693户,总人口4749人,站点占地面积3227平方米。

(刘亚男)

【三起来工程】 年内,长子营镇继续实施“三起来”即暖起来、亮起来、循环起来工程。为18个村村内500盏节能路灯进行改造,总投资50万元。朱庄村146户节能墙改项目全部完成,并通过了区建委的验收。

(刘亚男)

【工业稳步发展】 年内,长子营镇工业总产值实现13.08亿元,同比增长12.8%,完成全年任务13亿元的100.6%。

(刘亚男)

【特色旅游】 年内,长子营镇组织镇域内民俗村、重点观光园、特色宴农家户参加拉动内需优惠旅游促销活动,征集优惠促销方案,由区旅游局统一发放旅游消费伴侣手册1万份。全年共接待游客45.2万人次,同比增长11.8%;实现旅游综合收入1124.4万元,同比增长8.2%。

(刘亚男)

【乡村特色宴】 年内,在留民营村推出了“三八席、二八席”特色宴,在赵县营村乡村酒店推出了“牛头宴”,并以留民营“千人饺子宴”和“有机蔬菜”两大品牌为优势,推出了“生肖饺子宴”和“有机蔬菜宴”。

(刘亚男)

【重大节日安保】 年内,长子营镇组织开展元旦、春节、五一、“安全生产月”期间、国庆等特殊时期安全生产大检查行动30余次,参加检查人员共计312人次。共查出事故隐患680余处,隐患整改率达到了100%。

(刘亚男)

【国庆安保】 年内,长子营镇先后制定了《长子营镇关于开展新中国成立60周年安全生产执法“护航”行动方案》、《长子营镇关于加强新中国成立60周年庆祝活动期间危险化学品安全生产监察管理工作》、《长子营镇新中国成立60周年庆祝活动期间安全生产保障实施方案》,与镇域内企业签订了“国庆期间安全生产防火责任状”,签订率达到了100%;入驻13家重点防控单位,采取“零上报,日上报”制度,要求安全员每日上报企业安全生产信息,成立领导小组,全面检查、严格执法。

（刘亚男）

【安全生产培训】 年内，长子营镇分2批对辖区内140家单位280人进行了安全生产培训。

（刘亚男）

【非法占地违法建设整治】 年内，长子营镇专项整治台账内违法项目已立案、移送3宗，拆除5宗，100%完成总任务。第9次卫片中整治违法占地5宗，其中强拆2宗，面积7800平方米；自拆3宗，面积5900平方米，共计拆除1.37万平方米。动态巡查发现的新增违法建设12宗，其中自拆5宗，面积1.37万平方米；强制拆除7宗，面积5380平方米。拆除总面积33570平方米。

（刘亚男）

【养老保险和新型医保参保率】 年内，长子营镇累计完成参保11661人，参保率为95.1%，参保人员续保率超过了80%。5月，在全镇开展“城乡养老保险”宣传活动，10月，召开了城乡保险工作动员会，通过上集宣传、各村广播等宣传形式，累计发放宣传材料1.2万余份。新型农村合作医疗结算中心为4200人次报销医药费350万元。共有17568人参加合作医疗，参合率为94.3%。总筹资额737.8万元，其中个人筹资87.8万元，市区财政出资650万元。全年共报销门诊及住院费5168人次，金额883.8万元；其中住院1685人次，报销金额696.2万元，人均报销住院费4131元。报销金额超过总筹资额146万元。3月为上年报销住院费人员进行二次补偿1029人82.9万元。

（刘亚男）

【水表改造工程】 年内，长子营镇投资400多万元。对镇域内8个村（上长子、下长子、靳七营、窦营、郑二营、罗一、罗二、罗三）1159户的水表和管网进行了改造，新打水源井5眼、增加1000立方米蓄水池一座、铺设供水主管网3000米、铺设村内管网4万多米、安装磁卡水表1000块、机械水表260块、节水龙头1159个、砌筑水表井、阀门井、消防井共计1200多个。

（刘亚男）

【帮扶救助】 年内，长子营镇慰问优抚对象124人，每人一袋米、一袋面、一桶油、一件羽绒服和600元慰问金；现役军人家属33人，每户一袋米、一袋面、一桶油，共计8.88万元。为243名残疾人申报城乡养老保险补贴20余万元；为276人申报农村合作医疗补贴手续；发放残疾人辅助器具300余件。为276名无业重残及老年重残办理了居家养老助残服务券。争取市级投资120万元完成300户残疾人家庭无障碍改造工作。

（刘亚男）

【殡葬管理】 年内，长子营镇共办理申请丧葬补贴144件，140件发放完毕，共计70万元整。

（刘亚男）

【民政工作】 年内，长子营镇做好“九九”重阳节走访慰问，共为26名90岁以上老人发放2600元节日慰问金；主要领导节前走访慰问敬老院的五保老人；全年共为216名65岁以上老人办理了老年优待证，为30名90岁以上老人办理了高龄津贴待遇，共发放高龄津贴2.88万元。完成了80岁以上老人居家养老（助残）服务券的确认、发放工作，全镇共有80岁以上老人442人，每人每月100元服务券，定点服务商开始对镇域内80岁以上老人的进行服务。为8名特困老人申请补助款4000元。慰问80岁以上的特困老人15

户,共计7500元。

(刘亚男)

【社区服务站】　年内,长子营镇对社区站医务人员进行培训,全年共组织26次健康教育讲座,受益群众1000余人,发放各类健康处方1700余份。

(刘亚男)

【计生工作】　年内,长子营镇为2300名妇女进行体检;制定村级避孕药具知情选择优质服务工作标准和要求。免费发放避孕药具和张贴宣传画册,制作紧急避孕标牌22块;计生办和卫生院联手完成镇域内2600名妇女宫颈癌、乳腺癌大普查;完成北京市农村计划生育家庭奖励扶助摸底、审核、上报任务,全镇享受奖励扶助金90人、特扶3人并发放扶助金。

(刘亚男)

【文明新风进万家】　年内,长子营镇开展"文明示范家庭"评选活动,共有21个村参与评选。推选白文霞等6户家庭上报区妇联,参加区级文明示范家庭评选。

(刘亚男)

【文化建设】　年内,长子营镇对各村共享服务点管理员进行培训2次。流动放映电影180场,固定电影放映4200场。组织镇域内3支古乐队座谈,鼓励多收弟子。三加一星火工程演出,共计106场,其中市级剧团演出42场,并组织镇域内的2支文艺团体同台演出,观众人数1.5万人。

(刘亚男)

【基层文化队伍建设】　年内,长子营镇重视对非物质文化遗产进行挖掘和延伸,为镇域古乐进行牵线搭桥,组织活动3次。五音大鼓队伍增加3名队员,年龄最小的只有9岁,并走上中央电视台星光大道栏目。2支文艺队伍经过整合之后,人员稳定,并充分发挥自身优势,集中创作了一批新作品,其中包括小品《步步高》、大鼓《赞家乡》等。

(刘亚男)

【第五水厂建设】　年内,长子营镇向区改水办申请资金120万元,自筹资金100万元,新建集中供水厂1座,新打水源井2眼,安装水泵、变频和消毒设备5套。

(刘亚男)

【供电工程】　年内,长子营镇线损率为5.67%,接报修电话261次(其中接听95598电话26次),新装卡表139个,换事故表364个,拆装临时表1162次,卡表售电量890.6万度、金额2985409.07元。全年共回收电费3536.41万元。

(刘亚男)

【林网改造】　年内,长子营镇完成林业各项工作,其中包括2.6万亩的生态林治理工程、386亩的残次林改造工程、1000亩的沙坑治理工程、120亩的生态公园建设、3公里的政府路绿化和设施保护地绿化工程以及8个村的村庄绿化、林木病虫害防治等。栽植各种苗木80万株、墩。

(刘亚男)

【中央活体储备基地】　年内,九鼎猪场建立规模化重大传染病检测体系,实施"液体饲料自动化喂养"等项目,被批准为"中央活体储备基地",年生猪出栏1.1万头,存栏8000头。

(刘亚男)

【党建工作】　年内,长子营镇确定每月10日为党员活动日;在庆祝建党88周年表彰大会上,表彰先进基层党组织20个、先进党支部书记 11 名,优秀党务工作者 12 名、优秀共产党员 54 名。

(刘亚男)

【农村业余文化】 年内,实施全镇 42 个行政村图书文化资源共享,并对图书管理员进行专业培训。

(刘亚男)

【党员发展】 年内,长子营镇制定《长子营镇关于入党积极分子培养教育考察及确定发展对象工作实施细则》,依照"坚持标准,保证质量,改善结构,慎重发展"的十六字方针,严格落实积极分子储备制、发展党员公示制、票决制、发展党员责任追究制。全年共计发展党员 27 名。

(刘亚男)

【生态项目】 年内,长子营镇生态治理农田面积 2.6 万亩,位置在 104 国道以南,涉及 13 个行政村,其中林网改造 45 条,长度 3.63 万米,改造片林 7 块,面积 561 亩。共栽植乔、灌木树种 21 个,计 10.98 万株。铺地下节水管道 43370 米。

(刘亚男)

【农村劳动力培训】 年内,长子营镇对 390 人进行培训并取得了职业资格证书,超额完成 30 人。主要涉及叉车、电工、电脑、商品营销等 6 个工种。

(刘亚男)

【纪检工作】 年内,长子营镇制定了《长子营镇 2009 年党风廉政建设和反腐败工作意见》,明确全年工作目标、内容、要求及工作重点;制定了《2009 年党风廉政建设和反腐败工作主要任务》,将其分解、细化为 19 项具体任务,对镇领导班子成员和各相关职能科室的责任内容、责任要求、完成时限进行了明确规定。

(刘亚男)

【敬老院改造】 年内,长子营镇启动敬老院改造项目,共计拨付资金 132.39 万元。

(刘亚男)

【民族宗教】 年内,长子营镇完成了镇域内的基督教网点的调查摸底工作,共涉及 9 个村 100 人左右。做好牛坊村天主教堂的日常管理工作,与派出所、安全科联手做好平安夜的安全保卫工作。

(刘亚男)

【监测防疫】 年内,长子营镇结合养殖实际,重点做好高致病性禽流感、口蹄疫、结核、布病等预防措施,按照程序免疫,免疫密度达到 100%。口蹄疫免疫,牛 5631 头、羊 32519 头、猪 17917 头。高致病性禽流感检疫,蛋鸡 607655 只、肉鸡 1100 只、肉鸭 84516 只。狂犬病预防,共计免疫 7842 条。送检血样,蛋鸡 530 份,牛 3260 份,猪 560 份,肉鸭 190 份。

(刘亚男)

【村级干部培养教育】 年内,长子营镇制定了《长子营镇关于村级后备干部选拔培养使用实施意见》,加强对村级后备干部的选拔、培养、使用,按照"三荐(个人自荐、群众举荐、组织推荐)三考(笔试考核、面试考核、组织考察)"要求,做到"四公开(公开报名、公开考试、公开考察、公开结果)、两民主(民主推荐、民主评议),培养后备干部 92 名。

(刘亚男)

【家电下乡】 年内,长子营镇共办理家电下乡产品 655 件,购买的家电产品包括:冰箱、空调、洗衣机、电视、电脑、手机、热水器等,补贴资金 17 万元。办理汽车下乡 144 辆,包括:轻型载货车、微型客车、摩托车等,补贴资金 53 万元,资金全部兑付到农户。

(刘亚男)

【美国白蛾的监测与防治】 年内,长子营镇制定了《美国白蛾防控应急预案》、《长子营镇 2009 年防控美国白蛾实施方案》及防控美国白蛾作业流程;与各村队及有林单位签定防控美国白蛾监测、防治责任书;各村队及各有林单位分别与监测、巡查员签定责任书。共安装白蛾诱集杀虫灯 52 台,诱芯 4 个,共 56 个监测点,21 名专职监测。共诱集到成虫 767 头,幼虫网幕 572 处。

(刘亚男)

【小麦病虫害防治】 年内,长子营镇共有 7 个村发生小麦疫情,涉及面积 238.6 亩,总计 60 户,镇政府组织人员调查取样,并动用收割机 2 台、钩机 1 台、拉粒车 7 台、药车 2 台、多菌灵 25 件、灰粉 12 吨、进行销毁、消毒等工作,6 月 17 日全面完成。

(刘亚男)

【农村土地确权】 年内,经管站全程参与完成永和庄村出租土地(90 亩耕地)纠纷的调解与终止合同工作,收回耕地,重新确权给本村农户。完成西北台村土地确权工作,经管站抽调 6 名具体工作人员组织村民抓阄、分地,全村确权土地 1031 亩,人均分地 1.8 亩(一类地人均 1.2 亩,二类地人均 0.6 亩)。

(刘亚男)

【设施配套】 年内,长子营镇完成罗庄一村、三村、南蒲洲、朱庄村设施农业道路施工及管线铺设工作,4 村共建水泥路面 17649 平方米、石渣路面 48661 平方米、排沟 20284 米,安装输水管道 312 千米,完成相应电力设备的配置。

(刘亚男)

【畜禽基地不断发展】 年内,泰丰肉鸽养殖场有 24 栋标准化鸽舍,年出栏 100 万只,年产值 2000 万元,带动周边村民就业 70 余户;九鼎种猪养殖场年出栏优质种猪 6000 头,年产值 780 万元;留民营家禽养殖场年存栏优质商品蛋鸡 40 万只,年上市优质鲜鸡蛋 1600 吨,年产值达 600 余万元。

(刘亚男)

【惠农工作稳步推进】 年内,长子营镇有 89 台(件、套)农机享受财政补贴,分别是 120 马力拖拉机 2 台、70 马力拖拉机 3 台、30 马力拖拉机 4 台、28 马力拖拉机 4 台、20 马力拖拉机 1 台、玉米收获机自走 4 台、披挂 3 台、深松机 3 台、微耕机 26 台、打药机 2 台、卷帘机 83 台、保温背 66690 平方米。争取到补贴金额共 184 万元,500 多户农户受益。

(刘亚男)

【粮食直补】 年内,长子营镇小麦直补面积 15610.9 亩,涉及农户 2877 户;补贴金额 1795254 元,其中面积补贴 780545 元、良种补贴 312218 元、综合补贴 702491 元。玉米直补面积 28849.9 亩,涉及农户 4713 户,补贴金额 2221442 元,其中面积补贴 576998 元、良种补贴 346199 元、综合补贴 1298246 元。生态补贴金额 624436 元。

(刘亚男)

【连栋温室建设工程启动】 年内,长子营镇申请五项连栋温室建设项目,建设面积共计 20.01 万平方米,分别是座落在李堡、北京欧润驰蔬菜种植专业合作社连栋温室,以种植、销售、采摘各类绿色无公害蔬菜、草莓等为主;座落在再城营一村的昌兴梨园集展示、销售、休闲、采摘于一体的水果生产连栋温室;东北台村反季节水果采摘连栋温室;周营村北京长力金源农业科技有限公司南果北种连栋生产温室。

（刘亚男）

【现代农业科技示范基地签约】 年内，长子营镇河津营村与山东省寿光市三元朱村合作的“中国百家乐义现代农业科技示范基地”项目正式签约启动。

（刘亚男）

【危房改造】 年内，长子营镇对55户危房进行改造，其中优抚对象13户、低保及困难户42户，区财政资金186.75万元全部拨付到位。

（刘亚男）

【城乡低保】 年内，长子营镇有城镇低保户9户14人，农村低保户195户357人，全年撤消农村低保户14户，新申请审批农村低保户28户，实现了动态化管理，做到“应保尽保，应撤则撤”，不留死角，完成了低保户的复审调标工作。全年共为27名患大病及自然灾害的困难家庭申请临时救助11.5万元；为32户困难家庭子女发放助学款12万余元。

（刘亚男）

【捐赠工作】 年内，长子营镇组织机关人员为车一村癌症患者毕士敏爱心捐款，共筹集善款总计8610元。完成了区红十字会“博爱在京城，博爱在大兴”3万元的募捐工作任务，共筹集善款3.5万元，。完成了红十会下达的初级救护员培训任务，培训116人，超额完成任务。完成了区民政局“京什携手共建新家园的爱心捐赠工作”共计39120元。

（刘亚男）

【保障住房】 年内，长子营镇共办理了69户家庭申请购买保障性住房的申请，67户申请家庭完成了镇级初审、区级复审和市级备案工作；其中经济适用房47户、两限房22户；完成了大兴区第一批两限房的摇号配售工作，全镇共有6户家庭参加，并有2户家庭在摇号中被摇中，已签完购房合同，在三级审核两级公示过程中，没有发生违规操作和举报事件的发生。

（刘亚男）

【爱心家园建设】 年内，爱心家园的建设选址定在镇敬老院，占用7间房屋约200平方米，项目资金共计70.73万元已拨付到位。

（刘亚男）

【司法调解工作】 年内，长子营镇司法所（包括调委会和法律服务所）共调处民间纠纷1040件，其中婚姻家庭纠纷474件、邻里纠纷198件、合同纠纷43件、赔偿纠纷73件，土地承包纠纷53件、房屋宅基地纠纷199件。

（刘亚男）

【公益法律服务体系】 年内，全镇在11个村继续创建法律服务工作室，并利用一周时间对已建成的24个法律服务室进行业务指导，对软硬件设施进行检查。共有24个法律服务工作室共接待来访群众331人，调解纠纷88件，开展法制宣传活动3次，发放各类宣传材料8000余份。

（刘亚男）

【流动人口管理】 年内，长子营镇制定《2009年流管工作要点》，完善以村为主的条块结合与网格化巡控机制的工作格局；在朱庄、朱脑、永合庄等6个村新建了流管服务中心，通过考试，择优招聘流管专职管理员8人，并对其进行7次岗前业务培训，制定了考核细则，签订责任书，划定了各自责任区、分片包户，责任到人。流管办与派出所等部门密切配合，采取办理暂住证必须提交《房屋租赁合同登记备案证明》和流管办盖章的方式,提高登记率与办证率,实现"以证控人",严格办证标准,深入到朱脑、牛坊村与全程办现场办公,统一办理《房屋租赁合同登记备案证明》,全镇共办理《房屋租赁合同登记备案证明证明》166 份。全镇共有出租房屋 431 户,1756 间(上年出租房屋 470 户),流动人口总数 5300 人(上年流动人口数 5925 人),其中,从事建筑施工 1071 人,企业务工 2412 人,个体经商 428 人,务农 965 人,其他 424 人;共开展流动人口重点企业联合检查 15 次,检查企业 98 家,流动人口 1022 人,开具情况报告单 56 份并移交相关部门。

(刘亚男)

【防控煤气中毒】 年内,长子营镇组织相关部门对各村出租房屋、建筑工地、农业设施、企业宿舍预防煤气中毒情况进行检查。发现事故隐患 146 处,其中不合格炉具 52 处,无烟筒 25 处,无风斗 35 处,无弯头 21 处,安装问题 13 处。整改完成 146 处,整改完成 100%。

(刘亚男)

【交通法规宣传】 年内,长子营镇对全镇各村村主任和各企事业单位主管领导进行了交通安全法的培训;配合 4 月份的道路交通安全月,进行了 2 次宣传活动,共发放宣传材料 4000 份,悬挂横幅 6 条,摆放宣传展板 13 块;在马朱路事故多发点的靳七营村南,西侧十字路口处的大闸上方安装了"关爱生命,路口减速慢行"的警示标语 1 条。与大兴交通支队交通科协商,在长子营中学东门十字路口安装了学校标志。

(刘亚男)

【维稳工作】 年内,长子营镇做好重点人排查和稳控工作,建立重点人台账。第一次筛查,全镇无一级、二级重点人,有三级重点人 31 人,四级重点人 312 人;第二次筛查,全镇有三级重点人 18 人,四级重点人 27 人;各村对重点人实行 24 小时管控,落实实名制,确保每一名在册重点人有效掌控。启动"六四"、"国庆"敏感期间社会面防控等级 1、2 级标准,综治办、维稳办协调各职能部门、村出动力量上街巡逻,为"护城河"工程设置检查站。开展群防群治,进行全镇社会面防控,所有专业、专职及兼职防控力量 24 小时进行社会面巡逻。

(刘亚男)

【网格化管理工作模式】 年内,长子营镇整治道路 2 条;与门店签订"门前三包"责任书 172 份;发放预防煤气中毒责任书 170 份;取缔无照收废品 15 家;取缔占道运营车辆 28 辆;镇政府投资 20 余万元建立停车场一处;设立宣传栏 6 个;查处违法建设 7 起;拆除违法建筑 3.2 万平方米;查处挖沙取土车辆 85 辆;共办理简易程序案件 18 起,罚款 3400 元;一般程序案件 61 起,罚款 3.57 万元。

(刘亚男)

【整治小广告】 年内,长子营镇采取告戒制、约见制,停机制等措施,有效地治理了"张贴,喷涂小广告"行为。共收集各类非法涂写张贴小广告通讯号码 58 个,对整理核实的 32 个号码进行追呼;约见非法涂写张贴小广告 28 人,其中直接处罚 3900 元,涂抹、清理乱涂乱画和乱张贴的广告 1380 余条。

(刘亚男)

【发展党员工作】 年内,长子营镇发展新党员 17 名;有入党积极分子 90 名。

(刘亚男)

采育镇

【概况】 采育镇位于大兴区东南部,东邻通州区,南面与河北省廊坊市接壤,西面和北面与长子营镇毗邻。东西长9.1公里,南北宽7.87公里,总面积71.6平方公里。全镇辖55个行政村,年末全镇户籍人口32295人,其中农业户口25489人、非农业户口6806人;外来人口5921人;年内全镇出生人口266人,计划生育率96.3%。年内,全镇完成工业总产值12.6亿元,农业总产值3.9亿元,社会商品零售额2.8亿元,出口供货额9100万元,实际利用外资101万元。农民人均纯收入11054.2元,同比增长10.5%。

名称:北京市大兴区采育镇人民政府

地址:北京市大兴区采育镇政府

电话:80272275

邮编:102606

网址:www.dxcy.cn

【揭牌仪式】 11月14日,北京新能源汽车科技产业园、北京汽车新能源汽车有限公司、北京普莱德新能源电池科技有限公司在本镇经济开发区成立。中共中央政治局委员、市委书记刘淇,全国政协副主席、科技部部长万钢,市委副书记、市长郭金龙为"一园两公司"揭牌,北京大学校长、中科院院士周其凤、副市长苟仲文、中国工程院院士、吉林大学原副校长郭孔辉、军事交通学院院长张伟、中科院院士、北京大学化学学院院长高松、区委书记林克庆、区长李长友等市区有关部门领导参加了揭牌仪式。

(闫宝玲)

【领导调研】 年内,市政协副主席沈宝昌带领部分政协委员就农村土地流转工作到采育镇调研。参观了北京信采种养殖有限公司,听取了采育镇关于土地流转工作的汇报并做出指示。

(陈淑明)

【开发区建设】 年内,北京采育经济开发区在建和新增项目共9个,总投资18亿元,已完成北汽模型、李尔电子、美国IAC、昌博众邦轨道交通、安恒滤清及北汽实习工厂建设;完成宝丰园等4家企业高新技术企业鉴定,协助北京光大化工有限公司等4家企业退出"三高"环节,盘活北京成铭家具有限公司等5处占地为208亩的闲置土地及资产,为5家企业融资2300万元,完成开发区电力开闭站的规划、地勘和一期工程建设。

(张亚玲)

【企业科技发展新项目】 年内,采育镇企业发展的新项目包括北京市欢乐一百游乐设备有限公司实施的企业专利技术的一种改进的滑梯、北京图腾宝佳家具有限公司实施的图腾宝佳企业资源计划管理系统开发、北京信采种养殖科技有限公司实施的独头秋菊耐低温新品种的培育与试种、北京市进伟草莓新品种引进及配套技术的研究与应用、北京奥宇模板有限公司实施的高速铁路箱梁模板研发项目。

(耿志铁)

【获科技奖项企业】 年内,北京奥宇模板有限公司和北京金骄生物质化工有限公司分别荣获区科学技术进步二等奖和科学技术进步一等奖;奥宇模板有限公司、宝丰园钢结构工程有限公司、北京欢乐一百游乐设备有限公司和金骄生物质化工有限公司被上级认定为高新技术企业;图腾祥瑞、东方诚鼎和朗月慧泰光电被上级认定为民营科技企业。

(耿志铁)

【企业创名牌】 年内,北京奥宇模板有限公司、北京宝丰园钢结构工程有限公司、北京金骄生物质化工有限公司和北京欢乐一百游乐设备有限公司获得专利示范企业称号;北京奥宇模板有限公司经司法程序认定为"中国驰名商标";北京图腾宝佳家具有限公司获得本年度“北京著名商标”称号。

(耿志铁)

【项目开发】 年内,采育镇开发区二期五组团项目用地办理了环保批复;二期六组团商业地块项目完成市政府批复;二期八组团征地项目完成土地预审、规划复函、立项和市环保的批复;生态休闲公园项目的前期手续办理完成,并进行可研及初设的评审工作;完成开发区基础设施完善项目的设计评审工作并完成1000万元的资金补助;完成地热项目包装、规划复函、土地征求意见、环评批复;办理完成旺宅大厦的土地证和房产证,已申报市土地局出让;完成北汽汽车工业高级技校一期和煤炭科学研究总院开工手续;完成异地经营企业年检165家,个体户注册342家,企业注册30家。

(梁育东)

【蓝天花园小区】 蓝天花园小区项目总建筑面积89116平方米,住宅764户、商业用房14户。2月,取得国有土地证。4月,取得房屋所有权使用证。5月,开始办理房产分割房手续。已办理房屋产权手续667户,一次性付款455户,贷款191户。已办理房本519户,已收取购房款6800余万元,征收取暖费275万元。

(刘文福)

【农村基础设施建设】 年内,采育镇完成了凤河、官沟水系水资源综合改造利用,修建水闸5座;完成铜佛寺等7个村的供水管网改造,安装IC磁卡水表,解决1227户农民的安全饮水问题;凤河营水厂投资75万元,新打300米深水井一眼,缓解了凤河营等4个村及10余个企事业单位的供水紧张问题;完成5万平方米的雨洪利用工程,可增加蓄水能力24万立方米;提升大里庄等10个村的播草植绿效果,完成大同营等5个绿化试点村的绿化美化任务;完成了张各庄、大黑垡等16个新农村整体推进村的道路及配套设施建设;投资226万元资金改造农村户厕2055座;投资900万元的48座公厕全部开工建设;完成了采广路、采万路旧线、北辛庄路及延长线、凤河营小学路、大皮营延长线、凤沙路等7条公路的建设,总长度8.3公里。

(张亚玲)

【农业重点项目】 年内,采育镇新建标准化基地3个,完成有机食品基地建设2个,无公害农产品基地2个;申报完成农村专业合作组织10个,实现产业提升及示范辐射作用;申报各类支农资金40余项,已落实扶持资金6000多万元;组织科技助农培训,完成农民实用技术培训6000多人次,新选拔农村实用人才110名,确定科技示范户141户;通过农村政策保险服务站,为17个村办理了种植业保险;实施和完成残次林改造工程712亩;完成了对美国白蛾等林木有害生物的防治工作;完成了动物防疫工作,禽流感、口蹄疫、狂犬病等免疫率达100%。

(张亚玲)

【农业产业结构优化】 年内,采育镇韩凤路沿线新建连栋温室2031亩,形成设施农业区域化产业格局。同时配套建设占地100亩的大同营农产品交易市场,作为农产品供销集散地;发展乡村旅游,扶持潘铁营金宇黑陶工艺品等乡村旅游产品发展,提升全镇4个民俗村、158户民俗旅游户接待能力。全年共接待游客85.6万人次,获旅游收入6686万元。

(张亚玲)

【新农村建设】 年内,采育镇完成了张各庄、大黑垡、前甫、后甫4个村和沙窝营等12个整体推进村建设。其中,张各庄村投资60

多万元，对文化大院休闲广场进行绿化，绿化面积4800平方米，硬化1440平方米。硬化街坊路53条，长度11102米；大黑垡村文化大院、多功能厅及数字影院三项工程捆绑进行招投标，建筑面积977平方米，11月，通过区新农村办、财政局、文委等部门验收。硬化街坊路61条，长度9130米；前甫村硬化街坊路32条，长度6616米；后甫村文化大院、多功能厅及数字影院三项工程10月竣工通过验收。同时，硬化街坊路36条，长度8731米；沙窝营等12个村的街坊路硬化工程任务的总指标：主要道路26352平方米，次要到路80686平方米，边沟15356米，过街管463米，防护墙206米，街道大修15992米，总投资1595.92万元，全部竣工。

（何长虹）

【“三起来”工程】 年内，采育镇完成韩营村太阳能公共浴室工程。投资60万元，采取地源热泵、新型保温墙体、太阳能热水系统三项新技术，一年四季均可使用。使用面积约200平方米，可容纳30人同时洗浴。对张各庄、大黑垡、前甫、后甫、韩营、西营一村、沙窝营、大皮营二村和下黎城等9个村的600盏路灯进行节能改造；为保证杨堤、大同营、张各庄3个秸秆气化站的正常运转，不出现任何安全事故，镇新农办、安全科制定了《秸秆气站安全运行责任书》和《气站运行情况检查表》，并签订了责任书。

（何长虹）

【国庆安全保卫】 年内，采育镇成立了“国庆平安行动”指挥协调领导小组，召开动员布署会、重点人排查稳控工作会、汇报会等，组织执勤人员进行培训；对重点人、重点区域、重点部位制定相应的防控措施，责成专人对28个重点人进行24小时稳控，对6个重点区域、79个重点单位、2461个重点部位进行定点不定时巡逻；启动“护城河”工程，与河北廊坊交界沿线，共设19个卡口，涉及15个村，配备执勤人员304人。19个卡口的群防群治力量共劝返进京车辆31750辆，盘查过往人员43760人。

（屈树国）

【垃圾实现两化处理】 年内，采育镇购置封闭式保洁人力三轮车130辆，全部配发给镇村两级保洁员，增添了10个5吨封闭式垃圾周转箱，各村保洁员每天对村内住户垃圾及时清理，倾倒至封闭式垃圾箱内，全镇垃圾全部实现“密闭化”处理；采取“村采集、镇清运、区处理”的垃圾处理方式，生活垃圾由镇环卫中心全部清运至安定垃圾处理厂，混合垃圾运到庙营垃圾场填埋，实现了垃圾“无公害”处理。

（屈树国）

【拆除违章建筑】 年内，采育镇查处违法建设34起，拆除违建2.27万平方米；列入区台账的16宗违法建设，涉及农用地内的违建6宗，不符合村镇建设规划的10宗，合计占地面积470.76亩，建筑面积13860平方米，全部拆除。

（周　亮）

【土地经营流转】 年内，采育镇以沙窝营村土地承包到期为契机，探索土地流转的新模式——进行全村土地统一规划，建农业设施大棚，统一进行流转，施行规模化经营，为农民确利分配。10月，沙窝营村104国道东的所有土地开始全部建设连栋大棚，实行统一流转。

（陈兵兵）

【安全生产】 年内，采育镇制定了《采育镇人民政府关于2009年安全生产隐患排查治理实施方案》；与全镇各村书记、村主任、生产经营单位一把手均签订了安全生产责任书;对全镇企业主管领导和安全员进行了“企业安全隐患自查自改工作”培训;建立了安全隐患台账;针对安全生产月活动、预防煤气中毒、消防安全、隐患排查等开展了10次宣传活动,悬挂横幅230条,发放宣传材料12万余份;开展“三级检查”,共查出并整改隐患260处;镇12名安全协管员通过培训学习、实地演练,具备了对企业安全监管的基本技能;做好安全燃放烟花爆竹的宣传检查工作。全镇安全生产无事故、无伤害事件。

(赵长忠)

【计划生育】 年内,采育镇办理贴息贷款20户,共计115万元,贴息11.3万元;组织长效节育措施人员进行免费体检1918人,对育龄妇女进行免费两癌筛查3425人;为3360户兑现上年独生子女父母奖励费和一次性奖励费29.06万元。开展农村部分计生家庭奖励扶助工作,全镇符合条件的共128人,每人每年1200元,特殊情况家庭7人,每人每年2400元,合计发放17.04万元;对55个村进行拉网式考核检查,对违法生育的村给予一票否决。全年出生266人,出生率100%,计划生育率96.3%。

(屈春燕)

【文化法制建设】 年内,采育镇成功举办第九届采育葡萄文化节。推行农民素质教育工程,创建10个“特色书库”。普及法律知识,建设12个村级精品法律服务室。

(张亚玲)

【农保与医保】 年内,采育镇农保参保人数达14115人,超过区下达任务指标880人;新型农村合作医疗参合人数为23325人;无业居民医疗保障进一步发展,“一老”参保133人,“一小”参保118人,无业居民参保30人,均超额完成了任务。

(马建涛)

【教育事业】 年内,采育镇投入300多万元对中小学、幼儿园进行校舍改造和校园硬化、美化,第一中心小学及附属幼儿园新建工程已完成相关手续办理,进入招标阶段;开展“技能+基础”学历教育,成人学校招生315人;举办“一校包一村、一村办一班”的实用技术培训班25期,先后培训3260人次。

(张亚玲)

【粮食直补】 年内,全镇小麦种植农户共2316户,种植面积14375亩,兑现补贴资金165.3万元;玉米种植户5171户,种植面积39186亩,兑现补贴资金301.7万元。

(周　放)

【家电汽车摩托车下乡】 年内,全镇家电下乡申报527户,购买家电527件,其中彩电61台、冰箱276台、洗衣机89台、手机8部、热水器11台、电脑41台、空调41台,购买金额1037080元,13%补贴134820元;汽车、摩托车下乡申报72户,购买汽车、摩托车72辆,其中轻型货车17辆、微型货车16辆、微型客车39辆、申请补贴271165元。

(周　放)

【技能培训与就业】 年内,采育镇开办计算机、绿化、保洁、电焊等技能培训班,全年共培训358人次;对失业者及求职者进行政策、求职技巧、求职心理等方面的具体指导,全年组织指导1600人次,其中156人已就业;引导和促进农村富余劳动力向二、三产业转移,年内转移就业858人,完成区劳动局下达任务的115%;自主创业登记135人,带动就业190人;社区岗位开发200个,安置115人;组织残疾人技能培训510人次,推荐8名残疾人就业;举办36次招聘会,300人通过招聘会实现就业。

(马建涛)

【助残济困】 年内，全镇危房改造55户，其中优抚对象10户、社救对象45户，市区补助资金234.45万元，通过区级验收；为20名患有白内障的贫困残疾人免费进行了复明手术；为2名肢体残疾人安装了假肢；为15名听力残疾人配戴了助听器；为各类残疾人发放辅助用具60余件；为322名50岁以上低保老人配了老花镜；为65岁以上老人办理优待卡，本镇持优待卡的老人已达2653人；20余名大病患者得到区级救助15.8万元；重残无业补贴37万元，高龄老人补贴3.4万元，大学新生困难补助8.3万元，特困残疾人补贴6万元，共计发放各项补贴87.3万元。

（张怀明）

【温馨家园】 年内，采育镇投资70万元，建筑面积500多平方米的残疾人“温馨家园”建成，通过市级达标验收后投入使用，运行11个项目，有管理人员5名，服务对象16人，每周一至周五正常开展各项活动。

（张怀明）

【水厂建设】 年内，采育镇水厂新建1000吨蓄水池1座，新打300米深饮水井2眼，铺设输水管网及供电缆线各1600米，建地下泵房2座、厂围墙75米，共投资110万元；凤河营水厂新打300米深饮水井1眼，铺设输水管网及供电缆线各850米，配机电房及消毒设备，共计投资75万元。

（刘希胜）

【动物免疫】 年内，全镇共有大型奶牛场3个，规模养猪场16个，中型禽类养殖场及养殖小区30余个，散养户共1500余户，家禽家畜存栏39.6万头只。全年共计免疫动物160万头只，用药240万毫升；为7406条犬进行免疫注射。

（高福旺）

【动物食品安检监督】 年内，采育镇对3个大型饲料加工厂、4个动物诊疗场所及5个自由市场（采育集贸市场、辛店集市、半壁店集市、大皮营集市、凤河营集市），经营动物食品的超市、冷库、食堂、饭店等单位进行检查。每月不定期检查动物食品安全情况，并与监管对象签订责任书65分。共执法检查15次，查出违禁兽药2起、违禁添加剂2起，对其负责人给予了警告，对违禁药品进行了销毁；查出违规经营动物产品6吨、市场违规经营肉类产品5起，均予以封存；取缔违法私杀禽类经营户3户。

（高福旺）

【科技培训】 年内，采育镇组织大规模的蔬菜技能集中培训800人次；南辛店二村和利市营2所田间学校常年开班，有固定学员和老师，根据不同季节及技术需求确定相关的培训内容，连续二年被大兴区评为“蔬菜技能培训先进单位”；选派3人到山东寿光学习蔬菜栽培技术，学习回来后，每户新建寿光式温室1栋，其中利市营2户种上嫁接黄瓜，长势良好。

（蔡宝利）

【观光旅游】 年内，采育镇举办“1039汽车俱乐部相约采育自驾游系列活动”、“北京大观园至采育旅游专线活动”等；被评为“北京市文明旅游景区”和“大兴区文明旅游景区”；被全国旅游景区质量等级评定委员会评定为3A旅游景区。

（朱晓峰）

【民俗旅游】 年内，采育镇组织4次礼仪及食品安全培训，共培训旅游从业人员300人次；为大皮营二村24户市级民俗旅游接待户统一办理环评审批、工商营业执照、税务登记等手续；向北京市旅游局申报哱啰庄村为市级民俗旅游村和15个市级民俗旅游接待户；

组织潘铁营金宇黑陶制作中心参加“北京农村实用人才创业成功暨乡村旅游产品展示推荐活动”,并荣获二等奖。

(朱晓峰)

【组织建设】 年内,采育镇制定了拟解决突出问题和建立制度机制台账23件,55个行政村相应制定了拟解决突出问题和建立制度机制台账总计421件;确定积极分子285人,发展对象104人,新发展党员97人,转正65人;落实“三级联创”工作,建立村级两委承诺内容台账296项;争取上级困难党员补助资金1.8万元;完成“主题教育活动”、“后勤服务中心”、“村官创业新模式”党建创新项目3项;完成乡镇事业单位改革以及73人的重新报岗、确定职级、工资核定等工作。

(贾春林)

【工会工作】 年内,采育镇新建基层工会组织3家,新增会员92人;完成987名会员信息的采集、录入、上报和办理会员京卡工作;年初制定了《深入开展厂务公开民主管理工作的意见》为企业工会的工作指南。

(张宝玲)

【弱势群体帮扶】 年内,采育镇共为特困生捐助资金8400元。完成100余名接受过奖学金资助学生的家庭情况调查,对重点学生进行了家访;组织各村共青团员、大学生村官参加的“大兴共青团创业青年夜校”培训10期,淘宝网创业培训3次,有9名青年在淘宝网上成功开店。

(刘志强)

【妇联工作】 年内,采育镇举办庆“三八”总结表彰会,对村级30名致富能手和10个单位的优秀大众读书会换阅点进行了表彰;组织接待国际妇女论坛主席厄瑟尔·席尔瓦·帕克及全国妇联国际部部长邹巧巧、市妇联、区妇联领导等20余人到采育镇参观考察;女性致富带头人——金宇黑陶公司经理迟晓宇代表中国妇女到香港参加了国际妇女论坛会。

(张建红)

【武装部工作】 年内,采育镇已连续9年被大兴区征兵工作领导小组评为“征兵先进单位”;在民兵点验大会上,现场点验民兵双37高炮专业分队;在北京陆军预备役军事训练表彰会上,7名参训民兵中,有2人被评为“2009年度专业集训先进个人”;2人参加国庆60周年阅兵式的预备役方队,1人荣获“三等功”,1人被评为“优秀战士”。

(石金山)

【村级组织廉政建设】 年内,采育镇落实《关于村级组织和干部管理监督的实施细则》,坚持村级重大事项事前咨商制度。共召开咨商会议26次,为集体节约资金800万元左右;廉政防范管理工作向村级逐步延伸,由两委班子成员延伸到财务专管员、电工、管水员等;在新任职干部廉政工作中,镇纪委分3次7个方面对11个村的12名村级新任职干部和镇机关8名新任职科级干部进行了任职前廉政谈话;11月3日,北京市纪委常委张同生一行10人到采育镇检查农村党风廉政建设工作。

(徐宝恒)

【信访工作】 年内,采育镇制定了《关于做好2009年信访工作的意见》;完成了市纪委提出的初信初访化解率达90%的目标,共接待群众来访215批次、899人次,同比批次下降26.1%,人次下降18.7%;接区转件15件,与上年44件相比下降65.9%;镇群众上访1批1人,与上年9批次16人次相比下降;无集体区级和市级上访。

(徐宝恒)

【宣传报道】 年内,《采育信息》出刊23期,160人投稿,共收稿件1479条,刊登1314条,刊登率89%;采育镇新闻信息报道,被市、区新闻媒体刊登260篇、《大兴信息》刊登105篇、《大兴报》刊登73篇、市级以上报纸刊物刊登65篇。

(武宝玲)

【文化建设】 年内,采育镇实现了55个村数字影厅全覆盖的目标,每个数字影厅都配备了空调、座椅、数字影机等硬件建设;建立10个村级图书室,实现了村村建立图书室,并为采育消防中队建立了图书室;在原有4个数字家园的基础上,又在大黑垡、后甫新建2个数字家园,每个村配备10台电脑及桌椅;放映电影4277场,其中流动电影181场,超额完成区下达任务的10%。

(闫宝玲)

【成人教育】 年内,采育镇开办了“技能+基础”中专班、“一村一”大专班和中国农业大学远程教育专科、本科班,有学员315人;共举办25期农业科技培训班,受训3260人次,农民实用技术培训项目荣获北京市优秀项目二等奖;被北京市评为“创建学习型乡镇先进奖”。

(潘月民)

【采育中学中考成绩】 年内,采育中学中考成绩与上年相比,中考平均分提高了46分,及格率提高了20%。考入市、区重点高中的人数名列本区农村校第一。

(潘月民)

【人大工作】 年内,采育镇组织召开了二届四次、五次人代会;代表们根据群众的反映和工作中的具体问题提出了39条建议或意见;人代会闭会期间,来自9个代表工作站及其他方面的32条意见、建议,镇政府均按时限予以了落实;4月份听取了有关职能部门本年度的城镇建设、园区重点项目建设、农业产业结构调整等重点工程、实事启动情况的报告,组织区、镇两级代表适时敦促了各项重点工作按时启动;镇二届五次会议完成了镇人大、镇政府新领导的补选工作。

(袁绍恒)

【代表活动】 3月,人大代表直接参与全镇的环境治理和村户的“播草植绿”大检查大评比活动。5月,镇人大组织了镇、村两级人大代表对凤河、官沟水系污染情况进行了检查,对官沟东、西庄段9家个体门店的污水排放问题提出了勒令整改。9月,采育团本届的区人大代表全部完成了向选民述职的工作。10月,镇人大组织区镇两级人大代表视察了敬老院、采育中学、采育卫生院和温馨家园4个单位。12月,组织镇区两级人大代表考察了阳光波尔多小区建设、镇区回迁房项目、农业产业结构调整、新农村建设和开发区北汽零部件产业运行等项目。组织镇区两级人大代表听取了党政办、综治办、管委会、林业站4个科室的汇报。对电管站、城管队、司法所3个双管单位进行了评议。镇人大每月一次通过选民座谈进行调研,探索和了解基层民众关注的生产和生活中的热点、难点问题。

(袁绍恒)

【全程代办】 年内,采育镇全程代办服务项目76项,上报审批事项31项,全年共受理事项9258件,办结率100%;新建村级代理室17个;为便于群众监督,将13项重点工程、12件实事、97项折子工程,全部在政务公开栏进行公开,并在网上公布;共登录政府信息1911件,其中法律法规462件、业务动态类1344件。

(赵 飞)

【值班应急管理】 年内,采育镇先后制定了

《采育镇突发公共事件总体应急预案》、《采育镇地震应急预案》、《采育镇汛期灾民救助应急预案》、行业应急预案等30余套;《村级突发公共事件应急预案》56套;其他各类应急预案49个;将学校、通讯、供水、危化企业、供电、道路、卫生、人防、消防、加油站等列入重点防控单位,建立重点单位防控应急预案台账;加强机关800兆应急值守电台操作使用培训,模拟演练,保持24小时通讯畅通;镇应急办先后协调组织消防队、民营企业、学校、加油站开展火灾消防模拟演练5次,学校地震应急演练3次,其他应急模拟演练5次;先后进行安全防火、食品安全、甲型H1N1流感预防等检查5次。本年度,未发生突发公共事件,达到"零"指标。

(赵　飞)

【调研工作】 年内,采育镇围绕土地承包经营权流转、环境整治、矛盾排查及民主管理等方面进行专题调研,形成了专题调研报告;完成了镇党委重点调研课题《关于采育镇农村劳动力转移就业的分析报告》;《采育调研》出刊13期,内容涉及开发区闲置资产整合、劳动力就业、民俗旅游发展、综合治理、党风廉政建设、村级干部管理等14个方面;有6篇调研文章被《北京农村经济》、《大兴报》、《大兴信息》(专刊)等刊登;55个村的党支部书记被纳入了调研员队伍,每村完成了1篇调研文章。

(全海长)

北臧村镇

【概况】 北臧村镇辖区总面积60平方公里,西临永定河大堤,南与庞各庄镇接壤,属永定河冲积平原,地势平坦,全镇大部分纳入大兴新城规划,辖23个行政村。中关村科技园区大兴生物工程与医药产业基地坐落在镇域内。南六环路、京开高速路、兴良路、芦求路穿境而过,937、943、957、21、27、1路公共汽车往返于镇域和北京市区之间,地铁大兴线延伸至该镇,交通便利、位置优越。年内,全镇常住总人口1.7万人;农业总产值实现13609.2万元;地方财力达到1120万元;农民人均纯收入11612元,同比增长12.9%;共有组织关系的党员1059名,其中拆迁村党员247名;党组织方面,共有党委1个,党支部39个。该镇是永定河畔一片充满生机与活力的绿色大地,这里空气新鲜,环境优美,有着"永定河畔绿色港湾"的美誉。绿色生态旅游业作为一项朝阳产业,在北臧村镇已形成"一盘棋"的格局。

名称:北京市大兴区北臧村镇人民政府
地址:北京市大兴区北京生物工程与医药产业基地天富大街10号
电话:61253100
邮编:102609
网址:http://www.dxbzc.gov.cn/web/bzcz/

【农业概况】 年内,全镇农业总人口11241人,农业总户数4055户,劳动力8463人,耕地总面积16646亩,农作物播种面积42483亩,其中:粮食作物14585亩,经济作物2671亩,蔬菜作物19413亩,西瓜5610亩。全镇果树种植面积10586.96亩。本镇生产的西甜瓜已经被农业部认定为无公害食品;梨、葡萄被北京市安全食品办公室认定为安全食用农产品。

(杨亚松)

【农业产值】 年内,北臧村镇农林牧渔业总产值13609.2万元,其中农业产值9766.3万元,林业产值293万元,牧业产值3543.5万元。

(杨亚松)

【种植业情况】 年内,全镇种植业以瓜菜为主导产业。西瓜种植面积为5610亩,有京欣系列、航兴系列、高番茄红素、京秀、早春红玉、L600等大小西瓜品种。进行新品种西甜瓜、番茄、黄瓜的实验，共计试验新品种12亩，试验西瓜新品种160个、甜瓜新品种76个、黄瓜新品种68个。蔬菜种植面积19413亩，主要蔬菜作物有豇豆、胡萝卜、大白菜、黄瓜、西红柿、芹菜、油菜等。全镇小麦种植面积2173亩，玉米种植面积9589.7亩，花生种植面积2048亩，甘薯种植面积2456亩。

（杨亚松）

【现代农业示范区】 北京永定河现代农业示范区是集体所有制企业（永定河加工基地），是一家专门从事种植、养殖、加工、销售珍稀瓜果、畜禽的企业。年内，建成西瓜、梨、甘薯、畜禽、杂粮等标准化生产基地5000余亩及有机食品生产基地1500亩；占地面积46亩的加工配送中心，有56名员工。通过公司+协会+农户的产业链，收购瓜果销售占总产量的65%以上，直接带动农户1700多户，促进农民人均增收390元。

（杨亚松）

【林业情况】 年内，全镇有果树面积10586.96亩，其中梨树3418.87亩、桃树6756.09亩、苹果39亩、李子63.2亩、葡萄17亩、杏树99.7亩、枣树120.3亩、核桃41亩、樱桃31.8亩；果树高接换优总面积2230亩，其中丰水790亩、黄金840亩、爱宕360亩、黄冠40亩、其他200亩。

（杨亚松）

【畜牧情况】 年内，全镇畜牧生产包括肉鸭、肉鸡、蛋鸡、生猪、奶牛、羊、特禽7大类：肉鸭生产，养殖大户3户，共存栏5500只；肉鸡生产，存栏3500只；蛋鸡生产，存栏72347只，其中2个养殖场（佳园养殖场存栏3万只，西大营总后基地存栏2万只）；生猪存栏15065头，其中生猪养殖场1个（中臧村鑫普辉猪场），存栏4516头，能繁母猪存栏520头，实行标准化生产，年生产能力5000～7500头；奶牛养殖户8户存栏73头；羊养殖，散养户211户存栏6054只；佳园养殖场现存栏3万只，品种有绿壳蛋鸡、柴绿鸡等；马村新宇赛鸽场现存栏2000只。

（刘　芳）

【民俗旅游】 年内，北臧村镇以魏永路高标准绿色通道为轴心，带动周边产业园区，发展观光农业、创意农业和民俗旅游，以“一横三纵”为发展重点，突出建设魏永路观光产业带。有观光采摘园12个，满族民俗村1个，集采摘、餐饮、住宿于一体，在休闲观光的同时了解满族风俗文化。全镇共接待游客19.3万人，收入1400万元。

（陈　伟）

【专业组织】 年内，全镇有农民专业合作社16个。春华西甜瓜产销专业合作社成为市级合作社建设项目的试点，北京绿佳养殖专业合作社成为区级合作组织示范项目。

（杨亚松）

【无公害及标准化基地】 年内，全镇共有西瓜、梨、甘薯、畜禽标准化基地13个，经农业部农产品质量安全中心认证，均达到无公害标准。其中赵家场西瓜标准化示范基地、巴园子西瓜标准化示范基地、北京繁荣老胡梨园（梨）、马村利民利兴种植园、前管营兴北翠绿种植园、北京佳园养殖场已取得有机认证证书。

（杨亚松）

【设施农业】 年内，全镇农业设施面积5644.7亩，其中日光温室689.9亩，钢架大棚4908.9亩，连栋温室30595平方米。主要发展西瓜和蔬菜种植。

（杨亚松）

【工业概况】　年内,全镇工业企业及个体工业共350家,主要包括机械制造、化学品储运销售、木器加工及家具制造、机加工、医疗器械制造、建材制造、石油制品加工、包装印刷、服装制造9个行业。工业总产值完成6.12亿元,工业销售收入完成7.9亿元,工业利润完成243.2万元,出口供货额完成7630万元,实际利用外资完成1463万美元,商品零售额完成3550.1万元。

(巴洪亮)

【工业固定资产投入】　年内,北臧村镇10家工业企业固定资产投入完成7480万元。

(巴洪亮)

【盘活资产】　年内,北臧村镇原东邦驼鸟厂的115亩土地被3家企业盘活,分别是:北京天马恒通环保设备有限公司、北京奥华伟业塑料包装厂和北京盛锦华美工贸有限公司,总投资1500万元。

(巴洪亮)

【资金补贴】　年内,北臧村镇为2家企业(北京朝隆达新科技有限公司和北京中泓鑫海生物科技有限公司)申请区级资金补贴,共争取到补贴资金44万元。

(巴洪亮)

【科技活动】　年内,北臧村镇申报高新技术企业1家,民营科技企业2家,全年科技投入37.6万元。共组织科普活动4次,组织农民实用技术培训1200人次。

(巴洪亮)

【环整设施】　年内,北臧村镇有地埋式垃圾转运站10个、购置挖掘机1台42.7万元,单臂吊1辆16.8万元。共计投入资金137.5万余元。

(巴洪亮)

【公路改造】　年内,北臧村镇有镇级公路21条62.68公里。投入资金375万元,完成对大臧村环村路(全长1.55公里)、789602.25元;皮葛二路(全长3.6公里)、1836504.19元;巴园子南路(全长0.786公里)、皮臧路道路全长(1.378公里)1125368.11元,改造工程。

(巴洪亮)

【公厕建设】　年内,全镇建设公厕20所,共计投资240余万元。

(赵永金)

【垃圾处理】　年内,北臧村镇垃圾密闭化的村达到100%;有害垃圾进行无害化处理,处理率达到80%。

(赵永金)

【小学调拨】　年内,北臧村镇小学新增专用设备45653元,交通设备323470元,电子设备42540元,仪器仪表设备213860.2元,文体设备94351.5元,家具类56686元。

(王维强)

【中学调拨】　年内,北臧村镇中学新增书架10套,写字台8张,讲桌14张,录音机9台,篮板1付,照相机1台,乒乓球台1付,消毒柜1个,打印机2个,江淮汽车2辆,计算机10台。

(王维强)

【成人学校新增设备】　年内,北臧村镇成人学校新增打结机、五线锁边机、三线锁边机、压衬机、切布机、打眼机、打印机各1台;台式计算机30台,空调4台,交换机2台。

(王维强)

【中心幼儿园新增设备】　年内,北臧村镇中心幼儿园新增图书45套,儿童玩具8套,彩电7台,保险柜1个,装订机1个,碎纸机1

个，点钞机1个，支票打印机1个，儿童床6套，玩具柜12个、幼儿桌子12张，椅子35把，计算机2台，笔记本电脑1台，照相机5个，摄像机2台，激光打印机1台，空调5台，洗衣机3台。

（王维强）

【镇卫生院】 年内，北臧村镇卫生院有500mAX光机、彩超、B超、全生化、多导联心电图机等大型设备。有中级职称专业技术人员14名，初级职称人员24人，乡村医生9名，通过公开招聘，逐步补充各级各类人员6名。

（韩永刚）

【社区卫生服务站】 年内，北臧村镇有社区卫生服务站5所，有中级专业技术职称人员2人，初级专业技术职称4人，乡村医生6人。月门诊人次1950人左右。开展医疗、预防、保健、康复、健康教育、计划生育指导六位一体的服务，实行零差率药品销售，免费发放避孕药具。

（韩永刚）

【村卫生室】 年内，北臧村镇有村卫生室7家，有乡村医生9人，分布在全镇7个村。

（韩永刚）

【精神文明建设】 年内，北臧村镇在罗奇营社区开展了倡导文明居住活动，利用罗奇营设区短信平台，向社区居民发送有关文明居住和健康提示的手机短信，在社区显要位置制作了精神文明建设宣传栏，宣传首都市民文明公约、日常文明礼仪、健康快乐阳光心态等内容，向社区居民发送了300多封倡导文明居住的倡议书，为社区居民送去专场文艺节目5场；举办“建文明村镇 促和谐发展”主题教育表彰暨与北京京剧院城乡文明共建活动，表彰了由基层推荐评选出来的110名文明之星和文明家庭，镇艺术团与京剧院联合为受表彰的群众演出了1台文艺节目；开展创建文明镇村活动，把创建文明家庭、文明之星工作纳入文明村考核评选内容，文明村达标实现50%。

（郭彩凤）

【宣传文化墙】 年内，北臧村镇在巴园子村采摘园北侧制作文化墙1000平方米，主要内容包括24节气文化，节气与农耕、节气与养生、24节气诗歌，永定河特色农产品宣传，唐诗宋词文化等。

（郭彩凤）

【满族文化展示】 春节期间，北臧村镇在巴园子村举办了满族文化展示。主要活动包括满族文化灯展示，从初十至十五，每天晚上，巴园子村绿色长廊，展示各种花灯1008盏，供游客观赏；请万兴歌舞团进行了2场演出；进行花会调演，秧歌、小车会、文武吵子等13支文艺队800多人进行了表演。“观千盏花灯，品满族席宴，赏风情歌舞”活动。

（郭彩凤）

【群众文化活动】 年内，北臧村镇为各村安排专业剧团、业余剧团演出70多场，本镇艺术团到黄村镇、庞各庄、榆垡等单位演出30场。

（郭彩凤）

【村级文化建设】 年内，北臧村镇举办了3个培训班，对数字电影放映员、共享工程管理人员，讲授影机操作、维护等内容；举办了各科室兼职通讯员培训，请京郊日报社新闻部主任，讲授了新闻信息的写作要点；组织村级文艺骨干参加太极拳、集体舞蹈等培训。为新立村、西大营等11个村影厅配备座椅1270把，为北高、六合庄四村配备秧歌服装160套。

（郭彩凤）

【村庄规划】 年内,北臧村镇新立村和八家村村庄规划通过区政府专题会议审批。全镇23个村除生物医药基地规划区内6个整体拆迁村,全部完成村庄规划,涉及梨园、北高、前营等17个村。

(肖　峥)

【街坊路改建工程】 年内,北臧村镇新农村建设整体推进村赵家场和西大营街坊路建设工程全部完成并通过检查验收。新建主要街道16030.68平方米,次要街道32845.625平方米,修建边沟2660延米,铺设过街板249米,过街管190米。新农村街坊路建设工程涉及8个村,分别为梨园、八家、西王庄、桑马房、六合庄、新立村、前管营、北高各庄,工程已经完成主体建设。第二批新农村街坊路建设工程涉及马村、大臧村、皮各庄一村、皮各庄二村、皮各庄三村,工程设计方案已经完成。

(肖　峥)

【"三起来"工程】 年内,北臧村镇继续推广"亮起来"工程,新安装LED节能路灯140盏。其中新立村安装80盏、六合庄安装60盏。

(肖　峥)

【村邮站建设】 年内,北臧村镇在六合庄、桑马房等14个村建立了村邮站。全镇17个村(不含拆迁的6个村)均已完成村邮站建设,实现了"村村建站、户户通邮"。

(肖　峥)

【最美乡村评选】 年内,北臧村镇对巴园子村村庄绿化美化、街巷整治建设、环境治理、外墙立面改造、旅游设施提升、文化墙及宣传设施建设等方面进行了改造,总投资近800万元;为巴园子村投入4万元进行补贴奖励,对38户民俗旅游户服务设施、院内环境进行了改造,全年接纳旅游5.5万人次,村集体增收近450万元。在参加本年度寻找"北京最美的乡村"评选活动中,荣获本年度"北京最美的乡村"称号(巴园子村——满族风情俏京南)。

(肖　峥)

【劳动力再就业】 年内,北臧村镇共举办计算机中级、叉车、高低压电工等农村劳动力就业技能培训班5期,培训人员共282人。开办创业培训班1期完成培训80人。共开发就业岗位2006个,举办就业洽谈会5场,实现就业458人。组织以失地农民、新农村劳动力为重点的专场洽谈会5场,开发就业岗位103个,实现就业93人。

(戴克增)

【社会保障】 年内,北臧村镇完成全镇17名无业居民参加大病医疗保险;新申请低保30户,新批低保8户,发放低保金53万元;对9户因病、因灾家庭进行了临时救助,发放救助金3.85万元;发放优抚金22.36万元,报销优抚药费3.18万元;新增参战参试2名,为24名参战参试人员发放抚恤金9.36万元,报销药费0.47万元。

(戴克增)

【城乡居民养老保险】 年内,北臧村镇开展"农保政策大讲堂进万家"活动,举办农保政策宣讲会69场,培训咨询数达8000人。实施政策入户宣传签字制度,发放一户一封公开信5000余封、新农保宣传手册5000余册;镇域内各村均建立农保宣传站,指定专职宣传员,部分村委会为村民实行了集体补贴政策,每人补贴100~500元不等。参加新农保7196人,收缴保费4505062元,完成全年任务指标的105.82%。

(戴克增)

【残疾人就业安置】 年内,北臧村镇有488

余名持证残疾人，有100余人无证但有不同程度的劳动障碍，共涉及残疾人家庭近500户，占全镇总户数的7%，有劳动能力的人占60%，有60%的残疾人年收入不足2400元。向企业发放各种宣传材料2000余份，先后安置残疾人25名，并由企业与残疾人签署就业合同，按月发放工资，基本生活得到了保障。

（王广齐）

【城乡低保】 年内，全镇有低保户110户214人，城镇低保11户18人、集中五保户13户、分散五保户5户。

（王广齐）

【社会救助】 年内，北臧村镇为贫困户、低收入家庭共发放慰问金1.3万元；为低保户发放米620袋，面1536袋，油395桶，肉520斤，慰问金5.59万元，折合人民币共计243368元。

（王广齐）

【危房改造】 年内，北臧村镇完成20户社救、优抚对象的危房翻建工作，完成10户危房修缮工作。对住房漏雨严重而且本户没有能力进行维修36户低保户提供帮扶资金1.8万元。

（王广齐）

【农村五保供养】 年内，全镇农村五保供养对象有18人，其中5人为分散供养对象，其余13人居住在镇内敬老院。

（王广齐）

【拥军优属】 “八一”建军节期间，北臧村镇慰问了武警北京总队四支队等辖区驻军部队；元旦，春节期间，走访慰问全镇老复员军人、军烈属等优抚对象，给他们送去了慰问金和慰问品；慰问义务兵家属。全镇有老复员军人、老烈属等优抚对象23户，认定参战参试对象24人；为14名义务兵家属发放优待金14万元。

（王广齐）

【超转人员情况】 年内，北臧村镇完成6个拆迁村征地转非安置中超转人员手续办理工作，共有790名符合超转人员标准的村民转非后纳入超转人员管理，享受超转人员待遇。

（王广齐）

【计生工作】 年内，北臧村镇启动“政策法规健康教育村村行”活动，开展知识答卷活动，参与群众1.2万人次。投资20万元加大计生宣教，制作宣传读本6500册，办事程序6000张，计生宣传杯6500个。为流动已婚妇女进行免费体检2次。计生工作共投入资金80万元。8月27日，国家人口计生委优质服务项目办专家郭新华主任来该镇对“创国优”工作进行检查、指导。被评为北京市2009年度人口和计划生育工作红旗单位。

（田秀荣）

【妇联工作】 年内，北臧村镇兴秀手工艺品产销协会加工制作的十字绣产品在北京市旅游局、市商务委员会、市文化局、北京晚报等单位联合举办的“北京请您来过年”活动中，被评为“最受喜爱的十大旅游商品”之一。镇妇联组织23名女性参加了大兴区举办的首届“魅力女性大赛”活动，其中本镇参赛的老年组“老来乐”组合创编的舞蹈《老头乐》节目获得老年组第一名，另有8人分别获得了二等奖和三等奖；国庆节前夕，镇妇联组织镇内近百名妇女为区政府国庆表演方队制作了5535个绸花。

（田秀荣）

【流动人口管理】 年内，北臧村镇有流动人口13195人。流动人口中，有本科学历的45

人,有大专学历的838人,有高中学历的3914人,有初中学历的4951人,有小学及小学以下学历的3447人。本镇的流动人口主要来源于河北、山东、河南、四川、黑龙江等25个省市。有出租房屋786户,2372间,5502人。涉及17个行政村。

(巴洪茂)

【学习实践科学发展观活动】 3月至8月,全镇36个党支部1023名党员参加了本区第二批学习实践科学发展观活动,活动包含3个阶段11个环节。成立了由党委书记任组长,班子成员全部参加的镇党委学习实践活动领导小组,确定了以"坚持科学发展,依托新城优势,加快城乡一体化建设"为全镇学习实践活动主题,印发了《活动实施意见》、《实施方案》和《工作流程》,详细指导基层党支部按要求开展活动,全镇划分5片36个包村指导组,确保监督指导到位,责任落实到人。通过7种方式的学习培训,全镇共征集村镇发展建设性意见72条,撰写心得体会74篇,调研报告56篇,制定镇级工作台帐包含20项实事,村级工作台帐涉及23个行政村,72项涉及新农村建设、产业发展和村庄管理等方面的实事。分析检查阶段,查找出镇级核心问题5个,村级问题102个,报告群众评议满意度达到100%。制定出53条整改措施,建立和完善20项工作的长效制度,活动满意度测评中,群众"满意"和"比较满意"率为100%,其中"满意"率为90%。镇级台帐实事完成90%以上,村级完成70%以上,两委承诺完成情况进展顺利,镇级整改落实方案事项完成全年的88%,村级完成90%。

(谢永德)

【国庆安保】 国庆期间,北臧村镇做好安全保卫工作,有643名党员在自己的岗位上履行职责,136名党员主动参与到志愿服务的岗位中,全镇直接参与重大活动、任务184人,在活动一线发展党员6人,先后组织17个非拆迁村187人到北京展览馆参观"辉煌六十年1949~2009中华人民共和国成立60周年成就展"。

(谢永德)

【三四五强基工程积极推进】 年内,北臧村镇出台《关于村级后备干部培养选拔管理办法》,全镇有60人符合条件参加考试,确定了17个村33名后备干部,确定了4名优秀村级干部参加培训,4人到机关科室轮岗锻炼,7人到先进村挂职锻炼;成立北臧村镇党校。制定包括《党校章程》、《校务会职责》在内的党校系列制度;在农村党员中开展主题教育活动。制定《关于在全镇农村党员干部中开展"讲党性 做先锋 我为新农村建设做贡献"主题教育活动的实施意见》;总结宣传"支部+协会"经验。系统总结了本镇巴园子村和赵家场村的"支部+协会"的做法和主要经验;开通农村"信贷快车";加强毕业大学生和离退休党员组织管理;推进农村党员干部现代远程教育建设;配合开展"百家单位联百村"一助一共建活动;提升村级干部待遇。村干部工资上调50%,绩效奖金和重点工作奖也相应增加。

(谢永德)

【流动党员管理】 年内,全镇共有流动党员29名,其中有2名女党员和27名男党员,有3名党员持有流动党员活动证,其余的26名持有党员介绍信和相关证明。

(谢永德)

【大学生村官管理】 年内,北臧村镇实现了"村官"下得去、待得住、干得好、流得动。2006届11人中8人落实工作单位,1人读研深造,另外2人已明确工作去向;对2007和2008届"村官"的日常管理,坚持每周集体学习，邀请《京郊日报》社会新闻部杨先慧主任培训新闻写作。招聘2009届新"村官"8人，续聘1人。

（谢永德）

安定镇

【概况】 安定镇总面积77.8平方公里，辖33个行政村，常住户数7886户，其中户籍户数7427户，外来户数64户，常住人口25990人，其中户籍人口25808人，外来人口182人。全镇从业人员15746人，其中第一产业10748人、第二产业2753人、第三产业2245人，生产经营单位20家，旅游接待户11户，观光园11家。年内，财政收入完成5092万元，同比增加380万元，增长8.1%；农民人均纯收入完成9711元，同比增长12%；工业总产值完成76754万元，同比增加13640万元，增长21.6%；农业总产值完成31004万元，同比增加1773万元，增长6.1%；社会消费品零售额完成20550万元，同比增加2873万元，增长16.3%；固定资产投资额完成25073万元，同比增加949万元，增长3.9%。

名称：北京市大兴区安定镇人民政府

地址：北京市大兴区安定镇

电话：80235618

邮编：102607

网址：anding5618@126.com

【镇域工业园建设】 年内，安定镇北工业区已经有13个项目签约入区，投资总额6亿元，其中11个项目建成投产。东工业区投产企业6家，累计固定资产投资9.1亿元；在建项目2家。共引进3家规模企业，分别是：北京市大禹王防水工程集团有限公司，总投资7000万元，占地24.95亩，主要生产防水材料，投产后可安排本地200余名劳动力就业；北京同心机械制造有限公司项目，总投资7300万元，占地面积35亩，以机械制造为主；多元环球水务公司项目，占地213.3亩，总投资4500万美元，主要业务是水处理及环保材料，投产后预计年产值4.5亿元，实现年税收4160万元，可解决本地300余名劳动力就业。

（肖春林）

【镇域工业园运营企业】 年内，安定镇工业园区主要运营企业有北京天冰冷饮有限公司，占地98.3亩，总投资规模5500万元人民币，主要产品为冰淇淋系列产品，产值完成4307万元人民币，销售收入4454元人民币，利润31.5万元人民币，实现利税23.9万元人民币；北京绿康源食品科技发展有限公司，投资建设3000平方米新车间，2500平方米的库房和3条榨汁灌装流水线，共推出9个新产品投入市场，销售收入700万元人民币，利润30万元人民币，实现利税9.5万元人民币；北京帝超装饰装潢设计有限公司，占地36.4亩，总投资5000万元人民币，主要进行商业展板的制作和商业装饰装潢，年销售收入达1500万元人民币，利润120万元人民币，解决当地60名农民的就业问题；北京光明橡塑制品厂，占地27亩，总投资2800万元人民币。

（肖春林）

【商业街改造工程】 年内，安定镇进行商业街二期、三期改造工程。工程总占地面积1万多平方米，总建筑面积近1.5万平方米（其中住宅建筑面积10393平方米，商业建筑面积4363平方米），工程于年底完工。

（肖春林）

【镇区路网二期建设工程】 年内，安定镇完成安定中街（西起西环路，东至安定路，全长1995米）、滨河东路（北起安定中街，南至黄徐路，全长766米）、工业区西路（北起安定北街,南至南环路,全长1009米)3条道路工程,地点位于安定镇老镇区内,道路总长3770米,同步实施管线、交通、照明、绿化工程,总投资5288万元人民币,北京市发展和改革委员会已从市政府固定资产投资中安排补助资金3771万元人民币。共投资5276万元,完成雨水、污水、给水管线施工共计6058米,道路沥青混凝土铺设共计37821平方米,及相应的路灯、步道等设施建设。

(肖春林)

【新农村建设】 年内,安定镇完成对马各庄、前辛房、后辛房等10个村的村庄进行了整体规划。完成对前安定、后安定、东白塔3个村街坊路建设,共硬化路面13.25万平方米,挖掘排沟1.3万米。其余11个村的街坊路建设的主要工程也基本完成;郑福庄和于家务2个村的街坊路建设正在准备过程中。实施户厕改造工程,全年共完成户厕改造2266座,涉及沙河、潘马房、驴房等9个村。做好多功能厅建设,在前安定、后安定、东白塔3个村内建设多功能厅各1座。

(肖春林)

【农业情况】 年内,安定镇完成农业总产值28308万元人民币,同比增长14.9%;粮食总产2200万公斤;完成夏秋两季的粮食直补面积59878亩,补贴金额462.9万元人民币;果品总产量10002万公斤,实现果品总产值1130万元人民币;举办果树培训班12次,培训人员达600人次;家禽总存栏40万头(只),畜牧总产值10553万元人民币,占农业总产的42.7%,同比增长3.1%。

(肖春林)

【农业基础设施投入】 年内,安定镇加大农业基础设施建设,发展农业观光旅游业。生态环境综合治理工程涉及堡林庄、后安定、东芦、西芦等12个村,面积2万余亩,新打机井9眼,完成林网给水管道铺设17475米,片林节水灌溉200亩,田间路硬化7.2万平方米,增加变压器2台,铺设地埋线15公里,新修桥涵9座,植树55773株。协助亮民绿奥、田园一农等4个观光园区完成千亩体验区项目,完善旅游观光基础设施建设。

(肖春林)

【发展设施农业】 年内,安定镇引进先进品种,提高保护地效益。引进了毛冬瓜品种,发展规模冬瓜,冬瓜产量和品质都得到了很大提高,效益同比增长了30%。增加保护地面积,在于家务村发展日光温室大棚,新增加大棚种植面积350亩。

(肖春林)

【桑产业情况】 年内,安定镇桑椹总产量达到了1588吨,同比减少1172吨,主要是因为实行了果桑嫁接换优,导致桑果产量减少。其中企业收购1358吨,农户自销230吨,实现销售收入200多万元。2家企业的日加工能力总和达到180吨,确保能够及时解决桑椹收购加工问题。

(肖春林)

【改善旅游环境发展农业观光】 年内,安定镇有果树面积2400亩,利用现有果树资源发展"一带,四园"旅游观光。一带是指前安定、后安定村至前、后野厂5000亩农业观光采摘带;四园是指御林古桑园、贾尚梨园、圣泽林庄园和东方大地果园,一期建设全部完成。新修道路46668平方米,其中水泥路面23268平方米,石渣路2.34万平方米,竹篱笆7960米,竹门楼9个,桥涵21座,新打机井6眼,安装节水管道1670米,对青安路后安定段东侧,庞采路前安定段北侧的环境进行整理、绿化、美化。对双塔寺遗址和文明古树银杏树进行了维修和维护,改善了安定镇东部农业观光旅游采摘带的环境。结合桑椹节的举办,对民俗旅游户进行了培训。

（肖春林）

【农业科技服务中心建设】 年内,安定镇研究制定农业综合服务中心运行体制和机制。完成各类培训24次,共培训2500人次以上,发布各类信息10万条,通过发布供求信息销售本地农产品500吨,培养科技示范户50户,推广新技术新品种5项,推广测土施肥500亩以上。

（肖春林）

【农村饮用水改造】 年内,安定镇对皋营、汤营、徐柏、后野厂4个村880户2566人的安全饮用水进行了改造;对安定镇教师宿舍与善台子商户的饮用水问题进行了改善。共铺设输水管线42365米,安装普通水表880块,射频磁卡表56块,砖砌节门水表井945座,安装节水龙头1872个,安装地下消火栓10台,新打深水源井2眼。

（肖春林）

【植树造林改善绿化环境】 年内,安定镇植树5.78万株,其中大龙河两岸植树1.43万株,总长7000米;基本农田整治绿化林网17条,总长1.2万米,植树1.5万株;运用运输车、挖掘机等30余台次,出动人力4000余人次完成万亩残次林改造工程和500亩播草固沙工程。为做好冬季防火工作分别与有林单位签订了防火责任书,对片林和重点路段树下杂草和易燃物品进行了清理。

（肖春林）

【土地法律法规宣传】 年内,安定镇利用4月1日"全国规划日"和6月25日的"全国土地日"进行宣传,在兴安大街设置了宣传台、咨询台,并悬挂宣传条幅,向过往群众发放各种土地规划宣传材料,对群众咨询的有关问题给予现场解答,共发放各种宣传材料500多份。平时在老百姓办理解决宅基地审批、房屋纠纷时结合实际宣传有关的土地法律、法规。

（肖春林）

【采取措施改善镇域环境】 年内,安定镇大街两侧的各商业门店施行"门前三包责任制"规定好责任区的范围,并签订责任书,签订率为100%。对全镇33个行政村,完善镇、村两极保洁队伍,有镇级保洁中心队员66人,村级保洁员118人(每个行政村有2~6人),每村配备1辆垃圾清运车,对垃圾进行密闭化管理。新建二类公厕18座,对14个村主要街道两侧的墙壁进行粉刷,面积共有10万平方米。新购置垃圾密闭清运车4辆,装载机2辆,清运垃圾9320余吨,治理河坡8000米。投资73万元,对3个村665户进行水冲式改厕。确定14名环整包村干部,对行政村的环境进行监督,每月由镇综治办、环卫中心、村委会三方对各行政村的环境治理进行2次不定期的考核、打分、评比。

（肖春林）

【农村合作医疗和劳动力就业】 年内,安定镇共举办和组织参加各种用工洽谈会13场,完成农村富余劳动力培训377人;拓宽就业渠道,实现农村劳动力就业805人;完成失业人员再就业137人。推进农村合作医疗,全镇共参合21244人,参合率达到了97.5%。

（肖春林）

【优抚社救】 年内,安定镇有优抚对象40户41人,共支出优抚对象抚恤金31.59万元人民币;城乡低保对象251户504人,共支出救助资金53.51万元;为优抚对象报销医疗费用5.4万元;对镇内4户因大病造成临时困难的家庭及时救助,每户5000元共补助资金2万元;对全镇16名在校贫困大学生和3名低保家庭高校新生救助,共投入助学资金

7.3万元;"爱心护眼"活动中为6名低保家庭的近视学生免费进行了集中验光和配镜。

（肖春林）

【低保工作】 年内,安定镇对农村低保对象234户470人进行重新审查、测算、核实,对部分家庭基本情况发生变化的低保家庭作了调整,撤销7户18人,变更10户,减少11人,每月减少发放低保金1854元。

（肖春林）

【残疾人保障】 年内,安定镇为46名重残无业人员发放了生活补贴;为1名残疾人免费更换假肢;共发放32件小型生活用品用具;为63名贫困残疾病人办理了农村新型合作医疗;为镇域内2114名残疾人建立了康复需求档案;为18名白内障患者实施复明手术。

（肖春林）

【专项救助与防灾救灾】 年内,安定镇出资23.7万元。为11户困难优抚社救对象家庭共51间危旧房屋进行维修和改造,购买油毡470捆;为82户困难家庭的378间漏雨房屋做了防水。对年内因灾情导致生活有困难的家庭政府出资16.8万元进行了救济。

（肖春林）

【春节前慰问与拥军优属】 春节前夕,安定镇对优抚对象、现役军人家属、城乡低保对象共支出慰问金、优待金21.2万元。并送去大米、面粉、食用油、棉被、大衣等慰问品,为通马房村老烈属高永凤送去一把轮椅。

（肖春林）

【优抚安置】 年内,安定镇共登记退役人员110人,确定参战人员32人,为11名退伍军人进行了妥善的安置,安置率100%。组织烈属、革命伤残军人和老复员军人去镇卫生院进行义务体检,参加体检人数28人。"八一"前夕为他们送去了纪念手表、水杯等慰问品。

（肖春林）

【双拥共建】 年内,安定镇与武警北京总队二师训练基地和政治部五号院等驻军部队分别组织了"军政"、"军民"座谈会,密切了军队与地方政府和人民群众的关系与友谊。"八一"前夕,镇政府在武警训练基地举办了赠书仪式,众邦兴源文化有限公司为部队官兵赠送各类图书500余册。桑椹节期间,武警训练基地派出了130名武警维持活动场地的秩序。

（肖春林）

【殡葬改革】 年内,安定镇制定推行了火化奖励政策,对126名执行火化政策的事主进行了奖励,共支付奖励资金1.26万元。在开展坟头整治工作中,有11个村完成了1781个坟头的整治,实行平碑安放,其他行政村的平碑安放工作正在进行中。

（肖春林）

【九九重阳节慰问】 年内,安定镇在开展九九重阳节慰问活动中对全镇90岁以上的高龄老人和敬老院的老人进行了慰问,祝贺老人高寿,身心健康,并送去了牛奶、豆奶粉、芝麻糊、花生油等慰问品,合计金额5100元。

（肖春林）

【募捐善款与残保金审核】 年内,安定镇面向镇域内企业和机关干部组织捐赠活动,共募集善款77650元,残保金审核金额150.6万元,由银行划拨上缴区财政局。

（肖春林）

【养殖业免疫检疫】 年内,安定镇共有11个养殖小区,9个养殖场,生猪总存栏33316头、鸡216650只、鸭2.5万只、奶牛2125头、肉牛563头、羊11371只、注册犬总数2736余条。召开全镇养殖小区、场及重点养殖户防疫员会议,发放防疫、消毒等宣传材料400多份。镇防疫人员带领村级防疫员分组包村,逐户逐只分头进行对辖区内的所有养殖场,公共场所、交易市场、养殖小区进行全面消毒,并按程序化进行免疫,免疫率达到100%,其中蹄疫防疫免疫率及耳标佩戴率达到100%;禽流感防疫免疫率达到100%;狂犬病免疫率超过100%(狂犬病注册总数2730条,累计免疫数2974余条)。全年共发放消毒药品:火碱3.5吨、益康消毒液25箱、灭毒威13箱、百毒杀30箱、蓝光消毒液35箱等。对辖区内的各类畜禽养殖情况进行了全面的自查和送检,奶牛布病、结核的抽样送检2400头;猪亚洲I型和O型口蹄自检和送检440余头;禽流感送检680余只,检验结果未发现任何异常现象。全镇33个自然村,9个养殖场都能做到认真填写官方登记,免疫标识佩戴11764头,免疫证发放1567张。

(肖春林)

【农机管理与三夏工作】 年内,安定镇为农机驾驶员审验驾驶证58人,换证8人,检验农机车辆637台次,新上拖拉机牌照8台,为农民购置小型田园机33台,654型拖拉机6台,大型小麦免耕播种机3台,争取农机具补贴资金312835元。对152名驾驶员进行安全教育和操作技能培训2次,对8家修理网点定期检查4次、不定期抽查3次。三夏期间组织调配本镇小麦收割机21台,外地收割机65台在本镇作业,共收割小麦1.78万亩,出动打捆机1台,为农民捡拾小麦秸秆打捆作业2000亩。玉米免耕播种新技术作业2.06万亩,完成免费保护性耕作实验地300亩,治理裸漏农田800亩。

(肖春林)

【流动人口管理】 年内,安定镇设立专职协官员33人,管理站工作人员6人,审查外地来京人员2832人,并建立档案台帐纳入微机管理。全镇出租房屋307户669间,全部与出租房住签订了《治安责任保证书》。

(肖春林)

【计划生育】 年内,安定镇利用母亲节人口日,男性健康日等节日,在集市进行宣传和义诊活动,共发放宣传材料1.5万份,避孕药具200余盒,为群众义诊150人次。新建人口文化大院10个,宣传墙2000多平方米。镇计生办制作了计划生育宣传折页和艾滋预防、独生子女奖励折页,流动人口计划生育服务指南小册子8000余份发放到户。政府拨出专款20余万元,对1826户独生子女家庭和14名达到退休年龄的独生子女父母实施奖励。共发放独生子女证238个,计生办与33个行政村委会签订了考核责任书,对全镇计划法制干部133人进行了2次培训,对基层专干实行百分考核,计划生育率达到95%以上。育龄妇女信息管理系统个案信息录入的完整率和准确率达到100%。有育龄妇女8000人,其中已婚育龄妇女5249人,采取避孕措施4452人。共投资50万元用于奖励和设施建设。评出一个计划生育示范村,10个少生快富先进个人和11个独生子女模范家庭,为60户办了贴息贷款150万元。

(肖春林)

【村级经济合同清理】 年内,安定镇根据村级经济合同欠租情况制定了具体的解决措施,成立了村级经济合同清查领导小组,规范了后安定村经济合同39份,收缴拖欠租金268250元,合同收缴率达到100%。

(肖春林)

【规范民主管理】 年内,安定镇完成了2次民主活动日工作,全镇参加活动日的村民代表1183人次,讨论议题144条,村民代表提出意见、建议 56 条,通过讨论形成决议 129 项。

(肖春林)

【农业保险】 年内,安定镇召开了村级主要负责农业保险工作会议。为 21 个村 190 户办了农业保险,收缴保金 17253 元。其中西瓜 132 户 533.4 亩,上缴保险费 10688 元;果树 37 户 120 亩,上缴保险费 6165 元;蔬菜 21 户 29 亩,上缴保险费 420 元。

(肖春林)

【农村信息化管理】 年内,安定镇对镇级 3 名信息员和行政村 33 名信息员、统计人员和财会专管员进行了经济管理知识、财务知识,农村信息化管理业务的培训;完成了基础数据更新、录入、汇总和核查工作。

(肖春林)

【财务公开和民主管理】 年内,安定镇共举办财务管理培训班 3 次 264 人次,涉及财务公开的专题培训 99 人次。村级财务公开实行了三统一(即:统一时间、统一地点、统一格式)要求财务公开表要张贴在各村的村务公开栏内进行公示,便于关心村级财务的群众能在规定的时间里得到村级财务公开的相关信息。执行村级重大事项事前咨商工作,共召开咨商联席会议 12 次,咨商议题 52 个,咨商领导小组出具指导性意见 72 条。为全镇 14 个行政村完成集体土地出租、房屋出租等指标、投标事项,招投标金额共计 768 万元。配合镇纪委完成了后安定,东、西芦等 9 个行政村树木招投标工作,涉及树木 2329 棵招投标金额 768750 元。

(肖春林)

【治安防范与安全防控】 年内,安定镇投资 30 万元在安定派出所建立一个监控总平台,对全镇所有的技防系统实施 24 小时全面监控。投资 200 万元建成 4 大防空体系,在行政事业单位及重点企业安装了视频监控装置。在镇域内的主要街道和清礼路安装了 18 个监控探头,把 33 个行政村的所有变压器都安装电力线报警系统,实现图像监控。建立村镇两级治安寻防组织,加大检查力度,镇政府实行各行政村和各企事业单位治安目标管理,排查制度,共签订社会治安综合治理目标管理责任书 126 份。

(肖春林)

【冬季取暖安全管理】 年内,安定镇与镇域内的企事业单位,各村委会,出租房主等签订安全责任书。镇文体中心利用有线广播宣传预防煤气中毒小常识,张贴煤气中毒宣传画,向各户发放预防煤气中毒的一封信,并安装风斗。对人口密集区进行防火、防煤气中毒等安全检查。

(肖春林)

【第八届桑椹节】 年内,安定镇第八届桑椹节是以建设文明新农村,培育时代新农民,走进和谐新安定为主题,打造了体现地方鲜明特色的农民节日。桑椹节坚持淳朴热情集人气,特色文化树形象,积极发展育商机的办节理念,采取了“农民自发,农民参与”的办节模式,全镇 33 个行政村、机关、学校等都参加到活动中来。共设计 17 项活动,其中农民就业招聘会,专家义诊活动和文化大院文艺汇演,涵盖了全镇 33 个行政村有 6000 人参加,其他 14 项活动有农民、学生、教师、干部等参加,人数达 4000 人。桑椹节创新活动形式新,采用集中与分片相结合的方式,集中组织的活动有“男女拔河比赛,农民才艺展示大赛,农民森林长跑”等。按各村地理位置分片进行的区位活动有“婆媳情深”、“扑克牌”争三先、农家“夫妻乐”趣味赛。举办了以棋会友,乐在棋中象棋赛、唱出风采,唱出快乐的戏曲表演大赛等活动。增设了女子拔河项目。

（肖春林）

【文化活动丰富多彩】 年内，全镇共有民间小剧团、农民秧歌队50多个开展了“星火工程文艺演出、镇域内戏曲调演等文娱活动100多场”；开展“新农村、新农民、新风采”才艺展示大赛，共有19个村77人报名参赛，在徐柏、佟营村举行了两场预赛专场，评出12人进入决赛，评出一等奖1名，二等奖2名，三等奖3名，优秀奖6名。

（肖春林）

【乡风文明建设】 年内，安定镇在镇域内开展了“践行文明公约，建设和谐安定”文明公约征集活动。村民借用“诗歌、短语、三字经”等不同形式编辑了广大村民应该遵守的社会公德和行为规范。如：爱国又爱家，振兴我中华，种田用科技，致富又省力，夕阳无限好，人人应敬老；生活在提高，传统不可抛；树立新形象，品德要高尚。全镇共评出391户“十星”文明家庭并受到了政府的表彰。

（肖春林）

【信访工作】 年内，安定镇解决信访问题25次，解决群众反映的突出问题及群体事件。出台《安定镇党委关于落实大兴区农村基层干部廉洁公务行为准则及管理考核办法》实施细则，《关于农村党支部书记管理办法》、《信访工作责任追究制度》及建立各村党组织纪检委员管理制度。政府与各行政村党支部书记及各站所主要负责人签订了基层信访责任书和党风廉政建设责任书。全年接待群众来访46批235人次，其中集体访5批72人次，重访6批，与上年同期相比批次减少13批，人数减少64人次，集体访比上年同期相比减少5批，人数比上年同期减少61人次。年内收到群众来信33件，比上年同期多10件，其中纪内来信16件，经上级部门转办和镇内举报17件，其中包括11件匿名信。对转来和镇内受理的信访事项做到了按事项要求，事事有答复，全年未出现被纠正或重查的信访事项。

（肖春林）

【群防群治】 年内，安定镇对村内的各种矛盾及时掌握、及时介入、及时化解；强化社会面控制，实现流动人口与服务三级网络管理；定期对镇内企业进行检查，重点对危化企业跟踪督查；联合执法部门，取缔不符合生产、销售资质的小企业、小作坊。

（肖春林）

【全程办事代理制】 年内，安定镇全程办事代理项目共计52项，其中许可类5项，上报类23项，服务类24项。共受理事项9935项，其中纳入网络监控系统7444项，未纳入网络监控系统2491项。村级受理事项共计1578件，群众满意率100%，一次办结率100%。投诉事件为0。

（肖春林）

【农村基层党建】 年内，安定镇完成了全镇新一届党支部班子换届选举工作，选出新一届农村党支部班子共105人，平均年龄47.9岁，比上届减少1.7岁，大专及大专以上学历的支部书记5名。全镇共发展党员71名，预备党员转正96名，党费收缴管理规范化，共收缴党费16198元。

（肖春林）

【大学生村官管理】 年内，安定镇接收大学生村官22名，共有村官56名。指定一名专职管理员负责大学生村官的日常管理工作，制定了村官的工作计划和目标考核责任制，试用期考核、转正、定级即签订劳动合同工作。

（肖春林）

【财税工作】 年内,安定镇共完成财政收入5092万元,同比增加380万元,增长8.1%。共引进注册企业25家,其中注册资金在1000万元以上的企业3家。对镇域内的建筑施工企业进行税源监控,要求凡在镇域内建筑施工企业,所形成的税收要在当地税务机关完税。

(肖春林)

【防汛抗旱】 年内,安定镇制定防汛抗旱应急预案,对大龙河、小龙河、岔河制定了上堤避险方案,落实安全防范措施,在避免雨洪灾害上,坚持人的生命第一的原则,坚持防汛抗旱并举,在驴房村东北建1处提水泵站,排水量600立方米/小时,在佟家务、堡林庄、西白塔村修建了2个集雨工程的坑塘,利用面积30682平方米。各行政村成立抢险小组(每村20人),各村书记、村主任为组长。

(肖春林)

【白蛾防治】 年内,安定镇共投入资金45万元,购买16辆三轮农用打药车、1辆轻骑农用车、10台背负式打药机、1台烟雾打药机、共安装黑光灯72盏,诱杀美国白蛾成虫413只,组织人员查杀美国白蛾幼虫6遍,共查获美国白蛾幼虫网幕618个,与2006年查杀幼虫网幕相比下降了15倍,共用人工5400人次。出动打药车16辆,对全镇所有林地共普防打药3遍。

(肖春林)

【林木采伐】 年内,安定镇林业站协助有林单位共办理采伐、移植许可证49份,其中办理林木采伐证42份,获批各种林木20154株,立木蓄积2732.9立方米,办理林木移植许可证7份,获准移植林木467株。

(肖春林)

【护林防火】 年内,安定镇成立了森林防火指挥部,制定了工作计划和扑火预案,森林防火指挥部与有林单位签订护林防火责任书33份,利用广播、标语、发放宣传资料1.3万份。全镇共清理林网、片林、次生枝等树下杂草4000亩,用工1500人次,车辆300余台次,耗资14.8万元。

(肖春林)

【村党支部建设】 年内,安定镇对村“两委”班子成员的进行教育培训,建立健全了培训机制,采取集中培训、分组学习、外出参观、正反两方面教育等多种形式开展教育培训活动。对支部书记和班子成员集中培训5次。制定了符合本镇实际的《安定镇村级工作管理规则》。推行“两委”班子承诺制,共承诺事项205项,已经完成192项。按时召开民主生活会,开展批评与自我批评;加强党风廉政建设,每个支部设1名专职纪检委员;每月至少召开2次支委会和“两委”联席会。

(肖春林)

【村务运行机制】 年内,安定镇将《安定镇村级工作管理规则》印发到每个党员、干部、村民代表手中。推进了农村民主管理,村务管理运行机制更加完善。在完成《村民自治章程》修订工作的基础上,加大宣传力度,《章程》入户率达到100%。全面实行党务公开和村务公开。完善“村帐托管”制度,贯彻落实“村帐双审”和村级财务预、决算制度。建立健全了村级公章管理使用办法,将各村公章统一放到镇组织部和经管站进行管理。

(肖春林)

【党员管理】 年内,安定镇共发展新党员36名,其中年龄在30岁以下的12人,占33%。推行党员承诺制。围绕发挥党员作用、带领群众致富、维护社会稳定、促进邻里和谐等8个方面共承诺事项1293项。国庆60周年期间,共有800余名党员参与国庆安保工作,各村党支部与每名党员签订了责任书。加强党员长期性教育，坚持每月组织好党员活动日，利用“村村通”广播，集中讲党课2次。开展“在农村无职党员中设岗定责”活动，采取一岗多人或一人多岗的形式，按照党员的实际情况为无职党员设立岗位，共设治安巡逻、卫生监督、矛盾调节等9大类岗位，参岗党员365名。建立农村党员需求档案，对加强党员的教育培训、环境治理、村级道路修建等9大类问题，镇党委推出了一系列教育培训活动，开展农业技能培训2928人次。开展“四联四帮”活动，对全镇生活困难户进行调查摸底，镇领导班子成员分别联系2至3户困难户，每个支部联系2户困难户，制定帮扶措施，解决实际困难。

（肖春林）

【后备干部培养选拔管理机制】 年内，安定镇按照“三荐三考”原则，建立后备干部选拔、培养和使用机制。建立台账管理制度；建立谈心汇报制度；建立民主评议制度。把复转军人、创业致富典型、种养能手作为重点选拔培养对象，让部分村后备干部轮流在镇机关挂职锻炼；由党支部确定村干部帮带培养后备干部的内容和时限，安排后备干部在村内相关岗位锻炼，按照每村不少于2名后备干部的标准，全镇共有后备干部66人。

（肖春林）

【完善包村机制】 年内，安定镇按照区委的要求，落实“百家单位联百村”活动，与区直10家部门单位联系，对全镇10个重点村进行帮扶。

（肖春林）

【党建带团建】 年内，安定镇本着“思想上重视、政治上把关、工作上支持”的原则，镇党委加大党建带团建的工作。明确“三带一加强”的党建带团建工作任务，建立起完善的党建带团建工作机制，并纳入到全镇整体创建工作体系，在优秀青年团员中发展党员12人。

（肖春林）

【妇联工作】 年内，安定镇以妇女学校为依托，拓宽妇女就业门路，开办食品培训班，有50余名妇女拿到了绿色上岗证书。推进“一帮一、共奔小康结对子”工程，优先为妇女提供致富项目和技术服务，全年共帮助办理贴息贷款144万元。

（肖春林）

【工会组织建设】 年内，安定镇在镇工业区2家企业建立了工会组织。

（肖春林）

【开展主题教育】 年内，安定镇制定了“构建和谐新安定、共创古桑文明镇”主题教育活动方案，安排了“庆新春、闹元宵”正月十五秧歌汇演、“重拾童趣、欢乐农家”趣味比赛、“万册挂历进农家”等项活动。以桑椹文化节为载体，设计了10项农民参与的活动，共有33个村2500余人参与活动之中；以文艺活动为载体，开展“星火工程”文艺演出，组织具有演出资格的徐柏河北梆子剧团、伙达营夕阳红河北梆子剧团出镇演出50场；与青云店、长子营等镇联系，接待来镇演出66场；邀请北京兴安歌舞团、北京相声俱乐部等专业团队到镇域内各村演出37场；以主题教育冬季行动为载体，开展丰富群众农闲文化生活，促进乡风文明建设。

（肖春林）

庞各庄镇

【概况】 庞各庄镇位于北京南郊，距区政府所在地大兴新城12.5公里。西依永定河，东至魏善庄镇界,北和北臧村镇相邻,南与榆垡镇接壤,镇域总面积 109.3 平方公里。辖区内有 53 个行政村,户籍总人口 42187 人,其中农业户籍人口占 79%。年内,农业总产值完成 7.16 亿元,同比增长 4.2%;实现农民人均纯收入 11856.3 元,同比增长 10.3%;工业总产值完成 27.5 亿元,同比增长 13.3%;地方财政收入完成 8086 万元,国税完成 11446 万元,同比减少 26.45%,地税完成 27996.79 万元。

名称:北京市大兴区庞各庄镇人民政府
地址:北京市大兴区庞各庄镇
电话:89287833
邮编:102601
网址:http://www.dxpgz.gov.cn/web/pgznew/

【经济指标完成情况】 年内,庞各庄镇工业总产值完成 27.5 亿元,同比增长 13.3%;乡镇企业总收入完成 36.5 亿元,同比增长 1%;工业增加值完成 7.9 亿元,同比增长 5%;利润总额完成 2.5 亿元,同比增长 5%;出口供货额完成 1.1 亿元,同比减少 50%;社会消费品零售额完成 4.75 亿元,同比增长 25%,完成上级下达任务的 110%。

(刘立永)

【规模以上企业】 年内,全镇规模以上工业企业共计 24 家,产值 5000 万元以上的企业 6 家。其中增幅较大的企业有北京市阀门总厂(集团)有限公司 1～11 月份产值完成 33513 万元,同比增长 78%。北京昆仑润滑油厂进入五月以来,产值有大幅提升,截至 11 月份,产值达到 44587 万元;博洛尼公司进入 9 月份产值大幅回升,截至 11 月份产值达到 7.59 亿元,同比增长 16%。

(刘立永)

【为企业服务】 年内,庞各庄镇共注册企业 289 家;协助阀门、美丹、美全、无纺布、博洛尼等 5 家企业贷款共计 15380 万元,并协助这 5 家重点企业进行贷款贴息的申报;为阀门总厂、博洛尼家居、健力药业、美全食品、美丹食品、海马建材、庞各庄西甜瓜销售中心等企业争取奖励、扶持资金共计 255 万元。

(刘立永)

【淘汰黄标车】 年内,对全镇 53 个村以及各企业的黄标车进行统计调查,调查黄标车共计 722 辆。

(刘立永)

【工会工作】 年内,庞各庄镇完成 2 家规模以上非公企业的工会建会,分别是北京东方雪制衣有限公司、北京东方帅士制衣有限公司;完成 2800 多名工会会员的优惠卡办理工作;完成全国工会联合会数据库的建立工作。

(刘立永)

【盘活闲置资产】 年内,由浙江帝龙新材料有限公司投资的北京帝龙北方新材料有限公司盘活位于庞各庄镇京开路西侧中堡村北侧的原京开顺彩钢厂的部分闲置厂房场地,占地面积 5000 平方米,总投资 2000 万元;北京太阳花暖通工程有限公司盘活原京开顺彩钢厂的另外一部分厂房场地,占地面积 5000 平方米,总投资 500 万元,预计投产后产值可达 2000 万元,并可解决当地劳动力 40 余人;北京普思通包装制品有限公司盘活原营欣金属结构有限公司闲置厂房场地,占地面积 10 亩,总投资 1000 万元,预计投产后产值可达 2000 万元,解决当地劳动力就业 30 余人。

(刘立永)

【三高企业退出情况】 年内,三高企业退出的有北京东阳健防水建材有限公司、北京世纪海马新型建材有限公司、北京昊天成化工厂3家企业,这3家企业都已停产。

(刘立永)

【三产促进地方经济】 年内,庞各庄镇共办理酒类流通登记备案许可证30余个;协助庞各庄腾飞农副产品市场进行升级改造。

(刘立永)

【世界环境日宣传活动】 6月5日,庞各庄镇根据区环保局的统一安排,在腾飞农贸市场组织了纪念第38个"6.5"世界环境日暨"减少污染、行动起来"的宣传活动。通过环保咨询以及环保图片展,向广大村民发放环保宣传资料600余份,布袋350个。

(刘立永)

【对西瓜销售点计量检查】 年内,区技术监督局和庞各庄镇政府,共同对京开路两侧60个西瓜销售亭进行了计量检查和文明经商知识宣传,发放宣传材料60余套,并且逐一对每一个销售点的计量器具进行了检查。

(刘立永)

【五一节前安全生产检查】 4月30日,庞各庄镇与施工单位签订了"2009年施工单位安全生产责任书",共计18份。对镇域内18家施工工地进行了安全生产宣传、检查,共发放宣传材料42份,对查出问题的施工单位责令其立即整改,消除安全隐患,并将整改方案报送基建科。

(李 猛)

【防控甲型H1N1流感】 年内,庞各庄镇制定了《施工单位甲型流感防控工作方案》,深入施工单位,对施工单位进行预防甲型流感宣传活动,发放甲型流感预防知识100余份。

(李 猛)

【推广优新品种新技术】 年内,庞各庄镇从中国农科院、北京农科院等单位引进西甜瓜品种56个,蔬菜品种16个,林果品种6个,甘薯品种100个,筛选出近20个适合本地主栽的品种;推广新型生物农药8000亩;生产甘薯种苗300万株,新建地下甘薯贮藏窖6个;推广奶牛常见病防治技术普及率达到95%以上。

(张秀婷)

【科技培训与交流】 年内,庞各庄镇共举办农民实用技术培训70余次,累计培训农民7600余人次,并开展农业信息化科普赶集活动;成功举办庞各庄杯第21届全国西甜瓜擂台赛和第二届全国甘薯擂台赛。

(张秀婷)

【科技助农】 年内,庞各庄镇共发展瓜菜、果品、甘薯、畜牧、农机173名农村科技示范户,派出4名代表专门赴山东寿光学习蔬菜生产技术。

(张秀婷)

【设施农业】 年内,庞各庄镇投资3000余万元完成1.4万亩农业综合开发土地治理项目和万亩生态工程,做到井、管、路、渠、电、林等综合配套,同时围绕庞安路都市型农业走廊新建保护地设施面积5373.5余亩(12个村),补贴3100多万元。

(张秀婷)

【都市型现代农业走廊】 年内,庞各庄镇总投资1077万元,重点完成了雅虹茗农业休闲园、庆国寺综合销售服务中心、东方绿洲生态园和南李渠明沟盖板工程等,共建成展厅1座,高标准展示温室2座、桥3座,铺装道路广场1万平方米,绿化美化6000平方米。从本年度西瓜节起三天期间庞安路聚集游客15万余人,周边农户每亩西瓜收入在万元以上。

(张秀婷)

【农业园区建设】 年内,庞各庄镇在富兴农基地新建2万平方米玻璃板联栋温室基础上,发展南方水果种植等多种经营;投资3000余万元,建成以西瓜主题公园和综合销售厅为中心的乐平御瓜园,以及以西瓜趣味种植为特色的老宋瓜艺苑,同时完成周边环境整治和绿化美化工作。

(张秀婷)

【农产品流通体系】 年内,庞各庄镇新建"三品"基地6个,新建标准化基地2个;各类农民专业合作社共发展到60多家,其中北京庞安路西瓜产销专业合作社被评为市级重点专业合作社;在沃尔玛、美廉美、世纪联华和华堂等超市建立"庞各庄西瓜"专销点,增加西瓜销量120.6万公斤,并全部使用防伪追溯码。

(张秀婷)

【畜禽防疫免疫】 年内,庞各庄镇完成37.05万头只畜禽的防疫免疫任务,推进惠东家畅奶牛养殖小区一期建设,吸收奶牛散养户380头入区。

(张秀婷)

【发放政策性补贴资金】 年内,庞各庄镇发放保护地建设补贴资金409万元,全年小麦直补金近210万元,发放生猪补贴66.39万元。

(张秀婷)

【防灾抗灾】 年内,庞各庄镇发放救灾款135万元;为21个受灾村,落实保险71万多元。

(张秀婷)

【引进西瓜新品种】 年内,庞各庄镇引进L600、黄晶一号、中兴红一、二号、改良京秀、红富士、黄玫瑰无籽、帅童、梨瓜等品种56个,在全镇推广示范面积770亩。

(张秀婷)

【推广蔬菜新品种】 年内,庞各庄镇重点推广了马铃薯品种荷兰15,全镇推广面积50亩,种植户亩收入在4000元左右;引进了坂田辣椒、津福24大椒、利剑辣椒、5~74长茄等品种在全镇示范76亩。

(张秀婷)

【新技术引进和创新】 年内,庞各庄镇重点引进示范了薄皮甜瓜嫁接技术,推广了甘薯保护地种植、瓜薯间作和果薯间作模式1000余亩,共帮助农民订购大棚王拖拉机、卷帘机和免耕覆盖播种机共100余台件,暖棚棉被1.5万平方米,落实补贴总额106万余元。

(张秀婷)

【订单农业】 年内,庞各庄镇与北京美农东方科技发展有限公司签订了60亩25万斤的小型无籽西瓜(京玲)的种植收购协议,其保底价为2.0元/公斤。

(张秀婷)

【瓜菜种植技术培训】 年内,庞各庄镇主要采取院校+协会+成人学校、集中指导、开办田间学校、座谈交流和外出参观5大类。共计组织集中培训8次,培训农民278人次;南义堂植保田间学校、西义堂土肥田间学校培训28次,累计培训农民1230人次;座谈交流3次,人数75人次;外出至农科院蔬菜中心、乐亭、顺义、昌平、延庆、区内参观共计10次,累计人数165人次。发放各种学习材料1500余份。

(张秀婷)

【蔬菜技术培训班】 年内,庞各庄镇开办一所为期3年的蔬菜技术培训班,该班的特点是以蔬菜种植能手为核心,针对不同茬口、不同的蔬菜品种进行指导培训,以新品种、新技术为重点,通过以点带面的形式,全面提高蔬菜生产水平,已举办4期,发放材料75份、育苗穴盘1750张。

（张秀婷）

【畜牧养殖】 年内，庞各庄镇共有散养户2146户、规模养殖场17个、总存栏37万多头只畜禽，3个养殖田间学校、36户科技示范户，2个集贸市场、规模饭店23家、兽药经营5个、8个非指定路口、4个鱼池监督指导。其中，集中培训52次，累计培训1850人次，入户指导18次培训65人次。解决了农民实际问题9项。

（张秀婷）

【责任制签订】 年内，庞各庄镇先后与自然村主管领导、镇级防疫员、村级防疫员、养殖场、户签订防疫责任制、检疫责任制，共签订责任制1890份。

（张秀婷）

【防疫消毒】 年内，庞各庄镇对全镇养殖场、大户免费发放消毒药2580袋、瓶；鸡、鸭、鹅累计免疫高致病性禽流感114万只次、猪、牛、羊累计免疫口蹄疫12.5万头只次、猪瘟免疫11.8万头次、猪蓝耳病免疫7.3万头次；注册犬免疫6891条；对全镇存栏的奶牛进行了布病、结核检疫，共检疫2589头，全部为阴性；鸡白痢净化3.5万只；猪、牛、羊O型口、亚I型口蹄疫累计监测355头只、监测高致病性禽流感650只；产地检疫累计检疫牛365头，肉羊2.3万只，生猪6.4万头，禽45.8万只；屠宰场检疫12.5万多只。

（张秀婷）

【奶牛小区建设】 年内，庞各庄镇协助惠东家畅奶牛养殖小区的建设，一期共吸收奶牛散养户22户695头入区。

（张秀婷）

【鼠药发放】 年内，庞各庄镇对养殖场、大户鼠药发放83户，累计发放121袋，灭鼠面积11.8万平方米。

（张秀婷）

【甘薯科普示范建设】 年内，庞各庄镇为田窑村装备一个图书室，提供科技图书1000册；将甘薯基地的环境进行改造，制作宣传展示牌300平方米。

（张秀婷）

【测土配方施肥技术】 年内，庞各庄镇为农民提供甘薯专用肥1000吨，小麦专用肥100吨。

（张秀婷）

【生态工程】 年内，庞各庄镇投资1147万元，规划治理面积1万亩。林网更新33.5万株，新打机井18眼，开挖排水沟1.25万米，建桥4座、涵25座，修路4.56万平方米，配套变压器100KVA、低压电缆5千米，配套林网节水管道3.2万米，片林节水灌溉530亩。

（张秀婷）

【残次林改造】 年内，庞各庄镇对繁荣、幸福、小庄子、李窑、四各庄、北李渠、孙场等12个村，造林面积322亩，共栽植树木2.27万株，其中品种杨2.1万株，灌木1700株。

（张秀婷）

【庞安路治沙示范区】 年内，庞各庄镇共绿化造林总面积220亩，共计植树1.95万株，其中栽植乔木3200株，花灌木1.63万株。

（张秀婷）

【新农村绿化】 年内，庞各庄镇共为北顿垡、西义堂、东义堂、南顿垡、李家巷、西黑垡、福上、北曹、定福庄、北章客、丁村共11个村，绿化面积230万平方米，共计植树113432株，乔木23716株，灌木89716株，种植二月兰种子450千克；梨花村绿化共种植乔木及果树495株，灌木4155株，宿根花卉32620

平方米,宿根花卉6890平方米。

(张秀婷)

【北京最美乡村】　年内,庞各庄镇梨花村在"2009年度北京市最美乡村评选"活动中荣获"十大最美乡村之一"称号。

(张秀婷)

【综发土地整理工程】　年内,庞各庄镇投资2019万元,涉及东中堡等12个村,改造1.4万亩。新打机井64眼、输变电线路配套16.93公里、开挖疏浚渠道24.10公里、埋设管道244.05公里、渠系建筑物44座、机耕路19.09公里、造防护林600亩。

(张秀婷)

【防治美国白蛾】　年内,庞各庄镇共安装了黑光灯53个,配有测报员20名;全年普防3次,第一次5月3日~5月20日,第二次7月9日~7月28日,第三次9月10日~10月10日。配有白蛾防控队伍,其中药剂喷洒车20辆,防控人员60名。

(张秀婷)

【新品种引进】　年内,庞各庄镇共引进水蜜桃新品种6个,江苏无锡的晚湖景、赤月、武岭玉露、浙江奉化水蜜桃研究所的清水白桃、新白凤、平顶白花桃品种。高接在梨花村、北章客、北顿垡、李窑、保安庄5个村,嫁接成活率95%以上。

(张秀婷)

【林木资源采伐更新】　年内,庞各庄镇共计采伐树木4500株,蓄积2200立方米。

(张秀婷)

【护林防火】　年内,镇村两级层层建立了责任制,配有专职护林员10名,发放宣传材料1.3万册。

(张秀婷)

【果农培训】　年内,庞各庄镇果农培训8次,为科技示范户免费发放有机肥每户2吨。

(张秀婷)

【科技创新投入】　年内,庞各庄镇鼓励和田汽车改装、科宝、北京阀门总厂等重点企业增加科技投入,鼓励25家企业开发、研制,引进新产品、新技术,年内,规模以上企业科技开发投入8327万元,开发新产品18项,应用新技术8项。

(张秀婷)

【专利保护】　年内,庞各庄镇申请专利保护23项。

(张秀婷)

【民政情况】　年内,庞各庄镇民政对象有伤残军人5人、三属9人、带病回乡军人3人、1954年9月30日前退伍人员35人、精简人员46人、老五保供养人员23户25人、农村低保户234户453人、城市低保7户14人、参战退役人员22人。对以上民政对象按月定期发放补助金,共发放170余万元。

(崔海燕)

【住房保障】　年内,庞各庄镇共接到来电咨询1850人次,接待来访咨询1350人次。发放住房申请表320户,收回表格96户。通过市级备案93户。其中廉租房6户、经济适用房47户、限价房40户。

(崔海燕)

【老龄工作】　年内,庞各庄镇共为90~100岁高龄老人发放高龄津贴5.56万元,为65岁以上老人办理老年优待卡785个。

(崔海燕)

【红十字工作】　6月,对全镇各企业100名安全员进行安全发证自救培训。

(崔海燕)

【救助工作】 年内,庞各庄镇为2名患白血病的儿童争取救助款各1万元。

（崔海燕）

【慰问三军仪仗队】 “八一”前夕,庞各庄镇政府及庞各庄预备役领导对中国人民解放军陆海空三军仪仗队进行慰问,为他们送去80箱优质庞各庄西瓜。

（王连江）

【专业合作社慰问村民】 “十一”前夕,大学生村官胡建党代表北京爱农星食用菌专业合作社的全体员工,慰问了王场村的全体村民,为每家每户赠送了月饼和一面红旗。胡建党自创办北京爱农星食用菌专业合作社以来,为本村及周边地区解决富余劳动力50多人,为会员平均增收2000多元。

（赵红梅）

【举办法制教育讲座】 年内,庞各庄镇与北京市检察院第二分院公诉一处以贯彻“进农村,进社区,进工厂,促发展,促和谐”为宗旨建立共建点,针对镇“两委”、大学生村官共同举办了题为“慎用手中职权,远离职务犯罪”的法制教育讲座。培训讲座由市检二分院公诉一处法学博士杜邈主讲,培训活动,受教育105人次,发放宣传资料300余份,现场解答法律咨询7件。

（张　雷）

【人民调解工作】 8月,庞各庄镇集中时间组织广大人民调解员每周开展矛盾纠纷排查化解活动1次;各村确定至少1名调解员专人负责矛盾排查化解工作;建立矛盾纠纷应急调处小组。

（张　雷）

【司法助拆迁】 年内,庞各庄镇接受咨询21件,调解成功并制作调解协议书6件;开展以“加强法制宣传教育,服务经济社会发展”为主题的法律知识宣传活动,坚持以《宪法》、《婚姻法》等基本法律做为宣传重点的基础上,配合宣传各类法律知识,发放宣传材料1000余份,解答法律咨询21件。

（张　雷）

【普及法律知识】 3月,庞各庄镇对基层党支部书记、村主任、大学生村官进行《土地管理法》、针对非法占地违法建设相关政策法规等内容的法制培训2次;到问题突出的村开展有针对性的特色法制宣传1次。

（张　雷）

【法制示范校】 年内,在庞各庄第二中心小学和定福庄中学开展爱心导航“正想力量训练营活动”。邀请北京市爱心导航国际教育文化交流中心、预防犯罪教育安置基地、青少年特训营的潘锐主讲,活动分为聆听练习、自我展示、信赖互动、“蓝丝带”爱心传达、感恩手语5个部分。

（张　雷）

【举办农民法律知识大奖赛】 年内,庞各庄镇组织开展了以“提高农民法律素质,促进农村改革发展”为主题的农民法律知识大奖赛活动。

（张　雷）

【法律服务工作室职能】 年内,庞各庄镇对已建的44个村级法律服务工作室开展全面规范化建设,将上墙制度、接待制度、回访制度等多项规范化文件不仅予以公布,方便群众监督,而且将这些制度在司法所工作人员中进行学习。

（张　雷）

【矫正帮教】 年内,庞各庄镇对镇内社区服刑人员和帮教安置人员进行再次摸排,发放调查问卷共133份；向“两类”人员发放《实用政策法规选编》共133册；组织观看社区服刑教育片《回归》。

(张　雷)

【全程代理】　年内，庞各庄镇全程办理事项共39项，其中承诺类26项，即办类13项。截至11月底，全程代理办公室共受理事项6770件，其中承诺类2730件，即办类4040件，(其中受理较多的：咨商26次，360个村次，涉及事项1878项，涉及资金近3117余万元。受理个体工商户开户申请及卫生许可证的经营场所证明219件；申请翻建房670件，户口迁移178人，外来务工人员子女借读25人。录入网络：出生婴儿入户268件，一胎生育证328件，独生子女证216件，婚育证明盖章240件，合同签证1459件，外来人口登记1985件，富余劳动力求职证563件，失业求职证77件，残疾证74件，贫困生调查表160人，所办理事项办事单位和个人评价满意率为100%。

(佟克颖)

【设立村级全程办事代理室】　年内，庞各庄镇在53个村建设“村级全程办事代理室”，成立50人的村级代理员队伍，由村级代理事项达到2000余件。

(佟克颖)

【康复救助】　年内，庞各庄镇完成白内障复明手术38例；为民生1名聋哑残疾儿童赵紫悦安装人造耳蜗；对残疾人开办个体工商户、企业、进入市场的给予积极支持，有2户符合标准；对250户残疾人家庭进行无障碍改造；发放辅助器具173件，包含轮椅、助听器、拐杖等；为555名残疾人发放“爱心购物卡”；为1100多名残疾人换证并输入电脑。

(张秀婷)

【调查残疾儿童情况】　年内，全镇0～18岁残疾儿童共50名，其中未入学的(0～6岁)4人，6～16岁9人，16～18岁4人，入学的6～16岁28人，16～18岁的5人。

(张秀婷)

【发放补贴】　年内，庞各庄镇为627人发放重残补贴，为49名专职委员发放务工补贴。

(张秀婷)

【温馨家园及职康站】　年内，庞各庄镇为残疾人设立了温馨家园及职康站，建筑面积700余平方米，共有13个功能供残疾人享用，为保障残疾人自身安全和交通安全，残联与他们及监护人签订了温馨家园及职康站的安全协议书。

(张秀婷)

【为残疾人上保险】　年内，庞各庄镇鼓励残疾人参加城乡居民养老保险，对重残人员给予全额补贴，对轻度残疾人给予50%的补贴，为564人给予一户多残和重残人员进行农村合作医疗补贴。

(张秀婷)

【农业旅游接待】　年内，庞各庄镇共接待游客45万人次，旅游收入近3100万元(不包含龙熙顺景)，增长幅度为22.5%。发展民俗旅游接待户105户，经过严格的考核，为28户民俗旅游接待户办理了首批营业执照。

(赵立红)

【推出万张旅游消费卷】　5月20日至6月15日，到瓜乡旅游采摘的市民可到瓜乡大道的庞各庄旅游咨询站，凭身份证领取一张面值为10元的旅游采摘消费卷。仅端午节小长假庞各庄旅游咨询站就接待游客7000多人，发放宣传材料万余册，发放采摘消费卷

7000 张。

（赵立红）

【西瓜博物馆改造提升】 年内，由农展馆参与设计的西瓜博物馆改造提升项目完成，于6月中旬开馆。改造提升后的西瓜博物馆进一步增强了展品的知识性、历史性、趣味性，成为具有特色的优秀基层场馆。

（赵立红）

【中国北方传统农具陈列馆】 年内，由区、镇两级政府投资兴建，占地面积2000余平方米，陈列面积560平方米，馆内陈列共分三大板块：农用耕作器具板块、日用器具板块及生活器具板块，9月12日，举行开馆仪式并接待游客参观。

（赵立红）

【荣获全国旅游景观示范镇称号】 年内，庞各庄镇被国家住房和城乡建设部、国家旅游局联合评为“全国旅游景观示范镇”。

（赵立红）

【严把农村财务审批关】 年内，庞各庄镇共召开事前咨商会27次，374村次，咨商金额共计3192万元，咨商资金主要用于村级绿化及环境整治、用工费、绿化带补助款发放、村级后勤人员工资、租地款分配、生产开支及土地出租、生产设备购置维修、修路用款及自来水维修等。

（朱长娥）

【农业政策性保险】 年内，庞各庄镇参加农业保险的农户数为7889户，参保面积36575亩，社员上交保费80余万元，因灾所得保险金额在400余万元以上。

（朱长娥）

【法律法规政策培训班】 年内，庞各庄镇举办企业法人法律法规政策培训班，共有75家企业的企业法人及劳资负责人共计150余人参加，发放《北京市人民政府关于实施稳定就业扩大就业六项措施的通知》、《北京市大兴区促进就业政策汇编》等相关政策文件450份。

（冯 军）

【城乡居民养老保险政策宣传】 3月28日，在庞各庄集贸市场内进行了《北京市城乡居民养老保险办法》政策宣传。共计发放《城乡居民养老保险政策问答》、《致全市城乡居民的一封信》等宣传材料3000余份，为2500余人解答了城乡居民养老保险政策。

（冯 军）

【建立日常巡查制度】 年内，日常巡视检察用人单位80家，检查了企业的职工构成、参加社会保险情况、签订劳动合同情况、持证上岗情况、拖欠工资及是否使用童工情况。涉及劳动者6944人，其中参保人员6443人，参保总额达1210万元；签订劳动合同人数6633人，持证上岗2350人。及时、稳妥查处拖欠工资问题，重点解决群众举报案件，解决处理率达到100%。

（冯 军）

【民兵组织整顿】 年内，庞各庄镇调整民兵干部6人，基干民兵出队16人，入队20人。

（张国富）

【征兵工作】 年内，经过初检、上站体检、政审、定兵、送兵等阶段，共向部队输送19名合格新兵。

（张国富）

【成立全区首家镇级党校】 年内，庞各庄镇党员学校举行了挂牌仪式。该校投资75万多元，建有固定的党员教育活动室、电化教育室,配备了电脑、多媒体、摄像机、音响、彩电、VCD等必要的教学活动设备。共举办党员集中培训4次,培训人员2000余人次。

(赵红梅)

【支部加协会工作模式】　年内,庞各庄镇"支部加协会"结对30对,带动农户2329户,销售农产品1293.5万斤,实现销售金额1775.3万元。

(赵红梅)

【农村社区后备干部资源库】　7月,庞各庄镇对128名后备干部进行了笔试,并对笔试成绩进行了公示,10名基层推荐的优秀后备干部到机关科室进行为期2个月的挂职锻炼。

(赵红梅)

【夯实党员远教】　年内,庞各庄镇53个村的党员远程教育设施全部投入使用,组织集中培训6次,内容涉及科学发展观、防治H1N1流感、医疗保健、农作物种植与栽培等多个方面。

(赵红梅)

【老年协会活动】　年内,庞各庄镇购置了健身器材、台球、乒乓球等娱乐设施,开展老干部书画笔会4次,同时推动村级老年协会分会建设。

(赵红银)

【出刊梨乡书籍】　年内,在梨花村参评北京最美的乡村活动中,出刊了《梨乡传说》和《梨花村发展三字经》。

(赵红银)

【扶持文化队伍】　年内,庞各庄镇共为10个村3个项目购置了服装、道具等,促进了传统文化发展。(南顿垡、赵村)对大学生村官艺术团给予大力扶持。

(赵红银)

【资源共享工程】　年内,庞各庄镇完成了35个村的数字影厅安装;为52个村配备电脑;完成50场的"星火演出"工程。

(赵红银)

【多种形式迎国庆】　年内,庞各庄镇开展多种形式迎国庆:邀请本市10多位知名画家,在万亩梨园书写作画;在基层各村开展拔河比赛,为获得冠亚军的西义堂和西次村赠送了健身器材;举办"我为新农村发展献一策"演讲比赛。来自各村的民俗户、村官等10名年轻有为的基层代表参加了比赛;开展花会表演,各村秧歌、吵子等文艺队伍加大排练力度,以快乐祥和的精神风貌迎接国庆60周年。

(赵红银)

【市级文明村】　年内,南章客、梨花村、西黑垡、北章客、南李渠被评为市级文明村。

(赵红银)

【庞各庄中学中考成绩】　年内,初中毕业生有33人考入北京市示范性高中,重点高中入学率17%,109人考入区直属高中,高中入学率达50%以上。

(王金玲)

【成人教育】　年内,庞各庄镇聘请专家到田间地头指导农民进行科学种田。农民教育流动课堂行驶2万多公里,接送专家,教师,农民达500人次;为53个村党支部书记进行了为期8天的计算机培训;为53个村的村级就业指导员进行政策法规、就业指导培训;开办了计算机初级、中级培训,培训210人;完成"技能+基础"成人中等学历班的招生,共招生29人;镇成人学校的西甜瓜栽培技术培训项目被市教委评为三等奖。

（王金玲）

【学校基建】 年内，庞各庄镇共有12所学校、幼儿园进行了校舍改造，总投资达450万元。

（王金玲）

【教师节慰问】 年内，庞各庄镇为离退、在职教师发放了慰问品，并表彰了70余名优秀教师和先进教育工作者。

（王金玲）

【签订计生责任书】 年内，庞各庄镇与各村、各单位签订了计划生育责任书243份，与育龄妇女签订合同6854份，与流动人口务工单位、个人签合同书72份。

（韩素先）

【免费生殖健康体检】 年内，庞各庄镇对农村实行计划生育的育龄夫妇免费进行健康检查。3月初和镇卫生院配合，到全镇每个社区服务站、每个村进行健康检查，为全镇育龄妇女进行了B超、透乳、妇检、刮片、心电图、血脂、血糖、肝功等20余项检查，查出的各种疾病300多例；为镇域内的流动人口育龄妇女400多人进行了免费检查。

（韩素先）

【药具管理】 年内，庞各庄镇出资6万余元，对镇里的药具库房进行更新，为全镇各村统一配备药具免费发放牌、紧急避孕需求牌、药具自取架、药具柜等设施。

（韩素先）

【独生子女脱贫致富】 年内，对全镇20户独生子女贫困户进行走访慰问；利用100万元贴息贷款，为全镇独生子女家庭集中统一办理贴息贷款，使150名妇女家庭增收致富，户均增收达4000元；镇计生协为北京洪都懋隆食品有限公司与北李渠等村牵线搭桥，与该村20户独生子女家庭签订优惠收购独生子女户的西瓜蔬果。该公司对独生子女户的西瓜蔬果，优先收购，并以每斤高出普通农户0.20元的价格进行收购，普通农户每斤0.3元，独生子女户每斤0.5元。该公司两次收购西瓜蔬果2万多斤，为本镇群众和独生子女家庭增加收入1万多元。

（韩素先）

【计划生育家庭奖励扶助】 年内，对全镇原来的101份奖励扶助对象进行了验证，同时对符合条件的18份和享受特别扶助的6个家庭7人进行了新增人员办理前期申报手续。

（韩素先）

【人口规划统计】 年内，庞各庄镇发放一胎生育服务证290个，审批二胎13个，领取独生子女父母光荣证的有192对夫妻，全镇人口出生261人，其中计划内出生250人，计划生育率为95.80%。

（韩素先）

【创国优】 年内，庞各庄镇出资15万余元，对镇级计划生育人口学校进行规范，使全镇43个村建起了人口学校，为各村配备了药具柜和药具自取架，并制作了计划生育宣传展板700多块，在各村进行张贴悬挂，对有条件的村还建立了图书角；出资3万多元，印制计划生育宣传手册1.1万份，下发到全镇每个家庭，举办2次计划生育知识答卷活动，全镇5000名育龄妇女参加了此次活动。

（韩素先）

【农家女素质工程】 年内，庞各庄镇共举办种植、养殖等实用技术培训班6期，培训妇女634人；4月12日，在北京大兴庞各庄第十六届梨花节和大兴第二十一届西瓜节上由全镇挑选的10名巧娘在梨花节上献艺,当场制作各种旅游工艺品。

(韩素先)

【绿色证书培训班】 年内,庞各庄镇有52名妇女取得了绿色证书。

(韩素先)

【五好文明家庭活动】 年内,庞各庄镇开展学习贯彻《公民道德建设实施纲要》活动,继续开展"美德在农家"活动,开展家庭教育活动。表彰五好文明家庭1000户。

(韩素先)

【三八节庆祝】 年内,庞各庄镇利用广播大力宣传各条战线上涌现出的优秀妇女和先进集体,并召开了表彰会,对离开妇联岗位的10名老妇联主任进行慰问;对全镇20名贫困妇女进行走访慰问;利用各种节日、宣传日,广泛开展《妇女法》、《劳动法》、《新婚姻法》、《未成年人保护法》等法律法规的宣传。

(韩素先)

【妇女维权】 "三八"维权周期间,庞各庄镇在集市开设妇女儿童合法权益法律宣传咨询,现场解答80余名群众咨询,发放宣传资料600多份。同时邀请法律专家进行普法讲座;共接访案件78件,其中来访38件,来电36件,法律援助4件,涉及婚姻家庭、收养子女、户口办理、土地权益等问题,均有回复。

(韩素先)

【优惠收购独生子女户西瓜蔬果】 年内,北京洪都懋隆食品有限公司,在北李渠村对签订合同的20户独生子女家庭优惠收购西瓜蔬果,以每斤高出普通农户0.20元的价格进行收购,普通农户每斤0.3元,独生子女户每斤0.5元。仅一天时间,就有近30户交售了西瓜蔬果,收购西瓜蔬果2万多斤,为独生子女家庭和群众增加收入1万多元。

(韩素先)

【民生村典型引路】 年内,民生村党支部在全体村民中开展了争先创优活动,通过群众评选,全村共评选出好媳妇8人,好家长8人,科技致富标兵8人,好学生8人,其中独生子女家庭占到一半以上,村里召开了表彰大会,对评选出的各种先进典型进行了表彰奖励。

(韩素先)

【为独生子女户办理贴息贷款】 年内,庞各庄镇为独生子女户集中统一办理贴息贷款。全镇第一批共有7户办理了贴息贷款40多万元,涉及到种植、养殖、加工、销售等各种行业。

(韩素先)

【计划生育宣传册进万家】 年内,庞各庄镇出资3万多元,自制计划生育宣传册1.1万多份,发放到全镇每个家庭。

(韩素先)

【春季灭鼠】 年内,庞各庄镇出资1万多元购置鼠药,4月上旬投放于各单位食堂、建筑工地、食品加工、公共场所及主要街路两侧等处。

(张克儒)

【公厕管理】 年内,对全镇现有的20个公厕对外开放,实行专人负责制,并签订协议书。

(张克儒)

【环境大整治活动】 年内,庞各庄镇开展为期60天的环境大整治活动,8月1日至9月30日,镇成立了以镇长为组长的环境整治领导小组,8月份各村集中清理了各种杂物、垃圾1200余吨,出动整治人员达7000多人次。

(张克儒)

【改厕】 年内,庞各庄镇对15个村进行户厕改造2821座。在区政府对农户的改厕全部投资外,镇政府又为改厕的每户补助资金320元,用于改厕户买砖。新建公厕25座。

(张克儒)

【注重长效管理】 年内,庞各庄镇设立了54本台账,其中镇环境整治总帐一本,对镇53个村的环境整治重点进行明确,每村一本,明确指出每一个村的每一处整治内容是什么,达到什么目标,具体责任人是谁,完成时限什么时间,并附有整治前的照片和整治后的照片。

(张克儒)

【建设街坊路】 年内,庞各庄镇总投资3941万元,建设街坊路,涉及北章客等14个村,总建设面积334231平方米。

(张　苗)

【村庄绿化美化】 年内,庞各庄镇投资380万元,完成了北章客等22个村总面积300万平方米的绿化美化工程。

(张　苗)

【建设村级邮站】 9月份,庞各庄镇完成了东黑垡等48个村的村级邮站建设工作,配备了自行车、信件柜、桌椅、信箱等8大件邮站办公用品,并协助邮政局对邮站工作人员进行了业务培训。9月,全镇53个村全部建成村级邮站。

(张　苗)

【参评北京最美的乡村】 年内,庞各庄镇总投资5784576元。完成梨花村主街两侧可视范围内的墙壁粉刷3.5万平方米、新建花墙850米、铺设停车场草坪砖1800平方米、修复残墙断壁1800平方米、主要道路两侧路牙砖整体提升1.68万米;新建竹篱笆墙4312米;完善村庄绿化美化37210平方米;对63户民俗旅游户进行整体提升,改造了门楼、凉棚、厕所;完成梨花庄园内农具馆升级改造。

(张　苗)

【地源热泵项目建设】 年内,庞各庄镇在御瓜园内投资276万元,兴建5616平方米的地源热泵项目,项目的建成将有效解决设施农业(联栋温室)冬季生产供暖加温问题和夏季制冷问题。

(张　苗)

【村级节能路灯安装】 年内,庞各庄镇按照人口比例和村庄规模,分配安装在福上、常各庄、前曹、北曹、丁村、西黑垡6个村共545盏节能路灯。

(张　苗)

【村级活动场所建设】 年内,庞各庄镇投资172万元,完成定福庄、丁村两村村级文化活动场所建设,并通过竣工验收。其中,文化大院建设面积2055平方米,文化广场建设面积1600平方米。

(张　苗)

【"国庆"安全检查】 8月13日,庞各庄镇对辖区内流动人口较集中的河南村重拳出击进行检查。对未办理"出租房屋备案证明"的出租房主进行说服教育,对未办理暂住证的流动人员要求其到派出所及时办理。共检查共出警12人,流管办3人,出租房屋40户,流动人口70人。

(张国洪)

【学龄儿童强化查漏补种】 年内,庞各庄镇提前完成2009学龄儿童强化查漏补种工作。

共对本辖区967名流动儿童进行检查、补种30余流动儿童。

(张国洪)

【取缔废品回收查处无照经营】 年内,庞各庄镇对辖区内无照经营的废品回收点进行取缔。共清理无照经营废品回收点8户,暂扣经营台磅3台,拆除违建200平方米,流管工作人员对流动人口经营者进行劝离本镇。

(张国洪)

【严把不合格炉具销售渠道】 11月6日,庞各庄镇对辖区内福上市场进行不合格炉具检查,共查抄不合格炉具27个。

(张国洪)

【开展城市管理专项整治】 年内,庞各庄镇共检查出租房屋1144多户、3700多间,检查流动人口12430多人,清理非法废品回收站点31处,清理泔水猪7800多头。

(于亮亮)

【基层综治队伍建设】 年内,庞各庄镇共发动专职巡防队员40人、护厂队213人、护村队381人、小区保安137人、流动人口管理员57人、村内兼职巡防力量477人,治安巡逻志愿者1299人、无职党员567人、治保积极分子53人、其他164人、共3392人,进行24小时巡逻,参与到护城河工程、铁路护路、桥梁涵洞看护、村庄封闭等重点单位、部位的职守工作中。

(于亮亮)

【情报信息搜集】 年内,庞各庄镇共发动明线信息员153名,暗线信息员76名,充分发挥了基层信息员队伍作用。共接到各类有价值情报信息70多条,为公安机关破案提供了大量线索。

(于亮亮)

【交通安全】 年内,庞各庄镇成立了交通安全宣传小分队,在集贸市场、瓜乡路、旅游节点、企事业单位、农村和学校等不同地区先后开展了80多次交通安全法律、法规的宣传活动,制作宣传展板30余块,发放各种宣传材料1.2万余份,受教育群众达到2万余人;8月中旬在全镇开展"血泪悲歌"交通事故光盘观看活动,共刻录发放光盘200余张,播放录像546场,受教育人数9000余人;5月下旬开始在全镇53个自然村和100余家企事业单位中,对所有机动车、农用车进行了一次摸底调查和登记工作,共登记各种农村机动车辆817辆、企事业单位各种机动车辆464辆、各中小学校机动车辆15辆、分别进行了登记造册,并与每位机动车驾驶员签订了《庆祝建国60周年交通安全保证书》1296份,与各村、各单位签订《庆祝建国60周年交通安全责任书》137份;从9月15日开始,要求53个行政村和60多家企业单位,建立了"交通安全宣传劝返岗",设置宣传劝返人员226名,截止到10月10日,共登记各种机动车956辆,劝返各种机动车39辆。

(于亮亮)

【消除交通安全隐患】 年内,庞各庄镇投资2万元在庞安路庆国寺路口安装了三套警告标志,一条减速丘,一面防撞击反光镜。与区交通支队进行协调,为定福庄村南十字路口安装了交通信号灯。

(于亮亮)

【宣传促进就业优惠政策】 截至11月,庞各庄镇实现农村劳动力转移就业806人,完成全年任务的107%。

(高　巍)

【多渠道开发就业岗位】 年内,庞各庄镇与北京经济技术开发区签署长效合作机制,开发区企业提供1426个岗位,达成就业意向的

646人。先后3次对镇域内劳动力的状况和企业用工需求,岗位情况进行了大调查,建立劳动力资源库和用人单位空岗需求台帐,随时更新信息。为本镇500多名求职者进行职业指导教育培训,以实现其尽快就业。组织150人参加区职业介绍服务中心,先后举办的两次大型职业招聘会。

(高 巍)

【职业技能培训】 年内,庞各庄镇举办了农村合作组织创业培训班;举办了蔬菜培训班;举办计算机培训班,电工、叉车、焊工培训班等参加培训的共有473人,完成全年任务的119%。

(高 巍)

【推广自主创业】 年内,庞各庄镇启动小额担保贷款政策,为5名创业者发放了小额担保贷款,其中本区首例十万元小额担保贷款在本镇发放;推进田园创业模式。11月,大兴区冬季就业系列活动暨田园式创业交流会在该镇举行,田园式创业模式就是要充分利用地域优势和农业资源整合农村合作组织,搭建互易平台,推广种植、养殖,销售新技术新方法,实现双方共赢。

(高 巍)

【养老保障制度全覆盖】 年内,庞各庄镇累计参保16815人,新参保2768人。

(高 巍)

【城乡无保障老年居民老有所养】 年内,庞各庄镇有1036人享受到了每月200元福利养老金,累计达到了6880人享受到福利养老金政策。

(高 巍)

【医疗保险制度】 年内,庞各庄镇老年人门诊报销最高报销500元。共为老年人报销40人次,金额8.9万元。"一小"和"无业居民"累计参保159人和24人。为退休人员报销医疗费,累计报销355人次,金额82万余元。为87名优抚对象报销,金额8.1万元。新型农村合作医疗,到10月份共报销门诊3129人次,金额243万元。完善公费医疗报销,发生门诊报销70人次,报销金额6.3万元。

(高 巍)

【保障下岗失业人员的基本生活】 年内,庞各庄镇共管理328名失业人员,为38人次发放了失业金、药费,为9名失业人员办理了灵活就业。

(高 巍)

【促进再就业】 年内,庞各庄镇促进下岗失业人员、就业困难人员再就业。通过单位招用人员97人,就业困难人员81人。

(高 巍)

【完善城乡低保制度】 年内,庞各庄镇办理低保户16户,抽调专人对300余户低保信息档案进行了整理归档;共受理教育、医疗、生活等33人次的临时救助。

(高 巍)

【丧葬补助管理】 年内,庞各庄镇凡未享受丧葬补助的人员均给与5000元的补贴,共受理140人,发放补贴61万元。

(高 巍)

【镇卫生院基本情况】 庞各庄镇卫生院,为一级甲等医院,是医疗保险、公费医疗、新型农村合作医疗就诊定点医院,是北京二龙路肛肠医院、首都儿科研究所的协作医院。医院下辖8个社区卫生服务站和一个综合门诊部,有职工124人,其中具有高级职称的专业技术人员1名,中级职称33人,研究生学历2人,为辖区内53个自然村和一个居民区的

4.5万常住人口和1.5万流动人口提供预防、医疗、保健、康复、健教、计划生育等六位一体的医疗卫生服务。医院实有病床35张，设临床、医技、职能等20个科室，其中肛肠科和儿科是该院的特色诊室并长期有专家在此坐诊。医院拥有500mAX光机、血流变分析仪、自动生化分析仪、血球分析仪、彩超、脑超、24小时动态心电监测仪、三级净化层流手术室、麻醉机、重症监护仪等。

（杜　念）

【传染病管理】　年内，庞各庄镇对每位归国人员、甲型H1N1流感确诊病例及其密切接触者均入户访视、宣传，共访视300余人次；为各类居民接种季节性流感疫苗、甲流疫苗；为全镇居民定制甲型流感宣传知识手册，并发放到居民手中。

（杜　念）

【第一批家庭保健员考试】　6月，庞各庄社区卫生服务中心联合8个社区卫生服务站，对辖区内居民进行了宣传，第一批52名家庭保健员于7月8日签订了志愿书，7月15日在庞各庄社区卫生服务中心参加了考试。

（杜　念）

【计划免疫】　1～10月，庞各庄镇共接种疫苗15243人次，为外来务工人员免费接种流脑和麻疹疫苗993人次。0～6岁在册儿童3142人，新建卡894人，70%为流动儿童，建卡建证率达99%，四苗基础免疫接种合格率本市为99.5%，外省市97.2%。3～4月，进行了全镇适龄流动儿童强化免疫工作，共对全镇976名儿童进行了卡证核对，对漏卡漏种儿童及时补卡补种，补卡、补种及预约率100%。常规查漏补种每季度一次，各项指标达到了上级要求。全年无脊灰病例。组织应急接种8次，接种麻疹疫苗166人次，麻风疫苗262人次，麻风腮27人次水痘疫苗61人次。9～11月，开展了学校及托幼机构1380名入学新生的查验接种证及补种工作。

（杜　念）

【精神病人管理】　年内，庞各庄镇管理各类精神病人206例。8月，对每一位精神病人均入户重新填写了主卡及随访卡，全年共入户访视584次，精神病人管理率100%，无肇事肇祸发生。免费投药150余人次。

（杜　念）

【生命统计】　1～10月，全镇共出生新生儿257人。共上报死亡病例212例，每一例均及时网络直报。

（杜　念）

【职业卫生】　年内，全镇共有企业30家，共计建档25家，建档率83%。利用职业病防治宣传周在重点单位开展了职业病防治宣传与培训。

（杜　念）

【结核病防控】　年内，庞各庄镇与社区配合，做好病人访视工作及监督服药，病人全监化疗覆盖率100%，加强结核病防治知识宣传，居民知识知晓率达90%。

（杜　念）

【健康教育与慢病管理】　年内，庞各庄镇做好手足口病、甲型H1N1流感等传染病的宣传与培训，开展各种健康大课堂及健康咨询工作，发放各种材料2.2万余张，张贴宣传画3650张。

（杜　念）

【孕产妇管理】　年内，庞各庄镇共发现84例高危孕妇，高危孕产妇管理登记率为100%，并按要求进行追踪管理，未发生因管理不到位或报告转会诊抢救不及时等可避免孕产妇死亡。共有312名产妇,全部住院分娩,住院分娩率为100%。全部建立了《北京市母子保健健康档案》,建册率100%,手册回收共312本,回收手册率为100%。孕产妇系统管理人数为312人,系管率为100%。本乡建册人数56人,本镇建册率为17.95%,早建册235人,早建册率为75.32%,早检人数312人,早检率为100%。检查≥5次人数为312人,率为100%,有301人在出院之后7天内访视,访视及时率为96.47%,访视人数312人,访视率为100%。高危孕产妇人数为200人,贫血58人,臀横位42人,其他113人,固定其他43人,孕产史异常11人,骨盆畸形6人,妊高症31人,早破水18人。由此可以看出贫血占高危因素第一位,率为29%,其次是臀横位,率为21%,高危孕妇住院分娩率为100%。

(杜　念)

【儿童保健】 年内,庞各庄镇共有319名出生儿,活产儿318人,1~4岁以下死亡1例。围产儿死亡率为0‰,早新死亡率为0‰,新生儿死亡率0‰,婴儿死亡率为0‰,5岁以下儿童死亡率为3.14‰。高危儿62人,包括外地2人,全部按照高危儿管理要求管理,管理合格率为100%,听力筛查满月共查4人,智力筛查高危儿62人,其中含外地2人,符合筛查时间的46人已全部筛查。体弱儿71人,轻度贫血53人,中度贫血6人,建立专案管理卡片17人,6人为满月增重不足600克的。共发现先心病儿童3人,已有一人痊愈,已按要求管理。

(杜　念)

【妇女保健】 年内,庞各庄镇共做手术490例,本地358例,外地132例,其中,人流术165例;取环术192例;放环术133例。用3个半月的时间完成5680人的妇女病普查,2487人的长效节育措施人员的普查,5180人的两癌普查,两癌普查率45.1%,宫颈巴士涂片人数3446人,占30%,乳腺筛查人数4064人,占58.5%。

(杜　念)

【社区卫生服务人员岗位培训】 年内,庞各庄镇对岗位上的全科医师、社区护士、心电、B超、中医、预防人员等社区卫生服务岗位上的专业人员进行再培训,共计36人次。

(杜　念)

【继续医学教育】 年内,庞各庄镇共进行30个课时继续医学教育,参加人数达到100%,达标率100%。参与区医院组织的会诊、病例讨论等活动4次。共派出8人次参加上级举行的中医适宜技术培训。

(杜　念)

【社区卫生服务管理】 年内,庞各庄镇管理四种慢病2771人,管理率100%。组织健康教育活动85余次,受益2500多人次。为辖区1086名残疾人建立健康档案。完成“慢病防治家庭保健员”工作,共有130名参加考核,全部通过。

(杜　念)

【为群众办实事】 年内,庞各庄镇为辖区内60岁以上老年人免费体检,应体检4888人,实际体检4631人,除去死亡257人,体检率达100%;为辖区内60岁老年人,符合免费镶牙条件人员进行初步检查,共24人;为辖区内60岁以上患白内障老人复明工作进行填表、登记预约手术,共计150余人;落实“社区健康通”热线咨询服务工作。

(杜　念)

【乡村医生管理】 年内,对全镇35个村卫生室和48名乡村医生进行了规范化管理,制定出了考核制度、考核标准,坚持每季度考核一次。在为48名乡村医生办理好工作待遇的同时,积极组织他们进行传染病等内容的业务培训。组织好乡村医生进行零差价药品的购销工作以及医疗垃圾回收工作。完成乡村医生岗位培训。

(杜 念)

【旧镇改造】 年内,庞各庄镇采取政策宣传多样化,服务群众全面化,百姓接触零距离的方式,41天完成6个村1580个宅基地院落,101户已购直管公房及40家公产单位的动迁工作,动迁面积25.6万平方米,安置回迁房3108套。最大限度保障了群众的合法权益,实现了和谐无震荡搬迁。

(张秀婷)

【污水处理厂改扩建完工】 年内,庞各庄镇污水处理厂改扩建工程完工并投入使用。总投资7092万元,建成后总占地面积87.8亩,建筑面积5759平方米,日处理污水能力1.1万吨,再生水3000吨,可满足镇区及周边16.5公里生产、生活污水处理的需要。

(张秀婷)

【文化大院硬件建设】 在新农村建设中,庞各庄镇先后投资172万元,完成定福庄、丁村两个村级文化活动场所建设。其中,文化大院建设面积2055平方米,文化广场建设面积1600平方米。

(赵红银)

【丁村千亩大棚促增收】 年内,庞各庄镇丁村千亩大棚建设工程基础工作基本完成。此项工程占地1000亩,投资800万元,涉及农户190户。为了提高瓜农的大棚种植技术水平,该村先后请瓜、菜专家举办了4期培训班,并组织代表外出参观学习。

(赵红银)

【农民工就近择业】 1月,庞各庄镇进行了摸底调查,有求职愿望的农民工达600余人。在新形势下为200多农民就近在美全食品厂和农膜厂找到工作,实现企业和农民工的双赢。

(赵红银)

【京郊农技人员到镇观摩】 年内,京郊9个区县的农业技术人员30余人,到本镇西高各庄观摩大棚西瓜套种甘薯栽培模式。区农科所在庞各庄镇西高村、北臧村镇西大营村示范推广了20余个大棚,成功后将在全市范围内推广。

(薛 京)

【举办禁毒宣传活动】 年内,庞各庄镇在人员流动大的繁荣集贸市场和外来务工青年集中的工业区内,进行了禁毒宣传系列活动,对"毒品危害"、"禁毒法"等进行了集中宣传,告诫群众"珍爱生命拒绝毒品"、"参与禁毒斗争构建和谐社会"。共制作宣传横幅3条,粘贴宣传海报70余张,悬挂禁毒展板6张,发放各类宣传品300余份。

(于亮亮)

亦庄镇

【概况】 亦庄镇总面积39.6平方公里,辖12个居委会,13个村民委员会(其中双桥南队、双桥北队、小羊坊、羊坊南队、羊坊北队、头号村、西五号村、九号村、鹿圈一村、鹿圈二村、鹿圈三村、鹿圈四村等12个村搬迁上楼),辖4个撤制村党总支,12个撤制村党支部。户籍人口26096人,全年出生人口361人,出生率13.8‰,死亡人口73人,死亡率2.79‰。年内,全镇实现税收2.46亿元,同比增长44.71%,财政收入5098万元,同比增加1836万元,增长56.3%,工业总产值完成16.7亿元,同比增长5%,工业利润完成

7752 万元,增长 96.20%,社会消费品零售额完成 6.5 亿元,增长 24.9%,外贸出口交货额完成 22168 万元,同比增长 160.8%,人均劳动所得 12701 元,同比增长 1.32%。

名称:北京市大兴区亦庄镇

地址:北京市大兴区亦庄镇

电话:67889441

网址:http://www.dxyz.gov.cn/web/yzz/

【48.3 亿拿下亦庄地王】 12 月,远洋旗下的远东新地房地产公司以 48.3 亿元人民币拍得亦庄地王,楼面地价达到 1.8 万元/平方米。

(李怀宾)

【产权制度改革】 年内,亦庄镇实施集体资产产权制度改革。在 20 个撤制村中,有 10 个撤制村推选产生了议事会组织,3 个村的产权制度改革彻底完成,8 个村的剩余集体净资产已核实,并已交议事会,4 个村的集体净资产已初步核实,3 个村的清产核资工作初步完成,此次产权制度改革将村级集体经济组织的资产变为股权,农民成为股东,农村集体资产由共同共有转变为按份共有。

(李怀宾)

【落实政策改善民生】 年内,亦庄镇累计登记城镇失业人员 977 人,就业完成 951 人,完成任务的 271%;累计登记就业困难人员 656 人,就业完成 636 人,完成任务的 397%。完成社区岗位开发 959 个。新增 164 名无保障居民享受了每月 200 元的福利养老金,累计享受人员已达 728 人,正式受理保障性住房 96 户;为社救、优抚、超转人员、残疾人发放各项补贴、补助 2560 余万元,报销医疗费 625 万元。为头号等 7 个村的 241 名转非劳动力办理了自谋职业手续,共发放自谋资金 72720 元,补发生活费 9725 元,补缴社会保险费 171216 元。累计解决拖欠农民工工资案件 7 起,为 69 名农民工兑现工资 314910 元。

(李怀宾)

【教育卫生投入】 年内,亦庄镇第二中心幼儿园装修完成,总投资 899 万元的鹿海园社区卫生服务中心正式投入使用。针对甲型流感疫情,累计免疫接种 29957 人次,累计对居家医学观察人员访视 2090 户 8783 人次。

(李怀宾)

【生活环境改造投入】 年内,亦庄镇投入 840 余万元建设 1 个垃圾中转站;投资近 50 万元,更换垃圾箱 10 个,垃圾桶 1200 个。

(李怀宾)

【回迁情况】 年内,鹿圈地区回迁楼总投资 10 亿元,总建筑面积 36 万平方米;三羊居住区四期回迁房工程总投资 3.2 亿元,总建筑面积 14 万平方米,并交付使用。

(李怀宾)

【重点项目拆迁】 亦庄镇 X1 项目是大兴区重点项目,镇政府全力做好拆迁安置工作,拆迁涉及鹿圈一、二、三和四 1167 户 3799 人。年内,拆迁民宅 1087 户。三海子公园一期规划涉及亦庄镇 1483 亩,主要为鹿圈一村、二村和镇政府一部分公产。截至年底,地上物和非住宅的拆迁补偿工作已全部完成。

(李怀宾)

【国庆安保】 年内,亦庄镇加强对 145 名各类重点人防控工作,建立相应的监管台帐,发动群防力量 3013 人,做好社会面巡逻、防控等各项工作,对鹿圈搬迁地区和贵园等重点区域进行城市秩序整顿。投资 150 万元,对辖区 8 个物业小区的技防监控设施进行了技术改造和设备更新。对镇域内共计 148 家“五小”、“六小”场所进行了逐一摸排检查。

对40余家入区企业进行消防知识的培训。在全镇范围内组织120余人对《应对法》、《实施办法》进行学习,并对学习内容进行了测试,合格率为100%。

(李怀宾)

【维稳工作】 年内,亦庄镇开展了镇包片、包村干部入户走访上访群众做说服、劝解工作,对20个撤制村6000多户1.6万人逐户走访,征求意见、建议500余条,对群众就业状况、生活情况进行调查;镇主要领导接待17个村的上访群众和党员代表,共接待群众850多人,现场听取群众意见、诉求190多条;下发了《致亦庄镇撤制村全体群众的一封信》1万份;开展了撤制村集体经济产权制度改革推选户代表工作。

(李怀宾)

【全程代办】 亦庄镇坚持依法行政,推行政府信息公开,完善全程办事代理制,"一站式"服务得到深化,全年共为群众办理各类事项3289件,群众满意度为100%。

(李怀宾)

【学习实践科学发展观活动】 年内,亦庄镇确定学习实践科学发展观活动主题为坚持科学发展,融入亦庄新城建设,加速城市化进程。此项活动历时6个月,全镇共有62个党支部共计1541名党员参加了活动。

(李怀宾)

【集体经济产权制度改革】 年内,亦庄镇制定了《关于在撤制村建立集体经济产权制度改革工作议事会的意见》,在已经撤制村中推选议事会,按照《推选办法》有10个村完成议事会推选工作,共推选产生议事会成员271人,完成议事会成员的培训工作。

(李怀宾)

【非公组织党建工作】 年内,亦庄镇建立了北京航洋胶囊技术有限公司党支部、北京永安旅行社党支部、北京中国驻颜美容学院党支部。北京中国驻颜美容学院党支部成为全镇非公企业党支部创建五好示范点,非公组织党建工作的亮点。

(李怀宾)

【平安国庆】 年内,亦庄镇利用党员承诺制和党员设岗定责等形式,动员党员参与到创建"平安国庆"的行动中来。全镇80%的党员参与了此次活动,发挥了党员先锋模范作用,成为全镇"平安国庆"行动的中坚和骨干。

(李怀宾)

【机关干部包村责任制】 年内,亦庄镇重新制定了机关包村干部责任制,共有41名机关干部参与包村,按照副职领导包片,科长、科员包村、包户的原则,镇党委与每名包片副职领导和包村干部签订了《包村、包户责任书》,明确了每名包片领导和包村干部的职责、任务和考核标准。

(李怀宾)

【理论教育】 年内,亦庄镇党委理论中心组每月集中进行学习,特别是对改革开放的伟大历史进程和建国60周年以来取得的伟大成就、经验等重要内容进行了重点学习。发挥亦庄镇网站、宣传栏的阵地作用,利用宣传栏、文明市民学校等载体,进行了社会公德、职业道德及各种法律法规的宣讲活动。开展文明社区(村)评选活动,共有8个社区被授予"大兴区精神文明社区"称号,广德苑社区被授予"首都文明社区"称号,鹿圈二村被授予"大兴区文明村"称号。

(李怀宾)

【解决历史遗留问题】 年内,亦庄镇协调区建委、区土地局和区地税局，为三羊地区 910 户 1003 套楼房，总面积 8.1 万余平方米的住房办理了产权证，已经办理完 858 户，镇政府缴纳各种费用共计 600 余万元。镇政府协调开发区建设局、土地局和地税局，为鹿圈三村搬迁居民 441 户 1343 套楼房，总面积 10.6 万平方米的住房办理产权证。成立超转人员药费报销办公室，由原来的每半年报销一次改为每月报销一次，减轻了超转人员药费资金方面压力。镇政府出资，为贵园地区的 101 个楼门的门口都安装了台阶扶手，方便了老年人出行；为贵园小区所有漏水阳台进行修缮。据统计，小区内需要维修的阳台共 7000 多个，用一个多月的时间完成。

（李怀宾）

【建立集体资产电子台帐】 年内，亦庄镇建成集体资产电子台帐，可以直观的演示各处资产的现实情况。

（李怀宾）

【建立企业和个体户电子台帐】 年内，亦庄镇对镇域内的 987 家企业和 2965 个工商户，按照不同的类别分类，包括工业区内企业，在开发区注册的企业，危险化学品企业、食品生产企业、网吧、洗浴、废品回收等，建立电子台帐，摸清了企业和个体工商户的底数，通过不同要求和类别的分类，可以迅速的查找相关企业的信息。

（李怀宾）

【鹿海园商服招商】 年内，亦庄镇将鹿海园商服楼的超市部分，租赁给首航国力，要求其在亦庄镇注册分公司和解决 100 名当地劳动力的就业问题，完成招商工作。

（李怀宾）

【鹿海园社区菜市场开业】 年内，亦庄镇鹿海园社区菜市场建成并正式开业，通过了相关部门的验收。

（李怀宾）

【争取扶持资金】 年内，亦庄镇日上工贸、丰收葡萄酒、巴瑞医疗、航洋胶囊、紫东环保等企业共争取到区级经济和科技政策扶持资金 100 多万元。

（李怀宾）

【社区服务站建设】 年内，亦庄镇完成了 12 个社区居委会的社区服务站建设的申报工作。12 个社区服务站统一标识、引导指示牌和部分办公用品已经到位（设备全部由区民政局社区办配发）。

（李怀宾）

【预防煤气中毒】 年内，亦庄镇在 12 个社区居委会发放预防煤气中毒的光盘，组织社区居民学习。协调综治对居住在平房区的低保对象家庭逐一进行走访，宣传讲解预防煤气中毒的知识，检查炉具、烟囱的使用情况，对于使用不正确的 3 户低保家庭及时进行纠正。

（李怀宾）

【预防甲型 H1N1 流感】 年内，亦庄镇组织发放预防流感宣传册 2 万多份。

（李怀宾）

【第七届居委会换届选举】 3 月中旬至 6 月上旬，亦庄镇 12 个社区居委会顺利通过选举，共选举出社区工作者 72 名。

（李怀宾）

【“清明节”祭扫工作】 年内，亦庄镇制定“祭扫”工作方案，协调武警、开发区交通队、派出所、工商等部门现场维持祭扫秩序。祭扫期间出动维持秩序人员 500 余人次，维持社会车辆 1.22 万辆次，人流量共 5.2 万人次。

（李怀宾）

【保障性住房】　年内，亦庄镇共接待申请保障房咨询人员约500余人次，发放正式表格100余份，(含经适、限价、廉租)。收齐材料78份。其中限价房品房20份(市备案通过14份、区县审核中4份、街乡审核中2份)，经济适用房57份(市备案通过44份、区县审核中4份、街乡审核中9份)，受理廉租住房1份，已通过市级备案。办理开具保障性住房证明6份。受理跨区协查入户、公示21户。

（李怀宾）

【残联工作】　年内，亦庄镇有残疾人专职委员21人，发放误工补贴12.6万元，享受重残无业人员补助55人，发放补助24万元，享受残疾人三项补助17人，发放补助1.7万元。完成全镇74户肢体残疾人家庭的无障碍设施改造，市、区共投资30余万元。共发放残疾人用品、用具200余件。

（李怀宾）

【新型农村合作医疗】　年内，全镇参合户数1532户，参合人数4315人，参合率100%。

（李怀宾）

【计划生育各项指标】　年内，亦庄镇共计出生278人，其中计划内一胎258人，计划内二胎13人，计划内三胎1人，计划外二胎6人，计划生育率97.8%。

（李怀宾）

【流动人口计划生育管理】　年内，亦庄镇将流动人口就业情况分为3类管理。在开发区企业就职的由中介公司来具体管理，对中介公司提出具体要求，签订委托由中介公司具体要求签订责任书，定期到中介公司为其管辖的育龄人群服务(如休检、孕检、出具服检证明等)；在宏德利远市场和鹿圈菜市场从事经营活动的双向管理，村里既要登记造册，市场也要有记录，而且要求市场在招租时要有现居住地证明，要查看证件是否齐全(包括婚育证)，如果没有限期办理。在各村居住在各村从事生产、经营活动的由计生专干配合治理主任进行管理，对出租房屋主也提出了争做计划生育守法户主。

（李怀宾）

【计划生育宣传管理渠道】　年内，亦庄镇投资9.6万元在每个小区设立了一个计生宣传报刊栏，由社区居委会负责对这些报刊栏进行统一管理，定时更换；利用流管办聘用的协管员工作力量，由协管员负责统计流动育龄妇女信息，统一录入电脑。

（李怀宾）

【计划生育创国优】　年内，亦庄镇召开基层单位动员会，安排、部署亦庄镇创“国优”实施方案。投资1.14万元，为16个基层单位统一配备了计生药具自取架、计生知识展板；统一为基层单位安装了计生药具免费发放牌、紧急避孕咨询牌。投资4850元，对参与“我与国策共成长”征文的作者进行了表彰。投资30万元，为镇域内育龄人群免费进行两癌筛查。

（李怀宾）

【鹿圈地区拆迁情况】　年内，亦庄镇鹿圈地区有4个行政村拆迁，分别为鹿圈一村、二村、三村和四村。其中鹿圈一村486户，人口1221人。鹿圈二村240户，人口684人。鹿圈三村25户(05年该村自主搬迁，25户是剩余户)，人口1266人。鹿圈四村226户，人口628人。截至年底，已完成拆迁880户民宅。

（李怀宾）

【5—D项目】　亦庄镇5—D项目总建筑面积22779.01平方米，综合楼建筑面积6789.69平方米，垃圾楼建筑面积4496.92平方米(其中地下237.6平方米)，商业配套楼3栋总计11492.4平方米(其中地下814.56平方米)。年内交付使用。

(李怀宾)

【三羊居住区四期回迁房工程】　该项目总建筑面积为140804平方米，正在施工的建筑面积为135354平方米。其中在施工程为1#～23#楼、B-1#～B-7#楼共计30栋住宅楼，D1#楼为1个地下车库。住宅楼的地上均为五、六层混凝土空心砌体结构，地下有7栋楼带一层人防。地下车库为一个独立框架结构的地下一层车库。未施工的建筑面积约为5450平方米，其中有24号楼地上为四层公共建筑，地下为一层亦庄地区的人防指挥中心；有两个地上一层配电室、一个地下一层配电室和一个地上一层的垃圾楼。年内交付使用。

(李怀宾)

【违法建设查处工作】　年内，亦庄镇成立专业巡查队伍。在自拆阶段加强宣传，2000份公告张贴在全镇显著位置，2200余本小册子分发到各户，60份规划法下发到村委会、社区居委会。共计清理非法占地50.22亩，拆除违法建设4712.965平方米，总计17宗，帐内5宗，帐外12宗。召开信息员联席会10次，发送信息34期，规划、城管联合巡查组联合巡查96次、规划科单独巡查18次。

(李怀宾)

【辖区企业基本情况】　年内，亦庄镇辖区内共有企事业单位、各类门店1782家。其中生产加工企业374家、“五小企业”、“六小门店”764家、仓储物流单位289家、餐饮单位91家、超市类单位140家、办公地点、居委会、物业公司97家、危化企业8家、学校6所、医院3家、银行4家、商市场2家、网吧4家。

(李怀宾)

【安全大检查】　年内，亦庄镇抓好重要节假日、重大政治敏感时期的安全生产工作，开展了6次联合检查，共出动115人次，38车次，检查企业、门店435家，下发整改通知书43份，当场排除安全隐患52处；共摸排“五小”企业(小木器、小加工、小化工、小服装、小作坊)32家。“六小”场所(小歌厅、小餐饮、小网吧、小洗浴、小旅馆、小市场)116家；配合大兴区职业卫生监督科对宝善村工业区7家包装、印刷类企业的从业者建立了健康档案，并对从事噪声、毒物劳动作业者职业性健康体检和通风设备的使用等情况进行了检查，并下发了整改通知书；在“两会”期间配合区建委检查10家地下空间的消防器材、应急设备及日常管理记录；在开展安全大检查、隐患大整改和雷霆行动期间，共检查企业、门店、商市场等单位376家，下发整改通知书28份，当场整改隐患123份，并向区安监局执法部门上报、移交、处理3家(海森木艺、京好味餐厅和川府渔村)；对有限空间作业进行安全检查，共查3家(杰西卡、塞斯特和雷蒙服装厂)有压力容器单位、15家餐饮单位的烟道、2家有冷库单位、20家有采暖锅炉企业、涵洞3个和三羊垃圾中转站，对存在安全隐患的3家有采暖锅炉企业和1家餐饮单位开出了限期整改通知单；对镇域内的小食品店、小餐厅张贴、发放了“在取得营业执照前不许经营的通知”。组织公安、城管、卫生监督站、工商等部门对非法经营户进行检查，并口头告知；开展涉危单位基础调查工作，普查工作中共出动85车次、335人次，对全镇386家企事业单位进行了摸底调查，对其中的27家涉危单位的基本信息和危险化学品的使用、储存等情况进行了详细的调查登记；开展了机械、冶金、建材、轻纺、烟草等行业工业企业安全生产情况核实的工作，对14家企业建立了详细的台帐;开展安全检查和隐患排查专项工作。在“三项行动”、“合围攻坚行动”和“护航行动”中,共出动314车次、935人次,检查各类企事业单位、门店1537家,下发责令整改指令书89份。完成160余家企业单位的建制、建档、建台帐工作。

(李怀宾)

【宣传培训】 年内,亦庄镇安监科联合镇成人学校举办了一期“亦庄镇2009年企业法人、安全员培训班”,对镇内的150家企业的法人和安全员进行了为期1天的培训。培训结束后,150名企业法人和安全员参加了统一考试,并且全部通过考试,获得《安全生产培训证书》,镇域内所有企业安全员都将持证上岗。

(李怀宾)

【安全生产月集中宣传活动】 年内,亦庄镇组织开展了4次集中宣传日活动。宣传活动中共悬挂宣传横幅8条,展出防灾减灾、新消防法、安全生产条例等相关知识展板45块、张贴海报30张,发放各类宣传材料8种共计8000余份。

(李怀宾)

【工业区企业消防演练】 9月9日,亦庄镇在东工业区举办了由相关单位和东南工业区40余家入区企业,200余名企业职工参加的消防演练活动。

(李怀宾)

【未办转非手续人员重新登记】 年内,亦庄镇对碱南、碱北、小羊坊、羊南、羊北、双北、九号、西五号、头号9个村未办理手续的转非劳动力人数进行了重新登记、核定,同时测算出了260名未办手续人员的社会保险补缴费用、一次性就业补助费用、待岗费用,三项费用总的资金需求量共计7324380.8元,其中,补缴社会保险费4301260.8元,一次性就业补助费2956240元,待岗费66880元。

(李怀宾)

【劳动合同法培训班】 3月12日,亦庄镇邀请区劳动保障局领导为安置占地农转工企业的法人代表、劳资负责人共50余人进行了《劳动合同法》的培训。

(李怀宾)

【清理整顿人力资源市场】 3月3日,亦庄镇开展人力市场联合执法行动,对5家经营单位进行了检查,对超出经营范围的行为当场纠正,区劳动监察大队对5家企业下达了询问通知书。

(李怀宾)

【处理劳动争议案件】 亦庄镇对易产生劳资纠纷的镇域内所有建筑工地进行了摸底调查(工地4个,总包方9家,农民工3644人)。1至9月,累计解决拖欠农民工工资案件7起,为69名农民工兑现工资314910元。解决了一起建筑工地1名农民工因工负伤6万元医疗费的劳务纠纷。

(李怀宾)

【征地转非安置】 年内,亦庄镇修改完善出台了《亦庄X1项目建设征地转非人员安置政策问题解答》和《亦庄X1项目建设征地转非人员安置实施细则》。7月20日,鹿圈4个村转非安置工作正式启动截至9月底,完成了对4个村两委班子、党员、社员代表及相关工作人员的政策业务培训;入户发放宣传手册;对4个村农转非人员信息核对;测算了转非劳动力安置费用和超转人员安置费用等项工作。

(李怀宾)

【发放公费医疗证和报销医疗费】 年内,亦庄镇对136名享受公费医疗待遇人员的个人信息进行采集、录入、上报,5月底前将新的公费医疗证全部发到个人手中。为机关事业单位工作人员共107人次报销医疗费7.9万元。为机关退休人员报销基本医疗保险药费元16.5万元。

（李怀宾）

【足额缴纳保险费】 年内,亦庄镇完成了机关事业单位30名在职人员的社会保险基数核定工作,确保了社会保险费按时足额缴纳。

（李怀宾）

【信访工作网络】 年内,亦庄镇建立、健全信访工作网络,定期召开矛盾排查会,切实做好矛盾的排查、化解工作。在全镇村、社区两级组织设立镇专(兼)职信访员52名,建立起了上下贯通,左右衔接的排查网络。对群众反映强烈的热点、难点问题,进行重点排查,对排查出的问题,镇党委、政府及时召开信访联席会议,研究解决方案。严格落实化解责任,明确主要负责人、责任单位和责任人员,限期妥善解决。

（闫宝成）

【重大决策信访风险评估机制】 年内,亦庄镇制定了《亦庄镇重大决策信访风险评估机制的实施意见》,并在班子会上进行全面学习。召开企、事业单位的工作会,各单位建立重大决策信访风险评估机制,并成立重大决策信访风险评估机制领导小组,对每个重大事项的决策要严格按照镇党委制定的《实施意见》执行。

（闫宝成）

【领导干部接访活动】 年内,亦庄镇采取每周一和周三有一名副职以上领导干部到镇矛盾调处中心接访,针对群众提出的问题能够当场解答的进行当场解答,需要上会研究的及时召开专题会讨论研究,然后通过信访程序给予答复。区委政法委书记马武英、区矛盾调处中心主任杜克前、区委办公室主任王宗刚和镇党委书记、镇长等主要领导接待了17个有群众参与上访的撤制村,上访群众和党员代表。共接待上访群众850多人,现场听取群众意见、诉求190多条。镇包片领导、包村干部对20个撤制村6000多户进行了逐户进行走访,走访群众达1.6万余人。镇党委与包片领导、包村干部签订了包村干部入户说服劝返工作责任书,教育群众有序上访、建议500余条。

（闫宝成）

【信访条例及法律法规宣传】 年内,亦庄镇组织开展"依法信访,共筑和谐"宣传周及《信访条例》等多次的法律、法规宣传活动,活动中悬挂横幅8幅,案例展办展出16块,发放信访条例及宣传材料2800余份,现场接待信访咨询人员560余人。

（闫宝成）

【退休人员社会化管理】 年内,亦庄镇制定退休人员报销医疗费工作管理制度,应急方案、协调机制。已接收选择社保所报销申请2000人。实计报销占80%以上。累计大额医疗费报销1954人,金额404万元。采取延长收取时间、排队抓号的方法,方便百姓。

（闫宝成）

【城乡养老保险】 年内,亦庄镇城乡养老保险工作实施了全市统筹。宝善庄一个村女40、男45周岁以上人员达到了全部参保,为符合条件的人员全部参保,参保率达到100%。

（闫宝成）

【老年保障】 年内,全镇共有707人享受老年保障待遇,鹿圈地区搬迁转非一部分人享受超转待遇,为516人做了减少工作。并为再享受的191人做了生存认证。

(闫宝成)

【一老一小的参保工作】 年内,全镇共有759人"一老一小"大病医疗保险,其中老年人参保118人、婴幼儿参保643人,保率达到100%。为"一老一小"报销医院费14次共计3.7万元。

(闫宝成)

【社会救助与优抚】 年内,亦庄镇共发放资金852人次共计70.7万余元。为优抚对象报销医疗费43人次共计9万余元。医疗救助办理11人发放救助资金4.3万元。

(闫宝成)

【防控美国白蛾】 4月,全镇20盏诱杀灯全部启动,5月初召开了有关单位负责人的动员会,邀请了区林保站就技术层面进行了讲课,建立了25人的专业巡防队伍和30人的应急防治队伍。

(闫宝成)

【H1N1流感病毒的防控】 年内,亦庄镇对全镇养殖场、市场进行了检查,签订了防控责任制,严格按要求做好检疫防疫工作。

(闫宝成)

【环境整治】 年内,亦庄镇建立管理机制,清理了宝善村南排水沟及该村周边的垃圾,把黄亦路亦庄段、鸭场路、旧头路亦庄段、鹿四路4条路全部委托给新洁环卫公司进行管理;明确职责机制。各村(居)委会、物业公司和企事业单位等按照属地管理原则,均由一般手负责,对责任区内的环整工作进行整治和维护;各专业公司按照城市环整标准和协议规定,负责保持责任区域内的市容整洁、环境卫生整洁和环境卫生设施整洁、完好;完善投入机制,每年要投入一定资金用于环整工作。

(闫宝成)

【师德建设】 亦庄镇组织教师认真学习相关教育法律法规,利用学校网站设立校长电子信箱,关注学生及家长反应的各种问题,组织教师进行教育教学工作反思讨论活动。年内,评选出11名校级师德标兵。

(闫宝成)

【第二届春雨杯课赛】 年内,举办第二届"春雨杯"课赛活动,活动历时2个学期,在学校领导和老师们的积极参与下取得了良好的效果,5人获得一等奖,9人获得二等奖,4人获得新人奖。

(闫宝成)

【科研论文获奖】 年内,亦庄镇获市级奖5人次,王莹撰写的《新时期班主任工作的艺术》一文获北京市2008年度基础教育科学研究优秀论文二等奖、张志静撰写的《奏响"班级交响曲"——教师管理班级之我见》一文获北京市2008年度基础教育科学研究优秀论文二等奖、张金平撰写的《左手兴趣,右手勤奋——浅析培养小学生学习英语的主动性》一文获北京市2008年度基础教育科学研究优秀论文二等奖、王静撰写的《认识新朋友——浅谈小学数学新授课的导入》一文获北京市2008年度基础教育科学研究优秀论文三等奖、杜立芳撰写的《浅谈在小学作文教学中培养学生的观察能力》一文获北京市2008年度基础教育科学研究优秀论文三等奖。

(闫宝成)

【搭建展示特色教育平台】 年内,亦庄镇参加区第十二届艺术节,多项比赛中获得好成绩,绘画、乐器、摄影等。管乐队获得了大兴区管乐比赛一等奖,6月,新招69名新队员加入了管乐团,初步形成了梯队建设。有117名师生获得个人奖项;在龙人杯全国书画比赛中,有162名师生的获得奖项,学校荣获集体二等奖;在新星杯和科技英语比赛中,7名师生获奖,学校获得三个团体奖;在少工委的评优活动中,一中心小学校获得了13项奖励。

(闫宝成)

【农民转岗培训】 年内,亦庄镇开展了技能培训,定向培训,在职员工培训等。开办2期叉车培训班,共有101人参加,开办了初级公共区域保洁员培训班,共有168人参加,参加北京市职业鉴定资格考试,全部取证;开设了电工班、园林绿化班、物业管理员班等超额完成500人的工作指标;为了提高转岗农民的文化知识,成人学校与市教委、区教委联合引进了技能+基础项目,为已经掌握专业技能的50名新园绿化员工聘请教师进行文化课补习。成人学校《失地农民转岗技能培训》经区教委批准参加市教委优秀农民培训项目的评选,在全市申报的69个项目中,获得市级一等奖。

(闫宝成)

【社区培训】 年内,亦庄镇组织辖区内8个社区居委会召开研讨会,为新学年社区工作的开展做好准备。对部分掌握一定技能,有文化基础的外来人口进行养生指导师培训,学员通过测试可获得国家劳动部颁发的养生指导师证书。开展了"医患沟通讲座"。

(闫宝成)

【中心幼儿园"双一园"揭牌】 年内,亦庄镇中心幼儿园举行了"双一园"的揭牌仪式。一中心幼儿园又增扩了4个班级,逐年增扩班级,已经发展到20个教学班;新招聘了14名教师和4名炊事员;投资装饰了幼儿园墙面,一、二、三楼的走廊进行封闭;新增钢琴4台、幼儿桌子25张,椅子110把,电视、DVD各4台、增设了2个宣传栏、增添了幼儿桌面玩具、大型户外器械玩具及对户外活动环境进行了装饰。

(闫宝成)

【医疗服务】 年内,亦庄医院制定了《2009年提高医疗质量确保医疗安全工作方案》。成立了独立的医务科及医院感染科,完善制度,组织基本知识培训6次、基本技能操作3次、急诊急救演练3次、"三基"考试3次,对成绩优秀者给予表彰。同时,引进了数字摄影机-DR、彩超机。鼓励医务人员总结临床经验,撰写医学论文。参与市级科研项目1个(与同仁医院合作),发表国家级论文3篇,区级论文2篇。

(闫宝成)

【治疗疑难病及特殊病】 年内,亦庄医院成功抢救1名急性脑出血合并高血压3级(极度高危)及低钾血症患者;成功抢救1名病情危重的阑尾化脓且包裹回盲部行成瘘的患者;成功治疗3名焦虑抑郁症患者,共抢救呼吸衰竭、心力衰竭、消化道出血等患者10例;成功抢救3例产后大出血的产妇;成功抢救2例重症肺炎的产妇。

(闫宝成)

魏善庄镇

【概况】 魏善庄镇位于大兴区新城东南8公里,距市区25公里,地处大兴区中心腹地,总面积81.3平方公里,辖39个自然村,总人口3.25万。西距京开高速公路5公里,北距六环路3公里,紧临南苑机场,京九、京山铁路、京沪高铁从镇域内穿过,交通便利,具有得天独厚的区位优势。全年,全镇财政收入4102万元,农业总产值4.6亿元,工业总产值12.8亿元,社会消费品零售额1.76亿元,利用外资110万美元,农民人均纯收入达到11140元。新型农村养老保险参保率达到92%,新型农村医疗保险入保率继续保持100%,农民向二、三产业转移就业750人。年内,国家新媒体产业基地核心区建设全面启动,成为集研发、创意、集成、应用为一体的国内有一定影响力的、国际化的产业基地。同时,被北京市定为市级重点小城镇。

名称:北京市大兴区魏善庄镇人民政府
地址:北京市大兴区魏善庄镇政府
电话:89231375
邮编:102611
网址:http://www.dxwsz.gov.cn

【基础设施建设】 年内,魏善庄镇完成466亩保护地设施建设,涉及河南辛庄、河北辛庄、崔一、大狼垡、北研垡5个村,其中日光温室167.1亩,钢架大棚298.9亩,已全部通过验收。

（彭　茜）

【采摘观光园】 年内,魏善庄镇百果观光园准备种植樱桃、冬枣、苹果、桑葚等连栋温室3000平方米,建保鲜库600立方米,道路硬化3500平方米,电力增容150千伏安,新打机井3眼,建围栏3500米,节水设施210亩,派尔庄园特色餐饮等,该工程正在建设中。

（彭　茜）

【参加普法知识大赛获奖】 年内,魏善庄镇参加了由大兴区依法治区领导小组办公室主办的"大兴区"五五"普法农村法律知识大赛",该镇在全区14个镇中脱颖而出,获得三等奖。

（彭　茜）

【退役军人专场招聘】 年内,魏善庄镇组织本镇退役军人、参加国庆大阅兵预备役人员进行专场面试,公开招聘工作人员。共为退役军人、参加国庆大阅兵预备役人员提供8个就业岗位。招聘采取结构化面试的方式进行,有6名退役军人和4名参加国庆大阅兵人员参加了面试。

（彭　茜）

【联合工会成立】 年内,魏善庄镇在辖区内33个村挂牌成立联合工会,涉及餐饮、加工、修理、食品等多个行业共200余家企业,依法维护职工合法权益。

（彭　茜）

【科技助农活动】 年内,本镇西南研垡村低收入村村民受到区菜办邀请,在镇里参加了以"番茄防病及嫁接技术指导"为主题的培训会。区蔬菜办公室赵光华农艺师主要讲解了番茄的防病虫害知识,并对现在流行的番茄嫁接技术进行了详细的剖析与列举。参会农民达110人之多。

（彭　茜）

【预防艾滋病宣传】 年内,魏善庄镇在北研垡集贸市场,举办以"预防艾滋病,关注健康"的宣传活动。向广大育龄群众免费发放计生药具、艾滋病宣传单和知识小册子500余份。

（彭　茜）

【劳动力转移】 年内,魏善庄镇搭建"三个平台",加大农村富余劳动力转移。信息平台,加大农村富余劳动力信息管理,建立信息资源台帐,实施动态管理,登记需求800余人次;培训平台,加大对富余劳动力培训力度,提高农民整体素质,组织开展电工等定向培训,举办各种培训班3期,培训人数344人;就业平台,对企业用人情况实行空岗报告制度,为企业与劳动力的双向选择提供平台,增加劳动力就业机会。空岗信息采集数2077

个,推荐失业人员就业 115 人。

（彭　茜）

【传媒基地工程完工】 年内,落户新媒体产业基地的清华大学出版社传媒生产基地项目主体结构完工。项目总投资 1.3 亿元,占地 106 亩,建筑面积 4.1 平方米,完成建设投资 5000 万元。

（彭　茜）

【家电汽车摩托车下乡补贴】 年内,魏善庄镇做好“家电、汽车摩托车”下乡补贴工作。截至 11 月 26 日,家电下乡补贴产品共计 725 件,共计补贴 19.51 万元;汽车摩托车下乡补贴产品共计 98 辆,共计补贴 34.77 万元。

（彭　茜）

【法律援助】 年内,魏善庄镇运用网上办公系统开展法律援助工作。该系统简化了法律援助的程序,并且能对所有案例进行统一存档管理,一件法律援助的案件从申请人进行咨询到申请再到审批、审结均一目了然,简化了工作人员的办公程序,使全镇的法律援助工作更加的信息化,规范化。

（彭　茜）

【武装工作】 年内,魏善庄镇共征新兵 14 人,安置复原军人 10 人,其中有 8 人安置到镇政府巡查办、拆迁办及安全科。

（彭　茜）

【消防安全知识培训】 年内,魏善庄镇组织中学近百名师生参加了“人人参与消防,共享平安生活”安全知识培训。

（彭　茜）

【村帐专管员培训】 年内,魏善庄镇对全镇 39 个村的财务专管员进行了财务培训。

（彭　茜）

【生态工程进展】 年内,魏善庄镇 3 万亩生态工程全部完工,工程投资 1003 万元,涉及磁大路以西、京山铁路以南,东枣林、西枣林、大狼垡、前苑上、后苑上等 16 个村,总改造面积 3 万亩,更新林网与生态林建设,共植树 83650 株,机井 21 眼,疏挖排水沟 10675 米,管涵 77 座,铺路 4.27 万平方米,变压器 2 台,铺设地下管道 64860 米。

（彭　茜）

【中低产田改造】 年内,魏善庄镇 1.9 万亩中低产田改造开始实施,工程涉及后大营、吴庄、西芦垡、东芦垡、韩村、魏善庄、兴隆庄、王各庄、查家马坊、北研垡、魏善庄车站、大刘各庄 12 个村,总改造面积 1.9 万亩,规划田间路 18575 米,疏挖排渠 40 条,板桥 4 个,涵洞 45 个,植树 18575 棵。铺设地下管道 9440 亩,新增变压器 7 台,打井 44 眼,地埋线 92577 米。

（彭　茜）

【捐款捐物活动】 年内,魏善庄镇进行以“扶贫济困献爱心,温暖过冬促和谐”为主题的捐款捐物活动。镇机关共募集捐款 7000 余元,过冬棉衣棉被 10 余件。

（彭　茜）

【民生工作】 年内,魏善庄镇出资 2 万余元为全镇 39 个村的五保户、孤寡老人和低保家庭购置了过冬用的炉具,免费发放给他们,同时和他们签订了《预防煤气中毒安全责任书》。

（彭　茜）

【全程代办】 魏善庄镇全程代办 1 至 11 月共为群众代办各类事项 680 多项。落实“三项服务”制度促进村级代办建设。上门服务制度、预约服务制度、代办服务制度,根据申请人的要求,对于一些出行不方便贫困户、五保户、残疾人等弱势群体需要代办的各类事项,由村级代办员每天负责为群众全程代办。

(彭　茜)

【新农村建设】　年内,魏善庄镇围绕"四新"促进新农村建设。建设新环境,在实施街道硬化、绿化美化等工程的基础上加大污水、垃圾处理力度,确保垃圾集中收集、统一消纳;发展新产业,加大产业结构调整力度,制定扶持政策,引导百姓发展观光采摘、果蔬种植、特色养殖等产业;培育新农民实施"人才素质"工程,对全体村民就法律法规、文明礼仪、就业技能等知识进行培训;塑造新风貌,定期组织开展文艺汇演、法律咨询等宣传活动,倡导健康、文明的生活方式。

(彭　茜)

【法国大使馆一秘来镇视察】　年内,外交部欧洲司、法国处处长陈栋、王健陪同法国使馆一等秘书罗毅睿来到本镇进行视察。先后参观了金维福仁肉牛养殖基地、分析实验室、屠宰场。金维福仁有限公司董事长赵金维以及肉牛研究中心主任,中国农业大学的孟庆翔教授做了机构介绍和技术讲解。

(彭　茜)

【计生工作】　年内,北京市计生协会为张家场村计生协投资4万元更新计生协会硬件设备和1万元的图书。图书种类涉及政策法规、人口文化、流动人口技能培训、孕育保健、大众健康、生活类等891册。

(彭　茜)

【劳动力培训】　年内,全镇城乡居民养老保险参保率在南九镇率先完成任务,农村居民应参保人员总数14121人次,累计参保人数13216人,任务指标为12836人,累计参保率93.59%,完成任务指标的103%。组织农村劳动力培训,农村劳动力培训人数任务指标334人,完成338人,完成任务指标率101%。

(彭　茜)

【"甲型H1N1流感"防治】　年内,魏善庄镇出资为辖区39个村制作甲型H1N1流感就诊流程图,悬挂在村明显位置,向村民发放甲型H1N1流感居家医学观察及治疗指导手册3000本,宣传防控知识,提高村民认识,杜绝麻痹思想。

(彭　茜)

【举行揭牌仪式】　年内,本区首家"居家养老服务中心、养老服务人才实习基地"在镇敬老院举行揭牌仪式。北京市民政局福利处副处长魏小彪、北京市社会福利行业协会副会长杨会英、北京市老龄委副会长陈谊、区委常委郭宝东等区领导参加了揭牌仪式。

(彭　茜)

【免费妇检】　年内,全镇有3000多名妇女进行了免费的健康检查,主要是对农村采取长效避孕措施的已婚育龄群众,检查项目包括乳透、B超、刮片、血压、心电图等项目,有218名妇女被查出患有各类疾病。

(彭　茜)

【招商引资】　年内,魏善庄镇多项措施加强招商引资工作,完善基础设施建设,修建镇区道路,新建污水处理厂和集中供水厂,改善投资发展环境。为新入驻环保企业、效益高的企业开通绿色通道,提供快速审批等各项服务,减少相关办事环节;对规模小、有污染、效益差的"低能"企业实行免谈制度,压缩生存空间,让有限的资源发挥最大的效益。

(彭　茜)

【大学生"村官"创业园】　年内,"大学生村官创业园”在张家场村示范基地举行揭牌仪式。区委常委、组织部长王新、镇党委书记贺锐出席了此次活动,并做出重要讲话。

(彭　茜)

【预防白蛾】 年内,魏善庄镇采取3项措施防白蛾:组建了一支60人的专业防治队伍,负责每天巡查及测报工作;对8台罐式打药机,3台背负式打药机进行性能检测,随时待命,安装黑光灯60盏,在梨园、森林公园重点区域设置诱芯2个;投资15万元储备杀虫剂4.8吨。

(彭　茜)

【妇女工作】 年内,魏善庄镇多种形式庆“三八”妇女节。召开各村妇女干部座谈会,并对6名优秀的妇女干部进行表彰并发放礼品。到部分退休妇女干部家中进行走访慰问。单位出资组织机关女性进行身体健康检查。举办庆祝妇女节联谊会,邀请39个村妇联主任和机关妇女、大学生村官共同联欢。

(彭　茜)

【兴建社区卫生服务中心】 年内,魏善庄镇投资2900万元兴建社区卫生服务中心。工程建筑面积6006平方米,分办公区和医疗区,病房床位48张,门诊量日接待可达300人。

(彭　茜)

【中小学校舍安全检查】 年内,魏善庄镇组成专项安全生产联合检查小组,对镇辖区内的4所小学校舍建筑安全隐患进行集中安全生产隐患检查治理。共开出检查记录4份,共提出整改要求17条。

(彭　茜)

【兴建食用菌基地】 年内,魏善庄镇投资4500万元兴建集生产、观光、餐饮为一体的食用菌基地。工程建筑面积1.5万平方米,兴建工厂化生产车间,建成后年生产食用菌2000吨,效益700多万元。

(彭　茜)

【卡拉OK比赛】 年内,魏善庄镇举办以“迎国庆,讲文明,树新风”为主题的农民群众卡拉OK大赛。全镇共有150名村民报名参加,经过层层筛选,共有14名农民歌手进入了决赛。

(彭　茜)

【健身秧歌比赛】 年内,魏善庄镇举办“新秧歌大赛”。全镇共有13个村的秧歌代表队参加比赛。比赛评出一等奖1名,二等奖2名,三等奖3名,优秀奖7名。区委常委、宣传部部长戴明超、区委宣传部副部长、区文明办主任吴凤琴参加了活动。

(彭　茜)

【大学生村官演讲比赛】 年内,魏善庄镇举办了大学生村官“践行科学发展观”演讲比赛。参加演讲比赛的11名选手是从全镇70多名大学生村官中层层筛选出来的。

(彭　茜)

【中共魏善庄镇二次代表大会四次会议】 12月16日,中共魏善庄镇第二次代表大会第四次会议召开。会上审议并通过了镇党委书记贺锐所作的题为“立足中部、借势南城、统筹城乡、服务首都”的党委工作报告。大会补选中共大兴区第三次代表大会代表。区委常委、组织部长王有国作为补选大兴区第三次党代表大会代表的候选人在魏善庄镇参选。经过讨论,投票,与会党员代表87人全票通过。

(彭　茜)

人　物

组织机构负责人名单

中共北京市大兴区委员会

书　　记:林克庆
副 书 记:李长友　孟令华(11月免)
　　　　王　新(11月任)
常　　委:林克庆　　　　李长友
　　　　孟令华(11月免)　李艳萍(女)
　　　　马武英　王　新　郭宝东
　　　　戴明超　谈绪祥(12月任)
　　　　朱家林　张晓林
　　　　李春亭(2月任)
　　　　王有国(11月任)
区委办公室主任:王宗刚
督查室主任:冀学光(副处级,2月免)
　　　　张振东(副处级,9月任)
组织部长:王　新(12月免)
　　　　王有国(12月任)
宣传部长:戴明超
精神文明建设委员会
　　办公室主任:吴凤琴(女)
统战部部长:彭喜忠(兼,12月免)
老干部局党组书记、局长:王雅玲(女)
政法委书记:马武英
综治办主任:董　涛
研究室主任:王志刚
区直机关工委书记:郭宝东(2月免)
区直机关工委常务副书记:张　浩
防范和处理邪教问题领导小组办公室
　　(610办)主任:李广林
区国家保密局局长:陈　澈

中共北京市大兴区纪律检查委员会

书　记:李艳萍(女)
副书记:魏文元(6月免)
　　　石连瑛(女,10月免)
　　　李广成(3月免)　李尚贤(6月任)
　　　王少权(6月任)
　　　芦君英(女,10月任)
常　委:李艳萍(女)　魏文元(6月免)
　　　石连瑛(女,10月免)
　　　李广成(3月免)　李尚贤(6月任)
　　　王少权(6月任)
　　　芦君英(女,10月任)　王文喜
　　　王金星(女)　刘奎义
　　　李福齐　　　关　卓

北京市大兴区人大常委会

主　任:张书领
副主任:李永贵　周树慧(11月免)
　　　周静溪　陈晓英(女)
　　　邓景全(不驻会)
委　员:王向荣　王海英(女)　牛翠花(女)
　　　邓文伟　甘连义(回)　刘玉彬

刘国栋　刘景波　杨丽霞(女)
杨秋元　吴继江　张　涛
张宝生　邵德江　赵　力(女)
赵金维　韩占生　韩启霞(女)
程永庆　霍振祥

办公室主任:邵德江
代表联络室主任:吴继江
财政经济委主任:牛翠花(女)
内务司法委主任:王向荣
教科文卫委主任:刘景波
城乡建设环保委主任:杨秋元
农村工作委员会主任:张宝生

北京市大兴区人民政府

区　长:李长友(1月任)
副区长:张晓林　潘新胜(11月免)
李春亭　常红岩(女)
王荣彬(11月任)　曲凤宏(9月免)
邵　恒　绳立成(11月任)
谢冠超(11月免)
政府办公室主任:李维民
督查室主任:王　森(副处级,9月免)
张廷武(副处级,9月任)
发展和改革委员会党组书记、主任、产业促进局局长:绳立成(12月免产业促进局局长)
区委发展和改革工作委员会书记:谷振环
产业促进局局长:吴志成(兼,12月任)
区委教育工委书记:李克仁(2月免)
李达(2月任)
教育委员会党组书记:李　达(3月免)
李广成(3月任)
教育委员会主任:李　达
督导室主任:陈占山(2月免)
李广成(3月任)
科学技术委员会党组书记、主任(知识产权局局长):王自学
民族事务委员会主任(宗教局局长):马海峰(回)
区委建设工委书记、建委党组书记:王九如(12月免)
建设委员会主任、房改办主任:李学元(12月免)
区委住房和城乡建设工委副书记、住房和城乡建设委员会党组书记、主任(住房保障和改革办公室主任):李学元(12月任)
市政管理委员会主任:刘学忠(12月免)
市政市容管理委员会主任:刘学忠(12月任)
区委农工委书记:郭宝东(2月免)
汪宝国(6月任)
区委农工委常务副书记:赵长虹(6月免)
农业委员会党组书记、主任:汪宝国(12月免)
农村委员会党组书记、主任(兼农业局局长):汪宝国(12月任)
文化委员会党组书记、主任:许玉增
人口和计划生育委员会党组书记:陈照立
人口和计划生育委员会主任:帅淑敏(2月免)
甘连义(2月任)
政府法制办公室主任:刘宝君
信访办公室党组书记:董宝祥(6月免)
王坚翔(12月任)
信访办公室主任:杜克前
监察局局长:魏文元(6月免)
李尚贤(6月任)
民政局党委书记:孙强
民政局局长:田守信
司法局党组书记、局长:焦守强
财政局党组书记、局长:郑怀志
人事局局长、编办主任:佟秀全(满,12月免人事局局长)
人事局党组书记:吕广才(12月免)
劳动和社会保障局党组书记、局长:靳文浦(12月免)
人力资源和社会保障局党组书记、局长:石国钧(12月任)
交通局党委书记:郝洪生(7月免)
交通局局长:张桂海
商务局党委书记:庞亚雄(12月免)

商务局局长:张丽英(女,12月免)
商务委员会党委书记:庞亚雄(12月任)
商务委员会主任:张丽英(女,12月任)
卫生局党委书记:李颖华
卫生局局长:刘华
区审计局党组书记:石连瑛(女,7月免)
审计局局长:郭金江
环境保护局党组书记:郭福生(7月免)
环境保护局局长:李文影
水务局局长:张春才
工业局党委书记:石惠明(12月免)
工业局局长(乡镇企业局局长):李书深(12月免)
信息化办主任:刘尚先(12月免)
经济和信息化委员会党组书记:石惠明(12月任)
经济和信息化委员会主任:刘士忠(12月任)
体育局党组书记:李 兵
体育局局长:年晓波
统计局党组书记、局长:汪锡锟
林业局党委书记:刘春起(12月免)
林业局局长、绿化办主任:董玉峰(12月免)
园林绿化局党委书记:刘春起(12月任)
园林绿化局局长、绿化办主任:董玉峰(12月任)
动物卫生监督管理局党委书记、局长:黄文明
安全生产监督管理局党组书记、局长:李尚贤(6月免)
李延国(6月任)
旅游局党组书记、局长:何立楼
法院党组书记、院长:李民(12月免)
马来客(12月任)
检察院党组书记、检察长:赵 成
维护稳定办公室主任:杜志勇(6月免)
流管办主任:董 涛
综合行政服务中心主任:刘士忠(12月免)
刘尚先(12月任)
外事办主任:袁书林
城管大队党委书记、政委、大队长:周长生(2月免)
焦守强(2月任)
民防局局长:聂艳荣(女)
地震局局长:邓宝银(女)
台办主任:冷雄师
区委社会工委书记、社会工作办公室主任:张德广(2月任)

中国人民政治协商会议北京市大兴区委员会

主席:高树旺
副主席:刘志茹(女) 彭喜忠 路志权 刘月娥(不驻会) 郭 耕(不驻会) 秦天刚(不驻会)
秘书长:李书会
常务委员:于志强 马海峰 王自学 王柏行 王雅玲(女) 甘连童(回) 冯乐平(女) 吉建宁(女) 吕 民(满) 刘 辉 刘玉广 刘占忠 刘虎林 江 欣(女) 孙守江 李 盈(女) 李书会 李宝亭 张玉华 张正喜 张永平(满) 陈 芳(女) 陈寿利(回) 郑志华 赵建红(女) 赵晓晨 赵德维 南 寅 贾卫国 钱宏伟 郭 巍(女) 曹 炜 常树东(回) 董贺琴(女)
办公室主任:刘虎林
研究室主任:刘 辉
专委会工作一室主任:李彦玲(女)
专委会工作二室主任:崔希明
专委会工作三室主任:王凤森
专委会工作四室主任:邓明华(6月免)
魏文元(6月任)

群众团体

区总工会党组书记、主席:杨丽霞(女)
团区委书记:贾卫国
区妇联党组书记、主席:郭少英(女,2月免)
张　伟(女,2月任)
科协主席:刘月娥(女)
文联主席:王凤强
工商联党组书记:董贺琴(女,2月免)
陈占山(2月任)
工商联主席:刘金龙
残联理事长:翁维贤
红十字会党组书记、常务副会长:孙　勇

事业单位

区委党校党委书记、常务副校长:鲍广会
区政府机关后勤服务中心党组书记:孔凡考
区政府机关后勤服务中心主任:靳锡珍
史志办主任:李福增
老龄委办公室主任:康文利
档案局党组书记:于学强(12月免)、舒林辉(12月任)
档案局局长:于学强
广电中心党组书记、主任:李岭涛
种植业中心党委书记、主任:陈殿玉
农机中心党委书记、主任:孙广春
经管站党组书记、站长:李　强
市政园林中心党委书记、主任:孟庆龙
环卫中心主任:郑之勇

企业单位

兴展国有资产经营公司党委书记:
芦永忠(3月免)
郑怀志(3月任)
兴展国有资产经营公司经理:
芦永忠(3月免)
张艳林(3月任)
大兴宾馆党委书记、经理:李宝珍(女)
粮油总公司党委书记:董金龙
粮油总公司党委副书记、经理:
于长江(2月免)
王建国(2月任)
商贸公司党委书记、经理:李建国
煤炭公司党委书记、经理:孙连科
物资公司党委书记、经理:邓文伟
城建开发集团公司党委书记:唐纪元
城建开发集团公司经理:牛　杰
京南住房开发有限责任公司党委书记、经理:崔鸿雨
兴创投资有限公司党委书记、总经理、董事长:张　涛
供销社党委书记、主任:姜万祥
中共中关村科技园区大兴生物医药基地工委书记:黄维荣(人大副巡视员,3月免)
温　震(3月任)
中关村科技园区大兴生物医药基地管委会主任、开发经营中心董事长:温　震
中关村科技园区大兴生物医药基地开发经营中心总经理:杜红世(6月免)
新媒体产业基地党委书记:张艳林(3月免)
曹　辉(6月任)
新媒体产业基地管委会主任:曹　辉
大兴经济开发区开发经营总公司董事长:曹　辉(6月任)
大兴经济开发区开发经营总公司总经理:杜红世(6月任)

街道、镇

清源街道工委书记、办事处主任、人大工委主任:甘连义(回,2月免)
冯　波(2月任)
兴丰街道工委书记、办事处主任、人大工委主任:鲁德祥
林校路街道工委书记、办事处主任、人大

工委主任:赵建海
观音寺街道工委书记、人大工委主任:赵长虹(6月任)
观音寺街道工委副书记、办事处主任:王文斌(6月任)
天宫院街道工委书记、人大工委主任:梁建青(6月任)
天宫院街道工委副书记、办事处主任:张新跃(6月任)
黄村镇党委书记、地区党工委书记:白立成
黄村镇党委副书记、镇长、地区党工委副书记、办事处主任:李延国(6月免)
刘长江(6月任)
庞各庄镇党委书记、人大主席:左东明
庞各庄镇党委副书记、镇长:
张　伟(女,2月免)
王学军(2月任)
北臧村镇党委书记、人大主席:梁建青(2月任人大主席)
北臧村镇党委副书记、镇长:王志敏(女)
榆垡镇党委书记:金卫东
榆垡镇党委副书记、镇长:杨彦光
礼贤镇党委书记、人大主席:王少权(6月免)
杜志勇(6月任)
礼贤镇党委副书记、镇长:王文斌(6月免)
于宝贵(6月任)
魏善庄镇党委书记、人大主席:张德广(2月免)
贺　锐(2月任)
魏善庄镇党委副书记、镇长:张　帆
青云店镇党委书记、人大主席:闫德强
青云店镇党委副书记、镇长:冯　波(2月免)
冀学光(2月任)
采育镇党委书记、人大主席:贺　锐(2月免)
芦永忠(2月任)
采育镇党委副书记、镇长:孟宪金
长子营镇党委书记:孙洪伟
长子营镇党委副书记、镇长:张　辉
安定镇党委书记、人大主席:张　明
安定镇党委副书记、镇长:张新跃(6月免)
荣俊艳(女,6月任)
旧宫镇党委书记、地区党工委书记、人大主席、地区人大工委主任:张　岭
旧宫镇党委副书记、镇长、地区党工委副书记、办事处主任:刘景瑞
西红门镇党委书记、地区党工委书记:王　健
西红门镇党委副书记、镇长、地区党工委副书记、办事处主任:马士刚
亦庄镇党委书记、地区党工委书记、人大主席、地区人大工委主任:赵显鹏
亦庄镇党委副书记、镇长、地区党工委副书记、办事处主任:刘素然
瀛海镇党委书记、人大主席、地区党工委书记、地区人大工委主任:石国钧(12月免)
沈永刚(12月任)
瀛海镇党委副书记、镇长、地区党委副书记、办事处主任:沈永刚(12月免)
何景涛(12月任)

双管单位

北京市大兴区人民武装部部长:朱家林
北京市大兴区人民武装部政委:张耀邦
北京市路政局大兴公路分局党委书记、局长:黄建强(2月免)
王少辉(2月任)
北京市规划委员会大兴分局党组书记、局长:李金龙
北京市公安局大兴分局党委书记:陈　曦(9月免)
陈德宝(9月任)
北京市公安局大兴分局局长:陈德宝
北京市公安局大兴分局政委:席思友
北京市大兴区气象局局长:刘双印(9月免)
李永成(9月任)
北京市工商局大兴分局党组书记、局长:侯春哲
北京市大兴区质量技术监督局党组书记、局长:刘冬青(女)

北京市大兴区国家税务局党组书记、
局长:陈　柯
北京市大兴区地方税务局党组书记、
局长:沈永奇(10 月免)
冯守利(10 月任)
北京市大兴区邮政局党委书记、
局长:孟宪友(满,6 月免)
贺希录(6 月任)
北京市大兴区药品监督管理局党组
书记、局长:刘忠兴
北京市大兴区烟草专卖局党组书记、
局长:李学梅
北京市国土局大兴分局党组书记、
局长:赵建华

全国先进人物

崔立彬　男,45 岁,本科,中共党员。1995 年 9 月至 2003 年 7 月在北京市监狱管理局清河分局行政处工作;2003 年 7 月至 2004 年 5 月抽调北京市房山区从事社区矫正工作;2004 年 5 月至今抽调北京市大兴区从事社区矫正工作。崔立彬从事社区矫正工作 5 年来,兢兢业业,恪尽职守,勤于学习,善于思考,甘于奉献,把打造安全社区做为工作目标,积极探索,不断丰富和创新教育方式方法,工作扎实有效。进入奥运安保阶段以来,他更是全力以赴,制定详细方案,强化教育工作,利用下班时间走访社区服刑人员,甚至无暇照顾常年患病的妻子,由于他的努力,庞各庄地区社区矫正人员得到有效管理,确保了地区的安全稳定,得到了领导和同志们的充分肯定。2008 年荣获“司法行政系统奥运安保工作先进个人”称号。

白纯舵　女,1968 年 2 月出生,40 岁,中共党员,大学本科,中学高级教师,现任北京小学大兴分校教学副校长。1986 年 7 月参加教育工作,先后担任大兴区第一小学少先队大队辅导员、科研室主任、教导主任、北京小学大兴分校教导主任、教学副校长等职;在多年的教育实践中,提出了以“在教学实践中发展学生的能力”的教育理念,以教学应立足“实与活”理论为指导,以《小学语文阅读教学中培养良好语感的有效教学策略研究》等 2 个市区级立项课题研究为依托,以课堂教学方式改革为切入点,以“培养全面发展,学有所长”为教育目标,深入开展教育科研和教学改革实践活动,发展学生的探究学习能力,让学生在语文学习中培养兴趣,形成习惯,奠定终身学习的能力。她在担任学校教学副校长工作期间,学校教育教学工作成绩显著,区抽测成绩及首届六年级毕业成绩名列全区前茅,学校连续三年荣获大兴区教育教学一等奖。她指导教师在区、市各级教学基本功及课堂教学比赛中屡创佳绩,学校市区级学科带头人、骨干教师比例达到 64.2%。本人有 20 余篇研究成果在国家级、市、区发表并获奖;近年来,白纯舵同志为教育部“希望工程”、中国教育学会研讨活动、北京市骨干教师观摩活动、大兴区“名师讲学团”现场做课 20 余次;有 20 余篇研究成果在国家级、市级报刊发表或获奖;2007 年暑假参与教育部基础教育司课程教材教法中心节目录制工作,为祖国大西部教师做《小学语文》项目培训,并在中央电视台教育频道及远程教育网播出。2008 年,白纯舵同志被授予“第二十届北京市五四奖章”、“全国优秀科研教师”、“北京市基础教育先进个人”、“大兴区优秀教学干部”等多项荣誉。

邓胜利　男,41 岁,荣获中国林业科学研究推广二等奖。自任礼贤镇林业站副站长以来,他在工作上勤勤恳恳,任劳任怨,一干就是十几年,使得礼贤镇的林业有了较好发展,林木覆盖率达到现在的 25.8%,曾多次被北京市政府和大兴区政府评为绿化先进镇。在2008年度ABT与GGR系列研究与推广工作中成绩突出,被中国林业科学研究院批准荣获二等奖。在春季造林中,邓胜利同志积极配合区林业部门把ABT与GGR推广应用于礼贤镇,带领技术人员采取ABT与GGR喷根处理苗木5万株,造林800亩,不但提高了造林成活率2.5~3.2%,而且还节约了造林用水。

郝素梅　女,汉族,中共党员,大学本科学历,1961年4月5日生,天津蓟县人,现任黄村镇第一中心小学党支部书记兼校长。1981年毕业于北京第一师范学校,1991毕业于北京教育学院数学系大专班,2001年取得教育管理本科毕业证书,2003年首都师范大学教育科学学院教育管理专业硕士研究生主要课程结业,首批北京市农村校长高级研修班结业。1996年任中心校副校长,负责中心校本校全面工作及下属8所完小的管理工作。2002年破格聘为中学高级教师。2003年任黄村镇第一中心小学校长。她坚持“以人为本”的管理理念,发挥中心校的三个作用,形成多样化的办学特色,实现学校教育跨越式发展。学校被评为大兴区首批示范学校,她被评为大兴区十佳校长。作为北京市百杰校长,她构建了学习型校园,建设研究型教师群体。建立教师“名、特、优”工程,以名师带动名校,以名校促教师整体发展。她构建了教师层级梯队成长平台,形成5名中学高级教师、9名市级学科带头人、骨干教师、46名区级学科带头人、骨干教师、骨干班主任、科研骨干教师的研究型的教师队伍。作为大兴区校长中的科研骨干教师,她坚持科研领先的办学理念,带头承担课题,取得很多研究成果,被评为全国教育科研优秀校长,获“国家教师科研基金科研进步奖”。她被聘担任中国西部教育顾问;《基础教育参考》理事会理事;推选为中国教育学会教育管理分会第五届理事会理事。2008年,荣获“全国教育科研杰出校长”称号。

靳文浦　1956年2月出生,1974年12月参加工作,2004年1月调任大兴区劳动和社会保障局担任局长、党组书记。在实际工作中,他始终紧抓队伍建设不放松,不断推动全局工作的深入开展。他在努力钻研业务知识,尽快熟悉全局情况的同时,积极寻找工作的重点和突破口。当时全区农村社会养老保险工作已有了一定基础,但是制度上还存在一些问题,广大农民群众对改革农保制度呼声十分强烈。经过认真分析研究,他将制定新型农保制度作为了促进解决“三农”问题和做好劳动保障工作的一个突破口,亲自参与制度的设计和调研,并就此问题举行了全国首例大型听证会,广泛征求社会不同阶层人士的意见,在全市率先制定了《北京市大兴区农村社会养老保险办法(试行)》,于2004年4月1日起全面实施。为确保建设征地农转工人员补缴社会保险工作属历史遗留问题工作的顺利完成,靳文浦同志亲自组织指挥,参与拟定工作方案,进行周密安排,每天抽出时间和精力召开碰头会,听取有关镇、街道的工作进展情况汇报,及时研究解决补缴过程中出现的新情况、新问题。同时身体力行,放弃休息日,带领干部职工日夜奋战在第一线。特别是在距离区政府规定的个人缴费最后截止日期只剩三天的时候,还有500余名建设征地农转工自谋职业人员既未补缴,也不表示放弃,这个问题的出现使部分工作人员产生了畏难情绪。针对此种情况,他及时提出要本着对群众高度负责的精神对后期涉及的这500余名建设征地农转工自谋职业人员进行再通知、再上门、再宣传,采取拉网式再次逐人逐户联系,力争不遗漏一人,圆满完成了全部建设征地农转工人员社会保险补缴工作。

方　勇　区建委清欠办主任。他认为只要政府工程的工程款能顺利被清欠,既能增加他们自己的信心,也能增加施工企业的信心。他们就从政府工程入手,把业主单位、施工单位和监理单位召集起来开调解会，听各方的说法，先并不急于解决问题，要看问题出在什么地方。大兴区有个老干部局工程，工程已完工好几年，因为结算问题，双方产生严重分歧，互相不信任，致使工程竣工结算拖了好几年。方勇了解到这个情况以后，前后几次分别和双方谈，最后双方共同确定了一家造价咨询公司作最终结算，并且都认可最终的结果，工程款被顺利的支付给施工企业。经历了三年的清欠的工作，方勇顺利地完成了大兴区的清欠任务，同时他谈了几点体会：一是要在清欠工作中集思广益，形成一个有战斗力的集体；二是要有百折不挠的精神，千方百计地想办法；三是要在清欠工作中多管其下，既要解决问题，又要有长效机制；四是要充分运用内部和外部的公共资源，借助外力，不要单打独斗；五是呼吁真正建立企业的诚信，要让有诚信的企业真正能够在这个市场中成长。

寇　玲　奥运运期间她始终坚持把握住正确的舆论导向，要求辖区内社区每周上报一次舆情信息，有重大事件及时上报，时刻了解百姓的舆论导向，坚持将正确导向放在宣传工作的首位，坚持团结稳定鼓劲、正面宣传，唱响主旋律，打好主动仗，引导广大干部群众深刻认识办好北京奥运会的重大意义，展示辖区群众热爱和平、企盼奥运的巨大热情；大力宣传我们党和政府为办好奥运采取的相关措施、作出的巨大努力、取得的明显成效，增强人们对北京奥运会的信心。奥运期间兴丰辖区内未发生有损国家形象、反面的新闻事件。兴丰街道担负着迎接圣火、组织居民观看赛事、参观奥林匹克公园等任务。每次活动前，她都严格做好参观人员的政审、审批工作。对每一名参观人员严格把关，仔细审核。坚决到每一名参与奥运活动人员政治素质合格，身体健康，服从指挥。由于奥运期间天气炎热，兴丰街道积极为参加活动人员安排好药品、水、伞等防暑工具，无论路程远近都统一安排车辆接送，做到行动统一，圆满地完成了上级领导交给的各项参观活动。

李连智　男，55岁，中共党员，2008年荣获中国林业科学研究推广二等奖。自任礼贤镇林业站站长以来，他在工作上勤勤恳恳，任劳任怨，在镇党委、政府的领导下一干就是十几年，使得礼贤镇的林业有了较好发展，林木覆盖率达到现在的25.8%，曾多次被北京市政府和大兴区政府评为绿化先进镇。在2008年度ABT与GGR系列研究与推广工作中成绩突出，被中国林业科学研究院批准荣获二等奖。在春季造林中，李连智同志积极配合区林业部门把ABT与GGR推广应用于礼贤镇，带领技术人员采取ABT与GGR喷根处理苗木5万株，造林800亩，不但提高了造林成活率2.5～3.2%，而且还节约了造林用水。

任贵平　2001年以来，作为牵头人，他主持完成了（2001～2010年）大兴区“三北”防护林工程四期规划、大兴区2001～2005年林业“十五”规划、大兴区2006～2010年林业“十一五”规划、大兴区生态环境建设规划（林业部分）。2004年他受命主持起草了“大兴区委区政府关于加快大兴区林业发展的决定”，提出了全区林业应由单纯追求量的增长向全面提升整体质量转变；应由单一追求生态防护功能向追求生态、经济、社会综合服务功能转变。先后参与了京开路、京津塘、六环路、永定河、京九铁路、五环路等“三北”子项目绿色通道工程建设的规范管理、技术指导等工作，各项工程市级验收合格率达到100%。在“三北”工程实施中，他大力组织推广先进实用技术。2003年，全区范围推广伐根嫁接改造成过熟林技术，共改造杨树林地5000亩，改造低产、低防护效益杨树20多万株，嫁接优质接穗60多万个。成活率达99%以上，节约造林费用303.7万元。造林中积极推广生根粉使用，大大提高了造林的成活率，ABT生根粉造林技术推广项目荣获中国林科院科技推广二等奖。为防止沙质土壤漏水漏肥现象的发生,提出采用铺塑料薄膜、铺装管道、使用保水剂等方法,保证土壤的墒情,大大提高了造林成活率。工作实践中他善于总结经验,深入开展调查研究工作。针对"三北"工程中涉及的林权改革、营林机制改革,2005年他主持完成的"大兴区营林机制改革出探"调研报告被评为区委系统优秀调研报告;针对"三北"工程中林地矛盾问题,2006年他主持完成的"公路绿化与沿线土地利用间矛盾关系的探讨"调研报告被收入区委系统优秀调研报告集。1997年以来三次获得市、区绿化美化积极分子;1998年参加的生根粉推广项目获得中国林科院表彰奖;2001年,被评为区林业局系统绿色通道工程建设先进个人;2002年参加的"大兴区农田防护林永续利用和更新改造技术研究"项目获得北京市林业局科技进步二等奖,2002年被区委区政府评为绿色通道工程建设先进个人;2003年被大兴区委评为优秀知识分子。2008年,他荣获"三北防护林体系建设突出贡献者"称号。

尚建刚　34岁,共青团北京市大兴区委员会副书记、大兴区青年联合会副主席。尚建刚同志作为主管书记,在农村青年增收成才行动中,以"科学发展观"和构建社会主义和谐新农村为中心,以"构建和谐社会,青年争做先锋"为主题,不断激发农村青年就业创业热情,加大全区各级团组织服务力度,坚持"以培训促就业、树典型促成才、建通道促创业"的工作思路,全力激活青年创业发展的内在动力,深入开展"农村青年就业快车"等系列活动,在服务农村青年增收成才工作中取得优异成绩。他创新形式,以农村青年就业快车为抓手,确定了"送观念下乡、送岗位下乡、送科技下乡"的"三下乡"工作重点。转变农村青年就业观念;提供工作岗位,提供技术培训,促进农村青年转移就业。根据农业和农村经济社会的新变化,他带领团区委整合资源,搭建平台,开展农村青年创业项目推介活动,具体指导并成功举办了"青春建功新农村"——农村青年就业快车、农村青年创业项目推介会、大兴青年网上就业行动等系列活动,服务4000余农村青年,帮助青年实现就业创业梦想。积极扶持和引导青年典型和企业典型吸纳农村劳动力,共享技术和资源,带动周边农民共同致富。在尚建刚同志主管下,大兴区共青团已成为农村优秀青年创业致富工作的重要推动力量,为广大农村青年增收致富成才提供了坚实的服务和保障平台。2008年,他荣获"服务农村青年增收成才先进个人"称号。

宋福宽　男,1952年出生,汉族,1968年参军入伍,1970年入党,退役后到地方行政部门工作,1990年调到大兴区林业局工作,任北京市大兴区林业局副局长。在这18年工作中,宋福宽同志先后分管造林、果树、科技等林业重点业务。为啃下春季造林这块硬骨头,他团结带领有关部门工程技术人员,充分发动和依靠群众,充分发扬敢打硬仗、战胜困难的无畏精神,克服了一道道难关,圆满地完成了各项工程。为摸索全区林网更新的可行模式,1999年,宋福宽带领广大林业技术人员,通过考察外省农田林网建设经验,结合大兴区具体实际,依托中国林科院技术支撑,在魏善庄镇、青云店镇实施了大兴区农田林网更新改造试点工程。为《北京市平原农田防护林建设综合技术标准》提供了第一手的资料和最基础的数据,为最终定稿起到决定性作用。为解决植苗造林苗木用量大、造林费用高、用水量大、挖坑影响环境等问题,宋福宽主持了杨树更新造林新途径的课题,率先实施杨树伐根嫁接工程,在全市三北防护林杨树更新改造工作中树立了典型。分管果树工作期间,他提出充分利用现有资源,引进优新品种,推广高接换优技术的设想。但由于农民对高接换优的好处认识不到位,持有"不见兔子不撒鹰"的想法。为此,他做出了一个大胆的举动，从自己的工资中拿出1000元，做为一棵梨树高接换优的“项目资金”，交给梨园，用于科学施肥以及综合配套措施的应用。通过新措施的运用，高接后的树体长势良好，嫁接后第二年即达到株产100余公斤。此举在“兴果富民”初期，在高接换优工作之始，对农户起到了极大的带动和示范作用，在他的带动下，当年完成高接4000亩，使高接工作在全区得以稳步推广。到2003年，全区完成高接3.18万亩。高接的品种是陆续从国外引进的丰水、黄金等新品种，增收效果明显，平均亩增3000元，最高的达到16000元，带动果农5000户，几年来累计增收5.7亿元。2008年，他荣获“三北防护林体系建设突出贡献者”称号。

王　敏　女，1967年3月出生，42岁，中共党员，大学本科，中学高级教师，现任北京小学大兴分校副校长。1986年7月参加教育工作，先后担任黄村镇第一中心小学教导处副主任和北京小学大兴分校副校长等职；在多年的教育实践中，提出了不同学生有不同发展的教育理念，以学生自主学习，使不同学学生有不同发展理论为指导，以《转变小学生数学学习程式与方法的实验研究》等2个市区级立项课题研究为依托，以课堂教学方式改革为切入点，以培养学生主动学习、积极学习、体验学习为教育目标，深入开展教育科研和教学改革实践活动，发展学生的探究学习能力，让学生在数学学习中做数学、说数学、问数学等获得数学体验，感知数学知识的获取过程，从而培养学生的数学学习方法。近年来，王敏同志先后被评为：北京市优秀教师、北京市创新标兵、北京市骨干教师、吴正宪小学数学教师工作站第一笔骨干成员等多项荣誉。2008年，荣获“全国优秀科研教师”称号。

王春芳　女，兴丰街道办事处民政科科长，2008年荣获中国红十字总会红十字会参与奥运会优秀志愿者先进个人称号。作为兴丰街道红十字会秘书长，在北京奥运会筹备期间，她积极参加区红十字会的奥运工作动员会。认真组织、落实红十字会社会志愿者的招募和管理及红十字服务站大设置工作。在奥运会召开期间，多次深入基层服务站，开展宣传、培训工作。检查服务站工作的开展情况。她在社区中主动开展救助培训及自救互救知识大普及工作，超额完成博爱在大兴募捐任务，积极组织辖区内的社区参与红十字会大各种宣传活动，是群众公认的优秀志愿者。

杨　军　女，1967年1月出生，中共党员，检察员，现任大兴区人民检察院纪检组副组长。自1999年4月从事控申工作以来，她先后两次荣立三等功，荣获北京市检察系统优秀信访接待员、北京市十佳信访接待员、大兴区信访工作先进个人、大兴区优秀共产党员、大兴区三八红旗手等称号，2008年被最高人民检察院授予“全国检察机关优秀信访接待员”荣誉称号。刚到控申处时，一方面她广泛学习法律知识和政策法规，旁观老同志接待来访，不断积累实践经验，使自己尽快进入角色；另一方面，认真学习兄弟院的先进经验，从中受到教育和启发，开阔了视野，调整了心态，增强了自信心。她从维护人民群众利益、维护司法公正、维护社会稳定的高度出发，认真处理每一封群众来信，热情接待每一位来访者，用微笑熄灭来访者满腔怒火，用热情化解来访者内心的冰冻。遇到那些不属于本院管辖但来访者求助于检察机关的事情，杨军也从不一推了之，而是主动与有关部门协调，追踪联系，确保问题得到解决，消除来访者告状无门的愤懑心理。有时生活困难的来访者缺少回家的路费，杨军就拿出自己的钱为他们垫上；有时送走了来访群众，杨军却只能到食堂吃一些冷饭冷菜；有时来访群众在下班时推门而入，杨军就只好委屈自己家里等待吃饭的孩子。但每当听到来访者发自内心的感激话语，每当望着他们满意离去的身影，杨军的心里就会油然而生一种光荣和自豪感,她说:“只要能让人民满意,能为来访群众排忧解难,自己付出点辛苦也是值得的。”

张海涛 男,1974年1月出生,2007年担任北臧村镇红十字会秘书长。2008年,主动与市、区红十字会联系,聘请专家给北臧村镇政府机关干部、大学生“村官”、村干部和中学生讲课,使500多人掌握了心脑血管疾病的防治、避险逃生等相关知识,有100多人取得了初级救护证书,为建立基层红十字会组织打下了坚实的基础。组织各村的大学生“村官”、党员干部、学生等50多人成立了奥运志愿者队伍,在北京奥运会期间宣传奥林匹克常识、卫生救护知识、红十字会精神等,到敬老院、温馨家园进行志愿服务,营造了良好的奥运氛围。在奥运会期间,努力学习业务,认真落实区红十字会布置的各项工作,出色地完成各项任务,被中国红十字总会评选为“红十字会参与奥运会优秀志愿者”。

张景浩 男,1953年4月出生,56岁,中共党员,大学本科,中学高级教师,现任北京小学大兴分校校长兼党支部书记。1970年7月参加教育工作,先后担任“小学及中学教师”,“完小教导主任、校长”,“镇中心校教导主任”,“区教科所所长”,“大兴一小校长”等职;在多年的教育实践中,提出了“自信、探究”的教育理念,以“认识自我,改变自我,超越自我”理论为指导,以《小学生探究学习能力发展与促进研究》等3个市级立项课题研究为依托,以课堂教学方式改革好学困生转化策略研究为切入点,以培养“自信、合作、探究、笃行”的优质学生群体为教育目标,深入开展教育科研和教学改革实践活动,发展学生探究学习能力,让学生在探究中扬起自信的风帆。2000年9月担任大兴一小校长,5年时间,将大兴一小建设成为“大兴区小学示范校”、“北京市科技教育示范校”,连续3次被评为“北京市教育科研先进校”,在校生由2000年的289人,上升到631人。后担任北京小学大兴分校校长,仅用2年的时间,05年将北京小学大兴分校建设成为大兴地区品牌学校,来自全国各地600多位教育同行曾到校考察学习。2005年9月,张景浩同志入选北京市教育学院设立的“首都基础教育名家长廊”,2006年1月,张校长被选为《中小学管理》年度封面人物,同时,该刊刊登了他的《在理论与实践的轮回中寻觅教育真谛》一文。2007年6月,张校长入选“北京市名校长工作室”(全市28位名校长入选)。他先后应邀到云南、四川、福建、河北、内蒙、黑龙江等地作学术讲座或报告,有60余篇、30万字研究成果在省(市)级教育报刊公开发表。张景浩校长被授予“大兴区十佳校长”、“大兴区有突出贡献的专业技术人才”、“北京市杰出校长”、“北京市德育先进工作者”、“全国家教园丁奖”、“全国教育科研杰出校长”等多项荣誉。2008年,荣获“全国教育科研杰出校长”称号。

周景芝 女,1968年5月出生,党员,北京市大兴区第五幼儿园园长兼书记;1989年7月毕业于北京市幼儿师范学校,2001年7月毕业于中共北京市委党校;1989年9月~2001年6月,在北京市大兴区第三幼儿园任教师,从事自己热爱的教育教学工作;2001年7月~2005年3月,在北京市大兴区第一幼儿园任园长助理、副园长,引领幼儿园的科研和后勤管理工作,在此期间作为课题负责人申请的“幼小衔接的途径与方法”被列为北京市规划办“十五”重点课题,并得到一万元的经费资助,在2006年此课题顺利结题,荣获“十五”课题优秀成果奖;2005年3月~2006年7月,在北京市大兴区第六幼儿园任园长、书记,帮助一所单位办园顺利的实现从体制、理念、人员、管理等方面的过渡与转变;2006年7月——现在,在北京市大兴区第五幼儿园任园长、书记,通过构建园所和谐文化、探索科学管理方法、加强师资队伍建设等措施,使一所家园关系明显对立、干群关系异常紧张、历史遗留问题突出的大园在三年中实现了和谐团队氛围的建设、以人为本的科学管理、发挥优势的教师专业成长和特色突出的品牌形象。2008 年，荣获“全国教育科研杰出校长”称号。

全国先进集体及个人

先进集体

全国村务公开民主管理示范区
大兴区
全国三八红旗集体
大兴区职业介绍服务中心
北京奥运会、残奥会先进集体
北京市公安局大兴分局
第二次全国农业普查先进集体
大兴区农普办
瀛海镇农普办
礼贤镇农普办
黄村镇农普办
科研兴教先进单位
黄村镇中心校
全国中医药特色社区卫生服务示范区
大兴区卫生局
全国中医特色护理优秀科室
大兴中医院骨伤科
第六届中国国际农产品交易会优秀组织奖
大兴区农业委员会
全国绿色小康村
北京市大兴区榆垡镇西黄垡村
三北防护林建设突出贡献单位
大兴区林业局
奥运安保先进单位
森林公安处
全国乡村青年文化节 10 周年组织奖
团区委
《人口与计划生育》杂志全国宣传工作先进集体
大兴区计生委
学习《人生》杂志活动组织二等奖
大兴区计生委
全国网络视频联盟抗震救灾频道贡献奖
大兴电视台中华兴网
全国服务农民、服务基层文化建设工作先进集体
黄村镇宣传文体中心
第二次全国农业普查先进集体
黄村镇农业普查办公室
全国和谐社区建设自主创新先进集体
清源街道办事处
优秀志愿者组织
清源街道办事处
志愿服务工作先进集体
清源街道办事处
全国巾帼文明岗
大兴区地方税务局第一税务所
全国房地产统计先进企业
城镇开发集团公司
全国农产品加工创业基地
榆垡农产品加工创业基地
中国红十字会总会全国示范街道
兴丰街道
全国铁路护路联防工作先进集体
大兴区综治办
奥运会期间表现突出的婚姻登记机关
大兴区婚姻登记中心
“十一五”期间综合治理工作全国先进镇
榆垡镇
全国公安系统北京奥运会、残奥会安全保卫工作先进集体
北京市公安局大兴分局外围治安查控团队

先进个人

全国绿色小康户
王冰海　王福先　舒华荣　闫景刚

李玉发　林国民　霍春林　于洪贵
张俊仁　李胜龙　谷成信　宋国平

“春雷杯”征文园丁奖

沈日辉　谢志莲　师　蕾　周建伟
王　颖　丁玉涛　聂秀芬　朱希水
周兆鹏　于　兰

荣获中国林业科学研究推广二等奖

李连智　邓胜利

红十字会参与奥运会优秀志愿者

白建军　张海涛　王春芳

国家电网公司奥运电力保障先进个人

宋振秋　陈琦　王学军　张海生
姚京生　王志云

全国教育科研杰出校长

郝素梅　周景芝　张景浩

全国教育科研优秀教师

王敏　白纯舵

三北防护林体系建设突出贡献者

宋福宽　任贵平

奥运环境保障先进个人

胡志山

第29届奥运会突出贡献奖

孙茂华

百名优秀侦查员

孙　磊

全国优秀共青团干部

贾卫国

服务农村青年增收成才先进个人

尚建刚

优秀志愿者

冀云霞

第29届奥运会、残奥会文明观众、拉拉队先进个人

寇　玲

全国解决建设领域拖欠工程款工作先进个人

方　勇

全国检察机关优秀信访接待员

杨　军

奥运会期间表现突出的婚姻登记工作者

李春枝

全国劳动保障系统先进工作者

靳文浦

全国统计系统先进工作者

汪锡锟

第二次全国农业普查先进个人

刘志永　刘全友　李彬　张文霞

2007年全国投入产出调查先进个人

于世文　田春红　李　博　聂振生
梁　旭

司法行政系统奥运安保工作先进个人

崔立彬

全国公安系统北京奥运会、残奥会安全保卫工作先进个人

石克明

北京市先进集体及个人

先进集体

首都文明区

大兴区

北京市团建先进区县

大兴区

北京奥运会、残奥会志愿者工作优秀组织单位

大兴区

首都文明镇

北臧村镇　青云店镇

首都文明街道

清源街道　兴丰街道

首都文明社区

康居社区　南湖园社区
建兴社区　三合南里社区
富强南里社区　观音寺社区
兴政东里社区　黄村西里社区
富强西里社区

首都文明村

瀛海镇笃庆堂村 瀛海镇下十号村
瀛海镇四海三村 瀛海镇姜场村
瀛海镇瑞合一村 汤营村

北京奥运会、残奥会环境建设先进集体

大兴区综治办 林校路街道
兴丰街道城建科 大兴城管大队清源分队
大兴城管大队直属分队
北京市公安局大兴分局交通支队
北京市公安局大兴分局治安支队

北京奥运会残奥会先进集体

大兴区司法局 团区委
北京市公安局大兴分局 大兴区综治办

北京市奥运安保先进集体

采育镇 庞各庄镇 魏善庄镇
瀛海镇笃庆堂村 黄村镇 西红门镇
林校路街道义和庄东里社区

北京市"三八"红旗集体

大兴区总工会组宣部
大兴区统计局执法队
大兴区劳动局农保中心
大兴区环卫中心清扫队
大兴区工商分局法制科
中共黄村镇委员会宣传部
大兴区疾病预防控制中心
大兴宾馆 大兴区枣园小学
大兴区清源街道香海园居委会
大兴区农业委员会农产品安全科
大兴区林校路街道办事处社保所
中粮丰通(北京)食品有限公司
大兴区兴丰街道康居社区居委会
大兴区人民检察院民事行政检察处

首都绿化美化花园式单位

北京凯迪斯电子有限公司
北京市大兴区魏善庄中学
采育经济技术开发区管委会
北京市阀门总厂有限责任公司
北京市大兴区长子营镇水务站
北京公交汽车驾驶学校有限公司
北京神州绿苑会议服务有限公司
北京申真阿里佳托涂料有限公司
北京日月星房地产开发有限公司
北京市大兴区魏善庄第二中心小学
北京行政管理局大兴分局采育工商所
天伦星明湖度假村 梨花庄园
瓜乡缘小区
北京市天堂河劳动教养所
北京市永定种羊场
北京市大兴区青云店中学
国家教育行政学院 丽园小区B区
康隆园小区 林校路街道
黄村镇 清城小区北区
香海园小区 康和园小区
瑞海家园
北京市首都公路集团有限公司京开高速公路管理分公司

首都国家安全工作先进集体

黄村镇 西红门镇 庞各庄镇
清源街道办事处 北臧村镇综治办
北京市第二次全国农业普查先进集体
魏善庄镇农普办 榆垡镇农普办
长子营镇农普办 旧宫镇农普办

北京市人口和计划生育工作先进集体

大兴区计生委 北臧村镇 青云店镇
东磁各庄村 瀛海镇 安定镇
榆垡镇 兴丰街道
西红门镇金星庄村

北京市爱国卫生先进单位

清源街道办事处 市政园林服务中心
林校路街道义和庄南里社区 北臧村镇
大兴区人民医院院部 黄村镇 礼贤镇
林校路街道义和庄东里社区
林校路街道矿林庄社区

北京市先进班集体

黄村镇六(3)班
采育一小六(3)班
兴华中学高三(5)班
礼贤第二中心小学六(1)班
首都师范大学大兴附属中学高三(7)班

首都精神文明建设宣传栏示范栏

三合南里社区　兴丰街道办事处

林校北里社区　兴华南里社区

首都文明市民学校优秀校

兴丰街道办事处　富强西里社区

黄村西里社区　兴政东里社区

首都绿色村庄

长子营镇北蒲州村　礼贤镇黎明村

长子营镇留民营村　黄村镇王立庄村

北京市中小学教育教学资源建设与应用先进学校

采育镇第一中心小学　北臧村镇中心小学

北臧村镇皮各庄小学　大兴区郭家务中学

首都“迎奥运、讲文明、树新风”活动先进集体

市政园林服务中心绿化队

清源街道办事处

市政园林服务中心团总支

兴丰街道花园艺术团

北京市“平安家庭示范点”

榆垡镇　魏善庄镇西芦垡村

清源街道滨河北里社区

首都文明单位

区妇联　大兴第五小学　大兴宾馆

大兴供电公司

首都绿化美化先进单位

西红门镇　旧宫镇　庞各庄镇

首都教育系统奥运工作先进集体

兴华中学　大兴一中

庞各庄第二中心小学

北京市中小学电子化学籍管理推广工作先进单位

亦庄镇第一中心小学　北臧村镇中心小学

大兴第五小学

首都“迎奥运、讲文明、树新风”活动先进集体

大兴区卫生局团委　大兴区卫生监督所

大兴区文明办

首都绿色社区

黄村中里社区　瑞康家园社区

抗震救灾先进集体

庞各庄镇红十字会　榆垡镇红十字会

京城特色旅游观光镇

庞各庄镇　榆垡镇

北京市人口和计划生育工作红旗单位

黄村镇　西红门镇

首都全民义务植树先进单位

大兴区教育委员会

北京市女子劳动教养所

北京市青年文明号

大兴区第七中学　黄村镇结算中心

北京市爱国卫生先进单位

大兴卫生监督所　大兴宾馆

首都“迎奥运、讲文明、树新风”活动先进集体

大兴区环卫中心业务科　大兴宾馆

大兴区环卫中心综合科　大兴卫生监督所

首都服务奥运好团队

大兴区环卫中心　大兴宾馆

北京市规范公共场所英语标识工作先进示范点

大兴区人民医院院部　大兴宾馆

北京市创建人口和计划生育工作示范村

西红门镇老三余村　安定镇堡林庄村

北京市少先队“星星火炬奖”

大兴区亦庄镇第一中心小学

北京小学大兴分校

北京奥运会、残奥会文明观众、拉拉队工作优秀组织单位

团区委

北京市“三八”红旗集体(奥运单项)

区妇联

北京市“平安家庭”创建活动先进集体

区妇联

首都窗口行业竞赛组织奖

区妇联

北京青少年发展基金会、希望工程北京捐助中心优秀工作站

希望工程大兴区工作站

北京市少先队“星星火炬奖”

亦庄镇第一中心小学

北京市中小学校落实《学校体育工作条例》优秀学校

亦庄镇第一中心小学

北京市红领巾读书活动先进单位

北臧村镇中心小学

敬老文明模范校

北臧村镇中心小学

首都先进少年军校示范校

北臧村镇中心小学少年军校

北京市奥林匹克教育学校体育后备人才培养基地

大兴一中

北京市培养田径体育后备人才学校贡献杯

大兴一中

农村成人教育先进单位

北京市大兴区北臧村镇成人学校

北京市城镇教师支援农村教育工作先进集体

首都师范大学大兴附属中学

北京市随班就读优秀教研组

大兴区亦庄镇第一中心小学

“成才杯”全国少年儿童书画摄影展评优秀集体

大兴区亦庄镇第一中心小学

北京市中小学校落实《学校体育工作条例》优秀学校

大兴区亦庄镇第一中心小学

北京市中小学电子学籍管理推广工作先进单位

大兴区亦庄镇第一中心小学

科研兴教先进单位

北京小学大兴分校

北京市小学百所课间操优秀校评选优秀学校

北京小学大兴分校

育体、育新、育人先进学校

大兴区第四小学

奥林匹克教育先进学校

大兴区第四小学

北京市体育教师培训先进学校

大兴区第四小学

奥林匹克先进集体

大兴区第四小学

小黄帽路队活动先进学校

大兴区第四小学

奥运会教育工作突出贡献奖

大兴区第四小学

基础教育英语教育学展示活动“示范教研组”

大兴区第七中学

第二十七届“瞭望杯”时事知识竞赛“学校组织奖”

大兴区第七中学

北京高校毕业生到农村中小学支教工作先进单位

大兴区魏善庄第一中心小学

北京市2008语言文字工作“先进集体”

大兴区第二幼儿园

首都护士奥运建功“双千日”文明优质服务系列活动先进集体

大兴区人民医院急诊科

五一首都劳动奖状

大兴区人民医院急诊科

卫生行政许可与监督工作先进单位

大兴卫生监督所

北京市学生营养餐工作先进单位

大兴卫生监督所

北京奥运会残奥会城市运行卫生监督表障工作先进单位

大兴卫生监督所

北京奥运会残奥会卫生监督保障支援协作先进单位

大兴卫生监督所

什邡卫生监督对口支援先进单位

大兴卫生监督所

卫生行政许可与卫生监督先进单位

大兴卫生监督所

北京市结核病控制健康促进组织奖
大兴区结核病预防控制中心
北京市疾控系统奥运保障工作优秀单位
大兴疾控中心
北京市奥运会残奥会工作先进集体
大兴疾控中心
北京市爱卫会奥运保障工作先进集体
大兴疾控中心
“健康奥运健康北京—全民健康活动”优秀组织奖
大兴疾控中心
北京市疾控中心流感疫苗接种工作先进集体
大兴疾控中心
农民健康素养知识竞赛优秀奖
大兴疾控中心
健康社区示范村优秀组织三等奖
大兴疾控中心
北京市奥运应急无偿献血志愿者队伍建设工作中成绩显著
大兴区卫生局
健康奥运健康北京—全民健康行动优秀项目奖
大兴区卫生局
北京奥运会卫生保障先进集体
大兴区卫生局
首都国家安全工作先进集体
大兴区卫生局
北京市爱国卫生先进单位
大兴区卫生局
首都城乡携手迎奥运,共建文明京郊行优秀组织奖
大兴区文明办
首都窗口行业奥运培训成果展示优秀组织奖
大兴区文明办
首都社区居民奥运培训成果展示优秀组织奖
大兴区文明办
北京奥运培训优秀组织奖
大兴区文明办
全国‘迎讲树’礼仪知识竞赛活动观众组织特别奖
大兴区文明办
文明啦啦队工作先进组织奖
大兴区文明办
首都志愿服务行动心语征集活动组织奖
大兴区文明办
首都精神文明宣传栏建设优秀组织奖
大兴区文明办
迎奥运窗口行业职业技能竞赛突出贡献奖
大兴区文明办
卫生统计工作先进单位一等奖
大兴区公共卫生信息中心
北京市“健康宝宝幸福家庭－预防出生缺陷系列宣传活动”优秀组织奖
大兴区卫生局
北京市防治爱滋病工作最佳协调奖
大兴区卫生局
北京市妇幼健康教育工作先进单位
大兴区妇幼保健院
“中国医院信息化建设推进工程”项目医院
大兴中医院
北京市卫生统计工作先进单位二等奖
大兴中医院
“首届北京中医药工作者英语演讲比赛”组织奖
大兴中医院
“服务北京奥运 弘扬中医文化”奥运服务荣誉证
大兴中医院骨伤科
北京市农村信息服务先进单位综合奖
大兴区农业委员会
北京市农业执法先进单位
大兴区农业委员会
“春风行动使者”的荣誉称号
大兴电视台
北京市爱国卫生运动先进集体
大兴电视台
全国粮食系统“五五”普法中期先进单位
大兴区商务局

全国粮食流通监督检查先进集体
大兴区商务局
北京市粮食行业先进集体
大兴区商务局
北京市粮食流通统计先进集体
大兴区商务局
北京市粮油市场信息监测先进集体
大兴区商务局
北京市安全生产月优秀组织奖
大兴区商务局
北京市安全生产月最佳实践活动奖
大兴区商务局
北京市消防工作先进单位
大兴区商务局
北京市创建学习型乡镇先进镇
采育镇
京郊发展都市型现代农业先进乡镇
长子营镇
北京市计划生育先进集体
长子营镇
京郊发展二、三产业先进镇
黄村镇
北京市食品安全先进单位
黄村镇
北京市奥运应急无偿献血队伍建设先进单位
黄村镇
北京奥运会、残奥会环境卫生保障先进集体
黄村镇保洁中心
北京市健康促进示范村
黄村镇西庄村
北京市劳动保障优质服务窗口
黄村镇社保所
铁路护路联防先进集体
黄村镇综治办
北京市农村改水先进单位
黄村镇水务站
首都平安示范村称号
黄村镇狼垡二村
北京市民族团结示范校
礼贤第一中心小学
北京市市级示范性乡镇成人学校
礼贤镇成人学校
北京市专业合作社先进单位
鹏宇奶牛专业合作社
北京市先进村委会
西红门镇金星庄
北京市民族团结进步先进镇
西红门镇
北京市先进社区居委会
西红门镇同兴园　黄村西里社区
北京市“五个好”党委
西红门镇党委　瀛海镇党委
首都社会治安综合治理先进集体
西红门镇
全民健身先进单位
北臧村镇
北京市村务公开民主管理示范乡镇
北臧村镇
北京市创业就业先进集体
北臧村镇妇联
北京奥运会、残奥会环境卫生保障先进集体
兴丰街道城建科
首都平安示范社区
团河社区
京郊基层党组织建设先进乡镇
瀛海镇党委
北京“五四”红旗团委
瀛海镇团委
北京市先进村委会
瀛海镇东合盛村
旅游先进镇
庞各庄镇
基层先进武装部
庞各庄镇武装部
北京市三八红旗集体
林校路街道社保所　大兴宾馆
首都文明单位标兵
大兴区人民法院

交通安全工作先进单位

大兴区人民法院

北京市优秀青少年维权岗

大兴区人民法院民一庭

北京市人民满意的政法单位

大兴区人民法院红星法庭

北京市第九届思想政治工作优秀单位

北京市公安局大兴分局

奥运会卓越贡献奖

大兴供电公司

首都第六届民族团结进步先进集体

大兴区民族事务委员会

首都精神文明单位标兵

大兴区劳动和社会保障局

连续十年首都精神文明标兵单位

大兴区劳动和社会保障局

先进个人

北京奥运会、残奥会先进个人

任春红　皮　建　李燕琳　杨常红
陈　静　王　娟　王　飞　夏志红
杲秋萍　汪松君　杨　芳　计美凤
林慧香　古宗胜　孙洪宇　陈洪正
刘佐民　杨　燕　刘　梅　李艳华
杨朝宗　寇玉山　左宝栓　王士俊
杜志勇　王大舜

奥运安保先进个人

白建军　吴山良　屈树国　田　龙
崔崇兵　李金奎　年复胜　赵建军
杨庆波　张冠民　姚文智　王建军
李继征　张英杰　张德福　王大舜
董　涛　王福政

北京奥运会、残奥会志愿者先进个人

缑泽鹏　赵健铮　孙伏玲　郭　丽
陈　洁　李　敬　李忠会　高彩凤
王志云　李玉祥　吴兴华　李宝芝
马利新　吕锦玲　曹兴艳　冯桂莲
桂景山　梁　铮　武成强　张更新
李建民　张　昊　张素华　何立颖
陆　丽　胡卫东　李　雪　刘　超
孙文明　聂精通　王义辉

奥运巾帼奉献奖

刘秀梅　田秀荣　单淑娥　王秀岩
王　娇　王　颖　孙建华　白雪梅
李　妲　高　鹏　王伟荣　贾云凤
李延威　徐　爽　张仕玲　温书华
赵俊芝　李素霞　吴秀华　张淑霞
刘炳环　刘西琴　王晓东　刘文侠
全　艳　田　静　吴淑兰　王冬梅
吕亚文　李　娜　吴凤琴　张占芬
胡晓莉　刘南君　郭春亮　王延薇
江海霞　张艳霞　张　莉　王淑玲
李书影　张桂华　郑淑芝　李俊霞
张　颖　阳京延　王红梅　周宝玉
荣俊艳　李如意

首都奉献奥运好市民

王　涛　洪　梅　刘　涛　刘北凤
皮　建　王　涛　杨长虹　许援军
邱凤芝　卓国珍　郭少莲　朱德良
刘静坡　姜忠建　吕宝红　王　娟
杲秋萍　张　弢　殷会娟　张玉朵

奥运会、残奥会环境建设先进个人

周长生　杨　俊　张　猛　李　超
杨光军　侯桂先　芮首华　杨军英
陈向前　付秀群　李树庄　李茂良
赵树新

首都“迎奥运、讲文明、树新风”活动先进个人

于　健　李　刚　赵建然　闫德强
朱贵明　鲁德祥　仇学振　张　华
赵红银　孙　红　王作军　李忠会
李志英　郑小毅　单祖果　常爱建
张　征　张　辉　李京芮　郑　岩

首都社会治安综合治理奥运安保金质奖章

石志兵　左继忠　潘新国　刘世雄
孙祥龙

北京市“三八”红旗奖章

赵建红　冯亚臣　刘国英　许　娜

林海涛　陈金香　普东红　孟　杰
刘振凤　薛　丽　刘爱玉　张文博
刘金凤　李晓凤　何玉兰　袁志花
刘淑玲　闫素先　王淑青　吴秀敏
王志敏　史立君　赵淑琴　张　伟
郑淑芬

首都绿化美化积极分子

李洪来　葛瑞良　闫维友　史雪洁
王培凤　刘新洋　孙　凡　殷东海
寿敏智　王　静　闫德强　白艳英
郝连增　杨亚松　王喜亮　刘　丹
张建群　刘　伟　刘久东　陈思远
张德强　韩继义　龙　惠　司运生
程志强　王德锋　闫景刚　郑怀明
谷万云　孟庆龙

首都绿化美化先进个人

赵文君　李俊清　张　晨　吕宝国

北京市第二次全国农业普查先进个人

于世文　崔书忠　侯颖梅　李　哲
彭　征　赵德朋　张　丽　李永刚
张美媛　赵淑敏　邵瑞霞　贺艳萍
于淑惠　张松林　杨亚洁　吴淑敏
李绍田　毕紫珍　邓艳静　程德贵
张汉强　张欣辉　王　玮　赵　伟
钱桂琴　秦剑峰　曹惠玲

北京市人口和计划生育工作先进个人

张　辉　李延国　王少权　韩玉梅
柴秀莲　胡雪艳　田秀荣　冯　波
田亚莉　孙荣静　周林英　左东明
郭宗花

北京市爱国卫生工作先进个人

梁会明　郗丽凤　王　静　张　晨
张青旺　郭　兵　阴淑梅　刘金凤
田　磊　赵玉梅　马新环　冯秀海

北京市“平安家庭”创建活动先进个人

郑淑影　毛淑凤　米雪梅　刘　艳
刘建民

首都绿色家庭称号

孙德甫家庭　廉守君家庭　郑井侠家庭
李秀英家庭　杨少云家庭

北京市“平安示范家庭”

董淑华家庭　陈新艳家庭　李希彬家庭

北京市五一劳动奖章

焦深海

北京市优秀创业女性

申瑞君　王亚秋

奥运会、残奥会安保工作突出贡献奖

张新跃

平安奥运优秀特派员

张泽普

首都精神文明建设先进个人

王凤学　赵淑霞

北京市奥运会、残奥会期间信访先进个人

宫　靖　张　革　赵雪梅

北京市委、市政府、北京奥组委先进个人

杨国龙　柳　旭　刘国川

首都国家安全工作先进个人

张福申　张洪远　左东明

北京市中小学电子学籍管理推广工作先进个人

张海松　孙桂花　赵　静　刘　莹
尹俊岩

北京市中小学教育资源建设与应用先进个人

李　刚　王　建　王红侠　孙桂花
苏微微　张　鳌

北京奥运会残奥会优秀志愿者

于　健

北京奥运会残奥会先进个人

缑泽鹏

“扫黄打非”暨文化市场管理工作先进个人

阮达伟

“首都青少年生态环保奖”先进个人

王万东

北京市“十佳”班主任

何艳梅

北京市金牌教师

吕小英

北京奥运会残奥会志愿者工作先进个人

耿炳文

北京市普教系统全心全意依靠教职工办好学校的优秀校长

周景芝　王俊卿

北京市中学市级骨干教师

焦艳玲　李进辉

北京市全心全意依靠教职工办好学校的优秀书记

张桂明

北京市语言文字工作先进工作者

沈蓉晖

张丽北京市优秀少先队辅导员

张　艳

北京市优秀少先队辅导员

方　亮

北京市师德先进个人

马　莉

第二十一届北京市"紫禁杯"班主任一等奖

桑艳芝　刘小溪　薛春玲

第二十一届北京市"紫禁杯"班主任二等奖

曹桂茹　孙巧娜

北京市先进集体称号

采育镇第一中心小学六.3 中队

北京市粮食流通统计先进个人

王思蕊

北京市先进村民委员会主任

杨　军

北京市护林防火先进个人

张金红

北京市劳动保障优质服务窗口先进个人

马会文

农村改水先进工作个人

王瑞金　李广喜　郑兰忠

农村改水先进工作者

陶冬梅

北京市先进食品安全监督员

陈连瑞

北京市铁路护路联防工作先进个人

张海龙　王大舜　王福政

金鹏科技论坛辅导市级二等奖

张春华

金鹏科技论坛奖

刘玉姝

紫金杯优秀班主任奖

宋　阳

北京市优秀辅导员

方　亮

北京市民族团结示范校先进个人

李烘祥

北京市创业就业明星

田秀荣

优秀大学生村官

黄　磊

首都思想道德建设先进个人

鲁德祥

北京市奥运安保工作个人三等功

周苏江

北京市五四红旗优秀团干部

李美艳

第九届北京市"关心未成年人保护优秀工作者"

侯志信

北京市百名优秀法制校长

袁凤茹

首都劳动奖章

狄宝增　杨　雪　邢留生

北京市人民满意政法干警称号

张　颖

北京市大兴区第三届人大代表名册

付艳玉(女)　杨启功　石国钧
赵玉生　张　蕊(女)　麻美艳(女)
李敬民　张晓林　马树占
薛天龙(回)　邓彦会(女)　肖进德

黄维荣　周子文　李长友
吴立燕(女)　邵　恒　张志瑾(女)
程翠英(女)　*霍振祥　邢　军
王建民　张　浩　于书顺
李广瑞(女回)　王志敏(女)　梁建青
张　伟(女)　赵　成　左东明
张　弘(女)　甘连斌(回)　李顺利
田德成(回)　蔡雪晴(女)　张　伟
陈陆友　宋绍堂　仇俊国(女)
*赵　力(女)　林克庆　黄怒波
张德广　刘玉荣(女)　张　帆
姜海琳(女)　*赵金维　周广森
*刘玉彬　沈宝清　黄亚娟
王　新　李景臣　王文斌
吴颖凤(女)　安　娜(女回)　*李永贵
*周静溪　段桂芹　石建海
董永宽　王少权　孟继先
张　欣　崔慧芬　杨　雷
*邓文伟　肖志伟(女)　张建国(回)
周　岩　文生仓　张新跃
高　娜(女)　徐明旺　郭宝东
张　明　孙凤彪　高树旺
冯　波　杨宪龙　谷书利
闫德强　刘金廷　*邵德江
*吴继江　孙加兰(女)　刘宝山
高　燕(女)　许　杰(女)　王彩霞(女)
*牛翠花(女)　赵淑兰(女)　周　颖(女)
刘国恩　郭宝旺　戴明超
李红梅(女)　栗宝龙　宋玉华
孙洪伟　贺　锐　*杨丽霞(女)
申艳坤　李　玉　林金河
*张书领　张　辉　吴振明(女)
常春颖(女)　张占林　王宗刚
*陈晓英(女)　贾荣宽　焦俊英(女)
马永芝(女回)　张洪林　李金龙
李　民　金卫东　贾玉荣(女)
李瑞平　张路颖(女回)　何宗福
*韩占生　谷万水　李艳萍(女)
杨彦光　李国斌　李秀敏(女)
吴兆辉(满)　赵月华(女)　牛占山
吴秀敏(女)　刘　耕　李献河
*张　涛　马武英　吕筱军(女)
赵　莉(女满)　王　旭　祖月华(女满)
*周树慧　张　楠(女)　袁　静(女)
刘宝银　刘景瑞　于广昌
张　岭　刘德凤(女)　王发兴
沈永刚　张燕杰　白立成
金树东　顾兰英(女)　王启春
郑　蕊(女)　王洪靖(女)　*王向荣
刘焕民(女满)　王　健(满)　洪　梅(女满)
李书华(女)　孟令华　吕树平
马士刚(回)　崔　萍　陈　华(女回)
甄众学　赵盛伟　李秀亭
刘宏伟(女)　邓　娟(女)　*甘连义(回)
曾志国　牛　杰　索继玲(女)
冯若兰(女)　*程永庆　杨永立
*邓景全　张兆新　段春辉(回)
赵建海　刘淑玲(女)　高瑞昆
张海艳(女)　孙秋生　王丽娟(女满)
张勇民　朱家林　张耀邦
寿敏智　刘世贵　马利新(女回)
邵东海　王俊霞(女)　*刘国栋
*杨秋元　谷秉生　张福义
王　黎(女)　鲁德祥　赵微微(女)
杨祥启　董　淳　郭艳玲(女)
张德胜　杨国平　李维民
*张宝生　郑怀志　绳立成
*刘景波　李　达　*韩启霞(女)
赵显鹏　田守信　李学元
孟庆龙　*王海英(女)　李书深

注：*人名为常委会委员

大兴区政协第三届委员会委员名单

崔希明　苏　平　赵晓晨
赵建红(女)　计剑桥(女)　赵金金(女)

江　欣(女)
张　民
曹　辉
王柏行
薛建团
路志学
石连瑛(女)
李彦玲
张寿海
武德洪
陈利萍(女)
王　健
周　涛(女)
申越山
张永平
孙凤臣(女)
刘春华
刘　寅
李国斌
周刘来
冯乐平(女)
马永德
毛光祥
刘德贵
李　盈(女)
姚美红(女)
梅春波
于志强
吕　民
多洪升(女)
余汉华
刘钧贻
邓明华
张　裔(女)
张　令
王俊丽(女)
李　燕
李广银
董　锐(女)
苏云朋
曹美兰(女)
张　凌
刘金红(女)
赵淑琴(女)
王启春
刘虎林
刘玉广
赵云龙
李士芬(女)
刘建忠
刘　蕊(女)
崔成奇
赵艾琴(女)
陈占山
王景山
任宝全
张玉华
李　颖(女)
寇国栋
庄申安
王冬香(女)
任钟华
邵英会
孙守江
郑传标
杨秀华
孙玉浩
鲍建军
马文祥
白建松
靳书顺
瞿春生(女)
刘玉忠
肖翠玲(女)
贾卫国
汪　影(女)
郑淑影(女)
陈　妤(女)
刘　辉
李新华(女)
黄宪文
郑志华
樊晓燕(女)
刘春庆
张凤山
王自学
张春红(女)
王朝柱
刘彦梅(女)
张学功
侯书娟(女)
马海峰
陈俊英(女)
曹永峰
刘　青(女)
吴　培
张正喜
南　寅
宋玉林
李宝亭
薛宝成
*甘连童
宛品正
董贺琴
王克华
郭和文
马彦芳(女)
陈寿利
张凤成
陈　芳(女)
郭　巍(女)
黄梅强
张　新
张国香(女)
李成川
周颐昌
张国庆
郝　望
何邦喜
杨海霞(女)
李　强
王海云(女)
赵　宁(女)
马　涛
刘汀丽(女)
邵　莹(女)
李洪祥
赵建玲(女)
侯文学
韩　辉
王凤森
魏文元
丁言信
王善永
陈淑英(女)
常树东
姜　澜(女)
石　岳(女)
马凤英(女)
刘振娥(女)
张海香(女)
郑和平
赵德维
曹　炜
宗广义
季守荣(女)
高　捷
李松岷
寇润庭
宋薛宣
黄立鸿
韩殿朋
刘国亮
周艳芝(女)
杜彩芬(女)
靳利娟(女)
于建福
刘树江(女)
芦长兰(女)
黄淑燕(女)
冯米香(女)
魏　薇(女)
韩翠竹(女)
郭雪微(女)
马士刚
甘立娟(女)
李炳强
曾　浩
王凤家
冯春光
刘占忠
邢留生
白　羽
杨书桓
洪国柱
孙智敏(女)
魏翠萍(女)
金永生
曲　燕(女)
吴山永
张岩刚
钱宏伟
孙连科
栗景池
刘玉泉
任文涛(女)
陆佰荣(女)
吉建宁(女)
刘　霞(女)
孙福翠(女)
张美新(女)
赵建国
尹思鸥(女)
冉　薇(女)
李彦玲(女)
冷雄师

统计资料

社会经济综合指标
（附社会经济综合指标统计表）

大兴区2009年经济发展情况

	单位	2009年	2008年	增减%
辖区面积	平方公里	1036	1036	–
村民委员会	个	527	527	–
社区居民委员会	个	119	115	3.5
户籍户数	万人	23.6	23.2	1.7
非农业户	万人	13.1	12.4	5.4
户籍人口	万人	58.6	58.1	0.8
非农业人口	万人	27.7	26.2	5.8
常住人口	万人	115.9	109.7	5.7
居住半年以上常住人口	万人	51.3	45.5	12.7
地方财政收入	亿元	23.1	20.3	13.8
地方财政支出	亿元	73.5	41.4	77.5
区域税收	亿元	60.6	56.3	7.7
各项存款余额	亿元	813.3	544.8	49.3
各项贷款余额	亿元	297.2	177.9	67.0
工业总产值	亿元	424.9	382.7	11.0

	单位	2009 年	2008 年	增减%
社会消费品零售额	亿元	115.3	100.2	15.1
全社会固定资产投资(项目建设地)	亿元	354.2	169.0	109.7
建筑业总产值	亿元	123.5	105.7	16.9
城镇居民人均可支配收入	元	22548	20707	8.9
农民人均纯收入	元	11132	10103	10.2
税收合计	万元	606384	562823	7.7
第一产业	万元	1063	655	62.3
第二产业	万元	242168	223545	8.3
工　业	万元	190698	170700	11.7
建筑业	万元	51470	52845	-2.6
第三产业	万元	363153	338623	7.2
交通运输、仓储及邮政业	万元	24398	23538	3.7
批发和零售业	万元	75843	69532	9.1
金融业	万元	9216	7402	24.5
信息传输、计算机服务和软件业	万元	3874	3284	18.0
住宿和餐饮业	万元	4633	6483	-28.5
租赁和商务服务业	万元	37834	26120	44.8
房地产业	万元	102550	124278	-17.5
居民服务和其他服务	万元	63569	38896	63.4
教育	万元	7569	5851	29.4
卫生、社会保障和社会福利业	万元	601	565	6.4
文化、体育和娱乐业	万元	5881	4511	30.4
公共管理和社会组织	万元	2017	1806	11.7
其他行业	万元	25168	26357	-4.5
各项存款合计	万元	8133199	5448308	49.3

	单位	2009 年	2008 年	增减%
#居民储蓄存款	万元	4213232	3172441	32.8
人民币存款	万元	8059507	5384919	49.7
居民储蓄存款	万元	4171572	3137828	32.9
定　期	万元	2518331	1992141	26.4
活　期	万元	1653241	1145687	44.3
企业存款	万元	2981434	1807936	64.9
农业存款	万元	52660	552	9439.9
机关团体存款	万元	360418	157472	128.9
其它存款	万元	493423	281131	75.5
外币存款	万元	73692	63389	16.3
#居民储蓄存款	万元	41660	34613	20.4
各项贷款合计	万元	2971622	1779336	67.0
人民币贷款	万元	2953718	1762243	67.6
农业贷款	万元	100852	66668	51.3
工业贷款	万元	289449	273230	5.9
商业贷款	万元	125534	118922	5.6
建筑业贷款	万元	15070	20010	-24.7
房地产业贷款	万元	232335	108500	114.1
个人住房贷款	万元	572538	551181	3.9
其它贷款	万元	1617940	623732	159.4
外币贷款	万元	17904	17093	4.7
农业	*	*	*	*
农林牧渔业总产值	万元	478765	474398	0.9
#农业	万元	267808	253279	5.7
牧业	万元	201222	211183	-4.7

	单位	2009 年	2008 年	增减%
农产品产量	*	*	*	*
蔬菜产量	吨	914077	934937	-2.2
生猪出栏	万头	59.2	57.2	3.5
禽蛋产量	吨	22017	26458	-16.8
牛奶产量	吨	176061	156169	12.7
家禽出栏	万只	1454	1363	6.7
出栏羊	万只	20.0	21.4	-6.6
出栏肉牛	头	8354	10619	-21.3
工业	*	*	*	*
工业总产值	万元	4249108	3827233	11.0
#规模以上工业	万元	3708627	3456029	7.3
按隶属关系分组	万元	*	*	*
中央工业	万元	267947	161567	65.8
市属工业	万元	296757	253319	17.1
区属工业	万元	3684405	3412346	8.0
区直工业	万元	623836	638737	-2.3
镇村工业	万元	2948150	2689505	9.6
个体工业	万元	112419	84104	33.7
按不同分组的规模以上工业总产值	万元	*	*	*
现代制造业	万元	729701	648621	12.5
都市工业	万元	1526655	1414077	8.0
高技术产业	万元	181898	161543	12.6
民营科技工业	万元	1734303	1584888	9.4
外商投资工业	万元	1218722	1111569	9.6
建筑业	*	*	*	*

	单位	2009 年	2008 年	增减%
建筑业总产值	万元	1235471	1056958	16. 9
房屋建筑施工面积	万元	476. 9	420. 3	13. 5
#新开工	万元	161. 6	197. 3	-18. 1
房屋建筑竣工面积	万元	196. 4	106. 2	84. 9
竣工产值	万元	1115454	800187	39. 4
签订合同额	万元	1979400	1769689	11. 9
#本年新签合同额	万元	1340131	1142701	17. 3
批发零售住宿及餐饮业	*	*	*	*
社会消费品零售额	万元	1152543	1001541	15. 1
#规模以上商业	万元	770933	639196	20. 6
按商品用途分	万元	*	*	*
吃类商品	万元	427242	386564	10. 5
穿类商品	万元	131904	131194	0. 5
用类商品	万元	485659	374102	29. 8
烧类商品	万元	107738	109681	-1. 8
按行业分	万元	*	*	*
批发零售业	万元	1000822	872034	14. 8
餐饮业	万元	130830	110145	18. 8
其　他	万元	20891	19362	7. 9
房地产业	万元	*	*	*
自年初累计完成投资(项目建设地)	万元	1414898	991182	42. 7
本年房屋施工面积	万平方米	426. 8	337. 7	26. 4
#住宅	万平方米	303. 2	234. 3	29. 4
本年房屋竣工面积	万平方米	40. 5	87. 5	-53. 7
#住宅	万平方米	29. 0	74. 1	-60. 9

	单位	2009 年	2008 年	增减%
商品房屋销售面积	万平方米	94.5	33.0	186.4
#住宅	万平方米	84.9	30.8	175.6
商品房屋空置面积	万平方米	13.2	21.6	-38.9
#住宅	万平方米	4.5	10.0	-55.0
商品房屋销售额	万元	977346	265722	267.8
#住宅	万元	868241	248207	249.8
固定资产投资	*	*	*	*
全社会固定资产投资(项目建设地)	万元	3542255	1689500	109.7
#基础设施投资	万元	1065101	211238	404.2
按经济类型成分	万元	*	*	*
#民间投资	万元	1404000	1032651	36.0
#国有	万元	1375658	411013	234.7
私营	万元	762597	245836	210.2
按投资构成分	万元	*	*	*
城镇投资	万元	1184757	389413	204.2
房地产开发投资	万元	1414898	991182	42.7
#住宅	万元	756148	628648	20.3
农村非农户投资	万元	810755	254338	218.8
农户投资	万元	131845	54567	141.6
按产业分(不含房地产开发业)	万元	2127357	698318	204.6
第一产业	万元	15408	16702	-7.7
第二产业	万元	187413	155881	20.2
工业	万元	187132	155220	20.6
建筑业	万元	281	661	-57.5
第三产业(不含房地产开发业)	万元	1924536	525735	266.1

	单位	2009年	2008年	增减%
比　重	%	100.0	100.0	增减百分点
第一产业	%	0.7	2.4	-1.7
第二产业	%	8.8	22.3	-13.5
工业	%	8.8	22.2	-13.4
建筑业	%	-	0.1	
第三产业(不含房地产开发业)	%	90.5	75.3	15.2
旅游业	*	*	*	*
接待总人数	万人	432.6	335.2	29.1
#民俗旅游	万人	262.6	204.3	28.5
营业收入	万元	80418	75957	5.9
#民俗旅游	万元	16511	15929	3.7
从业人员	人	15216	15083	0.9
#民俗旅游	人	11531	11450	0.7
对外经贸	*	*	*	*
新批三资企业个数	个	24	25	-4.0
实际利用外资额	万美元	10205	5837	74.8
出口总额	万元	291257	315807	-7.8
#农副产品出口	万元	30166	24044	25.5
#高新技术产品	万元	3065		

附 录

中共北京市大兴区委文件

京兴发[2009]1号 中共北京市大兴区委关于深入推进党代表大会常任制的意见(1月9日)

京兴发[2009]2号 中共北京市大兴区委,北京市大兴区人民政府关于做好就业促进工作的意见(1月23日)

京兴发[2009]3号 中共北京市大兴区委关于印发2009年组织工作要点的通知(2月16日)

京兴发[2009]4号 中共北京市大兴区委关于印发2009年宣传思想工作要点的通知(2月16日)

京兴发[2009]5号 中共北京市大兴区委关于印发2009年党风廉政和反腐败工作要点的通知(2月16日)

京兴发[2009]6号 中共北京市大兴区委关于印发2009年政法工作要点的通知(2月16日)

京兴发[2009]7号 中共北京市大兴区委关于印发2009年统战工作要点的通知(2月26日)

京兴发[2009]8号 中共北京市大兴区委关于印发2009年调研工作要点的通知(2月16日)

京兴发[2009]9号 中共北京市大兴区委,北京市大兴区人民政府关于专项整治非法占地违法建设工作的意见(2月18日)

京兴发[2009]10号 中共北京市大兴区委关于印发2009年大兴区人民武装工作要点的通知(2月23日)

京兴发[2009]11号 中共北京市大兴区委关于印发区委常委会2009年工作要点的通知(3月2日)

京兴发[2009]12号 中共北京市大兴区委关于转发区政协常委会2009年工作要点的通知(3月10日)

京兴发[2009]13号 中共北京市大兴区委关于加快推进城乡经济社会一体化发展的实施意见(3月11日)

京兴发[2009]14号 中共北京市大兴区委关于印发加强作风建设年活动实施方案的通知(3月17日)

京兴发[2009]15号 中共北京市大兴区委关于推进廉政风险防范管理工作的指导意见(3月25日)

京兴发[2009]16号 中共北京市大兴区委,北京市大兴区政府关于印发贯彻北京市加强社会建设实施纲要实施意见的通知(4月16日)

京兴发[2009]17号 中共北京市大兴区委,北京市大兴区人民政府关于深入开展“平安大兴”建设的意见(4月27日)秘密

京兴发[2009]18号 中共北京市大兴区委,北京市大兴区人民政府关于印发第二十一届西瓜节实施方案的通知(4月30日)

京兴发[2009]19号 中共北京市大兴

区委,北京市大兴区人民政府关于印发大兴区 2009 年城乡环境综合整治工作意见的通知(5 月 12 日)

京兴发[2009]20 号 中共北京市大兴区委关于加强处级党政领导班子后备干部队伍建设的意见(6 月 8 日)

京兴发[2009]21 号 中共北京市大兴区委关于公开选拔处级党政副职人选的工作意见(6 月 18 日)

京兴发[2009]22 号 中共北京市大兴区委实施“三四五”强基工程进一步构建城乡统筹的基层党建工作新格局的意见(6 月 26 日)

京兴发[2009]23 号 中共北京市大兴区委关于进一步加强和改进社会领域党建工作的意见(6 月 24 日)

京兴发[2009]24 号 中共北京市大兴区委关于贯彻落实《北京市对台工作规划纲委(2009 ~ 2012)年》的实施意见(6 月 25 日)机密

京兴发[2009]25 号 中共北京市大兴区委关于全面贯彻推行廉政风险防范管理工作的意见(8 月 10 日)

京兴发[2009]26 号 中共北京市大兴区委,北京市大兴区人民政府关于进一步加强软环境建设的意见(8 月 25 日)

京兴发[2009]27 号 中共北京市大兴区委,北京市大兴区人民政府关于建设农村金融改革试验区的意见(8 月 25 日)

京兴发[2009]28 号 中共北京市大兴区委关于 2009 年处级后备干部集中调整工作实施意见(10 月 10 日)

京兴发[2009]29 号 中共北京市大兴区委关于对处级班子进行集中考察和作风建设检查的工作意见(10 月 28 日)

京兴发[2009]30 号 中共北京市大兴区委关于做好农村党组织换届选举工作的意见(12 月 8 日)

京兴文[2009]1 号 中共北京市大兴区委关于北京市大兴区第三届人民代表大会第四次会议选举结果的报告(1 月 8 日)

京兴文[2009]2 号 中共北京市大兴区委,北京市大兴区人民政府关于表彰 2008 年度党政系统信息工作先进单位和先进个人的通报(1 月 15 日)

京兴文[2009]3 号 中共北京市大兴区委关于李长友同志晋升工资的请示(1 月 19 日)

京兴文[2009]4 号 中共北京市大兴区委,北京市大兴区人民政府关于表彰 2008 年度经济工作先进单位和个人的决定(2 月 2 日)

京兴文[2009]5 号 中共北京市大兴区委关于区委、区政府领导班子民主生活会情况的报告(2 月 3 日)

京兴文[2009]6 号 中共北京市大兴区委关于范洪庆同志因私赴欧洲港澳台东南亚等地区旅游的请示(2 月 11 日)

京兴文[2009]7 号 中共北京市大兴区委关于芦德才同志因私赴美国旅游的请示(2 月 17 日)

京兴文[2009]8 号 中共北京市大兴区委关于李春亭同志任前公示情况的报告(2 月 17 日)

京兴文[2009]9 号 中共北京市大兴区委,北京市大兴区人民政府关于表彰 2008 年度综合行政服务工作和全程办事代理工作先进单位优秀领导和先进个人的决定(2 月 24 日)

京兴文[2009]10 号 中共北京市大兴区委关于对李广成同志职务变动的请示(3 月 6 日)

京兴文[2009]11 号 中共北京市大兴区委关于区级领导干部年度考核工作的情况报告(3 月 10 日)

京兴文[2009]12 号 中共北京市大兴区委,北京市大兴区人民政府关于表彰 2008 年度劳动保障工作先进单位和先进个人的通知(3 月 16 日)

京兴文[2009]13 号 中共北京市大兴区委关于为黄维荣同志办理退休手续的请示

(3 月 26 日)

京兴文[2009]14 号　中共北京市大兴区委关于对李颖华等三名军队转业干部重新确定工资待遇的请示(3 月 26 日)

京兴文[2009]15 号　中共北京市大兴区委,北京市大兴区人民政府关于表彰计生工作先进集体先进个人和计生模范家庭的决定(4 月 8 日)

京兴文[2009]16 号　中共北京市大兴区委关于林克庆等 10 名同志正常晋升工资的请示(4 月 23 日)

京兴文[2009]17 号　中共北京市大兴区委关于黄维荣同志因私赴俄罗斯旅游的请示(5 月 6 日)

京兴文[2009]18 号　中共北京市大兴区委关于邀请市委领导参加第二十一届大兴西瓜节开幕式的请示(5 月 21 日)

京兴文[2009]19 号　中共北京市大兴区委关于调整大兴区纪委副书记人选的请示(5 月 19 日)

京兴文[2009]20 号　中共北京市大兴区委关于王雅玲同志任职的请示(5 月 19 日)

京兴文[2009]21 号　中共北京市大兴区委,北京市大兴区人民政府关于大兴区人民政府机构改革方案的请示(5 月 31 日)

京兴文[2009]22 号　中共北京市大兴区委关于推荐区级后备干部和处级优秀年轻干部人选的请示(6 月 25 日)

京兴文[2009]23 号　中共北京市大兴区委关于推荐区级党政正职后备干部人选有关情况的说明(6 月 26 日)

京兴文[2009]24 号　中共北京市大兴区委关于推荐区级党政正职后备干部人选的请示(7 月 8 日)

京兴文[2009]25 号　中共北京市大兴区委,北京市大兴区人民政府关于解决亦庄镇群众聚集访工作方案的报告(7 月 11 日)

京兴文[2009]26 号　中共北京市大兴区委关于邀请市委领导参加北京大兴春华秋实系列活动启动的请示(8 月 31 日)

京兴文[2009]27 号　中共北京市大兴区委关于曲凤宏同志免职的通知(9 月 1 日)

京兴文[2009]28 号　中共北京市大兴区委关于调整大兴区纪委副书记人选的请示(9 月 9 日)

京兴文[2009]29 号　中共北京市大兴区委关于调整大兴区纪委副书记人选的请示(9 月 9 日)

京兴文[2009]30 号　中共北京市大兴区委关于区委领导班子民主生活会情况的报告(9 月 22 日)

京兴文[2009]31 号　中共北京市大兴区委关于区委领导班子民主生活会情况的报告(9 月 22 日)

京兴文[2009]32 号　关于北京市大兴区第三届人大常委会第十九次会议表决结果的报告(9 月 24 日)

京兴文[2009]33 号　中共北京市大兴区委,北京市大兴区人民政府关于表彰首都国庆 60 周年庆祝活动先进集体的决定(10 月 14 日)

京兴文[2009]34 号　中共北京市大兴区委关于王荣彬等同志任免职的通知(11 月 26)

京兴文[2009]35 号　中共北京市大兴区委关于王有国王新同志职务变动的请示(11 月 27 日)

京兴文[2009]36 号　中共北京市大兴区委关于北京市大兴区第三届人大常委会第二十次会议表决结果的报告(11 月 30 日)

京兴文[2009]37 号　中共北京市大兴区委关于王有国、王新同志职务变动的通知(12 月 9 日)

京兴文[2009]38 号　中共北京市大兴区委关于对《中共北京市委贯彻〈中共中央关于加强和改进新形势下党的建设若干重大问题的决定〉的意见(征求意见稿)》有关修改建议的报告(12 月 16 日)

京兴文[2009]39 号　中共北京市大兴

区委关于马来客李民同志任免职的通知(12月21日)

京兴文[2009]40号 中共北京市大兴区委关于北京市大兴区第三届人大常委会第二十一次会议表决结果的报告(12月23日)

京兴文[2009]41号 中共北京市大兴区委关于区委领导班子民主生活会情况的报告(12月31日)

京兴文[2009]42号 中共北京市大兴区委关于处级领导班子民主生活会情况的报告(12月31日)

中共北京市大兴区委办公室文件

京兴办发[2009]1号 中共北京市大兴区委办公室,北京市大兴区人民政府办公室关于落实无房和住房未达标离休干部住房补贴发放工作的实施意见(2月16日)

京兴办发[2009]2号 中共北京市大兴区委办公室,北京市大兴区人民政府办公室关于印发安全大检查隐患大整改工作方案的通知(2月24日)

京兴办发[2009]3号 中共北京市大兴区委办公室关于印发大兴区国家机关职务犯罪预防网络领导小组进一步加强职务犯罪预防工作意见的通知(3月31日)

京兴办发[2009]4号 中共北京市大兴区委办公室关于区委常委会2009年议题计划的通知(4月13日)

京兴办发[2009]5号 中共北京市大兴区委办公室关于印发《2009年大兴区对台工作要点》的通知(4月17日) 秘密

京兴办发[2009]6号 中共北京市大兴区委办公室关于印发大兴区土地储备开发项目保障督查工作方案的通知(6月2日)

京兴办发[2009]7号 中共北京市大兴区委办公室,北京市大兴区人民政府办公室关于转发区编委关于做好政府工作部门“三定”工作意见的通知(8月19日)

京兴办发[2009]8号 中共北京市大兴区委,北京市大兴区人民政府办公室关于印发北京市大兴区观音寺街道办事处主要职责、内设机构和人员编制规定的通知(8月21日)

京兴办发[2009]9号 中共北京市大兴区委办公室,北京市大兴区人民政府办公室关于印发北京市大兴区天宫院街道办事处主要职责、内设机构和人员编制规定的通知(8月21日)

京兴办发[2009]10号 中共北京市大兴区委办公室,北京市大兴区人民政府办公室转发区双拥办关于大兴区2009年双拥工作折子工程的通知(8月24日)

京兴办发[2009]11号 中共北京市大兴区委办公室,北京市大兴区人民政府办公室关于做好2009年国庆前后有关工作的通知(9月3日)

京兴办发[2009]12号 中共北京市大兴区委办公室关于印发镇、街道办事处科学发展绩效考核办法的通知(10月14日)

京兴办发[2009]13号 中共北京市大兴区委办公室,北京市大兴区人民政府办公室关于印发大兴区创建全国计划生育优质服务先进区实施方案的通知(10月19日)

京兴办发[2009]14号 中共北京市大兴区委办公室,北京市大兴区人民政府办公室关于印发2009年大兴区直属单位科学发展绩效考核办法的通知(11月11日)

京兴办发[2009]15号 中共北京市大兴区委办公室关于转发区国家机关职务犯罪预防网络领导小组进一步加强工程建设领域预防职务犯罪工作意见的通知(12月14日)

京兴办发[2009]16号 中共北京市大兴区委办公室,北京市大兴区人民政府办公室关于做好2010年元旦春节期间有关工作的通知(12月30日)

京兴办文[2009]1号 中共北京市大兴

区委办公室,北京市大兴区人民政府办公室关于印发大兴区社区工作者管理细则(试行)的通知(1月24日)

京兴办文[2009]2号　中共北京市大兴区委办公室,北京市大兴区人民政府办公室关于部分领导干部缺席大兴区2008年度经济工作表彰大会情况通报(2月5日)

京兴办文[2009]3号　中共北京市大兴区委办公室,北京市大兴区人民政府办公室关于调整大兴区志编委员会组成人员的通知(2月18日)

京兴办文[2009]4号　中共北京市大兴区委办公室,北京市大兴区人民政府办公室关于迅速落实区专项整治非法占地建设动员大会精神的通知(2月19日)

京兴办文[2009]5号　中共北京市大兴区委办公室关于调整中国共产党北京市大兴区第三届委员会常委分工的通知(3月2日)

京兴办文[2009]6号　中共北京市大兴区委办公室,北京市大兴区人民政府办公室关于印发专项整治非法占地违法建设区直包镇人员名单的通知(3月12日)

京兴办文[2009]7号　中共北京市大兴区委办公室,北京市大兴区人民政府办公室关于调整大兴区双拥工作领导小组组成人员的通知(3月24日)

京兴办文[2009]8号　中共北京市大兴区委办公室,北京市大兴区人民政府办公室关于严禁党政机关工作人员酒后驾驶机动车的通知(3月30日)

京兴办文[2009]9号　中共北京市大兴区委办公室关于重新报送大兴区国家机关职务犯罪预防网络成员单位负责人名单的通知(3月31日)

京兴办文[2009]10号　中共北京市大兴区委办公室关于邀请市委领导参加大兴区社会建设大会暨揭牌仪式的请示(4月10日)

京兴办文[2009]11号　中共北京市大兴区委办公室,大兴区人民政府办公室关于印发中共北京市大兴区社会工作委员会主要职责内设机构和人员编制规定的通知(4月16日)

京兴办文[2009]12号　中共北京市大兴区委办公室关于印发《2009年重点决策事项督查安排》的通知(4月21日)

京兴办文[2009]13号　中共北京市大兴区委办公室关于调整大兴区新农村建设指挥部的通知(4月22日)

京兴办文[2009]14号　中共北京市大兴区委办公室,北京市大兴区人民政府办公室关于印发《大兴区国家秘密载体销毁管理规定》的通知(4月30日)内部

京兴办文[2009]15号　中共北京市大兴区委办公室,北京市大兴区人民政府办公室关于调整大兴区维护稳定工作领导小组成员的通知(5月5日)秘密

京兴办文[2009]16号　中共北京市大兴区委办公室关于邀请市委办公厅及有关处室领导到大兴检查指导办公室工作的请示(5月5日)

京兴办文[2009]17号　中共北京市大兴区委办公室关于进一步落实“2009年大兴区预防职务犯罪网络工作会议”精神的通知(5月7日)

京兴办文[2009]18号　中共北京市大兴区委办公室,北京市大兴区人民政府办公室关于印发《大兴区开展“京什手拉手重建新家园”捐赠活动实施意见》的通知(5月11日)

京兴办文[2009]19号　中共北京市大兴区委办公室关于邀请市委办公厅领导参加第二十一届西瓜节开幕式的请示(5月21日)

京兴办文[2009]20号　中共北京市大兴区委办公室,北京市大兴区人民政府办公室关于做好“六四”敏感期每日报送社会稳定情况信息的紧急通知(5月25日)秘密

京兴办文[2009]21号　中共北京市大兴区委办公室,北京市大兴区人民政府办公室关于进一步规范领导干部外出请销假制度的通知(5月31日)

京兴办文[2009]22 号　中共北京市大兴区委办公室关于大兴区亦庄镇部分群众到北京经济技术开发区管委会聚集上访及处置情况的报告(6 月 9 日)

京兴办文[2009]22 号　中共北京市大兴区委办公室,北京市大兴区人民政府办公室关于组织参观大兴新城地铁沿线城市设计与地铁重要站点一体化设计成果展的通知(6 月 1 日)

京兴办文[2009]23 号　中共北京市大兴区委办公室,北京市大兴区人民政府办公室关于印发大兴区国庆筹备工作领导小组成员名单的通知(6 月 25 日)

京兴办文[2009]24 号　中共北京市大兴区委办公室,北京市大兴区人民政府办公室关于做好大兴区新中国成立 60 周年庆祝活动风险评估与控制工作的通知(7 月 1 日)

京兴办文[2009]25 号　中共北京市大兴区委办公室关于组织召开村民(社员)代表例会的通知(7 月 2 日)

京兴办文[2009]26 号　中共北京市大兴区委办公室,北京市大兴区人民政府办公室关于做好康庄、观音寺集中供热厂管线施工期间有关工作的通知(7 月 6 日)

京兴办文[2009]27 号　中共北京市大兴区委办公室关于印发实施“三四五”强基工程进一步构建城乡统筹的基层党建工作新格局的意见折子工程的通知(7 月 14 日)

京兴办文[2009]28 号　中共北京市大兴区委办公室,北京市大兴区人民政府办公室关于做好党政机关和企事业单位工作人员休假工作的通知(7 月 24 日)

京兴办文[2009]29 号　中共北京市大兴区委办公室关于召开国庆安保情报信息会商周例会的通知(8 月 19 日)秘密

京兴办文[2009]30 号　中共北京市大兴区委办公室关于做好大兴区国庆期间每日报送社会稳定情况的通知(8 月 21 日)秘密

京兴办文[2009]31 号　中共北京市大兴区委办公室,北京市大兴区人民政府办公室关于印发区领导和区直各单位联系学校制度的通知(8 月 26 日)

京兴办文[2009]32 号　中共北京市大兴区委办公室关于做好 2009 年国庆节前后有关工作的通知(9 月 2 日)秘密

京兴办文[2009]33 号　中共北京市大兴区委办公室,北京市大兴区人民政府办公室关于开展重阳节系列敬老活动的通知(9 月 22 日)

京兴办文[2009]34 号　中共北京市大兴区委办公室,北京市大兴区人民政府关于印发北京市大兴区关于迎国庆 60 周年宣传环境布置工作方案的通知(9 月 22 日)

京兴办文[2009]35 号　中共北京市大兴区委办公室关于印发大兴区维护国防利益和军人军属合法权益工作领导小组名单的通知(此文经领导批准于 11 月 25 日更换成员名单)(9 月 25 日)

京兴办文[2009]36 号　中共北京市大兴区委办公室,北京市大兴区人民政府办公室关于调整大兴区第四届区志编委会组成人员的通知(10 月 12 日)

京兴办文[2009]37 号　中共北京市大兴区委办公室关于学习贯彻《胡锦涛总书记在庆祝中国人民政治协商会议成立 60 周年大会上的讲话》的通知(10 月 12 日)

京兴办文[2009]38 号　中共北京市大兴区委办公室关于学习贯彻党的十七届四中全会精神的通知(10 月 20 日)

京兴办文[2009]39 号　中共北京市大兴区委办公室关于开展作风建设检查工作的通知(11 月 2 日)

京兴办文[2009]40 号　中共北京市大兴区办公室关于做好 2010 年度《人民日报》、《求是》杂志和《北京日报》、《前线》杂志发行工作的通知(11 月 6 日)

京兴办文[2009]41 号　中共北京市大兴区委办公室,北京市大兴区人民政府办公

室关于开展“送温暖献爱心”捐款活动的通知(11月16日)

京兴办文[2009]42号　中共北京市大兴区委办公室,北京市大兴区人民政府办公室印发《关于调整大兴区新城地区行政区划》的通知(11月19日)

京兴办文[2009]43号　中共北京市大兴区委办公室,北京市大兴区人民政府办公室关于进一步严肃会风加强作风建设的通知(11月30日)

京兴办文[2009]44号　中共北京市大兴区委办公室关于调整区领导包镇(街道)工作分工的通知(12月22日)

京兴办文[2009]45号　中共北京市大兴区委办公室关于组织召开社员(村民)代表例会的通知(12月22日)

京兴办文[2009]46号　中共北京市大兴区委办公室,北京市大兴区人民政府办公室关于认真列席区三届人大五次会议的通知(12月24日)

京兴办文[2009]47号　中共北京市大兴区委办公室,北京市大兴区人民政府办公室关于印发北京市大兴区机构编制委员会办公室主要职责内设机构和人员编制规定的通知(12月29日)

京兴办文[2009]48号　中共北京市大兴区委办公室,北京市大兴区人民政府办公室关于印发北京市大兴区发改和改革委员会主要职责内设机构和人员编制规定的通知(12月29日)

京兴办文[2009]49号　中共北京市大兴区委办公室,北京市大兴区人民政府办公室关于印发北京市大兴区住房和城乡建设委员会(北京市大兴区人民政府住房保障和改革办公室)主要职责内设机构和人员编制规定的通知(12月29日)

京兴办文[2009]50号　中共北京市大兴区委办公室,北京市大兴区人民政府办公室关于印发北京市大兴区教育委员会主要职责内设机构和人员编制规定的通知(12月29日)

京兴办文[2009]51号　中共北京市大兴区委办公室,北京市大兴区人民政府办公室关于印发北京市大兴区农村工作委员会主要职责内设机构和人员编制规定的通知(12月29日)

京兴办文[2009]52号　中共北京市大兴区委办公室,北京市大兴区人民政府办公室关于印发中共北京市大兴区委社会工作委员会主要职责内设机构和人员编制规定的通知(12月29日)

京兴办文[2009]53号　中共北京市大兴区委办公室,北京市大兴区人民政府办公室关于印发中共北京市大兴区委北京市大兴区人民政府信访办公室主要职责内设机构和人员编制规定的通知(12月29日)

京兴办文[2009]54号　中共北京市大兴区委办公室关于部分领导干部缺席全区领导干部大会情况的通报(12月31日)

北京市大兴区政府文件

京兴政发〔2009〕01号　北京市大兴区人民政府关于印发交通银行北京分行贷款资金管理暂行办法的通知

京兴政发〔2009〕02号　北京市大兴区人民政府关于印发大兴区第十五阶段控制大气污染防治工作方案的通知

京兴政发〔2009〕03号　北京市大兴区人民政府印发关于促进大兴区劳动力就业暂行办法的通知

京兴政发〔2009〕04号　北京市大兴区人民政府关于进一步加强基层安全生产监管工作的通知

京兴政发〔2009〕05号　北京市大兴区人民政府关于表彰2008年度安全生产工作先进单位先进企业和先进个人的决定

京兴政发〔2009〕06号　北京市大兴区人

民政府关于促进大兴区经济发展的若干意见

京兴政发〔2009〕07号　北京市大兴人民政府关于公布行政规范性文件清理结果的通知

京兴政发〔2009〕08号　关于表彰2008年度政府信息公开和网站建设先进单位和先进个人的决定

京兴政发〔2009〕09号　北京市大兴区人民政府大兴区人民武装部关于表彰2008年度先进武装部的通报

京兴政发〔2009〕10号　北京市大兴区人民政府北京市大兴区人民武装部关于印发大兴区2009年民兵组织整顿工作方案的通知

京兴政发〔2009〕11号　北京市大兴区人民政府关于表彰第二期院区科技合作突出贡献集体和个人的决定

京兴政发〔2009〕12号　北京市大兴区人民政府关于表彰2008年度依法行政先进单位和先进个人的决定

京兴政发〔2009〕13号　北京市大兴区人民政府关于配合综合执法部门整治非法占地违法建设行为的通知

京兴政发〔2009〕14号　北京市大兴区人民政府关于日升德龙奶牛公司染疫奶牛进行处置的紧急通知

京兴政发〔2009〕15号　北京市大兴区人民政府1关于表彰2008年度大兴区绿化美化先进集体和积极分子的决定

京兴政发〔2009〕16号　北京市大兴区人民政府关于人事任免的通知

京兴政发〔2009〕17号　北京市大兴区人民政府关于做好全国绿色食品西瓜标准化生产基地创建工作的通知

京兴政发〔2009〕18号　北京市大兴区人民政府转发北京市帮扶企业应对国际金融危机若干措施文件的通知

京兴政发〔2009〕19号　北京市大兴区人民政府关于印发2009年节能减排工作方案的通知

京兴政发〔2009〕20号　北京市大兴区人民政府关于印发大兴区2009年经济和社会发展计划指标分解表的通知

京兴政发〔2009〕21号　北京市大兴区人民政府人事任免通知

京兴政发〔2009〕22号　北京市大兴区人民政府关于废止大兴区政府投资建设工程招标投标管理暂行办法的通知

京兴政发〔2009〕23号　北京市大兴区人民政府关于印发大兴区加强依法行政工作实施意见的通知

京兴政发〔2009〕24号　北京市大兴区人民政府印发关于做好大学生“村官”就业创业工作实施意见的通知

京兴政发〔2009〕25号　北京市大兴区人民政府印发关于鼓励退出高污染高耗能高耗水工业企业奖励资金管理暂行办法的通知

京兴政发〔2009〕26号　北京市大兴区人民政府关于公布2008年以来行政规范性文件清理结果的通知

京兴政发〔2009〕27号　北京市大兴区人民政府关于印发开展生态创建工作继续推进全区生态环境建设实施意见的通知

京兴政发〔2009〕28号　北京市大兴区人民政府转发市政府关于健康北京人—全民健康促进十年行动规划(2009～2018年)的通知

京兴政发〔2009〕29号　北京市大兴区人民政府关于公布列入第二批大兴区级非物质文化遗产名录项目的通知

京兴政发〔2009〕30号　北京市大兴区人民政府关于调整大兴新城一二水厂地下水源地保护区范围的通知

京兴政发〔2009〕31号　大兴区人民政府关于进一步明确责任突出重点加强甲型H1N1流感防控工作的通知

京兴政发〔2009〕32号　大兴区人民政府关于印发大兴区加快低收入民族村经济发展意见的通知

京兴政发〔2009〕33 号　北京市大兴区人民政府关于人事任免的通知

京兴政发〔2009〕34 号　北京市大兴区人民政府关于印发大兴区再生资源回收规范管理实施意见的通知

京兴政发〔2009〕35 号　北京市大兴区人民政府关于委托旧宫镇政府实施蒲黄榆路南四环至南五环工程征地拆迁工作的通知

京兴政发〔2009〕36 号　北京市大兴区人民政府关于加强土地一级开发项目回迁安置用房使用管理的通知

京兴政发〔2009〕37 号　北京市大兴区人民政府关于印发大兴区小额贷款公司监督管理办法的通知

京兴政发〔2009〕38 号　北京市大兴区人民政府关于印发重大行政决策暂行办法的通知

京兴政发〔2009〕39 号　北京市大兴区人民政府关于印发大兴区水资源费和污水处理费征收管理使用暂行规定的通知

京兴政发〔2009〕40 号　北京市大兴区人民政府关于调整北京大兴新媒体产业基地和北京大兴经济开发区管理体制的通知

京兴政发〔2009〕41 号　北京市大兴区人民政府人事任免通知

京兴政发〔2009〕42 号　北京市大兴区人民政府关于建立完善人口与计划生育利益导向机制的实施意见

京兴政发〔2009〕43 号　北京市大兴区人民政府关于印发大兴区治理电力安全隐患工作方案的通知

京兴政发〔2009〕44 号　北京市大兴区人民政府关于调整大兴新城一二水厂地下水源地保护区范围的通知

京兴政发〔2009〕45 号　北京市大兴区人民政府关于印发大兴区大学生村官创业贷款实施办法的通知

京兴政发〔2009〕46 号　北京市大兴区人民政府北京市人民政府关于首都国庆 60 周年庆祝活动期间在部分区域实施局部无线电管制通告的通知

京兴政发〔2009〕47 号　北京市大兴区人民政府关于人事任免通知

京兴政发〔2009〕48 号　北京市大兴区人民政府关于印发大兴区健康北京人—全民健康促进十年行动规划(20092018 年)的通知

京兴政发〔2009〕49 号　北京市大兴区人民政府关于下达 2008 年和 2009 年城镇退役士兵安置就业指标的通知

京兴政发〔2009〕50 号　北京市大兴区人民政府北京市大兴区人民武装部 2009 年冬季征兵命令

京兴政发〔2009〕51 号　关于表彰大兴区 2008 年度征兵工作先进单位和先进个人的通报

京兴政发〔2009〕52 号　北京市大兴区人民政府北京市大兴区森林防火指挥部关于表彰 2009 年度大兴区森林防火工作达标镇先进集体和先进个人的决定

京兴政发〔2009〕53 号　大兴区人民政府关于印发 2010 年度新型农村合作医疗政策调整方案的通知

京兴政发〔2009〕54 号　北京市大兴区人民政府关于转发北京市振兴发展新能源产业实施方案的通知

北京市大兴区政府办公室文件

京兴政办发〔2009〕01 号　北京市大兴区人民政府办公室关于印发大兴区 2009 年在直接关系群众生活方面拟办重要实事的通知

京兴政办发〔2009〕02 号　北京市大兴区人民政府办公室关于印发 2009 年区政府折子工程的通知

京兴政办发〔2009〕03 号　北京市大兴区政府办公室转发市民政局等部门关于社会救助工作相关文件的通知

京兴政办发〔2009〕04 号　区政府办转

发市政府办公厅关于进一步加强冬季消防工作全力遏制重特大火灾文件的通知

京兴政办发〔2009〕05 号　北京市大兴区人民政府办公室转发市政府办公厅关于促进农村劳动力转移就业工作指导意见的通知

京兴政办发〔2009〕06 号　北京市大兴区人民政府办公室转发市建委等部门关于贯彻国办发〔2008〕131 号文件精神促进本市房地产市场健康发展实施意见的通知

京兴政办发〔2009〕07 号　北京市大兴区人民政府办公室关于印发大兴区 2009 年重点建设项目的通知

京兴政办发〔2009〕08 号　北京市大兴区人民政府办公室转发区新型农村合作医疗制度管理委员会办公室关于大兴区 2008 年度新型农村合作医疗二次补偿方案

京兴政办发〔2009〕09 号　北京市大兴区人民政府办公室关于坚决禁止倾倒污泥固体废弃物的通知

京兴政办发〔2009〕10 号　北京市大兴区人民政府办公室转发市建委等部门关于北京市住宅区业主大会和业主委员会指导规则（试行）的通知

京兴政办发〔2009〕11 号　北京市大兴区人民政府办公室转发区劳动和社会保障局关于中关村科技园区大兴生物医药产业基地东配套区建设征地转非劳动力参加社会保险工作实施方案的通知

京兴政办发〔2009〕12 号　北京市大兴区人民政府办公室转发区劳动保障局关于中关村科技园区大兴生物医药产业基地东配套区建设征地转非劳动力就业安置工作意见的通知

京兴政办发〔2009〕13 号　北京市大兴区人民政府办公室关于成立大兴新城地铁沿线规划建设协调办公室的通知

京兴政办发〔2009〕14 号　北京市大兴区人民政府办公室转发区劳动和社会保障局关于贯彻落实北京市城乡居民养老保险办法实施方案的通知

京兴政办发〔2009〕15 号　关于印发大兴区安全生产隐患排查整改工作机制的通知

京兴政办发〔2009〕16 号　北京市大兴区人民政府办公室转发区劳动保障局关于促进大兴区劳动力就业暂行办法实施细则的通知

京兴政办发〔2009〕17 号　北京市大兴区人民政府办公室关于印发城市基础设施建设费暂行办法补充规定的通知

京兴政办发〔2009〕18 号　北京市大兴区人民政府办公室关于印发大兴区第七届社区居民委员会选举工作意见的通知

京兴政办发〔2009〕19 号　北京市大兴区人民政府办公室转发市政府办公厅关于做好农村改革发展和重大投资项目政府信息公开工作的通知

京兴政办发〔2009〕20 号　北京市大兴区人民政府办公厅关于印发大兴区 2009 ~ 2011 年院区科技合作实施方案的通知

京兴政办发〔2009〕21 号　北京市大兴区人民政府办公室转发市市政管委等五部门关于印发做好北京市农村地区生活垃圾减量化资源化无害化工作指导意见的通知

京兴政办发〔2009〕22 号　北京市大兴区人民政府办公室转发市市政管委等三部门关于印发加强北京市农村地区环境卫生日常运行管理工作指导意见的通知

京兴政办发〔2009〕23 号　北京市大兴区人民政府办公室关于成立中关村科技园区大兴生物医药产业基地领导小组的通知

京兴政办发〔2009〕24 号　北京市大兴区人民政府办公室关于进一步提高会议效率做好 2009 年区政府会议重要议题计划工作的通知

京兴政办发〔2009〕25 号　北京市大兴区人民政府办公室关于公文处理工作的意见

京兴政办发〔2009〕26 号　北京市大兴区人民政府办公室转发市国土资源局妥善处理我市未批先用产业（工业）项目有关工作函的通知

京兴政办发〔2009〕27号　北京市大兴区人民政府办公室关于成立大兴区帮扶企业应对国际金融危机领导小组的通知

京兴政办发〔2009〕28号　北京市大兴区人民政府办公室关于调整大兴区南水北调南干渠工程协调领导小组成员的通知

京兴政办发〔2009〕29号　北京市大兴区人民政府办公室转发区发改委关于大兴区招商引资工作管理办法(暂行)的通知

京兴政办发〔2009〕30号　北京市大兴区人民政府办公室关于学习贯彻国务院防控甲型H1N1流感十项重点工作的紧急通知

京兴政办发〔2009〕31号　北京市大兴区人民政府办公室区政府办转发区安全生产委员会办公室关于开展安全生产三项行动实施方案的通知

京兴政办发〔2009〕32号　北京市大兴区人民政府办公室关于印发大兴区节水型社会建设规划实施方案的通知

京兴政办发〔2009〕33号　北京市大兴区人民政府办公室关于成立大兴区重大项目建设指挥部的通知

京兴政办发〔2009〕34号　北京市大兴区人民政府办公室关于印发大兴区依法行政考核评议办法的通知

京兴政办发〔2009〕35号　北京市大兴区人民政府关于印发大兴区2009年全面推进依法行政工作要点的通知

京兴政办发〔2009〕36号　北京市大兴区人民政府办公室关于落实《北京信息化基础设施提升计划(2009－2012年)》推进全区基站和宽带建设工作的通知

京兴政办发〔2009〕37号　北京市大兴区人民政府办公室转发市政务公开领导小组办公室关于印发2009年北京市政务公开工作要点的通知

京兴政办发〔2009〕38号　北京市大兴区人民政府办公室关于成立北京大兴三海子郊野公园建设管理委员会的通知

京兴政办发〔2009〕39号　北京市大兴区人民政府办公室关于印发开展园林绿化资源普查工作意见的通知

京兴政办发〔2009〕40号　北京市大兴区人民政府关于转发区劳动和社会保障局关于亦庄X1项目建设征地转非劳动力参加社会保险工作实施方案的通知

京兴政办发〔2009〕41号　北京市大兴区人民政府办公室转发区劳动和社会保障局关于亦庄X1项目建设征地转非劳动力就业安置工作意见的通知

京兴政办发〔2009〕42号　北京大兴区人民政府办公室关于转发市住房和城乡建设委员会关于进一步做好本市城市房屋拆迁安置和补偿工作若干意见的通知

京兴政办发〔2009〕43号　北京市大兴区人民政府办公室转发区地税局关于大兴区打击发票违法犯罪活动工作实施方案的通知

京兴政办发〔2009〕44号　北京市大兴区人民政府办公室转发市国土资源局等四部门关于印发北京市联合土地储备开发项目资金监管意见函的通知

京兴政办发〔2009〕45号　北京市大兴区人民政府办公室转发区建委区民防局关于进一步加强人民防空工程和普通地下室安全管理工作意见的通知

京兴政办发〔2009〕46号　北京市大兴区人民政府办公室关于印发大兴区国庆期间群众护线工作方案的通知

京兴政办发〔2009〕47号　北京市大兴区人民政府办公室转发市新农村办关于印发在新农村建设领导小组扩大会议上牛有成夏占义同志的讲话和王孝东同志报告的通知

京兴政办发〔2009〕48号　北京市大兴区人民政府办公室转发市政府办公厅关于依法规范升挂国旗文件的通知

京兴政办发〔2009〕49号　北京市大兴区人民政府办公室关于印发文物保护单位安全隐患排查整治联合行动方案的通知

京兴政办发〔2009〕50号　北京市大兴区人民政府办公室关于印发开展大兴区第二次全国R&D资源清查工作方案的通知

京兴政办发〔2009〕51号　北京市大兴区人民政府办公室关于印发大兴区小型企业安全生产治理工作机制(试行)的通知

京兴政办发〔2009〕52号　北京市大兴区人民政府办公室区政府办关于开展液化气安全专项整治的紧急通知

京兴政办发〔2009〕53号　北京市大兴区人民政府办公室转发大兴区劳动和社会保障局关于中关村科技园区大兴生物医药产业基地建设征地转非劳动力参加社会保险工作实施方案的通知

京兴政办发〔2009〕54号　北京市大兴区人民政府办公室转发大兴区劳动和社会保障局关于中关村科技园区大兴生物医药产业基地建设征地转非劳动力就业安置工作意见的通知

京兴政办发〔2009〕55号　北京市大兴区人民政府办公室大兴区中小学校舍安全工程实施方案

京兴政办发〔2009〕56号　北京市大兴区人民政府办公室关于印发大兴区行政强制拆迁内部工作程序的通知

京兴政办发〔2009〕57号　北京市大兴区人民政府办公室关于印发大兴区违法建设强制拆除工作职责和程序的通知

京兴政办发〔2009〕58号　北京市大兴区人民政府办公室关于印发大兴区安全工作专项督查方案的通知

京兴政办发〔2009〕59号　北京市大兴区人民政府办公室转发市政府办公厅关于进一步明确部分领域食品安全监管职责意见的通知

京兴政办发〔2009〕60号　北京市大兴区人民政府办公室关于开展安全隐患排查整改工作的通知

京兴政办发〔2009〕61号　北京市大兴区人民政府办公室关于成立兴华大街综合整治指挥部的通知

京兴政办发〔2009〕62号　北京市大兴区人民政府办公室关于切实做好强降雪防范应对工作的通知

京兴政办发〔2009〕63号　北京市大兴区人民政府办公室关于调整大兴区推进依法行政工作领导小组成员的通知

京兴政办发〔2009〕64号　北京市大兴区人民政府办公室转发市政府办公厅关于加强督促检查狠抓工作落实意见的通知

京兴政办发〔2009〕65号　北京市大兴区人民政府办公室转发市政府办公厅关于切实做好本市当前甲型H1N1流感防控工作的通知

京兴政办发〔2009〕66号　北京市大兴区区政府办转发区财政局关于做好年终清理账户资金工作意见的通知

京兴政办发〔2009〕67号　北京市大兴区人民政府关于印发北京市大兴区政府办公室(北京市大兴区人民政府外事办公室)主要职责内设机构和人员编制规定的通知

京兴政办发〔2009〕68号　北京市大兴区人民政府办公室关于印发北京市大兴区安全生产监督管理局主要职责内设机构和人员编制规定的通知

京兴政办发〔2009〕69号　北京市大兴区人民政府办公室关于印发北京市大兴区财政局主要职责内设机构和人员编制规定的通知

京兴政办发〔2009〕70号　北京市大兴区人民政府办公室关于印发北京市大兴区政府法制办公室主要职责内设机构和人员编制规定的通知

京兴政办发〔2009〕71号　北京市大兴区人民政府办公室关于印发北京市大兴区人民政府国有资产监督管理委员会主要职责内设机构和人员编制规定的通知

京兴政办发〔2009〕72号　北京市大兴区人民政府办公室关于印发北京市大兴区环境保护局主要职责内设机构和人员编制规定的通知

京兴政办发〔2009〕73号　北京市大兴

区人民政府办公室关于印发北京市大兴区人口和计划生育委员会主要职责内设机构和人员编制规定的通知

京兴政办发〔2009〕74号　北京市大兴区人民政府办公室关于印发北京市大兴区交通局主要职责内设机构和人员编制规定的通知

京兴政办发〔2009〕75号　北京市大兴区人民政府办公室关于印发北京市大兴区经济和信息化委员会主要职责内设机构和人员编制规定的通知

京兴政办发〔2009〕76号　北京市大兴区人民政府办公室关于印发北京市大兴区科学技术委员会(北京市大兴区知识产权局)主要职责内设机构和人员编制规定的通知

京兴政办发〔2009〕77号　北京市大兴区人民政府办公室关于印发北京市大兴区民族事务委员会(北京市大兴区宗教事务局)主要职责内设机构和人员编制规定的通知

京兴政办发〔2009〕78号　北京市大兴区人民政府办公室关于印发北京市大兴区民政局主要职责内设机构和人员编制规定的通知

京兴政办发〔2009〕79号　北京市大兴区人民政府办公室关于印发北京市大兴区民防局主要职责内设机构和人员编制规定的通知

京兴政办发〔2009〕80号　北京市大兴区人民政府办公室关于印发北京市大兴区旅游局主要职责内设机构和人员编制规定的通知

京兴政办发〔2009〕81号　北京市大兴区人民政府办公室关于印发北京市大兴区农业局(北京市大兴区动物卫生监督管理局)主要职责内设机构和人员编制规定的通知

京兴政办发〔2009〕82号　商务委主要职责内设机构和人员编制规定

京兴政办发〔2009〕83号　北京市大兴区人民政府办公室关于印发北京市大兴区审计局主要职责内设机构和人员编制规定的通知

京兴政办发〔2009〕84号　北京市大兴区人民政府办公室关于印发北京市大兴区人力资源和社会保障局主要职责内设机构和人员编制规定的通知

京兴政办发〔2009〕85号　北京市大兴区人民政府办公室关于印发北京市大兴区市政市容管理委员会(北京市大兴区城乡环境建设委员会办公室)主要职责内设机构和人员编制规定的通知

京兴政办发〔2009〕86号　北京市大兴区人民政府办公室关于印发北京市大兴区水务局主要职责内设机构和人员编制规定的通知

京兴政办发〔2009〕87号　北京市大兴区人民政府办公室关于印发北京市大兴区司法局主要职责内设机构和人员编制规定的通知

京兴政办发〔2009〕88号　北京市大兴区人民政府办公室关于印发北京市大兴区体育局主要职责内设机构和人员编制规定的通知

京兴政办发〔2009〕89号　北京市大兴区人民政府办公室关于印发北京市大兴区统计局要职责内设机构和人员编制规定的通知

京兴政办发〔2009〕90号　北京市大兴区人民政府办公室关于印发北京市大兴区文化委员会主要职责内设机构和人员编制规定的通知

京兴政办发〔2009〕91号　北京市大兴区人民政府办公室关于印发北京市大兴区园林绿化局(北京市大兴区绿化委员会办公室)主要职责内设机构和人员编制规定的通知

京兴政办发〔2009〕92号　北京市大兴区人民政府办公室关于印发北京市大兴区卫生局主要职责内设机构和人员编制规定的通知

京兴政办发〔2009〕93号　北京市大兴区人民政府办公室关于印发大兴区打击传销工作联席会议制度的通知

京兴政办发〔2009〕94号　北京市大兴区人民政府办公室转发区质量技术监督局关于做好2010年元旦春节期间特种设备安全检查工作文件的通知

京兴政办发〔2009〕95号　北京市大兴区人民政府办公室关于贯彻落实《北京市市民居家养老(助残)服务办法》的实施意见

学校、幼儿园(所)

幼儿园

学校名称	邮政编码	学校地址	联系电话
北京市大兴区第一幼儿园	102600	大兴区兴业路西侧	010-69254346
北京市大兴区第二幼儿园	102600	北京市大兴区育才北巷 2 号	010-69242302
北京市大兴区第三幼儿园	102600	北京市大兴区富强西里小区	010-69252455
北京市大兴区第四幼儿园	102600	北京市大兴区清源西里小区	010-69255334
北京市大兴区第五幼儿园	102600	北京市大兴区第五幼儿园	010-69242296
北京市大兴区第六幼儿园	102600	北京市大兴区第六幼儿园	010-69242613
北京市大兴区民族幼儿园	102600	北京市大兴区兴华大街 55 号	010-69260861
北京市大兴区第七幼儿园	102600	北京市大兴区双高小区	010-60294001
北京市大兴区团河小学附属幼儿园	102614	北京市大兴区团河苑小区	010-61299583-616
北京市大兴区第七小学附设幼儿园	102600	大兴区富强西里	010-69242373
北京市大兴区少年宫蓓蕾艺术幼儿园	102600	北京市大兴区黄村西大街 27 号	010-69239173
北京市大兴区黄村镇观音寺幼儿园	102600	北京市大兴区观音寺小区	010-69254706
北京市大兴区黄村镇芦城中心幼儿园	102612	北京市北京市大兴区黄村镇芦城中心幼儿园	010-61232046
北京市大兴区小星星双语艺术幼儿园	102600	北京市大兴区郁花园东区	010-60258754
61565 部队幼儿园	102600	北京东大兴海子角	010-66325193
北京市大兴区新安里幼儿园	102600	北京市大兴区新安里幼儿园	010-61290166
北京市大兴区南希双语幼儿园	102600	北京市大兴区南希双语幼儿园	010-69247582
北京市大兴区幸福泉翡翠城幼儿园	102600	北京市大兴区翡翠城香留园 109 号	010-60231372

北京市大兴区黄村镇观音寺小学附属园	102621	北京市大兴区黄村镇观音寺附属园	010-69242754
北京市大兴区黄村镇一中心高米店小学附属园	102600	北京市大兴区黄村镇一中心高米店小学附属园	010-61232192
北京市大兴区黄村镇天堂河小学附设幼儿园	102609	北京市大兴区黄村镇天堂河小学附设幼儿园	010-60270919
北京市大兴区黄村镇义和庄小学附设幼儿园	102600	北京市大兴区黄村镇义和庄小学附设幼儿园	010-61212864
北京市大兴区黄村镇后辛庄附设幼儿园	102612	北京市大兴区黄村镇后辛庄附设幼儿园	010-61201649
北京市大兴区黄村镇第三中心小学附设幼儿	102600	北京市大兴区黄村镇邢各庄村	010-61260710
北京市大兴区西红门兴海双语幼儿园	100076	北京市大兴区西红门兴海双语幼儿园	010-60251470
北京市大兴区琴岛金钰双语艺术幼儿园	102627	北京市大兴区琴岛金钰双语艺术幼儿园	010-60226363
北京市大兴区绿林苑才艺幼儿园	100076	北京市大兴区西红门路绿林苑小区22号楼	010-67921188
北京市大兴区西红门镇新建完小附设幼儿园	100076	北京市大兴区西红门镇新建完小附设幼儿园	010-81284385
北京市大兴区旧宫镇红星幼儿园	100076	北京市大兴区旧宫镇红星幼儿园	010-67981368
北京市大兴区旧宫镇德茂幼儿园	100076	北京市大兴区旧宫镇德茂幼儿园	010-67958073
北京市大兴区博雅双语艺术幼儿园	100076	北京市大兴区旧宫镇育龙家园15号楼	010-87912022
北京市大兴区金枫阳光双语幼儿园	100076	北京市大兴区旧宫镇宣颐家园	010-87911146
北京市大兴区青云店中心幼儿园	102606	北京市大兴区青云店镇	010-80284027
北京市大兴区采育镇中心幼儿园	102606	北京市大兴区采育镇中心幼儿园	010-80275696
北京市大兴区安定镇中心小学幼儿园	102607	北京市大兴区安定镇中心小学幼儿园	010-80235006
北京市大兴区礼贤镇中心幼儿园	102604	北京市大兴区礼贤镇中心幼儿园	010-89276081
北京市大兴区榆垡镇中心幼儿园	102602	北京市大兴区榆垡镇中心幼儿园	010-89217887

北京市大兴区榆垡镇南各庄中心园	102603	北京市大兴区榆垡镇南各庄村	010-89261274
北京市大兴区庞各庄镇中心幼儿园	102601	北京市大兴区庞各庄镇中心幼儿园	010-89287218
北京市大兴区庆国完小附属幼儿园	102601	北京市大兴区庞各庄镇庆国完全小学	010-89288143
北京市大兴区庞各庄镇田园幼儿园	102601	北京市大兴区庞各庄镇定福庄	010-89251248
北京市大兴区北臧村镇中心幼儿园	102609	北京市大兴区北臧村镇中心幼儿园	010-60276121
北京市大兴区魏善庄镇中心幼儿园	102611	北京市大兴区魏善庄镇中心幼儿园	010-89201440
北京市大兴区魏善庄镇半壁店中心幼儿园	102611	北京市大兴区半壁店	010-89236186
北京市大兴区长子营镇中心幼儿园	102615	北京市大兴区长子营镇上长子村东	010-80265310
北京市大兴区长子营镇第二中心小学附设园	102611	北京市大兴区	010-80219344
北京市大兴区瀛海镇第二中心幼儿园	100076	北京市大兴区瀛海镇第二中心幼儿园	010-69288069
北京市大兴区瀛海镇四海幼儿园	100076	北京市大兴区瀛海镇四海幼儿园	010-69288069
北京市大兴区瀛海镇第一中心幼儿园	100076	北京市大兴区瀛海镇第一中心幼儿园	010-69278164
北京市大地双语幼儿园	100176	北京市经济技术开发区天华园二里二区 25 楼	010-67879167
北京市大兴区二十一世纪实验幼儿园	100176	北京经济技术开发区天宝中街 5 号	010-67896727
北京市大兴区美格双语幼儿园	100176	北京经济技术开发区天华园三里	010-67878946
北京中芯幼儿园	100176	北京市经济技术开发区泰河园四里三区	010-58026782
北京市大兴区新世纪幼儿园	100176	北京市亦庄新世纪幼儿园	010-67898331
北京市大兴区亦庄镇中心幼儿园	100176	北京市大兴区亦庄镇中心幼儿园	010-67866074
北京市大兴区小大人幼儿园	100023	北京市大兴区亦庄小羊坊	010-58020763

小　学

学校名称	邮政编码	学校地址	联系电话
北京市大兴区第一小学	102600	北京市大兴区兴华中路三段30号	010-69246005
北京市大兴区第二小学	102600	北京市大兴区黄村西大街96号	010-69200341
北京市大兴区第三小学	102600	北京市大兴区黄村兴丰大街第三段76号	010-69242806
北京市大兴区第四小学	102600	北京市大兴区黄村镇车站南里20号	010-61212448
北京市大兴区第五小学	102600	北京市大兴区兴政西里商场南巷	010-69243090
北京市大兴区第六小学	102600	北京大兴黄村富强东里	010-69243993-8110
北京市大兴区第七小学	102600	北京市大兴区富强西里	010-69242373
北京市大兴区第八小学	102600	大兴区黄村红楼西巷11号	010-69252212
北京市大兴区第九小学	102600	北京市大兴区黄村镇清源西里小区	010-69241877
北京市大兴区滨河小学	102600	北京市大兴区滨河小学	010-69257992
北京市大兴区枣园小学	102606	北京市大兴区枣园小学	010-69260298
北京市大兴区团河小学	102614	大兴区团河苑小区内	010-61299583-616
北京小学大兴分校	102600	北京市大兴区清澄名苑北区	010-69201329
北京市大兴区体育运动学校	102600	北京市大兴区黄村镇兴丰大街69号	010-69250080
北京市大兴区黄村镇第一中心小学	102600	北京市大兴区黄村镇金华寺东路3号	010-69262863
北京市大兴区黄村镇一中心高米店小学	102600	北京市大兴区黄村镇原第二中心小学校址	010-61232192
北京市大兴区黄村镇西黄村小学	102612	黄村镇芦城村	010-61233190
北京市大兴区黄村镇小营小学	102600	北京市大兴区黄村镇小营小学	010-69294893
北京市大兴区黄村镇大庄完全小学	102600	大兴区黄村镇大庄村	010-61258975

北京市大兴区黄村镇义和庄小学	102600	北京市大兴区黄村镇义和庄村	010-61212864
北京市大兴区黄村镇天堂河小学	102609	北京市大兴区黄村镇天堂河	010-60270919
北京市大兴区黄村镇狼各庄民族小学	102609	北京市大兴区狼各庄村	010-60275725
北京市大兴区黄村镇观音寺小学	102621	大兴区黄村镇观音寺小区	010-69242754
北京市大兴区第十小学	102612	北京市大兴区黄村镇西芦村	010-61239436
北京市大兴区黄村镇第二中心小学	102613	北京市大兴区黄村镇第二中心小学	010-61222208
北京市大兴区黄村镇第三中心小学	102600	北京市大兴区黄村镇孙村	010-61268647-8018
北京市新世纪双语实验学校	102600	北京市大兴区新居里	010-1296418
北京市大兴区兴海学校	100076	北京市大兴区西红门镇	010-60252689
北京市大兴区金海学校	100076	北京市大兴区西红门金星团河路金海学校	010-61285377
北京市杏泽学校	100076	北京市大兴区旧宫镇小红门路28号	010-87912541
北京市大兴区金海学校新建小学	100076	北京市大兴区西红门镇新建小学	010-81285294
北京市大兴区西红门镇志远小学	100076	北京市大兴区西红门镇志远庄	010-61281825
北京市大兴区旧宫镇第一中心小学	100076	北京市大兴区旧宫镇富有旧宫第一小学	010-87913397
北京市大兴区旧宫镇南街小学	100076	北京市大兴区旧宫镇南街一村	010-51062887
北京市大兴区旧宫镇第二中心小学	100076	大兴区旧宫镇德茂庄德义街1号	010-67987353
北京市大兴区青云店镇第一中心小学	102605	北京大兴区青云店镇	010-80281021
北京市大兴区青云店镇小回城小学	102605	北京大兴区青云店镇小回城村	010-80221397
北京市大兴区青云店镇第二中心小学	102605	北京市大兴区青云店镇垡上村西	010-80211408
北京市大兴区青云店镇南大红门完小	102605	北京市大兴区青云店镇南大红门村西	010-80211572

北京市大兴区采育镇第一中心小学	102606	北京市大兴区采育镇西二村	010-80271213
北京市大兴区采育镇第二小学	102606	北京市大兴区采育镇南三村	010-80275296
北京市大兴区采育镇辛店小学	102606	北京市大兴区采育镇南辛店村	010-80272634
北京市大兴区采育镇第二中心小学	102616	北京市大兴区采育镇大皮营二村	010-80209734
北京市大兴区采育镇大同营完小	102616	北京市大兴区采育镇大同营村	010-80209414
北京市大兴区采育镇第三中心小学	102608	北京市大兴区采育镇凤河营村	010-80202845
北京市大兴区采育镇张各庄小学	102608	北京市大兴区采育镇张各庄小学	010-80202845
北京市大兴区安定镇中心小学	102607	北京市大兴区安定镇政府东侧	010-80231472
北京市大兴区安定镇通州马坊完全小学	102607	北京市大兴区安定镇通州马坊村	010-80239592
北京市大兴区安定镇高店完全小学	102607	北京市大兴区安定镇高店村	010-80238364
北京市大兴区安定镇西芦各庄完全小学	102607	北京市大兴区安定镇西芦各庄村	010-89231042
北京市大兴区安定镇后安定完全小学	102607	北京市大兴区安定镇后安定村	010-80232194
北京市大兴区安定镇东白塔民族小学	102607	北京市大兴区安定镇东白塔村	010-80231764
北京市大兴区礼贤第一中心小学	102604	北京市大兴区礼贤镇招贤路 1 号	010-89273003
北京市大兴区礼贤镇孙营完全小学	102604	北京市大兴区礼贤镇孙营	010-89273085
北京市大兴区礼贤镇荆家务完全小学	102604	北京市大兴区礼贤镇荆家务村	010-89272313
北京市大兴区礼贤镇西里河完全小学	102604	北京市大兴区礼贤镇西里河	010-89272351
北京市大兴区礼贤镇龙头完全小学	102604	北京市大兴区礼贤镇龙头	010-89236098
北京市大兴区礼贤镇小马坊完全小学	102604	北京市大兴区礼贤镇小马坊	010-89276687

北京市大兴区礼贤镇第二中心小学	102602	北京市大兴区礼贤镇第二中心小学	010-89221774
北京市大兴区礼贤第二中心小学东梁完小	102602	北京市大兴区礼贤镇第二中心小学东梁完小	010-89221714
北京市大兴区礼贤第二中心校杨各庄完小	102602	北京市大兴区礼贤镇第二中心小学杨各庄完小	010-89221147
北京市大兴区榆垡镇第一中心小学	102602	北京市大兴区榆垡镇榆垡村	010-89213453
北京市大兴区榆垡镇太子务小学	102602	北京市大兴区榆垡镇太子务村	010-89214713
北京市大兴区榆垡镇留士庄民族小学	102602	北京市大兴区榆垡镇留士庄村	010-89299712
北京市大兴区榆垡镇石垡小学	102601	北京市大兴区榆垡镇石垡村	010-89298715
北京市大兴区榆垡镇第二中心小学	102603	北京市大兴区榆垡镇南各庄村	010-89261274
北京市大兴区榆垡镇曹辛庄小学	102603	北京市大兴区榆垡镇曹辛庄村	010-89261024
北京市大兴区榆垡镇曹各庄小学	102603	北京市大兴区榆垡镇曹各庄村	010-89261513
北京市大兴区榆垡镇南张华小学	102603	北京市大兴区榆垡镇南张华村	010-89215647
北京市大兴区榆垡镇崔指挥营回民小学	102603	北京市大兴区崔指挥营回民小学	010-89261552
北京市大兴区榆垡镇小店小学	102603	北京市大兴区榆垡镇小店村	010-89261183
北京市美亚学校	102601	北京市大兴区庞各庄镇	010-89287866
北京市大兴区庞各庄镇第一中心小学	102601	北京市大兴区庞各庄镇幸福村	010-89287621
北京市大兴区庞各庄镇庆国完全小学	102601	北京市大兴区庞各庄镇庆国完全小学	010-89288143
北京市大兴区庞各庄镇北顿垡完小	102601	北京市大兴区庞各庄镇北顿垡村	010-89288203
北京市大兴区庞各庄镇南顿垡完小	102601	北京市大兴区庞各庄镇南顿垡村	010-89228143
北京市大兴区庞各庄镇薛营回民小学	102601	北京市大兴区庞各庄镇薛营村	010-89287749

北京市大兴区庞各庄镇第二中心小学	102601	北京市大兴区庞各庄镇定福庄村	010-89251248
北京市大兴区庞各庄镇曹各庄小学	102601	北京市大兴区庞各庄镇曹各庄村	010-89251890
北京市大兴区庞各庄镇赵村小学	102601	北京市大兴区庞各庄镇赵村	010-89259800
北京市大兴区庞各庄镇张公垡小学	102601	北京市大兴区庞各庄镇张公垡村	010-89251074
北京市大兴区庞各庄镇留民庄小学	102601	北京市大兴区庞各庄镇留民庄村	010-89255544
北京市大兴区庞各庄镇梁家务小学	102601	北京市大兴区庞各庄镇梁家务村	010-89251084
北京市大兴区北臧村中心小学	102609	北京市大兴区北臧村镇北臧村	010-60276134
北京市大兴区北臧村镇皮各庄小学	102609	北京市大兴区北臧村镇皮各庄	010-60276151
北京市大兴区北臧村镇马村小学	102609	北京市大兴区北臧村镇马村	010-61259546
北京市大兴区北臧村镇天宫院小学	102609	北京市大兴区北臧村镇天宫院	010-60276264
北京市大兴区北臧村镇诸营小学	102609	北京市大兴区北臧村镇诸营村	010-60271152
北京市大兴区魏善庄镇第一中心小学	102611	北京市大兴区魏善庄镇魏善庄村西	010-89201757
北京市大兴区魏善庄镇西芦垡小学	102611	北京市大兴区魏善庄镇西芦垡村	010-89266070
北京市大兴区魏善庄镇王各庄小学	102611	北京市大兴区魏善庄镇王各庄村东	010-89243255
北京市大兴区魏善庄镇后大营完小	102611	北京市大兴区魏善庄镇后大营村	010-89202987
北京市大兴区魏善庄镇第二中心小学	102611	大兴区魏善庄镇未庄村北 500 米	010-89231346
北京市大兴区魏善庄镇东研垡小学	102611	大兴区魏善庄镇东研垡村中心	010-892331704
北京市大兴区长子营镇第一中心小学	102615	大兴区长子营镇河津营村	010-80265140
北京市大兴区长子营镇北泗完小	102615	大兴区长子营镇北泗村	010-80265140

北京市大兴区长子营镇郑二营完小	102615	大兴区长子营镇郑二营村北	010-80265140
北京市大兴区长子营镇第二中心小学	102600	北京市大兴区朱庄村西口	010-80219499
北京市大兴区瀛海镇第一中心小学	100076	北京市大兴区瀛海镇第一中心小学	010-69278013
北京市大兴区瀛海镇第二中心小学	100176	北京市大兴区瀛海镇第二中心小学	010-69286063
北京市大兴区瀛海镇四海小学	100176	北京市大兴区瀛海镇四海村	010-69287317
北京市大兴区亦庄镇第一中心小学	100176	北京市大兴区亦庄镇贵园北路6号	010-67884238
北京市大兴区亦庄镇三羊小学	100023	北京市大兴区亦庄镇小羊坊	010-87396468
北京市大兴区亦庄镇第二中心小学	100176	亦庄镇博兴八路东侧鹿海园	010-67883319-843

中　学

学校名称	邮政编码	学校地址	联系电话
北京市大兴区德茂中学	100076	北京市大兴区旧宫镇德茂庄德裕街14号	010-67994560
北京市大兴区第四中学	102600	北京市大兴区黄村兴华中路54号	010-69242285
北京师范大学大兴附属中学	102600	北京市大兴区黄村镇碱河桥北侧	010-69252066-8012
北京市大兴区第七中学	102600	北京市大兴区兴丰北大街2段215号	010-69247408
北京市大兴区狼垡中学	102613	北京市大兴区黄村镇狼垡村	010-61222224
北京市大兴区郭家务中学	102603	北京市大兴区榆垡镇郭家务村	010-89263890
北京市大兴区朱庄中学	102606	北京市大兴区长子营镇朱庄村	010-80210489
北京市第二〇七中学	102612	北京市大兴区黄村镇芦城南口	010-61239856
北京市大兴区礼贤民族中学	102604	北京市大兴区礼贤民族中学	010-89272068
北京市大兴区红星中学	100076	北京市大兴区瀛海镇工业区	010-69277284

北京市大兴区北臧村中学	102609	北京市大兴区北臧村镇西	010-60278045
北京市大兴区亦庄中学	100176	北京市大兴区亦庄镇广德中巷1号	010-67882070
北京市大兴区兴海学校	100076	北京市大兴区西红门镇	010-60256891
北京市大兴区魏善庄中学	102611	北京市大兴区魏善庄东大街西侧	010-89201948
北京市大兴区旧宫中学	100076	旧宫东路61号	010-87965730
北京市大兴区垡上中学	102605	北京市大兴区垡上村东	010-80211684-611
北京市大兴区定福庄中学	102601	北京市大兴区定福庄中学	010-89251348-1008
北京市大兴区采育中学	102606	北京市大兴区采育镇福苑路	010-80271973
北京市大兴区长子营中学	102615	北京市大兴区长子营镇沁水营村	010-80265152
北京市大兴区大辛庄中学	102602	北京市大兴区大辛庄中学	010-89221107
北京市大兴区庞各庄中学	102601	北京市大兴区庞各庄镇西义堂村北	010-89287415
北京市大兴区金海学校	100076	北京市大兴区西红门金星团河路金海学校	010-61285377
北京市第十四中学大兴安定分校	102607	北京市大兴区安定镇	010-80231474
北京市大兴区榆垡中学	102602	北京市大兴区榆垡镇今荣街	010-89218989
北京市大兴区孙村中学	102600	北京市大兴区黄村镇孙村	010-61268436
北京市大兴区第六中学	102609	北京市大兴区京开路甲54号	010-60277764
北京市大兴区凤河营中学	102608	北京市大兴区采育镇凤河营村凤荣巷5号	010-80202814
北京市大兴区太和中学	100176	北京市大兴区瀛海镇太和中学	010-69286016
北京市大兴区第八中学	102600	北京市大兴区黄村镇康庄路40号	010-69299807转8403
北京市大兴区第五中学	102600	北京市大兴区红楼西巷20号	010-69246724
北京私立君谊中学	102600	北京市大兴区金惠园小区君谊中学	010-60259042
北京市大兴区兴华中学	102600	北京市大兴区兴华北路	010-69294840
北京市大兴区第一职业学校	102612	北京市大兴区黄村镇后辛庄村东	010-61201064
北京市大兴区兴达中学	102600	北京市大兴区兴达中学	010-61244703

北京市大兴区第三中学	102600	北京市大兴区黄村镇三中巷7号	010-69252449-2502
北京市大兴区体育运动学校	102600	北京市大兴区黄村镇兴丰大街69号	010-69250080
北京市大兴区青云店中学	102605	北京市大兴区青云店镇	010-80281019
北京市美亚学校	102601	北京市大兴区庞各庄镇	010-89287866
北京市大兴区第一中学	102600	北京市大兴区黄村镇兴政街六号	010-69242569
北京市杏泽学校	100076	北京市大兴区旧宫镇小红门西路28号	010-87912541

医疗机构

北京市大兴区人民医院
单位地址:北京市大兴区黄村西大街26号
邮　　编:102600
联系电话:60283015

北京市大兴区中医医院
单位地址:北京市大兴区黄村兴丰北大街(二段)138号
邮　　编:102600
联系电话:69207782

北京市大兴区红星医院
单位地址:大兴区瀛海镇中兴南路3号
邮　　编:100076
联系电话:67992043

北京市大兴区妇幼保健院
单位地址:大兴区黄村兴丰大街(三段)203号
邮　　编:102600
联系电话:69247278

北京市大兴区精神病医院
单位地址:大兴区黄村镇黄良路口北侧
邮　　编:102600
联系电话:61216048

兴丰街道社区卫生服务中心
单位地址:北京市大兴区富强路20号
邮　　编:102600
联系电话:60283792

北京市大兴区黄村医院
单位地址:大兴区卫星城兴丰大街56号
邮　　编:102600
联系电话:60283618

北京市大兴区瀛海镇中心卫生院
单位地址:北京市大兴区瀛海镇瀛海路
邮　　编:100176
联系电话:69271800

北京市大兴区亦庄医院
单位地址:北京市大兴区亦庄镇政府南100米(广德北巷6号)
邮　　编:100076
联系电话:67870497

北京市大兴区西红门医院
单位地址:北京市大兴区西红门镇欣荣北大街28号
邮　　编:100076
联系电话:60245399

北京市大兴区旧宫镇中心卫生院
单位地址:北京市大兴区旧宫镇庑殿路32号
邮　　编:100076 联系电话:87972870

北京市大兴区榆垡镇中心卫生院
单位地址:大兴区榆垡镇榆垡路
邮　　编:102602
联系电话:89213168

北京市大兴区青云店镇中心卫生院

单位地址:北京市大兴区青云店镇五村
邮　　编:102605
联系电话:80281032

北京市大兴区庞各庄镇中心卫生院

单位地址:北京市大兴区庞各庄镇繁荣村
邮　　编:102601
联系电话:89287912

北京市大兴区礼贤镇中心卫生院

单位地址:大兴区礼贤镇西
邮　　编:102604
联系电话:89271505

北京市大兴区采育镇中心卫生院

单位地址:大兴区采育镇东二营村
邮　　编:102606
联系电话:80273329

北京市大兴区安定镇中心卫生院

单位地址:北京市大兴区安定镇
邮　　编:102607
联系电话:80235981

北京市大兴区亦庄镇鹿圈卫生院

单位地址:北京市大兴区亦庄镇鹿圈一村?
邮　　编:100176
联系电话:67883420—8018

北京市大兴区魏善庄镇卫生院

单位地址:北京市大兴区魏善庄镇魏善庄村西
邮　　编:102611
联系电话:89201952

北京市大兴区黄村镇孙村卫生院

单位地址:北京市大兴区黄村镇孙村组团横三路西侧
邮　　编:102600
联系电话:61268040

北京市大兴区黄村镇芦城卫生院

单位地址:北京市大兴区黄村镇芦城西大街53号
邮　　编:102612
联系电话:61231400

北京市大兴区西红门镇金星卫生院

单位地址:北京市大兴区团河路金荣园小区东里
邮　　编:100162
联系电话:61285883

北京市大兴区长子营镇卫生院

单位地址:北京市大兴区长子营镇长子营村
邮　　编:102615
联系电话:80265583

北京市大兴区北臧村镇卫生院

单位地址:北京市大兴区北臧村镇北臧村
邮　　编:102609
联系电话:60276179

北京市大兴区魏善庄镇半壁店卫生院

单位地址:北京市大兴区魏善庄镇
邮　　编:102611
联系电话:89231341—806

北京市大兴区疾病预防控制中心

单位地址:北京市大兴区黄村镇兴政街17号
邮　　编:102600
联系电话:69243653

北京市大兴区卫生监督所

单位地址:北京市大兴区黄村镇兴政街17号
邮　　编:102600
联系电话:69201203

北京市大兴区社区卫生服务管理中心

单位地址:北京市大兴区富强路20号
邮　　编:102600
联系电话:60283799

北京市大兴区医学教育培训中心

单位地址:北京市大兴区黄村镇佟场村
邮　　编:102612
联系电话:61213683

北京市大兴区结核病预防控制中心

单位地址:北京市大兴区黄村镇林校路车站南里
邮　　编:102600
联系电话:61216022

北京市大兴区农村改水项目办公室

单位地址:北京市大兴区黄村镇佟场村医学

培训中心院内
邮　　编:102612
联系电话:61214795

北京市大兴区新型农村合作医疗管理中心
单位地址:大兴区黄村镇佟场村医学培训中心院内
邮　　编:102612
联系电话:61211367

北京市大兴区公共卫生信息中心
单位地址:北京市大兴区黄村林校北路24号
邮　　编:102600
联系电话:60283502

公证处、律师事务所、法律服务所

黄村镇司法所
单位地址:大兴区黄村镇司法所
电　　话:69262673
邮　　编:102600

清源街道司法所
单位地址:大兴区清源街道司法所
电　　话:69262799
邮　　编:102600

兴丰街道司法所
单位地址:大兴区兴丰街道司法所
电　　话:69292944
邮　　编:102600

林校路街道司法所
单位地址:69292944
电　　话:81295112　69292944
邮　　编:102600

西红门镇司法所
单位地址:大兴区西红门镇司法所
电　　话:60244338
邮　　编:100076

亦庄镇司法所
单位地址:大兴区亦庄镇司法所
电　　话:67889179
邮　　编:100076

旧宫镇司法所
单位地址:大兴区旧宫镇司法所
电　　话:87963497
邮　　编:100076

瀛海镇司法所
单位地址:大兴区瀛海镇司法所
电　　话:69278094
邮　　编:100076

庞各庄镇司法所
单位地址:大兴区庞各庄镇司法所
电　　话:89287880
邮　　编:102601

北臧村镇司法所
单位地址:大兴区北臧村镇司法所
电　　话:61253192
邮　　编:102609

榆垡镇司法所
单位地址:大兴区榆垡镇司法所
电　　话:89218390
邮　　编:102602

魏善庄镇司法所
单位地址:大兴区魏善庄镇司法所
电　　话:89231369
邮　　编:102611

采育镇司法所
单位地址:大兴区采育镇司法所
电　　话:80272666
邮　　编:102606

安定镇司法所
单位地址:大兴区安定镇司法所
电　　话:80235496
邮　　编:102607

礼贤镇司法所
单位地址:大兴区礼贤镇司法所
电　　话:89274364
邮　　编:102604

青云店镇司法所
单位地址:大兴区青云店镇司法所

电　　话:80282148
邮　　编:102605

长子营镇司法所

单位地址:大兴区长子营镇司法所
电　　话:80265265
邮　　编:102605

天宫院街道司法所

单位地址:大兴区天宫院街道司法所
电　　话:61250531
邮　　编:102629

观音寺街道司法所

单位地址:大兴区观音寺街道司法所
电　　话:60282275
邮　　编:102600

大兴区法律服务所

北京市大兴区黄村镇法律服务所

地　　址:大兴区黄村镇政府院内
电　　话:69262673
邮　　编:102600

北京市大兴区清源街道法律服务所

地　　址:大兴区清源街道办事处院内
电　　话:69262799
邮　　编:102600

北京市大兴区青云店镇法律服务所

地　　址:大兴区青云店镇人民政府院内
电　　话:80282148
邮　　编:102605

北京市大兴区庞各庄镇法律服务所

地　　址:大兴区庞各庄镇人民政府院内
电　　话:89287880
邮　　编:102601

北京市大兴区瀛海镇法律服务所

地　　址:大兴区瀛海镇人民政府院内
电　　话:69278094
邮　　编:100076

北京市大兴区采育镇法律服务所

地　　址:大兴区采育镇人民政府院内
电　　话:80272666
邮　　编:102606

北京市大兴区旧宫镇法律服务所

地　　址:大兴区旧宫镇人民政府院内
电　　话:87963349
邮　　编:100076

北京市大兴区榆垡镇法律服务所

地　　址:大兴区榆垡镇政府院内
电　　话:89218390
邮　　编:102602

北京市大兴区魏善庄镇法律服务所

地　　址:大兴区魏善庄镇政府院内
电　　话:89231369
邮　　编:102611

北京市大兴区安定镇法律服务所

地　　址:大兴区安定镇政府院内
电　　话:80235496
邮　　编:102607

北京市大兴区西红门镇法律服务所

地　　址:大兴区西红门镇政府院内
电　　话:60244338
邮　　编:100076

北京市大兴区亦庄镇法律服务所

地　　址:大兴区亦庄镇政府院内
电　　话:67889179
邮　　编:100176

北京市大兴区林校路街道法律服务所

地　　址:大兴区林校路街道办事处院内
电　　话:69292934
邮　　编:102600

北京市大兴区兴丰街道法律服务所

地　　址:大兴区兴丰街道办事处院内
电　　话:69292944
邮　　编:102600

北京市大兴区北臧村镇法律服务所

地　　址:大兴区北臧村镇政府院内
电　　话:61253192
邮　　编:102609

北京市大兴区长子营镇法律服务所
地　　址:大兴区长子营镇政府院内
电　　话:80265265
邮　　编:102600

北京市大兴区礼贤镇镇法律服务所
地　　址:大兴区礼贤镇政府院内
电　　话:89274364
邮　　编:102601

公　证　处

北京市志城公证处
地　　址:大兴区兴政街 17 号
电　　话:69240442
邮　　编:102600

大兴区律师事务所

北京市坤宇律师事务所
办公地址:北京市经济技术开发区宏达北路 10 号北京万源商务中心 502 室
办公电话:67864220
传真电话:67864366
邮政编码:100176

北京市三维律师事务所
办公地址:大兴区康颐园小区 1 号楼 1 单元 202 室
办公电话:60246919
传真电话:60246939
邮政编码:102627

北京市一格律师事务所
办公地址:大兴区黄村镇龙河路 18 号万兴集团办公楼 5 层
办公电话:60237353
传真电话:69258188
邮政编码:102600

北京市兴涛律师事务所
办公地址:北京市大兴区黄村镇康庄路 19 号
办公电话:60242857
传真电话:60242857
邮政编码:102600

北京市华实律师事务所
办公地址:北京市大兴区清城时代广场 C 座 606 室
办公电话:69256031
传真电话:69256031
邮政编码:102600

北京市川泽律师事务所
办公地址:北京经济技术开发区天华南街 3 号长新花园别墅 A－38 楼
办公电话:67869686
传真电话:67869686
邮政编码:100176

北京市博涵律师事务所
办公地址:北京大兴区旧宫西路 93 号
办公电话:52383499
传真电话:67967674
邮政编码:100076

北京市景春律师事务所
办公地址:北京大兴区黄村镇清源西里小区综合办公楼 302 室
办公电话:69226077
传真电话:69202852
邮政编码:102600

北京市圆融律师事务所
办公地址:大兴区黄村原生墅 90 号 1 单元 302 室
办公电话:60237373
传真电话:60237373
邮政编码:102600

大兴区法律援助机构

北京市大兴区法律援助指导科
电　　话:69258041
地　　址:大兴区司法局院内

大兴区法律援助中心
电　　话:81296050
地　　址:大兴区兴华路三段15号大兴区综合行政服务中心司法局窗口

大兴区法律援助中心青云店镇工作站
地　　址:大兴区青云店镇人民政府院内
电　　话:80282148

大兴区法律援助中心庞各庄镇工作站
地　　址:大兴区庞各庄镇人民政府院内
电　　话:89287880

大兴区法律援助中心瀛海镇工作站
地　　址:大兴区瀛海镇文体中心楼内
电　　话:69278094

大兴区法律援助中心采育镇工作站
地　　址:大兴区采育镇人民政府院内
电　　话:80272666

大兴区法律援助中心旧宫镇工作站
地　　址:大兴区旧宫镇人民政府院内
电　　话:87963349

大兴区法律援助中心榆垡镇工作站
地　　址:大兴区榆垡镇农服中心
电　　话:89218390

大兴区法律援助中心魏善庄镇工作站
地　　址:大兴区魏善庄镇政府院内
电　　话:89231369

大兴区法律援助中心安定镇工作站
地　　址:大兴区安定镇政府院内
电　　话:80235496

大兴区法律援助中心西红门镇工作站
地　　址:大兴区西红门镇政府院内
电　　话:60244338

大兴区法律援助中心亦庄镇工作站
地　　址:北京经济技术开发区(亦庄)广德中巷5号
电　　话:67889179

大兴区法律援助中心林校路街道工作站
地　　址:大兴区林校路街道办事处院内
电　　话:69292934

大兴区法律援助中心兴丰街道工作站
地　　址:大兴区兴丰街道办事处院内
电　　话:69292944

大兴区法律援助中心北臧村镇工作站
地　　址:大兴区北臧村镇政府院内
电　　话:61253192

大兴区法律援助中心长子营镇工作站
地　　址:大兴区长子营镇政府院内
电　　话:80265265

大兴区法律援助中心礼贤镇工作站
地　　址:大兴区礼贤镇政府院内
电　　话:89274364

大兴区法律援助中心黄村镇工作站
地　　址:大兴区黄村镇政府院内
电　　话:69262673

大兴区法律援助中心清源街道工作站
地　　址:大兴区清源街道办事处院内
电　　话:69231363

大兴区法律援助中心妇联工作站
地　　址:大兴区黄村镇长兴公寓401号
电　　话:69247703

大兴区法律援助中心工会工作站
地　　址:大兴区黄村镇兴丰北大街9号区总工会
电　　话:69238148

大兴区法律援助中心团委工作站
地　　址:大兴区黄村兴政街15号区政府内团委
电　　话:61298661

大兴区法律援助中心残联工作站
地　　址:大兴区黄村兴政街20号
电　　话:69220413

大兴区法律援助中心老龄委工作站
地　　址:大兴区黄村兴政街15号区政府内老龄委
电　　话:61298544

大兴少年宫

新宫启动仪式上大兴少年宫主任巴文丽讲话

区委领导考察指导

北京市大兴区少年宫建于1986年，是大兴唯一一所集艺术、体育、科技、德育于一体的综合性公益活动场所。

大兴少年宫新宫的投入使用，标志着新宫将以更齐全的专业教室、更现代化的教学设备和多功能排练厅、演播厅、剧场等更好的为广大青少年儿童服务，它必将成为大兴区校外教育又一个新起点，成为孩子们健康发展的乐园，成为培养高素质的现代化人才的先进基地。

目前，少年宫共有教职工80多人，设三室三处一园即：办公室、教研室、社团教育办公室教务处、活动处、总务处、蓓蕾艺术幼儿园。培训设歌舞部、美术部、器乐部、科技部、体育部、学科部涉及36个培训项目，每学期学员人数达到5000余人。“金帆书画院、“兴星少儿艺术团”、“教师艺术团”等师生社团的建立，给大兴的教师和学生提供了展示才华的舞台，也极大地推进了大兴艺术教育的发展。

成立20多年来，大兴少年宫承办了历届大兴区中小学生科技节、艺术节。每年参加活动的中小学生达十万人次，直接参加区级以上比赛的中小学生达40000多人次；每年获市级以上成绩的近千人。虚拟创造、争当理财小行家等特色活动深受全区中小学生喜爱。大兴少年宫先后多次被评为“北京市校外教育先进集体”、“北京市科普工作先进集体”良好的社会形象使大兴少年宫被社会誉为“活动的天地，人才的摇篮。”

新时代的大兴少年宫人将时刻围绕“我们一同快乐成长”办宫理念，秉承“追求卓越，创造一流”的大兴少年宫精神，以敏锐的思维、先进的理念、务实的精神，在育人中育已，在耕耘中收获，为生命创造精彩，为校外教育事业铸就新的辉煌！

体操活动室

2009年哈尔滨演出

跆拳道活动室

北京師範大學

自从 1972 年建校到现在已经有 38 年的历史，2006 年成为北京师范大学大兴附属中学。

现有 53 个班，2600 名学生，300 名教师。住宿生 1400 人，高中 35 个班，初中 18 个班。两栋教学楼、两栋宿舍楼、一栋食堂兼礼堂楼、一栋综合办公楼。所有教室都有多媒体，所有教师每人一台笔记本电脑或台式机。大部分教室都有电子白板。

特级教师 1 名，市级学科带头人、骨干教师 9 位，区以上学科带头人和骨干教师、骨干班主任 79 位，全区最多。硕士研究生 30 人，80 名教师研究生课程班结业。

办学成绩：历年获得区教育教学一等奖；高中文科本科升学率 80%，理科升学率 70%。新世纪以来，有 8 人考入清华、北大，考入清华、北大的人数居全区第二。

荣誉：全国学校文化建设优秀奖，全国现代教育技术实验校，国家级语言文字规范化示范单位，首都文明单位、市级校园环境示范校、市级教育科研先进校、市级科技教育示范校、市级文明礼仪示范校、市级健康促进学校、首都平安示范校园、市级奥林匹克教育示范校、市级敬老文明模范校、北京市信息化工作先进单位、市级无烟校、市级献血先进单位等，首批区级中学示范校。

1 2 3 4 5 6

1、青青校园
2、整齐划一的课间操队列
3、我校鲜花队在区中小学生田径运动会上
4、管乐团获“北京市第十三届学生艺术节行进管乐展演”二等奖
队员们排列出“MDJS”字样--寓意我校的“木铎金声”
5、高二年级军训队列拼图
6、高二军训汇报表演拼出五角星

大兴附属中学

DAXING AFFILIATED MIDDLE SCHOOL

1 3	2
4 5	6

1、团结奋进的领导集体

2、北师大大兴附中出席北师大全国附属学校会被确立为教育实践基地；在励耘杯比赛中106人次获奖

3、北师大大兴附中承办中国教育学会十一五重点课题研讨会

4、国家级课题见成果--在全国和谐教学结题会上我校教师做示范课，校长作学校文化典型发言

5、与美国Alchesay高中建立友好合作关系

6、考入清华、北大的骄子

北京市大兴区

团结和谐的领导集体

市区领导到学校检查指导工作

北京市大兴区第三小学现有25个教学班，在校学生近千人。教职工82人，其中市级学科骨干教师3人，市级“紫禁杯”班主任7人，区级学科带头人5人，区级骨干教师9人，区级骨干班主任5人，区级少先队骨干辅导员1人。

1997年学校确立了“以教育改革为基础，以教育科研为支点，以现代化教育技术为突破口，以名师带动名校为手段，全面创建二十一世纪新型学校”的办学目标，逐步形成了运用现代信息技术实施素质教育的特色。

在学校干部、教师、家长、学生的共同努力下，学校在原有水平上又取得了多项可喜的成绩：荣获“北京市文明礼仪示范校”，北京市中小学“电化教育优类校”、“北京市中小学信息化工作先进学校”、“北京市基础教育课程教材改革实验先进单位”、“北京市星星火炬奖”等28个市级荣誉；被区教委授予“大兴区小学示范校”，大兴区“综合办学效益优类校”、“全面育人办有特色校”、“科技教育示范校”等50多个区级荣誉；《基础教育参考》、《现代教育报》、《北京教育》、《解放军日报》、中央电视台、大兴电视台等多家媒体报道过大兴三小的教育教学情况。

在新的历史条件下，学校又提出了“办开放性学校　做学者型校长　当研究型教师　育有能力学生”的办学理念。现在，大兴三小的干部教师正以饱满的精神、良好的风貌投身于大兴区的教育事业，相信大兴三小的明天会更好。

第三小学

曲凤宏副区长到大兴三小视察指导工作

大兴三小被评为“大兴区科技教育示范校”

学校领导和参加六十周年大庆的鼓乐队队员合影

参加全国NOC教学创新大赛获奖教师与区课题组领导合影

教学楼内“三小名人录”为学生树立了榜样

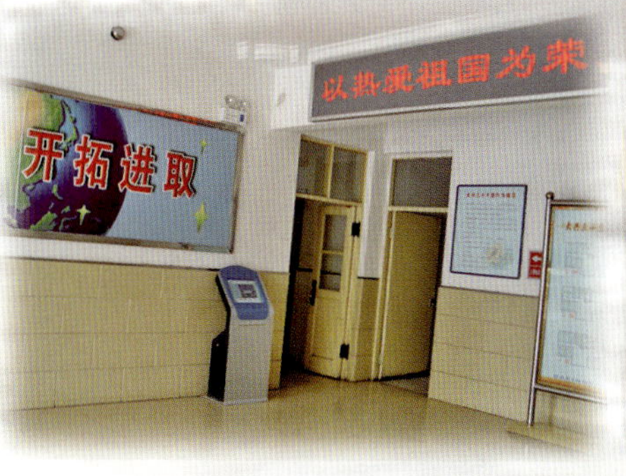

现代化的楼内显示屏和电子触摸屏

北京小学翡翠城分校

区委常委宣传部长戴明超　区教委主任李达视察

学校全体教工

2009年获得大兴区教育教学一等奖

北京小学翡翠城分校是大兴区一所公办寄宿制学校。成立于2008年6月，坐落于清新幽雅的大兴新城翡翠苑小区，学校占地30亩，建筑面积一万六千平方米。校园紧邻翡翠公园，环境优美，树木葱茏、绿草如茵、幽雅宁静。学校拥有智能化教学楼(内设阅览室、电视演播厅、阶梯教室)，文体楼(室内篮球馆、钢琴房)；宽阔的国旗广场、多处休闲娱乐园、塑胶操场、宿舍楼及就餐大厅为学生提供了方便。学校预计发展规模为30个教学班，其中12个住宿班，18个走读班。学校由北京小学校长、特级教师吴国通担任校长，张文凤担任党支部书记兼常务副校长。学校教师富有朝气、业务精湛、充满爱心。学校专任教师中80%是大兴区学科带头人、骨干教师。

学校本着“依托名校办分校”的办学思路，整合优质教育资源，创建优美教育环境，努力开创大兴区小学教育的新天地。在实施素质教育过程中，学校秉承北京小学“生活自理、学习自主、行为自尊、健康自强”的鲜明办学特色，以学生主动、活泼、全面的发展为核心，使学生在科学化、规律化的教养下，精神饱满，茁壮成长。以教师的专业发展为根本，高起点、高要求，外树形象、内练素质，不断改善管理与服务形象，创新教育实践，为打造大兴优质基础教育品牌而不懈努力！

外教进课堂

各有邻单位为学生赠书

学校艺术节表演

学校外景

塑胶操场

大兴特殊教育中心

和谐奋进的领导班子

中心获得的多项荣誉

站在新起点 实现新跨越

9月8日教师节来临之际各级领导到特教中心慰问

大兴特殊教育中心办学宗旨是提供特殊教育服务，主要职能是“管理、研究、资源、指导、服务”。中心干部、教师勤于学习勇于创新，具有丰富的管理经验和特殊教育教学经验，确保了学生能够接受很好的教育；同时，区教委投入了大量的资金和设备，进一步为学生的学习活动提供了硬件保障。中心教育工作以为师生创设和谐、愉快的学习、工作环境为主，开设有文化知识课、劳动技能课和康复训练课三大类课程，把传授知识、培养技能、进行道德品质教育与康复训练有机地结合起来，促进了学生能力成长、教师专业化素质提高、教育教学质量稳步提升。以2010年工作为新的起点，在市、区各级党委、政府的领导与关怀下，我们将努力做好特殊教育工作，帮助学生克服功能上的限制和局限，成为独立自主的社会公民。

领导干部、教师集体学习

特教中心随班就读教研组到大兴四小指导工作

开展评优课活动

学生在“我与祖国共成长”绘画比赛中获奖

2009年5月14日学生参加大兴区助残日文艺汇演活动

北京市大兴区第八中学

和谐进取的学校领导班子

寓意学生多元发展， 多彩人生的学校校

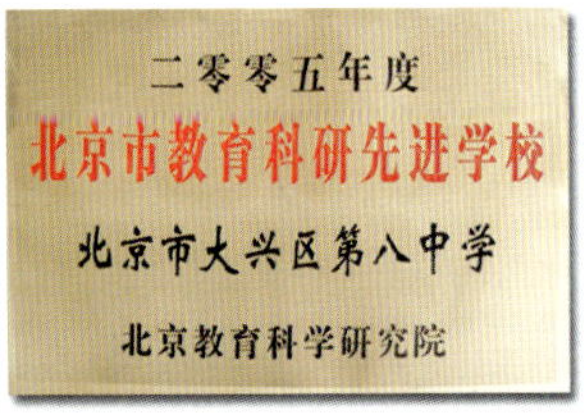

北京市大兴区第八中学始建于1995年，2003年组建高中，现为区直属完全中学，区级中学示范学校。是北京市教委、发改委批准的北京八中大兴分校。校园占地29000平方米，建筑面积17583平方米。现有初高中教学班40个，在校学生1500余名，其中住宿生近1000名。学校环境优雅，设施一流，师资力量雄厚。现有高级教师75名，中学一级教师81名，具有硕士研究生学历的13名，市区级学科带头人、骨干教师36名，区级骨干班主任2名，有8人荣获过北京市“紫禁杯优秀班主任”称号，且有38名从外省市引进的双高教师。

建校以来，学校秉承“注重基础，全面提高，发展特长，追求卓越”的办学理念和指导思想，深化教育改革，推进素质教育，逐步形成了德育管理创新、校园文化高雅、科技教育突出、教育教学成绩显著的办学特色。先后荣获“全国校园文化建设优秀学校”、“北京市文明礼仪示范学校”、“北京市教育科学研究先进校”等200多项集体荣誉称号。

杏坛论道专业发展 -- 教学论坛活动

表彰优秀教师

科技教育彰显特色 -- 学生科技小组在进行机器人舞龙表演

张扬个性全面发展 -- 艺术节文艺演出

走出课堂小天地迈入社会大课堂

丰富多彩的校园文化活动

北京市大兴区

旧宫镇第二中心小学

学校领导班子集体

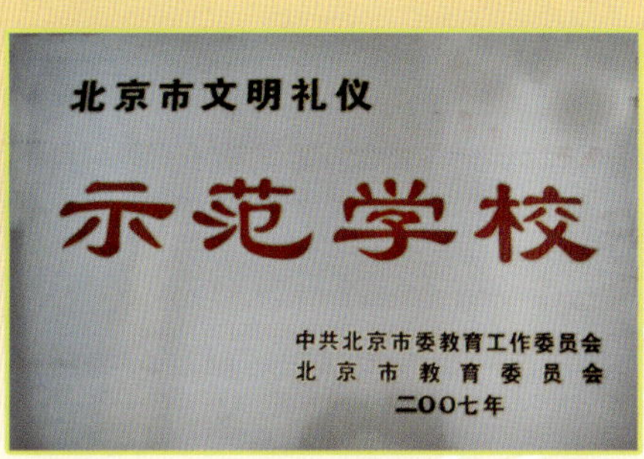

北京市大兴区旧宫镇第二中心小学(原名德茂小学)，始建于 1968 年，现有 19 个教学班，713 名学生，53 名教职工，其中大兴区学科带头人 2 名，学科骨干教师 8 名，骨干班主任 3 名，科研骨干 1 名，骨干辅导员 1 名。

学校坚持“以人为本，育人为本”的管理思想，一切工作以“促进人的发展，为人的发展服务”为根本目的，努力为师生创设民主、和谐的学习、工作氛围，形成了“推名师、抓养成、创特色”的工作思路，创建人民满意学校。学校以教学工作为主线，抓住课程教材改革的契机，大力推进校本实践研究，为教师专业化发展提供平台，打造名师队伍，推出品牌学科——英语，创出英语特色。德育工作理念求创新，工作重实效，以养成教育为主线，以主题教育为载体，开展了丰富多彩的活动：艺术节活动、攀登英语活动、军训活动、快乐的六一活动、社会实践活动等，重建设，严管理，形成了细、序、实、特的德育管理模式。通过坚持不懈的努力，学校取得了优异的成绩：先后获得北京市绿色学校、贯彻《体育工作条例》先进校，健康促进学校，先进少年军(警)校，北京市文明礼仪示范校，北京市健康促进学校，首都教育系统奥运工作先进集体、大兴区师德先进集体，大兴区教育教学一等奖，北京市星星火炬大队、大兴区敬老文明先进集体，北京市第十三届艺术节合唱一等奖等荣誉称号。

组织教师进行师德演讲

学生参观 66176 部队炮兵连

学校“锐新杯”课赛促进青年教师成长

学校合唱队荣获北京市第十三届艺术节一等奖

学校舞蹈队荣获北京市第十二届艺术节三等奖

攀登英语是学校的特色，这是他们在开展活动

黄村镇第一中心小学

向着现代化农村教育品牌学校迈进的黄村镇第一中心小学

多样社团活动为学生提供特色发展平台

校长 郝素梅

追求卓越 铸造辉煌

黄村镇一中心小学由 1 所中心校 7 所完小组成。现有师生 3400 余人，其中特级教师 1 人，中学高级教师 2 人，市、区级学科带头人、骨干教师 66 名，教师中有全国优秀教师 2 人、优秀班主任 1 人，北京市先进工作者 2 人、优秀教师 4 人、十佳班主任 1 人、紫禁杯特等奖 1 人。

在特级教师、百杰校长郝素梅的带领下，现如今已发展成为一所“管理理念先进、教学特色鲜明、教学质量一流、育人环境优美、师资力量雄厚”的现代化农村学校。信息技术应用、英语、心理，成为学校发展三大特色。《网络环境下学与教模式的研究与实验》荣获北京市基础教育教学成果二等奖，填补大兴区空白。由教育部管理信息中心主办的“中国教育信息化创新与发展论坛”上，是唯一在论坛中发言并做展位的基础教育学校。

学校先后被命名为“全国现代教育技术实验学校”、“十佳心理健康教育学校”，北京市“基础教育系统电化教育优类校”、“基础教育系统电化教育先进集体”、“信息化工作先进学校”，大兴区“示范学校”、“教育教学质量一等奖”等 300 多项荣誉称号称号。

教师合唱队参加庆“七一”比赛

宽敞明亮的开放图书室

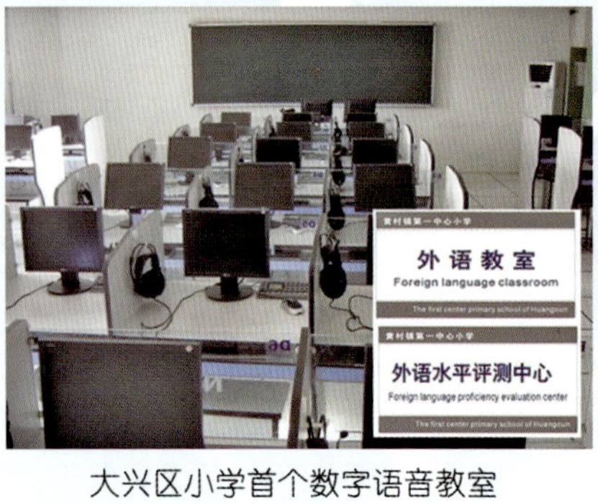

大兴区小学首个数字语音教室

机房 A 用于教师网络环境下教学研究

机房 B 用于日常学生计算机教学

大兴区中医医院

北京市大兴区中医医院是大兴区唯一一所综合性二级甲等中医医院，为北京中医药大学教学医院。北京市基本医疗保险定点医院，大兴区新型农村合作医疗定点医院。

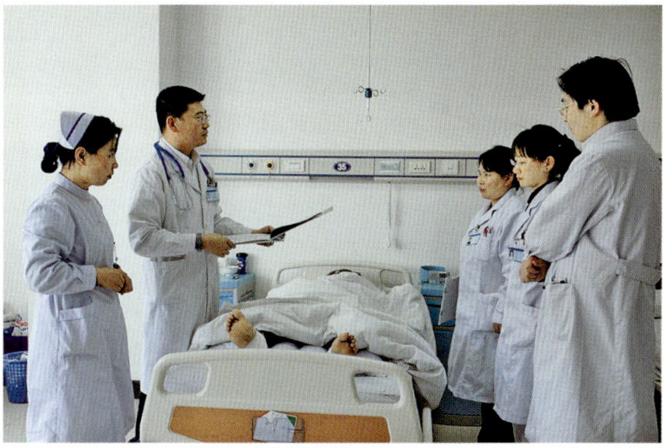

教学查房

设有急诊、内科、外科、肛肠、针灸等16个临床科室，检验科、放射科等5个医技科室，其中，糖尿病科、骨伤科是北京市重点专科，针灸科、肛肠科、妇科为医院特色科室。开放床位310张，现有职工542人，高级职称34人。拥有螺旋CT、彩色超声、电子内窥镜、腹腔镜等先进诊疗设备，可开展无痛苦内镜检查治疗、腹膜透析、关节置换、甲状腺切除等手术。

医院长期与中国中医科学院广安门医院等三级医院合作，共同建设糖尿病、心血管、儿科等四个中医特色诊疗中心。坚持发挥中医药特色优势，开设“中医传统治疗区”，开展如针灸、拔罐、按摩、中药熏蒸等中医特色诊疗服务，每天有院内外中医专家出诊，为患者提供“简、便、验、廉”的中医药服务，赢得了辖区及周边群众的一致认可。

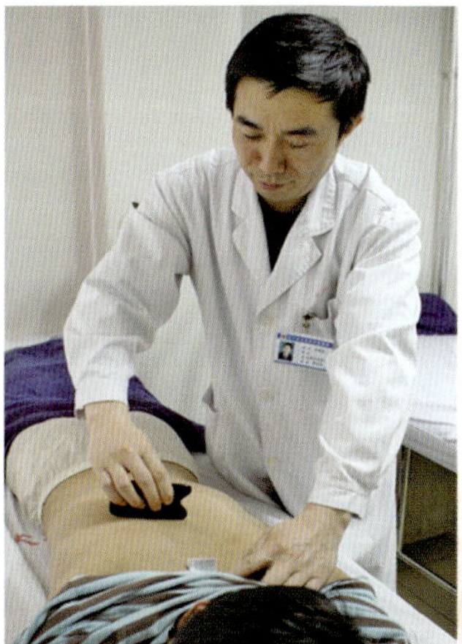

特色治疗—刮痧

中医传统治疗区

ICBC

中国工商银行

中国工商银行

大兴支行举办“服务价值年”服务工作专题培训

工行北京分行领导赴新媒体产业基地调研

大兴支行参加分行时装表演荣获“二等奖”

支行营业部开展每日晨训

大兴支行与发改委系统开展篮球友谊赛

工商银行大兴支行成立于1984年，位于大兴区兴政街24号，2005年改制为股份有限公司，主营人民币各项存款、贷款、结算业务等。现有在职职工254人，内设7个部室，11个营业网点。部室包括：综合管理部、人力资源部、内控监察保卫部、运行管理部、公司业务部、个人信贷业务部、个人金融业务部。网点包括：营业部、体育场网点支行、红星网点支行、兴丰街网点支行、西红门网点支行、清澄名苑网点支行、丽园路网点支行、大兴经济开发区网点支行、黄村第一储蓄所、黄村第三储蓄所、碱河桥储蓄所。

工商银行大兴支行自成立以来，认真贯彻落实总分行对各项工作的总体部署和要求，坚持“以客户为中心”、以满足客户需求为己任，大力拓展优质市场，促进了资产、负债、中间业务的协调发展，业务规模和盈利水平呈现良好增长态势。在管理上，注重发展中的风险控制和服务品质的提升，狠抓制度创新、制度学习、制度执行、制度检查与辅导等基础工作，使员工业务素质和服务技能得到逐步提高，为实现可持续发展奠定了坚实基础。

业务的发展离不开大兴区各级政府、各个委办局及广大客户的鼎力支持，工商银行大兴支行将秉承一贯严谨的工作作风，紧密结合区域市场，从渠道、产品、流程、管理等方面不断转变观念，提高整体的服务质量和层次，积极践行工商银行“您身边的银行，可信赖的银行”的庄重承诺，在此也希望社会各界给予监督与帮助，共同携手为大兴经济的腾飞贡献应有的力量。

清澄名苑网点支行

支行营业部营业厅

红星网点支行营业厅

北京大兴支行

大兴支行举办六届五次职工（会员）代表大会

春节期间支行领导慰问困难员工

兴丰街网点支行营业厅

丽园路网点支行营业厅

大兴经济开发区网点支行

中国建设银行北京大兴支行

与大兴区政府签署银政合作协议

组织参观金融系统反腐倡廉建设展

人员与机构情况　大兴支行有中长期劳动合同人员 184 人，平均年龄 39.6 岁，其中本科及以上学历人员 60 人，党员 84 人；劳务人员 57 人，平均年龄 26.5 岁，其中本科及以上学历人员 8 人，党员 1 人。下设 7 个部室（综合部、财会部、风险部、个人银行业务中心、公司及机构业务中心、营业部、工会），4 个升格支行，7 个储蓄所。

主要业绩指标　实现本外币账面利润 1.35 亿元。年末，本外币全口径存款时点余额 104.19 亿元；本外币各项贷款时点余额 39.6 亿元；五级分类不良贷款余额 0.15 亿元，不良率 0.39%。

市场定位　学习落实科学发展观，坚持以人为本，贯彻总分行的战略要求，依托本地区经济优势，做好重点项目的营销；强化公司联动，加快个人银行业务发展；加快中间业务发展，推进业务转型；加强基础管理，提高抗风险能力；提高服务水平，在本地区形成品牌优势。

银政合作　5 月 18 日，建行北京分行与大兴区政府在大兴宾馆签署银政合作协议。北京分行党委书记、行长王军；大兴区区长李长友参加并在协议书上签字。北京分行副行长李凡、大兴区副区长张晓林分别致词。根据协议，建行北京分行将在协议期间内，在符合国家相关法律、法规及建行信贷规章制度和信贷审批条件的前提下，向大兴区的电力、交通、教育等产业和基础设施建设项目提供 100 亿元金融支持。

举办入区企业座谈会

开展反洗钱宣传活动

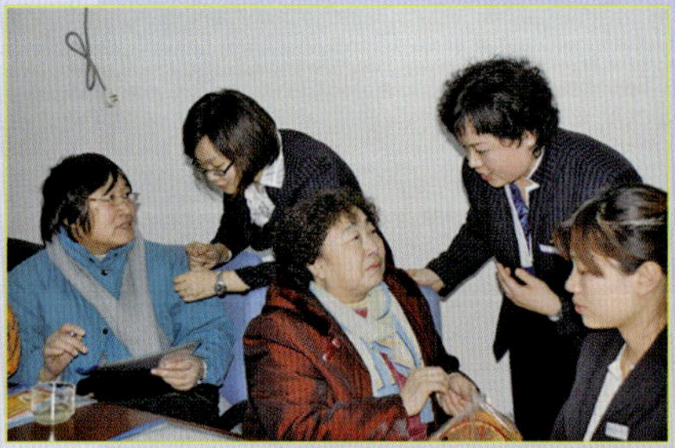

一对一服务

服务武警官兵

大兴股民俱乐部成立

中国农业银行北京大兴支行

农业银行大兴支行党委书记、行长朱瑞玲

中国农业银行股份有限公司北京大兴支行是大兴区四大国有银行之一，近几年来，大兴支行认真贯彻落实总、分行制定的经营战略，以加快发展为主线，以控制风险为重点，大力推进营销工作，强化内部管理，促进网点转型。同时，抓好金融产品创新，提升为客户服务质量，巩固和提升了农行在大兴区的主流银行地位。

作为农业银行北京市分行下辖的一级支行，大兴支行服务功能完备，业务种类齐全，可办理人民币存款、贷款、结算业务，办理银行卡业务，办理票据贴现，代理发行金融债券；代理发行、代理兑付、销售政府债券，买卖政府债券；代理收付款项；外汇存款、贷款，外汇汇款、兑换，国际结算，结汇，售汇，代理国外信用卡付款，其总行在中国人民银行批准的业务范围内授权的业务；代理与贷款抵押标的物相关的财产保险、家财险、长期寿险、健康险、人身意外伤害保险等。

大兴支行积极开展银政合作

大兴支行本部设有7个部，下辖18个营业网点，其中，1个营业部，12个分理处，5个储蓄所，遍及大兴区各主要乡镇。大兴支行拥有一支高水平的服务团队，打造了客户经理(公司和个人)、风险经理、大堂经理三支队伍，同时还拥有先进的自助设备和信息网络系统，能够为广大客户提供高效、快捷的金融服务。到2009年底，支行本外币存款余额为132.2亿元，本外币贷款总额为27.88亿元，实现利润1.79亿元。

上级领导到支行调研

支行领导与业务技术比赛选手合影

支行网点新貌

支行认真开展各项培训

干净整洁的营业环境

北京银行股份有限公司大兴支行

支行行长张杰

北京银行高素质的人才队伍

北京银行股份有限公司大兴支行是大兴区唯一一家股份制商业银行，近几年来，大兴支行认真贯彻总行制定的经营战略，以求创新、抗风险、保稳定、促发展为根本任务，坚持“服务地方经济，服务中小企业，服务市民百姓”的市场定位为发展方向，狠抓业务拓展，全面提升经营管理水平和综合竞争力。同时，稳固和提高了北京银行在大兴区的主流银行地位。

北京银行作为一家新型的股份制商业银行，大兴支行立足支持大兴区基础设施，服务三农，现代化生态农业等新兴产业和重点项目的建立和完善，为大兴区中小企业提供多种融资组合套餐，并根据大兴区个人金融服务特点与要求，提供成熟的个人金融产品与服务。

大兴支行是一支高水平服务团队，“忠诚、自律、敬业、奉献”的行为准则在每位员工的身上得到了印证，同时还拥有先进的自助设备和信息网络系统，能够高效便捷的为客户提供金融服务。

宽敞明亮的营业柜台

环境优雅而舒适的理财中心

中国农业发展银行 大兴支行

AGRICULTURAL DEVELOPMENT BANK OF CHINA

副区长绳立成和发改委工委副书记赵玉梅到支行慰

分行党委委员、副行长焦基亮同志和组织部部长王建军同志到支行

中国农业发展银行大兴支行作为直属国务院领导的政策性金融机构，自成立以来，全面贯彻落实国家粮棉购销政策和有关经济、金融政策，为国家实施宏观调控、确保国家粮食安全、保护广大农民利益、促进农业和农村经济发展发挥了重要作用，推进了农业和农村经济的战略性调整，伴随着粮棉流通体制改革和农村金融体制改革进程的加快，农发行大兴区支行认真贯彻党中央、国务院关于“三农”工作的有关方针政策，全面落实国务院对农发行工作提出的各项要求，准确把握和积极落实粮棉油购销政策，继续做好粮棉油储备贷款的供应和封闭运行管理，及时调整和不断完善信贷政策，通过信贷杠杆，促进粮棉流通体制改革，支持国有粮食企业发挥主渠道作用，推动粮棉产业化发展，维护国家粮食安全。

2009 年末，支行各项存款 11443 万元；贷款余额 101654 万元。2009 年实现利润 2788 万元，比上年增加 100%；人均存款 623.88 万元，比上年增加了 34.5%；人均中间业务 7000 元，比去年增加 170%；商业性贷款余额 65200 万元；不良贷款继续保持为零；政策性贷款合法合规；国际业务营销额实现 763 万美元。分行年度综合考核均未发现问题，干部职工队伍稳定，工作热情高，干劲足。2009 年度分行综合考核名列第 2 名，位居一类行。

总行信贷制度检查组到支行检查工作，组长王欣春、成员付春燕，分行客户一处李松、客户二处王辉、内部审计处张志新陪同前来

分行行长、党委书记左志同志到大兴支行进行调研

分行副行长王建荣同志带领工会团委工作处处长马冬菊，监察室主任白宝力同志到大兴区支行检查指导工作

荣誉证书

二〇〇八年度被评为大兴区

文明单位

特此表彰

大兴区精神文明建设委员会

二〇〇九年五月

支行被区精神文明建设委员会授予“2008 年度大兴区文明单位”的光荣称号

聘请兴展公司副总经理刘峰等 7 名同志为支行党风行风监督员

支行工会组织全体职工观赏桃花

北京市南郊农场

场长　管建国

团结奋进的领导班子

农场办公楼

北京市南郊农场始建于1949年，是北京首都农业集团有限公司旗下的国有企业，下辖生产服务类二级企业18家。南郊农场过去习惯称为“红星”，60年来历经了从“垦荒造地”到建成首都“副食品基地”，最后成为京郊现代农业示范基地。随着场乡体制改革和企业集团化重组，南郊农场由昔日的“国营＋集体”混合体制变成了区域型国有企业。

重组后的南郊农场地跨大兴、丰台、房山三区，地处城乡结合部。南五环路横穿东西，中轴路纵贯南北，所辖土地接临京津塘高速公路、京开高速公路、京石高速路、京良路、京保路、104国道、107国道等多条公路主干线，比邻南苑机场，交通运输四通八达。

步入新世纪，面对国家产业政策和北京市经济结构的调整，南郊农场在首农集团的正确领导下与时俱进，不失时机地提出了发展都市经济的经营战略，以服务首都为导向，以土地资源为依托，以发展集约、节约、高效的可持续经济为宗旨，逐步形成了以都市农业、仓储物流业和食品加工业为主导的产业团块。

食品加工业

京郊现代农业示范基地

大兴区副区长李春亭和首农集团党委副书记马辉为《南郊农场史》续编首发式揭幕

大合唱《农场明天更辉煌》

都市物业

都市农业

都市仓储物流业

北京兴展国有

区委书记林克庆视察工作

区长李长友视察工作

北京兴展国有资产经营公司成立于2002年10月，性质为国有独资有限责任公司，注册资金22000万元，现有人员97人。公司内设信用管理部、综合评审部、资金计划部、代建制管理机构、法律事务室、计划财务部、人力资源部和行政办公室；下设兴展融达投资担保有限公司、首创担保公司大兴分公司、兴展盛业投资有限公司、兴展房地产开发有限公司、兴昊达投资管理有限责任公司、农盛投资管理有限公司、兴展农盛投资担保有限公司。

年内，兴展公司加强与各银行金融机构沟通联系，多方商议可行的融资方式，总融资到位81.49亿元，完成了区政府交给的任务。其中从五大银行直接融资到位52.46亿元。

年内对西旺路、西厢公园、14个社区卫生服务中心、新城康庄、观音寺供热厂等40余个工程项目进行了评审，共出具书面工作报告60多份，资金支付评审报告278份，建设资金支付评审共计7.3446亿，核减6754万元，暂缓支付4155万元。对配套资金继续进行收集、分类、统计，共收集配套资金张数520张，金额144925.19万元。为促进区域经济的发展，利用和金融机构联系的有利契机，协调并配合将民生银行引入并落户大兴。

2009年，以兴展公司为主体的代建模式在本区首次实施，年内代建制工作有卫生局、教学楼及学生宿舍等工程、公安系统综合业务用房、民政局、区法院审判执行业务楼五个项目，其中有两个为政府折子工程。

年内，兴展盛业投资有限公司参与了庞各庄镇、黄村镇海户新村、海子角地块及青云店工业区土地的一级开发工作。经过前期组织人员多次实地考察、资料收集、现场调研等活动，基本掌握

卫生局大楼建设现场

青云店拆迁地段

资产经营公司

法院奠基仪式

员工接受红色教育

了拟开发地块的现状，并依据收集上来的资料进行了成本测算和实施方案的编制、优化及手续审批等各项工作。其中庞各庄项目签订拆迁协议1714个清登院落，拆除工作进展顺利，安排被拆迁人选定安置房2988套。同时进行安置房建设准备工作。

2009年，受理担保项目90余个。评审批准担保通过项目70个，批准担保金额33810万元。通过银行审批已经放款68个，放款金额30205万元。全年受理小额担保贷款项目26个，批准项目20个，批准金额114万元，已放款项目16个，放款金额88万元。通过担保公司为企业提供担保，解决了部分企业的融资瓶颈问题，担保企业共缴纳税款10963万元，安排当地就业9039人。兴展融达担保公司获得北京银行、建设银行的准入资格，已开展与再担保公司的合作签约，与国开行展开相关业务。北京兴展农盛投资担保有限公司注册手续已办理完毕，正在探索对涉农企业评审的标准、风险防控工作。已与区农委，发改委对区内的农业项目进行考察筛选。

公司大楼

庞各庄拆迁前后

北京市保安服务总

经理 曹化春

北京市保安服务总公司大兴分公司成立于1992年6月，隶属于大兴公安分局。是经北京市大兴区人民政府批准成立的国有企业，是大兴区唯一合法的为社会提供安保服务的保安服务企业。

公司自成立以来，在上级领导和社会各界群众的关怀指导下，始终坚持“内强素质、外树形象、优质服务、信誉可靠、打造品牌”的质量方针和经营理念，各项保安业务取得了长足发展。目前拥有保安从业人员3000余人，服务对象遍布于大兴地区和首都城区的机关、团体、金融单位、企事业单位、教育院校、商场超市、宾馆饭店、繁华街区、居民社区等近900家客户单位，提供最优质和专业的门卫、守护、巡逻、护卫和大型活动安保、安检以及保安技防联网报警系统等保安服务项目。在辅警维护大兴区良好社会治安工作中作出了突出贡献。

公司自2006年以来，连年被市总公司评定为最高等级的A级企业。2008年成为第二十九届奥运会安保保安提供商，在北京奥运会安保和国庆60周年重大安保任务中，分别完成了奥运击剑馆、大兴区奥运火炬传递、南苑机场国庆阅兵村等多项大型安保任务。荣获“北京奥运会安保标兵单位”和“国庆60周年安保先进单位”等多项荣誉称号。

人防业务电话：010-60216836　传真：010-60216822
技防业务电话：010-60216896　010-60216118-103或105
网址：http//www.dxbaw.cn　邮箱：dxbawang@126.com
地址：北京市大兴区工业开发区广茂大街18号
邮编：102600

国庆60周年安保工作动员大会

公司经理曹化春慰问分公司基层困难保安员

公司党支部书记赵德勇（右二）到基层保安班队检查指导工作

小区业主为分公司保安员赠送锦旗

文明规范执勤

大兴油库保安员在库区巡逻

击剑馆安保保安员

公司大兴分公司

大兴公安分局分局长陈德宝到分公司检查指导工作

大兴保安分公司2009年总结表彰暨慰问保安员演出大会

客户单位领导赠送锦旗

大兴保安分公司专职巡防队正整装待发

参加奥运安保的保安员们在同一个世界同一个梦想的背景前合影留念

辅警保安员辅警对进京人员车辆开展检查

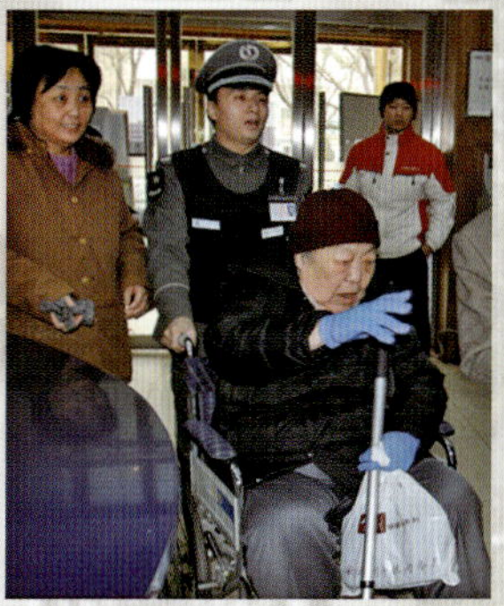

热情周到的优质服务

公司金融保安员热情为客户群众答疑解难

为维护大兴区良好社会治安秩序作出贡献的保安员功臣而歌

中国移动通信集团
北京有限公司大兴分公司

北京公司何宁总经理在大兴厅与客户进行亲切交谈

公司领导班子全家福

营业大厅

中国移动通信集团北京有限公司大兴分公司是中国移动通信集团北京有限公司的一家下属公司，主要经营移动电话通信业务(包括语音、数据、多媒体等)，IP 电话及互联网接入服务；具有移动通信、IP 电话和互联网网络设计、投资和建设资格。公司目前在迅速提高网络能力的同时，针对北京移动通信市场的特点和客户的需要，建立了面向市场的营销体系和售后服务体系。目前，"全球通"、"神州行"和"M-ZONE"已成为知名品牌。

中国移动通信集团北京有限公司大兴分公司在为客户提供清晰的语音服务的同时，还提供呼叫转移、来电显示、呼叫等待、三方通话、17951/17950IP、互联网接入、短信息、彩信、来电畅听、移动随心聊、神州行亲情号码、彩铃、信息点播、语音信箱、移动秘书、手机银行、手机证券、全球通 WAP、移动梦网等多项服务，并已实现 GPRS 全面商用，使移动网与数据业务、多媒体业务、IP 电话业务、互联网业务相结合，综合通信能力达到国内同行业先进水平。目前，中国移动通信集团北京有限公司的通信网络实现了与全国各省、市、自治区的国内漫游及世界上五大洲的 100 多个国家和地区的国际漫游。

中国移动通信集团北京有限公司大兴分公司紧密围绕"建首强之网，创优质服务，向世界一流通信企业迈进"的企业目标，不断推动网络向宽带化、智能化、数字化、个人化方向发展。

"服务明星"在现场宣传服务

参加区工商联运动会并与领导合影

员工工作热情高涨

校园迎新

工地营销

关爱客户

客户经理答疑

厅台一角

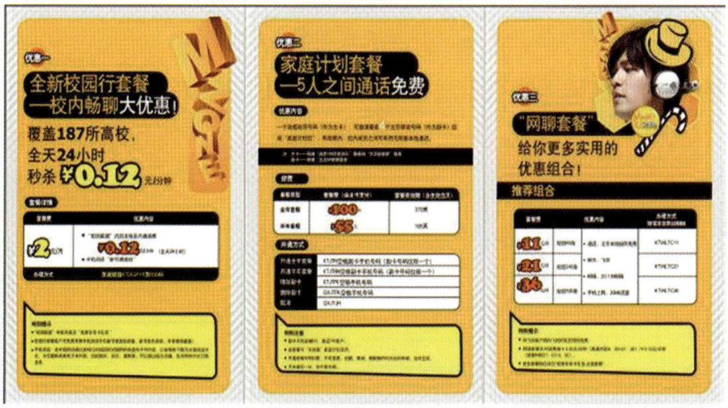

最新优惠政策

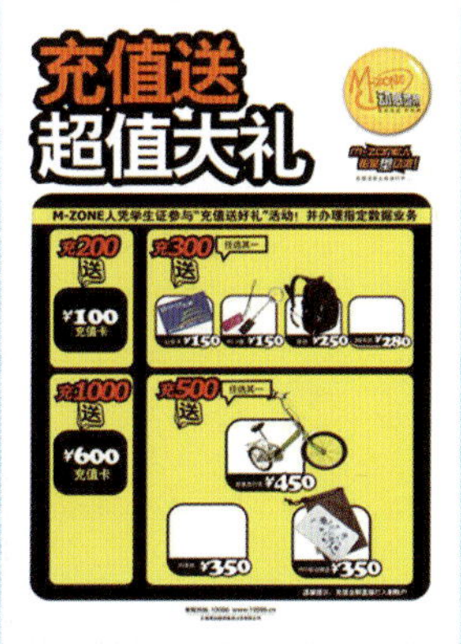

适合年轻人的业务

动感地带

北京艺苑房地产开发有限责任公司

北京艺苑房地

董 事 长：李继成

李继成先生简历

职　　称：工程师

社会兼职：北京市房地产业协会　　理事

中国房地产及住宅研究会住宅设施委员会 常务理事

创业历程：

中国市场经济的首批探路者，大兴区著名的民营企业家。

在改革开放之初的1984年，白手起家，创办建筑施工企业。九十年代末，转型从事房地产开发。经营至今，艺苑房地产开发公司已发展为大兴区明星企业。

工作作风：严谨、务实，唯才是举

公司董事长陪同区领导到工地检查工作

北京艺苑房地产开发有限责任公司成立于1999年，座落于北京市大兴区，注册资金6000万元，开发贰级资质，致力于房地产开发事业，投资涉足建筑业、焊业、旅游业、广告业等多个延伸领域，并于2010年初注册成立北京艺苑集团。

公司自成立以来，广纳各类人才，现拥有一批从规划设计、征地拆迁、施工管理、市场营销等高素质的专业技术人员，通过严谨的组织结构，专业的人员素质与优良的施工质量，成功的开发了菊源南里住宅小区和上林苑住宅小区分别荣获“大兴金杯”、“绿色房产示范楼盘”、“室内环境达标示范楼盘”和“市优小区”、“金牌小区”称号，占地85亩，总建筑面积约17万平方米的艺苑桐城精品高层住宅小区，荣获了“2008年度中国房地产品牌价值企业100强”、“保值地产品牌100•2009中国楼市项目最具居住价值精品楼盘”。项目建设提高人们的居住品质，美化了城市环境，繁荣大兴经济，连续数年被当地政府及部门评为“纳税先进企业”、“AAA级信用企业”、“房地产开发优秀企业”、“尊师重教先进单位”及“全国守信企业”等。

面对竞争日趋激烈的市场环境，艺苑人将以先进的开发理念、成熟的开发经验、诚实守信的经营作风，提升“艺苑”品牌，一如既往地秉承“诚信为本，服务第一，精雕细琢，打造精品”的经营宗旨服务于社会，与时俱进塑造消费者心中的金牌！

2009年，公司向魏善庄镇捐资助学

上林苑小区

艺苑桐城项目---鸟瞰图

产开发有限责任公司

总经理兼党支部书记：李如意女士简历

全面负责公司经营管理工作，主管公司的党务工作，有机关工作经历，作风干练，有条不紊。

社会兼职：

北京市女企业家协会：理事

北京市妇女儿童发展基金会：理事

北京市工商联：执委

大兴区工商联：副主席

大兴区女企业家协会：秘书长 大兴区妇代会：执委

获得荣誉：

曾获“优秀共产党员”、“北京市优秀创业女性“、北京市“三八”红旗奖章、“巾帼创业明星”、“奥运巾帼奉献奖”、“北京市青年企业家突出贡献奖”、等荣誉称号。

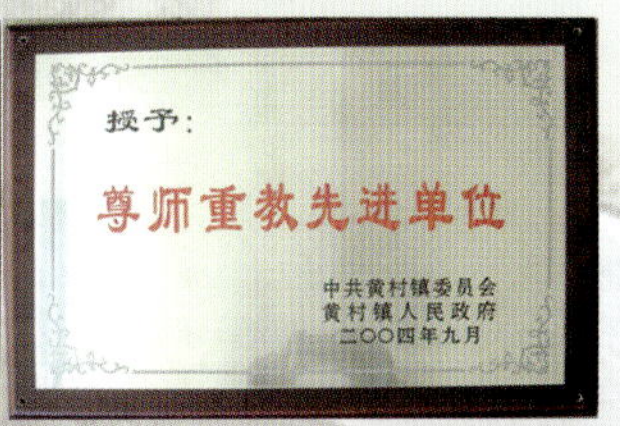

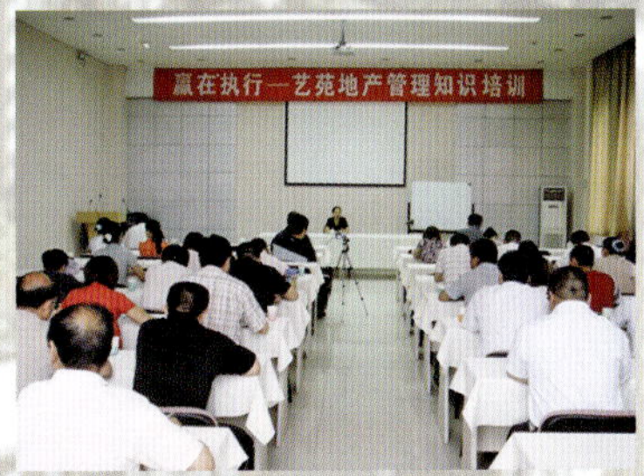

李如意总经理用心管人培训讲座

每季度都有的精神活动----辩论赛

“艺苑杯”大兴区家庭英语大赛

抗震救灾向民政部门捐款15万元

牵手学子阳光资助贫困大学生

团结奋进的团队

菊源南里小区项目

芦城中小学项目

四合院项目 --- 位于什刹海地区，均为仿古砖木结构

北京天恒建设

公司承建的中国人民解放军陆军航空兵学院服务楼工程被评为2005年度总参优质工程

北京天恒建设工程有限公司主要从事工业与民用建筑施工，公司具有房屋建筑工程施工总承包壹级、市政公用工程施工总承包壹级、建筑装修装饰工程专业承包壹级、机电设备安装工程专业承包贰级、体育场地设施工程专业承包叁级、特种专业工程专业承包资质。

公司将以 ISO9001 质量管理体系认证、ISO14001 环境管理体系认证和 GB/T28001 职业健康安全管理体系认证为管理基础，以获得的荣誉为动力，不断创新，用“精品工程”和“社会责任”架起与社会和用户沟通的桥梁。

天恒公司将致力于以优秀的团队，奉献高品质的服务；致力于为社会建设高品质的工作和生活环境；致力于承担社会责任，将自身的发展融入构建和谐社会这一美好的事业中。

市委常委牛有成等领导视察三海子郊野公园

公司承建的奥运训练馆工程

公司承建的国内唯一国家级电视节目制作基地星光影视园工程

公司承建的世界银行贷款项目——新凤河水治理工程

工程有限公司

公司承建的鹿圈地区拆迁安置用房项目

公司承建的“城南行动计划”重点工程之一的南海子公园

公司承建的中国航天标准大厦工程荣获2007年度国家优质工程奖

公司承建的郁花园三里回迁房工程

公司承建的大兴区农村安全饮水工程

公司承建的北京北辰集团北苑住宅楼工程

公司承建的中国网球中心赛馆改造工程

北京京南住房开发

2009年度职工代表大会

开展创先争优活动动员部署会

北京京南住房开发有限责任公司成立于 1994 年 11 月，是一家集房地产开发、市政道路建设、土地一级开发、物业管理为一体的综合性房地产开发公司。公司现有干部职工 93 人，设有五部一室和两个子公司，三个党支部，一个团支部和一个工会组织。公司资质等级三级，注册资金 1 个亿。公司一直秉承“诚信”的经营理念，坚持“团结、实干、服务、发展”的企业宗旨，开拓创新、奋力拼搏。经过多年的努力，公司的基业不断壮大，社会信誉不断增强，现已发展成为具有一定综合实力的房地产开发企业。2010 年上半年公司资产总额达 5.3 亿元，上缴国家税金 3064 万元，并连续七年被评为大兴区房地产开发优秀企业和纳税信誉 A 级企业。

2010 年公司干部职工正以饱满的工作热情，不畏艰难，尽职尽责地实施区委、区政府重点折子工程兴华大街南延和金星路西延两条市政道路建设，为早日实现道路通车奠定基础。

有限责任公司

公司领导检查兴华大街南延、金星路西延在施工程

举办劳模事迹报告会

公司领导在大回城村与镇村领导座谈

干部职工为灾区人民捐款

纪念建党89周年党建工作表彰大会

春节慰问青云店镇大回城村困难老党员

北京万兴建筑

董事长、总经理　谷秉生

北京万兴建筑集团有限公司前身是大兴县乡镇企业局基建科。1985 年从乡镇企业局分离出来，成立了局级公司，主要职能是管理全县的农村建筑企业。1990 年正式组建集团公司，经过十二年的努力，于 1997 年晋升为国家一级企业资质，同时更名为“北京万兴建筑集团公司”；2001 年 11 月，公司改制为股份制企业，更名为“北京万兴建筑集团有限公司”。

公司发展至今的 25 年里，先后经历了多次体制改革和职能的转变。这些变革的过程，既是职能的转变、体制的转型，又是不断解放思想、铸造品牌、实现大发展的过程。几代万兴人肩负着企业发展的使命，精诚团结，艰苦创业，谱写一篇篇辉煌的发展史。如今，公司已发展成拥有国家房屋建筑工程施工总承包一级、市政公用工程施工总承包一级、建筑装修装饰工程专业承包一级、文物保护工程施工专业承包一级、房地产开发二级资质的实力企业，同时还是我区目前唯一一家取得《压力管道预安装资格许可》的施工企业。公司是集建筑施工、房地产开发、市政及管道施工、设备安装、装饰装璜、仿古建筑、建材试验为一体的具有综合生产能力的建筑企业。集团现有管理人员 1300 多人，其中：大专、本科以上学历的 400 多人，中级和高级职称的 170 多人，一级、二级建造师 120 多人，现年劳务用工达 15000 多人。公司自 2006 年以来步入了快速发展的阶段，产值年均以 15% 的速度递增，现年产值已突破了 15 亿元，年开复工面积达 160 多万平方米，近五年累计上缴税金达 2.51 亿元。公司下属兴集房地产开发公司已累计完成开发建筑面积 84.1 万平方米，为集团的发展提供了经济方面的强有力支持和保障。

万兴集团承建的北京世纪风景住宅小区 E 区工程获国家“詹天佑”优质工程奖

万兴集团承建的新城大厦工程获得“国家优质工程”银奖

集团有限公司

党委书记　杨书环

科学 实干

团结 奉献

求实 诚信

高效 创新

公司连续8年被评为大兴区“纳税先进单位”，并连续8年通过了银行信用“AAA”级的认证。此外，集团还通过了ISO9001质量管理体系、ISO14001环境管理体系、OHSMS18001职业健康安全管理体系的认证，并先后荣获“中国诚信企业”、“全面质量管理银屋奖、金屋奖”、“北京市重合同守信誉单位”、“国家计量认证合格单位”、“档案工作目标管理国家二级”、“大兴区重点企业”、“首都文明单位”、“安康杯”竞赛优胜企业等称号。

向玉树灾区捐款

万兴集团赞助合办的“万兴杯”北京中学生田径运动会

万兴集团承建的大兴妇幼、疾控中心工程

万兴集团承建的新城北区28#地商业金融项目

北京金色时枫房

公司董事长 冯玉良

冯玉良先生，上世纪六十年代生人，党建管理专业毕业，早年从政，曾就职于大兴工商局，大兴区政府办公室，历任大兴区团委副书记，大兴区旅游公司副总。1996年开始从商，并创建北京隆顺达房地产经纪有限公司。经历四年的积累，投身于房地产行业，创建了北京方正房地产开发有限公司，成功开发了那尔水晶城项目，此后不久，于2006年创建北京金色时枫房地产开发有限公司，任董事长。

北京金色时枫房地产开发有限公司是2006年4月成立的一家中型民营企业，从事商业地产开发，公司注册资金为3.2亿元，机构设置齐全，下设总经理办公室、行政办、计划发展部、开发部、工程部、预算部、财务部、销售部、策划部、招商部、客服部等近十个职能部门。目前我公司旗下拥有房地产经纪公司、装饰工程公司、物业管理有限公司等分支公司。

本公司的前身为北京方正房地产开发有限公司，方正地产成功运作了总建筑面积为24万平米的那尔•水晶城项目，该项目先后获得“影响北京地产的特色名盘奖”、“最佳创新楼盘奖”、“城南优秀楼盘奖”、“北京地产年度特色名盘奖”等多个奖项，成为大兴乃至京南地区的知名楼盘。

目前，本公司正在进行一期占地规模约50000㎡，建筑面积约22万㎡的大型商业----火神庙国际商业中心的开发。火神庙国际商业中心位于大兴区黄村卫星城的核心商业地带，项目占地约5万平米，总建筑面积近22万平米，地上约14万平米，最高7层，地下约8万平米共3层，是大兴区政府的重点工程。我们从2006年就开始着手进行项目的市场调研及定位分析，与美国ADG集团合作，聘请国际级商业设计大师李文先生亲自担纲进行概念设计，最终形成了现在的shoppingmall+步行街的商业模式，既符合北方城市商业布局及经营的特点又融入了美式步行街的聚客理念，项目落成后无疑将成为大型的商业地标，城市名片，建成后将成为大兴区乃至整个京南地区新的标志性商业建筑群。

本公司秉承务实严谨，与时俱进的思想，对公司及项目实行科学的管理，聚集了一大批行业内的精英人士，在整个团队的共同努力下，公司正在逐步走向新的高峰，创造新的辉煌。

过去项目——水晶之星

那尔•水晶城小区

地产开发有限公司

那尔·水晶城小区

火神庙国际商业中心夜景鸟瞰

R&F
富力地产
R&F PROPERTIES
香港联合交易所上市编号:2777
16年
信心基石，成就一生所托
每逢佳节倍思亲，
沸腾于每个国人心中的亲情，
虽远万里而无阻隔，
富力为每一份融融的亲情感动，
潜心建筑每一处生活，
为更多的幸福之家，重拾民族千余年传统之亲情眷顾。
最好的家，在你心里，也在我们心里，
你之一生所托，也是富力之幸。
广州 · 北京 · 上海 · 重庆 · 成都 · 天津 · 西安 · 太原 · 沈阳 · 海南 · 惠州

恒盛地產
GLORIOUS PROPERTY
港交所上市编號: 845

恒盛合天和信（北京）

公司领导班子

公司领导与著名京剧演员赵葆秀

“恒盛合天和信（北京）房地产开发有限公司”（简称“恒盛合天和信”）成立于2001年12月，注册资本13000万元，法人代表刘艳霞，总经理陆舜尧，注册地址为北京市大兴区采育镇京津塘科技园88号。

“恒盛合天和信”为在港交所上市公司“恒盛地产”（股票代码：00845）的成员企业。公司成立九年来，专注于在大兴区采育镇的地产开发和新农村建设活动。2006年，通过土地招拍挂程序，取得采育镇第一幅417亩土地、规划24万平方米项目的开发权，成为在采育实体开发的第一家地产企业。目前该项目（阳光波尔多）已竣工12万平方米，销售情况很好，并于近期取得了第二幅土地。项目提升了采育镇的对外形象，促进了当地经济的发展。近三年，恒盛合天和信为采育镇共交纳税金计：4499万元　，连续三年被评为“纳税先进单位”。

“恒盛合天和信”还积极参与采育镇的新农村建设活动、公益活动等，参与、协办、资助了多届“采育葡萄节”活动。在汶川大地震期间，“恒盛地产控股公司”共捐资1200万元；公司员工在公司领导的带领下共捐资3万余元。

房地产开发有限公司

区领导到公司视察

区领导到公司视察

向四川灾区捐款

销售首日盛况

北京市宗洋制衣集团

十大热销品牌荣誉奖牌

北京市宗洋制衣集团成立于1995年，系一家集设计、生产、销售于一体的民营服装企业。其自主品牌ZONGYANG（宗洋），产品覆盖全国60多个一、二级城市，在100多家商厦设有专柜、专厅。

宗洋集团从创立之初就确定了自主开发、自主创新的品牌服饰发展思路，并以完善的质量保证体系和成熟的品牌运作管理持续稳定发展。其产品先后多次被权威部门评选为"中国消费者信得过产品"、"全国质量稳定合格产品"，2004年，宗洋集团成为"中国质量检验协会团体会员单位"。ZONGYANG（宗洋）品牌先后多次荣获"年度北京十大热销品牌""北京最具潜力时装品牌"等多项殊荣。经过不懈努力，ZONGYANG（宗洋）商标在2008年被北京市工商局评为"北京市著名商标"。

集团以科学管理作为保证产品质量及运营效率的重要方式之一，2007年集团引进了具有国际先进水平的ERP管理系统，实现了销售、物流、生产、财务管理的全面信息化。

作为一家民营企业，宗洋集团"饮水思源、富而思进"，积极回馈社会。2007年集团在北京市大兴区政府支持下建立失地农民服装技术工免费培训基地，使一大批当地失地农民拿到了技术合格证，并在宗洋走上就业岗位，开创了北京地区民营企业免费为失地农民职业技能培训的先河。集团多次积极参与社会公益事业，在南方雪灾、汶川大地震、玉树地震等灾难发生后积极捐款捐物。鉴于宗洋集团为首都经济建设和社会做出的贡献，集团先后多次被北京市劳动和社会保障局、北京市工商联分别授予"北京市和谐社会劳动关系单位"和"参与首都社会主义新农村建设建设先进民营企业"称号。

宗洋集团的企业目标是成为在国内女装行业做精做专、为顾客提供超值服务的一流企业，全体宗洋人正为此而全力以赴。

呼和浩特维多利亚商场

北京金源燕莎商场

北京市建华公路

董事长 王宝全

北京市建华公路工程有限公司创建于 1982 年，注册资金 11010 万元，注册地址：大兴区瀛海镇三东路 106 号，法定代表人：王宝全。企业是以承接综合市政工程、房屋建筑施工为一体的施工总承包一级企业，拥有市政公用工程施工总承包壹级资质和房屋建筑施工总承包壹级，混凝土预制构件专业叁级资质。

本公司具备雄厚的技术力量：有工程技术人员总数 239 人。其中中级职称 110 人，高级职称 35 人，注册一级建造师 33 人，注册二级建造师 18 人，技术工人能够做到持证上岗。

近年来，公司主要承接的工程有：2006 年一期市政 15# 标，2008 年大兴区新城东南片区天河东路建设工程，2009 年清源路（团河一KT+600）工程二标段，通州区马桥镇镇区路网建设工程，2010 年中标魏永路（K1+640一规划二路）工程二标段，通州区内环路云景南大街段道路工程（一标段），河西区 X38 号地块搬迁房工程五标段。在施工过程中，我们坚持质量第一，安全第一，坚持把每个工程都做到优质工程。

北京伟豪铝业有限责任公司

董事长 张正喜

贾庆林视察北京伟豪

北京市人大常委副主任金生官视察北京伟豪

北京伟豪铝业有限责任公司（简称北京伟豪）成立于1997年，位于大兴清源路，是一家民营股份制高科技企业，以研制、开发、生产铝箔、铝板、铝带为主，拥有两项国家专列，三大系列、十二种品种、175种规格系列的产品，其各项技术指标均处于国内领先地位，达到国外同类产品水平。其中，公司的电子铝箔产品形成了具有核心竞争力的研发、生产、制造体系，拥有独立的自主知识产权，是国内行业先锋，是中国电子铝箔重要的生产基地。

北京伟豪现拥有职工200人，年生产能力10000吨，年销售收入近三亿。已通过ISO9002国际质量体系认证。并获得国家级“火炬计划项目证书”、“重点新产品证书”；市级“高新技术企业证书”、“北京市高新技术成果转化项目”、“优秀企业管理奖”，2002年获北京市经济委员会“北京市第十六届企业管理现代化创新成果一等奖”，2004年入选中国新闻社“中国最具竞争力中小企业500强”，同年被中国有色金属加工工业协会评为“中国铝箔行业十强”。2000年董事长张正喜被北京市人民政府授予“北京市劳动模范称号”；2005年被中国有色金属加工工业协会授予“优秀企业家”称号。

北京伟豪以“爱国、敬业、协作、服务”为企业精神，以“方便、快捷”为经营理念，建立了一套科学、规范且行之有效的企业管理制度，形成了具有伟豪特色的企业管理模式。北京伟豪竭诚为社会提供一流的产品和服务。共同为材料工业的发展，民族工业的振兴贡献一份力量！

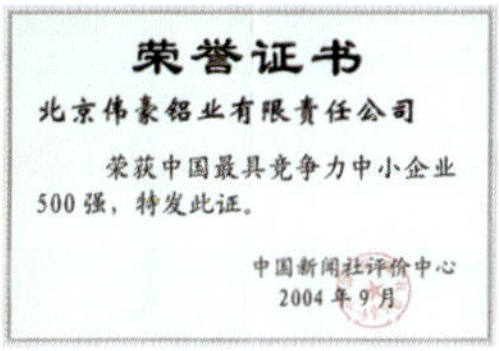

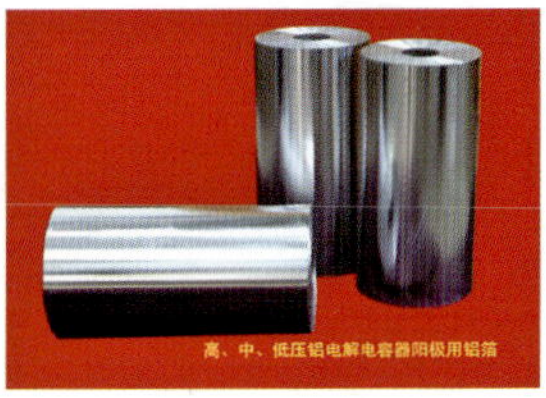

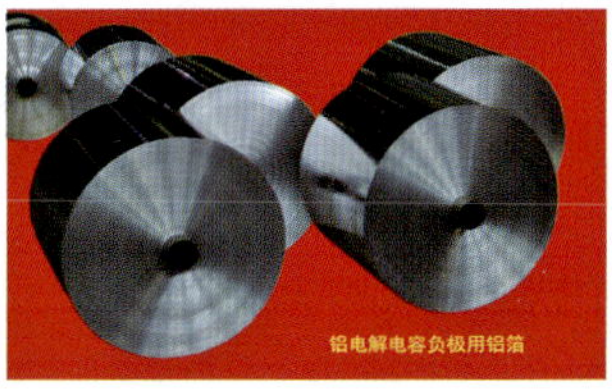

北京三乐元食品加工有限公司

酸奶产品

北京三乐元食品加工有限公司成立于 1999 年 11 月，是一家有限公司，致力于果酱的研发、生产和销售。公司秉承“务实开拓、快速反应、效率优先、敬业奉献”的企业文化，经过几年的市场开拓，已经成为果酱行业内的知名生产企业，为各类食品生产企业提供高品质的果酱工业原料。

公司始终致力于品牌经营，早在成立之初就建立了完善的研发中心，引进高素质的专业人才，依靠技术创新，形成了酸奶、冰品、耐烘培果占、饼干夹心五大果酱系列产品，同时为了丰富果酱原料市场，2004 年，研发中心首先致力于新产品的开发，成功地研制出各种口味的纯果浆制成的果粒，与传统果粒相比，其色泽鲜艳，果实口感强，可用于酸奶、耐烘焙产品中充当果粒。其次，随着饮料市场竞争的加剧和科学技术的发展，又研制出用于果汁饮料中的悬浮果粒，其流动性好、稳定性高，是新型饮料产品的一大亮点，丰富了果汁饮料市场。

面对竞争日趋激烈的国际、国内市场，公司获得了生产许可证，引入了 HACCP 食品安全管理体系和 ISO9001:2008 质量管理体系，使技术开发管理、质量管理及食品安全管理呈现系统化、标准化。

正是凭借了雄厚的技术实力、优秀的产品品质及强大的市场开拓能力，三乐元食品公司赢得了市场、带来了商业效益，同时也得到了业内的充分肯定，目前业务量已遍及北京、上海、广州、内蒙古、陕西、湖南、四川、山东、沈阳、黑龙江、天津等地区的多家著名生产企业，客户范围覆盖了乳品、冰品、烘焙、饮料及糖果等休闲食品领域。

三乐元食品公司的愿望是建设公众信任的强势品牌，与合作伙伴共同成长，将公司发展成有国际品牌的果酱食品企业。

洁净间

三乐元化验室

北京兴创投

区领导视察西红门商业综合区项目

区领导视察枣园项目

考察项目

采育安置房开工典礼

东配套区安置房效果图

北京兴创投资有限公司全面落实区委、区政府战略部署，大力推进新城北区、生物医药基地东配套区、新城核心区、西红门商业综合区、采育中心镇区和工业园区等区域土地一级开发，加快推进新城西区市政基础设施建设，积极拓展新城北区15#、18#、28#地和西红门商业综合区三、四期房地产二级开发，配合完成地铁大兴线 6 个站点一体化方案设计和沿线道路绿化及站点周边绿化铺装广场设计工作，配合开展地铁大兴线枣园路站土地一级开发，积极推进西红门城市绿地建设，各项工作取得重要突破。

永华路

育隆大街

后高路

资有限公司

区领导李艳萍视察东配套区

召开项目建设开工大会

开展项目督办检查工作

新城北区回迁入住

新城北区 8# 地回迁房

金星公园

新城北区兴创大厦北向透视

北京兴创投

北京市纪委副书记隋秀梅到公司调研

区国资委领导指导检查工作

表彰先进员工

参观北京市警示教育基地

公司荣誉

开展奥运城市志愿者活动

开展社会捐助活动

开展结对帮扶工作